Francophonies minoritaires au Canada

L'état des lieux

Sous la direction de

Joseph Yvon Thériault

Francophonies minoritaires au Canada

L'état des lieux

REGROUPEMENT DES UNIVERSITÉS
DE LA FRANCOPHONIE HORS QUÉBEC

éditions d'acadie

L'éditeur remercie le Conseil des Arts du Canada et la Direction des arts du Nouveau-Brunswick de l'aide accordée à son programme de publication. L'éditeur reconnaît également l'aide financière du gouvernement du Canada par l'entremise du Programme d'aide au développement de l'industrie de l'édition pour ses activités d'édition.

Le Comité scientifique tient à remercier le gouvernement du Canada de l'aide reçue du Programme des études canadiennes, ministère du Patrimoine canadien.

Cet ouvrage est publié en collaboration avec le Regroupement des universités de la francophonie hors Québec (RUFHQ), grâce à la contribution financière du Programme de perfectionnement linguistique du ministère du Patrimoine canadien. Le RUFHQ est un réseau universitaire regroupant 13 établissements au service de la francophonie canadienne vivant en milieu minoritaire. Ses universités membres unissent leurs efforts dans la réalisation de projets ou de buts communs, dont les projets d'édition de volumes en langue française, des séminaires d'été sur la francophonie canadienne, des ententes de prêts entre bibliothèques avec le Québec, et une collaboration interuniversitaire sur le plan du perfectionnement linguistique et dans le réseau national d'enseignement à distance. Ses universités membres sont la Faculté Saint-Jean de la University of Alberta, le Collège universitaire de Saint-Boniface, l'Université Laurentienne, l'Université de Sudbury, le Collège militaire royal du Canada, le Collège universitaire Glendon de l'Université York, l'Université d'Ottawa, l'Université Saint-Paul, le Collège dominicain de philosophie et de théologie, l'Université de Moncton, l'Université Sainte-Anne, l'Institut de formation linguistique de la University of Regina et le Collège universitaire de Hearst.

Données de catalogage avant publication (Canada)

Vedette principale au titre:

Francophonies minoritaires au Canada : l'état des lieux

Comprend des références bibliographiques.
Publié en collaboration avec: Regroupement des universités de la francophonie hors Québec.
ISBN 2-7600-0359-0

1. Canadiens français--Histoire--20e siècle. 2. Minorités linguistiques--Canada. 3. Canadiens français--Identité ethnique. 4. Canadiens français--Acculturation. 5. Québec (Province)--Histoire--Autonomie et mouvements indépendantistes. I. Thériault, J. Yvon (Joseph Yvon), 1949- II. Regroupement des universités de la francoponie hors-Québec.

FC136.F72 1999 971'.004114 C99-900397-6
F1027.F72 1999

Direction de la production : Gracia Couturier
Conception de la couverture : Claude Guy Gallant
Révision linguistique : Jeannette Raiche
Mise en pages : Charlette Robichaud

ISBN 2-7600-0359-0

Le comité scientifique

Alain Baudot est professeur au Département de littérature française au Collège universitaire Glendon (Université York à Toronto). Il a enseigné à Berkeley et à l'Université de Montréal. Membre du comité scientifique de l'Université des réseaux d'expression française (UREF) depuis 1988, il dirige à Glendon le Groupe de recherche en études francophones (GREF) et les Éditions du GREF. Auteur de plusieurs livres – notamment *Musiciens romains de l'Antiquité* – et d'articles, il travaille actuellement sur les littératures francophones contemporaines (Antilles, Belgique, Suisse).

Christiane Bernier est professeure au Département de sociologie de l'Université Laurentienne de Sudbury. Elle a développé des champs d'intérêt en sociologie des femmes, en sociologie de la famille et en analyse de discours. Ses travaux ont été publiés dans diverses revues scientifiques telles que *Recherches féministes, Revue de sociologie et d'anthropologie, Francophonies d'Amérique* et *Revue du Nouvel-Ontario*. Elle a dirigé, en collaboration, l'ouvrage *Familles francophones : multiples réalités* (1995) publié à l'Institut franco-ontarien.

Neil Boucher est diplômé de la Acadia University et a reçu son doctorat de la Dalhousie University. Il est professeur titulaire au Département des humanités et sciences sociales de l'Université Sainte-Anne en Nouvelle-Écosse et directeur du Centre acadien à ce même établissement. Il est auteur de plusieurs articles ayant trait à la communauté acadienne du 19e siècle et il est membre de différents conseils et comités voués à la promotion de l'étude et de l'identité acadiennes.

André Fauchon est depuis 1976 professeur de géographie au Collège universitaire de Saint-Boniface (University of Manitoba). Il s'intéresse aux questions relatives aux francophonies de l'Ouest canadien. Il fait partie notamment du comité de direction du Centre d'études franco-canadiennes de l'Ouest (CEFCO) ; il est également rédacteur en chef des Cahiers franco-canadiens de l'Ouest.

Joseph Yvon Thériault est professeur de sociologie à l'Université d'Ottawa. Il a été successivement directeur du Département de sociologie (1987-1990), doyen associé à la recherche (1992-1998) et doyen intérimaire de la Faculté des sciences sociales (1996-1997). Ses recherches portent principalement sur le rapport entre la démocratie et l'identité. Il est l'auteur de plusieurs livres et articles sur ces questions, notamment *La société civile* (1985), *L'identité à l'épreuve de la modernité* (1995 ; prix France-Acadie).

Introduction

Depuis maintenant plus d'une trentaine d'années se déploie dans le Canada français, à l'exclusion du Québec, un processus de redéfinition de l'identité, et de restructuration des francophonies minoritaires et acadienne. Si ce processus fait l'objet, depuis, d'un nombre imposant d'études et de commentaires particuliers, aucun ouvrage de synthèse n'a jusqu'ici tenté d'en rendre compte. Afin de répondre à ce besoin, nous avons fait appel à une quarantaine de spécialistes des francophonies minoritaires du Canada, qui, à l'intérieur d'une trentaine de textes, dressent un état des lieux de ces communautés. On y parle d'anciennes réalités historiques et coloniales, mais aussi, et surtout, de réalités contemporaines. Que sont les communautés francophones canadiennes non québécoises à l'heure où s'effectue le passage aux réalités virtuelles et au troisième millénaire ?

Des anciennes réalités

De quelles communautés parlons-nous ? Il s'agit, d'un certain point de vue, de vieilles réalités. La présence française sur le territoire canadien hors Québec est contemporaine de l'implantation coloniale française dans les frontières actuelles du Québec, lorsqu'elle n'y est pas antérieure, comme c'est le cas pour l'Acadie. En effet, c'est à Port-Royal, en Acadie, en 1605, qu'un premier établissement viable de colons français s'établit en terre d'Amérique. Très tôt, par ailleurs, les colons français implantés dans le territoire actuel du Québec (après 1608) sillonneront et établiront des avant-postes coloniaux dans les territoires actuels de l'Ontario et de l'Ouest canadien. Le projet colonial français en terre d'Amérique est un projet continental qui englobe l'ensemble de l'Amérique du Nord (de la Nouvelle-France à la Louisiane, à l'exception de la Nouvelle-Angleterre) et qui imprégnera le territoire et ses habitants de traces indélébiles.

Ce sont sur ces premières implantations que s'édifieront – après les conquêtes de l'Acadie (1713) et du Canada (1760) par les Anglais – des communautés d'origine française un peu partout à travers le Canada. La présence française survivra à la déportation des Acadiens (1755), et à l'établissement de colons loyalistes dans les provinces Maritimes (l'ancienne Acadie) et dans le Haut-Canada (l'actuel Ontario). Pendant plus d'un siècle, les *Canadiens* d'origine française seront majoritaires dans les vastes territoires de l'ouest du continent, au sein de la population européenne qui s'y implante et pratique le commerce. Leur mélange avec les habitants autochtones donnera d'ailleurs naissance à la nation métisse qui, au moment de la création du Manitoba en 1870, s'affirme encore majoritairement comme catholique et de langue française.

Ces établissements et implantations épars s'activeront et prendront une forme particulière au milieu du 19e siècle, dans la foulée du développement de ce que Fernand Dumont a appelé la *référence canadienne-française*. Il s'agit alors de la création – suite à l'échec de la rébellion de 1837-1838 dans le Bas-Canada – d'une idéologie nationale *canadienne-française* qui organisera en un tout cohérent les diverses sociabilités des anciens colons français. Le Canada français, dans sa réalité concrète comme dans son imaginaire, débordera largement les rives de son implantation principale, le fleuve Saint-Laurent, et ne cessera de s'étendre jusqu'au milieu du 20e siècle[1].

La référence canadienne-française sera culturelle, construite autour de la valorisation du double héritage catholique et français, et *aétatique*, c'est-à-dire ayant une visée pancontinentale, transcendant les frontières politiques érigées par le colonisateur anglais. Comme les habitants francophones du Québec, ceux du reste du Canada – et, même pour un certain temps, ceux des États-Unis d'Amérique – formeront alors une grande communauté nationale, celle du Canada français. Seule exception à cette règle, les francophones des Maritimes qui, en 1881, affirmeront leur appartenance à une communauté nationale particulière : l'Acadie. Le nationalisme acadien, néanmoins, partagera largement avec le Canada français un contenu identitaire et un réseau associatif religieux.

Ainsi, pendant plus d'un siècle, du milieu du 19e siècle jusqu'aux années 1960, la francophonie canadienne se structurera principalement autour de l'univers canadien-français. C'est à travers cet univers que s'érigeront les structures paroissiales – cadres principaux de la vie des Canadiens français –, les projets de colonisation et d'occupation du territoire, que se déploieront une structure nationale religieuse, les institutions scolaires, universitaires ou de santé, que s'établiront les grandes institutions publiques (Société Saint-Jean-Baptiste, Mutuelle l'Assomption) et les journaux ; tous ces intervenants baliseront, pour le siècle, l'idéologie du groupe.

Certes, la vie des francophones d'Amérique pendant cette période ne se réduit pas à l'idéologie nationale et à ses effets sur la société. Les francophones d'Amérique, justement, sont fils et filles de l'Amérique, et leur société est traversée par les grands courants économiques et politiques présents sur l'ensemble du continent. Comme le souligne Fernand Ouellet dans sa contribution au présent ouvrage, l'idéologie nationaliste canadienne-française a eu tendance à masquer l'intégration des Canadiens français dans des dynamiques autres (économique et régionale, par exemple) que celles contrôlées par les élites nationales. Cela étant dit, il reste néanmoins que la participation et l'identification des parlants français à l'univers canadien-français demeurent les éléments qui caractérisent le mieux la particularité de l'implantation et de l'intégration de ces communautés historiques au continent.

De nouvelles réalités

La francophonie minoritaire que nous étudions dans le présent ouvrage est grandement issue de la fin du Canada français. Néanmoins, au point de vue identitaire, ces communautés sont constituées de nouvelles réalités. En effet, depuis les années 1960, elles ont construit sur les restes du Canada français hors Québec, de nouvelles identités que nous rassemblons ici sous le terme général de *francophonies minoritaires du Canada*. Elles se composent aussi de nouvelles réalités structurelles, pour autant que l'organisation de la vie quotidienne de ces communautés – largement structurées autour des institutions religieuses nationales, avant 1960 – se reconstruit depuis lors à partir de logiques laïques.

Au moins deux processus expliquent ces transformations au tournant des années 1960. D'une part, il y a eu l'émergence au Québec – foyer principal et historique du Canada français – d'un nationalisme autonomiste et politique – le nationalisme québécois – qui se substitue à la référence canadienne-française et qui en vient à exclure de cette nouvelle référence nationale, tous les Canadiens français hors frontières[2]. L'ancien Canada français hors Québec est dès lors contraint de se redéfinir, de se doter d'une ou de plusieurs identités particulières. D'autre part,

1. L'historien Yves Frenette (1998) vient de retracer l'histoire de ce peuple, les Canadiens français. Une nation qui n'existe plus selon lui, mais dont l'héritage perdure, comme en témoigne le présent ouvrage.
2. Sur cette question, voir Marcel Martel (1997).

le développement de l'État providence, dans le Canada hors Québec, tout comme au Québec, a conduit au remplacement des institutions religieuses du Canada français (écoles, couvents, hôpitaux, universités, etc.) par des institutions étatiques ou laïques, obligeant par le fait même les nationalistes canadiens-français à remiser leur antiétatisme séculaire. En raison de cette transformation, l'organisation sociale de la vie quotidienne ne put faire l'économie d'un détour par l'État. Et, comme dans les provinces canadiennes – à l'exception du Québec –, l'État provincial est majoritairement, sinon exclusivement, anglophone. Ces communautés francophones furent alors contraintes à assumer un statut de minoritaire.

La fin du Canada français ne conduira pas directement les communautés hors Québec à l'affirmation positive d'une nouvelle identité. Les anciens Canadiens français non québécois se percevront, pour un temps, comme les *orphelins d'une nation*. Leur première manifestation identitaire s'inscrit d'ailleurs sous le signe de la négativité ou celui d'une absence, comme en témoigne l'appellation *francophones hors Québec* qui sera celle de leur principale association politique du milieu des années 1970, jusqu'au début des années 1990[3]. Ils seront pour ainsi dire à la recherche d'un pays perdu[4]. Même l'Acadie, moins marquée par l'effondrement du Canada français, en raison de son référent *national* particulier, subira une profonde remise en question de son identité (Hautecœur, 1978 ; Roy, 1981 ; Thériault, 1995).

C'est autour des identités provinciales, cadre dorénavant incontournable pour assurer le développement des institutions essentielles au déploiement de communautés francophones minoritaires, que l'ancien Canada français hors Québec élaborera sa nouvelle dynamique (Juteau-Lee et Lapointe, 1983). C'est principalement de ces nouvelles réalités que nous voulons rendre compte ici, même s'il va de soi qu'elles demeurent marquées par l'héritage du Canada français. *Franco-Ontariens, Franco-Manitobains, Fransaskois, Acadiens du Nouveau-Brunswick, de la Nouvelle-Écosse*, etc., ces vocables régionalisés se sont imposés au cours des 30 dernières années comme les nouvelles références de ces communautés. Plus qu'une nouvelle identité, ces vocables témoignent, en regard de l'ancienne identité canadienne-française, de modalités d'intégration sociétale différentes. Ils attestent à la fois de l'existence d'une vitalité qui se distingue de la société québécoise, tout en soulignant la fragilité et la fragmentation de l'ancien Canada français hors Québec.

Ce fractionnement des communautés minoritaires francophones du Canada en multiples réalités provinciales ne sera certes pas sans poser de sérieux problèmes à *l'ambition nationale* qui, au-delà du fractionnement du groupe, demeure une constante de l'affirmation des minorités francophones. Peut-on reproduire, à l'échelle provinciale, les références, les institutions, les éléments culturels nécessaires à une telle *ambition nationale* ? A-t-on, en tant que minoritaire, les moyens de ses ambitions ; a-t-on les moyens de structurer une véritable société ? N'est-on pas irrémédiablement voué, pour reprendre l'expression de François Paré (1992), *à assumer une culture de l'exiguïté*, ou encore, pour employer le langage des sociologues, *à affronter l'épreuve de l'ethnicisation* ? Telle est la question qui traverse le parcours identitaire des francophonies minoritaires canadiennes depuis maintenant une quarantaine d'années.

Un tel rétrécissement de l'univers géographique, culturel, politique à l'espace provincial ne s'est donc pas fait sans heurts. Les francophonies minoritaires du Canada maintiennent, avons-nous dit, une *ambition*

3. Il s'agit de la Fédération des francophones hors Québec (FFHQ), organisme politique, porte-parole des francophones minoritaires du Canada, fondée en 1975 et qui changera de nom en 1991 pour s'appeler la Fédération des communautés francophones et acadienne du Canada (FCFAC).

4. Voir à cet effet, FFHQ (1979). *Pour ne plus être sans pays*. Manifeste politique de la Fédération des francophones hors Québec.

nationale. Leurs communautés font partie intégrante de l'une des deux communautés linguistiques nationales au fondement de l'arrangement politique canadien. C'est pourquoi d'ailleurs, appuyées en cela par les instances politiques de la fédération canadienne, elles ont tenté tant bien que mal, au cours des 30 dernières années, de développer un discours et des pratiques qui replacent leurs réalités sur l'échiquier de la dualité politique et culturelle canadienne. D'où l'ambiguïté qui caractérise aujourd'hui leur rapport avec le Québec, et particulièrement avec le projet souverainiste des nationalistes québécois. Ils ne peuvent en effet adhérer à ce projet – ils n'y sont d'ailleurs pas invités –, ce qui les place irrémédiablement dans le camp des fédéralistes. Mais, le maintien d'une ambition nationale ne peut faire l'économie d'un nouveau partenariat avec le foyer historique du Canada français (le Québec français). Car, malgré la prétention de plusieurs de ses porte-parole, la francophonie minoritaire du Canada n'est pas une entité sociologique et culturelle indépendante du Québec français. Il n'y a pas de sortie royale à ce dilemme, la francophonie minoritaire doit assumer la difficile position de frontière que l'histoire lui a assignée.

DIVERSITÉ ET UNITÉ DES FRANCOPHONIES MINORITAIRES

La difficulté à assumer un nouveau discours identitaire face aux tendances contradictoires de la redéfinition provinciale des identités et de la permanence de l'ambition nationale n'est pas l'unique problème inhérent au redéploiement contemporain des francophonies minoritaires. Les contraintes des nombres sont significatives. Il existe actuellement près d'un million de francophones dans le Canada hors Québec (970 190 individus de langue maternelle française). Ce n'est certes pas rien, et ce nombre représente même près de 15 % de la population canadienne de langue maternelle française (y compris le Québec qui compte une population de langue maternelle française de près de 6 000 000). Toutefois, cette proportion est en déclin. En 1951 les Canadiens français hors Québec représentaient 18 % de l'ensemble des francophones canadiens. Ce déclin s'affirme aussi en regard du poids relatif qu'ils occupent dans le Canada anglais : si en 1951 les francophones hors Québec (langue maternelle) représentaient encore 7,3 % de la population totale du Canada anglais, ils ne représentent plus aujourd'hui que 4,5 %, et même uniquement 2,9 %, si l'on parle de la langue d'usage (voir tableau I)[5].

Tableau I
Francophonies minoritaires du Canada

Français	Population francophone	Proportion de l'ensemble de la population %
Langue maternelle		
1951	721 820	7,3
1961	853 462	6,6
1971	926 400	6,0
1981	923 605	5,2
1991	976 415	4,8
1996	970 190	4,5
Langue parlée à la maison		
1971	675 925	4,3
1981	666 785	3,8
1991	636 640	3,2
1996	618 526	2,9

Source : O'Keefe, 1998, p. 41 ; Brian Harrison et Louise Marmen, *Le Canada à l'étude : les langues au Canada*, Statistique Canada, Prentice-Hall Canada, 1994 ; et Statistique Canada, recensement de 1996.

5. Selon Statistique Canada, la *langue maternelle* signifie la « première langue apprise et encore comprise », alors que la *langue d'usage* renvoie à la « langue la plus souvent utilisée à la maison ».

L'éparpillement de cette population sur l'ensemble du territoire canadien participe de la difficulté à rassembler, dans une même communauté de vie et d'appartenance, l'ensemble des francophones minoritaires. Les conditions d'existence de ces diverses communautés sont en effet multiples. La francophonie acadienne demeure, par exemple, fortement rurale, encore attachée à des espaces homogènes francophones, qui furent ses lieux historiques d'établissement depuis plus de deux siècles. Au Nouveau-Brunswick, où la population francophone (240 000 habitants) représente plus du tiers de la population totale de la province (33,2 %), les Acadiens sont majoritaires dans le nord et l'est de la province. Ils ont su y développer un sens d'appartenance et un réseau institutionnel qui font l'envie des autres minorités. En Ontario, région plus urbanisée, les francophones forment des minorités importantes dans l'Est et le Nord. Une proportion significative de ceux-ci (plus de 100 000 francophones sur les 500 000 que compte la province) vivent dorénavant dans la grande zone urbaine de Toronto, dans le sud de la province. Franco-Ontariens de l'Est et du Nord s'y mélangent avec des Québécois et des Acadiens d'origine ainsi qu'avec une population de plus en plus nombreuse d'immigrants issus de la francophonie internationale. L'Ouest canadien, où réside tout de même 20 % du million de francophones hors Québec (183 641 pour l'ensemble des provinces et des territoires à l'ouest de l'Ontario), a vu disparaître une grande partie de ses communautés rurales francophones, et la francophonie dans cette région s'affirme dorénavant comme une réalité résolument urbaine. La vie communautaire francophone y est bien souvent le résultat d'un effort quotidien consciemment maintenu.

Tableau II
Profil de la langue française au Canada, par province et territoire, sauf le Québec, 1996

Région	Province/territoire	Langue maternelle	%	Langue parlée à la maison	%
Acadie	T.-N.	2 433	0,4	1 018	0,2
	Î.-P.-É.	5 715	4,3	3 045	2,3
	N.-É.	36 308	4,0	20 710	2,3
	N.-B.	242 408	33,2	222 454	30,5
		286 864	**12,4**	**247 227**	**10,7**
Ontario	Ont.	499 687	4,7	306 788	2,9
		499 687	**4,7**	**306 788**	**2,9**
Ouest	Man.	49 108	4,5	23 136	2,1
	Sask.	19 896	2,0	5 829	0,6
	Alb.	55 293	2,1	17 817	0,7
	C.-B.	56 755	1,5	16 582	0,4
	Yn	1 173	3,8	543	1,8
	T.N.-O.	1 416	2,2	605	0,9
		183 641	**2,2**	**64 512**	**0,8**
Canada hors Québec		**970 192**	**4,5**	**618 527**	**2,9**

Source : O'Keefe, 1998, p. 41 ; Statistique Canada, recensement de 1996.

Cette diversité démographique entraîne des effets préjudiciables sur la capacité de ces communautés à se prémunir contre les ravages de l'assimilation. Si le taux de reproduction linguistique dans l'Acadie du Nouveau-Brunswick se rapproche sensiblement de celui du Québec français, partout ailleurs, l'assimilation atteint des taux jugés alarmants par tous les intervenants. Les gains institutionnels réalisés au cours des 20 dernières années – notamment en éducation –, grâce en particulier à l'enchâssement de certains droits linguistiques dans la Constitution canadienne de 1982, ne semblent pas suffisants pour contrer l'érosion des nombres. Pour la première fois depuis un siècle, le recensement canadien (1996) note une diminution en nombres absolus des francophones pour l'ensemble du territoire canadien, en excluant le Québec. Ceux-ci seraient passés de 976 415 à 970 190 (voir tableau I).

Les modifications démographiques de la population entraînent aussi des modifications sociologiques importantes. L'Église, comme appareil central de cohésion des communautés, a largement laissé sa place à l'État et à une multitude d'associations aux objectifs variés. L'appareil politique n'étant nulle part aux mains d'une majorité de francophones, les difficultés à donner un sens collectif au réseau institutionnel et associatif francophones restent une constante. La modernisation des communautés a favorisé le développement d'un individu francophone chez qui les aspirations à une vie privée satisfaisante a comme effet de diminuer le poids contraignant de la communauté linguistique. L'individualisation de nos sociétés oblige les membres des communautés linguistiques minoritaires à dépendre de plus en plus d'une activité réfléchie et consciente pour assurer leur cohésion.

Les taux de natalité, au Canada comme ailleurs, ont chuté, et cette diminution n'est pas encore compensée par une forte immigration. Les grands mouvements sociaux occidentaux (féminisme, écologisme, etc.), et dans certaines communautés la présence de francophones issus d'une récente immigration, participent dorénavant à redéfinir le contour d'une communauté davantage pluraliste. Bref, la modernisation des communautés a fragilisé l'ancien équilibre pour faire place à un espace plus ouvert, plus diversifié, plus malléable. Sous ces conditions, se pose de façon radicalement différente, l'enjeu de maintenir, autour de la langue, des communautés actives et vivantes. C'est ce que certains ont appelé l'*épreuve de la modernité* (Thériault, 1995).

Malgré leur fragilité, leur identité ambivalente et les défis de l'assimilation, les communautés acadiennes et francophones du Canada ont justement démontré, au cours des 30 dernières années, une surprenante capacité de répondre aux défis de la modernité. Ils ont su construire un réseau institutionnel francophone en éducation et, quoique plus faiblement, en santé, parfois en remplacement de l'ancien dispositif canadien-français, parfois en terrain vierge. La multiplication des associations et des organisations qui gravitent autour de la langue confirme la capacité de ces minorités à se structurer d'une manière plus volontaire, en conformité avec les exigences de sociétés plus individualistes, tout comme elle témoigne d'une vitalité qui ne se dément pas. La francophonie minoritaire a aussi atteint une visibilité politique qui a permis des gains appréciables, particulièrement dans la reconnaissance juridique. Si les vieilles régions d'établissement des francophones minoritaires (particulièrement en Acadie) souffrent toujours des séquelles d'un sous-développement historique de leur socioéconomie, les francophones urbains, un peu partout au pays, ont réussi à se tailler une place égalitaire dans la socioéconomie canadienne. L'effervescence culturelle, enfin, témoigne de la permanence d'une culture francophone capable de se renouveler et d'exprimer sa francophonie d'une manière particulière.

Bref, les communautés minoritaires francophones du Canada, qui regroupent encore à ce jour près d'un million d'individus, demeurent une caractéristique constitutive du

Canada. Ces communautés continuent toujours à nommer et à occuper le pays, à faire l'histoire, à intervenir politiquement, à créer des liens sociaux, bref à produire et à reproduire une culture autour du français comme langue de communication.

Ce sont ces réalités, ces défis et ces potentialités que le présent ouvrage nous invite à découvrir. Nous n'avons voulu ni présenter une image idyllique de ces communautés, ni affirmer la fin inéluctable de la présence francophone dans le Canada hors Québec. Nous n'avons pas tenté, non plus, de construire un portrait unifié de communautés qui vivent, comme on le verra, des réalités fort diverses. L'état des lieux que nous présentons n'est pas un bilan statique, mais la photographie d'une histoire en marche qui, à travers ses réussites et ses déconvenues, ne cesse pas pour autant d'étonner.

C'est à travers six grands domaines que nous avons proposé à nos collaborateurs de décrire l'état actuel des communautés : la géographie, l'histoire, le socioéconomique, le politicojuridique, l'éducation et la culture. Certains seront surpris de ne pas trouver, dans un ouvrage qui se propose d'établir un état des lieux des communautés francophones minoritaires, des sections qui s'intéressent de façon spécifique à la démographie et à l'état de la langue. Certes, des considérations d'espace nous ont contraints à limiter cette première interrogation aux domaines d'activités qui structurent le champ sociétal des parlants français du Canada hors Québec. Mais, en fait, la langue, tant du point de vue de ses effectifs que de ses particularités, est omniprésente dans les descriptions qui suivent. C'est sa présence qui donne sens aux éléments structurants que nous présentons. En fait il s'agit bien d'un état des lieux des parlants français dans le Canada hors Québec. C'est la langue française qui reste le point nodal des activités de *communalisation* que nous étudions.

De façon à mieux rendre compte de la diversité des situations vécues par les communautés francophones minoritaires du Canada, nous avons divisé chacun des champs d'activités selon les trois grandes régions du Canada hors Québec : l'Acadie, qui comprend les quatre provinces de la côte atlantique ; l'Ontario ; et l'Ouest canadien, comprenant l'ensemble des provinces et des territoires à l'ouest de l'Ontario. Cette division n'est pas factice ; elle correspond effectivement à des grandes régions de la société canadienne ainsi qu'à des identités que se donnent eux-mêmes les francophones minoritaires. Une telle division ne saurait toutefois recouvrir la diversité des situations des communautés que nous retrouvons dans le présent ouvrage. Au-delà de ces grandes régions, la francophonie minoritaire se déploie dans l'espace canadien, tel un archipel (Louder et Waddell, 1993).

Nous ne voulions toutefois pas rester sur l'image d'une francophonie minoritaire éclatée. Cela n'est que la moitié de l'histoire. Au-delà de son fractionnement, la francophonie minoritaire aspire à faire société, elle maintient avons-nous dit, une *ambition nationale*. Malgré ses intérêts divergents de l'affirmation autonomiste du Québec contemporain, elle partage avec ce dernier une communauté d'histoire. Ces questions – qui définissent tout autant que les portraits régionaux l'univers de la francophonie minoritaire canadienne – auraient pu être obnubilées par une interrogation à caractère trop régional. C'est pourquoi nous avons fait précéder chaque portrait thématique régional par une discussion pertinente à l'ensemble des communautés minoritaires du Canada. Il s'agissait pour chacun des grands thèmes (la géographie, l'histoire, le socioéconomique, le politicojuridique, l'éducation et la culture) d'interroger la francophonie minoritaire à partir d'une problématique d'ensemble. Cette manière de procéder permettait de dégager, au-delà de la diversité des situations, une communauté d'histoire qui est toujours en voie d'élaboration.

BIBLIOGRAPHIE

DUMONT, Fernand (1993). *Genèse de la société québécoise*, Montréal, Boréal.

FÉDÉRATION DES FRANCOPHONES HORS QUÉBEC (1979). *Pour ne pas être... sans pays*, Ottawa, FFHQ.

FRENETTE, Yves (1998). *Brève histoire des Canadiens français*, Montréal, Boréal.

HAUTECŒUR, Jean-Paul (1975). *L'Acadie du discours*, Québec, Presses de l'Université Laval.

JUTEAU-LEE, Danielle, et Jean LAPOINTE (1983). « From French Canadians to Franco-Ontarians and Ontarois : New Boundaries, New Identities », dans *Two Nations, Many Cultures : Ethnic Groups in Canada*, 2e éd., sous la direction de Jean L. Elliot, Scarborough, Prentice-Hall, p. 173-186.

LOUDER, Dean, et Éric WADDELL (1983). *Du continent perdu à l'archipel retrouvé : le Québec et l'Amérique française*, Québec, Presses de l'Université Laval.

MARTEL, Marcel (1997). *Le deuil d'un pays imaginé : rêves, luttes et déroute du Canada français, les rapports entre le Québec et la francophonie canadienne 1867-1975*, Ottawa, Presses de l'Université d'Ottawa.

O'KEEFE, Michael (1998). *Nouvelles perspectives canadiennes : minorités francophones, assimilation et vitalité des communautés*, Ottawa, Patrimoine Canada.

PARÉ, François (1992). *La littérature de l'exiguïté*, Hearst, Le Nordir.

ROY, Michel (1978). *L'Acadie perdue*, Montréal, Québec/Amérique.

THÉRIAULT, Joseph Yvon (1995). *L'identité à l'épreuve de la modernité : écrits politiques sur l'Acadie et les francophonies canadiennes minoritaires*, Moncton, Éditions d'Acadie.

La géographie

1 - La francophonie canadienne minoritaire : d'une géographie difficile à une géographie d'espoir

Dean Louder
Cécyle Trépanier
Éric Waddell

2 - Aires géographiques en Acadie

Samuel P. Arseneault

3 - Les espaces de la francophonie ontarienne

Anne Gilbert

4 - La géographie du peuplement francophone de l'Ouest

Gilles Viaud

Chapitre 1

La francophonie canadienne minoritaire : d'une géographie difficile à une géographie d'espoir[1]

Dean Louder, Cécyle Trépanier et Éric Waddell, Université Laval

La francophonie canadienne minoritaire est largement tributaire de l'Amérique française, une vaste entreprise coloniale dont les origines remontent au début du 17e siècle. Hier, démesurée, elle s'étendait de l'Acadie à la Californie et de l'Arctique au golfe du Mexique. C'est au rythme des appels du continent et en harmonie avec l'étirement et le reflux des frontières successives que le chantier cléricoadministratif des Canadiens français s'est mis en place. Puis, ce réseau paroissial, une fois bien enraciné, a dû subir les assauts de la modernité. Modernité implique industrialisation, urbanisation et sécularisation. Elle commande la création de gouvernements centraux forts et, avec eux, l'établissement de nouvelles frontières administratives étatiques. Ainsi, le nouvel échiquier politique nord-américain ne pouvait que provoquer la rupture de la solidarité francophone continentale. Dès lors, les francophones se devaient de réexaminer et de redéfinir leur situation en Amérique. Pour tenir compte des enjeux, des tensions et des aspirations qui les animent, il demeure essentiel, dans un premier temps, de faire abstraction des frontières politiques qui séparaient la Nouvelle-France et l'Acadie des colonies anglaises de l'Amérique du Nord britannique, et le Canada des États-Unis.

Cependant, force est de constater qu'aujourd'hui la situation des minorités francophones au Canada est bien différente de celle qui prévaut aux États-Unis. D'abord, au Canada, la langue française a un statut officiel. Qui plus est, depuis le rapatriement de la Constitution en 1982, les francophones, bien qu'ils soient de plus en plus minoritaires dans leur province ou territoire respectif, peuvent revendiquer des droits auprès d'un gouvernement fédéral qui cherche à leur donner satisfaction dans le cadre d'un Canada bilingue *a mari usque ad mare*.

La fragmentation actuelle des francophones et les complications provenant de l'existence de trois paliers de gouvernement au Canada – fédéral, provincial et municipal – donnent lieu à une géographie difficile qui

1. Les auteurs tiennent à remercier MM. Louis Dupont et Jean Morisset de leur contribution à cette réflexion. L'utilisation de l'expression *géographie difficile* ne correspond pas au sens que lui donnait Louis-Edmond Hamelin dans son article intitulé « La géographie difficile » (1967).

Carte I
L'Amérique française d'hier à aujourd'hui : des lieux et des noms

Note : Tous les toponymes sur cette carte sont officiels dans leur pays respectif. Les toponymes d'origine française sont parfois grandement modifiés.
Source : Gazetteers canadiens et américains, plus récente version.
Réalisation : Laboratoire de cartographie, Département de géographie, Université Laval.

est, en soi, un défi pour demain. Relever ce défi exigera la création d'institutions originales visant à répondre aux nouvelles réalités linguistiques, culturelles et identitaires. Toutefois, le rêve d'un futur solidaire ne sera possible que par une transformation des mentalités, beaucoup de motivation et de volonté, et surtout par le désir de redécouvrir et de moderniser les sources mêmes d'une solidarité naturelle inscrite dans la mémoire collective.

Hier : une Amérique sans frontières

Des lieux et des noms

Qui découvre, ou redécouvre, baptise ! La pénétration du continent par les Français d'Amérique a été profonde. Les cartes géographiques, anciennes et contemporaines, en témoignent : *Riviere à la Barbue* (au sud-est du lac Michigan), *Riviere de l'Ecor-noir* (au nord de la baie de Mobile), *Grande Savane* (dans les Carolines), *Riviere aux Atokas* (au sud-ouest du lac Supérieur), *Lac des Folles Avoines* (au sud-ouest du lac Michigan), *Crique au Bufle* (Caroline du Nord), *Bayouc du Mardigras* (à l'embouchure du Mississippi)[2]. De cette toponymie ancienne, maintenant disparue, transpire l'audace des aventuriers, missionnaires et gens du peuple, et leur curiosité pour des régions bien au-delà des frontières actuelles du Canada. Elle rappelle le rôle prépondérant des Français – transformés rapidement en Canadiens (Canayens) et Métis (Mitchifs ou Bois-Brûlés), grâce aux interactions privilégiées avec les Amérindiens – dans l'exploration du continent nord-américain. Mais l'influence de la présence française en Amérique ne s'arrête pas en 1763, date à laquelle la France abandonne le continent à l'Angleterre et à l'Espagne. Même orphelins, les francophones d'Amérique, enracinés dans certains lieux privilégiés, participeront à toutes les grandes aventures continentales subséquentes. Sur leur passage, ils sèmeront des noms de lieux, et de leur enracinement éventuel, le long de leurs parcours, en surgiront d'autres.

Ainsi, la carte contemporaine des États-Unis et du Canada résonne encore des échos de cette présence française (voir carte I). Chez nos voisins du Sud, c'est près de 4 000 toponymes d'origine française qui parsèment le territoire[3]. Ces toponymes remontent à différentes périodes historiques. Certains identifient des grandes villes américaines comme Des Moines, Detroit, Mobile, New Orleans, Saint Louis et Saint Paul. D'autres, bien que plus humbles en importance, font sourire malgré le poids de l'histoire qu'ils évoquent : Bijou, Californie ; Creve Cœur, Illinois ; Esperance, New York ; Citronelle, Alabama ; Grosse Tete, Louisiane ; Mauvaise Terre, Illinois ; Nonpareil, Nebraska ; Seul Choix, Michigan ; Vacherie, Louisiane. D'autres encore n'ont pas traversé les siècles sans être grandement altérés. En effet, quel francophone pourrait, à première vue, se reconnaître dans les spécifiques suivants : Lapeer (La Pierre), Michigan ; La Push (la bouche), Washington ; Boise (boisée), Idaho ; Maraboeuf (marabou ou marabout), Minnesota ; Couderay (courte oreille), Wisconsin ; Sanpoil (sans poil), Washington ; ou encore, Smackover (chemin couvert), Arkansas ! Malheureusement, certains toponymes de cette nature, jugés peut-être trop savoureux, sont maintenant disparus de la carte officielle bien que toujours en usage localement. C'est le cas, par exemple, de Low Freight (l'eau fraîche ou *frette*), Arkansas ; Toad a Loop (tour-de-loup), Missouri ; et Swashin Creek (Joachim), Arkansas[4].

Au Canada, la toponymie d'origine française est omniprésente d'est en ouest : Île-aux-Morts, Terre-Neuve ; Grosses Coques, Nouvelle-Écosse ; Mont-Carmel, Île-du-Prince-Édouard ; Petit-Rocher, Nouveau-Brunswick ; cap aux Oies, Québec ; lac des Bois, Ontario ; Portage-la-Prairie, Manitoba ; Batoche, Sakatchewan ; rivière de la Paix, Alberta ; Maillardville, Colombie-Britannique ; Grand lac des Esclaves, Territoires du Nord-Ouest ; rivière Bonnet de

2. Ces exemples sont tirés du livre de Blais (1983).
3. Cette évaluation a été faite à partir du livre de Coulet du Gard (1986). De fait, nous avons dénombré 3 920 toponymes d'origine française. Cependant, très souvent ces toponymes ne respectent pas les règles de l'orthographe française. Plusieurs ont même été traduits ou encore grandement modifiés.
4. Le statut officiel des toponymes a été vérifié à partir des différents *gazetteers* des États américains et le remplacement de certains toponymes à partir du dictionnaire des noms de lieux de Stewart (1970).

Plume, Yukon ; elle tapisse littéralement le territoire[5] !

Même si comme aux États-Unis, plusieurs toponymes de langue française ont été remplacés ou modifiés, la situation toponymique est beaucoup plus complexe au nord du 49e parallèle qu'au sud où les lois de la sélection naturelle priment. D'abord, au Canada, étant donné le statut officiel depuis 1969 de l'anglais et du français, la gestion de la toponymie doit en tenir compte. Ainsi, 81 entités d'intérêt pancanadien ont été identifiées et deux appellations officiellement reconnues pour chacune d'elles (Comité permanent canadien des noms géographiques, 1987, p. 19). C'est le cas, par exemple, pour le lac des Bois, en Ontario, que l'on retrouvera sur les cartes de langue anglaise sous le vocable *Lake of the Woods*. Pour les autres toponymes canadiens, la gestion est confiée aux différentes provinces. Ensuite, le poids des parlants français au Canada et leur enracinement sur le territoire remontant à l'époque coloniale font, qu'en plusieurs lieux, on retrouve une toponymie parallèle. Ainsi, Pointe-de-l'Église, village acadien de la Nouvelle-Écosse, est, pour les autres habitants non francophones du pays, Church Point, puisque le plus souvent, c'est la variante anglaise d'un nom de lieu qui apparaît dans les répertoires officiels des provinces et sur les cartes topographiques. Même au Nouveau-Brunswick, la seule province officiellement bilingue du Canada, dans les comtés où la population est fortement francophone (30 % et plus), les noms de lieux de langue française représentent moins de 15 % de la toponymie officielle (Adam et Phlipponneau, 1994, p. 251). Au Québec, territoire majoritairement francophone, le gouvernement provincial exprime cette dominance en imposant un générique français aux spécifiques des toponymes. Les spécifiques eux sont d'origine linguistique variée. On aura donc comme toponymes officiels Chisasibi, Kuujjuarapik, Les Éboulements, North Hatley, Sacré-Cœur-de-Crabtree mais aussi rivière Opinaca, rivière de Povungnituk, rivière des Envies et île Little Hog.

Ainsi, même si la toponymie française marque encore aujourd'hui l'ensemble du continent, sa densité tout comme son intégrité linguistique ne sont pas aléatoires. Elles reflètent à la fois la géographie historique de la présence française en Amérique, soit sa mise en place et son processus de diffusion géohistorique, et les dimensions géopolitiques de ses communautés contemporaines.

Le processus de mise en place : les trois foyers

Le processus de mise en place s'enclenche à partir de trois foyers *américains*, chacun ayant donné naissance à une diaspora continentale : l'Acadie (1604), le Québec (1608) et la Louisiane (1682). Viennent compléter la formation de l'espace *francophone* en Amérique du Nord deux collectivités, l'une métisse et l'autre haïtienne, ainsi qu'un certain nombre de Belges, de Français, de Suisses mais aussi d'Africains et d'Asiatiques (voir carte II).

Foyer acadien

À l'origine, centrée sur la côte sud de la *baye Françoise* (aujourd'hui la baie de Fundy), l'Acadie a eu une existence tragique. Sa localisation à la charnière de deux colonies ennemies a scellé son destin. Conquise plusieurs fois par les Anglais, sa population fut finalement déportée pendant la période 1755-1778 (Daigle et LeBlanc, 1987, pl. 30). À la longue, environ le tiers des Acadiens rentreront au bercail et s'éparpilleront, à l'insistance des autorités coloniales britanniques, aux quatre coins du territoire qui deviendra les provinces Maritimes. Un deuxième tiers s'enracinera au Québec, tandis que 17 % choisiront la Louisiane (Daigle et LeBlanc, 1987, pl. 30). Les mouvements subséquents des Acadiens se

5. Nous avons normalisé ici l'écriture de certains toponymes. Cependant, sur la carte I, ils apparaissent dans leur forme officielle, celle qui est reconnue par le Comité permanent canadien des noms géographiques.

Carte II

Une francophonie en mouvement pendant trois siècles

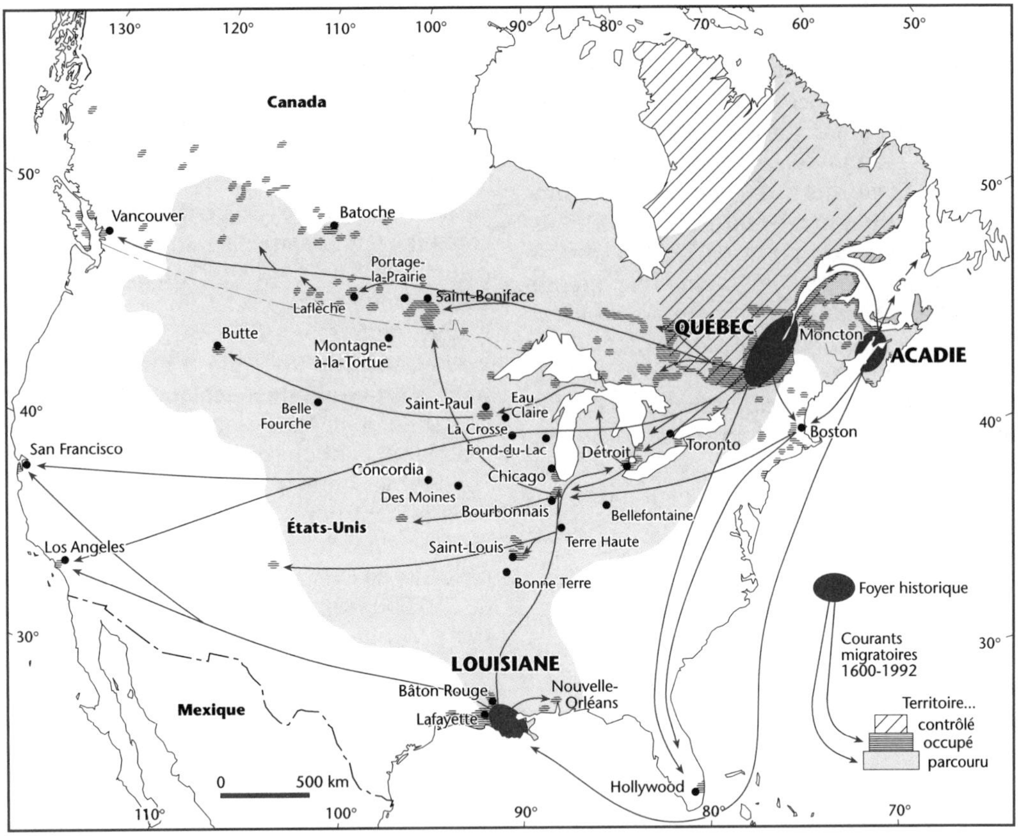

Source : Inspiré de « Hearth and Diaspora : Diffusion of the North American French, 1600-1992 », dans *French America : Mobility, Identity and Minority Experience Across the Continent*, sous la direction de Dean Louder et Éric Waddell, Baton Rouge, LSU Press, 1992, p. 354-355.
Réalisation : Laboratoire de cartographie, Département de géographie, Université Laval.

feront surtout, pour des raisons économiques, vers la Nouvelle-Angleterre ou vers le Québec.

Foyer québécois

Les Québécois, enracinés depuis bientôt quatre siècles dans la vallée du Saint-Laurent, ont une histoire qui déborde de loin ses limites. Une partie importante du peuple a vécu une mouvance continentale dans la foulée des transformations économiques et technologiques du continent : la traite des fourrures couplée, au 17e et au 18e siècle, à l'exploration du continent ; le bois, les mines et l'agriculture de l'Ontario et du Midwest américain pendant le 19e siècle ; le chemin de fer du Nord et l'industrie de l'Ontario pendant la même période ; les *facteries* de la Nouvelle-Angleterre et l'agriculture dans les prairies canadiennes au 19e siècle et dans le premier quart du 20e siècle ; et plus récemment, la chaleur de la Floride et du Texas, le pétrole de l'Alberta et le rêve de la Californie (Louder *et al.*, 1983 et 1994 ; Morissonneau, 1983 ; Lalonde, 1983 ; Dupont, 1985 et 1994 ; Mailloux, 1985 ; Chaput, 1985).

Foyer louisianais

Explorée par des Canadiens français, colonisée par la France puis par l'Espagne, avant de devenir américaine, la Louisiane se distingue des autres foyers par la diversité de sa population francophone. Des colons français et allemands ainsi qu'une population noire ont marqué ses débuts. L'Espagne y installa des Espagnols et des gens des îles Canaries, mais s'y retrouvèrent aussi 4 000 réfugiés acadiens et, à partir de 1791, à la suite de la révolution de Saint-Domingue, près de 10 000 réfugiés répartis entre planteurs blancs, gens de couleur libres et esclaves noirs. Dans le prolongement de la Révolution française et des guerres napoléoniennes, un certain nombre de réfugiés politiques français aboutiront aussi en Louisiane. Sa vente aux États-Unis, en 1803, marquera le début d'une immigration anglo-américaine importante et d'une diversification ethnique encore plus grande au 20e siècle. Pour des raisons économiques, la Louisiane française *américaine* s'étendra hors de ses frontières, notamment au Texas, au Mississippi et en Californie[6].

Francophonies des *interstices*

Parlant français, cri ou mitchif, épousant la religion catholique et parcourant les plaines à partir de la rivière Rouge, le peuple métis, issu d'unions entre Canadiens français et Amérindiennes, développa au 19e siècle une forte conscience collective[7]. Il connut son apogée sous Louis Riel, dont le rêve de bâtir une province sœur du Québec, et d'y accueillir de nombreux groupes ethniques, s'estompa sur le pilori de la *police montée* à Regina, le 16 novembre 1885. Après la mort de son chef, la nation métisse se dispersa dans les prairies américaines et canadiennes et les Bois-Brûlés furent relégués aux oubliettes, même si le souvenir d'un chevauchement réel de cultures et d'intérêts reste vif chez certains Métis de l'ouest du continent (Vastel, 1985 ; Sawchuck, 1978).

Si Haïti se trouve à la périphérie de la francophonie nord-américaine, sa diaspora est au cœur de celle-ci. Les liens institutionnels, essentiellement religieux et linguistiques, ont facilité, dans les années 1950-1960, le départ vers Montréal d'une élite instruite et d'une main-d'œuvre hautement qualifiée, faisant de la métropole québécoise, la capitale intellectuelle et politique de la diaspora haïtienne. Pendant les années 1970-1980, la proximité du continent nord-américain a eu pour effet d'attirer dans les seules villes de Boston, de Chicago, de New York et de Miami pas moins de 350 000 Haïtiens (Allen et Turner, 1988)[8]. L'axe Montréal - New York - Miami - Port-au-Prince devient ainsi le théâtre d'un rapprochement progressif entre une Amérique créole et une Amérique française, et le lieu propice à une ouverture internationale et tiers-mondiste.

Rescapés au 18e siècle des bateaux naufragés au large des côtes terre-neuviennes ; réfugiés huguenots refoulés sous la révocation de l'édit de Nantes le long de la côte orientale des États-Unis ; partisans icariens ou fouriéristes à la recherche de l'Utopie en Illinois, au Texas ou en Californie ; colons français, belges ou suisses recrutés au début du 20e siècle pour peupler le vaste terroir des

6. Étant donné les conditions sociales et économiques qui limitaient la mobilité sociale des Noirs dans le sud des États-Unis, la mobilité géographique des Noirs francophones fut beaucoup plus marquée que celle des *Cadjins*, qui étaient profondément enracinés en Louisiane et dont les déplacements se limitaient aux États limitrophes. Ce sont surtout les Noirs qui émigraient sur de grandes distances (San Francisco, Los Angeles, Chicago, etc.).

7. Cependant, il est à noter qu'il y a aussi eu des Métis anglophones. Ces derniers étaient concentrés autour des forts de la Compagnie de la baie d'Hudson. Une certaine solidarité unissait les deux groupes de Métis. Voir Martel (1979).

8. La population *francophone* de la Floride a augmenté de 170 % entre 1980 et 1990. Ce chiffre masque l'apport important des créolophones, car ceux-ci sont considérés comme des francophones par le recensement des États-Unis.

prairies canadiennes ; ou, immigrants récents d'Europe, d'Afrique et d'Asie habitant les grandes villes du continent, voilà un éventail partiel de francophones venus tenter leur chance en Amérique et qui se trouvent dans les interstices de cette francophonie tricéphale en mouvement depuis plus de 300 ans. Son portrait statistique n'est pas sans surprises.

AUJOURD'HUI : PORTRAITS STATISTIQUES, NOUVELLES IDENTITÉS, DIVERSES RÉALITÉS

Portrait statistique de la francophonie nord-américaine

Aujourd'hui, la francophonie nord-américaine peut compter soit 8 millions, soit 20 millions de personnes. Tout dépend de la définition et du discours que l'on veut tenir ! Si l'on privilégie les liens du sang et du cœur, on retient le nombre le plus élevé ; par contre, si l'on insiste sur une francophonie *vivant en français* et clairement identifiable sur le plan culturel, on choisit le plus petit (voir tableau I). Fait à noter, près de 70 % des Nord-Américains qui vivent en français demeurent au Québec. La francophonie canadienne minoritaire compte à peine un million de personnes d'origine ethnique française. Presque toutes sont de langue maternelle française, mais seulement un peu plus de la moitié, soit 636 640, parle français à la maison (environ 2 % de la population du Canada). Ces personnes sont trois fois et demie moins nombreuses que celles qui parlent français à la maison aux États-Unis. Cependant, la situation des francophones varie grandement d'une partie à l'autre du pays.

Portrait statistique de la francophonie canadienne minoritaire

En 1991, la francophonie canadienne minoritaire comptait à peu près un million de personnes de langue maternelle française (3,6 % de la population canadienne) qui se répartissaient comme suit : la moitié (51,6 %) en Ontario, le quart (25 %) au Nouveau-Brunswick, 5,3 % en Colombie-Britannique, 5,8 % en Alberta, 5,2 % au Manitoba, 3,8 % en Nouvelle-Écosse, 2,2 % en Saskatchewan, et moins de 1 % dans les quatre autres provinces et territoires (voir tableau II).

La population de langue maternelle française est deux fois plus nombreuse en Ontario (503 345) qu'au Nouveau-Brunswick (243 690). Toutefois, les francophones du Nouveau-Brunswick constituent le tiers (34 %) de la population de cette province, tandis que ceux de l'Ontario ne représentent que 5 % de la population provinciale, taux

Tableau I
Francophonie nord-américaine par les chiffres, 1990-1991

Région	Population totale	Origine : française	Langue maternelle : français	Langue parlée à la maison : français
Canada *hors Québec*	20 183 735	1 066 770	976 390	636 640
Québec	6 810 305	5 077 830	5 585 650	5 651 795
États-Unis	248 709 873	13 156 333	2 400 000	1 930 404
Total	**275 703 913**	**19 300 933**	**8 962 065**	**8 218 839**

Source : Census of the United States, 1990 ; Statistique Canada, Division de la démolinguistique.

Tableau II
Francophonie canadienne : langue maternelle, langue d'usage et indice de continuité, 1991

Province ou territoire	Population totale	Langue maternelle : français	Part de la population %	Langue d'usage : français	Part de la population %	Indice de continuité %
Alb.	2 519 185	56 730	2,3	20 180	0,8	36
C.-B.	3 247 495	51 585	1,6	14 555	0,4	28
Î.-P.-É.	128 100	5 750	4,5	3 050	2,4	53
Man.	1 079 390	50 755	4,7	25 045	2,3	49
N.-B.	716 500	243 690	34,0	223 265	31,2	92
N.-É.	890 945	37 525	4,2	22 260	2,5	59
Ont.	9 977 055	503 345	5,0	318 705	3,2	63
Qc	6 810 305	5 585 650	82,0	5 651 795	83,0	101
Sask.	976 040	21 795	2,2	7 155	0,7	33
T.-N.	563 925	2 855	0,5	1 340	0,2	47
T.N.-O.	57 435	1 455	2,5	680	1,2	47
Yn	27 665	905	3,3	390	1,4	43
Canada	**26 994 040**	**6 562 040**	**24,3**	**6 288 420**	**23,3**	**96**
Canada *hors Québec*	**20 183 735**	**976 390**	**4,8**	**636 625**	**3,2**	**65**

Source : Statistique Canada, Division de la démolinguistique.

qui se compare à celui du Manitoba (4,7 %), de la Nouvelle-Écosse (4,2 %) et de l'Île-du-Prince-Édouard (4,5 %). Dans les autres provinces et territoires, cette proportion est de moins de 4 %.

La concentration (en nombre et en pourcentage) de la population de langue maternelle française au Nouveau-Brunswick, son enracinement historique et le fait d'être à proximité du Québec expliquent, en partie, pourquoi le français s'y maintient mieux qu'ailleurs. De fait, pour 91,6 % des personnes de langue maternelle française de cette province, le français demeure la langue d'usage. Suivent, par ordre d'importance, l'Ontario (63,3 %), la Nouvelle-Écosse (59,3 %) et l'Île-du-Prince-Édouard (53 %). Dans l'ouest et le nord du pays, tout comme à Terre-Neuve, l'indice de continuité ne dépasse pas le seuil de 50 %[9].

De nouvelles identités

Le nom que se donne un peuple peut en dire long sur son cheminement et son identité. Dans le cas des francophones du continent, la diversité des noms est étourdissante. Ils relatent, de façon souvent très explicite, l'époque des départs du foyer initial et l'ampleur de l'enracinement ailleurs. Ce sont des témoins linguistiques du fait que chaque collectivité de la diaspora est suspendue dans une sorte d'espace-temps qui lui est propre, creusant ainsi l'écart entre le foyer de départ

9. L'indice de continuité est le rapport de la langue d'usage sur la langue maternelle et peut servir de mesure brute pour calculer le taux de rétention d'une langue.

et la région d'accueil. Une fois le passage accompli d'un territoire à l'autre, l'identité se transforme en fonction de forces et de circonstances propres à chaque partie du continent. Les changements d'appellatifs en tiennent compte.

Évolution de l'identité canadienne-française

Au 19e siècle, la vaste majorité des francophones d'Amérique se nommaient *Canadiens* (voir figure I). Cet appellatif était largement reconnu par les autres résidents du continent. Cette reconnaissance s'expliquait en fonction du pouvoir, du nombre et également de ce que l'on pourrait appeler l'*authenticité*. Ils se percevaient et étaient perçus comme étant des peuples issus de la terre d'Amérique. Certains, comme les Canadiens ou *Canayens* du Minnesota, ont gardé ces noms jusqu'à aujourd'hui. Ceux-ci sont originaires du Québec, mais, dans la majorité des cas, sont passés par la Nouvelle-Angleterre au milieu du 19e siècle avant de s'installer dans le Midwest américain. Isolés et peu nombreux, donc *sans danger* pour le groupe majoritaire, ils ont pu garder leur nom d'origine. En Nouvelle-Angleterre, la situation est un peu plus compliquée. Le peuple est resté canadien ou canadien-français, selon l'époque du départ vers *les États*. Toutefois, formant une population nombreuse et ayant une vie intellectuelle et des aspirations collectives distinctes du Québec *d'en haut*, puisque installés aux États-Unis, ce groupe a formulé, dès le début du siècle, par la voix de son élite, un nouveau nom pour décrire sa configuration particulière : *Franco-Américain*.

Au Canada, ces mêmes Canadiens ont dû composer avec des groupes d'accueil plus ou moins hostiles à leur présence. Devenus non seulement démographiquement minoritaires, mais aussi, à partir de la Confédération, politiquement minoritaires, les francophones

Figure I

Des noms qui en disent long : éclatement de l'identité de la francophonie d'origine québécoise

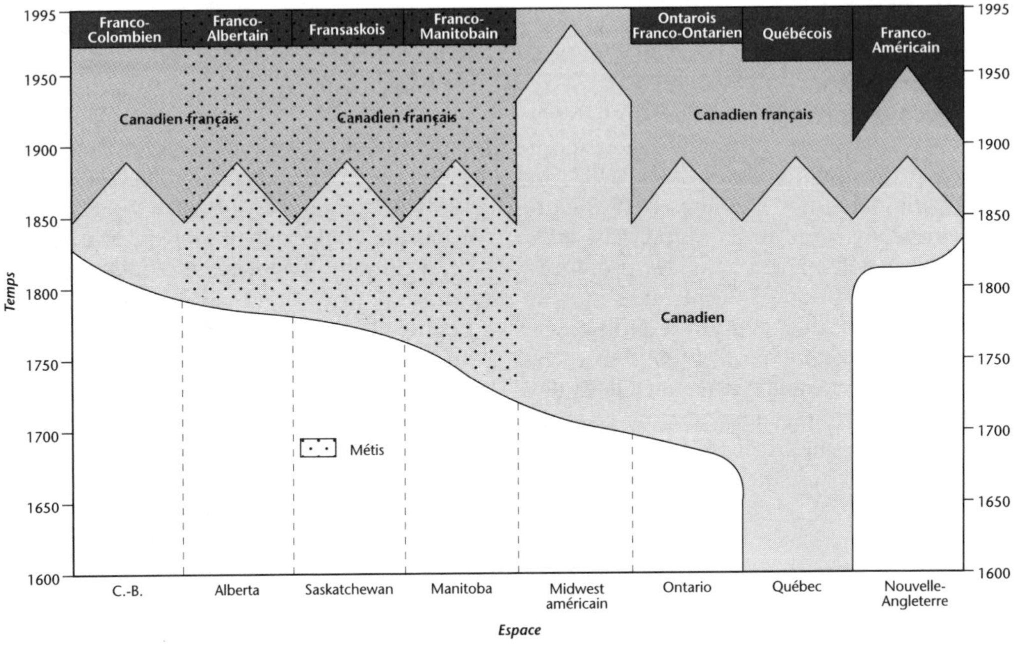

originaires de la vallée du Saint-Laurent se sont réfugiés derrière l'appellatif de *Canadien français*. Par la suite, assujettis à des frontières politiques et à des pouvoirs régionaux naissants, qui minaient davantage leurs assises identitaires (notamment scolaires et donc linguistiques), ces mêmes gens ont assumé des identités provinciales et territoriales : *Franco-Ontarien, Franco-Manitobain, Fransaskois, Franco-Albertain, Franco-Colombien, Franco-Yukonnais* et *Franco-Ténois*. Finalement, dans une tentative pour se défaire du statut de minoritaire et d'une illégitimité à peine voilée, une certaine élite franco-ontarienne, à l'instar de ses voisins devenus subitement des *Québécois*, a choisi, pendant un court laps de temps, un autre nom : *Ontarois*.

Évolution de l'identité acadienne

Les Acadiens ont aussi vécu un éclatement de leur identité. Acadiens *tout court* jusqu'en 1755, leur situation identitaire se complique après les déportations, alors qu'on les retrouve établis de part et d'autre de l'Atlantique. Ce sont les Acadiens des provinces Maritimes qui ont redonné à l'identité acadienne sa visibilité et sa raison d'être à la fin du 19e siècle. Lors de grandes conventions nationales qui réunissaient les Acadiens de l'Île-du-Prince-Édouard, du Nouveau-Brunswick et de la Nouvelle-Écosse, ils ont décidé des symboles de la nation et se sont donné une voix collective en créant la Société nationale l'Assomption qui deviendra, en 1957, la Société nationale des Acadiens (SNA). Graduellement, au cours du 20e siècle, cette voix collective acadienne au sein des provinces Maritimes est devenue multiple alors que les Acadiens de chaque province s'organisent en associations provinciales[10] (voir figure II). Ainsi, on ne parle plus que des Acadiens des provinces Maritimes, mais aussi de ceux de l'Île-du-Prince-Édouard, de la Nouvelle-Écosse et du Nouveau-Brunswick. Cette réorganisation impliquera une transformation de la SNA qui deviendra une fédération et le porte-parole des Acadiens des Maritimes sur la scène internationale. En 1986, la SNA acceptera dans ses rangs Terre-Neuve où la population francophone, aux origines diverses, s'identifie comme Franco-Terre-Neuvienne. Si l'on respecte la logique de la géographie historique canadienne, cette adhésion devrait transformer l'*Acadie des Maritimes* en *Acadie de l'Atlantique*. C'est d'ailleurs cette dernière appellation que les représentants de l'association ont privilégiée lors du premier Congrès mondial acadien tenu en 1994. Ce congrès mettra en évidence la dichotomie entre les Acadiens de la diaspora et ceux de l'Atlantique. N'est-ce pas d'ailleurs pour se démarquer de sa diaspora que la Société nationale des Acadiens deviendra la Société nationale de l'Acadie en 1992 ?

Cette Acadie de la diaspora est elle-même très éclatée. En France, les Acadiens devinrent rapidement des *descendants* d'Acadiens, ce qu'ils sont toujours. C'est la même chose aux États-Unis, sauf en ce qui concerne la Louisiane. Ici, on les désigna avec le temps *Cadjins*. C'est par ce dernier vocable que s'identifie aujourd'hui la grande majorité des francophones de race blanche de la Louisiane. Ils sont connus ainsi de par le monde francophone, bien que l'appellation de langue anglaise *Cajun* soit utilisée par les anglophones ou même des francophones qui connaissent peu la Louisiane. Certains intellectuels louisianais privilégient le gentilé *Cadien*, considérant que *Cadjin* reflète tout simplement la prononciation louisianaise de *Cadien*. Ils essaient donc de populariser le terme *Cadien*. La tenue du 2e Congrès mondial acadien en Louisiane en 1999 leur fournira à cet égard un tremplin certain.

Au Québec, les réfugiés acadiens fondèrent des petites *Cadies*, c'est-à-dire des paroisses dont la majorité de la population était d'ori-

10. Les Acadiens de l'Île-du-Prince-Édouard furent les premiers à se doter d'une association provinciale, la Société Saint-Thomas d'Aquin, en 1919. La Fédération acadienne de la Nouvelle-Écosse date de 1967 et la Société des Acadiens et des Acadiennes du Nouveau-Brunswick, de 1973.

Figure II

Des expressions qui en disent long : éclatement de l'identité de la francophonie d'origine acadienne

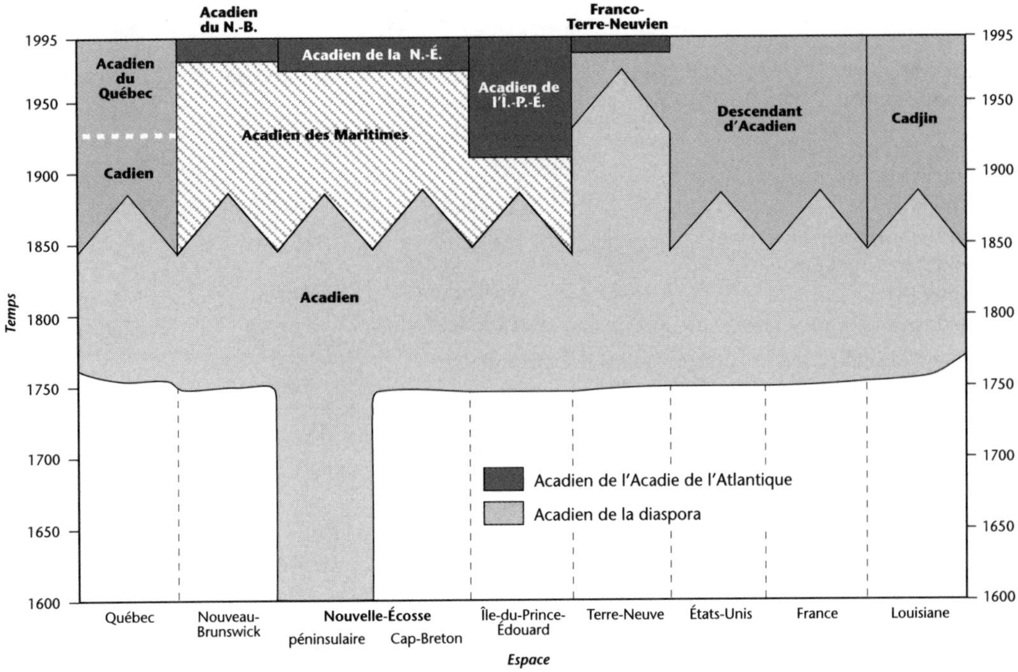

gine acadienne. On associait donc Cadies et *Cadiens*. De fait, c'est sous ce nom qu'ils sont identifiés dans les vieux registres de plusieurs paroisses du Québec (Hébert, 1994, p. 63). Cependant, à partir des années 1920 et jusqu'à aujourd'hui, l'expression les *Acadiens du Québec* s'est imposée. Les migrations des Acadiens des Maritimes des deux derniers siècles semblent avoir eu raison des *Cadiens*.

Cette panoplie de noms est cause d'angoisse, celle de ne pas avoir de mot pour désigner l'ensemble de la population francophone d'Amérique. D'un autre côté, elle reflète avec précision la fragmentation grandissante de la collectivité francophone. Afin de mieux saisir cette réalité, il y a lieu d'examiner les différents types de communautés francophones et acadiennes.

Vers une classification de la francophonie canadienne minoritaire

Reconnaissant la structure régionale du Canada et s'inspirant des travaux de Cardinal, Lapointe et Thériault (1994, p. 98) et des observations faites lors de visites sur le terrain, il est possible de postuler quatre types de communautés franco-canadiennes minoritaires (voir tableau III) : rurale, canadienne-française ou acadienne, et catholique ; urbaine, canadienne-française ou acadienne, et catholique ; urbaine et laïque ; métropolitaine et multiculturelle.

Il n'y a qu'en Ontario où existeraient les quatre types. Le village de Lafontaine dans la région de la baie Georgienne, avec son église, son école, sa caisse populaire et une population encore très francophone, représente le prototype du village canadien-français.

Tableau III
Francophonie canadienne minoritaire : types de communautés

	Régions			
Types de communautés	**Colombie-Britannique**	**Prairies**	**Ontario**	**Atlantique**
Rurale, canadienne-française (acadienne), catholique		Debden	Lafontaine	Chéticamp
Urbaine, canadienne-française (acadienne), catholique		Edmonton	Vanier	Caraquet
Urbaine, laïque		Calgary	Ottawa	Moncton
Métropolitaine, multiculturelle	Vancouver		Toronto	

Source : Louder et Dupont, 1997, p. 54.

D'autres villages de cette catégorie constituent des cas intéressants parce qu'ils subissent des transformations importantes en étant localisés dans la zone d'influence d'un centre urbain. C'est le cas, par exemple, de Saint-Isidore-de-Prescott, de plus en plus touché par l'expansion d'Ottawa. D'ailleurs, c'est ce qui est arrivé à Vanier, à une autre époque, bien qu'elle ait réussi à maintenir sa personnalité canadienne-française et catholique. Étant située à proximité du Québec, et par sa fonction de capitale nationale, Ottawa est un lieu de rencontre privilégié de la francophonie canadienne. Aux francophones du Canada s'ajoutent les membres des corps diplomatiques de pays entièrement ou partiellement de langue française. Par conséquent, Ottawa francophone prend des airs multiculturels, mais, étant donné sa petite taille, n'est pas une métropole. Cependant, il y a tout lieu de croire qu'Ottawa est en train de *glisser* vers la cellule inférieure où est située Toronto (voir tableau III). Celle-ci possède toutes les caractéristiques d'une grande métropole et une population francophone importante mais très disparate. On y retrouve d'ailleurs deux hebdomadaires de langue française, *L'Express* qui projette une image de modernité axée sur l'ouverture nationale et internationale, et *Le Métropolitain* qui s'intéresse davantage aux actualités de la métropole.

À cause de ses institutions, ses centres universitaire et culturel, son musée et ses écrivains et artistes reconnus, Saint-Boniface serait le choix évident pour représenter la catégorie *urbaine, canadienne-française, catholique*. Or, Edmonton est un choix tout aussi logique, puisqu'elle offre un contraste saisissant avec Calgary, qui est sans doute le meilleur exemple dans les Prairies pour la catégorie *urbaine et laïque*. Edmonton a vu, au cours des dernières années, l'émergence d'importantes institutions et d'une concentration de population francophone qui en tire profit dans le quartier Bonny Doon. Contrairement à Calgary où, selon Robert Stebbins (1994), la culture francophone se maintient grâce aux activités de loisir qui ne sont pas nécessairement organisées dans un cadre institutionnel, la population francophone d'Edmonton exploite davantage les réseaux traditionnels.

Les Prairies présentent l'embarras du choix quand il s'agit de trouver un village relevant de la catégorie *rurale, canadienne-française et catholique*. Debden, oui, mais pourquoi pas Zenon Park, Willow Bunch, Saint-Léon, La

Broquerie, Falher, Saint-Paul ou plusieurs autres villages essaimés à travers la plaine ? Tout en ressentant fortement les coups et contrecoups des forces d'émigration et d'assimilation, ces localités, à peine centenaires, reflètent peut-être mieux que toutes autres les valeurs traditionnelles canadiennes-françaises.

À une vingtaine de kilomètres à l'est de Vancouver, Maillardville était le joyau de la francophonie colombienne. Établie au début du 20e siècle par des Canadiens français venus surtout du Québec et des Prairies pour fournir de la main-d'œuvre au Fraser Mills, elle a subi le même sort que Vanier. Elle a été englobée par la grande ville régionale, Vancouver, sans toutefois réussir à conserver la même vivacité que Vanier. Aujourd'hui, à l'image de la francophonie torontoise, celle de Vancouver n'a pas de limites géographiques. Elle est remuante, diverse, sans nationalisme et sans complexes ! Français, Algériens, Libanais, Québécois, Franco-Colombiens, et d'autres encore peuvent se côtoyer s'ils choisissent de le faire.

Dans la région de l'Atlantique, Chéticamp, village acadien isolé de l'île du Cap-Breton, à la porte du *Cabot Trail*, jamais à l'abri des vents et des intempéries maritimes, peut représenter, comme tant d'autres villages, le village acadien traditionnel. Pour ce qui est de l'urbain, y a-t-il véritablement d'autre choix que Moncton ? Les conflits sont légendaires entre Caraquet, capitale *naturelle* de l'Acadie néo-brunswickoise (mais est-ce vraiment une ville ou plutôt un très long village ?) et Moncton, capitale *construite* de l'Acadie des Maritimes. On peut ne pas aimer Moncton, la haïr même, mais force est de constater que c'est à Moncton qu'a vu le jour une nouvelle élite ainsi qu'une acadianité séculaire.

L'espace canadien est vaste, les îlots de l'archipel, nombreux. Chacun a ses qualités et ses particularités, ses espoirs et ses drames, ses bruits et son silence, son passé et son avenir. Aujourd'hui, il s'en dégage une dynamique nouvelle, avec tous les risques que cela comporte.

Demain : vers une maison commune ?

Presque trois décennies se sont écoulées depuis l'intervention directe du gouvernement fédéral dans le domaine des relations entre francophones et anglophones au Canada. Son but avoué était d'assurer la survie et l'épanouissement des communautés francophones à travers le Canada, tout comme le maintien d'une présence anglophone forte et dynamique au Québec, et d'effectuer un rapprochement entre les deux groupes. Il s'agissait d'objectifs et de stratégies articulés autour d'une certaine idée du Canada, celle de deux *peuples fondateurs*, de deux langues, voire de deux cultures officielles, et de présences francophone et anglophone partout au pays. Dans cette vision des choses, les francophones étaient considérés majoritaires au Québec et minoritaires partout ailleurs. Les anglophones constituaient une majorité dans neuf provinces et deux territoires et une minorité au Québec. Une symétrie certaine se dégage de cette lecture sociogéographique du pays. Qu'en est-il à la veille du 21e siècle ?

La nouvelle donne démolinguistique

D'abord, la notion de *deux cultures officielles*, et donc de *biculturalisme*, n'a pas fait long feu. Déjà dans les années 1960, pour gagner les provinces de l'Ouest à la politique fédérale, des concessions s'imposèrent. Dans cette région, où le français occupait la quatrième position quant au nombre de locuteurs, et où des pionniers d'autres communautés culturelles étaient arrivés à partir de la seconde moitié du 19e siècle, on exigeait de troquer le biculturalisme contre le multiculturalisme. Dès lors, le cordon ombilical reliant langue et culture fut sectionné, et le Canada aborda le virage des années 1970 avec deux langues officielles, dont le français, et un nombre indéterminé de cultures, toutes égales les unes aux autres.

Ensuite, la règle du bilinguisme et la reconnaissance de deux groupes minoritaires de langue officielle, instaurées par le gouvernement fédéral et proposées comme modèle à adopter par les autres paliers de gouvernement du pays, n'ont été juridiquement épousées que par un seul gouvernement provincial, le Nouveau-Brunswick, le Québec continuant de facto à pratiquer une telle politique. Autrement dit, la résistance à l'idée même de la création d'un Canada bilingue et à l'épanouissement des communautés francophones minoritaires était formelle.

Entre-temps, l'urbanisation de la population canadienne s'achevait, sa laïcisation également, et les diverses populations provinciales et territoriales s'enracinaient davantage derrière leurs frontières politiques respectives, tout en s'exposant de plus en plus à la culture de masse anglo-américaine.

Les conséquences culturelles et linguistiques de cette conjoncture étaient évidentes. La politique fédérale avait réussi à renforcer les institutions, le discours et la parole francophone en milieu minoritaire, mais elle n'avait pas réussi à freiner les grandes forces assimilatrices au pays. Ainsi l'urbanisation minorise, les mass media séduisent, et les transferts à l'anglais poursuivent leur cours inéluctable. La carte dessinée par Richard Joy (1972) au début des années 1970 se concrétise : celle d'un Canada anglais d'une part et d'un Québec français d'autre part, séparés par une grande zone bilingue s'étalant du nord de l'Ontario au sud-est du Nouveau-Brunswick. Pour ce qui est des milieux francophones minoritaires à l'extérieur de cette zone, il y a déconcentration géographique, effritement institutionnel et même disparition de la carte linguistique de petites communautés isolées. Le poids démographique des francophones au Canada poursuit son déclin, tombant pour la première fois en 1991 en dessous de la barre critique de 25 %.

Trois tendances viennent nuancer ce sombre portrait de trois décennies d'action fédérale. D'abord, les francophones ont continué, comme ils l'ont toujours fait, à répondre aux exigences économiques locales et régionales. D'importants flux migratoires ont contribué, tout au long des années 1970, à renouveler et à dynamiser certaines communautés, notamment celles d'Edmonton et de Vancouver. Ensuite, la politique d'immigration a favorisé la venue au Canada d'importants contingents de francophones en provenance d'Europe, du Moyen-Orient et des Antilles. Leur arrivée a changé de manière drastique la composition ethnique des communautés francophones de Toronto et d'autres grandes villes canadiennes-anglaises. Finalement, l'engouement de la classe moyenne anglophone pour les programmes d'immersion en milieu scolaire a donné une nouvelle valeur à la langue française, tant matérielle que symbolique.

Certes, la politique fédérale a fait fléchir les gouvernements provinciaux, notamment en ce qui concerne les droits des francophones à un enseignement dans leur langue et au contrôle de leurs propres institutions scolaires. Non seulement l'image que le pays projette de lui-même a changé, mais également la reconnaissance juridique d'une présence francophone... là où l'on veut bien la revendiquer. Par contre, il est de plus en plus évident, dans le contexte politique actuel, que la volonté fédérale à l'égard des minorités francophones s'estompe.

Le nouveau contexte politique

Le Canada d'il y a 20 ans fut animé par une volonté claire de se démarquer des États-Unis, de construire une société plus juste et de créer un pays beaucoup plus ouvert sur le monde. C'est d'ailleurs pour cela que le fait français et, tout particulièrement, la promotion des intérêts des francophones en milieu minoritaire étaient au centre des préoccupations politiques nationales (Waddell, 1988). Plus maintenant. Pourquoi ?

Plusieurs facteurs entrent en ligne de compte. Premièrement, le Canada a opté pour un rapprochement économique et idéologique et, par conséquent, culturel avec les États-Unis. Le même gouvernement qui était à l'origine de la politique de bilinguisme a aussi cherché en 1982, par le biais de la

Charte canadienne des droits et libertés, à accorder une place primordiale aux droits individuels aux dépens des droits collectifs. Un peu plus tard, en suivant la tendance mondiale qui favorise les grands regroupements économiques, le Canada s'est lancé dans une stratégie d'intégration économique régionale (Accord de libre-échange nord-américain [ALENA]). Les États-Unis en sont le partenaire principal. Dans un tel ensemble à vocation commerciale, le Canada devient de plus en plus tributaire des produits, des idées, des valeurs et d'une langue provenant du sud du 49e parallèle. Autrement dit, en choisissant *savamment* l'intégration continentale, le Canada a moins d'intérêt à promouvoir une personnalité partiellement francophone.

Par ailleurs, si dans sa dynamique interne, le gouvernement fédéral avait cherché véritablement à canaliser l'énergie nationaliste québécoise et à promouvoir l'idée d'un Canada linguistiquement symétrique, il a fini par modifier sa stratégie. D'abord deux référendums tenus au Québec témoignent de la faillite d'une telle stratégie et, ensuite, les Anglo-Québécois font clairement comprendre qu'ils refusent d'accepter le statut de minorité et, par conséquent, le principe même d'un Canada linguistiquement symétrique. La solution ? Passer à la confrontation avec le Québec.

Deuxièmement, dans un contexte d'endettement massif, de coupures budgétaires et de privatisation, les gouvernements provinciaux, exception faite de celui du Nouveau-Brunswick, qui s'en sert comme outil de développement, perdent de l'intérêt pour les actions culturelles et linguistiques *non rentables*. Le Québec ferme son bureau à Edmonton et réduit ses effectifs ailleurs. L'Ontario, quant à lui, diminue massivement ses services auprès des Franco-Ontariens et menace de fermer l'Hôpital Montfort à Ottawa.

Enfin, une troisième force s'impose sur la scène canadienne : les Autochtones. Du coup, la recherche d'un équilibre entre deux peuples *fondateurs* devient insignifiante, voire carrément mensongère. Cette fois-ci, la mise est beaucoup plus élevée ; les enjeux sont territoriaux, économiques et politiques. Les injustices à l'endroit des Autochtones sont flagrantes, et les appuis internationaux en leur faveur, majeurs. C'est un nouvel ordre du jour qui est sur la table. La question de la francophonie minoritaire est soudainement *mise en veilleuse*.

Une solidarité mise à l'épreuve

Les structures institutionnelles dont la francophonie canadienne minoritaire s'est dotée à la fin des années 1960 découlaient, en partie, du passé, c'est-à-dire de l'infrastructure mise en place par l'ancien Québec, celui qui avait fondé des associations provinciales d'éducateurs de langue française. Toutefois, le gouvernement fédéral, dans la foulée de sa loi sur le bilinguisme, a restructuré les francophones. Cette restructuration s'imposait à la suite de l'effondrement du réseau religieux et du retrait du Québec des dossiers de la francophonie minoritaire. Mais surtout, il s'agissait de transformer les francophones en lobbyistes capables à la fois de faire pression sur les divers gouvernements provinciaux et de faire contrepoids au gouvernement québécois qui cherchait à dominer tout le discours francophone au pays.

La Fédération des francophones hors Québec (FFHQ, 1974), qui chapeautait l'ensemble des associations provinciales et territoriales, émergea comme l'expression principale de ce remaniement. Mais il y en avait d'autres[11]. Elles étaient essentielles, car le Canada français des années 1960-1970 se redéfinissait et le gouvernement fédéral devenait, à toutes fins utiles, l'allié principal et le grand argentier des francophones minoritaires.

Mais avec le recul du temps, on constate qu'il s'agissait d'une alliance circonstancielle,

11. Voir l'immense répertoire compilé par le Conseil de la vie française en Amérique (1994).

au sein de laquelle chacun avait ses propres intérêts. De plus, la notion de *francophones hors Québec* arrivait difficilement à souder des communautés éparpillées à travers le pays, qui se caractérisaient par des origines et des aspirations divergentes. Être définis par rapport au Québec, quand on cherchait à s'inscrire autrement dans le paysage canadien, n'était guère alléchant ! Réunir Acadiens et autres Franco-Canadiens au sein d'une seule famille et d'un seul discours, c'était faire une très mauvaise lecture de la richesse et de la complexité de la francophonie canadienne minoritaire.

Existaient au sein de ce rassemblement fédéral *au moins* deux histoires majeures, deux géographies, deux démographies, deux rapports avec le Québec et, peut-être, deux destins collectifs ? La FFHQ a eu fort à faire à gérer ces tensions au fil des ans et son changement de nom en Fédération des communautés francophones et acadienne du Canada, en 1991, n'est qu'un reflet symbolique d'une quête qui est loin d'être terminée. Comment donner un sens à la francophonie canadienne minoritaire ? Quelle voie nouvelle prendre vers l'avenir ? Certains personnages emblématiques de la francophonie pourront peut-être éclairer le chemin.

Le chemin des personnages emblématiques

L'une des voix les plus belles, mais aussi parmi les plus controversées de la francophonie canadienne contemporaine, est celle d'Herménégilde Chiasson. Acadien jusqu'à la moelle osseuse, son œuvre sort néanmoins de l'Acadie. Elle se situe plutôt à la frontière de l'Amérique postmoderne. Chiasson (1996, p. 118-120) termine son dernier recueil de poésie par « La légende du permafrost », petit texte hallucinant qui mérite l'attention de tous les gens qui sont à la recherche de la piste qui doit relier le passé à l'avenir sur un continent où « notre égarement est un croquis qui s'est effacé dans notre poche ».

La légende, hautement symbolique, débute et se termine par une citation que l'auteur affirme être un extrait d'un « texte retrouvé sur un des marcheurs de la grande migration qui mit fin au peuple acadien ». Ce bout de texte, comme tant d'autres artefacts témoignant des espèces disparues, serait maintenant conservé, selon Chiasson (1996, p. 120), au Smithsonian Institute de Washington :

> Il faut bien admettre que le moment est mal choisi. Nous avons fait le trajet arrière et le monde s'est enfui à toutes jambes devant nous. La friche et le chiendent ont remplacé l'asphalte et les néons. Nous avons quand même persisté. Nous sommes inflexibles dans l'erreur. Il faut bien l'admettre que croire à sa déroute et s'en faire un destin indéfectible est une tâche bouleversante pour qui que ce soit.

Herménégilde a-t-il raison ? Qui sait, mais peu importe, sa réflexion va droit au cœur et s'apparente à la grande dérive entêtée de Slim, ce vieux Noir américain, imaginé par Jack Kerouac (1987, p. 137), qui a passé sa vie à chercher le « Canady » sans le trouver « parce qu'il ne marche jamais dans la bonne direction ». Or, les *libres penseurs* de l'Amérique française, ceux et celles qui ont vécu et lutté en dehors du cadre des grandes institutions nationales – les Louis Riel, Jack Kerouac et Gabrielle Roy –, ont tous été animés par la même quête et déchirés par la même douleur. Ils étaient tous à la recherche d'un monde meilleur pour les leurs, un monde au sein duquel les immigrés du continent seraient accueillis à bras ouverts pour établir une véritable *Terre des hommes*. Or, les lignes de la carte géographique [qu'ils gardaient dans leur poche], tracées à la hâte, « ont fini par se confondre en une tache de graphite noire » (Chiasson, 1996, p. 121). D'où leur immense désespoir, leur errance, leur désir profond de toujours vouloir tout recommencer et ainsi d'échapper au destin maudit. Mais ils n'arrivaient jamais à faire de ce passé qu'ils portaient comme une croix – « le malheur de naître Canadien français » (Blaise, 1991, p. 236) – une porte grande ouverte sur l'avenir. Ces figures emblématiques l'ont payé de leur vie, condamné à l'échafaud comme Louis Riel, détruit par la boisson comme Jack Kerouac, ou rongée par la douleur et la détresse comme Gabrielle Roy.

Mais comment interpréter un rêve ayant une telle coloration mystique ? La réponse se trouve dans la biographie de Gabrielle Roy écrite par François Ricard (1996). C'est l'histoire d'une femme bien connue grâce à ses romans, une femme qui a été « jusqu'au bout du monde[12] », qui y a vécu et y a été heureuse, en grande partie justement parce qu'elle n'a jamais été coupée du monde. Cette écrivaine, à la fois « canadienne et canadienne-française », manitobaine de naissance, québécoise d'adoption et acadienne du côté maternel, a vécu sa vie entière entre ruralité et urbanité, entre désespoir et plénitude, entre insularité et ouverture au monde. Elle professait un attachement viscéral au Canada, ce pays « où nous avons, comme peuple, souffert, erré, mais aussi un peu partout laissé notre marque » (Ricard, 1996, p. 490-491). Mais en même temps « elle se [voulait] "solidaire du Québec" mais sans pouvoir, sans vouloir exclure de ses affections le reste du pays canadien » (Ricard, 1996, p. 490-491). Gabrielle a vécu la majeure partie de sa vie d'adulte au Québec, puisant néanmoins son inspiration, principalement, dans ses souvenirs d'un Manitoba lointain. De ce fait, elle ne pouvait pas supporter l'idée de rupture et d'intolérance envers les autres francophones d'Amérique, sentiments largement répandus au Québec tout au long de la Révolution tranquille. Certes, elle avait quitté « sa prairie lointaine » – un univers où elle a connu un bonheur fragile – pour échapper au destin tragique des francophones de l'Ouest, à l'infériorité, à la solitude et à l'incompréhension de la majorité. Pour échapper à ce sort qui menait droit à l'écrasement, elle a épousé l'anglais comme langue d'ouverture, de libération et du réel.

Quel univers complexe ! Complexe à tel point que Gabrielle, grande écrivaine, n'a jamais réalisé son plus grand rêve, celui d'écrire la saga des francophones de l'Ouest parce que, justement, c'était trop grand, trop difficile à expliquer et à dire et, peut être..., sans issue évidente. Or, cette utopie qu'elle recherchait tant – tout comme Kerouac et Riel – était faite à la fois du local et de l'universel, de l'appartenance au groupe, aux grands mythes et à l'histoire, de l'enracinement dans une multitude de petites patries, mais également du voyage, de l'aventure, du rêve, de l'ouverture à l'autre, et donc d'une fraternité sans frontières sur un continent sans limites.

Tous les trois préconisaient un continent ouvert et libre, sans frontières, un espace exempt de clôtures sans espoir, qui empêcheraient les déplacements et contribueraient aux tensions[13]. Ils imaginaient même des communautés canadiennes-françaises comme points luminescents dans l'immensité du continent. Leur vision faisait largement abstraction de l'Amérique anglo-saxonne prédominante. Pourtant, c'est cette Amérique-là qui conditionnait leur destin et celui des autres.

Herménégilde Chiasson a trouvé sa solution. Il s'agit de prendre la seule route possible, celle de l'avenir. Casser les chaînes, bannir le local et épouser l'Amérique dans toute sa grandeur, son souffle et ses révoltes. C'est un choix éminemment courageux, mais qui n'accorde plus de place au groupe. C'est un choix purement individuel où l'Acadie est

---

12. L'essentiel de l'œuvre de Gabrielle Roy est imprégné de la notion du *bout du monde*. Voir, par exemple, ses livres *Un Jardin au bout du monde* (1975) ou *La détresse et l'enchantement* (1984). Dans ce dernier, il est question du rêve de ses parents d'obtenir une terre en Saskatchewan [« au bout du monde »] (p. 56), du cimetière de la famille Landry, situé « au bout du monde », des « vies humaines égarées dans l'histoire et dans l'espace » (p. 63). De plus, François Ricard (1996, p. 51) fait mention de son sentiment d'habiter « une petite île d'indigènes [communautés francophones] égarée en mer lointaine ».
13. La notion de *clôture sans espoir* vient de l'intervention de Lise Bissonnette (1989, p. 236) à l'occasion de la Rencontre internationale Jack Kerouac tenue à Québec en octobre 1987. Elle faisait allusion aux « battus, opprimés et colonisés qui partageraient l'esprit de frontière ».

laissée à son sort, tout comme les autres îlots de l'archipel francophone, d'ailleurs. Or, le défi de la francophonie canadienne contemporaine est justement de revenir à l'appel de Gabrielle Roy, de Louis Riel et de Jack Kerouac, et de trouver une voie entre le local et l'universel, de valoriser le groupe tout en donnant de l'espoir à l'individu, de rendre possible autant l'enracinement que le voyage, d'affirmer la différence et de construire la solidarité intercommunautaire.

Mais comment réaliser un tel projet au Canada au début du nouveau millénaire ? Sans doute, en tissant des liens avec les autres groupes minoritaires qui vivent en marge de l'Amérique dominante, en commençant par les peuples autochtones. Cette ouverture devrait permettre de mieux mettre en valeur la différence et de passer ensemble au-delà des différences. Car nous sommes tous – et c'est là l'un des principaux messages de Gabrielle Roy – des immigrants en Amérique[14].

C'est l'anthropologue Renato Rosaldo (1973, p. 1003) qui nous a rappelé, il y a longtemps, que les Canadiens français se situent à une strate spécifique dans l'histoire de ce continent :

> *In the late 1950s at Tucson High School [Arizona] we Chicanos (for even then that is what we called ourselves) sometimes jokingly said we were French-Canadians. Probably we were thinking about our language and our distant but distinctive cultural heritage; or perhaps we had in mind the fact that though we had come second, and not first, like the Native Americans, we had collided almost equally disastrously with the on-rushing manifest destiny of capitalism and the Protestant ethic.*

S'il y a parallélisme évident entre le sort des Canadiens français et les Chicanos sur l'ensemble continental, il y a également convergence entre les revendications autochtones et francophones à l'intérieur de l'espace canadien. Tous deux sont à la recherche d'institutions politiques distinctes, institutions qui témoignent de leur place particulière dans l'histoire du continent, de leur spécificité linguistique et culturelle, et de leur éclatement géographique. Se tendre la main mutuellement aurait pour effet de modifier radicalement l'échiquier politique canadien et de réveiller les esprits qui se sont fait endormir par le grand rêve « féd-irréaliste » des années 1960, rêve non réalisé justement parce qu'il a été construit sur « une carte géographique tracée à la hâte et dont les lignes ont fini par se confondre en une tache de graphite noire » (Chiasson, 1996, p. 21). Une fois ces solidarités interculturelles consacrées, on pourrait peut-être se mettre à réaliser la nouvelle géographie de la francophonie canadienne. Cette géographie serait faite autant de réseaux que de lieux d'enracinement. Elle serait articulée autour d'institutions qui géreraient un univers à la fois organisé et fluide... et qui embrasseraient autant le Québec français que la francophonie canadienne minoritaire.

Souvenons-nous du parcours, vécu et imaginé, des personnages emblématiques. Dans leur tête, il n'y avait pas de barrière entre le Québec et le reste de l'Amérique française. Des différences majeures, certes, mais surtout des espaces complémentaires. Il n'y a pas si longtemps, la francophonie à l'extérieur du Québec constituait un milieu d'ouverture, tandis que le Québec se repliait sur lui-même. Puis, la situation semble s'être inversée. Il est nécessaire maintenant de traverser la frontière majoritaire-minoritaire, dans un sens comme dans l'autre, pour se ressourcer et pour faire en sorte que l'archipel et les peuples qui l'habitent se portent bien. Au Forum francophone de concertation, Michel Doucet (1997, p. 8), doyen de la Faculté de droit à l'Université de Moncton, le reconnaissait :

> Quels que soient nos choix politiques de demain, le Québec et les communautés francophones et acadienne du Canada ne peuvent adopter une attitude d'indifférence et de méfiance l'un vis-à-vis l'autre. Notre avenir est intrinsèquement lié. Nous faisons partie du même corps ; nous partageons le même cœur et nous avons la même âme. Comment l'un pourra-t-il exister sans l'autre ?

---

14. Tout en reconnaissant aux Autochtones le titre de premiers habitants.

La francophonie canadienne minoritaire et son expression politique, la Fédération des communautés francophones et acadienne du Canada, furent le fruit de desseins politiques issus d'un contexte particulier caractérisé par un projet souverainiste québécois et un projet fédéral. En théorie, ce dernier avait comme objectif principal d'assurer l'existence d'un Canada bilingue, mais, dans la pratique, cherchait, semble-t-il, à faire la leçon au Québec (Cardinal, 1996). Pour faire vivre pleinement la francophonie canadienne minoritaire, il va falloir d'abord se libérer de cette géographie difficile qui a été dictée et imposée par des considérations politiques. Le rêve d'un futur solidaire francophone en Amérique nous appartient. Il s'inscrit dans une solidarité naturelle, qui a perdu des plumes, mais qui est bien enracinée dans le passé. À nous de retrouver la mémoire de ce *passé*, de défier le *présent* et de faire de notre rêve notre *futur*.

BIBLIOGRAPHIE

ADAM, Francine, et Catherine PHLIPPONNEAU (1994). « Noms de lieux, langue et société en Acadie du Nouveau-Brunswick », *Études canadiennes = Canadian Studies*, nº 37, p. 247-256.

ALLEN, James, et Gene TURNER (1988). *We the People : An Atlas of America's Ethnic Diversity*, New York, MacMillan.

BISSONNETTE, Lise (1989). « ... vu du Québec », dans *Un homme grand : Jack Kerouac à la confluence des cultures*, sous la direction de P. Anctil, L. Dupont, R. Ferland et E. Waddell, Ottawa, Carleton University Press, p. 235-236.

BLAIS, Suzanne (1983). *Apport de la toponymie ancienne aux études sur le français québécois et nord-américain : documents cartographiques du régime français*, Québec, Gouvernement du Québec, Commission de toponymie.

BLAISE, Clark (1991). « Latin Americans of the North », dans *Le Québec et les Franco-Américains de la Nouvelle-Angleterre*, sous la direction de D. Louder, Québec, Presses de l'Université Laval, collection « CEFAN », p. 227-238.

CARDINAL, Linda (1996). « L'illusoire francophonie pancanadienne », *Le Devoir*, 18 septembre.

CARDINAL, Linda, Jean LAPOINTE et J. Yvon THÉRIAULT (1994). *État de la recherche sur les communautés francophones hors Québec, 1980-1990*, Ottawa, Centre de recherche en civilisation canadienne-française.

CHAPUT, Donald (1985). *La participation des Canadiens français à la conquête de l'Ouest américain*, Los Angeles, Délégation du Québec.

CHIASSON, Herménégilde (1996). *Climats*, Moncton, Éditions d'Acadie.

COMITÉ PERMANENT CANADIEN DES NOMS GÉOGRAPHIQUES (1987). *Principes et directives pour la dénomination des lieux*, Ottawa, Ministère de l'Énergie, des Mines et des Ressources.

CONSEIL DE LA VIE FRANÇAISE EN AMÉRIQUE (1994). *Répertoire de la vie française en Amérique, 1993-1994*, 28e éd., Québec.

COULET DU GARD, René (1986). *Dictionary of French Place Names in the USA*, Newark (Delaware), Éditions des Deux Mondes et Slavuta.

DAIGLE, Jean, et Robert LEBLANC (1987). « Déportation et retour des Acadiens », dans *Atlas historique du Canada, vol. 1 : des origines à 1800*, sous la direction de R. Cole Harris, et de Louise Dechêne pour l'édition française, Montréal, Presses de l'Université de Montréal, pl. 30.

DOUCET, Michel (1997). « Tous ensemble face aux défis », Québec, 14 mars. Conférence présentée lors du Forum francophone de concertation.

DUPONT, Louis (1984). *Les Québécois en Floride ou l'Amérique comme un possible*. Mémoire de maîtrise, Université Laval.

DUPONT, Louis (1994). « Les Floribécois dans le contexte de la Floride d'aujourd'hui ». Rapport de recherche soumis au vice-rectorat à la recherche, Université Laval.

HAMELIN, Louis-Edmond (1967). *La géographie « difficile »*, Québec, Presses de l'Université Laval. D'abord publié dans *Cahiers de géographie de Québec*, 1952.

HÉBERT, Pierre-Maurice (1994). *Les Acadiens du Québec*, Montréal, L'Écho.

JOY, Richard (1972). *Languages in Conflict : The Canadian Experience*, Toronto, McClelland and Stewart.

KEROUAC, Jack (1987). *Pic*, Montréal, Québec/Amérique.

LALONDE, André (1983). « Les Canadiens français de l'Ouest : espoirs, tragédies, incertitude », dans *Du continent perdu à l'archipel retrouvé : le Québec et l'Amérique française*, sous la direction de D. Louder et E. Waddell, Québec, Presses de l'Université Laval, p. 81-95.

LOUDER, Dean, et Louis DUPONT (1997). « Nouvelle sphère et champ identitaire francophone et acadien », dans *La francophonie sur les marges*, sous la direction de Carol Harvey et Alan MacDonell, Winnipeg, Presses universitaires de Saint-Boniface, p. 53-66.

LOUDER, Dean, Cécyle TRÉPANIER et Éric WADDELL (1994). « La francophonie nord-américaine : mise en place et processus de diffusion géo-historique », dans *Langue, espace, société : les variétés du français en Amérique du Nord*, sous la direction de C. Poirier, Québec, Presses de l'Université Laval, p. 185-202.

LOUDER, Dean, et Éric WADDELL, dir. (1992). *French America : Mobility, Identity and Minority Experience Across the Continent*, Baton Rouge, LSU Press, 371 p.

LOUDER, Dean, Éric WADDELL et Christian MORISSONNEAU (1983). « Introduction », dans *Du continent perdu à l'archipel retrouvé : le Québec et l'Amérique française*, sous la direction de D. Louder et E. Waddell, Québec, Presses de l'Université Laval, p. 2-10.

MAILLOUX, Claude (1985). *Discours d'État et migration interprovinciale : l'expérience des Québécois en Alberta*. Mémoire de maîtrise, Université Laval.

MARTEL, Gilles (1979). « Quand une majorité devient une minorité : les Métis francophones de l'Ouest canadien », *Cahiers de géographie du Québec*, vol. 23, n° 58, p. 73-98.

MORISSONNEAU, Christian (1983). « Le peuple dit ingouvernable du pays sans bornes : mobilité et identité québécoise », dans *Du continent perdu à l'archipel retrouvé : le Québec et l'Amérique française*, sous la direction de D. Louder et E. Waddell, Québec, Presses de l'Université Laval, p. 12-27.

RICARD, François (1996). *Gabrielle Roy : une vie*, Montréal, Boréal.

ROSALDO, Renato (1973). « Review of Social Change and Psychological Perspective », *American Anthroplogist*, vol. 75, p. 990-1005.

ROY, Gabrielle (1975). *Un jardin au bout du monde et autres nouvelles*, Montréal, Beauchemin.

ROY, Gabrielle (1984). *La détresse et l'enchantement*, Montréal, Boréal Express.

SAWCHUK, Joe (1978). *The Métis of Manitoba : Reformulation of Ethnic Identity*, Toronto, P. Martin Associates.

STEBBINS, Robert (1994). *The Franco-Calgarians : French Language, Leisure and Linguistic Lifestyle in an Anglophone City*, Toronto, University of Toronto Press.

STEWART, George R. (1970). *American Place Names : A Concise and Selective Dictionary for the Continental United States of America*, New York, Oxford University Press.

VASTEL, Michel (1985). « La tragédie du peuple métis », *L'actualité*, vol. 4, p. 92-100.

WADDELL, Éric (1988). « Unravelling the Québec-Canada-USA Linguistic Triangle », *Journal of Cultural Geography*, vol. 8, n° 2, p. 95-104.

Chapitre 2

Aires géographiques en Acadie

Samuel P. Arseneault, Université de Moncton

Cette étude s'intéresse à la géographie des Acadiens dans les provinces Maritimes. L'approche est de nature chronologique et explique d'abord l'évolution du territoire en cinq étapes à partir de la présence amérindienne jusqu'à la Confédération canadienne de 1867 (voir carte I). Depuis la Confédération, la réalité acadienne a évolué ; son centre démographique s'est consolidé dans la province du Nouveau-Brunswick (Arseneault *et al.*, 1976). Ceci remet en question la pertinence pour l'Acadie de maintenir trois provinces dans les Maritimes (voir carte II).

Le choix des cinq étapes est basé sur une première hypothèse voulant que le développement d'une région dépende de la nature ouverte plutôt que de la nature fragmentée de son territoire. La région a été unifiée durant trois des cinq étapes sous le contrôle successif des Amérindiens, des Français et des Britanniques (voir carte I, A, B, D). Les deux autres étapes représentent les périodes de fragmentation, la première de 1713 à 1763 (voir carte I, C) et la seconde de 1769 à 1867 (voir carte I, E). Depuis 1867, les limites des six fragments sont demeurées fixes.

À l'intérieur des trois provinces Maritimes, qui regroupent environ 80 % du territoire historique, la population acadienne s'est toutefois déplacée et a évolué en nombre. D'abord très dispersée, sans institution, elle s'intéresse à des questions de survie. Vers la fin du 19e siècle, cette population se regroupe, s'organise et se donne une infrastructure institutionnelle qui lui permet de se développer et d'atteindre une certaine cohésion, symbolisée entre autres par la création de la Société nationale des Acadiens (SNA) à la fin des années 1950[1], aujourd'hui la Société nationale de l'Acadie. L'émergence d'associations provinciales, soit la Société des Acadiens et des Acadiennes du Nouveau-Brunswick (SAANB), la Société Saint-Thomas d'Aquin (SSTA), la Fédération acadienne de la Nouvelle-Écosse (FANE), et la décentralisation démesurée de la SAANB viendra cependant nourrir le régionalisme étroit et étouffer les projets de nature unificatrice.

Il faut mettre fin à ce fractionnement stérile et créer un nouveau regroupement, et ce, sans compromettre l'énergie qui émerge de la prise de conscience, chez les Acadiens, de leurs villages, de leurs villes, de leurs communautés et de leurs régions.

Nous proposons donc une régionalisation qui ne tient pas compte des frontières provinciales et marines, et regroupe la population acadienne (francophone) dans neuf aires géographiques (voir carte II). À chaque aire se greffent un ou plusieurs noyaux (villages, villes) qu'on identifie comme des *centres*, autour desquels il y a souvent des *domaines*, eux-mêmes entourés d'une *mouvance*, lieu où se fait l'interaction entre les aires. Cette interaction engendre l'évolution et le développement des communautés. Nous croyons que les

---

1. La Société nationale l'Assomption, fondée en 1881, devint la Société nationale des Acadiens en 1957, incorporée en 1959. Elle changera son nom en 1992 pour la Société nationale de l'Acadie.

interrelations qui s'opèrent dans la mouvance sont la base de l'épanouissement et du développement. Dans les centres et dans les domaines, les interrelations vont plutôt maintenir et préserver le statu quo. Cette seconde hypothèse va à l'encontre de la thèse classique qui situe le développement au centre, tandis que la périphérie sert de ressource en matières premières (thèse centre-périphérie).

Nous sommes tous d'accord que l'Acadie représente une réalité dans les provinces Maritimes, même si l'on ne s'entend pas sur sa représentation territoriale. Plus souvent qu'autrement, on s'arrête aux limites géopolitiques telles les frontières provinciales et les limites des comtés ou des secteurs de recensement.

Adrien Bérubé a fait plusieurs études pour délimiter le territoire acadien dans les Maritimes. Il a représenté l'Acadie historique qui, dans son interprétation large, recouvre assez bien les aires géographiques amérindiennes (voir carte I, A). Au sens étroit, cette Acadie historique ne correspond qu'à 50 % de la Nouvelle-Écosse péninsulaire. Bérubé propose une Acadie généalogique qui s'étend démesurément de part et d'autre de l'océan Atlantique, de l'équateur au cercle polaire. Son Acadie opérationnelle est un concept rural et ne tient pas compte des communautés acadiennes qui habitent dans les grands centres urbains comme Saint-Jean, Charlottetown, Fredericton et Halifax. L'idée d'une province acadienne qu'il appelle l'*Acadie prospective* est, selon lui, un projet irréaliste relié à un conservatisme étroit qui n'entraîne que la ghettoïsation de ceux qui s'y réfugient (Bérubé, 1990).

L'Acadie des nationalistes (SAANB) est quant à elle repliée à l'intérieur des frontières du Nouveau-Brunswick et ignore les communautés acadiennes de la Nouvelle-Écosse et de l'Île-du-Prince-Édouard. De plus, cette Acadie représentée par 16 fragments (voir carte III) n'est pas adéquate pour comprendre l'écoumène acadien.

Il faut éviter également le découpage basé sur le concept de la girouette (rose des vents) : le nord-ouest, le nord-est et le sud-ouest du Nouveau-Brunswick ; le nord-ouest du Cap-Breton et le sud-ouest de la Nouvelle-Écosse ; et le sud-ouest de l'Île-du-Prince-Édouard. Au Nouveau-Brunswick, bien malin, qui peut nous dire où s'arrête le Nord-Ouest et où commence le Nord-Est (voir carte IV).

Le découpage politique actuel des Maritimes entre le Nouveau-Brunswick, la Nouvelle-Écosse et l'Île-du-Prince-Édouard ne rend pas justice aux communautés acadiennes, car il a tendance à les isoler à l'intérieur des frontières provinciales. Pire encore, il masque les liens entre les communautés acadiennes de la Gaspésie, des Îles de la Madeleine et du Maine et celles des Maritimes à cause des frontières interprovinciales et internationales.

Ces découpages historiques, généalogiques, opérationnels, prospectifs, nationalistes et provinciaux posent tous le même type de problèmes. Ils oublient ou ignorent les transitions et les nuances qui existent dans les mouvances, car ils se focalisent sur l'importance de frontières rigides et donc sans mouvance entre les régions, telles les circonscriptions de recensement, les régions économiques, les régions politiques, etc.

Cette rigidité du découpage peut convenir si l'on veut établir et analyser des statistiques pour des études démographiques, économiques ou autres. Mais ce découpage est inadéquat si l'on souhaite comprendre le comportement et saisir le pouls du paysage culturel des Acadiens, puisqu'il ne tient pas compte des processus d'interaction entre les diverses aires géographiques. Or, cette interaction est le propre de la mouvance qui, de fait, est le creuset dans lequel se font les échanges, assurant ainsi le développement des Acadiens, aussi bien dans les Maritimes qu'au Québec ou dans l'État du Maine (voir carte II).

Évolution des aires géographiques

D'une certaine manière, le territoire est ouvert durant la période amérindienne (voir

Carte I
Évolution des aires géographiques

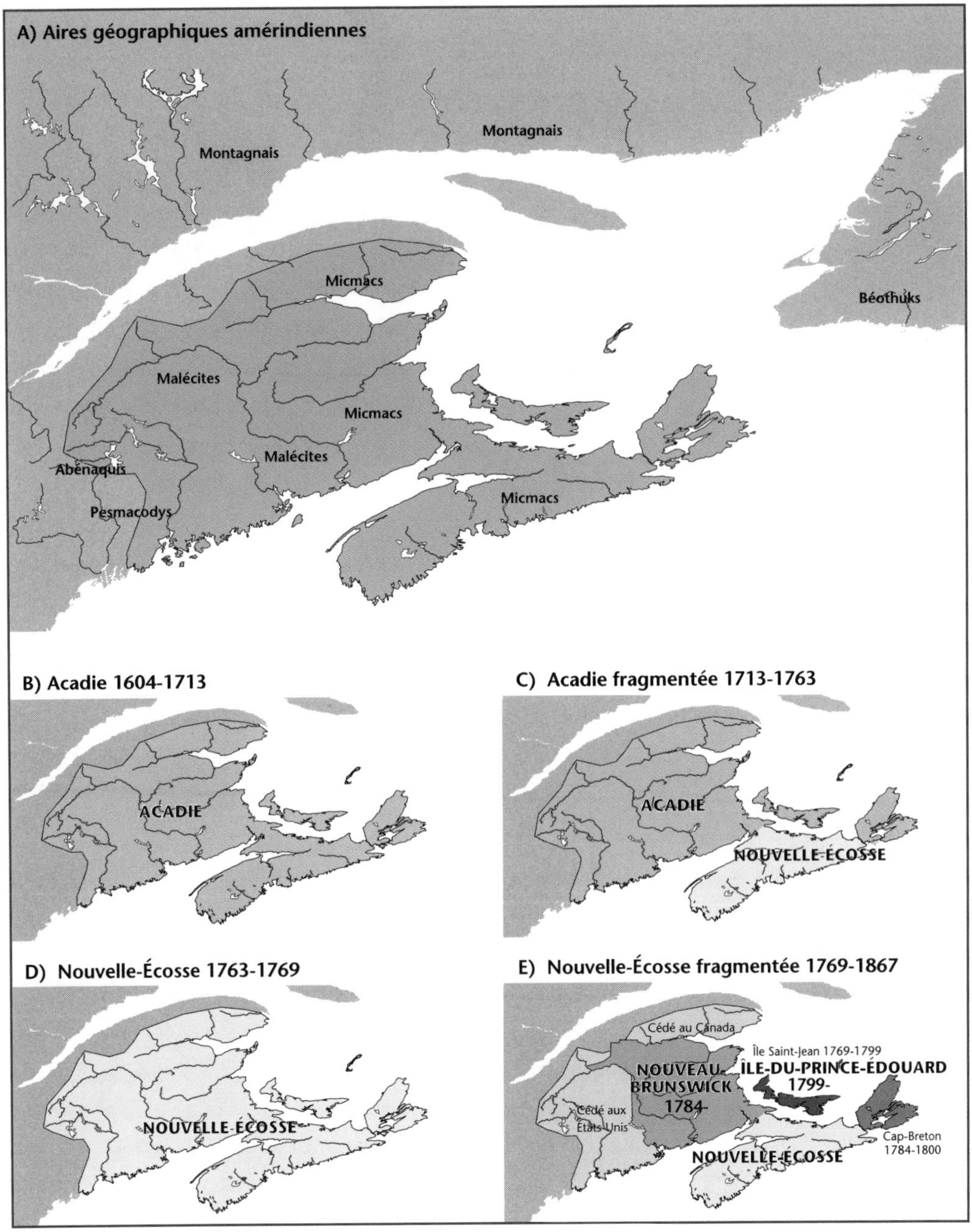

Réalisation : Samuel P. Arseneault, 1998.

Carte II
Les Acadies des Maritimes
Aires géographiques et langue française, 1991*

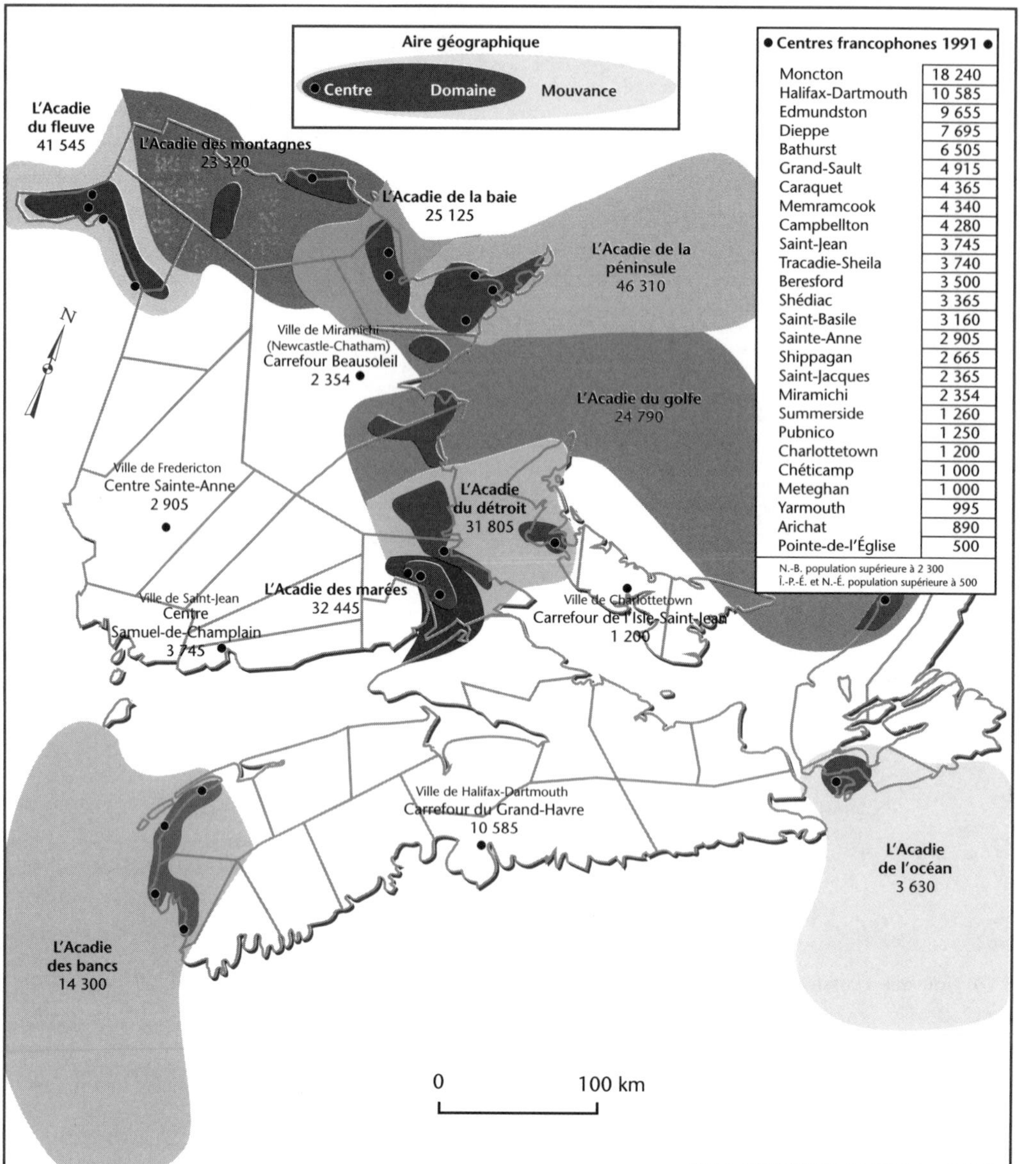

• Centres francophones 1991 •	
Moncton	18 240
Halifax-Dartmouth	10 585
Edmundston	9 655
Dieppe	7 695
Bathurst	6 505
Grand-Sault	4 915
Caraquet	4 365
Memramcook	4 340
Campbellton	4 280
Saint-Jean	3 745
Tracadie-Sheila	3 740
Beresford	3 500
Shédiac	3 365
Saint-Basile	3 160
Sainte-Anne	2 905
Shippagan	2 665
Saint-Jacques	2 365
Miramichi	2 354
Summerside	1 260
Pubnico	1 250
Charlottetown	1 200
Chéticamp	1 000
Meteghan	1 000
Yarmouth	995
Arichat	890
Pointe-de-l'Église	500

N.-B. population supérieure à 2 300
Î.-P.-É. et N.-É. population supérieure à 500

*Langue maternelle réponse unique pour le N.-B.
Langue maternelle réponse unique et multiple pour la N.-É. et l'Î.-P.-É.

Réalisation : Samuel P. Arseneault, 1998.

carte I, A). L'organisation socioéconomique est reliée directement à l'exploitation des ressources naturelles de la faune et de la flore aquatiques et terrestres. Les ressources sont échangées librement, et l'accumulation des provisions durant les saisons d'abondance permet aux Amérindiens de subvenir à leurs besoins durant les saisons de rareté. Il n'existait probablement pas à cette époque de barrière *politique* pour ce qui est des échanges entre les régions (*Atlas*, 1987).

Les Malécites, les Micmacs et les Pesmacodys se partagent le territoire préacadien (Delâge, 1991, carte I, p. 416). Les premiers occupent le bassin versant du fleuve Saint-Jean, les deuxièmes peuplent les bassins du golfe Saint-Laurent et du littoral atlantique, tandis que les autres contrôlent les îles Grand Manan, Campobello et Deer, et le terrain drainé par la rivière Sainte-Croix. Bien que nomades, ces peuples ont cependant des aires géographiques bien définies qu'ils occupent successivement à l'automne pour la chasse, à l'hiver pour le piégeage, au printemps pour la pêche, et à l'été pour la cueillette. Il y avait sûrement un système d'échange entre les régions côtières micmaques et pesmacodys et les régions intérieures malécites. Les nombreux portages, utilisés plus tard par les commerçants de fourrures, témoignent de la présence de ces routes commerciales amérindiennes (Ganong, 1906).

À ce système d'échange interne s'en greffe un autre plus élaboré, contrôlé par les Montagnais, les Abénaquis et les Béothuks, qui s'étend du nord au sud entre le détroit de Belle Isle et le cap Cod et inclue l'axe est-ouest du fleuve Saint-Laurent.

Le premier réseau transatlantique d'échanges commerciaux est organisé par les compagnies privées qui envoient chaque année plusieurs centaines de pêcheurs sur les bancs et sur les côtes de l'Amérique du Nord. Plus tard les explorateurs financés par les gouvernements européens, tel Jacques Cartier, confèrent un statut officiel à ce système commercial. L'élargissement de la zone d'échange a pour conséquence la réduction du contrôle amérindien de l'aire géographique des Maritimes durant la première moitié du 17e siècle (Delâge, 1991, p. 7). Ce territoire découvert par les Européens, qu'on appelle l'*Acadie* (voir carte I, B, C), sert d'abord de pied-à-terre pour l'exploitation des richesses de la mer. Il devient ensuite attirant pour le commerce des fourrures. Ce type d'exploitation entraîne l'établissement d'une population permanente qui assure le développement agricole des marais salés du littoral atlantique (Clark, 1968).

L'établissement de façon plus permanente des comptoirs de traite et le maintien des postes saisonniers de pêche sédentaire permet aux Acadiens de maintenir et de renforcer leurs liens transatlantiques. En plus, les explorations de Cartier dans le sud du golfe Saint-Laurent, et de Champlain dans le golfe du Maine, annoncent l'étendue de cette Acadie historique dont les limites recouvrent bien les bassins versants de la région économique amérindienne. Pendant plus de 100 ans, soit de 1604 à 1713, l'espace acadien des Maritimes va fonctionner comme un ensemble ouvert. On assiste au mouvement libre des personnes et à l'augmentation des échanges des produits de la terre, de la mer, des rivières et de la forêt (Daigle, 1993). Il y aura bien sûr des querelles de pouvoir internes entre les seigneurs, des razzias, et même à quelques reprises l'occupation temporaire de Port-Royal par les Anglais. Mais pour l'essentiel, les pêcheurs, les agriculteurs et les trappeurs continuent l'exploitation du milieu et occupent de façon permanente les marais, les baies, les havres et les vallées du versant sud de l'axe appalachien de la baie des Chaleurs à l'embouchure de la rivière Kénébec.

Une première fragmentation du territoire se produit en 1713 avec un contrôle permanent des Britanniques sur la péninsule de l'Acadie historique (voir carte I, C). Bien que la plupart des territoires (île Saint-Jean/île Royale/Nouveau-Brunswick de 1784) demeurent français, la majorité de la population acadienne se retrouve dans la partie britannique (Clark, 1968). Cette situation paradoxale nuira au commerce et aux échanges dans cette aire géographique des Maritimes. Il a été démontré que, malgré cette anomalie, les personnes, le bétail, les fourrures et les produits agricoles franchissaient les frontières (Daigle, 1975). Mais les difficultés provoquées par ce découpage demeurent réelles et limiteront sévèrement le développement démographique de l'Acadie. Ce développement se trouve définitivement compromis en 1755 lorsque la population agricole est évacuée de force des marais de la baie Française.

Après le traité de Paris de 1763, le territoire retrouve ses limites historiques et s'appelle désormais Nova Scotia (voir carte I, D, E). Les nouveaux propriétaires s'empressent de repeupler les marais laissés vides par le départ forcé des agriculteurs acadiens (Roy, 1981). Ailleurs, l'exploitation des pêches et des fourrures continue. Un réalignement démographique permet aux anglophones (Anglais, Écossais et Irlandais) d'occuper les points stratégiques (embouchure des rivières, isthmes et havres), alors que les secteurs plus marginaux sont laissés aux francophones demeurés dans la région ou qui sont revenus après la conquête britannique.

Cette grande Nova Scotia résistera mal aux forces séparatistes. En effet, en 1769 naîtra en son sein la colonie insulaire de Prince Edward Island qui s'appellera Island of St. John entre 1769 et 1799. De 1784 à 1800, il y aura une deuxième colonie insulaire dans l'île Royale du nom de Cap-Breton. Toujours en 1784, tous les territoires au nord de l'isthme de Chignectou sont regroupés dans la colonie loyaliste du New Brunswick (voir carte I, E ; Bumsted, 1994).

S'exerce alors la convoitise des voisins qui vont gruger le nord, l'est et surtout l'ouest du Nouveau-Brunswick, la plus grande des quatre colonies. Au nord, c'est le Québec qui occupe l'amont des bassins versants des affluents du fleuve Saint-Jean tel le Madawaska. Il en va de même pour les affluents de la rivière Ristigouche comme la Matapédia, la Patapédia et la Kedgwick. De la même façon le Québec obtient le bassin nord de la baie des Chaleurs. À l'est, avec les Îles de la Madeleine, le Québec peut maintenant réclamer, selon le principe de l'équidistance, la majeure partie du territoire marin du golfe Saint-Laurent. À l'ouest, la frontière historique de l'interfluve Kénébec-Penobscot de l'Acadie et la grande Nova Scotia est successivement repoussée vers l'est (voir carte I, E). Ni les droits de chasse, ni ceux de pêche, ni ceux d'occupation n'ont empêché les Britanniques de concéder aux Américains une région stratégique pour la survie économique et sociale des Maritimes. Ces concessions éliminent l'accès des Maritimes au lien historique entre l'océan Atlantique et le fleuve Saint-Laurent par les rivières Kénébec et Chaudière (Reid, 1994).

On sectionne le bassin de la rivière Sainte-Croix, ce qui handicape sérieusement le développement d'une industrie forestière à son embouchure. On ampute également près de 50 % du territoire drainé par le fleuve Saint-Jean en plus d'établir une frontière internationale qui scinde en deux la colonie acadienne du haut du fleuve. Tout ceci pousse très haut vers le nord la présence américaine et étrangle quasi totalement les communications terrestres au sud du Saint-Laurent entre les provinces dites *Maritimes* et le centre de ce qui deviendra le Canada en 1867.

Plusieurs auteurs ont abordé la question de l'évolution des Maritimes dans la Confédération canadienne (Forbes et Muise, 1993). La plupart d'entre eux sont d'avis que cette union n'a pas été profitable aux provinces de l'Est. Les raisons évoquées sont de nature politique, économique et peut-être même démographique. Mais nous proposons un argument géographique qui explique mieux la situation actuelle des Maritimes par rapport au reste du pays. Comment peut-on envisager un développement sur un territoire qui a subi des compressions loin en deçà de ses limites historiques (Amérindiens, Acadiens et Néo-Écossais) et une fragmentation intérieure excessive avec 3 provinces découpées en 36 comtés dont la population totale ne dépasse pas actuellement 2 millions, moins que la région métropolitaine de Montréal (*Atlas*,

Carte III
Nouveau-Brunswick
Aires de la Société des Acadiens et des Acadiennes du Nouveau-Brunswick, 1996
(L'Acadie des nationalistes)

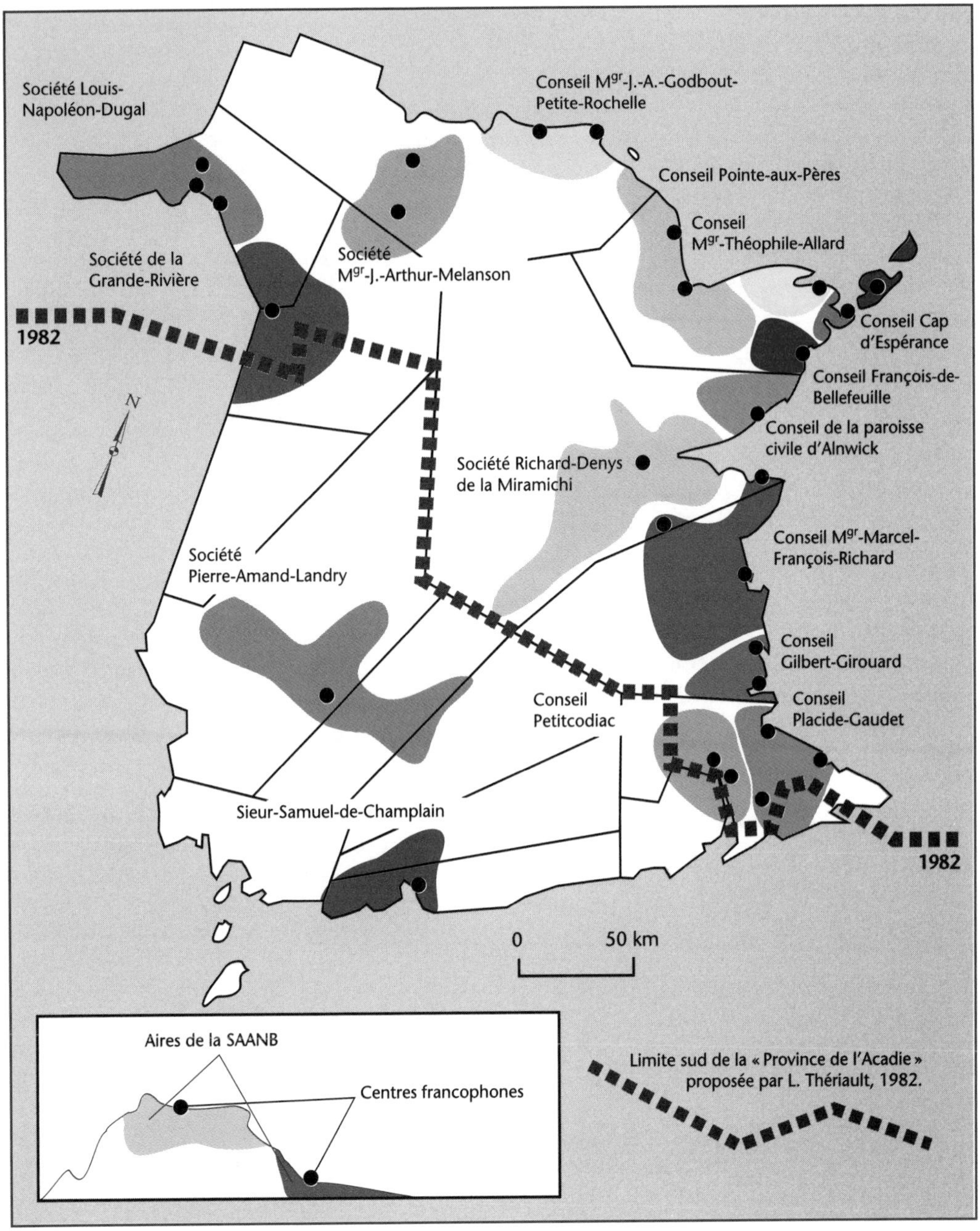

Réalisation : Samuel P. Arseneault, 1998.

Carte IV
Nouveau-Brunswick
Aires géographiques actuelles
(Rose des vents)

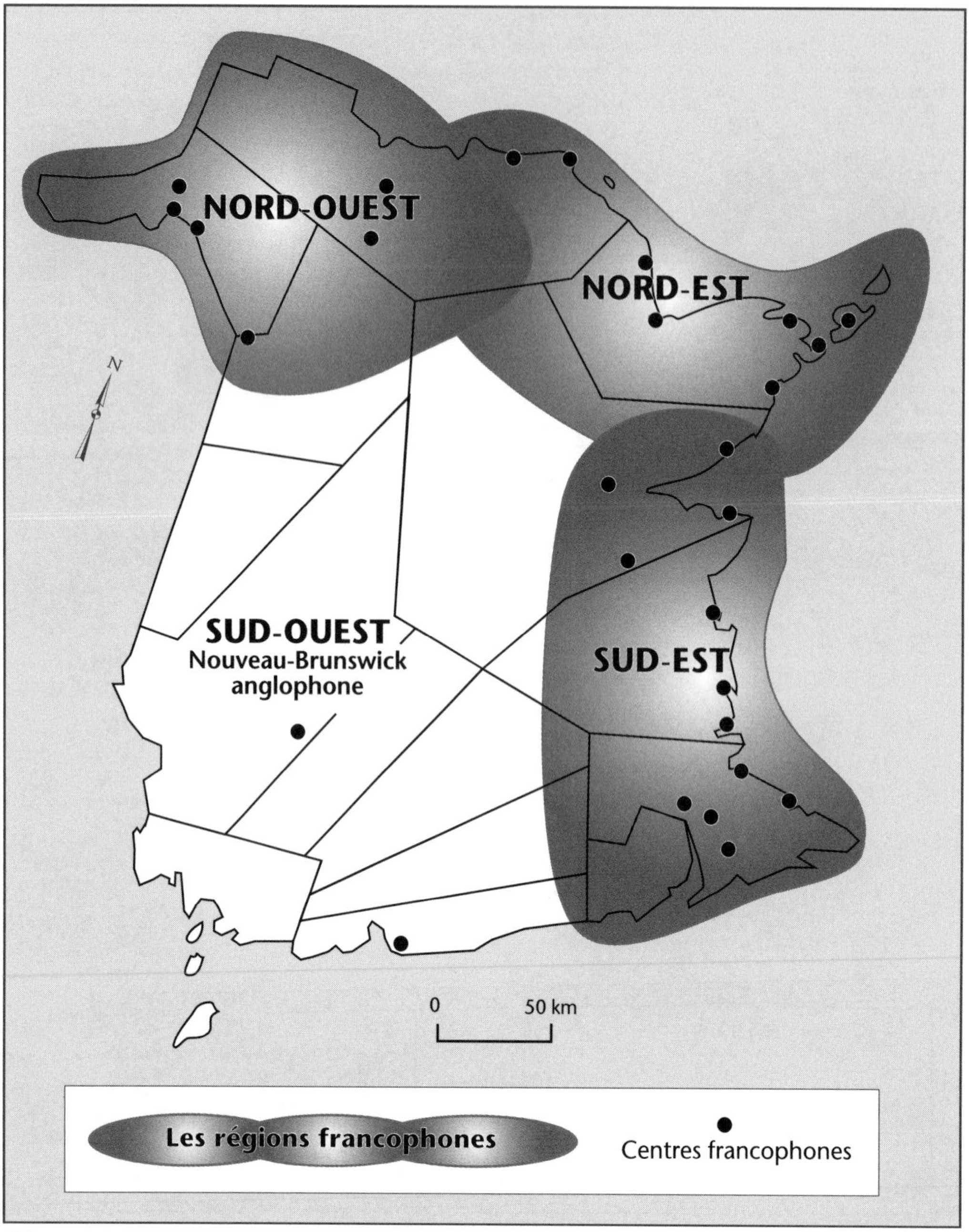

Réalisation : Samuel P. Arseneault, 1998.

1990). Les fonctions administratives des comtés ont été modifiées à des degrés divers avec la centralisation du pouvoir dans les capitales provinciales. Au Nouveau-Brunswick, on a éliminé le rôle des comtés en 1967 et chaque ministère découpe son propre territoire selon des limites qui souvent se chevauchent, ce qui résulte en une mosaïque de régions, freinant ainsi le développement d'une identité régionale cohérente (Byrne, 1963).

En plus, la diversité ethnique et la dualité linguistique représentent trop souvent une division supplémentaire et un frein au développement. Enfin, même à l'intérieur du groupe francophone, plusieurs clivages intra ou interprovinciaux empêchent la population d'atteindre son plein potentiel (Doucet, 1993). Il faut reconnaître cette réalité, essayer d'en comprendre les raisons et en prévoir son dénouement.

RÉORGANISATION DES AIRES GÉOGRAPHIQUES

Nous croyons que le développement socio-économique des Acadiens et des autres habitants des Maritimes est relié à la reconnaissance des aires géographiques propres à chaque groupe (voir carte II). Pour ce faire, il faut développer une perception différente du territoire traditionnel avec des limites précises basées sur une géographie politique. Le modèle (*core-domain-sphere*) a été développé par D.W. Meinig dans son étude sur les Mormons (Meinig, 1968). Nous avons adapté et modifié le modèle centre-domaine-mouvance pour l'appliquer à l'Acadie des Maritimes (Arseneault, 1994).

Prenons un territoire centré sur l'accès à la propriété privée et le contrôle individuel des lots qui appartiennent aux individus et qui exercent un certain pouvoir à l'intérieur d'une juridiction. Ce pouvoir favorise l'émergence d'une prise de conscience collective reliée à l'augmentation, dans un centre, du nombre de lots contigus. La surface réduite des lots facilite l'interaction humaine et la prise de conscience collective. Dans les centres où les francophones sont majoritaires, cette prise de conscience se manifeste par l'organisation des conseils municipaux francophones. Dans les grandes agglomérations anglophones, ce pouvoir peut se manifester par l'élection d'un certain nombre de conseillers francophones, mais surtout par l'organisation de centres communautaires comprenant une école et un centre culturel. La plupart des villes importantes aux Maritimes possèdent ce genre d'établissement afin de desservir la population francophone (voir carte II).

La plupart du temps, les *centres* indiqués sur la carte sont entourés d'un *domaine* où se pratiquent surtout l'agriculture et la coupe du bois sur les lots privés. Les domaines, constitués de lots plus grands, concédés par les gouvernements durant les périodes de peuplement du 18e et du 19e siècle, se sont étendus vers l'intérieur des terres pendant la phase de colonisation encouragée par le clergé entre la fin du 19e et la première moitié du 20e siècle.

La densité de la population y est plus faible, et la conscience collective s'est développée avec le temps. La population demeure attachée aux valeurs dites traditionnelles centrées sur la langue et la culture mais aussi sur la foi. L'utilisation des sols est extensive ; une partie est consacrée à l'agriculture et l'autre à la forêt. Cette forêt (lots boisés privés) est souvent aménagée et peut produire des matériaux de construction, du bois de chauffage, des produits de l'érable à sucre ou des sapins de Noël. De même que la population qui occupe les centres, les habitants des domaines payent des taxes et exercent un certain pouvoir sur l'évolution de leur milieu. Ce pouvoir s'exerce par une participation aux conseils de développement et d'aménagement régionaux, aux associations de production forestière, aux conseils scolaires et à la politique partisane durant les élections provinciales ou fédérales.

Au-delà des *domaines*, il y a la *mouvance*. La carte montre où la population peut encore exercer un pouvoir par ses activités régulières telles que la pêche, la chasse et les vacances. Ici les gens ne sont pas propriétaires, mais ils obtiennent la permission d'utiliser l'environnement par l'achat de quotas, de permis, de billets de location ou d'entrée, et même par la loterie (Arseneault, 1994).

Avec les quotas de pêche, les Acadiens étendent leur mouvance loin sur les eaux du golfe Saint-Laurent. Il y a donc une communauté d'intérêts entre les pêcheurs, qu'ils soient de Chéticamp en Nouvelle-Écosse, de Tignish à l'Île-du-Prince-Édouard, de Richibouctou, de Cap-Lumière ou de Néguac au Nouveau-Brunswick. De la même façon, les ressources du détroit de Northumberland sont partagées entre les pêcheurs de Egmont Bay à l'Île-du-Prince-Édouard et ceux de Cap-Pelé ou de Shédiac au Nouveau-Brunswick.

Sur la côte atlantique, à partir des centres et des domaines que sont l'île Madame, Meteghan, Yarmouth et Pubnico, la mouvance acadienne s'étend à plusieurs centaines de kilomètres des côtes sur les bancs de la plate-forme continentale de la Nouvelle-Écosse (Arseneault *et al.*, 1996).

Vers l'intérieur, il existe aussi une mouvance où les Acadiens font la chasse et la pêche sportives. Ils obtiennent des permis ou remportent des loteries, ce qui leur donne le droit d'exploiter les richesses sur les terres de la Couronne. La création des parcs et la multiplication des sentiers pédestres ou de motoneiges augmentent encore la mouvance des Acadiens vers l'intérieur des terres. Les vacances, le camping, la location de chalets et d'autres activités semblables renforcent cette présence acadienne en dehors des centres.

Les limites extérieures de cette mouvance sont par nature beaucoup plus difficiles à cerner, mais elles existent. Elles font partie au même titre que les domaines et les centres des neuf aires géographiques acadiennes des provinces Maritimes. Ces aires constituent un ensemble auquel s'ajoutent cinq Acadies urbaines, c'est-à-dire des Acadies où il y a un centre sans pour autant qu'il soit entouré d'un domaine ou d'une mouvance dans le sens où on l'entend dans cette étude. Ces Acadies urbaines regroupent une population autour des centres communautaires à l'intérieur des villes de Fredericton (Centre Sainte-Anne), Saint-Jean (Centre Samuel-de-Champlain), Miramichi (Carrefour Beausoleil), Halifax (Carrefour du Grand-Havre) et Charlottetown (Carrefour de l'Isle-Saint-Jean).

Les limites des Acadies peuvent sembler floues (voir carte II), mais elles correspondent démographiquement aux unités précises des divisions, subdivisions, régions ou agglomérations du recensement de 1991 pour les Maritimes (voir carte V).

Présentation des aires géographiques

L'*Acadie du fleuve* correspond à l'ensemble du comté de Madawaska (division 03), ainsi qu'à la ville et à la paroisse civile de Grand-Sault, et au village et à la paroisse de Drummond dans le comté de Victoria (division 12). Sa mouvance s'étend le long des vallées et des collines à l'intérieur des deux comtés et au-delà de la frontière provinciale pour rejoindre les territoires voisins du Québec et du Maine.

L'*Acadie des montagnes* comprend tout le comté de Restigouche (division 14) moins le village de Jacquet River et la paroisse de Durham. Sa mouvance comprend les monts, les plateaux et les vallées du grand bassin hydrographique de la rivière Ristigouche, c'est-à-dire un territoire qui s'étend au nord de la limite actuelle du Québec et du Nouveau-Brunswick.

L'*Acadie de la baie* correspond aux cités, aux villes, aux villages et aux réserves comprises dans les paroisses de Beresford, Bathurst et Allardville du comté de Gloucester (division 15), ainsi qu'à la paroisse de Durham et au village de Jacquet River du comté de Restigouche. Sa mouvance inclut la baie des Chaleurs et les rives gaspésiennes entre New Carlisle et Miguasha, et comprend également les vallées et les collines de part et d'autre des rivières Nigadoo, Tetagouche et Népisiguit.

Carte V
Les Acadies des Maritimes
Aires géographiques et divisions de recensement, 1991

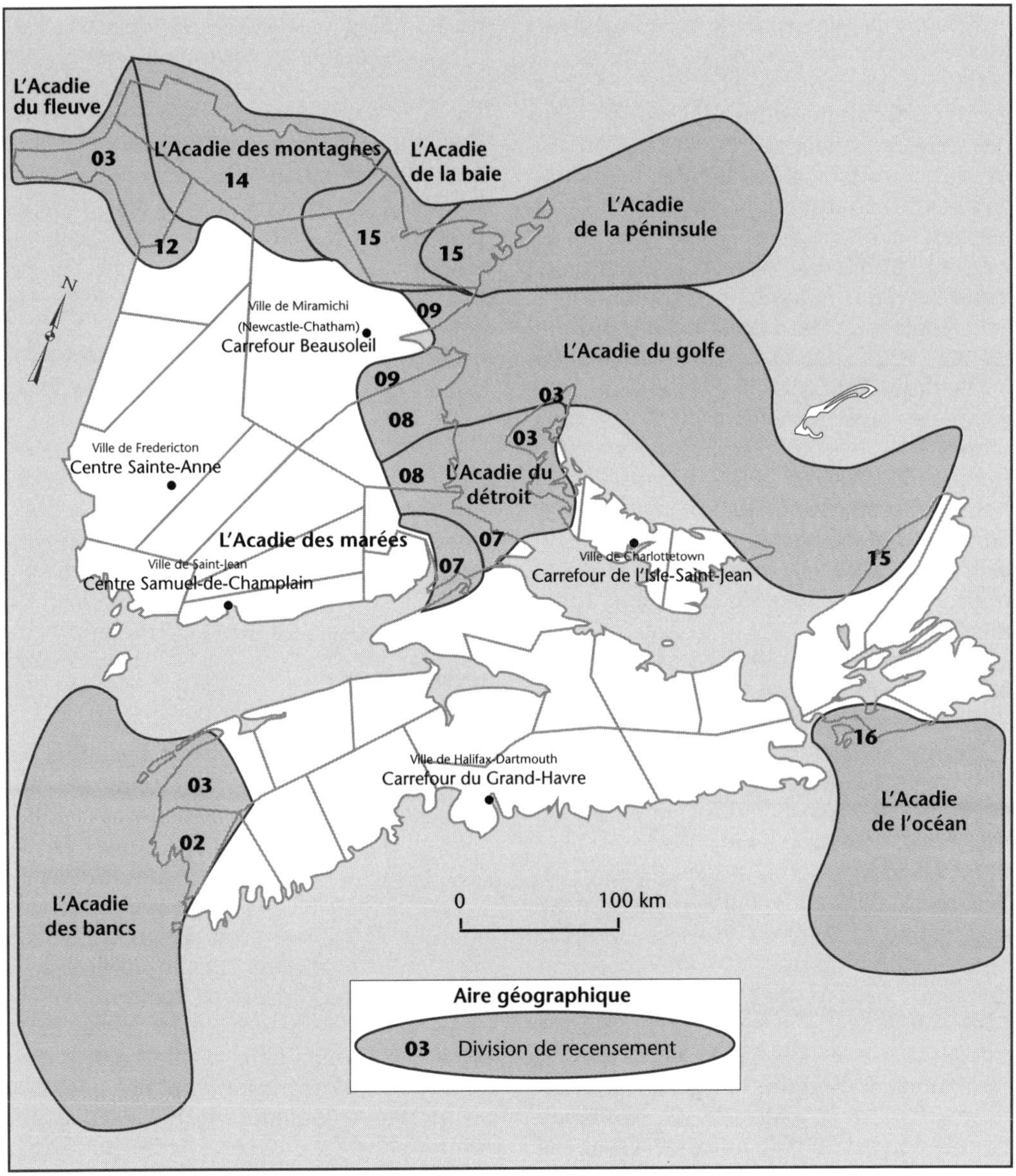

Réalisation : Samuel P. Arseneault, 1998.

L'*Acadie de la péninsule* correspond aux villes et aux villages faisant partie des paroisses de New Bandon, Caraquet, Paquetville, Saint-Isidore, Inkerman, Saumarez et Shippagan dans le comté de Gloucester (division 15). Sa mouvance est essentiellement maritime, elle comprend l'entrée de la baie des Chaleurs ainsi que les bancs de pêche de Miscou, des

Américains et des Orphelins. À l'occasion, cette mouvance comprend également les bancs Pierre, Bradelle, des Îles de la Madeleine et de l'île d'Anticosti.

L'*Acadie du golfe* regroupe les villages et les réserves que comprennent les paroisses d'Alnwick, Hardwick et Rogersville dans le comté de Northumberland (division 09), ainsi que les villes, villages et réserves faisant partie des paroisses d'Acadieville, Carleton, Saint-Louis, Saint-Charles, Welford et Richibouctou du comté de Kent (division 08) au Nouveau-Brunswick. Cette Acadie comprend également les communautés de Miminegash, Saint-Louis et Tignish faisant partie et incluant les lots 1 et 2 du comté de Prince (division 03) à l'Île-du-Prince-Édouard. L'Acadie du golfe comprend aussi la subdivision A du comté d'Inverness (division 15) au Cap-Breton qui comprend Chéticamp et les environs. Par son nom, cette mouvance inclut la mer et les bancs au sud du chenal Laurentien, entre le détroit de Cabot, le Cap-Breton, la Gaspésie et l'Île-du-Prince-Édouard. Elle touche également les terres publiques (parc national) près de Chéticamp, les terres agricoles autour de Souris et de Tignish ainsi que les terres forestières du Nouveau-Brunswick entre les rivières Tabusintac et Richibouctou.

L'*Acadie du détroit* regroupe les villes, les villages et les réserves faisant partie des paroisses de Saint-Paul, Sainte-Marie, Wellington et Dundas du comté de Kent (division 08), ainsi que les villes et les villages des paroisses de Shédiac et Botsford dans le comté de Westmorland (division 07) au Nouveau-Brunswick. Cette Acadie comprend également l'agglomération de recensement de Summerside ainsi que les lots 14, 15 et 16 avec les communautés d'Abram-Village et Wellington du comté de Prince (division 03) à l'Île-du-Prince-Édouard. Sa mouvance est essentiellement composée du détroit de Northumberland au nord du pont de la Confédération et au sud d'une ligne entre Cape Wolfe à l'Île-du-Prince-Édouard, et Cap-Lumière au Nouveau-Brunswick.

L'*Acadie des marées* regroupe les cités, les villes, les villages et les réserves que comprennent les paroisses de Moncton et Dorchester du comté de Westmorland (division 07). Sa mouvance s'étend aux marais salés des estuaires de la baie de Fundy, incluant les collines, les vallons et les vallées du comté d'Albert.

L'*Acadie des bancs* correspond aux comtés de Digby (division 03) et Yarmouth (division 02) en Nouvelle-Écosse, et inclut les villes de Yarmouth et Digby et les villages de Meteghan, Pubnico et Pointe-de-l'Église. Sa mouvance comprend les terres forestières à l'intérieur des deux comtés et s'étend vers la mer pour inclure la partie canadienne du banc George et la zone économique exclusive au large du sud-ouest de la Nouvelle-Écosse.

L'*Acadie de l'océan* regroupe les trois subdivisions de recensement du comté de Richmond (division 16) sur la côte sud-ouest du Cap-Breton, et inclut les villages d'Arichat, D'Escousse, Louisdale et River Bourgeois. Sa mouvance essentiellement océanique comprend un grand secteur de la plate-forme continentale avec les hauts-fonds de l'île de Sable et les bancs de Canso, du Milieu, de Banquereau, de Scatarie et d'Artimon.

Conclusion

Il est peu probable que l'on modifie les frontières interprovinciales ou internationales dans l'est de l'Amérique du Nord, aux bénéfices des communautés acadiennes. Le développement graduel d'une multitude de gouvernements locaux (de comtés, de municipalités, d'aménagements provinciaux), tous avec un ordre du jour différent, contribue à stabiliser les pouvoirs et les limites des territoires aux Maritimes et ailleurs. Cette inertie est souvent inévitable et elle contribue à maintenir une structure de pouvoir favorable au groupe majoritaire. Pour valoriser les communautés acadiennes, il n'est pas nécessaire de changer la structure actuelle. Ce qu'il faut, c'est proposer une structure nouvelle, souple et innovatrice, qui réponde à une réalité communautaire superposée à un espace qui n'est pas perçu comme menaçant pour le pouvoir en place. Ce type de structure doit être capable de saisir et d'englober ce qu'on appelle quelquefois le *village global*, où l'on valorise davantage les différences locales, tout en s'engageant dans des projets de nature globale. Cette polarisation de l'énergie entre le local et le global a tendance à atténuer l'emprise des structures intermédiaires telles que les provinces ou les pays, et en même temps à promouvoir le développement des communautés, dont plusieurs se regroupent déjà dans des organismes internationaux tels que la francophonie.

Pour que l'Acadie participe pleinement au village global, il faut qu'elle abandonne sa mentalité de minoritaire et que l'expression territoriale de cette nouvelle Acadie passe par le filtre de l'égalité de ses communautés et les autres communautés des Maritimes et du monde. Cette expression territoriale doit être basée sur le nombre de personnes plutôt que sur sa proportion ou son pourcentage par rapport à d'autres. Par exemple, il faut faire valoir que Moncton (18 240 francophones) et Halifax (10 585 francophones) sont les deux plus grands centres acadiens des Maritimes (voir carte II).

Ces communautés urbaines représentent, selon notre définition, des centres où la concentration de locataires et de propriétaires se traduit par une force qui peut influencer le développement de l'Acadie. Il faut également tenir compte de la mouvance, c'est-à-dire des baies, des détroits et des franges océaniques qui, avec les vallées, les collines et les plateaux, représentent la base socioéconomique de la majorité des Acadies des Maritimes.

Cette base géographique étant assurée, l'Acadie peut s'ouvrir au monde. Elle pourra s'affirmer davantage sur le plan national tout en participant activement aux divers comités de la francophonie internationale. Cette ouverture doit s'étendre aussi à l'ensemble des peuples sur tous les continents. Dans cette perspective et à l'échelle internationale, le *centre* n'est plus le village ou la ville, mais les Maritimes et peut-être la Louisiane. Le *domaine* recouvre l'ensemble du continent nord-américain, et la *mouvance* comprend tous les Acadiens, peu importe où ils se trouvent sur le globe.

Les Acadies doivent s'identifier à leurs aires géographiques respectives et cesser d'être les victimes de la fragmentation de leur territoire historique. Elles doivent se placer au-dessus des frontières politiques actuelles et redéfinir leurs identités sur la base territoriale de centre-domaine-mouvance. Les nouvelles technologies de communication peuvent d'ailleurs jouer un rôle important dans le développement et le maintien des communautés acadiennes dans les centres, les domaines et les mouvances des Acadies d'ici et d'ailleurs.

Bibliographie

Arseneault, Samuel (1994). « Pour ne pas perdre le Nord : une nouvelle régionalisation des sept Acadies du Nouveau-Brunswick », *Égalité*, n° 35, p. 147-153.

Arseneault, Samuel, *et al.* (1976). *Atlas de l'Acadie*, Moncton, Éditions d'Acadie, pl. 3.

Atlas historique du Canada, vol. 1 : des origines à 1800 (1987), sous la direction de R. Cole Harris, et de Louise Dechêne pour l'édition française, Montréal, Presses de l'Université de Montréal, pl. 5, 8 et 14.

Atlas historique du Canada, vol. 3 : jusqu'au cœur du XXe siècle, 1891-1961 (1990), sous la direction de Donald Kerr et Deryck W. Holdsworth, et de Paul-André Linteau pour l'édition française, Montréal, Presses de l'Université de Montréal, pl. 66.

Bérubé, Adrien (1990). *Concevoir un manuel de géographie du Nouveau-Brunswick*. Thèse de doctorat, Université Laval.

Bumsted, J.M. (1994). « Resettlement and Rebellion 1763-1783 », dans *The Atlantic Region to Confederation : A History*, sous la direction de Phillip A. Buckner et John G. Reid, Fredericton, Acadiensis Press ; Toronto, University of Toronto Press, p. 156-183.

Byrne, E.G. (1963). *Report of the New Brunswick Royal Commission on Finance and Municipal Taxation*, Fredericton, Imprimeur de la Reine.

Clark, Andrew Hill (1968). *Acadia : The Geography of Early Nova Scotia to 1760*, Madison, University of Wisconsin Press.

Daigle, Jean (1975). *Nos amis les ennemis : relations commerciales de l'Acadie avec le Massachusetts 1670-1711*. Thèse de doctorat, University of Maine (Orono).

Daigle, Jean (1993). « L'Acadie de 1604 à 1763, synthèse historique », dans *L'Acadie des Maritimes*, sous la direction de Jean Daigle, Moncton, Université de Moncton, Chaire d'études acadiennes, p. 1-43.

Delâge, Denys (1991). *Le pays renversé : Amérindiens et Européens en Amérique du Nord-Est 1600-1664*, Montréal, Boréal.

Forbes, E.R., et D.A. Muise, dir. (1993). *The Atlantic Provinces in Confederation*, Fredericton, Acadiensis Press ; Toronto, University of Toronto Press.

Ganong, William Francis (1906). *Additions and Corrections to Monographs on the Place : Nomenclature, Cartography, Historic Sites, Boundaries and Settlement Origins of the Province of New Brunswick*, Ottawa, Royal Society of Canada, p. 3-157.

Meinig, Donald W. (1968). *The Great Columbia Plain : A Historical Geography*, Washington (D.C.), University of Washington Press.

Reid, John G. (1994). « Imperial Intrusions 1686-1720 », dans *The Atlantic Region to Confederation : A History*, sous la direction de Phillip A. Buckner et John G. Reid, Fredericton, Acadiensis Press ; Toronto, University of Toronto Press, p. 78-103.

Roy, Michel (1981). *L'Acadie des origines à nos jours : essai de synthèse historique*, Montréal, Québec/Amérique.

Thériault, Léon (1982). *La question du pouvoir en Acadie*, Moncton, Éditions d'Acadie.

Chapitre 3

Les espaces de la francophonie ontarienne[1]

Anne Gilbert, Université d'Ottawa

Décrire la géographie de la francophonie ontarienne n'est pas chose facile. Cette francophonie est géographiquement fragmentée, « constituée d'une majorité francophone dite "de souche" dans le Nord, sujette à une forte influence québécoise dans l'Est, réinventée par l'arrivée récente d'une population aux origines ethniques diverses dans le Sud[2] ». Elle se déplace en forts contingents chaque année vers les milieux les plus prospères de la province, qui ne sont pas nécessairement les plus dynamiques du point de vue de la vie française. Entre centres et périphéries, les différences sont souvent difficiles à identifier. Quant à la participation de tous ces espaces franco-ontariens à un ensemble intégré malgré la distance, elle est plus symbolique que réelle, quoique de moins en moins hypothétique à la faveur de l'explosion tous azimuts des liens et des réseaux entre les lieux de vie française disséminés sur le territoire.

Le présent chapitre vise à faire le portrait des espaces dans lesquels a évolué la communauté franco-ontarienne depuis ses premiers établissements au 17e siècle jusqu'à aujourd'hui. Il présente les différents milieux de vie française dans la province – grandes régions, communautés –, en insistant sur leurs transformations récentes. Une discussion sera menée sur les enjeux du développement des espaces franco-ontariens, dans le contexte de leur extrême diversité et de leur ouverture de plus en plus grande à ceux de la majorité. La question des atouts que représentent les réseaux nouvellement créés entre les lieux de vie française dans la province sera abordée tant sur le plan des liens réels qu'ils assurent entre les populations que sur celui des références géographiques des identités qu'ils contribuent à transformer.

Trajectoires

Les espaces franco-ontariens sont directement liés à la migration des Canadiens français du Québec (voir carte I). Associée trop souvent au seul fait de la colonisation, leur formation découle aussi des réseaux migratoires urbains, qui ont relié diverses localités du Québec aux centres industriels de la province et qui ont contribué à y créer des lieux de vie française particulièrement actifs. À ces migrations s'ajoutent tous les mouvements qui ont suivi les déplacements initiaux, à la faveur de l'industrialisation et de l'urbanisation. Sans compter l'exode récent vers les banlieues et périphéries des grands centres, ce qui a contribué à diversifier encore les cadres de la vie française en Ontario. La première partie

1. Plusieurs sections de ce chapitre sont tirées de notre ouvrage *Espaces franco-ontariens*.
2. Nous devons cette brève mais éloquente description à Larose et Nielsen (1995).

du chapitre résumera ces principales trajectoires des francophones en territoire ontarien.

L'exploration et les premiers établissements

S'ils sont les premiers à explorer et même à occuper le territoire ontarien, les francophones participent peu aux premières étapes de son développement[3]. Ils n'y viennent en nombre important qu'au milieu du 19e siècle, à la faveur de tout un ensemble de conjonctures favorables à l'émigration canadienne-française du Québec vers l'Ontario.

Au contraire de l'Acadie et de la vallée du Saint-Laurent, le territoire de l'actuel Ontario n'a pas fait l'objet d'aucune politique systématique de peuplement au cours du Régime français. « À Paris, tout comme à Québec, on craint plutôt que la colonisation des terres sises au-delà de l'Outaouais ne provoque une hémorragie démographique de la vallée laurentienne et n'en compromette le développement déjà mal assuré » (Vallières et Grimard 1981, p. 29). Dès lors, la population de militaires, colons, coureurs de bois, missionnaires et interprètes francophones qui occupe l'Ontario reste réduite ; « elle se distingue aussi par sa grande mobilité » (Vallières et Grimard 1981, p. 29).

Après la cession des colonies françaises d'Amérique à l'Angleterre (1763), l'Ontario ne s'est pas immédiatement ouvert au peuplement. Voyageurs et trafiquants, anglophones comme francophones, continuent de sillonner le territoire, « cependant que les quelques colons installés vers la fin du Régime français à la pointe de Montréal (Windsor) en face du fort Détroit, restent sur place et mettent en valeur les terres avoisinantes » (Vallières et Grimard, 1981, p. 32).

Le gouvernement colonial britannique met 20 ans avant de s'intéresser au développement des rives nord des lacs Ontario et Érié. Il y est finalement amené lors de la guerre de l'Indépendance américaine, alors que bon nombre de sympathisants à la cause impériale tentent de trouver refuge en Ontario. S'ouvre alors une vaste entreprise de peuplement et de colonisation, qui mènera loyalistes américains, puis immigrants anglais et irlandais, à l'assaut du territoire ontarien et en repoussera les limites de l'écoumène vers le nord. En 1851, la population de l'Ontario est de près d'un million de personnes. Elles se concentrent essentiellement dans le centre et le sud de la province. De ce nombre, à peine un peu plus de 25 000 sont d'origine française (Bernard, 1988, p. 171).

La migration québécoise

Jusque vers le milieu du 19e siècle, la population ontarienne est essentiellement de langue anglaise. Les Canadiens français du Québec commencent cependant à émigrer vers l'Ontario. Plusieurs facteurs se conjuguent pour expliquer ce mouvement, et en particulier le surplus démographique des paroisses de la vallée du Saint-Laurent qui ne peut être absorbé par les villes, encore peu développées dans un contexte où l'industrie accuse un retard certain par rapport à la province voisine. L'Est, puis le Nord en profitent directement.

L'Est : des concentrations francophones

L'exploitation forestière a favorisé la venue des Québécois dans l'Est ontarien – la région s'étendant de Cornwall à Ottawa, en passant par Hawkesbury – dès le début du 19e siècle. Ceux-ci n'y prennent cependant véritablement racine qu'à partir des années 1840, alors que la région devint partie intégrante du plan de colonisation du Canada français. À peine deux ans après la création du diocèse de Bytown (Ottawa) en 1847, les premières sociétés de colonisation ont vu le

3. Pour une description de la présence française en territoire ontarien aux 17e et 18e siècles, voir Vallières et Grimard (1981).

Carte I

L'Ontario français

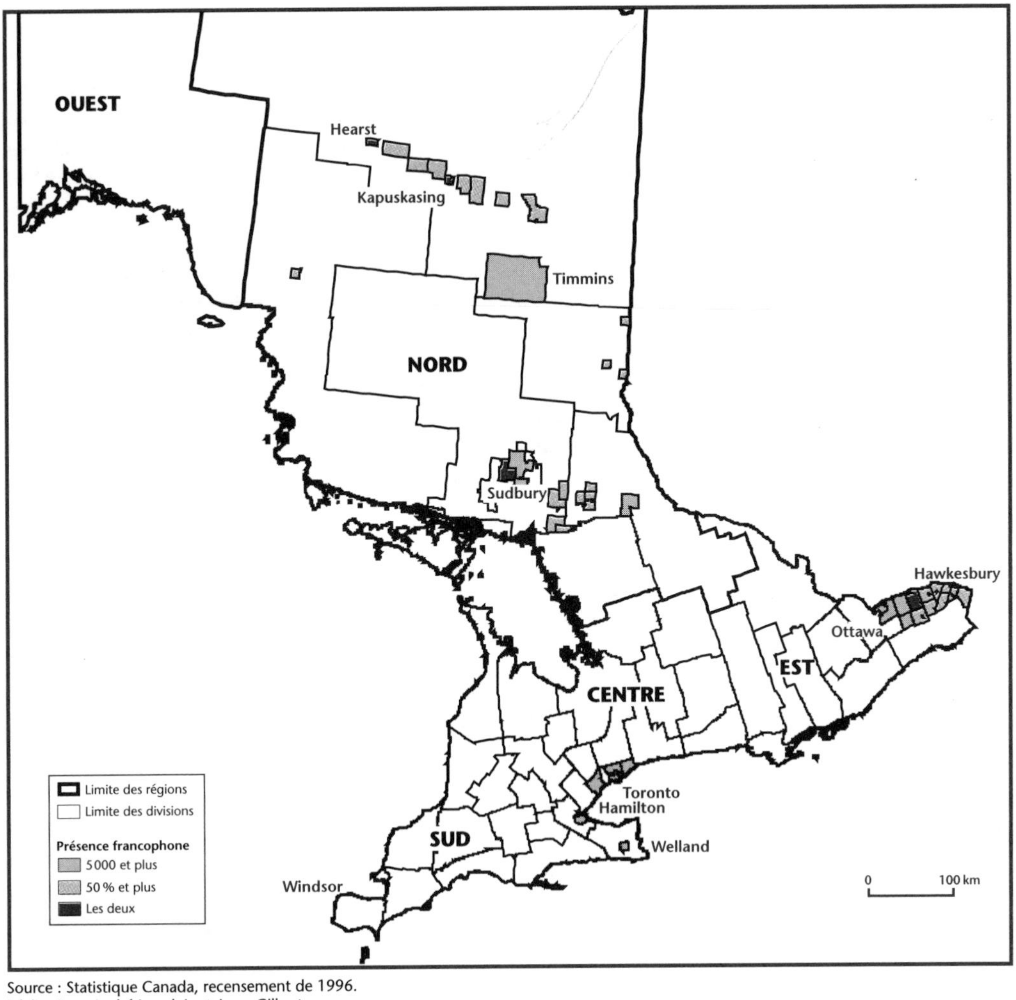

Source : Statistique Canada, recensement de 1996.
Réalisation : André Langlois et Anne Gilbert.

jour afin d'attirer les colons des vieilles paroisses du Québec vers les deux rives de l'Outaouais (Gervais, 1993).

L'établissement des francophones dans la région s'est concentré dans les comtés de Prescott et de Russell, dont les terres basses et marécageuses n'avaient par ailleurs pas attiré les colons anglais et écossais établis un peu plus tôt dans les comtés en bordure du Saint-Laurent (Castéran, 1987). Les nouveaux arrivants, qui retrouvent ici des conditions qui ne sont pas sans rappeler celles de leur milieu d'origine, s'y installent progressivement dans la seconde moitié du 19e siècle, travaillant momentanément dans les nombreuses scieries qui jalonnent le territoire. Ceux-ci constituent bientôt la majorité dans la plupart des cantons, une majorité relativement prospère à partir des années 1880, alors que devant le manque de débouchés pour le foin et l'avoine, les agriculteurs se lancent du côté de la production laitière. Ils débordent dans les comtés de Glengarry et de Stormont, où ils sont agriculteurs ou ouvriers dans les entreprises manufacturières de Cornwall.

La croissance urbaine d'Ottawa attire aussi les migrants canadiens-français du Québec qui s'engagent dans le secteur du petit commerce et des services ou, après 1860, dans les travaux de construction des édifices gouvernementaux. S'y développe rapidement une vie communautaire active autour des paroisses catholiques et d'institutions diverses. De même le ravitaillement de la ville en produits agricoles amène la mise en valeur de terres demeurées vacantes en bordure est d'Ottawa. Des Canadiens français s'établissent à Janeville (devenue Eastview, puis Vanier), Cyrville et Orléans. Ils sont peu nombreux à l'ouest de la ville, où les autorités religieuses soucieuses d'éviter des conflits linguistiques entre les colons catholiques avaient plutôt dirigé la colonisation irlandaise.

Le Nord : les maillons d'une chaîne de peuplement francophone

« C'est à partir de la seconde moitié du 19e siècle que les francophones s'installent dans le Moyen-Nord, c'est-à-dire la région de North Bay, Sudbury et Sault-Sainte-Marie, et à partir du début du 20e siècle qu'ils commencent à coloniser le Grand-Nord ontarien » (Bernard, 1988, p. 42). Comme le souligne Bernard, la première vague de migration vers le nord est suscitée par la construction du chemin de fer qui depuis Montréal se dirige vers l'Ouest canadien via Ottawa, Mattawa, North Bay et Sudbury ; la seconde, par la construction d'une nouvelle voie ferrée transcontinentale plus au nord, devant relier Québec à Winnipeg.

D'importants mouvements de colonisation se sont amorcés depuis le Québec à la faveur de cette ouverture du Nord ontarien, dans un enthousiasme renforcé par le sentiment d'être en train de perdre le Nord-Ouest (les provinces des Prairies) à la suite de l'affaire Riel. Le trop-plein des paroisses du Québec s'y déverse. Les colons viennent aussi des comtés de Prescott et de Russell où les terres sont pratiquement toutes occupées au tournant du 20e siècle.

Bon nombre de ces migrants se consacrent à l'agriculture. Ainsi la colonisation agricole de la plaine du Nipissing, du bassin de Sudbury, de la rive ouest du lac Témiscamingue et de la *grande zone argileuse* est en grande partie l'œuvre de Canadiens français. Mais la progression du peuplement agricole se fait lente, essentiellement concentrée autour des nombreuses agglomérations alignées le long des chemins de fer. C'est que l'exploitation forestière fait partout partie de la vie quotidienne, sans compter l'industrie minière qui suscite la croissance de plusieurs petites villes où les Canadiens français sont nombreux. Il ne semble pas que ceux-ci soient, au départ, très actifs dans le secteur minier, mais ils sont nombreux dans les activités qui en sont tributaires : construction, entretien, transport, approvisionnement en bois, notamment. Si bien que dès les années 1930, la population rurale canadienne-française s'est rapidement mise à décliner dans le Nord, pour se regrouper autour des centres industriels.

Le Centre et le Sud : des isolats francophones

La colonisation n'a que très peu contribué à la mise en place des espaces franco-ontariens du Centre et du Sud. La construction de la voie ferrée et des canaux de la future Voie maritime du Saint-Laurent, et l'industrie ont joué un rôle beaucoup plus actif. C'est en effet pour tirer profit de la croissance industrielle du centre et du sud de l'Ontario que les Canadiens français du Québec y sont venus en grand nombre.

On peut identifier deux sous-régions où la colonisation a participé à la mise en place de l'Ontario français : les comtés d'Essex et de Kent où elle remonte en fait au Régime français ainsi que la région de Penetanguishene-Lafontaine. Alors qu'en 1760, la colonie de Windsor ne comptait qu'environ 2 500 habitants, 14 000 francophones vivaient un siècle plus tard dans les comtés d'Essex et de Kent, par accroissement naturel et par immigration (Bernard, 1988, p. 410). À l'origine, la plupart d'entre eux se consacrent à l'agriculture. Mais d'autres sont venus de Montréal notamment, pour travailler à la construction du chemin de fer, puis plus récemment dans l'industrie automobile. Quant à ceux du canton de Tiny, où sont situées aujourd'hui les localités de Penetanguishene et de Lafontaine, ils sont venus en deux temps. Tout d'abord, un groupe pionnier constitué de *voyageurs* s'installait dans la région à la fin des années 1820, ce qui amena l'évêque auxiliaire de Kingston, à y nommer un prêtre de Sainte-Anne-de-la-Pérade en 1837. Celui-ci intéressera plusieurs familles de sa paroisse natale à migrer vers la baie Georgienne, ce qui provoqua au début des années 1840 l'arrivée d'un deuxième groupe de colons canadiens-français venus de la région de Trois-Rivières et des comtés de Vaudreuil et de Soulanges. Même si un grand nombre de familles quittèrent Lafontaine pour s'établir au Manitoba et au Minnesota en 1878, on n'en compte pas moins 2 500 francophones dans la région en 1879 (Vallières et Grimard, 1981, p. 65). Cette population se consacre encore aujourd'hui à l'agriculture.

Mais c'est surtout à d'autres mobiles qu'ont répondu les émigrants québécois vers le centre et le sud de l'Ontario. On en dénombre plusieurs dans la péninsule du Niagara à partir de 1911, qui, établis à St. Catharines, travaillent à la construction du canal Welland. « Pendant le premier conflit mondial, d'autres trouvent de l'embauche dans les usines de guerre de Welland. En 1918, une vingtaine de chefs de famille de Saint-Grégoire-de-Montmorency près de Québec acceptent l'offre de l'empire Cotton Mill et viennent à leur tour s'y installer » (Vallières et Grimard, 1981, p. 61). Toronto et la zone industrielle du lac Ontario ont aussi attiré une population canadienne-française significative en nombre. Celle-ci obtient en 1887 une paroisse autour de laquelle s'organise une certaine vie française, qui se révèle toutefois impuissante à éviter que les francophones se répandent rapidement dans la ville et à sa périphérie.

Industrialisation et urbanisation

La migration québécoise vers l'Ontario est à l'origine de la formation des espaces francophones de la province. Plusieurs migrations internes les ont transformés. Associées à l'industrialisation et à l'urbanisation, ces migrations ont profondément modifié les contextes dans lesquels évolue la communauté franco-ontarienne. Dans tous les milieux, son espace social et culturel est de plus en plus confronté à l'anglais, qui domine le monde du travail, des services et des communications.

Une population en mouvement

Deux processus ont concouru à transformer radicalement les espaces franco-ontariens nouvellement créés par l'émigration québécoise : la migration vers le cœur de l'Ontario urbain et industriel, et, à l'échelle de toutes les régions, un déplacement massif vers les villes. Les ressources nous manquent pour mesurer cette attraction des villes, notamment celles du Centre et du Sud, sur la population franco-ontarienne. L'étude réalisée par F. Ouellet (1993) sur l'évolution de la présence francophone en Ontario nous donne néanmoins des indications précieuses quant aux trajectoires des Canadiens français depuis leur implantation en Ontario.

« En 1851, 49,1 % des francophones résidaient dans le Sud-Ouest et le Centre ontariens. Bien que déclinant substantiellement à l'époque où s'accentua vers 1870 la colonisation de l'Est ontarien et, au tournant du siècle, celle du nord de la province, cet attrait recommença à croître après 1911 pour s'accélérer vers 1940 à tel point qu'en 1971 le nombre d'individus habitant ce territoire et se disant de descendance française y était de 9 % plus élevé que dans l'est de la province » (Ouellet, 1993, p. 133-134 ; voir tableau I). Pratiquement noyée dans un univers anglophone – les francophones n'ayant jamais constitué plus de 5 % de la population totale

Tableau I
Répartition de la population d'origine ethnique française, par région, 1851-1971

Région	1851	%	1871	%	1911	%	1941	%	1971	%
Sud	7 713	28,5	19 323	26,0	31 256	15,4	55 706	15,0	98 410	13,4
Centre	5 583	20,6	12 384	16,7	21 699	10,7	52 939	14,3	194 015	26,5
Est	13 803	50,9	40 993	55,2	101 889	50,3	146 793	39,6	226 630	30,9
Nord et Ouest	–	–	1 579	2,1	47 543	23,5	115 004	31,0	213 845	29,2
Total	**27 099**	**100,0**	**74 279**	**100,0**	**202 387**	**100,0**	**370 442**	**100,0**	**732 900**	**100,0**

Source : Ouellet, 1993.

de la région –, cette présence francophone dans le Sud et le Centre a peu fait parler d'elle. Il n'en reste pas moins, comme le souligne F. Ouellet, que c'est ici que « de 1941 à 1971, les effectifs de langue maternelle française augmentèrent le plus rapidement : 142 % contre 66 % dans l'Est et 62 % dans le Nord » (Ouellet, 1993, p. 134).

La population francophone du Centre et du Sud était à l'origine majoritairement rurale et agricole. Jusqu'en 1941, elle semble avoir mieux conservé ces caractéristiques que le reste de la population de la région. Néanmoins, elle s'est aussi engagée dans le processus d'urbanisation, et sa physionomie s'est profondément modifiée en conséquence. Dès 1911, le tiers des Franco-Ontariens du Centre habitent les cités et villes de plus de 10 000 habitants, et la proportion s'approche du 50 % en 1941. En 1971, leur taux d'urbanisation dépasse légèrement celui des Ontariens de la région.

Dès 1971, la transition vers la société industrielle était pour la communauté franco-ontarienne du Centre et du Sud un fait accompli. La main-d'œuvre francophone de la région est alors proportionnellement plus nombreuse dans le secteur manufacturier que la population considérée dans son ensemble. Sa présence dans le secteur des services, alors en pleine expansion, est notoire. Et elle est sous-représentée en agriculture, ce qui traduit la force de son intégration au monde urbain.

Ces faits nous font hésiter à souscrire aux interprétations qui prêtent à la communauté franco-ontarienne un caractère paysan et campagnard jusqu'à la fin de la Seconde Guerre mondiale. Quel que soit le retard avec lequel elle s'est appropriée la ville, la communauté franco-ontarienne ne s'est pas moins passablement affranchie, dès la fin du siècle dernier, du système agroforestier dans lequel elle s'était intégrée au départ, pour prendre place dans une économie à la fois plus complexe et plus moderne. Elle s'était ainsi donnée de nouveaux espaces, beaucoup plus intégrés à ceux de la majorité que ceux qu'elle avait formés en milieu rural.

Un nouvel environnement social et culturel

Roger Bernard (1988) a très bien décrit les changements par lesquels nombre de Franco-Ontariens sont passés « de la vie rurale presque exclusivement française à la vie urbaine et industrielle dominée par les anglophones » (p. 60) : changement progressif d'occupation, abandon de la terre, déménagement en ville, nouvel environnement social et culturel. L'urbanisation de la population franco-ontarienne provoque un changement linguistique et culturel notoire. « La langue et la culture anglaises dominent maintenant le monde du travail, des affaires, des communications et des services. » Le français est relégué à la vie privée et devient de plus en plus difficile à maintenir au contact quotidien de l'anglais.

Les migrations internes associées à l'industrialisation et à l'urbanisation ont fait en sorte que de plus en plus de francophones, jusqu'ici majoritaires dans les villages, sont devenus définitivement minoritaires en gagnant les villes. C'est alors que leur vie est réellement devenue différente de celle qu'ils avaient vécue par le passé au Québec, et qu'ils avaient transposée quasi intégralement en terre ontarienne. De nouvelles stratégies de maintien de la communauté franco-ontarienne ont dû être développées, stratégies qui ont pris appui sur des façons nouvelles d'interagir en français. Le défi : multiplier le nombre et la diversité des institutions permettant de vivre en français dans un monde majoritairement anglophone et étendre leur portée dans la vie quotidienne des Franco-Ontariens.

Or, tous les milieux n'offrent pas les mêmes possibilités d'organisation, de mobilisation, d'interaction à la communauté franco-ontarienne. Dans certaines régions, dans certaines villes, le poids des francophones a facilité la mise en place d'un espace institutionnel des plus dynamiques. Ailleurs, les structures sont beaucoup plus précaires. La francophonie des banlieues est sur ce plan particulièrement vulnérable.

L'exode vers la banlieue

En même temps que s'accomplissait la phase finale de déruralisation de la communauté franco-ontarienne, s'exerçait un autre phénomène migratoire qui allait contribuer à transformer aussi le visage de l'Ontario français : à l'instar des autres Ontariens, les francophones de la province ont été nombreux à gagner la banlieue depuis les années 1960, mouvement qui les a noyés dans un environnement encore plus anglophone. Les effets de ce mouvement ont été particulièrement marqués dans la municipalité régionale d'Ottawa-Carleton, où les francophones avaient maintenu jusqu'ici des espaces relativement distincts de ceux de la majorité[4].

De la ville à la banlieue

En 1971, 64 % des francophones d'Ottawa-Carleton habitaient la ville centre, Ottawa. Les quartiers centraux, qui incluent aussi Vanier et Rockliffe, accueillent alors 79 % des francophones de la région, le reste étant réparti dans les huit municipalités qui constituent la banlieue. En 1996, soit à peine 25 ans plus tard, Ottawa n'accueille que 43 % d'entre eux, Vanier 8 % (voir figure I). Un Franco-Ontarien sur deux réside aujourd'hui dans les villes de banlieue, qui ont connu une hausse beaucoup plus importante de leurs effectifs francophones : 272 % et 142 % pour Cumberland et Gloucester, qui se distinguent à ce chapitre, alors que ceux d'Ottawa n'ont pas pu se maintenir. Ainsi, plusieurs francophones se sont déplacés hors de la ville centre, attirés par la densité moins forte, les possibilités d'un logement plus grand à meilleur coût, la qualité de l'environnement naturel et humain. À ceux-ci se sont ajoutés les francophones venus des milieux ruraux vers la ville, ou des autres villes de la province, du Québec voisin ou du reste du Canada, qui se sont implantés directement en périphérie. Les anglophones en ont cependant fait autant. Leur nombre dans les banlieues a aussi beaucoup augmenté, si bien que l'équilibre minorité-majorité s'en est trouvé bouleversé. Alors qu'ils comptaient pour 45 % de la population du canton de Cumberland en 1971, les francophones ne représentent plus que 33 % de sa population aujourd'hui. Dans Gloucester, leur pourcentage est passé de 31 % à 27 %

---

4. Vanier, par exemple, a toujours une faible majorité francophone en 1996. La vie s'y déroule le plus souvent en français, à travers une gamme assez complète d'institutions.

Figure I
Répartition de la population francophone dans la région d'Ottawa-Carleton, 1971-1996

Figure II
Importance relative des francophones dans les villes de la région d'Ottawa-Carleton, 1971-1996

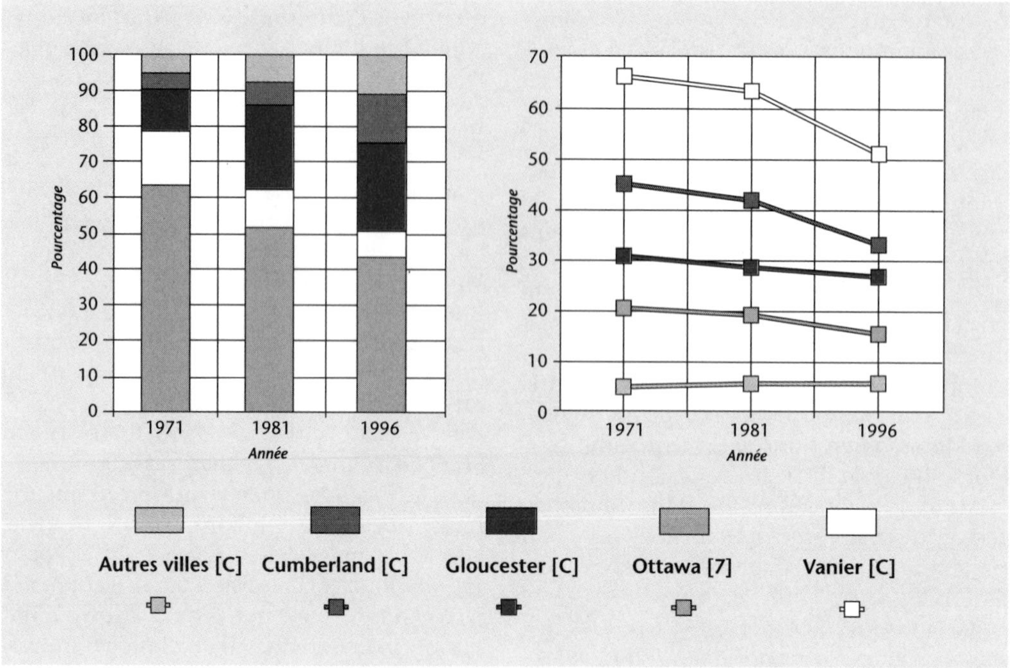

Source : Statistique Canada, recensements de 1971, 1981 et 1996.

(voir figure II). En optant de plus en plus pour la banlieue, la communauté franco-ontarienne accentue sa position de minoritaire. Autant de changements qui pourraient avoir d'autant plus d'effets sur les pratiques quotidiennes que les quartiers de langue française sont quasi inexistants en banlieue.

La disparition des quartiers de langue française

Bien que les Franco-Ontariens aient privilégié certaines trajectoires – celles qui les ont fait se concentrer très majoritairement dans les banlieues est par exemple –, ils n'ont pas eu tendance à se regrouper dans les nouveaux quartiers qu'ils occupaient. On observe au contraire une très grande dispersion des francophones, au point où il est impossible d'identifier en banlieue des quartiers français, autour desquels se développerait un espace institutionnel franco-ontarien. À Orléans, principale banlieue associée au fait français dans la région[5], le pourcentage de francophones n'est que de 31 % en 1996. Et il ne dépasse le cap des 50 % que dans 4 secteurs de dénombrement sur 66.

Ainsi, francophones et anglophones habitent les mêmes quartiers de la banlieue. Ils s'y dotent chacun de leurs propres structures, dans des espaces qui s'entrecroisent, voire se rencontrent, à la faveur des institutions dites *bilingues*, privilégiées par des administrations municipales forcées de répondre de plus en

5. Orléans chevauche les municipalités de Cumberland et de Gloucester.

plus à la demande de sa clientèle majoritaire, la population anglophone. Entre les deux, les frontières sont de plus en plus floues, si bien que l'espace franco-ontarien est de plus en plus ouvert sur celui de la majorité.

Cette ouverture de l'espace franco-ontarien crée un contexte que d'aucuns jugent favorable à une assimilation culturelle plus poussée et plus rapide des francophones (Bernard, 1988, 1994). Sans vouloir sauter à des conclusions trop hâtives quant à l'avenir de la communauté franco-ontarienne, il nous est difficile de ne pas reconnaître, à l'instar de notre collègue Roger Bernard, que le fait d'être de plus en plus minoritaire, de même que la dispersion et la fragmentation laissent des marques (Bernard, 1994, p. 162). Notre analyse de la communauté franco-ontarienne dans l'espace suggère toutefois que ces marques sont plus ou moins profondes selon le milieu.

Milieux

Ces diverses trajectoires ont contribué à la mise en place d'une géographie de la communauté franco-ontarienne des plus complexes. Que l'on se place à l'échelle des grandes régions ou des communautés, la dynamique du fait français varie beaucoup, les citoyens, dans leurs échanges en français, n'y bénéficiant pas des mêmes possibilités concrètes. Les quelques pages qui suivent feront le portrait de ces différents milieux franco-ontariens et des transformations qui les ont affectés au cours des 30 dernières années.

Les grandes régions

Le poids inégal des régions

Aujourd'hui, le nombre de francophones varie toujours sensiblement d'une région à l'autre de la province : plus de 40 % des 502 713 personnes de langue maternelle française de l'Ontario se localisent dans l'Est, le plus important foyer de concentration des Franco-Ontariens ; le Nord accueille le deuxième plus fort contingent de francophones, soit environ 142 000 personnes ou un peu plus de 28 % des Franco-Ontariens ; le Centre a une population franco-ontarienne moins importante, un peu plus de 110 000 personnes ou 22,5 % des francophones de la province ; à peine plus de 40 000 Franco-Ontariens se localisent dans le Sud ou dans l'Ouest (voir tableau II).

Il faut noter toutefois que ces inégalités dans la répartition des francophones entre les grandes régions de la province ont eu tendance

Tableau II
Répartition de la population de langue maternelle française, par région, 1971-1996

Région	1971	%	1981	%	1996	%
Est	174 910	36,3	181 365	38,8	207 024	41,2
Nord	163 370	33,9	149 625	32,0	142 222	28,3
Centre	93 455	19,4	91 975	19,7	113 114	22,5
Sud	40 955	8,5	35 110	7,5	31 271	6,2
Ouest	9 335	1,9	9 810	2,1	9 082	1,8
Total	**482 025**	**100,0**	**467 885**	**100,0**	**502 713**	**100,0**

Source : Statistique Canada, recensements de 1971, 1981 et 1996.

à diminuer depuis 25 ans, à la faveur notamment de la croissance de la population franco-ontarienne dans le Centre. Un francophone sur cinq habite maintenant la région. Au gré de ces changements se dessine une nouvelle carte de l'Ontario français où le Centre fait de plus en plus contrepoids à l'Est et au Nord, où se sont concentrés traditionnellement les francophones de la province (voir carte II).

Ces changements dans la répartition des francophones de la province ont eu jusqu'ici assez peu de répercussions sur la géographie des institutions franco-ontariennes. L'Est et le Nord dominent encore largement le paysage institutionnel de la province, notamment en ce qui a trait à l'éducation postsecondaire, aux services de santé et aux services sociaux.

Carte II
Population franco-ontarienne (les nombres)

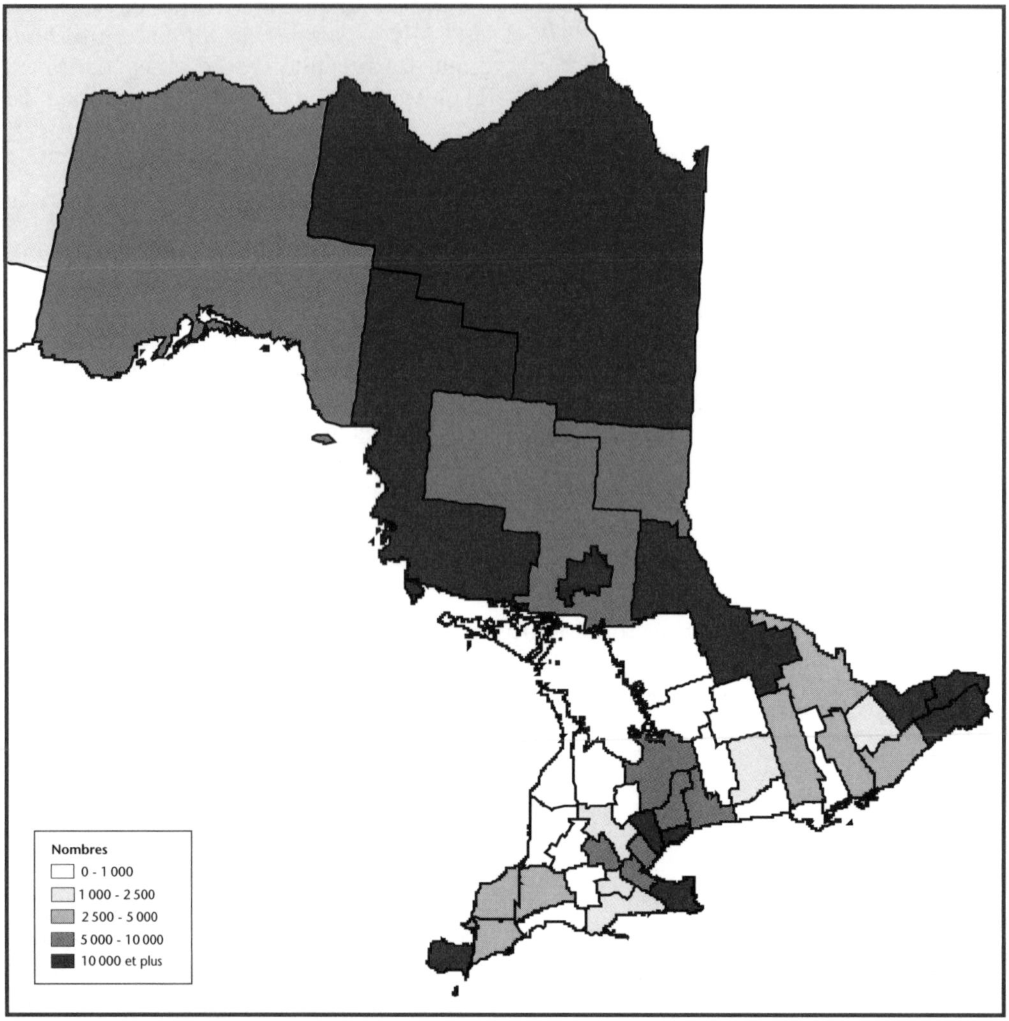

Source : Statistique Canada, recensement de 1996.
Réalisation : André Langlois et Anne Gilbert.

Une francophonie plus ou moins minoritaire

Avec des effectifs comparables, ces trois régions offrent des possibilités de vie française très différentes. L'importance relative de la population francophone à l'échelle de la région varie beaucoup d'un milieu à l'autre, ce qui affecte directement l'espace réservé au français dans les échanges (voir tableau III).

Tableau III
Proportion de la population de langue maternelle française, par région, 1971-1996

Région	1971 %	1981 %	1996 %
Est	16,3	15,3	14,2
Nord	28,1	25,6	24,7
Centre	2,0	1,7	1,6
Sud	3,5	2,8	2,2
Ouest	4,2	4,2	3,8
Ontario	**6,3**	**5,4**	**4,7**

Source : Statistique Canada, recensements de 1971, 1981 et 1996.

Le quart des Ontariens du Nord sont francophones, ce qui crée un contexte favorable à l'usage du français dans une diversité de situations concrètes. Dans l'Est, la proportion de Franco-Ontariens s'abaisse à 14 %. N'eût été du fait que la région soit le siège du gouvernement fédéral et qu'elle soit à proximité du Québec, le rôle du français y serait beaucoup plus effacé. Les 113 114 francophones du Centre ne comptent que pour 1,6 % de la population de la région, si bien que leur communauté de vie y est presque exclusivement anglaise. Le français y est réduit à la sphère privée, au même titre que les langues non officielles. Les proportions du français langue maternelle sont aussi très faibles ailleurs dans la province.

Contre toute attente, les changements récents dans la répartition des Franco-Ontariens à l'échelle de la province n'ont pas favorisé un plus grand poids de la francophonie dans le Centre. Celle-ci reste partout inférieure à 5 %, malgré la hausse significative des nombres dans plusieurs villes et métropoles de la région (voir carte III).

Des populations différentes

Comme l'a révélé le profil de la francophonie ontarienne que nous avons élaboré conjointement avec André Langlois à partir des données du recensement de 1991 (Gilbert et Langlois, 1994), ces régions ont des populations fort différentes, ce qui ajoute à leur diversité. En ce qui concerne la structure d'âge, les écarts sont marqués. L'Est et le Nord comptent plus de jeunes, et la proportion des 65 ans et plus y est la plus faible. Au contraire, les milieux les plus vulnérables à cause de leurs effectifs moins nombreux, le Sud et l'Ouest, sont les plus touchés par le vieillissement de la population franco-ontarienne. Près de 20 % d'aînés et moins de 10 % de jeunes de moins de 15 ans dans le Sud en 1991 : ces quelques chiffres illustrent bien la difficulté de renouvellement de la population de langue maternelle française dans la région. Quant au Centre, la communauté francophone bénéficie de l'apport d'une importante population adulte, susceptible de participer à l'organisation et au maintien de la vie française.

En apparence avantagée en ce qui a trait à la jeunesse de sa population, la situation du Nord n'en est pas moins préoccupante. Les jeunes de moins de 15 ans ne comptent plus que pour 18,3 % de la population franco-ontarienne totale de la région en 1991 comparativement à 22,5 % il y a cinq ans à peine.

La mobilité est un autre facteur de différenciation entre les régions. Dans le Centre, près du tiers des Franco-Ontariens qui résidaient déjà au Canada en 1986 sont des migrants. Les mouvements migratoires y ont ainsi affecté près de 30 000 francophones, qui sont venus s'ajouter à la population franco-ontarienne

Carte III
Population franco-ontarienne (les pourcentages)

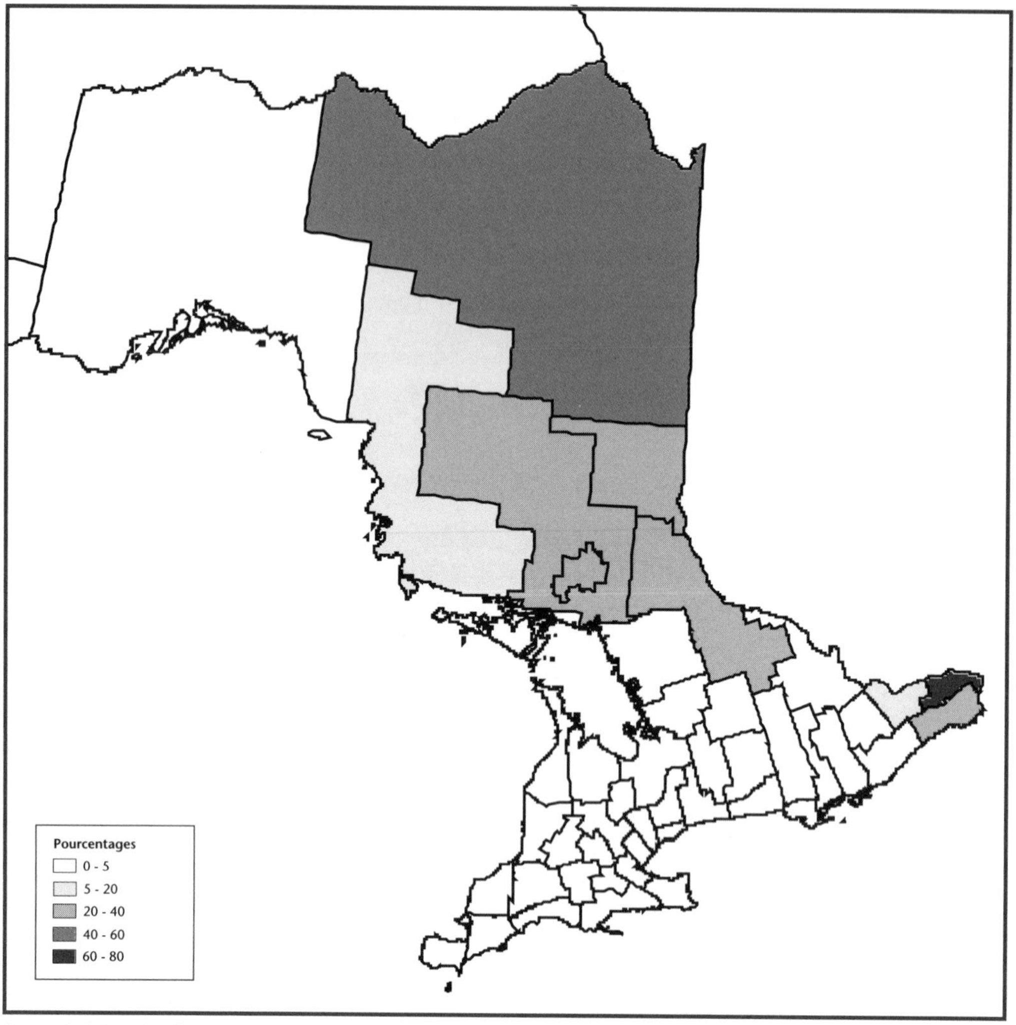

Source : Statistique Canada, recensement de 1996.
Réalisation : André Langlois et Anne Gilbert.

des localités qu'ils ont choisi d'habiter, contribuant ainsi à leur dynamisme. Une forte proportion des Franco-Ontariens de l'Est ont aussi migré depuis le dernier recensement, alors les taux de migration sont beaucoup plus faibles dans le Nord, où la population franco-ontarienne est davantage enracinée. À noter, l'attraction jouée par les localités du Sud sur la population franco-ontarienne.

La diversité des conditions socioéconomiques régionales

Les facteurs structurels tels l'emploi ou la diversité des activités ne sont pas étrangers à l'attraction exercée par l'Est, le Centre ou même le Sud sur les migrants. Ici encore, les régions présentent des profils fort différents. La population franco-ontarienne du Centre et de l'Est est proportionnellement plus nombreuse sur le marché du travail que celle des autres régions. Et c'est dans ces deux régions de l'Ontario français que les taux de chômage sont les plus bas. Presque quatre points de pourcentage séparaient l'Est et le Nord en 1991, ce qui traduit un écart considérable entre les deux milieux quant à l'accès à l'emploi.

Sans compter que l'activité économique est fort différente selon les régions, notamment chez les hommes. Dans l'Est, trois Franco-Ontariens sur quatre travaillent dans le secteur des services. Près du quart des travailleurs œuvrent dans l'administration publique. Les industries manufacturières, qui sont parmi les plus grandes créatrices d'emplois ailleurs, y occupent moins de 10 % de la main-d'œuvre masculine. Les Franco-Ontariens du Nord et de l'Ouest sont beaucoup plus nombreux dans les domaines miniers et forestiers, alors que ceux du Sud sont surreprésentés en agriculture. Le Centre et l'Est comptent une plus grande proportion de main-d'œuvre masculine dans les finances et les assurances.

Par ailleurs, le dynamisme de chacune de ces industries varie selon le milieu. Chez les travailleurs de l'industrie manufacturière par exemple, le taux de chômage, en 1991, est beaucoup moins élevé dans le Centre (7,6 %) que dans le Nord (11,6 %) ou le Sud (12,5 %). Ceci contribue à faire de chacune des cinq régions franco-ontariennes des milieux très différents l'un de l'autre.

Enfin, l'éducation étant la clé du développement de la communauté franco-ontarienne, on ne saurait passer sous silence les ressources inégales des régions au regard de la scolarisation des effectifs francophones. La sous-scolarisation est un problème sérieux dans le Nord et l'Ouest, où moins de 10 % de la population francophone a fait des études universitaires, complétées ou non.

Les régions franco-ontariennes

On présente souvent l'Ontario français comme un ensemble homogène, qui tire son unité de sa langue et de sa culture, quand ce n'est pas de son mode de vie. Or de nombreux facteurs contribuent à diversifier les contextes dans lesquels évolue la communauté franco-ontarienne. La reconnaissance de cette diversité est significative dans l'identification des enjeux possibles de son développement.

Les réalités franco-ontariennes sont à ce point différentes selon les régions qu'on ne saurait faire référence à l'Ontario français sans relever les caractères spécifiques de chacune d'entre elles. Les noyaux de l'Est, du Nord et du Centre se distinguent tant sur le plan démographique qu'économique. Quant à ceux de l'Ouest et du Sud, ils constituent des environnements très différents des premiers.

L'Est est le plus important foyer de concentration des francophones de la province. Il représente un noyau stable. Son importance s'est affirmée au cours des 25 dernières années, ce qui contribue à la consolidation de son rôle dans le développement de la communauté franco-ontarienne. Le poids des nombres et une proportion non négligeable de la population totale ont donné à la région une capacité plus grande qu'ailleurs de transmettre le français langue maternelle. Les jeunes y sont nombreux, la population, mobile et dynamique.

Siège d'un gouvernement fédéral qui a connu une croissance extrêmement rapide au cours des 30 dernières années, et bénéficiant du tourisme, la région jouit sans contredit d'une économie prospère et dynamique. On y retrouve les plus hauts niveaux de scolarité en Ontario français. La région jouit aussi d'une grande complétude institutionnelle, ce qui contribue à la vitalité du fait français non seulement à l'échelle régionale, mais dans l'ensemble de l'Ontario français.

Le Nord, un centre en déclin, a vu ses effectifs de langue maternelle française baisser régulièrement depuis le début des années 1970. Même si la région reste un des noyaux de l'Ontario français, elle n'agit plus comme pôle de croissance de la population francophone dans la province, et son poids a diminué. La structure d'âge de la population franco-ontarienne de la région a beaucoup changé : quoique toujours nombreux, les jeunes ont quitté la région en grand nombre, ce qui la rend particulièrement vulnérable.

Si le Nord ne joue plus son rôle traditionnel au sein de la communauté franco-ontarienne, c'est que la région vit de ressources dont certaines ne sont plus exploitables dans l'état actuel de l'économie mondiale. L'accès des francophones à l'emploi est limité, le secteur primaire occupe ici une place plus importante qu'ailleurs, et l'emploi féminin se concentre dans une gamme très étroite d'activités. La communauté franco-ontarienne du Nord est nettement sous-scolarisée, ce qui freine sa participation au développement économique et social de la région. Les francophones du Nord n'en restent pas moins très actifs sur le plan institutionnel. Leur principal défi est d'assurer aux institutions régionales un plus grand rayonnement, à la faveur de liens plus étroits avec la francophonie du reste de la province.

Le Centre connaît une croissance de la population francophone sans toutefois marquer un grand développement. La population francophone a augmenté de plus de 20 000 personnes en 15 ans à peine, ce qui correspond à un taux de croissance de plus de 20 %. Une proportion importante de personnes en âge de travailler, plusieurs migrants des autres régions de l'Ontario ou du Québec, une population plus scolarisée qu'ailleurs : la francophonie de la région a plusieurs atouts. Elle n'est cependant pas arrivée à tirer le meilleur parti du poids et de la qualité de ses effectifs.

En effet, le fait français reste quasi invisible dans le Centre malgré la mise en vigueur de la *Loi de 1986 sur les services en français,* qui a somme toute peu ébranlé l'unilinguisme de la fonction publique ontarienne. L'importance relative des francophones dans la région est si négligeable que les possibilités concrètes de vie française restent là extrêmement limitées et les institutions francophones ont peu de portée. La population de langue maternelle française du Centre est la plus variée dans la sphère ethnoculturelle : le tiers des 100 000 francophones de la région sont d'origine ethnique autre que française ou sont nés hors du pays. Cette diversité favorise certes le dynamisme de la culture française dans la région, mais elle est aussi un facteur d'éclatement, et un véritable milieu francophone tarde à se développer[6].

La région Sud, une périphérie instable, est fort intéressante en ce qui a trait à la démographie et à l'économie franco-ontariennes. Le nombre de francophones s'est abaissé de 40 955 en 1971 à 31 271 en 1996, les effectifs réduits et une importance relative très faible ne favorisant pas le maintien du français à l'échelle de la région. Depuis quelques années, la francophonie du Sud semble avoir connu un certain regain, à la faveur de l'attraction jouée par les grandes villes de la région sur les Franco-Ontariens. Mais ce regain ne s'est pas traduit par un gain des effectifs. Et la proportion des francophones au sein de l'espace régional ne cesse de diminuer, la francophonie y étant de plus en plus noyée dans un milieu presque exclusivement anglophone.

La population francophone du Sud est par ailleurs vieille, héritage du rôle périphérique traditionnellement joué par la région à l'intérieur de la communauté franco-ontarienne. Elle est relativement peu scolarisée et reste surreprésentée dans des secteurs d'emploi traditionnels ; au premier plan, l'agriculture et l'industrie manufacturière. Cette marginalité du Sud pourrait s'estomper au cours des prochaines années : la migration touchant davantage les jeunes et les plus éduqués, une nouvelle population de Franco-Ontariens, plus exigeante sur le plan institutionnel, s'installe progressivement dans la région. La vie en français à l'intérieur de la région pourrait en bénéficier fortement.

6. Le débat entourant l'utilisation de l'expression *communauté franco-ontarienne* dans le *Plan de développement global de la communauté franco-ontarienne* adopté en 1991 (ACFO, 1991) l'illustre pleinement.

L'Ouest ontarien représente une marge défaillante. La population de langue maternelle française de l'Ouest est faible en nombre et en proportion. Le fait français y reste un phénomène marginal, directement lié aux cycles de l'exploitation forestière ou minière. Le nombre de francophones reste sensiblement le même depuis 1971, tout comme leur importance relative à l'échelle de la région. La communauté franco-ontarienne de l'Ouest souffre de toute évidence d'un manque de dynamisme, ce qui mine considérablement ses possibilités de développer un éventail d'institutions propres à assurer le maintien du français dans la région.

La courte vie de plusieurs localités de la région empêche toute diversification des activités, et les jeunes sont poussés à en partir. Les francophones n'échappent pas à ce phénomène. Ceux qui restent sont les moins scolarisés de toute la province. Ils se concentrent dans un éventail limité de secteurs d'emploi. L'avenir n'est certes pas reluisant à la frontière ouest de l'Ontario français, où tant la démographie que l'économie semblent faire de plus en plus défaut à la communauté franco-ontarienne.

Les communautés plus restreintes

Cet examen rapide des réalités franco-ontariennes à l'échelle régionale a mis en lumière une dynamique du fait français qui diffère sensiblement selon les milieux. L'analyse de ces mêmes réalités à une échelle plus fine – celle des comtés, des districts et des municipalités régionales – révèle une situation beaucoup plus complexe que celle suggérée par notre typologie. Comme c'est dans les communautés que se bâtissent, au jour le jour, les échanges, il convient de préciser aussi les caractères de ces milieux, qui constituent l'environnement immédiat des Franco-Ontariens.

L'équipe de Vision d'avenir réunie par la Fédération des jeunes Canadiens français (FJCF) a établi la distinction entre trois types de milieux de vie au Canada français hors Québec : les *communautés de vie française*, les *milieux de vie mixte* et les *cellules françaises* (FJCF, 1991). Ces milieux, définis sur la base de l'importance relative de la population francophone selon les divisions de recensement (indice de contact régional), offriraient des conditions très différentes à l'affirmation du fait français.

Prescott-Russell serait à cette échelle la seule *communauté de vie française*, avec plus de 60 % de francophones. Près de 50 000 personnes (un peu moins de 10 % de la population francophone de la province) vivent dans cette communauté, dans un milieu à peu près homogène, où la vie se déroule essentiellement en français et où l'action de la communauté francophone déborde largement le champ de la langue et de la culture françaises.

L'espace réservé au français pourrait cependant se trouver réduit au cours des prochaines années. En effet le milieu est de plus en plus soumis à l'influence de la majorité anglophone, qui a vu son importance s'accroître à l'échelle du comté au cours des 20 dernières années. Depuis 1971, la proportion de francophones dans le comté est passé de 82 % à 68 %, ce qui ne peut qu'influencer l'environnement linguistique.

Selon la définition technique de l'indice de contact régional, il n'y aurait que le district de Cochrane qui offrirait un *milieu de vie mixte* – entre 40 % et 60 % de francophones. Environ 44 000 francophones évoluent dans ce milieu, soit encore une fois un peu moins de 10 % de la population de langue maternelle française de la province. Cette définition élimine toutefois des divisions de recensement telles Nipissing, Ottawa-Carleton, Stormont, Dundas et Glengarry, Sudbury et Timiskaming, qui s'inscriraient selon nous dans cette catégorie, bien que la population francophone n'y représente qu'entre 20 % et 40 % de la population totale[7]. Ces milieux constituent

7. Les francophones ne comptent que pour 16,1 % de la population totale d'Ottawa-Carleton. Mais la situation particulière du français dans la région de la capitale nationale, favorisée par une population de plus de 100 000 personnes de langue maternelle française, en fait sans contredit un milieu de vie mixte.

aussi à notre avis des environnements *bilingues*, qui offrent aux membres de la communauté une participation à la vie française à travers un certain nombre d'institutions, dans un milieu ambiant anglais. Si on les ajoute au district de Cochrane, on pourrait dire qu'environ 275 000 Franco-Ontariens vivent en milieu de vie mixte, soit un peu plus de la moitié d'entre eux.

Ainsi, une majorité de francophones auraient accès, dans leur milieu, à des institutions de langue française, ce qui leur permettrait de vivre une partie de leur vie quotidienne en français. Le milieu ambiant n'y serait pas moins anglophone, l'anglais occupant la place publique et étant directement en compétition avec le français comme langue des échanges, d'où une certaine confusion quant à l'identité et au sentiment d'appartenance.

L'équipe de Vision d'avenir a souligné jusqu'à quel point les caractères des milieux de vie mixte diffèrent selon qu'il s'agisse de régions métropolitaines où la dispersion complique l'organisation de la vie française – Ottawa ou Sudbury –, ou de régions formées de petits centres et de milieux ruraux où la vie des communautés francophone et anglophone est fortement liée. Mais ceux-ci se ressemblent à l'égard des défis qu'ils posent aux francophones qui les habitent, soit la langue que ces gens privilégieront au quotidien, et leur sentiment d'appartenance à la communauté franco-ontarienne.

Les *cellules françaises* se distinguent des milieux de vie mixte par une proportion beaucoup moins importante de francophones et par le nombre beaucoup plus restreint d'institutions françaises. La vie en français dans ces milieux s'organise autour de la participation à certains événements ou à certains groupes, et la vie courante se déroule en anglais. Selon l'indice de contact régional, plus du tiers (36,1 %) des francophones de l'Ontario vivent dans un tel contexte, proportion qui a légèrement augmenté depuis 1971 (35,0 %) à la faveur des migrations franco-ontariennes vers le Centre et le Sud.

Toutes les divisions de recensement du centre, du sud et de l'ouest de l'Ontario appartiennent à la catégorie des cellules françaises. La majorité des comtés de l'Est figurent aussi parmi les cellules françaises, ainsi que certains districts du Nord : c'est le cas de Manitoulin et de Parry Sound, aux limites sud du Nord ontarien, et d'Algoma, du côté ouest. Ces milieux offrent peu de possibilités de contact aux francophones, et le problème du maintien de l'usage du français y est sérieux.

Pour les francophones qui vivent dans ces cellules françaises, la situation n'est peut-être pas aussi alarmante qu'elle y paraît à la lumière de cette catégorisation. Pour ceux des milieux de vie mixte aussi, l'environnement est souvent beaucoup plus francophone que nous le laissons supposer plus haut. Toute minorité étant forcément une majorité à une certaine échelle, il existe un certain nombre de localités hors de Prescott-Russell – la seule communauté de vie française – qui offrent des conditions particulièrement favorables d'échanges en français.

Toutes les municipalités où le nombre absolu de personnes de langue maternelle française est assez élevé pour permettre une vie communautaire – nous retenons le seuil de 5 000 –, et où ces francophones comptent pour 50 % ou plus de la population totale, constituent de tels milieux de vie française. Six localités dans la province combinent ces deux caractéristiques : Hearst, Kapuskasing et Rayside-Balfour, dans le Nord ; Vanier, Hawkesbury et le canton de Clarence, dans l'Est. Ces localités jouent un rôle majeur dans le développement de la communauté franco-ontarienne. Leur rayonnement dépasse largement celui de leur environnement immédiat, les services qu'elles offrent bénéficiant autant aux populations francophones des milieux ruraux environnants qu'à celles des petites villes qui n'en sont pas trop éloignées. Mais comme elles affichent pour la plupart un manque de dynamisme évident du point de vue de la croissance de leurs effectifs francophones, on peut s'interroger sur leur avenir en tant que piliers du fait français dans la province.

Réseaux

Ainsi, les Franco-Ontariens vivent dans une diversité de milieux. Les possibilités d'échanges en français varient selon les régions et les communautés, tout comme la force des liens qui relient les francophones à la majorité, sans compter l'environnement global dans lequel s'inscrit l'interaction, qui diffère fortement selon que l'on se trouve dans une localité rurale, une petite ville ou une métropole. Ce constat de la très grande diversité des espaces franco-ontariens soulève la question de leur intégration dans un ensemble cohérent, qui donnerait son sens à la notion d'*Ontario français*. Celui-ci apparaît bien réel à la lumière de la multiplication des réseaux qui relient les lieux de vie française à l'échelle de la province. Il semble toutefois plus problématique si l'on se tourne du côté des pratiques quotidiennes des Franco-Ontariens, qui, où qu'ils soient, se trouvent de plus en plus à la croisée des deux mondes.

Nouveaux lieux, nouveaux liens

À première vue, l'Ontario français n'existe pas. Il n'apparaît pas sur la carte politique du Canada, ni sur aucune autre carte d'ailleurs, ne faisant pas partie de ces entités géographiques reconnues aux fins de l'administration du territoire. Si un demi-million de francophones habitent en effet en Ontario, ils ne disposent pas d'un territoire légal, dont ils assureraient l'administration et qui leur serait identifié. Les Franco-Ontariens occupent néanmoins certains lieux à partir desquels s'organisent les échanges en français, et qui sont localisables sur une carte : écoles, radios, entreprises, théâtres, etc. Ces lieux constituent la trame autour de laquelle s'organisent des réseaux de plus en plus actifs, par-delà la distance.

Un territoire éclaté

Parmi les institutions dont s'est dotée au fil des ans la francophonie ontarienne, l'école fait force de symbole : symbole des luttes pour l'affirmation du fait français, symbole de l'identité culturelle de la communauté franco-ontarienne. L'obtention d'une école de langue française constitue généralement le premier pas de la mise sur pied des institutions jugées nécessaires à la vie communautaire dans un milieu donné, et l'extension du réseau des écoles de langue française à l'échelle de la province est un très bon indicateur du degré de structuration de la communauté franco-ontarienne dans l'espace.

La communauté franco-ontarienne dispose aujourd'hui de plus de 300 écoles de langue française. On trouve des écoles primaires dans toutes les localités *où le nombre d'élèves francophones le justifie*, pour reprendre une expression maintenant connue au pays, et des écoles secondaires dans les centres un peu plus importants. Quelles que soient les caractéristiques du milieu, que celui-ci soit majoritaire ou minoritaire, qu'il soit métropolitain ou non, il existe généralement une école de langue française, lieu privilégié de transmission de la culture française.

La localisation des écoles de langue française est révélatrice de l'étendue de l'Ontario français. On trouve des écoles dans chacune des cinq grandes régions identifiées plus haut, et dans des centaines de localités, disséminées à travers la province (voir carte IV). Elle montre cependant l'inégale densité des points d'ancrage de la vie française au sein de cet espace : densité très forte sur le territoire à l'est d'Ottawa, importante dans le nord-est de la province, beaucoup plus faible hors de l'axe de peuplement historique qui depuis l'est remonte au nord le long des grandes voies de communication vers l'ouest du pays. Enfin, la carte révèle l'éclatement de l'Ontario français en plusieurs blocs et îlots localisés à des distances importantes les uns des autres, donc sans réelle possibilité d'établir des partenariats basés sur le voisinage. C'est donc sur une autre base que celle qu'offrirait un territoire continu que s'organise l'éducation franco-ontarienne : celle des liens développés dans tout un ensemble de dossiers qui rapprochent les intervenants du monde de l'éducation, à la faveur de l'Association des

Carte IV
Espace scolaire franco-ontarien

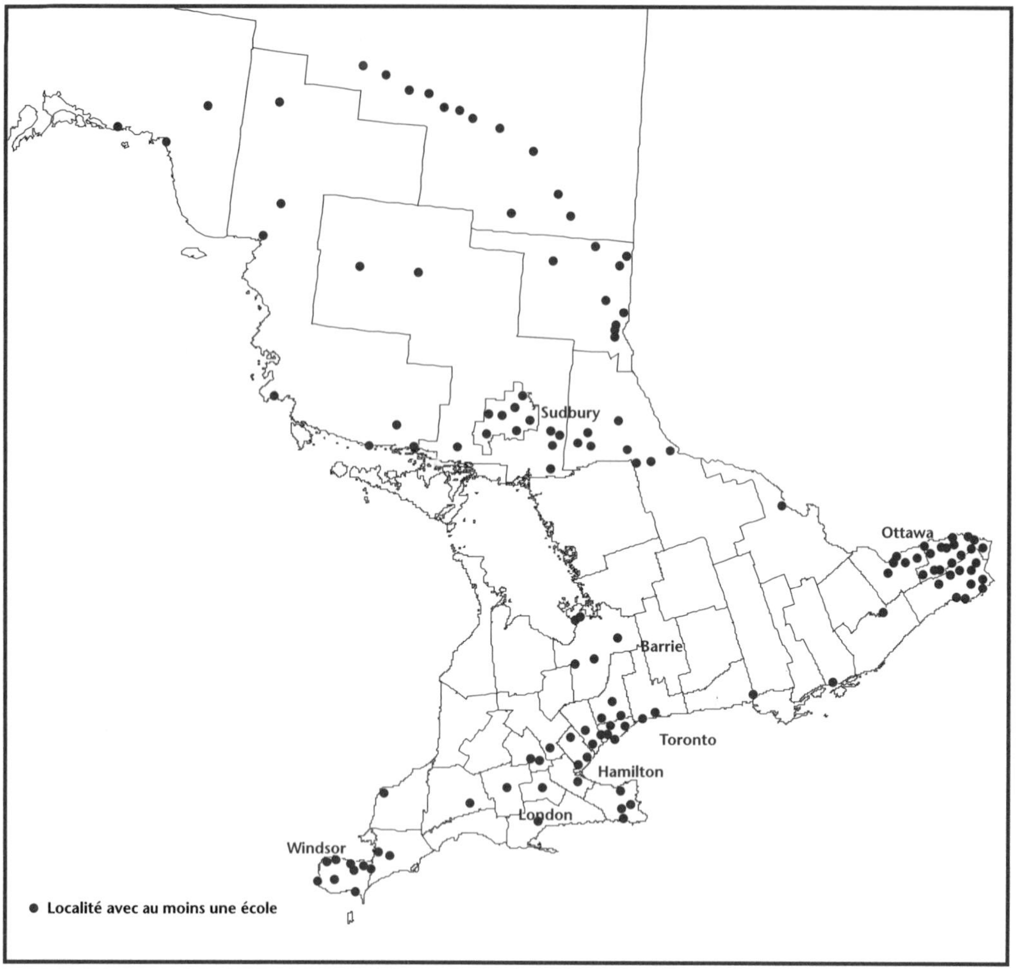

Source : AEFO 1996.
Réalisation : André Langlois et Anne Gilbert.

enseignantes et des enseignants franco-ontariens, des regroupements de parents d'élève, de conseillers scolaires, etc. La mise en place des conseils scolaires de langue française à l'échelle de l'ensemble du territoire provincial renforcera ces liens et les réseaux qui en sont à la base.

L'Ontario français en tant qu'espace-réseau

Ces différents lieux de vie française parmi lesquels figurent les écoles franco-ontariennes sont en effet reliés malgré la distance et la dispersion. Tout un ensemble de réseaux ont été créés au cours des années pour répondre aux besoins d'une population de moins en moins concentrée dans l'espace, réseaux qui facilitent l'échange d'information, le partage de ressources et la mise en commun de services. Ces réseaux constituent la trame autour de laquelle s'organise désormais l'essentiel de la vie française dans la province. Ils permettent aux milieux les plus favorisés sur le plan de la langue et de la culture de tirer parti de leurs avantages comparatifs pour rayonner davantage et plus loin. Ils favorisent la participation des îlots les plus isolés à un univers français concret et quotidien.

Ces réseaux couvrent une gamme variée de secteurs de la vie collective, depuis l'alphabétisation jusqu'à la coopération, en passant par le théâtre et l'administration municipale. Ils relient les institutions œuvrant dans ces différents secteurs, par le biais de contacts directs ou de l'inforoute. Ils les rattachent à d'autres types d'institutions agissant auprès de la clientèle franco-ontarienne et faisant face au même défi de stimuler les échanges en français, dans un contexte qui donne une place de plus en plus large à l'anglais.

Plusieurs études font référence à l'édifice institutionnel sur lequel se fondent ces réseaux (parmi les plus complètes, Juteau et Séguin-Kimpton, 1993 ; Carrière, 1993). Leur analyse empirique reste cependant à faire : nature des liens qui unissent les institutions qui s'y rattachent, fréquence des relations qu'elles entretiennent, mécanismes de collaboration qu'elles ont développés, etc. Il faudrait aussi examiner le contexte dans lequel ils sont utilisés et la place qu'ils occupent dans l'espace de relations des institutions qui y ont recours. Sans un examen approfondi de leur fonctionnement, il est difficile d'évaluer l'impact réel des réseaux sur le développement de la communauté franco-ontarienne. Chose certaine cependant, ils participent étroitement à la mise en place d'un nouveau cadre de vie française dans la province, à de nouvelles formes de rapports sociaux et au renouvellement de l'identité (Juteau et Séguin-Kimpton, 1993).

L'espace-temps des pratiques

Ainsi de nouveaux espaces se sont formés en Ontario français, à la faveur de la mise sur pied de tout un ensemble de réseaux, autour desquels s'organisent les échanges entre les membres de la communauté franco-ontarienne. Ces espaces accueillent leurs pratiques quotidiennes, les structurent, leur confèrent un sens. Ce faisant, ils sont un élément central de leur identité. Ils ne sont cependant pas les seuls foyers de leur appartenance : le territoire de la communauté franco-ontarienne déborde souvent les réseaux des lieux de vie française, pour englober des éléments d'autres réseaux, ceux-là dominés par l'anglais. Plusieurs analyses des pratiques linguistiques des Franco-Ontariens permettent de l'affirmer.

Quel est, dans ce contexte, le territoire des membres de la communauté franco-ontarienne ? Quels sont les lieux qu'ils occupent et qu'ils font leurs, ceux auxquels ils aspirent ? Leur territoire est fait bien sûr des lieux de vie française de leur milieu : l'école, le centre culturel, le restaurant du coin, le bureau de santé de sa localité, etc. Mais, vivant le plus souvent en situation minoritaire – rappelons-nous que seulement 1 Franco-Ontarien sur 10 habite un milieu où les francophones comptent pour plus de 60 % de la population régionale – et n'ayant donc pas accès à toute la gamme d'institutions nécessaires à la satisfaction de ses différents besoins, il évolue aussi au sein des réseaux fonctionnant en anglais, qui viennent à faire partie de son territoire. Dans les milieux typiques de l'Ontario français, les institutions françaises – lorsqu'elles existent – se retrouvent en compétition directe avec les institutions de la majorité. L'attrait qu'exercent ces dernières sur les jeunes et les adultes est d'autant plus fort que la dispersion est grande et l'espace de vie dominé par l'anglais.

Le milieu minoritaire a donc ceci de particulier qu'il suscite la participation à deux faisceaux distincts de réseaux sur le plan ethnoculturel : ceux de la majorité, plus diversifiés et souvent plus attrayants ; et ceux de la minorité, qui incluent un nombre limité d'institutions. Les premiers occupent la place publique. Les seconds, se trouvant souvent hors de l'espace de vie quotidien, doivent faire l'objet d'un choix conscient ; ils impliquent un engagement. Il découle de cette participation à deux ensembles de réseaux une territorialité mixte, qui crée une certaine confusion au regard des identités. La conscience individuelle se trouve partagée entre la communauté de vie dans son ensemble – anglo-saxonne – et la communauté de vie française qui se crée autour des institutions et autres lieux de vie française. Les référents territoriaux de l'identité pourraient s'en trouver affaiblis.

Conclusion

Les Canadiens français qui ont émigré du Québec vers l'Ontario dans la seconde moitié du 19e siècle ne se sont pas répandus partout dans la province. Ils se sont concentrés dans l'Est d'abord, puis ont gagné le Nord, où se sont constitués des noyaux de peuplement dans lesquels s'est organisée une vie française greffée à la paroisse. Mais de nombreux mouvements ont eu lieu, qui ont contribué à transformer rapidement ces premiers espaces de la francophonie ontarienne ; à un point tel qu'il paraît difficile aujourd'hui de parler de l'Ontario français au singulier. Les faits sont là : les Franco-Ontariens vivent dans des conditions tout à fait différentes selon la région, selon la communauté.

À la diversité des milieux de vie franco-ontariens, il faut ajouter la complexité de leurs articulations aux espaces de la majorité, avec lesquels ils sont de plus en plus liés. Là encore, le milieu exerce une forte influence : dans les grandes métropoles, la cohabitation de plusieurs groupes facilite jusqu'à un certain point l'expression de la différence francophone et la rend plus facile à négocier avec la majorité ; dans les petits centres urbains, dans les villages, la vie des deux communautés est, comme le souligne l'équipe de Vision d'avenir, beaucoup plus imbriquée, ce qui rend « plus difficiles l'implantation d'institutions de langue et de culture françaises ainsi que l'établissement d'éléments distinctifs » (FJCF, 1992, p. 80).

Les réseaux autour desquels s'organisent aujourd'hui les relations au sein de la francophonie ontarienne pallient jusqu'à un certain point ces disparités spatiales. Ils permettent des liens de plus en plus diversifiés entre les membres de la communauté où qu'ils se trouvent, et contribuent ainsi à élargir sensiblement l'éventail des motivations qui leur sont offertes de participer à la vie collective. Ces réseaux sont au centre de l'espace politique communautaire et ont profondément modifié l'espace symbolique des Franco-Ontariens. Peut-on néanmoins faire abstraction de la géographie quand on fait l'état des lieux de la communauté franco-ontarienne ? La très grande difficulté à maintenir le français dans plusieurs milieux nous porte à en douter.

Bibliographie

Association canadienne-française de l'Ontario, (1991). *Plan de développement global de la communauté franco-ontarienne, 1992-1997*, Vanier, ACFO.

Bernard, Roger (1988). *De Québécois à Ontarois : la communauté franco-ontarienne*, Hearst, Le Nordir.

Bernard, Roger (1994). « Du social à l'individuel : naissance d'une identité bilingue », dans *La question identitaire au Canada francophone : récits, parcours, enjeux, hors-lieux*, sous la direction de J. Létourneau et R. Bernard, Québec, Presses de l'Université Laval, p. 155-163.

CARRIÈRE, Fernan (1993). « La métamorphose de la communauté franco-ontarienne, 1960-1985 », dans *Les Franco-Ontariens*, sous la direction de C.J. Jaenen, Ottawa, Presses de l'Université d'Ottawa, p. 305-340.

CASTÉRAN, Nicole (1987). « Les stratégies du paysan canadien-français de l'Est ontarien », *Revue d'histoire de l'Amérique française*, vol. 41, n° 1, p. 23-51.

FÉDÉRATION DES JEUNES CANADIENS FRANÇAIS (1991). *Un avenir incertain : comportements linguistiques et conscience culturelle des jeunes Canadiens français*, Ottawa, FJCF, Vision d'avenir.

FÉDÉRATION DES JEUNES CANADIENS FRANÇAIS (1992). *L'avenir devant nous : la jeunesse, le problème de l'assimilation et le développement des communautés canadiennes-françaises*, Ottawa, FJCF, Vision d'avenir.

GERVAIS, Gaétan (1993). « L'Ontario français, 1821-1910 », dans *Les Franco-Ontariens*, sous la direction de C.J. Jaenen, Ottawa, Presses de l'Université d'Ottawa, p. 49-125.

GILBERT, Anne (1999). *Espaces franco-ontariens*, Ottawa, Le Nordir.

GILBERT, Anne, et André LANGLOIS (1994). « Regard sur les nouvelles réalités franco-ontariennes », *Les francophones tels qu'ils sont*, 3e éd., Vanier, Association canadienne-française de l'Ontario.

JUTEAU, Danielle, et Lise SÉGUIN-KIMPTON (1993). « La collectivité franco-ontarienne : structuration d'un espace symbolique et politique », dans *Les Franco-Ontariens*, sous la direction de C.J. Jaenen, Ottawa, Presses de l'Université d'Ottawa, p. 265-304.

LAROSE, Stéphan, et Greg M. NIELSEN (1995). « Médias et altérité : l'espace public et l'Ontario français virtuel », dans *La francophonie ontarienne : bilan et perspectives de recherche*, sous la direction de J. Cotnam, *et al.*, Ottawa, Le Nordir, p. 283-308.

OUELLET, Fernand (1993). « L'évolution de la présence francophone en Ontario : une perspective économique et sociale », dans *Les Franco-Ontariens*, sous la direction de C.J. Jaenen, Ottawa, Presses de l'Université d'Ottawa, p. 127-199.

VALLIÈRES, Gaétan, et Jean GRIMARD (1981). *Explorations et enracinements français en Ontario, 1610-1978 : esquisse historique et ressources documentaires*. Toronto, Ministère de l'Éducation.

Chapitre 4

La géographie du peuplement francophone de l'Ouest

Gilles Viaud, University College of the Cariboo

En tant qu'entité géographique, l'Ouest canadien est une région qui est à la fois incontournable et difficilement circonscrite. Elle est tout d'abord incontournable puisque à elle seule cette région constitue près de la moitié du territoire du pays. Elle est difficilement circonscrite parce que sur le plan de sa géographie, ce vaste espace, qui pour les besoins de l'ouvrage réunit tous les territoires situés à l'ouest de l'Ontario, ainsi que le Yukon, le Nunavut et les Territoires du Nord-Ouest, est peu homogène. Cette seconde caractéristique se traduit dans la fragmentation, la diversité, et la richesse des paysages et des écosystèmes naturels qui le composent : les Prairies à l'est et au centre ; les Rocheuses à l'ouest ; la forêt boréale du Bouclier canadien au nord ; et la toundra arctique à l'extrême nord. Durant des siècles, ces quatre espaces géographiques ont offert à leurs habitants des conditions de peuplement et de vie variées. L'amplitude de ces contrastes est mise en évidence dans le rôle que ces espaces ont joué dans la distribution des territoires autochtones traditionnels. Au fil du temps, ces démarcations environnementales, la superficie du territoire et l'éloignement géographique qui en découle ont réussi à forger, chez les premiers habitants autochtones, des nations culturelles toutes aussi variées que le territoire lui-même.

On constate d'emblée que le peuplement de l'Ouest par les francophones fut lui aussi fortement influencé par la géographie des lieux. La superficie démesurée de cette étendue, le potentiel économique varié de ses différentes zones environnementales, et plus tard sa segmentation en provinces et territoires mieux adaptés aux réalités politiques, économiques et sociales de la région, ont agi pour créer un espace francophone fragmenté, éparpillé (Painchaud, 1975) et peu homogène. Contrairement aux Québécois, aux Acadiens et aux Franco-Ontariens, on parle très peu dans le langage de tous les jours des francophones de l'Ouest en tant que groupe culturel unifié. On les identifie plutôt principalement sur la base de leur appartenance administrative ou provinciale en tant que Franco-Manitobains, Fransaskois, Franco-Albertains, Franco-Colombiens, Franco-Yukonnais ou Franco-Ténois. Ainsi, parce qu'à plusieurs égards, le fonctionnement de la francophonie dans l'Ouest s'exécute en grande partie sur une base locale et provinciale et très peu sur une base panrégionale, il est préférable de parler *des* communautés francophones de l'Ouest au lieu de *la* communauté francophone de l'Ouest. Plus que simplement sémantique, cette distinction est surtout conceptuelle. Elle aide à mettre dans un contexte plus approprié la perception qui attribue le manque d'identité panrégionale de la francophonie de l'Ouest à un manque de vitalité et d'identité culturelle. Cela expliquerait en partie pourquoi la francophonie de l'Ouest n'est pas considérée comme l'un des foyers de la francophonie nord-américaine (Louder, Trépanier et Waddell, 1994).

Le but du présent chapitre est de décrire, dans leurs grandes lignes, les espaces des communautés francophones de l'Ouest. Pour ce faire le chapitre est divisé en quatre sections. Une première section porte sur la mise en place des espaces occupés. Il est entre autre question du rôle charnière joué par le clergé catholique dans la fondation des premiers villages francophones, ainsi que des différentes stratégies adoptées pour garantir la survie du peuplement de langue française dans la région. Une deuxième section discute plus spécifiquement des milieux de vie de la francophonie minoritaire de l'Ouest. L'emphase est mise sur la description de deux espaces géographiques distincts, l'un rural et l'autre urbain. Il est soutenu que le passage par les populations francophones d'un milieu de vie à l'autre a profondément affecté la nature de la culture française dans l'Ouest. La section suivante se veut une étude de cas qui retrace plus particulièrement le refoulement et la perte des espaces francophones en Saskatchewan au cours du 20e siècle. À partir de cette étude, certaines conclusions et constats sont tirés en fin de chapitre.

La mise en place des espaces francophones

Ce qui étonne souvent les nouveaux observateurs de la scène francophone de l'Ouest est l'éparpillement, la fragmentation et l'isolement des peuplements de langue française à travers la région (voir carte I). Au sujet des Prairies, Painchaud (1975) remarque que

> [l'] on s'explique difficilement, de nos jours, comment il se fait que les dirigeants ou les groupes de familles qui ont implanté des centres français dans cette région du Canada n'aient pas cherché, à l'époque de la colonisation, à former des blocs plus homogènes. Pourquoi, demande-t-on, avoir permis un émiettement aussi désordonné des forces nationales ? (Painchaud 1975, p. 109.)

À ce sujet, il est particulièrement intéressant d'apprendre que la stratégie privilégiée afin d'assurer les chances de survie d'un peuplement de langue française dans l'Ouest visait justement à prévenir cet éparpillement des colons francophones sur le territoire. En effet, la vision originelle de l'implantation d'une communauté de langue française dans l'Ouest passait tout d'abord par l'établissement d'un bloc compact, unifié et homogène de paroisses francophones sur le territoire (Painchaud, 1975) et, ensuite, par la création d'une province catholique francophone (Silver, 1985). Toutefois, dictée par le contexte social et politique instable qui régnait dans l'Ouest à la fin du 19e siècle, cette stratégie dut être abandonnée au profit d'une seconde, moins idéaliste, qui ne voyait qu'à assurer une présence de langue française dans tout l'Ouest. Ce changement de stratégie se serait produit vers 1870, année au cours de laquelle les Territoires du Nord-Ouest, jusqu'alors propriété de la Compagnie de la baie d'Hudson, passèrent sous l'autorité du gouvernement du Canada[1]. S'ensuivit alors une course effrénée de la part d'immigrants venant des provinces de l'Est et de l'Europe afin de s'approprier les nombreux *homesteads* ouverts par le gouvernement canadien. C'est à partir de ce moment que se dessina l'émiettement des peuplements de langue française dans l'Ouest.

Échec des tentatives de concentration du peuplement

La réputation du clergé catholique et de ses efforts à promouvoir la mise en place et la survie d'une présence de langue française dans l'Ouest n'est plus à faire (voir Lacombe, 1990 ; Lalonde, 1983 ; Painchaud, 1975 ;

1. En 1870, les Territoires du Nord-Ouest comprenaient les provinces et territoires actuels suivant : le nord du Manitoba, les provinces des Prairies, la Colombie-Britannique, les Territoires du Nord-Ouest, le Yukon et le Nunavut.

Silver, 1985). Ce sont en effet les ecclésiastiques de langue française qui, tout au cours des 19e et 20e siècles, « initièrent, encouragèrent ou guidèrent toute activité propre à promouvoir la survivance de la culture française à travers l'Ouest » (Lalonde, 1983, p. 82). Le plus influent d'entre tous fut sans contredit Mgr Alexandre-Antonin Taché, missionnaire, puis évêque, et finalement premier archevêque de Saint-Boniface en 1871. C'est sous sa direction que la vision expansionniste s'est articulée.

Par l'entremise de peuplements métis francophones situés tout le long des rivières Assiniboine et Rouge au Manitoba, les premiers jalons d'une présence française et catholique étaient déjà en place dans les années 1850. Taché fondait beaucoup d'espoir dans ces peuplements métis. Son ambition était de les utiliser comme pivots autour desquels son projet de voir émerger dans l'Ouest un bloc homogène de colonies catholiques de langue française pourrait se consolider. Au fil du temps, cependant, plusieurs facteurs ont démontré son projet peu réaliste et sont venus remettre en question sa stratégie. Peuple nomade avant tout, les Métis de la Rivière-Rouge « étaient peu enclins à abandonner leur vie nomade afin d'embrasser celle de cultivateur sédentaire » (Painchaud, 1975, p. 110). De plus, de graves remous administratifs et politiques se sont dessinés à l'approche de la prise de possession par le gouvernement canadien des terres de la Compagnie de la baie d'Hudson en 1870. Ces bouleversements ont remis en cause la survie même du peuplement de la Rivière-Rouge. Craignant pour leurs terres et pour la survie de leur culture et de leur identité dans l'éventualité d'une prise de pouvoir du territoire par des Anglo-Canadiens protestants, les Métis, sous la tutelle de Louis Riel, ont organisé en 1869 un mouvement de résistance. À la suite d'un soulèvement qui les a vu former un gouvernement provisoire sur le territoire de la Rivière-Rouge, le gouvernement fédéral accepta d'offrir « certaines garanties constitutionnelles pour protéger leurs institutions les plus chères » (Lalonde, 1983, p. 82). Le résultat le plus concret qui découla de ce soulèvement fut la création du Manitoba, en juillet 1870, qui entre autre garantissait aux Métis l'établissement d'un gouvernement responsable, d'institutions bilingues, d'écoles confessionnelles et la certification de leurs titres fonciers (Friesen, 1993, p. 125-126). Toutes ces garanties de l'*Acte du Manitoba* n'ont toutefois pas protégé les Métis contre l'ineptie des premiers dirigeants du Manitoba...

> Car l'histoire des terres métisses ne fut que déceptions et défaites. La désespérante lenteur des gouvernements, les volte-face trop fréquents de politiques mal pensées, l'opposition tenace de personnes et de groupes intéressés, et surtout la faiblesse ruineuse des Métis face à une civilisation qui ne leur allait pas, tout contribua à une dépossession brutale et à l'exode vers les plaines de la Saskatchewan (Painchaud, 1975, p. 111).

Parallèlement à ces événements, Taché sentait que l'avenir de la langue et de la culture françaises dans l'Ouest était remis en question sur un autre front. Lorsque le gouvernement canadien pris possession des terres de la Compagnie de la baie d'Hudson et commença à ouvrir l'Ouest à la colonisation, s'ensuivit un afflux grandissant sur les terres de la Rivière-Rouge de colons anglo-saxons et protestants venant de l'Ontario et des îles Britanniques. Devant ce qui était considéré comme une menace à la survie de la francophonie naissante dans la région, Taché établit des réseaux de colonisation qui avaient pour but principal d'attirer au Manitoba et dans l'Ouest le plus grand nombre possible de colons de langue française. Il désirait utiliser cette expansion du nombre de francophones au Manitoba comme un bouclier afin de protéger de l'assimilation certaine les premiers habitants de langue française de la région (Silver, 1985). Taché fut une force majeure dans la mise sur pied de la Société de colonisation du Manitoba, qui à l'époque était la seule à consacrer tous ses efforts à recruter des Canadiens français dans l'Ouest (Silver, 1985). Dans le même but, il a aussi envoyé des agents colonisateurs dans les États de la Nouvelle-Angleterre et en Europe.

Données de la carte I

MANITOBA	**LMF**
Winnipeg	25 820
Taché	1 625
De Salaberry	1 530
Ritchot	1 515
Ste-Anne	915
Montcalm	885
Ste-Anne	805
La Broquerie	735
Lorne	680
St-Pierre-Jolys	630
Grey	585
Brandon	525
Notre-D.-de-Lourdes	485
Cartier	475
St-Claude	405
St-Laurent	380
Alexander	365
Ste-Rose	355
Thompson	330
Portage-la-Prairie	325
South Norfolk	325
Portage-la-Prairie	300
Ste-Rose-du-Lac	295
Macdonald	290
Somerset	275
Springfield	275
Morris	210
Piney	205
Cornwallis	200
Le Pas	160
Dauphin	155
St-Lazare	150
Lac du Bonnet	145
Powerview	135
Ellice	130
St. Andrews	130
St. Clements	120
Hanover	115
Selkirk	115
Victoria	115
Steinbach	115
Division n° 1	105
Dufferin	100
Morris	100
Fisher	100
St-Francois-Xavier	100
Flin Flon (Part)	95
Rockwood	85
Riverside	80
Argyle	80
Franklin	70
Alonsa	65
Woodlands	65
Reynolds	65
East St. Paul	60
Roblin	60
Stonewall	55
Lac du Bonnet	55
Division n° 19	50
Morden	50
SASKATCHEWAN	**LMF**
Saskatoon	3 110
Regina	2 405
Prince Albert	1 335
Moose Jaw	645
St-Louis	640
Gravelbourg	485
North Battleford	390
Ponteix	285
Grant	250
Swift Current	225
Buckland	205
Debden	185
Redvers	180
Canwood	175
Moose Jaw	170
Duck Lake	170
Estevan	165
Assiniboia	165
Willow Bunch	150
Zenon Park	150
Gravelbourg	140
Storthoaks	140
Antler	140
St-Louis	135
Connaught	125
St-Brieux	125
Willow Bunch	125
Prince Albert	120
Weyburn	120
Spiritwood	120
Lake Lenore	115
Duck Lake	110
Meadow Lake	110
Battleford [T]	100
Radville [T]	95
Montmartre [VL]	90
Battle River [RM]	90
Mankota [RM]	85
Meota [RM]	85
Leoville [VL]	80
Lloydminster [C]	80
Auvergne [RM]	80
Reciprocity [RM]	75
Shaunavon [T]	75
Arborfield [RM]	75
Spiritwood [T]	75
Yorkton [C]	70
Nipawin [T]	70
Domremy [VL]	70
Laflèche [T]	70
Albertville [VL]	65
Garden River [RM]	65
Corman Park [RM]	60
Melfort [C]	55
Rosetown [T]	50
Spalding [RM]	50
Wakaw [T]	50
Paddockwood [RM]	50
Meadow Lake [RM]	50
ALBERTA	**LMF**
Edmonton	13 400
Calgary	10 070
Bonnyville n° 87	1525
Smoky River n° 130	1 435
St-Albert	1 435
Fort McMurray	1 055
St-Paul County n° 19	1 055
Strathcona County	965
St-Paul	865
Sturgeon No. 90	840
Red Deer	745
Falher	715
Grande Prairie	705
Bonnyville	680
I. D. n° 18 (Part)	670
Imp. District n° 17	620
Lethbridge	465
Morinville	450
Beaumont	425
Parkland County n° 31	405
Medicine Hat	400
Hinton	375
Legal	355
Peace River	340
Cold Lake	340
Westlock n° 92	320
Leduc County n° 25	305
Banff	295
McLennan	260
Fort Saskatchewan	250
Grand Centre	245
Leduc	240
Donnelly	235
Girouxville	225
Whitecourt	215
Imp. District n° 19	215
Spruce Grove	195
Grande Prairie Co. n° 1	190
Rocky View n° 44	185
Imp. District n° 12	170
Westlock	170
Edson	170
Lloydminster (Part)	155
Airdrie	155
Red Deer County n° 23	155
Lac La Biche	150
Imp. District n° 14	135
Canmore	135
Lac Ste-Anne C. n° 28	130
Grande-Cache	125
Athabasca C. n° 12	125
Stony Plain	125
Camrose	110
Wetaskiwin	110
Imp. District n° 16	105
Drayton Valley	100
Slave Lake	100
High Prairie	90
Crowsnest Pass	90
Vermilion	85
Clearwater n° 99	85
Cochrane	85
Plamondon	80
Grimshaw	80
Wainwright	75
Brooks	75
Rocky Mountain House	75
Barrhead	75
Olds	70
Wetaskiwin C. n° 10	70
High River	70
Wainwright n° 61	65
Innisfail	65
Lacombe	65
Okotoks	60
Vermilion Riv. C. n° 24	60
Vegreville	60
Devon	60
Cypress n° 1	60
Drumheller	60
Lacombe County n° 14	55
Imp. District n° 22	50
Sylvan Lake	50
Strathmore	50
Camrose County n° 22	50
Foothills n° 31	50
Mountain View C. n° 17	50
Pincher Creek	50
Imp. District n° 9	50
Brazeau n° 77	50
YUKON	**LMF**
Whitehorse	535
Yukon, Uno.	105
T.-N.-O.	**LMF**
Yellowknife	560
Iqaluit	30
Fort Smith	95
Hay River	85
Inuvik	50
COLOMBIE-BRITANNIQUE	**LMF**
Vancouver	6 840
Surrey	2 770
Coquitlam	1 850
Burnaby	1 690
Kelowna	1 380
Richmond	1 350
Victoria	1 290
Prince George	1 250
Saanich	995
Chilliwack	985
Delta	885
Kamloops	875
Nanaimo	810
North Vancouver	795
New Westminster	700
Langley	655
Matsqui	645
Maple Ridge	645
Comox-Strath., Subd. C	540
North Vancouver	525
Esquimalt	480
Port Coquitlam	470
Penticton	445
West Vancouver	415
Port Alberni	385
Cariboo, Subd. B	345
Mission	330
Vernon	330
Powell River	295
Campbell River	285
Kitimat-Stikine, Subd. C	285
Central Okana., Subd. B	265
Colwood	265
Courtenay	255
White Rock	255
Comox	240
Fraser-Fort G., Subd. A	235
Port Moody	225
Capital, Subd. B	225
Abbotsford	215
Langley	215
Nanaimo, Subd. B	215
Terrace	205
Squamish	200
Cariboo, Subd. A	195
Okanagan-Simil., Subd. B	195
Fort St. John	195
Cranbrook	190
C. Kootenay, Subd. B	185
Kitimat	185
Oak Bay	185
North Cowichan	180
Prince Rupert	180
C. Okanagan, Subd. A	175
N. Okanagan, Subd. B	175
Capital, Subd. A	175
Powell River, Subd. A	170
Mackenzie	170
Alberni-Clayot., Subd. A	160
Dawson Creek	160
Whistler	160
Nanaimo, Subd. A	155
Sunshine Coast, Subd. A	155
Williams Lake	155
Comox-Strath., Subd. B	145
Salmon Arm	145
East Kootenay, Subd. A	140
Pitt Meadows	140
Tumbler Ridge	130
Central Saanich	130
Okanagan-Simil., Subd. A	130
Columbia-Shus., Subd. C	125
Sidney	125
Capital, Subd. C	120
Summerland	120
Cowichan V., Subd. C	110
Parksville	110
Thompson-Nic., Subd. A	105
Masset	100
Revelstoke	100
Kimberley	100
Peace River, Subd. B	100
Merritt	90
Cowichan V., Subd. B	90
East Kootenay, Subd. B	85
C. Kootenay, Subd. C	85
View Royal	85
Sparwood	85
Osoyoos	80
Bulkley-Nech., Subd. A	80
Coldstream	80
Peace River, Subd. C	80
North Saanich	80
Creston	80
Sechelt	80
Quesnel	75
Tsinstikeptum	975
Port Hardy	75
Columbia-Sh., Subd. A	70
Trail	70
Golden	70
Nelson	70
Fernie	70
Oliver	70
Stikine, Subd. A	65
Kootenay B. , Subd. B	65
Spallumcheen	60
Bulkley-Nech., Subd. B	60
Ladysmith	60
Qualicum Beach	60
Smithers	60
Metchosin	60
Fraser-Cheam, Subd. B	60
Comox-Strath., Subd. A	60
Dewdney-Alou., Subd. A	60
Fraser-Cheam, Subd. A	55
Armstrong	55
Peachland	55
Thompson-Nic., Subd. B	50
New Songhees 1A	50
Castlegar	50
Kent	50
Thompson-Nic., Subd. C	50
Duncan	50
Gold River	50

Carte I

Population de langue maternelle française dans l'Ouest, 1991

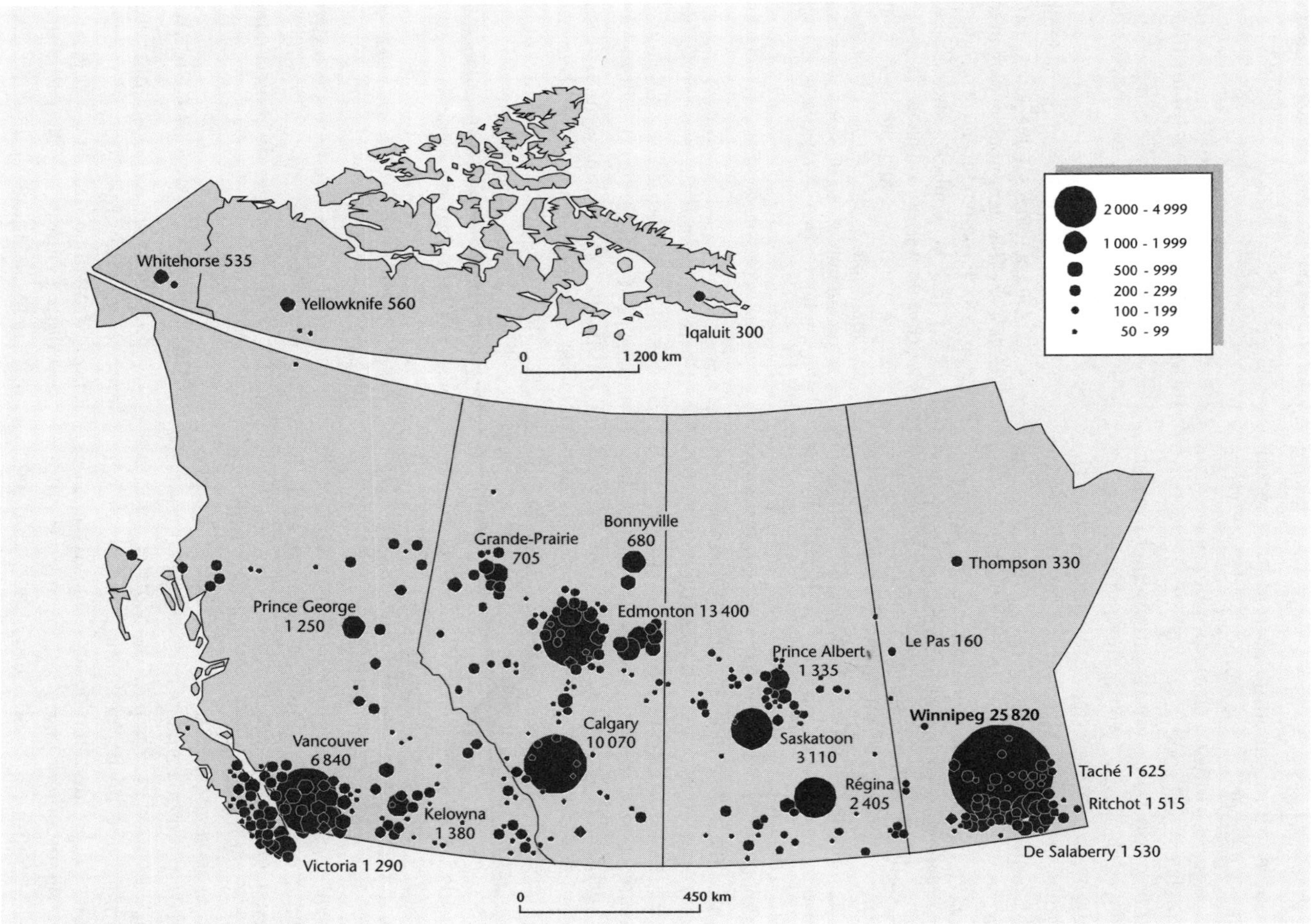

Réalisation : Samuel P. Arseneault, 1999.

Tous ces efforts se sont cependant soldés par des résultats mitigés. La réaction du Québec fut particulièrement décevante. Un faible nombre de familles seulement quittèrent le littoral du Saint-Laurent pour répondre à l'appel des missionnaires de la Rivière-Rouge. Le contexte démographique et social québécois à l'époque de ces initiatives de colonisation ne favorisait aucunement les envoyés de Taché. Au même moment où ces derniers incitaient les curés québécois à envoyer des familles coloniser les plaines de l'Ouest, le Québec était aux prises avec un exode sans précédent de sa population vers les manufactures des États de la Nouvelle-Angleterre. « Un nombre croissant des membres de l'intelligentsia du Québec s'opposèrent aux efforts et tactiques déployés par les délégués de l'Ouest. Le dépeuplement du Québec ne servirait en effet qu'à affaiblir le fait français au Canada » (Lalonde, 1983, p. 83). S'ajoutant à cette embûche majeure, la population franco-québécoise semblait partager une opinion négative du Manitoba et des territoires. Selon Silver (1985), trois craintes majeures concernant la vie dans l'Ouest freinaient la migration des Québécois vers ces contrées : tout d'abord, un manque de confiance dans la qualité du sol ; ensuite, la peur de perdre sa langue, sa foi, sa culture et son identité ; et finalement, la conviction que la seule véritable patrie des Canadiens français est le Québec, et qu'aller habiter l'Ouest équivaudrait à s'expatrier (Silver, 1985, p. 151).

Les renforts tant attendus par Taché vinrent non pas du Québec, mais plutôt de la France, de la Belgique, de la Suisse et de la Nouvelle-Angleterre. Un faible courant d'immigration venant de ces régions « commença à se dessiner dans les années 1880 et prit plus d'ampleur au cours de la décennie suivante » (Painchaud, 1975, p. 114). Mais ce courant migratoire ne fut pas une panacée. À leur arrivée, les membres de ces différents groupes se distinguèrent volontiers les uns des autres et se regroupèrent spontanément selon leurs lieux d'origine (Beaudoux, 1975), la colonie bretonne de Saint-Brieux en Saskatchewan en étant un exemple parmi d'autres.

> [P]endant une, deux générations, les immigrants européens ont parfois pu regarder de haut les Canadiens français, dont le langage et l'accent n'étaient pas les leurs ; ils ne partageaient guère leurs soucis, leurs luttes, leurs espoirs (Beaudoux, 1975, p. 142).

De toute manière, le nombre d'immigrants provenant de ces contrées fut insuffisant pour assurer solidement la présence de la langue française dans l'Ouest, tout particulièrement au Manitoba.

> En 1871 au Manitoba, on dénombrait environ 6 500 francophones sur une population totale de 11 400. En 1881 leur nombre n'avait augmenté que de 52 % comparativement à l'augmentation de 687 % de la population anglophone ! Durant les cinq années qui suivirent, la population de langue française augmenta de 12 % et celle de langue anglaise de 100 %. Le recensement de 1891 dénombre 11 102 Canadiens français au Manitoba, sur une population totale de 152 506, soit 7,3 %, une proportion qui est restée passablement constante depuis lors [Traduction] (Silver, 1985, p. 141).

Dans un premier temps, ce faible afflux de colons de langue française, toutes provenances confondues, servit tant bien que mal à fortifier la zone de colonisation de la Rivière-Rouge, si laborieusement établie au fil des décennies. Cet afflux servit aussi, dans un deuxième temps, à alimenter « la ruée vers les terres libres » et plus lointaines, qui se produisit au tournant du siècle à la suite de la « pénurie de *homesteads* dans les vieux centres » (Painchaud, 1975, p. 114). Toujours guidé par les initiatives du clergé, débute, à ce moment, le mouvement de dispersion et d'isolement des paroisses de langue française sur les vastes étendues de l'Ouest canadien.

L'éparpillement des peuplements

L'éparpillement, la fragmentation et l'isolement géographique des peuplements de langue française que l'on observe maintenant dans l'Ouest canadien furent donc en partie le résultat d'un changement de stratégie de la part du clergé canadien-français face au contexte politique et social instable de la fin du 19e siècle. D'une part, l'arrivée massive d'immigrants non francophones dans la région de la Rivière-Rouge et sur le reste des territoires força le clergé canadien-français à modifier sa vision originelle de former une province francophone catholique dans l'Ouest. D'autre part, 20 ans seulement après la signature en 1870 de l'*Acte du Manitoba*, cette province abolissait le bilinguisme et le système d'éducation francophone (Silver, 1985), ce qui mettait fin par le fait même au rêve de Taché. Le clergé concentra alors ses efforts à assurer une présence de langue française dans tout l'Ouest. De toute manière,

> l'émiettement des peuplements francophones [...] aurait difficilement pu être empêché. Cette dispersion tenait en partie aux besoins des nouveaux arrivés, les uns obligés d'aller choisir des *homesteads* dans des régions non occupées faute de moyens pour acheter des terres toutes préparées dans les vieux centres déjà établis, les autres décidés à se choisir un emplacement qui leur convenait sans égards à quelques autres considérations. En d'autres termes, il est peu probable que l'on ait pu réussir à regrouper autrement les colonies naissantes (Painchaud, 1975, p. 121).

Au Manitoba, berceau de la francophonie de l'Ouest, la majorité des villes et des villages francophones à la fin du 19e siècle étaient regroupés au sud et à l'est de Saint-Boniface (voire carte II). Leur distribution suivait généralement le parcours des rivières Rouge et Assiniboine, site originel du peuplement de la Rivière-Rouge. Le souhait de Taché de créer dans cette région un bloc compact de paroisses de langue française ne fut que partiellement réalisé, faute de colons (Lalonde, 1983).

En Saskatchewan, la population francophone s'est vue, par un concours de circonstance, éparpillée aux quatre coins de la province. Malgré cela, on distinguait pas moins de trois foyers de peuplement. Le premier, situé dans le sud-est de la province n'a malheureusement pas connu l'essor escompté par son fondateur, l'abbé Jean Gaire. L'ouverture du territoire par le chemin de fer vers la fin du 19e siècle amena une vague d'immigrants non francophones dans la région, un afflux qui ne put être contrebalancé par un trop faible apport de colons de langue française. Le deuxième foyer de peuplement était situé le long des rivières Saskatchewan Nord et Sud, et centré sur le village métis de Batoche, de même que sur la ville de Prince Albert. Commentant la situation particulière qui sévissait dans cette région de la Saskatchewan vers la fin du siècle dernier, Lalonde (1983) écrit que

> dès qu'un village embryonnaire apparaissait dans un district, les colons non francophones s'y précipitaient. Si les missionnaires colonisateurs s'orientaient vers des districts isolés pour tenter de créer un bloc homogène de peuplement, le même phénomène se reproduisait. Alors, le résultat de cette tactique fut l'apparition des paroisses isolées étalées sur une bande de terre longeant la rivière Saskatchewan et confinée au nord par la forêt (Lalonde, 1983, p. 85).

Fondé au début du 20e siècle, le dernier foyer francophone en Saskatchewan se situait au sud-ouest de la province, zone semi-aride surtout propice à l'élevage. Sous l'égide de l'abbé Louis-Philippe Gravel, un bloc de paroisses assez homogènes furent érigées aux abords du village qui porte maintenant le nom de Gravelbourg. Cependant, pour des raisons similaires à celles qui virent les efforts de l'abbé Gaire échouer dans le Sud-Est, les francophones de cette région devinrent minoritaires en peu de temps (Lalonde, 1983, p. 85).

Quant aux peuplements franco-albertains, ils étaient pour la majorité concentrés dans le nord de la province et étaient eux aussi le résultat de l'initiative de missionnaires catholiques. Trois groupements principaux de paroisses se sont développés depuis la fin du siècle dernier : par l'entremise de l'abbé Jean-Baptiste Morin, un premier groupement s'établissait vers 1891 aux alentours d'Edmonton ; un deuxième, au début du 20e siècle, voyait le jour au nord-est de cette première agglomération ; et finalement, après la Première Guerre mondiale, des colons de langue française allèrent profiter des *homesteads* gratuits le long de la vallée de la rivière de la Paix située au nord-ouest d'Edmonton. Tout comme en Saskatchewan et au Manitoba, les premiers arrivants francophones se virent rapidement

Carte II
Étapes de la colonisation de l'Ouest par les francophones, à partir de 1801

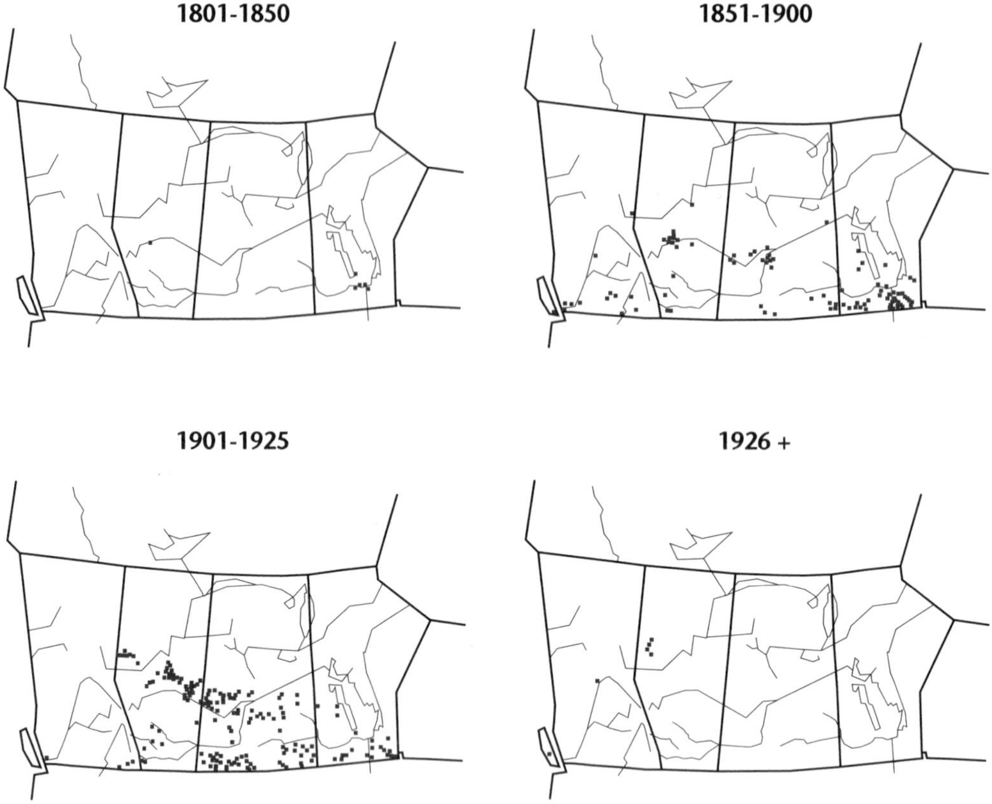

Source : Nickerson et Bédard, 1979, p. 51-54.

envahis par d'autres colons qui partageaient certes leur volonté de cultiver les riches terres de cette région des Prairies, mais qui, malheureusement, ne parlaient pas leur langue.

Les régions montagneuses de la Colombie-Britannique et du Yukon ainsi que la toundra glaciale des Territoires du Nord-Ouest et du Nunavut offraient des conditions peu propices à l'agriculture, activité économique charnière dans le développement de la région des Prairies (Nickerson et Bédard, 1979, p. 51-53). C'est plutôt le potentiel forestier et minier de ces territoires qui, à la fin du 19e siècle, attira les colons francophones (Nickerson et Bédard, 1979, p. 54). Surtout en Colombie-Britannique, la majorité des forts, des villes et des villages fondés jusqu'à la fin de ce siècle l'ont été en partie grâce au clergé de langue française. Mais « avec l'arrivée massive d'immigrants britanniques, [...] les Canadiens français perdirent la majorité de leur clergé francophone et se retrouvèrent au début du 20e siècle, dispersés et très minoritaires (Fédération des francophones hors Québec, 1977, p. 7 ; voir carte II). D'autres intervenants, moins idéalistes cependant, allèrent courtiser directement les masses francophones des autres régions canadiennes. Villeneuve (1983) décrit, par exemple, le rôle des propriétaires du Fraser Mills dans le processus de colonisation de la communauté francophone de Maillardville au début du 20e siècle.

L'assimilation

Cet éparpillement des peuplements a sans contredit mené à l'isolement des communautés de langue française les unes des autres. Il a de plus fortement contribué au manque de cohésion que l'on reconnaît aujourd'hui à la francophonie minoritaire dans l'Ouest. Un second facteur qui, dès les débuts de la colonisation, fut déterminant dans ce processus, et qui n'a cessé de s'accentuer au fil des générations, est l'assimilation de la minorité de langue française. Privées d'un apport massif de colons francophones au début du siècle pour assurer la survivance du fait français, et privées du support des gouvernements provinciaux en matière d'éducation, les paroisses francophones de l'Ouest furent sans défense devant les pressions assimilatrices exercées par la majorité de langue anglaise. L'éloignement géographique du pays ou de la province d'origine, l'éloignement psychologique lorsque l'intérêt du Québec pour les minorités de la diaspora a diminué, et l'augmentation de la masse hétérogène ainsi que la réduction de la proportion de Franco-Canadiens sont tous des facteurs qui ont contribué de diverses manières à l'affaiblissement de la langue française dans l'Ouest (Beaudoux, 1975, p. 147). Malgré certains gains constitutionnels enregistrés récemment et qui cherchent à protéger les droits des minorités de langue française au pays, le processus d'assimilation a continué sa marche inexorable dans la majorité des provinces de l'Ouest (voir tableau I).

Au fil des générations, la répartition géographique de la population de langue française a aussi subi des transformations importantes (voir figure I). L'attrait du potentiel agricole des riches terres du Manitoba, de la Saskatchewan et de l'Alberta qui s'exerçait depuis longtemps sur les colons francophones s'est effrité peu à peu au profit d'autres provinces et d'autres activités économiques. La grande dépression des années 1930 fut accompagnée dans les Prairies d'une période de sécheresse sans précédent, un événement qui à lui seul découragea plus d'une famille. À la suite de cet épisode, une proportion grandissante de francophones venant s'établir dans l'Ouest passèrent outre les Prairies et furent plutôt attirés par l'avenir prometteur du potentiel forestier et minier de la Colombie-Britannique et des territoires du Nord. Les découvertes gazières et pétrolifères des années

Tableau I

Taux d'assimilation des francophones dans l'Ouest, par province et territoire, 1971-1991

Province/ territoire	Français langue maternelle			Français langue d'usage			Taux d'assimilation %		
	1971	1991	Croissance	1971	1991	Croissance	1971	1991	Croissance
Man.	60 545	49 130	(11 415)	39 600	23 545	(16 055)	34,6	52,1	17,5
Sask.	31 605	20 885	(10 720)	15 930	6 350	(9 580)	49,6	69,6	20,0
Alb.	46 500	53 710	7 210	22 700	17 805	(4 895)	51,2	66,8	15,7
C.-B.	38 035	48 835	10 800	11 505	12 120	615	69,8	75,2	5,4
Yn	450	865	415	135	360	225	70,0	58,4	(11,6)
T.N.-O.	1 165	1 375	210	590	610	20	49,4	55,6	6,3
Total	**178 300**	**174 800**	**(3 500)**	**90 460**	**60 790**	**(29 670)**	**49,3**	**65,2**	**16,0**

Note : Lorsque la croissance s'avère négative, les nombres ou les pourcentages sont indiqués entre parenthèses.

Source : Statistique Canada, 1971 et 1991.

Figure I
Proportion de francophones dans l'Ouest, par provine et territoire, 1911-1991

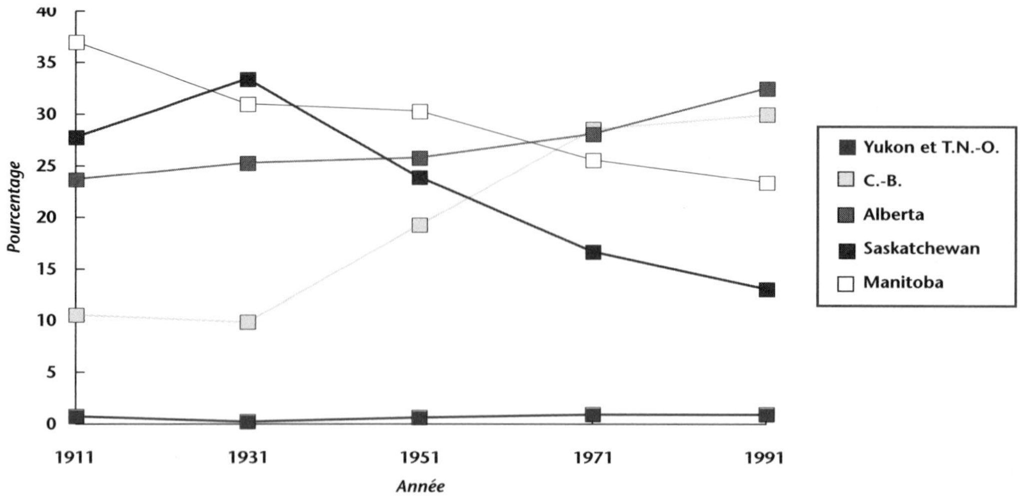

Source : Nickerson et Bédard, 1979, p. 18 ; Statistique Canada, 1991.

1960-1970 en Alberta affectèrent aussi le profil migratoire des francophones dans l'Ouest.

Les milieux de vie francophones

Les espaces francophones de l'Ouest se caractérisent non seulement par leur éparpillement, leur fragmentation et l'isolement géographique de leurs composantes, mais aussi par les milieux de vie qui ont été favorisés par la population de langue française au cours des différentes étapes de son évolution. Essentiellement rural au début de la colonisation, le milieu de vie des francophones s'est graduellement urbanisé au fil des générations (voir figure II). Bien que ce phénomène n'ait pas touché que les populations de langue maternelle française, il a néanmoins affecté d'une manière tangible la fibre culturelle des francophones vivant à l'ouest du 90e méridien. Le passage d'un milieu de vie rural à un milieu plus urbain est souvent cité comme une des causes de l'augmentation du taux d'assimilation depuis les années 1960. Pour les communautés francophones, cela s'inscrit de plus comme un passage d'un univers longtemps dominé par le clergé catholique à un univers définitivement laïque. « La langue française étant considérée la gardienne de la foi » (Lalonde, 1983, p. 87), il n'en faut pas plus pour comprendre l'étendue du dilemme ainsi que les chambardements que produisit ce tiraillement à l'intérieur de certaines localités.

Ruralité

Le modèle de peuplement favorisé par le clergé francophone dès les débuts de la colonisation de l'Ouest fut calqué de toutes pièces sur la paroisse rurale québécoise. Ayant contribué à la survivance du peuple canadien-français au Québec à la suite de la bataille des Plaines d'Abraham en 1759, les villages paroissiaux de l'Ouest étaient voués à remplir un rôle similaire. Pour ceux vivant à l'ombre du clocher, le modèle paroissial procurait « un sens de sécurité, d'identité, d'appartenance ainsi qu'un refuge contre les menaces qui existaient à l'extérieur de ses frontières » (Lalonde, 1983, p. 87). Ce modèle de peuplement créait des communautés stables, promouvait la foi catholique et se conformait en tous points à ce que Silver (1985)

Figure II

Croissance démographique (en %) de la population de langue maternelle française dans les régions urbaines et rurales de l'Ouest, par province et territoire, 1941-1991

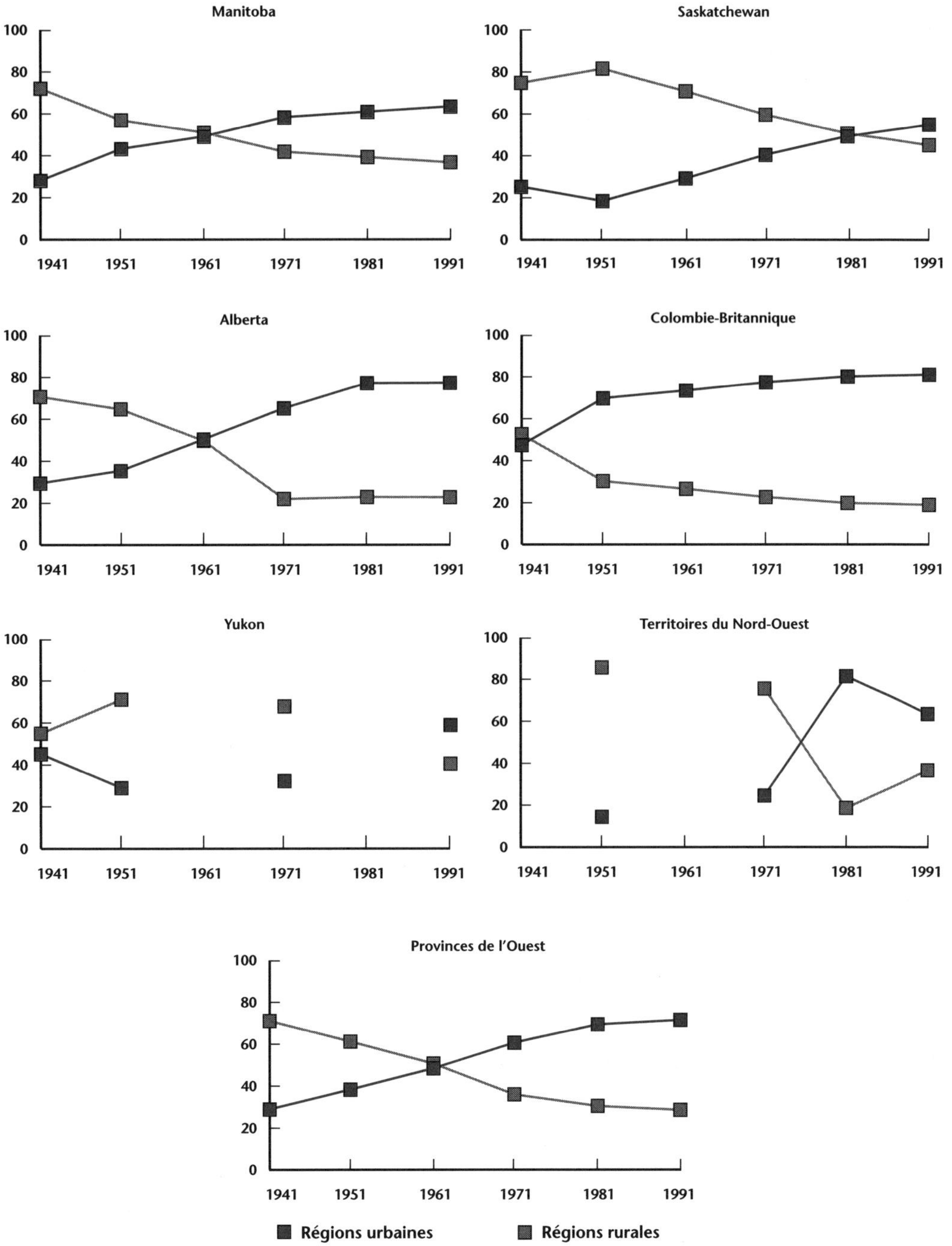

Source : Statistique Canada, 1983, 1984 et 1993 ; Bureau fédéral de la statistique, 1946, 1953 et 1963.

appelle le romantisme rural entretenu à cette époque par les prêtres et les intellectuels québécois. Le modèle de paroisse de l'Ouest se voulait une extension du style de vie pratiqué dans la vallée du Saint-Laurent (Silver, 1985, p. 155), constituant de ce fait « un îlot du Québec, un mini-Québec, parachuté dans un nouvel environnement (Lalonde, 1983, p. 87). On importa dans ces villages toutes les institutions ou associations chères aux colons québécois ; les sociétés Saint-Jean-Baptiste, les associations catholiques et de jeunesse canadienne-française et bien d'autres groupements de ce type fleurirent sur les sols accueillants de l'Ouest. En début de siècle, la création d'écoles et le développement d'une élite tant cléricale que laïque constituaient les pierres angulaires sur lesquelles les espoirs d'une nation francophone en devenir allaient reposer.

Malgré son statut minoritaire et son éparpillement, et surtout grâce au leadership et au dynamisme de l'Église, la culture française s'enracina à travers tout le territoire jusqu'au début des années 1930. Toutefois, l'action combinée de la crise économique de 1929 et de la dure sécheresse qui s'installa sur les Prairies pendant les 10 années suivantes marquèrent un point tournant dans la capacité de survie de la culture française de l'Ouest, et surtout de celle des Prairies.

> L'édifice culturel érigé sous les auspices de l'Église catholique s'écroula peu à peu. L'effondrement du marché des denrées, intensifié par une décennie de sécheresse, mina la vitalité culturelle des Canadiens français de l'Ouest. La dignité individuelle et l'identité culturelle passèrent à l'arrière-plan : la survivance matérielle devint prioritaire (Lalonde, 1983, p. 92-93).

Ces événements entraînèrent une certaine redistribution des populations tant francophones qu'anglophones non seulement à l'intérieur même de la région des Prairies, mais aussi vers l'est, en Ontario et au Québec, et plus à l'ouest vers la Colombie-Britannique. Ces mouvements de population infligèrent un dur coup à la francophonie de l'Ouest, affaiblissant le dynamisme naissant de la vie culturelle des francophones. Plus mobiles, les membres des professions libérales et de l'intelligentsia francophone furent prompts à se disperser. « La décapitation partielle des chefs de file laïques et le déclin progressif de l'influence française de l'Église catholique auguraient mal pour l'avenir des francophones dans l'Ouest » (Lalonde, 1983, p. 92).

Urbanité

C'est à la suite de cette crise que le lent processus d'urbanisation des francophones prit de l'ampleur. Bien que certaines variations régionales peuvent être observées (voir figure II), la population de langue maternelle française dans l'Ouest devint majoritairement urbaine à l'orée des années 1960. Le manque d'accès à une éducation en français et la mécanisation de l'agriculture dans les plaines sont les facteurs que l'on considère généralement comme étant responsables de cette transition dans les provinces des Prairies. En Colombie-Britannique, ce seuil fut atteint plus tôt. La dépendance accrue des francophones de cette province envers les ressources de la forêt et des mines forcèrent ceux-ci à suivre le parcours des grandes compagnies qui, par leur considérable pouvoir d'attraction auprès des populations, influencèrent le développement du réseau urbain de la Colombie-Britannique.

Quant aux communautés rurales des Prairies, dans les années 1930-1940, elles virent les gouvernements provinciaux procéder à des réaménagements administratifs des zones scolaires, réaménagements qui sonnèrent le glas des petites écoles francophones de campagne. Chaque petit village avait jusqu'alors eu sa propre école et formait, par le fait même, son propre petit district scolaire. « Puisque les Franco-Canadiens [...] étaient généralement réunis en groupes assez compacts, ils avaient souvent le contrôle de leur petite école de campagne » (Fournier, 1996, p. 271). Mais au nom de l'efficacité administrative, ce système fut abandonné et remplacé par des unités scolaires régionales centralisées. « Majoritaires dans leurs villages, les francophones devinrent minoritaires à l'intérieur des unités scolaires régionales » (Lalonde, 1983, p. 92). Un très grand nombre de localités rurales furent profondément affectées par la fermeture de leur petite école de campagne. Pour les parents francophones de ces villages, cela se traduisait par une baisse d'influence très significative dans le choix de la langue de communication utilisée en classe par leurs enfants. De plus, pour toute localité, qu'elle soit agricole, forestière ou minière, la perte d'une institution telle l'école est souvent le premier signe d'un déclin économique et culturel inéluctable. Cette perte était souvent accompagnée de près par la fermeture du petit couvent de la paroisse, les religieuses étant forcées de quitter le village, ayant perdu leur statut d'enseignantes. Cette centralisation de l'éducation dans l'Ouest s'est surtout réalisée au profit des plus grands centres urbains régionaux qui furent évidemment ciblés pour la construction des nouvelles écoles. Ces dernières avaient l'avantage d'offrir de meilleurs programmes et un plus grand éventail d'opportunités aux jeunes Canadiens français. Citant l'exemple de la Saskatchewan, Fournier (1996) observe que

> puisqu'un plus grand nombre d'élèves finit la 12e année, plus de jeunes francophones de la Saskatchewan se rendent à l'université pour se préparer à une carrière qui n'a rien à voir avec l'agriculture. La plupart de ces nouveaux diplômés ne retourneront pas à la campagne, mais s'établiront plutôt en ville pour entreprendre leur carrière (Fournier, 1996, p. 272).

Un second facteur qui accéléra l'urbanisation des francophones des Prairies à partir de l'après-guerre, fut le redressement de l'économie agricole et la mécanisation de la ferme familiale. Étant le bienvenu à la suite de la dure sécheresse des années 1930, ce redressement entraîna toutefois « des effets à la fois heureux et désastreux » (Lalonde, 1983, p. 93) pour les francophones de cette région. L'introduction de machinerie telle que le tracteur ou la moissonneuse-batteuse, et l'utilisation accrue d'herbicides et de pesticides par les fermiers nécessitaient un accroissement important des superficies cultivées afin d'être économiquement viables. Alors qu'avant la guerre un fermier pouvait bien gagner sa vie avec une demi-section de 160 acres, la superficie moyenne d'une ferme en 1991 augmentait à 1091 acres (Fournier, 1996, p. 272). Parallèlement à l'augmentation des superficies cultivées dans les Prairies, le nombre de fermiers engagés dans ce type d'activité a aussi décliné graduellement : alors que l'on dénombrait plus de 732 000 fermes au Canada en 1941, ce nombre avait chuté à environ 267 000 en 1991 (Fournier, 1996, p. 272). Ne pouvant plus gagner leur vie à la campagne, plusieurs familles francophones choisirent de vendre leurs terres et de déserter la campagne pour se diriger vers la ville. Le même phénomène de remplacement technologique s'est produit dans les mines et les forêts de la Colombie-Britannique avec des résultats similaires chez les populations francophones.

Deux styles de vie

À l'extérieur du cadre protecteur de la paroisse rurale où ils pouvaient vivre leur culture et leur langue en toute quiétude, les francophones devenus urbains se devaient maintenant de gagner leur pain en anglais. Les risques de perdre à la fois leur langue et leur culture étaient d'autant plus grands que l'influence et le rôle stabilisateur du clergé francophone dans ce milieu étaient généralement moindres qu'en milieu rural, la paroisse de Saint-Boniface à Winnipeg faisant exception à cette règle. Alors que l'établissement de paroisses et la construction d'églises furent souvent les pôles initiaux de croissance autour desquels les communautés rurales francophones de l'Ouest se développèrent, il en était tout autrement en milieu urbain. Les paroisses catholiques francophones virent généralement le jour longtemps après l'établissement des villes, et souvent à la suite de longues batailles (Fournier, 1996, p. 268-271). De plus, parce que la probabilité de rencontrer des individus parlant le français dans des villes comme Vancouver, Calgary, Saskatoon ou Yellowknife était moindre, il devenait d'autant plus difficile pour ces francophones déracinés de se doter au tout début de services qui existaient déjà dans les villages ruraux canadiens-français. Les citadins avaient bien sûr accès à une plus grande variété d'activités de loisir que les gens habitant dans de petites localités rurales, mais ces activités ne se déroulaient pas nécessairement toutes en français. Finalement, avec l'augmentation inévitable des mariages mixtes, engendrée par la vie cosmopolitaine des villes, il n'est pas surprenant que la culture et la langue françaises aient pris un sérieux recul partout dans l'Ouest. C'est en effet en milieu urbain qu'est enregistré le plus grand déclin dans l'utilisation de la langue française parmi les francophones (Fournier, 1996, p. 273).

Bien que l'on ne puisse réfuter l'effet du processus d'urbanisation des populations de langue française sur la cohésion et la nature même de la culture et de la langue françaises dans l'Ouest, il serait cependant erroné d'affirmer que la francophonie dans l'Ouest est moribonde. Certes en perte de vitesse depuis son apogée dans les années 1920-1930, la francophonie a pris un nouveau visage ; elle se vit maintenant de manière différente et ne peut être stéréotypée aussi facilement qu'auparavant. La vie en français dans l'Ouest se dessine maintenant à partir de deux styles de vie qui, d'une part, se fondent et se métissent et, d'autre part, s'entrechoquent. L'un favorise des valeurs plus traditionnelles et est centré sur la famille, l'école et l'église (Bernard, 1991, cité dans Stebbins, 1993, p. 187). L'autre est plus contemporain et de plus en plus axé sur les loisirs en français (Stebbins, 1993). Bien que, dans ce second style de vie, l'école et la famille occupent toujours une place déterminante, l'église, pour sa part, a perdu, aux yeux de la majorité, sa vocation de centre nerveux de la vie communale. D'une manière plus générale, cette opposition entre les deux styles de vie peut aussi être interprétée par les dichotomies ruralité-urbanité et catholicité-laïcité. Dans un article analysant le style de vie francophone en milieu minoritaire, Stebbins (1993) soutient que le maintien de la langue et de la culture françaises dans les villes de l'Ouest se produit de plus en plus dans la sphère des loisirs quotidiens. Dans ces milieux urbains, le tissu communautaire, plus hétérogène que celui traditionnellement retrouvé en milieu rural, favorise la diversité. Les villes disposent surtout d'un seuil critique de population de langue française leur permettant d'offrir un éventail de ressources, d'activités et d'infrastructures des plus complets. Les paroisses francophones catholiques en milieu urbain existent toujours, mais sont vouées de plus en plus à un rôle d'arrière-plan. Ayant petit à petit perdu leur vocation première, elles font maintenant partie de la manne d'activités dont disposent les Canadiens français de l'Ouest vivant dans les grands centres urbains.

Le refoulement des espaces fransaskois

L'assimilation des communautés francophones de l'Ouest n'a pas qu'une seule cause. Les effets combinés de plusieurs facteurs ont favorisé ce processus d'affaiblissement progressif et maintenant général des communautés de langue française dans l'ouest du pays. L'analyse des espaces géographiques démontre que les pertes dues à l'assimilation se sont aussi traduites à long terme par un déclin, un refoulement, ainsi que par la perte d'espaces francophones dans toute la région. Afin d'illustrer d'une manière plus concrète les effets de l'assimilation dans ce processus spatial, il est approprié de s'attarder brièvement sur l'expérience vécue par les membres d'une population en particulier. Dans ce contexte, certaines caractéristiques propres à la fransaskoisie font de celle-ci une étude de cas toute désignée.

Comparativement aux autres provinces, tout d'abord, l'éparpillement géographique des francophones sur le territoire de la Saskatchewan est très prononcé (voir carte I). Ils furent parmi les plus touchés par la sécheresse au début du siècle et la mécanisation des exploitations agricoles qui suivit. C'est aussi à l'intérieur de cette province que la proportion de francophones habitant l'Ouest a le plus périclité depuis les années 1930 (voir figure I). Bien que l'urbanisation des Fransaskois ait eu lieu plus tardivement que dans les autres provinces de l'Ouest (voir figure II), son effet s'est néanmoins fait sentir d'une manière dramatique et irréversible. En effet, les Fransaskois enregistraient en 1991 un taux d'assimilation de 69,6 %, deuxième, après celui de la Colombie-Britannique (75,2 %). L'augmentation absolue du taux d'assimilation des Fransaskois au cours des 20 dernières années fut aussi la plus élevée, soit 20 % (voir tableau I).

En règle générale, les colons de langue française qui arrivaient en Saskatchewan choisissaient d'habiter à proximité de familles partageant leur langue, leur foi et leur culture (voir carte III). Avec l'aide du clergé, ce processus a favorisé l'établissement de noyaux de peuplement constitués d'agglomérations de trois ou quatre villages et paroisses, parfois plus. Dans le Sud par exemple, de telles agglomérations se sont formées autour de Gravelbourg et de Bellegarde, et dans le Nord, autour de Batoche et de Saint-Brieux. La géographie des espaces fransaskois était aussi caractérisée à ce moment par la polarisation nord-sud de sa distribution. Un produit de l'initiative du clergé francophone, l'espace fransaskois se retrouvait en effet scindé en deux parties, l'une assez compacte située au nord de la province (centre-nord), et la seconde, constituée de deux pôles secondaires, située plus au sud. L'assimilation et le processus d'urbanisation des Fransaskois ont eu tôt fait cependant de bouleverser ce fragile équilibre. Un très grand nombre de petits villages et de paroisses agricoles ne subsistèrent pas au ravage. Bien que cette polarisation nord-sud des espaces fransaskois continuait toujours d'exister en 1991, la présence française dans ces deux régions était devenue plus clairsemée (voir carte IV[2]). Le nombre quand même important de localités qui ont survécu à ce processus d'élagage doit toutefois être interprété avec discernement : dans ce cas-ci, il est un piètre indicateur de la volonté de survie de la population francophone habitant ces villes et villages, et ne peut donc être utilisé comme étalon servant à jauger le dynamisme et la détermination de la population fransaskoise. Les chiffres sont parfois trompeurs, et le portrait qu'ils font de la vitalité de la communauté fransaskoise l'illustre bien (voir carte V). Cette image porte ombrage au fait que très peu de ces localités participaient activement en 1991 au fonctionnement des organismes provinciaux et régionaux fransaskois voués à la sauvegarde et à la promotion du français dans la province. Le véritable espace fransaskois vivant ne peut être discerné qu'en identifiant les zones de force de la fransaskoisie, zones qui démontrent une volonté commune de vivre dans leur langue maternelle, en assurant, au prix de luttes interminables et de longues heures de bénévolat, le maintien d'associations locales, régionales ou provinciales de langue française dans leur localité.

Dans un rapport examinant la mise en œuvre de la stratégie de développement de la communauté fransaskoise, Denis (1991) identifiait seulement 23 localités organisées dans toute la province en 1991 (voir carte V). Étaient qualifiées d'*organisées*, les localités qui à la fois étaient « suffisamment organisée[s] pour avoir soumis une demande de subvention au Secrétariat d'État dans le cadre de l'Entente Canada-communauté fransaskoise » en 1989 (Denis, 1991, p. 5), et qui participaient toujours en 1991 aux efforts de concertation mis

2. Dans la carte IV, la décision de choisir un seuil de 50 personnes, au lieu d'un seuil plus élevé, fut prise afin d'être le plus sensible possible à la réalité fransaskoise. Un seuil plus élevé, de 100 personnes par exemple, aurait forcé le retrait de communautés rurales telles qu'Albertville et Domrémy dont les populations de langue maternelle française ne sont que de 65 et 70 personnes respectivement, mais qui représentent néanmoins 44 % et 47 % de la population totale de ces deux villages (Statistique Canada, 1991).

Carte III
Présence française en Saskatchewan au cours du 20e siècle

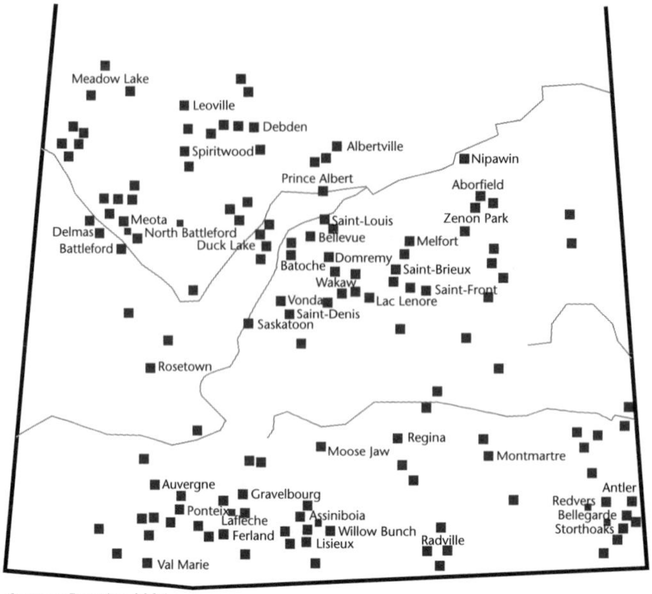

Source : Fournier, 1996.

Carte IV
Localités de plus de 50 personnes de langue maternelle française en Saskatchewan, 1991

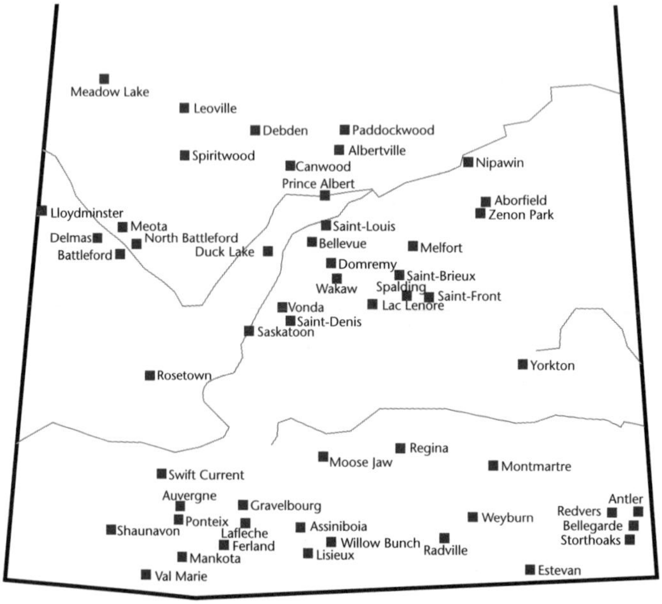

Source : Statistique Canada, 1991.

Carte V
Espaces fransaskois organisés, 1991

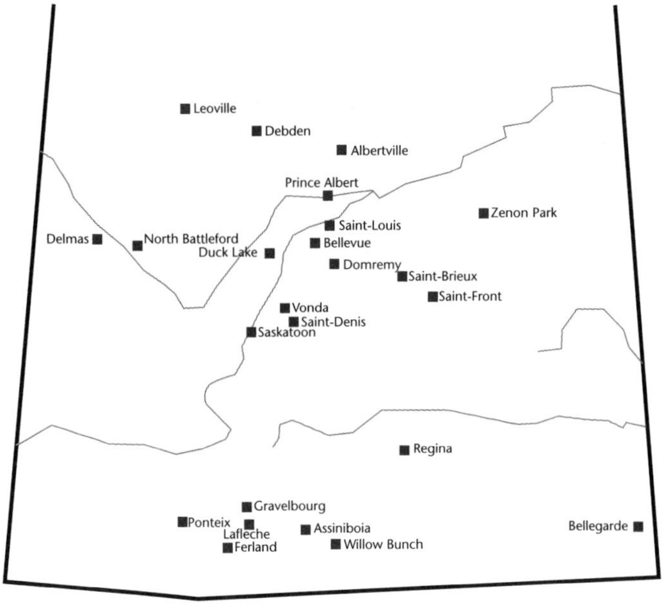

Source : Denis, 1991.

de l'avant par les dirigeants de la communauté fransaskoise[3]. Pour tout observateur de la scène saskatchewanaise, ces 23 localités forment toujours à quelques exceptions près, l'essentiel de l'espace actif et vivant de la francophonie en Saskatchewan, l'espace de la fransaskoisie contemporaine.

L'espace fransaskois a sans aucun doute subi un processus d'attrition tout au cours du 20e siècle (voir cartes III, IV et V). L'éparpillement des localités de langue française sur le vaste territoire de la province, leur isolement, l'assimilation et le processus d'urbanisation de la population ont profondément affecté le fonctionnement de la communauté fransaskoise. Aujourd'hui, l'éparpillement et l'isolement des localités rendent difficiles la mise en place, le fonctionnement et la cohésion des programmes culturels et éducationnels qui leur sont destinés. La division nord-sud de la population de langue française se fait aussi sentir au sein des bureaux de direction des différents organismes fransaskois provinciaux. Au fil du temps, la distance relative séparant ces deux espaces semble à plusieurs égards s'être élargie pour former deux blocs de plus en plus différenciés, bien que toujours liés par les mêmes objectifs. Apparente aussi est une certaine tension idéologique entre les villes et les villages, entre le milieu urbain et le milieu rural, lorsque le temps vient d'établir des politiques communes. Nord-sud, urbain-rural, les espaces fransaskois se définissent de plus en plus à partir de ces axes géographiques.

3. À ces 23 localités dites *organisées* se greffe la population francophone des municipalités avoisinantes. Parce que dépendante de l'action de la population d'un autre endroit pour le maintien de leur survie culturelle, les plus petites municipalités qui gravitent autour des localités organisées n'ont pas été incluses dans la carte V.

Constat et mise au point

Il serait faux de prétendre que l'expérience de la fransaskoisie est unique dans l'Ouest. Certes, le contexte politique, économique, social et démographique dans lequel ont évolué et évoluent encore les populations francophones dans chacune des provinces et territoires concernés n'est pas semblable. Par exemple, la Colombie-Britannique, le Yukon, les Territoires du Nord-Ouest et le Nunavut n'ont pas subi avec la même sévérité les affres de la sécheresse qui s'abattit sur les Prairies durant les années 1930. On prétend même que ces provinces et territoires sont ressortis de cette expérience avec un bilan migratoire positif, devenant à l'époque les destinations de choix d'un bon nombre de francophones abandonnant la dure vie de fermier pour aller tenter leur chance dans les mines ou la forêt. À cause d'un contexte économique favorable, l'Alberta et la Colombie-Britannique ont aussi su attirer plus de francophones immigrant vers l'Ouest au cours des 20 dernières années que tout autre province ou territoire de la région (voir figure I). Malgré ces différences, il ne faut toutefois pas se laisser aveugler par les chiffres ; ce qui s'est passé en Saskatchewan, soit le fractionnement et l'isolement des localités de langue française ainsi que la perte d'espaces francophones, illustre bien de manière générale le processus qui s'est déroulé partout dans la région. À l'intérieur de chacune des communautés francophones de l'Ouest, les ravages causés par l'assimilation des populations de langue française ont été considérables.

Quant à son fonctionnement global, la francophonie de l'Ouest est fractionnée et manque de cohésion. La vaste superficie du territoire contribue fortement à l'isolement des communautés les unes des autres ainsi qu'à leur manque d'unité. Les grandes distances existant entre les différentes aires francophones de l'Ouest représentent une force d'inertie considérable qui arrive plus souvent qu'autrement à dissiper les efforts de coopération interprovinciaux. Source traditionnelle de vision et de consensus, le clergé a petit à petit perdu son rôle de porte-étendard de la langue et de la culture françaises dans une société de plus en plus urbaine, et n'est donc plus à même de combler le vide comme autrefois. Le vide créé par la perte d'influence du clergé n'a toujours pas été comblé.

Le peu d'unité et l'isolement des communautés francophones provinciales sont accentués par le fait que les gouvernements fédéral, provinciaux et territoriaux préfèrent agir à la pièce, par unité géopolitique, lorsqu'il s'agit de trouver des moyens pour contrecarrer les effets de l'assimilation parmi les populations de langue française. Depuis la fin des années 1980 par exemple, chaque communauté provinciale et territoriale doit négocier séparément avec Patrimoine Canada (autrefois le Secrétariat d'État) les ententes de financement de certains services jugés nécessaires à la survie et à la promotion de la culture francophone dans chacun des provinces et territoires. C'est un procédé qui favorise l'envie, la méfiance et la division plutôt que la coopération entre les communautés, d'où le manque de cohésion et l'isolement des diverses composantes de la francophonie de l'Ouest. Pour tout observateur de la scène francophone, il est alarmant de constater que l'avenir de la culture française dans l'Ouest en général, et la protection de ses espaces en particulier, dépendent de plus en plus de l'appui financier des différents paliers gouvernementaux. Dans le contexte incertain des années 1990, le désengagement des gouvernements dans tous les domaines laisse planer le doute quant aux bénéfices à long terme de cette stratégie. Les autres portes de sorties sont toutefois fortement limitées. On peut déduire de cette observation que la francophonie de l'Ouest est vouée à un avenir conditionnel. Malgré les nombreux efforts et l'argent investis, et malgré les projets mis de l'avant sur les plans communautaire, institutionnel et associatif, l'assimilation fait toujours des ravages, et les chances de survie au sens large et à long terme des espaces francophones vivants et organisés de l'Ouest demeurent incertaines. Les gains récents obtenus dans le domaine de l'éducation en français dans certaines provinces permettent tout de même d'être optimiste. Mais dans l'éventualité la plus sombre, et mis à part les traditionnelles contributions toponymiques qui tapissent tout l'Ouest canadien (Beaudin, 1984 ; Quenneville, 1986), il restera cependant toujours comme témoignage du passage d'une culture francophone sur le territoire, les vestiges d'un peuplement francophone métissé le long de la rivière Rouge au Manitoba et de la rivière Saskatchewan Sud entre Batoche et Saint-Louis.

En terminant, il semble que la francophonie de l'Ouest fait office de parent pauvre dans la grande famille francophone nord-américaine. En effet, si ce n'est le fait d'avoir été à l'origine de la création d'une nation francophone métissée sur les plaines de l'Ouest, la francophonie de l'Ouest semble n'être qu'un incident migratoire géohistorique secondaire (pour un exemple, voir Louder, Trépanier et Waddell, 1994). Ce manque de reconnaissance du fait français dans l'Ouest serait cependant davantage dû à un problème d'analyse géographique qu'à un manque de fierté et d'appartenance des francophones de l'Ouest envers leur région.

Le fait qu'aucun terme générique regroupant tous les francophones de l'Ouest n'a encore vu le jour, comme c'est le cas pour les Québécois, les Acadiens ou les Cadiens, dénote le manque d'intérêt pour une entité *Régionale* avec un grand *R*. Plus souvent qu'autrement, les francophones de l'Ouest se voient astreints malgré eux à cette entité *Régionale* sans même éprouver envers elle un sens réel d'appartenance. La raison majeure de ce manque d'intérêt réside dans le fait que les batailles de tranchée, menées dans le but d'assurer la survie et la promotion de la langue et de la culture françaises dans l'Ouest, se mènent encore et toujours à l'échelle des *régions* avec un petit *r*, soit à l'échelle des provinces et des territoires. En ces termes, il est facile de comprendre pourquoi l'entité *Régionale* ne reçoit que peu d'attention parmi les francophones de l'Ouest. Au sens pratique et à l'égard de l'identité, elle est dénuée de sens. L'expression francophone de l'Ouest n'est qu'une référence géographique.

Le fait français dans l'Ouest ne pourra prendre sa juste place sur l'échiquier nord-américain que lorsque les chercheurs le libéreront de ce carcan analytique. Il est nécessaire de faire ce changement sur le plan de l'analyse géographique afin que les vraies *régions* de l'Ouest ne soient plus contraintes à former une seule *Région* prétendument homogène. À ce moment seulement pourra-t-on être en mesure d'apprécier et de reconnaître à leur juste valeur, l'ampleur des luttes, le dynamisme, le goût de survivance et l'identité réelle des Franco-Manitobains, des Fransaskois, des Franco-Albertains, des Franco-Colombiens, des Franco-Yukonnais et des Franco-Ténois. Plus qu'un problème de méconnaissance de l'identité, de l'appartenance et de l'allégeance réelle des francophones de l'Ouest envers leur prétendue *Région*, le manque apparent de cohérence et d'unité de la francophonie de l'Ouest ainsi que son manque de reconnaissance à l'échelle nord-américaine et canadienne serait donc, en réalité, un problème d'analyse géographique.

Bibliographie

BEAUDIN, François (1984). « La toponymie française des provinces de l'Ouest », dans *La langue, la culture et la société des francophones de l'Ouest*, Regina, University of Regina, Centre d'études franco-canadiennes de l'Ouest, p. 59-73. Actes du 3e colloque du CEFCO tenu les 25 et 26 novembre 1983.

BEAUDOUX, Maurice (1975). « Les Franco-Canadiens de l'Ouest : constitutifs d'une société francophone canadienne », *Mémoires de la Société royale du Canada*, série 4, t. 13, p. 141-149.

DENIS, Wilfrid B. (1991). *Examen 1991 : examen de la mise en œuvre de la stratégie de développement de la communauté fransaskoise*. Rapport non publié.

FÉDÉRATION DES FRANCOPHONES HORS QUÉBEC (1977). *Les héritiers de lord Durham*, vol. 2, Ottawa, FFHQ.

FOURNIER, Denis (1996). *Sciences humaines, matériel d'appui, la Saskatchewan française, vol. 2 : les communautés fransaskoises*, Regina, Ministère de l'Éducation.

FRIESEN, Gerald (1993). *The Canadian Prairies : A History*, Toronto, University of Toronto Press.

LACOMBE, Guy (1990). « Le bilan de la francophonie dans l'Ouest canadien », dans *L'Ouest canadien et l'Amérique française*, Regina, University of Regina, Centre d'études franco-canadiennes de l'Ouest, p. 43-50. Actes du 8e colloque du CEFCO tenu les 21 et 22 octobre 1988.

LALONDE, André (1983). « Les Canadiens français de l'Ouest : espoirs, tragédies, incertitude », dans *Du continent perdu à l'archipel retrouvé : le Québec et l'Amérique française*, sous la direction de Dean Louder et Éric Waddell, Québec, Presses de l'Université Laval, p. 81-95.

LOUDER, Dean, Cécyle TRÉPANIER et Éric WADDELL (1994). « La francophonie nord-américaine : mise en place et processus de diffusion géo-historique », dans *Langue, espace et société : les variétés du français en Amérique du Nord*, sous la direction de C. Poirier, Québec, Presses de l'Université Laval, p. 107-202, coll. « CEFAN ».

NICKERSON, Forest C., et Armand BÉDARD (1979). *Atlas des francophones de l'Ouest*, Winnipeg, Hignell Print.

PAINCHAUD, Robert (1975). « Les origines des peuplements de langue française dans l'Ouest canadien, 1870-1920 : mythes et réalités », *Mémoires de la Société royale du Canada*, série 4, t. 13, p. 109-121.

QUENNEVILLE, J.G. (1986). *Toponymie française de la Saskatchewan*, Saskatoon, University of Saskatchewan, St. Thomas More College, Research Unit for French-Canadian Studies and Department of Political Studies.

SILVER, A.I. (1985). « French Canada and the Prairie Frontier, 1770-1890 », dans *The Prairie West : Historical Readings*, sous la direction de R.D. Francis et H. Palmer, Edmonton, Pica Pica Press, p. 140-162.

STEBBINS, Robert A. (1993). « Le style de vie francophone en milieu minoritaire », *Cahiers franco-canadiens de l'Ouest*, vol. 5, n° 2, p. 177-193.

VILLENEUVE, Paul-Y. (1983). « Maillardville : à l'ouest rien de nouveau », dans *Du continent perdu à l'archipel retrouvé : le Québec et l'Amérique française*, sous la direction de Dean Louder et Éric Waddell, Québec, Presses de l'Université Laval, p. 129-135.

L'HISTOIRE

CHAPITRE 5

L'historiographie francophone traditionnelle au Canada

FERNAND OUELLET, York University

L'historiographie québécoise, comme celle des groupes minoritaires francophones situés à l'est et à l'ouest du Québec, est un discours sur l'identité nationale. Si on exclut de ce corpus les annalistes et les chroniqueurs du 17e et du 18e siècle, il s'agit d'un propos tenu entre les années 1830 et 1950 tellement basé sur la race, la religion et la langue que, selon ses tenants, l'enracinement au territoire, l'appartenance à une métropole, l'attachement à la monarchie, et la volonté commune de vivre ensemble n'en étaient que le complément. Constitué originellement dans le Bas-Canada des années 1810-1840, proposé plus tard par Rameau de Saint-Père aux Acadiens et, dans un troisième temps, reproduit parmi les Canadiens français vivant à l'ouest du Québec, le récit de ces historiens d'origine locale et européenne était, pour une large part, l'expression de la montée récente du nationalisme dans ces communautés et de sa rencontre subséquente avec le courant ultramontain. Sa pertinence fut d'autant plus ressentie que les élites en place s'inquiétaient davantage de la progression des idées libérales et laïques, de l'émigration aux États-Unis et de l'éclosion d'un univers urbain et industriel (Ouellet, 1975, 1981). Pour ces auteurs recrutés dans les classes dirigeantes, et partageant, comme bien d'autres, les mêmes craintes, ces événements étaient aussi dangereux pour l'avenir de ces collectivités que ne l'avaient été la déportation des Acadiens et les conquêtes anglaises de 1713 et de 1760. C'est pourquoi, en plus de situer ces anciens cataclysmes au cœur de leur récit, ils insistaient tellement sur l'extraordinaire volonté de survie de ces populations françaises, catholiques, prolifiques, rurales et agricoles. À vrai dire, ce discours visait non seulement à stimuler les volontés défaillantes, mais aussi à justifier aux yeux du peuple la progression du pouvoir clérical dans la société et son rôle de gardien de la religion et de la langue (Gagnon, 1978).

Il va de soi qu'un discours aussi uniforme, perpétué pendant un siècle, et de moins en moins contesté, ne pouvait que traduire, pour une large part, la grande communauté de sentiments et d'intérêts qui existait entre les classes dirigeantes et les populations qui en dépendaient. Cela dit, vers 1880, les chefs nationalistes acadiens, bien que conscients de ce qui les unissait aux nationalistes québécois, ne craignirent toutefois pas d'affirmer ouvertement par des gestes concrets le caractère distinct de la nation acadienne qu'ils disaient représenter (Thériault, 1995). Ils le firent au nom de ce qui, dans leur passé, leur situation présente et leur vision de l'avenir, leur appartenait en propre. Ainsi, pour eux comme pour leurs historiens, l'*autre* n'était pas seulement les anglophones des Maritimes et des autres provinces, catholiques ou protestants, mais il incluait, quoique avec plus de nuances encore, les Canadiens français du

Québec. Il est vrai qu'avec le temps, les minorités en formation à l'ouest du Québec prirent elles aussi une certaine distance vis-à-vis des nationalistes québécois. Mais elles n'allèrent jamais, à l'exception des Métis, jusqu'à se dire des nations distinctes, même lorsque, à l'époque de la Révolution tranquille, des francophones québécois engagèrent le repli identitaire sur le Québec et cessèrent de se proclamer Canadiens français (Gervais, 1995a). Ainsi, derrière ce discours historien uniforme et plus que séculaire sur la race, la langue, la religion, la campagne et la survivance, s'étalaient tout un univers de similarités, d'enracinements, de différences et d'inégalités qui, à des degrés divers, contribuèrent à spécifier la physionomie et l'histoire des francophones québécois aussi bien que celles des groupes minoritaires de même origine.

Ce discours historien centré sur la survivance était donc le résultat du développement au 19e siècle, à l'intérieur de chacune de ces communautés, d'une prise de conscience spécifique parmi les classes dirigeantes et, à leur suite ou, parfois, les devançant, dans les milieux populaires. Aussi celle-ci fut-elle, bien que Garneau, Rameau de Saint-Père, Poirier, Morice et leurs successeurs au 19e et au 20e siècle n'aient pas été idéologiquement disposés à voir les choses sous le même angle, le fruit arrivé à terme d'un long processus évolutif, datant du début de la colonisation, au cours duquel l'identité, avant de se dire nationale au 19e siècle, fut principalement coloniale et monarchique. D'abord ancré au plan social, le sentiment d'appartenance nationale passa aux plans politique et littéraire. Ce fut le cas du Bas-Canada où les pionniers, tous politiquement identifiables, utilisèrent à la fois l'histoire, la poésie et l'essai pour recréer le passé à la lumière de leur vision du présent et de l'avenir. En Acadie, il semble que les premiers auteurs, bien que presque tous étrangers au milieu et adonnés soit à la poésie soit à l'histoire, eurent quand même une telle pertinence dans leur représentation du passé que leurs ouvrages eurent davantage un effet sur l'émergence de cette conscience nationale encore à l'état latent. Le fait le plus intrigant, peut-être, est que, en Acadie, au Québec et ailleurs, cette vision uniforme du passé, fondée sur l'idéologie de conservation, « la seule base d'une politique recevable pour un peuple » (Garneau, 1845-1852, t. IV, p. 316), prit de l'expansion pendant le siècle de la révolution urbaine et industrielle.

La survivance nationale de Garneau à Groulx

L'historiographie canadienne-française est donc née pendant la première moitié du 19e siècle dans la foulée du nationalisme, dont la Chambre d'assemblée du Bas-Canada, dominée par une majorité d'origine française, fut un des principaux catalyseurs par le biais de partis politiques. Depuis 1810, des érudits, tels Jacques Viger, Michel Bibaud et Jacques Labrie, avaient entrepris de reconstruire le passé de cette nationalité qu'on disait *canadienne* et menacée à l'intérieur de la colonie par la minorité britannique et à l'extérieur par les Américains. En 1837 et en 1844, Michel Bibaud fut le premier francophone à relater cette expérience dans son *Histoire du Canada*.

Mais Bibaud, alors qualifié avec mépris de *bureaucrate*, ne se mérita jamais le titre d'historien national. Cette reconnaissance échut plutôt à Garneau, dont l'*Histoire du Canada*, parue entre 1845 et 1852 en 4 tomes, eut 12 éditions, dont 4 en anglais. Et cela, sans compter les six éditions de l'*Abrégé*. Cette réussite ne s'explique certainement pas par les quelques propos corrosifs qu'il tint dans les tomes I et II à l'endroit de certains ecclésiastiques de la Nouvelle-France et qui lui valurent une réputation de libéral auprès des historiens. Au contraire, ces remarques, d'ailleurs plus gallicanes que libérales, avaient heurté les ultramontains qui l'accusèrent d'avoir produit un livre qui, « sous le rapport religieux n'é[tait] pas une œuvre nationale » (Gagnon, p. 322). Pourtant, Garneau était avant tout un nationaliste, et son œuvre, construite autour de l'idée de nation, associait intimement religion et nationalité, au point d'ailleurs qu'il attribua le désastre de Walker en 1710 à l'intervention de la Providence. Aussi céda-t-il aux pressions d'un milieu social de plus en plus travaillé par l'idéologie ultramontaine. Dans les deuxième et troisième éditions de son œuvre, visées par des clercs avant publication, Garneau élimina presque toute ambiguïté à cet égard et il devint ainsi un historien national à peu près au diapason des temps nouveaux. Sans hésitation en 1858, on le choisit pour rédiger l'*Abrégé* à l'intention des écoles, qu'il publia avec l'imprimatur de l'archevêque de Québec.

Garneau ne fut pas non plus valorisé parce qu'il aurait été un admirateur des patriotes en tant qu'artisans d'un mouvement libéral et démocratique voué à l'indépendance et au changement social (Ouellet, 1985b). Au contraire, parmi les chefs patriotes, dont il décrivit le caractère, seulement quelques personnages sincères et désintéressés émergent du lot, alors que les autres sont présentés comme des individus égarés hors du sentier légitime de la réforme par l'ambition, l'immaturité et les idées démocratiques, uniquement bonnes, disait-il, à amuser le peuple des grandes villes. À propos du mirage américain, que d'aucuns firent miroiter en 1837 comme en 1775, Garneau déclara : « Une liberté qui doit anéantir votre nationalité est plus triste qu'un régime monarchique qui peut la laisser subsister. » Son diagnostic final sur les rébellions est clair et cadre bien avec l'évolution séculaire de la société : le peuple aurait fait la sourde oreille aux appels de tels chefs et la voix du clergé aurait, par contre, été entendue « jusque dans la *chaumière* la plus reculée » (Ouellet, 1995a).

Ainsi, que ce soit dans la première édition ou dans celles qui furent amendées par la suite, le cœur du récit n'est pas tellement différent. Car, il s'agissait partout de la lutte héroïque d'une nation, idéalement constituée mais conquise, dont la survivance était sans cesse menacée. Sa vision de la nationalité, exposée dans le discours préliminaire et à travers le texte de la première édition, ne fut pas non plus modifiée d'une édition à l'autre. La

François-Xavier Garneau

nationalité était, disait-il, un « don de Dieu » et innée, et elle reposait autant sur l'incomparable « force secrète de cohésion et de résistance » au malheur de la race française que sur la langue et la religion (Garneau, 1845-1852, t. I, p. 23-25 ; 1913-1920, t. I, p. xlviii-lii). Selon Garneau, les premiers colons non seulement venaient d'une partie de la France où la race française, la religion catholique et les vertus militaires étaient au mieux, mais ils avaient été sélectionnés avec soin par le clergé pour leur vigueur et leurs qualités morales. Le caractère original de la race canadienne, forgé de cette façon, fut d'autant plus affirmé par la suite que les huguenots et les esclaves n'avaient pas été admis dans la colonie. Garneau déplore avec des tonalités libérales l'exclusion de ces protestants ; mais, finalement, il estime qu'ils auraient pu trahir leur nouvelle patrie comme ils avaient autrefois trahi l'ancienne (Garneau, 1845-1852, t. I, p. 124.). Il se réjouit en plus, qu'au lieu d'avoir permis l'envoi d'esclaves dans la colonie, Louis XIV ait préféré y créer une société nationale, catholique mais sans « mélanges de race » (Garneau, 1845-1852, t. I, p. 120).

Des colons, sélectionnés avec autant de soin, étaient, il va de soi, destinés à édifier une version distincte et améliorée de la société française. En cela, ils furent aidés par la métropole, dont l'objectif premier était de propager l'Évangile plutôt que de se livrer, comme les Anglais, à la conquête des *richesses* (Garneau, 1845-1852, t. I, p. 123). Sans doute admet-il que les Français se sont servis des indigènes, mais il déclare tout de suite que, grâce aux missionnaires, leurs efforts portèrent essentiellement sur la conversion de ces « barbares » à la vraie foi et à la civilisation. Ainsi la Nouvelle-France, moins peuplée et moins prospère que la Nouvelle-Angleterre, avait cependant pour elle l'héroïsme de ses habitants et une religion exempte d'hérésies aux symboles percutants. Il est vrai qu'en tant que gallican, il s'en prit aux ecclésiastiques qui empiétaient sur les droits de l'État, mais, en tant que nationaliste, il multiplia les louanges à l'endroit de ceux qui enseignaient, soignaient les malades et aidaient les pauvres.

Garneau aurait pu condamner le régime seigneurial et la coutume de Paris. Mais, selon lui, loin d'être un lieu d'oppression et d'exploitation des paysans, la seigneurie, une fois canadienne, avait si bien perdu à tous égards son caractère féodal que ceux-ci étaient même fiers de marcher au combat sous la direction de leurs seigneurs. Ce fut seulement après la Conquête qu'ils furent livrés « à la cupidité des seigneurs » (Garneau, 1912-1920, t. I, p. 202, 447). Il va de soi que la coutume de Paris, autre institution nationale, avait aussi été bonifiée et que l'administration de la justice coloniale avait été rendue peu coûteuse, éclairée et impartiale (Garneau, 1912-1920, t. I, p. 217).

La seule institution qui, au dire de Garneau, avait échappé à cette épuration, était l'absolutisme politique. Cela se comprend puisque, en dénonçant à la fois l'absolutisme des rois de France et celui de Georges III, Garneau donnait encore plus de poids à sa valorisation de la Constitution de 1791 (Garneau, 1912-1920, t. II, p. 431) et à la lutte menée par les représentants de la *nation canadienne* dans l'Assemblée législative contre l'oligarchie locale et les mauvais gouverneurs. Ses héros étaient Pierre Bédard, le précurseur du gouvernement responsable, et Louis Hippolyte Lafontaine, son initiateur. Pour l'essentiel, cette forme de libéralisme était politique et au service de la survivance nationale.

Ainsi, un petit peuple de laboureurs, ayant un côté chevaleresque et aventurier, avait été conquis et avait connu l'exode de ses classes dirigeantes laïques. Comme il était parfaitement homogène, il avait, grâce à la sagesse de ses élites et à ses qualités innées, préservé toutes ses caractéristiques fondamentales. Ce qu'il avait perdu en esprit chevaleresque et aventurier à la suite de ce drame, il l'avait gagné en gravité et en attachement à ses traditions. Pour Garneau, la fidélité au passé, et non « le brillant des nouveautés sociales et politiques », était la clef de l'avenir (Garneau, 1912-1920, t. II, p. 716 et s.).

Pourtant, depuis le début du siècle, des mutations s'étaient produites dans les identités sociales et nationales qui sans doute accréditaient sa représentation des Canadiens comme un peuple rural, mais aussi la remettaient en question en tant que peuple agricole, et que seul peuple rural et agricole. En effet, depuis 1663, les Canadiens s'étaient déployés plus dans les campagnes que dans les villes et, de cette date à 1850, leur taux de ruralité était passé de 65 % à plus de 88 %. Attirés par l'abondance des terres et le besoin de stabilité, ils avaient centré leur activité économique sur la culture du sol et les emplois saisonniers dans la traite, la pêche et l'exploitation forestière. Un artisanat rural avait même crû parmi eux.

Par contre, après 1800, l'expansion territoriale des Canadiens, en tant que peuple agricole, avait été ralentie par une pénurie croissante de terres dans les seigneuries, des conditions économiques défavorables et l'obstacle que représentaient les régions sous tenure anglaise contrôlées par les anglophones. Ainsi de nombreux journaliers s'étaient entassés dans les communautés rurales avant d'amorcer, le moment venu, une marche forcée vers les cantons, la Nouvelle-Angleterre et le Haut-Canada. En 1850, au moment où se précise le tournant urbain et industriel, les Canadiens avaient tellement perdu leur caractère agricole que, dans les campagnes, seulement 42 % des titulaires d'occupations pouvaient se dire agriculteurs.

D'ailleurs, ces francophones ne pouvaient plus, comme autrefois, prétendre qu'ils étaient les seuls Canadiens, les seuls ruraux et les seuls occupants de terres de la province. Car, en plus de regrouper un quart de la population totale, les anglophones s'étaient aussi déplacés depuis 1760 vers les campagnes, au point qu'en 1850, les trois quarts d'entre eux vivaient en milieu rural. Les autres étaient surtout concentrés dans les villes de Québec et de Montréal, où ils constituaient 49 % de la population (Ouellet, 1995b, p. 135-145). Il va de soi que le pourcentage des anglophones, nés au pays et y résidant pour de bon, avait si bien augmenté depuis 1800 qu'ils s'étaient de plus en plus réclamés d'une identité canadienne. Pas étonnant que, pour distinguer les uns des autres, le terme *Canadien français* ait été diffusé dans la population et les écrits (Ouellet, 1976, p. 410). La nuance devint d'autant plus significative après la Confédération, que les Canadiens français se départagèrent eux-mêmes selon leur degré d'appartenance prioritaire soit au Québec soit au Canada.

Donc, pour Garneau et les historiens qui vinrent après lui, l'identité agricole et nationale était fortement menacée de l'intérieur et de l'extérieur. Dès les années 1820, ce sentiment avait été d'autant plus ressenti parmi les ecclésiastiques nationalistes ultramontains que, depuis Pierre Bédard, les partis *canadien* et *patriote* s'étaient de plus en plus inspirés du libéralisme, voire du républicanisme, pour étoffer ou enrober leurs revendications nationalistes. Pour contrer ces orientations qu'il voyait comme un plan de sécularisation de la pensée nationale, le clergé ultramontain mit de l'avant sa propre vision des rapports entre nation et religion et une stratégie dont l'objectif était d'établir pleinement le rôle du clergé en tant que classe dirigeante de la nation. Dans l'esprit de Mgr Lartigue, premier évêque de Montréal, il s'agissait à long terme de faire reconnaître le plein contrôle du clergé sur les institutions d'enseignement à tous les niveaux, sur l'État civil, sur les hôpitaux, sur les agences de charité, sur l'information et les associations de tous genres. Son rêve, promu par son successeur et le reste du clergé catholique, était même de voir cette structure animée à tous les échelons par un personnel composé d'ecclésiastiques.

Pour récupérer le terrain perdu aux mains de l'État protestant et des laïcs catholiques francophones, il fallait à la fois lutter contre le mal et multiplier rapidement les effectifs du clergé séculier et des ordres religieux. Lartigue mena sa lutte avec une telle vigueur contre les écoles de l'Institution royale et celles de l'Assemblée qu'il réussit à les faire tomber en 1836. L'union des Canadas fut sans doute une grande source d'inquiétude pour les ultramontains, mais, encouragés par la déconfiture des patriotes à laquelle ils avaient contribué, ils menèrent avec des succès accrus la lutte contre les rouges et l'Institut canadien de Montréal. Puis, en 1867, vint la création d'un État provincial québécois, événement qui, en favorisant l'emprise croissante du clergé sur l'État, donna un élan à la cléricalisation de la société. Au point qu'à la fin du siècle, selon Jean Hamelin et Nicole Gagnon, l'Église catholique du Québec était devenue

> un lieu [...] où la société québécoise se donn[ait] une représentation d'elle-même : catholique, française et rurale [...] L'Église québécoise [était] [...] nationale [...] l'incarnation d'une nationalité conçue comme un peuple élu de Dieu. La société [était] une nation et la nation [était] une Église, dont le clergé sera par conséquent l'instance suprême (Hamelin et Gagnon, 1984, p. 48).

Cette plénitude n'aurait pas été possible si le clergé n'avait pas eu, au minimum, la complicité de la grande majorité des laïcs et si les projets de Mgr Lartigue relatifs au développement du corps clérical n'avaient réussi au-delà de toute espérance. Pour lui, étant donné la grande pénurie initiale de ce personnel, il fallait à la fois encourager l'immigration de prêtres séculiers et d'ordres religieux masculins et féminins d'Europe et, plus encore, multiplier les vocations sur place. Déjà, au moment où Lartigue préparait ainsi l'avenir, la diffusion des collèges classiques en dehors des villes avait débuté. Avec le temps, grâce au zèle d'un clergé vigilant, mettant à contribution la famille et l'école, une véritable armée cléricale fut constituée : ses effectifs étaient de 1 634 en 1851, de 19 774 en 1911, et de 69 940 en 1961 (Denaut et Lévesque, 1975), pour un taux annuel de croissance de 3,14 %, alors que celui de la population catholique n'était que de 2,05 %. En 1851, les effectifs masculins étaient deux fois et demie plus nombreux que ceux des femmes ; mais en 1911 et en 1961, ils ne représentaient plus que 38 % de ceux des religieuses. Pour mener le bon combat, ce clergé issu dans une forte proportion des campagnes fut d'abord concentré à Montréal ; puis, à mesure que progressa l'urbanisation, il fut redéployé dans les plus petites agglomérations urbaines. Uni à l'État qui le subventionnait, le surveillant de près, et fort de ses monopoles religieux, culturels et sociaux, par lesquels il établissait les priorités, il imposait un certain rythme aux choses. À n'en pas douter, l'infériorisation et la marginalisation des laïcs de langue française furent le résultat de l'emprise du clergé sur la vie collective. D'ailleurs, sa force expansionniste ne se fit pas seulement sentir à l'intérieur du Québec, mais aussi parmi les Acadiens, les minorités françaises à l'ouest du Québec et ailleurs dans le monde. En 1851, 9 % de ses effectifs étaient affectés à l'extérieur de la province. En 1911, cette proportion, qui sera encore de 20 % en 1961, avait été portée à 26 %. Même sans ceux-ci, la catholicité québécoise était devenue la mieux pourvue en ecclésiastiques de l'Occident : 1 par 500 fidèles en 1851, 1 par 117 en 1911, et 1 par 91 en 1961.

Pourtant, parmi les événements, qui tenaient toujours le clergé sur un pied d'alerte, aucun ne lui sembla aussi grave que l'urbanisation, l'industrialisation et l'émigration des francophones vers les villes américaines ou l'ouest du Québec. En effet, de 1851 à 1911, la population urbaine francophone s'était multipliée par 13 sur les territoires réunis du Québec, de l'Ontario, des Maritimes et de la Nouvelle-Angleterre, alors que la population francophone totale avait seulement quadruplé. On estime par ailleurs à 700 000 le nombre de francophones qui, à cette même période, auraient quitté le Québec. Incontestablement, il s'agissait de changements révolutionnaires qui échappaient au contrôle du clergé et dont il ne pouvait tout au plus que tempérer le cours. Comme le phénomène urbain et industriel se déroulait à l'échelle du monde occidental et que, au Québec même, les francophones ne figuraient que d'une façon marginale parmi les meneurs de jeu, ils avaient été plus happés qu'attirés par le mouvement. Ils s'étaient urbanisés, mais moins que les autres Québécois : un écart de 15 % en 1851, et de 23 % en 1941. Il va sans dire qu'ils étaient surreprésentés dans les industries primaires et les services traditionnels, de même que dans les régions où dominaient ces activités à bas revenus. Ils étaient ainsi généralement moins avantagés que les autres en ce qui a trait à l'accès à l'éducation et à la culture (Ouellet, 1995b, 1995c).

La sous-représentation des francophones dans la main-d'œuvre manufacturière était donc manifeste, mais elle l'était surtout quant à la propriété des entreprises dans les secteurs financier, commercial et manufacturier. Encore, en 1961, alors que les francophones représentaient 81 % de la population de la province, ils ne contrôlaient qu'environ 15,4 % des entreprises manufacturières et 47 % de l'économie de la province (Raynauld, 1974). À cet égard, leur profil était, par une marge considérable, plus modeste à Montréal et partout dans la province, en ce qui concerne la propriété des grandes entreprises.

Même si les revenus agricoles étaient les plus bas dans les régions les moins urbanisées et industrialisées et dans celles où les

Tableau I
Structure de la population active québécoise âgée de 14 ans et plus, selon l'origine ethnique et les occupations, 1941

	Origine ethnique		
Occupation	**Francophone** %	**Britannique** %	**Autre** %
Professions et administration			
professions libérales	7,4	7,7	3,6
finance et banque	1,4	6,0	1,6
Commerce	9,8	10,2	19,2
Employés			
services et personnel	12,6	12,4	14,6
transport et communications	5,2	10,0	3,8
Primaire			
agriculture	25,1	11,6	3,7
autres	5,0	3,3	6,5
Ouvriers			
fabrication	26,2	33,7	39,7
construction et électricité	7,1	4,9	7,3
Total	**99,8**	**99,8**	**100,0**

Source : Statistique Canada ; Gérald Bernier et Robert Boily 1986, p. 209.

francophones étaient surreprésentés, le clergé continua à dénoncer le monde urbain et industriel. Il mit en particulier l'accent sur l'intrusion des entreprises étrangères et, surtout, des unions internationales qui, selon lui, traînaient dans leur sillage la pauvreté, la maladie, la lutte des classes et le communisme : toutes choses qui, à son dire, révolutionnaient l'existence d'une nation homogène à vocation catholique et rurale. Pour contrer ces effets, le clergé préconisa – suivi par bien des laïcs éminents – la petite entreprise familiale, la coopération, le corporatisme et le syndicalisme catholique : solutions qui, mises à l'épreuve des ans, servirent pendant quelque temps ses objectifs, mais s'insérèrent finalement dans cet univers urbain et capitaliste méprisé avec lequel il fut lui-même obligé de composer et dont il tira avantage.

Pendant que les francophones franchissaient toutes ces étapes, pour devenir urbains dans une proportion de plus de 60 % en 1951, le discours historien, loin de se moderniser, reflétait de plus en plus la progression du nationalisme ultramontain dans les classes dirigeantes et, plus généralement, dans la société. Cela se comprendrait, si on s'en tenait aux 152 auteurs de monographies locales – personnages locaux fort identifiés aux institutions dont ils décrivaient l'existence –, et ecclésiastiques dans une proportion de 78 %, à l'intention desquels l'abbé Ivanhoé Caron avait rédigé en 1926 un compendium dans lequel il était dit :

> c'est de nos pures traditions nationales que vivront toujours nos meilleures aspirations comme race et comme peuple [...] C'est au soleil de la foi que le lis a fleuri sur les bords du Saint-Laurent

> et c'est à l'ombre des autels que notre nationalité s'est formée (Beaulieu et Morley, 1971, p. xiv).

Pourtant, si l'on s'en tient aux 63 auteurs les plus connus par leurs œuvres et nés avant 1911, parmi lesquels figure l'abbé Caron, force est de constater qu'ils ne se distinguaient vraiment des premiers ni par l'origine sociale ni par la substance de leur discours idéologique. Il est vrai que les ecclésiastiques, dont les sept dixièmes étaient d'origine rurale et dont les deux tiers étaient issus des deux districts les moins urbanisés et industrialisés de la province, étaient fortement minoritaires : seulement 33 % des effectifs historiens. Mais, hors quelques exceptions, les laïcs de cette catégorie plus relevée, bien qu'urbains aux deux tiers et originaires pour la moitié de la région de Montréal, étaient à peine moins cléricaux que les autres (Hamel, Hare et Wyczynski, 1989). En fait, tous, clercs et laïcs, reflétaient, par leur origine familiale ou par leur élévation sociale, les vues des classes dirigeantes, parmi lesquelles le clergé dominait de plus en plus. Ainsi, dans le groupe sélect des historiens admis à la Société royale du Canada et y présentant des travaux entre 1882 et 1941, la proportion de membres du clergé parmi les Québécois francophones ne cessa de croître : de 37 % pour la période de 1882 à 1901, à 59 % pour les années 1922 à 1941 (Ouellet, 1982).

Parmi ces ecclésiastiques, ces avocats, ces notaires, ces politiciens et ces journalistes occupés à exhumer la mémoire collective, les prêtres exercèrent donc une incontestable suprématie. Les abbés Faillon, Ferland, Tanguay, Casgrain, Gosselin et, surtout, Groulx donnèrent le ton à l'interprétation. Entre eux, il y eut bien certains désaccords, comme ce fut le cas entre Chapais et Groulx sur la force respective des identités québécoises et canadiennes ; il est clair, cependant, que tous deux appartenaient avec une égale conviction à la grande famille ultramontaine. Notre intention n'est pas de départager ces physionomies laïques et cléricales. Qu'il suffise de nous arrêter, comme nous l'avons fait avec Garneau, sur la plus prestigieuse et représentative de toutes : celle de Groulx.

En effet, l'œuvre de Lionel Groulx – fils de cultivateur, né à Vaudreuil et prêtre séculier – est le point culminant de cette historiographie structurée par Garneau et constamment ajustée par la suite aux tonalités d'une société engagée dans un intense mouvement de cléricalisation. Son œuvre qui se poursuit pendant un demi-siècle à partir de 1910, fut non seulement marquée par *L'Action française* et par des auteurs, tels Maurras et Gobineau, mais aussi par les événements qui eurent lieu à l'époque, en Italie et au Portugal. Elle le fut sans doute davantage par l'horreur que lui inspirait la société urbaine et industrielle, toute proche de chez lui, symbolisée par la croissance accélérée de la ville de Montréal. À propos de cette révolution, qu'il dit « au rythme effréné [...] anarchique, presque sauvage », il écrivait dans son *Histoire du Canada français* qu'elle était une

> conquête plus désastreuse peut-être que la première. Elle brise le rythme ancien de la vie, déchaîne le cycle infernal : concentrations urbaines, prolétarisation des masses, désintégration du capital humain, misères, révoltes, chaos de 1929 (Groulx, 1952, t. IV, p. 269).

Si cette seconde conquête qu'il attribue en premier lieu aux Américains, prit davantage à ses yeux l'allure d'un cataclysme, c'est qu'elle mettait plus profondément en péril que ne l'avait fait la conquête britannique, une société homogène par la race, la langue et la religion. En 1922, il disait à Paris devant les publicistes chrétiens, puis dans *L'Action française* : « Notre peuple [...] est surtout agricole. Sa force est de détenir le sol » (Groulx, 1936, p. 290).

Pour Lionel Groulx, reconstruire le passé, c'était d'abord remonter à l'époque la plus lointaine, au cours de laquelle la race canadienne, occupant seule la vallée du Saint-Laurent et libre de ses mouvements sur un territoire à l'échelle d'un continent, avait façonné son identité nationale. C'était un moment privilégié, où, selon son expression, une « race nouvelle » était née du « mélange de tous les sangs des meilleures provinces françaises » (Ouellet, 1981, p. 416) ; et cela, à l'époque où la civilisation de la France, « pays de raison harmonieuse et de foi apostolique », était à son apogée. À cet égard, Groulx affirme :

> Tout d'abord le type français, très divers là-bas [...] s'est fondu ici rapidement dans un type presque uniforme [...] Dès la fin de l'intendance de Talon [...] il détient des qualités sociales et ethniques que ne changera point la faible immigration postérieure (Groulx, 1938, p. 234).

Pour arriver aussi vite à ce résultat, les colons avaient dû être triés sur le volet. En effet, ils avaient été sélectionnés, dit-il, pour leur vigueur physique, leur valeur morale et leur intégrité religieuse. De cette pratique était née une collectivité originale, homogène par la race, par son français uniforme « d'excellente qualité » et par l'unanimité dans « la vraie foi » (Groulx, 1938, p. 261, 283). Ainsi qu'en témoignait le nombre infime de naissances illégitimes et d'alliances avec les Indiens, cette intégrité s'était maintenue. La nationalité canadienne était donc

> une synthèse des sangs et des formes de l'esprit français, plus parfaite qu'en aucune autre province du royaume. Cependant, et c'est une autre donnée, le composé canadien est resté homogène (Groulx, 1950-1952, t. II, p. 194).

Ces attributs, pour essentiels qu'ils aient été, n'auraient suffi, sans le rapport au territoire, au climat, à la terre, à la famille et à la paroisse, ni « à faire un peuple » ni à conférer toute la plénitude voulue au mot *patrie*. Groulx ne nie pas que les immigrants furent recrutés dans toutes les couches de la population française, mais il accorde une prime spéciale au fait que l'immense majorité d'entre eux avait une origine rurale et terrienne. Ce nouveau peuple, d'une merveilleuse fécondité, dit-il, doublant sa population tous les 20 ans « par la seule vertu de sa natalité », était donc « un peuple de paysans » (Groulx, 1936, p. 275 et s.). C'est seulement à ce stage de son discours qu'apparaissait dans toute sa force le contraste qu'il voulait marquer entre un passé lointain dominé par cette culture française améliorée, foncièrement axée sur

Lionel Groulx

le spirituel et l'idéal missionnaire, et le présent dominé par la culture anglo-saxonne toujours tendue vers les conquêtes matérielles. Cette authentique supériorité spirituelle pouvait à elle seule expliquer le succès de la lutte pour la survivance.

Une telle façon de procéder, encouragée par les plus hautes instances politiques en France, ne pouvait que se répercuter sur les institutions et les rapports sociaux. Aussi la société de l'Ancien Régime implantée dans la vallée du Saint-Laurent était à la fois hiérarchisée et sensible aux besoins de promotion sociale des individus. Le régime seigneurial aurait pu y devenir un instrument de domination et d'exploitation des paysans. Mais ce fut au contraire l'idée d'interdépendance qui présida aux rapports entre seigneurs et censitaires. Peu nombreux, il est vrai, mais indispensables en temps de guerre et habiles explorateurs, les nobles marquèrent la société d'une touche de politesse et d'élégance. Pourtant, la monarchie de droit divin était bien vivante avec son sens des hiérarchies, mais, ajoute-t-il, l'absolutisme y fut tempéré par le paternalisme, par la simplicité de l'appareil administratif et par une distribution à peu près égale des pouvoirs entre le gouverneur et l'intendant.

Tout avait donc été mis en place pour la neutralisation des classes et le développement d'une paysannerie « maître de ses moyens de vie » et d'une indépendance à nulle autre pareille (Groulx, 1950-1952, t. II, p. 172). Défricheur et croyant avant tout, le paysan était le premier au combat lorsqu'il s'agissait de défendre la patrie. Ses affinités avec le capitaine de milice, l'homme de son choix et de son milieu, étaient évidentes en temps de guerre comme en temps de paix. Étant donné que « les chefs religieux fu[rent] choisis, comme l'avaient été les fidèles » (Groulx 1936, p. 264), les paysans s'en remettaient aisément à eux. Ainsi, à l'ombre de l'absolutisme et avec la complicité des autres classes dirigeantes et de la paysannerie, une théocratie plébiscitée et vouée à la conservation avait émergé en Nouvelle-France. « Cet esprit conservateur a une cause, dit-il. Nous avons gardé la foi catholique » (Groulx, 1936, p. 295).

Le vif contraste entre l'avant-conquête (l'âge d'or) et l'après-conquête (la réalité brutale) n'est pas chez lui un tremplin pour lancer, même indirectement, l'idée d'indépendance du Québec. Il est vrai que Groulx fut toujours attiré par cette option. Cependant, pour lui, le péril américain, personnifié par le laïcisme, le républicanisme et le matérialisme poussé à ses limites, était d'autant plus menaçant qu'il datait de la Révolution américaine et qu'il était là pour durer. Ajoutons à cela que Groulx, tout en étant bien conscient de son propre enracinement québécois, identifiant presque Québec et Canada français, se percevait plutôt comme un Canadien français. Comme tel, bien qu'établissant une hiérarchie entre eux, il éprouvait une grande solidarité avec les Canadiens français d'où qu'ils fussent, mais surtout avec ceux situés au Canada dans le voisinage du Québec. En 1922, il déclarait à propos du peuple canadien-français du Québec :

> Sa vitalité toujours puissante lui a permis de déborder à l'est dans le Nouveau-Brunswick, à l'ouest dans l'Ontario. Cependant une émigration trop tardivement endiguée emportait plus de 100 000 des nôtres dans l'Ouest canadien, et bien davantage vers les États de la Nouvelle-Angleterre (Groulx, 1936, p. 290).

Ainsi lorsque Groulx dramatise l'événement de la conquête anglaise de 1760 comme personne ne l'avait fait avant lui, il ne fait que mettre en scène à sa manière la grandeur tragique de la lutte de tous les instants que ce petit peuple fut forcé d'engager pour sa survivance. Car pour lui, étant donné son propre sentiment d'appartenance à une nation canadienne-française dont le cœur était au Québec, la survivance du Québec ne pouvait s'opérer qu'à l'intérieur du Canada.

Évidemment, Groulx ne sous-estime pas pour autant les conséquences des événements de 1760 qu'il attribue en partie à la politique coloniale de la France. À vrai dire, l'équilibre harmonieux de la société avait bien été dérangé par l'exode des classes dirigeantes laïques. Mais, comme les forces vives de la nation (le clergé et les paysans) étaient à peu près intactes, la situation était critique, mais pas tout à fait désespérée.

En effet, en plus de prohiber tout contact avec Rome, la Constitution de 1763, reflétant les intérêts commerciaux impériaux et ceux de la minorité marchande britannique installée au Québec, décréta l'abolition des dîmes et de la coutume de Paris, remettant ainsi en question le régime seigneurial. Heureusement, la Providence veillait. Grâce à l'action vigoureuse du clergé aidé de laïcs prestigieux, à la sympathie des premiers gouverneurs et à la peur engendrée par l'agitation révolutionnaire dans les colonies américaines, le gouvernement britannique modifia radicalement sa politique. C'est ainsi que fut passé l'*Acte réparateur de Québec* (1774) qui suspendait le serment du Test et rétablissait les institutions traditionnelles.

Groulx insiste bien sur le fait que les institutions parlementaires furent réclamées avant 1791 principalement par les colons britanniques avec l'appui d'un petit groupe de professionnels et de marchands canadiens. Il reconnaît aussi que, peut-être, le clergé et les nobles s'y opposèrent par intérêts de classes. S'il juge cette innovation capitale, ce n'est pas parce qu'il croyait à l'égalité politique des individus, mais plutôt parce qu'elle aménageait un forum pour la défense des intérêts collectifs des Canadiens, dont les représentants étaient élus par un électorat, presque partout, en grande majorité d'origine française. D'ailleurs, s'il parle de « parlementarisme truqué », c'est précisément parce que cette réforme n'allait pas assez loin dans cette direction en ne reconnaissant pas le principe de la responsabilité ministérielle.

C'est pourquoi, selon lui, l'année 1792 aurait marqué le début des glorieuses luttes constitutionnelles animées par des chefs politiques laïques qui représentaient les intérêts de la nation. Évidemment, plus encore que pour Garneau, ses héros étaient des réformistes politiques : Bédard et LaFontaine, dont l'œuvre fut couronnée en 1848 par l'autonomie coloniale, le pouvoir à la majorité dans chaque unité territoriale et le partage du pouvoir entre deux nations. En somme, 1848 préfigurait le pacte de 1867 et la création d'un État provincial québécois.

Groulx aurait bien voulu intégrer l'aventure des patriotes dans le mouvement historique de la survivance. Son analyse de Papineau, celui d'avant 1830 et celui d'après, en témoigne. D'ailleurs, il le fit jusqu'à un certain point d'un écrit à l'autre, en tentant de la désamorcer de son contenu révolutionnaire. Dans son *Histoire du Canada français*, le dernier en liste sur cette question, il parle de mutineries plutôt que de rébellions, mais aussi de mouvement politique pour un achèvement politique. Pourtant, à lire ses dénonciations de l'anticléricalisme des patriotes, de leurs lubies doctrinales, particulièrement celles sur la souveraineté du peuple, de leurs idées démocratiques creuses, et de leur appel sot aux Américains, il est clair que, potentiellement, les rébellions relevaient finalement d'une autre histoire que de celle de la survivance (Ouellet, 1985b, p. 102 et s.). Par contre, en dépit de toutes ses lacunes, la Confédération de 1867 lui apparaissait comme le triomphe de la lutte pour la survivance. Elle était, disait-il,

> une alliance politique entre deux races, la française et l'anglaise traitant d'égal à égal [...] la seule situation géographique du Québec, placé comme un pont gigantesque entre l'Ontario et les provinces du golfe, le faisait maître de l'heure (Groulx, 1936, p. 289).

En vérité, chez Groulx, le sentiment d'appartenance au Québec occupait une telle place dans sa représentation du Canada et du Canada français qu'on peut se demander si, dans la réalité, il en restait beaucoup pour les autres communautés de langue française ou pour le Canada.

Cette historiographie ne cessa pas d'exister avec Groulx. Des livres, tels *La civilisation de la Nouvelle-France* (1944) de Guy Frégault, *L'influence de Voltaire au Canada* (1945) et le *Chiniquy* (1955) de Marcel Trudel, et *l'Histoire des patriotes* (1938) de Gérard Filteau, comme bien d'autres œuvres parues après 1960, se rattachèrent à cette tradition.

Minoritaires au Canada français et doublement minoritaires au Canada : les Canadiens français de l'Ontario

Sachant que l'historiographie de la survivance puisait son inspiration dans une vision spécifique des composantes communes de l'identité nationale et que la grande majorité des migrants étaient originaires du Québec, on ne peut être surpris de constater que les groupes minoritaires ontariens aient pris tellement de temps avant de tenir un discours historiographique autonome. En effet, au Québec d'alors, le sentiment dominant était celui d'appartenance à un Canada français qui incluait tous les francophones vivant sur le territoire canadien. Mais, dans les classes dirigeantes québécoises, prévalait la vision que ces communautés étaient les avant-postes d'une culture française, catholique et agraire, centrée au Québec, à la fois menacée et en expansion (Gervais, 1995, p. 123-134). Même si les émigrants ordinaires avaient surtout quitté le Québec pour des motifs économiques et non pour aller gagner du terrain sur les anglo-protestants, ce sont des messages que les historiens québécois, eux-mêmes partie et porte-parole des classes dirigeantes, diffusèrent dans leurs œuvres (Ouellet, 1994a, p. 15 et s.).

Cela dit, les Canadiens français qui s'établirent en Ontario apportaient néanmoins, avec le besoin de survivre et d'améliorer leur sort, leur bagage culturel et idéologique, héritage d'autant plus résistant qu'ils se localisèrent en grand nombre dans le voisinage québécois, et que l'immigration, bien que décroissante, fut toujours un facteur de leur croissance démographique. En effet, de 1851 à 1901, la population d'origine française se multiplia par six, doubla de 1901 à 1931, et à nouveau pendant les 30 années suivantes. D'ailleurs, le clergé et les élites laïques d'expression française qui vinrent l'encadrer étaient eux-mêmes largement originaires du Québec. Et même quand ces ecclésiastiques venaient d'Europe, nombre de leurs convictions idéologiques étaient proches de celles des Québécois. S'il était un endroit où, selon eux, les conditions semblaient justifier un discours idéologique susceptible de protéger les colons contre le protestantisme, voire contre la hiérarchie catholique irlandaise, contre le laïcisme, l'urbanisation et l'industrialisation, c'était bien en Ontario. En 1901, alors que les Ontariens étaient protestants dans une proportion de 82 %, les Canadiens français ne totalisaient que 39 % des effectifs catholiques. Ceux-ci étaient donc, en Ontario même, doublement minoritaires ; vis-à-vis des anglo-protestants d'une part, et vis-à-vis des catholiques de langue anglaise de l'autre. Au Québec, à la même date, les protestants ne représentaient que 12 % de la population, et les Canadiens français, 92 % de la population catholique. Soixante ans plus tard, la proportion de catholiques avait augmenté, ainsi que celle des Ontariens de langue française, mais la part des francophones dans le groupe catholique avait décliné de 8 %. De plus, l'Ontario progressait plus rapidement que le Québec vers la société urbaine et industrielle, entraînant les Ontariens de langue française dans son sillage. De 1851 à 1871, ceux-ci étaient même, par quelques points, plus urbains que les non-francophones ; mais, par la suite, excepté dans l'Est, ces derniers s'urbanisèrent un peu plus rapidement que les Franco-Ontariens. En 1971, ils les dépassaient par une marge inférieure à 10 % (Ouellet, 1993, p. 127-199).

Ces rapports soutenus avec le Québec facilitèrent certainement l'enracinement des immigrants d'origine française dans la province. En fait, même s'ils furent présents un peu partout sur le territoire, ils se concentrèrent en premier lieu dans certaines régions, se redistribuèrent entre les villes et les campagnes, se diversifièrent économiquement et socialement, et mirent en place des institutions viables. On ne saurait, à ces divers points de vue, sous-estimer le rôle d'Ottawa, capitale nationale, en tant que relais entre le Québec et les communautés locales. Avec le temps, la proportion de ceux qui étaient nés en Ontario, de parents franco-ontariens, s'accrut non seulement dans les milieux populaires, mais dans les classes dirigeantes. Ces communautés régionales, bien que situées en milieu hétérogène, étaient peut-être homogènes par la langue et la religion, mais, à d'autres égards, elles étaient inégales et, par conséquent, sujettes aux rivalités et aux divisions internes. Mais, entre elles et l'ensemble de la population ontarienne, les inégalités étaient encore plus marquées. Plus que celle-ci, la minorité canadienne-française, parce que généralement concentrée dans des régions où les activités primaires avaient plus de poids qu'ailleurs et où elle était elle-même surreprésentée dans ces secteurs, était plus pauvre et moins alphabétisée que la population environnante. Partout minoritaire, elle était nécessairement marginalisée de plusieurs façons quant à la participation au pouvoir politique (Ouellet, 1997). Ainsi, étant donné l'existence du *suffrage censitaire* et leur statut socioéconomique inférieur à celui de la population du même milieu, les francophones qui constituaient 64 % des effectifs du comté de

Prescott en 1881 n'avaient alors droit qu'à 52 % des votes, ce qui les laissait quand même majoritaires.

Chad Gaffield fait d'ailleurs remonter à cette élection provinciale « la fission culturelle » qui, à la fin du 19e siècle, aurait donné naissance à une authentique « identité franco-ontarienne » (Gaffield, 1993, p. 170-186 et 224). Pourtant, à cette occasion, le candidat Evanturel, même s'il fit appel de toutes ses forces aux solidarités nationales, posa ce geste en s'adressant aux *Canadiens français de l'Ontario*, et non aux *Franco-Ontariens*, et en invoquant à leur intention le plan fort accrédité en milieu clérical de l'*avance numérique et culturelle* des Canadiens français à travers la province. Il est évident que si les électeurs avaient été aussi sensibles à cette rhétorique qu'il le dit, le taux des abstentions n'aurait pas atteint 26 %, et, de toute façon, Evanturel aurait gagné, même si 62 électeurs francophones appuyèrent Hagar. On peut même se demander si le degré de concentration du vote atteint à cette occasion n'avait pas été la règle, tant au provincial qu'au fédéral.

En vérité, bien d'autres événements se rattachant à un contexte plus large – dont certains sont mentionnés par Gaffield – contribuèrent, mais pas aussi décisivement qu'il le dit, à modifier peu à peu le sentiment d'appartenance de ces francophones. Car, avec le temps, cette population avait acquis une certaine cohésion reflétée dans ses caractéristiques communes, son homogénéité idéologique et sa condition socioéconomique par rapport à celle des anglophones de la région. Le clergé y contribua certainement. En effet, même sans l'appui de l'État, comme ce fut le cas au Québec, le clergé réussit sans peine, favorisé par la vulnérabilité du groupe minoritaire lui-même, à étendre son emprise sur elle. Au début du 20e siècle, fort de l'aide reçue du clergé québécois et des élites laïques établies dans les paroisses franco-ontariennes, il contrôlait entièrement le réseau institutionnel qui, bien que moins élaboré que celui du Québec, en reflétait néanmoins les visées et la complexité (Gervais, 1995b ; Ouellet, 1997). Avec le temps, stimulés par leurs élites qui fondèrent des journaux, créèrent des associations, réagirent aux événements extérieurs et exercèrent un certain rôle politique, les Canadiens français de l'Ontario devinrent plus conscients d'eux-mêmes et mieux disposés à s'exprimer collectivement. Un jour, leur voix se donna des tonalités ontariennes, disons aussi plus canadiennes, et leur langage se distingua de celui des Canadiens français du Québec. Tel fut en partie, comme l'a bien démontré René Dionne, le message diffusé lors du congrès de fondation de l'Association canadienne-française d'éducation d'Ontario (ACFEO) tenu à Ottawa en 1910 (Dionne, 1995). Ainsi, bien avant le rejet québécois des années 1960, l'Ontario français avait commencé à prendre certaines distances vis-à-vis du Québec. À cet égard et à d'autres, les classes dirigeantes eurent certainement un retard sur les éléments populaires les plus enracinés dans le milieu. L'affaire Riel et les événements extérieurs relatifs à la question scolaire, et les débats sur la participation aux guerres stimulèrent sans doute autant l'identité canadienne-française qu'ontarienne. Par contre, les luttes contre le clergé irlandais et le règlement 17 – adopté à une époque où le clergé local devenait plus ontarien d'origine – contribuèrent d'une façon plus spécifique, semble-t-il, à renforcer le pouvoir clérical francophone et le sentiment d'appartenance à l'Ontario. Il n'en demeure pas moins qu'il existait un hiatus entre l'identité, celle d'une ethnie rurale, agricole et catholique représentée par les classes dirigeantes laïques et cléricales en fonction de leurs propres désirs, et celle vécue par les francophones ordinaires, toujours plus nombreux dans les villes et la classe ouvrière. N'est-il pas étonnant qu'il ait fallu attendre jusqu'en 1985 avant que l'Association canadienne-française de l'Ontario (anciennement ACFEO) n'admette ouvertement l'existence plus que séculaire de cette tradition urbaine et ouvrière qui avait aussi contribué à nourrir l'identité franco-ontarienne (ACFO, 1985).

C'est sur ce fond de scène que s'est développée une activité littéraire et historiographique assez intense, mais plutôt concentrée

Séraphin Marion (1896-1983)

à Ottawa, qui tenait le langage idéologique du Canada français. Car la plupart des historiens qui y participaient étaient nés au Québec, travaillaient souvent pour le gouvernement fédéral et, dans plusieurs cas, détenaient des diplômes universitaires. Suivant en cela les auteurs qui, de tout temps, habitèrent le Québec, ces historiens avaient fait du Québec l'objet principal, sinon unique, de leurs études. Alors que plusieurs d'entre eux s'intéressèrent aux Acadiens, personne, pas même Séraphin Marion, ne tenta de retracer le passé de l'ensemble de ces communautés françaises de l'Ontario, un peu comme si leur spécificité n'était pas suffisamment reconnaissable. Encore là, les historiens retardaient sur la réalité populaire.

Chez Groulx, par exemple, ces minorités apparaissaient seulement marginalement dans son *Histoire du Canada français* à propos de quelques événements spectaculaires qui touchaient l'ensemble des communautés canadiennes-françaises. Quoi de plus normal, pour lui, que d'évoquer à leur sujet dans ces occasions dramatiques le rôle essentiel joué par les antiques colonies militaires dans la survie des empires ! Dans son roman, *L'appel de la race*, paru en 1922, le père Fabien, oblat en résidence à Hull et ancien professeur à l'Université d'Ottawa, personnage qui livrait le message de Groulx, disait à Jules de Lantagnac, dont il était le directeur spirituel :

> Ici dans l'Ontario, on nous oblige à jouer une partie suprême. C'est la plus grave de nos questions scolaires. Ni dans le Manitoba, ni dans l'Ouest, la lutte ne revêtit pareille importance. Il y va ici du sort d'un quart de million de Canadiens français. L'Ontario est le premier contrefort du Québec ; il l'est par la géographie et par la puissance de son groupe. Si nous, des marches ontariennes, perdons cet engagement, je vous le dis, Lantagnac, je ne vois plus que nous puissions gagner l'ultime bataille (Groulx, 1956, p. 138 et s.).

Pas plus qu'Audet, Gérin, De Celles, Desrosiers et Lanctot, les historiens Sulte et Rumilly – qui faisaient pourtant flèche de tout bois – n'ont pensé que cette collectivité ontarienne méritait une synthèse d'histoire identitaire. Des exceptions partielles cependant : Joseph Tassé, Lucien Brault et, surtout, Gaston Carrière, auteurs de monographies portant sur l'Ontario et à faible résonance idéologique dans le milieu. Il est bien possible que, pour découvrir un itinéraire identitaire proprement ontarien, il faille aller du côté des écrits d'histoire locale rédigés par des ecclésiastiques et des notables du milieu, œuvres que Gaétan Gervais qualifie d'*histoire populaire*.

Les Canadiens français dans l'Ouest : une conscience historique autonome

La marche du mouvement ultramontain, et de l'historiographie qu'il véhiculait, ne s'arrêta pas aux frontières de l'Ontario dessinées en 1870. En effet, depuis le 18e siècle, une communauté métisse à faible dominance française et catholique qui, un jour, en vint à se dire une *nation*, s'était peu à peu constituée le long de la rivière Rouge (Giraud, 1945). Depuis 1822, une catholicité, composée de Métis et d'aborigènes, avait été dirigée successivement par deux évêques ultramontains, Provencher et Taché, aidés de missionnaires auxquels s'ajoutèrent les sœurs grises à partir de 1858. Ainsi, lorsque se précise vers 1870 la colonisation accélérée de l'Ouest, un noyau d'infrastructures ecclésiales était en place non seulement dans les Prairies, mais même en Colombie-Britannique où le Canadien français Demers et le Français D'Herbomez étaient les évêques en charge.

Vers 1870, des immigrants venus de l'est du pays et d'Europe affluèrent dans l'Ouest et, de 1881 à 1911, une population d'une grande diversité s'y multiplia par 10. À partir de 1911, le rythme de la croissance, bien que ralentissant, resta un peu moins du double de celui du Québec et de l'Ontario. Aussi, entre 1881 et 1941, le taux annuel moyen de croissance se tint-il à 2,4 % au Manitoba, à 3,14 % en Saskatchewan et en Alberta, et à 3,3 % en Colombie-Britannique, pour un taux moyen de 2,98 % dans l'ensemble de l'Ouest. Au début, la population avait été surtout concentrée au Manitoba (43 % en 1901). Puis, après le tournant du siècle, elle se déplaça vers le reste des Prairies (67 % en 1921). Il va de soi que la Colombie-Britannique et le Manitoba, où 62 % des effectifs étaient concentrés en 1901, perdirent du terrain par la suite : ils ne comptaient plus que la moitié de la population de l'Ouest en 1941.

Le déplacement de ces populations vers l'ouest fut d'abord dicté par l'extraordinaire abondance des terres agricoles devenues accessibles dans ces régions. Ainsi, dans un premier temps, l'économie de ces régions fut, pour l'essentiel, axée sur l'agriculture, et celle-ci sur le blé qui, jusqu'à 1911 dans les Prairies, accaparait la moitié de la récolte de grains et de racines. Même si, en Ontario cette proportion était tombée à environ 10 %, la production de blé y était encore, en 1901, supérieure à celle des Prairies par une marge de 28 %. Il ne fait pas de doute, cependant, qu'après 1881 cette agriculture devint bien intégrée au marché extérieur, au point qu'en 1911, la production de blé et celle de grains et de racines par occupant de terre dans les Prairies dépassaient par une marge énorme celle de l'Ontario : dans le premier cas, 541 boisseaux contre 87 et, dans le second, 1 165 boisseaux contre 856. Par contre, l'agriculture de la Colombie-Britannique ressemblait plus à celle du Québec et des Maritimes qu'à celle des Prairies : 11 boisseaux de blé par occupant et 219 minots de grains et de racines (Ouellet, 1995c). En somme, autant l'agriculture des Prairies se démarquait de celle de l'est du Canada et de la Colombie-Britannique, autant celles de l'Île-du-Prince-Édouard et de l'Ontario se distinguaient de celle de l'Est.

Les immigrants avaient d'abord été attirés par l'abondance et la richesse des terres. Mais, bientôt, ils le furent de plus en plus par le développement urbain et industriel. En effet, de 4 % seulement qu'il était en 1881, le taux d'urbanisation s'éleva à 47,3 % en 1921, pour se retrouver ensuite à 42,2 % après la crise de 1930. Cette marche vers la société urbaine ne se déroula pas partout d'une façon uniforme. En 1911, le taux d'urbanisation était de 39,2 % dans l'Ouest, mais de seulement 28 % dans les Prairies : soit 40 % au Manitoba, 29 % en Alberta et 16 % en Saskatchewan. La faiblesse du secteur agricole en Colombie-Britannique ne l'empêcha pas de s'urbaniser plus rapidement que le reste de l'Ouest, puisque, en 1911, la moitié de la population, ce qui égalait presque le taux de l'Ontario, habitait en ville. Notons que, déjà à cette date, les occupants de terres ne représentaient en Colombie-Britannique qu'un peu plus de la moitié des effectifs engagés dans l'industrie manufacturière, alors que, dans les Prairies, les ouvriers n'étaient qu'un peu plus de 10 % des occupants des terres.

En 1870, au moment où s'amorçaient ces changements et à la suite de la rébellion de la Rivière-Rouge et de la création de la province du Manitoba, Mgr Taché poursuivit le rêve d'un peuplement français dans les Prairies (Painchaud, 1987), rêve qui, en réalité, était prioritairement canadien-français, catholique et agraire. Au sein de cette collectivité augmentée, dont le noyau était formé de

Métis convertis au sédentarisme, s'ajouterait une masse substantielle de Canadiens français venus du Québec ou de rapatriés des États-Unis. Il est vrai que, excepté au Manitoba, le taux de croissance de la population d'origine française fut partout, entre 1881 et 1941, supérieur à celui des populations environnantes ; mais il ne fut jamais assez puissant pour égaler les espoirs des élites cléricales et laïques. Avec le temps, il devint évident que les Canadiens français ne seraient jamais autre chose qu'une minuscule minorité : 8 % de la population de l'Ouest en 1881 et, par la suite, des chiffres qui oscillent entre seulement 4,6 % et 6,2 %. Si, encore, ces effectifs avaient été rassemblés dans une seule province, tel que le souhaitaient Taché et son entourage ! Mais, très vite, les Métis et les immigrants francophones se déplacèrent sur l'ensemble du territoire. En 1881, ils étaient concentrés au Manitoba dans une proportion de 72 % ; 60 ans plus tard, leur présence à cet endroit avait été réduite à un tiers des effectifs francophones. Sur les territoires de la Saskatchewan et de l'Alberta, au contraire, leur poids dans l'Ouest francophone s'éleva, de 21 % qu'il était en 1881, à 58 % et à 55 % respectivement en 1921 et 1941. Les autres francophones se trouvaient en Colombie-Britannique : 17 % en 1901, et 13 % 30 ans plus tard.

Il est vrai que, dans chaque province, ils eurent aussi tendance à se regrouper dans certaines régions plutôt que dans d'autres : au Manitoba, en 1911, 46 % dans Provencher et 22 % dans Macdonald ; en Saskatchewan, 41 % dans Moosejaw et Prince Albert et, en Alberta, 49 % dans Edmonton et Victoria. Le clergé fut d'autant plus forcé de modifier sa vision de l'avenir que des immigrants venus de France, dont nombre d'entre eux étaient anticléricaux et, le plus souvent, plus indépendants du clergé que les Canadiens français, vinrent aussi créer des colonies dans l'Ouest (Frémont, 1959). La nomination des suffragants de l'évêque de Winnipeg, Grandin (1871) et Legal (1902) à Saint-Albert, celle de Pascal (1890) à Prince Albert et, enfin, celle de Mathieu (1911) à Regina étaient, peut-être jusqu'à un certain point, une attention à cette diversité.

En vérité, le projet clérical réussit dans une certaine mesure puisqu'un bon nombre de modestes communautés rurales de langue française furent constituées. L'évolution de la municipalité de Montcalm, au Manitoba, formée surtout de Métis, de Québécois et de rapatriés des États-Unis, en est un bon exemple : la proportion de Canadiens français passa de 50 % en 1885 à 70 % en 1941 (Sylvester, 1997, p. 21). La disparition des Métis en moins d'une décennie, après 1885, et le déclin en pourcentage (de 27 % en 1885 à 10 % en 1941) et en nombre, de 412 à 321, de la minorité britannique ne furent que partiellement compensés par la croissance des effectifs mennonites. La francophonie locale qui s'était accrue rapidement jusqu'en 1901 (129 %) fut, par la suite, incapable d'absorber le plus gros de son croît naturel : une croissance de seulement 18 % en quatre décennies.

Ce que Taché et Langevin, son successeur en 1895, n'avaient pas prévu, comme le démontre le cas de Montcalm, c'est que les francophones, bien que procédant plus lentement en cette direction que le reste de la population, se déplaceraient aussi de plus en plus vers les villes. Déjà, en 1911, ils étaient présents dans 315 villes et villages sur un total de 463. Leur taux d'urbanisation, de seulement 1,2 % en 1881, atteignit 20 % en 1911, et 34 % en 1941. Bien que sous-représentés dans les 18 villes de *5 000 habitants et plus*, ils étaient cependant assez nombreux dans ces localités pour y constituer des communautés (761 individus en moyenne), ce qui n'était pas, le plus souvent, le cas dans les *localités urbaines et villageoises de moins de 5 000 habitants* où, quoi que surreprésentés, ils ne regroupaient qu'environ 25 personnes en moyenne.

Les francophones ne furent pas seulement minoritaires dans les campagnes et les agglomérations urbaines, ils le devinrent rapidement parmi les catholiques, groupe de plus en plus diversifié comme le reste de la population. En effet, au Manitoba, en 1881, 8 catholiques sur 10 étaient des francophones ; 10 ans plus tard, cette proportion était tombée à 4. Constituant 58 % des catholiques dans l'ensemble des Prairies en 1881, ils n'en représentaient plus qu'un tiers des effectifs en 1901 et en 1951. En Colombie-Britannique, leur caractère minoritaire était encore plus frappant : 9 % des catholiques en 1881, 14 % en 1901, et 25 % en 1951. Sachant ce qui se passait dans les endroits, au Canada et en Nouvelle-Angleterre, où l'épiscopat irlandais dominait, on s'étonnera qu'il ait fallu attendre aussi longtemps, comme cela s'était produit en Ontario, avant que des évêques non francophones ne fussent attachés à ces catholicités ethniquement diversifiées. C'est seulement en 1912 qu'un évêque fut spécialement affecté aux Ukrainiens, et en 1913 que McNally fut nommé à Calgary où 993 des 60 502 habitants étaient d'origine française.

Ces francophones de l'Ouest n'étaient pas simplement des *parlants français et des catholiques*, puisque, à l'intérieur de chacune des quatre provinces où ils se trouvèrent finalement répartis, ils étaient différents les uns des autres par l'origine (Canada, France, Belgique, Suisse), parfois par la nature de leurs convictions religieuses et, plus souvent encore, par leur niveau d'instruction, leur occupation, leur statut économique et leur prestige dans leur communauté respective ; ce qui, pour une bonne part, ne coïncidait pas avec l'image que leurs élites projetaient de leurs communautés. Malgré cette complexité, ils eurent plus d'un trait similaire et, pour la grande majorité d'entre eux, une idéologie commune : nationaliste et ultramontaine. Aussi l'influence cléricale continua-t-elle de croître dans la majorité de ces communautés après 1870. D'autant plus que les clercs et la plupart des laïcs qui vinrent les encadrer appartenaient toujours à la grande famille ultramontaine, et contribuèrent à façonner dans cette direction le développement de leurs institutions sociales et culturelles. Au Manitoba et dans les Territoires, pendant une décennie au moins après 1870, ils avaient même été en mesure – en raison de leur situation majoritaire initiale et grâce à l'aide de l'évêque Taché à l'arrière-scène – d'utiliser le pouvoir politique à cette fin. L'un des plus éminents parmi ces politiciens, Joseph Royal, journaliste ultramontain arrivé du Québec en 1869, ne fut pas seulement le fondateur du journal *Le Métis* de Winnipeg ; il fut aussi un des 12 francophones élus et occupant en 1870 la moitié des sièges dans la législature manitobaine. Un des membres les plus influents du gouvernement provincial à titre de ministre et de surintendant de l'éducation jusqu'en 1878, Royal fut, pendant les neuf années suivantes, député fédéral de Provencher, pour ensuite assumer, avant de retourner au Québec en 1894, la fonction de lieutenant-gouverneur des Territoires du Nord-Ouest. Mais cette quasi-suprématie politique initiale des francophones dans les Prairies fut d'abord minée par leur recul démographique, et brisée en 1890 par l'abolition des écoles confessionnelles et du français en tant qu'une des langues officielles.

Ainsi, brutalement réduites politiquement au statut de minorité, ce qu'elles étaient en fait, et affectées par la déconfiture militaire des Métis, peuple de l'Ouest, ces communautés francophones auraient pu réagir à ce double déclassement, en affirmant leur existence en tant que nation distincte ancrée dans l'Ouest et dépossédée de ses droits. Mais, même lorsque progressa leur enracinement dans ce coin de pays, et que le Québec habita davantage leur mémoire que leur présent, elles continuèrent néanmoins à se concevoir à travers le prisme d'un Canada français d'essence catholique et agricole, partie d'un Canada forcément bilingue, avec de lointaines racines dans l'Ouest.

En tout cas, ce sentiment d'appartenance se trouve, là aussi, clairement exprimé dans une historiographie basée sur l'idée de race, de langue, de religion, de ruralité et de survivance. Les historiens qui en étaient les artisans étaient issus des classes dirigeantes, et ils retraçaient le passé glorieux de leurs communautés, en remontant à l'époque où les explorateurs, les coureurs de bois et les missionnaires

Donatien Frémont, immigré au Canada en 1904, journaliste, se joint au *Patriote* en 1916.

avaient ouvert l'Ouest à la civilisation française et catholique. Mais, en 1760, disait Donatien Frémont, « tous les Français [...] disparurent brusquement du Nord-Ouest » (Frémont, 1935, p. 13) et, pour un renouveau de vie, il fallut attendre le « grand colonisateur de la Rivière-Rouge », lord Selkirk, qui remua « ciel et terre » dans ses efforts pour recruter des prêtres pour les colons (Frémont, 1935, p. 27). Par ce geste, qui reconnaissait la vocation française, catholique et agricole du Nord-Ouest, Selkirk se trouva à accélérer la nomination en 1820 du premier évêque catholique en titre dans cette portion du Canada français. Toute cette grande aventure, qui, en un sens, prenait à son compte l'expérience métisse, se serait poursuivie jusqu'au 20e siècle. Elle est racontée dans *Monseigneur Provencher* de Donatien Frémont (1935), *Vie de Mgr Taché* de dom Paul Benoit (1904), *Vie de Mgr Langevin* « grand homme d'Église et [...] incorruptible patriote » d'Adrien-Gabriel Morice (1916) et *Un grand chrétien : sir Joseph Dubuc* d'Édouard Lecompte (1922). Évidemment, l'histoire de Riel, martyr de la race et de la religion et victime du fanatisme anglo-protestant, et celle des Métis sont aussi dites avec une grande passion dans les écrits de Trémaudan, de Dugas, de Morice et de sœur Saint-Léandre (Owram, 1982, p. 321-323).

L'œuvre la plus exhaustive et la plus marquante à tous ces égards est celle de l'oblat d'origine française, Adrien-Gabriel Morice, dont la première publication en 1902 avait porté sur les Indiens de la Colombie-Britannique où il avait été missionnaire depuis 1883. Après une année en tant que rédacteur du *Patriote de l'Ouest* en Saskatchewan, il s'était établi à Winnipeg en 1909 où il passa le reste de ses jours. Évidemment, dans la perspective qui nous occupe, sa biographie de Mgr Langevin, son *Histoire de l'insurrection de la Rivière-Rouge* et, surtout, son *Histoire de l'Église catholique dans l'Ouest canadien, du lac Supérieur au Pacifique (1659-1905)*, sont les plus représentatives.

Le père Morice, comme beaucoup d'autres ecclésiastiques, avait quitté la France au moment des législations de Jules Ferry sur l'école et les congrégations religieuses. Il était convaincu que ces mesures en faveur de la laïcité étaient le fruit d'une conspiration diabolique fomentée par les libres penseurs, les francs-maçons et les juifs. Cette lutte, disait-il, « entre le bien et le mal, entre la vérité et l'erreur » avait pour enjeu le contrôle de l'enfance et de la jeunesse :

> Les sociétés secrètes, qui sont en somme l'œuvre du prince des ténèbres, se sont acharnées à soustraire l'enfant à l'influence de la religion, qui est son soutien naturel [...] pour le livrer sans réserve aux principes délétères qui, sous les noms alléchants de liberté, d'indépendance, de modernisme et de libre-pensée, font de nos jours tant de victimes [...] l'enfant appartient uniquement aux parents qui l'ont reçu de Dieu et sont responsables à ses yeux de son éducation, et non pas l'État, qui peut être une collection de juifs ou de soi-disant libres penseurs (Morice, 1916, p. 127 et s.).

Morice était donc venu dans l'Ouest canadien, y avait fait œuvre de pionnier et s'y était enraciné. Le passé qu'il raconta dans ses livres remontait à 1659, il était celui des Canadiens français de l'Ouest, et lui-même s'y identifiait au point qu'il pouvait affirmer :

> Nous, Canadiens français, nous avons une patrie [...] le Canada [...] Nous sommes les Canadiens par excellence [...] La race française [...] est chez elle dans le moindre coin du Canada [...] Pour nous, la patrie s'étend jusqu'au dernier morceau de terre canadienne [...] (Morice, 1916, p. 228, 288).

Malgré les problèmes d'orthodoxie de Riel, il ne faisait aucun doute aux yeux de Morice que les rébellions que le chef métis avait contribué à déclencher étaient légitimes. Ce fait était attesté non seulement par la création de la province du Manitoba et par les garanties constitutionnelles obtenues en 1870 sur la langue française et l'éducation catholique, mais par les menaces qui pesaient sur une nationalité, dont il s'était fait, en 1885 comme en 1869, le défenseur. Selon lui, il existait donc au Canada, surtout dans l'Ouest, une supernationalité d'origine française dont l'existence, comme les législations de 1890 le démontraient à nouveau, était essentiellement menacée par le simple fait de la cohabitation avec les anglo-protestants qui croyaient que les mesures assimilatrices étaient « absolument essentielles à l'unité nationale » :

> La tentation de se laisser gagner à l'indifférence religieuse de nombre de protestants est si forte, aidés en dessous par les sociétés secrètes qui en sont les agents, qui ont juré d'arracher à l'enfant l'idiome dans lequel il a jusque-là prié Dieu et qui lui sert de préservatif contre les pièges habiles du protestantisme anglais (Morice, 1916, p. 129).

Ce discours historien qui était un appel à l'isolement des Canadiens français dans la francité, la catholicité et la ruralité, servait en premier lieu les intérêts des classes dirigeantes. Car, même les agriculteurs étaient en constante interaction avec les autres groupes ethniques sur le marché agricole et, pour cette raison, ne pouvaient même pas pratiquer l'isolement linguistique. Cette interaction était encore plus intense et variée dans le cas des urbains, ce qui, bien sûr, incluait les clercs, les marchands, les professionnels, les artisans et les journaliers, sans compter tous ceux qui habitaient dans des régions où ils constituaient de minuscules minorités. Un tel écart entre le discours historien, celui des élites et la réalité explique sans doute les compromis qui seront faits par le clergé francophone pour accommoder les Ukrainiens et les Irlandais catholiques, voire pour encourager, à défaut d'immigrants francophones en nombre suffisant, une immigration catholique d'origine diverse qui pouvait servir de contrepoids à la masse des non-francophones et non-catholiques qui, eux aussi, se réclamaient d'une identité canadienne. Il n'en reste pas moins qu'il y avait là, comme en Ontario, au Québec et en Acadie, une source permanente de conflits pour ceux qui s'acheminaient à travers l'ère urbaine et industrielle. Notons enfin que les francophones de l'Ouest parurent alors beaucoup plus autonomes vis-à-vis du Québec que ceux de l'Ontario ne l'étaient à la même époque. L'éloignement et le fait qu'ils attribuaient la faiblesse de l'immigration venant du Québec à l'attitude des Québécois y contribuèrent sans doute. Cela explique peut-être qu'ils devancèrent les Franco-Ontariens dans la prise de conscience de la spécificité de leur expérience historique, sans pour autant se concevoir autrement que comme une branche du Canada français. C'est en cela qu'ils se distinguaient des Acadiens qui, pour leur part, en vinrent à se déclarer une nation.

L'HISTORIOGRAPHIE NATIONALE DES ACADIENS, DE MAJORITAIRES À MINORITAIRES

Pas plus en Acadie que dans la vallée du Saint-Laurent et chez les Métis, le sentiment national ne vit le jour spontanément aux premiers instants de la colonisation. Conquis, reconquis et pillés à plusieurs reprises, les Acadiens firent peu de progrès avant la dernière décennie du 17e siècle : en 1686, ils se chiffraient à moins de 600 personnes, réunies dans quelques localités sur un vaste territoire. Dès lors, ils commencèrent à mieux s'insérer dans le réseau des pêches et du commerce atlantiques, et leur économie qui reposait pour beaucoup sur l'agriculture devint plus diverse et relativement prospère. En 1713, la colonie fut partagée entre la France et l'Angleterre, mais cela n'entrava que peu la circulation des biens vers la partie française (Brière, 1990 ; Balcom, 1984 ; Moore, 1977). Grâce à l'immigration et à une forte croissance naturelle, elle porta ses effectifs à près de 3 000 habitants en 1714, et à 14 000 en 1755. Il va sans dire que la société acadienne devint également plus diversifiée (Pothier, 1970 ; Pouyez, 1973 ; Clark, 1968 ; Daigle 1993). Même si les Acadiens avaient été pendant longtemps négligés par la France et, selon l'expression de Garneau, constamment « soupçonnés » de déloyauté par les gouverneurs anglais, le fait est qu'ils avaient besoin d'une métropole pour se développer. Que les Acadiens sous domination anglaise aient pu continuer à recruter leur personnel religieux en Nouvelle-France illustre bien la ténacité et la complexité de ces rapports de dépendance. À cette date, suivant en cela la Nouvelle-France, leur identité était française, catholique, monarchique et coloniale.

Une catastrophe démographique et sociale aussi énorme que la Déportation aurait pu éloigner à jamais les survivants acadiens de la Nouvelle-Écosse. Néanmoins, les quelques milliers d'entre eux – suivis plus tard d'un grand nombre d'autres – qui revinrent et entreprirent de reconstruire leur économie et leur société savaient bien qu'ils continueraient d'être soumis au régime colonial et seraient désormais minoritaires sur une terre largement ouverte à l'immigration (Thériault, 1993 ; Landry, 1994 ; Brun, 1985 ; Léger, 1992).

Leur stratégie ne fut pas tellement différente de celle des autres immigrants. Excepté que, appauvris, analphabètes pour la plupart et sans pouvoir politique, ils se déplacèrent sur ce territoire immense, bientôt divisé en trois provinces, vers des endroits où ils pouvaient s'approprier la terre et avoir accès à la mer et à la forêt. En 1755, ils étaient presque tous concentrés sur le territoire actuel de la Nouvelle-Écosse et à l'île Saint-Jean. En 1901, les trois cinquièmes des Acadiens des Maritimes habitaient au Nouveau-Brunswick, alors que seulement le tiers des autres habitants de ces provinces y résidaient. Au 20e siècle, cette tendance ne fit que se renforcer. En 1961, la proportion des Acadiens des Maritimes résidant au Nouveau-Brunswick s'élevait à 69 % contre 41 % pour les autres (Landry, 1977). C'est là que se trouvait le foyer principal de la culture et du pouvoir acadiens. Dans chacune des provinces, ils s'étaient aussi concentrés en des régions où ils pouvaient multiplier les communautés de même origine. C'est de cette façon qu'ils parvinrent en moins d'un siècle à fabriquer leur propre géographie, à créer une économie viable et une société assez diversifiée, incluant différentes catégories de marchands et des constructeurs de navires, et l'embryon d'un espace politique.

Ayant ainsi remis sur pied leur situation socioéconomique, les Acadiens, comme les autres, furent entraînés à partir de 1850 dans le mouvement urbain et industriel qui, il faut dire, se propageait avec plus d'intensité au Québec et en Ontario que dans les Maritimes (Couturier et LeBlanc, 1996). Signalons qu'ils étaient moins bien armés que les populations environnantes pour suivre cette voie puisque, comme les Canadiens français du Québec et de l'Ontario, ils étaient davantage concentrés dans les campagnes. En 1911, leur taux d'urbanisation ne dépassait pas 15 %, contre 34 % pour les autres habitants des Maritimes (Ouellet, 1995b). Soixante ans plus tard, au Nouveau-Brunswick, l'écart entre les comtés acadiens et les autres, bien que réduit d'une façon significative, était encore substantiel : 36 % contre 49 %. Comme les Québécois francophones et les Franco-Ontariens, ils étaient surreprésentés dans des régions et des activités désavantagées du point de vue des revenus, des salaires et des niveaux d'alphabétisation. Ces disparités entre eux et les autres existaient non seulement à l'échelle de la province, mais à l'intérieur même des régions où ils étaient concentrés. Ainsi, au Nouveau-Brunswick, en 1971, Westmorland était le seul comté acadien à se hisser au-dessus de la moyenne provinciale pour le revenu familial, le revenu moyen et un niveau d'instruction supérieur à la 10e année. C'était aussi le seul comté, avec Restigouche, dont le taux d'urbanisation surpassait la moyenne provinciale (Landry, 1977, p. 178-191). Car, en 1850, au moment où se dessinait le leadership de Westmorland et de Moncton, les disparités entre les Acadiens et les autres habitants des mêmes lieux existaient non seulement à l'échelle des provinces, mais à l'intérieur même des régions où ils étaient regroupés. Au sujet des écarts entre les comtés situés en pays acadiens, Jean-Roch Cyr écrit :

> Si Moncton devient graduellement le centre économique et culturel du groupe acadien, les autres régions ne connaissent que tardivement l'ouverture sur les structures urbaines (Cyr, 1990, p. 15-35).

Disons aussi qu'entre les paysans eux-mêmes, des différences substantielles existaient.

C'est sur ce fond de scène que se développa le nationalisme. En effet, à mesure qu'une élite laïque se constitua et que les effectifs du clergé catholique d'origine française crûrent, la perspective nationaliste prit peu à peu le pas sur toutes les autres. Le fait est que les Acadiens avaient toujours dépendu de l'extérieur pour le recrutement de leur personnel religieux et enseignant aussi bien que pour le développement de leurs institutions sociales. Comme le Québec d'après 1760 souffrit lui-même d'une grande pénurie d'ecclésiastiques et que peu de prêtres vinrent de France à l'époque de la Révolution, la croissance du personnel religieux de langue française ne se déclencha pas avant 1850. Aussi le réseau institutionnel acadien resta anémique.

Mais, après cette date, les arrivages de prêtres séculiers et de religieux mâles et femelles en provenance de l'est du Canada et de l'Europe se firent de plus en plus nombreux. Ainsi d'ardents nationalistes ultramontains vinrent dans les Maritimes contribuer à la création de collèges, d'hôpitaux, d'institutions de charité, d'écoles de garçons et de couvents. Par leurs actions, ils se trouvèrent non seulement à accroître le niveau d'alphabétisation de la population catholique, mais aussi à préparer une relève cléricale et laïque acadienne. Néanmoins, leur intervention se trouva limitée par le fait qu'aucun évêque catholique n'était francophone et que le clergé irlandais et écossais responsable des paroisses était partout surreprésenté ; et cela, même au Nouveau-Brunswick, en 1901, où 64 % des catholiques étaient de langue française. En tant qu'ecclésiastiques de langue anglaise, ils se préoccupaient davantage de maintenir la cohésion des catholiques contre les protestants et l'État que d'accommoder le fait français (Boucher, 1992 ; Spigelman, 1975). À cet égard, la situation des Acadiens ne fut pas totalement différente de celle des Franco-Américains. Elle ne le fut pas non plus de celle des catholiques anglo-ontariens et des anglophones de l'Ouest, lorsque l'épiscopat francophone eut le haut du pavé.

Il appartint largement à l'élite laïque acadienne en formation non seulement d'intérioriser le passé et de le représenter dans les milieux populaires, mais aussi de jouer un rôle dominant dans les luttes contre l'État sur la question des écoles, et contre les plus hautes instances du clergé irlandais et écossais, réclamant même, sans toujours se faire entendre, l'aide de l'épiscopat québécois et de Rome. Pour eux, il s'agissait d'avoir des diocèses, des paroisses et des institutions avec des titulaires de langue française ou d'origine acadienne. Il importait aussi d'avoir au sein des institutions un personnel qui reflétait d'assez près les équilibres linguistiques. À partir de 1830, ce qui nous semble une date possible de transition vers cette prise de conscience, plusieurs de ces laïcs devinrent des personnages politiques actifs dans les parlements provinciaux et au gouvernement fédéral. Certains d'entre eux, tel Pascal Poirier, peuvent avoir à la fois ou selon les circonstances diffusé le message agriculturiste, déploré que les Acadiens aient négligé le commerce, et même déclaré que « l'éveil de ce côté est également donné » (LeBlanc, 1990). Dans l'ensemble, cependant, ils étaient peu différents des membres du clergé dont ils prolongeaient le discours idéologique et appuyaient les objectifs. On pourrait presque dire qu'en faisant ainsi la promotion de la cause nationale, ils furent beaucoup plus qu'au Québec et plus qu'en Ontario des promoteurs de la cléricalisation de la société. Pouvaient-ils faire autrement ?

On ne peut donc s'étonner qu'en 1867 Israël Landry ait lancé son journal *Le Moniteur acadien* en se réclamant du peuple acadien et des liens intimes qui devaient exister entre « le Canada français et l'Acadie française ». En 1881, le processus de prise de conscience collective avait dépassé l'étape des balbutiements par les seules élites, puisqu'en 1881, à la grande convention acadienne dite *nationale*, quelques centaines de militants acadiens, au nom des 5 000 participants, choisirent, sans être plus tard désavoués, une fête nationale qui n'était pas celle des Canadiens français, préfigurant ainsi l'adoption prochaine de leurs propres drapeau et hymne national (Thériault, 1993). À cette première convention, le journaliste Ferdinand Robidoux avait affirmé : « L'Acadien n'a d'autre histoire nationale que la sienne propre et celle de la France » (Couturier, 1981, p. 242).

Dès cette époque, l'intérêt pour le passé acadien fut stimulé parmi les littéraires et les historiens, à la fois par la redécouverte du drame de la Déportation et par la fermentation qui accompagna la *Renaissance acadienne*. Le premier à le faire, encore modestement, fut Thomas Chandler Haliburton dans son histoire de la Nouvelle-Écosse publiée en 1829. Puis vint le poème *Evangeline* de Longfellow (1847), dont le retentissement fut international, suivi de l'émouvant roman de Napoléon Bourassa, *Jacques et Marie : souvenirs d'un peuple dispersé* (1866), œuvres aux résonances multiples dont l'écho, directement ou indirectement, se propagea au-delà du groupe des Acadiens instruits. Il en fut ainsi des livres de l'historien français Rameau de Saint-Père, auteur de *La France aux colonies : Acadiens et Canadiens*, paru à Paris en 1859, et d'*Une colonie féodale en Amérique : l'Acadie, 1604-1881*, publié à Paris en 1889. En 1924, ce fut le tour du Français Émile Lauvrière de rédiger une œuvre parfaitement accordée à l'Acadie cléricale de son temps.

En vérité, il existe une longue chaîne d'écrits rédigés par des anglophones, des Français, des Québécois et des Ontariens qui témoignent de l'intérêt continu que ce passé a pu susciter vers la fin du siècle. Parmi les ecclésiastiques québécois, il faut mentionner les noms de Raymond Casgrain, de Henri d'Arles, d'Antoine Bernard et de Lionel Groulx qui affirma en 1917 que « l'histoire acadienne [était] le chef-d'œuvre de la survivance française » (Groulx, 1917, p. 9). Mais, dans les tomes I et II de son *Histoire du Canada français*, Groulx, tout en reconnaissant en quelques mots la valeur stratégique de l'Acadie, et en déclarant de la même façon que « la déportation en masse de ses habitants » était injustifiée, n'accordait qu'une importance minuscule à la « colonie minable » d'avant 1713 et à celle non moins « minable » et divisée d'avant 1755 (Groulx, 1950-1952, t. I, p. 117 et s., 150 et 191 ; t. II, p. 58, 80 et 251). Parmi les laïcs québécois vivant soit au Québec soit en Ontario, il faut mentionner les noms de Benjamin Sulte, de Gustave Lanctot, de Robert Rumilly et de Bona Arseneault.

Antoine Bernard

Dans ce groupe, seuls figurent quelques noms acadiens, tels que Pascal Poirier, Philias Bourgeois et Placide Gaudet, dont les perspectives idéologiques n'étaient pas tellement différentes de celles des auteurs ci-haut mentionnés. Dans son premier ouvrage, *Origines des Acadiens* (1874), Pascal Poirier mit en place une interprétation à propos des Acadiens, qui ressemblait fort aux schémas utilisés par les historiens québécois sur les rapports entre race, religion et langue, et sur l'absence de mélange de races. Dans sa biographie du père Lefebvre parue en 1898, il affirma que cet ecclésiastique avait quitté le Québec pour « sauver la race acadienne » et que la « fondation du collège de Memramcook a[vait] été pour les Acadiens un commencement de vie nationale » (Poirier, 1898, p. x, 73 et 89). Plus tard (1928), comme l'avait fait l'abbé Groulx au sujet des Canadiens, il s'efforcera de démontrer que le parler acadien était une langue et non un patois (Boudreau et Maillet, 1993, p. 716-718).

Placide Gaudet (1850-1930), historien généalogiste et rédacteur au *Moniteur acadien*, à *L'Évangéline* et au *Courrier des provinces Maritimes*.

De tous ces historiens, Rameau de Saint-Père fut le premier à présenter une image cohérente et étoffée du passé acadien. Avant 1848, il avait été un libéral de gauche aux tendances utopistes (Trépanier, 1979, p. 331-356). Fort déçu de l'issue de la Révolution française de 1848, des politiciens et d'une vision de l'univers qui faisait du progrès matériel la clef du progrès social, il amorça une sorte de virage idéologique vers le conservatisme. En cela, il fut aidé par sa découverte de l'école de Frédéric Le Play, dont il ne retint que certains messages. Étant lui-même propriétaire foncier, converti en historien fasciné par le passé rural français et par la colonisation en Amérique, il ne tarda pas, comme le montrent Pierre et Lise Trépanier, à voir dans les expériences canadiennes et, surtout, acadiennes, une parfaite illustration de l'idée qu'il se faisait de la suprématie de l'ordre moral chrétien incarné dans la vie rurale, la paroisse et la famille.

Il va sans dire que Rameau de Saint-Père était en plus un fervent nationaliste qui, dès 1859, avait réclamé « un généreux réveil » propre à « assurer à jamais la nationalité des Acadiens ». À cet égard, son histoire se rapprochait davantage de celle de Garneau que de celle des purs ultramontains. Aussi, nombre de ses jugements furent-ils tirés du pionnier québécois. Ainsi lorsqu'il référa à Faillon ou à Ferland, il s'agissait de textes qui, souvent mot pour mot, provenaient de Garneau. Notons, cependant, qu'au lieu de fonder son argumentation sur la formation de sociétés nouvelles en Amérique sur l'idée de race, comme ce fut le cas avec Garneau et ses successeurs, il la construisit autour de celle de féodalité.

Ainsi, il prétendit qu'en Nouvelle-Angleterre, en Acadie et en Nouvelle-France, des sociétés de type féodal avaient été transplantées.

> La colonisation [...] emmenait avec elle la cité tout entière, avec sa hiérarchie, ses formes, son personnel organisé ; il n'y avait point de rupture de tradition, mais développement de société. Cet ensemble colonisateur était complété par une troisième catégorie de personnes, par le clergé, qui, avec la souplesse et la fécondité d'intelligence qui lui sont propres s'annexa à ce mouvement d'expansion (Rameau, 1889, t. I, p. xxiii).

Ayant dit cela, il affirma immédiatement que, dans les colonies anglaises, cet ordre féodal s'était rapidement désintégré à la fin du 17e siècle sous l'effet d'une immigration mercantile motivée par le seul « amour de la liberté et la passion du commerce et des richesses » (Rameau, 1889, t. I, p. 292 et s.). En Nouvelle-France, au contraire, où les critères moraux avaient dicté la sélection des colons et les visées évangélisatrices, le système féodal avait même été adouci au point que les seigneurs et les censitaires étaient presque des égaux, fraternisant dans les champs comme à la guerre. Aussi, comme individus et comme peuple, les Canadiens étaient-ils supérieurs à leurs voisins américains. En tout cela, on croirait lire Garneau.

Pour Rameau de Saint-Père, la société acadienne, dont il proclama le caractère exemplaire, était l'envers de la société française de son temps. Il avait visité le pays une première fois, revint plus tard, et resta en contact par la suite. Là aussi, disait-il, la féodalité avait décliné au 17e siècle pour des raisons qui n'avaient rien à voir avec ce qui s'était passé en Nouvelle-Angleterre. Il en était résulté une société à peu près dépouillée de ses attributs seigneuriaux, fondée sur la morale et la famille. Un *peuple* au tempérament vigoureux, tempéré par un fond de philosophie, religieux, prolifique et résistant à la misère était né avant 1686. Pour appuyer ses dires, Rameau de Saint-Père aligna constamment les chiffres sur la population, les défrichements et les cheptels pour chaque région.

En vérité, ce qu'il voulait démontrer, c'est que le peuple acadien avait été négligé par la France et que, même après 1713, celle-ci n'avait fait aucun effort pour attirer vers elle ces colons marginalisés politiquement par l'Angleterre. Malgré cela, le peuple acadien avait été capable, grâce à sa vitalité et à sa moralité, non seulement de prospérer jusqu'à un certain point, mais aussi de manifester une incomparable capacité de résistance devant les adversités politiques et économiques.

« L'Acadie, disait-il, ne reçut même pas 400 colons immigrants, de 1630 à 1710 » (Rameau, 1889, t. I, p. 280). Pourtant, selon ses données tirées des recensements, la population avait plus que quadruplé de 1686 à 1714. En 1731, elle avait encore doublé, avant de quadrupler à nouveau jusqu'en 1755, atteignant alors, selon son estimation, les 18 000, pour un taux de croissance extraordinaire de 8,5 % par an à partir de 1714. Aussi fut-il tout fier d'affirmer que la population acadienne « doublait donc tous les 16 ans sans le concours d'aucune immigration » (Rameau, 1889, vol. II, p. 13). Évidemment, il était si absorbé par sa vision idéologique qu'il ne vit pas qu'il avait sous-estimé le poids du facteur immigration et exagéré substantiellement le volume de la population en 1755. Par contre, il était assez près de la réalité lorsqu'il représenta les Acadiens sous domination anglaise comme un peuple rural, frugal et prospère. D'autant plus qu'il s'employa à montrer, chiffres à l'appui, comment certains paysans étaient parvenus à s'élever au-dessus de la masse. Donc, selon lui, le peuple acadien était alors religieux, honnête, sobre, vertueux et prospère (Rameau, t. II, p. 78-90).

Rameau de Saint-Père ne fut pas tendre non plus pour l'Angleterre. Sans aller jusqu'à déclarer que la Déportation avait été machinée par la métropole, il n'en décrivit pas moins l'action de ses agents d'une façon qui aurait pu le laisser soupçonner : « Lorsque les Anglais font un mauvais coup, écrivit-il, ils sont passés maîtres dans l'art de le cacher » (Rameau, 1889, t. II, p. 246). Aussi décrivit-il à sa manière et avec le plus grand soin les événements qui entourèrent la Déportation et l'après-déportation. Chez lui, les chiffres tinrent souvent lieu de discours. Partant de son estimation de la population en 1755, il procéda à un examen minutieux des effectifs et du mouvement des déportés dans toutes les directions, des pertes subies en cours de route, des naissances arrivées entre-temps et des survivants en 1766.

C'est aussi de cette manière qu'il raconta le retour des proscrits après 1766 et, de 1780 à 1880, le mouvement de la *Renaissance* acadienne avec toutes ses ramifications. Peu de choses lui échappèrent concernant cet événement qui, à ses yeux, illustrait sa thèse sur le rôle du clergé et sur la capacité de survivre des peuples ruraux, à vocation agricole, prolifiques et religieux. Il est à remarquer que le texte s'arrête à la veille de la convention nationale de Memramcook qui rappelait aux Canadiens français et aux autres habitants des Maritimes que les Acadiens avaient aussi un passé qui leur appartenait.

De Rameau de Saint-Père, en passant par Pascal Poirier, Placide Gaudet et Philias Bourgeois, jusqu'à Émile Lauvrière et Antoine Bernard, l'historiographie acadienne devint, comme la société elle-même, de plus en plus nationaliste, cléricale et polarisée par l'événement même de la Déportation. C'est d'ailleurs par l'entremise du comité France-Acadie – que Rameau de Saint-Père avait aidé à créer et qui regroupait des Français, des Québécois et des Acadiens – que le Français Émile Lauvrière en vint à se passionner pour le passé tragique et les raisons de la survivance de ce « petit peuple français qui passait pour disparu » (Lauvrière, 1924, t. I, p. ix).

Dans *La tragédie d'un peuple : histoire du peuple acadien de ses origines à nos jours*, publié en 1924, Lauvrière reconstruisit l'expérience collective autour du concept de race et des forces irrésistibles qui l'animaient : « la natalité qui prodigue les corps, la religion qui lie les âmes, le patriotisme qui fortifie la race » (Lauvrière, 1924, t. I, p. xv et s.). À cette liste, il aurait pu ajouter l'enracinement terrien et familial, puisque, des 40 premières femmes de colons établis à la mort du sieur d'Aulnay, était « sortie à peu près toute la race acadienne » (Lauvrière, 1924, t. I, p. 77). En effet, raconte Lauvrière, de 1650 jusqu'en 1714, il n'y eut pas plus d'une cinquantaine d'immigrants, presque tous célibataires, qui se firent colons.

Ces « débuts précaires » de la colonie du point de vue de l'immigration, Lauvrière les attribua à l'incurie et à l'incohérence de la politique française. Selon lui, cela était d'autant plus évident que, depuis 1670, l'Acadie avait eu ses propres gouverneurs qui, en pratique, prenaient directement leurs ordres de Paris et non de Québec. Le peuple acadien avait donc été obligé de compter sur sa seule puissance reproductrice pour se peupler. De 1671 à 1713, ses effectifs furent cependant multipliés par 6,5, et de 1713 à 1755 par 6,3, soit un taux annuel moyen de croissance de 7,3 % à partir de 1713, alors que celui de la Nouvelle-France ne fut que de 2,3 % au cours de la même période. Il est clair que lui aussi sous-estimait l'importance du facteur immigration dans la croissance démographique. À propos de cette vigueur reproductrice, Lauvrière écrivit :

> Or, ce fut une « loi d'accroissement », même sous la domination anglaise, qu'en dépit d'émigrations et de persécutions elle doubla tous les 16 ans. Peut-être n'est-il pas dans les temps modernes de plus bel exemple de fécondité humaine, si ce n'est celui des Boërs avec lesquels nos Acadiens ont, du reste, plus d'un trait de ressemblance (Lauvrière, 1924, t. I, p. 175 et s., 182).

Le peuple acadien était donc, selon lui, un peuple de paysans égalitaires étonnamment prolifiques, pratiquant une « sorte de communisme spontané », « moins tracassés et obérés que ceux de France » (Lauvrière, t. I, p. 178-181), cultivant le sol pendant la belle saison et puisant aux richesses de la mer et de la forêt le reste de l'année. Pour tout dire, ils étaient foncièrement religieux, honnêtes, indépendants et d'une énergie obstinée. Mais, après 1713, « tout le bonheur de ce peuple naissant devait être anéanti par l'implacable acharnement de ses ennemis » (Lauvrière, 1924, t. I, p. 197).

Alors que des historiens comme Casgrain, Richard et Gaudet tendaient à jeter le blâme sur Lawrence, Lauvrière, plus encore que Rameau, d'Arles et Groulx, vit dans la Déportation « l'aboutissement prévu de toute la politique britannique » (Lauvrière, 1924, t. I, p. 436). Les Anglais auraient bien voulu le faire en 1713, mais, faute de colons anglais pour prendre les terres des vaincus, ils en retardèrent l'échéance pour des raisons économiques et militaires. En attendant, prévalut une politique de « dénationalisation » et « d'apostasie » jusqu'au jour où les circonstances devinrent favorables. L'explication ultime, confirmée par les horreurs de la Déportation, Lauvrière la trouve dans la mentalité anglaise, « la grandeur matérielle faite de bassesse morale », (Lauvrière, 1924, t. I, p. 408) :

> Pendant que la France éternelle, victime de ses illusions morales, en appelait naïvement à la conscience du monde, l'Angleterre, conformément à ses habitudes d'alors, recourait à la ruse et à la force (Lauvrière, 1924, t. I, p. 379).

Lauvrière raconte ces événements dans le menu détail et, à la suite de Rameau de Saint-Père, il mesure les effectifs acadiens en 1755, ceux des déportés, le nombre des décès en cours de route et celui des survivants. Tout ce récit n'avait pas seulement pour but de décrire « la froide et brutale perpétration du crime acadien » (Lauvrière, 1924, t. II, p. 270), mais aussi de préparer le lecteur à ce qu'il appelait l'*acte V d'une tragédie en cinq actes* : « Le miracle acadien » (Lauvrière, 1924, t. I, p. 69 ; t. II, p. 288).

Lauvrière fut d'ailleurs tout aussi prolixe dans sa description de la renaissance acadienne qu'il attribua principalement à « l'incoercible natalité acadienne » qui triompha à la fois de l'oppression anglaise et de la discrimination du clergé irlandais et écossais. Son chapitre sur le retour des prêtres d'origine française visait aussi à démontrer le rôle capital qu'ils jouèrent dans la revitalisation de « cette race vaincue, proscrite, opprimée [...] sortie du tombeau où on la croyait à jamais ensevelie » (Lauvrière, 1924, t. II, p. 352).

Évidemment, pour Lauvrière, l'avenir n'était pas complètement rose, puisque la société paraissait menacée par l'anglicisation, considérée comme une apostasie déguisée, par l'analphabétisme et, surtout, par l'émigration. Par contre, les progrès réalisés par les Acadiens dans le domaine de l'éducation et dans la participation à la vie politique, ainsi que leur inébranlable attachement aux traditions, constituaient pour lui des raisons d'espérer que

> de son obscur et pénible rôle de tâcheron bassement exploité et, en outre, méprisé, le peuple acadien passe peu à peu au rang légitime de collaborateur apprécié et recherché (Lauvrière, 1914, t. II, p. 563).

Surtout que, dans le Nouveau-Brunswick, « la race acadienne tend[ait] à prédominer. C'est le futur État acadien » (Lauvrière, 1924, t. II, p. 373).

Catholique de droite convaincu, Lauvrière n'avait pas eu de peine à pactiser avec les classes dirigeantes acadiennes. Aussi, entre son interprétation et celle des historiens acadiens et québécois du temps, particulièrement celle de Groulx, les différences étaient à peine perceptibles. C'est un fait qu'illustre le frère Antoine Bernard dans *Histoire de l'Acadie*, publié en 1937. En effet, l'auteur partait aussi du postulat que race, langue et religion étaient non seulement inséparables, mais constituaient le fondement premier de toute nation. Pas surprenant non plus qu'il ait affirmé qu'en 1700, la collectivité acadienne, étant donné son enracinement territorial et paysan, et son exceptionnelle natalité,

> formait déjà une entité ethnique caractérisée par des traits personnels qui la différenciaient du Français de France, et même de son frère le Canadien du Saint-Laurent (Bernard, 1937, p. 39).

Comme celle de Lauvrière, l'Acadie de Bernard avait été une colonie d'abord négligée, puis abandonnée par la France. Elle était ensuite passée sous domination anglaise, alors qu'elle fut persécutée. Bernard n'en déduit pas pour autant que la Déportation fut le résultat inévitable de la conquête britannique, puisqu'il concentre sur le gouverneur Lawrence la responsabilité de cette « lugubre tragédie », le « suprême sacrifice d'un peuple » (Bernard, 1937, p. 54 et s., 63).

> Pour ceux qui revinrent après 1763, la lutte ne fut pas terminée. Toujours persécutés et dirigés dans l'ordre spirituel et dans l'ordre temporel par des hommes dont la langue et les sympathies leur étaient étrangères, ils ont dû lutter pour conserver leur religion, leur langue et leurs coutumes (Bernard, 1937, p. 85).

Il est clair que, pour Bernard, la religion liée à la langue fut tellement importante dans la résurrection et la renaissance de l'Acadie qu'il présenta l'Acadie nouvelle comme une création du prêtre catholique de langue française et d'origine acadienne (Bernard, 1937, p. 75). Au sujet des historiens des 60 premières années du 20e siècle, Raymond Maillot écrivait :

> Nous croyons que les historiens des années 1900 et 1960, éblouis par la montée spectaculaire du clergé acadien au moment où ils écrivaient, ont de fait transposé dans le passé cette force et ignoré l'effort avant tout populaire de prise de conscience et d'action collective qui a permis la formation du clergé. Le point culminant de cette perspective semble avoir été atteint avec Antoine Bernard dans la *Renaissance acadienne au 20e siècle*. Cet auteur nous place devant une théocratie acadienne qui aurait été à l'origine de tout le renouveau acadien (Hautecœur, 1975, p. 66).

Conclusion : changement et modernité (1960-1990)

Ainsi, au Québec comme dans les sociétés acadienne, franco-ontarienne et celles de l'Ouest, un discours unique occupa tout le champ historiographique. Des histoires de paroisses et des monographies d'institutions, aux biographies d'ecclésiastiques et de politiciens, jusqu'aux manuels scolaires et aux synthèses, l'homogénéité de ce discours axé sur la race, la langue, la religion, la famille, la ruralité et l'agriculture ne se démentit pas. Car à l'arrière-scène se trouvaient des populations canadiennes-françaises qui, bien que disséminées sur un vaste territoire fortement régionalisé et, elles-mêmes devenant de plus en plus urbanisées et diversifiées socialement, étaient quand même étonnamment unies par l'ethnie, la langue et la religion. Bien sûr, d'une région à l'autre, leur niveau et leurs conditions de vie variaient jusqu'à un certain point. Néanmoins, presque partout, leur situation par rapport aux moyens de production se ressemblait. De sorte que, en tous lieux, comparées aux populations environnantes, elles étaient sujettes aux mêmes désavantages, qu'il s'agisse de démographie, du revenu de la terre, des emplois rémunérés, de l'alphabétisation ou de leur représentation parmi les propriétaires d'entreprises dans le commerce, les finances et l'industrie. Excepté au Québec, leur pouvoir politique était marginal et ne constitua pas un instrument efficace de promotion de la chose nationale. Aussi, majoritaires ou minoritaires, eurent-elles la conviction, bien entretenue par les classes dirigeantes, que leur culture était menacée. Tout cela contribua tellement, au Québec d'abord, à l'accroissement d'un pouvoir clérical, déjà fortement structuré à l'époque française, qu'il y eut relativement peu de place pour les initiatives populaires dans les domaines religieux et social. Il suffit de parcourir les monographies de paroisses et les biographies d'ecclésiastiques pour constater que ce clergé, recruté de plus en plus en dehors des grandes villes, avait lui-même absorbé une bonne partie des croyances et des pratiques généralement qualifiées de *religion populaire*, ce qui, naturellement, lui permit de mieux communiquer avec les fidèles qu'il desservait et dominait. En Acadie, où cet encadrement clérical avait toujours été faible jusqu'au troisième tiers du 19e siècle, et où les États provinciaux tenaient leur distance vis-à-vis des Églises, la cléricalisation des structures fut sans peine entreprise avec l'aide des élites laïques locales et avec l'apport de prêtres séculiers, de religieux et de religieuses venues du Québec et de France. À l'ouest du Québec, cette croissance du pouvoir clérical, même sans la protection des États provinciaux, fut d'autant plus spontanée que le clergé québécois, en contact avec les clergés européens, bénéficia très tôt d'une stratégie gagnante dans l'encadrement de ces communautés en formation.

Ce discours traditionnel dirigé contre le monde moderne ne reflétait qu'en partie la situation de ces communautés, entraînées après 1850 vers l'univers urbain et industriel. Il constituait un appel sans cesse répété à la solidarité nationale et au ralliement de la communauté autour du clergé et de la petite bourgeoisie en faveur du maintien de la tradition et d'un modèle de société dont la pertinence devint de moins en moins évidente au milieu des années 1940. Ce fut le moment où les compromis faits au cours du siècle précédent par les classes dirigeantes face aux exigences de la société urbaine et industrielle ne suffisaient plus à contenir les pressions accumulées en faveur de la restructuration institutionnelle et sociale. Vers 1950, dans certains groupes francophones québécois en voie de naître dans la bourgeoisie, même parmi certains clercs, comme parmi les ouvriers, les revendications débordèrent Montréal, milieu hétérogène et manufacturier par excellence et centre de diffusion du malaise social. Cette interpellation de plus en plus ouverte de l'ordre traditionnel par des Québécois francophones eut bientôt ses résonances parmi les Acadiens et les Canadiens français vivant à l'ouest du Québec.

Dès lors, le nationalisme devint peu à peu un facteur de changement politique, social et culturel, même si au Québec il fut de plus en plus centré sur la province, perçue comme un territoire national. Cette attitude de repli, brutale chez les premiers militants indépendantistes québécois, ne cessa de gagner du terrain à mesure que se propagea le mouvement séparatiste. Ainsi, tout en conservant son statut d'idéologie dominante, le nationalisme fut désormais associé à un éventail élargi d'idéologies plus radicales de droite ou de gauche, chacune d'elles véhiculant un projet spécifique de société. Évidemment, cette diversification du champ idéologique, reflet de nouvelles configurations identitaires, n'était pas particulière au Québec. Comme le fait remarquer Joseph Yvon Thériault à propos des faiseurs d'identité nationale parmi les Acadiens d'après 1960 :

> L'identité, c'est comme la mer qui a longtemps habité notre imaginaire ; elle est balayée par des vagues qui constamment la travaillent. Et, à chacune de celles-ci correspondent des faiseurs d'identité qui balisent autrement l'acadianité (Thériault, 1994, p. 151).

Suivant en cela les Québécois, des nationalistes du Nouveau-Brunswick, forts de l'idée que 80 % de la population acadienne y était concentrée et que les Acadiens représentaient dans cette province 60 % de la population des comtés dits *acadiens*, amorcèrent une sorte de repli identitaire par rapport à la province et aux autres communautés des Maritimes de même origine. Évidemment, toutes ces mutations se répercutèrent dans les provinces situées à l'ouest du Québec et forcèrent les communautés francophones de ces lieux à se redéfinir davantage. Il va de soi que ces mouvements identitaires concurrents et successifs trouvèrent partout leur expression dans une historiographie également plus diverse et désormais polarisée par le besoin de changement et de modernité.

Bibliographie

Association canadienne-française de l'Ontario (1985). *Les francophones tels qu'ils sont : regards sur le monde du travail franco-ontarien*, Ottawa, ACFO.

Balcom, B.A. (1984). *The Cod Fisheries of Isle Royale, 1713-1758*, Ottawa, Parcs Canada.

Beaulieu, André, et F.-E. Morley (1971). *Histoires locales et régionales canadiennes des origines à 1900 : la province de Québec*, Toronto, University of Toronto Press.

Benoit, dom Paul (1904). *Vie de Mgr Taché*, Montréal, Beauchemin.

Bernard, Antoine (1937). *Histoire de l'Acadie*, Moncton, L'Évangéline.

Bibaud, Michel (1837). *Histoire du Canada sous la domination française*, Montréal, John Jones.

Bibaud, Michel (1844). *Histoire du Canada sous la domination anglaise*, Montréal, Lovell et Gibson.

BOUCHER, Neil (1992). « Acadian Nationalism and the Episcopacy of Msgr. Édouard-Alfred Leblanc, Bishop of St. John, New Brunswick (1912-1935) : A Maritime Chapter of Ethno-Religious History ». Thèse de doctorat, Dalhousie University.

BOUDREAU, Raoul, et Marguerite MAILLET (1993). « Littérature acadienne », dans *L'Acadie des Maritimes*, sous la direction de Jean Daigle, Moncton, Université de Moncton, Chaire d'études acadiennes, p. 707-748.

BRIÈRE, Jean-François (1990). *La pêche française en Amérique du Nord au 18e siècle*, Montréal, Fides.

BRUN, Régis (1985). « L'industrie du homard dans le sud-est acadien du Nouveau-Brunswick, 1850-1900 », *Égalité*, vol. 16, p. 17-33.

CLARK, Andrew Hill (1968). *The Geography of Early Nova Scotia to 1760*, Madison, University of Wisconsin Press.

COUTURIER, Jacques Paul (1987). « Tendances actuelles de l'historiographie acadienne, 1970-1985 », *Communications historiques = Historical Papers*, p. 230-249.

COUTURIER, Jacques Paul, et Phyllis LEBLANC (1996). *Économie et société en Acadie, 1850-1950*, Moncton, Éditions d'Acadie.

CYR, Jean-Roch (1990). « L'expansion démographique des Acadiens à Moncton avant 1881 : le processus d'urbanisation et ses conséquences socioculturelles », dans *Moncton, 1871-1929*, sous la direction de Daniel Hickey, Moncton, Éditions d'Acadie, p. 15-35.

DAIGLE, Jean (1993). « L'Acadie de 1604 à 1763 : synthèse historique », dans *L'Acadie des Maritimes*, sous la direction de Jean Daigle, Moncton, Université de Moncton, Chaire d'études acadiennes, p. 1-43.

DAIGLE, Jean, et Robert LEBLANC (1987). « Déportation et retour des Acadiens », dans *Atlas historique du Canada, vol. 1 : des origines à 1800*, sous la direction de R. Cole Harris, et de Louise Dechêne pour la version française, Montréal, Presses de l'Université de Montréal, pl. 30.

DENAUT, Bernard, et Benoît LÉVESQUE (1975). *Éléments pour une sociologie des communautés religieuses au Québec*, Montréal, Presses de l'Université de Montréal.

DIONNE, René (1995). « Une première prise de parole collective en Ontario français », *Les cahiers Charlevoix*, vol. 1, Sudbury, Prise de parole, p. 16-124.

FRÉMONT, Donatien (1935). *Monseigneur Provencher*, Winnipeg.

GAFFIELD, Chad (1993). *Aux origines de l'identité franco-ontarienne*, Ottawa, Presses de l'Université d'Ottawa.

GAGNON, Serge (1978). *Le Québec et ses historiens de 1840 à 1920*, Québec, Presses de l'Université Laval.

GARNEAU, François-Xavier (1845-1852). *Histoire du Canada depuis la découverte jusqu'à nos jours*, t. 1 et 2 (1845-1846), Québec, N. Aubin ; t. 3 (1848), Québec, Fréchette ; t. 4 (1852), Montréal, John Lovell.

GARNEAU, François-Xavier (1913-1920). *Histoire du Canada*, Paris, Félix Alcan, 2 vol.

GERVAIS, Gaétan (1995a). « L'historiographie franco-ontarienne à l'image de l'Ontario », dans *La francophonie ontarienne : bilan et perspectives de recherches*, sous la direction de Jacques Cotnam, Yves Frenette, Agnès Whitfield, Ottawa, Le Nordir, p. 123-134.

GERVAIS, Gaétan (1995b). « Aux origines de l'identité franco-ontarienne », *Les cahiers Charlevoix*, vol. 1, Sudbury, Prise de parole, p. 124-168.

GIRAUD, Marcel (1945). *Le Métis canadien : son rôle dans l'histoire des provinces de l'Ouest*, Paris, Institut d'ethnologie.

GROULX, Lionel (1917). *L'histoire acadienne*, Montréal, Éditions de la Saint-Jean-Baptiste.

GROULX, Lionel (1936). « La France d'outre-mer », dans *Notre maître, le passé*, sous la direction de L. Groulx, 2e série, Montréal, Granger, p. 255-305.

GROULX, Lionel (1938). « La race nouvelle » dans *Notre maître, le passé*, sous la direction de L. Groulx, 3e éd., Montréal, Granger, p. 233-285.

GROULX, Lionel (1950-1952). *Histoire du Canada depuis la découverte*, Montréal, Fides, 4 vol.

GROULX, Lionel (1956). *L'appel de la race*, Montréal, Fides.

HAMEL, Réginald, John HARE et Paul WYCZYNSKI (1989). *Dictionnaire des auteurs de langue française en Amérique du Nord*, Montréal, Fides.

HAMELIN, Jean, et Nicole GAGNON (1984). *Histoire du catholicisme québécois, 1898-1940*, Montréal, Boréal.

HAUTECŒUR, Jean-Paul (1975). *L'Acadie du discours*, Québec, Presses de l'Université Laval.

HYNES, Gisa (1973). « Some Aspects of the Demography of Port Royal, 1750-1755 », *Acadiensis*, vol. 3, p. 3-17.

LANDRY, Dollard (1977). « La nature et les causes des disparités socioéconomiques sur le territoire acadien », *Mémoires de la Société royale du Canada*, série 4, vol. 15, p. 169-196.

LANDRY, Nicolas (1994). *La pêche dans la péninsule acadienne, 1850-1900*, Moncton, Éditions d'Acadie.

LAUVRIÈRE, Émile (1924). *La tragédie d'un peuple : histoire du peuple acadien des origines à nos jours*, Paris, Henry Groulet, 2 vol.

LEBLANC, Phyllis (1990). « Idéologie nationale et intégration des francophones dans un contexte urbain : le cas de Moncton », dans *Moncton, 1871-1929*, sous la direction de D. Hickey, Moncton, Éditions d'Acadie, p. 131-161.

LECOMPTE, Édouard (1923). *Un grand chrétien : sir Joseph Dubuc, 1840-1914*, Montréal, Imprimerie du Messager.

LÉGER, Raymond (1992). « L'impact de l'industrie du bois sur le territoire et la main-d'œuvre de la péninsule Acadienne », dans *Troubles in the Woods : Forest Policy and Social Conflict in Nova Scotia and New Brunswick*, sous la direction de Louis Sanders, Fredericton, Acadiensis, p. 22-42.

MOORE, Christopher (1977). « Merchant Trade in Louisbourg, Île Royale ». Thèse de maîtrise, Université d'Ottawa.

MORICE, Adrien-Gabriel (1912). *Histoire de l'Église catholique de l'Ouest canadien du lac Supérieur au Pacifique, 1659-1915*, t. 3, Saint-Boniface, chez l'auteur.

MORICE, Adrien-Gabriel (1916). *Vie de Mgr Langevin*, Saint-Boniface, chez l'auteur.

MORICE, Adrien-Gabriel (1935). *A Critical History of the Red River Insurrection*, Winnipeg, Canadian Publishers.

OUELLET, Fernand (1975). « Historiographie canadienne et nationalisme », *Mémoires de la Société royale du Canada*, vol. 13, p. 22-39.

OUELLET, Fernand (1976). *Le Bas-Canada, 1791-1840 : changements structuraux et crise*, Ottawa, Presses de l'Université d'Ottawa.

OUELLET, Fernand (1981). « La formation d'une société dans la vallée du Saint-Laurent : d'une société sans classes à une société de classes », *Canadian Historical Review*, vol. 62, p. 407-450.

Ouellet, Fernand (1982). « L'émergence dans le Canada du 20e siècle de l'histoire comme science sociale », *Mémoires de la Société royale du Canada*, vol. 20, p. 35-81.

Ouellet, Fernand (1985a). « La modernisation de l'historiographie et l'émergence de l'histoire sociale », *Recherches sociographiques*, vol. 26, p. 11-83.

Ouellet, Fernand (1985b). « La tradition révolutionnaire au Canada : à propos de l'historiographie des insurrections de 1837-1838 dans le Bas-Canada », *Revue de l'Université d'Ottawa*, vol. 55, p. 91-124.

Ouellet, Fernand (1988). *The Socialization of Quebec Historiography Since 1960*, North York, Robarts Centre for Canadian Studies.

Ouellet, Fernand (1991). *Economy, Class, and Nation in Quebec : Interpretive Essays*, Toronto, Copp, Clark and Pitman.

Ouellet, Fernand (1992). « L'historiographie québécoise des années 1980 », dans *Canada Ieri Oggi 3, Atti Del'8 Convegno Internationale Di Studi Canadesi*, sous la direction de Luigi Bruti Liberati et Fabrizio Ghilardi, Fasano, Shena Editore, p. 51-79. Congrès tenu du 25 au 28 avril 1990.

Ouellet, Fernand (1993). « L'évolution de la présence francophone en Ontario : une perspective économique et sociale », dans *Les Franco-Ontariens*, sous la direction de Cornélius Jaenen, Ottawa, Presses de l'Université d'Ottawa, p. 127-199.

Ouellet, Fernand (1994a). *Trying to Understand and Explain : The Role of Intellectuals in the Society*, Saskatoon, University of Saskatchewan, Department of History, coll. «Occasional Papers, n° 4 ».

Ouellet, Fernand (1994b). « La colonisation du Saguenay-Lac-Saint-Jean... en perspective, 1850-1911 : la marche des francophones dans l'est du Canada et vers la Nouvelle-Angleterre », *Saguenayensia*, vol. 36, p. 8-26.

Ouellet, Fernand (1995a). « F.-X. Garneau : race et survivance nationale », *Études françaises*, vol. 30, p. 119-129.

Ouellet, Fernand (1995b). « Canadiens français et non-francophones dans les villes québécoises et ontariennes, 1851-1911 : une perspective comparative et régionale », dans *La francophonie ontarienne : bilan et perspectives de recherche*, sous la direction de J. Cotnam, Y. Frenette et Agnès Whitfield, Ottawa, Le Nordir, p. 135-184.

Ouellet, Fernand (1995c). « Francophones et Franco-Ontariens dans l'univers agricole canadien, 1851-1911 : perspectives comparatives », *Les cahiers Charlevoix*, vol. 1, Sudbury, Prise de parole, p. 291-359.

Ouellet, Fernand (1997). « Fréquentation scolaire, alphabétisation et société au Québec et en Ontario jusqu'en 1911 : les francophones et les autres » *Les cahiers Charlevoix*, vol. 2, Sudbury, Prise de parole, p. 264-349.

Owram, Douglas (1982). « The Myth of Louis Riel », *Canadian Historical Review*, vol. 63, p. 315-336.

Painchaud, Robert (1986). *Un rêve français dans le peuplement de la prairie*, Saint-Boniface, Éditions des Plaines.

Poirier, Pascal (1898). *Le père Lefebvre et l'Acadie*, Montréal, Beauchemin.

Pothier, Bernard (1970). « Acadian Emigration to Île Royale After the Conquest of Acadia », *Histoire sociale = Social History*, vol. 3, p. 116-131.

Pouyez, Christian (1973). « La population de l'île Royale en 1752 », *Histoire sociale = Social History*, vol. 6, p. 147-180.

RAMEAU DE SAINT-PÈRE, Edme (1889). *Une colonie féodale en Amérique*, Montréal, Granger, 2 vol.

RAYNAULD, André (1974). *La propriété des entreprises au Québec : les années 1960*, Montréal, Presses de l'Université de Montréal.

SAINT-LÉANDRE, sœur (1934). *L'œuvre véridique de Louis Riel : 1869-1870*, Montréal, A. Lévesque.

SPIGELMAN, Martin (1975). « Race et religion : les Acadiens et la hiérarchie catholique irlandaise du Nouveau-Brunswick », *Revue d'histoire de l'Amérique française*, vol. 29, p. 69-85.

THÉRIAULT, Joseph Yvon (1994). *L'identité à l'épreuve de la modernité : écrits politiques sur l'Acadie et les francophonies canadiennes minoritaires*, Moncton, Éditions d'Acadie.

THÉRIAULT, Léon (1993). « L'Acadie de 1763 à 1990 », dans *L'Acadie des Maritimes*, sous la direction de Jean Daigle, Moncton, Université de Moncton, Chaire d'études acadiennes, p. 49-90.

TRÉMAUDAN, Auguste-Henri de (1935). *Histoire de la nation métisse dans l'Ouest canadien*, Montréal, Albert Lévesque.

TRÉPANIER, Pierre, et Lise TRÉPANIER (1979). « Rameau de Saint-Père et le métier d'historien », *Revue d'histoire de l'Amérique française*, vol. 33, n° 3, p. 331-356.

CHAPITRE 6

Les grandes périodes de l'histoire de l'Acadie

PHYLLIS E. LEBLANC, Université de Moncton

Le métier d'historien est encore trop souvent perçu comme un outil de construction identitaire. Au Canada, les historiens, tant anglophones que francophones, se sont tellement acharnés sur cette préoccupation, qu'elle est classée parmi les premières dans les grands débats historiographiques (LeBlanc, 1995, p. 358-368).

La production historique axée sur l'identité privilégie – parfois presque à l'exclusion – le groupe ciblé, ce qui crée un blocage dans notre démarche scientifique. Cette constatation est applicable à l'historiographie québécoise, acadienne et franco-ontarienne. Selon l'historien Gérard Bouchard, l'absence de paradigmes qui débordent l'objet précis de l'analyse est une caractéristique du statut de *minoritaire* chez les sociétés francophones au Canada. « Le sentiment de la nation minoritaire et fragile pousse à un militantisme de l'identité : la nation est représentée, d'une part, comme un objet pur, parfaitement homogène et, d'autre part, comme irréductiblement différente des sociétés qui l'entourent » (Bouchard, 1990, p. 255-256). Autrement dit, l'identité du groupe est circonscrite par ses expériences particulières, et ces mêmes expériences expliquent son aliénation par rapport aux autres.

Puisque le nationalisme est associé de près à cette préoccupation de construction identitaire collective, les historiens se sont retrouvés, souvent sans passer par l'analyse critique, à la remorque des idéologies définies par les nationalistes et ce, surtout au 19e siècle, l'âge d'or des nationalismes, tant acadien que canadien[1]. Reprenant trop facilement les interprétations de leurs prédécesseurs, les historiens des générations subséquentes ont souvent répété les mêmes erreurs.

Le fait que jusqu'à tout récemment, les historiens étaient issus des classes aisées et pouvaient ainsi assimiler les intérêts et les préoccupations des nationalistes, a eu l'effet de rendre plus complexe l'exercice de construction du passé canadien. Mais depuis les années 1960, la professionnalisation et, jusqu'à un certain point, la démocratisation du métier d'historien au Canada ont provoqué une remise en question non seulement des champs traditionnels d'étude historique, mais aussi des questionnements traditionnels de l'historien, dont son rôle dans la construction identitaire évoqué ci-haut[2].

1. L'historien Fernand Ouellet soutient que le nationalisme francophone (canadien-français) au Canada, au 19e siècle, s'attache aux valeurs de langue, de race et de religion. Les nationalistes, issus des classes dirigeantes, craignent les effets de la modernisation, processus en cours à cette époque. Voir son texte synthèse (histoire) dans le présent ouvrage.
2. L'historien D.A. Muise attribue ce processus de démocratisation à la multiplication du nombre d'historiens diplômés issus des classes ouvrières et de différentes origines ethniques. L'effet à moyen terme fut l'ouverture

Dans cette nouvelle perspective, certains des événements marquants, privilégiés par le récit traditionnel de l'histoire se trouvent déplacés ou réinterprétés ; nous pensons, à titre d'exemple, au rôle central traditionnellement accordé à la Déportation dans l'analyse de l'expérience collective acadienne depuis 1755. Selon l'historien D.A. Muise, « l'expérience distinctive des Acadiens, marquée par la puissante imagerie évoquée par la Déportation d'il y a deux siècles, continue à dominer dans les analyses officielles de l'expérience acadienne » (Couturier et LeBlanc, 1996, p. 8). Les tendances actuelles de la production historique portant sur les Acadiens démontrent cependant un intérêt croissant pour l'analyse des comportements sociaux et des structures qui établissent les fondements des rapports entre les Acadiens et les autres communautés : les Français et les Britanniques à l'époque coloniale, la communauté des Maritimes et les Canadiens français au 19e siècle, et enfin les Québécois, les autres communautés francophones minoritaires dans le contexte actuel de la fragmentation des identités francophones canadiennes[3], et la majorité anglo-canadienne. C'est cette dynamique d'ajustements des comportements collectifs que nous voulons privilégier dans cette synthèse de l'histoire de l'Acadie et des Acadiens.

La période coloniale française : 1604-1713

La période coloniale française joue, dans la mémoire collective acadienne, le même rôle que pour les Québécois ou les Canadiens français, puisque les fondements de la culture franco-canadienne et catholique remontent à cette période. Pas étonnant alors que notre mémoire collective – en grande partie nourrie par les historiens – associe à cette période tout ce qu'il y a de positif dans l'expérience coloniale : l'aventure de la découverte, des alliances paisibles et mutuellement bénéfiques entre les sociétés autochtones et l'État français, et l'épanouissement de l'Église catholique romaine et de la communauté francophone, cette dernière favorisée par la paroisse, la famille et la culture du sol.

Selon l'historien Fernand Ouellet, cette période de notre histoire est souvent appelée l'*âge d'or*, en raison de la « réalité brutale[4] » de la période suivante : dans le cas de l'Acadie, la Déportation, de 1755 à 1762, et, dans le cas de la Nouvelle-France, la Conquête, en 1760. L'image d'une mère patrie bienveillante n'est pas sans fondements ; il s'agit de reconnaître cependant que les intérêts et les motivations de l'Empire français ne se limitent pas à créer une nouvelle France au Nouveau Monde. L'Empire français est administré par la même philosophie et les mêmes ambitions mercantilistes que les autres empires européens à qui la France fait concurrence. Le rôle des colonies dans ce contexte est défini très étroitement : elles servent de marchés pour les produits français et de sources d'approvisionnement pour les industries et les commerçants français. En théorie tout au moins, l'exercice de colonisation française en Amérique du Nord est évalué selon les intérêts et les besoins de la mère patrie. Les fondements des sociétés françaises en Amérique du Nord sont issus de ces réalités pragmatiques.

---

des champs de recherche nouveaux et l'application de nouvelles méthodes historiques. De plus, « l'acharnement à rechercher les racines du Canada dans les politiques de l'Empire britannique ou de l'expansion agressive de la nation vers l'ouest a fait place à un ensemble de paradigmes davantage axés sur la communauté [...] ». Voir Couturier et LeBlanc (1996, p. 8).

3. Jacques Paul Couturier propose une interprétation des tendances récentes de l'historiographie acadienne dans une analyse de la production de thèses et de mémoires. Voir Couturier (1996, p. 187-194). Pour une discussion des rapports entre sociétés francophones minoritaires au Canada, voir Phyllis E. LeBlanc, « Francophone Minorities », p. 362-366.
4. Fernand Ouellet se réfère ici à l'interprétation de Lionel Groulx (1936, p. 290-295). Voir le chapitre de F. Ouellet dans le présent ouvrage.

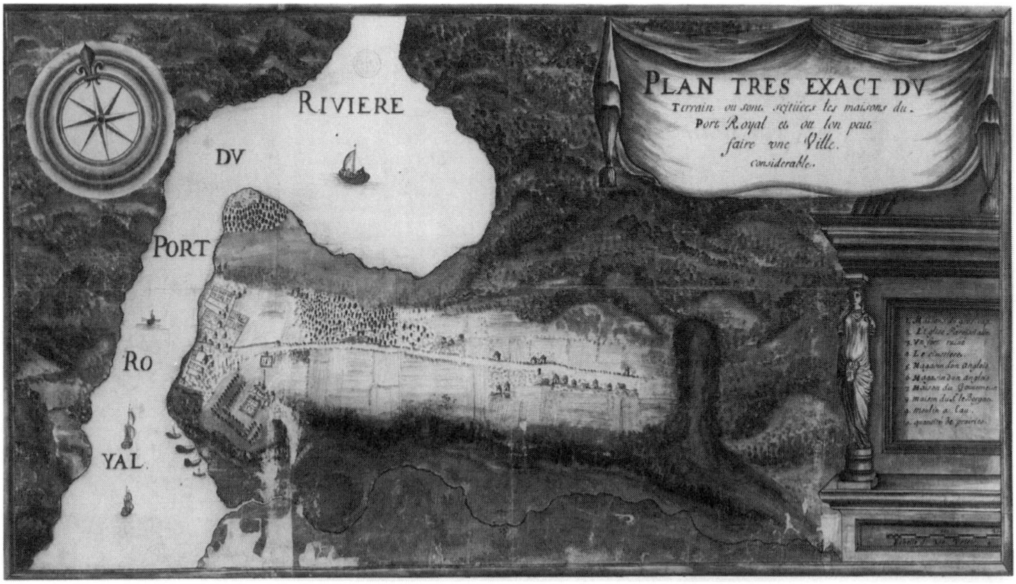

Port-Royal est l'un des premiers lieux d'établissement acadien. Pris en 1654 par les Anglais, il sera rendu en 1667 et repris une dernière fois en 1710 ; il devient Annapolis Royal.

Dans le cas de l'Acadie, le peu de progrès qu'a connu la colonisation française est moins le fruit d'efforts concertés de la part de l'État que d'engagements de la part d'individus motivés par des objectifs commerciaux. La première phase de colonisation débute en 1604 et se prolonge jusqu'en 1670. Des commerçants et des négociants français sont les premiers responsables : Pierre Du Gua de Monts et Samuel de Champlain (1604-1607), Jean de Biencourt de Poutrincourt (1611-1613), puis, au nom de la Compagnie des cent associés, Isaac de Razilly (1632-1635) et ses successeurs, Charles Menou d'Aulnay et Charles de Saint-Étienne de La Tour (1635-1654). La colonie française en Acadie fut lente à s'enraciner ; au milieu du 17e siècle, elle compte tout de même environ 400 habitants.

La prise en charge de l'Acadie comme colonie royale en 1670 ne modifie pas sensiblement le sens de son développement. Le régime seigneurial, bien qu'institué en Acadie comme en Nouvelle-France, a moins d'emprise dans cette colonie. Un taux de natalité élevé, de même que l'immigration expliquent la croissance démographique : en 1710, l'Acadie compte 1 700 habitants (Daigle, 1993, p. 22). De la capitale, Port-Royal, la colonisation s'est étendue dans les régions des Mines, le long de la baie de Cobequid et sur l'isthme de Chignectou.

L'instabilité politique constitue un problème fondamental pendant cette période ; l'Acadie est conquise plus d'une fois par les Britanniques, pour être récupérée à chaque fois par la France à la fin des hostilités. L'intérêt des Britanniques pour cette petite colonie est peu relié aux ambitions commerciales de l'Empire britannique ; la motivation est plutôt stratégique, l'Acadie étant située entre les colonies de la Nouvelle-Angleterre et la colonie française dans la vallée du Saint-Laurent. Au 18e siècle, les colonies anglo-américaines, particulièrement le Massachusetts, joignent leur voix et leurs troupes aux efforts diplomatiques et militaires de l'Empire britannique pour contrôler l'Amérique du Nord, y compris l'Acadie et l'ensemble des territoires français contestés.

Les colons français établis sur les terres en Acadie vivent donc cette période de leur histoire dans un contexte d'incertitude quant à l'avenir. Devant la quasi-absence des cadres sociaux traditionnels, paroisses et seigneuries, les colons acadiens voient à leur propre encadrement social et au développement économique de leur territoire situé à la périphérie de la colonie principale, la Nouvelle-France.

Cet état de choses n'est pas exceptionnel, étant donné le contexte de perpétuel redémarrage des efforts pour développer une base de colonisation et une structure politique, militaire et économique stable en Acadie. Il nous semble évident cependant que cet état d'instabilité est à la base de la perception, chez certains historiens, qui veut que les colons acadiens aient par nécessité développé une autonomie précoce, une indépendance d'action et d'esprit vis-à-vis de la mère patrie. Déjà en 1859, Rameau de Saint-Père écrivait que les Acadiens constituaient un *peuple* avant 1686. Selon lui, cette société fondée sur la morale et la famille s'était construite en l'absence de cadres féodaux de l'Ancien Régime et devant l'indifférence de la mère patrie (Rameau de Saint-Père, 1889, p. 78-90 ; Trépanier, 1979, p. 331-356). Émile Lauvrière reprend le thème en 1924, ajoutant au lexique historique sur l'Acadie le terme *nation* pour désigner la collectivité française en Acadie pendant la période française (Lauvrière, 1924, p. 178-181).

Les historiens acadiens suivent ce cadre défini par les historiens français, tout en intégrant de nouveaux éléments, plus nuancés, à leur interprétation de l'époque coloniale française. Citons, à titre d'exemples, Pascal Poirier qui soutient dans ses écrits la pureté de la race acadienne (Poirier, 1874) contre les accusations de métissage des Acadiens, résultat de mariages entre les colons acadiens et les Autochtones, ou encore Léon Thériault, plus de 100 ans après Poirier, qui annonce qu'il y a eu, déjà à l'époque coloniale française, un premier projet collectif acadien, comme une mesure de la crédibilité et de la praticabilité du projet de création d'une province acadienne (Thériault, 1982, p. 17).

Ces interprétations, tant chez les historiens français qu'acadiens, ont deux éléments en commun : elles partent toutes d'un besoin d'ancrer dans l'expérience coloniale française la légitimité de la lutte pour la survivance du groupe, et elles interprètent le passé comme une expérience collective homogène, un fond de scène uniforme sur lequel se peint l'identité collective, *identité* définie par l'historien Lionel Groulx comme l'« attachement à la patrie canadienne-française » (Groulx, 1952), puis plus tard comme l'« acadianité », par Léon Thériault (1993, p. 45).

La réalité de la colonie acadienne à l'époque française a été plus nuancée que le proposent les historiens nationalistes. Les colons français installés en Acadie ont été influencés par le territoire, le climat, la rencontre des cultures, l'incertitude politique et diplomatique, et leur propre mentalité française et catholique. Leur façon de réagir aux événements et aux forces pouvant façonner leur avenir témoigne de leur volonté à vouloir préserver leurs acquis sur le territoire, ainsi que de leur perception de leurs droits à titre d'habitants des lieux. Les colons acadiens ont défini eux-mêmes les cadres de leur expérience coloniale à une époque où ils devaient assurer leur survivance et, au-delà de la survivance, leur sécurité et leurs intérêts. Leurs rapports avec les sociétés autochtones comme avec les Anglo-Britanniques reflètent la réalité de la coexistence, pour un certain temps, et le besoin d'accommodation : les échanges commerciaux, les mariages, les alliances comme les conflits militaires constituent autant de facteurs, souvent contradictoires, de la réalité de chacune des sociétés habitant le continent nord-américain à cette époque.

La période coloniale anglaise : 1713-1867

Encore une fois, les Acadiens vivent sous le contrôle britannique. Le traité d'Utrecht (1713) vient confirmer la conquête militaire de l'Acadie par les Anglais en 1710, sans pour autant définir le territoire acquis. Le traité définit les responsabilités des nouveaux sujets britanniques : ceux-ci peuvent quitter le territoire dans un délai de 12 mois suivant la signature du traité, ou demeurer sur leurs fermes. Ceux qui choisissent de rester – et c'est la très grande majorité – doivent prêter serment d'allégeance au monarque, pratique courante dans l'ensemble des empires européens de l'époque (Durand, 1982, p. 81).

La Grande-Bretagne n'institue aucune politique d'immigration britannique dans la colonie pendant cette période initiale. Les Britanniques établis en Nova Scotia – administrateurs civiles et militaires – dépendent donc de la population locale, surtout les Acadiens, pour leur approvisionnement. L'administration civile est délimitée par sa zone d'influence militaire, soit la région immédiate de la capitale, Port-Royal, rebaptisée Annapolis Royal.

Selon les administrateurs britanniques de la Nouvelle-Écosse, le contrôle effectif du territoire est menacé par trois sources : les Amérindiens abénaquis et micmacs (alliés traditionnels des Français), les Acadiens établis sur leur territoire et, après 1720, les forces françaises établies à l'île Royale (le Cap-Breton actuel).

La situation des colons acadiens établis sur un territoire sous contrôle britannique n'est pas moins complexe ; habitués aux contrecoups des luttes militaires pour le contrôle de cette région tampon entre la Nouvelle-France et les colonies anglaises, ils continuent à faire valoir leurs propres intérêts sur ce territoire. Ainsi, au cours des décennies qui suivent le traité d'Utrecht, les habitants français de la Nova Scotia péninsulaire développent et appliquent une politique que les historiens ont baptisé par la suite la *neutralité acadienne*[5] : une stratégie qui établit leur non-participation dans les luttes militaires pour le contrôle du territoire, tout en protégeant leur droit d'habiter et de développer leurs terres, et de pratiquer la religion catholique romaine. Rappelons cependant que cette stratégie n'est pas appliquée par tous les Acadiens ; certains choisissent de prendre position du côté des Français, tandis que d'autres voient leurs intérêts mieux servis par les Anglais[6].

Une pratique mise en place par les administrateurs britanniques à Annapolis Royal, en 1720, facilite l'élaboration et l'application de cette politique de neutralité par les Acadiens. En effet, afin d'améliorer la communication avec les communautés francophones, lesdits administrateurs instituent un système de députés chez les Acadiens[7]. D'abord nommés et par la suite élus dans chaque communauté, ces députés représentent leur communauté auprès des autorités britanniques. Cette pratique permet aux Acadiens, par le biais des députés, de coordonner leurs positions concernant les politiques souhaitées ou mises en place par les Britanniques à leur égard. Il en est ainsi de la question du serment d'allégeance, souvent reprise par les autorités britanniques à partir de 1713 et jusqu'en 1755, dans un effort de consolider la loyauté des habitants francophones envers la Couronne anglaise.

L'historiographie portant sur les Acadiens a énormément débattu le sens de cette stratégie collective de neutralité acadienne ; certains la perçoivent comme une preuve de l'existence d'une identité francophone distincte des Français (Griffiths, 1992), et donc proprement acadienne, tandis que d'autres voient la neutralité comme une solution – peut-être la seule – à la situation intenable des Acadiens pris entre deux empires se disputant le contrôle de l'Amérique du Nord (Daigle, 1993, p. 1-43). Il est évident que la

5. L'historien Robert Rumilly présente la politique de neutralité avec beaucoup de sympathie pour la position des habitants français dans les luttes qui opposent l'Empire britannique à l'Empire français en Amérique du Nord. Son argument est repris par Naomi Griffiths (1969, p. 57-60). Voir aussi Naomi Griffiths (1992).
6. Voir à titre d'exemple l'interprétation de Maurice Basque (1996, p. 69-99) sur la famille Robichaud, notables acadiens, qui, à l'époque, optent pour le camp anglais. Voir aussi John G. Reid (1987, p. 42-43).
7. *Nova Scotia Archives III, Original Minutes of His Majesty's Council at Annapolis Royal, 1720-1734*, Halifax, Archibald M. MacMechan, 1908, p. 4.

George H. Craig, *Déportation des Acadiens*, huile sur toile, 1893.

politique de neutralité exercée par les Acadiens de la Nova Scotia jusqu'en 1755 a été mise en place afin de protéger leurs intérêts et leurs acquis sur le territoire en litige. Quoi qu'il en soit, cette neutralité ne fut jamais effectivement acceptée par les Britanniques, ni par les Français, chacun tentant par des moyens différents d'engager les Acadiens dans un camp ou dans l'autre (Daigle, 1993, p. 1-43).

La crédibilité et l'efficacité de la politique de neutralité acadienne sont de toute façon mises en échec par les événements. La guerre de la succession d'Autriche, jouée en Amérique du Nord entre 1744 et 1748, entérine, par la signature du traité d'Aix-la-Chapelle, la possession de la colonie acadienne par les Britanniques, octroyant par le fait même le statut de sujets britanniques à ses habitants francophones et catholiques. Aussitôt la paix conclue, les Anglais mettent en place une politique de colonisation ; en 1749, plus de 2 000 colons britanniques arrivent dans la colonie (MacNutt, 1993, p. 524-532). Ils sont suivis par des vagues subséquentes d'immigrants anglais et anglo-américains, de sorte que, déjà en 1750, leur nombre est estimé à 5 000 (Reid, 1987, p. 36).

Cette politique de colonisation a pour objectif de briser les liens de dépendance des Britanniques vis-à-vis des habitants acadiens établis sur le territoire de la Nouvelle-Écosse. En même temps, le gouvernement anglais décide du déménagement de la capitale administrative et stratégique à Chibouctou, rebaptisée Halifax. La présence d'un fort contingent militaire britannique dans la colonie permet dorénavant aux administrateurs d'exercer un contrôle plus efficace des habitants, Acadiens et Amérindiens, sur l'ensemble du territoire, tandis que la construction de la forteresse militaire à Halifax offre une protection contre les forces militaires françaises, réinstallées après 1748 à Louisbourg sur l'île Royale.

À partir de ce moment, les enjeux militaires sont affirmés de part et d'autre ; restent à se dérouler les événements entre les puissances européennes sur le territoire. Les Acadiens continuent à revendiquer la reconnaissance de leur statut de Français neutres, mais leur

Les troupes anglaises s'emparent de Louisbourg en 1758.
Richard Paton (1716/1717-1791, *Siège de Louisbourg*, gravure.

position ne s'inscrit pas dans les stratégies des empires français et anglais. Les préparatifs pour la prochaine ronde du conflit européen sur le territoire nord-américain sont évidents dès la fin des hostilités (Reid, 1987, p. 36) ; même avant le déclenchement formel de la guerre de Sept Ans – surnommée la guerre de la Conquête dans l'historiographie canadienne – le lieutenant-gouverneur du Nova Scotia, Charles Lawrence, libéré de la nécessité d'approvisionner ses troupes chez les Acadiens, choisit de déporter les habitants français, plutôt que de vivre dans l'incertitude quant à leur position de neutralité dans l'éventualité d'une guerre. Entre 1755 et 1762, la majorité des habitants français de la Nova Scotia péninsulaire, ceux habitant le territoire réclamé à la fois par les Français et par les Anglais, soit le Nouveau-Brunswick actuel, ainsi que les habitants français établis à l'île Saint-Jean (Île-du-Prince-Édouard) et à l'île Royale (Cap-Breton) sont déportés de la région, surtout en direction des colonies anglo-américaines, mais aussi vers la France, conséquence de la victoire en 1758 contre les forces françaises établies à Louisbourg, sur l'île Royale[8].

La fin des hostilités en Amérique du Nord signale aussi, en 1762, la fin de l'exercice de déportation des Acadiens. À partir de 1764, les Acadiens ont le droit de revenir dans la région, mais le Board of Trade impose deux restrictions : ils doivent s'installer en petits groupes, et ils doivent prêter le serment d'allégeance à la Couronne britannique[9]. Peu à

8. Les historiens ne s'entendent pas sur le nombre de déportés, étant donné la rareté des documents historiques à leur disposition. Pour une représentation cartographique de la Déportation, selon laquelle entre 8 000 et 9 000 Acadiens ont été déportés, voir R. Cole Harris (1987, pl. 30). La population acadienne en 1755 est estimée par le père Anselme Chiasson à 13 000 habitants. Voir « Acadia » dans *Canadian and World Encyclopedia*, McClelland & Stewart, 1997.
9. *Colonial Office* : 218/6, Board of Trade au Gouverneur Montague Wilmot, 20 mars 1764, cité dans Léon Thériault (1996, p. 47).

peu, nombre d'Acadiens reviennent aux Maritimes et s'installent sur de nouvelles terres : plus particulièrement dans la région qui devient en 1784 le Nouveau-Brunswick[10], mais aussi au Cap-Breton, et aux extrémités de la péninsule de la Nouvelle-Écosse, soit les régions de Tracadie à l'est, et de Yarmouth à l'ouest ; ainsi qu'à Île-du-Prince-Édouard, dans les régions de Souris à l'est, et de Mont-Carmel à Tignish à l'ouest.

Les Acadiens réinstallés aux Maritimes constituent dorénavant une minorité sur ce territoire ; en 1800, ils sont au nombre de 8 400 et vivent surtout le long des côtes des provinces Maritimes (LeBlanc, 1970-1971, p. 17-18), sur des terres de qualité douteuse, pratiquant surtout l'agriculture et l'élevage, mais aussi, dans une moindre mesure, la pêche ou la coupe du bois. Le statut de minorité des Acadiens s'accentue pendant la première moitié du 19e siècle, en raison des vagues d'immigration postloyaliste, anglaise, irlandaise et écossaise.

L'historiographie qui porte sur la période entre 1764 – date du début du retour des Acadiens de la Déportation – et 1860 – lorsque les structures éducatives supérieures et les institutions acadiennes se mettent en place, et qu'un noyau de chefs de file, futurs membres de l'élite acadienne commence à prendre une plus grande place dans le domaine public – projette évidemment une image de recul par rapport à l'époque précédente. Pour certains historiens, le choc imposé par la Déportation est tellement lourd de conséquences pour la collectivité acadienne que celle-ci est naturellement portée à limiter ses rapports avec la majorité britannique et à garder une distance vis-à-vis de ses institutions : c'est la thèse de l'enracinement dans le silence (Thériault, 1980, 1993). Selon cette interprétation, les Acadiens, devenus minoritaires sur le territoire, se sont non seulement établis en marge de la colonisation anglophone, mais vivent aussi en marge de l'économie du marché, des cadres sociaux et des structures politiques et juridiques, car ces domaines sont définis, encadrés et dominés par les Britanniques. Les Acadiens pratiquent une politique de non-participation aux structures et aux politiques mises en place, car celles-ci sont le fruit d'une société autre, incompatible et étrangère à la société acadienne. Le rapport des Acadiens à l'*autre*, le Britannique (le terme comprend tous les colons anglophones, dont les Anglo-Américains, les loyalistes, les Anglais, les Irlandais et les Écossais), est, selon cette interprétation, fondé sur le rejet de l'*autre* ; il s'agit d'une réaction collective et homogène du groupe acadien établi dans les colonies maritimes.

Il est vrai que les lois britanniques interdisent certains droits aux catholiques, dont le droit de voter (jusqu'en 1810) et le droit de se porter candidat aux élections (jusqu'en 1830). Les Acadiens sont donc restreints quant à leur participation dans ces structures formelles – surtout politiques et juridiques – mises en place pendant cette période.

La thèse de l'enracinement dans le silence repose sur l'idée fondamentale que les Acadiens refusent toujours de se soumettre aux Britanniques, à l'étranger. Leur passivité, interprétée comme une stratégie de non-participation aux cadres établis par une société étrangère à la leur constitue en effet le prolongement de la stratégie de la neutralité : la non-implication dans des affaires autres qu'acadiennes.

Il me semble important de souligner que cette interprétation ne tient pas compte du fait que les Acadiens avaient déjà vécu comme sujets britanniques, soumis aux codes judiciaire et administratif anglais et encadrés par les règles gouvernant tous les sujets de l'Empire britannique. Ne serait-il pas plus juste de voir cette période, tout comme la période française qui la précède, comme étant caractérisée par des efforts de la part des Acadiens pour construire les bases d'une

10. Pour une représentation cartographique de la recolonisation acadienne aux Maritimes, voir Samuel P. Arseneault et al. (1976, pl. 16).

vie nouvelle et stable en Amérique du Nord ? Le contexte dans lequel ces efforts se concrétisent est certes britannique, mais c'est un contexte qui leur est familier. Est-ce vraisemblable que les Acadiens souhaitent vivre plus en marge et dans l'ignorance des événements, des règles de marché, des cadres social et politique et des sociétés avec qui ils partagent le territoire pendant la période britannique postdéportation que pendant la période française ou britannique prédéportation ? Il nous semble exagéré de qualifier d'irrationnel le comportement des Acadiens ou encore de concevoir leur retard collectif comme le résultat d'une politique délibérée de la part des anglophones pour les garder à l'écart. Minoritaires dans chacune des colonies maritimes, les Acadiens sont aussi en situation de retard économique par rapport aux autres groupes linguistiques et ethniques, car la Déportation les a obligés, dans l'ensemble, à recommencer le processus de colonisation sur de nouveaux territoires avec un minimum de ressources accumulées, dont le capital.

L'interprétation de l'enracinement dans le silence, conçue à l'époque de la prise de conscience acadienne des années 1860, reflète les idéologies – et les intérêts – des nationalistes de l'époque, qui cherchent à formuler une stratégie cohérente afin de remédier aux effets de la dispersion, du retard et de l'isolation du groupe acadien sur le territoire, tout en assurant leur ascendance à titre de chefs de file. Les historiens, d'une génération à l'autre, ont repris la thèse de l'enracinement dans le silence, s'appuyant sur la réalité du retard économique du groupe et présumant l'aliénation ou, tout au moins, l'indifférence des Acadiens vis-à-vis des cadres institutionnel, politique, juridique et économique *étrangers*, c'est-à-dire britanniques.

La période canadienne : 1867-1997

La confédération des colonies de l'Amérique du Nord britannique, processus débuté en 1867 mais terminé seulement en 1949, a exigé des parties en cause la formulation d'une nouvelle dynamique. Le partenariat politique répondait aux exigences de l'époque, mais l'association était plus que simplement politique. Les historiens n'ont pas cessé de s'interroger sur le sens fondamental de cette association. Jusqu'à tout récemment, leurs interprétations reprenaient les positions des parties les plus engagées dans le débat à l'époque de la Confédération : les politiciens et les nationalistes. Au Canada français, les politiciens argumentaient en faveur de la reconnaissance de la Confédération comme un pacte entre ses deux nations fondatrices : le Canada anglais et le Canada français. Les nationalistes canadiens-français se ralliaient à cette interprétation, car celle-ci reconnaissait les éléments fondamentaux et distincts de l'identité collective du groupe : la langue française et la foi catholique, facteurs historiques qui, disaient-ils, expliquent au-delà des frontières politiques le sentiment d'appartenance commune avec le Québec, foyer de la culture et de la survivance canadienne-française (LeBlanc, 1995, p. 358, 368).

En Ontario français, les nationalistes ont pendant très longtemps établi les bases de leurs revendications vis-à-vis de la majorité anglophone de cette province sur ce concept des *deux nations fondatrices*, car, selon l'historien Gaétan Gervais, cette définition idéologique représentait la contrepartie de la position des « impérialistes » qui voulaient établir des structures unilingues anglophones en Ontario[11]. L'interprétation historique qui découle de cette définition idéologique reste, cependant, victime de la viabilité du concept ; d'où la crise d'identité franco-canadienne à

11. Voir le texte de Gaétan Gervais dans le présent ouvrage, particulièrement la section portant sur la période 1910-1969.

partir du moment où le Québec cesse de se définir comme foyer de l'identité franco-canadienne.

Le concept d'*une nation canadienne-française et catholique*, tant souhaitée par les nationalistes et les politiciens canadiens-français en 1867, n'a jamais eu d'écho chez les Acadiens des provinces Maritimes. Le juriste acadien Michel Bastarache affirme que « les Acadiens défendent le concept des *deux nations* pour se faire une place sur l'échiquier juridique et politique, mais reconnaissent la légitimité de l'approche du Québec qui rejette le dualisme pancanadien à la faveur d'une association Québec-Canada anglais » (Bastarache, 1982, p. 89), ce qui réduit le rêve d'une nation canadienne-française au pragmatisme politique.

Les revendications des nationalistes et des politiciens acadiens, surtout au 19e siècle, sont plutôt basées sur le caractère et l'expérience distincts du groupe. Leur caractère distinct est certes rattaché à une expérience historique parallèle, mais les Acadiens ne sont pas, comme les autres minorités franco-canadiennes, issus du foyer québécois. Ils ont vécu une expérience de colonisation différente ; leur déportation subséquente de ce territoire d'accueil, ainsi que les conséquences dévastatrices de cette déportation – éparpillement démographique et retard économique, politique et culturel du groupe – constituent les fondements historiques qui les distinguent des autres communautés franco-canadiennes en dépit des traits communs traditionnels de définition identitaire au Canada français que sont la langue et la religion.

La Confédération est elle-même un facteur qui a provoqué une réflexion sur l'identité collective. Car dans les décennies qui suivent l'union, nombre de problèmes d'ordre culturel et linguistique surviennent au Canada : les crises dans l'éducation francophone et catholique, ainsi que les revendications d'ordre culturel des Métis et des Autochtones ne sont que des exemples. Ces problèmes mettent en évidence les oppositions et les rapports de force. La Confédération exige donc des ajustements et des positionnements nouveaux – ce qui constitue un des éléments du nouveau partenariat souligné ci-haut – de la part des groupes et des sociétés réunis par l'*Acte de l'Amérique du Nord britannique*. Les Acadiens sont ainsi amenés à réfléchir tant sur l'identité franco-canadienne que sur l'identité acadienne dans le rapport qu'ils entretiennent avec la majorité anglo-protestante des provinces Maritimes. Dans un cas comme dans l'autre, cet exercice de réflexion a porté vers la consolidation ou la réaffirmation de l'identité particulière qu'est l'identité acadienne.

Le choix de la fête nationale des Acadiens en 1881, lors de la première convention nationale à Memramcook au Nouveau-Brunswick, constitue un exemple symbolique de cette affirmation. On évoque deux possibilités : la fête des Canadiens français, la Saint-Jean-Baptiste (24 juin), ou la fête de l'Assomption (15 août). Le nationaliste acadien Mgr Marcel-François Richard propose, devant les Acadiens réunis en convention, l'adoption de la fête de l'Assomption en invoquant les raisons suivantes :

> Nous sommes heureux d'être unis si étroitement à nos frères du Canada. Nous leur sommes unis par des liens du sang et de la religion, sans parler de la Confédération, qui identifie plus ou moins nos intérêts politiques et civils. Cependant, si pour conserver cette union fraternelle il fallait sacrifier sa nationalité, le nom d'Acadiens pour moi, je n'hésiterais pas un instant, et j'aimerais mieux encourir le déplaisir d'un frère que celui de ma mère, la belle Acadie[12].

Le rapport à la majorité anglophone des provinces Maritimes et du Canada est exprimé tout aussi clairement dans le contexte des premières conventions nationales des Acadiens au 19e siècle :

> Nous sommes ici en convention pour plusieurs bons motifs. L'un de ces motifs, et ce n'est pas le moindre, c'est de nous affirmer devant nos concitoyens d'autres origines. Nous sommes assez

12. Discours de Marcel-François Richard, cité dans Robidoux (1907, p. 61).

forts, par le nombre et par l'intelligence, pour prendre notre place au rang des nationalités qui se partagent ce grand pays du Canada, qui s'étend d'un océan à l'autre[13].

De tels positionnements s'effectuent évidemment par le biais des élites qui, dans leur discours politique ou nationaliste, disent parler au nom des Acadiens. Aux Maritimes, l'éveil de la conscience collective – souvent libellé la *Renaissance acadienne* – dans les dernières décennies du 19e siècle est associé à la montée d'une élite regroupant surtout les membres du clergé et les laïcs des professions libérales. Cette classe dirigeante, autour de laquelle se greffent nombre d'institutions et d'associations acadiennes, définit des stratégies pour la promotion les intérêts de la collectivité acadienne – selon leur perception des besoins – tout en cherchant à faire valoir le poids relatif du groupe.

Dans les décennies qui suivent la Confédération, la croissance démographique chez les Acadiens va amener cette élite à reconnaître le potentiel politique du groupe (LeBlanc, 1978). Au lendemain de la Confédération, on compte 85 000 Acadiens dans les provinces Maritimes ; en 1911, il y en a 163 000, une augmentation de 91,7 %, tandis que la population d'autres origines ethniques a augmenté dans des proportions moindres.

Au moment de la Confédération, plus de la moitié des Acadiens habitent le territoire du Nouveau-Brunswick, une tendance qui ne fait que s'accentuer au cours du 20e siècle. La proportion de francophones par rapport aux habitants d'autres origines ethniques y est aussi en croissance pendant cette période ; alors que les francophones ne représentent, en 1871, que 16 % de la population néo-brunswickoise, en 1911, ils constituent déjà 28 % de celle-ci[14]. La croissance relative du groupe acadien se poursuit au Nouveau-Brunswick pendant toute la première moitié du 20e siècle pour atteindre 35,8 % en 1941[15]. Par ailleurs, leur poids relatif parmi les catholiques augmente ; déjà à la fin du 19e siècle, les Acadiens constituent la majorité de la population catholique du Nouveau-Brunswick.

Ces ajustements démographiques confirment la logique derrière les stratégies de revendication culturelle des élites acadiennes, mais ont aussi pour effet de les centrer de plus en plus sur le territoire du Nouveau-Brunswick, foyer principal des Acadiens des provinces Maritimes. La laïcisation des établissements d'enseignement et des autres cadres sociaux a aussi un impact direct et immédiat sur la nature et l'objet des revendications. Au 20e siècle, les élites acadiennes veulent trouver des solutions aux problèmes de pauvreté (retard économique), d'inégalité sociale et de retard dans la scolarisation chez les francophones de la province. Ils abordent ces questions dans l'arène politique provinciale et par le biais de l'action de l'État.

Afin d'illustrer ce processus, citons l'exemple des revendications linguistiques au Nouveau-Brunswick. Les élites acadiennes, par l'entremise des politiciens francophones et des groupes de pression, revendiquent la reconnaissance officielle du français dans la province. Ces efforts mènent éventuellement à l'adoption de la *Loi sur les langues officielles du Nouveau-Brunswick* par le gouvernement Robichaud en 1969[16]. Cette loi, qui reconnaît que le Nouveau-Brunswick est une province bilingue, garantit le bilinguisme à l'Assemblée législative et dans la prestation des services gouvernementaux. La protection des

---

13. Extrait d'un discours prononcé par l'avocat Pierre-Amand Landry à la troisième convention nationale acadienne, tenue à Pointe-de-l'Église, en Nouvelle-Écosse en 1890. Voir F.-J. Robidoux (1907, p. 215).
14. Gouvernement du Canada, recensement de 1911.
15. Gouvernement du Canada, recensement de 1941. Le recensement de 1991 indiquait que les francophones constituaient 34,5 % de la population néo-brunswickoise.
16. Il faut rappeler ici que c'est aussi en 1969 que le gouvernement fédéral adopte la *Loi sur les langues officielles du Canada*, qui proclame le français et l'anglais langues officielles au pays pour tout ce qui relève du gouvernement fédéral.

Les participants à la Convention d'orientation nationale de l'Acadie (CONA), tenue à Edmundston, en 1979, ont réagi de façon mixte lorsqu'ils ont appris les résultats du vote sur le questionnaire où près de 50 % des répondants s'étaient prononcés en faveur d'une province autonome. Ces résultats appuyaient en quelque sorte la thèse du Parti acadien qui, au dire de nombreux participants, a joué un rôle de premier plan dans cette convention.

droits linguistiques de la communauté francophone est d'ailleurs augmentée en 1981, lorsque le gouvernement conservateur, sous la direction de Richard Hatfield, adopte la loi 88 reconnaissant l'égalité des deux communautés linguistiques du Nouveau-Brunswick. « Les éléments de cette résolution relatifs à la loi 88 ont été incorporés dans l'entente constitutionnelle de 1990 » (Doucet, 1995).

Les garanties quant à l'avenir de la minorité acadienne restent toutefois largement insuffisantes dans l'éventualité de la séparation du Québec (LeBlanc, 1995, p. 365-366). Néanmoins, cette stratégie qui vise à négocier par le biais de la politique provinciale leur protection linguistique et culturelle est une indication de la nature du rapport qu'entretiennent les Acadiens avec l'*autre*. Les Acadiens du Nouveau-Brunswick du 20e siècle continuent leur lutte pour la reconnaissance de leurs droits et de leur différence par rapport à la majorité anglophone. Ainsi, la définition qu'a offert P.A. Landry à la fin du 19e siècle du rapport entre l'Acadien et l'*autre* reste inchangée : on se définit toujours par rapport à ses concitoyens d'autres origines ethniques. On est bien loin du concept des deux solitudes tant souhaité par certains nationalistes et historiens de l'Acadie.

La forte concentration de la population acadienne au Nouveau-Brunswick a sans aucun doute contribué à la réalisation des aspirations collectives, de plus en plus politiques, du groupe. Il n'en est pas ainsi des autres communautés acadiennes de l'Île-du-Prince-Édouard et de la Nouvelle-Écosse, pour qui la stratégie de laisser à la province le soin de légiférer langue et culture a pu nuire en raison de leur poids démographique relativement faible. En Nouvelle-Écosse en 1991, les francophones représentent seulement 4,2 % de la population, tandis qu'à l'Île-du-Prince-Édouard, ils constituent 4,8 % de la population totale[17].

Le resserrement de l'identité acadienne sur le plan provincial s'accompagne, dans le domaine public canadien, d'un intérêt accru de la part des provinces de s'engager dans les débats portant sur les politiques linguistiques et culturelles (Bernard, 1990). Ceci peut avoir l'effet de rendre les communautés minoritaires encore plus vulnérables en raison des débats politiques qui se jouent non seulement sur leur territoire et entre les groupes directe-

17. Statistique Canada, recensement de 1991.

ment affectés sur ce territoire, mais dans l'ensemble du pays et dans un contexte où, de toute façon, la tendance est vers une plus grande concentration de la population francophone au Québec (alors que la proportion relative de leur poids démographique par rapport au reste du pays diminue) et une plus grande concentration des anglophones partout ailleurs au Canada (Lachapelle, 1989). Étant donné que la dynamique identitaire est de plus en plus associée à la province – c'est le cas au Québec, au Nouveau-Brunswick et ailleurs –, le futur peut paraître non seulement sombre, mais surtout embrouillé.

Bibliographie

Atlas historique du Canada, vol. 1 : des origines à 1800 (1987), sous la direction de R. Cole Harris, et de Louise Dechêne pour la version française, Montréal, Presses de l'Université de Montréal.

Arseneault, Samuel P., *et al.* (1976). *Atlas de l'Acadie : petit atlas des francophones des Maritimes*, Moncton, Éditions d'Acadie.

Basque, Maurice (1996). *Des hommes de pouvoir : histoire d'Otho Robichaud et de sa famille, notables acadiens de Port-Royal et de Néguac*, Néguac, Société historique de Néguac.

Bastarache, Michel (1982). « Les nationalistes en devenir : Acadie, Québec », *Égalité*, n° 6, p. 71-98.

Bernard, Roger (1990). *Le déclin d'une culture*, Ottawa, Fédération des francophones hors Québec.

Bouchard, Gérard (1990). « Sur les mutations de l'historiographie québécoise », dans *La société québécoise après trente ans de changements*, sous la direction de F. Dumont, Québec, Institut québécois de recherche sur la culture, p. 253-272. Actes d'un colloque organisé par l'Institut québécois de recherche sur la culture, tenu à Québec en octobre 1989.

Chiasson, Anselme (1997). « Acadia », *The Canadian and World Encyclopedia*, McClelland & Stewart.

Couturier, Jacques Paul, et Phyllis E. LeBlanc (1996). *Économie et société en Acadie, 1850-1950 : nouvelles études d'histoire acadienne*, Moncton, Éditions d'Acadie.

Daigle, Jean, dir. (1993). *L'Acadie des Maritimes : études thématiques des débuts à nos jours*, Moncton, Université de Moncton, Chaire d'études acadienne.

Doucet, Michel (1995). *Le discours confisqué*, Moncton, Éditions d'Acadie.

Durand, Y. (1982). « L'Acadie et les phénomènes de solidarité et de fidélité au XVIIIe siècle », *Études canadiennes = Canadian Studies*, n° 13, p. 81-84.

Griffiths, Naomi (1969). *The Acadian Deportation : Deliberate Perfidy or Cruel Necessity ?*, Toronto, Copp Clark Publishing.

Griffiths, Naomi (1992). *The Contexts of Acadian History, 1604-1784*, Montréal, McGill-Queen's University Press.

Groulx, Lionel (1937). « La France d'outre-mer », dans *Notre maître, le passé*, sous la direction de L. Groulx, 2e série, Montréal, Granger, p. 255-305.

Groulx, Lionel (1952). *Histoire du Canada français depuis la découverte*, t. 2, Montréal, Fides.

Lachapelle, Réjean (1989). « Évolution des groupes linguistiques et situation des langues officielles du Canada », *Tendances démolinguistiques et évolution des institutions canadiennes, Études canadiennes = Canadian Issues*, p. 7-34.

LAUVRIÈRE, Émile (1924). *La tragédie d'un peuple : histoire du peuple acadien des origines à nos jours*, vol. 1, Paris, Henry Goulet.

LEBLANC, R. (1970-1971). « The Acadian Migration », *Canadian Geographical Journal*, vol. 81, n° 1, p. 10-19.

LEBLANC, Phyllis E. (1978). *Le Courrier des provinces Maritimes et son influence sur la société acadienne, 1885-1903*. Thèse de maîtrise en histoire, Université de Moncton.

LEBLANC, Phyllis E. (1995). « Francophone Minorities : The Fragmentation of the French Canadian Identity », dans *Beyond Quebec : Taking Stock of Canada*, sous la direction de Kenneth McRoberts, Montréal, McGill-Queen's University Press, p. 358-368.

MACNUTT, W.S. (1933). « Why Halifax Was Founded », *Dalhousie Review*, vol. 12, n° 4, p. 524-532.

POIRIER, Pascal (1874). *Origine des Acadiens*, Montréal, E. Sénécal.

RAMEAU DE SAINT-PÈRE, Edme (1889). *Une colonie féodale en Amérique : l'Acadie, 1604-1881*, Paris, Plon.

REID, John G. (1987). *Six Crucial Decades : Times of Change in the History of the Maritimes*, Halifax, Nimbus Publishing.

ROBIDOUX, Fernand J. (1907). *Conventions nationales des Acadiens, vol. 1 : Memramcook, Miscouche, Pointe-de-l'Église*, Shédiac, Imprimerie du Moniteur acadien.

THÉRIAULT, Léon (1980). « L'Acadie, 1763-1978 : synthèse historique », dans *Les Acadiens des Maritimes : études thématiques*, sous la direction de Jean Daigle, Moncton, Université de Moncton, Centre d'études acadiennes, p. 49-93.

THÉRIAULT, Léon (1982). *La question du pouvoir en Acadie*, Moncton, Éditions d'Acadie.

THÉRIAULT, Léon (1993). « L'Acadie de 1763 à 1990 : synthèse historique », dans *L'Acadie des Maritimes*, sous la direction de Jean Daigle, Moncton, Université de Moncton, Chaire d'études acadiennes, p. 45-91.

TRÉPANIER, Pierre, et Lise TRÉPANIER (1979). « Rameau de Saint-Père et le métier d'historien », *Revue d'histoire de l'Amérique française*, vol. 33, n° 3, p. 331-356.

Chapitre 7

L'histoire de l'Ontario français (1610-1997)

Gaétan Gervais, Université Laurentienne

Dans l'histoire de l'Ontario français, il y a trois âges. Le premier, *français,* correspond à la période de la Nouvelle-France et à son expansion dans la région des Grands Lacs au 17e et au 18e siècle. C'est l'heure des premières explorations géographiques, des martyrs de la foi, du commerce de la fourrure.

Le deuxième âge, *canadien-français,* commença au début du 19e siècle, dans le cadre du Second Empire britannique. Malgré la conquête de 1760, plusieurs communautés françaises avaient survécu, notamment dans la vallée du Saint-Laurent, mais aussi en Acadie et dans l'Ouest ; ces anciens foyers de peuplement, agrandis, furent réunis sous un même gouvernement, canadien, en 1867. C'est l'époque où s'élabora l'idée d'une *nation canadienne-française*, cofondatrice de la Confédération et, à titre de *peuple fondateur* de cette union politique, en droit d'exiger partout au pays le respect de sa langue et de ses écoles. Ce projet mobilisa les élites canadiennes-françaises pendant 100 ans, mais dans les années 1960, le grand navire du Canada français échoua, éventré, sur le bas-fond du néonationalisme québécois.

Au lieu d'un seul bâtiment transportant tous les groupes français du Canada, on vit s'avancer une flottille de petites embarcations, à bord desquelles les différentes communautés canadiennes-françaises et acadienne avaient pris place, chacune se définissant désormais par son appartenance provinciale. Ainsi s'ouvrit le troisième âge, *franco-ontarien*, inauguré au chevet même de la *nation canadienne-française*.

La région que recouvre aujourd'hui l'Ontario français s'appela, selon les périodes, les *Pays d'en haut* (les Français désignaient ainsi la région des Grands Lacs), puis le *Haut-Canada* (nom qui, durant la période 1791-1867, s'appliqua à la partie de l'Ontario située au sud de la hauteur des terres), enfin la province de l'*Ontario* (créée en 1867, puis considérablement agrandie à l'ouest et au nord durant le demi-siècle suivant). Ajoutons enfin que les femmes et les hommes d'origine française vivant sur ce territoire se sont définis, selon les époques, de manière différente. Alors que les premiers Français, hommes d'Ancien Régime, se considéraient avant tout comme des *sujets du roi*, leurs descendants, au 19e siècle, acquirent une identité davantage basée sur la *nationalité*, dans sa version romantique qui privilégiait l'histoire et la langue.

L'âge français (1610-1814)

Les premiers contacts (1610-1663)

Après leur établissement à Québec (1608), les Français prirent contact avec les populations amérindiennes, à des fins de commerce, d'exploration et d'évangélisation. Cette

L'Ontario en Nouvelle-France, élément de la carte dressée par Guillaume de l'Isle.

rencontre donna lieu tantôt à la coopération, tantôt à l'affrontement. Samuel de Champlain vint deux fois en Ontario (en 1613 et en 1615-1616), laissant dans ses écrits les premières descriptions de l'Ontario. En 1610, il avait envoyé le jeune Étienne Brûlé, premier coureur de bois, vivre parmi les Amérindiens. Plusieurs autres suivront, dont Jean Nicolet, qui vécut chez les Népissingues dans les années 1620.

Le premier missionnaire en Huronie, le récollet Joseph Le Caron, arriva en 1615, avec Champlain. Un groupe de récollets visita cette région en 1623. Le récit de cette expédition, *Le grand voyage au pays des Hurons*, fut le premier d'une lignée de travaux ethnographiques sur les Amérindiens. Après 1632, toutefois, les missions furent confiées aux jésuites qui entreprirent en 1639 la construction de Sainte-Marie-aux-Hurons, une mission fortifiée au sud de la baie Georgienne. Plusieurs missionnaires et laïcs travaillèrent pendant 10 ans dans cette folle aventure, bien connue grâce aux *Relations des jésuites*, publiées annuellement en France (de 1632 à 1672). De cette entreprise, l'histoire a retenu avant tout les noms de Jean de Brébeuf, de Gabriel Lalemant et de Charles Garnier, qui font partie des huit martyrs canadiens. La fin tragique de cette mission, incendiée par les jésuites eux-mêmes en 1649, s'explique par les rivalités entre Iroquois et Hurons.

Le carnage causé lors de la destruction de la Huronie et la menace iroquoise pesèrent lourdement sur l'avenir de la colonie canadienne. Un épisode, fort connu en historiographie canadienne-française pour les débats qu'il suscita, fut l'exploit de Dollard des Ormeaux qui, en 1660, avec 16 jeunes compagnons français, remonta la rivière des Outaouais pour affronter les Iroquois. La bataille tourna mal pour les Français, réfugiés dans un fort de fortune au Long-Sault, près de l'actuelle ville de Hawkesbury. Ils périrent tous. Certains y virent un sacrifice qui sauva la colonie, d'autres, une vile affaire de commerce. Deux siècles plus tard, on proposa des Ormeaux en modèle à la jeunesse. La destruction de la Huronie et l'épisode de Dollard des Ormeaux démontrèrent l'importance d'une meilleure défense.

La grande expansion française (1663-1713)

À la suite de la réorganisation de la colonie en 1663, arriva deux ans plus tard le régiment de Carignan-Salières. En 1667, il imposa la paix aux Iroquois, permettant ainsi la mise en œuvre du programme de peuplement, d'exploration et d'expansion territoriale que les autorités préparaient. Deux figures dominent la période : Jean Talon (intendant de 1665 à 1672) et le comte de Frontenac (gouverneur de 1672 à 1682 et de 1689 à 1698). Une politique d'occupation poussa la France non seulement à créer un système d'alliances avec les tribus indiennes, mais aussi à construire plusieurs forts.

Dès 1668, les sulpiciens établirent une mission à Kenté, à la sortie du lac Ontario (à l'ouest de Kingston). L'année suivante (1669-1670), les sulpiciens Dollier de Casson et

Bréhant de Galinée complétèrent un voyage, par lacs et rivières, qui démontra que les Grands Lacs communiquaient entre eux. En 1671, Talon envoya François Daumont, sieur de Saint-Lusson, à Sault-Sainte-Marie où, en présence de nombreuses tribus, il prit possession de toutes les terres du continent. Ce geste prétentieux illustrait le souci français d'occuper, au cœur du continent, la région des Grands Lacs.

Rien ne démontra cette volonté d'occupation mieux que l'établissement d'une chaîne de forts, implantés aux points stratégiques du réseau hydrographique, dans les Pays d'en haut et ailleurs. En 1673, Frontenac se rendit en personne fonder le fort Cataracoui (plus tard fort Frontenac), à la sortie du lac Ontario (Kingston). Cinq ans plus tard, Cavelier de La Salle fondait le fort Niagara, à l'entrée du lac Ontario et, durant l'hiver 1678-1679, faisait construire, au bord du lac Érié, en amont des chutes du Niagara, le premier bateau à voile sur les Grands Lacs, *Le Griffon*, perdu peu après. En outre, les trafiquants érigèrent plusieurs autres postes de traite ou *forts*, à Michillimackinac (entrée du lac Michigan), au lac Nipigon (le fort La Tourette, 1678, et le fort La Maune, 1684), à la baie du Tonnerre (le fort Kaministiquia, 1683), à la sortie du lac Huron (le fort Saint-Joseph), au lac Témiscamingue (le fort Témiscamingue). Pour compléter le tout, on érigea ce qui devait devenir la capitale des Pays d'en haut, le fort Pontchartrain du Détroit, entre le lac Sainte-Claire et le lac Érié.

Supportant ce réseau militaire et commercial, il y avait un contingent de commerçants, de militaires et de coureurs de bois. Qu'il suffise de nommer, parmi les plus célèbres, Nicolas Perrot (1644-1717), Daniel Greysolon, sieur du Luth (1639-1710), Claude Greysolon, sieur de La Tourette (1660-1730), Olivier Morel, sieur de La Durantaye (1640-1716) et Henri de Tonti (v. 1650-1704).

Au nord, les intérêts de la France s'étendirent à la baie d'Hudson. Incités par deux renégats français, Médard Chouart des Groseilliers et Pierre-Esprit Radisson, le roi d'Angleterre accorda en 1670 un monopole à la Compagnie de la baie d'Hudson. En riposte, les marchands de Montréal fondèrent en 1682 la Compagnie du Nord-Ouest, obtenant du roi de France le droit de commercer à la baie. En 1686, le chevalier Pierre de Troyes fut placé à la tête d'une expédition qui se rendit jusqu'au fort de Monsoni (baie James), capturé facilement. Durant les années 1689-1701, les forts de la baie changèrent plusieurs fois de main : fort Sainte-Anne (ou Quichechouan), à l'embouchure de la rivière Albany ; fort Sainte-Thérèse (ou Neuve-Savane, ou Saintes-Huiles), à l'embouchure de la rivière Severn ; fort Saint-Louis (ou Bourbon, ou Monsipi), à l'embouchure de la rivière Monsoni. Des épisodes hauts en couleur marquèrent cette rivalité à la baie, comme en 1697, quand Le Moyne d'Iberville vint en chasser les Anglais. Le traité d'Utrecht (1713) scella le sort de ces postes, désormais anglais.

Le conflit anglo-français (1713-1760)

Prise dans un étau géopolitique (entre l'Acadie et la baie d'Hudson, tous deux anglais depuis 1713), la France se ressaisit assez pour étendre son empire commercial à l'ouest, jusqu'aux pieds des Rocheuses. En 1720, on ouvrit, sur le lac Ontario, un nouveau poste, le fort Rouillé (aujourd'hui Toronto), vite abandonné, mais reconstruit au début des années 1750. L'arrivée sur scène de Pierre Gaultier de Varennes de La Vérendrye (1685-1749), chargé de découvrir la mer de l'Ouest, signala la reprise des activités françaises au-delà du lac Supérieur. Lors d'un premier voyage (1731-1734), les Français fondèrent, au lac La Pluie, le fort Saint-Pierre (aujourd'hui Fort Frances). Plus loin, sur le lac des Bois, on construisit le fort Saint-Charles (aujourd'hui Kenora), avant de pousser les explorations jusqu'à l'embouchure de la rivière Winnipeg. Un deuxième voyage (1735-1737), puis un troisième (1738-1740), permirent d'explorer l'Ouest.

En face du fort Détroit, sur la rive gauche, les jésuites fondèrent en 1728 la mission huronne de l'Assomption du Détroit. C'est là qu'œuvra, de 1744 à sa mort en 1781, le jésuite Pierre Point, connu pour avoir compilé le premier lexique canadien. Le peuplement autour de la mission commença sans autorisation après 1743, mais en 1749, on concéda officiellement des terres aux colons. C'est le seul peuplement franco-ontarien qui remonte, sans rupture, à la Nouvelle-France. Ces colons vivaient un peu d'agriculture, beaucoup de chasse et de pêche.

La guerre de Sept Ans (1756-1763) mit fin au trafic de la fourrure. Le fort Frontenac passa aux mains des Anglais en août 1758, suivi, en juillet 1759, du fort Niagara, peu avant la chute de Québec. On donna alors l'ordre aux postes de l'Ouest de se rendre. La reddition du Détroit n'eut lieu que le 29 novembre 1760, donc après Montréal. Exception faite d'une brève révolte indienne dirigée par Pontiac, dans la région du Détroit, le changement de drapeaux s'effectua paisiblement. À la suite du traité de Paris (1763), les militaires français partirent et leurs forts se vidèrent, à l'exception de quelques coureurs de bois.

La crise de l'empire (1760-1821)

Le déclin de la fourrure dura un demi-siècle (1760-1821). Cette période de transition bouleversa la carte politique du continent : la France perdit son empire en 1763, puis la Grande-Bretagne le sien en 1783, quand les Treize Colonies accédèrent à leur indépendance. À la fin du siècle, plusieurs questions (Révolution française, évacuation des postes de l'Ouest) exacerbèrent les relations entre la Grande-Bretagne et les États-Unis, une confrontation qui, en 1812-1814, dégénéra en guerre (la guerre de 1812). Ainsi s'opéra le passage du premier au deuxième empire colonial britannique.

Après 1765, le commerce de la fourrure reprit de plus bel, selon les pratiques commerciales de l'époque française. Plusieurs sociétés se formèrent à Montréal dans les décennies suivantes, la plus importante étant la Compagnie du Nord-Ouest. Le contrôle de ce commerce passa aux mains des marchands anglo-écossais établis à Montréal, mais la force ouvrière, les *voyageurs*, recrutés dans certaines paroisses de la vallée laurentienne, resta française.

Quand, en 1796, le fort Détroit passa finalement aux Américains, plusieurs sujets britanniques traversèrent la rivière pour s'installer à l'Assomption (devenue Sandwich) et à Amherstburg (le fort Malden). À cette époque, le peuplement *canadien* s'étendit lentement, au sud de l'Assomption, le long de la Petite Côte. Mais cette population, au total, se comptait dans les centaines plus que dans les milliers. Elle fut cependant assez nombreuse pour être élevée, en 1767, au rang de paroisse, la première en Ontario. Pierre Potier en fut le premier curé. À sa mort en 1781, l'évêque de Québec le remplaça par Jean-François Hubert. Revenu à Québec après un séjour à l'Assomption, Hubert, futur évêque, aida à recruter deux jeunes femmes, les demoiselles Papineau et Adhémar, qui arrivèrent à l'Assomption en 1786 pour y ouvrir la première école française en Ontario. Son existence fut de courte durée. L'Ontario français était encore peu de choses.

Mais le fait démographique le plus important, à l'époque, fut l'arrivée de plusieurs milliers de loyalistes qui, ayant quitté leurs biens aux États-Unis par fidélité à la Couronne britannique, s'indignèrent de trouver dans la colonie britannique de Québec, une population française et catholique, vivant sous le droit civil français (en vertu de l'*Acte de Québec*, 1774). Ils réclamèrent un changement et, pour les accommoder, le gouvernement impérial, en 1791, divisa la *province of Quebec* en deux, constituant ainsi le Bas-Canada à l'est, et le Haut-Canada à l'ouest, chacun doté d'un régime parlementaire.

Quand le premier lieutenant-gouverneur du Haut-Canada (John Graves Simcoe) constitua son conseil exécutif, il y nomma un *Canadien* en vue de la région de l'Assomption, Jacques Baby, fils de Jacques Dupéron Baby et frère de François Baby, lui aussi actif en politique. Les Baby, une famille de marchands, jouissaient de relations familiales à Montréal et en Europe. Jacques Baby joua un rôle éminent dans les premières années du Haut-Canada, aidant parfois ses compatriotes canadiens, se hissant jusqu'au cercle des privilégiés du *family compact*. À Sandwich (l'Assomption), la population française était encore peu nombreuse, l'Assomption ne comptant que 150 paroissiens en 1797. Vingt ans plus tard, il y avait 2 000 catholiques à l'Assomption, un autre 300 à Saint-Pierre (au lac Sainte-Claire) et 300 à Saint-Jean d'Amherstburg, au sud. Au début du siècle, on assista aussi à la vaine tentative d'un groupe de royalistes français, sous le comte Joseph-Geneviève de Puisaye, pour s'établir dans la région de Toronto et de Burlington.

Se repliant sur Penetanguishene, leur base navale située au sud de la baie Georgienne, les Britanniques quittèrent en 1828 l'île Drummond, attribuée aux Américains. Un groupe de voyageurs suivirent les militaires, se faisant concéder, en compensation, de petites terres près de Penetanguishene. Ainsi se constitua le deuxième centre de peuplement franco-ontarien. Comme celui de l'Assomption, ce peuplement de voyageurs dépendait du commerce de la fourrure.

En 1821, la fusion de la Compagnie du Nord-Ouest, basée à Montréal, et de la Compagnie de la baie d'Hudson, dirigée depuis Londres, mit fin aux anciennes rivalités commerciales. Cette union marquait la fin de l'époque de la fourrure dans la région des Grands Lacs. Une nouvelle ère commençait sous le signe de la colonisation, de l'industrie forestière, de l'amélioration des transports. La révolution industrielle en Angleterre (1760-1800) et la Révolution française (1789-1799) chambardèrent non seulement les idées, mais aussi le régime économique et social dans lequel s'inséraient les Canadiens. C'est le commerce du bois qui, désormais, commanda le développement de la colonie.

L'ÂGE CANADIEN-FRANÇAIS (1814-1969)

Depuis deux siècles, le monde occidental avance, inexorablement, vers l'industrialisation et l'urbanisation. Mais au 19e siècle, tous les gouvernements de l'Amérique du Nord ont cru que leur croissance économique passait d'abord par le développement de l'agriculture : d'où leur incessante propagande en faveur de la colonisation, d'où leurs efforts tenaces pour attirer des immigrants, d'où leurs politiques d'aide à l'agriculture. Le mot d'ordre des politiciens, des professionnels et du clergé fut de peupler et de coloniser. Jusqu'au début du 20e siècle, l'activité agricole resta prédominante, même si la population urbaine augmentait partout, devenant alors majoritaire, dans la plupart des pays industrialisés.

Tant au Canada anglais que français, cette irrésistible urbanisation inquiéta les chefs de file qui cherchèrent dans la colonisation un remède aux effets néfastes de la ville. En effet, les élites ont longtemps privilégié la vie rurale, jugée plus saine et porteuse de plus de bonheur. C'est dans ce contexte qu'il faut examiner l'arrivée des Canadiens français en Ontario au siècle dernier. Si, au Canada français, la colonisation profita d'une ferveur quasi religieuse, c'est que cette politique s'intégrait dans le grand dessein du nationalisme catholique canadien-français, une idéologie qui réservait une place d'honneur à la vocation agricole. Tout ensemble, la colonisation représentait un remède à l'émigration, à l'urbanisation, au surpeuplement des anciennes paroisses.

La colonisation canadienne-française (1814-1910)

Le voyageur, le bûcheron et le colon : ces trois types sociaux ont illustré les étapes du peuplement franco-ontarien au 19e siècle. Le commerce de la fourrure, représenté par le voyageur, a peu contribué au peuplement, exception faite des foyers de l'Assomption, de Penetanguishene, ou de Lapasse, sur la rivière

Outaouais. Par contre, l'industrie du bois favorisa davantage la colonisation en introduisant le bûcheron dans des régions aptes à devenir des terres agricoles. Au fait, la coupe du bois et la culture de la terre firent bon ménage dans les premiers temps de la colonisation, beaucoup de colons-bûcherons partageant leur temps entre ces deux activités. En plus du travail saisonnier, les premiers colons trouvaient parfois dans les chantiers un marché où écouler certains produits de la ferme.

Quand le bûcheron devenait colon, il prenait une terre où il amenait femme et enfants, le travail ardu de défrichement exigeant la participation de toute la famille. L'arrivée des femmes marquait le commencement d'une véritable société civile. À ce moment seulement se constituèrent les familles, les relations sociales, les institutions religieuses, culturelles et sociales. Mais le défi n'était pas seulement de transformer le bûcheron en colon, il s'agissait encore de convertir le colon en agriculteur, c'est-à-dire d'en faire un ouvrier de la terre gagnant sa vie exclusivement par cette activité.

Les progrès de la colonisation se mesurèrent au nombre élevé de villages ruraux qui virent le jour dans l'Est (Prescott et Russell), dans le Sud-Ouest (Essex, Kent), en Huronie (Simcoe), puis dans le Nord-Est (Nipissing, Algoma). Comme le reste de la province, l'Ontario français resta en grande partie rural jusqu'au début du 20e siècle. Les 14 000 Canadiens français de 1842 devinrent 212 000 en 1911, montrant bien le succès des mouvements de colonisation qui profitèrent plus à la campagne qu'à la ville. En conséquence, le taux d'urbanisation des *Canadiens français de l'Ontario*, comme ils s'appelaient eux-mêmes, s'accrut plus lentement que celui des anglophones, même si leur nombre absolu dans les villes ne cessa de croître. En 1911, la population francophone de l'Ontario était urbaine à 45 %, contre 51,6 % pour la population anglophone. Il fallut attendre la fin de la Deuxième Guerre mondiale pour voir un grand mouvement d'urbanisation et l'abandon des terres, dans le Nord surtout.

Une partie de l'immigration se dirigea vers les villes, où elle se constitua généralement en main-d'œuvre non spécialisée, travaillant dans les scieries ou les usines de transformation du bois ou dans les services. Dans certaines villes forestières ou minières de l'Est ou du Nord, comme Hawkesbury, Cornwall, Ottawa, Pembroke, Sudbury, Sturgeon Falls ou Timmins, se développèrent des quartiers urbains à majorité française.

La population franco-ontarienne se répartit inégalement sur le territoire. Les premiers foyers furent créés à l'Assomption (Windsor), dans le Sud-Ouest, puis à Penetanguishene, à la baie Georgienne. Ces deux régions de l'Ontario français reçurent, au 19e siècle, des apports démographiques qui augmentèrent leurs modestes effectifs. Toutefois, dans la région la plus industrielle du centre de l'Ontario, la population canadienne-française resta peu nombreuse, au milieu d'une forte concentration anglaise. La population française de Toronto fut toujours modeste et celle des environs de Welland ne se constitua qu'après la Première Guerre mondiale.

Au début du 19e siècle, l'industrie du bois prit la relève du commerce de la fourrure. Chaque année, des milliers de travailleurs prenaient le sentier de la forêt pour y faire la coupe du bois. Au printemps, certains rentraient chez eux, d'autres restaient pour s'occuper de la *drave*, opération qui consistait à faire descendre les billes sur les cours d'eau. En forêt, la main-d'œuvre se composait surtout de ces milliers de bûcherons, recrutés dans les régions rurales et satisfaits d'un travail saisonnier. On préférait du reste les recruter, comme les anciens voyageurs de la fourrure, dans les paroisses ayant la réputation de produire des travailleurs dociles et vaillants. En fait, dans la vallée de l'Outaouais, il se trouva surtout des Canadiens français et des Irlandais pour effectuer le travail de la coupe. Leurs relations furent parfois difficiles, comme le démontre dans les années 1830 la *guerre des shiners*, un conflit ouvrier qui opposa Canadiens français et Irlandais.

Peu à peu, le long des rivières, des villes surgirent où se concentraient les services, les gens de métier, les tavernes et, surtout, les scieries. En remontant la rivière Outaouais, on trouvait ainsi Hawkesbury, Rockland, Ottawa, Arnprior, Renfrew, Pembroke, Mattawa ; dans le Moyen-Nord, Sturgeon Falls, Sudbury, Espanola, Blind River, Sault-Sainte-Marie ; au Témiscamingue, il y avait Haileybury ; dans le Grand-Nord, Iroquois Falls, Cochrane, Smooth Rock Falls, Kapuskasing, Hearst. C'est à peu près la nomenclature des régions françaises de l'Ontario. Car la géographie des villes du bois, dans l'Est et le Nord, définit presque l'Ontario français avant la Deuxième Guerre mondiale.

Dans l'Outaouais, Bytown (Ottawa) devint le centre principal des voyageurs forestiers. La ville, à la sortie du canal Rideau, réunissait de nombreux hôtels devenus le rendez-vous obligé des bûcherons assoiffés. La population du village s'accrut surtout après la décision, en 1857, d'en faire la capitale du Canada-Uni. La naissance de la Confédération, en 1867, en fit la capitale – sous le nom d'Ottawa – de la Confédération canadienne.

Dans le deuxième tiers du 19e siècle, les missions catholiques reprirent leurs activités, auprès des Amérindiens d'abord, puis de plus en plus auprès des populations européennes. Dans les années 1830, les premiers missionnaires sillonnèrent la province. Les jésuites revinrent au Canada en 1842 et, l'année suivante, reprirent la direction de leur ancienne mission de l'Assomption, tandis que les oblats, arrivés au pays en 1841, fondèrent trois ans plus tard une maison à Ottawa. Les premiers œuvrèrent dans la région des Grands Lacs, établissant notamment une mission à l'île Manitouline, tandis que les seconds prirent en charge les bassins de l'Outaouais et de la baie d'Hudson, de même que ceux de l'Ouest et du Grand-Nord, au-delà de la hauteur des terres.

La proximité du Québec, la présence de nombreuses communautés religieuses et la fonction publique fédérale firent d'Ottawa, au siècle dernier, un foyer important de langue et de culture françaises en Ontario. En 1844, les oblats acceptèrent la charge de la paroisse catholique de Bytown, d'où ils s'occupèrent aussi des missions dans le Nord, par exemple à Mattawa, au Témiscamingue et à la baie James. Trois ans plus tard naissait le nouveau diocèse de Bytown, confié l'année suivante à l'oblat Eugène Guigues. En 1874, Thomas Duhamel devint évêque d'Ottawa, puis archevêque en 1886, fonctions qu'il occupa jusqu'à sa mort en 1909. Duhamel eut pour politique d'attirer dans la capitale du Canada les communautés religieuses. Ainsi, plusieurs communautés de femmes et d'hommes se fixèrent à Ottawa : les oblats, les sœurs grises, les montfortains, les filles de la sagesse, les capucins, les dominicains et plusieurs autres.

Le curé de Bytown avait en 1845 obtenu des sœurs grises de Montréal l'envoi de quatre religieuses, sous la direction d'Élisabeth Bruyère. Aussitôt, les religieuses ouvrirent une école, en plus de s'occuper des malades, leur vocation traditionnelle. La place de l'éducation, sur l'insistance de l'évêque, ne cessa de croître, ce qui entraîna éventuellement un changement d'orientation pour la communauté qui, finalement, se sépara de sa maison mère pour former une communauté distincte, les sœurs grises de la croix d'Ottawa. Au cours du siècle suivant, cette communauté connut une grande expansion, fondant des hôpitaux, dirigeant de nombreuses écoles, maintenant de nombreux autres foyers, refuges et hospices. Surtout, elles furent la cheville ouvrière d'une partie du système scolaire français en Ontario.

Bytown s'organisa aussi sur le plan culturel. En 1852 naissait l'Institut canadien-français qui fut, pendant de nombreuses décennies, un foyer important de la vie culturelle et sociale. Mais très tôt, c'est à l'éducation qu'on s'intéressa. Les sœurs avaient ouvert en 1845 une petite école, puis l'évêque Guigues décida en 1848, aussitôt nommé, d'ouvrir un collège pour garçons, confié à ses confrères oblats. Le Collège Saint-Joseph (1848), devenu en 1849 le Collège de Bytown, fut officiellement remis aux oblats en 1856 (charte universitaire en 1866, charte pontificale en 1889). On y offrait un cours classique bilingue (avant 1874), puis en anglais seulement, puis à nouveau dans les deux langues après 1901. Par la suite, l'Université d'Ottawa devint surtout française, ce qu'elle resta jusque dans les années 1970. Le Juniorat du Sacré-Cœur fut aussi, pour l'enseignement français, un foyer important où vivaient plusieurs oblats.

Enfin, la fonction publique fédérale attira à Ottawa des fonctionnaires qui s'intégrèrent à la petite communauté canadienne-française. Cette élite aida à créer des journaux, le premier paraissant en 1858. Plusieurs autres prirent la relève dans les décennies suivantes. Il fallut attendre encore quelques décennies avant que ne parussent des journaux ailleurs en province, dans le Sud-Ouest d'abord, puis même dans le nord de l'Ontario. L'élite canadienne-française d'Ottawa, souvent recrutée à Montréal et à Québec, a produit une riche œuvre littéraire, ce qui en a poussé certains à parler du *mouvement littéraire d'Ottawa*. Il n'est pas possible d'énumérer toutes les personnalités qui ont animé cette activité culturelle, mais on peut au moins mentionner les noms les plus marquants, tels Joseph Tassé, Joseph-Charles Taché, Stanislas Drapeau, Antoine Gérin-Lajoie, l'abbé Cyprien Tanguay, Benjamin Sulte, Léon Gérin.

L'Ontario français comprenait aussi d'autres foyers de peuplement. En fait, traditionnellement, la géographie mentale des Franco-Ontariens divise la province en trois régions : l'Est, le Sud-Ouest et le Nord. Le peuplement franco-ontarien se produisit surtout dans les régions agricoles (le Sud-Ouest et l'Est), ou dans les régions exploitant les richesses naturelles (le Nord), alors que l'industrialisation de l'Ontario, à cette époque déjà, se développait dans la région de Toronto et de Hamilton, où il y avait peu de Canadiens français.

Le clergé canadien-français, dans les régions de l'Est et du Grand-Nord, eut pour politique de favoriser la création de paroisses homogènes, plus aptes à bien encadrer la population catholique. Autour de la paroisse, se développèrent diverses institutions, comme les écoles primaires, parfois même des collèges ou couvents, et une gamme d'activités religieuses, sociales et culturelles, toutes axées sur la protection de la foi et de la langue, les deux allant de pair dans l'esprit du temps.

Le mouvement de l'Est ontarien est en quelque sorte le prolongement de la colonisation de la plaine de Montréal et de l'ouest du Québec. Les premiers colons s'établirent avec leur famille, souvent à proximité de parents ou d'amis originaires de la même paroisse qu'eux. Au-delà de Prescott et de Russell, le peuplement se dirigea vers Ottawa (comté de Carleton), s'étendant même au sud dans Glengarry et dans Stormont. Plusieurs paroisses françaises furent fondées dans l'Est durant la seconde moitié du 19e siècle, tant et si bien que ces deux comtés acquirent une majorité française, conservée depuis, avec leurs villages ruraux de Saint-Isidore, Saint-Eugène, Vankleek Hill, L'Orignal, Alfred, Bourget, Casselman, Embrun, Saint-Albert, Clarence Creek, Orléans, Saint-Pascal-Baylon et plusieurs autres.

Dans la région de Penetanguishene, colonisée depuis 1828 par les voyageurs, une immigration agricole se produisit dans les décennies suivantes. Elle augmenta la population française en Huronie, autour de Penetanguishene, de Lafontaine, de Midland, de Perkinsfield. Plus au sud, à l'extrême-sud-ouest de l'Ontario, la colonisation progressa aussi, dans les comtés d'Essex et de Kent. Les anciennes populations françaises de l'Assomption s'étaient répandues vers le sud, le long de la Petite Côte, mais aussi en amont, vers la région située au sud du lac Sainte-Claire. C'est vers ces régions qu'une immigration française se dirigea, à la fin du siècle dernier, dans les environs de Pointe-aux-Roches, Belle-Rivière, Saint-Joachim, Paincourt. Plusieurs autres paroisses françaises furent créées dans la région. Même à Toronto vivait une petite population française, assez nombreuse pour former en 1887 une paroisse française.

Enfin, les chemins de fer, à partir des années 1880, ouvrirent les régions du Nord. Depuis Mattawa, la colonisation s'étendit au Nipissing (Mattawa, North Bay, Sturgeon Falls, Verner, Saint-Charles, Noëlville), à la région de Sudbury et jusqu'à Sault-Sainte-Marie le long de la rive Nord. À Sudbury, on découvrit d'importants gisements de cuivre et de nickel qui attirèrent une population d'ouvriers. Dans cette région, le travail des mines s'ajouta à celui du bois et de la terre. Trente ans plus tard, alors que de nouvelles lignes traversèrent le Grand-Nord ontarien, de nouvelles aires de peuplement se développèrent, d'abord dans la *petite zone argileuse*, c'est-à-dire au Témiscamingue (New Liskeard, Earlton, Haileybury, plus tard Kirkland Lake), puis, à la veille de la Première Guerre mondiale, dans la *grande zone argileuse* (de Cochrane à Hearst, en passant par Iroquois Falls et Kapuskasing).

Les Canadiens français de l'Ontario (1910-1969)

L'Ontario français adopta une stratégie de développement reposant sur deux institutions fondamentales, destinées à assurer la survie culturelle et linguistique : l'école et la paroisse, l'une et l'autre devant être catholiques et françaises. Si le clergé catholique, notamment par ses communautés religieuses, a joué un grand rôle dans la vie des minorités, c'est qu'il possédait les ressources financières et humaines nécessaires à l'établissement et au maintien des institutions scolaires, religieuses et culturelles. De tous les liens qui unirent les diverses communautés françaises du Canada, aucun ne compta plus que le réseau clérical qui recouvrit l'ensemble du pays. Écarté du pouvoir politique, le Canada français s'organisa, sous la tutelle cléricale, pour créer un réseau privé d'institutions.

Cette stratégie explique la volonté, dès le 19e siècle, de créer des paroisses homogènes de langue française, le plus souvent à l'encontre des évêques irlandais qui préconisaient l'usage de l'anglais comme langue commune des catholiques en Amérique du Nord. Les Canadiens français réclamèrent aussi des écoles françaises, ou en tout cas *bilingues*. Mais c'est justement la multiplication des paroisses et des écoles françaises, avant la Première Guerre mondiale, qui inquiéta beaucoup d'Anglo-Ontariens. Devant l'immigration européenne croissante, la province parviendrait-elle à conserver son caractère britannique et protestant ? Le succès même de la colonisation franco-ontarienne, qui fit doubler la population française de la province entre 1880 et 1910, exacerba ces craintes.

Lors des luttes autour du règlement 17 (1912-1927), les Canadiens français de l'Ontario eurent le sentiment de participer à un combat qui engageait l'ensemble du Canada français. L'aide apportée par les nationalistes canadiens-français du Québec, notamment ceux de Montréal, les réconforta dans ce sentiment.

En Ontario, les prémices du conflit scolaire résidaient dans les luttes qui divisaient le clergé français et le clergé irlandais en Amérique du Nord. On assista à des affrontements au sujet des frontières des diocèses – on voulait refouler au Québec tous les diocèses français – et de la création des paroisses françaises, demande que les évêques irlandais repoussaient souvent. C'est cependant dans le domaine scolaire que la lutte éclata au grand jour. L'évêque de London, Michael Fallon, bête noire de tous les Franco-Ontariens, appuya les orangistes (Irlandais protestants) et le gouvernement conservateur de James P. Whitney contre les écoles françaises (et catholiques) de l'Ontario.

En 1910, un grand congrès d'éducation réunit à Ottawa tous les chefs de file de l'Ontario français. Le clergé, les professionnels et les hommes politiques se présentèrent en grand nombre, les femmes, elles, étant peu nombreuses. L'objectif de créer une association provinciale (l'Association canadienne-française d'éducation d'Ontario [ACFEO]) fut atteint. La nouvelle association, qui espérait travailler à l'amélioration de l'enseignement en français, demanda de rencontrer les autorités provinciales. Mais le gouvernement de Whitney les fit patienter longtemps, car l'amélioration de l'enseignement en français n'intéressait pas beaucoup le premier ministre qui se préparait à le supprimer. Deux rapports, en 1909 et en 1912, jugèrent que les écoles « bilingues » étaient « inefficaces ».

Ces écoles avaient existé avant la Confédération de 1867, légalement et avec la pleine reconnaissance du gouvernement, mais aucune loi ne reconnaissait *explicitement* ces écoles françaises ou bilingues. L'article 93 de la Constitution de 1867 garantissait les écoles séparées (confessionnelles) existant au moment de la Confédération, mais les tribunaux jugèrent que les écoles françaises existaient de facto, non de jure. Cette décision autorisait donc le gouvernement provincial à en faire ce qu'il voulait. Dès l'époque du gouvernement d'Oliver Mowat (1872-1896), le ministère de l'Éducation commença par imposer l'enseignement *de l'anglais*, en 1885. Cinq ans plus tard, sous les cris francophobes de la Equal Rights Association et à l'appel de certains journaux fanatiques de Toronto, un nouveau règlement imposa l'enseignement *en anglais*, pour toutes les matières. Les inspecteurs *bilingues* pouvaient cependant accorder des exemptions si les enfants ne comprenaient pas assez l'anglais.

En juin 1912, le gouvernement publia le célèbre règlement 17. Il éliminait tout enseignement en français, sauf, dans certaines circonstances, pour les deux premières années, si l'enfant ne comprenait pas l'anglais, si les parents le demandaient, si le français avait déjà été enseigné dans cette école, si les inspecteurs anglais le permettaient, etc. La Commission scolaire séparée d'Ottawa, présidée par Samuel Genest, refusa d'obtempérer. Ainsi s'engagea une bataille qui allait durer 15 ans et enflammer les relations entre les Canadiens français et l'Ontario. Les nationalistes canadiens-français prirent fait et cause pour leurs *frères de l'Ontario*, les *blessés de l'Ontario*, victimes des *Prussiens de l'Ontario*. À Montréal, la Société Saint-Jean-Baptiste mena une campagne de levée de fonds pour aider les écoles franco-ontariennes (le sou de la pensée français), alors que le gouvernement du Québec autorisa ses commissions scolaires à verser des fonds aux écoles françaises de l'Ontario.

Durant ces années de lutte scolaire, des dizaines de procès furent ouverts contre le gouvernement, contre les commissions scolaires, contre certains individus. En 1915, le gouvernement provincial de William Hearst adopta une loi pour confirmer la validité du règlement 17, adopté en 1912 et légèrement modifié en 1913. Incapable de faire plier la Commission scolaire d'Ottawa, même en lui coupant les subventions, le gouvernement provincial tenta de la remplacer. Mais la *petite commission* fut déclarée inconstitutionnelle. Le fer de lance du combat fut l'ACFEO dont les destinées furent assurées par deux sénateurs : Napoléon Belcourt (sénateur libéral, président en 1910-1912 et en 1919-1933), et aussi Philippe Landry (sénateur conservateur) qui, en 1917, quitta la présidence du Sénat pour prendre la direction de l'ACFEO. La cheville ouvrière de la lutte fut l'oblat Charles Charlebois, directeur du secrétariat de l'ACFEO et rédacteur du journal *Le Droit*, fondé en 1913 pour mener la lutte.

L'ACFEO donna des directives à ses membres de ne pas se soumettre au règlement 17. La résistance s'organisa un peu partout, mais surtout dans l'Est, principalement à Ottawa. Ces années furent marquées par des procès nombreux, par une campagne de pamphlets, par des menaces gouvernementales, par des interventions politiques à tous les échelons (provincial, fédéral, impérial), par de nombreux appels à Rome contre les évêques irlandais. Plusieurs incidents jalonnèrent ce conflit, comme le célèbre épisode des épingles à chapeau, au début de 1916, ou les défilés des enfants dans les rues d'Ottawa peu après.

Au fil des ans, devant la menace de perdre les subventions gouvernementales, plusieurs commissions scolaires se soumirent, mais pas celle d'Ottawa, qui résista jusqu'au bout. Elle put le faire parce qu'une grande partie de son personnel enseignant se composait de membres de communautés religieuses, donc moins sensibles au non-paiement des salaires. Une autre forme de résistance fut l'ouverture d'écoles libres, comme celle de Green Valley. La plus connue, cependant, vit le jour à Pembroke, où l'héroïne de la lutte fut une frêle institutrice appelée Jeanne Lajoie, admirée surtout après sa mort précoce en 1931.

Dans les années 1920, des groupes anglo-canadiens voulurent trouver un compromis dans ce conflit qui avait trop duré. Ce fut par exemple le cas de la Unity League of Ontario. En 1923, l'Université d'Ottawa ouvrit une école normale pour former des enseignants destinés aux écoles *bilingues* de l'Ontario. Finalement, le premier ministre Howard Ferguson créa en 1925 une commission d'enquête qui recommanda d'autoriser l'enseignement en français, ce que le gouvernement accepta aussitôt. On avait trouvé que les jeunes Franco-Ontariens, tout compte fait, connaissaient assez l'anglais. Ainsi, en 1927, les écoles *bilingues* purent reprendre leurs activités, avec une bonne partie de leur enseignement en français. Le gouvernement reconnaissait aussi l'École normale d'Ottawa, la seule à former les enseignants franco-ontariens jusqu'en 1962, date à laquelle fut fondée l'École normale de Sudbury.

Au moment où le règlement 17 allait disparaître, naissait à Ottawa, en 1926, une société secrète, créée pour protéger les fonctionnaires canadiens-français du gouvernement fédéral. Au cours des décennies suivantes, l'Ordre des commandeurs de Jacques-Cartier s'étendit à toutes les régions du Canada français. L'Ordre fonctionnait dans le secret et veillait à toutes les questions affectant le sort des Canadiens français. Il n'intervenait pas publiquement, mais il lançait des mots d'ordre que ses membres reprenaient ensuite à leur propre compte. Plusieurs campagnes en faveur du bilinguisme (les timbres, la monnaie, les chèques, la fonction publique, les sociétés fédérales) reçurent son appui. En Ontario, l'Ordre fut influent dans les organismes éducatifs et patriotiques. Dans les années 1940, par exemple, il usa de son influence pour appuyer le Bloc populaire, pour aider à la fondation des caisses populaires et pour l'organisation des clubs Richelieu. Il s'intéressa beaucoup aux nominations épiscopales, soutint la création de paroisses et d'écoles françaises, mobilisa ses membres dans certaines causes politiques ou scolaires.

Le mode de fonctionnement secret de l'Ordre reflétait plutôt bien le comportement de la communauté franco-ontarienne durant les années 1927-1960. Les chefs franco-ontariens, tant religieux que laïques, préféraient généralement la discrétion. Puisque la province de l'Ontario ne reconnaissait aucun droit à sa minorité française, et que même ses écoles, pour citer George Drew, premier ministre de l'Ontario de 1943 à 1948, n'étaient qu'un privilège et non un droit, la société franco-ontarienne vécut sous la menace d'un nouveau règlement 17. L'Ontario français fut à cette époque une sorte de *communauté clandestine* dans une province anglaise.

C'est pourtant une période où s'agrandit le réseau d'institutions. La lutte pour des paroisses et pour des écoles françaises devint un peu la toile de fond de l'affirmation de la communauté franco-ontarienne. Dans le domaine scolaire, c'est l'ACFEO qui dirigea les efforts en faveur des écoles et des paroisses françaises. Sortie victorieuse de sa lutte contre le règlement 17, l'Association s'intéressa beaucoup au financement, à la formation des maîtres et à l'ouverture de nouvelles écoles. Durant les années 1930, une longue campagne des catholiques pour obtenir un financement plus équitable des écoles séparées mobilisa l'ACFEO, aux côtés des catholiques anglophones. En 1936, le premier ministre Mitch Hepburn accorda une partie de la taxe commerciale et industrielle aux écoles séparées, mais des difficultés d'application provoquèrent le rappel de cette loi dès l'année suivante.

Un groupe d'enseignants d'Ottawa organisa en 1936 une section de la Société Saint-Jean-Baptiste, un regroupement qui se transforma bientôt en association professionnelle, devenue aujourd'hui l'Association des enseignantes et des enseignants franco-ontariens. En 1944 naissait aussi l'Association des conseils d'éducation bilingues de l'Ontario, devenu en 1972 l'Association française des conseils scolaires de l'Ontario. La Commission royale d'enquête sur l'éducation, en 1950, fut peu sympathique à l'enseignement religieux ou français, mais heureusement, son rapport eut peu d'impact sur le gouvernement.

L'enseignement secondaire en français commençait à peine, il n'était possible que dans les écoles privées, dirigées par les communautés religieuses. Le secondaire supérieur (conduisant au baccalauréat) se donnait soit à l'Université d'Ottawa, soit au Collège du Sacré-Cœur de Sudbury (fondé à Sudbury par les jésuites en 1913), soit, pour les filles, au Collège Bruyère (fondé à Ottawa par les sœurs grises en 1926). Cependant, cet enseignement secondaire privé ne toucha jamais qu'une faible portion de la population franco-ontarienne, ce qui explique en partie la sous-scolarisation historique de l'Ontario français.

Entre les questions scolaires et les transformations de la société canadienne-française de l'Ontario, les années 1930 ont aussi produit un événement qui fut connu à l'échelle mondiale. Les Franco-Ontariennes les plus notoires de l'époque furent sûrement les *jumelles Dionne*, les quintuplées de Corbeil, près de North Bay, nées en 1934. Pour leur protection, le gouvernement provincial adopta une loi qui mettait en tutelle les cinq jeunes filles. La question, mêlant langue, religion et politique, devint une cause célèbre pendant une dizaine d'années. La suite tragique des événements a laissé, dans cette famille, des cicatrices profondes.

Dans l'est de l'Ontario, l'agriculture resta au 20e siècle, malgré la tendance générale à l'urbanisation, une activité économique importante de plus en plus tournée vers les marchés. C'est dans cette région que naquit en 1929 l'Union des cultivateurs franco-ontariens. Dans les villes, les Franco-Ontariens étaient surtout des ouvriers peu spécialisés, travaillant dans les usines (Welland, Cornwall, Windsor), les mines (Sudbury, Timmins, Kirkland Lake), les scieries et les papeteries (dans plusieurs villes de l'Est et du Nord). Après la Deuxième Guerre mondiale, beaucoup d'agriculteurs abandonnèrent leurs terres, à la recherche de travail à la ville. L'événement économique le plus intéressant de la période, ce fut sans doute la fondation, dans les années 1940, de plusieurs caisses populaires. Ces institutions locales se regroupèrent en fédération provinciale dès 1946. Leur départ fut modeste, mais elles connurent dans les décennies suivantes une croissance importante.

Usine de textile, Cornwall, Ontario, 1935.

Sur le plan culturel, la société franco-ontarienne possédait peu d'institutions en dehors du secteur de l'enseignement et de la paroisse. Le théâtre s'est cependant développé en plusieurs endroits, surtout dans les centres plus importants comme Ottawa ou Sudbury. La vie culturelle la plus active se manifesta à Ottawa qui profitait, comme toujours, d'un apport constant d'intellectuels à cause de la fonction publique. L'Université d'Ottawa aussi constitua un pôle d'activité culturelle, comme le Collège du Sacré-Cœur à Sudbury. On trouvait à Ottawa des auteurs connus, comme Léo-Paul Desrosiers ou Séraphin Marion. En outre, Ottawa possédait le seul quotidien de l'Ontario français, *Le Droit*, même s'il existait en province plusieurs hebdomadaires qui eurent une grande influence, comme *La Feuille d'érable* que le sénateur Gustave Lacasse publia à Windsor de 1931 jusqu'à sa mort en 1953, ou encore *L'Ami du peuple*, que Camille Lemieux publia à Sudbury après 1942, ou *Le Carillon* dans la région de

Hawkesbury. La vie culturelle de l'Ontario français, à cette époque, prolongeait simplement la vie culturelle du Canada français.

Dans le domaine des relations anglo-françaises, les années 1960 furent turbulentes. Le Canada français estimait avoir été lésé, historiquement, dans ses droits. Il exigeait le redressement de ces injustices. Alors que les premières bombes éclataient au Québec, certains hommes politiques fédéraux firent les premiers pas vers un accommodement entre les deux communautés culturelles. Un des gestes les plus significatifs fut la création, en 1963, de la Commission royale d'enquête sur le bilinguisme et le biculturalisme, dont les audiences furent le théâtre de discussions animées. Au terme du processus, en 1969, le gouvernement fédéral adopta la *Loi sur les langues officielles*. Mais en même temps, le gouvernement fédéral laissait tomber le biculturalisme, ce qui a peut-être eu l'effet pervers d'encourager l'idée que seul le Québec défendait la culture française au Canada.

Le Canada français agonisait. Finie la grande solidarité qui avait uni les membres de la *famille canadienne-française*. En 1965, l'Ordre des commandeurs de Jacques-Cartier éclata, à la suite de divergences entre les différents groupes français du pays. Le Conseil de la vie française, à Québec, continuait son combat mais était débordé par le nouveau nationalisme. Quand les états généraux du Canada français furent convoqués à Montréal, en 1966, on put rapidement mesurer l'écart qui séparait désormais les néonationalistes québécois et les minorités françaises du pays. Désormais axé sur l'éclatement de la Confédération canadienne, le nationalisme québécois heurtait de front les minorités françaises qui, enfin, commençaient à recevoir l'appui du gouvernement fédéral. En Ontario, l'ACFEO décida finalement de boycotter les états généraux de 1969, signe certain de rupture.

En 1967, le premier ministre de l'Ontario, John Robarts, convoqua une conférence des premiers ministres provinciaux. La rencontre donna à la province l'occasion d'annoncer une plus grande ouverture. Les réformes commencèrent, comme il se doit, dans le monde de l'éducation. Voici qu'on autorisa enfin l'enseignement secondaire en français à même les fonds publics. Au niveau universitaire, le gouvernement finançait depuis 1960 l'enseignement universitaire en français, bien que dans les universités bilingues seulement (l'Université Laurentienne en 1960, l'Université d'Ottawa en 1965). En outre, en 1965, le gouvernement mit sur pied son réseau de collèges d'arts appliqués et de technologie, dont quelques-uns, notamment le Collège Algonquin d'Ottawa, offrirent des programmes en français.

Les politiques de bilinguisme, la transformation du régime scolaire, l'activisme politique accru avaient transformé la communauté franco-ontarienne. Urbanisée, celle-ci se voyait confrontée aux problèmes de la syndicalisation, de la laïcisation, de l'égalité des sexes, de la culture contemporaine, de la modernisation dans son sens large. Devant tant de transformations sociales, l'ACFEO convoqua en 1969 un congrès d'orientation où il fut décidé que l'organisme s'occuperait désormais de toutes les questions, non seulement de l'éducation. Sous le nouveau nom d'Association canadienne-française de l'Ontario (ACFO), l'organisme élargissait ses champs d'intervention. Désormais, le point de référence ne serait plus le Canada français, mais l'Ontario. Pour compléter cette évolution, il y avait urgence d'obtenir un véritable droit de cité en Ontario. C'est l'œuvre à laquelle l'ACFO s'appliqua à partir des années 1970. Ainsi, l'Ontario français cessa d'être la partie ontarienne du Canada français pour devenir la partie française de l'Ontario.

L'ÂGE FRANCO-ONTARIEN (DEPUIS 1969)

Le 25 septembre 1975, à Sudbury, le drapeau franco-ontarien fut déployé une première fois. Ce geste symbolique proclamait une nouvelle réalité culturelle en Ontario français. Implicite dans cette démarche, il y avait l'idée que l'épanouissement de la communauté franco-ontarienne ne passait plus par le réseau institutionnel canadien-français, disparu durant la décennie précédente, mais par la prestation de services sociaux et publics en français à l'échelle provinciale. Car de plus en plus, c'est dans le cadre ontarien que la communauté franco-ontarienne revendiquait le respect de ses droits scolaires et linguistiques. Ce programme a constitué depuis 30 ans la trame de fond des revendications de l'ACFO et de l'Ontario français.

À l'ancien rêve d'une nation catholique et française succéda le projet d'une société pluraliste de langue française en Ontario. La communauté franco-ontarienne se compose très largement d'individus nés en Ontario, mais environ 25 % des Franco-Ontariens, femmes et hommes, sont nés au Québec, et quelques dizaines de milliers de personnes, environ 5 % de la population francophone, sont venues d'Europe, de Haïti, d'Afrique et d'Asie.

Le temps des subventions (1969-1982)

En examinant les congrès annuels de l'ACFO depuis 30 ans, en se penchant sur les longues consultations menées en préparation du Plan global de développement en 1983, et en analysant les discussions qui ont précédé le grand rassemblement de la francophonie ontarienne à Toronto en 1991, on ne peut que constater la constance des orientations de base.

L'encadrement de la communauté franco-ontarienne a été l'œuvre, avant tout, de l'ACFO, mais aussi d'une foule d'autres organismes provinciaux œuvrant dans les secteurs social, médical, municipal, économique, culturel, etc. C'est par le biais de ses sections régionales, dotées de budgets et d'animateurs culturels (grâce aux subventions du gouvernement fédéral), que l'ACFO a pu intervenir dans de nombreux secteurs. La manne financière du gouvernement fédéral s'avéra une bénédiction, comme le démontrent les centaines de projets qui ont ainsi vu le jour. Quoi qu'on en dise, les politiques d'aide du Secrétariat d'État ont favorisé le développement et la diversification des institutions de l'Ontario français. Tenue à l'écart du pouvoir politique et économique depuis longtemps, la communauté franco-ontarienne accusait de sérieux retards qu'il était urgent de rattraper, en éducation et ailleurs. Néanmoins, l'ACFO provinciale, avec ses quelque 20 sociétés affiliées et autant de régionales, fut contestée dans les années 1980, d'abord par ses propres sections, et plus récemment, par des groupes prétendant détenir les mêmes droits que l'ACFO.

Dans le domaine des arts, les dernières décennies furent témoins d'une certaine effervescence. Du rapport Saint-Denis (1969) au rapport Savard (1977) et au rapport Grisé (1991), on peut suivre la progression de la vie artistique dans tous les domaines, surtout en théâtre, en littérature et en musique populaire. De nombreux organismes ont vu le jour pour encadrer ces activités. Dans les années 1970, c'est à Sudbury que l'expression artistique franco-ontarienne connut le plus d'éclat, mais des manifestations se produisirent dans toutes les régions.

L'absence de pouvoir économique et politique minait le développement de l'Ontario français, et ce, malgré l'importance des activités culturelles, qui ne sauraient masquer la faiblesse économique des communautés de l'Est, du Nord et du Sud-Ouest, des régions ontariennes marginales par rapport à la grande industrie concentrée dans le sud de l'Ontario. Depuis un quart de siècle, les questions économiques ont préoccupé les élites franco-ontariennes, car l'urbanisation, les migrations vers le sud et l'industrialisation ont entraîné des problèmes tels que le chômage, le manque de développement régional, le départ des jeunes à la recherche d'emplois. Depuis le rapport Toulouse-Allaire (1973), commandité par l'ACFO, jusqu'au Plan global de développement (1983), la principale préoccupation est de favoriser le développement économique. Les gens d'affaires commencent à peine à se regrouper. Mais l'explication du problème économique des Franco-Ontariens est en partie historique. Le Canada français dans son ensemble a souffert, dans le passé, d'un retard économique qui l'a maintenu dans une situation économique désavantageuse.

Encore plus grave est le fait que cette faiblesse du pouvoir économique se doubla d'une inévitable anémie politique. Les Franco-Ontariens, qui représentent moins de 5 % de la population de l'Ontario, exercent peu d'influence sur la scène politique provinciale. On a pu mesurer cette faiblesse dans la lenteur de la mise en place d'institutions françaises dans le monde de l'enseignement, des garderies à l'université. Les années 1970 furent les témoins d'une longue série de querelles autour de la création des écoles secondaires françaises (à Sturgeon Falls, à Penetanguishene et à Windsor), conflits que le gouvernement régla à coups d'incitations financières, de subventions spéciales, de décisions des tribunaux, voire de législations spéciales.

L'usage du français et la prestation de services en français devint, dans les années 1970, le point critique des revendications de l'ACFO et des autres organismes franco-ontariens. L'ACFO réclamait une loi cadre des services en français. La bataille passa des permis de conduire unilingues aux écoles et aux tribunaux bilingues.

La reconnaissance incomplète (1982-1997)

Au début des années 1980, l'ACFO effectua une vaste consultation à l'échelle de l'Ontario français, afin de préparer un plan de développement de la communauté. Le Plan global de développement (1983) couvrait un éventail de sujets. Après des décennies de progrès minuscules, sous une longue succession de gouvernements conservateurs, la situation s'améliora soudainement en 1985. Le gouvernement de David Peterson fit adopter la *Loi de 1986 sur les services en français*, soumise par le ministre Bernard Grandmaître. Les trois partis politiques provinciaux accordèrent un appui unanime à ce projet de loi. Aucune autre loi, dans l'histoire de la province, n'a eu autant d'impact sur la population franco-ontarienne. Une des conséquences immédiates fut d'accroître le besoin de professionnels parlant le français, notamment dans les domaines de la santé et des services sociaux.

Le prolongement des conflits scolaires, dans les années 1980-1990, passa par la longue route vers le contrôle de l'éducation en français. L'événement déterminant fut l'adoption par le Parlement, en 1981, d'une loi demandant le rapatriement de la Constitution et l'adoption de la *Charte des droits et libertés*. Selon l'article 23 de cette charte, les parents qui ont étudié en français ou en anglais au Canada ont le droit de faire éduquer leurs enfants dans cette langue partout au pays, aux niveaux primaire et secondaire. Au fil des années, les tribunaux ont plus d'une fois été appelés à interpréter cette clause. Dès 1984, l'Association canadienne-française de l'Ontario, l'Association des enseignantes et des enseignants franco-ontariens et quatre parents obtinrent de la Cour d'appel de l'Ontario un premier jugement déclarant que le droit à l'école supposait le droit à la gestion de ces écoles. La réponse du gouvernement fut d'adopter la loi 75, qui créait des sections de langue française dans les conseils scolaires et donnait aux conseillers français la responsabilité des écoles françaises. Ce régime, peu satisfaisant, ne prendra fin qu'en 1997. Entre-temps, le gouvernement créa, en 1988, le premier conseil scolaire de langue française à Ottawa. L'année suivante, il chargea une commission d'étudier la question, ce qui apporta le rapport Cousineau sur la gestion scolaire. Le gouvernement de Bob Rae (1990-1995) créa deux collèges communautaires français, mais piétina dans le dossier de la gestion scolaire, promettant d'agir après la réception du rapport de la Commission royale sur l'éducation (le rapport Bégin-Caplan). Une douzaine de conseils scolaires français virent enfin le jour en 1997.

Au niveau postsecondaire, la question des institutions homogènes continua de préoccuper la communauté franco-ontarienne qui réclama, tant au niveau collégial qu'universitaire, la création d'institutions linguistiquement homogènes. Dans le cas des collèges d'arts appliqués et de technologie, le premier collège (la Cité collégiale) ouvrit à Ottawa en 1990 ; trois ans plus tard, on créa les collèges du Nord (Boréal) et du Sud (les Grands-Lacs). Au niveau universitaire, un financement accru a sensiblement augmenté le nombre de programmes offerts en français durant la dernière décennie.

Les secteurs de la santé, des affaires municipales, des services sociaux et de l'alphabétisation ont aussi, au cours de la dernière décennie, mobilisé beaucoup de personnes.

Conclusion

L'Ontario français, aujourd'hui, c'est une population d'environ 550 000 personnes dont l'identité repose d'abord sur des critères culturels, tels que la langue, l'enseignement, la culture et l'histoire. Cette communauté de lieux absorbe régulièrement des personnes qui arrivent d'ailleurs. L'acquisition d'un pouvoir économique ou politique par la société franco-ontarienne représente un grand défi. Certains voient dans l'intégration à la société globale une preuve d'assimilation annonçant une éventuelle disparition, tandis que d'autres y voient un accommodement nécessaire. Depuis 1760, beaucoup de prophètes ont annoncé l'inévitable et imminente disparition du Canada français. Pourtant, les descendants des *Canadiens* de 1760, après deux siècles, se comptent par millions. Qui possède les connaissances voulues pour prédire la disparition de l'Ontario français ?

Depuis 20 ans, plusieurs documents portant sur le développement communautaire ont tenté de tracer les voies du développement. Une orientation fondamentale semble procéder de l'idée qu'une culture ne peut prospérer qu'en s'exprimant dans toutes les sphères de la vie. En somme, l'Ontario français ne peut pas se contenter du volet culturel ou linguistique, il doit s'intégrer pleinement à la vie économique, sociale et politique de l'Ontario. Ni la jeunesse, ni les autres membres de la société franco-ontarienne ne sauraient vivre en retrait. D'autre part, plus les ponts entre l'Ontario français et le Québec sont coupés, plus grande est l'urgence d'établir des rapports avec les autres communautés françaises du Canada (en Acadie et dans l'Ouest), mais aussi avec les communautés francophones du monde entier. C'est en somme reconnaître que l'isolement ne sera jamais une solution viable aux problèmes culturels de l'Ontario français.

Il est évident que la viabilité culturelle dépend aussi de l'encadrement institutionnel dans lequel évolue l'Ontario. C'est dire l'importance d'établir, partout où la chose est possible, non seulement des institutions d'enseignement homogènes, de la maternelle à l'université, mais aussi d'autres institutions relevant des domaines social et culturel. Sur le plan politique, l'avenir passe par une participation aux institutions provinciales et nationales. Ainsi, l'intérêt fondamental de l'Ontario dépend du maintien de la fédération canadienne, et prétendre le contraire, c'est exiger des Franco-Ontariens un suicide culturel.

Bref, la nouvelle identité franco-ontarienne cherche à réconcilier l'appartenance culturelle française, la pleine participation à la vie sociale et économique de l'Ontario, et le maintien des liens politiques canadiens.

Bibliographie sélective

BUREAU, Brigitte (1989). *Mêlez-vous de vos affaires : 20 ans de luttes franco-ontariennes*, Ottawa, Association canadienne-française de l'Ontario.

Les cahiers Charlevoix, Sudbury, Prise de parole, 2 vol.

CARRIÈRE, Laurier (c1981). *Les Français dans les Pays d'en haut*, Toronto, McGraw-Hill, vol. 8.

CHOQUETTE, Robert (1980). « L'Ontario français », *L'Ontario français : historique*, Montréal, Études Vivantes, vol. 8.

GERVAIS, Gaétan (1995). « Aux origines de l'identité franco-ontarienne », *Les cahiers Charlevoix*, vol. 1, Sudbury, Prise de parole, p. 125-168.

JAENEN, Cornelius J. (c1993). *Les Franco-Ontariens*, Ottawa, Ontario Historical Studies Series ; Presses de l'Université d'Ottawa, vol. 8.

ONTARIO. MINISTÈRE DE L'ÉDUCATION (1981). *Explorations et enracinements français en Ontario, 1610-1978 : esquisse historique et ressources documentaires*, Toronto, le Ministère.

Chapitre 8

Le rapport à l'*autre* : l'évolution de la francophonie de l'Ouest[1]

Gratien Allaire, Université Laurentienne

Faire l'histoire de la francophonie de l'Ouest, c'est bien sûr suivre l'évolution d'une population de langue française sur un vaste territoire, qui s'étend de l'ouest des Grands Lacs à l'océan Pacifique, de la frontière américaine à l'océan Arctique. C'est la suivre dans sa diversité et dans ses changements depuis son arrivée. C'est aussi et surtout tracer son évolution dans sa relation avec l'*autre*, un *autre* différent selon les périodes et selon les circonstances. Cet *autre* est d'origines diverses : Amérindien, Britannique (Anglais, Écossais, Irlandais), Européen (Polonais, Ukrainien, Italien, Allemand, Norvégien)... Il est aussi de même langue, comme le Français et le Belge du début du siècle ou le Québécois des trois dernières décennies. Cette relation avec l'*autre*, cette redéfinition périodique de l'*autre*, constitue l'un des principaux ingrédients de la francophonie de l'Ouest, entraînant chez elle un ajustement continu. Si l'analyse du rôle de l'*autre* et de l'altérité n'est pas neuve (Paquin et Mocquais, 1994), son application à l'histoire, par contre, l'est.

Commerce des fourrures et présence française

Le commerce des fourrures a été la cause de la première présence française dans l'Ouest. Cette priorité, cette antériorité constitue d'ailleurs l'un des éléments d'identification de la francophonie de l'Ouest, l'un de ses mythes fondateurs : c'est à partir de La Vérendrye (Fillion, 1986) et des voyageurs que celle-ci établit son droit de découverte et de premier occupant européen. Pourtant, pendant un siècle, la relation avec l'autre est celle avec un étranger de passage, puisque ni le Français découvreur ni le *Canayen* voyageur n'a tendance à s'installer en territoire amérindien.

Les premières expéditions françaises officielles à l'ouest des Grands Lacs ont été menées par Pierre Gaultier de Varennes de La Vérendrye, commandant de poste et partenaire de sociétés de fourrures. Se basant sur des renseignements recueillis auprès des Cris, cet officier se lança à la recherche de la mer de l'Ouest en 1731. Utilisant le riche réseau hydrographique comme voie de communication, il établit en 10 ans une chaîne de postes s'étendant du lac Supérieur à l'embouchure

1. L'auteur tient à remercier Diane Payment, Marie-Louise Perron et André Lalonde pour leurs commentaires.

Carte I
Exploration et présence françaises, 1731-1760

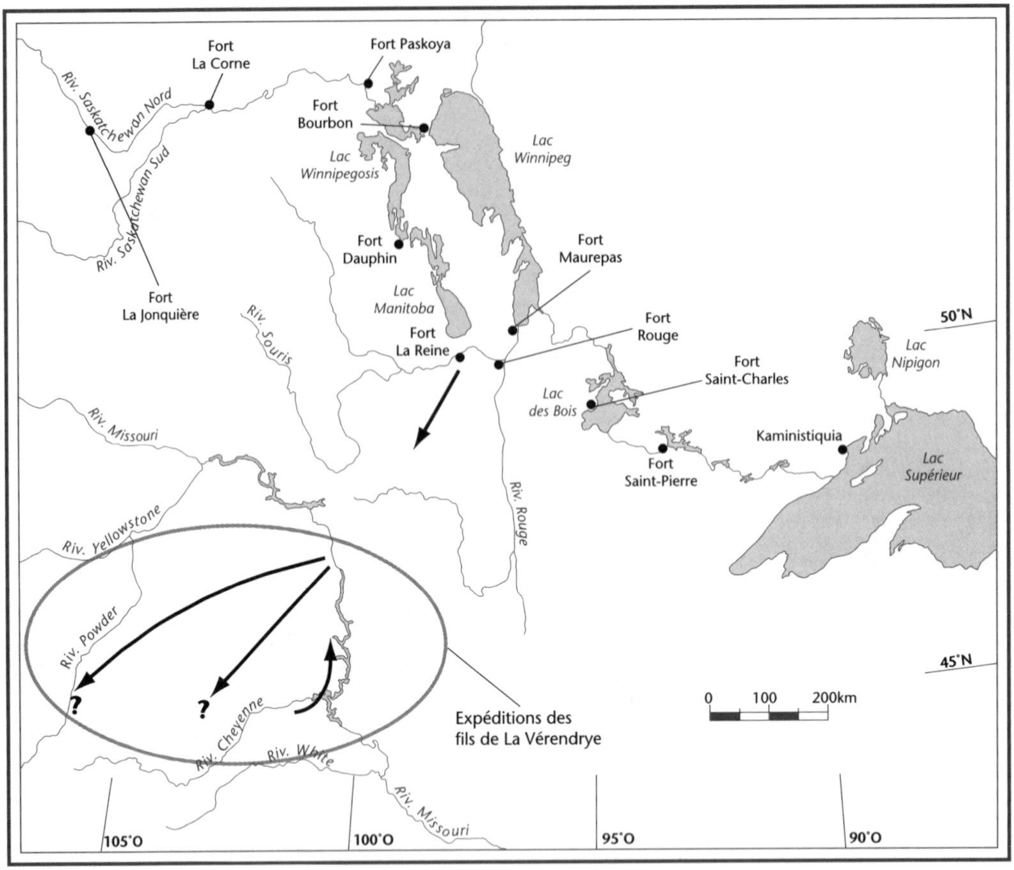

Réalisation : Léo L. Larivière, Université Laurentienne.

de la rivière Saskatchewan. En 1751, ses successeurs construisirent le fort LaJonquière à 300 lieues à l'ouest, probablement près des montagnes Rocheuses (Eccles, 1987).

La guerre de la Conquête força les Français à abandonner le territoire sans avoir découvert la fameuse mer de l'Ouest. Ils avaient cependant établi les fondements du commerce montréalais des fourrures dans le Nord-Ouest, pour ce qui est des routes, du transport, de l'organisation financière et des relations avec les nations amérindiennes. Ces fondements allaient donc permettre la reconstruction du commerce des fourrures de Montréal après 1760.

C'est à titre d'employés que les Français retournèrent dans le Nord-Ouest après 1760 ; jusqu'en 1821, la présence française fut assurée principalement par les voyageurs. Le commerce des fourrures passa aux mains de marchands écossais et anglais qui, au bout d'une vingtaine d'années, se regroupèrent pour former la Compagnie du Nord-Ouest, un monopole de fait qui, de Montréal, faisait directement concurrence à la Compagnie de la baie d'Hudson, détentrice du monopole légal. Les compagnies montréalaises embauchaient chaque année plusieurs centaines d'habitants et de fils d'habitants. Ces voyageurs étaient leur principal atout dans la

Carte II
Concurrence pour les fourrures

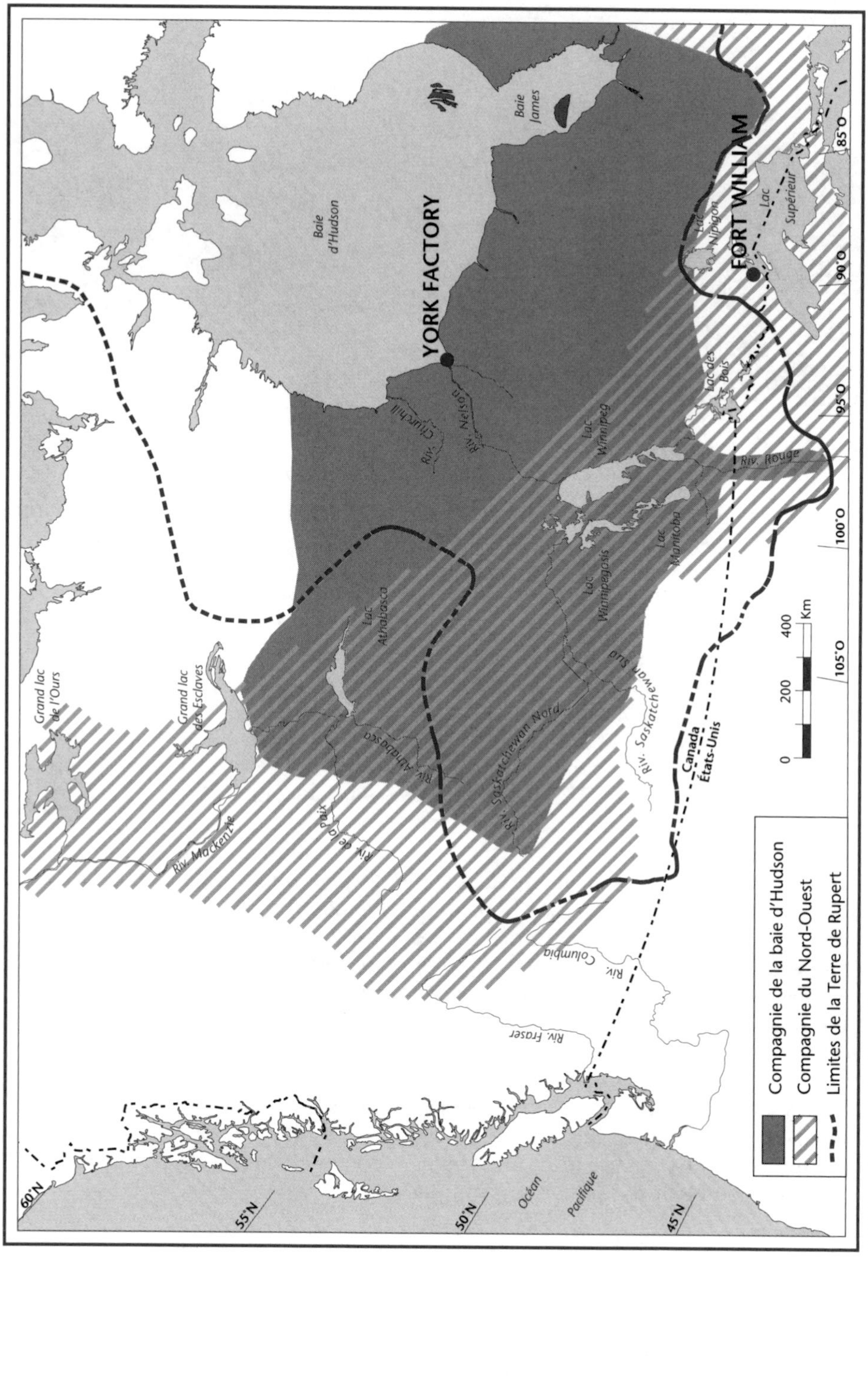

Réalisation : Léo L. Larivière, Université Laurentienne.

Pêche en hiver sur les rivières Assiniboine et Rouge, en décembre 1821.
Dessin de Peter Rindisbacher (1806-1834).

collecte de fourrures : ils servaient non seulement à porter les marchandises européennes de Montréal au Nord-Ouest, à la porte des villages amérindiens pratiquement, et à en rapporter les fourrures, mais aussi à entretenir de bonnes relations avec les nations amérindiennes, parmi lesquelles il leur arrivait souvent de faire de longs séjours. C'est pourquoi la Compagnie de la baie d'Hudson a embauché un grand nombre de voyageurs à partir des années 1810, pour se donner les moyens de l'emporter sur sa rivale, avec les méthodes de celle-ci.

La plupart des voyageurs n'entretenaient que des relations éphémères avec la population amérindienne. La progéniture de ces étrangers de passage était prise en charge par leurs compagnes amérindiennes au même titre que les autres enfants amérindiens. Des voyageurs en vinrent à demeurer dans le Nord-Ouest, et leurs relations plus durables avec les Amérindiennes furent consacrées par le mariage *à la façon du pays*, selon l'usage amérindien. Cette présence française de plus longue durée autour des postes et parmi les nations amérindiennes a donné naissance à une première francophonie de l'Ouest : la nation métisse.

La première francophonie de l'Ouest : la nation métisse[2]

Si les Métis sont le fruit de la rencontre du voyageur français et de l'Amérindienne, la *nation* – l'application du terme est controversée – métisse, elle, est le résultat de sa propre affirmation au cours du 19e siècle. Elle s'est formée, puis renforcée par son rassemblement, principalement au confluent des rivières Rouge et Assiniboine. Elle s'est affirmée au milieu du siècle par sa résistance au monopole de la Compagnie de la baie d'Hudson, puis au gouvernement canadien. Elle s'est effritée à la suite de son affrontement avec ce dernier dans les Territoires du Nord-Ouest en 1885. Elle a subsisté au 20e siècle, en marge de la société blanche et distante de son origine française.

2. Une version modifiée de la partie du texte sur les Métis est utilisée sur le site Internet de la Courtepointe de l'Ouest, actuellement en développement.

Carte III
Colonie de la Rivière-Rouge

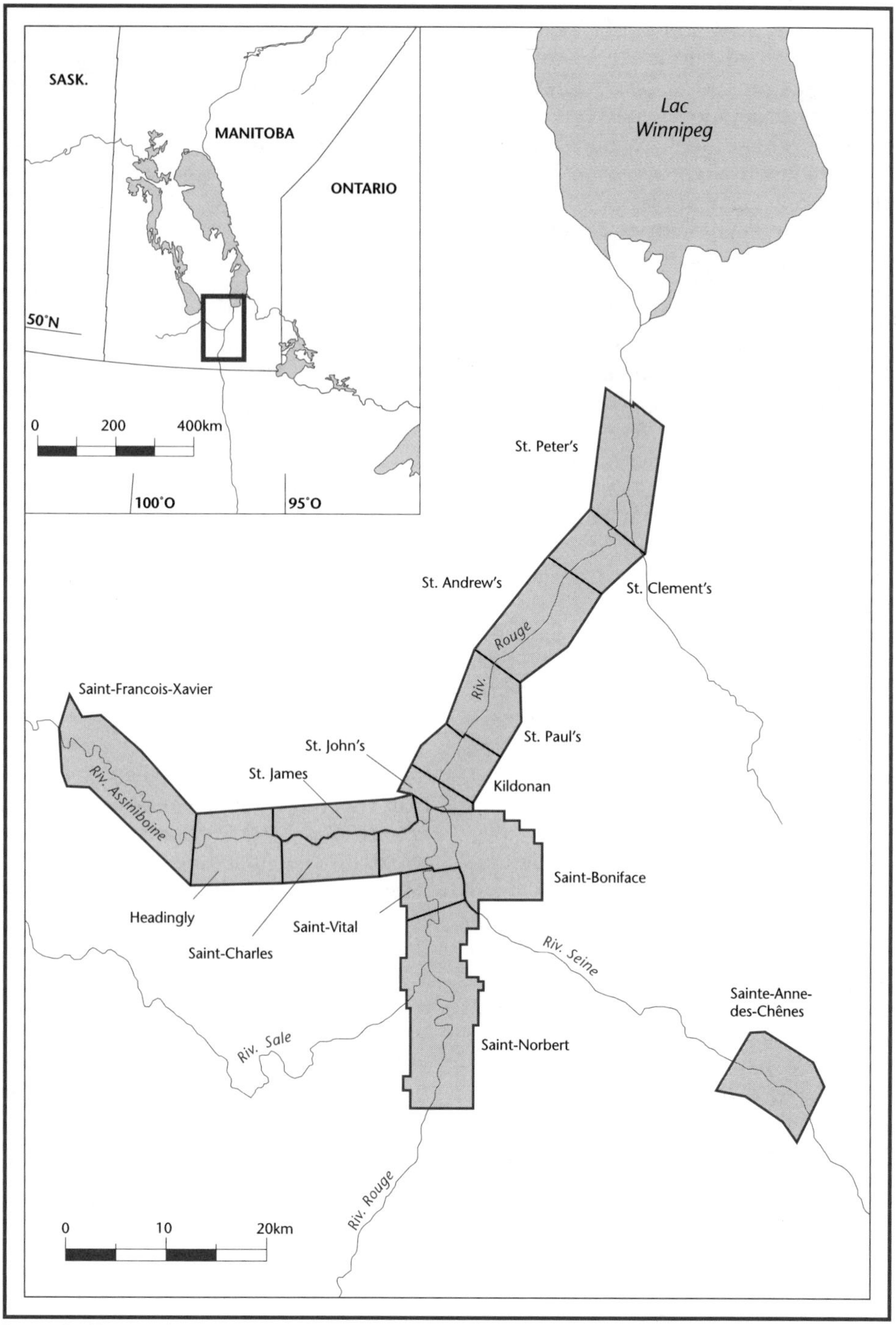

Source : Gerald Friesen, *The Canadian Prairies : A History*, Toronto, University of Toronto Press, 1984, p. 90-91.
Réalisation : Léo L. Larivière, Université Laurentienne.

La naissance de la nation métisse remonte à sa victoire sur les colons écossais amenés à la rivière Rouge en 1812 par le philanthrope lord Selkirk et la Compagnie de la baie d'Hudson. D'abord pacifiques, les relations entre les deux groupes se détériorèrent rapidement sur des questions relatives à l'utilisation des ressources. Appuyés, ou utilisés, par la Compagnie du Nord-Ouest, les Métis affrontèrent, à la Grenouillère en 1816, les colons qui prétendaient leur refuser le droit de transporter du pemmican en dehors des limites de la colonie. Les Métis fournissaient cette denrée à la Compagnie du Nord-Ouest pour ses convois, alors que les colons voulaient la réserver au maintien de leur établissement.

La fusion des deux compagnies de fourrures en 1821 a favorisé le développement de la nation métisse. La Compagnie de la baie d'Hudson est devenue un élément dominant de la vie de ces communautés. Elle employait un grand nombre de Métis pour le transport des marchandises et des fourrures. Elle achetait aussi le pemmican, produit de leur chasse, et les fourrures, produit de leur commerce avec les Amérindiens. Les postes de la Compagnie favorisèrent le développement d'établissements sédentaires métis, comme à la rivière Rouge, au lac Sainte-Anne, près d'Edmonton, au lac La Biche (Champagne, 1990) et en d'autres endroits où se trouvaient les ressources naturelles adéquates. Le peuplement de l'Ouest américain modifia cette relation à la Compagnie. Les Métis ignorèrent de plus en plus le monopole britannique pour faire plutôt affaire avec les acheteurs américains de Saint-Paul. En 1849, le procès de Pierre Guillaume Sayer[3] démontra que la Compagnie n'était plus en mesure de faire respecter son monopole : un fort attroupement de Métis obligea la libération de l'accusé, en dépit du verdict de culpabilité prononcé contre lui par le jury (Stanley, 1972, p. 13-15). Pour les Métis, c'était déclarer la liberté du commerce ; pour la Compagnie de la baie d'Hudson, c'était céder aux commerçants indépendants, Métis ou autres.

Le dénouement de l'affaire Sayer témoigne du développement et de l'organisation de la société métisse, façonnée par ses deux origines. *Tchipayuk*, un roman de Ronald Lavallée (1987), décrit bien cette rencontre de cultures. Semi-sédentaire et concentrée à la Rivière-Rouge, la population métisse vivait principalement de la chasse au bison et du commerce. Pour la chasse au bison, qui la conduisait régulièrement sur la plaine à la recherche des grands troupeaux, la société métisse s'organisait à l'amérindienne, dans l'attribution des rôles et le partage des tâches, par exemple. Et elle utilisait le mode de vie amérindien, tant dans ses méthodes de chasse (y compris l'utilisation du cheval et du fusil) que dans sa façon de traiter le bison. Les Métis y ont ajouté la bruyante charrette à deux roues pour le transport du pemmican, des marchandises et des fourrures entre les postes. La partie sédentaire est d'origine française. La division des terres le long des rivières Rouge et Assiniboine et, plus tard, sur les bords de la Saskatchewan Sud, était comme celle de la vallée du Saint-Laurent, en lots allongés avec façade étroite sur la rivière. À ces *lots de rivière*, les Métis ont ajouté une extension sur la plaine, le privilège de foin, pour leurs chevaux. L'éloignement des marchés ne favorisant pas son développement, la culture du sol est demeurée une activité secondaire, pour assurer l'autosuffisance alimentaire et ravitailler les postes et les convois de la Compagnie de la baie d'Hudson.

Le mode de vie métis se modifia radicalement après 1860, et ce, en deux décennies seulement. L'expansion américaine rapide vers l'ouest favorisait la liberté de commerce, mais elle avait aussi pour effet d'accélérer la disparition des troupeaux de bisons. À partir du milieu du 19e siècle, la chasse devint de plus en plus aléatoire : il fallait chercher les troupeaux de plus en plus loin et il arrivait

3. Pierre Guillaume Sayer fut accusé de commerce illégal des fourrures, et il fut traduit devant la Cour générale des sessions trimestrielles d'Assiniboia.

Figure I
Centres métis des Territoires du Nord-Ouest, 1885-1905

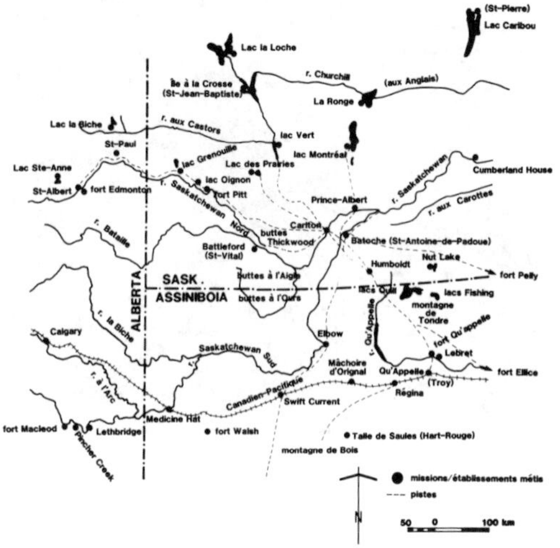

Figure II
Terres réclamées et état de la colonisation à Batoche, ca 1884 à 1930 (d'après le réarpentage de 1890)

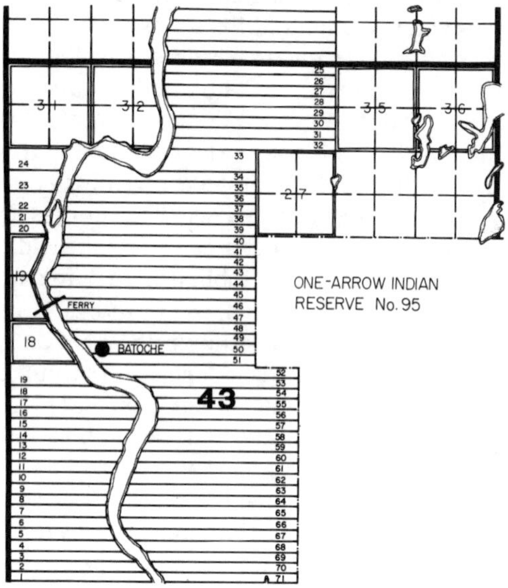

Source : Diane Payment, *« Les gens libres : Otipemisiwak », Batoche, Saskatchewan, 1870-1930*, Patrimoine canadien, Parcs Canada, 1990, p. 30 et 314. Reproduit avec la permission du ministère des Travaux publics et Services gouvernementaux Canada, 1999.

de plus en plus fréquemment de ne pas les trouver. À la Rivière-Rouge, le tiraillement entre la chasse et l'agriculture s'intensifia, les missionnaires insistant sur cette dernière activité, que pratiquaient de préférence les *half-breeds*[4] et les Écossais, les Métis persistant dans la première.

À la suite de la Confédération, la volonté du Canada de s'étendre vers l'ouest est venue changer le paysage sociopolitique. Elle renforça la détermination des annexionnistes *Canadian* établis à la Rivière-Rouge. Pour la Compagnie de la baie d'Hudson, c'était l'occasion rêvée : elle négocia avec le gouvernement canadien l'annulation de ses droits et le transfert de ses territoires au gouvernement canadien. Cependant les Métis n'avaient pas été consultés à ce sujet. L'empiètement des arpenteurs canadiens sur leurs terres, et leur mode de vie, ajoutés aux inondations et aux invasions de sauterelles, les amenèrent à réagir. Les événements de la Rivière-Rouge sont bien connus, tout comme Louis Riel, l'un de leurs principaux acteurs. Assemblées, gouvernement provisoire ou liste des droits, ces actions que l'on a appelées *rébellion*, visaient non pas à empêcher le passage de l'Assiniboia[5] sous la juridiction du gouvernement canadien, mais bien plutôt à assurer qu'il se fasse en tenant compte de la population métisse, de langue française ou anglaise. La résistance des Métis conduisit d'ailleurs à la création de la province du Manitoba.

4. Nés de père écossais ou anglais et de mère amérindienne ou métisse.
5. Le territoire concédé à lord Selkirk par la Compagnie de la baie d'Hudson s'appelait Assiniboia et était sous la juridiction d'un gouverneur et d'un conseil, nommés par la Compagnie. En réalité, le nom désignait principalement la région située au confluent des rivières Rouge et Assiniboine.

D'autres peuplements métis s'étaient formés plus à l'ouest, sur les routes de fourrures et au gré des postes de traite. L'un d'entre eux se trouvait à Batoche, où les convois traversaient la rivière Saskatchewan Sud en route vers le fort Edmonton. Les terres étaient divisées en lots de rivière, comme à la Rivière-Rouge, ce dont les arpenteurs du gouvernement fédéral refusèrent de tenir compte. Les Métis de Batoche, comme les autres habitants des Territoires du Nord-Ouest, d'ailleurs, se plaignaient de la négligence des autorités fédérales. Ils firent appel à Louis Riel, le leader de la Rivière-Rouge. L'établissement d'un gouvernement provisoire en 1885 produisit une réaction différente de celle de 1869-1870 : le gouvernement canadien dépêcha des troupes sur les lieux pour mâter la rébellion. Les Métis furent battus. Arrêté et accusé de sédition, Riel fut jugé, condamné à mort et pendu à Regina à l'automne. Ces événements, et la répression qui les accompagna, sonnèrent le glas de la nation métisse. Brisée dans sa spécificité, celle-ci cessa d'être une actrice importante de l'évolution de l'Ouest ou de la francophonie de l'Ouest.

Le père Albert Lacombe rencontre des chefs Amérindiens de l'Alberta en octobre 1886. Debout, le père Lacombe (à gauche) et Jean L'Heureux (à droite). De g. à d. : Three Bulls, le demi-frère du chef Crowfoot ; le chef Crowfoot ; et Red Crow. En avant : North Axe et One Spot.

Les Métis reculèrent graduellement, cédant leur place aux Blancs. Des tentatives de sédentarisation à l'européenne, comme celle du père Albert Lacombe à Saint-Paul-des-Métis en 1896, eurent peu de succès. Plusieurs Métis choisirent plutôt de s'identifier aux Blancs, de devenir des Canadiens français, et leurs descendants forment probablement le noyau principal de la francophonie de l'Ouest. Le commerce des fourrures et le mode de vie métis ont produit un premier axe de peuplement permanent, le long des rivières qui servaient de voies de communication. Les points de rassemblement métis étaient souvent les points d'établissement des missions, et plusieurs servirent de base à la seconde francophonie de l'Ouest, blanche et sédentaire. L'Église catholique a joué un rôle de premier plan dans cette transition (Lavallée, 1987).

Les premiers missionnaires catholiques sont arrivés à la Rivière-Rouge en 1818. De Saint-Boniface, ils rayonnaient en missions auprès des Amérindiens et auprès des Métis. Peu nombreux, ils voyageaient continuellement, et on peut douter de leur véritable influence. L'Église catholique connut un développement plus rapide au milieu du siècle avec la nomination d'un évêque, Joseph-Norbert Provencher, en 1845 (Hart, 1981, p. 9), et la création du diocèse de Saint-Boniface (Dauphinais, 1991, p. 187-189). Les démarches de Provencher avaient porté fruit, avec l'arrivée à la Rivière-Rouge de deux communautés religieuses, les sœurs grises en 1844 (Dauphinais, 1991, p. 139) et les oblats de Marie-Immaculée, l'année suivante (Dauphinais, 1991, p. 167). En plus de servir les populations métisse et blanche, les missionnaires, hommes et femmes, ont maintenu des liens entre l'Ouest et le monde francophone, tant celui du Bas-Canada (Québec) que celui de la France et de l'Europe. Au 19e siècle, la majorité des oblats qui ont œuvré dans les missions du Nord-Ouest ont été recrutés en France, comme les Grandin, Legal, Petitot... Il suffit de feuilleter les pages du *Dictionnaire*

Mgr Norbert Provencher

biographique des oblats de Marie-Immaculée au Canada (Carrière, 1973) pour s'en rendre compte.

L'ÉTABLISSEMENT DU CANADA FRANÇAIS À L'OUEST

La première francophonie était métisse, la seconde est blanche. Elle est le résultat de ce que l'historien Robert Painchaud (1987) a appelé *Un rêve français dans le peuplement de la Prairie*. Elle appartient au mouvement de migration vers les Prairies, qui s'amorce au milieu du 19e siècle, s'accélère au cours des années 1880-1890, pour culminer durant les 15 premières années du 20e siècle. Elle partage d'ailleurs plusieurs des caractéristiques de ce mouvement : avidité pour les terres, envie de refaire le monde, volonté de faire fortune, recherche d'un monde meilleur, matérialisme, idéalisme, utopie...

L'*autre*, durant cette période, est d'abord et avant tout le *Canadian*, qui entend imposer sa vision du monde et son point de vue : le Canada en expansion vers l'ouest doit être britannique, pour être membre à part entière de ce grand empire triomphant qui se vante de ne pas voir le soleil se coucher. C'est dans un moule britannique et anglais que l'on veut couler le Canada et y fondre toutes les nationalités, toutes les ethnies que l'on incite à grand renfort de publicité à émigrer vers les terres *de lait et de miel* de la prairie canadienne. Le Québec seul est l'exception, pas le Canada français. Dans l'Ouest, la volonté de l'*autre* d'imposer sa vision s'est affirmée de plusieurs façons. Comme en Ontario, il a occupé graduellement les postes principaux de la hiérarchie catholique, en commençant par le diocèse de Calgary en 1913 (Choquette, 1983, p. 266). C'est cependant dans les dossiers des langues officielles et des écoles que les difficultés du Canada français ont été les plus grandes et ses reculs les plus marqués.

L'article 23 de la *Loi de 1870 sur le Manitoba* en fait une province bilingue, à l'image du Canada selon l'article 133 de l'*Acte de l'Amérique du Nord britannique*. En 1890, au terme d'une « croisade anticatholique et antifrançaise », pour utiliser les termes du *Manitoba* (cité dans Blay, 1987, p. 26), la législature manitobaine adoptait le *Manitoba Official Language Act (1890)*, qui faisait de l'anglais la seule langue officielle de la province. Deux jugements, l'un de 1892, l'autre de 1909, invalident cette loi, mais ils restèrent lettre morte. Les chefs de file de la communauté, appuyés par la hiérarchie catholique, choisirent de concentrer leurs efforts sur la question des écoles plutôt que sur celle de la langue officielle (Blay, 1987, p. 53).

Lors de sa création, la province s'était dotée de deux systèmes scolaires confessionnels, financés à même les fonds publics. Cependant, dans le climat de 1890, elle adopta une nouvelle loi scolaire qui abolit la dualité confessionnelle. Les Canadiens français catholiques, guidés par l'Église, firent appel au système judiciaire. Après de longs démêlés, le Conseil privé de Londres, alors la dernière instance en matière judiciaire canadienne, décida que la loi scolaire relevait de la juridiction de la province du Manitoba, mais que le gouvernement fédéral pouvait y remédier par une loi, ce que le gouvernement conservateur a amorcé au début de 1896, juste avant le déclenchement des élections.

La campagne électorale porta la question scolaire manitobaine sur la scène nationale. Les Canadiens français eurent à choisir entre le Parti conservateur, appuyé par l'Église catholique, et une loi fédérale remédiant à la situation, d'une part, et le Parti libéral, dirigé par Wilfrid Laurier, et une solution négociée entre gouvernements libéraux, d'autre part. La victoire de Laurier et de ses *voies ensoleillées* eurent pour résultat le compromis Laurier-Greenway, permettant l'enseignement dans une langue autre que l'anglais. L'arrangement comportait deux nouvelles notions : le *nombre suffisant* et une *distinction nette entre l'enseignement religieux et l'enseignement du français*. Le compromis dura jusqu'en 1916, année où le gouvernement manitobain rendit l'école obligatoire et abolit l'enseignement dans une langue autre que l'anglais. La communauté franco-manitobaine se mobilisa alors et fonda l'Association d'éducation des Canadiens français du Manitoba (Blay, 1987, p. 52).

Les événements manitobains eurent des répercussions plus à l'ouest. La *Loi des Territoires du Nord-Ouest* de 1875 permettait à une minorité confessionnelle, catholique ou protestante, d'établir des écoles séparées. De même, un amendement de 1877 rendait les Territoires officiellement bilingues. Ces dispositions changèrent au début des années 1890 : le Parlement transféra aux Territoires le droit de déterminer eux-mêmes le statut des langues, ce qui leur permit d'adopter, en 1892, une loi faisant de l'anglais leur seule langue officielle. L'évolution est semblable dans le domaine scolaire. En 1892, les Territoires centralisèrent les programmes scolaires entre les mains du Conseil de l'instruction publique puis, en 1901, ils rendirent l'enseignement en anglais obligatoire, ne permettant qu'une première année en français, ou dans une langue autre que l'anglais, aux frais de ceux qui le demanderaient. Ces arrangements furent confirmés en 1905, lors de la création des provinces de l'Alberta et de la Saskatchewan, en dépit des réclamations canadiennes-françaises pour rétablir le statut officiel du français et en assurer l'enseignement à l'école (Hart, 1981, p. 33-39). L'*autre* avait défini les règles du jeu, pour faire entrer les immigrants, francophones inclus, dans le moule britannique.

Dans ce contexte d'immigration, l'*autre* est parfois de même langue. Ainsi, pour le Métis, l'*autre*, c'est aussi le francophone originaire de l'extérieur. Les francophones originaires d'Europe ont une perception de la France au Canada qui n'est pas celle du Canada français partagée par les francophones originaires du Québec. Parmi les Européens, plusieurs sont venus faire fortune ou refaire le monde ; parmi les Canadiens français, un grand nombre poursuivaient les objectifs du clergé catholique et voulaient étendre le Canada français dans l'Ouest en y recréant des communautés comparables à celles du Québec, comme le décrit Marie Moser (1980, 1987). Cette diversité des origines a contribué à façonner la francophonie de l'Ouest et à lui donner sa spécificité (Allaire, 1993a).

Le recrutement canadien-français est d'abord difficile. Le potentiel agricole des Prairies est encore mal connu. Pour obtenir l'appui financier des mécènes et des philanthropes, les missionnaires ont peint de l'Ouest une image qui n'est pas attrayante quant au climat, aux conditions agricoles et aux conditions de vie. S'ajoutent les événements de la Rivière-Rouge et des Territoires du Nord-Ouest, suivis de l'important recul de la nation métisse, des questions linguistiques et scolaires des années 1890 produisant le peu d'importance que conserve la langue française ; et, enfin le discours de l'*autre* vantant les mérites de l'Empire britannique et la supériorité *Canadian*. L'Ouest apparaît donc peu accueillant pour les Canadiens français (Silver, 1968). L'historiographie a accordé une grande importance à ce climat défavorable, le rendant responsable du recul du français dans l'Ouest. Elle constate avec grand regret le peu de succès à orienter vers l'Ouest canadien la grande migration canadienne-française qui fournit la main-d'œuvre aux villes industrielles de la Nouvelle-Angleterre. Examinons les

Tableau I
Francophonie de l'Ouest : origine ethnique, par province, 1881-1921

Province	1881		1901		1911		1921	
	000	%	000	%	000	%	000	%
Man.	9,7	15,6	16,0	6,3	31,3	6,8	40,6	6,7
Sask.			2,6	2,9	25,5	5,2	42,1	5,6
Alb.			4,5	6,2	20,6	5,5	30,9	5,3
C.-B.	0,9	1,8	4,6	2,6	9,3	2,4	11,2	2,1
Ouest	**10,6**	**0,8**	**27,7**	**1,7**	**86,7**	**4,2**	**124,8**	**5,1**
Canada	**1 298,9**	**30,0**	**1 649,4**	**30,7**	**2 061,7**	**28,6**	**2 452,7**	**27,9**

Note : Les nombres sont exprimés en milliers ; la colonne de pourcentages donne la proportion de la population d'origine française, les pourcentages dans la rangée de l'Ouest donne la proportion de la francophonie canadienne.

Source : Arès, 1975, p. 48-53.

données relatives à l'évolution de la population d'origine française de l'Ouest (voir tableau I) : en 1881, elle formait près de 16 % de la population du Manitoba ; en 1901, elle dépasse à peine les 6 %.

Il faut nuancer l'interprétation des préjugés défavorables. L'évolution de la nation métisse peut à elle seule rendre compte des changements au Manitoba : soulignons la migration vers l'Ouest au cours des années 1880, au moment de l'arrivée d'un plus grand nombre de colons ontariens et de la première vague d'immigrants d'Europe centrale. Entre 1901 et 1921, la migration fait croître la population d'origine française au même rythme que celle de l'ensemble de la population de l'Ouest. Le nombre d'habitants d'origine française augmente, mais les proportions provinciales ne sont pas modifiées pour autant : autour de 6,5 % pour le Manitoba, un peu plus de 5 % pour la Saskatchewan et l'Alberta et 2,5 % pour la Colombie-Britannique.

Le peuplement francophone répond à plusieurs dynamismes différents. Un dynamisme collectif, moussé principalement par l'Église catholique et par l'esprit nationaliste, pousse vers l'établissement compact, sous une forme bien connue du Canada français, la paroisse, rurale ou urbaine. L'Église catholique cherche ainsi à maintenir ses positions face au protestantisme militant. Pour elle, la protection de la langue favorise la protection de la foi, non seulement pour les Canadiens français et les Français, mais aussi pour les autres nationalités. Le rôle des missionnaires colonisateurs se situe dans cette perspective. Albert Lacombe, Jean-Baptiste Morin, Louis-Pierre Gravel et les autres recrutent des colons catholiques pour des peuplements catholiques. Morin, qui quitte Montréal en 1891 avec 22 familles pour la région d'Edmonton, l'exprime ainsi : « Nous allons fonder une paroisse canadienne au Nord-Ouest » (Morin, 1984, p. 35). À cette colonisation s'ajoute celle de communautés religieuses françaises comme les pères de Sainte-Marie de Tinchebray (Smith, 1984, p. 11) ou les chanoines réguliers de l'Immaculée-Conception (Frémont, 1980, p. 45, 47).

Cette promotion par l'Église, qui bénéficie de l'appui du gouvernement fédéral, produit des établissements francophones concentrés en plusieurs endroits des Prairies : au Manitoba, autour de Saint-Boniface, vers le sud-est et le sud-ouest ; en Saskatchewan, autour de Willow Bunch au sud-est, de Gravelbourg au sud-ouest et de Saskatoon au nord-ouest ; en Alberta, autour de Saint-Paul au nord,

Louis-Pierre Gravel,
missionnaire colonisateur

d'Edmonton au centre et dans la région de la rivière de la Paix au nord-ouest. D'autres concentrations ne sont pas le fait de missionnaires colonisateurs, mais plutôt de compagnies. Elles ont plutôt des fins économiques ; pensons par exemple à l'exploitation de la forêt à Maillardville en Colombie-Britannique, ou à l'extraction du charbon dans la région de Pincher Creek au sud-ouest de l'Alberta. D'autres encore émergent d'une volonté de refaire le monde : on peut placer dans cette catégorie les entreprises de l'aristocratie française à Trochu, en Alberta (Smith, 1984, p. 10-11), ou à Fannystelle, au Manitoba (Dufresne *et al.*, p. 141), de même que le phalanstère socialiste de Red Deer, en Alberta (Dufresne *et al.*, p. 303).

Un second dynamisme, individuel celui-là et orienté principalement vers l'amélioration de son propre sort, en amène plusieurs à s'établir à la campagne ou en ville, sans référence aux enjeux ni aux institutions de la francophonie. Des publications récentes font état de l'expérience de quelques-uns (par exemple Bertin, 1989 ; Durieux, 1986 ; Gheur, 1985). Il ne fait aucun doute qu'un grand nombre de témoignages écrits n'ont pas encore été publiés et que la plupart de ces colonisateurs n'ont pas laissé d'autre trace qu'une mention dans les recensements ou dans un album anniversaire de paroisse. Résultat de ce dynamisme individuel : le recensement de 1921 « indique la présence d'habitants d'origine française dans presque tous les districts de recensement » (Allaire, 1993a, p. 355).

La francophonie de l'Ouest est tirée de plusieurs souches ethniques. Elle s'est formée en majorité de Canadiens français, originaires du Québec, et d'Acadiens, originaires du Nouveau-Brunswick et des Maritimes ; certains d'entre eux s'établirent dans l'Ouest après un séjour aux États-Unis. Cependant, une partie importante de la francophonie de l'Ouest est originaire de l'extérieur du Canada. Le recensement de 1921 montre qu'environ le quart de la population d'origine française est née à l'étranger (Allaire, 1993a, p. 349). Sont nés à l'étranger aussi des Canadiens français recrutés dans les villes industrielles de la Nouvelle-Angleterre ou sur les fermes du Midwest américain par des missionnaires colonisateurs comme Morin, financés par le gouvernement fédéral. Parmi les francophones nés à l'étranger se trouvent évidemment des Français (Frémont, 1980), mais aussi des Belges, des Suisses et même des Allemands de l'Alsace et de la Lorraine. Par leur origine ethnique, ces francophones de langue maternelle ajoutent à la francophonie, non seulement leur nombre, mais aussi leur apport culturel. Ils sont à la fois francophone et *autre*.

Plusieurs de ces Européens francophones ont laissé leur marque, comme l'écrivain Maurice Constantin-Weyer (Motut, 1982) et les journalistes Henri d'Hellencourt (Pénisson, 1986) et Donatien Frémont (Chaput, 1977). L'un des plus célèbres est sans aucun doute Georges Bugnet, romancier, poète, journaliste et horticulteur ; originaire de la Savoie, il est l'un des auteurs les plus reconnus par l'Ouest francophone (Bugnet, 1984, p. vii). Bugnet a aussi joué un rôle important dans la francophonie albertaine : rédacteur de l'hebdomadaire *L'Union*, il a participé en 1925-1926 à la fondation de l'Association canadienne-française de l'Alberta.

Selon Richard Lapointe et Lucille Tessier (1983, p. 132-133), la plupart des villages francophones de la Saskatchewan regroupent des colons venus du Québec, des États-Unis et des pays francophones d'Europe. Les unions matrimoniales ont permis le mélange culturel, en ignorant les frontières de l'origine ethnique, tout en respectant celles de la religion (Allaire, 1993a, p. 354-355). Si l'occupation d'un même espace par des groupes de même langue et d'origine différente est habituelle, elle n'est pas sans conflit, comme le montre le « western ecclésiastique » qui s'est joué autour de l'établissement d'un collège dans le sud-ouest de la Saskatchewan (Wilhelm, 1991) ou la « bataille des drapeaux » au monastère des chanoines réguliers de l'Immaculée-Conception à Notre-Dame-de-Lourdes au sud du Manitoba[6] (Frémont, 1980, p. 45).

À la fin de la Première Guerre mondiale, la francophonie de l'Ouest, devenue blanche, est à toutes fins pratiques établie. Son rapport à l'*autre*, le *Canadian*, l'a désavantagée. L'enseignement en français est très limité dans le temps et dans l'espace. Le français n'est plus langue officielle. La francophonie a perdu du terrain au sein même de l'Église catholique, cette institution qui a largement contribué à son établissement. Elle doit mieux se définir et stabiliser ses caractéristiques propres, résultats de la rencontre de plusieurs *autres*, le Métis, le Canadien français, l'Européen, le *Canadian*. Cette première génération a transporté avec elle une base institutionnelle calquée sur sa société d'origine. Elle a établi des associations, fondé des paroisses, mis sur pied des médias ; elle s'est également donné des établissements d'enseignement secondaire et universitaire.

Le Canada français : la survivance

Entre la Première Guerre mondiale et les années 1960, la francophonie de l'Ouest s'est maintenue sans changement brusque et sans crise majeure, malgré une perte d'importance numérique. À la suite des grandes questions scolaires et linguistiques, son rapport à l'*autre* s'est stabilisé. Après avoir déterminé sa place dans l'Ouest, elle a assuré tranquillement, silencieusement presque, sa survivance, au moyen d'institutions qu'elle a importées et adaptées à ses besoins. Son rapport à l'*autre* est clair : continuer d'exister en dépit des efforts de l'*autre* pour la faire s'intégrer, s'assimiler. Et elle y réussit plutôt bien, si l'on en croit son évolution démographique. Pour durer, la francophonie de l'Ouest concentra ses énergies sur les outils qu'elle considérait comme les plus appropriés. Organisée en associations provinciales, elle mit principalement l'accent sur l'éducation et sur l'école, cette courroie de transmission de la langue et de la culture. Reconnaissant l'influence culturelle de la radio, elle fit campagne pour l'établir, en français. Elle favorisa le mouvement coopératif comme moyen de développement économique qui lui permettait de se serrer les coudes. Dans tous ces domaines, elle avait l'appui du reste du Canada français, plus particulièrement du Québec, qui lui fournit assistance politique et aide financière. L'Église catholique, par ses communautés religieuses, servait de lien entre les diverses parties de ce tout organique qu'est le Canada français.

Au cours de ces années, la population d'origine française augmente à un rythme plus rapide que l'ensemble de la population

6. L'expression *western écclésiastique* est employée par Bernard Wilhelm pour caractériser les démêlés de l'abbé Albert Royer, un Français, avec son évêque, Mgr Olivier-Elzéar Mathieu, pour l'établissement d'un collège à Notre-Dame d'Auvergne (Ponteix) plutôt qu'à Gravelbourg. Donatien Frémont utilise celle de *bataille des drapeaux* pour désigner l'opposition entre Suisses et Français au sujet du drapeau qui devait flotter sur le monastère ; le supérieur, dom Benoît, choisit d'y faire mettre une croix.

Carte IV
Peuplements fancophones de l'Ouest, vers 1950

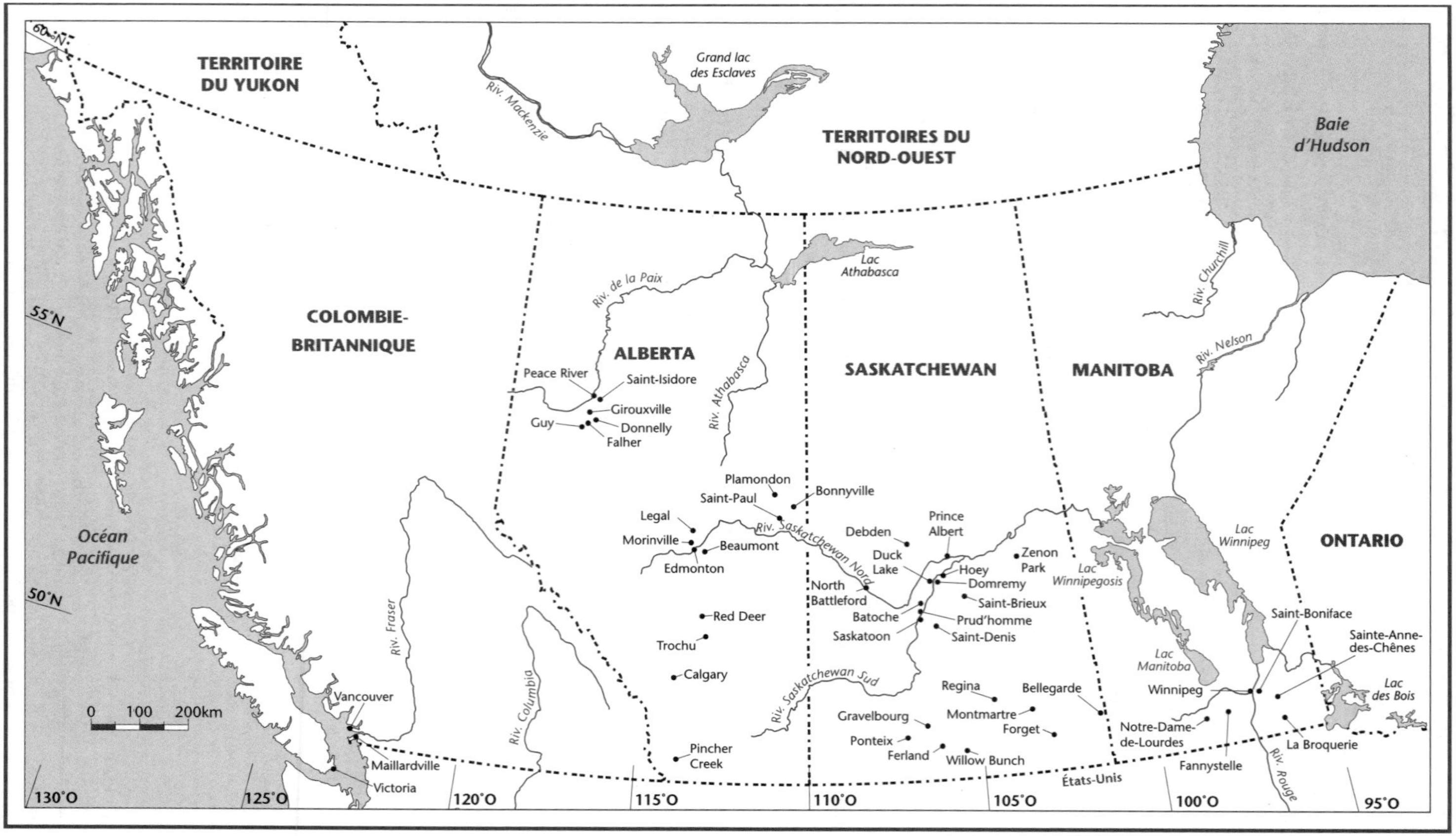

Réalisation : Léo L. Larivière, Université Laurentienne.

dans toutes les provinces de l'Ouest et sa proportion s'accroît en conséquence (voir tableau II). Le recensement de 1931 introduit une toute nouvelle dimension : la langue maternelle. La majorité *Canadian* peut ainsi mesurer la rapidité du changement vers la langue anglaise ; le Canada français, pour sa part, peut y trouver une mesure de sa continuité. Mesurée par la langue maternelle française, l'évolution de la francophonie a un rythme différent : ses nombres continuent d'augmenter, mais après une hausse jusqu'en 1951 (1941 pour le Manitoba et l'Alberta), sa proportion diminue. Le pourcentage de la population d'origine française qui se dit de langue maternelle française est moins élevé en 1961 qu'en 1931. Les causes de ce recul sont mal connues. Selon E.J. Hart (1981, p. 104), les générations ultérieures se sentent moins attachées à la langue et à la culture de la première. Il ne fait aucun doute que la majorité, l'*autre*, exerce une très forte attraction sur les habitants d'origine française qui se trouvent dispersés, isolés, dans plusieurs districts de recensement. Le transfert linguistique et culturel s'y fait plus rapidement que dans les aires de concentration francophone, ces communautés où même l'école de l'*autre*, avec ses programmes et ses enseignantes de langue anglaise, réussit très difficilement à produire le transfert du français à l'anglais (Allaire et Fedigan, 1993).

Le monde associatif se transforme dès la deuxième décennie du 20e siècle. Les sociétés Saint-Jean-Baptiste locales et les autres associations originaires du Québec perdent de l'importance ou sont remplacées par des associations provinciales. L'Association catholique franco-canadienne de la Saskatchewan est fondée en 1912, l'Association d'éducation des Canadiens français du Manitoba en 1916, et l'Association canadienne-française de l'Alberta en 1925 (Dufresne *et al.*, 1998) ; quant à la Fédération canadienne-française de la Colombie-Britannique, elle ne verra le jour qu'en 1945 (Savas, 1988, p. 12). Ces

Tableau II
Francophonie de l'Ouest : origine ethnique et langue maternelle, par province, 1931-1961

Province	1931		1941		1951		1961	
	000	%	000	%	000	%	000	%
Man.								
Origine	47,0	6,7	53,0	7,3	66,0	8,5	83,9	9,1
Langue maternelle	42,5	6,1	51,5	7,1	54,2	7,0	60,9	6,6
Sask.								
Origine	50,7	5,5	50,5	5,6	51,9	6,2	59,8	6,5
Langue maternelle	42,3	4,6	43,7	4,3	36,8	4,4	36,1	3,9
Alb.								
Origine	38,4	5,2	43,0	5,4	56,2	6,0	83,3	6,3
Langue maternelle	28,1	3,9	31,5	4,0	34,2	3,6	42,3	3,2
C.-B.								
Origine	15,0	2,2	21,9	2,7	41,9	3,6	67,0	4,1
Langue maternelle	7,8	1,1	11,1	1,4	19,4	1,7	26,2	1,6

Note : Les nombres sont exprimés en milliers.

Source : Arès, 1975, p. 48-53.

associations se sont donné pour tâche de veiller aux intérêts de la francophonie et de les promouvoir (Allaire, 1988), ce qu'elles font principalement dans le secteur de l'éducation primaire et secondaire. Elles font pression auprès des gouvernements provinciaux, nomment des *visiteurs*[7] des écoles et organisent chaque année le concours de français ; bref elles assument des fonctions qui relevaient habituellement des ministères de l'éducation.

L'institution universitaire, jumelée à l'enseignement secondaire privé, constitue l'un des principaux outils de la survivance. Dans l'Ouest comme ailleurs au Canada français, les collèges, juniorats, juvénats et couvents servent au recrutement et à la formation des membres du clergé et des communautés religieuses. Ils forment également les membres des professions libérales et du professorat scolaire et universitaire, l'élite laïque du Canada français. Ils font partie d'un vaste réseau qui couvre pratiquement l'ensemble du Canada et constituent l'un des principaux lieux de diffusion de la langue française, de la culture canadienne-française et de l'idéologie dominante au sein de l'Église, le clérico-nationalisme. Au début des années 1920, chaque province a au moins un établissement, géré par les oblats de Marie-Immaculée (Juniorat/Collège Saint-Jean à Edmonton, Collège Mathieu à Gravelbourg...) ou par les jésuites (Collège de Saint-Boniface, Collège des jésuites d'Edmonton...). Quelques établissements dirigés par des communautés religieuses, comme l'Académie l'Assomption d'Edmonton, servent à la scolarisation des jeunes filles, mais ce n'est que très tard qu'elles eurent accès à une formation universitaire. Les filles étaient formées à l'économie domestique, pour l'école normale et pour les soins aux malades et aux déshérités, plus souvent qu'autrement comme membres de communautés religieuses.

Après les écoles et l'éducation, les médias occupent une place de choix dans les préoccupations des associations. Depuis le début du siècle au moins, la francophonie de chaque province disposait d'hebdomadaires de langue française, imprégnés de leur origine politique (Pénisson, 1986 ; DeGrâce, 1980, p. 104). Ces médias écrits devinrent ensuite davantage les organes des associations (Trottier, 1980) ou des instruments de l'Église catholique (Lafontant, 1987). Pour appuyer la *cause* durant cette période de survivance, pour se reconnaître et pour s'identifier par rapport à l'*autre*, la francophonie comptait sur *La Liberté* au Manitoba, sur *Le Patriote de l'Ouest* en Saskatchewan et sur *L'Union* puis *La Survivance* en Alberta. Les noms de ces hebdomadaires, et leur durée, peuvent être considérés comme révélateurs de la santé de la francophonie de l'Ouest. Moyens de communication, ces journaux ont aussi servi d'outils de mobilisation, comme *La Survivance* pour la promotion du mouvement coopératif au cours des années 1940 (Allaire, 1987).

Les associations provinciales se sont très vite rendues compte de l'importance de la radio et de son influence. Comme l'écrit Céline Bélanger, « le rôle précieux que pouvait jouer la radio pour la promotion de la langue et de la culture françaises fut reconnu dès le début des années 1930 » (Bélanger, 1980, p. 123), pour l'Alberta comme pour les autres provinces des Prairies. La mise sur pied de la radio française dans les provinces de l'Ouest a été lente et difficile (Vien, 1977 ; Gareau, 1990). Tout d'abord, des stations anglaises diffusèrent des émissions en langue française, pendant que les associations et les journaux faisaient campagne en faveur de la radio française. La Société Radio-Canada, fondée en 1936, ne répondit pas aux attentes des francophones de l'Ouest, se contentant d'utiliser une station anglaise, CBK Watrous en Saskatchewan, pour diffuser des émissions en français.

7. Le *visiteur* des écoles était chargé par une association nationale de faire la tournée des écoles, à la façon des inspecteurs d'écoles, afin de voir à ce que les enseignantes utilisent au maximum les possibilités plutôt maigres qu'offraient la loi et les règlements scolaires pour l'enseignement du français.

En 1941, à l'instigation de l'abbé Maurice Baudoux, curé de Prud'homme en Saskatchewan, des représentants des trois provinces créent Radio-Ouest française (Gareau, 1990, p. 37). Les stations sont établies entre 1944 et 1952 à la suite de longues démarches auprès de la Société Radio-Canada et des gouvernements pour obtenir les permis nécessaires et mettre sur pied les sociétés commerciales requises et ce, en dépit de l'opposition farouche d'un fort groupe d'anglophones (Bélanger, 1980). La campagne pour la radio française mobilisa les communautés pendant plusieurs années et démontra la solidarité, politique et financière, du Québec et du Canada français, exprimée par le Conseil de la vie française en Amérique, les sociétés Saint-Jean-Baptiste et les autres associations *nationales*.

Le mouvement coopératif, comme outil de développement économique et d'animation sociale, a servi à démontrer la vitalité des communautés francophones et à les renforcer. Inspiré du Québec et du mouvement d'Antigonish (Allaire, 1987), il est à toutes fins pratiques indépendant du mouvement anglophone de l'époque (Wheat Pools et Co-op). Son développement est le résultat d'une campagne de promotion et d'éducation menée par le clergé catholique, qui apporte une contribution majeure, et les médias. La caisse populaire est la forme privilégiée, mais le mouvement coopératif se manifeste aussi dans le domaine de la production agricole et celui de l'achat de biens de consommation.

Zenon Park, Saskatchewan

Pour sa survivance, la francophonie de l'Ouest pouvait compter sur deux acteurs de poids : le clergé catholique et le Québec. L'importante place du premier découle de son rôle sur plusieurs plans : les paroisses, l'un des éléments fondamentaux de l'organisation sociale des Canadiens français ; les écoles et les nombreux établissements d'enseignement secondaire et universitaire ; le mouvement associatif ; les médias écrits et électroniques. Dans plusieurs communautés, ce sont des membres du clergé et des communautés religieuses qui assurent le leadership et qui définissent les orientations. Les Maurice Baudoux et les Paul-Émile Breton, prêtres, contribuent tout autant à l'évolution de la francophonie que les Raymond Denis et les L.-O. Beauchemin, laïcs.

La francophonie de l'Ouest pouvait aussi compter sur l'appui du Québec même si, avant 1960, le gouvernement du Québec n'est intervenu que très rarement (Savas, 1988 ; Cadrin, 1992 ; Allaire, 1993b). Par le Conseil de la vie française en Amérique et les sociétés Saint-Jean-Baptiste, les Canadiens français du Québec contribuaient financièrement à la survivance de cette francophonie : concours de français, financement des associations, financement de projets particuliers... À partir des années 1950, même le mouvement Desjardins a appuyé les associations *nationales* de l'Alberta et de la Saskatchewan, au moyen d'un système par lequel les promoteurs de l'association pouvaient à la fois faire le recrutement des membres, maintenir le contact avec eux et vendre de l'assurance pour le compte de Desjardins.

Même si elles manifestent une grande vitalité, les communautés francophones ne sont pas exemptes des transformations que connaît l'Ouest après la Deuxième Guerre mondiale. La mécanisation des fermes, la concentration des terres touchèrent directement les communautés rurales à majorité francophone et poussèrent les surplus de main-d'œuvre vers les centres urbains, de langue anglaise. L'*autre* est de plus en plus défini par la modernité à l'américaine, qui attire aussi la jeunesse francophone, qu'elle habite la campagne ou la ville. Cette modernité, véhiculée par le cinéma, la radio et plus tard, la télévision, provoque une remise en question de la francophonie, tout en constituant l'amorce d'une transformation en profondeur, d'une modernisation de la culture.

C'est grâce à son réseau institutionnel riche que la francophonie de l'Ouest a pu survivre durant la première moitié du 20e siècle. Paroisses, associations, communautés religieuses, établissements d'enseignement, journaux et radio..., tous contribuaient à donner à la francophonie sa pertinence, à la rendre actuelle. Elle faisait partie du grand ensemble canadien-français et le rapport à l'*autre*, le *Canadian*, était bien établi.

Le virage : du Canada français à la francophonie canadienne

Les conditions changèrent rapidement au cours des années 1960, entraînant une définition nouvelle de l'*autre*, des *autres*, et une modification de la relation à l'*autre*. L'*autre* métis et francophone n'existe plus, à toutes fins pratiques, mais son histoire est récupérée par l'*autre westerner* et anglophone. Ce dernier est divisé dans sa relation à la francophonie : d'une part, il perçoit la francophonie comme un moyen de se distinguer de l'envahissante américanité, et il manifeste son acceptation par l'immersion française, qui connaît un long et grand succès, et, d'autre part, il maintient son opposition à la définition juridique des droits des francophones en matière linguistique et scolaire. Le Canada français lui-même change. L'Église catholique, l'un de ses appuis les plus forts, subit une transformation profonde à la suite de Vatican II. La montée du nationalisme québécois modifie en profondeur les relations entre le Québec et les communautés francophones et acadienne et donne naissance à encore un *autre*, le Québécois. En réaction à ce phénomène, le gouvernement fédéral, qui était l'*autre* et cherchait à faire du Canada un pays *Canadian*, devient le point d'appui principal de la francophonie canadienne et intervient directement pour la renforcer. Québec et Ottawa ont inversé leurs rôles.

Depuis 1971, Statistique Canada a recueilli de nouvelles données qui permettent de mieux mesurer l'évolution de la francophonie : la langue d'usage ou langue parlée à la maison en 1971, la déclaration multiple d'ethnicité en 1981, et la langue maternelle et la langue d'usage 10 ans plus tard. Les données sur la langue d'usage, jumelées à celles relatives à la langue maternelle et à l'origine ethnique, ont montré toute l'ampleur du mouvement d'assimilation, déjà identifié par les communautés. La déclaration multiple fit ressortir une caractéristique de la francophonie de l'Ouest : ses liens étroits avec la population environnante, en ville comme à la campagne.

Les données de Statistique Canada présentent une image différenciée. La population d'origine française continue d'augmenter en nombre, tout comme celle de langue maternelle française. Cependant, la francophonie de langue d'usage diminue en nombre, sauf en Alberta et en Colombie-Britannique, où l'expansion démographique est prononcée. Un faible pourcentage de Canadiens d'origine française disent avoir appris le français comme langue première et le parler encore. Une proportion décroissante de ceux-ci déclarent utiliser le français à la maison. Même en utilisant les déclarations multiples, qui donne l'image la plus optimiste, les taux d'assimilation[8] sont très élevés : en 1991, 51,9 % au

8. Les taux d'assimilation représentent la proportion de la population de langue maternelle française qui ne déclare pas le français comme langue d'usage. La formule est la suivante : population de langue maternelle – population de langue d'usage / population de langue maternelle.

Manitoba, 67,1 % en Saskatchewan, 65,1 % en Alberta et 70,9 % en Colombie-Britannique. Lorsqu'on la mesure uniquement par sa langue, la francophonie de l'Ouest est en recul (voir tableau III).

La population métisse francophone est pratiquement disparue, marginalisée par la francophonie blanche, puis anglicisée. Par contre, l'*autre*, majoritaire, a récupéré Louis Riel pour faire du traître un héros, par l'effet purificateur de la *western alienation*. Le chef métis et son peuple ont fait l'objet de nombreuses œuvres savantes, littéraires et artistiques depuis les années 1970. Des francophones, comme Gilles Martel, Diane Payment, Nicole Saint-Onge, Marie-Louise Perron et Nathalie Kermoal participent aussi à cette renaissance des études métisses et contribuent à renouer les liens qui unissaient *Mitchifs* et *Canayens*[9].

Les écrits sur la francophonie canadienne n'ont pas encore mesuré toute l'influence du deuxième concile du Vatican, l'un des événements les plus importants des années 1960. Par le concile, l'Église catholique s'adapte à la laïcisation déjà en cours et elle l'accélère. Au cours des années 1960-1970, l'Église abandonne à l'État – ou l'État prend de l'Église – son rôle dans les domaines de l'éducation et des services sociaux. Étant donné la place du clergé et des communautés religieuses dans la francophonie, ce changement n'a pu que contribuer à la déstabiliser et à la transformer.

L'évolution de l'institution universitaire, catholique et masculine, donne une idée de cette transformation. Les collèges ont ouvert leurs portes aux jeunes filles au cours des années 1960. Ils ont ensuite transféré l'enseignement secondaire privé en français aux commissions scolaires et se sont rattachés aux universités de leur province, abandonnant ainsi le cours classique. Les établissements universitaires se sont orientés de préférence du côté de la formation à l'enseignement pour répondre à la demande croissante des écoles bilingues, puis des écoles d'immersion et des écoles françaises. Leur corps professoral s'est laïcisé graduellement, quoique des membres des communautés religieuses aient continué d'en faire partie pendant plusieurs années. De lieux de formation de l'élite, ces établissements sont devenus des lieux de développement communautaire, tant par l'enseignement et la recherche que par l'engagement du corps professoral au sein des communautés. De plus en plus, ce sont des laïcs qui assurent le leadership et définissent les orientations.

Pendant la Révolution tranquille, l'État québécois entend se donner une importance plus grande auprès du Canada français, comme au Québec dans le domaine de la santé, de l'éducation, des services sociaux et du développement économique. Tout d'abord, il se donne un instrument, en créant, en 1961, au sein du tout nouveau ministère des Affaires culturelles, le Service du Canada français d'outre-frontières (Martel, 1997, p. 110-138). Il ajoute sa contribution financière à celle des organismes comme les sociétés Saint-Jean Baptiste et le Conseil de la vie française, donnant ainsi aux associations *nationales* de l'Ouest une meilleure base financière. Cet appui fut interrompu brusquement à la fin des années 1960.

Pour les francophones de l'Ouest, comme pour ceux du reste du Canada, les états généraux du Canada français marquent, en 1968 et en 1969, le point tournant de l'évolution du Canada français ; ils sont caractérisés par l'affirmation du nationalisme québécois et le rejet par le Québec de la notion même de *Canada français* (Harvey, 1994). Cette interprétation a besoin d'être nuancée parce qu'elle accorde aux nationalistes québécois une influence qu'ils n'auront, peut-être, qu'après l'élection du Parti québécois en 1976, et parce qu'elle oublie d'autres facteurs comme le changement du rôle de l'Église catholique, ou la réaction des gouvernements provinciaux

9. Le terme *Mitchifs* est utilisé pour désigner les Métis, comme le terme *Canayens* sert à désigner les Canadiens français.

Tableau III
Francophonie de l'Ouest : origine ethnique, langue maternelle et langue d'usage, par province, 1961-1991

Province / territoire	N	1961 000	1961 %	1971 000	1971 %	1981 000	1981 %	1991 000	1991 %
Man.									
Origine ethnique	1	83,9	9,1	86,5	8,8	74,1	7,2	53,6	5,0
	+					99,9	9,9	152,2	14,1
Langue maternelle	1	60,9	6,6	60,5	6,1	52,6	5,1	49,1	4,5
	+							55,3	5,1
Langue d'usage	1			39,6	3,9	31,0	3,0	23,5	2,2
	+							26,6	2,5
Sask.									
Origine ethnique	1	59,8	6,5	56,2	6,1	46,9	4,9	30,0	3,1
	+					69,1	7,2	119,6	12,3
Langue maternelle	1	36,1	3,9	31,6	3,4	25,5	2,6	20,9	2,1
	+							24,3	2,5
Langue d'usage	1			15,9	1,7	10,1	1,0	6,4	0,7
	+							8,0	0,8
Alb.									
Origine ethnique	1	83,3	6,3	94,7	5,8	111,9	5,0	74,6	3,0
	+					182,3	8,2	319,0	12,7
Langue maternelle	1	42,3	3,2	46,5	2,8	62,1	2,8	53,7	2,1
	+							64,8	2,6
Langue d'usage	1			22,7	1,4	29,6	1,3	17,8	0,7
	+							22,6	0,9
C.-B.									
Origine ethnique	1	67,0	4,1	96,6	4,4	92,3	3,4	68,7	2,1
	+					169,2	6,2	340,4	10,5
Langue maternelle	1	26,2	1,6	38,0	1,8	45,6	1,7	48,8	1,5
	+							58,7	1,8
Langue d'usage	1			11,5	0.5	15,1	0,6	12,1	0,4
	+							17,1	0,5
Yn et T.N.-O.									
Origine ethnique	1			3,5	6,6	2,8	4,1	2,2	2,6
	+					4,8	7,0	9,6	11,3
Langue maternelle	1					1,8	2,6	2,2	2,6
	+							2,5	2,9
Langue d'usage	1					0,9	1,3	1,0	1,2
	+							1,2	1,4

Note : Les nombres sont exprimés en milliers. Dans la colonne du N, on trouve l'indication de la déclaration unique (1) ou des déclarations multiples (+), permises en 1981 pour l'origine ethnique, et en 1991 pour l'origine ethnique, la langue maternelle et la langue d'usage.

Source : Arès, 1975, p. 90-96 ; Bernard, 1990, p. 28, 67 ; Statistique Canada, 1984, 1993.

à une intervention directe du Québec sur son territoire et dans ses domaines de compétence, ou l'action du gouvernement fédéral à la suite des travaux de la commission Laurendeau-Dunton. L'activité de ce dernier a abouti en 1976 à la création de la Fédération des francophones hors Québec, l'expression même de la naissance de la francophonie canadienne et du morcellement du Canada français, consacré plus tard par le changement de nom en Fédération des communautés francophones et acadienne.

La prise en charge par le gouvernement fédéral, avec la *Loi sur les langues officielles* et l'action du Secrétariat d'État, a eu pour effet de renforcer la francophonie de l'Ouest. De généreuses subventions ont permis de raviver les communautés au moyen d'un vaste programme d'animation sociale, de mettre sur pied un solide réseau associatif et d'améliorer l'éducation en français dans les écoles et les universités. La Société Radio-Canada est également intervenue dans le domaine des médias. Au début des années 1970, elle acquérait les stations de radio mises sur pied de peine et de misère par les Canadiens français et établissait des stations de télévision pour desservir l'Ouest et mettre en valeur les talents locaux. La *Charte canadienne des droits et libertés* (1982) a créé un espace juridique pour la francophonie canadienne. Les cours de justice l'ont précisé, tout en déterminant la validité des changements aux lois sur les langues officielles du Manitoba, de la Saskatchewan et de l'Alberta. Les débats se sont transportés sur le terrain juridique et le gouvernement fédéral a appuyé financièrement la contestation judiciaire.

Après une longue mise en veilleuse de 60 ans, Georges Forest ramena devant les cours de justice la question des droits linguistiques de la population franco-manitobaine. En 1975, reprenant les arguments des causes du début du siècle, il contesta la validité de la loi de 1890, par le biais de contraventions de stationnement rédigées en anglais seulement. La cause sema la division : contrairement à Forest, la Société franco-manitobaine (SFM) considérait plus important de faire reconnaître ses droits scolaires que ses droits linguistiques (Blay, 1987, p. 101-102). Les événements québécois influencèrent certainement l'évolution de la cause : la contestation de la loi 101 amena le gouvernement fédéral à appuyer financièrement et la communauté anglo-québécoise et la communauté franco-manitobaine. D'après Blay (1987, p. 115), c'est ce qui a mené à l'établissement d'un programme fédéral d'appui financier pour les causes reliées à la protection des minorités. La décision de la Cour suprême en 1979 reliait la cause québécoise et la cause manitobaine : le gouvernement manitobain ne peut modifier l'article 23 de la *Loi sur le Manitoba*, pas plus que le gouvernement du Québec l'article 133 de l'*Acte de l'Amérique du Nord britannique* (Blay, 1987, p. 130).

La décision favorable ramena l'unité dans la population franco-manitobaine. Elle réglait le fond du débat, mais elle n'en déterminait ni les détails, ni les modalités d'application. Au cours des cinq années suivantes on s'appliqua à les définir par le biais d'incessantes discussions publiques, de nombreuses manifestations, de poursuites intentées contre le gouvernement par Roger Bilodeau, de négociations entre la SFM et le gouvernement manitobain. En juin 1985, la Cour suprême força la Société et le gouvernement à en venir à une entente, ce qui fut fait en novembre : le gouvernement avait un délai de trois ans pour la traduction de lois pertinentes adoptées depuis 1890. En mettant la question linguistique au premier plan de la scène juridique et politique, cette cause a mis en évidence le fait que le bilinguisme était loin de faire l'unanimité au Manitoba.

Le procédé juridique servit aussi à clarifier les droits linguistiques des francophones en Saskatchewan et en Alberta. En 1980, le père André Mercure contesta la légalité d'une contravention rédigée en anglais seulement. Il demanda un procès en français, conformément à l'article 110 de la *Loi sur les Territoires du Nord-Ouest* de 1886. L'affaire fut portée jusqu'à la Cour suprême, qui rendit sa décision le 25 février 1988 : la Saskatchewan avait le pouvoir de légiférer en matière de langues officielles, mais la loi de 1892 n'était pas valide puisqu'elle n'avait pas été adoptée dans les deux langues officielles, conformément à la loi alors en vigueur. Pour remédier à la situation, la province pouvait adopter, en français et en anglais, une loi faisant de l'anglais la seule langue officielle et une autre, rétroactive, déclarant valides les lois adoptées depuis, comme si elles avaient été adoptées dans les deux langues (Cadrin, 1992, p. 279-281). Le gouvernement fit passer une telle loi dans les mois suivants. Créée elle aussi à partir des Territoires du Nord-Ouest, l'Alberta avait à résoudre la même question, portée devant les tribunaux en 1981 par Yvon Lefebvre de Calgary. Le gouvernement albertain rectifia la situation en novembre 1987 et en juin 1988 par des lois faisant de l'Alberta une province unilingue anglaise. Deux ans plus tard, il reconnaissait le droit de présenter une cause en français devant les tribunaux. Les efforts de retour au bilinguisme officiel, fructueux au Manitoba, avaient échoué en Saskatchewan et en Alberta.

Dans le domaine de l'éducation, les changements ont commencé dans la foulée de la commission Laurendeau-Dunton. Les provinces ont augmenté la place de l'enseignement du français et en français dans les écoles. Le monde de l'éducation s'est profondément transformé à la suite de la montée en popularité de l'immersion française et de l'adoption de la *Charte canadienne des droits et libertés*. La première occupe le devant de la scène éducative au cours des années 1970, la seconde dans les années 1980. La première favorise le développement de l'éducation française, la seconde l'établit juridiquement.

Le développement rapide de l'immersion dans l'Ouest tient du phénomène. Il a eu des effets bénéfiques pour la francophonie de l'Ouest. Il a d'abord servi à rendre acceptable à la majorité l'apprentissage de la langue. L'immersion donnait des résultats tangibles et plusieurs y voyaient un avantage personnel et un moyen de mieux préparer leurs enfants pour le Canada de l'avenir. Le phénomène a ainsi affaibli la résistance de la majorité anglophone. Il a ensuite contribué à valoriser l'apprentissage du français auprès des francophones eux-mêmes, par ce réflexe de minoritaire voulant que ce qui est bon et valable pour la majorité l'est sûrement pour la minorité. Par contre, l'immersion a failli submerger l'école bilingue, l'école pour les Canadiens français, qui a servi à mettre en place et à développer les programmes d'immersion. En effet, le grand succès de ces programmes a accru le nombre d'anglophones fréquentant les écoles bilingues et a transformé ces écoles en milieu d'assimilation des francophones, qui ont exprimé de plus en plus fortement leur mécontentement.

L'adoption de la *Charte canadienne des droits et libertés* est venue à son tour transformer le paysage et fournir aux francophones le moyen de se donner une école à leur mesure. Les tribunaux des années 1980 durent déterminer l'étendue du droit à l'école française. Un groupe de parents d'Edmonton, réunis sous le nom de l'Association Georges-et-Julia-Bugnet, demanda aux tribunaux de reconnaître que le droit à l'école française mentionné dans la *Charte* comprend aussi la gestion scolaire. La cause divisa la communauté franco-albertaine sur les questions reliées à la gestion, à la confessionnalité et au bilinguisme. En bout de course, la Cour suprême donna raison à l'Association (Dubé, 1987). Il restait à amender les lois scolaires pour les rendre conformes à la décision de la Cour suprême. Un comité consultatif mis sur pied par le ministre de l'Éducation prépara l'établissement de commissions scolaires, qui furent créées en 1995. La question linguistique avait suscité une grande agitation ; la définition de la gestion scolaire s'est faite sans manifestation publique d'opposition, en Saskatchewan d'abord, puis au Manitoba et en Alberta.

Au cours des trois dernières décennies, la francophonie de l'Ouest s'est affirmée, et cette affirmation a modifié le rapport à l'*autre*. Dans l'éclatement du Canada français, le

Québec ne représentait plus les intérêts de la francophonie canadienne et il est davantage devenu l'*autre*. Par contre, le gouvernement fédéral s'est fait le défenseur et le promoteur des minorités, en appuyant financièrement leur développement, en établissant un cadre juridique et en contribuant à la contestation judiciaire. Malgré les débats, les communautés de langue anglaise, l'*autre*, se sont rapprochées de la francophonie, intéressées par les bénéfices personnels et nationaux de l'immersion française et par la nuance *canadienne* qu'apportait la francophonie.

Conclusion

Forte est la tendance à considérer la francophonie de l'Ouest, de même que celles d'ailleurs, comme si elle vivait en vase clos, voire à la folkloriser. L'accent est mis sur les nombres, sur certains aspects de sa culture traditionnelle et, de plus en plus, sur la langue. En se référant ainsi à elle-même et à ses propres caractéristiques antérieures, la francophonie a donné une interprétation pessimiste de son évolution et de son avenir. On peut aller jusqu'à dire qu'elle a tendance à projeter d'elle-même une image misérabiliste : survivance difficile, assimilation inévitable, lutte soutenue, attaques continuelles... L'image est assez forte pour attirer la sympathie, mais elle l'est suffisamment aussi pour rebuter, un peu comme celle que les missionnaires projetaient des Territoires du Nord-Ouest au 19e siècle. Pourtant, il ne fait aucun doute que cette francophonie possède une force interne et une énergie qui lui permettent de continuer. Cette volonté de durer s'est transmise d'une génération à l'autre et ne relève pas principalement des nombres.

La volonté de durer relève plutôt du dynamisme des communautés, qui se redéfinissent continuellement. C'est dans le rapport à l'*autre*, sous forme d'actions et de réactions, que l'on voit l'un des ingrédients de cette survivance. Le rapport est mouvant, comme l'*autre* est mouvant et changeant. La relation avec les nations amérindiennes a eu pour résultat la population métisse et, par la suite, la nation métisse, une première francophonie, à la rencontre des cultures amérindiennes et occidentales. La résistance à l'*autre*, le *Canadian*, n'a pas suffi pour empêcher la défaite de la nation métisse et la marginalisation de ses communautés. Sur les traces de celles-ci, s'est fondée la francophonie actuelle, résultat de la rencontre de plusieurs ethnies partageant la même langue. Dans ce contexte, l'*autre* est Européen, il est Nord-Américain, mais de même langue, ce qui, en réaction à la volonté de l'*autre Canadian* de définir le pays comme britannique et anglais, a permis de conglomérer les divers éléments d'origine en un Canada français relativement homogène. Cet état de choses est resté le fait de toute une génération, entre les deux guerres mondiales. L'après-guerre est venu bouleverser cet équilibre délicat : la modernité, ou le modernisme, a remodelé les sociétés de l'Ouest ; l'Église catholique a modifié son rôle et sa place ; le Québec s'est donné un projet de société pratiquement indépendant du reste de la francophonie canadienne ; le gouvernement fédéral s'est fait le protecteur des minorités ; et l'*autre Canadian* s'est partagé entre l'acceptation d'une francophonie qui distingue le Canada des États-Unis et le rejet de communautés qui, selon lui, en veulent toujours plus, sans raison. C'est cet ensemble de facteurs et d'acteurs, c'est ce mélange changeant de forces internes et d'actions-réactions à l'*autre* qui donne à la francophonie de l'Ouest, et à la francophonie canadienne, son dynamisme. Bref, c'est sa vie et sa vitalité.

Bibliographie

Il serait trop long de dresser ici une bibliographie complète de l'histoire de la francophonie de l'Ouest. Paul Aubin en a d'ailleurs dressé une dans le cadre d'un projet mené par le Centre d'études franco-canadiennes de l'Ouest (Saint-Boniface) en collaboration avec l'INRC-Culture et civilisation, l'Institut de recherche de la Faculté Saint-Jean (Edmonton) et l'Institut de formation linguistique (Regina). On trouvera un essai bibliographique dans le numéro d'août 1991 de *Éducation et Francophonie* (Allaire, 1991) et une « Bibliographie thématique sélective », dans *Dictionnaire des artistes et des auteurs francophones de l'Ouest canadien* (Morcos, 1998, p. lix-lxiii).

ALLAIRE, Gratien (1987). « Les débuts du mouvement coopératif franco-albertain », dans *Demain, la francophonie en milieu minoritaire ?*, sous la direction de Raymond Théberge et Jean Lafontant, Saint-Boniface, Collège universitaire de Saint-Boniface, Centre de recherche, p. 229-255.

ALLAIRE, Gratien (1988). « Pour la survivance : l'Association canadienne-française de l'Alberta », dans *Les outils de la francophonie*, sous la direction de Monique Bournot-Trites, William Bruneau et Robert Roy, Vancouver, University of British Colombia, Centre d'études franco-canadiennes de l'Ouest, p. 67-100.

ALLAIRE, Gratien (1991). « L'histoire des francophones de l'Ouest : essai bibliographique », *Éducation et Francophonie*, vol. 19, n° 2, p. 12-15.

ALLAIRE, Gratien (1993a). « La construction d'une culture française dans l'Ouest canadien : la diversité originelle », dans *La construction d'une culture : le Québec et l'Amérique française*, sous la direction de Gérard Bouchard avec la collaboration de Serge Courville, Sainte-Foy, Presses de l'Université Laval, p. 343-360.

ALLAIRE, Gratien (1993b). « De l'Église à l'État : le financement des organismes francophones de l'Ouest, 1945-1970 », dans *L'État et les minorités*, sous la direction de Jean Lafontant, Saint-Boniface, Éditions du Blé, p. 229-245.

ALLAIRE, Gratien, et Laurence FEDIGAN (1993). « Survivance et assimilation : les deux faces d'une même médaille », *Revue canadienne des langues vivantes*, vol. 49, n° 4, p. 672-686.

ARÈS, Richard (1975). *Les positions – ethniques, linguistiques et religieuses – des Canadiens français à la suite du recensement de 1971*, Montréal, Bellarmin.

BÉLANGER, Céline (1980). « La fondation de CHFA », dans *Aspects du passé franco-albertain : témoignages et études*, sous la direction de A. Trottier, K.J. Munro et G. Allaire, Edmonton, Salon d'histoire de la francophonie albertaine, p. 123-146.

BERNARD, Roger (1990). *Le choc des nombres : dossier statistique sur la francophonie canadienne, 1951-1986*, Ottawa, Fédération des jeunes Canadiens français, Vision d'avenir.

BERTIN, Jacques (1989). *Du vent, Gatine ! Un rêve américain*, Paris, Arléa.

BLAY, Jacqueline (1987). *L'article 23 : les péripéties législatives et juridiques du fait français au Manitoba, 1870-1986*, Saint-Boniface, Éditions du Blé.

BUGNET, Georges (1984). *Journal (1954-1971)*, édité et annoté par Georges Durocher et Odette Tamer-Salloum, Edmonton, Institut de recherche de la Faculté Saint-Jean.

CADRIN, Gilles (1992). « L'affirmation des minorités francophones depuis la Révolution tranquille », dans *Après dix ans... : bilan et prospective*, sous la direction de Gratien Allaire, Paul Dubé et Gamila Morcos, Edmonton, Institut de recherche de la Faculté Saint-Jean, p. 269-283.

CARRIÈRE, Gaston (1979). *Dictionnaire biographique des oblats de Marie-Immaculée au Canada*, vol. 3, Ottawa, Presses de l'Université d'Ottawa.

CHAMPAGNE, Juliette (1990). *Lac la Biche : une communauté métisse au 19e siècle*, Edmonton, University of Alberta. Thèse de maîtrise.

CHAPUT, Hélène (1977). *Donatien Frémont : journaliste de l'Ouest canadien*, Saint-Boniface, Éditions du Blé.

CHOQUETTE, Robert (1983). « Problèmes de mœurs et de discipline ecclésiastique : les catholiques des Prairies canadiennes de 1900 à 1930 », dans *Perspectives sur la Saskatchewan française*, Regina, Société historique de la Saskatchewan, p. 265-281.

DAUPHINAIS, Luc (1991). *Histoire de Saint-Boniface, t. 1 : à l'ombre des cathédrales, des origines de la colonie jusqu'en 1870*, Saint-Boniface, Éditions du Blé.

DEGRÂCE, Éloi (1980). « *Le Courrier de l'Ouest*, 1905-1916 », dans *Aspects du passé franco-albertain*, sous la direction de Alice Trottier, K.J. Munro et Gratien Allaire, Edmonton, Salon d'histoire de la francophonie albertaine, p. 101-111.

DUBÉ, Paul (1987). « Les conditions d'émergence du cas "Bugnet" et ses implications pour l'avenir des minorités francophones », dans *Demain, la francophonie en milieu minoritaire ?*, sous la direction de Raymond Théberge et Jean Lafontant, Saint-Boniface, Collège universitaire de Saint-Boniface, Centre de recherche, p. 189-207.

DUFRESNE, Charles, Jacques GRIMARD, André LAPIERRE, Pierre SAVARD et Gaétan VALLIÈRES (1988). *Dictionnaire de l'Amérique française : francophonie nord-américaine hors Québec*, Ottawa, Presses de l'Université d'Ottawa.

DURIEUX, Marcel (1986). *Un héros malgré lui*, Saint-Boniface, Éditions des Plaines. D'abord publié en traduction anglaise, *Ordinary Heroes : The Journal of a French Pioneer in Alberta*, par Marcel Durieux, traduit et édité par Roger Motut et Maurice Legris, introduction de L.G. Thomas, Edmonton, University of Alberta Press.

ECCLES, W.J. (1987). *Essays on New France*, Toronto, Oxford University Press, p. 96-109.

FILLION, Laurent R. (1986). « Sur les traces de La Vérendrye : un résidu de toponymie française dans l'Ouest canadien », *Bulletin*, Centre d'études franco-canadiennes de l'Ouest, vol. 22, p. 3-22.

FRÉMONT, Donatien (1980). *Les Français dans l'Ouest canadien*, présenté par Sr Hélène Chaput, Saint-Boniface, Éditions du Blé.

FRIESEN, Gerald (1984). *The Canadian Prairies : A History*, Toronto, University of Toronto Press.

GAREAU, Laurier (1990). *Le défi de la radio française en Saskatchewan*, Regina, Société historique de la Saskatchewan.

GHEUR, Bernard (1985). *Retour à Calgary*, préface de René Henoumont, Paris, ACE éditeur.

HART, Edward John (1981). *Ambitions et réalités : la communauté francophone d'Edmonton, 1795-1935*, traduit par Guy Lacombe et Gratien Allaire, Edmonton, Salon d'histoire de la francophonie albertaine.

HARVEY, Fernand (1994). « Le Québec et le Canada français : histoire d'une déchirure », dans *Les discours de l'altérité*, sous la direction de Jacques Paquin et Pierre Yves Mocquais, Regina, University of Regina, Institut de formation linguistique, p. 3-18.

KERMOAL, Nathalie (1997). « Les pratiques médicales et les techniques obstétriques des femmes métisses francophones du Manitoba aux XIXe et XXe siècles », dans *Entre le quotidien et le politique : facettes de l'histoire des femmes francophones en milieu minoritaire*, sous la direction de Monique Hébert, Nathalie Kermoal et Phyllis LeBlanc, Ottawa, Action éducation femmes.

LAFONTANT, Jean (1987). « Un médium-goupillon : *La Liberté*, hebdomadaire manitobain (1913) », dans *Demain, la francophonie en milieu minoritaire ?*, sous la direction de Raymond Théberge et Jean Lafontant, Saint-Boniface, Collège universitaire de Saint-Boniface, Centre de recherche, p. 269-301.

LAPOINTE, Richard, et Lucille TESSIER (1986). *Histoire des Franco-Canadiens de la Saskatchewan*, Regina, Société historique de la Saskatchewan.

LAVALLÉE, Ronald (1987). *Tchipayuk ou le chemin du loup*, Paris, Albin Michel.

MARTEL, Gilles (1984). *Le messianisme de Louis Riel*, Waterloo, Wilfrid Laurier University Press.

MARTEL, Marcel (1997). *Le deuil d'un pays imaginé : rêves, luttes et déroute du Canada français, les rapports entre le Québec et la francophonie canadienne (1867-1975)*, Ottawa, Presses de l'Université d'Ottawa.

MORCOS, Gamila (1998). *Dictionnaire des artistes et des auteurs francophones de l'Ouest canadien*, établi avec la collaboration de Gilles Cadrin, Paul Dubé et Laurent Godbout, Québec, Presses de l'Université Laval ; Edmonton, Faculté Saint-Jean.

MORIN, Jean-Baptiste (1984). *Journal d'un missionnaire colonisateur, 1890-1897*, édité par Alice Trottier, Edmonton, Salon d'histoire de la francophonie albertaine.

MOSER, Marie (1980). « Le groupe canadien-français d'Edmonton et des environs : ses caractéristiques selon *L'Ouest canadien* (1898-1900) », dans *Aspects du passé franco-albertain, témoignages et études*, sous la direction d'Alice Trottier, K.J. Munro et Gratien Allaire, Edmonton, Salon d'histoire de la francophonie albertaine, p. 77-98.

MOSER, Marie (1987). *Counterpoint*, Toronto, Irwin Publishing. Traduction française : *Courtepointe* (1991), Montréal, Québec/Amérique.

MOTUT, Roger (1982). *Maurice Constantin-Weyer, écrivain de l'Ouest et du Grand Nord*, Saint-Boniface, Éditions des Plaines.

PAINCHAUD, Robert (1987). *Un rêve français dans le peuplement de la Prairie*, Saint-Boniface, Éditions des Plaines.

PAQUIN, Jacques, et Pierre Yves MOCQUAIS (1994). *Les discours de l'altérité*, Regina, University of Regina, Institut de formation linguistique.

PAYMENT, Diane (1983). *Batoche (1870-1910)*, Saint-Boniface, Éditions du Blé.

PAYMENT, Diane (1990). *« Les gens libres : Otipemisiwak », Batoche, Saskatchewan, 1870-1930*, Ottawa, Environnement Canada, Direction des lieux et parcs historiques nationaux, Service des parcs. Études en archéologie, architecture et histoire.

PÉNISSON, Bernard (1986). *Henri d'Hellencourt : un journaliste français au Manitoba, 1898-1905*, Saint-Boniface, Éditions du Blé.

PERRON, Marie-Louise (1989). « *L'Origine du canard gris* : conte folklorique métis et/ou étude de sociologie populaire », dans *Écriture et politique*, sous la direction de Gratien Allaire, Gilles Cadrin et Paul Dubé, Edmonton, Institut de recherche de la Faculté Saint-Jean.

SAVAS, Daniel (1988). « L'impact des politiques d'aide du Secrétariat d'État sur l'évolution financière de la Fédération des Franco-Colombiens », dans *Les outils de la francophonie*, sous la direction de Monique Bournot-Trites, William Bruneau et Robert Roy, Vancouver, University of British Columbia, Centre d'études franco-canadiennes de l'Ouest, p. 11-54.

SILVER, A.I. (1969). « French Canada and the Prairie Frontier, 1870-1890 », *Canadian Historical Review*, vol. 50, n° 1, p. 36.

SMITH, Donald B. (1985). « Les francophones de l'Alberta : aperçu historique », *Bulletin*, Centre d'études franco-canadiennes de l'Ouest, vol. 19, p. 3-17. D'abord paru en 1984, vol. 18, p. 3-17.

STANLEY, George F.G. (c1963, 1972). *Louis Riel*, Toronto, McGraw-Hill Ryerson.

STATISTIQUE CANADA (1984). *Annuaire du Canada 1985*, Ottawa, Ministère de l'Industrie.

STATISTIQUE CANADA (1993). Publication n° 93-333.

TROTTIER, Alice (1980). « Les débuts du journal *La Survivance* », dans *Aspects du passé franco-albertain*, sous la direction d'Alice Trottier, K.J. Munro et Gratien Allaire, Edmonton, Salon d'histoire de la francophonie albertaine, p. 113-121.

VIEN, Rossel (1977). *Radio française dans l'Ouest*, Montréal, Hurtubise HMH.

WILHELM, Bernard (1991). « Le pot de terre contre le pot de fer : la lutte entre Notre-Dame d'Auvergne et Gravelbourg », dans *À la mesure du pays...*, sous la direction de Jean-Guy Quenneville, Saskatoon, University of Saskatchewan, p. 121-132.

LA SOCIOÉCONOMIE

CHAPITRE 9

La sociologie et les francophonies minoritaires au Canada

JEAN LAPOINTE et J. YVON THÉRIAULT, Université d'Ottawa

Chaque texte du présent volume scrute une dimension de la réalité des communautés minoritaires francophones du Canada. Nous souhaitons dans celui-ci faire ressortir certains types d'éclairage que la sociologie peut apporter à la compréhension du développement d'ensemble de ces communautés. Plus particulièrement nous voulons démontrer comment la sociologie nous permet de rendre compte de façon positive du rôle joué par ces communautés dans la structuration d'ensemble des sociétés modernes. Il va de soi que cette réflexion générale sur la dynamique constitutive des communautés dites *minoritaires* sera continuellement appuyée par des références aux études portant spécifiquement sur les francophonies minoritaires du Canada.

LES SOCIOLOGIES MINORITAIRES : DES SOCIOLOGIES PARTICULIÈRES

La sociologie a pour objet l'étude des relations entre les individus, l'étude des relations entre les groupes, de même que l'étude du champ sociétal qui délimite ces interactions. On a pu constater que les préoccupations sectorielles de la sociologie, telles notamment les sociologies s'intéressant aux groupes culturels minoritaires, n'ont pas le prestige que l'on accorde habituellement aux questions qui touchent l'ensemble de la société. Ce genre d'analyse qui se consacre à un objet restreint dans la dynamique sociale se situe du côté des sociologies particulières, comme la sociologie du travail, la sociologie de la famille, la sociologie des organisations. Ces domaines de recherche sont d'ordinaire vus comme des sous-champs d'une discipline dont la préoccupation centrale est l'étude de la dynamique créatrice qui caractérise le développement de *la* société. Dans le cas des sociologies s'intéressant aux groupes minoritaires, cette dévaluation du champ d'études est grandement redevable à la perception des groupes minoritaires comme des groupes marginalisés par rapport aux dynamiques des sociétés globales.

C'est ainsi d'ailleurs que l'on a réuni un certain nombre de phénomènes sous l'appellation de *relations ethniques* (ou raciales). Ces phénomènes s'appuient sur des récurrences de procès d'enclaves culturelles dans des sociétés complexes. Il s'agit habituellement de signaler les dynamiques particulières qui distinguent de telles enclaves de l'ensemble social global. Ainsi, les groupes ethniques, linguistiques, raciaux, religieux, submergés dans des ensembles aux caractéristiques différentes, présentent des dynamiques communes que les sociologues sont en mesure d'étudier et de mesurer.

Autrement dit, l'étude des groupes minoritaires tente de faire ressortir des mécanismes qui sont à l'œuvre dans le maintien des frontières de groupes restreints à l'intérieur d'unités plus étendues (Barth, 1969 ; Simon 1975). On a ainsi isolé des processus de discrimination et d'élaboration de préjugés de la part de la société dominante et des mécanismes de repliement et de valorisation de sa distinction de la part du groupe exclu. Toujours, on insiste sur ce qui différencie ces groupes de la société en général, soit en précisant les dynamiques culturelles qui maintiennent des liens entre les membres du groupe minoritaire, soit en s'intéressant à la *différence* entre les traits culturels qui caractérisent la société globale et ceux qui sont particuliers au groupe minoritaire.

Avant de proposer une lecture où la réalité du groupe minoritaire est imbriquée de manière plus positive dans la société globale, nous nous arrêterons quelques moments sur les modalités de fonctionnement de ces sociologies particulières qui perçoivent le phénomène minoritaire comme processus de différenciation.

Les études classiques des groupes minoritaires : les différences

Le point de départ des études consacrées aux groupes ethniques est celui, comme nous venons de le souligner, de l'écart entre ces groupes et la société globale où on les trouve. Bien entendu, ce qui attire l'attention sur ces groupes particuliers, c'est ce qui les oppose à la majorité du point de vue des caractéristiques générales de la société. Les études classiques, initiées aux États-Unis, ont insisté sur l'accueil que les instances dominantes de la société ont accordé aux *autres*. Les études de Gordon (1964), par exemple, insistent sur l'accueil différentiel que les villes américaines accordent aux différents groupes d'immigrants et sur les étapes qui amènent les nouveaux venus à *s'assimiler* à la culture américaine. Dans le même contexte, on a relevé les différents mécanismes par lesquels la société blanche a maintenu les Noirs à l'écart de ses institutions centrales (Myrdal *et al.*, 1962). Bien entendu on s'est penché aussi sur leur rapprochement relatif avec des dimensions de la société dominante. Dans ce contexte, il s'agit souvent de l'assimilation progressive des immigrants dans une société d'accueil (Gordon, 1964). Du point de vue de la société globale, une telle assimilation signifie la fin de la marginalité et peut être considérée comme positive. Il est difficile dans une telle perspective de considérer le maintien et le développement de la différence d'une manière positive (nous y reviendrons). Le contexte théorique fait appel aux relations de pouvoir et à la position subordonnée des groupes minoritaires ; leur nombre réduit qui avait d'abord été retenu comme caractéristique devient moins important que le manque de pouvoir de ces groupes, et le terme *minoritaire* en vient à signifier en premier lieu « dépourvu de pouvoir ». L'approfondissement de ce genre d'études a amené les sociologues à faire ressortir non seulement le rejet des groupes *différents*, mais aussi la volonté des membres de ces groupes de maintenir leur identité propre et de marquer des frontières entre eux et les groupes dominants de la société (Glazer et Moynihan, 1975). Les différentes théories ont relevé l'attachement de ces groupes à leurs particularités culturelles et leur résistance à l'assimilation. Relevons en particulier les théories des mouvements sociaux qui ont cherché à faire ressortir la dynamique d'opposition et de protestation des organisations des Noirs américains (Oberschall, 1993).

À mesure qu'apparaît plus clairement la volonté de ces groupes de préserver leur identité, les sociologues américains ont commencé à faire ressortir les dynamiques culturelles qu'ils mettaient en œuvre. Les études des phénomènes raciaux ou ethniques se sont alors scindées en deux courants : d'une part, les études des écarts sociaux qui attribuent les phénomènes d'inégalité dans le partage des richesses à des conditions structurelles dont les réalités raciales ou ethniques n'étaient que des épiphénomènes et qui ont produit une abondante documentation sur la présence d'une « sous-classe » (*underclass*) au centre des grandes villes (Katz, 1993) ; d'autre part, les

Michel Marchildon, Fransaskois, chante sa chanson *Ghetto* en compagnie de jeunes autochtones dans le quartier amérindien de Regina.

analyses du *multiculturalisme* qui visent à faire ressortir les éléments positifs des différents modes de vie des communautés raciales ou ethniques. On retrace les séquences historiques auxquelles les groupes se rattachent pour se donner un sens unique de continuité, et on insiste sur l'importance de la tradition pour ces groupes (Goldberg, 1994). On peut considérer que ces développements qui relient les situations minoritaires à des dynamiques plus complexes s'inscrivent dans une logique qui perçoit ces phénomènes dans des perspectives plus globales, même si, bien entendu, toutes sortes de facteurs reliés à des intérêts économiques ou politiques peuvent être invoqués (Steinberg, 1994).

Au Canada, les tensions raciales ou ethniques n'ont jamais atteint l'ampleur qu'elles ont prise aux États-Unis. Le maintien des frontières ethniques a été plus spontanément considéré comme relevant en très grande partie de la volonté des communautés elles-mêmes. Les études classiques des groupes minoritaires ont souligné une variété de phénomènes qui caractérisent ces groupes. Elles nous ont ainsi signalé l'action des phénomènes de maintien des liens sociaux, de mobilisation des ressources, d'établissement de leadership, de concertation en vue d'actions collectives, de promotion de valeurs et de normes, d'attachement aux traditions, d'ethnocentrisme, de valorisation ou de dévalorisation de l'identité (Breton, 1981, 1991 ; Breton *et al.*, 1981). Tous ces mécanismes sont effectivement des phénomènes toujours à l'œuvre dans les groupes sociaux minoritaires, mais les études classiques en font ressortir trop largement les effets les particularisant, et on sent le besoin de faire appel à des processus plus globaux.

Pour un domaine comme celui des études sur les communautés minoritaires francophones, par exemple, les études sociologiques ont pris l'habitude de recourir aux champs de l'étude des groupes minoritaires et du pluralisme culturel de façon à faire l'inventaire des lignes que suivent les répartitions inégales des ressources dans les sociétés (les écarts) et des pôles culturels qui structurent leur différence. On se rappelle, par exemple, les constats des études de la Commission sur le bilinguisme et le biculturalisme (Canada, Commission, 1967), portant sur l'infériorité socioéconomique des francophones du Canada (y compris les Québécois francophones). L'éveil identitaire des années 1960-1970 chez les francophones minoritaires doit beaucoup à de tels constats d'inégalités. Soulignons encore les travaux d'Alain Even (1970) sur l'inégalité socioéconomique et les différences culturelles qui caractérisaient l'Acadie du Nouveau-Brunswick. Rappelons enfin la série de documents, *Les héritiers de lord Durham*, préparés par le regroupement politique naissant des francophones hors Québec (FFHQ, 1977 ; Lalonde, 1978) et qui portaient un jugement dévastateur sur l'ensemble des performances (revenu, éducation, profession, etc.) des francophones minoritaires. Ces constats appelaient à l'intégration modernisante des francophones minoritaires dans la socioéconomie dominante.

L'étude des communautés minoritaires francophones et de leurs différences culturelles jouit aussi d'une longue tradition. À la suite des études pionnières de E. Hughes (1944) et de H. Miner (1985) dans le Québec des années 1930-1940 qui, dans la foulée des études ethniques américaines, ont appréhendé la société canadienne-française comme une *folk society*, c'est-à-dire une société traditionnelle structurée autour des rapports de parenté et de voisinage (Bourque, 1989 ; Thériault, 1994), de multiples études ont tenté de décrire les spécificités et les différences. Les travaux de nature plus anthropologique, en commençant par ceux de M.A. Tremblay (1962, 1971 ; C. Hughes *et al.*, 1960) sur les Acadiens de la baie Sainte-Marie en Nouvelle-Écosse jusqu'aux études plus récentes de N. Davis (1985), ont insisté particulièrement sur l'engagement dans des réseaux de sociabilité primaire en marge de la société dominante. Les études de portée plus sociologique ont plutôt mis de l'avant l'attachement aux valeurs traditionnelles (Hautecœur, 1975) et à la langue, ou encore la perte de ces valeurs par l'urbanisation, l'industrialisation et l'exogamie (Bernard, 1991 ; Castonguay, 1986).

L'INSERTION DES GROUPES MINORITAIRES DANS LES SOCIÉTÉS MODERNES

Les études sociologiques sur les enclaves sociales tentent aussi de déterminer la place de ces dernières dans la société globale. Dans cette perspective, les caractérisations des dynamiques ethniques sont souvent considérées, dans le monde moderne, comme des relents de solidarités de type traditionnel. Les ethnies sont ainsi perçues comme des extensions de groupes de parenté dont l'existence est liée aux conditions de filiations biologiques, ou tout au moins culturelles, en contraste avec les alliances basées sur le choix et les performances, selon le mode prédominant dans les sociétés modernes. Les études auxquelles nous venons de faire allusion, en postulant que les communautés culturelles minoritaires sont des communautés dont les fondements sont différents de ceux de la société globale, insistent implicitement sur ce contraste et renforcent ainsi l'idée qu'il s'agit de dynamiques particulières, traditionnelles, en marge de la dynamique globale de la société.

On peut facilement relever chez les communautés francophones hors Québec un ensemble de traits qui les situent dans la continuité des sociétés traditionnelles et qui les font paraître comme des vestiges. Le maintien d'une identité distincte semble souvent révéler un attachement spécial au passé et une prédominance des valeurs collectives qui les distinguent des groupes dominants dans la société.

Leur façon de se référer à l'histoire et à la collectivité nous laisse croire qu'il s'agit là de référents obligés qui leur sont imposés de l'extérieur ; ils paraissent soumis à une mission qui leur est dévolue. Ce sont des sociétés qui seraient attachées aux valeurs familiales, aux traditions religieuses, et qui garderaient vivantes à leur esprit des événements fondateurs de leur spécificité comme la Déportation pour les Acadiens, le règlement 17 en Ontario ou la rébellion de Riel pour d'autres francophones hors Québec. Le passage par une descendance commune (ethnique) reste encore, en Acadie par exemple, un élément central du débat sur l'identité, comme en témoigne le récent Congrès mondial acadien (1994) réunissant les *enfants* des déportés de 1755, ou encore le débat présent au sein de la communauté acadienne sur la définition d'un *artiste acadien*. Ce même détour imposé par une tradition que l'on ne contrôle pas peut se lire dans la difficulté hors Québec à accepter l'idée

Le Village historique acadien, situé à Caraquet au Nouveau-Brunswick, accueille chaque été des milliers de visiteurs désireux de connaître les anciennes traditions acadiennes.

d'une communauté qui se définirait essentiellement par la langue française (la francophonie) et non par le partage d'une tradition commune (la communauté canadienne-française).

Ne voir dans la survie des francophones hors Québec qu'une dynamique traditionaliste, cependant, ne rend peut-être pas compte des dimensions les plus cruciales de leur situation. Nous pensons que l'on peut voir beaucoup d'aspects *modernes* dans la dynamique de maintien de ces groupes. En s'interrogeant sur leur identité, les francophones minoritaires, comme plusieurs communautés culturelles contemporaines, participeraient à redéfinir le lien social dans des sociétés qu'à la suite de A. Giddens (1994), on appellera *hypermoderne*. Pour faire valoir ce point de vue, nous allons rappeler le mode de fonctionnement des principes d'organisation des solidarités que sont, d'une part, le *traditionalisme* allié à l'idée de la filiation et de la hiérarchie et, d'autre part, la *modernité* qui valorise l'idée d'une société comme dépendante du libre choix des individus.

Louis Dumont (1966) nous a rappelé que la dichotomie tradition/modernité recoupait la distinction holiste/individualiste. D'un côté, il s'agit de sociétés dont le principe constitutif se réfère à la totalité – chaque partie de la réalité sociale ne prend sens qu'en référence à la totalité, et en dépend dans son être (le tout rend compte des parties). D'un autre côté, il s'agit de sociétés dont le principe constitutif est l'individu – la société est représentée comme le résultat de l'action des individus (le tout est constitué par les parties). On voit bien par cette référence qu'en associant la référence ethnoculturelle à la tradition, à la totalité, on insiste sur son caractère obligé.

À l'opposé, les analyses sociales des sociétés modernes insistent sur la dimension d'autonomie des sociétés avancées et sur le caractère autoréférentiel des projets que se fixent les individus et les groupes qui composent ces sociétés. Ces sociétés se distinguent des sociétés traditionnelles par leur capacité de se percevoir comme n'étant soumises à aucune autre loi que celles qu'elles se donnent elles-mêmes, et proposent aux individus un idéal d'accomplissement dont la mesure est leurs propres aspirations (Touraine, 1992, 1993).

La représentation traditionnelle ou moderne, holiste ou individualiste, a des effets importants sur la nature des sociétés. Alors que les sociétés traditionnelles sont des sociétés homogènes (ou du moins qui se représentent elles-mêmes ainsi) les sociétés modernes sont des sociétés pluralistes. Plusieurs analystes ont en effet noté leur fragmentation, la multiplicité des styles de vie qui y sont proposés, la valeur absolue accordée à l'individu à tel point qu'on a beaucoup parlé de narcissisme pour les caractériser (Lasch, 1979 ; Sennet, 1979 ; Lash, 1992). On a noté aussi que les nouveaux moyens de communication fournissaient une ouverture à la grandeur du monde, et que les rapports sociaux médiatisés modifiaient la nature des liens sociaux. La perte des référents stables pour appuyer les solidarités amène la valorisation des ententes au-delà des objets d'entente, d'où l'importance de la communication pure (Giddens, 1994 ; Habermas, 1987).

Bref, le caractère créateur de ces sociétés – centrées sur l'individu et ses aspirations, faites d'éclatements et d'expérimentations – se poserait en contraste marqué avec la dimension figée, collectiviste, tournée vers le passé des enclaves ethniques qu'on y rencontre. Se concentrer sur ces aspects limite l'étude des communautés ethnoculturelles à la description de la différence, de l'écart qui les sépare de la société globale, et conduit à un cul-de-sac. Il faut aller plus loin et voir dans la dynamique identitaire une participation originale à la formulation des sociétés complexes.

Les voies ouvertes pour l'exploration des dynamiques ethnoculturelles

Les enclaves ne sont donc pas seulement *différentes* des autres composantes de la société, elles participent aussi à la mouvance de ces sociétés. L'étude des relations sociales caractéristiques des enclaves dans les sociétés inscrites dans la modernité doit s'insérer plus résolument au cœur des processus sociaux caractéristiques de cette modernité. En reprenant certaines caractéristiques propres à la modernité, nous voudrions faire ressortir certaines perspectives qui démontrent comment les processus sociaux observés dans les communautés ethnoculturelles sont modernes. Nous commencerons par des considérations de portée générale, tout en essayant, en cours de route, d'évaluer la signification de telles analyses pour les communautés minoritaires francophones.

L'identité et les valeurs de l'individualisme

L'étude des communautés culturelles peut explorer les voies de la modernité en s'attachant à voir, par exemple, les modifications profondes des dynamiques de maintien de l'*identité* dans les sociétés traversées par l'individualisme. L'identité en effet ne disparaît pas dans les sociétés modernes. Elle n'est plus toutefois une réalité totalisante, transmise de manière non problématique par la socialisation. Charles Taylor (1992c) nous a récemment rappelé que l'idée de la reconnaissance était au cœur de la dynamique de la modernité. Les membres des sociétés traditionnelles ne connaissaient pas ce besoin de reconnaissance, l'univers social hiérarchisé étant défini par un système de valeurs qui donnait sens à chacune de ses parties. Ce système de valeurs est détruit par l'avènement de l'idée de l'égalité, la reconnaissance de l'individu par ses concitoyens devient l'enjeu même de la dynamique sociale.

Deux voies s'ouvrent ainsi à travers la dynamique de la reconnaissance. La première est celle de l'*égale dignité* où je veux que l'autre reconnaisse en moi un égal. Une telle perspective privilégie les véhicules universalistes de la modernité, tels le droit, la bureaucratie, l'État. C'est en partant de cette voie que les études ethnoculturelles classiques ont vu dans la revendication identitaire une résistance à la modernité. Ce n'est toutefois pas la seule voie prise par le besoin de *reconnaissance* dans une société où celle-ci est dorénavant problématique. La reconnaissance s'exprime aussi à travers l'*authenticité*. Je veux ici être reconnu pour ce que je suis en tant qu'être social. Elle implique de reconnaître ce qui fait en moi un être particulier, un être différent.

Belle-Rivière, Ontario, le 12 novembre 1917. Protestation contre la persécution des Canadiens français par Mgr Fallon.

La permanence de la revendication ethnoculturelle ne procède donc pas d'une différence à protéger ou d'une tradition à sauvegarder. Elle relève plutôt d'un mécanisme inhérent à la socialisation dans les sociétés modernes qui contraint les différentes valeurs portées par les individus et les différentes cultures à se justifier les unes par rapport aux autres. En fait, le besoin de reconnaissance, de concert avec l'engagement à l'authenticité, dévoile la dimension construite, volontaire, de l'identité dans les sociétés modernes. Elle renvoie à une exigence moderne d'autonomie, bien plus qu'à une idée de survivance.

En effet, malgré l'affirmation d'un enracinement dans des valeurs de continuité, les liens entretenus dans les groupes minoritaires des sociétés pluralistes deviennent de plus en plus des liens qui appartiennent à la modernité, en ce sens qu'ils en viennent à faire l'objet d'un choix conscient de la part des membres qui continuent à y adhérer.

Ainsi, les liens qui unissent les individus au nom de la tradition relèvent d'une décision de recourir à la tradition comme lien unitaire et sont un exemple d'« invention de la tradition » dont parle Hobsbawn (1992). En effet, l'idée de recourir à des valeurs traditionnelles pour mobiliser l'action sociale ne peut survenir que dans des sociétés qui ont le sens de leur autonomie et qui perçoivent de plus en plus que la mobilisation autour de valeurs traditionnelles est le résultat d'une action concertée des acteurs.

Plusieurs études récentes démontrent qu'effectivement les communautés minoritaires francophones et acadienne du Canada sont des communautés travaillées par les valeurs de la modernité. L'individualisme est de plus en plus présent dans la culture de ces communautés et modifie leur façon de poser leur identité (Thériault, 1995 ; Johnson, 1991). L'autonomie et non la survivance est au centre le leur exigence de reconnaissance (Cardinal 1990, 1992, 1996 ; Juteau, 1980, 1983 ; Cardinal et Lapointe, 1990). Comme le démontrent les portraits qui suivent, l'importance de la variante associative dans la vie et l'identité de ces groupes confirme le caractère de plus en plus volontaire de l'appartenance à la communauté ethnoculturelle.

Les membres de ces communautés sont de plus en plus conscients de pouvoir choisir de s'identifier à leur groupe linguistique ou de se rattacher à d'autres communautés de leur environnement.

La multiplicité des identités

Non seulement la sociologie moderne insiste-t-elle sur une exigence de reconnaissance de plus en plus consciente, elle propose aussi que l'insertion de l'individu dans la société est un processus à facettes multiples. Finie la perception d'une identité totalisante qui semblait souder l'individu à sa société comme un fait social global (Mauss, 1968-1969). Dans des sociétés à représentation individualiste, l'individu est rattaché par de multiples liens à l'ensemble, son identité est nécessairement plurielle.

L'identité est un projet du moi. Elle se construit dans l'interaction sociale (Mead, 1963). Au plan de la perception de soi et de sa place dans le monde, elle fait appel aux mécanismes de comparaison et d'évaluation comparative. Elle fait appel à la dimension de l'engagement par le phénomène de l'appartenance. C'est par le mécanisme de l'identification que des individus se sentent mobilisés par des causes. Mais les membres des sociétés qui évoluent dans les voies de la modernité ont des identités multiples, et les différentes circonstances de leur vie font affleurer à leur conscience une dimension ou l'autre de cette identité polyvalente. Aucune de ces identités multiples n'acquiert pour l'individu moderne une dimension contraignante et permanente. Plus l'individu est soumis aux conséquences de la modernité, plus s'impose à lui l'exigence d'effectuer sa propre synthèse dans une forme de bricolage identitaire (Lipovetsky, 1983 ; Giddens, 1994 ; Beck *et al.*, 1994).

L'identité ethnoculturelle fait partie de la construction d'une identité plurielle. Le processus ne se produit pas à partir de rejets consciemment déterminés, mais de l'utilisation souvent ponctuelle (au confluent de plusieurs réalités) de certaines normes (Bourdieu, 1979, 1994). Un tel processus aboutit à la construction d'une identité dont la priorité des valeurs fait intervenir autant le consensus moderne que l'idéal communautaire (rencontre des deux mondes). L'identité ethnoculturelle doit enfin cohabiter autant avec les valeurs associées au parcours individuel qu'avec celles liées à l'appartenance des membres à d'autres identités.

Le lien d'un individu à son groupe ethnoculturel est dorénavant un lien parmi d'autres. Il est soumis aux décisions de l'individu et à son projet de construction de son identité personnelle.

Les communautés culturelles : sources de styles de vie

Les caractéristiques des sociétés modernes ont ceci de particulier que les valeurs qu'elles proposent sont à caractère formel, d'ordre permissif ou négatif. Elles n'indiquent pas un objectif commun d'une forme substantive dont la poursuite unirait ses membres. La liberté, le respect de l'autre, comme la démocratie, sont des lieux vides de propositions concrètes portant sur des plans de vie spéciaux. C'est pourquoi d'ailleurs les grandes instances régulatrices de cette société sont de type rationnel-légal comme le disait Weber (1971). Ce sont des instances qui visent à évacuer toute subjectivité au nom d'une norme objective (le droit, la bureaucratie, l'État).

En raison même du cadre formel de leur régulation, les sociétés modernes sont en continuel déficit de sens. La vie sociale a de la difficulté à être élaborée exclusivement par des instances centrales, car celles-ci tendent à nier des plans de vie qui viennent nécessairement de la *base*, qui s'inscrivent dans les pratiques identitaires quotidiennes. Le pluralisme que ces sociétés font naître suppose donc des lieux d'élaboration de projets concrets qui visent à suppléer l'insuffisance du caractère formel de leur régulation.

Les communautés francophones minoritaires, comme les autres types de communautés qui forment le tissu des sociétés modernes, sont appelées à fournir des modèles de style de vie qui permettront aux citoyens de raccrocher leur inscription dans des milieux de vie quotidienne à leurs ambitions personnelles et aux grandes instances régulatrices de la société. Dans ses études sur les francophones de Calgary, Robert Stebbins (1994) a particulièrement insisté sur l'appartenance à la francophonie comme mode de vie, surtout en tant que loisir. Les communautés ethnoculturelles ne se réduisent pas à cela, mais, il ne faut pas nier l'apport de l'appartenance à une communauté ethnoculturelle à des projets de vie et de croissance personnelle.

En effet, les communautés fournissent un ensemble de valeurs qui peuvent nourrir la croissance de leurs membres. L'« autre significatif », pour reprendre l'expression de George H. Mead (1963), c'est-à-dire le groupe de référence qui fournit les approbations et le soutien effectif nécessaires à la construction de la personnalité, se retrouve plus facilement dans ce milieu positif de vie que sont les communautés minoritaires. C'est dans ce contexte que peuvent être mieux évaluées les valeurs des célébrations ethniques et que s'élaborent les valeurs esthétiques qui nous font apprécier les réalisations culturelles. La création artistique elle-même prend son dynamisme à même la communauté. C'est la présence de groupe qui fournit la référence à la construction de l'estime de soi. L'appartenance à ce type élémentaire de groupe social fournit le support recherché lors de situations difficiles et réduit les angoisses reliées à la maladie et à la mort. Cette appartenance fournit, en plus, la base de l'évaluation de sa contribution et de celle du groupe à la société, source de l'estime de soi.

La communauté de base remplit un espace essentiel et répond à des questions non résolues par le cadre formel des valeurs fondamentales dominantes ou reconnues comme primordiales par la majorité.

Gérald Laroche, *Le Chasseur*, 1989.

Les motivations et les intérêts de l'appartenance au groupe

Nous avons vu jusqu'à maintenant comment les communautés ethnoculturelles répondent à certaines exigences de reconnaissance et d'expression des valeurs que la régulation globale de la société moderne n'arrive pas à produire par elle-même. S'il en était uniquement ainsi, les communautés ethnoculturelles, tout en étant propulsées par la logique de la modernité, resteraient tout de même en creux par rapport à celle-ci. Nous ne croyons pas qu'il en soit ainsi, car nous pensons que ces communautés s'inscrivent aussi dans la rationalité des choix de style de vie.

On peut étudier, au sein des communautés minoritaires comme chez les francophones hors Québec, les conditions qui font que le choix de s'associer et de poursuivre des buts collectifs constitue une activité rationnelle en vue d'une fin dans la ligne des motivations valorisées dans la société moderne. (Coleman, 1990 ; Breton, 1983). On pourrait aussi, selon les analyses préconisées par Bourdieu, regarder les relations minoritaires comme une maximisation de l'utilisation du capital culturel dont elles disposent.

Dans la même optique, les décisions rationnelles des individus qui s'orientent vers la valorisation de leurs liens sociolinguistiques s'appuient sur des perceptions construites par un découpage sélectif de l'environnement. En ce sens, les progrès de la sociologie cognitive peuvent être mis à contribution dans l'analyse des communautés linguistiques.

Raymond Breton a parlé des communautés minoritaires francophones comme des mini-sociétés politiques, c'est-à-dire des regroupements qui établissent autour d'eux une frontière de façon à se mobiliser pour aller chercher des ressources rares. Comprendre ainsi les communautés culturelles, c'est insister sur la dimension construite de leur réalité. La communauté est moins la conséquence d'une réalité déjà là que le résultat de l'action d'acteurs à un moment donné dans l'histoire. Une telle lecture serait susceptible de donner des éclairages historiques forts différents aux événements constitutifs de l'identité des francophones minoritaires. L'on dira qu'il y eut une communauté franco-ontarienne parce qu'il y eut mobilisation, crise scolaire, autour du règlement 17, et non, comme on le suppose souvent, que l'existence préalable d'une communauté franco-ontarienne a engendré la crise scolaire. L'identité est toujours, à quelque moment donné, le résultat d'un choix, d'une mobilisation.

L'insertion dans la logique de l'État

La société moderne accorde un place importante à l'État comme lieu par excellence de l'historicité (Touraine, 1992), c'est-à-dire comme regroupement qui catalyse à la fois la représentation et l'action de la société sur elle-même. L'existence de communautés ethnoculturelles est le signe, comme nous l'avons déjà souligné, d'une certaine incapacité de l'État au sein de la modernité à assumer pleinement sa prétention à être le seul organisateur du lien social. C'est pourquoi l'État a très tôt investi l'espace des communautés minoritaires de façon à s'appuyer sur celles-ci pour assurer son hégémonie sur la société. Dans les sociétés contemporaines, cette intervention a pris le sens des politiques du multiculturalisme (Taylor, 1992a, b, c, 1994 ; Kymilka, 1992, 1995a, b). Cette intervention étatique n'est toutefois pas unilatérale. Les communautés ethnoculturelles se posent en effet comme les dépositaires, vis-à-vis de l'État, d'une certaine mise en forme du lien social. Par leurs revendications pour la reconnaissance et l'autonomie, les communautés culturelles participent donc à redéfinir l'action de l'État sur la société.

Il n'y a probablement pas de lieu où la connaissance particulière de l'action historique d'une communauté ethnoculturelle s'avère plus révélatrice sur le sens de son action que dans la relation entre celle-ci et l'État. Dans des sociétés comme celles de l'Amérique du Nord, créées à partir d'une immigration relativement récente et dont la représentation identitaire est encore vive chez la plupart des citoyens, l'ethnicité a été la forme par excellence d'intégration nationale (Schnapper, 1994). Cela est particulièrement vrai aux États-Unis où la structure ethnique a longtemps joué le rôle de la structure des classes dans la vieille Europe. Cela est aussi vrai au Canada, mais ici la dualité ethnico-nationale, anglaise et française, a marqué différemment ce processus d'intégration.

En effet, c'est par agrégation qu'aux États-Unis la diversité ethnique fut à la source de la « communauté nationale » (melting-pot) (Glazer et Moynihan, 1964, 1975). Au Canada, c'est par une forme de dualisation que les deux grandes communautés culturelles furent amenées à coexister, chacune prétendant faire œuvre de civilisation, disant avoir une vocation sociétale. Cette réalité biethnoculturelle du Canada s'est effondrée au cours des 40 dernières années sous l'effet conjugué de l'affirmation politique du Québec et de la mutation du Canada anglais. Le Québec, en effet, transforma le vieux rêve ethnique canadien-français en projet politique, laissant ainsi les francophonies minoritaires dans une espèce de vide identitaire. Pendant ce temps, le Canada anglais perdait sa vieille identité britannique au profit d'une identité multiculturelle et attirait l'ancien Canada français vers une forme d'intégration à l'américaine (ethnicisation).

C'est à la lumière de ces transformations qu'il faut comprendre le rapport qu'entretiennent aujourd'hui les communautés minoritaires francophones avec leurs gouvernements. Au nom de leur identité historique nationale (peuple fondateur), elles n'acceptent pas l'intégration multiethnique que leur propose la conjoncture politique actuelle. Elles se sont tournées vers le gouvernement du Canada comme source de légitimation de leurs droits, tout en reconnaissant qu'une grande partie de leurs préoccupations relève de leur gouvernement provincial respectif. L'affiliation culturelle avec le Québec fait face dorénavant à toutes sortes d'embûches identitaires, juridiques et politiques.

La vieille représentation identitaire, et son projet d'une dualité canadienne, est bien morte. La nouvelle place qu'occuperont les communautés francophones minoritaires entre l'affirmation autonomiste du Québec et la politique nationale du multiculturalisme reste à être définie. Encore ici, les analyses de la dynamique moderne dans le cadre du pluralisme culturel peuvent ouvrir de nouvelles pistes.

Ces nouvelles orientations, d'ailleurs, apparaissent déjà dans beaucoup de recherches à l'heure actuelle. On en retrouve plusieurs instances dans les publications récentes, qu'elles soient inspirées par la sociologie (Cardinal, 1993 ; Lafontan, 1993 ; Cotnam *et al.*, 1995) ou par d'autres domaines de recherche en sciences humaines et sociales portant sur les femmes (Adam, 1996), l'histoire (Savard et Breton, 1982 ; Lapierre *et al.*, 1996), la littérature (Létourneau *et al.*, 1994) ou des thèmes plus interdisciplinaires (Cazabon *et al.*, 1996).

CONCLUSION

L'analyse sociologique, comme nous venons de le démontrer, peut offrir des instruments inédits pour explorer les perspectives qui confirment la place positive occupée dans nos sociétés par les communautés culturelles minoritaires. Les groupes minoritaires ne sont pas des réalités marginales, mal adaptées aux impératifs de la modernité. Leur présence et leur revendication sont le signe de la permanence d'un besoin d'identité que réussissent mal à satisfaire les logiques instrumentales des grandes institutions modernes. Bien plus, en offrant à leurs membres un ensemble de valeurs, les communautés culturelles minoritaires participent à la rationalité culturelle moderne, c'est-à-dire qu'elles présentent aux individus une multiplicité de choix de styles de vie.

Ce qui est vrai pour la sociologie des groupes culturels minoritaires en général l'est aussi pour la sociologie des communautés francophones hors Québec. Il faut se départir d'une conception qui percevrait ceux-ci essentiellement comme un reste, en marge de la société dominante. Au contraire, des lectures plus actuelles sur les dynamismes présents au sein de ces communautés tendent à démontrer que celles-ci jouent des rôles importants autant dans la construction moderne des identités de leurs membres que dans l'édification pluraliste de la société globale. Une sociologie de ces communautés peut donc participer à mieux évaluer la place occupée par ces communautés dans la construction des identités modernes, tout comme elle peut conscientiser les membres de ces communautés à leur contribution originale à la société globale. La sociologie est une démarche réflexive. En explorant les dynamismes modernes de l'identité, elle participe au renforcement des identités.

X

BIBLIOGRAPHIE

ADAM, Dyane, dir. (1996). *Femmes francophones et pluralisme en milieu minoritaire*, Ottawa, Presses de l'Université d'Ottawa.

BARTH, Fredrik, dir. (1969). *Ethnic Groups and Boundaries : The Social Organization of Culture Difference*, London, Allen & Unwin.

BECK, Ulrich, Anthony GIDDENS et Scott LASH (1994). *Reflexive Modernization : Politics, Tradition and Aesthetics in the Modern Social Order*, Stanford (California), Stanford University Press.

BERNARD, Roger (1991). *Un avenir incertain, comportements linguistiques et conscience culturelle des jeunes Canadiens français*, Ottawa, Fédération des jeunes Canadiens français, Vision d'avenir.

BOURDIEU, Pierre (1972). *Esquisse d'une théorie de la pratique : précédé de trois études d'ethnologie kabyle*, Genève, Droz.

BOURDIEU, Pierre (1979). *La distinction : critique sociale du jugement*, Paris, Minuit.

BOURDIEU, Pierre (1980). *Le sens pratique*, Paris, Minuit.

BOURDIEU, Pierre (1987). *Choses dites*, Paris, Minuit.

BOURDIEU, Pierre (1994). *Raisons pratiques : sur la théorie de l'action*, Paris, Seuil.

BRETON, Raymond (1981). *The Ethnic Community as a Resource in Relation to Group Problems : Perceptions and Attitudes*, Toronto, University of Toronto, Centre for Urban and Community Studies.

BRETON, Raymond (1983). « La communauté ethnique, communauté politique », *Sociologie et Sociétés*, vol. 150, n° 2, p. 23-38.

BRETON, Raymond (1985). « L'intégration des francophones hors Québec dans des communautés de langue française », *Revue de l'Université d'Ottawa*, vol. 55, n° 2, p. 77-99.

BRETON, Raymond (1991). *The Governance of Ethnic Communities : Political Structures and Processes in Canada*, New York, Greenwood Press.

BRETON, Raymond, Jeffrey G. REITZ et Victor F. VALENTINE (1981). *Les frontières culturelles et la cohésion du Canada*, avec la collaboration de Daiva Stasiulis, Réjean Lachapelle et Ilze Petersons Taylor, Montréal, Institut de recherches politiques.

CARDINAL, Linda (1996). *À partir de notre expérience : femmes de la francophonie ontarienne*, Montréal, Université du Québec.

CARDINAL, Linda, dir. (1993). *Une langue qui pense : la recherche en milieu minoritaire francophone au Canada*, Ottawa, Presses de l'Université d'Ottawa.

CARDINAL, Linda, *et al.* (1990). *Individu, société et politique, la sensibilité des années quatre-vingts au sein de la recherche relative aux communautés francophones hors Québec*, Ottawa, Secrétariat d'État ; Fédération des jeunes Canadiens français, Vision d'avenir.

CARDINAL, Linda, *et al.* (1992). *L'épanouissement des communautés de langue officielle selon la perspective de leurs associations communautaires*, Ottawa, Commissaire aux langues officielles du Canada ; Secrétariat d'État.

CARDINAL, Linda, et J. LAPOINTE (1990). « La sociologie des francophones hors Québec : parti pris pour l'autonomie », *Canadian Ethnic Studies*, vol. 22, n° 1, p. 47-66.

CASTONGUAY, Charles (1986). *Généralisation de l'exogamie parmi les minorités francophones : étude présentée au Comité mixte permanent de la politique et des programmes des langues officielles*, Ottawa, Université d'Ottawa.

CAZABON, Benoît, dir. (1996). *Pour un espace de recherche au Canada francais : discours, objets et méthodes*, Ottawa, Presses de l'Université d'Ottawa. Actes des colloques sur la recherche au Canada français, tenus à Rimouski en 1993 et à Montréal en 1994 (ACFAS).

COLEMAN, James Samuel (1990). *Foundations of Social Theory*, Cambridge (Massachusetts), Harvard University Press.

COMMISSION ROYALE D'ENQUÊTE SUR LE BILINGUISME ET LE BICULTURALISME (1967-1970). *Rapport*, préparé par André Laurendeau, Arnold Davidson Dunton et Jean-Louis Gagnon, Ottawa, la Commission.

COTNAM, Jacques, Yves FRENETTE et Agnès WHITFIELD, dir. (1995). *La francophonie ontarienne : bilan et perspectives de recherche*, Ottawa, Le Nordir.

DAVIS, Nanciellen (1985). *Ethnicity and Ethnic Group Persistence in an Acadian Village in Maritime Canada*, New York, AMS Press.

DUMONT, Louis (1966). *Homo hierarchicus : essai sur le système des castes*, Paris, Gallimard.

EVEN, Alain (1970). *Le territoire pilote du Nouveau-Brunswick ou les blocages culturels au développement économique : contribution à une analyse socioéconomique du développement*, Rennes, Université de Rennes, Faculté de droit et des sciences économiques.

FÉDÉRATION DES FRANCOPHONES HORS QUÉBEC (1975). *Pour ne plus être sans pays*, Ottawa, FFHQ.

FÉDÉRATION DES FRANCOPHONES HORS QUÉBEC (1977). *Les héritiers de lord Durham*, Ottawa, FFHQ.

GIDDENS, Anthony (1994). *Les conséquences de la modernité*, traduit par Olivier Meyer, Paris, L'Harmattan.

GLAZER, Nathan, et Daniel Patrick MOYNIHAN (1964). *Beyond the Melting Pot : The Negroes, Puerto Ricans, Jews, Italians and Irish of New York City*, Cambridge (Massachusetts), MIT Press.

GLAZER, Nathan, Daniel Patrick MOYNIHAN et Corinne SAPOSS SCHELLING, dir. (1975). *Ethnicity : Theory and Experience*, Cambridge (Massachusetts), Harvard University Press.

GOLDBERG, David Theo, dir. (1994). *Multiculturalism : A Critical Reader*, Boston (Massachusetts), Blackwell Publishers.

GORDON, Milton Myron (1964). *Assimilation in American Life : The Role of Race, Religion, and National Origins*, New York, Oxford University Press.

HABERMAS, Jurgen (1987). *Théorie de l'agir communicationnel*, traduit par Jean-Marc Ferry, Paris, Fayard.

HABERMAS, Jurgen (1988). *Le discours philosophique de la modernité*, traduit par Christian Bouchindhomme et Rainer Rochlitz, Paris, Gallimard.

HABERMAS, Jurgen (1997). *Droit et démocratie : entre faits et normes*, traduit par Christian Bouchindhomme et Rainer Rochlitz, Paris, Gallimard.

HAUTECŒUR, Jean-Paul (1975). *L'Acadie du discours : pour une sociologie de la culture acadienne*, Québec, Presses de l'Université Laval.

HOBSBAWM, Eric J. (1992). *Nations et nationalisme depuis 1780 : programme, mythe, réalité*, traduit par Dominique Peters, Paris, Gallimard.

HUGHES, Everett Cherrington (1944). *Rencontre de deux mondes : la crise d'industrialisation du Canada français*, traduit par Jean-Charles Falardeau, Montréal, L. Parizeau.

HUGHES, Charles C., R.N. RAPOPORT, A.H. LEIGHTON et M.A. TREMBLAY (1960). *People of Cove and Woodlot, Communities from the Viewpoint of Social Physchiatry*, New York, Basic Books.

JOHNSON, Marc (1991). *Les stratégies de l'acadianité : analyse sociohistorique du rôle de la presse francophone dans la formation de l'identité acadienne*. Thèse de doctorat en sociologie, Université de Bordeaux 2.

JUTEAU-LEE, Danielle (1980). « Français d'Amérique, Canadiens, Canadiens français, Franco-Ontariens, Ontarois : qui sommes-nous ? », *Pluriel*, n° 24, p. 21-43.

JUTEAU-LEE, Danielle (1983). « La production de l'ethnicité ou la part réelle de l'idéel », *Sociologie et Sociétés*, vol. 15, n° 2, p. 39-55.

KATZ, Michael B., dir. (1993). *The Underclass Debate : Views from History*, Princeton (New Jersey), Princeton University Press.

KYMLICKA, Will (1992). *Recent Work in Citizenship Theory*, Ottawa, Patrimoine Canada.

KYMLICKA, Will (1995a). *Multicultural Citizenship : A Liberal Theory of Minority Rights*, New York, Clarendon Press.

KYMLICKA, Will (1995b). *The Rights of Minority Cultures*, Oxford, Oxford University Press.

KYMLICKA, Will, et Wayne H. NORMAN (1992). *Le débat de la charte sociale : la justice sociale devrait-elle être garantie par la Constitution ?*, Ottawa, Université d'Ottawa, Réseau sur la Constitution.

LAFONTANT, Jean, André FAUCHON, Marie-Christine AUBIN et Hermann DUCHESNE (1993). *L'État et les minorités*, Saint-Boniface, Éditions du Blé ; Presses universitaires de Saint-Boniface.

LALONDE, Francine (1978). *Les francophones hors Québec et les anglophones au Québec : un dossier comparatif*, Ottawa, Fédération des francophones hors Québec.

LAPIERRE, André, Patricia SMART et Pierre SAVARD, dir. (1996). *Langues, cultures et valeurs au Canada à l'aube du 21e siècle*, Ottawa, Conseil international d'études canadiennes.

LASCH, Christopher (1979). *The Culture of Narcissism : American Life in an Age of Diminishing Expectations*, New York, Warner Books.

LASH, Scott, et Jonathan FRIEDMAN, dir. (1992). *Modernity and Identity*, Oxford (Angleterre), Blackwell.

LÉTOURNEAU, Jocelyn, et Roger BERNARD, dir. (1994). *La question identitaire au Canada francophone : récits, parcours, enjeux, hors lieux*, Sainte-Foy, Presses de l'Université Laval.

LIPOVETSHY, Gilles (1983). *L'ère du vide : essais sur l'individualisme contemporain*, Paris, Gallimard.

MAUSS, Marcel (1968-1969). *Œuvres*, présentation de Victor Karady, Paris, Minuit.

MCALL, Christopher (1990). *Class, Ethnicity and Social Inequality*, Montréal, McGill-Queen's University Press.

MEAD, George Herbert (1963). *L'esprit, le soi et la société*, traduit par Jean Cazeneuve, Eugène Kaelin et Georges Thibault, préface de Georges Gurvitch, Paris, Presses universitaires de France.

MINER, Horace Mitchell (1985). *Saint-Denis : un village québécois*, traduit par Édouard Barsamian et Jean-Charles Falardeau, présentation de Jean-Charles Falardeau, Lasalle, Hurtubise HMH.

MYRDAL, Gunnar, Richard STERNER, Edward MAURITZ et Arnold MARSHALL ROSE (1962). *An American Dilemma*, New York, McGraw-Hill.

OBERSCHALL, Anthony (1993). *Social Movements : Ideologies, Interests, and Identities*, New Brunswick (New Jersey), Transaction.

SAVARD, Pierre, et Raymond BRETON (1982). *The Quebec and Acadian Diaspora in North America*, Toronto, Multicultural History Society of Ontario.

SCHNAPPER, Dominique (1991). *La France de l'intégration*, Paris, Gallimard.

SCHNAPPER, Dominique (1994). *La communauté des citoyens : sur l'idée moderne de nation*, Paris, Gallimard.

SENNETT, Richard (1979). *Les tyrannies de l'intimité*, traduit par Antoine Berman et Rebecca Folkman, Paris, Seuil.

SIMON, Pierre-Jean (1975). « Proposition pour un lexique des mots clefs dans le domaine des études relationnelles », *Pluriel*, n° 4, p. 65-76.

STEBBINS, Robert A. (1994). *The Franco-Calgarians : French Language, Leisure, and Linguistic Lifestyle in an Anglophone City*, Toronto, University of Toronto Press.

STEINBERG, Stephen (1994). « The Liberal Retreat from Race », *New Politics*, vol. 5, n° 1.

TAYLOR, Charles (1992a). *Grandeur et misère de la modernité*, traduit par Charlotte Melançon, Montréal, Bellarmin.

TAYLOR, Charles (1992b). *The Ethics of Authenticity*, Cambridge (Massachusetts), Harvard University Press.

TAYLOR, Charles (1992c). *Multiculturalism and « The Politics of Recognition »*, commentaires d'Amy Gutmann *et al.*, Princeton (New Jersey), Princeton University Press.

TAYLOR, Charles (1994). *Multiculturalisme : différence et démocratie*, traduit par Denis-Armand Canal, commentaires d'Amy Gutman, *et al.*, Paris, Aubier.

THÉRIAULT, J. Yvon (1981). « Domination et protestation : le sens de l'acadianité », *Anthropologica*, vol. 23, n° 1, p. 39-71.

THÉRIAULT, J. Yvon (1995). *L'identité à l'épreuve de la modernité : écrits politiques sur l'Acadie et les francophonies canadiennes minoritaires*, Moncton, Éditions d'Acadie.

TOURAINE, Alain (1992). *Critique de la modernité*, Paris, Fayard.

TOURAINE, Alain (1993). *Production de la société*, Paris, Seuil.

TREMBLAY, Marc-Adélard (1962). « L'état des recherches sur la culture acadienne », dans *Situation de la recherche sur le Canada français*, sous la direction de Dumont et Martin, Québec, Presses de l'Université Laval, p. 165-167.

TREMBLAY, Marc-Adélard (1971). *Famille et parenté en Acadie*, Musée national de l'homme, publication d'ethnologie, n° 3, Musées nationaux du Canada.

WEBER, Max (1971). « Les relations communautaires ethniques », dans *Économie et société*, Paris, Plon, p. 411-427.

Chapitre 10

La société et l'identité de l'Acadie contemporaine

Marc Johnson et Isabelle McKee-Allain, Université de Moncton

Toute étude de l'Acadie des Maritimes est confrontée au même problème : la délimitation conceptuelle et empirique de son objet. Si cette entité n'a pas de frontière géographique précise ni de structure politique légalement reconnue, elle a pourtant un enracinement mythique très profond, en plus d'une histoire relativement bien établie et d'un tissu organisationnel relativement dense. En outre, cet objet que la science sociale s'acharne à conquérir est déjà largement investi par des idéologies et des pratiques qui lui donnent corps et âme. Au moins quatre visions de l'Acadie peuvent être repérées aujourd'hui (proches de celles schématisées par Adrien Bérubé en 1987).

En premier lieu, une vision historicomythique imagine l'Acadie transportant son aura d'ancienne colonie française, convoitée puis conquise et centrifugée par les Anglais. De naissance en renaissance, cette Acadie non pas détruite mais issue de la Déportation continue de nourrir bon nombre de nos gens de lettres et de culture qui, à leur tour, la font survivre. C'est en partie ce renvoi du présent au passé qui conduit à une seconde vision voulant que l'Acadie soit constituée d'une diaspora. Celle-ci embrasserait toute âme rêvant à ses valeureux ancêtres acadiens et tout individu qui ignore encore que le précieux sang acadien coule dans ses veines. Une troisième vision mi-ethnique, mi-géographique définit une communauté acadienne maritime en combinant la référence à l'ancien territoire de la colonie acadienne et la population francophone qui y habite aujourd'hui. Enfin, une quatrième vision plus récente et plus politique de l'Acadie renvoie à la concentration des forces vives francophones qui luttent pour leur autonomie, principalement au Nouveau-Brunswick, mais aussi dans quelques secteurs francophones de l'Île-du-Prince-Édouard et de la Nouvelle-Écosse.

Afin de tracer le portrait le plus global et le plus contemporain de cette société acadienne, nous avons choisi de privilégier les francophonies maritimes dans leurs éléments structurels et leurs éléments identitaires. Ce faisant, nous tenterons de donner la mesure de la densité matérielle de la population francophone des provinces Maritimes en termes démographiques, économiques et politiques, mais aussi la teneur de l'identité qui lie cette population en une communauté plus ou moins cohésive. La sociologie de l'Acadie ne peut en effet se limiter à sociographier son objet qui vit et se développe à travers le prisme de son identité. C'est ainsi que nous nous arrêterons en premier lieu sur les données sociographiques de cette société acadienne pour ensuite passer en revue ces institutions sociales centrales que sont la famille, la religion et l'éducation. Dans un deuxième temps, nous explorerons les nœuds de la symbolique identitaire, à savoir la langue, les représentations de l'histoire et les mythes fondateurs.

Enfin, nous relèverons les grandes caractéristiques du tissu organisationnel acadien.

Compte tenu des limites qui s'imposent dans le cadre d'un manuel, notre travail se veut une esquisse de bilan sur la société acadienne, bilan qui s'appuie bien entendu sur les synthèses et les études sociologiques les plus récentes, mais aussi sur le corpus des autres sciences humaines qui ne sont pas étrangères à notre objet. Nous tenterons donc de ne pas répéter inutilement les réflexions engagées dans les autres chapitres que les lecteurs voudront bien lire en complément des présentes lignes.

Profil sociographique

Il importe, en initiant l'observation de cette société acadienne, de s'arrêter tout d'abord sur le caractère démolinguistique de cette population des provinces Maritimes dont la langue reste la principale caractéristique.

Dimension démolinguistique

Le profil de la population des provinces Maritimes varie considérablement selon les critères que l'on adopte (voir tableau I). La population d'origine ethnique française se chiffre à environ un demi-million de personnes, alors que les individus ayant le français comme langue d'usage ne constituent que la moitié de ce nombre. Si l'on adopte comme Muriel Roy (1993) le critère de la langue maternelle française pour mesurer la densité de cette francophonie acadienne (voir tableau II), on obtient un effectif de 295 920 personnes, très inégalement réparti entre les trois provinces. Le Nouveau-Brunswick accapare la très grande majorité, soit 84,6 %, contre 13,3 % en Nouvelle-Écosse, et 2,1 % à l'Île-du-Prince-Édouard. Observons la distribution régionale de cette population de langue maternelle française (voir tableau III) : au Nouveau-Brunswick, elle se répartit principalement dans le Nord-Ouest, le Nord-Est et le Sud-Est ; en Nouvelle-Écosse, elle occupe historiquement les deux pôles opposés de la province, le Nord-Est et le Sud-Ouest, à quoi s'ajoute la région d'Halifax (le Centre) ; à l'Île-du-Prince-Édouard, c'est dans le comté de Prince, en particulier dans la région Évangéline, que la population acadienne est historiquement concentrée. Dans les trois provinces, on dénote des concentrations francophones dans les régions des capitales provinciales, Fredericton (N.-B.), Halifax (N.-É.) et Charlottetown (Î.-P.-É.), bien qu'il ne s'agisse pas de zones historiquement acadiennes (voir carte I).

Au portrait synchronique précédent, les données sur la fécondité et en particulier sur l'indice synthétique de fécondité (nombre annuel d'enfants par 1 000 femmes, âgées entre 15 et 49 ans) nous éclairent sur la croissance

Tableau I
Population d'origine et de langue françaises des Maritimes, effectifs et poids relatif, par province, 1991

Province	Origine ethnique française	%	Français, langue maternelle	%	Français, langue d'usage	%
Nouveau-Brunswick	327 370	45,7	250 175	34,6	225 950	31,5
Nouvelle-Écosse	179 180	20,1	39 415	4,4	23 120	2,6
Île-du-Prince-Édouard	31 030	24,2	6 285	4,8	3 165	2,5
Total	**537 580**		**295 875**		**252 235**	

Source : Statistique Canada, recensements de 1981, 1986 et 1991, cité par Roy, 1993, p. 161.

Tableau II
Répartition territoriale de la population de langue maternelle française des Maritimes, par province, 1991

Province	Effectif	%
N.-B.	250 205	84,6
N.-É.	39 425	13,3
Î.-P.-É.	6 290	2,1
Maritimes	**295 920**	**100,0**

Source : Recensement de 1991, cité par Roy, 1993, p. 157.

de cette population francophone. Le tableau IV démontre que la « surfécondité des Acadiennes est d'ores et déjà reléguée à l'histoire » (Roy, 1993, p. 151). En fait, on note une inversion du rapport à cet indice entre les francophones et les anglophones : après avoir maintenu une avance sur les anglophones en plus d'un rythme de remplacement de la population (lorsque l'indice est supérieur à 2,1), la population acadienne se voit glisser derrière la composante anglophone, tout en cessant d'assurer son remplacement naturel vers le milieu des années 1970.

Les données sur la pyramide des âges nous renseignent sur les transformations de la structure démographique. Hubert Cyr *et al.* (1996) ont compilé des données comparatives entre 1961 et 1991 pour le Nouveau-Brunswick (voir figure I). Les pyramides qui illustrent cette structure d'âge nous donnent à voir un renversement de situation. Alors qu'en 1961, la pyramide est triangulaire et reflète une population relativement jeune, celle de 1991 dénote une population vieillissante en prenant la forme d'une « toupie inversée », selon l'expression des auteurs. La dénatalité est un facteur important de cette tendance. Charles Castonguay (1996) relève que le nombre d'enfants francophones de 0 à 9 ans au Nouveau-Brunswick a diminué de moitié, passant de 59 000 en 1961 à 31 000 en 1991. Fait

Tableau III
Répartition territoriale de la population de langue maternelle française des Maritimes, par région, 1991

Nouveau-Brunswick			Nouvelle-Écosse			Île-du-Prince-Édouard		
Région		%	Région		%	Région		%
Nord-Ouest	44 160	17,7	Centre	12 030	30,5	Prince	4 605	73,2
Nord	24 880	9,9	Nord-Est	8 555	21,7	Queens	1 475	23,5
Nord-Est	81 675	32,7	Sud-Ouest	14 315	36,3	Kings	210	3,3
Sud-Est	83 150	33,2	Autre	4 525	11,5			
Sud-Ouest	16 340	6,5						
Total	**250 205**	**100,0**		**39 425**	**100,0**		**6 290**	**100,0**

Note :
Au N.-B. :
Nord-Ouest = Madawaska, Victoria
Nord = Restigouche
Nord-Est = Gloucester, Northumberland Nord
Sud-Est = Northumberland Sud, Kent, Westmorland, Albert
Sud-Ouest = autres comtés à forte majorité anglophone.

En N.-É. :
Centre = Halifax, Kings
Nord-Est = Cap-Breton, Richmond, Inverness
Sud-Ouest = Digby, Yarmouth
Autre = comtés à forte majorité anglophone.

Source : Statistique Canada, recensement de 1991, cité par Roy, 1993, p. 157.

Carte I

Les régions acadiennes et anglophones des Maritimes

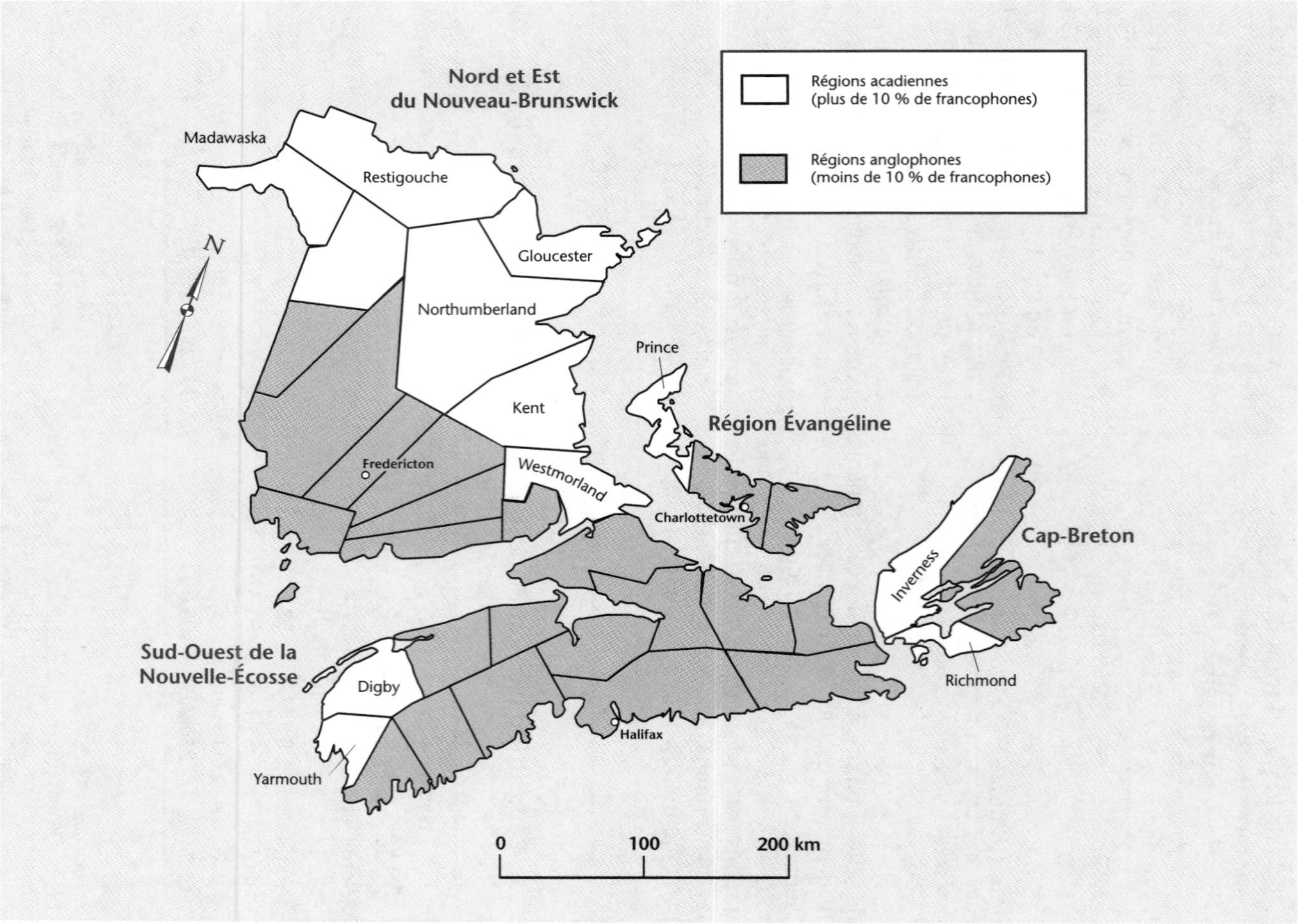

Source : *L'Acadie des Maritimes*, sous la direction de Jean Daigle, Moncton, Université de Moncton, Chaire d'études acadiennes, 1993, p. 250.

Tableau IV
Indice synthétique de fécondité[1], selon la langue maternelle, par province, 1956-1986

Période	Nouveau-Brunswick			Nouvelle-Écosse			Île-du-Prince-Édouard		
	LMF	LMA[2]	Écart	LMF	LMA[2]	Écart	LMF	LMA[2]	Écart
1956-1961	5,91	4,27	1,64	4,63	4,28	0,35	6,86	4,84	2,02
1961-1966	5,08	3,97	1,11	4,39	3,97	0,42	6,19	4,53	1,66
1966-1971	3,26	2,81	0,45	3,00	2,79	0,21	4,25	3,09	1,16
1971-1976	2,41	2,36	0,05	2,23	2,18	0,05	2,52	2,43	0,09
1976-1981	1,91	1,81	0,10	1,74	1,75	(0,01)	1,93	2,08	(0,15)
1981-1986	1,61	1,68	(0,07)	1,60	1,62	(0,02)	1,91	1,90	0,01
Baisse de l'ISF									
1956-1986	4,30	2,59		3,03	2,66		4,95	2,94	

Note :
ISF = Indice synthétique de fécondité
LMF = Langue maternelle française
LMA = Langue maternelle anglaise
L'écart, lorsque négatif, est indiqué entre parenthèses.
1. Nombre annuel d'enfants par 1 000 femmes.
2. LMA, dans ce tableau, désigne les femmes de langue maternelle anglaise seulement, excluant celles de langues autres.

Source : Dallaire et Lachapelle, cité par Roy, 1993, p. 177. Indices calculés par Réjean Lachapelle, Statistique Canada.

intéressant à noter selon cet auteur, la cohorte de ces enfants de 1961 ne compte plus que 44 000 adultes de 30 à 39 ans en 1991, ce qui semble s'expliquer moins par une mortalité précoce que par une importante migration vers l'extérieur.

En somme, la population acadienne semble avoir adopté un mode d'évolution démographique qui érode systématiquement ses effectifs, que ce soit par sa faible fécondité, son vieillissement ou sa migration vers l'extérieur. Nous allons maintenant étudier la question des transferts linguistiques qui nous éclairera sur cette tendance.

Le problème de l'assimilation linguistique est crucial dans l'étude des minorités francophones. Les concepts qui tentent d'en rendre compte sont nombreux et il importe de bien les différencier. Charles Castonguay (1994) distingue trois modalités de l'assimilation linguistique. L'assimilation individuelle et sa contrepartie, la persistance linguistique individuelle, reposent sur la différence entre le nombre d'individus ayant la langue d'usage par comparaison avec la langue maternelle. L'assimilation intergénérationnelle et sa contrepartie, la transmission linguistique intergénérationnelle, sont obtenues par la comparaison de la langue maternelle des enfants et la langue maternelle de leur mère et se mesurent en termes de familles. Enfin, l'assimilation collective et sa contrepartie, la reproduction linguistique, s'obtiennent par la comparaison du nombre d'enfants et du nombre de jeunes adultes d'une langue maternelle donnée, calculée sur une base générationnelle.

Portant sur la population acadienne, les analyses de Muriel Roy (1993) adoptent le premier mode de calcul, c'est-à-dire l'assimilation individuelle. La croissance marquée de cette assimilation en Nouvelle-Écosse et à

Figure I
Pyramides des âges, population des régions acadiennes du Nouveau-Brunswick, 1961 et 1991

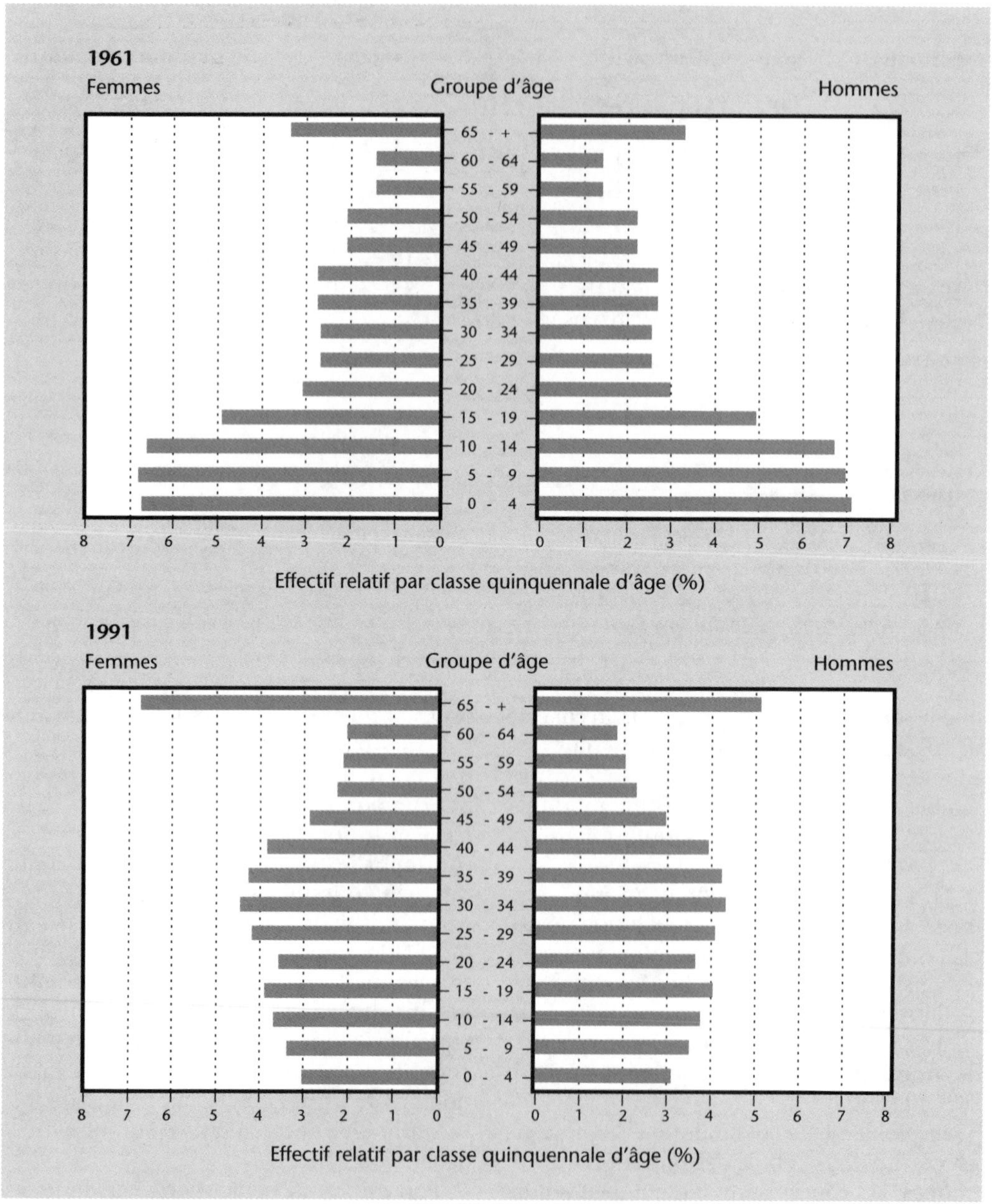

Source : Statistique Canada, recensements de 1961 et 1991, cité par Cyr *et al.*, 1996, p. 13.

Tableau V
Taux d'assimilation de la population de langue maternelle française dans les Maritimes, par province, 1971-1991

Province	1971 %	1981 %	1986 %	1991 %
N.-B.	7,7	6,6	6,1	8,7
N.-É.	30,8	31,5	27,4	40,9
Î.-P.-É.	40,1	37,0	35,0	49,0

Source : Statistique Canada, recensements de 1971, 1981, 1986 et 1991, cité par Roy, 1993, p. 162, 182.

l'Île-du-Prince-Édouard est saisissante, même si elle est présente aussi au Nouveau-Brunswick (voir tableau V). Roy démontre que ce phénomène est notamment corrélé au degré de concentration des francophones : plus ils sont majoritaires et concentrés, moins l'assimilation est présente.

Roy pousse son étude de l'assimilation jusqu'au type d'habitat (voir tableau VI). En plus d'indiquer que les populations acadiennes habitent davantage en milieu rural que les anglophones, ces données révèlent que l'assimilation compte ses plus hauts taux dans les milieux plus populeux, surtout si les francophones y sont très minoritaires. La situation est vécue de façon sensiblement différente selon les provinces. Alors qu'au Nouveau-Brunswick, c'est dans les cités que les Acadiens s'assimilent le plus (13 %), en Nouvelle-Écosse (35 %) et à l'Île-du-Prince-Édouard (52 %), l'assimilation se réalise le mieux dans les villes de taille moins grande, sans doute parce que les capitales provinciales respectives offrent des services à la minorité francophone (école, centre culturel, médias) qui sont absents dans les autres villes. Le degré de complétude institutionnelle est un des facteurs expliquant ce problème (Breton, 1964). Les régions où des institutions encadrent les activités francophones et stimulent leur vitalité prêtent moins flanc à l'assimilation. Nous y reviendrons.

Un autre facteur de l'assimilation, et sans doute le plus redoutable, est l'exogamie linguistique, c'est-à-dire les unions mixtes entre une personne de langue maternelle française et une personne de langue anglaise. Roy (1993, p. 165) relève de forts taux d'exogamie en Acadie : de 1971 à 1986, les taux sont passés de 10 % à 12 % au Nouveau-Brunswick, de 33 % à 41 % en Nouvelle-Écosse, et de 25 % à 40 % à l'Île-du-Prince-Édouard. La corrélation entre ces taux et ceux de l'assimilation individuelle apparaît évidente. Les enfants issus d'unions linguistiquement exogames auraient donc tendance à adopter l'anglais comme langue d'usage.

Par ailleurs, une étude de Charles Castonguay (1996) sur l'assimilation des francophones au Nouveau-Brunswick privilégie l'indicateur du taux de reproduction linguistique, qui correspond à la troisième méthode énoncée ci-dessus. Ce calcul ajoute aux variables proprement démolinguistiques, celle de la fécondité de la population. Ses résultats sur l'assimilation collective des Acadiens prennent un ton alarmiste, ce qui ne manque pas de susciter des débats au sein de la communauté des chercheurs. Il ne s'agit plus d'observer un taux individuel de l'ordre de 8 %, mais de constater une anglicisation de l'ordre de 30 % à 35 % d'une génération à l'autre. Chez cet auteur aussi, l'exogamie linguistique apparaît comme l'un des facteurs clés de l'assimilation et celle-ci, combinée à la sous-fécondité de la population acadienne, contribue à mettre en péril la reproduction linguistique de cette population.

Une enquête récente portant sur les attitudes linguistiques chez les francophones du Nouveau-Brunswick vient renforcer ces craintes (Cyr *et al.*, 1996)[1]. Les auteurs de l'enquête s'inquiètent particulièrement de deux sources

1. Enquête par questionnaire commandée par la Société des Acadiens et des Acadiennes du Nouveau-Brunswick et réalisée auprès d'un échantillon représentatif de 777 francophones de cette province.

Tableau VI

Répartition de la population totale et de la population de langue maternelle française, et assimilation, selon l'habitat, par province, 1986 et 1991

Habitat		P. tot. %	LMF %	Assim. %		P. tot. %	LMF %	Assim. %		P. tot. %	LMF %	Assim. %
		Nouveau-Brunswick				Nouvelle-Écosse				Île-du-Prince-Édouard		
1986												
Cités		30,0	21,0	13		24,0	16,0	13		12,6	8,0	26
Villes		16,5	17,0	8		20,0	9,0	35		13,5	14,0	52
	Villages	14,0	17,0	4		–	–	–	Com.	29,0	30,0	19
	Par.	39,5	45,0	4	DM	15,0	37,0	22	Lot	45,0	48,0	27
					SCM	41,0	38,0	10				
Total		**100,0**	**100,0**			**100,0**	**100,0**			**100,0**	**100,0**	
1991												
Cités		29,6	20,0	–		21,0	16,3	–		11,9	6,4	–
Villes		16,5	17,6	–		20,0	9,5	–		12,7	13,1	–
	Villages	14,0	18,4	–		–	–	–	Com.	31,7	32,2	–
	Par.	39,9	44,0	–	DM	15,0	36,7	–	Lot	43,7	48,3	–
					SCM	44,0	37,5	–				
Total		**100,0**	**100,0**			**100,0**	**100,0**			**100,0**	**100,0**	

Note :
– = Données non disponibles
Assim. = Assimilation
Com. = *Community* (village)
DM = *District municipality*
LMF = Langue maternelle française
Lot = Division territoriale
P. tot. = Population totale
Par. = Paroisse
SCM = *Subdivision of county municipality*

Source : Statistique Canada, recensements de 1986 et 1991, cité par Roy, 1993, p. 204.

d'assimilation qui leur apparaissent clairement : la langue de travail et la langue d'éducation des enfants des couples linguistiquement mixtes. D'une part, 20 % des répondants discutent en anglais avec leurs collègues de travail, d'autre part, 83 % des mariages exogames envoient leurs enfants dans une école anglaise.

Ces caractéristiques démolinguistiques de la population acadienne composent un tableau mitigé du dynamisme social acadien. Sans nous substituer aux économistes, nous caractériserons maintenant à grands traits la structure de la main-d'œuvre chez les populations acadiennes. Nous vous convions à consulter le chapitre du présent ouvrage proposé par M. Beaudin pour compléter ce volet.

La structure de la main-d'œuvre

Les données sur la structure de la main-d'œuvre des populations francophones nous fournissent un indice de leur situation socioéconomique (voir tableau VII). L'étude de Beaudin et Leclerc (1993) donne un portrait comparatif pour les populations francophones et anglophones des provinces Maritimes. En distinguant les occupations apparentées aux cols blancs de celles apparentées aux cols bleus, les auteurs notent que dans les provinces Maritimes, 65 % des travailleurs anglophones occupent des emplois de cols blancs, alors que la proportion n'est que de 55,9 % chez les francophones. À l'inverse, les travailleurs francophones sont proportionnellement plus présents dans les emplois de cols bleus (44 %), comparativement aux travailleurs anglophones (35 %). Globalement, leur analyse conclut que les travailleurs acadiens se concentrent dans les secteurs d'emplois les moins bien rémunérés, comme l'atteste par exemple la catégorie des industries de transformation. On pense ici à la transformation du poisson, secteur qui, outre son très bas niveau de rémunération, est on ne peut plus menacé aujourd'hui.

Vues sous l'angle des secteurs d'industries où les emplois, toutes catégories confondues, s'insèrent, les conclusions sont relativement similaires. Les francophones (64,3 %) occupent proportionnellement moins d'emplois dans le secteur des services que les anglophones (73,4 %). L'analyse des tendances en matière d'emplois indiquent pourtant un déplacement progressif vers ce secteur tertiaire, tant dans la région maritime que dans le reste du pays.

Ces quelques indices somme toute trop partiels laissent néanmoins paraître une forme de disparité au détriment de la population acadienne. Comment les Acadiens perçoivent-ils cette réalité économique ? L'enquête de Cyr *et al.* (1996) a aussi questionné les Acadiens du Nouveau-Brunswick sur cet aspect. Elle révèle que c'est le problème du chômage et de l'emploi qui préoccupe en priorité la majorité des répondants (63,3 %), loin devant la pêche (3,5 %) et le fardeau fiscal (2,6 %). La majorité des répondants (65 %) estime aussi que leur région est économiquement développée ou très développée. Pour ce qui est de l'avenir, les répondants croient en majorité (73,2 %) à une stratégie de diversification des activités économiques, tout en attribuant (77,9 %) aux divers paliers de gouvernement (fédéral, provincial et municipal) le rôle d'acteur principal du développement économique de leur région. Il est donc intéressant de noter l'attitude de dépendance des Acadiens à l'endroit des gouvernements pour ce qui est du développement économique, attitude qui est aussi observée dans une enquête récente auprès des entrepreneurs acadiens (Levesque et Rumball, 1996).

Au-delà de ces tendances démolinguistiques et socioéconomiques, nous pouvons observer comment les grandes institutions sociales telles que la famille, la religion et l'éducation prennent forme dans le contexte acadien.

Les familles

S'il y a une institution qui est en pleine mouvance sans toutefois faire l'objet d'une observation sociologique systématique en Acadie, c'est la famille. Pourtant, la tenue du Congrès mondial acadien à Moncton en 1994

Tableau VII

Composition de la main-d'œuvre des provinces Maritimes, selon le groupe linguistique, par région, 1986

	Régions acadiennes		Régions anglophones		Maritimes	
	Franco. %	Anglo. %	Franco. %	Anglo. %	Franco. %	Anglo. %
Professions						
Cols blancs :						
Direction	6,4	7,4	8,7	8,7	6,7	8,4
Enseignement	4,4	3,6	6,3	4,4	4,7	4,2
Médecine et santé	4,3	5,1	4,7	5,3	4,3	5,3
Autres professions libérales	4,4	5,2	7,4	6,2	4,8	6,0
Employés de bureau	13,0	14,8	16,3	17,0	13,4	16,6
Commerce (vente)	6,8	8,3	6,1	8,7	6,7	8,7
Services	13,8	15,8	25,8	15,8	15,3	15,8
Total	**53,1**	**60,2**	**75,3**	**66,1**	**55,9**	**65,0**
Cols bleus :						
Travailleurs du secteur primaire	10,2	10,7	2,5	6,9	9,2	7,6
Industries de transformation	11,2	6,5	2,5	4,1	10,1	4,5
Usinage, montage et réparation	7,6	5,9	5,9	6,7	7,4	6,6
Travailleurs du bâtiment	9,4	7,2	7,5	7,2	9,2	7,2
Transports	3,4	4,2	2,7	3,9	3,4	4,0
Autres	4,8	5,3	3,8	5,1	4,7	5,1
Total	**46,6**	**39,8**	**24,9**	**33,9**	**44,0**	**35,0**
Total des professions	**100,0**	**100,0**	**100,0**	**100,0**	**100,0**	**100,0**
Industries						
Secteur des biens :						
Industries primaires	10,3	11,4	3,9	7,4	9,6	8,1
Industries manufacturières	20,0	12,8	9,1	11,9	18,5	12,1
Construction	7,8	6,5	5,8	6,6	7,5	6,6
Total	**38,1**	**30,7**	**18,8**	**25,9**	**35,6**	**26,8**
Secteur des services	61,7	69,4	81,1	74,2	64,3	73,4
Total des industries	**100,0**	**100,0**	**100,0**	**100,0**	**100,0**	**100,0**

Note :
Anglo. = anglophone
Franco. = francophone

Source : Beaudin et Leclerc, 1993, p. 294-295.

Tableau VIII
Structure des familles, par comté francophone ou mixte, par province, 1991

		Familles époux-épouse			Familles monoparentales		
Comté francohone ou mixte	**Total des familles**		**%**	**Proportion en union libre %**		**%**	**Proportion parent féminin %**
Nouveau-Brunswick							
Gloucester	24 135	20 565	85,2	14,2	3 570	14,8	81,1
Kent	8 760	7 675	87,6	8,7	1 080	12,3	81,0
Madawaska	10 055	8 845	88,0	11,1	1 210	12,0	81,0
Northumberland	14 130	12 100	85,6	6,7	2 025	14,3	82,2
Restigouche	10 590	8 980	84,8	11,9	1 610	15,2	82,6
Victoria	5 655	5 005	88,5	8,9	645	11,4	82,9
Westmorland	31 540	27 270	86,5	9,5	4 265	13,5	84,4
Total	**104 865**	**90 440**	**86,2**	**10,1**	**14 405**	**13,4**	**82,2**
Total N.-B.	**198 005**	**171 465**	**86,6**	**9,3**	**26 545**	**13,4**	**82,8**
Nouvelle-Écosse							
Digby	6 030	5 345	88,6	13,8	685	11,4	85,4
Inverness	5 460	4 685	85,8	7,2	775	14,2	83,2
Richmond	2 980	2 610	87,6	6,9	370	12,4	81,1
Yarmouth	7 825	6 860	87,7	10,1	965	12,3	84,5
Total	**22 295**	**19 500**	**87,5**	**9,5**	**2 795**	**12,5**	**83,6**
Total N.-É.	**244 615**	**211 495**	**86,5**	**9,5**	**33 120**	**13,5**	**83,7**
Île-du-Prince-Édouard							
Prince	11 570	10 325	89,2	6,7	1 245	10,8	81,5
Total Î.-P.-É.	**33 895**	**29 520**	**87,1**	**6,9**	**4 375**	**12,9**	**83,1**
Canada	**7 356 170**	**6 401 450**	**87,0**	**11,3**	**954 710**	**13,0**	**82,4**

Source : Statistique Canada, recensement de 1991.

a lancé un mouvement de regroupement des familles acadiennes qui se compose d'une quarantaine d'associations. Paradoxalement, le même Congrès qui comportait un volet de conférences n'avait prévu aucun atelier pour réfléchir à cette institution.

Plusieurs indices témoignent des changements de l'institution familiale (voir tableau VIII). Sur le plan structurel d'abord, on note que le pourcentage de familles monoparentales francophones (13,4 %) est identique à la moyenne provinciale au Nouveau-Brunswick (13,4 %), légèrement inférieur (12,5 %) à la moyenne provinciale en Nouvelle-Écosse (13,5 %) et inférieur (10,8 %) à la moyenne provinciale à l'Île-du-Prince-Édouard (12,9 %). On observe des variations entre les régions francophones, par exemple au Nouveau-Brunswick, 11,4 % dans Victoria par rapport à 15,2 % dans le Restigouche.

Le phénomène des couples en union libre présente aussi des caractéristiques intéressantes. Au Nouveau-Brunswick, la proportion d'unions libres est, dans les comtés francophones et mixtes (10,1 %), supérieure à la moyenne provinciale (9,3 %). En Nouvelle-Écosse, dans les régions francophones (9,5 %) elle est identique à la moyenne provinciale (9,5 %). C'est à l'Île-du-Prince-Édouard que l'on retrouve le plus bas taux d'unions libres (6,9 %), et les régions francophones s'approchent de cette moyenne (6,7 %). Pour cette variable également, on observe des variations internes assez marquées, par exemple 6,7 % de couples en union libre dans le comté de Northumberland comparativement à 14,2 % dans le comté de Gloucester, au Nouveau-Brunswick.

En somme, l'image de la famille biparentale traditionnelle régulée par la religion catholique ne semble plus correspondre à la réalité actuelle. La structure des familles acadiennes ressemble en fait au modèle contemporain observé dans l'ensemble du pays. Les variations internes dans la société acadienne nous indiquent toutefois qu'il faut prêter attention à la diversité des caractéristiques entre les régions (McKee-Allain, 1995).

La religion

Comme dans le reste du Canada français, l'institution religieuse catholique occupe une grande place dans l'histoire acadienne. L'acadianité traditionnelle y puise ses plus puissants symboles et y a longtemps recruté ses plus fervents nationalistes. Qu'en est-il aujourd'hui ?

Les données disponibles sur le phénomène religieux sont rares. Les données du recensement fournissent des indications sur l'appartenance à une dénomination religieuse (voir tableau IX), mais elles ignorent pour l'instant la pratique religieuse. On constate que la religion catholique continue de rallier la grande majorité des Acadiens des provinces Maritimes, même si la proportion des catholiques est légèrement plus faible chez les francophones de la Nouvelle-Écosse et de l'Île-du-Prince-Édouard. Ces nuances s'expliquent peut-être par un taux plus prononcé d'exogamie qui rendrait les religions protestantes plus présentes chez les francophones.

La catégorie *sans religion* apparaît très négligeable chez ces populations francophones, plus négligeable en fait que pour l'ensemble des populations des mêmes provinces : Nouveau-Brunswick (5,4 %), Nouvelle-Écosse (7,6 %), Île-du-Prince-Édouard (3,8 %). Pour l'ensemble du Canada, cette catégorie représente 12,3 % de la population. En somme, on continue d'observer une certaine homogénéité d'appartenance catholique qui est un

Tableau IX

Répartition de la population totale et de la population de langue maternelle française, par province, selon la dénomination religieuse, 1991

Dénomination	Nouveau-Brunswick		Nouvelle-Écosse		Île-du-Prince-Édouard	
	LMF %	P. tot. %	LMF %	P. tot. %	LMF %	P. tot. %
Catholique	96,9	53,8	94,1	37,1	95,2	47,2
Protestante	1,9	40,3	3,3	54,2	3,0	48,5
Autre	0,1	0,5	0,4	1,0	0,5	0,5
Sans religion	1,1	5,4	2,2	7,6	1,3	3,8

Note :
P. tot. = Population totale
LMF = Langue maternelle française

Source : Statistique Canada, recensement de 1991.

Tableau X

Écart entre la croyance et la pratique religieuse chez les participants au Congrès mondial acadien, 1994

Degré	Croyant %	Pratiquant %
Très	40,8	29,3
Assez	45,6	35,4
Peu	11,1	24,6
Pas du tout	2,5	10,7

Note : Les pourcentages utilisés se rapportent au total de réponses valides, soit 516.

Source : Allain et Mujica, 1995, p. 667.

fait de tradition acadienne.

Bien que nous ne disposions d'aucune étude sur les pratiques religieuses, nous percevons un indice du décalage entre l'appartenance et la pratique dans une enquête réalisée par Allain et Mujica (1996) auprès des participants au Congrès mondial acadien. Chez ces Acadiens présentant un profil néanmoins atypique (plus scolarisé et ayant un revenu plus élevé que la moyenne de la population francophone), des écarts de l'ordre de 10 % ont été observés (voir tableau X). Le profil des dénominations pour l'ensemble des répondants était le suivant : 88,1 % de catholiques, 1,6 % de protestants, 1,8 % d'autres religions, 8,2 % sans religion.

La question religieuse, sans être vraiment épineuse, soulève toutefois quelques débats dans l'espace public acadien (McKee-Allain, 1996). On a globalement observé une situation d'accommodation entre l'Église et l'État en ce qui concerne par exemple l'enseignement religieux dans les écoles. Plusieurs écoles dispensent en effet des enseignements catholiques, profitant de l'ambiguïté de la loi scolaire. Mais des revendications ont été formulées par des nouveaux groupes protestants fondamentalistes qui réclament plus de pluralisme religieux dans cette institution. McKee-Allain (1996, p. 45) relève qu'à ce sujet, l'association des enseignants et des enseignantes francophones préfère ne pas s'engager : « Le débat n'a pas lieu, mais s'il avait lieu, il serait houleux », lui confiait un président de ce syndicat enseignant francophone.

En somme, sur la question religieuse, la société acadienne semble avoir pris une certaine distance caractéristique de la modernité, mais sans rompre les équilibres de la tradition.

L'éducation

Le niveau d'éducation est l'une des mesures de la vitalité d'une population. Sur ce plan, la population acadienne a réalisé des progrès considérables depuis les années 1960. L'étude de Beaudin et Leclerc (1993) démontre notamment qu'au sein de cette population la catégorie des scolarisés ayant entre une 9e et une 12e année est passée d'environ 15 % en 1961 à près de 40 % en 1986, alors que dans l'ensemble du Canada, cette variation n'a été que de 24 % à 40 %. Mais le retard continue de se faire sentir dans la catégorie des *études postsecondaires* alors qu'en 1986, seulement 33 % des Acadiens poursuivent de telles études, comparativement à 43 % pour l'ensemble du Canada.

Le tableau XI présente la situation de la scolarisation au recensement de 1991. De façon générale, on observe que les francophones affichent des proportions assez similaires à l'ensemble des populations pour la catégorie de *9e à 13e année*. Mais la catégorie de faible scolarisation (*n'ayant pas atteint la 9e année*) est largement représentée chez les francophones des Maritimes. De même, à l'autre extrémité du continuum, les catégories postsecondaires, et en particulier la catégorie des *études universitaires*, accusent de faibles effectifs en comparaison avec l'ensemble de la population.

Ces données exigent toutefois des précisions. L'étude plus détaillée de Beaudin et Boudreau (1994) à partir des données de 1991 souligne en effet que les écarts les plus significatifs de scolarisation se situent entre les

Tableau XI
Plus haut niveau de scolarité atteint, population de 15 ans et plus, 1991

Région/ province	Population	Niveau de scolarité N'ayant pas atteint la 9e année %	9e à 13e année %	École des métiers %	Autre non univers. %	Études univers. %
Comtés francophones et mixtes du N.-B.	299 615	24,4	39,2	2,9	18,2	15,2
N.-B.	**565 315**	**19,5**	**40,1**	**3,2**	**19,3**	**17,9**
Comtés mixtes de la N.-É.*	64 360	20,5	41,3	3,6	21,3	13,2
N.-É.	**706 675**	**13,2**	**39,9**	**3,8**	**22,2**	**20,9**
Comtés mixtes de l'Î.-P.-É.*	32 995	21,4	42,1	3,8	18,6	14,1
Î.-P.-É.	**98 750**	**15,4**	**39,8**	**3,2**	**20,8**	**20,7**
Canada	**21 304 740**	**13,9**	**39,0**	**3,9**	**22,3**	**20,8**

Note : * N'inclut pas la population francophone de la région de Halifax-Dartmouth ni celle de Summerside et de Charlottetown.

Source : Statistique Canada, recensement de 1991.

régions rurales et les régions urbaines. Par exemple, à Halifax, les individus disposant d'un diplôme universitaire forment 35 % des travailleurs, alors qu'ils ne sont que 11 % dans la région Évangéline à l'Île-du-Prince-Édouard. Cette observation ne peut être vérifiée dans les données du tableau XI qui omettent les régions urbaines de la Nouvelle-Écosse et de l'Île-du-Prince-Édouard.

En somme, si la population acadienne se réjouit d'un fort rattrapage en scolarisation au cours des dernières décennies, il reste qu'elle accuse toujours un retard sensible par rapport à l'ensemble de la population. Compte tenu de l'importance que prend l'acquisition des savoirs, mais surtout des diplômes, dans la nouvelle société dite *de l'information*, il n'est pas étonnant de constater la place que prennent toujours les luttes scolaires dans toutes les régions acadiennes.

Ce premier tour d'horizon de la société acadienne par la voie de ses caractéristiques sociographiques nous écarte quelque peu des dynamismes principaux de cette population et ne mesure donc pas complètement sa vitalité. Ce serait introduire un déterminisme démographique que de se limiter à cette mesure. Certainement depuis la contribution centrale de Raymond Breton (1964) sur la complétude institutionnelle et la capacité organisationnelle (1974) des minorités, mais aussi par les multiples lectures sociologiques qui nous en fournissent des preuves, nous reconnaissons que la société acadienne relève les défis imposés par sa condition minoritaire par divers moyens reliés à son tissu organisationnel et à son déploiement culturel. Nous allons maintenant passer en revue quelques-uns de ces aspects.

La symbolique identitaire

La problématique identitaire est omniprésente dans la société acadienne contemporaine. On peut observer la mise en chantier de l'acadianité par ce que Thériault (1995) a appelé les « variables lourdes », telles que nous venons de les voir ou encore dans les instances organisationnelles que nous verrons à la prochaine section. Mais cette problématique s'observe aussi dans ses « variables légères » qui relèvent de la dimension symbolique et culturelle. Nous avons déjà évoqué rapidement quelques-uns de ces éléments symboliques au sujet de la religion, mais nous allons maintenant nous arrêter sur les nœuds de la symbolique identitaire (langue, histoire, mythes).

C'est en regard de l'acadianité traditionnelle que nous saisissons pleinement le déploiement de la symbolique identitaire actuelle. Celle-là s'était établie sur les référents de la langue française, de la religion catholique et de l'agriculturalisme, soudés dans le paradigme de la renaissance d'une mythique Acadie française du 17e siècle au terme d'une « odyssée[2] » malheureuse. Pour sa part, la symbolique contemporaine revêt des formes multiples. Le phénomène de la fragmentation, si souvent diagnostiqué aujourd'hui, semble bien caractériser l'identité acadienne contemporaine (Allain, McKee-Allain, Thériault, 1993). Pondérant l'évocation du bris transportée par le concept de fragmentation, nous lui préférerons celui de segmentation qui suppose une articulation des divisions ou des segments de la nouvelle réalité identitaire.

La langue

La langue française reste au centre de l'univers symbolique acadien, bien qu'elle ne fasse plus l'objet d'un consensus aussi tangible. Le film *Moncton, Acadie*, du réalisateur Marc Paulin (1990), a fait la démonstration de ces divergences lorsqu'il a tout autant mis en valeur le *chiac*, parler acadien propre à la région de Moncton, que le *français standard*. Ce débat sur la place de la langue dans l'identité acadienne minoritaire occupe aussi une place importante dans les recherches. Les sociolinguistes relèvent à leur manière l'ambivalence dans les rapports entre la langue et l'identité : « La langue est à la fois source de tous les enthousiasmes et cause de tous les maux » (Boudreau, 1995, p. 136). Les recherches de Boudreau et Dubois dénotent le phénomène d'une identité bilingue dont sont fiers de plus en plus de jeunes du sud-est du Nouveau-Brunswick, phénomène que reprend dans un autre registre la poésie contemporaine lorsqu'elle fait l'*Éloge du chiac* (Leblanc, 1995). Par contre, cette attitude n'est pas clairement partagée dans l'ensemble de l'Acadie. Les plus récentes publications de Boudreau et Dubois indiquent une forme d'ambivalence chez les jeunes.

2. « L'Odyssée acadienne », c'est le nom choisi par Parcs Canada pour désigner le site historique national du Monument Lefebvre, à Saint-Joseph de Memramcook, au Nouveau-Brunswick, dédié à l'histoire acadienne jusqu'à la déportation de 1755.

Dans les régions où la communauté francophone affiche une forte vitalité, ce débat semble moins animé que dans les régions acadiennes conservant une certaine vitalité en dépit du milieu anglophone ambiant, par exemple autour de Moncton au Nouveau-Brunswick, de Clare, d'Argyle et de Chéticamp en Nouvelle-Écosse. Quant aux autres régions acadiennes plus minoritaires, y compris les régions terre-neuviennes, il semble que l'identité bilingue demeure un phénomène omniprésent, particulièrement chez les jeunes (Paratte, 1993 ; Magord, 1993). À l'Île-du-Prince-Édouard, si encore peu d'études ont saisi cet aspect, il reste que les efforts de refrancisation sont notoires (Laforest, 1992).

Sur la question linguistique, ce sont sans doute les recherches de Landry et Allard qui sont le mieux articulées aux initiatives de défense des minorités francophones. Partant du postulat que « seules les communautés qui auront maintenu un minimum de vitalité ethnolinguistique pourront démontrer des signes tangibles de leur présence et de leur spécificité » (Landry, 1996, p. 475), leur *problématisation* offre un concept de vitalité ethnolinguistique fort utile dans la défense identitaire. Aussi se prête-t-on à la mesure de cette vitalité à la fois sur les plans objectif (institutions et ressources communautaires) et subjectif (croyances, valeurs, désirs) et cherche-t-on, pour survivre en tant qu'Acadien, à surmonter l'identité mixte ou bilingue et susciter un bilinguisme *additif*. À ces recherches il faut ajouter les efforts du Centre de recherche en linguistique appliquée de l'Université de Moncton qui fait de l'aménagement linguistique de l'Acadie néo-brunswickoise un enjeu essentiel de l'identité acadienne, car « c'est d'abord et avant tout dans leur parler que les Acadiens trouvent le critère de leur nationalité » (Adam et Phlipponneau, 1994, p. 248).

Bien qu'éclaté, le référent linguistique demeure le pivot de l'acadianité. Lors du Congrès mondial acadien, l'enquête d'Allain et Mujica (1996) auprès des quelque 2 000 participants indiquait effectivement que la langue française demeure pour 93,3 % d'entre eux très importante, bien que seulement 88 % de ces répondants aient principalement le français comme langue d'usage !

Les représentations de l'histoire

Après la langue, l'histoire est l'autre référent traditionnel bousculé par la segmentation de l'acadianité moderne. Longtemps, l'historiographie s'est chargée de constituer l'unité ontologique de la société acadienne. Le paradigme de l'âge d'or, du Grand Dérangement et de la survivance glorieuse a servi de fondement aux études historiographiques jusqu'à l'époque contemporaine (Daigle, 1995). La critique historiographique de ce dogmatisme a été exceptionnelle. Encore récemment, l'historien Jacques Paul Couturier, qui s'identifie à une « nouvelle historiographie acadienne », toujours minoritaire, critiquait la déficience des historiens sur le plan de l'analyse sociale et économique tout en leur reprochant leurs préoccupations avant tout nationales (Couturier, 1995, 1996).

Aujourd'hui, un pluralisme de l'interprétation historique semble succéder au monolithisme. La sociologie participe de ce mouvement, notamment par les contributions d'études sociohistoriques sur les coopératives (Thériault, 1981), sur les médias (Johnson, 1991), sur les sciences sociales (Ali-Khodja, 1994), sur les femmes (McKee, 1995). Comme un miroir de la segmentation de l'identité, ces études découpent et éclairent des pratiques et des représentations différenciées en regard de l'acadianité.

J. Yvon Thériault (1995, 1996) est sans doute celui qui apporte la plus riche contribution à l'analyse des représentations contemporaines de l'Acadie. Son œuvre cherche à mettre à jour l'articulation des dimensions politique et mythique de l'identité acadienne. La définition aterritoriale de l'Acadie, telle qu'elle s'exprime par exemple chez les artistes de la dite *diaspora acadienne*, rappelle à Thériault le romantisme du siècle dernier. Il prévient d'ailleurs que celle-là présuppose une clôture autour des liens du sang. Par contre, s'agissant de la définition fortement imprégnée d'une historicité contemporaine, telle qu'elle s'exprime chez les artistes acadiens du Nouveau-Brunswick (Chiasson, 1994), il y voit un risque de glissement vers une pétrification de la culture, vers ce qu'il nomme la *réserve*.

Il est d'ailleurs intéressant de noter que ce débat entre les tenants d'une Acadie de la diaspora et ceux d'une Acadie territoriale a principalement émané du milieu artistique (Ali-Khodja et Johnson, 1994). L'autre forum à ce débat a été le Congrès mondial acadien, organisé en 1994 à Moncton. Entre la représentation renouvelée de l'Acadie mythique, telle qu'elle s'exprime notamment chez les artistes acadiens de la dite *diaspora* ou chez les organisateurs du Congrès mondial acadien, et la revendication de l'Acadie territoriale, s'appuyant sur l'historicité de la collectivité acadienne, Thériault lit l'épreuve de la modernité.

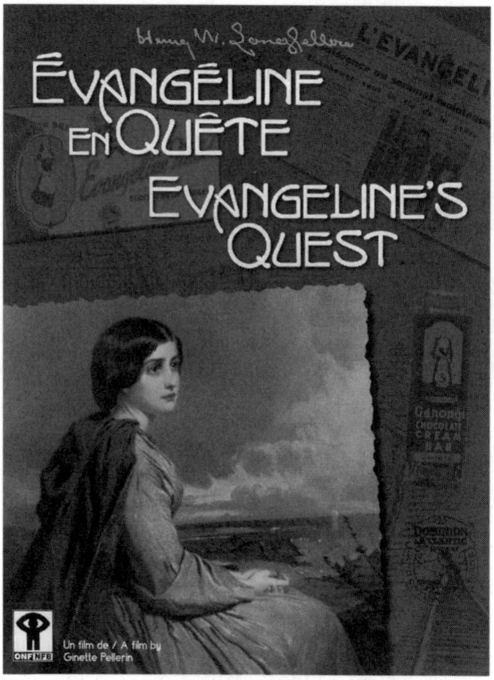

Évangéline en quête, de Ginette Pellerin, production ONF, 1996.

Les mythes fondateurs

La remise en question des symboles historiques et mythologiques trouve sa meilleure expression dans le cinéma acadien. Deux films récents se sont attaqués aux mythes fondateurs de l'acadianité, avec des résultats contrastés. Dans *Évangéline en quête* (1996), Ginette Pellerin procède comme une sociologue à la déconstruction du mythe d'Évangéline. Parti du poème lyrique de Longfellow (1847), le personnage fictif d'Évangéline a constitué un mythe fondateur puissant qui a non seulement ordonnancé le paradigme traditionnel de l'histoire acadienne (Ross, 1993), mais qui continue d'être le foyer symbolique et touristique de l'Acadie dispersée. Le film de Pellerin démontre bien dans quelle mesure la figure d'Évangéline loge à maintes enseignes, y compris au site historique national de Grand-Pré, en Nouvelle-Écosse, où la pauvre aurait été déportée ! À en juger par la froide réception qu'a obtenue ce film dans certains milieux de la Nouvelle-Écosse et de la Louisiane[3], le mythe jouit encore d'une certaine efficacité dans la culture populaire et l'organisation de la survivance des minorités acadiennes.

Par ailleurs, le film *Les années noires* (1994) d'Herménégilde Chiasson porte sur le mythe de la Déportation pour faire valoir cette vision de l'historicité acadienne contemporaine évoquée ci-dessus. L'arrière-plan intellectuel de Chiasson est bien établi (Robichaud, 1996). Il se présente comme figure symbolique de la « première génération d'artistes a avoir joué le tout pour le tout sur l'Acadie, à vouloir habiter cette communauté, à vouloir lui donner un visage » (Chiasson, 1994, p. 322). Alors que jadis il s'opposait à l'Acadie traditionnelle dans ce qu'elle avait de soumission

3. Selon le reportage de la première du film à Wolfville, en Nouvelle-Écosse. Reportage radiophonique de Chantal Francœur, Halifax, Société Radio-Canada, le 12 septembre 1996.

et de folklorique, aujourd'hui il poursuit sa mission, non pas comme Pellerin en déconstruisant le mythe, mais en lui donnant des assises contemporaines. Ainsi, le courage, l'audace et la détermination intrinsèques des Acadiens sont évoqués en même temps que les forces adverses dénoncées : les Canadiens français, les Anglais et même les Français. Le paradigme mythique de l'âge d'or, du drame et de la renaissance est respecté, aussi la fin du film laisse entrevoir avec confiance la reconstruction de l'Acadie, ici, dans les Maritimes, et non à travers une diffuse diaspora.

Pendant que le débat sur la *vraie nature* de l'Acadie se poursuit sur le plan intellectuel, la recherche des liens du sang à travers l'histoire anime des hordes toujours plus nombreuses de généalogistes. Cette quête identitaire essentialiste trouve un appui technique dans le Centre d'études acadiennes de l'Université de Moncton. D'ailleurs, un des réseaux associatifs les plus dynamiques actuellement est la Fédération des associations de familles acadiennes, familles souches « qui s'unissent afin de promouvoir le patrimoine, la généalogie et les retrouvailles ». Ce réseau regroupe une quarantaine d'associations de familles et compte plus de 10 000 adhérents (*Ven'd'est*, 1996). Sa portée est si large qu'il encarte son bulletin de liaison *Retrouvailles* dans le magazine acadien *Ven'd'est*.

Il y a encore peu d'interprétation sur cet engouement généalogique contemporain. Il est néanmoins permis de voir dans cette vague le résultat de l'effritement de la nation en tant que référent macrosocial et politique, effritement relié à la perte de cohésion et à l'incapacité de former une communauté politique. Le redéploiement des désirs d'appartenance dans le champ de l'ethnie, fondé sur les liens du sang, tel qu'il se révèle dans la quête généalogique ou la tenue du Congrès mondial acadien, semble correspondre à cet éloignement du référent national.

Ce redéploiement ne se limite toutefois pas à l'ethnisme. Nous verrons ci-dessous que la segmentation des appartenances acadiennes est aussi corrélative de cet effritement du référent macrosocial. En outre, la délitescence des symboles fondateurs de l'acadianité est en partie compensée par un mode juridique de représentation qui a été bien saisi par Thériault (1995, p. 152) : « La judiciarisation de la question acadienne, ce n'est pas seulement la prolifération des avocats à des postes de faiseurs d'identité. C'est aussi, et avant tout, la transformation de toute problématique acadienne en discours juridique. [...] Bref, c'est la prédominance du pays légal sur le pays réel. »

Le tissu organisationnel

Il est vrai qu'historiquement, la cohésion acadienne a toujours souffert de la dispersion géographique de ses éléments. Mais dans le sillage du nationalisme traditionnel prédominant de la fin du siècle dernier jusqu'aux années 1960, une certaine unité avait pu être entretenue. Des institutions nationales dont le champ d'action recouvrait la région atlantique, comme la Société nationale de l'Acadie (SNA), l'Église catholique acadienne ou le journal *L'Évangéline*, ont pu engendrer et alimenter un sentiment d'appartenance nationale commune. Originellement chargée de la régulation communautaire de l'Acadie des Maritimes, la SNA est toujours en place aujourd'hui, mais ne demeure qu'un symbole fébrile de l'unité *panacadienne*. Cette évacuation progressive du référent national est due à plusieurs changements.

Des appartenances segmentées

Le premier changement a été celui de la segmentation de la communauté en composantes provinciales pour répondre aux nouvelles normes de la régulation fédérale en matière de minorités de langues officielles. C'est ainsi que naquirent, durant les années 1970, la Société des Acadiens du Nouveau-Brunswick (aujourd'hui, la Société des Acadiens et des Acadiennes du Nouveau-Brunswick, la SAANB), et la Fédération des Acadiens de la Nouvelle-Écosse, alors que la Société Saint-

Valentin Landry (1844-1919) fonde le journal *L'Évangéline* en 1887.

Thomas d'Aquin de l'Île-du-Prince-Édouard précisait son statut représentatif provincial. Plus tard, la Fédération des francophones de Terre-Neuve et du Labrador est née. Ces institutions modernes ont reçu le mandat d'organiser leur communauté acadienne respective tout en exerçant le rôle de médiateur entre l'État et ces minorités. Ce processus s'inscrit évidemment dans celui plus global de l'étatisation qui a vu les traditionnelles institutions acadiennes céder leur fonction de gestion et leur pouvoir de régulation des rapports sociaux à l'État provincial et à l'État fédéral.

Obéissant à une logique technocratique, le découpage provincial a évidemment eu pour effet de tracer des voies indépendantes de développement pour chacune des composantes. Aujourd'hui, il est devenu illusoire de parler d'une communauté acadienne des Maritimes, sauf sur un plan purement symbolique, si ce n'est folklorique. Depuis quelques années, on a pu percevoir un décalage accru entre le dynamisme de l'Acadie néo-brunswickoise et celui des autres provinces Maritimes, phénomène s'expliquant par le poids démographique, la densité organisationnelle et les droits constitutionnels acquis. Ce décalage s'est traduit par des rapports tendus entre la SAANB et la SNA sur la question du droit de représentation du peuple acadien sur la scène internationale.

La nature des liens entre les communautés acadiennes provinciales et le fédéral a aussi évolué. Les récentes *négociations bilatérales* entre le gouvernement canadien, par l'intermédiaire de son ministère du Patrimoine, et les communautés francophones minoritaires sont la dernière modalité de cette régulation étatique. Cet exercice préconise la *concertation* et le *partenariat* au sein des organismes acadiens dans le but de traduire en mécanique managériale les projets de société des communautés.

Dans le cas du Nouveau-Brunswick, les années 1980-1990 ont été marquées par des initiatives endogènes de concertation s'inscrivant dans ce que l'on pourrait appeler une *logique conflictuelle*. C'est par exemple ainsi que l'Acadie néo-brunswickoise a obtenu des droits en matière d'égalité des deux communautés de langue officielle (la loi 88 au Nouveau-Brunswick et son enchâssement dans la Constitution canadienne en 1993). Depuis 1994, la concertation et le partenariat sont les nouveaux leitmotivs d'une dynamique collective consensuelle infusée par l'offre de subventions fédérales. Le forum de concertation, regroupant une trentaine d'organismes acadiens, est piloté par la SAANB et entretenu par le ministère du Patrimoine canadien dans le but de définir les priorités de la communauté acadienne à partir desquelles sera distribuée l'enveloppe fédérale à cette minorité de langue officielle. Il en a découlé le Plan de développement global de l'Acadie du Nouveau-Brunswick qui fragmente en quelques centaines d'objectifs les projets de la communauté. Cet exercice est animé par une légion de consultants, sous-traitants officiant à la régulation étatique de l'activité communautaire. À la judiciarisation du fait ethnique (Thériault, 1995) s'ajoute maintenant son *expertisation privée* !

Après avoir formalisé l'action sociale des organismes à l'échelon provincial, on se propose de refaire l'exercice pour les grandes régions. L'action fédérale contribue ainsi au phénomène des régionalismes qui s'ajoutent aux provincialismes dans la désarticulation du référent national acadien. L'affaiblissement de la cohésion nationale a favorisé l'expression des sentiments régionaux qui avaient été soumis à l'empire d'un discours monolithique émanant des institutions pour la plupart sises à Moncton. Un des exemples les plus marquants de ce déplacement de l'ancrage identitaire est la crise entourant la fermeture du journal *L'Évangéline* et son remplacement par deux nouveaux quotidiens acadiens au cours des années 1980.

Journal et institution phare de l'Acadie traditionnelle, *L'Évangéline* avait bénéficié d'une position idéologique déterminante pendant près d'un siècle dans toute l'Acadie des Maritimes (Beaulieu, 1997). Lorsqu'il fut question de remplacer cette institution éteinte sous le poids de son passif financier et symbolique, non seulement le débat fut relocalisé dans le contexte plus restreint de l'Acadie néo-brunswickoise, mais il remit en question la centralité monctonienne (Johnson, 1991). Ainsi, l'ancien journal fut remplacé par *L'Acadie Nouvelle*, une entreprise privée dont le siège est à Caraquet, au Nouveau-Brunswick. Il mit ainsi un terme à la nature collective du journal quotidien tout en dépolarisant la vision monctonienne de l'Acadie au profit de la vision péninsulaire. Plus récemment, à l'occasion du débat sur la candidature de Moncton pour accueillir le Sommet de la francophonie, il se trouvait encore un média de la région du nord-est du Nouveau-Brunswick pour contester le caractère acadien de cette ville[4].

En Nouvelle-Écosse, la question régionale se pose autrement. Bien que la population francophone y soit géographiquement polarisée (Sud-Ouest/Nord-Est), on y observe moins une polarisation des intérêts qu'une tension entre les communautés acadiennes du terroir traditionnel et les francophones de la région métropolitaine de Halifax. Cette tension s'exprime notamment sur la question scolaire qui oppose les tenants d'écoles homogènes francophones et les tenants des écoles bilingues.

Aujourd'hui, à l'exception de quelques essais ayant eu l'effet de pétards dans l'eau (Nadeau, 1992 ; Doucet, 1995), la référence à la nation acadienne est quasiment inexistante. Dans la double logique moderne de gestion étatique des minorités, aujourd'hui assumée par le ministère du Patrimoine canadien, et de représentation judiciarisée de l'identité, l'appartenance ne trouve plus ancrage dans une société globale comme la nation. Sans pour autant glisser inéluctablement dans l'ethnisme, les Acadiens semblent tout au moins adopter une identité francophone minoritaire inscrite dans chacune de leur province, de leur région ou de leur secteur d'engagement.

Le mouvement associatif

En terminant cette dernière section, nous verrons comment la complétude institutionnelle des Acadiens des Maritimes s'établit aussi sur des bases associatives. L'ampleur du mouvement associatif francophone dans les provinces Maritimes nécessiterait un tableau descriptif qui dépasse les prétentions de ce chapitre. Nous nous limiterons à tracer les grandes lignes de son articulation au phénomène identitaire.

On a pu constater que l'univers symbolique de l'acadianité a fait l'objet d'une fragmentation progressive au cours des dernières décennies. Le même processus a été enregistré sur le plan institutionnel. R. Richard (1994) suggère que le cadre institutionnel de l'Acadie contemporaine institue moins l'acadianité qu'il ne l'organise selon des modalités sectorielles qui n'en donnent aucune vision globale. G. Allain (1996a, 1996b) fait au contraire valoir que l'associationnisme réticulaire contemporain redonne à la vitalité identitaire ce que lui a enlevé l'individualisme moderne, reprenant ainsi le concept de capacité organisationnelle cher à Breton. Il prend entre

4. « Circulation d'idées », *Ven'd'est*, n° 73, 1997, p. 50.

autres comme cas d'illustration la Société des Acadiens et des Acadiennes du Nouveau-Brunswick (SAANB) et le Congrès mondial acadien.

La SAANB est un exemple intéressant à plus d'un titre. Comme nous l'avons indiqué auparavant, cet organisme est né dans le giron de l'intervention fédérale auprès des minorités de langue officielle. Son action a été, à notre avis, de contribuer à la fragmentation du référent national acadien. Allain (1996a) va plus loin en démontrant le rôle multiplicateur que la SAANB a joué dans la mise en place d'un réseau complexe d'organismes francophones au Nouveau-Brunswick. Cette société réunissant quelque 20 000 membres individuels s'est donné comme mandat, au cours des années 1980, la mise sur pied d'organismes francophones homogènes dans tous les secteurs de la vie sociale. Outre les nombreuses associations déjà en place, on a ainsi vu naître des regroupements francophones d'agriculteurs, de juristes, d'artistes, d'écrivains, de conseillers scolaires, de sportifs, de municipalités, d'hôpitaux, etc.

Cette prolifération d'acteurs institutionnels a forcé la mise en place de mécanismes de coordination et d'action commune, dont le Forum de concertation des organismes acadiens du Nouveau-Brunswick. Ce forum est aujourd'hui composé de 34 organismes, dont la SAANB. C'est avec lui que le ministère du Patrimoine canadien a négocié l'Entente de coopération Canada - communauté acadienne du Nouveau-Brunswick en 1996, une enveloppe de plus de 6 millions de dollars qui s'échelonnera sur quatre ans. C'est aussi ce forum qui a adopté le Plan de développement global de l'Acadie du Nouveau-Brunswick la même année pour fixer les paramètres de l'attribution des fonds fédéraux. En 1997, la SAANB est conduite à réévaluer sa structure organisationnelle, conjointement avec le Forum de concertation, pour tenir compte du rôle actif joué par ces organismes indépendants dans la représentation de la communauté acadienne. Il est clair que ce dynamisme associatif accrédite une vision plus politique de l'Acadie, présente certes au Nouveau-Brunswick, mais également en Nouvelle-Écosse autour de la Fédération des Acadiens de la Nouvelle-Écosse, et à l'Île-du-Prince-Édouard autour de la Société Saint-Thomas d'Aquin.

Le Congrès mondial acadien (CMA) est un autre exemple proposé par Allain (1996b) comme indice de la vitalité par-delà la fragmentation. Partie d'un petit groupe d'Acadiens habitant en Alberta, l'organisation de ce congrès mondial repose sur la conception de l'Acadie comme diaspora mondiale. En 1994, l'événement a eu lieu dans le sud-est du Nouveau-Brunswick sous l'égide d'un regroupement de neuf petites municipalités francophones. Quelque 75 000 personnes y ont été attirées, grâce au travail bénévole de quelque 20 000 autres. La couverture médiatique a été retentissante compte tenu du silence relatif habituellement consacré par les médias aux communautés acadiennes. Mais Allain est d'avis que l'impact majeur du CMA réside dans le développement de nouveaux réseaux associatifs dans la foulée de l'événement. Nous avons déjà évoqué la Fédération des associations de familles acadiennes qui est aujourd'hui très active et présente sur la place publique. Si cet acquis peut sembler logé à l'enseigne d'une logique ethnicisante, il est intéressant de noter que la mise en place d'une concertation de municipalités acadiennes dans le Sud-Est est un apport indéniable. Dans l'ombre de Moncton, cette région acadienne n'a jamais su se tailler une place dans le débat national contemporain (Johnson, 1991).

Ces deux exemples témoignent d'un référent collectif acadien traduisant une certaine cohésion sociale. Mais le mouvement associatif reste tout de même principalement le fait d'organismes aux intérêts sectoriels. Plusieurs institutions qui ont marqué l'histoire de la société acadienne sont toujours très présentes dans ce mouvement. Mentionnons l'Association des enseignants et des enseignantes francophones du Nouveau-Brunswick qui a toujours exercé un leadership sur la scène collective, non seulement parce que l'école se perpétue comme enjeu central de la francophonie, mais aussi parce que cette association regroupe une catégorie sociale dont l'existence dépend de la vitalité identitaire des Acadiens. Toujours dans le domaine scolaire, les associations de parents francophones dans chacune des provinces jouent aujourd'hui un rôle déterminant en matière de revendication *nationalitaire*. Comme dans le reste de la francophonie canadienne, on a vu ces groupes de parents contester les autorités politiques devant les tribunaux sur les droits scolaires des francophones.

Également dans le domaine de l'éducation, on ne peut passer sous silence le réseau complexe d'institutions d'éducation, depuis les programmes d'alphabétisation communautaire jusqu'aux universités (Université Sainte-Anne et Université de Moncton), en passant par les écoles, les centres scolaires et communautaires (Halifax, Charlottetown, Fredericton, Saint-Jean et Miramichi), les collèges communautaires (le Collège de l'Acadie en Nouvelle-Écosse ; la Société éducative de l'Île-du-Prince-Édouard ; et les collèges de Bathurst, de Dieppe, d'Edmundston et de Campbellton, au Nouveau-Brunswick).

Les femmes acadiennes sont regroupées en association depuis de nombreuses années. Aujourd'hui, l'Association des Acadiennes de la Nouvelle-Écosse (AANE), l'Association des femmes acadiennes et francophones de l'Île-du-Prince-Édouard et la Fédération des dames d'Acadie au Nouveau-Brunswick sont les trois piliers de ce mouvement. Les données de 1997 sur cette dernière fédération indiquent qu'elle se compose de 759 femmes, regroupées dans 22 cercles locaux. Il est aussi intéressant de noter que ce sont les cercles de la région du nord-ouest du Nouveau-Brunswick (Grand-Sault et Edmundston) qui recrutent le plus de membres, région qui a pourtant traditionnellement moins d'engouement pour l'appartenance acadienne. Quant à l'AANE, elle regroupait en 1996 quelque 350 femmes, réparties en 5 associations régionales. Leurs activités sont programmées autour de trois grandes problématiques : les services en français pour les femmes, la violence faite aux femmes et la participation des femmes à la vie professionnelle et économique.

Les jeunes de chacune des provinces sont aussi regroupés en associations depuis de nombreuses années : la Fédération des jeunes francophones du Nouveau-Brunswick, Jeunesse acadienne à l'Île-du-Prince-Édouard, et le Conseil jeunesse provincial en Nouvelle-Écosse. Ces mouvements de jeunes ont traditionnellement contribué à créer des réseaux dès le plus jeune âge et à fournir aux futurs leaders une formation leur permettant d'acquérir des habiletés d'organisation et de mobilisation, si cruciales aux communautés minoritaires.

Dans le secteur artistique et culturel, les Acadiens jouissent d'un tissu organisationnel *tricoté serré*. Dans chaque province, des organismes fédèrent les nombreux groupes d'intérêt. Trop dense pour en faire le tour dans ce cadre-ci, mentionnons simplement que ce tissu organisationnel est solidement implanté dans les regroupements des professionnels des arts, des entreprises culturelles, des centres culturels, des musées, des galeries, des sites touristiques, des grands événements, du théâtre, de la littérature, de l'édition, du cinéma, de la musique, des arts visuels, etc. S'il y a un secteur qui fait généralement preuve de dynamisme en milieu minoritaire, c'est celui-ci. Cependant, s'il est souvent marqué par le folklore, son repli identitaire ou sa mise en scène touristique, il faut dire qu'il participe aussi à la création culturelle moderne et s'insère ainsi dans les grands marchés des œuvres. Mentionnons que sur ces différentes modalités de l'expression culturelle, un débat vif anime le milieu des artistes (Ali-Khodja et Johnson, 1994).

Dans le secteur économique enfin, les associations, notamment les coopératives, sont depuis longtemps partie prenante du développement. Les coopératives acadiennes ont frayé le chemin du développement coopératif canadien dès le tournant du siècle. Touchant principalement aux secteurs des pêches, puis de la consommation, et de l'épargne et du crédit, le mouvement rallie aujourd'hui la presque totalité de la population acadienne sous l'une ou l'autre de ses coopératives. L'Acadie de l'Île-du-Prince-Édouard est particulièrement reconnue pour sa complétude coopérative qui se rapproche des utopiques communautés coopératives du 19e siècle. En Nouvelle-Écosse, la région de Chéticamp connaît un maillage coopératif relativement similaire à celui de la région Évangéline à l'Île-du-Prince-Édouard. Des conseils provinciaux de la coopération réunissent les mouvements de chacune des provinces. Au Nouveau-Brunswick, le mouvement coopératif réunit 230 000 membres, regroupés au sein de 123 coopératives (Gibbs, 1994).

La seconde composante dynamique de l'associationnisme économique est celle des petites et moyennes entreprises. C'est principalement au Nouveau-Brunswick que ce mouvement est marquant grâce au Conseil économique du Nouveau-Brunswick (CENB), association francophone composée d'environ 1 000 membres, dont 600 entreprises acadiennes. Si l'entrepreneurship acadien a tardé à s'implanter, comparativement à sa contrepartie anglophone, il semble avoir aujourd'hui le vent dans les voiles (Levesque et Rumball, 1996). Le CENB y joue un rôle clé dans la mise en place de réseaux et la stimulation d'une attitude innovatrice (Allain, 1996a).

En somme, le mouvement associatif acadien profite d'une assez forte croissance depuis une vingtaine d'années. On peut y voir le développement d'espaces identitaires segmentés, l'attrait par l'offre de subventions fédérales ou même le tissage réticulaire d'une nouvelle forme de cohésion globale. Toujours est-il qu'il contribue fondamentalement à la vitalité de la société acadienne contemporaine.

Conclusion

Notre portrait sociologique de l'Acadie des Maritimes a relevé des caractéristiques structurelles, d'autres culturelles, certaines indiquant un affaiblissement de sa vitalité, d'autres laissant croire à un renforcement de sa capacité à prendre le virage de la modernité.

L'évaluation des variables démolinguistiques n'augure pas de façon claire que toutes les populations acadiennes des Maritimes sauront maintenir une forte présence dans l'avenir. La baisse de la fécondité, le vieillissement de la population, les forts taux d'assimilation et d'exogamie nous laissent songeurs. Cependant, les principales institutions sociales qui encadrent ces populations ne sont pas figées : la famille, la religion et l'école s'adaptent aux conditions et aux pratiques de la modernité.

Sur le plan plus symbolique, la langue continue d'être au centre des préoccupations identitaires, mais sa valeur a changé dans la mesure où plusieurs types de rapports à la langue semblent s'accommoder. Une diversification des représentations et des usages de la langue française caractérise l'Acadie moderne. Les représentations de l'histoire sont aussi en pleine évolution : la fixation sur le passé cède progressivement à une volonté de réinterprétation et de réappropriation de l'histoire dans une perspective davantage tournée vers l'avenir. Les mythes fondateurs de l'Acadie continuent de hanter la conscience des interprètes de la tradition, mais ici aussi, une pluralité des lectures laisse croire à une possible émancipation des schèmes réducteurs.

On assiste en somme à une fragmentation de l'identité collective acadienne, ou plus précisément à une segmentation : d'abord provinciale, car les Acadies du Nouveau-Brunswick, de l'Île-du-Prince-Édouard et de la Nouvelle-Écosse partagent de moins en moins le même dynamisme, bien qu'elles puissent œuvrer conjointement sur certains dossiers ; ensuite régionale, car le déploiement de l'action sectorielle (l'économie, l'éducation, les arts, les femmes, etc.) tend à renforcer les particularités des régions et des localités aux dépens de la traditionnelle nation acadienne.

C'est d'ailleurs cette nation acadienne, mise en scène par le nationalisme traditionnel depuis le tournant du siècle jusqu'aux années 1970, qui semble de moins en moins faire sens dans l'Acadie contemporaine. Le mode de représentation de l'identité collective n'use plus tellement de ce référent macrosocial. Dans son redéploiement, le mode de représentation s'appuie sur les droits individuels et sur les problèmes managériaux. L'action collective relève alors d'une expertise.

Mais paradoxalement, l'étiolement du référent national s'accompagne aussi d'un repli sur l'ethnie, dont la vigueur se mesure par l'étendue de l'arborescence généalogique des familles de souche. Depuis le Congrès mondial acadien, la quête des racines ethniques anime l'un des principaux réseaux associatifs. L'importance identitaire de cette quête rivalise avec celle des organisateurs sectoriels de l'Acadie.

De ce côté organisationnel, enfin, l'Acadie a définitivement cessé d'être l'objet d'une régulation traditionnelle canalisée par les vieilles institutions nationales. Une multiplication des organismes et des associations a introduit un pluralisme et une *multiplexité* de l'action collective. Si les logiques étatique, technocratique et juridique conditionnent grandement cette action collective, il reste que le maillage organisationnel et associatif assure une vitalité identitaire.

En somme, entre tout pour la nation et rien que pour l'individu, la société acadienne contemporaine semble emprunter plusieurs voies intermédiaires, les unes plus tournées vers une identité traditionnelle de type ethnique, les autres vers une identité moderne segmentée et organisée. De ce point de vue, si ses variables « lourdes » continuent d'inquiéter, sa substance identitaire semble s'accommoder aux grandes tendances qui caractérisent les sociétés postindustrielles.

Bibliographie

ADAM, Francine, et Catherine PHLIPPONNEAU (1994). « Noms de lieux, langue et société en Acadie du Nouveau-Brunswick », *Études canadiennes = Canadian Studies*, vol. 37, p. 247-256.

ALI-KHODJA, Mourad (1994). « Modernité, stratégies identitaires et formes de connaissance dans l'Acadie du Nouveau-Brunswick », *Revue de l'Université de Moncton*, vol. 27, n° 2, p. 31-53.

ALI-KHODJA, Mourad, et Marc JOHNSON (1994). « Identité et création culturelles en Acadie : des artistes en quête de légitimité ? », *Revue de l'Université de Moncton*, vol. 27, n° 2, p. 207-237. Table ronde et note de réflexion.

ALLAIN, Greg (1996a). « Fragmentation ou vitalité ? Les nouveaux réseaux associatifs dans l'Acadie du Nouveau-Brunswick », dans *Pour un espace de recherche au Canada français*, sous la direction de Benoît Cazabon, *et al.*, Ottawa, Presses de l'Université d'Ottawa, p. 93-125.

ALLAIN, Greg (1996b). *Vitalité associative et création de réseaux en Acadie du Nouveau-Brunswick : vers un accroissement de la capacité organisationnelle et un renforcement de l'identité culturelle ?* Communication au colloque Identité culturelle en Amérique française : héritage, évolution et défis de renouvellement, Bar Harbor, Maine.

ALLAIN, Greg, Isabelle MCKEE-ALLAIN et J. Yvon THÉRIAULT (1993). « La société acadienne : lectures et conjonctures », dans *L'Acadie des Maritimes : études thématiques, des débuts à nos jours*, sous la direction de Jean Daigle, Moncton, Université de Moncton, Chaire d'études acadiennes, p. 341-384.

ALLAIN, Greg, et Martin MUJICA (1996). « Profil des participants et des participantes aux conférences du Congrès mondial acadien », dans *Le Congrès mondial acadien : l'Acadie en 2004, actes des conférences et des tables rondes*, Moncton, Éditions d'Acadie, p. 659-681.

Les années noires (1994), réalisation de Herménégilde Chiasson, Montréal, Office national du film. 50 min.

BEAUDIN, Maurice, et René BOUDREAU (1994). *État de la francophonie hors Québec en 1991*, Moncton, Institut canadien de recherche sur le développement régional.

BEAUDIN, Maurice, et André LECLERC (1993). « Économie acadienne contemporaine », dans *L'Acadie des Maritimes : études thématiques, des débuts à nos jours*, sous la direction de Jean Daigle, Moncton, Université de Moncton, Chaire d'études acadiennes, p. 250-297.

BEAULIEU, Gérard, dir. (1997). *L'Évangéline, 1887-1982 : entre l'élite et le peuple*, Moncton, Université de Moncton, Chaire d'études acadiennes ; Éditions d'Acadie.

BÉRUBÉ, Adrien (1987). « De l'Acadie historique à la Nouvelle-Acadie : les grandes perceptions contemporaines de l'Acadie », dans *Les Acadiens : état de la recherche*, sous la direction de Jean Lapointe et André Leclerc, Québec, Conseil de la vie française en Amérique, p. 198-228.

BOUDREAU, Annette (1995). « La langue française en Acadie du Nouveau-Brunswick, symbole d'appartenance, mais pas seulement... », dans *Identité et cultures nationales : l'Amérique française en mutation*, sous la direction de Simon Langlois, Sainte-Foy, Presses de l'Université Laval, p. 135-150.

BRETON, Raymond (1964). « Institutional Completeness of Ethnic Communities and the Personal Relations of Imigrants », *American Journal of Sociology*, vol. 70, n° 2, p. 193-205.

BRETON, Raymond (1974). *Type of Ethnic Diversity in Canadian Society*. Communication présentée au 8e congrès mondial, International Sociological Association, Toronto.

CASTONGUAY, Charles (1994). « Évolution récente de l'assimilation linguistique au Canada », dans *Langue, espace et société : les variétés du français en Amérique du Nord*, sous la direction de Claude Poirier, Québec, Presses de l'Université Laval, p. 277-311.

CASTONGUAY, Charles (1996). « Évolution de l'anglicisation des francophones au Nouveau-Brunswick, 1971-1991 », dans *Les Acadiens et leur(s) langue(s) : quand le français est minoritaire*, sous la direction de Lise Dubois et Annette Boudreau, Moncton, Éditions d'Acadie ; Centre de recherche en linguistique appliquée, p. 47-62. Actes du colloque.

CHIASSON, Herménégilde (1994). « Le rôle de l'artiste dans la communauté acadienne », *Revue de l'Université de Moncton*, vol. 27, n° 1, p. 317-330.

« Circulation d'idées » (1997). *Ven'd'est*, n° 73, p. 50.

COUTURIER, Jacques Paul (1995). « L'Acadie des Maritimes », *Revue d'histoire de l'Amérique française*, vol. 49, n° 2, p. 247-257. Note critique.

COUTURIER, Jacques Paul (1996). « L'historiographie acadienne », dans *Le Congrès mondial acadien : l'Acadie en 2004, actes des conférences et des tables rondes*, Moncton, Éditions d'Acadie, p. 231-232.

CYR, Hubert, Denis DUVAL et André LECLERC (1996). *L'Acadie à l'heure des choix : l'avenir politique et économique de l'Acadie du Nouveau-Brunswick*, Moncton, Éditions d'Acadie.

DAIGLE, Jean, dir. (1993). *L'Acadie des Maritimes : études thématiques des débuts à nos jours*, Moncton, Université de Moncton, Chaire d'études acadiennes.

DAIGLE, Jean (1995). « L'historiographie et l'identité acadienne aux 19e et 20e siècles », dans *Identité et cultures nationales : l'Amérique française en mutation*, sous la direction de Simon Langlois, Sainte-Foy, Presses de l'Université Laval, p. 85-107.

DOUCET, Michel (1995). *Le discours confisqué*, Moncton, Éditions d'Acadie.

Évangéline en quête (1996), réalisation de Ginette Pellerin, Montréal, Office national du film. 54 min.

GIBBS, André (1994). « La place des coopératives dans l'économie acadienne », *Revue de l'Université de Moncton*, vol. 27, nº 2, p. 239-249.

JOHNSON, Marc (1991). *Les stratégies de l'acadianité : analyse sociohistorique du rôle de la presse dans la formation de l'identité acadienne*. Thèse de doctorat en sociologie, Université de Bordeaux 2.

LAFOREST, Jacinthe (1992). « Une expérience de refrancisation à l'Île : *"I am pure French"* », *Éducation et Francophonie*, vol. 20, nº 2, p. 57-60.

LANDRY, Rodrigue (1996). « La vitalité subjective, ou comment l'école peut-elle développer la détermination de survivre culturellement », dans *Le Congrès mondial acadien : l'Acadie en 2004, actes des conférences et des tables rondes*, Moncton, Éditions d'Acadie, p. 475-510.

LEBLANC, Gérald (1995). *Éloge du chiac*, Moncton, Perce-Neige.

LEVESQUE, Guy, et Donald A. RUMBALL (1996). *L'entrepreneurship acadien : ses sources, son essor, son avenir*, Moncton, Conseil économique du Nouveau-Brunswick.

MAGORD, André (1993). « Vie et survie d'une minorité francophone hors Québec : les Franco-Terre-Neuviens », *Études canadiennes = Canadian Studies*, nº 34, p. 67-78.

MCKEE, Isabelle (1995). *Rapports ethniques et rapports de sexes en Acadie : les communautés religieuses de femmes et leurs collèges classiques*. Thèse de doctorat en sociologie, Université de Montréal.

MCKEE-ALLAIN, Isabelle (1995). « Les familles acadiennes des années 1990 : profil et enjeux », dans *Familles francophones : multiples réalités*, sous la direction de Christiane Bernier, Sylvie Larocque et Maurice Aumond, Sudbury, Institut franco-ontarien, coll. « Fleur-de-trille », p. 93-106.

MCKEE-ALLAIN, Isabelle (1996). « La production identitaire en Acadie contemporaine : enjeux soulevés par l'enseignement religieux dans les écoles francophones du Nouveau-Brunswick », dans *Femmes francophones et pluralisme en milieu minoritaire*, sous la direction de Dyane Adam, Ottawa, Presses de l'Université d'Ottawa, p. 41-51, coll. « Actexpress ».

Moncton, Acadie (1990), réalisation de Marc Paulin, Moncton, Productions du Phare Est ; Montréal, Office national du film. 55 min.

NADEAU, Jean-Marie (1992). *Que le tintamarre commence ! : lettre ouverte au peuple acadien*, Moncton, Éditions d'Acadie.

PARATTE, Henri-Dominique (1993). « Vers l'an 2000, bâtir nos rêves : développement culturel et avenir de l'Acadie en Nouvelle-Écosse », *Éducation et Francophonie*, vol. 21, nº 2, p. 57-65.

« Pourquoi Retrouvailles ? » (1996), *Ven'd'est*, nº 69, encart, p. 3.

RICHARD, Ricky (1994). *Les formes de l'acadianité au Nouveau-Brunswick : action collective et production de l'identité (1960-1993)*. Mémoire de maîtrise en sciences politiques, Université Laval.

ROBICHAUD, Anne Marie (1996). « Herménégilde Chiasson, essayiste », dans *Mélanges Marguerite Maillet*, sous la direction de Raoul Boudreau, *et al.*, Moncton, Université de Moncton, Chaire d'études acadiennes ; Éditions d'Acadie, p. 341-356.

ROSS, Rita (1993). *Évangéline : An Acadian Heroine in Elite, Popular and Folk Culture*. Thèse de doctorat en anthropologie, University of California.

ROY, Muriel (1993). « Démographie et démolinguistique en Acadie, 1871-1991 », dans *L'Acadie des Maritimes : études thématiques, des débuts à nos jours*, sous la direction de Jean Daigle, Moncton, Université de Moncton, Chaire d'études acadiennes, p. 141-206.

THÉRIAULT, J. Yvon (1981). *Acadie coopérative et développement acadien : contribution à une sociologie d'un développement périphérique et à ses formes de résistances*. Thèse de doctorat 3e cycle en sciences sociales, Paris, École des hautes études en sciences sociales.

THÉRIAULT, J. Yvon (1995). *L'identité à l'épreuve de la modernité : écrits politiques sur l'Acadie et les francophonies canadiennes minoritaires*, Moncton, Éditions d'Acadie.

THÉRIAULT, J. Yvon (1996). « Vérités mythiques et vérités sociologiques sur l'Acadie », dans *Le Congrès mondial acadien : l'Acadie en 2004, actes des conférences et des tables rondes*, Moncton, Éditions d'Acadie, p. 263-279.

Données de la carte. La population de langue maternelle française dans les subdivisions de recensement de l'Acadie des Maritimes en 1996*

NOUVEAU-BRUNSWICK		Miramichi [C]	1 680	Verret [VL]	600	Grand Bay [T]	80	Bedford [T]	285
Moncton [C]	18 660	Caraquet [PAR]	1 675	New Maryland [VL]	600	Aberdeen [PAR]	80	Halifax, Subd. A [SCM]	235
Edmundston [C]	10 005	Saint-Jacques [PAR]	1 660	St-François de Mad. [VL]	590	Perth [PAR]	70	Lunenburg [MD]	215
Dieppe [T]	8 905	Saint-Joseph [PAR]	1 625	Kingsclear [PAR]	585	Pennfield [PAR]	70	Amherst [T]	210
Saumarez [PAR]	7 150	Lamèque [T]	1 560	Baker-Brook [VL]	550	Dumfries [PAR]	70	East Hants [MD]	205
Bathurst [C]	6 625	Saint-Quentin [PAR]	1 515	Saint-Hilaire [PAR]	540	Renforth [VL]	70	Guysborough [MD]	180
Beresford [PAR]	6 155	Néguac [VL]	1 445	Eldon [PAR]	495	Bright [PAR]	70	Pictou [T]	170
Shippagan [PAR]	5 640	Richibouctou [PAR]	1 375	Newcastle [PAR]	465	Norton [PAR]	70	Antigonish, S. A [SCM]	155
Alnwick [PAR]	5 425	Rogersville [PAR]	1 375	Lac-Baker [PAR]	465	Perth-Andover [VL]	70	Colchester, S. B [SCM]	155
Beaubassin East [RC]	5 185	Bertrand [VL]	1 365	Saint-André [VL]	445	Sussex [T]	65	Antigonish [T]	145
Dundas [PAR]	5 105	Saint-Antoine [VL]	1 320	Durham [PAR]	425	Northesk [PAR]	65	Barrington [MD]	145
Grand-Sault [T]	5 005	St-Léonard [T]	1 310	Quispamsis [T]	415	Andover [PAR]	65	Kings, Subd. B [SCM]	140
Caraquet [T]	4 495	Oromocto [T]	1 205	Minto [VL]	410	Hampton [PAR]	65	Colchester, S. C [SCM]	130
Tracadie-Sheila [T]	4 335	Ste-Anne-de-Mad. [VL]	1 195	Tide Head [VL]	410	St. George [T]	65	Annapolis, Sub. D [SCM]	130
Inkerman [PAR]	4 320	Sainte-Anne [PAR]	1 190	Grand-Sault [PAR]	370	Sussex [PAR]	60	Port Hawkesbury [T]	110
Memramcook [VL]	4 295	Ste-Marie - St-Raphaël [VL]	1 175	Baker-Brook [PAR]	335	Woodstock [PAR]	60	New Glasgow [T]	105
Beresford [T]	3 820	Kedgwick [VL]	1 170	Lincoln [PAR]	320	Botsford [PAR]	55	Bridgewater [T]	100
Campbellton [C]	3 805	Charlo [VL]	1 155	Denmark [PAR]	305	Glenelg [PAR]	55	Truro [T]	85
Saint John [C]	3 510	Rogersville [VL]	1 150	Weldford [PAR]	300	Cardwell [PAR]	55	West Hants [MD]	80
Shédiac [T]	3 440	Eel River Crossing [VL]	1 145	Clair [PAR]	295	Dorchester [PAR]	55	Pictou, Subd. C [SCM]	70
Wellington [PAR]	3 180	Atholville [VL]	1 120	Rothesay [PAR]	290	Southesk [PAR]	55	Pictou, Subd. A [SCM]	70
Saint-Basile [T]	2 965	Pointe-Verte [VL]	1 075	N.-D.-de-Lourdes [PAR]	285	Chipman [PAR]	55	Cumberland, S. C [SCM]	70
Fredericton [C]	2 855	Grimmer [PAR]	1 065	Sackville [T]	260	Gladstone [PAR]	50	Annapolis, Sub. C [SCM]	65
Paquetville [PAR]	2 750	Riverview [T]	1 060	Belledune [VL]	260	Maugerville [PAR]	50	Annapolis, Sub. A [SCM]	65
Allardville [PAR]	2 620	Saint-Léonard [PAR]	1 030	Saint-Hilaire [VL]	240	Petersville [PAR]	50	Halifax, Subd. F [SCM]	65
Shippagan [T]	2 620	Richibouctou [T]	1 015	Rexton [VL]	210	Chipman [VL]	50	Digby [T]	55
Bathurst [PAR]	2 600	Le Goulet [VL]	1 015	Douglas [PAR]	205	**NOUVELLE-ÉCOSSE**		Westville [T]	55
Saint-Jacques [VL]	2 545	Drummond [VL]	950	Fairvale [VL]	200	Clare [MD]	6 480	Wolfville [T]	55
Shédiac [PAR]	2 500	Acadieville [PAR]	900	Lac-Baker [VL]	200	Argyle [MD]	4 820	Chester [MD]	50
Moncton [PAR]	2 325	Rivière-Verte [VL]	895	Saint Marys [PAR]	185	Halifax [C]	2 895	Queens, Subd. B [SCM]	50
Saint-Quentin [T]	2 315	Grande-Anse [VL]	885	Burton [PAR]	185	Inverness, Sub. A [SCM]	2 845	**ÎLE-DU-PRINCE-ÉDOUARD**	
Bouctouche [T]	2 165	Saint-Isidore [VL]	880	Harcourt [PAR]	180	Richmond, Sub. C [SCM]	2 225	Lot 15 [LOT]	935
Addington [PAR]	2 150	Carleton [PAR]	880	Coverdale [PAR]	175	Dartmouth [C]	2 075	Summerside [C]	880
Cap-Pelé [VL]	2 045	Saint-Louis-de-Kent [VL]	875	Gondola Point [VL]	160	Halifax, Subd. D [SCM]	1 725	Charlottetown [C]	575
Dalhousie [T]	2 025	Clair [VL]	835	New Maryland [PAR]	150	Halifax, Subd. C [SCM]	1 495	Lot 2 [LOT]	365
Petit-Rocher [VL]	1 955	Saint-Léolin [VL]	835	St. Stephen [T]	135	Cap-Breton [RGM]	1 095	Wellington [COM]	320
Hardwicke [PAR]	1 930	Nigadoo [VL]	830	Woodstock [T]	125	Kings, Subd. A [SCM]	935	Abram-Village [COM]	300
Drummond [PAR]	1 910	Rivière-Verte [PAR]	825	Madawaska [PAR]	120	Yarmouth [MD]	880	Lot 1 [LOT]	290
Sainte-Marie [PAR]	1 910	Saint-François [PAR]	820	Gordon [PAR]	105	Yarmouth [T]	595	Lot 16 [LOT]	185
Saint-Louis [PAR]	1 875	New Bandon [PAR]	785	Blacks Harbour [VL]	105	Richmond, Sub. A [SCM]	595	Lot 14 [LOT]	165
Saint-Charles [PAR]	1 860	Balmoral [PAR]	775	Nackawic [T]	100	Halifax, Subd. E [SCM]	550	Cornwall [T]	150
Balmoral [VL]	1 835	Saint-Paul [PAR]	675	Hampton [T]	90	Antigonish, S. B [SCM]	505	Lot 24 [LOT]	150
Saint-Isidore [PAR]	1 825	Maisonnette [VL]	670	Simonds [PAR]	90	Richmond, Sub. B [SCM]	355	Miscouche [COM]	140
Dalhousie [PAR]	1 790	Saint-Basile [PAR]	650	Plaster Rock [VL]	90	Digby [MD]	315	Tignish [COM]	125
Saint-André [PAR]	1 740	Paquetville [VL]	645	Saint-Basile 10 [R]	85	Halifax, Subd. B [SCM]	285	Stratford [T]	100
Bas-Caraquet [VL]	1 735								

* Limités aux subdivisions ayant plus de 50 personnes de langue maternelle francaise en 1996

Carte
Population de langue maternelle française dans les Maritimes, 1996

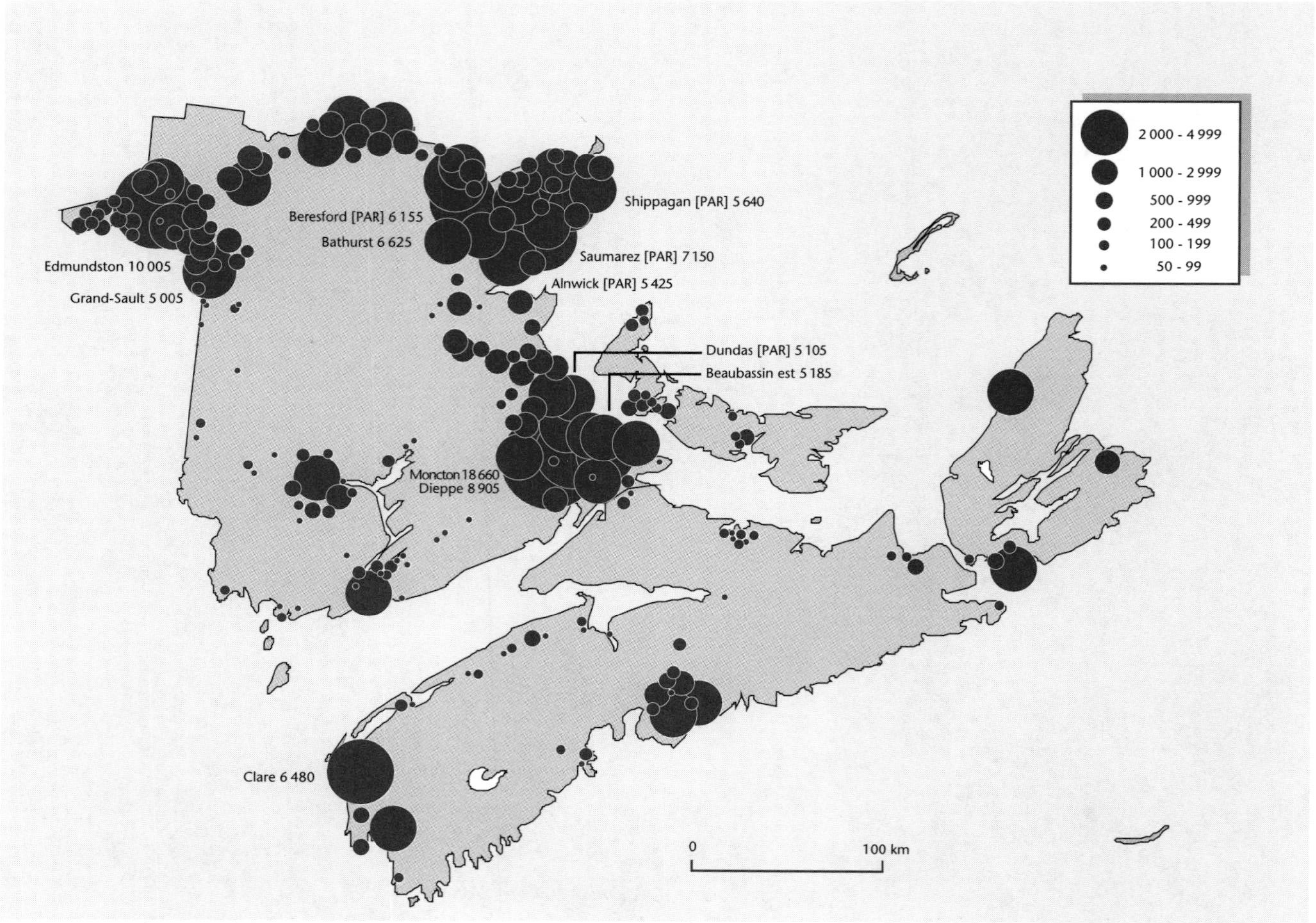

Réalisation : Samuel P. Arseneault, 1999.

CHAPITRE 11

Les Acadiens des Maritimes et l'économie

MAURICE BEAUDIN, Université de Moncton

Les Acadiens[1] occupent désormais leur place dans l'économie des Maritimes. Ils ont dû, pour y parvenir, faire montre d'une ténacité remarquable et surmonter de nombreux obstacles[2]. Leur intégration au monde économique, bien que réalisée tardivement, s'est produite sur tous les plans : de l'accès élargi au marché de l'emploi à la prise en main de grands secteurs économiques, du coopératisme communautaire à l'émergence d'une culture entrepreneuriale. Nous ne cherchons pas ici à en exposer les causes, si ce n'est de rappeler que la revitalisation économique de l'Acadie contemporaine n'est pas le fruit du hasard. Elle est l'aboutissement d'un long processus qui devait s'accélérer avec la mise en place d'un ensemble de conditions favorables à partir du début des années 1960. Nous faisons allusion aux transformations politicoadministratives importantes initiées au Nouveau-Brunswick par le gouvernement de Louis Robichaud, premier Acadien à être élu à la tête du gouvernement provincial. Ces changements auront passablement d'impact sur les régions rurales et seront particulièrement bénéfiques à la minorité acadienne[3].

1. La plupart des écrits sur la francophonie des Maritimes font généralement usage du terme *acadien* plutôt que *francophone*. Or, l'Acadie, en plus de référer à un territoire mal défini, intègre divers éléments francophones qui ne s'identifient pas nécessairement comme Acadiens. Il reste que la très grande majorité des francophones des Maritimes s'identifient en tant que tel. Nous ferons donc référence à l'Acadie et aux Acadiens tout au long de notre présentation. Nous tenons à préciser que son emploi n'a aucune visée exclusive ; dans certains cas, nous ferons d'ailleurs appel au terme *francophone*, notamment pour identifier les regroupements francophones minoritaires à l'extérieur des régions de souche.
2. Pendant des générations, les Acadiens ont survécu dans l'isolement et l'indifférence d'une majorité anglo-saxonne qui ne voyaient en eux qu'une main-d'œuvre servile et bon marché. On rappellera que les Acadiens ont longtemps servi sous le joug *économique* des compagnies marchandes (notamment les Robins dans le domaine des pêcheries). Ces entreprises n'encourageaient d'aucune manière l'accès d'Acadiens à des postes qui leur auraient permis de prendre de l'expérience et acquérir une quelconque forme d'autonomie. Il faut savoir également que le clergé catholique romain, à la fois protecteur (défenseur) et éducateur des Acadiens, n'encourageait aucunement l'entrepreneurship chez ses adeptes, dans la mesure où il voyait dans le capitalisme des valeurs antichrétiennes. À ces conditions peu favorables à l'émergence d'un entrepreneuriat acadien s'ajoutaient l'absence d'un système éducatif adapté et l'hostilité d'une structure administrative contrôlée et administrée par l'establishment anglo-saxon.
3. Cette période fertile à tous points de vue est passablement bien documentée. Nous nous référons à l'ouvrage collectif, *L'Acadie des Maritimes : études thématiques des débuts à nos jours*, Daigle (1993). L'auteur y a participé en signant en collaboration avec André Leclerc le chapitre « L'économie acadienne contemporaine » (Beaudin et Leclerc).

La présente analyse vise précisément à évaluer le dynamisme acadien actuel en matière économique, pour en dégager des prospectives. Pour y arriver, nous procédons en deux étapes. La première consiste à faire l'état des lieux, comme le veut le thème général de cet ouvrage sur la francophonie hors Québec. Il s'agit d'identifier les principaux paramètres socioéconomiques des régions et foyers francophones, dans le but ultime de déterminer leur capacité respective à générer des emplois et des revenus. L'analyse se fait par le biais de l'autoévaluation, mais également par la comparaison avec d'autres ensembles, sur des bases régionales (régions de souche et autres foyers francophones) et linguistiques. En deuxième partie est abordé l'*espace économique acadien*[4]. Nous essayons d'en étaler sa composition, d'en jauger sa portée et son dynamisme, un exercice qui relève autant de l'observation des faits et des comportements que de l'analyse statistique. Il nous incombera, en guise de conclusion, d'évaluer la capacité d'adaptation de cet espace économique dans un contexte de repli de l'État providence, et ce, à l'aube d'une ère nouvelle caractérisée par l'autoroute électronique et la mondialisation des échanges.

La méthodologie et le cadre d'analyse

La première difficulté dans une étude comme celle-ci n'est pas tant d'identifier les variables pertinentes, mais plutôt de déterminer l'agrégation optimale des espaces géographiques. Pour des raisons pratiques, nous opterons pour deux types de regroupements : le premier tiendra compte d'une douzaine de zones réparties dans les quatre provinces de l'Atlantique (voir carte I) ; l'autre verra à agréger ces ensembles régionaux en deux groupes distincts, à savoir, les *régions acadiennes de souche*[5] et les *foyers francophones minoritaires*[6]. Une douzaine de groupes et de régions sont ainsi délimités à l'échelle des comtés (divisions de recensement). Comme entité spatiale, le comté n'offre pas la configuration idéale, mais permet néanmoins de générer des indices fiables. La division de recensement a en plus le mérite d'être largement connue et surtout très bien fournie sur le plan statistique, ce qui n'est pas le cas des sous-divisions de recensement ou des paroisses civiles. D'autre part, le critère linguistique permet de disséquer l'ensemble régional, quel qu'il soit, permettant ainsi de traiter séparément les anglophones et les francophones. Ces derniers sont présents dans pratiquement chacune des 46 divisions de recensement que compte

4. Notion plutôt abstraite, l'*espace économique* se veut ici une abstraction qui transcende l'aire géographique. L'Acadie, il est vrai, réfère à une société dont la spatialité est éclatée, sans territoire juridiquement établi et parfois fortement intégrée à la majorité anglo-saxonne. Pour autant, elle décèle plusieurs concentrations régionales homogènes (régions acadiennes de souche) qui gèrent jusqu'à un certain point leur territoire et leurs ressources et qui, en même temps, jouissent d'un réseau institutionnel bien établi, surtout au Nouveau-Brunswick. Cohabitent dans cet espace maritime des foyers acadiens et francophones urbanisés qui sont très bien intégrés à l'économie. Considérant d'autre part les liens économiques importants que les Acadiens des Maritimes entretiennent avec le monde extérieur, il ne fait aucun doute quant à l'existence d'un espace économique acadien, suffisamment concret en tout cas pour qu'il puisse se prêter à une certaine forme d'évaluation, à condition d'avoir des visées modestes.
5. Sont désignés comme *régions acadiennes de souche*, les comtés à majorité francophone du Nouveau-Brunswick, la région Évangéline (Prince, Île-du-Prince-Édouard), le Cap-Breton, ainsi que le sud-ouest de la Nouvelle-Écosse. Les comtés mixtes du Nouveau-Brunswick (Victoria, Northumberland et Westmorland) pourraient faire partie des régions de souche, mais comme la plupart d'entre eux incorporent des foyers francophones en milieu urbain, nous les intégrons aux *foyers francophones minoritaires*.
6. Comprennent, en plus des comtés mixtes du Nouveau-Brunswick, le sud (région de Saint-Jean) et le centre (région de Fredericton) de cette même province ; Queens (région de Charlottetown) ; ainsi que Halifax (région métropolitaine de recensement).

Carte I
Répartition géographique des francophones en Atlantique, par région, 1991

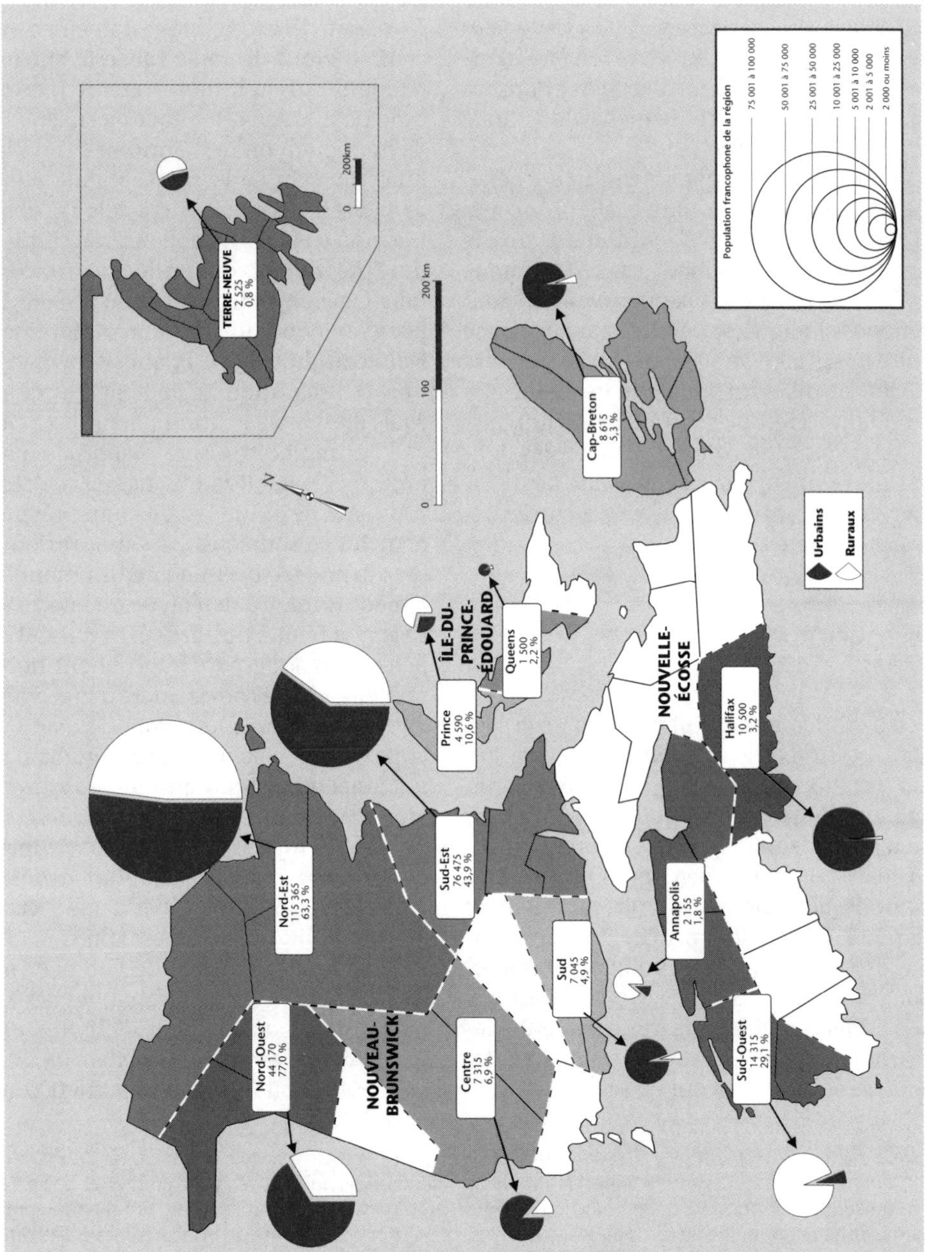

Note : Le nombre et le taux de francophones sont indiqués pour chaque région.
Source : Statistique Canada, recensement de 1991.
Conception : Maurice Beaudin ; Montage : Marc Cormier

l'Atlantique. Leur nombre ne dépasse cependant pas le millier dans la majorité d'entre elles, et 11 seulement abritent des concentrations égales ou supérieures à 5 000. Cette relative concentration facilite notre analyse, dans la mesure où elle permet d'encadrer dans un nombre limité de recoupements la grande majorité des effectifs à étudier.

Le critère linguistique retenu réfère généralement à la langue maternelle française. Les réponses mixtes à l'égard de la langue maternelle et de la langue d'usage (langue parlée à la maison), lorsque retenues, sont clairement indiquées. De même la *population ajustée* réfère à la langue maternelle (réponse simple) en ajoutant toutefois la moitié des répondants multiples (français et anglais-français). Sauf indication contraire, les données proviennent du recensement de 1991, avec des rétrospectives au besoin sur les recensements antérieurs.

LA DÉMOGRAPHIE : UNE STABILITÉ APPARENTE

La dynamique d'une population – son évolution, sa structure, sa composition, son habitat, ses flux migratoires – en dit long sur la vitalité de l'espace économique. Notre intention n'est évidemment pas d'élaborer sur chacun de ces paramètres démographiques. Nous tenterons néanmoins de voir comment se comporte la population acadienne sur certains aspects comme son évolution, sa répartition spatiale, son caractère homogène, ainsi que sa fidélité à la langue française. De telles informations sont de nature à complémenter l'analyse économique qui va suivre.

Selon le critère linguistique utilisé, le bassin francophone du Canada atlantique compte en 1991 entre 278 400 et 298 600 individus[7]. Ce bassin démographique doit être considéré comme étant de taille modeste sur le plan régional puisqu'il ne représente que 12,6 % de la population atlantique ou encore, 16,5 % de la population des Maritimes[8]. Son importance au sein de la francophonie pancanadienne est néanmoins cruciale : d'abord du fait que le pôle francophone atlantique constitue près du tiers du contingent francophone hors Québec, mais surtout en raison de l'espace politique qu'il occupe, notamment au Nouveau-Brunswick, et qui se concrétise par une participation sociodémocratique sans égale dans toute la francophonie hors Québec.

Pour maintes raisons – éparpillement relatif, type d'habitat, absence de centres francophones de grande taille, omniprésence des activités saisonnières liées aux ressources –, on a tendance à s'imaginer un monde strictement rural. Ce stéréotype est effectivement *collé* à la réalité acadienne, ce qui fait que la perception de l'espace francophone habité est souvent loin de correspondre à la réalité. Pendant longtemps, il est vrai, l'Acadie s'est rebâtie dans l'isolement, aux confins d'un espace géographique étriqué – l'isthme des Maritimes – qui devait rapidement se marginaliser par rapport aux foyers de peuplement du Canada central. L'habitat acadien est ainsi de type linéaire, généralement éparpillé le long du littoral et des estuaires.

Il ne faut pas perdre de vue pour autant que la majorité des francophones des Maritimes résident à l'intérieur d'espaces urbanisés[9] : 55 % d'entre eux habitent des centres de 1 500 habitants et plus ; 115 000 (41 %)

7. Cela vient du fait qu'un peu plus de 20 000 personnes ont déclaré à la fois le français et l'anglais comme langue maternelle. Comme il nous est impossible de dissocier la part relevant de l'un et l'autre groupe linguistique, nous devons opter pour un *ajustement* en répartissant à l'un et l'autre groupe (anglophone et francophone) la moitié de ces réponses multiples, ce qui porte le nombre de francophones à 288 500.
8. Rappelons que la grande majorité (près de 80 %) des francophones de l'Atlantique résident à l'intérieur d'un arc géographique s'étendant du nord-ouest au sud-est du Nouveau-Brunswick. D'autres regroupements de tailles diverses (entre 1 000 et 15 000 habitants) s'étendent aux extrémités du territoire (voir carte I).
9. La définition d'un *espace urbain* varie d'une situation à l'autre. En général, au Canada, tout centre incorporé de 1 000 habitants ou plus est considéré comme un centre urbain. Nous optons ici pour un seuil plus élevé, 1 500 habitants, de manière à travailler avec des indices plus pertinents.

demeurent au sein des principales agglomérations urbaines[10] de la région (voir carte II). Il s'agit d'un constat majeur qui doit aider à nous départir de ce cliché de ruraux peu conforme à l'espace francophone d'aujourd'hui. On verra plus loin les effets d'une telle configuration sur l'intégration et le dynamisme en matière économique.

Un autre aspect démographique à considérer concerne la démolinguistique. Il ne suffit pas simplement de figurer en nombre, le poids régional est autant sinon plus important. Le poids régional doit, d'autre part, être soutenu par une assiduité à la langue et à la culture françaises. Or, les régions à l'étude présentent des situations fort variées à ce chapitre. Deux seulement, le nord-ouest et le nord-est du Nouveau-Brunswick, sont majoritairement francophones, ce qui n'exclut pas pour autant la présence de *poches* ou de sous-zones à dominance anglophone, comme la région de la Miramichi par exemple. Cela n'empêche pas non plus la dominance du caractère anglo-saxon dans les principaux centres urbains, en dépit du fait que les Acadiens y sont majoritaires. Dans le sud-est du Nouveau-Brunswick, les Acadiens demeurent minoritaires (44 %), mais leur situation ressemble en plusieurs points à celle de leurs compatriotes du nord de la province. Ailleurs, la situation démolinguistique est moins stable et varie passablement d'une région ou d'un regroupement à l'autre, en fonction d'ailleurs de leur poids régional respectif. On peut évaluer le dynamisme en matière démolinguistique en comparant l'assiduité à la langue française[11]. Si on se fie à cette mesure, on peut assumer que le statut des Acadiens est bien portant dans le nord et l'est du Nouveau-Brunswick, leur assiduité à la langue se situant bien au-delà de 90 %. Ailleurs, la fidélité à la langue tend à diminuer en fonction de l'importance relative sur le plan régional. Ainsi, les Acadiens du sud-ouest de la Nouvelle-Écosse utilisent leur langue à domicile dans une proportion de 83 % ; ceux du Cap-Breton dans une proportion de 67 % ; alors que 63 % seulement des Acadiens de langue maternelle française à l'Île-du-Prince-Édouard utilisent le français à la maison (Beaudin et Boudreau, 1995). Les foyers francophones urbanisés sont beaucoup moins assidus à leur langue. Plusieurs retiendront ici un argument de taille à l'encontre de l'insertion urbaine des Acadiens de souche. On verra toutefois qu'il s'agit d'une problématique bien plus complexe dont l'enjeu pourrait s'avérer déterminant dans le développement de l'espace économique francophone.

L'attrait des zones urbaines

Les francophones des Maritimes ont augmenté leurs effectifs de 9 000 au cours de la décennie 1980, soit une progression nette de 3,3 %. Il s'agit d'une croissance lente et de beaucoup inférieure à celle des anglophones qui ont vu leurs effectifs, dans ces mêmes zones, augmenter de 6,2 %. Les gains, chez les francophones, sont redevables aux zones urbaines essentiellement ; leur progression était de l'ordre de 8 % durant les années 1980, alors que leurs effectifs stagnaient au sein des zones rurales (voir tableau I). La plus forte augmentation absolue a été réalisée dans le sud-est du Nouveau-Brunswick, grâce à

10. Selon la définition de Statistique Canada, une *agglomération urbaine de recensement* (AR) compte entre 10 000 et 100 000 habitants. Il s'agit d'un espace urbanisé qui comprend un noyau (ville principale) avec des franges ou banlieues urbaines et rurales ; ces dernières doivent être suffisamment intégrées (trajets quotidiens) sur les plans économique et social avec le noyau principal. On désigne un espace urbanisé de 100 000 habitants et plus comme une région métropolitaine de recensement (RMR). On dénombre ainsi neuf AR et deux RMR dans les Maritimes.
11. L'assiduité à la langue s'obtient en comparant les réponses à deux questions du recensement, l'une se rapportant à la langue maternelle et l'autre à la langue parlée à la maison. La différence entre le nombre de répondants à chacune de ces questions permet de mesurer leur assiduité à la langue ou, inversement, leur taux d'assimilation.

Carte II
Présence francophone en milieu urbain, par agglomération, 1991

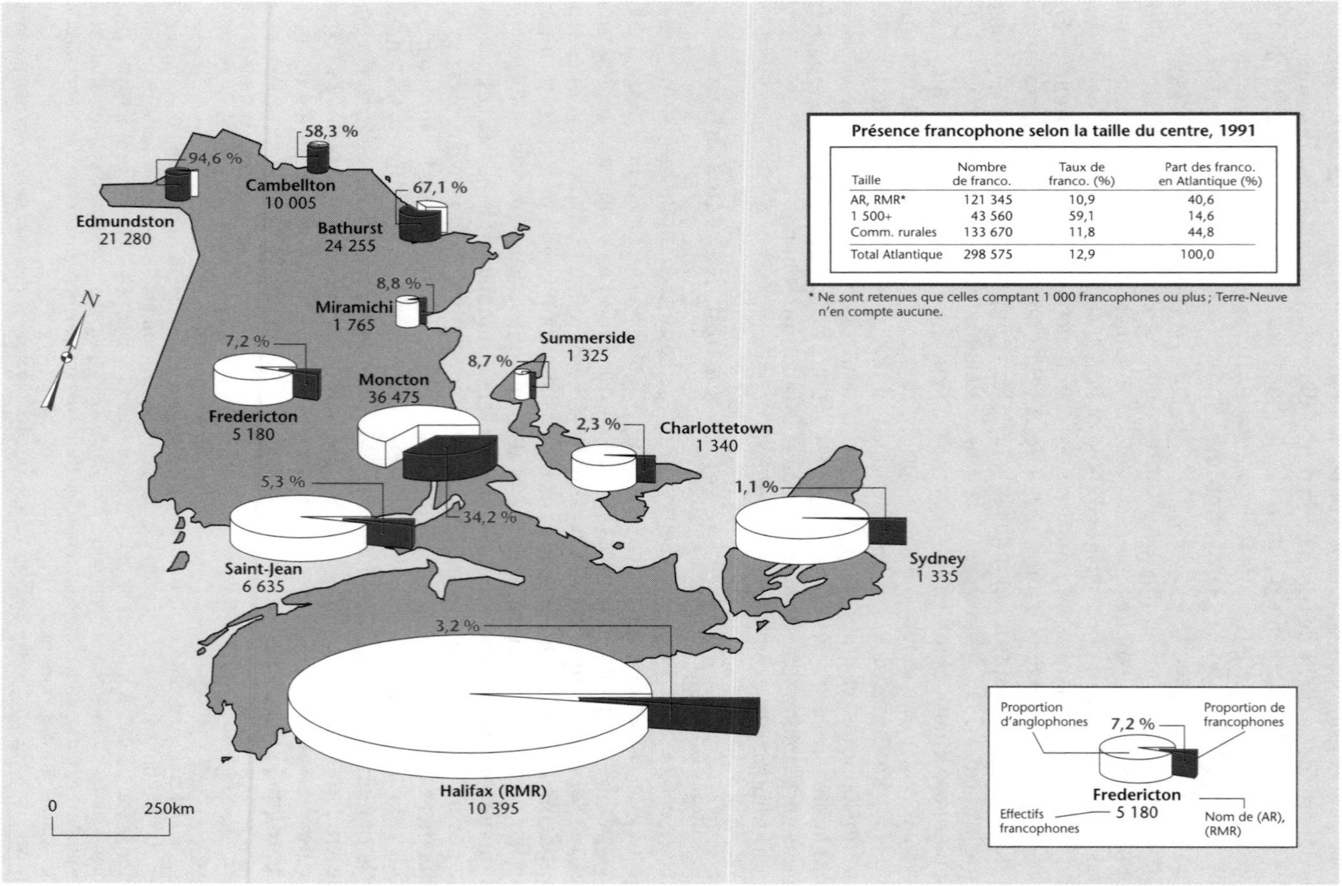

Présence francophone selon la taille du centre, 1991

Taille	Nombre de franco.	Taux de franco. (%)	Part des franco. en Atlantique (%)
AR, RMR*	121 345	10,9	40,6
1 500+	43 560	59,1	14,6
Comm. rurales	133 670	11,8	44,8
Total Atlantique	298 575	12,9	100,0

* Ne sont retenues que celles comptant 1 000 francophones ou plus ; Terre-Neuve n'en compte aucune.

Note :
AR = agglomération urbaine de recensement
RMR = région métropolitaine de recensement
Le nombre et le taux de francophones sont indiqués pour chaque agglomération.

Source : Statistique Canada, recensement de 1991.
Conception : Maurice Beaudin ; montage ; Marc Cormier.

Tableau I

Croissance démographique comparée des Acadiens, par région, 1981-1991
Comparaisons spatiales et linguistiques en termes absolus et relatifs

Région	Croissance absolue[1] Franco.	Anglo.	Croissance relative Franco. %	Anglo. %
Nouveau-Brunswick				
Sud-Est	4 693	7 233	6,8	7,9
Moncton (AR)	3 888	5 448	12,5	8,3
Nord-Est	2 525	-1 960	2,3	-2,8
Bathurst-Campbellton-Miramichi (AR)	2 143	1 217	6,6	3,2
Centre	1 925	7 935	38,7	9,0
Fredericton (AR)	1 395	8 020	39,9	14,2
Nord-Ouest	530	-155	1,2	-1,1
Edmundston (AR)	268	-203	1,3	-12,5
Sud	-303	6 698	-4,5	5,2
Saint-Jean (RMR)	-415	4 490	-6,4	4,0
Île-du-Prince-Édouard				
Prince	-578	978	-11,8	2,6
Summerside (AR)	- 78	348	-5,9	2,6
Charlottetown (AR)	323	8 612	35,3	18,5
Nouvelle-Écosse				
Halifax (RMR)	1 763	37 403	22,5	14,3
Sud-Ouest	-723	1 808	-5,0	5,4
Cap-Breton	-1 180	-7 040	-12,7	-4,5
Sydney (AR)	-233	-6 268	-16,1	-5,3
Total Maritimes	8 975	58 990	3,3	6,2
AR + RMR	9 054	59 067	8,5	8,3
Extérieur des AR et des RMR	-63	-170	-0,1	-0,1

Note :
Franco. = francophones — AR = agglommération urbaine de recensement
Anglo. = anglophones — RMR = région métropolitaine de recensement
1. Basée sur la population ajustée (voir Méthodologie) ; les régions sont les mêmes que celles désignées sur la carte I.

Source : Statistique Canada, recensements de 1981 et 1991 ; compilation spéciale de l'auteur.

l'agglomération urbaine de Moncton ; les Acadiens y ont progressé de 12,5 % au cours de la décennie, comparativement à 2,2 % ailleurs dans la région. Des gains ont également été obtenus dans le nord du Nouveau-Brunswick, principalement dans la frange péri-urbaine de Bathurst (AR), de même que dans les secteurs de Fredericton et de Halifax. Dans chacune des zones urbaines énumérées, tout comme à Charlottetown et à Edmundston, la progression des effectifs francophones a devancé, en termes relatifs, celle des anglophones.

Partout, la croissance démographique s'est matérialisée au sein ou à proximité des centres régionaux. Un tel bilan atteste d'une attraction évidente des pôles urbains à caractère anglophone sur l'espace francophone maritime.

L'INTÉGRATION À L'ÉCONOMIE

Au-delà des nuances et des spécificités régionales, deux considérations majeures émergent de nos analyses sur l'intégration économique des Acadiens : d'une part, on observe une forte dichotomie à la fois de l'espace habité et de la sphère économique ; d'autre part, cette dichotomie s'exprime en fonction d'une dualité, celle-ci étant davantage spatiale que linguistique. En général, les régions acadiennes de souche comptent sur une seule industrie ou sur un bassin économique relativement étroit, généralement alimenté par quelques ressources naturelles de base. Il en résulte des occasions mixtes d'emploi, mais des emplois fortement saisonniers et requérant peu de qualifications, d'où la forte incidence du chômage[12]. Le problème est particulièrement aigu dans les milieux ruraux où l'industrie manufacturière se limite à la première transformation des ressources. Ce manque à gagner ne saurait en plus être compensé par le domaine tertiaire qui, sur le plan régional, concentre sa hiérarchie intermédiaire et supérieure dans les centres urbains (Beaudin, 1995). Tout cela se reflète sur les gains en matière de revenus, comme on aura l'occasion de le démontrer. Et cela vaut autant pour l'un comme pour l'autre des groupes linguistiques, à l'exception peut-être des francophones du Cap-Breton et du nord du Nouveau-Brunswick qui semblent particulièrement affectés par la saisonnalité du travail. La présence de complexes industriels en milieu urbain (sidérurgie dans le premier cas, et pâtes et papiers de même que les activités minières dans le second) favorise l'élément anglophone qui s'y trouve concentré. Par ailleurs, ces entreprises hautement capitalistiques sont demeurées longtemps peu accessibles aux Acadiens (Savoie et Beaudin, 1988). Mais revenons à notre problématique de base. À quel degré les francophones des Maritimes intègrent-ils l'économie et quels bénéfices en retirent-ils ? Il est possible d'y répondre en évaluant leur participation au marché régional de l'emploi, tout en précisant la nature de ces emplois. Il faut d'autre part examiner leur structure occupationnelle et voir dans quelle mesure elle conditionne leurs gains. Nous fournissons au tableau II quelques indices à cet égard.

Les indices du tableau montrent une participation généralement importante des Acadiens à l'économie, à l'exception de ceux du Cap-Breton où les occasions en milieu rural (Inverness et Richmond) sont limitées. Mais cette contrainte vaut autant pour les anglophones habitant ces régions. Autre constat intéressant, le chômage ne varie pas tellement d'un groupe linguistique à l'autre, mais plutôt d'une région à l'autre. D'ailleurs, le taux de chômage est plus élevé chez les anglophones dans la plupart des régions. Ces premières observations confirment la dichotomie énoncée un peu plus tôt. Les écarts socioéco-

12. Il s'agit du scénario typique des régions rurales à ressources. Celles qui incorporent un volet manufacturier de pointe (pâtes et papiers, transformation et traitement des métaux, traitement du bois) réussissent néanmoins à étirer leur période d'emploi. De même les régions à ressources sises à proximité de centres urbains régionaux dynamiques peuvent développer des entreprises complémentaires ou de sous-traitance, tout en attirant des entreprises extérieures désireuses de profiter des coûts réduits d'implantation en banlieue. C'est ainsi que la région environnante de Bathurst, à forte majorité francophone, tire profit des infrastructures de transport et de communication et surtout industrielles de ce centre régional ; il en va de même des localités de Bridgewater et de Granton qui ont attiré la multinationale Michelin qui visait Halifax et son port dans sa stratégie d'implantation en Amérique du Nord ; la venue des entreprises de téléservices dans la région de Moncton bénéficie par la même logique à tout le sud-est de la province. Pour un examen plus détaillé à l'échelle atlantique, consulter Beaudin (1995).

Tableau II

Certains indices du marché du travail, selon le groupe linguistique, par région ou regroupement, 1991

Région/regroupement	Taux d'activité Franco. %	Taux d'activité Anglo. %	Taux de chômage Franco. %	Taux de chômage Anglo. %	Travail saisonnier[1] Franco. %	Travail saisonnier[1] Anglo. %	Revenu annuel moyen d'emploi (CAN = 100) Franco.	Revenu annuel moyen d'emploi (CAN = 100) Anglo.
Région de Halifax-Dartmouth	71,3	70,5	7,0	9,5	7,4	9,4	113,9	102,3
Sud du Nouveau-Brunswick[2]	69,0	64,9	10,7	12,1	11,4	12,8	100,3	85,7
Queens et King (Île-du-Prince-Édouard)[3]	67,1	69,7	10,5	12,0	19,6	22,3	96,7	71,4
Terre-Neuve et Labrador	64,6	61,3	19,2	27,8	22,9	29,1	94,5	73,2
Comtés mixtes du Nouveau-Brunswick[4]	63,0	62,0	15,6	15,8	22,3	17,6	77,7	79,5
Île du Cap-Breton	52,7	54,6	18,5	19,8	31,7	20,4	76,4	77,7
Sud-Ouest de la Nouvelle-Écosse	59,5	59,5	14,5	15,1	21,0	18,0	72,9	69,4
Comtés à majorité francophone du Nouveau-Brunswick[5]	59,8	58,9	21,2	22,7	32,5	25,7	66,9	80,0
Région Évangéline (Prince)	61,5	69,0	14,4	16,9	37,8	32,9	62,8	65,7
Canada	65,7	68,7	11,4	9,8	11,4	10,0	96,1	101,2

Note :
Anglo. = anglophone
Franco. = francophone

1. Ayant travaillé à temps plein pour moins de la moitié de l'année.
2. Comprend essentiellement les régions de Saint-Jean et de Fredericton.
3. Les Acadiens dans cette région de l'Île sont largement concentrés dans la région de Charlottetown.
4. Les comtés mixtes sont majoritairement anglophones, mais intègrent une forte composante francophone ; ce sont les comtés de Victoria (Grand-Sault), Northumberland (Miramichi-Néguac-Rogersville) et Westmorland (Moncton-Shédiac).
5. Madawaska, Kent, Gloucester et Restigouche ; les Acadiens y composent respectivement 95 %, 84 %, 79 % et 65 %.

Source : Statistique Canada ; compilation de l'auteur.

nomiques ne proviendraient donc pas – ou très partiellement du moins – du clivage linguistique. Il faut chercher ailleurs, dans la structure de l'activité économique et, parallèlement, dans la hiérarchie occupationnelle, les explications des écarts socioéconomiques d'un ensemble sur l'autre. Le tableau III, tout en servant de complément à nos analyses, vient justement renforcer ces propos ; il reflète clairement le double handicap que subissent certaines régions acadiennes de souche.

Ainsi, le travail est hautement saisonnier chez les Acadiens de la région Évangéline, tout comme chez leurs homologues du Cap-Breton et du sud-ouest de la Nouvelle-Écosse, de même que ceux du nord du Nouveau-Brunswick. Qui plus est, ces régions disposent d'une structure de revenus moins intéressante, et ce, pour deux raisons essentiellement. D'abord, une forte proportion de leurs salariés se retrouvent au sein d'industries hautement saisonnières ainsi que dans les services traditionnels. La deuxième explication réside dans la structure occupationnelle ; une proportion insuffisante de la main-d'œuvre atteint les paliers supérieurs sur le plan professionnel,

Tableau III
Répartition sectorielle de l'emploi, selon le groupe linguistique, par région ou regroupement, 1991

	Industries production de biens[1]		Services dynamiques[2]		Secteur public[3]		Services traditionnels[4]	
Région/regroupement	Franco. %	Anglo. %	Franco. %	Anglo. %	Franco. %	Anglo. %	Franc. %	Anglo. %
Région de Halifax-Dartmouth	11,5	14,3	20,5	21,0	50,3	34,6	17,7	30,1
Sud du Nouveau-Brunswick	23,7	25,0	13,7	17,9	41,5	27,8	21,1	29,3
Queens et King (Île-du-Prince-Édouard)	22,4	28,3	10,2	12,5	52,6	29,9	14,8	29,2
Terre-Neuve et Labrador	24,8	28,9	9,8	13,2	43,2	29,6	22,2	28,3
Comtés mixtes du Nouveau-Brunswick	27,8	23,8	14,0	16,1	29,7	26,5	28,5	33,6
Île du Cap-Breton	35,5	26,9	9,2	13,1	28,0	28,0	27,3	32,0
Sud-Ouest de la Nouvelle-Écosse	47,7	37,1	8,3	10,2	20,6	21,8	23,4	30,9
Comtés à majorité francophone du Nouveau-Brunswick	38,1	30,9	10,2	12,7	26,2	26,0	25,5	30,4
Région Évangéline (Prince)	44,6	37,5	6,0	12,0	24,3	24,0	25,1	26,5
Canada	27,6	27,1	17,7	19,5	26,2	23,3	28,5	30,1

Note :
Anglo. = anglophone
Franco. = francophone

1. Secteur primaire (agriculture, pêche, forêt et mines) ; industrie manufacturière (transformation et fabrication).
2. Transports et communications ; services financiers, d'assurances et d'immobiliers ; services aux entreprises.
3. Administration publique (fédérale, provinciale et municipale) ; services sociaux et de santé ; éducation.
4. Commerce ; services socioculturels, commerciaux et personnels ; hébergement et restauration ; autres services. Ce groupe exclut normalement le commerce de gros qui fait partie des services dynamiques.

Source : Statistique Canada, Division des petites unités administratives ; compilation de l'auteur.

que ce soit dans le secteur privé ou dans le secteur public. À quoi attribuer ce déséquilibre ? Simplement au fait que les postes décisionnels et spécialisés se retrouvent au sein d'importantes unités (entreprises, institutions, organisations) qui se font plus rares dans les régions rurales ou éloignées des grands centres. Par exemple, les services dynamiques, généralement plus performants et mieux rémunérés que la moyenne, n'occupent qu'entre 6 % et 10 % des actifs dans les régions acadiennes de souche. Le fait que ces services retiennent une plus forte proportion de la main-d'œuvre chez le groupe anglophone de ces mêmes régions n'est pas symptomatique d'un déséquilibre sur le plan linguistique ; c'est tout simplement que ces derniers sont largement concentrés dans les centres urbains, qui abritent les principaux services. Si déséquilibre il y a, c'est à même le groupe francophone qu'il faut le noter, entre les régions de souche et les foyers francophones minoritaires. On ne s'étonnera pas d'observer un écart important en faveur de ces derniers pour ce qui a trait au revenu moyen généré par le travail.

Les foyers francophones minoritaires partagent généralement un même profil, qui se détache nettement de celui des régions de souche. Cela s'explique en partie par leur structure démographique, ces groupes étant davantage constitués d'adultes actifs. Mais on l'explique également par leur forte intégration à l'économie, à la fois dans les secteurs privé et public. Ces éléments francophones disposent, globalement, d'un niveau d'instruction fort enviable, même lorsque comparé à celui des anglophones. Ils accèdent de manière remarquable aux fonctions supérieures dans les domaines public, parapublic et privé, ce qui leur permet de générer des revenus beaucoup plus élevés que la moyenne. Leur situation sur le plan économique est donc enviable, surtout aux yeux de leurs homologues des régions de souche. Ces derniers disposent d'activités moins diversifiées et davantage saisonnières. Ils accèdent aussi plus difficilement à la hiérarchie supérieure dans le domaine de l'emploi, en partie à cause du manque d'opportunités – faible présence des sièges sociaux et des institutions d'envergure –, mais également en raison du degré de qualification relativement restreint de leur main-d'œuvre. Même à structure comparable, donc, leur capacité à générer des revenus demeure en moyenne inférieure. Les écarts sont frappants dans les domaines de l'administration publique et des services socioculturels et personnels (incluant les services professionnels), ainsi que dans la transformation. Ce rendement moindre en matière de revenu d'emploi est également perceptible au sein des autres grands secteurs, comme l'éducation, la santé, les transports et les communications, de même que la fabrication. Dans l'ensemble, les sept professions à rémunération élevée (au-dessus de la moyenne) occupent 43 % de la main-d'œuvre dans les régions de souche, une proportion inférieure à celle observée pour l'ensemble des Maritimes (45 %), ou encore, à celle des autres foyers francophones (47 %). Mais ce qui désavantage encore plus les régions de souche, c'est l'apport comparatif en revenus. Ensemble, ces sept professions génèrent un revenu moyen par travailleur qui est inférieur de 20 % dans ces régions. Des écarts similaires sont observés au sein des professions moins rémunératrices, notamment dans le secteur manufacturier, un secteur hautement stratégique pour les régions de souche puisqu'il soutient en grande partie le secteur des exportations.

Parlons justement de l'industrie manufacturière. Les régions acadiennes de souche y canalisent 18 % de leur main-d'œuvre, une part nettement plus élevée que dans l'ensemble des Maritimes (11 %), et également plus grande que chez les anglophones des mêmes régions (12 %). Cette prépondérance de l'activité manufacturière chez les francophones ne se traduit pas, cependant, au chapitre des revenus. En effet, le travail manufacturier dans les régions de souche ne génère qu'un revenu équivalent à 68 % du revenu moyen d'emploi observé à l'échelle des Maritimes, toutes activités confondues. Même à l'intérieur des régions de souche, le secteur manufacturier génère proportionnellement moins de revenus que la moyenne des industries.

Cette propension à générer moins de revenus s'explique en grande partie par la composition de l'industrie manufacturière (type et nature des activités). En général, le secteur de la transformation, en particulier celui des aliments, adopte un profil plutôt saisonnier et génère une plus faible valeur ajoutée. Le domaine de la fabrication, au contraire, opère sur une base annuelle et incorpore un plus large éventail d'activités, dont plusieurs à forte valeur ajoutée. Il est donc logique d'observer, pour l'ensemble des Maritimes, un revenu d'emploi dans le secteur de la fabrication qui est supérieur de 50 % à celui obtenu dans les activités de transformation. En effet, le tiers de la main-d'œuvre affectée à la transformation dans les Maritimes œuvrent sur une base saisonnière, comparativement à 14 % pour la fabrication. Cette situation ne favorise guère les régions acadiennes de souche qui concentrent 57 % de leur main-d'œuvre manufacturière dans la transformation ; les anglophones dans ces régions partagent équitablement leur effectifs manufacturiers entre la fabrication et la transformation, tandis

Tableau IV
Indices de rendement du secteur manufacturier, 1991

	Régions acadiennes de souche		Autres foyers franco.		Total Maritimes
	Franco.	Anglo.	Franco.	Anglo.	
Indices de l'emploi	%	%	%	%	%
Ensemble du secteur	17,9	11,7	12,5	10,1	11,2
Fabrication	42,9	49,8	60,2	65,8	59,7
Transformation	57,1	50,2	39,8	34,2	40,3
Revenu moyen d'emploi	**$**	**$**	**$**	**$**	**$**
Ensemble du secteur	14 883	18 899	20 683	22 747	20 871
Fabrication et montage	19 445	22 670	25 095	25 018	24 145
Transformation	11 454	15 162	14 019	18 381	16 021
Part du revenu d'emploi	%	%	%	%	%
Ensemble du secteur	14,7	11,4	11,4	10,2	10,8
Fabrication	8,2	6,8	8,3	7,4	7,4
Transformation	6,5	4,6	3,1	2,8	3,4

Note :
Anglo. = anglophone
Franco. = francophone

Source : Statistique Canada, recensement de 1991 ; compilation de l'auteur.

qu'à l'échelle des Maritimes, la fabrication domine avec 60 % des emplois manufacturiers. Or, ce dernier secteur rapportait en 1991 des revenus moyens par travailleur de plus de 24 000 $, comparativement à 16 000 $ seulement dans le domaine de la transformation. Comme l'atteste le tableau IV, la composition des activités manufacturières au sein des régions joue un rôle déterminant dans leur capacité à générer des revenus.

Si on ajoute à cette dimension le manque à gagner imputable au différentiel de revenus au sein des emplois professionnels, notamment au chapitre de l'administration et de la gestion, et de certains services gouvernementaux, on ne s'étonne pas du rendement économique moindre des régions de souche. Mais, faut-il le rappeler, ces écarts sur le plan économique s'expliquent avant tout par des facteurs d'ordre structurel, de localisation et d'organisation de la production. Si le clivage linguistique a pu jouer par le passé un rôle déterminant, il n'influe désormais que de manière très réduite dans des sphères précises (par exemple, dans le domaine de l'industrie papetière). Mais cela ne change en rien les conditions et les déterminismes régionaux en matière de développement, qui affectent tout autant l'un et l'autre groupe linguistique.

Le dynamisme acadien en matière économique

On a pu voir que l'espace économique acadien s'articule – pour l'instant - autour d'une base économique établie, celle des ressources naturelles. Ce profil s'applique néanmoins beaucoup plus aux régions de souche (milieux essentiellement ruraux ou mi-ruraux), qu'aux groupes francophones établis dans des centres régionaux ou à proximité de ceux-ci. Cet espace économique ne se manifeste pas – du moins pas encore – par la présence d'acteurs de file œuvrant au sein de filières entières ou ayant le contrôle sur de vastes secteurs économiques, comme c'est le cas de certaines grandes entreprises anglophones (Irving, McCain, Sobey's, National Sea Products, etc.). Non plus qu'il se démarque par la présence d'un marché de consommation probant, celui-ci étant nettement marginal et très fragmenté. Nous sommes plutôt en présence d'une mosaïque d'acteurs, de petite à moyenne envergure, qui œuvrent à la fois dans le domaine des exportations et sur les marchés intérieurs que constituent les centres urbains nationaux et régionaux. Soulignons, en passant, l'infiltration grandissante des centres régionaux par les entrepreneurs francophones qui s'y établissent afin de profiter des avantages comparatifs qu'offre le tissu urbain.

Comment s'articule aujourd'hui l'espace économique acadien ? Ainsi que nous l'évoquions plus tôt, il se concrétise bien au-delà du territoire d'occupation. Il prend racine sur de solides acquis que sont ses réalisations économiques, ses institutions distinctes, sa structure et ses réseaux organisationnels, ainsi que son support juridictionnel. Mais c'est avant tout par sa base entrepreneuriale qu'il s'affirme. Cette base est aujourd'hui constituée d'une pépinière d'entrepreneurs dont une proportion montante opère au sein de la nouvelle économie. Les entreprises acadiennes sont plus nombreuses à vouloir pénétrer les marchés nationaux et internationaux[13] ; plusieurs y réussissent en offrant, à côté des produits traditionnels, une gamme de produits nouveaux et de services spécialisés. On n'a qu'à penser aux produits culturels, à ceux de l'édition, aux services d'experts-conseils, aux produits à contenu technologique et informatique, qui tous réussissent à pénétrer les marchés extérieurs ; une preuve tangible du savoir-faire acadien puisque tous ces produits et bien d'autres ont été développés et expérimentés par des Acadiens et mis en marché avec le concours de partenaires et de capitaux régionaux.

Il ne faut toutefois pas s'y méprendre. Le tissu économique, dans les régions acadiennes de souche, relève encore beaucoup de l'extraction et de la première transformation des ressources naturelles : de 25 % à 40 % des emplois y gravitent selon les situations. Or, toutes les économies à ressources subissent actuellement les impacts simultanés de l'application accélérée des nouvelles technologies, ainsi que de la raréfaction des ressources, ceci dans une période de grande mutation des marchés. Si bien que l'emploi dans ces secteurs diminue graduellement mais inéluctablement, même si on arrive à produire davantage. D'où le défi des régions rurales, sur lesquelles s'appuie l'essentiel de l'espace économique acadien, de trouver des alternatives pour contrer les effets négatifs qu'engendre le déclin des emplois traditionnels, et espérer maintenir en région une main-d'œuvre dynamique et un pool entrepreneurial axé sur des activités nouvelles. Cela étant dit, l'économie acadienne dispose d'une solide base exportatrice, soutenue entre autre par l'industrie papetière, la production halieutique, l'agroalimentaire, ainsi que l'extraction minière et

13. Un sondage mené en 1996 nous apprend que les entreprises acadiennes, même celles de taille modeste, réussissent dans une proportion respectable à exporter leurs produits et services. Un peu plus du tiers (34 %) des entreprises affirment faire de l'exportation, soit dans les autres provinces, soit à l'étranger (la majorité). Le sondage a été réalisé auprès de 900 entrepreneurs acadiens dans l'ensemble des Maritimes, pour un taux de participation de 16 % (Lévesque et Rumball, 1996).

Usine de Cap-Lumière, Nouveau-Brunswick.

la transformation des métaux. La présence d'une telle base exportatrice s'explique par l'accessibilité aux denrées et produits de base dont plusieurs constituent des exclusivités sur le plan commercial (par exemple : crabe des neiges, homard, tourbe). À l'exception du secteur halieutique, cependant, ces piliers de l'économie sont contrôlés exclusivement par des multinationales de propriété anglo-saxonne ou étrangère. Ce qui n'exclut pas pour autant la mainmise des Acadiens sur des secteurs traditionnels comme la pêche et la tourbe, avec quelques joueurs clés dans le domaine du traitement du bois.

Qu'en est-il de la performance des entreprises acadiennes ? Nous disposons malheureusement de peu d'études concrètes en ce domaine. S'il est un fait accepté, quel que soit le type d'activité et peu importe le statut linguistique de l'entreprise, c'est qu'il faut s'adapter rapidement aux mutations en cours, sous peine de voir ses parts de marché diminuer ou même de se faire évincer du marché. On dira, dans le jargon populaire, *faire le virage technologique*. En réalité, il s'agit de beaucoup plus que cela. L'introduction pure et simple d'outils technologiques de pointe dans une entreprise ne mène pas loin si les autres aspects concurrentiels sont négligés. Parmi ces derniers figure le capital humain à qui il incombe d'assimiler ces nouveaux outils technologiques, tout en étant plus performant dans le secteur de la production. S'adapter à l'économie, c'est d'abord et avant tout tenir tête à la concurrence. Or, les exigences sont d'autant plus grandes que la concurrence est forte, obligeant les entreprises à offrir des produits et des services de meilleure qualité, et ce, à prix concurrentiels.

Il est important dans ce contexte de différencier certaines entreprises liées aux ressources, celles notamment qui gèrent des exclusivités sur le plan commercial, des autres types d'entreprises. Le cas de l'industrie du crabe

Compagnie de tourbe Fafard, Inkerman, N.-B.

des neiges et, dans une certaine mesure, de celle de la rogue de hareng servent bien notre propos. En général, les entreprises dans ces secteurs n'ont pas tellement à craindre sur le plan de l'offre puisque ces produits sont exclusifs (ou presque) à leur région. Il en va de même pour certaines entreprises de produits saumurés du poisson qui comblent un marché traditionnel sans vraiment se soucier d'éventuels concurrents. Celles-ci bénéficient de plusieurs conditions réunies (main-d'œuvre expérimentée et peu coûteuse, abondance de la ressource primaire, contrats gouvernementaux dans le cadre de l'assistance aux pays du tiers-monde) dont ne disposent pas le concurrent potentiel. Il ne faut pas croire que ces entreprises qui gèrent des exclusivités commerciales ne sont pas concurrentielles ; nous disons simplement qu'elles ne sont pas autant confrontées à la concurrence que la plupart des autres entreprises. Ce qui ne veut pas dire qu'elles ne font pas d'efforts pour améliorer la qualité de leurs produits et réduire leurs coûts d'opération.

Les entreprises de la nouvelle économie sont davantage exposées et doivent conséquemment adopter une gestion moderne et planifier en amont, en fonction notamment de l'information sur les marchés, sur la recherche et le développement. Ce dernier point a jusqu'ici fait l'objet d'une faible considération chez la plupart des petites et moyennes entreprises (PME). Mais en Acadie comme partout ailleurs, il semble se dessiner un courant protechnologique chez les PME[14]. Dans le climat de vive concurrence qui sévit actuellement, le taux de roulement est appelé à croître. Le tiers de l'économie repose aujourd'hui sur une base mouvante constituée surtout de PME qui, par leur va-et-vient, jouent un rôle de premier plan dans le dynamisme économique des régions. L'adaptation passe ainsi, sur le plan macroéconomique, par la régénération du tissu entrepreneurial. Au-delà des abandons et des pertes d'emplois, ce qui compte, c'est la constance avec laquelle les entrepreneurs, faisant fi de la conjoncture, continuent de mettre sur pied des entreprises

14. Un étude récente menée au Québec souligne que les PME manufacturières adoptent de plus en plus un profil multitechnologique : la proportion de ces PME ayant adopté au moins une technologie générique est passée de 35 % en 1989 à 84 % en 1995 ; celles ayant adopté deux technologies génériques sont passées de 7 % à 17 %. L'étude mentionne d'autre part que ce sont les entreprises de petite taille (comptant de 6 à 50 employés) qui ont le plus fort taux d'adoption de deux technologies génériques. Bien que ces données reflètent le profil des entreprises québécoises, nous estimons qu'il s'agit là d'une tendance globale qui infiltre également les entreprises manufacturières acadiennes des Maritimes. (D'après un cahier spécial du journal *Les Affaires*, dédié à la PME, 14 octobre 1995.)

Fumeur de hareng, Sandy Cove, N.-É.

et les font progresser[15]. Or, les entreprises qui survivent dans un tel environnement sont en général celles qui combinent un bon dosage d'intrants à la production – la technologie et la main-d'œuvre qualifiée s'avérant souvent déterminantes – et qui visent une gestion optimale de leurs ressources. Bien que les économies d'échelle ne soient plus considérées comme un facteur dominant, la compétitivité accrue a pour effet de comprimer les marges de profit, forçant ainsi les entreprises à diminuer leurs coûts moyens de production, tout en les incitant à améliorer constamment la qualité de leurs produits.

Globalement, donc, l'économie acadienne est, elle aussi, entraînée dans le sillage de la nouvelle économie, avec tout ce que cela comporte comme défis, mais également comme occasions. Son bassin entrepreneurial demeure, pour l'essentiel, orienté vers les secteurs traditionnels, mais il tend à s'ouvrir de plus en plus vers des activités de la nouvelle économie : services spécialisés en communication, en gestion et en commercialisation ; logiciels ; éducation à distance et télévisuelle ; environnement ; biotechnologies ; etc. Parallèlement à ces secteurs émergents, et toujours à l'extérieur des sentiers traditionnels, gravitent une foule d'entreprises dans des domaines aussi variés que l'écotourisme, les productions culturelles et artistiques, l'édition, la traduction simultanée, l'aquaculture et la fabrication d'équipements divers dont plusieurs incorporent un ratio élevé de recherche et du développement. Cela étant dit, le secteur traditionnel n'est pas en marge de ce mouvement. Les entreprises liées aux ressources doivent elles aussi innover et être à l'affût de nouvelles occasions si elles veulent maintenir ou accroître leur part de marché. On observe de plus en plus de démarches de partenariat (par exemple, dans la commercialisation du *homard nouveau* en Europe) et d'efforts d'amélioration de la qualité et également de diversification des produits. Plusieurs centres et unités de recherche francophones encadrent ces entrepri-

15. Lors de périodes mouvementées sur le plan économique (simultanéité des cycles conjoncturels et structurels), il se perd beaucoup d'emplois, et les abandons d'entreprises sont à la hausse, mais un nombre grandissant d'entrepreneurs potentiels saisissent les nouvelles opportunités qui émergent justement de ces situations d'instabilité. Dans l'Atlantique, le taux de démarrage d'entreprises s'est établi à 35 % entre 1989 et 1991, mais le tiers des entreprises présentes en 1989 n'existaient plus en 1991, ce qui montre un taux de roulement élevé. Dans les régions acadiennes du Nouveau-Brunswick, le nombre d'entreprises est passé de 554 en 1983 à 941 en 1992, une hausse nette de 70 % en moins de 10 ans (APECA, 1994).

ses dans leur cheminement[16]. Contrairement à l'opinion courante, donc, on peut voir que même le secteur traditionnel se métamorphose pour s'adapter aux exigences de l'économie moderne[17].

LES ACADIENS ET LES AFFAIRES : UN JUMELAGE RÉCEMMENT ANCRÉ

Ce titre peut surprendre dans la mesure où nos ancêtres de l'ancienne Acadie, l'histoire en témoigne, ont dû faire preuve d'une ingéniosité et d'un esprit entrepreneurial peu communs pour survivre. En dépit de l'isolement et des vicissitudes qu'engendraient les incessants conflits franco-britanniques, les Acadiens de l'époque ont pu survivre grâce, entre autres, à un réseau d'échanges qu'ils ont su tisser avec les marchands de la Nouvelle-Angleterre, activité d'ailleurs prohibée par le roi de France. Les événements politiques mettront finalement un terme à ce foyer de développement. Un peu plus tard, vers la fin du 19e siècle, les Acadiens redécouvriront le sens des affaires dans le domaine de la transformation du homard. Ce renouveau entrepreneurial sera toutefois limité à cette industrie et confiné à quelques secteurs côtiers (Brun, 1988). Le mouvement s'estompera d'ailleurs rapidement sous l'intensification de la concurrence. Il faudra attendre la grande crise des années 1930 pour voir surgir une nouvelle forme de prise en main du domaine économique par les Acadiens. Elle se traduira cette fois par le coopératisme, un mouvement qui prendra une grande ampleur dans les communautés catholiques rurales des Maritimes, en particulier chez les Acadiens. Bien que la caisse populaire d'épargne et de crédit allait en constituer la plaque tournante, le mouvement verra essaimer de nombreuses coopératives de consommation et de production – récemment, de services – qui connaîtront une ascension généralement beaucoup plus modeste. Il n'entre pas dans le cadre de notre exposé d'en étaler ses diverses formes. Nous dirons simplement que leur contribution au développement économique des communautés acadiennes demeure hautement significative[18]. Au-delà de la solidarité communautaire, les Acadiens ont par là

16. On mentionnera, entre autres, le Centre de recherche sur les aliments (CRA), le Centre de recherche et de développement de la tourbe (CRDT) et le Centre de recherche et de développement des produits marins (CRDPM), tous trois liés à l'Université de Moncton, ainsi que le Centre d'excellence sur le bois ouvré, affilié au Collège communautaire de Campbellton. Ces centres, à l'instar des autres unités et laboratoires de recherche, ont pour mandat explicite d'établir des partenariats avec les entreprises du milieu, en l'occurrence dans les domaines des pêcheries et de l'agroalimentaire, de la tourbe et du traitement du bois. Ces centres s'intéressent au développement des nouveaux produits et des transferts technologiques, des champs d'application auxquels sont conviées les entreprises traditionnelles.

17. Il n'est pas rare pour les entreprises œuvrant dans des champs traditionnels de se procurer du personnel hautement qualifié capable d'assimiler et d'introduire les technologies de pointe, d'appliquer les nouvelles méthodes de gestion, tout en travaillant à l'amélioration de la qualité des produits existants et à la conception de produits nouveaux. Certaines entreprises, dans la transformation du poisson et le traitement du bois notamment, embauchent ainsi des biologistes, des ingénieurs ou des chimistes qui travaillent étroitement avec des centres de recherche en vue de diversifier la production ou simplement d'augmenter la valeur ajoutée.

18. Le coopératisme dans les régions acadiennes des Maritimes est un véritable succès collectif. On dénombre 171 coopératives, dont une centaine de caisses populaires, avec un réseau organisationnel solidement implanté. Le mouvement coopératif acadien est bien portant à l'Île-du-Prince-Édouard (18 coopératives comptant 7 500 membres et un actif de 28 millions $) et en Nouvelle-Écosse (29 coopératives desservant 21 000 membres et générant un actif de 58 millions $). Au Nouveau-Brunswick, les 124 coopératives acadiennes rassemblent plus de 300 000 membres et totalisent 1,5 milliard $ d'actif. Plus de 4 400 personnes y trouvent un emploi dont 3 700 environ à l'intérieur du mouvement néo-brunswickois ; ce nombre ne tient pas compte des 2 000 emplois générés par les 37 coopératives affiliées au Conseil acadien de la coopération. Ces chiffres excluent d'autre part la Caisse populaire de Shippagan, de loin la plus importante des Maritimes avec un

Le Village de l'Acadie, à l'Île-du-Prince-Édouard, est l'une des nombreuses coopératives de l'Île.

prouvé leur déterminisme ainsi que leur sens de l'organisation et des affaires. Leur habileté à faire fructifier ces acquis dans le climat de concurrence montante d'aujourd'hui témoigne d'une maturité et d'un savoir-faire qui n'a rien à envier aux grandes entreprises établies.

Mais l'intégration économique ne saurait se limiter au cadre restreint du coopératisme communautaire. L'intégration se réalise par le biais d'un bassin entrepreneurial dynamique et diversifié, capable de mettre en valeur les potentiels, quelle que soit leur nature. Dans ce contexte, on peut dire que l'intégration des Acadiens à l'économie a coïncidé avec le réveil entrepreneurial des années 1960, voire même des années 1970. Comme on l'a signalé au début, il ne s'agit pas du hasard : cette résurgence entrepreneuriale a pu se produire grâce aux réformes introduites au Nouveau-Brunswick par le gouvernement de Louis-J. Robichaud, lui-même Acadien[19]. L'économie des régions acadiennes fut ainsi stimulée par l'avènement des programmes fédéraux de développement, en particulier ceux destinés aux régions rurales[20]. La création d'une université francophone à Moncton et l'adoption, un peu plus tard, du programme des langues officielles, permettront une émancipation sans précédent de la société acadienne. Ces changements allaient rétablir la confiance des jeunes qui, progressivement, allaient faire carrière dans des secteurs jusque-là pratiquement réservés aux anglophones. Si

actif consolidé de 150 millions $, 17 000 membres et comptant une cinquantaine d'employés. Cette dernière s'est dissociée de la Fédération des caisses populaires acadiennes et fait désormais cavalier seul sous la tutelle de la New Brunswick Credit Union. (Informations tirées de sources diverses dont *Le Coopérateur acadien* ; Conseil canadien de la coopération [1995-1996] ; Caisse populaire de Shippagan ltée [1995-1996].)

19. La décennie 1960 a été marquée au Nouveau-Brunswick par des réformes profondes et rapides instaurées sous le gouvernement de Louis Robichaud. Premier Acadien élu à diriger la destinée provinciale, il adoptera une gestion prodémocratique et s'attaquera à certains blocages structuraux qui, manifestement, maintenaient la plupart des régions rurales ainsi que plusieurs centres régionaux dans un état de stagnation chronique, sans espoir d'émancipation. Son programme Chances égales pour tous, avec comme fer de lance la réforme de la taxation municipale, aura une portée inestimée à l'époque. Les régions moins nanties de la province en bénéficieront grandement, de même que la minorité acadienne, de composition rurale essentiellement.

20. La considération portée au monde rural à l'époque s'insérait dans un mouvement d'émancipation des sociétés postindustrielles. Au Canada, plusieurs programmes de nature à rétablir l'équilibre socioéconomique avaient déjà été mis en place durant les années d'après-guerre. Sur le plan strictement rural, le programme national Aménagement rural et développement agricole, ainsi que les ententes fédérales-provinciales Fonds pour le développement économique rural, allaient spécifiquement s'attaquer aux problèmes chroniques des zones rurales et agricoles. La stratégie du gouvernement Robichaud au Nouveau-Brunswick s'insère, jusqu'à un certain point, dans ce contexte historique. Pour une couverture plus approfondie, consulter Savoie et Beaudin (1988).

bien qu'en l'espace d'une décennie, les Acadiens se retrouveront en grand nombre au sein de la fonction publique (provinciale et fédérale) et auront accédé à la plupart des secteurs professionnels. Qui plus est, ils auront considérablement élargi leur espace politique, autant dans la participation démocratique que dans l'élaboration des politiques. Bien que ces derniers acquis soient de nature politique, ils auront pavé la voie à une plus grande intégration du monde des affaires, notamment par l'augmentation subséquente des revenus, par l'expérience acquise de l'administration et de la gestion, de même que par l'accessibilité à un réseau francophone d'appui et d'encadrement[21].

Cette période en est également une de grande émancipation pour les femmes acadiennes qui non seulement ont envahi les universités et intégré massivement le marché du travail, mais ont accru leur rôle et intensifié leur présence au sein de l'entrepreneuriat acadien. Ce rôle plus manifeste de la femme entrepreneure s'est réalisé sur plusieurs fronts : par une plus grande visibilité et une meilleure reconnaissance de son rôle de partenaire dans l'entreprise familiale – les médias, comme les agences à vocation économique y ont beaucoup contribué –, par son engagement dans les organismes communautaires ainsi que dans les réseaux organisationnels, de même que par la création d'entreprises. Nous reviendrons sur ces aspects du dynamisme féminin.

S'il est un domaine où les Acadiens ont su saisir les opportunités, c'est celui des pêches. Ils ont vite rempli les vides occasionnés par les départs successifs des firmes étrangères au cours des années 1960 et au début des années 1970, une période sombre pour les pêcheries du golfe[22]. Comme on le sait, cette industrie est désormais dominée par les acteurs acadiens dans le sud-ouest du golfe. Le fait que 50 % des pêcheurs de crabe soient aujourd'hui actionnaires ou propriétaires des usines de transformation témoigne de manière apparente des changements survenus. L'industrie de la tourbe, bien que de dimension beaucoup plus modeste, adoptera elle aussi un profil entrepreneurial acadien. L'essaimage s'est fait dans d'autres secteurs comme, par exemple, l'industrie forestière (coupe, transport et traitement du bois), la transformation du métal, la fabrication de machines-outils, l'industrie du meuble, l'ingénierie, l'horticulture et l'aquaculture. Apparaîtront également des entrepreneurs acadiens dans les services non traditionnels, souvent spécialisés, comme les cabinets de consultation (médecine, droit, affaires comptables) et les services aux entreprises, de même qu'une foule de PME opérant sur des marchés cibles, dans l'offre de services ou de produits novateurs.

La relève de l'entrepreneuriat acadien : un défi immédiat

Les indications qui précèdent attestent d'une intégration récente mais graduelle de la société acadienne dans le monde des affaires. La percée entrepreneuriale varie évidemment

21. Le réseau d'appui et d'encadrement logistique s'est ramifié au cours des ans. Notons, entre autres, les commissions industrielles régionales, le Conseil économique du Nouveau-Brunswick, les nombreuses associations locales et régionales dans le domaine économique, notamment les regroupements sectoriels, ainsi que les services aux entreprises.
22. La forte concentration capitalistique dans ce secteur, durant les années 1960, aura hypothéqué sérieusement la ressource à l'intérieur du golfe. Certains stocks importants (hareng et sébaste notamment) seront décimés, alors que les perspectives ne promettaient guère pour d'autres espèces (homard et crevette). Les firmes étrangères délaisseront alors ces pêcheries pour investir ailleurs, sur la façade continentale dont l'extension prévue de la limite territoriale suscitait bien des attentes. Ce vide créera néanmoins de nouvelles occasions pour les Acadiens qui prendront progressivement la relève, aidés en cela par la reconstitution de certains stocks importants, ainsi que par l'ouverture de nouveaux marchés lucratifs (crabe des neiges et rogue de hareng). Pour une synthèse plus approfondie, consulter Beaudin et Savoie (1992).

en fonction des conditions et des potentiels locaux[23]. Un sondage récent mené pour le compte du Conseil économique du Nouveau-Brunswick donne un meilleur éclairage de la force entrepreneuriale acadienne ainsi que de ses horizons. L'entrepreneur acadien serait loin d'être confiné à un secteur ; si un cinquième des entreprises œuvrent au sein de l'économie à ressources, 30 % offrent des services professionnels, notamment des services aux entreprises. On y apprend, en outre, que l'acte entrepreneurial n'implique pas forcément d'énormes moyens[24]. L'étude fait également ressortir le fort lien familial au sein des entreprises acadiennes (57 % d'entre elles – 63 % à l'Île-du-Prince-Édouard – affirment embaucher des membres de leur famille). Ce phénomène serait associé, semble-t-il, au caractère récent de l'entrepreneuriat acadien. L'étude fait d'autre part apparaître certaines inquiétudes ou contradictions. On apprend ainsi que les moins de 30 ans sont nettement sous-représentés dans ce circuit, ce qui augure mal pour le renouvellement de la base entrepreneuriale. Une proportion importante (40 %) des entrepreneurs acadiens disent ne pas avoir besoin de financement ; un détail intéressant lorsqu'on sait que le financement est généralement considéré comme la pierre d'achoppement des PME. Cette affirmation est corroborée par le fait que seulement le quart des entreprises considèrent qu'il y a un manque de sources de capital dans leur région. Par contre, les entrepreneurs à la recherche de capital affirment avoir des problèmes avec les sources de financement à leur portée, notamment au sujet des garanties personnelles. Sur le plan de la gestion, on apprend que près de la moitié des entrepreneurs acadiens préfèrent s'occuper personnellement, sans aucune aide interne ou externe, de leur marketing, mais ne disposent pas pour autant de plans d'affaires en bonne et due forme. Pour ce qui est de l'avenir, la question la plus pertinente est celle de la relève ; une proportion relativement élevée (54 %) des répondants au sondage affirment y penser sérieusement, mais semblent peu enclins à recourir à de l'aide extérieure pour planifier cette relève. Tous ces renseignements doivent évidemment être pondérés étant donné la nature de la collecte, mais ensemble, ils contribuent à une meilleure définition du profil entrepreneurial acadien et exposent de manière convaincante certaines appréhensions. L'une d'elles réfère à la relève : le début d'effervescence entrepreneuriale va-t-il se renforcer ou, du moins, se poursuivre ? Une question d'autant plus pertinente que nous en sommes, à toutes fins pratiques, à une première génération d'entrepreneurs.

Si l'on s'entend pour dire que l'entrepreneuriat acadien a été édifié surtout par la génération immédiate d'après-guerre, son profil a considérablement évolué depuis. À défaut d'analyses exhaustives, nous observons plusieurs tendances qui confirment l'extension de la sphère économique chez les Acadiens. On la perçoit sous plusieurs angles, notamment par l'émergence de nouveaux profils d'entrepreneurs (femmes, jeunes, entrepreneurs-gestionnaires, entrepreneurs de la nouvelle économie) et également par l'expansion de l'espace économique acadien à l'intérieur des centres urbains anglophones. Élaborons brièvement sur cette métamorphose.

---

23. Mentionnons, à titre d'exemple, le phénomène entrepreneurial dans la région de Kent-Shédiac au Nouveau-Brunswick. Cette région rurale (environ 60 000 habitants), à 70 % francophone, figure depuis longtemps comme l'une des plus défavorisées au Canada. Or, on y dénombre plus de 2 000 entreprises, dont la grande majorité n'ont pas plus de 15 années d'existence. Qui plus est, 77 % d'entre elles appartiennent à des Acadiens, qui les gèrent eux-mêmes. Il s'agit pour l'essentiel de très petites unités : 59 % comptent moins de cinq employés (Boudreau et Breau, 1996).
24. Le démarrage aura nécessité des fonds modestes (moins de 50 000 $) pour un peu plus de la moitié d'entre eux. Autre fait notoire, une proportion relativement faible des nouveaux entrepreneurs acadiens – 4 % comparativement à une norme qui s'établit au double – ont hérité de leur première entreprise (Lévesque et Rumball, 1996).

L'homme d'affaires acadien, c'est bien connu, a toujours pu compter sur l'aide inestimable de sa conjointe pour ce qui est de la gestion et surtout de la comptabilité de son entreprise, qu'il s'agisse d'un bateau de pêche, d'un magasin général ou d'une épicerie du coin, d'une ferme familiale ou simplement d'un emploi autonome. Généralement plus instruite que son mari et plus disposée à l'exercice de la gestion et de l'administration, la femme acadienne a acquis, au fil du temps, une expérience et développé son sens de l'organisation. Cette participation, hélas, ne s'est traduite dans les chiffres et les rapports officiels que très récemment. On constate, par exemple, que le travail autonome chez les femmes croît beaucoup plus rapidement que chez les hommes. Elles ont constitué les deux tiers des nouveaux travailleurs autonomes au Canada durant la décennie 1980, faisant grimper leur part relative de 19 % à 28 %. Cette performance a contribué à rétablir quelque peu la parité avec les hommes en matière d'autonomie.

L'autre indice d'un profil entrepreneurial changeant en Acadie repose, à notre avis, sur un phénomène récent qui consiste à localiser autant que possible les projets d'affaires en milieu urbain. L'entrepreneur acadien ne fait en cela que suivre une logique dominante qui consiste à tirer partie des nombreux avantages qu'offrent ces milieux, surtout pour y brasser des affaires. Comme on le sait, les occasions en matière économique se font plus rares dans les champs traditionnels, et celles pouvant faire l'objet d'investissements sont plus souvent qu'autrement saisies par les acteurs déjà en place. Les entrepreneurs potentiels se tournent désormais vers les activités de services spécialisés, ainsi que vers les domaines de la conception et de la fabrication. Or, ces types d'activités incorporent souvent un degré élevé de connaissance et de technicité. Il est donc préférable, dans bien des cas, d'être localisé à proximité ou à l'intérieur des centres régionaux, ces derniers étant plus à même d'offrir l'encadrement logistique requis.

Mais la proximité urbaine n'offre pas que cela. Elle permet des économies d'échelle de natures diverses qui abaissent les coûts d'exploitation de l'entreprise, résultant en une hausse de productivité. Les avantages que procure le milieu urbain sont nombreux : accès à de meilleurs soins de santé, à un meilleur système d'éducation, à des infrastructures de calibre plus élevé, ainsi qu'à la présence des principaux services publics, lesquels sont particulièrement sensibles aux économies d'échelle (par exemple, aéroport, hôpital spécialisé, laboratoire de recherche, université). Pour les entreprises, il y a aussi des avantages à tirer des réseaux d'information et des systèmes de communication, mieux établis et davantage étoffés dans les

Lexi-tech International, dont le siège social est à Moncton, Nouveau-Brunswick, offre de services en traduction et en gestion de documents.

L'édifice l'Assomption et la tour NBTel se reluquent au-dessus du centre-ville de Moncton, aux abords de la rivière Petitcodiac.

centres urbains, ainsi que de la présence de réseaux d'échanges et de distribution. Les entreprises ont toutes des fournisseurs et des clients diversifiés avec lesquels il est plus efficace – et moins coûteux – de communiquer et d'échanger à l'intérieur d'un réseau ou d'un espace géographique urbanisé. On compte également, parmi les avantages qu'offre la ville, la disponibilité et la mobilité de la main-d'œuvre ; un large bassin de main-d'œuvre favorise le recrutement sélectif en fonction des besoins précis de l'entreprise. Ce dernier point est extrêmement important pour maintenir le degré de compétitivité des entreprises, surtout lorsque celles-ci requièrent du personnel varié et hautement spécialisé. Il ne relève donc pas du hasard de retrouver les industries à forte valeur ajoutée et à haut potentiel de croissance – les industries dynamiques ou *motrices* – dans les centres urbains. Leur présence serait d'ailleurs proportionnelle à la taille du tissu urbain (Conseil économique du Canada, 1991). Cette tendance à se localiser dans les milieux urbains s'explique donc essentiellement par l'accès à l'information, par la facilité des contacts personnels directs, par les liens industriels (interentreprises) très étroits que ce genre d'activité nécessite, de même que par l'accès à un bassin de main-d'œuvre qualifiée. Dans toutes ces industries, la demande intermédiaire – proportion de la production vendue à d'autres industries à titre d'intrants intermédiaires – est plus importante que la demande finale qui résulte de la demande des consommateurs.

Il est souvent argumenté que les nouvelles technologies informatiques et la mise en place de réseaux informationnels (par exemple, l'Internet) permettront aux régions périphériques ou rurales de rétablir en bonne partie la parité avec les centres urbains pour ce qui est des avantages comparatifs en ce domaine. Or, l'expérience des dernières années ne laisse rien présager de tel ; ce qui n'exclut pas pour autant l'émergence d'activités nouvelles, liées à l'information notamment, dans les régions non urbaines, mais on est loin de s'attendre à un mouvement de masse. Dans un tel contexte, la présence acadienne en milieu urbain s'avère non seulement profitable, mais constitue un élément stratégique indéniable dans l'évolution de l'espace économique acadien. Le phénomène est d'ailleurs déjà perceptible dans certains centres, notamment dans l'agglomération de Moncton où le statut francophone est relativement bien établi. Or, cette reconnaissance du statut francophone à Moncton vient en bonne partie de l'intégration au monde économique, soit par l'acte entrepreneurial, soit par la participation aux réseaux à vocation économique[25]. L'expérience monctonienne n'est pas nécessairement transposable ailleurs, chacune des situations étant fonction des spécificités et des conditions locales, mais elle démontre à tout le moins que l'essaimage entrepreneurial en milieu urbain de la part de la minorité acadienne est bien réel, et tout porte à croire que ce mouvement va se poursuivre, sinon s'accentuer, avec l'orientation économique en cours.

Conclusion : l'Acadie moderne, une société duale ?

Nous avons, dans le cadre du présent exercice, tenté de cerner les grands traits de l'économie acadienne des Maritimes : sa structure, sa composition, ses forces vives, ses contraintes et son potentiel. Il en ressort un monde d'une complexité grandissante ; complexité du fait de l'extension de la sphère économique, mais également en raison d'une forte dissemblance entre deux entités que sont les régions de souche et les foyers francophones de statut fortement minoritaire. D'un côté réside un ensemble relativement homogène qui exerce un contrôle relatif sur son territoire et ses ressources et qui, de par son poids démographique régional, maintient ses acquis sur le plan linguistique. Les régions de souche maîtrisent cependant mal leur destinée économique et voient dans l'avènement de la nouvelle économie un passage difficile plus qu'une ère d'occasions. À l'opposé gravitent des ensembles disparates, éclatés, mais fortement intégrés sur le plan économique. Ces noyaux ou foyers francophones capitalisent sur les atouts de taille que sont la localisation et la qualification. Rappelons que plus de 40 % de la population francophone des Maritimes réside à l'intérieur des 12 plus importantes agglomérations de la région. Or, ces centres sont pour la plupart majoritairement anglophones et prédisposent à l'assimilation. Si ces centres attirent de plus en plus de travailleurs qualifiés qui conservent généralement une plus forte assiduité à leur langue et à leur culture que les ouvriers peu qualifiés qui les ont précédés[26], il s'agit d'une mince consolation. Il faudra assurer une meilleure cohésion de ces minorités urbanisées, en les incitant à participer davantage à la vie communautaire, pour autant qu'elles disposent de structures d'accueil et de supports organisationnels, notamment sur le plan scolaire – ils n'existent pas toujours –, adaptés au profil cosmopolite de ces minorités. En ce sens, il n'y a pas lieu de s'étonner de la vivacité d'entités aussi isolées et minoritaires que celles de Miramichi, de Fredericton

25. Les Acadiens y sont très bien représentés sur le plan organisationnel, notamment par le biais de réseaux formels et informels auxquels participent d'ailleurs bon nombre d'entrepreneurs. Récemment, ils intègrent même les réseaux anglophones. Par exemple, la Chambre de commerce de la grande région de Moncton vient de choisir un francophone à titre de directeur général, du jamais vu depuis sa création en 1891 ; la présidence de la Commission économique de la grande région de Moncton est occupée par un francophone. On soulignera ici le travail et le rôle primordial que joue le Conseil économique du Nouveau-Brunswick, dont le siège social est à Moncton. Fondé en 1979 pour encourager l'esprit entrepreneurial chez les Acadiens et défendre leurs intérêts économiques, le Conseil est devenu un véritable porte-parole des gens d'affaires, en même temps qu'un excellent outil de sensibilisation et de promotion. L'organisme rassemble plus d'un millier de membres dont environ 70 % d'entrepreneurs.
26. Cette assertion est corroborée par le dynamisme qui anime plus que jamais les foyers minoritaires acadiens partout dans les Maritimes. Un exemple pertinent est celui de la communauté acadienne de Saint-Jean au Nouveau-Brunswick qui, par sa détermination et son esprit communautaire, a su non seulement se faire reconnaître en tant qu'entité, mais se voit considérée désormais comme un atout pour le développement de la ville et de sa région. C'est dans cet esprit que les leaders acadiens de Saint-Jean ont pu vendre aux autorités municipales et aux gens d'affaires la tenue des Jeux de l'Acadie, un événement pourtant destiné uniquement aux Acadiens des Maritimes. Comme quoi il est possible d'affirmer et de vivre sa francophonie – ou son acadianité – à l'extérieur des régions de souche.

ou de Saint-Jean qui non seulement assument leur identité, mais réussissent à faire reconnaître leur apport au sein de la majorité anglophone. Ces quelques exemples nous convient à une interprétation plus réaliste et surtout moins défaitiste du statut de minoritaire. Ils montrent qu'il faut non pas imposer son identité, mais simplement l'assumer. C'est ce que font d'ailleurs certaines minorités ethniques au pays, celles qui, au lieu de s'introvertir et essayer d'imposer leur statut, l'assument de l'intérieur pour néanmoins s'ouvrir sur l'environnement externe afin d'en tirer le meilleur parti. L'histoire le démontre, la maîtrise des espaces politique, territorial et culturel, bien que fort souhaitable, n'est pas une condition essentielle à l'épanouissement d'une minorité. La survivance est d'abord et avant tout matérielle. Minoritaire ou pas, le défi pour toute société consiste à générer suffisamment de richesses pour subvenir aux besoins socioéconomiques de base de sa population et, si possible, investir dans le futur.

Cette brève incursion dans l'espace économique acadien nous ramène ainsi à une question fondamentale : les régions acadiennes – l'Acadie de souche – serait-elle sur la voie du déclin économique ? Et cette érosion socioéconomique ne serait-elle pas accentuée par le déplacement graduel des travailleurs qualifiés et des investisseurs vers les zones urbaines, à dominance anglo-saxonne ? En effet, nos analyses font ressortir une apparente stagnation – de l'emploi avant tout – des régions acadiennes de souche, mais cette stagnation s'explique davantage par leur localisation (espaces ruraux ou mi-urbains) et la composition de leur tissu industriel que par leur statut linguistique. Nous l'avons démontré, les écarts socioéconomiques sont davantage l'expression de différentiels spatiaux et structurels économiques.

Quoi qu'il en soit, nous devons composer avec cette dualité du monde francophone en espérant mettre les complémentarités à profit. Les régions de souche, il est vrai, auront fort à faire pour maintenir leur degré de compétitivité dans les domaines de l'exploitation et de la transformation des ressources. Elles doivent à tout prix retenir leurs compétences et inciter les investisseurs locaux à réinvestir en région, non seulement dans leurs secteurs respectifs, mais dans des activités nouvelles. Voilà un défi commun aux régions à ressources, en particulier celles qui ne disposent pas d'une armature urbaine. L'émigration demeure bien sûr non salutaire pour ces régions, et peu souhaitable d'ailleurs, mais elle constitue néanmoins une soupape de sûreté. Mieux vaut s'exiler et travailler, dit-on, que de rester sur place et vivre aux dépens de l'État. D'ailleurs, le climat politicoadministratif en cours au Canada convie à un désengagement progressif de l'État providence. S'ajoute ainsi une nouvelle dimension à la problématique des régions rurales : elles ne pourront, de toute évidence, compter sur leur disponibilité d'infrastructures et de services publics, de même que sur les programmes de soutien du revenu, en particulier l'assurance-emploi, pour atténuer l'exode. Ce qui ne veut pas dire que l'émigration va s'accentuer pour ces régions. Leur profil de main-d'œuvre ne coïncide d'ailleurs pas forcément avec les besoins des régions urbaines qui, elles, axent leur développement sur les secteurs de la nouvelle économie (télécommunications, informatique, services spécialisés, biotechnologie, recherche et développement, pour n'en nommer que quelques-uns).

Dans cette perspective et étant donné les nombreux impondérables qui caractérisent l'économie actuelle, on ne peut être sûr que d'une chose : le retour en arrière n'est pas possible. Il faut s'adapter aux circonstances changeantes ou subir l'érosion et se marginaliser davantage. C'est vrai pour les régions de souche, c'est également vrai pour les foyers minoritaires francophones ; mais ce l'est aussi pour toute autre entité. Les Terre-Neuviens (anglophones), comme les Gaspésiens (francophones) font face aux mêmes réalités que les Acadiens, que ces derniers fassent partie d'un ensemble homogène (péninsule Acadienne, Madawaska) ou d'une minorité à risque comme le sont leurs confrères de la Nouvelle-Écosse et de l'Île-du-Prince-Édouard. Qu'il suffise de voir l'engrenage dans lequel s'enlisent maintes régions rurales au Canada, notamment celles qui subissent l'érosion de leurs ressources primaires et dont la localisation ne les favorise guère, pour se rendre compte que la langue n'est point salutaire.

La localisation des Acadiens pose parfois défi, mais dans l'ensemble, ils demeurent passablement bien intégrés à l'échelle des Maritimes. Ils peuvent compter sur la présence d'importantes ressources naturelles, diversifiées et accessibles. Il leur reste à valoriser davantage ces ressources et à investir à leur mesure les sentiers de la nouvelle économie. Les foyers francophones urbanisés doivent quant à eux assumer leur francophonie tout en poursuivant leur intégration du monde des affaires. Ils doivent faire partager aux régions de souche leurs connaissances et acquis sur les plans scientifique et technologique, ainsi que leur expérience de la gestion corporative et financière. C'est par le biais de l'échange d'informations et de partenariats entre individus, entreprises, municipalités et organismes de part et d'autre qu'ils parviendront à concilier leurs différences et à faire profiter mutuellement leurs atouts.

Comme partout ailleurs, l'espace économique acadien est en pleine mutation, conséquence de la restructuration mondiale de l'économie et de la redéfinition du rôle et de l'intervention de l'État. On ne peut que reconnaître pleinement la participation des gouvernements au renouveau économique acadien. Mais les temps ont changé. L'Acadie devra désormais puiser en elle-même, compter sur ses énergies vives pour s'adapter aux importantes mutations en cours. Les bases ont été jetées, reste à les faire fructifier et à les concrétiser pour réellement apprivoiser l'espace économique. Car on a beau maîtriser l'espace politique ou territorial, l'autonomie demeure factice tant qu'on ne maîtrise pas son espace économique. Il suffit de tourner les yeux vers les pays du tiers-monde pour s'en convaincre.

La situation politicoéconomique qui prévaut actuellement au Canada porte plus que jamais à réfléchir, il est vrai. Mais qu'on se le dise : il ne s'agit pas d'un enjeu unique à la société acadienne, ni même le plus déterminant quant à son avenir. Le véritable défi pour la communauté acadienne des Maritimes consiste de toute évidence à se positionner en fonction de toute éventualité sur le plan canadien et sur celui des Maritimes. Un bon moyen de s'y préparer est évidemment de contrôler au mieux son espace économique, en visant particulièrement les champs de la nouvelle économie. Il faut continuer à développer des savoir-faire et surtout à les faire fructifier sur le plan international. S'il est une minorité capable de capitaliser sur ce point, c'est bien la société acadienne qui adopte un profil linguistique bilingue et qui fait partie de deux blocs internationaux importants que sont le Commonwealth et la francophonie. L'espace francophone international à lui seul intègre une quarantaine de pays et de régions, et rassemble 180 millions de parlants français. N'est-ce pas là un terrain privilégié pour les institutions et les entreprises acadiennes ? Il est rassurant de voir l'Université de Moncton, avec le concours des instances provinciales et fédérales, s'impliquer activement dans des projets de partenariat au Vietnam, en Haïti ou en Afrique francophone, tout en établissant de multiples liens dans les domaines culturel et éducatif avec la France et ses territoires d'outre-mer. Nous osons espérer que l'entrepreneuriat acadien saura profiter de ces ouvertures pour réellement s'engager sur la scène internationale, en-dehors des secteurs purement traditionnels. Le terrain est propice pour une extension de l'espace économique acadien au plan international. Là, plus qu'ailleurs, réside le véritable enjeu. S'il est un message à transmettre, c'est de préparer la jeunesse acadienne à cette ouverture sur l'extérieur.

Bibliographie

Les Affaires (1995). Édition dédiée à la PME, 14 octobre.

Agence de promotion économique du Canada atlantique (1994). *État de la petite entreprise et de l'entreprenariat dans les provinces de l'Atlantique*, Moncton, APECA.

Beaudin, Maurice (1993a). « Les provinces Maritimes : profil économique », dans *Les provinces Maritimes : un regard vers l'avenir*, sous la direction de Donald J. Savoie et Ralph Winter, Moncton, Institut canadien de recherche sur le développement régional.

Beaudin, Maurice (1993b). « Mesure de la vitalité des petites régions au Canada », dans *Une langue qui pense : la recherche en milieu minoritaire francophone au Canada*, sous la direction de Linda Cardinal, Ottawa, Presses de l'Université d'Ottawa.

Beaudin, Maurice (1995). « Dynamique des marchés régionaux du travail dans les sous-régions de l'Atlantique », Moncton, Institut canadien de recherche sur le développement régional.

Beaudin, Maurice, René Boudreau et George De Benedetti (1996). « Le dynamisme socioéconomique des communautés de langue officielle », *Nouvelles perspectives canadiennes*, Ottawa, Ministère du Patrimoine canadien.

Beaudin, Maurice, et André Leclerc (1993). « L'économie acadienne contemporaine », dans *L'Acadie des Maritimes : études thématiques des débuts à nos jours*, sous la direction de Jean Daigle, Moncton, Université de Moncton, Chaire d'études acadiennes.

Beaudin, Maurice, et Donald J. Savoie (1992). *Les défis de l'industrie des pêches au Nouveau-Brunswick*, Moncton, Éditions d'Acadie.

Boudreau, René, et Sébastien Breau (1996). *L'entrepreneuriat acadien dans le sud-est du Nouveau-Brunswick : mythe ou réalité*, Moncton, Institut canadien de recherche sur le développement régional. Document hors série.

Brun, Régis (1988). *La ruée vers le homard des Maritimes*, Moncton, Michel Henry.

Caisse populaire de Shippagan (1995-1996). *Rapport annuel*, Shippagan, la Caisse.

Conseil canadien de la coopération (1994). *Actes du sommet économique national*, Ottawa, le Conseil.

Conseil canadien de la coopération (1995-1996). *Rapport annuel*, Ottawa, le Conseil.

Le Coopérateur acadien, divers numéros.

Daigle, Jean, dir. (1993). *L'Acadie des Maritimes : études thématiques des débuts à nos jours*, Moncton, Université de Moncton, Chaire d'études acadiennes.

Entrepreneurship (1996), vol. 1, n°s 1 et 2, Moncton, Bell Productions.

Fédération canadienne de l'entreprise indépendante (1996). *Vers une croissance de l'emploi*, Ontario, FCEI. Étude sur la création d'emplois dans les petites et moyennes entreprises canadiennes.

Lévesque, Guy, et Donald A. Rumball (1996). *L'entrepreneurship acadien : ses sources, son essor, son avenir*, Moncton, Conseil économique du Nouveau-Brunswick.

Savoie, Donald J., et Maurice Beaudin (1988). *La lutte pour le développement : le cas du Nord-Est*, Québec, Presses de l'Université du Québec.

Savoie, Donald J., et Maurice Beaudin (1994). « Public Sector Adjustments and the Maritime Provinces », dans *Shock Waves : The Maritime Urban System in the New Economy*, sous la direction de George J. De Benedetti et Rodolphe Lamarche, Moncton, Institut canadien de recherche sur le développement régional.

Chapitre 12

La société et les réalités francophones en Ontario

Diane Farmer, Collège universitaire Glendon, York University
et Jeff Poirier, Commission des droits de la personne de l'Ontario

Tracer un portrait de l'Ontario français, dans une perspective sociologique, nécessite d'abord de réfléchir à la notion de *communauté* dans le contexte particulier des francophonies minoritaires au Canada et du rapport qu'elles entretiennent face à la modernité. La référence à la communauté a largement inspiré la *tradition sociologique*, tant chez Comte, Hegel, Marx et Durkheim que chez Tönnies et surtout, Weber (Nisbet, 1984). Depuis, inventoriée et cataloguée par certains (Busino, 1985, p. 246 ; Bernard, 1973), élevée au rang de l'utopie communautaire par d'autres (Guillerme et Bourdet, 1975 ; Rosanvallon, 1981), reconceptualisée dans l'étude de la distribution du pouvoir local (Bowles, 1981 ; Dulong, 1978 ; Quéré, 1978 ; Warren, 1977), ou encore, sévèrement critiquée, voire rejetée (Busino, 1985, p. 239-255 ; Young, 1990, p. 300-323), dans les discussions s'inspirant de la postmodernité, la communauté ne cesse toutefois de faire parler d'elle. Cette quête demeure motivée par une vaste interrogation sur les fondements du lien social.

Notre objectif consiste ici à dégager un portrait analytique de l'Ontario français qui permette de cerner les principaux lieux à partir desquels la communauté prend forme, de même que les enjeux de la modernité, dans le contexte minoritaire. Pour y arriver, nous présenterons d'abord les éléments historiques qui ont mené à l'édification d'une communauté et les transformations qui ont conduit à sa remise en question, marquant ainsi les temps forts de l'identité franco-ontarienne. Nous élaborerons ensuite un profil statistique de la communauté, telle qu'elle se présente aujourd'hui, dans les choix que sous-tend le cheminement des acteurs. Ceci nous amènera à discuter des enjeux sociaux propres à l'Ontario français d'aujourd'hui. La première question demeure la suivante : qu'est-ce qu'une *communauté* ? Qu'est-ce qui caractérise le peuplement français en Ontario ? La migration est-elle une condition suffisante qui permet de parler d'une communauté ? Vraisemblablement, on nous dira que non. Lorsqu'un village, une ville ou un quartier est créé, a-t-on là une communauté ? On nous dira que cela dépend du village, du quartier ou de la ville en question. Devrait-on toujours parler de communauté aujourd'hui ? Un *groupe*, pour reprendre la définition de De Certeau, est « une unité sociale qui n'existe que lorsqu'elle prend le risque d'exister » (de Certeau, 1976, p. 179). Quel est donc ce risque en Ontario français ?

Migration et communauté

Cette première section vise à présenter les conditions historiques qui ont mené à l'édification de la communauté franco-ontarienne.

Les grands événements, et surtout, les discours populaires et savants qui ont été véhiculés jusqu'à présent marquent les transformations de l'identité.

Quelques repères historiques

La présence française sur le territoire ontarien remonte à 1610, lors de la première exploration dans la région des Grands Lacs (Gervais, 1995, p. 125). Le peuplement canadien-français se fera plus tard néanmoins. Le Centre - Sud-Ouest est la première région à profiter de l'immigration française. Ainsi, le premier établissement permanent remonte à 1701 alors qu'on établit, près du Détroit, un poste militaire et de traite appelé le fort Pontchartrain. Des colons viennent ensuite s'établir vers 1750 (Choquette, 1980 ; Ouellet, 1993). Il faudra attendre un siècle toutefois avant de voir émerger, ici et là, des collectivités rurales, formées de familles canadiennes-françaises. Parmi ces collectivités, notons celle de Penetanguishene, édifiée en 1828 en tant que poste naval sur la baie Georgienne et retenue dans l'historiographie franco-ontarienne[1]. Des familles agricoles, originaires du Bas-Canada, viennent s'y établir entre 1837 et 1854. Le Centre - Sud-Ouest devient, par la suite, le centre industriel du pays avec Toronto comme métropole. Les habitants de la région se dirigeront vers les usines et manufactures en expansion.

L'Est ontarien constitue un deuxième foyer d'accueil. Bien que la région ait été sillonnée par des voyageurs français depuis trois siècles, l'immigration canadienne-française remonte principalement au 19e siècle. La ville de Bytown voit le jour à la fin des années 1820, période de la construction du canal Rideau. Vers 1850, on se dirige vers la région entre Ottawa et Mattawa plus au nord, alors que l'exploitation forestière bat son plein, puis, à partir de 1860, dans les comtés de Prescott, de Russell et de Glengarry, où l'on y pratique l'agriculture (Bernard, 1988, p. 41 ; Gaffield, 1988).

Le nord de l'Ontario constitue le troisième pôle à partir duquel s'est établie la population canadienne-française en Ontario. La région incluant North Bay, Sudbury, Sault-Sainte-Marie – et plus tard Fort William - Port Arthur – est d'abord peuplée à partir des années 1880 alors que se développe les réseaux ferroviaires et que commence la prospection. La région du Témiskamingue, un peu plus au nord, se développe au tournant du 20e siècle avec la création des villes de Cobalt, Haileybury, New Liskeard et, plus loin, Kirkland Lake. Finalement, le peuplement des régions plus septentrionales, entre Cochrane et Hearst, se fait à partir des années 1910. Plusieurs collectivités canadiennes-françaises voient alors le jour telles que Moonbeam, Opasatika, Val Rita, Kapuskasing et Timmins (Gervais, 1993, p. 82-94). Voici donc présentées, très brièvement, ce qui constitue, à l'origine, les trois grandes régions de l'Ontario français, définies en fonction des vagues de peuplement du territoire.

On a longtemps interprété les efforts de peuplement canadien-français, en Ontario et dans l'ensemble du pays, comme ayant été motivés par la volonté de protéger la *race canadienne-française* en lui trouvant de nouveaux foyers, ou, exprimé dans les propos qui nous intéressent, d'étendre la communauté canadienne-française, dans sa forme originale, à l'extérieur du Québec. Les analyses de Choquette, par exemple, illustrent les efforts de colonisation déployés par le clergé catholique canadien-français afin de diriger l'immigration du Québec vers les terres ontariennes (Choquette, 1984). La thèse des *peuples fondateurs*, qui a été largement reprise dans le cadre des débats sur l'unité canadienne, a contribué à légitimer cette vision du Canada français. Cette interprétation de la colonisation est aujourd'hui l'objet de débats stimulants, signe d'une historiographie

1. Pour une définition de l'historiographie franco-ontarienne, voir Gervais (1995, p. 123-134). Pour une critique féministe de l'historiographie en Ontario français, voir D'Augerot-Arend (1995, p. 82-119).

en pleine ébullition. Boudreau résume bien les limites que comporte cette approche lorsqu'elle écrit : « Pour les analystes contemporains, cette explication, qui privilégie les motifs d'ordre idéologique pour rendre intelligible le peuplement de l'Ontario français, est bien insuffisante. Elle est imbibée de la propagande de l'époque et présente les colons à la remorque des visées clériconationalistes » (Boudreau, 1995, p. 23). L'émigration s'expliquerait davantage par des motifs économiques liés aux pressions démographiques dans les campagnes et aux malaises se manifestant dans la structure industrielle québécoise de l'époque.

Nous retiendrons particulièrement de la discussion qui précède que, malgré les divergences d'interprétation, on s'entend à dire qu'initialement, la présence française a été largement tributaire de l'émigration provenant du Québec et que les francophones ont cherché au départ à se regrouper localement, signe d'une volonté d'appropriation du territoire. Nous avons là les conditions historiques pouvant faciliter la mise en place d'une communauté.

Une première communauté

Il faut se tourner du côté de l'organisation sociale développée par les Canadiens français en territoire ontarien pour saisir dans quelle mesure et sous quelle forme il y a eu initialement création d'une communauté. Celle-ci est intimement liée à l'instauration de paroisses catholiques et françaises partout où il y a eu peuplement. La participation aux efforts de colonisation et, surtout, les stratégies d'encadrement déployées par le clergé ont donné lieu au prolongement de la nation canadienne-française et au maintien d'une communauté unifiée. Juteau-Lee précisait : « Aussi longtemps que l'Église a constitué l'appareil de contrôle de la communauté, les Canadiens français étaient, à titre de sujet de l'Église, membres d'une même communauté » (Juteau-Lee, 1980, p. 36).

Si la communauté prend forme historiquement dans la paroisse, il reste à en cerner les principaux fondements. Il faut préciser d'abord que la notion de *communauté* en sociologie dépasse le sens d'une collectivité locale et renvoie à une conception globale du lien social. Weber, à qui on associe en particulier la théorisation du concept de la *communalisation*, définit celle-ci en tant que « relation sociale, fondée sur un sentiment subjectif d'appartenance ». Cette relation de type communautaire, la *gemeinschaft*, se définit dans l'axe qui l'oppose à une relation de type associatif, la *gesellschaft* aussi appelée la *sociation*. Cette dernière repose sur une coordination ou un compromis d'intérêts (Weber, 1971, p. 41-43). Identification affective ou calcul rationnel, il y a coexistence des deux types de relations au sein d'une formation sociale, bien qu'un type de relation sociale soit prédominant.

La paroisse canadienne-française épouse ainsi davantage le premier type de relation. Elle constitue l'unité du lien social et le principal foyer de socialisation autour duquel pivote l'activité sociale. La famille et l'école s'harmonisent à la paroisse, mais lui sont subordonnées. On présente la paroisse comme une formation sociale aux contours fermés, qui tient sa légitimité de la tradition. L'identité canadienne-française est en ce sens patrimoniale, et le lien qu'entretient l'individu face à son groupe est de type corporatif, d'où la représentation de l'identité francophone en tant qu'identité globale et la paroisse comme l'appareil qui chapeaute et protège cette francité. On parle alors d'une *communauté patrimoniale*.

Cette communauté, qu'on décrit au départ comme nationale, prend toutefois rapidement racine en territoire ontarien et développe ses marqueurs spécifiques de l'identité. Retenons les événements entourant le règlement 17, moment qui a permis de cristalliser un lieu spécifique de l'histoire où les francophones sont devenus minoritaires. La persistance de conflits linguistiques, depuis la fin du siècle dernier, avait conduit l'État ontarien à émettre, en 1912, un règlement limitant l'usage du français à l'école aux premières années du cours primaire. Cette politique avait soulevé un tollé général au sein de la communauté et en particulier parmi le clergé canadien-français. Celui-ci avait d'ailleurs bénéficié de l'appui inconditionnel des Canadiens français (Gervais, 1996, p. 123-192 ; Welch, 1988). Les conflits opposant la communauté au gouvernement de l'Ontario ont persisté jusqu'au moment où le règlement a été abrogé en 1927.

Cet événement est fort significatif dans la construction de l'univers symbolique franco-ontarien. La mobilisation est non seulement une occasion pour le groupe d'affirmer sa solidarité, mais agit également comme élément déclencheur d'une nouvelle perspective identitaire. Comme le souligne Gervais : « Ainsi, la lutte contre le Règlement XVII est devenue une manière d'*acte fondateur* de la communauté franco-ontarienne » (Gervais, 1996, p. 123). Cette prise de conscience a motivé le déroulement d'une série de luttes scolaires par la suite, des luttes qui perdurent encore aujourd'hui et dont l'enjeu demeure l'autonomie institutionnelle. La période entourant le règlement 17 constitue ainsi un premier temps fort de l'identité franco-ontarienne, une identité toujours ancrée dans la paroisse.

L'utopie communautaire

Le modèle de la nation traditionnelle canadienne-française a connu une rupture au milieu du 20e siècle. C'est d'abord à Juteau-Lee et Lapointe que l'on doit d'avoir tenté d'expliquer ce phénomène dans le contexte spécifique de l'Ontario français, en proposant les bases conceptuelles d'une vision *post-rupture* de l'identité francophone à l'extérieur du Québec. Leurs travaux (Juteau-Lee et Lapointe, 1983, p. 99-113) mettent en lumière le processus de scission du Canada français traditionnel et l'éclatement des frontières ethniques, propos repris entre autres par Bernard (1988), dans la migration québécoise en Ontario, et par Martel (1996, p. 35-52 ; 1997), dans l'analyse de la rupture du Canada français. Juteau-Lee et Lapointe expliquent que l'isolement du groupe se voit brisé par l'émergence de la nation québécoise, ce qui transforme les rapports entre Canadiens français, et par l'intégration des francophones à l'économie capitaliste anglo-saxonne. L'Ontario français constitue une *communauté d'histoire* où la langue française sert de principal marqueur. L'identité se présente non plus comme une culture ancestrale maintenue par la tradition, mais plutôt comme une construction qui prend forme dans l'action – en particulier dans les conflits qui opposent les Franco-Ontariens à l'État – et sous-tend la production de nouveaux rapports sociaux. À travers cette conception de l'identité, souligne par ailleurs Cardinal, on « dénaturalise le groupe, lui fait perdre sa dimension transcendante » (Cardinal, 1994, p. 76). La référence à l'ethnicité dans la définition de *Franco-Ontarien* comporte tout de même un aspect qui nous ramène à l'essence de la communauté, ce qui, aujourd'hui, est source de débats. Cazabon écrivait récemment : « Contrairement aux grandes civilisations immémoriales qui brouillent à souhait les pistes menant à leurs origines, les minoritaires sont toujours à la poursuite d'une naissance qu'ils ont manquée » (Cazabon, 1996, p. 15).

Époque du militantisme, de l'engagement social, on place beaucoup d'espoir dans les arts franco-ontariens et leurs effets libérateurs. On se découvre dans le théâtre, la poésie, la musique, la peinture : « C'est une collectivité qui commence à affirmer son existence et qui, par la voix de ses jeunes créateurs, a entrepris de cerner les contours de son devenir » (Carrière, 1993, p. 328). L'appréciation de la vitalité de la communauté se voit alors circonscrite entre les deux grands *A* : d'un côté, l'artisanat, associé au maintien de la tradition, et de l'autre, les arts, symbolisant une vision de l'Ontario français vibrante et tournée vers l'avenir (Saint-Denis, 1969 ; Savard, 1979 ; Farmer, 1996). L'idéologie s'articule à partir d'une inscription locale des rapports sociaux, comme en témoignent, par exemple, les productions *Les murs de nos villages* et *Hawkesbury Blues* du Théâtre de la Vieille 17, dans lesquelles on s'intéresse au

Hélène Bernier, Robert Bellefeuille, Vivianne Rochon, dans *Hawkesbury Blues*, pièce sur la condition des travailleurs, Théâtre de la Vieille 17, Ottawa, dans les années 1980.

quoditien des Franco-Ontariens. On projette une vision de la société dans laquelle l'autonomie est rendue possible par le biais de projets locaux autogérés. Juteau-Lee écrivait : « La collectivité ne veut plus se définir par sa différence (Franco-Ontarien), mais veut exister en dehors de ce rapport d'oppression. À quand la rencontre de ce nouveau projet autogestionnaire et de cette nouvelle conscience ontaroise ? » (Juteau-Lee, 1980, p. 42.) L'utopie communautaire franco-ontarienne s'inscrit alors clairement dans la foulée des mouvements nationalistes. Cette prise de conscience d'une francité nouvelle constitue un autre temps fort de l'identité franco-ontarienne que certains ont renommée *identité ontaroise*. Les chercheurs de l'Ontario français des années 1980 ont voulu capter ces transformations en s'intéressant aux relations communautaires et au développement institutionnel de la communauté (Bernard, 1988 ; Breton, 1984, 1985, 1994 ; Lapointe, 1986 ; Pelletier, 1995).

La francité et le pluralisme

Il s'avère aujourd'hui difficile de circonscrire l'identité franco-ontarienne à l'intérieur d'une vision uniforme et unifiée de la communauté. Si les Franco-Ontariens savent se rallier à une cause commune, tel qu'ils l'ont fait lors des manifestations contre la fermeture de l'Hôpital Montfort de Vanier au printemps 1997, ils ont, au jour le jour, des préoccupations très différentes (Farmer, 1996). Breton précisait : « Il y a hétérogénéité et fragmentation, de sorte qu'on ne peut parler d'une minorité francophone, mais de plusieurs » (Breton, 1994, p. 60). Nouveau temps fort de l'identité : on s'interroge sur les défis que pose le pluralisme au sein de la communauté. Cette préoccupation n'est pas entièrement nouvelle. Outre le contexte politique et démolinguistique de l'Ontario français, le pluralisme au sein même de la collectivité a alimenté diverses réflexions, notamment en ce qui a trait à l'analyse des rapports de classes, comme en témoignent les travaux de Clark (1971) et de Maxwell (1974) sur l'étude de collectivités locales, et ceux de Dennie (1978, p. 69-90 ; 1989, p. 69-83) sur l'idéologie franco-ontarienne. Ces travaux ont introduit un élément de diversification dans le travail de conceptualisation de l'Ontario français.

C'est toutefois dans l'analyse du mouvement féministe franco-ontarien que les recherches ont illustré plus explicitement la

Inco Ltd. produit du nickel, du cuivre et d'autres métaux du Bassin de Sudbury depuis plus d'un siècle. Le Bassin est une formation géologique d'environ 60 km de long sur 26 km à son point le plus large.

dimension pluraliste de l'identité francophone (Juteau-Lee, 1983, p. 39-54 ; Cardinal, 1992, p. 177-188). Juteau-Lee avait mis en lumière, au début des années 1980, le rôle prépondérant que tiennent les Franco-Ontariennes dans la production de l'ethnicité. Coulombe (1985) avait dénoncé les barrières – doubles pour les femmes francophones et triples pour celles qui vivent dans le Nord – auxquelles sont confrontées les Franco-Ontariennes. Plus récemment, Cardinal et Coderre (1990, p. 15-18) expliquaient que les femmes francophones se sont préoccupées initialement du bien-être de leur famille et de la communauté franco-ontarienne, que ce soit dans le domaine de l'éducation, de la santé ou de la religion. Le mouvement des femmes franco-ontariennes s'est ensuite redéfini, à l'instar des mouvements féministes des années 1960-1970. Les revendications, sans se détacher totalement de la famille et de la communauté, se sont inscrites davantage dans une réflexion sur l'autonomie des femmes. Aujourd'hui, se dégage une lutte visant à faire reconnaître la place réelle qu'elles occupent dans le cheminement que prend la collectivité. Francophonie et féminisme se conjuguent tous deux au pluriel. D'Augerot-Arend dénonce ainsi le silence qui entoure la participation des femmes à l'histoire franco-ontarienne. Elle précise que les femmes : « appartiennent à la communauté et s'y confondent. [...] On pourrait expliquer ce modèle comme étant lié à la situation minoritaire de l'Ontario français, qui doit présenter un bloc solide pour faire face à la majorité. Cela n'excuse pas toutefois la masculinité de ce bloc » (D'Augerot-Arend, 1995, p. 85). La reconnaissance de la multiplicité constitue une alternative pour mettre fin au réductionnisme. Outre le mouvement féministe franco-ontarien, la diversification culturelle qui s'opère présentement au sein de l'Ontario français, de même que la politisation des groupes ethnoculturels d'expression française, a également conduit au renforcement de l'image d'une collectivité pluraliste. L'épineuse question de l'intégration culturelle sous-tend, à nouveau, une interrogation plus profonde sur les mécanismes conduisant à la reconstruction de la communauté.

Alors que certains auteurs mettent en valeur la richesse culturelle de l'Ontario français et son cheminement dans un projet collectif, d'autres s'inquiètent de l'éclatement inévitable auquel conduit l'intégration partielle des acteurs sociaux à la communauté. Boudreau résume cette question en précisant :

« S'inspirant d'une problématique postmoderne, on parle d'un éclatement de la culture, de communauté écroulée, d'une métamorphose de la francophonie ontarienne qui n'a plus en commun que la langue et certains espaces » (Boudreau, 1995, p. 21). Les analyses de Bernard sur les transferts linguistiques chez les jeunes Franco-Ontariens et l'éclosion d'une identité *bilingue* font particulièrement état de cette problématique. Il affirme que « l'acteur social est bilingue dans sa nature intérieure ; il intériorise le bilinguisme ; il devient bilingue parce qu'il vit intégralement le bilinguisme » (Bernard, 1995, p. 337). Bernard nous renvoie ainsi à la perméabilité des frontières identitaires en Ontario français. Ajoutons que le rapport à l'altérité, dans le contexte des identités postmodernes, ne peut, à son tour, qu'être multiple, qu'il s'agisse de la société québécoise, canadienne-anglaise ou américaine. La prédominance de l'usage de l'anglais, au point où le français deviendrait une langue seconde (Bernard, 1995, p. 338), est signe d'une articulation problématique des tensions qui opposent les forces internes de la communauté franco-ontarienne aux pressions de l'individualisme des sociétés occidentales. Bref, si à la suite de la rupture du modèle identitaire patrimonial, les chercheurs comme les intervenants se sont intéressés principalement aux nouvelles *formes de relations de type communautaire* en Ontario français, depuis quelques années l'identité franco-ontarienne se définit davantage à partir des *formes associatives de relations sociales*. Ces dernières, rappelons-le, reposent davantage sur les intérêts spécifiques des acteurs sociaux. Identités multiples ou identités éclatées, le débat est bien amorcé.

LE PORTRAIT STATISTIQUE

La vitalité de la communauté se manifeste à travers les choix individuels et collectifs posés par ses membres. Le portrait qui suit permet de mesurer cette vitalité à partir d'indicateurs statistiques et de décrire les lieux de socialisation que sont la famille, l'école et le travail.

La langue

On compte 547 300 personnes de langue maternelle française en Ontario sur une population totale de 10 084 885, ce qui représente 5,4 % de la population ontarienne (Office des affaires francophones, 1996b, p. 8). La figure I décrit comment se répartit la population de langue maternelle française en Ontario.

Figure I
Population de langue maternelle française en Ontario

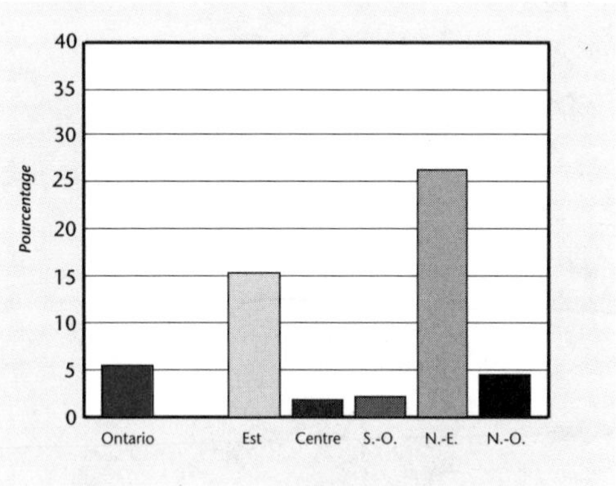

Source : Statistique Canada, recensement de 1991 ; Office des affaires francophones.

Le Centre et le Sud-Ouest forment aujourd'hui des régions très distinctes sur les plans démographique et socioéconomique. Il en est de même du Nord que nous avons divisé entre le Nord-Est et le Nord-Ouest. La proportion de personnes de langue maternelle française est plus élevée dans l'Est et dans le Nord-Est, des foyers traditionnellement franco-ontariens. Dans le Sud-Ouest, première région où s'est implantée la communauté, les francophones[2] sont restés largement minoritaires. Au-delà des grandes régions, on retrouve, de plus,

2. Personnes de langue maternelle française.

d'importantes différences entre les collectivités. Dans certaines localités, les francophones sont largement majoritaires alors qu'ailleurs ils sont extrêmement minoritaires.

La masse critique de la population de langue maternelle française est un autre élément affectant la vitalité de la communauté. La majorité de la population francophone se retrouve dans l'Est, le Centre et le Nord-Est. En ce qui a trait à la région du Centre, malgré le fait que les francophones ne représentent que 2 % de la population de la région, ils constituent le quart de la population de langue maternelle française de l'Ontario. Cette concentration dans la région de Toronto a permis à la communauté de se doter d'importantes ressources en dépit du milieu largement minoritaire (Sabourin, 1986).

Figure II

Distribution régionale de la population totale de l'Ontario

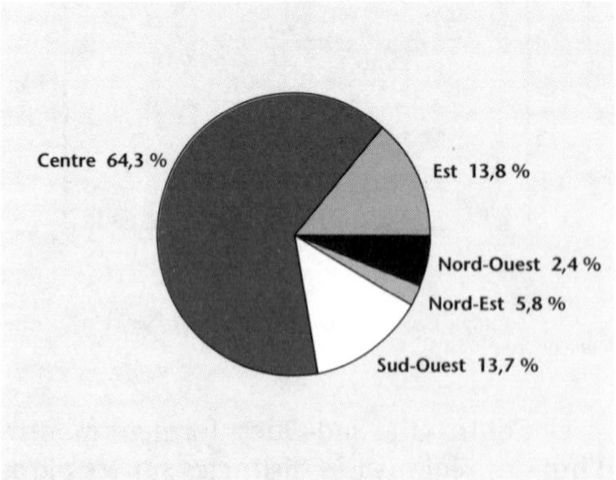

Source : Statistique Canada, recensement de 1991 ; Office des affaires francophones.

Une comparaison dans la distribution régionale de la population entre les francophones et l'ensemble des Ontariens permet aussi de relativiser la mesure dans laquelle la population de langue maternelle française vit en milieu rural[3]. Les données provinciales révèlent que les francophones sont moins susceptibles de vivre en milieu urbain que l'ensemble de la population ontarienne. L'explication réside non pas dans le retrait de la population francophone dans les zones rurales, mais bien dans l'attrait qu'exerce Toronto sur les Ontariens. Paradoxalement, en comparant les populations dans chacune des régions, on remarque que la population de langue maternelle française vit davantage en milieu urbain (Office des affaires francophones, 1996b, p. 6-8).

Figure III

Distribution régionale des francophones en Ontario

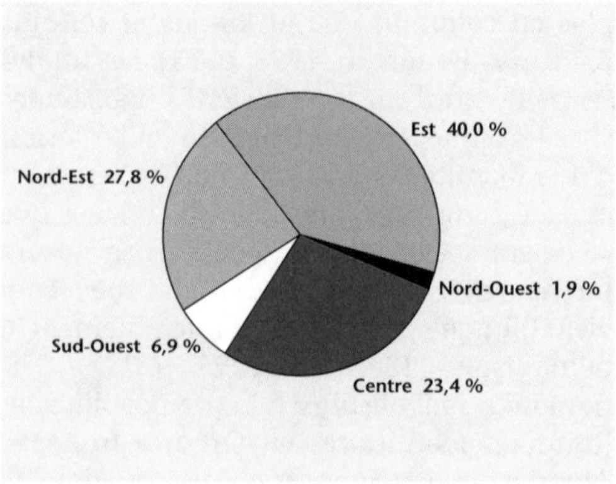

Source : Statistique Canada, recensement de 1991 ; Office des affaires francophones.

La communauté franco-ontarienne est bien établie. Ainsi, 65,2 % des francophones de l'Ontario sont nés ici, ce qui constitue un indicateur de la vitalité du groupe. Ce taux est similaire à celui retrouvé chez les Ontariens (64,7 %). Par contre, le taux de francophones de l'Ontario nés à l'extérieur du Canada est considérablement plus bas, 4,8 % comparativement à 25,3 % au sein de la population totale. Les personnes de langue maternelle française qui ne sont pas nées en Ontario proviennent essentiellement du Québec (24,2 %) et du Nouveau-Brunswick (3,5 %) (Statistique Canada, recensement de 1991 ; Office des affaires francophones, don-

3. Une concentration inférieure à 1 000 personnes et une densité inférieure à 400 personnes au km^2.

nées non publiées). Ces premières données font état de la permanence de la francophonie en Ontario et de son inscription dans certains lieux géographiques spécifiques.

Plusieurs autres indicateurs peuvent aider à décrire l'identité culturelle dans le cas de l'Ontario français (Mougeon, 1995, p. 219-257). La langue parlée à la maison, la connaissance des langues officielles, la pluralité des langues maternelles et la notion d'*identité raciale*[4] en sont quelques-uns. La langue parlée à la maison, utilisée largement dans le passé, demeure un indicateur important. On compte 338 000 personnes (3,8 % de la population ontarienne) qui parlent le français à la maison. Le taux de conservation du français à la maison est de 61 % à l'échelle de la province, mais il varie considérablement d'une région à l'autre (plus de 70 % dans l'Est et le Nord-Est, 46 % dans le Nord-Ouest et moins de 40 % dans le reste de la province) (Office des affaires francophones, 1996b, p. 10).

La connaissance du français peut aussi aider à décrire la francophonie dans sa diversité. Près de 700 000 personnes ont indiqué avoir une connaissance du français sans être de langue maternelle française. La question posée lors du recensement demeure néanmoins un indicateur plutôt faible de cohésion identitaire. Une étude effectuée en 1986 dans l'agglomération de Toronto révélait d'ailleurs que 85 % des personnes ayant une connaissance du français sans être de langue maternelle française ne parlaient français que rarement ou jamais (Sabourin, 1986, p. 24). La connaissance du français et de l'anglais s'avère par contre fort révélatrice au sein de la population de langue maternelle française. Ainsi, 86 % de cette population, comparativement à 7,3 % du reste des Ontariens, a indiqué avoir une connaissance à la fois du français et de l'anglais. Compte tenu du contexte minoritaire, il va de soi que l'usage de l'anglais nécessite plus qu'une *connaissance* de la langue. La population francophone de l'Ontario est généralement bilingue.

Depuis les recensements de 1986 et de 1991, des données sont disponibles sur les langues maternelles multiples. En Ontario, 83 265 personnes de langue maternelle française ont indiqué avoir plus d'une langue maternelle. Il s'agit généralement du français et de l'anglais, bien que 12 400 d'entre eux parlent le français et une autre langue. Cette identification à plus d'une langue maternelle est le reflet d'une identité en transformation, où, pour certains, la famille est le foyer de plus d'une appartenance linguistique et culturelle. Ajoutons à cet élément de diversité la notion de *minorité raciale* dont il a été question sur la scène politique au courant des dernières années, notamment dans le contexte des politiques fédérales et ontariennes d'équité en matière d'emploi. On retrouve 22 700 personnes membres de minorité raciale[5] francophone dans la province, essentiellement concentrées dans la région métropolitaine de Toronto et dans la municipalité régionale d'Ottawa-Carleton où elles forment respectivement 20,2 % et 6,5 % de la population francophone (Statistique Canada, recensement de 1991 ; Office des affaires francophones, données non publiées).

La famille

La famille constitue le premier lieu de socialisation et le berceau d'une langue. Le taux d'exogamie est un facteur déterminant dans la transmission de l'identité. En Ontario français, moins de la moitié des personnes de langue maternelle française (45,7 %) choisissent un partenaire du même groupe linguistique

4. Pour une définition davantage politique que sociologique de *minorité raciale*, voir Bauer (1994, p. 11-25).
5. Dans le cas de l'Ontario français, la langue maternelle française ne permettait pas de cerner efficacement la population ciblée, le français étant, dans bien des cas, non pas la langue maternelle, mais la langue choisie d'intégration. L'Office des affaires francophones a alors développé une définition statistique en ajoutant, à la définition de *minorité raciale*, l'élément du français comme première langue officielle parlée.

(Office des affaires francophones, 1996b, p. 11). La transmission du français aux enfants varie considérablement en fonction de la langue maternelle des parents. Ainsi, lorsque les deux parents sont francophones, les enfants ont généralement le français comme langue maternelle. Quand seule la mère est de langue maternelle française, le tiers des enfants ont le français comme langue maternelle. Lorsque seul le père est de langue maternelle française, les proportions chutent à 15 %. Dans le cas des familles monoparentales francophones, 46 % des femmes et 50 % des hommes ne parlent pas le français à la maison (Office des affaires francophones, 1996c, p. 11). L'influence de la mère sur la langue des enfants demeure manifestement la plus forte, tout en étant liée aux conditions du milieu qui favorisent ou non la conservation de la langue.

Figure IV
Langue maternelle des enfants de parent(s) francophone(s)

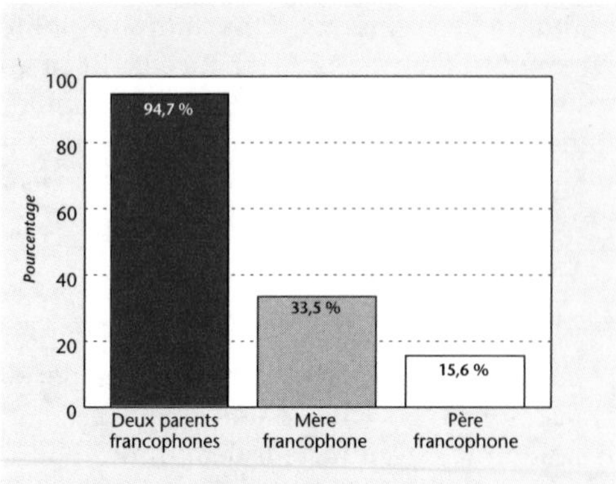

Source : Statistique Canada, recensement de 1991 ; Office des affaires francophones.

Le taux de conservation du français tend également à diminuer avec l'âge. Une étude de Castonguay illustre, par exemple, que le taux de transfert linguistique chez les francophones de 35 à 44 ans (moment où les principaux choix de la vie adulte sont bien posés) est passé de 38 % en 1971 à 43 % en 1991 (Castonguay, 1996, p. A4). Si on ajoute à cela le vieillissement de la population (Office des affaires francophones, 1996e), ces données signalent une brèche dans la vitalité du groupe (voir aussi sur la famille franco-ontarienne, Bernier, 1995, p. 107-134). Le taux de conservation de la langue à la maison, comme tout indicateur, a toutefois ses limites. Les francophones peuvent vivre leur francité ailleurs qu'au foyer : à l'école, au travail, dans les médias ou à travers diverses manifestations sociales et culturelles.

L'éducation

Au total, 17,5 % des francophones ont moins d'une 9e année et 10,5 % d'entre eux ont un diplôme universitaire (baccalauréat et plus). Leur niveau de scolarité est considérablement inférieur à la moyenne provinciale qui est de 11,5 % et 13,0 % respectivement. Cette situation prévaut dans toutes les régions et est particulièrement aiguë dans le Nord-Ouest. Par contre, chez les jeunes de 15 à 24 ans, le niveau de scolarité est semblable à la moyenne provinciale (Office des affaires francophones, 1996d, p. 9-12).

La population de langue maternelle française qui accède aux études secondaires tend à obtenir un diplôme dans une proportion légèrement inférieure au taux provincial, soit 70,3 % comparativement à 71,9 %. La proportion de diplômés du secondaire poursuivant des études postsecondaires est également inférieure, soit 73,5 % comparativement à 75,6 %. L'université attire moins de francophones. Par contre, une fois à l'université, les francophones obtiennent un diplôme de premier cycle dans une proportion de 57,9 %, ce qui est semblable au taux provincial de 58,4 %. Enfin, les francophones qui détiennent un diplôme de premier cycle sont plus enclins à obtenir un diplôme de 2e ou de 3e cycle, soit 39,4 % comparativement à 36,1 % (Office des affaires francophones, 1996b, p. 12-14). Il faut se rappeler toutefois qu'à ce point, les nombres sont petits. Les barrières limitant l'accès à l'éducation ont été repoussées, vers le secondaire pour les générations précédentes, vers le postsecondaire pour les générations d'aujourd'hui. Certaines barrières persistent, mais se sont tout de même atténuées (Frenette et Quazi, 1996).

Le travail

La situation des francophones sur le marché du travail s'est beaucoup transformée depuis les années 1960. Il y a tout d'abord eu une dénonciation de la discrimination linguistique dans les travaux de la Commission royale d'enquête sur le bilinguisme et le biculturalisme (1969). On a ensuite documenté les progrès continus en ce qui a trait aux emplois francophones (Cardinal, Lapointe, Thériault, 1990, p. 58-73). La situation des Franco-Ontariens se compare bien, aujourd'hui, à celle des Ontariens. Leur taux de participation au marché du travail, de même que leur taux de chômage, est relativement semblable. Les francophones membres d'une minorité raciale font toutefois exception. En effet, alors qu'en 1991 le taux de chômage chez les hommes de 15 à 64 ans atteignait 8,7 % au sein de la population non francophone et 9,0 % chez les francophones, il grimpait à 12,2 % chez les minorités raciales non francophones et à 14,8 % chez les francophones de minorité raciale. Chez les femmes de minorité raciale francophone, les taux atteignaient plus de 15 % (Statistique Canada, recensement de 1991 ; Office des affaires francophones, données non publiées).

Le niveau d'éducation influence de façon positive le statut socioéconomique des Ontariens. Ceci est particulièrement frappant chez les francophones qui voient leur participation au marché du travail augmenter de façon encore plus considérable en fonction de leur scolarité comparativement aux progrès observés dans l'ensemble de la population.

Une ombre au tableau persiste dans le cas des membres de minorité raciale francophone où le taux de chômage demeure le plus élevé lorsqu'on les compare aux Ontariens, aux francophones et aux minorités raciales non francophones, et ce, peu importe le niveau de scolarité (Statistique Canada, recensement

Figure V
Marché du travail en Ontario

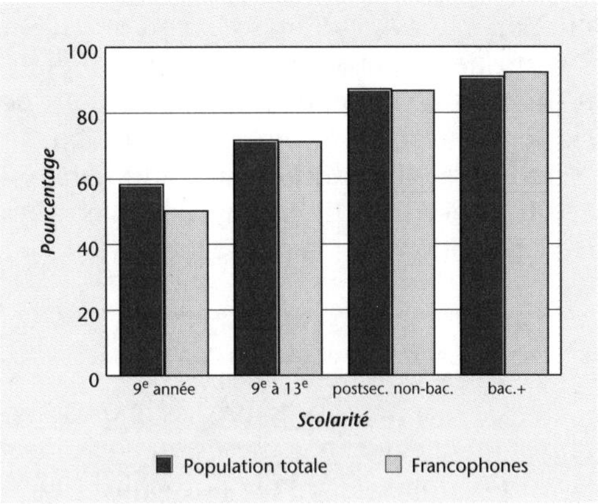

Source : Statistique Canada, recensement de 1991 ; Office des affaires francophones.

de 1991 ; Office des affaires francophones, données non publiées).

Les francophones sont bien répartis dans les différents secteurs d'activités, signe de leur intégration à l'économie ontarienne. On retrouve quelques exceptions ; ils sont moins présents dans le secteur de la finance, par exemple, et plus présents dans les mines, les services gouvernementaux et l'éducation (Office des affaires francophones, 1996a, p. 17-18). Dans l'ensemble, les écarts observés sont nettement plus importants dans la division sexuelle du travail, une situation à laquelle font aussi face les femmes francophones (Office des affaires francophones, 1996c, p. 18-22).

Le revenu moyen d'emploi des francophones est de 24 073 $. Il se compare favorablement à celui de la population totale, soit à 22 377 $ (Office des affaires francophones, 1996b, p. 18). Les jeunes entre 20 et 24 ans sont les plus avantagés. Cette tendance se renverse pour les francophones âgés de 45 ans et plus (Farmer, 1996, p. 58-59), ce qui porte à réfléchir sur les conditions de vie des aînés francophones, particulièrement chez les femmes (Office des affaires francophones, 1996e).

Si les francophones se sont relativement bien intégrés à l'économie ontarienne, le portrait présenté fait état d'une francophonie multiple où les conditions de vie s'articulent à partir de rapports sociaux divers qui prennent forme à l'intérieur d'une dynamique de classe, de sexe, de race et de génération. Le regard porté et l'attachement manifesté envers l'Ontario français ne peuvent qu'être liés à ces conditions de vie particulières.

PRINCIPAUX ENJEUX SOCIAUX

Nous aimerions conclure cet exposé en rappelant quelques enjeux sociaux auxquels l'Ontario français se voit particulièrement confronté. Ils touchent à la fois l'épanouissement de la francité et l'émancipation de ses membres, l'investissement de nouveaux lieux et la projection de la communauté dans l'avenir.

Les enjeux démographiques

La langue parlée à la maison, le taux d'exogamie et la concentration géographique font partie des indicateurs statistiques qui servent traditionnellement à mesurer la vitalité de la communauté. Si l'on se fie à ces indicateurs, l'avenir paraît incertain. Le profil démontre, par ailleurs, que les francophones, les jeunes en particulier, sont mieux scolarisés et jouissent d'un statut socioéconomique plus élevé que dans le passé. Il va de soi que l'épanouissement individuel des Franco-Ontariens passe inévitablement par une intégration à la société ontarienne, ce qui soustend des pressions vers l'assimilation.

Nous aimerions souligner toutefois que l'amélioration des conditions de vie des membres de la communauté représente une autre série d'indicateurs de vitalité. L'Ontario français, à travers le succès que connaissent ses membres, renvoie une image positive (Sabourin, 1986, p. 73) et diversifiée de l'identité collective. Elle bénéficie, tout au moins potentiellement, de plus de ressources. En ce sens, on peut parler d'un regain de vitalité. Le principal défi consiste toujours à maintenir ce lien entre le Franco-Ontarien et sa communauté, ce que vient appuyer le réseau institutionnel.

Les enjeux institutionnels

Le statut de la langue française est reconnu par l'État ontarien dans plusieurs lois touchant des secteurs stratégiques comme l'éducation, le système judiciaire et les services gouvernementaux. Ceci a facilité le développement d'un réseau institutionnel qui s'est considérablement accru depuis les années 1970. Les Franco-Ontariens, qui disposent par exemple de plus de 400 écoles regroupant 100 000 élèves, obtenaient, en 1997, la pleine gestion scolaire. Ils ont accès aussi à des institutions postsecondaires de langue française et bilingues, des services sociaux, de santé et autres en français (Office des affaires francophones, 1996a). Bien qu'ils ne soient pas toujours suffisants, ces services viennent renforcer le degré de complétude institutionnelle de la communauté.

Les médias viennent aussi jouer un rôle essentiel dans la création d'un espace francophone public. Larose et Nielsen précisent : « Les médias sont source et esthétique d'identité » (Larose et Neilsen, 1995, p. 286). Ils ajoutent que « ces médias créent, pour celles et ceux qui le désirent, un lieu commun, un espace virtuel où la vie publique ontarienne se déroule en français » (Larose et Neilsen, 1995, p. 295). L'Ontario français dispose de stations de télévision, incluant la chaîne de télévision éducative publique TFO (TVOntario) et Radio-Canada, de stations radiophoniques, de périodiques, de journaux hebdomadaires et d'un quotidien.

Du côté de la socialisation communautaire, les regroupements sont nombreux. En plus de l'Association canadienne-française de l'Ontario fondée en 1910 (sous le nom de l'Association canadienne-française d'éducation de l'Ontario), on retrouve des organismes gravitant autour d'anciennes solidarités ou d'identités plus nouvelles : jeunes, femmes,

En 1997, l'Hôpital Montfort d'Ottawa, était le seul hôpital universitaire francophone de l'Ontario.

Le 22 mars 1997, plus de 10 000 personnes manifestent au Centre civic d'Ottawa, contre la fermeture de l'Hôpital Montfort.

aînés, associations ethnoculturelles et autres à intérêts plus spécifiques. Il est à souligner que de nouveaux champs se développent, notamment avec la Coalition franco-ontarienne sur le logement, l'Association française des municipalités de l'Ontario, et les associations professionnelles telles que le Regroupement des intervenantes et des intervenants francophones en santé et services sociaux de l'Ontario, et la Nouvelle Assemblée des cinéastes franco-ontariens.

Le foisonnement des réseaux francophones et leur délimitation à l'intérieur de champs spécifiques témoignent d'une dynamisation de l'espace franco-ontarien de même que l'investissement, quoique timide, de nouveaux lieux. Le secteur de l'éducation demeure toutefois prédominant ; ceci lui confère une position de choix dans la dynamique interne de la collectivité où se jouent les intérêts multiples de la francophonie.

Le changement de paradigme

Les Franco-Ontariens ont développé leurs réseaux institutionnels en s'inscrivant principalement dans une logique de droits. Dans la dernière décennie toutefois, leurs revendications se sont aussi inscrites dans un discours reposant sur la notion d'*équité*. Dans ce contexte, la justice sociale se définit non pas dans l'égalité des chances, mais bien dans l'égalité des résultats, ce qui sous-tend la reconnaissance de barrières systémiques au

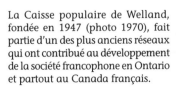

La Caisse populaire de Welland, fondée en 1947 (photo 1970), fait partie d'un des plus anciens réseaux qui ont contribué au développement de la société francophone en Ontario et partout au Canada français.

sein des institutions sociales. La *Loi sur les services en français de l'Ontario* (loi 8) et l'application qui en a été faite reposent sur un tel raisonnement. Ceci a donné lieu au développement de garderies de langue française, de centres d'aide pour femmes violentées, de cliniques juridiques, de centres médicosociaux et autres. La mise sur pied, par les gouvernements de l'époque, de trois collèges d'arts appliqués et de technologie de langue française, entre 1989 et 1994 découlait du même principe.

La légitimité des identités corporatives se voit aujourd'hui remise en question, tout comme les prémisses qui sous-tendent la notion d'*équité*. À la logique de l'équité, se substitue aujourd'hui une culture entrepreneuriale de l'État. Il est essentiel de s'interroger sur l'influence qu'aura ce changement de paradigme sur le discours franco-ontarien. En quoi les solidarités communautaires serontelles affectées par ce courant qui accorde peu de place à la spécificité ? Un nouveau discours s'amorce par ailleurs, dans lequel les énoncés font appel à la valorisation de l'identité. La valeur ajoutée des Franco-Ontariens à l'économie ontarienne, l'affirmation culturelle dans les écoles et le rapprochement entre les francophonies en sont quelques manifestations. Ces énoncés nous invitent à réinvestir les lieux de la communauté et à se positionner dans une perspective d'ouverture sur les francophonies et sur les autres identités qui forment notre individualité.

Bibliographie

BAUER, Julien (1994). *Les minorités au Québec*, Montréal, Boréal.

BERNARD, Jessie (1973). *The Sociology of Community*, Glenview, Scott and Foresman.

BERNARD, Roger (1988). *De Québécois à Ontarois : la communauté franco-ontarienne*, Hearst, Le Nordir.

BERNARD, Roger (1995). « Réflexions critiques d'un chercheur », dans *La francophonie ontarienne : bilan et perspectives de recherche*, sous la direction de Jacques Cotnam, Yves Frenette et Agnès Whitfield, Ottawa, Le Nordir, p. 327-340.

BERNIER, Christiane (1995). « Familles franco-ontariennes : un profil statistique », dans *Familles francophones multiples réalités : actes du colloque*, sous la direction de C. Bernier, S. Larocque et M. Aumond, Sudbury, Institut franco-ontarien, p. 107-134.

BOUDREAU, Françoise (1995). « La francophonie ontarienne au passé, au présent et au futur : un bilan sociologique », dans *La francophonie ontarienne : bilan et perspectives de recherche*, sous la direction de Jacques Cotnam, Yves Frenette et Agnès Whitfield, Ottawa, Le Nordir, p. 17-51.

BOWLES, Roy T. (1981). *Social Impact Assessment in Small Communities : An Integrative Review of Selected Literature*, Toronto, Butterworth.

BRETON, Raymond (1984). « Les institutions et les réseaux d'organisation des communautés ethnoculturelles », dans *État de la recherche sur les communautés francophones hors Québec : actes du premier colloque national des chercheurs*, Ottawa, Fédération des francophones hors Québec, p. 4-23.

BRETON, Raymond (1985). « L'intégration des francophones hors Québec dans les communautés de langue française », *Revue de l'Université d'Ottawa*, vol. 2, n° 55, p. 77-90.

BRETON, Raymond (1994). « Modalités d'appartenance aux francophonies minoritaires : essai de typologie », *Sociologie et Sociétés*, 1994, vol. 26, n° 1, p. 59-69.

BUSINO, Giovanni (1985). « Critique du concept sociologique de "communauté" », *Revue européenne des sciences sociales*, n° 71, p. 239-255.

CARDINAL, Linda (1992). « Théoriser la double spécificité des Franco-Ontariennes », dans *Relevons le défi ! : actes du colloque sur l'intervention féministe dans le nord-est de l'Ontario*, sous la direction de M.L. Garceau, Ottawa, Presses de l'Université d'Ottawa, p. 177-188.

CARDINAL, Linda (1994). « Rupture et fragmentation de l'identité francophone en milieu minoritaire : un bilan critique », *Sociologie et Sociétés*, vol. 26, n° 1, p. 71-86.

CARDINAL, Linda, et Cécile CODERRE (1990). « Reconnaître une histoire ; le mouvement des femmes francophones hors Québec », *Femmes d'action*, vol. 19, n° 3, p. 15-18.

CARDINAL, Linda, Jean LAPOINTE et J. Yvon THÉRIAULT (1990). *Individu, société et politique : la sensibilité des années 1980 au sein de la recherche relative aux communautés francophones hors Québec*, Ottawa, Fédération des jeunes Canadiens français, Vision d'avenir ; Université d'Ottawa.

CARRIÈRE, Fernan (1993). « La métamorphose de la communauté franco-ontarienne, 1960-1985 », dans *Les Franco-Ontariens*, sous la direction de Cornelius Jaenen, Ottawa, Presses de l'Université d'Ottawa, p. 305-340.

CASTONGUAY, Charles (1996). « Les Franco-Ontariens optimistes malgré l'assimilation », *La Presse*, Montréal, 15 juillet, p. A4.

CAZABON, Benoît (1996). « Comment, à trop distinguer, les sujets en arrivent à vider l'objet minoritaire de toute consistance », dans *Pour un espace de recherche au Canada français : discours, objets et méthodes*, sous la direction de Benoît Cazabon, Ottawa, Presses de l'Université d'Ottawa, p. 13-34.

CERTEAU, Michel de (1976). *La culture au pluriel*, Paris, Union générale d'éditions.

CHOQUETTE, Robert (1980). *L'Ontario français : historique*, Montréal, Études Vivantes.

CHOQUETTE, Robert (1984). *L'Église catholique dans l'Ontario français du 19e siècle*, Ottawa, Presses de l'Université d'Ottawa.

CLARK, Samuel D. (1971). « The Position of French-Speaking Population in Northern Industrial Community », dans *Canadian Society*, sous la direction de Richard J. Ossenberg, Toronto, Prentice-Hall of Canada.

COMMISSION ROYALE D'ENQUÊTE SUR LE BILINGUISME ET LE BICULTURALISME (1969). *Rapport, livre 3 : le monde du travail*, Ottawa, Imprimeur de la Reine.

COULOMBE, Danielle (1985). « Doublement ou triplement minoritaire », *Revue de l'Université d'Ottawa*, vol. 55, n° 2, p. 131-136.

D'AUGEROT-AREND, Sylvie (1995). « La condition des femmes francophones en Ontario : de l'unité patriarcale à la multiplicité des réalités », dans *La francophonie ontarienne : bilan et perspectives de recherche*, sous la direction de Jacques Cotnam, Yves Frenette et Agnès Whitfield, Ottawa, Le Nordir, p. 82-119.

DENNIE, Donald (1978). « De la difficulté d'être idéologue franco-ontarien », *Revue du Nouvel-Ontario*, n° 1, p. 69-90.

DENNIE, Donald (1989). « L'étude des réalités franco-ontariennes : à la recherche d'un nouveau modèle théorique », *Revue du Nouvel-Ontario*, n° 11, p. 69-83.

DULONG, Renaud (1978). *Les régions, l'État et la société locale*, Paris, Presses universitaires de France.

FARMER, Diane (1996). *Artisans de la modernité : les centres culturels en Ontario français*, Ottawa, Presses de l'Université d'Ottawa.

GAFFIELD, Chad (1988). *Language, Schooling and Cultural Conflict : The Origins of the French-Language Controversy in Ontario*, Montréal, McGill-Queen's University Press.

GERVAIS, Gaétan (1993). « L'Ontario français, 1821-1910 », dans *Les Franco-Ontariens*, sous la direction de Cornelius Jaenen, Ottawa, Presses de l'Université d'Ottawa, p. 49-125.

GERVAIS, Gaétan (1995). « L'historiographie franco-ontarienne : à l'image de l'Ontario français », dans *La francophonie ontarienne : bilan et perspectives de recherche,* sous la direction de Jacques Cotnam, Yves Frenette et Agnès Whitfield, Ottawa, Le Nordir, p. 123-134.

GERVAIS, Gaétan (1996). « Le Règlement XVII (1912-1927) », *Revue du Nouvel-Ontario*, n° 18, p. 123-192.

GUILLERME, Alain, et Yvon BOURDET (1975). *Clefs pour l'autogestion*, Paris, Seghes.

JUTEAU-LEE, Danielle (1980). « Français d'Amérique, Canadiens, Canadiens français, Franco-Ontariens, Ontarois : qui sommes-nous ? », *Pluriel*, n° 24, p. 21-42.

JUTEAU-LEE, Danielle (1983). « La production de l'ethnicité ou la part réelle de l'idéel », *Sociologie et Sociétés*, vol. 15, n° 2, p. 39-54.

JUTEAU-LEE, Danielle, et Jean LAPOINTE (1983), « The Emergence of Franco-Ontarians : New Identity, New Boundaries », dans *Two Nations Many Cultures : Ethnic Groups in Canada*, sous la direction de Jean-Léonard Elliot, Toronto, Prentice-Hall of Canada, p. 99-113.

LAPOINTE, Jean (1984). « Les indices de développement des communautés francophones hors Québec », dans *État de la recherche sur les communautés francophones hors Québec : actes du premier colloque national des chercheurs,* Ottawa, Fédération des francophones hors Québec, p. 24-33.

LAPOINTE, Jean (1986). « Vie culturelle et institutions autonomes : minorités culturelles et institutions », *Revue du Nouvel-Ontario*, n° 8, p. 97-102.

LAROSE, Stéphan, et Greg M. NIELSEN (1995). « Médias et altérité : l'espace public et l'Ontario français virtuel », dans *La francophonie ontarienne : bilan et perspectives de recherche*, sous la direction de Jacques Cotnam, Yves Frenette et Agnès Whitfield, Ottawa, Le Nordir, p. 283-308.

MARTEL, Marcel (1996). « Trois clés pour comprendre la rupture du Canada français, 1950-1965 », dans *Pour un espace de recherche au Canada français : discours, objets et méthodes*, sous la direction de Benoît Cazabon, Ottawa, Presses de l'Université d'Ottawa, p. 35-52.

MARTEL, Marcel (1997). *Le deuil d'un pays imaginé : rêves, luttes et déroute du Canada français*, Ottawa, Presses de l'Université d'Ottawa.

MAXWELL, Thomas (1974). *The Invisible French : The French in Metropolitan Toronto*, Wilfrid Laurier University Press.

MOUGEON, Raymond (1995). « Perspective sociolinguistique sur le comportement langagier de la communauté franco-ontarienne », dans *La francophonie ontarienne : bilan et perspectives de recherche*, sous la direction de Jacques Cotnam, Yves Frenette et Agnès Whitfield, Ottawa, Le Nordir, p. 219-257.

NISBET, Robert (1984). *La tradition sociologique*, Paris, Presses universitaires de France.

OFFICE DES AFFAIRES FRANCOPHONES (1996a). *Annuaire franco-ontarien*, Toronto, OAF.

OFFICE DES AFFAIRES FRANCOPHONES (1996b). *Les francophones en Ontario : profil statistique*, Toronto, OAF.

OFFICE DES AFFAIRES FRANCOPHONES (1996c). *Les femmes francophones en Ontario : profil statistique*, Toronto, OAF.

OFFICE DES AFFAIRES FRANCOPHONES (1996d). *Les jeunes francophones en Ontario : profil statistique*, Toronto, OAF.

OFFICE DES AFFAIRES FRANCOPHONES (1996e). *Les personnes âgées francophones en Ontario : profil statistique*, Toronto, OAF.

OUELLET, Fernand (1993). « L'évolution de la présence francophone en Ontario : une perspective économique et sociale », dans *Les Franco-Ontariens*, sous la direction de Cornelius Jaenen, Ottawa, Presses de l'Université d'Ottawa, p. 127-199.

PELLETIER, Jean-Yves (1995). « Bibliographie des thèses sur l'Ontario français », dans *La francophonie ontarienne : bilan et perspectives de recherche*, sous la direction de Jacques Cotnam, Yves Frenette et Agnès Whitfield, Ottawa, Le Nordir, p. 343-361.

QUÉRÉ, Louis (1978). *Jeux interdits à la frontière : essai sur les mouvements régionaux*, Paris, Anthropos.

ROSANVALLON, Pierre (1981). *La crise de l'État providence*, Paris, Seuil.

SABOURIN, Ronald (1986). *Les parlants français à Toronto : rapport sur un sondage effectué dans le grand Toronto (1983-1984)*, Toronto, Conseil des organismes francophones du Toronto métropolitain ; Centre francophone.

SAINT-DENIS, Roger, dir. (1969). *La vie culturelle des Franco-Ontariens : rapport du comité franco-ontarien d'enquête culturelle*, Ottawa, L'Union du Canada.

SAVARD, Pierre, dir. (1977). *Cultiver sa différence : rapport sur les arts dans la vie franco-ontarienne*, Toronto, Conseil des arts de l'Ontario.

WARREN, Ronald L. (1977). *New Perspectives on the American Community : A Book of Readings*, Chicago, Rand McNally.

WEBER, Max (1971). *Économie et société*, Paris, Plon.

WELCH, David (1988). *The Social Construction of Franco-Ontarian Interests Toward French Language Schooling : 19th Century to 1980's*. Thèse de doctorat, University of Toronto.

YOUNG, Iris Marion (1990). « The Ideal of Community and the Politics of Difference », dans *Feminism/Postmodernism*, sous la direction de Linda J. Nicholson, Routledge, Chapman & Hall, p. 300-323.

CHAPITRE 13

Les communautés francophones de l'Ouest : la survivance d'une minorité dispersée[1]

EDMUND A. AUNGER, Faculté Saint-Jean, University of Alberta

Les communautés francophones de l'Ouest constituent pour beaucoup de Canadiens, francophones comme anglophones, un anachronisme. Elles ne font plus partie du conscient collectif ; elles sont reléguées aux livres d'histoire. Voyageurs, missionnaires, colonisateurs, agriculteurs, commerçants, autant de pionniers francophones qui ont peuplé l'Ouest canadien. Ont-ils disparu sans laisser de traces, balayés de la carte par les grandes vagues d'immigration de la fin du 19e siècle, et tombés par la suite dans un profond oubli ? Déjà, en 1908, A.-G. Morice signale la profondeur de cette amnésie nationale, quand il pose les questions suivantes dans l'introduction à son histoire de l'Ouest :

> Des Canadiens [français] de l'Ouest, y en a-t-il jamais eu ? Le Français d'Amérique ne s'est-il pas cantonné dans l'Est, et l'immense région qui s'étend du lac Supérieur à l'océan Pacifique n'est-elle pas l'apanage exclusif de la race anglaise ? (p. ix.)

Il n'est donc pas surprenant que la disparition et la mort figurent souvent dans l'image qu'évoquent ces communautés : les francophones sont traités de disparus, de perdus, de dépouilles. C'est pourquoi, à la veille du premier congrès de l'Association canadienne-française de l'Alberta (ACFA), en 1926, Georges Bugnet, le rédacteur en chef de *L'Union*, exhorte les francophones à démontrer que « les Canadiens [français] de l'Alberta ne sont pas si morts que quelques-uns se le sont imaginé » (Bugnet, 1926, p. 1). Un demi-siècle plus tard, René Lévesque, alors chef du Parti québécois, qualifie la recherche sur les francophones de l'Ouest de travail « d'archéologue » (Jackson, 1972, p. 16). D'autres ont exprimé, depuis, le même dédain, ou ignorance, traitant les francophones de « cadavres encore chauds ». D'où la réponse toute simple de l'ACFA dans un mémoire préparé en 1992 : « Nous avons refusé de disparaître » (ACFA, 1992, p. 1).

Dans ce chapitre, nous tentons de tracer un portrait des communautés francophones de l'Ouest, une population dispersée et minoritaire, mais bien vivante. Ce portrait comprend la situation démographique ; la répartition territoriale et l'urbanisation ; le caractère linguistique, y compris le bilinguisme ; l'identité

1. L'auteur tient à remercier tout spécialement Claude Couture de son appui à ce projet et Gilles Cadrin de ses suggestions et commentaires. Denis Perreaux et Tim Shoults ont contribué à la préparation de la bibliographie et de plusieurs tableaux. Charles Humphrey, directeur de la Data Library de la University of Alberta, a facilité l'accès au fichier de microdonnées à grande diffusion de Statistique Canada.

nationale, avec ses dimensions régionales et ethniques ; la confession religieuse et le rôle de l'Église ; la structure familiale, dont le mariage et la fécondité ; la stratification socioéconomique ; les institutions et les associations. L'image qui en ressort est celle de quatre communautés qui ont survécu, et qui continuent à survivre. Elles ont su s'adapter à un milieu anglophone ; elles ont su résister à un environnement anglicisant. De cette agilité de funambule dépend leur survivance toujours précaire.

Croissance démographique

La langue maternelle, définie comme la première langue apprise et encore comprise, constitue la mesure préférée pour évaluer le poids démographique des francophones dans l'Ouest. Ainsi, au moment du recensement de 1991, les francophones représentent 2,6 % de la population totale des quatre provinces[2]. Ils se classent donc parmi les minorités linguistiques les plus importantes, dépassés seulement pas la population de langue allemande (3,6 %) et celle de langue chinoise (2,9 %). D'autres mesures linguistiques nous permettent de préciser davantage l'étendue de la minorité francophone. D'après l'usage de la langue française et, plus précisément, de la langue qui est parlée le plus souvent à la maison, les francophones ne constituent que 1 % de la population. Par contre, d'après la connaissance de la langue, c'est-à-dire la capacité de soutenir une conversation en français, les francophones constituent 6,8 % de la population.

Certaines prévisions pessimistes concernant l'avenir des francophones semblent toutefois trouver leur justification dans le fait que la proportion de francophones connaît, depuis plusieurs décennies, une chute importante. Les francophones constituaient 4 % de la population en 1931, 3,4 % en 1961, et 2,6 % en 1991. Cette chute est relativement constante et, à première vue, irréversible. Une projection simpliste de cette tendance laisserait prévoir la réduction à néant de la francophonie dans un avenir proche. Richard Joy, qui a défriché la question démolinguistique au Canada, ne prévoit, par exemple, aucune possibilité de survie pour les francophones de l'Ouest. Déjà, en 1972, il est arrivé à la conclusion que « *the French-speaking population of the West appears well on the way toward final disappearance* » (Joy, 1972, p. 21).

La situation paraît encore plus grave, et l'avenir encore plus précaire, quand il est question du poids démographique des francophones au sein des différentes générations. En fait, les francophones sont encore plus minoritaires dans la génération des plus jeunes. Bien que comptant 3,2 % de la population des *baby-boomers*, les francophones ne constituent que 1,3 % de la population née durant la période 1986-1991. Cette faiblesse est sûrement de mauvais augure pour l'avenir.

Pourtant, l'étude des chiffres absolus nous permet de tracer un portrait plus nuancé et plus optimiste de cette situation démographique. Depuis 1931, le nombre de francophones dans l'Ouest ne cesse d'augmenter : la communauté francophone est passée de 120 696 personnes en 1931, à 165 517 en 1961, et à 203 040 en 1991. Le taux décennal de croissance est de 9,1 %, en moyenne, bien qu'il y ait des variations importantes selon les provinces.

Les francophones de la Colombie-Britannique et de l'Alberta ont connu des taux décennaux de croissance de 41,1 % et

2. Le calcul du nombre de francophones est rendu délicat à cause des différents résultats obtenus à partir de questionnaires, abrégés ou complets, et des diverses stratégies employées pour répartir les réponses multiples. La proportion de 2,6 % est calculée à partir des données intégrales (100 %) provenant du questionnaire abrégé, et ce chiffre comprend tous les répondants de langue maternelle française. Il s'agit donc de 203 040 francophones, dont 19,7 % déclarent deux langues maternelles. Par contre, selon un échantillonnage (20 %) provenant du questionnaire complet, on ne compte que 189 465 francophones, dont seulement 8,9 % déclarent deux langues maternelles.

Tableau I
Évolution de la population francophone dans l'Ouest, par province, 1931-1991

Année	Colombie-Britannique	%	Alberta	%	Saskatchewan	%	Manitoba	%	L'Ouest	%
1931	7 768	1,1	28 145	3,9	42 283	4,6	42 499	6,1	120 695	4,0
1941	11 058	1,4	31 451	4,0	43 728	4,9	51 546	7,1	137 783	4,3
1951	19 366	1,7	34 196	3,6	36 815	4,4	54 199	7,0	144 576	3,9
1961	26 179	1,6	42 276	3,2	36 163	3,9	60 899	6,6	165 517	3,4
1971	38 030	1,7	46 500	2,9	31 605	3,4	60 545	6,1	176 685	3,1
1981	45 620	1,7	62 145	2,8	25 560	2,6	52 560	5,1	185 855	2,7
1991	58 680	1,8	64 755	2,5	24 295	2,5	55 305	5,1	203 040	2,6

Note : Contrairement aux recensements précédents, le recensement de 1991 fait la distinction entre les répondants qui déclarent une seule langue maternelle et ceux qui en déclarent deux ou plus. Dans ce tableau, le nombre de francophones est la somme de ceux qui déclarent le français comme langue maternelle, qu'il soit leur seule langue maternelle ou non.

Source : Statistique Canada, recensements de 1931, 1941, 1951, 1961, 1971, 1981 et 1991 ; Lachapelle et Henripin, 1980, p. 371-376 ; Lachapelle, 1986, p. 129.

Tableau II
Population de langue française dans l'Ouest, par génération, selon le lieu de résidence, 1991

Année de naissance	Lieu de résidence									
	Colombie-Britannique	%	Alberta	%	Saskatchewan	%	Manitoba	%	L'Ouest	%
1re génération 1926-1931	3 780	2,6	3 170	3,5	1 770	4,1	3 170	6,9	11 890	3,7
2e génération 1956-1961	5 780	2,0	7 555	3,0	1 955	2,4	4 830	5,2	20 120	3,2
3e génération 1986-1991	1 795	0,8	2 640	1,3	685	0,9	2 585	3,1	7 705	1,3

Source : Statistique Canada, recensement de 1991.

de 15,3 % respectivement. Par contre, les francophones de la Saskatchewan sont en plein déclin avec un taux de -8,2 %. Entre ces deux pôles se trouvent les francophones du Manitoba qui connaissent un taux de croissance plutôt modeste de 5,1 % en moyenne ; depuis quelques décennies, ils ne font que maintenir leurs effectifs. Par conséquent, le nombre de francophones en Alberta, depuis 1981, et en Colombie-Britannique, depuis 1991, dépasse maintenant celui du Manitoba.

Tableau III
Lieu de naissance de la population francophone dans l'Ouest, par province, selon le lieu de résidence, 1991

Lieu de naissance	Lieu de résidence				
	Colombie-Britannique %	Alberta %	Saskatchewan %	Manitoba %	L'Ouest %
L'Ouest	37,2	55,9	82,8	86,3	62,2
Québec	35,9	24,0	9,3	7,1	21,0
Ontario	11,3	9,4	3,2	2,6	7,3
Ailleurs au Canada	5,0	4,4	1,5	1,4	3,4
À l'extérieur du Canada	10,6	6,2	3,2	2,6	6,1
Total	**100,0**	**99,9**	**100,0**	**100,0**	**100,0**

Note : Tableau dressé à partir d'un échantillonnage (3 %) provenant du fichier de microdonnées à grande diffusion de Statistique Canada.

Source : Statistique Canada, recensement de 1991.

La différence des taux de croissance dans ces provinces peut s'expliquer en grande partie par la migration interprovinciale. L'expansion économique des provinces de la Colombie-Britannique et de l'Alberta, surtout depuis 1971, a attiré de nombreux migrants francophones et non francophones. De 1971 à 1991, la Colombie-Britannique a enregistré un gain net de 14 800 francophones dans son solde migratoire ; et l'Alberta, un gain net de 12 900 (Castonguay, 1993, p. 152). Par contre, pendant la même période, la Saskatchewan et le Manitoba ont connu des pertes de 800 et de 2 700 francophones respectivement.

En fait, une grande partie des citoyens francophones de l'Ouest, soit 37,8 %, sont nés ailleurs que dans l'Ouest, surtout au Québec. De plus, 9,8 % des francophones de l'Ouest habitaient ailleurs, aussi récemment qu'il y a cinq ans. La part de ces francophones-immigrants est particulièrement forte dans les deux provinces qui continuent à connaître une croissance économique et démographique, soit la Colombie-Britannique et l'Alberta.

Dispersion territoriale

Les francophones de l'Ouest connaissent le plus haut taux de dispersion de tous les francophones au Canada (Aunger, 1996, p. 194). Les deux tiers, à peu près, habitent des subdivisions de recensement où ils constituent moins de 5 % de la population. Très peu de francophones, 4,8 % seulement, habitent des subdivisions où ils sont majoritaires.

Les quelques enclaves où les francophones sont toujours majoritaires se trouvent surtout dans les régions rurales, et il s'agit de petits villages, souvent isolés. Pourtant, la plupart des francophones, comme leurs confrères et consœurs anglophones, habitent les grandes villes : 57,9 % des francophones habitent les 13 régions métropolitaines de l'Ouest. Typiquement, le Franco-Colombien habite à Vancouver, le Franco-Albertain à Edmonton ou à Calgary, le Fransaskois à Saskatoon ou à Regina, le Franco-Manitobain à Winnipeg (voir carte, p. 81).

Tableau IV
Répartition des francophones dans l'Ouest, selon les subdivisions de recensement, 1991

Province	Population francophone	%	Subdivisions de recensement	Répartition des francophones selon leur proportion dans la subdivision de recensement <5 % %	<10 % %	<50 % %
Colombie-Britannique	58 580	1,8	691	99,7	100,0	100,0
Alberta	64 755	2,5	438	77,2	86,8	95,7
Saskatchewan	24 295	2,5	953	66,3	75,0	93,8
Manitoba	55 305	5,1	293	12,0	72,7	82,1
L'Ouest	203 040	2,6	2 375	64,6	85,3	95,2

Source : Statistique Canada, recensement de 1991.

En Colombie-Britannique, à peu près tous les francophones habitent des subdivisions de recensement où ils constituent moins de 5 % de la population. Quelque 46,4 % des Franco-Colombiens, presque la moitié, habitent la région métropolitaine de Vancouver où, pourtant, ils ne constituent que 1,7 % de la population. Un seul secteur de la région s'écarte de la norme : sur l'emplacement de l'ancien village de Maillardville, dans le district de Coquitlam, les francophones représentent 9,6 % de la population. Partout ailleurs, les francophones se trouvent dispersés.

En Alberta, la même tendance est visible, bien que moins marquée : 77,2 % des Franco-Albertains habitent des subdivisions où ils se chiffrent à moins de 5 %. Il n'y a qu'un seul endroit, la région de Falher, où les francophones sont majoritaires. Composée de quatre subdivisions avoisinantes, soit la ville de Falher, les villages de Donnelly et de Girouxville, et le district municipal de Smokey River, cette région rurale dans le nord-ouest de la province abrite 2 805 francophones.

Plus de la moitié des Franco-Albertains, 52,6 %, habitent les régions métropolitaines d'Edmonton et de Calgary où, pourtant, ils ne constituent que 2,3 % et 1,9 % respectivement de la population. La région métropolitaine d'Edmonton comprend quelques anciennes enclaves francophones, surtout des petites villes de banlieue, devenues des dortoirs de la population anglophone. Au sud, on trouve la ville de Beaumont (9,6 % de francophones) ; au nord, les villes de Saint-Albert (4,1 %), Morinville (8,5 %) et Legal (38,5 %). Dans la ville d'Edmonton, elle-même, le secteur de Bonnie Doon, site de nombreuses institutions francophones, revendique le titre de quartier français ; cependant les francophones ne composent que 11,7 % de sa population.

En Saskatchewan, 66,3 % des Fransaskois habitent des subdivisions où ils se chiffrent à moins de 5 %. Il n'y a que quatre enclaves rurales où les francophones sont majoritaires, et elles sont relativement éparpillées : la ville de Ponteix dans le Sud ; le village de Debden dans l'Ouest ; la municipalité rurale de Saint-Louis et le village de Domrémy dans le Centre ; le village de Zenon Park dans l'Est. De fait, comparativement aux autres provinces, la population francophone de la Saskatchewan est plutôt rurale ; seulement 31,4 % habitent les régions métropolitaines de Saskatoon et de Regina.

Au Manitoba, les francophones connaissent une plus grande concentration territoriale.

Seulement 12 % d'entre eux habitent des subdivisions où ils comptent pour moins de 5 % de la population ; cependant, 72,7 % habitent des subdivisions où ils y représentent moins de 10 %. Une proportion importante de la population franco-manitobaine, 17,9 %, habite des enclaves rurales où elle est majoritaire. Ces enclaves francophones sont disséminées, d'ouest en est, dans le sud de la province : Saint-Lazare, Somerset, Notre-Dame-de-Lourdes, Saint-Claude, Saint-Pierre-Jolys, Sainte-Anne-des-Chênes.

La plus grande concentration de francophones dans l'Ouest, quelque 35 215 francophones, se trouve dans la région métropolitaine de Winnipeg. Elle représente 63,7 % de la population francophone du Manitoba, mais seulement 5,4 % de la population métropolitaine de Winnipeg. Elle constitue toutefois la seule enclave urbaine de langue française dans l'Ouest. Quatre secteurs de recensement sur le site de l'ancienne ville de Saint-Boniface, incorporée dans la métropole de Winnipeg en 1972, comprennent des francophones dans les proportions de 57,0 %, 54,2 %, 38,1 % et 27,2 %.

Connaissance des langues

Les francophones de l'Ouest vivent dans une société où la langue anglaise est la langue dominante. Il n'est donc pas surprenant que les francophones soient bilingues. En fait, le francophone type connaît l'anglais aussi bien que le français, parfois mieux ; il l'utilise aussi souvent que le français, sinon plus souvent. Cela n'est pas sans influencer divers traits de la langue française dans l'Ouest.

Pour un nombre significatif de francophones, les deux langues, l'anglais et le français, sont souvent apprises simultanément ; cependant, la fréquence exacte de ce bilinguisme maternel est parfois difficile à déterminer. Elle se chiffre à au moins 8 %, mais peut atteindre jusqu'à 18,3 %, selon le questionnaire utilisé[3]. Par ailleurs, 0,9 % à 3,1 % des francophones déclarent une langue non officielle comme langue maternelle. Cela n'est qu'un indice de l'importance des autres minorités linguistiques dans l'Ouest, notamment les locuteurs des langues allemande, chinoise et ukrainienne.

Par définition, le français est la première langue apprise et toujours comprise chez les francophones. Néanmoins, il semble que ces deux faits ne soient pas garants de sa connaissance et de son usage. Selon le recensement de 1991, 10 % des francophones de langue maternelle ne connaissent plus le français, c'est-à-dire qu'ils ne sont plus en mesure de soutenir une conversation en français et que, pour cette raison, ils ne parlent que l'anglais. Autrement dit, la connaissance de l'anglais est plus répandue que la connaissance du français : 97,5 % des francophones de l'Ouest connaissent l'anglais, 90 % le français. En plus, 4,9 % connaissent une langue non officielle.

D'après une enquête menée par Aunger (1993, p. 79) dans la région de Saint-Paul, en Alberta, 64,2 % des francophones croient que l'anglais est leur *meilleure* langue, c'est-à-dire la langue dans laquelle ils sont le plus compétents. Quand toutes les compétences linguistiques – parler, comprendre, écrire, lire – sont évaluées, 92,4 % des francophones se disent compétents en anglais, mais seulement 78,5 % en français. Toutefois, en règle générale, c'est la compétence écrite qui fait le plus souvent défaut. Par exemple, 86,2 % des francophones considèrent qu'ils parlent bien le français ; mais seulement 61,4 % croient qu'ils l'écrivent bien.

La cause de cette faiblesse à l'écrit serait attribuable aux institutions scolaires. À partir de 1892 et jusqu'à 1968, les lois scolaires en Alberta, comme ailleurs dans l'Ouest, ont

3. Selon un échantillonnage (20 %) du recensement, 8 % des francophones déclarent que l'anglais est une de leurs langues maternelles, alors que, selon les données intégrales (100 %), 18,3 % font la même déclaration. La différence provient probablement du fait que le questionnaire complet (administré dans 20 % des cas) comporte plusieurs questions sur la langue ; il permet ainsi des réponses plus nuancées.

Tableau V
Connaissance des langues par la population francophone de l'Ouest, par province, 1991

Langues	Colombie-Britannique %	Alberta %	Saskatchewan %	Manitoba %	L'Ouest %
Première(s) langue(s) apprise(s) :					
français seulement	89,7	89,8	91,9	93,6	91,1
français et anglais	9,0	9,3	7,2	5,9	8,0
français et autre	1,3	0,9	0,9	0,5	0,9
Total	**100,0**	**100,0**	**100,0**	**100,0**	**100,0**
Langue(s) officielle(s) connue(s) :					
français seulement	1,5	2,9	1,8	3,5	2,5
français et anglais	86,3	86,9	87,6	89,2	87,5
anglais seulement	12,1	10,2	10,5	7,3	10,0
Total	**99,9**	**100,0**	**99,9**	**100,0**	**100,0**

Note : Tableau dressé à partir d'un échantillonnage (20 %) provenant du questionnaire complet qui comprend plusieurs questions sur la langue tandis que le questionnaire abrégé n'en comprend qu'une seule, celle sur la langue maternelle.

Source : Statistique Canada, recensement de 1991.

interdit l'instruction en français (Aunger, 1989, p. 215). L'enseignement en français est donc un phénomène relativement récent, et l'obtention des écoles françaises est encore plus récente. La région de Saint-Paul, par exemple, n'a obtenu une école française qu'en 1990.

Dans ses caractéristiques phonétiques, lexicales et grammaticales, le français parlé dans l'Ouest ressemble en général à celui du Québec. Toutefois, on y trouve un plus grand nombre d'anglicismes dans la structure, la grammaire et, surtout, le vocabulaire. Jackson (1972, p. 12) a constaté que les Fransaskois parlent aisément en français quand il s'agit de la vie quotidienne, mais qu'ils ont souvent recours à des mots anglais pour aborder des questions plus techniques. Rochet (1993, p. 8-9) a détaillé l'influence de l'anglais sur le lexique franco-albertain : les emprunts directs, les emprunts assimilés, les calques, les anglicismes sémantiques.

Usage de la langue française

La faiblesse de la langue orale serait imputable à l'interférence linguistique et à la baisse de l'usage du français dans un environnement social, commercial et politique qui est de plus en plus anglais. En fait, selon le recensement de 1991, 64 % des francophones déclarent que l'anglais est la langue la plus souvent parlée à la maison. Cette prédominance de l'anglais au sein de la famille francophone est reliée directement à l'essor du mariage exogame, car le mariage de francophones avec des non-francophones conduit à l'adoption de l'anglais comme langue d'usage au foyer. L'anglais devient ainsi la langue maternelle de la génération suivante. Le déclin du français au sein de la famille a donc des implications profondes pour la survie de la francophonie dans l'Ouest.

Depuis très longtemps, dans l'Ouest comme ailleurs, le foyer est le gardien de la langue. L'usage du français est traditionnellement plus fréquent à la maison, avec les membres de la famille, que dans n'importe quelle autre situation. Dans la région de Saint-Paul, par exemple, la majorité des francophones (58,4 %) emploient le français à la maison avec la famille proche, mais seulement 21,8 % l'emploient avec des compagnons au travail, 14,9 % avec le caissier de l'épicerie, et 10,3 % avec un fonctionnaire dans un bureau gouvernemental (Aunger, 1993, p. 78). Le milieu de travail, l'entreprise commerciale, le service gouvernemental sont tous des lieux réservés en grande partie à la langue anglaise. Dans ces contextes, l'usage du français n'est que marginal et occasionnel.

Tableau VI

Usage de la langue française par les francophones de l'Ouest, par province, selon la personne ou le contexte, 1982

Personne / contexte	Colombie-Britannique %	Alberta %	Saskatchewan %	Manitoba %	L'Ouest %
Mère	88	93	90	91	91
Père	82	89	90	91	88
Amis francophones	71	92	76	84	82
Frères et sœurs	70	83	78	77	77
Offices religieux	38	79	82	82	70
Caisse populaire	27	76	55	80	63
Conjoint	29	51	48	51	45
Théâtre	6	51	37	62	43
Coopérative	6	47	20	66	39
Voisins	6	55	47	44	39
Soirée dansante, bar	16	32	64	34	33
Télévision	31	32	34	25	30
Sports	8	40	28	35	29
Banque	3	31	18	47	27
Compagnons de travail	5	31	18	30	23
Radio	18	23	25	19	21
Restaurant	8	21	18	25	18
Magasinage	3	24	9	17	16
Journal	7	8	18	25	14
Amis anglophones	2	2	12	4	4
Cinéma	6	3	0	2	3

Note : La proportion de ceux qui utilisent le français est la somme des proportions de ceux qui prétendent utiliser le français toujours, surtout, ou autant que l'anglais. Nous l'avons calculée sur la base de la population pour laquelle le contexte ou l'activité est applicable. Par exemple, nous avons calculé la proportion de ceux qui parlent français dans une caisse populaire sur la base des francophones qui fréquentent une caisse populaire. Les résultats sont tirés d'un échantillon de 928 francophones, dont 159 en Colombie-Britannique, 224 en Alberta, 258 en Saskatchewan, et 287 au Manitoba.

Source : Dallaire et Lachapelle, 1990 ; Centre de recherches sur l'opinion publique, 1983 ; adapté par l'auteur.

Une étude des communautés francophones hors Québec, menée par le Centre de recherches sur l'opinion publique (CROP, 1983), confirme l'importance des relations primaires dans l'usage du français. La grande majorité des francophones de l'Ouest utilisent le français dans leurs relations avec leurs parents, leurs frères et sœurs, et leurs amis francophones. En fait, il n'y a que deux autres contextes dans lesquels la majorité d'entre eux emploient le français : les offices religieux et les caisses populaires. Dans l'ensemble, les francophones n'utilisent pas le français avec leur conjoint.

Cette étude met en évidence l'influence des institutions sociales, culturelles et économiques : l'institution francophone offre un contexte qui est favorable à l'usage de la langue française. Des francophones se sont donné des caisses populaires : le français se parle plus souvent dans une caisse populaire que dans une banque. Des francophones ont formé des troupes théâtrales : le français est entendu plus souvent au théâtre qu'au cinéma. Des francophones ont fondé des paroisses catholiques : le français s'emploie plus souvent aux offices religieux qu'aux activités sportives.

La dispersion territoriale de la population francophone, notée plus haut, joue également un rôle dans les contacts sociaux et, par conséquent, dans l'usage du français. Cette relation explique plusieurs des différences observables dans les quatre provinces. En Colombie-Britannique, la population francophone est très dispersée et les institutions de langue française sont plutôt rares. L'usage du français est donc très limité. Au Manitoba, la population francophone est moins dispersée et les institutions de langue française sont plus répandues. L'usage du français est beaucoup plus fréquent.

En d'autres mots, plus le contact avec des anglophones est fréquent, plus on emploie la langue anglaise dans le quotidien. Aunger (1993, p. 80), dans son étude de la région de Saint-Paul, a calculé que la fréquence des contacts avec les anglophones expliquerait 49,3 % des transferts linguistiques des francophones. Parmi les différents types de contact social, c'est le mariage à une anglophone qui jouait le rôle le plus important dans les transferts vers l'anglais. Voici d'autres types de contact, énumérés selon l'importance de leur rôle dans l'assimilation : les médias, les amis, les voisins, la parenté, la famille, les commerçants, les compagnons de travail.

Stebbins (1993), dans ses recherches sur les Franco-Calgariens, conclut que le français est plus présent dans les activités de loisirs que dans le milieu de travail. Il y trouve une source d'optimisme parce que, d'après lui, ce sont les loisirs entre amis et en famille qui sont le principal déterminant du style de vie.

Identité nationale et origine ethnique

Les habitants de l'Ouest canadien, et surtout les habitants non francophones, s'identifient principalement avec le Canada et la nationalité canadienne. Ils se disent *Canadian* tout court et *sans trait d'union*, et cela en dépit d'une multiplicité d'origines. Cette unité s'explique en grande partie par le brassage de populations hétérogènes, le mariage de cultures diverses et l'assimilation de peuples plurilingues.

Qu'une partie importante de la population francophone se dise également de nationalité canadienne n'a rien de surprenant. Les francophones sont sujets aux mêmes forces d'intégration, d'acculturation et d'assimilation que les autres groupes ethniques. En plus, la désignation *Canadien* retient toujours, pour certains francophones, un aspect de son sens original. À l'époque de la première colonisation de l'Ouest, elle ne s'appliquait qu'aux francophones en provenance du Québec. De nos jours, toutefois, un grand nombre de francophones qualifient leur identité nationale et se démarquent ainsi des autres groupes ethniques. D'après une enquête menée auprès de la population de Saint-Paul, en Alberta, les francophones réclament surtout une identité canadienne-française.

Cette identité canadienne-française est très visible dans les associations provinciales qui ont succédé à la Société Saint-Jean-Baptiste comme porte-parole des francophones dans l'Ouest. Ces associations ressemblaient, pour un temps, à des ailes régionales d'une francophonie pancanadienne, et les noms adoptés au moment de leur formation le confirment : en Colombie-Britannique, l'Union canadienne-française, fondée en 1905, et la Fédération canadienne-française de la Colombie-Britannique, en 1945 ; en Alberta, l'Association canadienne-française de l'Alberta, établie en 1926 ; en Saskatchewan, l'Association catholique franco-canadienne, fondée en 1912 ; au Manitoba, l'Association d'éducation des Canadiens français, établie en 1916.

Or, depuis la Révolution tranquille, l'autonomie politique dévolue à chaque province par le régime fédéral semble affaiblir cette identité pancanadienne ; la nation canadienne-française actuelle se trouve de plus en plus fragmentée en groupements provinciaux. Les débuts d'une identité provinciale sont mis en évidence par l'adoption de nouveaux noms et symboles. Deux associations, par exemple, se sont dotées de noms qui soulignent leur singularité : la Société franco-manitobaine a succédé à l'Association d'éducation des Canadiens français ; la Fédération des Franco-Colombiens a remplacé la Fédération canadienne-française de la Colombie-Britannique. En plus, chacune des communautés provinciales possèdent maintenant son propre drapeau et son journal. À nouveau, les noms proclament l'identité : en Alberta, l'association provinciale a baptisé son journal *Le Franco-Albertain*, et cela en 1929.

Si ces désignations provinciales – Franco-Colombien, Franco-Albertain, Fransaskois, Franco-Manitobain – sont monnaie courante dans certains milieux, il n'est pas évident que la majorité des francophones s'identifient à elles. À Saint-Paul, par exemple, seulement 8,8 % d'entre eux choisissent, comme première affiliation, l'identité franco-albertaine. Cependant, le quart des répondants francophones déclare également une deuxième

Tableau VII

Identité nationale de la population de Saint-Paul, en Alberta, selon la langue maternelle, 1989

	Langue maternelle			
Identité nationale	**Français** %	**Anglais** %	**Ukrainien** %	**Autre** %
Canadien	42,2	66,4	70,4	70,8
Canadien français	44,1	0,7	0,0	0,0
Franco-Albertain	8,8	0,0	0,0	0,0
Albertain	2,9	8,7	3,7	12,5
Canadien anglais	1,0	9,4	1,9	4,2
Canadien ukrainien	1,0	2,7	18,5	4,2
Autre	0,0	12,1	5,6	8,3
Total	**100,0**	**100,0**	**100,1**	**100,0**

Note : Ces données sont tirées d'une enquête menée par l'auteur sur l'usage des langues dans la région de Saint-Paul, en Alberta. L'échantillon aléatoire comprenait 330 personnes, dont 102 francophones. Pour d'autres informations concernant les modalités de cette enquête, voir Aunger, 1993.

Tableau VIII
Origine ethnique de la population francophone de l'Ouest, par province, 1991

Origine	Colombie-Britannique %	Alberta %	Saskatchewan %	Manitoba %	L'Ouest %
Française	66,7	68,6	77,6	74,6	70,8
Française et britannique	13,6	12,2	8,4	9,3	11,4
Française et autre	8,4	8,9	6,4	7,4	8,0
Britannique	1,8	1,9	1,2	1,6	1,7
Autre européenne	3,4	1,6	2,1	2,7	2,5
Canadienne	1,8	2,4	1,2	0,8	1,6
Autochtone	0,5	1,4	1,7	2,6	1,5
Autre	3,8	3,0	1,4	1,1	2,5
Total	**100,0**	**100,0**	**100,0**	**100,1**	**100,0**

Source : Statistique Canada, recensement de 1991.

identité nationale et, de ce groupe, 39,3 % réclament l'identité albertaine, tout court, et 28,6 % l'identité composite franco-albertaine.

La diversité des origines de la population francophone est souvent passée sous silence, surtout parce qu'elle est difficile à mesurer. En 1991, 90,2 % des francophones dans l'Ouest se sont déclarés d'origine française, mais le recensement n'a fait aucune distinction entre les origines franco-canadienne, franco-américaine, ou franco-européenne. Néanmoins, nous savons que 6,1 % des francophones habitant l'Ouest en 1991 sont nés à l'étranger ; et que 25,7 % des francophones l'habitant en 1921, à la fin des grandes vagues d'immigration, sont nés, eux aussi, à l'étranger. Au début du siècle, ces francophones étrangers étaient natifs des États-Unis et de la France, surtout, mais également de la Belgique ; de nos jours, un nombre croissant sont d'origine non européenne.

Les francophones, comme d'autres groupes linguistiques dans l'Ouest, connaissent une certaine diversité d'origines due, en grande partie, aux mariages exogames. Parmi les francophones d'origine française, 21,5 % réclament également une deuxième origine, d'habitude britannique. En plus, 9,8 % des francophones n'ont déclaré aucune origine française : ils se disaient d'autres origines, européennes ou non européennes, y compris autochtones. Il est très probable, toutefois, que les origines non françaises soient encore plus élevées et que ces déclarations négligent souvent des racines autochtones. Au tournant du siècle, les Métis composaient les trois quarts de la population francophone des Territoires du Nord-Ouest ; ces Métis étaient concentrés dans les régions qui sont devenues, en 1905, les provinces de l'Alberta et de la Saskatchewan.

Confession religieuse

La confession catholique a toujours constitué une partie importante de l'identité francophone. De nos jours, la très grande majorité, 82,5 % des francophones, se déclare *catholique*, bien qu'il y ait des différences provinciales importantes : l'identification catholique varie de 71,1 % en Colombie-Britannique à 91 % au Manitoba. Ces différences reflètent surtout le clivage entre les

Tableau IX
Confession religieuse de la population francophone dans l'Ouest, par province, 1991

Religion	Colombie-Britannique %	Alberta %	Saskatchewan %	Manitoba %	L'Ouest %
Catholique	71,1	82,6	89,8	91,0	82,5
Protestante	10,7	8,5	6,3	4,3	7,7
Aucune religion	16,3	7,7	3,6	4,2	8,7
Autre	1,9	1,3	0,3	0,4	1,1
Total	**100,0**	**100,1**	**100,0**	**99,9**	**100,0**

Source : Statistique Canada, recensement de 1991.

francophones natifs de l'Ouest et les francophones immigrants récents. Il est à noter que, dans l'ensemble, il n'y a qu'une minorité des habitants de l'Ouest, 21 % des anglophones, par exemple, qui sont catholiques.

De fait, c'est dans les anciennes enclaves francophones que la foi catholique est le plus profondément enracinée et que la devise traditionnelle *la langue gardienne de la foi* conserve toujours son sens. Dans la région de Saint-Paul, en Alberta, par exemple, 93,1 % des francophones se déclarent catholiques, et 61,1 % disent assister à la messe au moins une fois par semaine. En plus, 34,3 % prétendent que la religion joue un grand rôle dans leur vie, surtout dans leur façon d'agir et de penser ; seulement 27,5 % ont dit de même de la langue.

Les institutions du secteur religieux forment depuis longtemps le noyau des communautés francophones. Dans son mémoire aux évêques de l'Alberta, l'Association canadienne-française de l'Alberta (1986) déclarait : « Aujourd'hui encore, l'Église catholique constitue ce qui est sans nul doute la plus puissante force de rassemblement des communautés francophones. » Dans les paroisses de langue française, l'Église offre des offices religieux en français, mais elle assure également toute une vie sociale en français. En outre, de nombreuses activités sont associées à la vie paroissiale : chorales, soins pastoraux, cercles de femmes, clubs d'hommes, troupes de scouts et de guides, équipes sportives, œuvres de charité.

Néanmoins, la présence francophone de l'Église s'érode continuellement. D'une part, la population francophone est moins souvent catholique que par le passé ; d'autre part, les paroisses francophones sont elles-mêmes moins nombreuses. En plus, elles s'anglicisent. Le clergé y préfère souvent « les services religieux bilingues, voire entièrement en anglais, au grand détriment de la langue française » (Denis, 1993, p. 278).

MARIAGE ET FAMILLE

La famille francophone d'autrefois était composée d'un couple marié et de nombreux enfants dont la langue maternelle était le français. La famille francophone de nos jours comprend également un couple marié, bien que l'union libre soit commune, mais les enfants sont peu nombreux et la langue au foyer est l'anglais. De fait, la famille francophone ressemble de plus en plus à la famille anglophone.

Le francophone type est un adulte marié : 53,3 % des francophones dans l'Ouest vivent en couple marié. Pourtant la cohabitation

Tableau X
Situation des particuliers francophones dans la famille, par province, 1991

Situation	Colombie-Britannique %	Alberta %	Saskatchewan %	Manitoba %	L'Ouest %
Époux ou épouse	52,8	52,6	57,3	52,8	53,3
Partenaire en union libre	7,8	7,8	3,9	3,8	6,2
Parent seul	3,6	3,7	3,4	3,8	3,7
Enfant jamais marié	11,8	17,1	11,9	22,9	16,6
Personne vivant seule	14,2	11,1	17,0	11,7	12,8
Autre	9,8	7,6	6,6	5,1	7,4
Total	**100,0**	**99,9**	**100,1**	**100,1**	**100,0**

Source : Statistique Canada, recensement de 1991.

sans mariage est répandue : 10,4 % des francophones qui participent à la vie de couple sont en union libre. En cela, les francophones se comportent comme les anglophones : 11,3 % des conjoints anglophones, mais seulement 5,1 % des conjoints allophones, sont en union libre. L'union libre est surtout répandue en Colombie-Britannique et en Alberta, où elle est deux fois plus fréquente qu'en Saskatchewan ou au Manitoba.

Le mariage n'est pas toujours éternel : 9,5 % des francophones sont soit divorcés, soit séparés. Le ratio des personnes divorcées ou séparées aux personnes actuellement mariées est de l'ordre de 17,8 % chez les francophones, comparativement à 18,1 % chez les anglophones. Les écarts entre les francophones de différentes provinces sont plus grands que ceux entre francophones et anglophones de la même province. Le taux de divorce francophone, par exemple, est deux fois plus élevé en Colombie-Britannique qu'en Saskatchewan.

Les francophones marient d'habitude des non-francophones. En 1991, le taux d'exogamie linguistique pour les francophones de l'Ouest était de 60 %. Toutefois, il oscille entre 70,7 % en Colombie-Britannique et 46,6 % au Manitoba. Ces taux constituent une augmentation importante par rapport au passé ; par exemple, en 1971, ils étaient de 60,3 % en Colombie-Britannique et de 34,8 % au Manitoba, pour les personnes âgées de 35 à 44 ans (Castonguay, 1979, p. 26). Dans la région de Saint-Paul, en Alberta, le taux d'exogamie aurait progressé de 2,7 % entre 1910 et 1914, à 7,1 % entre 1930 et 1934, à 22,5 % entre 1950 et 1954, et à 53,7 % entre 1970 et 1972 (Aunger, 1993, p. 75).

Le mariage exogame chez les francophones est en fonction des contacts croissants avec les anglophones. Les francophones et les anglophones partagent de plus en plus les mêmes institutions et les mêmes valeurs. Aunger (1993, p. 75) a découvert que le lieu du premier contact des futurs mariés et, plus précisément, la langue parlée à cet endroit déterminent largement le caractère linguistique du mariage. Parmi les francophones, 88,9 % se sont rencontrés pour la première fois dans un endroit où le français était la principale langue parlée, alors que seulement 18,4 % des personnes qui ont épousé un non-francophone, se sont rencontrés dans un tel endroit.

La pénurie d'enfants francophones constitue un des éléments le plus frappant de la situation familiale. En 1991, les enfants non mariés ne représentent que 16,6 % de la

Tableau XI
Proportion d'enfants francophones dont la mère est francophone, par province, selon la langue maternelle du père, 1991

Langue maternelle du père	Colombie-Britannique %	Alberta %	Saskatchewan %	Manitoba %	L'Ouest %
Français	72,7	78,9	68,7	87,6	80,4
Anglais	17,2	16,3	10,9	21,1	16,8
Autre	24,3	20,5	8,5	17,9	19,6
Total	**32,2**	**40,4**	**30,6**	**56,6**	**42,1**

Note : Un enfant francophone est un enfant de langue maternelle française.

Source : Statistique Canada, recensement de 1991.

population francophone dans l'Ouest, bien qu'il y ait une grande variation entre les provinces : de 11,8 % en Colombie-Britannique à 22,9 % au Manitoba. Par contre, chez les anglophones, les enfants non mariés comptent pour 35,7 % de la population. L'explication de ces différences est simple : la famille francophone ne réussit pas toujours à transmettre la langue française à ses enfants. Les enfants nés de parents francophones sont, en majorité, anglophones. Plus précisément, il n'y a que 42,1 % des enfants de mères francophones qui sont de langue maternelle française. Le taux de transmission de la langue est particulièrement bas en Colombie-Britannique, à 32,2 %, et en Saskatchewan, à 30,6 %.

Encore une fois, la source de cet échec réside en grande partie dans le phénomène du mariage exogame. Il n'y a que 16,8 % des enfants qui sont francophones quand la mère est francophone et le père anglophone. Par contre, 80,4 % des enfants sont francophones quand la mère et le père sont, tous les deux, francophones.

Il y eut un temps où les francophones, par un taux de natalité élevé, pouvaient compenser la perte de leurs enfants à la langue anglaise. Par exemple, entre 1956 et 1961, le nombre d'enfants par femme francophone en âge de procréer était de 5,1 (Castonguay, 1993, p. 148). De nos jours, toutefois, l'indice de fécondité n'est pas suffisant pour assurer le remplacement de la génération actuelle. Entre 1981 et 1986, il n'était que de 1,8 pour la femme francophone ; indice égal, à toutes fins pratiques, à celui de la femme anglophone. Une fois de plus, la famille francophone ressemble à la famille anglophone.

Stratification socioéconomique

La stratification de la population francophone ressemble en grande partie à celle de la population anglophone. Selon différents indices, dont la scolarité, l'emploi, la profession et le revenu, les francophones partagent de façon équitable, avec d'autres groupes linguistiques, les ressources et les biens de la vie économique. Dans l'ensemble, la stratification des communautés francophones est à l'image des provinces dans lesquelles elles se trouvent. Il paraît donc que la situation a beaucoup évolué depuis une génération. En 1962, Dofny et Rioux ont signalé une répartition très inégale des francophones dans les ordres économiques et ont conclu qu'il existait une classe ethnique canadienne-française. Selon leurs recherches, la stratification de la société canadienne-française était « profondément différente de la stratification de la société canadienne dans son ensemble » (p. 299).

La stratification scolaire des francophones ressemble à celle des anglophones, mais elle comporte également des différences importantes. Le francophone moyen, comme l'anglophone moyen, a complété au moins 12 années d'études et a obtenu un certificat d'études secondaires. Les deux groupes détiennent, dans des proportions semblables (10 % et 11 %), un diplôme universitaire, et 5 % d'entre eux, tant anglophones que francophones, ont terminé au moins 18 années d'études. Toutefois, une proportion significative de la population francophone est sous-scolarisée : 17 % des francophones n'ont pas terminé plus de huit années d'études comparativement à seulement 7 % des anglophones. Néanmoins, cette dernière catégorie comprend surtout les plus âgés, et sa part diminue progressivement. Saint-Germain et Lavoie (1993, p. 171) estimaient qu'en 1985, au Manitoba, les niveaux de scolarité des jeunes francophones étaient comparables à ceux des anglophones, et qu'il en allait de même de leurs revenus.

Des écarts scolaires encore plus importants, cependant, sont visibles entre les différentes communautés francophones. Ces écarts correspondent largement aux différences globales entre les quatre provinces. La Saskatchewan, avec sa base agricole, comprend une population francophone qui est relativement peu scolarisée : 26 % n'ont pas atteint la neuvième année. Par contre, la Colombie-Britannique et l'Alberta, avec des bases économiques plus diversifiées, comprennent des populations francophones qui sont plus scolarisées.

Saint-Germain et Lavoie (1993, p. 163) ont conclu que « le chômage est systématiquement plus présent chez les francophones que chez les anglophones ». Cette conclusion est basée sur une analyse des taux de chômage dans l'Ouest en 1980 et en 1985. Si elle était incontestable en 1980, et discutable en 1985, elle est carrément dépassée en 1991. Dans l'ensemble, il n'y a maintenant aucune différence significative entre les taux de chômage des deux groupes linguistiques, et cela dans chacune des quatre provinces : il est de 8,4 % chez les francophones, et de 8,6 % chez les anglophones.

La répartition des francophones et des anglophones entre les différents secteurs

Tableau XII

Nombre total d'années d'études, chez la population francophone âgée de 15 ans et plus, par province, 1991

Années d'études	Colombie-Britannique %	Alberta %	Saskatchewan %	Manitoba %	L'Ouest %
0 - 4	2	2	3	3	3
5 - 8	13	11	23	16	14
9 - 12	44	49	47	53	48
13 -17	34	33	23	24	30
18 ou plus	7	5	3	4	5
Total	**100**	**100**	**99**	**100**	**100**

Source : Statistique Canada, recensement de 1991.

Tableau XIII

Classification professionnelle, selon le degré de compétence, de la population francophone âgée de 15 ans et plus, par province, 1991

Classification	Colombie-Britannique %	Alberta %	Saskatchewan %	Manitoba %	L'Ouest %
Cadres et professionnels[1]	24	20	20	19	21
Personnel administratif et travailleurs qualifiés[2]	32	36	41	35	35
Personnel de bureau et travailleurs spécialisés[3]	33	32	30	36	33
Personnel des services et travailleurs manuels[4]	11	12	9	11	11
Total	**100**	**100**	**100**	**101**	**100**

Note : Cette classification en quatre classes professionnelles se base sur le niveau de compétence nécessaire pour exercer la profession. Elle encadre 10 grandes catégories professionnelles.

1. Niveau de compétence IV : Cadres supérieurs, cadres intermédiaires et autres administrateurs et professionnels.
2. Niveau de compétence III : Personnel semi-professionnel et technique, surveillants, contremaîtres, personnel administratif et de bureau, personnel de la vente et des services, travailleurs qualifiés et artisans.
3. Niveau de compétence II : Personnel de bureau, personnel de la vente et des services, travailleurs manuels spécialisés.
4. Niveau de compétence I : Personnel de la vente et des services, autres travailleurs manuels.

Source : Statistique Canada, recensement de 1991.

industriels est également très comparable. Chez les francophones, 11 % sont employés dans le secteur primaire, 17 % dans le secteur secondaire, et 72 % dans le secteur tertiaire. Chez les anglophones, les proportions sont de 10 %, de 15 %, et de 75 % respectivement. Les différences sont relativement marginales mais peuvent s'expliquer en partie par la proportion élevée de francophones dans l'industrie de la construction.

Encore une fois, une différence plus importante est évidente entre les communautés francophones elles-mêmes. Par exemple, en Saskatchewan, 21 % de la population francophone est employée en agriculture, comparativement à seulement 3 % en Colombie-Britannique, 6 % en Alberta et 7 % au Manitoba.

La stratification des professions au sein de la population francophone suit de près celle de la société globale. Une classification en quatre classes, selon le niveau de compétence nécessaire pour exercer la profession, révèle très peu de différences entre les groupes linguistiques. Par exemple, 21 % des francophones, et 22 % des anglophones, se trouvent dans la classe des cadres et des professionnels ; 35 % des francophones, et 31 % des anglophones, se trouvent dans la classe du personnel administratif et des travailleurs qualifiés. Une classification plus nuancée, en 10 catégories professionnelles, nous permet de signaler d'autres différences, parfois plus marquées. Par exemple, les francophones sont surreprésentés dans la catégorie des travailleurs qualifiés et des artisans (10 % s'y trouvent, comparativement à 7 % des anglophones), tandis qu'ils sont sous-représentés dans la catégorie du personnel de bureau, niveau II (8 % s'y trouvent, comparativement

Tableau XIV

Tranche de revenu total de la population francophone âgée de 15 ans et plus, par province, 1991

Tranche de revenu $	Colombie-Britannique %	Alberta %	Saskatchewan %	Manitoba %	L'Ouest %
0 - 9 999	29	29	32	33	30
10 000 - 19 999	24	25	29	26	25
20 000 - 29 999	16	17	16	16	17
30 000 - 39 999	13	12	13	13	13
40 000 - 49 999	9	8	6	7	8
50 000 - 59 999	4	4	2	3	4
60 000 - 69 999	2	2	1	1	2
70 000 ou plus	2	3	1	1	2
Total	**99**	**100**	**100**	**100**	**101**

Source : Statistique Canada, recensement de 1991.

à 11 % des anglophones). Cette tendance existe dans chacune des quatre provinces.

Contrairement à d'autres indices de stratification, la classification professionnelle ne révèle pas de très grandes variations entre les communautés francophones. Les francophones de la Saskatchewan sont les seuls à s'écarter quelque peu des normes ; par exemple, 41 % se trouvent dans la classe du personnel administratif et des travailleurs qualifiés. Cela s'explique en grande partie par l'inclusion d'agriculteurs dans cette classe, dont un nombre disproportionné se trouve dans cette province.

La grande majorité des francophones, dans chacune des provinces, habitent un logement possédé par un membre de leur ménage. Néanmoins, ils en sont propriétaires moins souvent que les anglophones ou les allophones : 68 % des francophones possèdent un logement, comparativement à 70 % des anglophones et 74 % des allophones. La différence dans la valeur de ces logements est encore plus grande : la valeur moyenne est, chez les francophones, de 101 000 $; chez les anglophones, de 115 000 $; chez les allophones, de 127 000 $. Cette hiérarchie de valeurs se répète dans chacune des provinces, sauf en Saskatchewan. Il n'est pas impossible que des facteurs d'ordre culturel jouent un rôle important dans la décision d'acheter ou de louer un logement et dans les montants qui y sont investis.

Le revenu total moyen constitue probablement le meilleur indice du bien-être économique de la population francophone. Il est significatif donc que son revenu soit, à toutes fins pratiques, égal à celui de la population anglophone : le revenu moyen des francophones, comme celui des anglophones, se chiffre à 22 000 $, environ. En ce qui concerne la stratification des communautés francophones, l'étude des tranches de revenu confirme les tendances déjà observées ; les francophones de la Colombie-Britannique et de l'Alberta sont les mieux nantis, suivis de ceux du Manitoba et, au dernier rang, de ceux de la Saskatchewan. Là encore, la situation des francophones correspond largement à celle des anglophones de la même province.

INSTITUTIONS ET ASSOCIATIONS

La vitalité des communautés francophones de l'Ouest dépend de l'existence d'institutions de langue française. D'abord, ces institutions créent un milieu où le francophone peut vivre en français. L'utilisation de la langue en assure la rétention et contribue ainsi à la survie de la communauté linguistique. En deuxième lieu, ces institutions répondent à un certain nombre de besoins psychologiques et sociaux. Dans une enquête menée auprès des Franco-Manitobains, Savas (1990) signale, par exemple, que l'adhésion aux institutions de langue française est motivée par des besoins d'appartenance, d'identité et de reconnaissance, entre autres. La promotion de la langue passe donc par le maintien de l'identité.

Les communautés francophones peuvent se vanter d'avoir un réseau important d'institutions, même s'il reste incomplet. Il est à son plus fort au Manitoba et à son plus faible en Colombie-Britannique. Dans le secteur de l'éducation, il comprend des écoles gérées par des conseils scolaires francophones. Dans le domaine religieux, il compte des paroisses francophones qui, à leur tour, regroupent un grand nombre d'activités confessionnelles. Dans le domaine politique, on trouve des associations provinciales et régionales qui, en plus d'être les porte-parole officiels de leur communauté francophone, organisent souvent des activités et des services spécialisés : librairies, journaux, musées, garderies, cours de formation, rallyes, rencontres. Dans le secteur culturel, les francophones ont mis sur pied des chorales, des troupes de théâtre et de danse, des festivals de la chanson, sans compter des postes de radio et de télévision. Dans le secteur économique, les institutions francophones sont plus rares, mais on y trouve quelques caisses populaires et coopératives.

La *Charte des droits et libertés*, adoptée en 1982, a donné une nouvelle impulsion aux écoles francophones, et la décision de la Cour suprême du Canada dans l'affaire *Mahé*, rendue en 1990, a donné naissance à la gestion francophone de ces mêmes écoles. Trois des quatre provinces de l'Ouest ont créé des conseils scolaires francophones, la même année, en 1994 (Aunger, 1996). L'Alberta a établi 3 conseils scolaires et 3 conseils de coordination pour gérer 13 écoles francophones où sont inscrits 2 100 étudiants. Le Manitoba a instauré un seul conseil scolaire, à l'échelle de la province, pour faire la gestion de 20 écoles françaises et leurs 4 200 étudiants. La Saskatchewan a créé 8 conseils francophones pour 10 écoles fréquentées par 1 000 étudiants. La Colombie-Britannique est la seule province dans l'Ouest à n'en reconnaître aucun, bien qu'un règlement adopté en 1995 ait établi une autorité scolaire francophone avec des pouvoirs de gestion limités. Dans cette province, 800 élèves fréquentent 4 écoles francophones.

La Cité francophone, à Edmonton, a ouvert ses portes en 1997. Elle abrite de nombreux organismes et commerces francophones dont, par exemple, l'Association canadienne-française de l'Alberta, le Conseil scolaire régional du Centre-Nord, le journal *Le Franco*, l'UniThéâtre, le café Amandine, la librairie Le Carrefour, le Centre d'arts visuels de l'Alberta et la Chambre économique de l'Alberta.

Les communautés francophones sont actuellement en train de rebâtir un système scolaire qui a été largement démantelé au cours du dernier siècle. Les gouvernements de l'Ouest ont infligé un très dur coup à ces communautés quand, à partir de 1890, ils ont interdit l'enseignement du français dans toutes les écoles subventionnées par l'État. La *Charte des droits et libertés*, avec ses garanties pour l'instruction en français, avait pour but de réparer cette injustice. Cependant, elle arrive trop tard pour des générations déjà passées à la langue anglaise. Selon l'article 23 de la *Charte*, l'enfant de parent francophone a droit à un enseignement en français dans une école française. Toutefois, la grande majorité des francophones natifs de l'Ouest ont été instruits en anglais, et leurs enfants sont maintenant de langue anglaise. Parmi les enfants ayant droit à l'instruction en français, seule une minorité parle français : 14 % en Colombie-Britannique, 21 % en Alberta, 14 % en Saskatchewan, et 34 % au Manitoba (Commission nationale des parents francophones, 1991).

L'école française inspire d'autres organismes francophones, notamment des associations d'enseignants, de parents et d'étudiants. Chacune des communautés francophones compte, par exemple, une association de parents : l'Association des parents francophones de la Colombie-Britannique, la Fédération des parents francophones de l'Alberta, l'Association provinciale des parents fransaskois. L'école française devient également un lieu de rencontre pour la communauté francophone. Dans chacune des provinces, se trouvent des centres scolaires et communautaires rattachés aux écoles.

Chaque communauté francophone compte également une association provinciale : la Fédération des francophones de la Colombie-Britannique, l'Association canadienne-française de l'Alberta, l'Association culturelle franco-canadienne de la Saskatchewan, la Société franco-manitobaine. Ces associations servent de porte-parole auprès des gouvernements ; elles offrent également de nombreux services à leurs membres. L'Association canadienne-française de l'Alberta, par exemple, a fondé l'hebdomadaire *La Survivance* en 1926, devenu depuis *Le Franco* ; le poste de radio CHFA en 1949 ; la librairie *Le Carrefour* en 1972. Elle a aussi participé à la création d'autres services : garderies francophones, caisses populaires, station de télévision, entre autres.

Les associations provinciales ont accordé une grande importance à l'obtention de médias francophones, d'abord les journaux, par la suite la radio et la télévision. Chaque communauté s'est dotée très tôt d'un hebdomadaire francophone. Les Franco-Manitobains ont fondé *La Liberté* en 1913 ; c'est le plus ancien des journaux toujours en existence. Les Fransaskois ont créé le journal *L'Eau Vive* en 1971 seulement, mais son prédécesseur, *Le Patriote de l'Ouest*, a vu le jour en 1910. Les Franco-Albertains se sont donné *Le Franco*, le successeur d'une longue lignée de journaux publiés à Edmonton, dont *Le Courrier de l'Ouest*, *L'Union* et *La Survivance*. Les Franco-Colombiens ont fondé *Le Soleil de Colombie*. Tous connaissent des difficultés financières, et leur existence reste précaire.

À partir de 1944, les associations francophones des provinces des Prairies organisent une campagne de financement pour obtenir des stations radiophoniques de langue française. Cette campagne, menée en collaboration avec le Conseil de la vie française en Amérique, aboutit à la création de CKSB (Saint-Boniface) en 1946, de CHFA (Edmonton) en 1949, de CFRG (Gravelbourg) et de CFNS (Saskatoon) en 1952. Quelques années plus tard, les associations commenceront une autre campagne, cette fois politique, pour obtenir la télévision. Dès 1960, Radio-Canada inaugurera des services de télévision française dans l'Ouest avec l'établissement de CBWFT (Winnipeg). Radio-Canada commencera un service de radio en Colombie-Britannique en 1967 et achètera les quatre stations de radio des Prairies en 1973-1974.

Des activités culturelles, dont le chant, la danse et le théâtre, occupent une place importante dans la vie francophone. Il existe de nombreuses chorales et troupes de danse dans l'Ouest. Les communautés francophones de l'Alberta et de la Colombie-Britannique organisent, par exemple, des galas annuels de la chanson francophone. Le théâtre francophone, amateur et professionnel, est également très présent. Parmi les troupes de théâtre, on trouve la Seizième en Colombie-Britannique, l'UniThéâtre en Alberta, la Troupe du Jour en Saskatchewan, le Cercle Molière au Manitoba. Ce dernier est une des plus anciennes compagnies théâtrales de langue française au Canada. Le Festival du voyageur célèbre les traditions canadiennes-françaises et métisses au Manitoba, depuis 1969. La Fête franco-albertaine rassemble les francophones de l'Alberta, chaque année, dans une célébration de la musique, de la danse et du sport.

Dans le secteur économique, les institutions francophones sont plutôt rares. Les francophones ont appuyé pendant quelque temps des coopératives. En Alberta, par exemple, le mouvement des caisses populaires a pris son essor en 1939 ; une fédération des coopératives bilingues était fondée en 1964 (Allaire, 1988, p. 87). À quelques exceptions près, toutefois, les coopératives ont connu des difficultés financières lors de la récession de 1982 ; elles n'en sont pas sorties indemnes.

Les associations provinciales de l'Alberta et du Manitoba publient un annuaire des organismes, des commerçants et des professionnels qui offrent des services en français. Néanmoins, la plupart de ces commerçants offrent leurs services en anglais également ; il est même probable que leur clientèle soit majoritairement anglophone. Des services en français sont donc disponibles, et cela dans un grand nombre de domaines ; toutefois, ils ne peuvent que rarement rivaliser avec les services disponibles en anglais. D'habitude, les institutions francophones et leurs services ne sont ni aussi développés, ni aussi complets, ni aussi nombreux. Pourtant, l'existence de telles institutions est essentielle à la survie des communautés francophones : selon Breton (1964), la « complétude institutionnelle » est corrélée avec la fréquence des relations entre les membres d'un groupe minoritaire.

Saint-Paul, petite ville albertaine de 5 000 personnes, au nord-est d'Edmonton, se dote de plusieurs institutions bilingues dont ce centre culturel.

CONCLUSION

La situation des communautés francophones dans l'Ouest est de toute évidence peu favorable à leur survivance. Dans le contexte de la société dominante, les francophones sont très minoritaires, très dispersés et très intégrés. Ils ne constituent que 2,6 % de la population de l'Ouest ; ils habitent d'habitude des districts où ils comptent pour moins de 5 % de la population ; ils connaissent la langue anglaise aussi bien, et parfois mieux, que la langue française.

Sur plusieurs dimensions donc, les différences entre le francophone et l'anglophone sont imperceptibles. Le francophone vit en milieu anglophone plutôt qu'en enclave francophone ; il habite un grand centre métropolitain plutôt qu'une région rurale. Il a appris l'anglais dès sa jeune enfance, il a fréquenté une école de langue anglaise et il parle anglais au cours de ses activités quotidiennes. Natif de l'Ouest, il a épousé une personne de langue anglaise et ses enfants ont l'anglais comme langue maternelle. Il est relativement bien instruit et il a terminé avec succès l'école secondaire. Il occupe un emploi dans le secteur tertiaire où il gagne le même salaire que son collègue anglophone.

Pourtant, sur d'autres plans, le francophone se distingue très clairement de l'anglophone. Il parle français, sa langue maternelle ; il est donc bilingue. Il s'identifie à une francophonie nationale ou provinciale ; il réclame le plus souvent une identité de Canadien français. Il est catholique pratiquant, et ses croyances religieuses sont souvent intégrées à sa culture française. Il s'est donné des symboles d'identité francophone et des organismes pour la perpétuer. Il s'est doté de nombreuses institutions de langue française, dont une association provinciale, un journal, des médias électroniques, des écoles, des garderies, des centres culturels, des associations professionnelles, des chorales, des troupes de théâtre, et bien d'autres.

Les communautés francophones ne sont pas pour autant identiques ou monolithiques. Elles connaissent de fait une certaine hétérogénéité dans leur utilisation de la langue française, dans leur identité nationale et provinciale et dans leur stratification socioéconomique. Cette diversité est visible à l'intérieur de chaque province, mais également dans les différences observées entre les provinces. Il est probable que certaines de ces différences trouvent leur origine dans le clivage entre les francophones immigrants et les francophones natifs de l'Ouest, entre les régions en croissance et les régions stationnaires, entre les provinces de la Colombie-Britannique et de l'Alberta et les provinces de la Saskatchewan et du Manitoba.

La survivance des communautés francophones, témoignée par leur croissance démographique et leur vitalité institutionnelle, est le résultat d'un flux constant d'immigrants francophones, originaires surtout du Québec, et d'une lutte incessante pour maintenir une vie française dans un milieu anglicisant. L'histoire des francophones dans l'Ouest est le récit d'une lutte pour défendre les institutions de langue française contre les attaques des instances politiques hostiles. Le regain des écoles françaises n'en est que le chapitre le plus récent.

Bibliographie

ALLAIRE, Gratien (1988). « Pour la survivance : l'Association canadienne-française de l'Alberta », dans *Les outils de la francophonie*, sous la direction de Monique Bournot-Trites, William Bruneau et Robert Roy, Vancouver, University of British Colombia, p. 67-100. Actes du sixième colloque du Centre d'études franco-canadiennes de l'Ouest.

ASSOCIATION CANADIENNE-FRANÇAISE DE L'ALBERTA (1986). *Mémoire aux évêques de l'Alberta*, Edmonton, ACFA.

ASSOCIATION CANADIENNE-FRANÇAISE DE L'ALBERTA (1992). *Mémoire au Comité mixte spécial sur le renouvellement du Canada*, Edmonton, ACFA.

AUNGER, Edmund A. (1989). « Language and Law in the Province of Alberta », dans *Language and Law = Langue et Droit*, sous la direction de Paul Pupier et José Woehrling, Montréal, Wilson et Lafleur, p. 203-229.

AUNGER, Edmund A. (1993). « The Decline of a French-Speaking Enclave : A Case Study of Social Contact and Language Shift in Alberta », *Canadian Ethnic Studies = Études ethniques au Canada*, vol. 25, n° 2, p. 65-83.

AUNGER, Edmund A. (1996). « Dispersed Minorities and Segmental Autonomy : French-Language School Boards in Canada », *Nationalism and Ethnic Politics*, vol. 2, n° 2, p. 191-215.

BRETON, Raymond (1964). « Institutional Completeness of Ethnic Communities and the Personal Relations of Immigrants », *American Journal of Sociology*, vol. 70, n° 2, p. 193-205.

BUGNET, Georges (1926). « Notre congrès », *L'Union*, Edmonton, 8 juillet, p. 1.

CASTONGUAY, Charles (1979). « Exogamie et anglicisation chez les minorités canadiennes-françaises », *Revue canadienne de sociologie et d'anthropologie = Canadien Review of Sociology and Anthropology*, vol. 16, n° 1, p. 21-31.

CASTONGUAY, Charles (1993). « Le déclin des populations francophones de l'Ouest canadien », *Cahiers franco-canadiens de l'Ouest*, vol. 5, n° 2, p. 147-153.

Centre de recherches sur l'opinion publique (1983). *Étude des communautés francophones hors Québec, des communautés anglophones au Québec, des francophones au Québec et des anglophones hors Québec*, 6 vol., Montréal, CROP.

Commission nationale des parents francophones (1991). *L'article 23 et le mouvement des parents francophones au Canada*, Saint-Boniface, CNPF.

Dallaire, Louise M., et Réjean Lachapelle (1990). *Profils démolinguistiques des communautés minoritaires de langue officielle*, Ottawa, Secrétariat d'État, Direction générale de la promotion des langues officielles.

Denis, Wilfrid (1993). « La complétude institutionnelle et la vitalité des communautés fransaskoises en 1992 », *Cahiers francophones de l'Ouest*, vol. 5, n° 2, p. 253-284.

Dofny, Jacques, et Marcel Rioux (1962). « Les classes sociales au Canada français », *Revue française de sociologie*, vol. 3, p. 290-300.

Jackson, Michael (1972). « Une minorité ignorée : les Franco-Canadiens de la Saskatchewan », *Revue d'études canadiennes = Journal of Canadian Studies*, vol. 7, n° 3, p. 1-20.

Joy, Richard (1972). *Languages in Conflict*, Toronto, McClelland and Stewart.

Lachapelle, Réjean (1986). « La démolinguistique et le destin des minorités françaises vivant à l'extérieur du Québec », *Mémoires de la Société royale du Canada = Transactions of the Royal Society of Canada*, série 5, vol. 1, p. 123-141.

Lachapelle, Réjean, et Jacques Henripin (1980). *La situation démolinguistique au Canada*, Montréal, Institut de recherches politiques.

Morice, Adrien-Gabriel (1908). *Dictionnaire historique des Canadiens et des Métis français de l'Ouest*, Montréal, Granger.

Rochet, Bernard (1993). « Le français parlé en Alberta », *Francophonies d'Amérique*, n° 3, p. 5-24.

Saint-Germain, Maurice, et Marc Lavoie (1993). « Évolution comparée des revenus des francophones de l'Ouest canadien », *Cahiers franco-canadiens de l'Ouest*, vol. 5, n° 2, p. 155-176.

Savas, Daniel (1990). « Institutions francophones et vitalité communautaire : motivations symboliques et fonctionnelles du choix de réseau institutionnel », dans *À la mesure du pays*, sous la direction de Jean-Guy Quenneville, Monique Genuist, Paul Genuist et Jacques Julien. Actes du dixième colloque du Centre d'études franco-canadiennes de l'Ouest, Saskatoon, St. Thomas More College, p. 67-83.

Stebbins, Robert A. (1993). « Le style de vie francophone en milieu minoritaire », *Cahiers franco-canadiens de l'Ouest*, vol. 5, n° 2, p. 177-193.

LE POLITICOJURIDIQUE

Chapitre 14

Les droits linguistiques au Canada

Pierre Foucher, Université de Moncton

Les disciplines scientifiques du droit, de la philosophie, de la sociologie ou de la science politique colorent les droits linguistiques d'un halo particulier. La première partie de ce texte présente donc les droits linguistiques au Canada, tels qu'ils apparaissent dans la discipline juridique. Seront mis à contribution le texte de la *Loi constitutionnelle de 1867*, celui de la *Charte canadienne des droits et libertés* et les principales décisions des instances judiciaires ayant eu à les interpréter. Nous mentionnerons aussi les principales lois applicables en la matière. En second lieu, nous examinerons le rapport entre les droits linguistiques, les minorités linguistiques et le débat constitutionnel plus vaste des trois dernières décennies. Nous montrerons comment le sort des droits linguistiques au Canada est inextricablement lié à la situation politique du Québec. La première partie sera plus factuelle et descriptive, la seconde plus analytique. Nous nous plaçons dans la perspective juridique plutôt que sociologique.

À la lecture des deux parties, on constatera que le droit ne crée pas la minorité. La minorité est un fait social dont le droit prend acte ou non. Par contre, dès qu'il existe un droit des minorités, celui-ci interagit aussitôt avec la dynamique politique et constitutionnelle. Ce droit des minorités modifie les concepts de *citoyenneté* et d'*égalité des droits*, puisqu'on doit considérer la différence d'un point de vue juridique. Si les droits linguistiques sont interprétés en dehors de leurs contextes social et politique, ils deviennent incompréhensibles et, à la limite, inutiles.

Les droits linguistiques

Le Canada étant un État fédéral, il possède plusieurs instances juridiques, et chacune peut avoir une incidence sur les droits linguistiques. Au sommet de l'édifice juridique, on retrouve la Constitution. Celle-ci contient des dispositions en matière linguistique qui accordent certains droits et imposent certaines obligations linguistiques tantôt à l'échelle du Canada, tantôt au Nouveau-Brunswick, au Québec ou au Manitoba, en plus de garantir les droits scolaires des minorités linguistiques partout au pays. Certains de ces droits font partie du compromis fédéral de 1867 et représentent une condition de la création du pays ; d'autres ont été rajoutés en 1982 et sont le reflet de préoccupations plus modernes de la société canadienne. Il existe aussi des dispositions linguistiques importantes au fédéral et dans plusieurs provinces. Le tout ne représente pas un ensemble cohérent, raisonné, bien agencé, suivant une logique définie. Nous avons choisi de faire l'inventaire des droits linguistiques disponibles à partir d'une structure fondée sur l'objet : nous énumérons d'abord les droits qui portent sur le système de bilinguisme officiel, pour ensuite passer aux droits scolaires des minorités linguistiques.

Le bilinguisme officiel

Sous ce vocable, on retrouve généralement les droits linguistiques applicables aux institutions de l'État, soit les parlements, les

Les Pères de la Confédération devant l'Hôtel du gouvernement lors de la Conférence de Charlottetown, Île-du-Prince-Édouard, en septembre 1864.

Signature de la Constitution canadienne, Ottawa, avril 1982. De g. à d. : Gerald Regan, ministre du Travail ; Pierre Elliott Trudeau, premier ministre ; Sa Majesté la reine Élizabeth II ; Michael Pitfield ; Michael Kirby.

tribunaux et les gouvernements. Des exigences linguistiques existent tant dans les lois que dans la Constitution. Ces exigences ne visent pas également toutes les juridictions canadiennes. Elles n'ont pas toutes le même contenu non plus. Certaines, par leur statut constitutionnel, ne peuvent pas être modifiées par les autorités auxquelles elles s'appliquent. D'autres, parce qu'elles ont le statut de lois ordinaires, se modifient plus facilement ; d'autres enfin, n'étant ni des lois ni des mesures constitutionnelles mais de simples politiques, n'ont aucune force juridique et n'ont de valeur que si elles sont véritablement appliquées par les gouvernements qui les adoptent.

La langue des lois et des parlements

L'édifice des droits linguistiques au Canada repose sur l'article 133 de la *Loi constitutionnelle de 1867*, qui représente, selon l'expression de la Cour suprême du Canada, un « système limité de bilinguisme », mais qui s'avère d'une importance considérable puisqu'il fait partie des compromis historiques qui ont permis la naissance de ce pays[1]. L'article 133 a servi de modèle dans le domaine des droits linguistiques au Manitoba[2], dans les Territoires du Nord-Ouest[3], au Nouveau-Brunswick[4] et en Ontario[5]. Essentiellement, cette disposition garantit que les lois fédérales et québécoises doivent être adoptées et publiées dans les deux langues et que l'on peut utiliser l'une ou l'autre dans les débats du Parlement ou de l'Assemblée nationale du Québec et devant les tribunaux fédéraux ou québécois. La Cour suprême a eu l'occasion de dire que cette disposition représentait un compromis indivisible[6] qui ne pouvait être modifié par le Québec seul ou par le Parlement fédéral seul. Ce compromis politique impose aux tribunaux de ne pas interpréter ces droits de manière trop généreuse[7] et de laisser aux assemblées législatives (donc au processus politique) le soin d'en favoriser la progression[8].

1. *Procureur général du Québec* c. *Blaikie (n° 1)*, [1979] 1 R.C.S. 1011.
2. Article 23 de la *Loi de 1870 sur le Manitoba*, (1870) 33 Vict., c.3 (Canada).
3. Article 110 de la *Loi sur les Territoires du Nord-Ouest*, L.R.C., 1985, c n° 27.
4. Articles 17 à 19 de la *Charte canadienne des droits et libertés*, annexe B de la loi de 1982 sur le Canada (1982) c. 11 (R. U.).
5. *Loi sur les services en français* (loi 8), L.R.O. 1990, c. F.32.
6. *Procureur général du Québec* c. *Blaikie (n° 1)*, [1979] 1 R.C.S. 1011.
7. *Société des Acadiens du Nouveau-Brunswick* c. *Association of Parents for Fairness in Education*, [1986] 1 R.C.S. 549.
8. Paragraphe 16(3) de la *Charte canadienne des droits et libertés*.

En vertu de cette disposition, les lois doivent être présentées, adoptées et publiées en français et en anglais. Cette exigence est obligatoire, et le défaut de s'y conformer entraîne la nullité des lois adoptées dans une seule langue. Ainsi, le Manitoba avait cessé de légiférer dans les deux langues depuis 1890 ; dans un premier temps, la Cour suprême estima que la province ne pouvait pas se soustraire unilatéralement à cette exigence constitutionnelle[9]. Par la suite, elle invalida toutes les lois adoptées en anglais seulement, mais elle les maintint en vigueur durant un laps de temps suffisant pour les traduire et les réadopter[10]. Cet épisode donna d'ailleurs lieu à un débat politique national âcre et tourmenté.

L'autre partie de cette mesure permet aux députés d'utiliser le français ou l'anglais dans tous les débats de l'assemblée législative concernée, y compris les comités et autres instances. Toutefois, elle ne permet pas aux députés d'exiger la traduction des débats.

Ces exigences s'appliquent maintenant au fédéral, de même qu'au Nouveau-Brunswick, au Québec, à l'Ontario, au Manitoba, au Yukon et aux Territoires du Nord-Ouest. En Saskatchewan et en Alberta, les francophones disposent de droits très limités à ce chapitre ; ailleurs, ils sont inexistants.

On peut se demander ce que vaut en pratique l'exigence d'adopter des lois dans deux langues – qui ne sont d'ailleurs même pas déclarées langues officielles[11]. C'est sans compter l'importance symbolique et fondamentale de ce droit. L'État s'exprime dans notre langue dans ce qu'il fait de plus officiel : la loi ! Le juge en chef Dickson l'avait bien compris lorsqu'il écrivait dans le *Renvoi* du Manitoba, en 1985 :

> Cette obligation [d'adopter les lois dans les deux langues] a pour effet de protéger les droits fondamentaux de tous les Manitobains à l'égalité de l'accès à la loi dans l'une ou l'autre des langues française ou anglaise[12].

Le pavillon Adrien-Cormier de l'Université de Moncton abrite l'École de droit et le Centre de traduction et de terminologie juridiques, de même que le Centre international de la common law en français (CICLEF).

La langue des tribunaux

Par ailleurs, cette même disposition permet l'usage de l'une ou l'autre langue devant les tribunaux, dans toutes les plaidoiries et les pièces de procédure. Cette exigence s'applique au fédéral, au Québec et au Nouveau-Brunswick. Au Nouveau-Brunswick, la communauté acadienne tenta de faire admettre

9. *Attorney General for Manitoba* c. *Forest*, [1979] 1 R.C.S. 1032.
10. *Renvoi : Droits linguistiques du Manitoba*, [1985] 1 R.C.S. 783.
11. Seuls le fédéral et le Nouveau-Brunswick ont deux langues officielles. Malgré l'article 133, la langue officielle du Québec est, selon la *Charte de la langue française*, le français.
12. *Renvoi : Droits linguistiques du Manitoba*, [1985] 1 R.C.S. 721, p. 744.

par la Cour suprême du Canada que cela incluait le droit d'être compris par le juge, directement, dans la langue employée, sans l'aide d'un traducteur. En vain : la Cour estima que l'article 19 de la *Charte* reproduisait l'article 133 de la Constitution de 1867 et que les deux dispositions accordent le même droit, soit celui d'employer une langue... ou l'autre, à son choix. Ce droit appartient à tous les intervenants dans l'appareil judiciaire : le policier, le juge, l'avocat, le témoin, les parties[13]. On a donc le droit de parler sa langue en cour, mais pas celui d'être compris directement, sans interprète, par le juge dans cette langue ! En même temps, la Cour jugea qu'un anglophone de Montréal n'avait pas le droit d'exiger qu'une sommation de la cour soit rédigée en anglais, puisque l'auteur de cette pièce de procédure – un employé de l'État – avait le droit de choisir la langue de la rédaction de la pièce[14]. Voilà un bon exemple de l'interprétation d'un droit linguistique sorti de tout contexte. En effet, selon nous, en cas de conflit entre le droit linguistique d'un juge ou d'un fonctionnaire et celui d'un citoyen, on devrait faire primer le second au détriment du premier. L'égalité absolue des droits linguistiques accordés à toute personne dans le processus judiciaire fait fi des réalités sociales vécues dans les milieux minoritaires, surtout chez les francophones de l'extérieur du Québec.

Devant l'absurdité d'une telle situation, la loi ajouta à cette faible protection constitutionnelle le droit que la cour n'avait pas voulu reconnaître elle-même : au fédéral[15] comme au Nouveau-Brunswick[16], et en Ontario dans certains cas[17], un citoyen a maintenant le droit d'être entendu par un juge qui comprend sa langue. Mais ce droit n'existe pas au Québec ni au Manitoba, où l'on a pourtant le droit constitutionnel d'utiliser le français ou l'anglais devant le tribunal et dans les pièces de procédure ! La loi est ici supérieure à la Constitution ! Ce droit d'être compris par le juge directement n'existe pas non plus en Saskatchewan[18] ou en Alberta[19], où on a le droit d'utiliser le français seulement dans les plaidoiries orales. Dans les autres provinces, on a le droit d'utiliser seulement l'anglais. Mentionnons enfin qu'au criminel, le gouvernement fédéral a imposé à toutes les provinces la règle selon laquelle l'accusé a droit à un procès devant un juge, un jury et un procureur qui parlent sa langue ou, au besoin, les deux langues[20].

Constatons ici, peut-être plus que pour le cas de la langue des lois, un écart regrettable entre le droit constitutionnel et la réalité sociale. Désincarné du contexte minoritaire, le droit linguistique devient un outil vide de sens, incapable de produire une égalité dans les faits (car un procès faisant appel à un interprète désavantage la partie qui doit y recourir, de sorte que le minoritaire préférera utiliser l'anglais dans les procédures et les plaidoiries), et, à la limite, un droit factice et un peu ridicule. N'eût été l'intervention législative, cette déplorable situation aurait perduré.

Mais cela illustre aussi la conséquence de la position qu'a prise la Cour suprême du Canada face aux droits linguistiques : en refusant de les interpréter généreusement et contextuellement pour s'en remettre aux instances politiques, elle obligeait les minorités à transiger avec les gouvernements, alors que leur simple poids démographique ne suffit pas toujours à faire infléchir le droit. Cela

---

13. *Société des Acadiens* c. *Association of Parents for Fairness in Education*, [1986] 1 R.C.S. 549.
14. *Macdonald* c. *Ville de Montréal*, [1986] 1 R.C.S. 542.
15. *Loi sur les langues officielles du Canada*, L.C. 1988, c. 31, art. 16. La même règle vaut pour le Yukon et les Territoires du Nord-Ouest.
16. *Loi sur les langues officielles du Nouveau-Brunswick*, L.R.N.B. 1973, art. 13 et 13(1.1).
17. *Loi sur les tribunaux judiciaires*, L.R.O. 1990, c. C.11, art. 126 et 126.1.
18. *Loi relative à l'usage du français et de l'anglais en Saskatchewan*, C.L. 6.1, art. 11.
19. *Loi linguistique*, R.S.A., 1988, C.L. 7.5, art. 4.
20. *Code criminel du Canada*, L.R.C. 1985, C.C. 46, art. 531.

explique aussi pourquoi les minorités linguistiques ont toujours, dans le débat constitutionnel des années 1980, revendiqué un accroissement de leurs droits constitutionnels, afin d'éradiquer cette timidité judiciaire et d'offrir aux tribunaux un mandat clair pour protéger et promouvoir ces droits. En adoptant cette attitude, comme on le verra, les minorités se plaçaient presque automatiquement en contradiction avec les aspirations québécoises. Le Québec veut plus de pouvoir pour *son* Assemblée nationale, pas pour la Cour suprême du Canada.

Les langues officielles et la langue des services gouvernementaux

Il existe maintenant deux nouveaux droits linguistiques constitutionnels, qui ont été très peu analysés par les tribunaux : il s'agit de l'article 16 de la *Charte* qui proclame les deux langues comme officielles et leur confère des droits et des privilèges égaux dans les institutions fédérales et dans celles du Nouveau-Brunswick ; ainsi que l'article 20 de la *Charte* qui garantit que le public peut communiquer avec ces institutions et en recevoir les services dans l'une ou l'autre langue, au choix de l'individu. Ces droits n'existaient pas en 1867 et ne faisaient pas partie du pacte fédéral initial. Il y a là matière à soulever des questions intéressantes, par exemple : qu'est-ce qu'une *institution du Parlement ou du gouvernement* ? Cela comprend-il les hôpitaux, l'armée, les forces policières municipales, les municipalités, les commissions administratives et autres organismes non gouvernementaux, les agences fédérales ou provinciales ? Qu'est-ce qu'un *service* ? Faut-il un service de qualité égale ? Faut-il que l'institution fasse une offre active du choix linguistique ? Que signifie l'*égalité des droits et des privilèges du français et de l'anglais* ? Cela donne-t-il le droit aux fonctionnaires de travailler dans leur langue ? De recevoir des cours de formation dans leur langue ? Bref, les questions sont bien plus nombreuses que les réponses. Mais peu de dossiers se rendent devant les tribunaux. Pourquoi ?

Parce que, comme l'a mentionné le commissaire aux langues officielles (Commissariat, 1995), les gens sont d'abord intéressés à obtenir le service gouvernemental en question ; la langue de ce service vient au second plan. Quand on demande son passeport, qu'on achète des timbres, ou qu'on se rend voter au bureau de scrutin, on n'a pas toujours le temps de soulever un problème linguistique. La situation de minoritaire et le bilinguisme des francophones font aussi en sorte que plutôt que de réclamer son droit, le minoritaire préfère passer à la langue de la majorité. Enfin, les coûts d'un litige judiciaire et la complexité des questions légales dépassent de beaucoup l'étendue du dommage réellement subi : rares sont les personnes qui manquent leur avion parce que l'embarquement n'a pas été annoncé dans les deux langues ! Pour toutes ces raisons, les articles 16 et 20 demeurent encore largement inexplorés en droit, et si ce n'était des pressions et du travail du commissaire aux langues officielles, on n'assisterait qu'à peu de progrès dans ce domaine.

La mise en œuvre de ces droits nécessite de la part du gouvernement concerné une certaine intervention proactive. Mais les arguments ayant fait reculer la cour quant aux droits devant les tribunaux auront-ils le même effet ici ? On ne peut plus prétendre

Bureau de poste, Ottawa, juin 1928.

Plus de 10 000 personnes se sont réunies au Centre civic d'Ottawa le 22 mars 1997 pour manifester leur désaccord à la fermeture de l'Hôpital Montfort, le seul hôpital universitaire francophone de l'Ontario.

que ces droits sont anciens et fondent le pacte fédératif initial. On ne peut pas prétendre que ces droits ne nécessitent de l'État qu'une attitude passive. Ce sont des droits qui nous semblent plus matériels.

Certes, l'égalité linguistique proclamée par l'article 16 de la *Charte* n'a reçu jusqu'ici qu'une interprétation très mitigée. Dans les arrêts précités, la Cour suprême a semblé estimer que cela ne représente qu'une déclaration d'intention, un idéal d'égalité linguistique vers lequel on doit tendre. Mais tout n'a pas été dit, et une interprétation plus contextuelle et ouverte pourrait bien modifier le discours. La *Loi sur les langues officielles* de 1988 vient compléter ces droits par des règles précises quant aux services offerts au public, à la notion de *demande importante* et à celle de *vocation du bureau*. La *Loi* précise aussi les responsabilités du Commissariat aux langues officielles et le mandat de son commissaire, celui d'être un ombudsman linguistique qui enquête, fait des recommandations et avise le Parlement canadien de l'évolution de la situation. La seule autre juridiction visée par la déclaration d'égalité linguistique donnant droit à des services publics dans sa langue, le Nouveau-Brunswick, n'a pas modifié sa loi provinciale sur les langues officielles depuis son adoption en 1969, malgré des rapports ayant recommandé de profondes révisions. Seule une mince politique cherche à organiser un tant soit peu la façon dont le gouvernement s'acquitte de sa responsabilité constitutionnelle et législative. Aucun organisme spécifique n'applique la *Loi*.

En Ontario, la *Loi sur les services en français* accorde des droits semblables à la loi fédérale dans les zones désignées.

Quant à la loi 101 du Québec, son objectif est tout autre : elle fait du français la langue officielle du Québec, précise les conséquences de ce fait concernant tous les domaines non couverts par la *Charte* ou l'article 133 de la *Loi constitutionnelle de 1867*, soit la langue de services au public, la langue de travail dans la fonction publique et les organismes paragouvernementaux, la francisation des entreprises (y compris les entreprises culturelles), la langue du commerce, de l'affichage, des relations de travail et des organismes professionnels. L'administration de la *Loi* relève surtout de l'Office de la langue française, dont les pouvoirs sont détaillés par cette même loi. La loi 101 a pour objectif clair et avoué de faire du français la seule langue de l'État québécois et la langue principale de la vie commerciale, culturelle et professionnelle. Elle heurte donc de front l'objectif de la *Loi sur les langues officielles du Canada* qui vise à favoriser le développement de l'égalité des langues officielles partout au Canada et l'épanouissement des communautés linguistiques minoritaires.

En résumé, le bilinguisme institutionnel au Canada se présente donc comme suit : à l'échelle fédérale, le français et l'anglais sont les langues officielles ; la Constitution stipule que les lois doivent être adoptées dans les deux langues, qu'on a le droit d'employer l'une ou l'autre devant les tribunaux fédéraux et que le public a droit à des services gouvernementaux dans la langue de son choix. La *Loi sur les langues officielles du Canada* complète ces garanties, en les précisant, les augmentant et les confiant à la responsabilité du commissaire aux langues officielles. Le *Code criminel*, quant à lui, prévoit le droit d'un accusé de subir un procès dans sa langue[21]. Le Nouveau-Brunswick offre à sa population des droits semblables, mais aucun organisme n'est chargé de l'administration de la loi en question. De plus, dans cette province, les communautés linguistiques sont égales en droit[22] ; le sens et la portée de cette garantie n'ont jamais encore fait l'objet d'interprétations judiciaires complètes. Au Québec et au Manitoba, la Constitution garantit l'adoption des lois dans les deux langues et l'usage de l'une ou l'autre devant les tribunaux. Pour le reste, la loi 101 du Québec promeut le français. En Ontario, la loi garantit des droits semblables à ceux qui ressortissent au pouvoir fédéral, ainsi que le droit à des services gouvernementaux dans sa langue dans les régions désignées. En Saskatchewan et en Alberta, les droits sont réduits au minimum ; dans les autres provinces, ils sont inexistants (en droit, car des politiques ou pratiques peuvent conduire à la prestation de certains services limités)[23]. Les territoires fonctionnent sous un régime semblable à celui du fédéral.

L'édifice normatif des droits linguistiques au Canada se présente donc comme une mosaïque de droits constitutionnels, de textes de lois, de règlements, de politiques internes des gouvernements[24], le tout sous la responsabilité tantôt des tribunaux canadiens (surtout la Cour suprême, dont la jurisprudence manifeste des hésitations et des ambiguïtés), tantôt d'organismes non gouvernementaux ou de bureaux du gouvernement[25]. Il existe des similitudes entre les divers droits qui sont accordés : le minimum est représenté par l'article 133 et ses équivalents, auquel s'ajoutent, selon le cas, le droit aux services gouvernementaux, les droits linguistiques devant les tribunaux et les droits des fonctionnaires.

Les droits linguistiques, en effet, sont tributaires des forces politiques, et le contexte d'une cause donnée peut influencer la cour, sans que cela devienne la motivation principale ou la base juridique de sa décision : l'école réaliste américaine a montré depuis longtemps que ni le droit ni les juges ne sont des machines désincarnées qui disent la norme de manière infaillible, mais des personnes humaines qui comprennent et appliquent le droit non seulement en fonction de ce qu'il est, mais aussi en fonction de ce qu'ils croient qu'il devrait être (Gosselin, 1991). Cela fait de la Cour suprême une actrice importante du gouvernement de l'État canadien. La Cour l'a elle-même reconnu, puisqu'elle a répété à quelques reprises qu'elle est la gardienne de la Constitution et que son mandat dépasse celui de régler les litiges ponctuels privés. De plus, les minorités francophones elles-mêmes utilisent le recours judiciaire comme une des stratégies politiques

21. Articles 530 et 530.1 du *Code criminel du Canada*.
22. Article 16.1 de la *Charte* ; *Loi sur l'égalité des communautés linguistiques au Nouveau-Brunswick* (loi 88), L.R.N.-B. 1973 c. O-0.1.
23. Une loi sur les services en français devrait être adoptée à l'Île-du-Prince-Édouard en 1999.
24. Au Manitoba et à l'Île-du-Prince-Édouard, par exemple, des politiques gouvernementales qui n'ont pas le statut officiel de loi ou de règlement établissent quand même des obligations linguistiques minimales à l'endroit de ces gouvernements.
25. L'Office des affaires francophones de l'Ontario ou le Bureau des langues officielles du Nouveau-Brunswick font partie de ceux-ci.

à leur disposition, lorsque les négociations avec les pouvoirs en place ne répondent pas à leurs demandes. Les politologues américains et canadiens ont parfaitement bien identifié ce phénomène, autre trait caractéristique de l'art de se gouverner à la fin du 20e siècle (Cairns, 1992, p. 71).

Mais, à cette dynamique juridique, il y a un enjeu politique plus vaste. Il réside dans la situation des communautés francophones par rapport au Québec. Le Québec, pour des raisons qui lui sont propres, récuse le bilinguisme officiel sur son territoire s'il s'agit de favoriser la langue anglaise ; il entend promouvoir le français. Le gouvernement fédéral, quant à lui, entend promouvoir le bilinguisme. Le Québec se sert de tous les pouvoirs et de toutes les compétences constitutionnelles à sa disposition pour affirmer son caractère français. Il voit donc toute tentative de renforcer les droits linguistiques des minorités comme une menace à ses efforts. Comme on l'a vu, les menaces ont jusqu'ici été bénignes. Les minorités linguistiques sont coincées dans ce bras de fer entre deux légitimités qui s'affrontent depuis plus de 30 ans. Elles font partie du problème puisque l'extension ou le rétrécissement de leurs droits a des conséquences sur leur développement ; mais lorsqu'elles revendiquent *pour elles-mêmes* certains droits, elles peuvent soit heurter le gouvernement fédéral, soit le gouvernement du Québec, selon la nature de la revendication... La position de minoritaire n'est jamais confortable.

Avant d'analyser plus en profondeur les conséquences politiques de ce phénomène, il nous faut parler d'une garantie très importante pour les communautés linguistiques officielles canadiennes : l'article 23 de la *Charte*.

Les droits scolaires des minorités linguistiques

Si le bilan des droits linguistiques au Canada est somme toute mitigé, il en va tout autrement des droits scolaires des minorités, qui posent au système juridique canadien, aux gouvernements, aux acteurs dans le domaine de l'éducation et aux communautés francophones du pays des défis particulièrement importants.

L'école est au cœur et à la base du maintien et de l'épanouissement d'une communauté linguistique minoritaire. L'éducation bilingue ne réussissant pas à garantir le maintien d'une langue minoritaire, seules les écoles homogènes (et le droit de les gérer) offrent aux minorités linguistiques un espoir de progrès. Or en 1867, les pères de la Confédération, plus préoccupés (comme la population d'ailleurs) de religion que de langue, n'ont pas cru bon de prévoir dans la *Loi constitutionnelle de 1867* des dispositions relatives à l'usage du français ou de l'anglais dans les écoles. À la place, lors de l'union, ils ont protégé par une loi les droits des minorités religieuses[26]. La disposition de la loi n'a donc pu freiner l'anglicisation des écoles, un tribunal britannique ayant décidé qu'elle ne visait que la religion et non la langue[27]. L'Ontario pouvait donc adopter son fameux règlement 17 qui interdisait l'enseignement en français, et l'imposer autant aux écoles séparées qu'aux écoles publiques.

La carence de la Constitution concernant la langue d'enseignement allait s'avérer coûteuse pour les communautés francophones : sous les assauts répétés des gouvernements provinciaux, elles perdirent une à une le contrôle de leurs écoles et le droit de recevoir des cours dans leur langue. Pendant ce temps, le gouvernement québécois se montrait tolérant à l'endroit de sa minorité anglo-protestante qui put ainsi se construire un système scolaire complet et solide, jusqu'au milieu des années 1980.

L'article 23 de la *Charte*, fruit de compromis globaux, fit partie des enjeux majeurs de la réforme constitutionnelle de 1982 (Proulx, 1989, p. 67 ; Martel, 1991). Il garantit à trois

26. Il s'agit de l'article 93 de la *Loi constitutionnelle de 1867*, qui a des équivalents au Manitoba, en Saskatchewan, en Alberta et dans les deux territoires fédéraux. À Terre-Neuve et au Québec, ces droits ont été abolis.
27. *Ottawa Roman Catholic Separate School Trustees* c. *Mackell*, [1917] 1 A.C. 63.

catégories de parents, citoyens canadiens et résidant dans une province ou leur langue est celle de la minorité, le droit de faire instruire leurs enfants dans cette langue, dans des écoles homogènes qu'ils peuvent gérer, là où le nombre le justifie.

Dès le début, l'un des enjeux majeurs des luttes scolaires fut la portée de ce droit de gestion que revendiquaient les minorités francophones et que persistaient à nier la plupart des gouvernements provinciaux. En effet, l'éducation est de compétence législative provinciale[28], et l'octroi d'un droit de gestion aux minorités linguistiques était vu par celles-ci comme une atteinte injustifiable à la plénitude de cette compétence.

Rompant avec son attitude ambivalente dans le dossier du bilinguisme institutionnel, la Cour suprême du Canada adopta à l'égard de l'article 23 une attitude positive et généreuse. Elle avait été précédée en cela de la Cour d'appel de l'Ontario, dont elle s'inspira largement pour rendre sa première décision sur la question. Elle indiqua que l'article 23 avait un objet réparateur (donc que la situation devait changer), que son but était le maintien et l'épanouissement des communautés linguistiques minoritaires au Canada et le rétablissement d'une certaine égalité en éducation, et que cet épanouissement et cette égalité passaient nécessairement par le contrôle des écoles. Par conséquent, le droit de gestion fait implicitement partie de l'article 23 : dès qu'existe l'instruction dans la langue de la minorité, le droit de gestion l'accompagne. Mais puisque l'article 23 lui-même soumet son application à des conditions de nombre, l'étendue de ce droit de gestion variera en fonction des nombres en cause. Ainsi, pour une école de 250 élèves, à Edmonton, une seule place réservée au sein du Conseil scolaire de la majorité, avec l'octroi à son titulaire de certains pouvoirs exclusifs, pouvait suffire[29]. Mais face au système scolaire franco-manitobain constitué de 18 écoles et de près de 6 000 élèves, la Cour n'hésita pas à accorder une commission scolaire homogène[30].

Toutefois, la Cour hésita à prononcer des ordonnances contraignantes. Elle ne concevait pas son rôle comme étant celui de construire elle-même les institutions nécessaires à l'application de ce droit constitutionnel nouveau et différent. Les enjeux financiers, administratifs et pédagogiques dépassaient sa capacité. Elle enjoignit donc les gouvernements d'agir sans tarder, mais se garda de prononcer des ordonnances.

Nous assistons ici à une autre manifestation de l'interface entre le système juridique et les acteurs sociaux. Car cette absence de volonté d'ordonner aux gouvernements de suivre une ligne de conduite particulière invitait presque de nouveaux litiges judiciaires. Or la bataille perdure depuis maintenant plus de 15 ans. Des gains ont été accomplis, mais l'essentiel reste à faire. Un immense rattrapage s'impose. Et on sent maintenant chez les parents minoritaires une grande lassitude et un désabusement face à l'inertie, quasi naturelle, du système politique qui se fait arracher les concessions bribe par bribe. Un équilibre délicat s'est établi entre le pouvoir judiciaire et le pouvoir politique au fil des siècles ; l'article 23 vient le remettre en cause en accroissant le potentiel de réparation des tribunaux, mais sans que ceux-ci aient encore bien assimilé les potentiels de ce nouvel instrument.

En temps normal, un jugement de la Cour suprême du Canada clôt un débat juridique. La Cour annule une loi inconstitutionnelle, ou acquitte l'accusé condamné en vertu d'une loi inconstitutionnelle, ou ordonne au gouvernement et à ses agents de cesser de poser des gestes inconstitutionnels. Mais lorsqu'il s'agit du droit de gestion reconnu à l'article 23, il faut *contraindre* un gouvernement à créer des institutions. On ne peut pas procéder de

28. Préambule de l'article 93 de la *Loi constitutionnelle de 1867*.
29. *Mahé* c. *Alberta*, [1990] 1 R.C.S. 342.
30. *Renvoi : Loi sur l'instruction publique (Manitoba)*, [1993] 2 R.C.S. 511.

la même manière. Des négociations multiples ont lieu, des questions épineuses doivent, au-delà des principes, trouver réponse. Les problèmes juridiques se déplacent : on parle de qualité d'éducation, d'équité dans le partage des ressources financières[31], d'ouverture de nouvelles classes[32], d'homogénéité des programmes et des écoles[33]. L'octroi du droit de gestion ne clôt pas toutes discussions !

Le fait d'avoir constitutionnalisé un droit de gestion pour les minorités linguistiques a donc entraîné une toute nouvelle dynamique politique et constitutionnelle. Les débats autour du sens, de la portée et du contenu de ce droit oscillent entre le prétoire, les officines gouvernementales et les médias. La cour devient partie prenante du débat, au sens ou elle doit intervenir pour compenser l'absence de poids politique de la minorité linguistique par le levier que représente la garantie constitutionnelle de leurs droits. Or le système judiciaire canadien, au contraire du système américain, est peu habitué à ce genre de rôle, nouveau pour lui. Quant au système politique, il est aussi peu habitué à cette réalité, au contraire des systèmes européens pour qui les droits-créances et la mise en œuvre non judiciaire de ceux-ci est une réalité depuis le début des années 1950. L'article 23 représente donc non seulement une nouvelle garantie en matière linguistique, mais aussi – et de manière encore plus intéressante pour un observateur de la scène politique et constitutionnelle au Canada – une nouvelle manière de pratiquer le droit.

Quant au contenu des droits reconnus par l'article 23, les tribunaux ont eu l'occasion de préciser que celui-ci comprend l'instruction dans la langue de la minorité, sans préciser quel doit être le contenu minimal d'un programme pour qu'il puisse rencontrer cette exigence. Il accorde aussi le droit à des écoles homogènes partout où c'est possible, mais les tribunaux maintiennent que le partage des locaux sera, en certains endroits et dans certains cas, inévitable. Il accorde enfin le droit de gestion, mais les tribunaux désirent laisser aux provinces la discrétion dans le choix des moyens qui serviront à la mise en œuvre de ce droit. Pour ce qui est des nombres, on doit considérer non le nombre d'enfants dont les parents demandent réellement le service, ni le nombre potentiel d'enfants francophones dans la région, mais un nombre situé à mi-chemin entre ces deux réalités objectives : le nombre d'enfants qui se prévaudrait éventuellement du service. Quant aux coûts, on doit s'en tenir à ce qui est pédagogiquement faisable, raisonnable, adapté au contexte, mais en gardant à l'esprit que l'aspect réparateur l'emporte sur l'aspect économique et que les gouvernements peuvent s'attendre à dépenser un peu plus pour le démarrage de nouveaux programmes. Enfin, un dernier aspect, dont les implications n'ont pas encore été explorées à ce jour, a été soulevé par les tribunaux : la qualité de l'instruction dispensée à la minorité doit être égale à celle que reçoit la majorité, toutes proportions gardées.

L'espace nous manque pour expliquer en détail le régime juridique de chacune des provinces face à ces exigences et à ces prononcés judiciaires. Disons cependant qu'il existe maintenant des conseils scolaires francophones dans presque toutes les juridictions canadiennes. Le Québec a ses commissions scolaires linguistiques. Seul le Nouveau-Brunswick fait bande à part : il a aboli ses conseils scolaires et les a remplacés par des organismes consultatifs à l'échelle locale et régionale et par une commission provinciale d'éducation qui a le pouvoir d'approuver des plans et celui d'opposer un veto à la nomination de certains fonctionnaires. La dualité du système est respectée, mais il y a lieu de s'interroger sur l'exercice réel des droits de gestion reconnus par la Cour suprême. La communauté acadienne, plus habituée aux pressions poli-

31. Au moment où ces lignes sont écrites, un litige sur cette question se prépare au Manitoba.
32. *Arseneault-Cameron* c. *P.E.I.*, (1998), 162, N. et P.E.I. R. 329.
33. Au moment où ces lignes sont écrites, un litige sur cette question se prépare en Nouvelle-Écosse.

tiques qu'aux stratégies judiciaires, a tardé à contester cette réforme.

Globalement, l'article 23 de la *Charte* aura eu un effet positif sur les minorités linguistiques du Canada. Certes, il les a conduites à mobiliser des énergies considérables en vue de l'obtention des droits qu'il reconnaît. Pour certains parents, qui portent le flambeau depuis le début, le prix s'est avéré considérable sur les plans personnel et social. Mais les résultats sont là : de nouvelles écoles françaises sont ouvertes, de nouvelles commissions scolaires sont créées, de nouveaux programmes sont développés, de nouveaux centres de ressource voient le jour. Pour peu qu'on laisse au système le temps de produire ses fruits et qu'on lui octroie les moyens financiers et humains d'accomplir son mandat, on devrait voir, dans quelques temps, des résultats positifs : de jeunes minoritaires mieux formés, plus confiants, mieux armés pour le marché du travail, plus sûrs de leur identité personnelle et culturelle. Les communautés, quant à elles, profitent déjà des écoles homogènes en tant que centres communautaires, lieux d'activités culturelles et de regroupement, témoins et acteurs de la vitalité de leur communauté.

Il est impossible de prédire si l'article 23 aura contribué à un renouveau de la francophonie canadienne hors Québec, ou s'il servira de thérapie de *soins palliatifs*, présidant en douceur à sa lente agonie et à sa disparition (Magnet, 1995). Pour le moment, les inscriptions dans les écoles homogènes sont stables. Les taux d'assimilation demeurent très inquiétants, la dénatalité en milieu minoritaire aussi. Tout n'est pas encore joué.

L'article 23, à lui seul, ne mettra pas d'école minoritaire sur pied ; il la permet. Le gouvernement du Canada, par le biais de son Programme des langues officielles en enseignement[34] et du Programme de contestation judiciaire du Canada[35], accorde une aide précieuse au développement de ces structures. Derrière le froid visage du droit constitutionnel se cache l'énergie de communautés qui ont encore le désir de s'accomplir, et tant que cette énergie subsistera, on peut espérer que l'expérience réussira. Sans l'article 23, les progrès enregistrés depuis les dernières années n'auraient pas été possibles.

L'article 23 représente donc un véritable droit des minorités, qui a été interprété selon son contexte. Il peut contribuer à créer des espaces d'autonomie au sein desquels peut se déployer le débat politique purement francophone autour des enjeux en éducation. Malheureusement, les ressources sont présentement bien en deçà des besoins, et ce sera sans doute l'enjeu des prochaines batailles judiciaires.

L'article 23 représente aussi la plus grande inquiétude du gouvernement québécois. Ce fut d'ailleurs l'une des raisons invoquées par l'Assemblée nationale pour s'objecter, en 1982, au rapatriement unilatéral de la Constitution. C'est cette crainte qui l'a amené à défendre des positions juridiques globalement opposées à celles des communautés francophones minoritaires. Le gouvernement du Québec, ennemi des droits scolaires des minorités ? Sur le plan du discours politique, pas nécessairement, puisque ce serait mal vu ; mais sur le plan de l'argumentation juridique, c'est indéniable. Et il y a certaines raisons qui expliquent cette prise de position. D'une part, ces droits ont été imposés au Québec sans son consentement. Dans un domaine aussi névralgique que l'accès à l'école anglaise, l'article 23 souffre donc d'une importante carence de légitimité – alors qu'à l'extérieur du Québec au contraire, les communautés francophones le considèrent comme le joyau de leur couronne. D'autre part, ces droits heurtent de front la loi 101 qui comportait des exigences précises et plus restrictives quant à l'admission aux

34. Ce programme finance une partie des coûts de l'instruction dans la langue de la minorité.
35. Ce programme, administré par une société à but non lucratif, finance des contestations judiciaires d'importance nationale portant sur les droits constitutionnels des minorités linguistiques.

écoles de la minorité, au nom du besoin de francisation des immigrants[36]. Enfin, l'article 23 de la *Charte* réduit considérablement la marge de manœuvre de toutes les provinces en matière d'éducation. Le Québec considère cette réduction de pouvoir potentiellement dangereuse. Pourtant, encore une fois, la jurisprudence, quoique généreuse pour les minorités, n'a pas empêché, à ce jour, les gouvernements provinciaux d'établir des normes et des critères uniformes tant au plan pédagogique qu'au plan de la qualité et de la gestion matérielle des équipements scolaires. Il n'en demeure pas moins que l'article 23 recèle selon nous un potentiel de croissance qui se réalisera au détriment des pouvoirs du ministre de l'Éducation. Pourvu que les effectifs scolaires demeurent stables et qu'on réponde aux exigences de qualité, en quoi d'ailleurs une plus grande autonomie de la communauté anglophone sur son système scolaire nuirait-elle au développement du caractère français du Québec ? La communauté anglo-québécoise avait déjà, de toute façon, atteint un degré enviable d'autonomie par l'exercice des droits confessionnels.

Sous le froid visage du droit constitutionnel couve donc aussi le feu des débats politiques dont il est tributaire. Les minorités linguistiques, lorsqu'elles revendiquent devant les tribunaux l'application de leurs droits constitutionnels, s'inscrivent donc dans un débat politique plus large qui les englobe. Ce sera l'objet de notre dernière section.

Les droits linguistiques dans le débat constitutionnel

L'affirmation selon laquelle les droits linguistiques sont le fruit de compromis politiques est partiellement vraie. Ce sont des droits contingents, propres à chaque société, produits par son histoire et ses tensions politiques. Les États ne les reconnaissent pas dans un élan de générosité ou de souci de leurs minorités, mais parce que cela sert leurs intérêts et fait partie d'une saine gestion de la démocratie (Dworkin, 1990).

Au Canada, la question linguistique a précédé la création même du pays. Dès 1791, les autorités britanniques durent en tenir compte[37] ; ils récidivent en 1840, cherchant, en vain d'ailleurs, à imposer la langue anglaise[38] ; à l'époque du Canada-Uni (1840-1867), ils doivent composer avec la question. À la fondation du pays, deux principes se mettent en branle : la notion de *droits linguistiques constitutionnellement reconnus* (par l'article 133 de la *Loi constitutionnelle de 1867*) et celle du *fédéralisme*, technique permettant de créer une majorité francophone au sein d'un État binational. Les deux caractéristiques constitutionnelles procèdent de la même logique, celle de la dualité et de la thèse politique des *deux peuples fondateurs*. Dès cet instant, la dynamique constitutionnelle était posée, bien qu'elle mit du temps à se déployer. En effet, il fallut attendre le début des années 1960 pour voir, d'une part, le gouvernement québécois remettre sérieusement en question la structure de la fédération et, d'autre part, le gouvernement fédéral réaliser qu'il pourrait faire une meilleure place aux francophones au sein de l'appareil central (Commission, 1967). Le gouvernement du Québec, en effet, lança dès ce moment-là une offensive tous azimuts pour redéfinir le cadre fédéral et renforcer les pouvoirs du gouvernement québécois. Il revendiquait un nouveau partage des compétences et un accroissement de celles du Québec, de même que la refonte des institutions centrales pour faire une meilleure place aux représentants de cette province. Il justifiait ces demandes essentiellement par le fait que le Québec, en tant que seul gouverne-

36. La Cour a donc annulé les clauses fautives de la loi 101 : *Quebec Association of Protestant School Boards* c. *Procureur général du Québec*, [1984] 2 R.C.S. 66.
37. *Acte de Québec* (1774), L.R.C. 1985, appendice II, n° 2.
38. L'article 48 de l'*Acte d'Union (1840)* proclame l'unilinguisme des lois et des tribunaux ; jamais respecté, cet article est abrogé en 1848 : *Acte d'Union (1840)*, C.P.C. 1985, appendice 11, n° 4.

ment francophone en Amérique, avait une responsabilité particulière à l'endroit de sa population et devait disposer des outils étatiques nécessaires pour, d'une part, consolider sa situation interne et, d'autre part, assurer son avenir au sein du Canada. Par ailleurs, la politique linguistique fédérale actuelle est le produit de la Commission Laurendeau-Dunton, qui, dès 1964, constata que le Canada ne faisait aucune place aux francophones au sein de l'appareil central. Dès lors, aux revendications de plus en plus nationalistes du gouvernement québécois, le gouvernement fédéral opposa une politique linguistique axée sur la présence des francophones dans la capitale nationale – une politique qui, par ricochet, profita aux minorités francophones. Celles-ci se virent attribuer, au même titre que les Québécois francophones, des droits linguistiques de plus en plus considérables. Deux légitimités politiques, depuis ce temps, se disputent l'allégeance des Québécois, chacune désirant la prééminence : la légitimité fédérale et la légitimité québécoise.

Ce mouvement fédéral eut un effet d'entraînement dans plusieurs provinces : soit que les gouvernements provinciaux emboîtèrent le pas et reconnurent de nouveaux droits (par exemple, le Nouveau-Brunswick et l'Ontario), soit qu'ils furent forcés par les tribunaux à respecter les droits historiques de leur minorité francophone, peu importe l'état de la démographie (dans l'Ouest). Les minorités francophones entrèrent donc de plain-pied dans la ronde constitutionnelle, revendiquant pour elles-mêmes une extension, une bonification ou une correction des droits qu'elles avaient déjà, tandis que les Anglo-Québécois, oscillant constamment entre leur statut de minorité provinciale et de majorité nationale, participaient au débat en invoquant tous les moyens légaux à leur disposition pour contrecarrer certaines des mesures linguistiques de la loi 101[39]. Le gouvernement québécois n'a gagné que les affaires *Forget* et *MacDonald* ; il a perdu toutes les autres, et chaque défaite judiciaire était interprétée comme un autre coup porté au Québec dans la maîtrise de son avenir linguistique, justifiant ainsi la nécessité de disposer de pouvoirs accrus en matière linguistique. Cependant, la jurisprudence, bien que timide, établit le minimum juridique auquel doivent se conformer les provinces assujetties à des obligations constitutionnelles en matière linguistique. Les défaites judiciaires du gouvernement québécois se transformaient en victoires pour les minorités qui pouvaient, elles aussi, profiter des droits accordés aux Anglo-Québécois, pour peu que la Constitution les leur reconnaisse, et qu'elles les revendiquent.

Les événements constitutionnels de la décennie 1970 ont mis en exergue les tensions entre les minorités francophones du Canada et le mouvement souverainiste du Québec. Toutefois, c'est dans la décennie 1980 que les minorités francophones furent les plus actives sur la scène politicoconstitutionnelle, participant de plain-pied aux débats constitutionnels de Meech et de Charlottetown. Cette fois, les tensions se produisirent avec le gouvernement fédéraliste des libéraux québécois de Robert Bourassa, preuve que ce n'est pas l'option politique du gouvernement du Québec ou celle du gouvernement fédéral, comme telles, qui provoquent ces frictions : elles sont beaucoup plus profondes.

Que ce soit dans son expression ultime de souveraineté étatique ou dans son expression plus mitigée de fédéralisme renouvelé, la revendication québécoise a un but principal : celui d'accroître les compétences du Québec.

39. Contre l'unilinguisme des lois : *Blaikie* c. *Procureur général du Québec,* [1979] 1 R.C.S. 1032 ; contre les critères d'admission aux écoles anglaises : *Quebec Association of Protestant School Boards* c. *Procureur général du Québec,* [1984] 2 R.C.S. 66 ; contre l'unilinguisme des procédures judiciaires : *MacDonald* c. *Ville de Montréal,* [1986] 1 R.C.S. 460 ; contre l'unilinguisme dans l'affichage commercial : *Ford* c. *Procureur général du Québec,* [1988] 2 R.C.S. 712 et *Ballantyne et als* c. *Canada,* Comité des droits de l'homme des Nations-Unies, Communication n°s 359/1989 et 388/1989 ; Rev. 1 (1993) ; contre les exigences linguistiques d'accès à une profession : *Forget* c. *Procureur général du Québec,* [1988] 2 R.C.S. 90.

En matière linguistique, l'accroissement de ces compétences se heurte à divers facteurs. D'une part, les minorités francophones, rendues fort méfiantes par un siècle de spoliations de la part des gouvernements provinciaux, s'objectent à ce que chaque province obtienne la même chose que le Québec. D'autre part, pour pallier leur déficit démocratique, les minorités réclament un accroissement de leurs droits constitutionnels, ce qui heurte de front les demandes du Québec. Enfin, les minorités francophones s'objectent à ce que le contrôle de la section francophone des grandes institutions nationales soit remis au gouvernement québécois, puisque cela signalerait pour eux la perte de services dont ils peuvent profiter du fait de l'intervention fédérale, sans garantie du maintien de ces services en français hors du territoire québécois. Il en va de même de toute dévolution de pouvoirs aux provinces et de l'abandon par le gouvernement fédéral de ses interventions dans certains domaines de compétence provinciale, par l'exercice de son pouvoir de dépenser : alors que les provinces, le Québec en tête, s'en réjouissent, les minorités francophones s'en inquiètent puisque les gouvernements provinciaux ne seront plus dans l'obligation d'assurer la prestation de ces services en français, n'étant plus assujettis à la *Loi sur les langues officielles du Canada*. Leur empressement à préserver les acquis linguistiques dépendra alors de leur bonne volonté plutôt que de la loi. L'histoire ne plaide pas en leur faveur.

L'accord du lac Meech proposait une définition de la *dualité canadienne* qui marginalisait les droits linguistiques et créait des obligations moindres à l'égard des législateurs que ne le faisait la clause de société distincte pour le Québec. L'opposition était frappante dans le texte même de la définition. Ainsi, lorsqu'il s'agissait de dualité, le texte parlait de « Canadiens d'expression française concentrés au Québec mais présents hors Québec », consacrant le caractère individuel des droits linguistiques et du rôle des seuls législateurs de protéger ce caractère. Pour le Québec, on employait plutôt l'expression *société distincte*, consacrant le caractère collectif de la protection, et le rôle dévolu autant au gouvernement québécois qu'à l'Assemblée nationale de promouvoir cette distinction. Ainsi, les droits linguistiques étaient des droits individuels, détachés de leur contexte sociologique, tandis que les pouvoirs du Québec en matière de langue et de culture se trouvaient renforcés. Le Québec lui-même s'objectait à un renforcement de la dualité : il ne voyait pas la nécessité de faire la promotion de l'anglais au Québec. Dans l'entente de Charlottetown, on avait cherché à rompre cette symétrie en parlant « d'épanouissement des communautés linguistiques », mais le concept de *société distincte* se trouvait tellement dilué dans la *clause Canada* qu'il ne voulait plus rien dire pour les nationalistes québécois. La documentation de l'époque illustre le débat. Au Canada anglais, l'opinion la plus répandue était que la société distincte elle-même ne devait entraîner aucun traitement différent, aucun statut spécial pour le Québec, ni accroître ses pouvoirs législatifs (Swinton et Rogeson, 1988). Certains allaient même jusqu'à remettre en cause l'identification de la dualité linguistique, alléguant qu'elle dépréciait les autres cultures du Canada et les peuples autochtones (Kallen, 1988). Au Québec, au contraire, on était d'avis qu'il était, d'une part, inutile de reconnaître la société distincte si cela ne devait entraîner aucune conséquence pratique et, d'autre part, dangereux de renforcer la dualité, car le but de l'exercice n'était pas de rendre le Québec bilingue, mais bien d'en assurer le caractère français (ABC, 1988). Du côté des minorités francophones, coincées dans ce débat sur la place de leur langue et de leurs droits dans la fédération, on réclamait un engagement ferme du gouvernement fédéral et des gouvernements provinciaux à l'endroit de la dualité (Foucher, 1988). Constellant le débat politique de jalons importants, les arrêts linguistiques de la Cour suprême et les réactions politiques qu'ils suscitaient ponctuaient le débat et lui donnaient de nouvelles impulsions. Par exemple, dans le dossier de l'affichage commercial, la Cour déclare que l'unilinguisme des affiches est contraire à la liberté d'expression[40]. Le Québec réagit en réadoptant sa loi, avec une clause dérogatoire[41] la soustrayant à l'application de la *Charte*[42]. L'appui à l'accord du lac Meech, déjà fragile, s'écroule ; le drapeau québécois est piétiné devant les caméras, qui amplifient le geste au-delà de sa portée ; des municipalités ontariennes, avec Sault-Sainte-Marie en tête, se déclarent unilingues anglophones (Monahan, 1991). Il en fut ainsi à chaque décision relative à des droits linguistiques : elles avaient des répercussions politico-constitutionnelles largement supérieures à leur impact réel.

Ces tensions, ces frictions, ces accrochages sont-ils dus à la conjoncture du moment ? Sans doute entre-t-il une part de spontanéité dans l'évolution du dossier, mais les causes en sont plus profondes. La logique des droits vient se heurter à celle du fédéralisme. Dans une dynamique fédéraliste, les débats sont centrés sur le partage des pouvoirs entre le parlement central et les États membres, ainsi que sur la symétrie ou l'asymétrie de ce partage. La fonction du droit est ici de structurer le pouvoir politique, en le distribuant entre un gouvernement central et des gouvernements provinciaux. Dans une logique de droits, le débat sur le partage du pouvoir ne se fait plus entre un gouvernement central et des gouvernements provinciaux, mais entre le gouvernement et le pouvoir judiciaire : qui aura le dernier mot sur ce qu'il convient d'assurer à une minorité dans le respect de la démocratie ? Le rôle du droit est alors de limiter le pouvoir de tous gouvernements au nom de valeurs jugées assez importantes pour jouir de la pérennité et de la suprématie qu'accorde le statut de garanties constitutionnelles. Dans ce débat-là, la légitimité du contrôle judiciaire, les fondements de la fédération canadienne et ses conditions de fonctionnement, la place du droit dans l'ordonnancement politique de l'État forment la trame de fond des décisions, des réactions politiques et des revendications minoritaires. Le droit n'est-il que le produit de l'expression de la volonté populaire manifestée par les représentants élus ? Les tribunaux ont-ils raison d'imposer aux gouvernements démocratiques des obligations dont ne veut pas la majorité, invoquant non pas les droits classiques, inhérents à la dignité humaine (comme la liberté d'expression ou l'interdiction de la discrimination, valeurs que les Canadiens partagent et pour lesquelles ils acceptent généralement une diminution du pouvoir des élus et un rôle légitime de leurs tribunaux), mais bien des droits de nature plus politique, contingente, plus intimement liés au contrat social canadien ? Et comme il existe une minorité anglo-québécoise et une minorité francophone et acadienne, et qu'il existe une majorité francophone au Québec qui est aussi minoritaire au Canada, les deux dynamiques, celle du fédéralisme et celle des droits, s'interpénètrent continuellement, l'une venant influencer l'évolution de l'autre (Foucher, 1993 ; Woehrling, 1992).

Et au sein même des interventions politiques et judiciaires autour des droits linguistiques, se manifeste le débat entre l'égalité et la différence, entre la symétrie et l'asymétrie, entre la discrimination négative et la discrimination positive. En effet, alors que le Québec plaide pour son droit à la différence, et pour que lui soient octroyés un statut spécial et des pouvoirs additionnels dont n'ont peut-être pas besoin les autres provinces, le Canada anglais réagit généralement en brandissant le concept d'*égalité* : égalité des provinces entre elles ; égalité des droits de tous les citoyens canadiens, y compris en matière linguistique ; égalité des cultures et illégitimité d'en favoriser aucune.

---

40. *Ford* c. *Procureur général du Québec* (1988), 2 R.C.S. 712.
41. Rendue possible par l'article 33 de la *Loi constitutionnelle de 1982*.
42. *Loi modifiant la Charte de la langue française (loi 178).*

Les minorités francophones et acadienne sont donc toujours coincées entre l'arbre et l'écorce, cherchant à prendre leur place dans un débat qui les concerne au premier chef, et le resteront tant que l'on ne réalisera pas qu'il faut recentrer l'équilibre entre fédéralisme et droits et injecter au système une dose d'asymétrie, et ce, dans le respect d'un minimum national qui définit l'essence de l'expérience canadienne et sur lequel l'ensemble des parties se sera entendu. Seule une compréhension du rôle du droit dans chacune de ces opérations permettra d'y voir plus clair.

Conclusion : le droit crée-t-il les minorités ?

Vaste question ! Une chose semble certaine : le droit n'est pas neutre. Les instruments juridiques créent des droits individuels et des pouvoirs collectifs ; les tribunaux ont pour mandat principal d'établir le juste équilibre entre ces deux réalités. La minorité peut s'appréhender comme un phénomène sociologique – ce qu'elle est avant toute chose. Elle peut s'appréhender comme un phénomène politique : une minorité s'identifie en fonction d'un État, central ou fédéré, qui la contient. Par définition, une minorité ne dispose pas du pouvoir de se gouverner souverainement, sans quoi on parlerait plutôt d'un pays ! Elle peut s'appréhender comme un phénomène juridique : le droit, alors, définit *qui* fait partie de la minorité et *quels droits* la minorité peut exercer. Dans ce dernier cas, la minorité doit revendiquer ceux-ci devant les tribunaux. Ce processus nécessite beaucoup de ressources, d'énergie et de pugnacité, sans offrir aucune garantie de succès. Mais le processus politique est aussi hasardeux.

La minorité peut très bien n'avoir aucun droit spécial : chaque individu est traité en citoyen disposant de droits individuels égaux. Pour que la minorité dispose de droits inscrits dans la Constitution, il doit y avoir des raisons politiques qui justifient que la majorité les reconnaisse. Ces droits, de plus, se prêtent facilement à la polysémie, le même texte signifiant des choses bien différentes selon la culture des personnes qui le lisent !

Le droit ne doit pas devenir la panacée ni être relégué aux oubliettes. Du début du 20e siècle au début de la décennie 1980, le droit était presque absent chez les minorités francophones et acadiennes au Canada. Mais la fin du 20e siècle, comme la fin du 19e d'ailleurs, fait intervenir le droit massivement dans le débat constitutionnel et linguistique canadien. C'est un outil puissant pour les minorités, mais qui atteint sa limite lorsque les forces politiques l'engouffrent dans leur vague.

Bibliographie

Association du barreau canadien (1988). *L'adhésion du Québec à l'accord du lac Meech*, Montréal, Thémis.

Cairns, Alan (1992). « Constitutional Minoritarianism in Canada », dans *Canada : The State of the Federation*, sous la direction de R. Watts, Kingston, Queen's University, Institut des relations intergouvernementales canadiennes, p. 71.

Commissariat aux langues officielles (1995). *Rapport sur les services au public*, Ottawa, le Commissariat.

Commission royale d'enquête sur le bilinguisme et le biculturalisme (1967). *Rapport, livre I : les langues officielles*, Ottawa, Imprimeur de la Reine.

Dworkin, Ronald (1990). « Equality, Democracy and Constitution : We the People in Court », *Alberta Law Review*, n° 28, p. 324-346.

FOUCHER, Pierre (1988). « L'accord du lac Meech et les francophones hors Québec », *Annuaire canadien des droits de la personne*, nº 1, p. 1.

FOUCHER, Pierre (1993). « Fédéralisme et droits des minorités : tensions ou complémentarité », dans *L'État et les minorités*, sous la direction de J. Lafontant, Winnipeg, Éditions du Blé, p. 201-229.

GOSSELIN, Jacques (1991). *La légitimité du contrôle judiciaire au regard de la* Charte canadienne des droits et libertés, Cowansville, Yvon Blais.

KALLEN, Evelyn (1988). « The Meech Lake Accord : Entrenching a Pecking Order of Minority Rights », *Analyse de politiques*, nº 14, p. 107-121. Supplément numéro spécial, L'accord du lac Meech.

MAGNET, Joseph (1995). *Language Rights in Canada*, Cowansville, Yvon Blais.

MARTEL, Angéline (1991). *Droits scolaires des minorités de langue officielle au Canada : de l'instruction à la gestion*, Ottawa, Commissariat aux langues officielles.

MONAHAN, Patrick (1991). *Meech Lake : The Inside Story*, Toronto, University of Toronto Press.

PROULX, Jean-Pierre (1989). *Le choc des Chartes*, 23 Revue Juridique Thémis, p. 67.

SWINTON, Katherine E., et Carol J. ROGESON (1988). « Part I – The Distinct Society : Concepts of Community and Principles of Interpretation », *Competing Constitutional Vision, The Meech Lake Accord*, Toronto, Carswells, p. 3-97.

WOEHRLING, José (1992). *La constitution canadienne et l'évolution des rapports entre le Québec et le Canada anglais, de 1867 à nos jours*, Edmonton, Centre d'études constitutionnelles, Série Point de vue, nº 4.

Chapitre 15

La vie politique et les francophones hors Québec

Linda Cardinal, Université d'Ottawa

C'est tout un défi que celui de dresser un portrait de la vie politique en milieu francophone hors Québec. Il n'est pas exagéré de dire que la science politique boude les francophones hors Québec (M. Martel, 1995). Certes, l'Acadie fait exception ; l'Université de Moncton au Nouveau-Brunswick a un département de science politique francophone où historiens, politologues et sociologues s'inscrivent dans une tradition de recherche qui s'interroge notamment sur la question du pouvoir acadien[1]. Toutefois, à l'exception des départements bilingues de l'Université d'Ottawa et de l'Université Laurentienne, il n'y a pas de départements de science politique francophone ou bilingue dans les autres centres de formation hors Québec. Malgré tout, il existe trois revues (reconnues par les pairs) en mesure d'accueillir les travaux des chercheurs dans le domaine : les *Cahiers franco-canadiens de l'Ouest*, la *Revue du Nouvel-Ontario*, et *Égalité* (au Nouveau-Brunswick).

Au Québec, comme au Canada anglais, rares sont les analyses de la vie politique qui font référence aux francophones hors Québec, à leurs acteurs et à leurs stratégies. L'étude du processus politique n'a pas encore donné lieu à des recherches d'envergure sur le pouvoir dans les milieux francophones hors Québec. Nous n'avons pas, sauf exception, de données sur le comportement électoral des francophones hors Québec aux échelons fédéral et provincial, ni sur l'influence des députés francophones hors Québec dans les partis et les débats politiques, ni sur le rôle des fonctionnaires dans la mise en œuvre de politiques à l'intention des minorités francophones. On a très peu fait état de la portée des politiques publiques sur le milieu francophone hors Québec, sauf en ce qui a trait à la politique des langues officielles (Pal, 1993). Certes, des juristes en milieu francophone hors Québec ont dressé des bilans de la portée de la *Charte canadienne des droits et libertés* sur le statut des francophones hors Québec[2]. La vie associative francophone hors Québec est aussi un peu mieux documentée, car elle est un objet d'étude privilégié en sociologie francophone hors Québec (Breton, 1984a). Les interprètes de l'histoire des francophones hors Québec ont également retracé les dynamiques sociopolitiques ayant historiquement contribué à la situation des minorités (Cardin

1. Voir, dans cette section, la bibliographie préparée par les auteurs de la situation politique en Acadie (Doucet *et al.*, chapitre 16). Elle témoigne de cette tradition de recherche comparativement aux autres portraits où l'on peut constater que l'analyse de la situation politique et du pouvoir des francophones des autres provinces à l'extérieur du Québec puise davantage ses références dans les ouvrages généraux que dans les débats sur le sujet.
2. Pour plus de détails, voir le texte de Pierre Foucher dans le présent ouvrage.

et Couture, 1996). Bref, ce texte permettra amplement de constater les limites de la science politique à la compréhension de la vie politique francophone hors Québec alors qu'il tentera, de façon concomitante, de montrer l'apport des analyses existantes sur le sujet. Voilà notre défi.

Dans ce chapitre, la présentation de la vie politique francophone hors Québec sera d'ordre qualitative et argumentative plutôt que factuelle. Cette dernière dimension est réservée aux portraits régionaux qui ont pour but de proposer une description plus détaillée de la vie des francophones selon les grandes régions du Canada : l'Est, le Centre – l'Ontario – et l'Ouest. Pour notre part, nous tenterons de baliser la problématique francophone hors Québec dans le domaine politique, de susciter le débat, de provoquer la réflexion et de proposer de nouvelles pistes de recherche. Nous procéderons, dans un premier temps, à une description des interprétations de la question du pouvoir en milieu francophone hors Québec. Dans un deuxième temps, nous nous intéresserons à la vie politique en milieu minoritaire. Dans un troisième temps, nous nous concentrerons sur le poids du milieu francophone hors Québec dans le processus politique. En conclusion, nous proposerons un commentaire général sur la vie et le comportement politiques des francophones hors Québec dans le débat contemporain.

LA QUESTION DU POUVOIR

L'analyse du pouvoir est essentielle à la compréhension de la vie politique en milieu francophone hors Québec. *Avoir du pouvoir* signifie « autorité et droit », et permet aux individus d'agir et d'intervenir sur leur milieu. Bien qu'il soit question de pouvoir économique ou social, l'accès au pouvoir politique demeure central en ce qui a trait à la capacité de contrôler sa destinée. L'analyse de la vie politique permet de préciser le poids politique du groupe, son accès au pouvoir et sa capacité de contrôler sa destinée.

Les francophones hors Québec, un groupe minoritaire

L'étude du pouvoir en milieu francophone hors Québec n'est pas exclusive à la science politique. L'histoire, les lettres, la sociologie contribuent également à son analyse. Les approches utilisées afin de préciser la dynamique de pouvoir en milieu francophone hors Québec s'inspirent des études ethniques, de la problématique du pluralisme culturel, des analyses de la question nationale et des courants néomarxistes. Toutefois, il existe une spécificité à la problématique du pouvoir en milieu francophone hors Québec : Danielle Juteau a montré la pertinence d'étudier les francophones hors Québec à l'image d'un groupe minoritaire (Juteau, 1994). La notion connote la situation de déficit de pouvoir dans laquelle vivent les francophones hors Québec. Ainsi le groupe minoritaire peut être majoritaire en nombre, mais sans pouvoir, à l'instar des Noirs en Afrique du Sud à l'époque du régime d'Apartheid. La sociologie s'est représentée les femmes comme un groupe minoritaire en raison de leur manque de pouvoir. Or, en milieu francophone, on associe aussi le statut de minoritaire au fait que le groupe soit peu nombreux. Mais les sciences sociales hésitent à réduire ce statut à une question statistique, préférant insister sur le manque de pouvoir.

La minorité et le rapport social

Les sciences sociales ne s'arrêtent pas à constater l'existence de minorités. Elles tentent aussi d'élucider le rapport social qui caractérise le lien entre les minoritaires et les majoritaires, entendu comme un rapport d'oppression (Juteau, 1994). Un des effets de ce rapport est qu'il engendre les marques du groupe. On dira des Canadiens français qu'ils sont catholiques, bons vivants, plus ou moins bons en affaires. Ces marques définissent les Canadiens français dans le rapport social qu'ils entretiennent avec le groupe dominant. Elles ne sont pas des faits de nature ou de mentalité. Les marques sont le produit de rapports sociaux déterminés dans lesquels les francophones sont souvent considérés comme l'*autre*, ceux que l'on doit maintenir à l'écart du pouvoir.

Plusieurs ont retracé l'histoire des dynamiques politiques qui ont engendré la situation de minoritaire du groupe. La question est traitée plus en détails, dans le présent ouvrage, par les auteurs des portraits régionaux, car le statut de minoritaire en milieu francophone hors Québec, résulte, en partie, de la politique d'anglo-conformité ou d'assimilation des provinces canadiennes-anglaises (Couturier et LeBlanc, 1996). En simplifiant, nous verrons que des événements clés qui ont marqué la conscience collective des francophones hors Québec constituent des références importantes dans la compréhension de la situation du groupe. Nous pensons, entre autres, à l'affaire Louis Riel au Manitoba (1885) et aux crises scolaires dans l'ensemble des provinces canadiennes-anglaises, entre autres au Manitoba (1890), en Nouvelle-Écosse (1877) et en Ontario (1912). À partir des années 1960, d'autres événements rappelleront à nouveau le rapport social de domination qui caractérise les relations entre les francophones hors Québec et la société majoritaire, notamment, l'adoption de l'anglais comme langue officielle en Alberta, l'avènement de groupes de lobby ou de partis politiques francophobes comme le Confederation of Regions Party au Nouveau-Brunswick ou le Reform Party sur la scène fédérale.

La minorité et l'identité

La question du pouvoir est aussi au cœur des travaux portant sur l'identité en milieu francophone hors Québec. Marquée par la référence à l'absence de pouvoir dans son rapport avec la société majoritaire, cette identité s'articule autour des métaphores du manque, de l'abandon et de la disparition (Lapointe, 1995 ; Paré, 1990 ; Dorais, 1990 ; Thériault, 1995). Ces dernières mobilisent la conscience francophone hors Québec vers les années 1960, alors que l'on assiste à des transformations importantes au sein du milieu. Il est question d'un schisme au sein de la nation canadienne-française qui aurait eu lieu lors des états généraux du Canada français, organisés au Québec à la fin des années 1960 afin de décider, avec l'ensemble des forces vives du Canada français, de l'avenir de la nation. Les analystes associent les états généraux à un moment clé qui donne lieu à une crise d'identité importante en milieu francophone hors Québec (Gervais, 1995a). Il est aussi courant d'entendre qu'à l'époque des années 1960, la nation canadienne-française est rapatriée au Québec (M. Martel, 1993) afin de permettre à ce dernier de s'affirmer davantage comme foyer et principal gestionnaire de la question francophone, à l'intérieur comme à l'extérieur du fédéralisme canadien. Selon plusieurs, le groupe francophone hors Québec sera dorénavant pris entre le Québec et le Canada anglais, n'appartenant ni à l'un, ni à l'autre, à l'image d'un orphelin[3]. Ainsi, le discours sur les transformations au sein de la nation canadienne-française va structurer la représentation de soi en milieu francophone hors Québec.

Le pouvoir en milieu minoritaire

Malgré les métaphores de l'abandon et de la disparition, le milieu francophone hors Québec n'est pas sans ressources symboliques. Il est question de pouvoir communautaire ou, en d'autres mots, de pouvoir acadien, franco-ontarien, franco-manitobain etc.[4] L'idée d'un pouvoir communautaire symbolise l'engagement du groupe en vue du contrôle de sa destinée. Celui-ci peut avoir

3. Pour un exemple de cette perspective, voir le texte de J. Yvon Thériault (1995) ; pour un texte qui interroge cette perspective, voir Claude Denis (1993).
4. Voir les portraits régionaux dans cette section pour plus de détails sur la problématique du pouvoir selon les communautés francophones.

Convention d'orientation nationale des Acadiens (CONA), tenue à Edmundston en 1979.

lieu à l'intérieur comme à l'extérieur du processus politique. L'expression *pouvoir communautaire* est populaire, particulièrement en sociologie, où elle est reliée à la dynamique associative. L'enjeu est de montrer que le groupe est le principal responsable de son autonomie et de son avenir. Selon cette perspective, si le groupe réussit à obtenir des droits ou des ressources, c'est à son réseau d'associations qu'il le doit plutôt qu'à une instance extérieure.

L'analyse de la capacité du groupe à contrôler son avenir s'inspire notamment des travaux de Raymond Breton (1964 ; 1983 ; 1984a ; 1984b ; 1991). Il a proposé les notions de *communauté politique*, de *complétude institutionnelle* et de *capacité organisationnelle* afin d'élucider les dynamiques de pouvoir à l'intérieur comme à l'extérieur du groupe. Selon Breton, la communauté serait comparable à une *mini-polity*, traversée par des rapports de force et des intérêts divers, luttant en vue du contrôle de l'identité du groupe. La communauté correspondrait à une entité organisée, constituée de leaders, de symboles, d'activités, à l'instar de la société majoritaire. Selon Breton, plus le groupe est organisé, plus il fera preuve de capacité organisationnelle, plus il réussira à obtenir des ressources pouvant contribuer à son développement et à son épanouissement. Breton a aussi formulé le terme de *complétude institutionnelle* pour donner un sens à ce processus de mobilisation de la communauté en vue du contrôle de sa destinée, entendu comme la mise en place d'un réseau d'institutions le plus complet possible contrôlé par et pour les francophones.

Toutefois, le thème de la communauté politique fait largement porter la responsabilité du développement du milieu sur les leaders et leurs organisations. Même s'il accuse un déficit de pouvoir, tel que le suppose son statut de minoritaire, le groupe doit faire preuve de volonté politique et voir à sa prise en charge, devenant ainsi un acteur clé dans la mise en place de ses institutions. Or, si les analystes valorisent tous la vie politique non institutionnalisée, ils n'ont pas encore très bien démontré l'emprise du milieu associatif sur le pouvoir politique.

La vie associative et le développement du milieu francophone à l'extérieur du Québec

En règle générale, les analystes reconnaissent que vers la moitié du 19e siècle, le milieu francophone hors Québec, par l'intermédiaire

Le neuvième congrès annuel de l'Association canadienne-française pour l'avancement de la science (ACFAS, 1941), à la station forestière de Duchesnay, Québec.

des communautés religieuses, se donne un réseau d'institutions scolaires et de santé. D'ailleurs, l'avènement du réseau associatif en milieu minoritaire a souvent été influencé par le clergé.

Pour sa part, Marcel Martel a retracé l'histoire du réseau associatif canadien-français pendant les années 1930 (M. Martel, 1997). Selon Martel, le réseau associatif canadien-français semble largement galvanisé par le règlement 17, adopté en 1912 en Ontario en vue de restreindre l'utilisation du français dans les écoles de la province. Le nouveau réseau est appuyé par les nationalistes canadiens-français du Québec, dont Henri Bourassa, Olivar Asselin et le chanoine Lionel Groulx. Ces derniers associent les francophones hors Québec à des avant-postes ou à des héros luttant contre l'anglicisation du Québec. Les minorités canadiennes-françaises serviront ainsi de caution au discours de la survivance des nationalistes canadiens-français du Québec.

À l'époque, le réseau associatif est fort actif sur les plans culturel et social. Il comprend des groupes comme l'Association canadienne-française pour l'avancement des sciences, l'Association canadienne d'éducation en langue française, l'Association de la jeunesse catholique canadienne-française, le Conseil de la vie française en Amérique. Balisée par l'idéologie clériconationaliste, la vie associative constitue aussi un lieu important de diffusion de la doctrine d'action sociale catholique.

Le développement des études féministes a aussi amené plusieurs chercheuses à se pencher sur la capacité organisationnelle des communautés religieuses et des groupes de femmes. Nous pensons entre autres aux travaux d'Isabelle McKee-Allain sur les communautés religieuses de femmes en Acadie (McKee-Allain, 1997). En Ontario, Lucie Brunet a étudié la fondation de la Fédération des femmes canadiennes-françaises constituée en 1914, à Ottawa, par Mme Almanda Walker-Marchand (Brunet, 1993). Dans les années 1990, trois publications réalisées en Ontario portaient sur les femmes francophones de l'Ontario et leurs différentes formes d'organisation[5]. Ces travaux tentent tous de documenter le milieu associatif féminin et féministe. Toutefois, il demeure difficile d'évaluer la portée réelle de ces groupes dans le débat politique sur les droits des francophones ainsi que leur emprise sur le réseau associatif.

Les portraits régionaux commentent davantage la vie associative francophone dans les provinces, étant donné que c'est dans cette sphère qu'elle s'exprime le mieux. Gaétan

5. Sur les femmes de la francophonie ontarienne, voir Cardinal, 1996 ; Adam, 1996 ; *Reflets*, 1997.

Gervais s'est intéressé au réseau institutionnel ou associatif canadien-français en Ontario au 19e siècle et il a constaté que celui-ci a, à l'époque, peu d'emprise sur le plan politique, bien qu'il en ait plus sur les plans social et culturel (Gervais, 1995b). Toutefois, le milieu acadien au Nouveau-Brunswick s'organise et fonde, en 1903, l'Assomption, un organisme qui se porte à la défense des intérêts des Acadiens. Les francophones vont aussi mettre sur pied dans les provinces des associations pour la lutte en faveur de leurs droits scolaires et de la reconnaissance de la nation canadienne-française. À titre d'exemple, l'Association canadienne-française de l'Ontario voit le jour en 1910, alors que l'Association d'éducation des Canadiens français du Manitoba est fondée en 1916. Dès la fin du 19e siècle, on assiste aussi à la fondation de journaux dont *L'Évangéline* en Acadie, *Le Droit* en Ontario, *La Survivance* en Alberta, *La Liberté* au Manitoba et *Le Patriote de l'Ouest* en Saskatchewan.

L'Ordre de Jacques Cartier et la politique en milieu francophone hors Québec

Il semble qu'à partir des années 1930, un des piliers de la vie associative et politique en milieu francophone hors Québec a été l'Ordre de Jacques Cartier, une société secrète constituée principalement de Québécois, de Franco-Ontariens et d'Acadiens. Nous savons encore très peu des activités de l'Ordre en milieu minoritaire. Fondé en 1926, en Ontario, il constitue par ailleurs une retombée du règlement 17 (Choquette, 1987).

L'Ordre de Jacques Cartier est un regroupement qui veut œuvrer à l'avancement des Canadiens français, principalement dans le domaine de la fonction publique fédérale, mais à l'extérieur de la place publique, dans les coulisses. On considère que la place publique ne serait pas le meilleur lieu pour faire

Neuf fondateurs de l'Ordre de Jacques Cartier, lors d'une plénière de la CX (Chancelerie) au Château Laurier, à l'occasion du 25e anniversaire de l'Ordre. De g. à d. à l'avant : Adélard Chartrand, Émile Lavoie, F.-X. Barrette, Esdras Terrien, Louis-Joseph Châtelain ; à l'arrière : [probablement Oscar Barrette, Philippe Dubois, Achille Pelletier (ordre d'attribution incertain)] et Charles Gautier.

de la politique et assurer la survie de la langue française. Le nouveau groupe va s'approprier le discours canadien-français et tenter d'influencer l'orientation de la politique en milieu minoritaire (Choquette, 1987).

L'Ordre de Jacques Cartier a aussi été connu sous le nom de la *Patente*, en raison de sa forte présence, mais toujours sous le couvert du secret, dans les réseaux associatifs locaux. L'Ordre a tenté et semble avoir réussi à influencer la direction du Canada français à l'époque ainsi que le développement du réseau institutionnel canadien-français à l'extérieur du Québec. L'Ordre a été aboli en 1965.

Le milieu associatif francophone hors Québec depuis les années 1960

Les années 1960 correspondent à une époque clé dans l'histoire du réseau associatif francophone hors Québec. L'avènement du néonationalisme québécois l'oblige à se positionner différemment dans ses rapports avec le Québec. Le réseau associatif est confronté à l'activisme du milieu et du gouvernement québécois. Ces derniers décident de prendre en charge la question canadienne-française et indirectement, ils forceront le réseau canadien-français à se réorganiser. En d'autres mots, le gouvernement du Québec force les organisations francophones hors Québec à repenser leur rôle dans le développement social et culturel de leur communauté. Désormais, le Québec ne sera plus associé, comme à l'époque du règlement 17, à la lutte en faveur des droits des francophones vivant à l'extérieur du Québec.

En 1975, un nouveau réseau est fondé, la Fédération des francophones hors Québec. L'expression devient populaire à partir de cette époque, car elle symbolise des mutations profondes sur le plan de l'identité canadienne-française à l'extérieur du Québec. Les *Canadiens français du Québec* deviennent des *Québécois*, alors que ceux du reste du Canada se cherchent une appellation. Ils la trouvent dans l'expression *francophones hors Québec*. Ces derniers ne laissent pas tomber la référence au Québec bien qu'ils soient obligés de prendre acte de la situation particulière du Québec dans le Canada et de ses revendications politiques autonomistes. Par ailleurs, la Fédération des francophones hors Québec se définira comme la porte-parole privilégiée des francophones hors Québec auprès du gouvernement fédéral et du gouvernement du Québec. La Fédération a pour rôle « de défendre et de promouvoir les droits et les intérêts des communautés francophones et acadienne qu'elle représente, et de véhiculer auprès des autorités politiques les revendications de ces groupes ».

En 1991, la Fédération change de nom pour dorénavant s'appeler la Fédération des communautés francophones et acadienne du Canada. Ainsi, ses représentants éliminent toutes références au Québec dans la définition du groupe minoritaire. Ils misent davantage dans le projet d'une société canadienne fondée, dans l'esprit de la *Charte canadienne des droits et libertés*, sur le principe de la dualité linguistique et le multiculturalisme. Soulignons qu'en 20 ans d'existence, la Fédération a eu 12 présidents dont 2 femmes, Jeannine Séguin de l'Ontario (1980) et Claire Lanteigne du Nouveau-Brunswick (1993).

Depuis les années 1990, le réseau associatif francophone hors Québec participe aux activités de la francophonie internationale, soit dans le cadre de ses forums ou dans des projets d'échanges culturels et scientifiques. Par exemple, en 1994, la Fédération participait à un forum d'associations organisé par l'Agence de coopération culturelle et technique logée à Paris. Cent quarante-huit organisations francophones hors Québec participent aux activités de cette francophonie[6] qui constitue un lieu de rencontres et d'arrimage des ressources de plus en plus important. Le réseau associatif y voit aussi un espace de rayonnement de ses activités et de promotion

---

6. Nous remercions France Baril de l'Association canadienne d'éducation de langue française de nous avoir fourni ces renseignements.

de son savoir-faire. L'Acadie serait d'ailleurs particulièrement présente dans les réseaux de la francophonie. Toutefois, il faudra éventuellement faire davantage le point sur le rayonnement des francophones hors Québec dans la francophonie internationale. Les questions que pose la participation à ces réseaux, notamment en ce qui a trait aux enjeux de défense des droits de la personne, aux droits des femmes et au développement, interpellent-elles les francophones hors Québec ?

Le réseau associatif et les relations avec le Québec

L'idée selon laquelle les francophones hors Québec ne peuvent contrôler leur destinée sans l'appui du Québec est au centre d'une bonne partie des discours francophones hors Québec. Toutefois, les relations entre les deux groupes ne sont pas toujours au beau fixe. Dès les débuts de la Confédération, les francophones sont exclus du pacte. Pierre Savard rappelle qu'en 1866, pour George-Étienne Cartier, les Franco-Ontariens n'existent pas, alors qu'ils sont 75 000 en Ontario (Savard, 1995). Il fait aussi référence aux premiers chèques bilingues du gouvernement fédéral, en 1953. Ces derniers ne seront destinés qu'au Québec sans que le gouvernement fédéral ne s'élève contre cette pratique qui néglige les francophones hors Québec.

Savard s'est aussi intéressé aux relations entre les Québécois et les Franco-Ontariens à la suite de l'adoption du règlement 17. À l'époque, la solidarité caractérise les rapports entre les deux groupes. Pendant les années 1930, les organisations du Québec et du reste du Canada français collaborent d'ailleurs étroitement au développement culturel et social du milieu francophone hors Québec. Par la suite, les frictions entre les deux groupes sont considérables. Nous l'avons mentionné précédemment, les années 1960 annoncent des mutations importantes sur le plan de l'identité de même qu'au sein du réseau associatif canadien-français. En 1969, lors des états généraux du Canada français, un débat sur l'avenir de la nation canadienne-française entraîne une rupture des liens entre les représentants des organisations québécoises et ceux des organismes francophones hors Québec. De plus, la question de la souveraineté du Québec provoque des déchirements importants entre ces deux groupes (Cardinal, 1995). Le milieu francophone hors Québec a de moins en moins d'influence au sein du réseau associatif canadien-français. Certes, le gouvernement du Québec ne reste pas insensible aux besoins des francophones hors Québec et adopte, en 1969, une politique d'aide à l'intention des minorités canadiennes-françaises. Mais il ne semble pas avoir les moyens financiers d'appliquer sa politique d'aide et laisse les organisations francophones hors Québec à elles-mêmes.

Il existe dès lors un vide politique dans les rapports entre le Québec et les francophones hors Québec. Le gouvernement fédéral y voit la possibilité d'utiliser les francophones hors Québec dans sa lutte contre le nationalisme québécois, en faveur de l'unité canadienne (Cardinal, 1995). On assiste alors à un rapprochement sans précédent entre les groupes francophones hors Québec et le gouvernement fédéral.

Or, dès son arrivée au pouvoir en 1976, le gouvernement péquiste fonde le Secrétariat des peuples francophones d'Amérique. À partir des années 1980, les différents partis politiques au Québec laissent tous tomber leur discours sur la disparition éventuelle des francophones hors Québec et s'intéressent davantage à leur dynamisme (Sénéchal, 1995). Pendant les années 1990, le Parti québécois met sur pied des tables de concertation dans les domaines de l'économie, de l'éducation et des communications afin d'examiner les possibilités de partenariats entre francophones hors Québec et Québécois. Mais le malaise entre les deux groupes subsiste. Les francophones hors Québec souhaitent que le Québec tienne davantage compte de leur situation.

Le pouvoir et les droits

Il est impossible d'éviter la question des droits lorsque l'on traite du pouvoir de contrôler sa destinée. La revendication du respect des droits est importante en milieu francophone. Elle commence avec les crises scolaires qui ont fait suite à l'adoption de l'*Acte de l'Amérique du Nord britannique* et se poursuit encore aujourd'hui dans le cadre de divers mouvements, différents selon les provinces. Les sciences sociales s'intéressent aux rapports entre le droit et la politique dans le but, d'une part, de déterminer le rôle du milieu associatif dans le développement d'un régime de droits linguistiques au Canada, notamment depuis l'adoption de la *Charte canadienne des droits et libertés*. Elles cherchent, d'autre part, à déterminer à quel point le droit est un levier pouvant accroître le contrôle de sa destinée. Il s'agit là d'un débat important en milieu francophone (Doucet, 1994 ; Thériault, 1995 ; Cardinal, 1997). Or, la recherche sur ces thèmes est encore très peu développée, alors que la question mériterait d'être approfondie davantage.

Le poids politique des francophones hors Québec dans le processus politique

Force est de constater qu'il n'existe pas d'études qui analysent le comportement politique des francophones hors Québec. Les portraits régionaux font état de la situation des francophones selon les informations générales disponibles. Dans l'ensemble, la question de la capacité des francophones hors Québec d'influencer, entre autres, l'appareil gouvernemental fédéral, n'intéresse pas encore les chercheurs. Nous n'avons pas de portrait de la présence des francophones hors Québec au sein de l'administration publique fédérale ni de données concernant leur rôle au sein de la structure gouvernementale[7]. Enfin, à part la traditionnelle référence à la politique de la bonne entente, aucune étude n'analyse les stratégies utilisées par les francophones hors Québec afin de tenter d'influencer les différents paliers de gouvernement. Par contre, nous verrons plus loin que l'influence du réseau associatif dans le processus politique commence à être étudiée.

Le comportement électoral des francophones hors Québec

Observe-t-on une solidarité francophone hors Québec dans l'expression du comportement électoral ? De façon générale, les francophones hors Québec votent pour le Parti libéral. Ils le font pour des raisons historiques, ce parti étant perçu comme le défenseur des francophones hors Québec et le promoteur du bilinguisme au Canada (M. Martel, 1995 ; Finn, 1973).

La Chambre des communes

En 1867, alors que 181 députés siègent au Parlement canadien, aucun francophone

Stanislas Poirier

7. L'exception vient du Nouveau-Brunswick. Voir Cyr, Duval et Leclerc (1996).

venant des provinces canadiennes-anglaises n'est élu (Normandin, 1993). Un premier député francophone hors Québec, d'origine franco-ontarienne, Pierre St-Jean, siège en 1874, à la Chambre des communes sous la bannière du Parti libéral du Canada (Sylvestre, 1986). Le premier député acadien à siéger au Parlement canadien, Stanislas Poirier, est aussi élu en 1874 (Doucet, 1993).

En 1963, en 1964 et en 1965, la *Loi sur le commissaire à la représentation* et la *Loi sur la révision des limites des circonscriptions électorales* viennent modifier la composition de la députation à la Chambre des communes et font passer le nombre de députés de 181 à 295 (Normandin, 1993). De ce nombre, l'Alberta a dorénavant droit à 26 députés, la Colombie-Britannique à 32, l'Île-du-Prince-Édouard à 4, le Manitoba à 14, le Nouveau-Brunswick à 10, la Nouvelle-Écosse à 11, l'Ontario à 99, le Québec à 75, la Saskatchewan à 14, Terre-Neuve à 7, les Territoires du Nord-Ouest à 2, et le Yukon à 1 député (Normandin, 1993).

En 1998, les francophones hors Québec ne sont pas très nombreux à la Chambre des communes. Selon les données disponibles, on en dénombre 14 sur un total de 301, soit un peu moins de 5 %. De ce nombre, huit députés représentent l'Ontario et sont tous du Parti libéral. Il y a cinq députés du Nouveau-Brunswick dont deux sont du Nouveau Parti démocratique, deux du Parti progressiste-conservateur et un du Parti libéral. Il y a un député du Manitoba et il représente le Parti

Tableau I

Députés francophones hors Québec à la Chambre des communes, Parlement canadien, 1998

Nom	Parti politique	Province	Circonscription électorale
Réginald Bélair	PLC	Ontario	Timmins-Baie James
Mauril Bélanger	PLC	Ontario	Ottawa-Vanier
Eugène Bellemare	PLC	Ontario	Carleton-Gloucester
Gilles Bernier	PC	Nouveau-Brunswick	Tobique-Mactaquac
Raymond Bonin	PLC	Ontario	Ceinture de nickel
L'hon. Don Boudria	PLC	Ontario	Glengarry-Prescott Russell
Claudette Bradshaw	PLC	Nouveau-Brunswick	Moncton
Jean Dubé	PC	Nouveau-Brunswick	Madawaska Restigouche
L'hon. Ronald Duhamel	PLC	Manitoba	Saint-Boniface
Yvon Godin	NPD	Nouveau-Brunswick	Acadie-Bathurst
L'hon. Diane Marleau	PLC	Ontario	Sudbury
Gilbert Parent	PLC	Ontario	Niagara-Centre
Benoît Serré	PLC	Ontario	Témiskaming-Cochrane
Angela Vautour	NPD	Nouveau-Brunswick	Beauséjour-Petitcodiac

Note :
NPD = Nouveau Parti démocratique
PC = Parti progressiste-conservateur
PLC = Parti libéral du Canada

Source : Compilation de l'auteur, en collaboration avec le Service de recherche du Parlement du Canada.

libéral (voir tableau I). Le Parti libéral compte 146 députés à la Chambre des communes et les députés francophones hors Québec représentent 10 % de cette députation.

Soulignons aussi la présence d'un député d'origine franco-ontarienne dans les rangs du Bloc québécois, le député de Québec-Est, M. Jean-Paul Marchand, ancien militant franco-ontarien de la région de Penetanguishene[8].

Pascal Poirier

Le Sénat et les francophones hors Québec

Le Sénat comprend aussi des représentants francophones hors Québec. Le premier fut Pascal Poirier du Nouveau-Brunswick, nommé en 1885. Napoléon Belcourt, le premier sénateur franco-ontarien est nommé en 1907[9]. En 1997, sur un total de 104 sénateurs, 9 viennent du milieu francophone hors Québec (voir tableau II).

Tableau II
Sénateurs francophones hors Québec au Sénat canadien, Parlement canadien, 1998

Sénateur	Parti politique	Province
Gérald J. Comeau	PC	Nouvelle-Écosse
Eymard G. Corbin	PLC	Nouveau-Brunswick
Jean-Robert Gauthier	PLC	Ontario
Rose-Marie Losier-Cool	PLC	Nouveau-Brunswick
Gildas Molgat	PLC	Manitoba
Marie P. Poulin	PLC	Ontario
Fernand Robichaud	PLC	Nouveau-Brunswick
Louis-J. Robichaud	PLC	Nouveau-Brunswick
Jean-Maurice Simard	PC	Nouveau-Brunswick

Note :
PC = Parti progressiste-conservateur
PLC = Parti libéral du Canada

8. Selon un sondage commandé par Panorama-TFO, au moment du référendum québécois de 1995, 25 % des Franco-Ontariens auraient été en faveur d'une entente de souveraineté-partenariat.
9. Sur Internet, <www.parl.gc.ca/français/frember.htm>. Nous tenons à remercier Valérie Strasbourg de nous avoir fourni ces renseignements.

Ce survol de la députation au gouvernement fédéral et des sénateurs francophones hors Québec révèle que ce n'est pas le nombre qui permet aux francophones hors Québec de faire le poids. Par contre, il se peut que des députés francophones hors Québec aient eu une certaine influence sur la politique de leur parti ou dans la promotion des dossiers importants pour les francophones hors Québec. Serait-il juste de penser que les députés francophones hors Québec détiennent un mandat particulier en raison de leur appartenance à un groupe minoritaire ?

Benjamin Price, politicien et *rancher*, nommé au Sénat en 1909 pour représenter la population francophone de la Saskatchewan, nouvellement formée.

Par ailleurs, les biographies d'hommes ou de femmes politiques francophones hors Québec ayant influencé soit leur parti, soit la situation des francophones hors Québec, soit la politique canadienne, sont plutôt rares. Mentionnons, au passage, le livre de Bernard Chevrier sur la vie de son père, Lionel Chevrier (1997). Il serait le Franco-Ontarien qui s'est le plus distingué sur la scène politique canadienne. Chevrier a été actif en politique de 1967 à 1984. Député de Stormont puis de Montréal-Laurier, il fut ministre des Transports et de la Justice et responsable de la Voie maritime du Saint-Laurent, en plus d'avoir occupé le poste de haut-commissaire du Canada à Londres.

Lionel Chevrier

Quant au Sénat, il est de bon ton de dire qu'il s'agit d'une institution désuète. Le Sénat joue-t-il un rôle dans la vie des francophones hors Québec ? Il n'y a pas d'études sur le sujet. Or, historiquement, il semble que le Sénat ait été une institution importante pour les Acadiens. De plus, en 1992, lors des débats constitutionnels en vue de la redéfinition du pacte sociopolitique canadien, les associations francophones hors Québec furent très présentes dans les pourparlers portant sur la réforme du Sénat. À l'époque, le milieu francophone hors Québec réussit à obtenir la garantie d'une représentation francophone hors Québec dans un Sénat renouvelé. Mais la proposition n'a jamais été mise en œuvre étant donné l'échec des négociations constitutionnelles de 1992.

La francophonie internationale

Depuis la fin des années 1960, plusieurs députés fédéraux et sénateurs francophones hors Québec siègent aussi à l'Assemblée internationale des parlementaires de langue

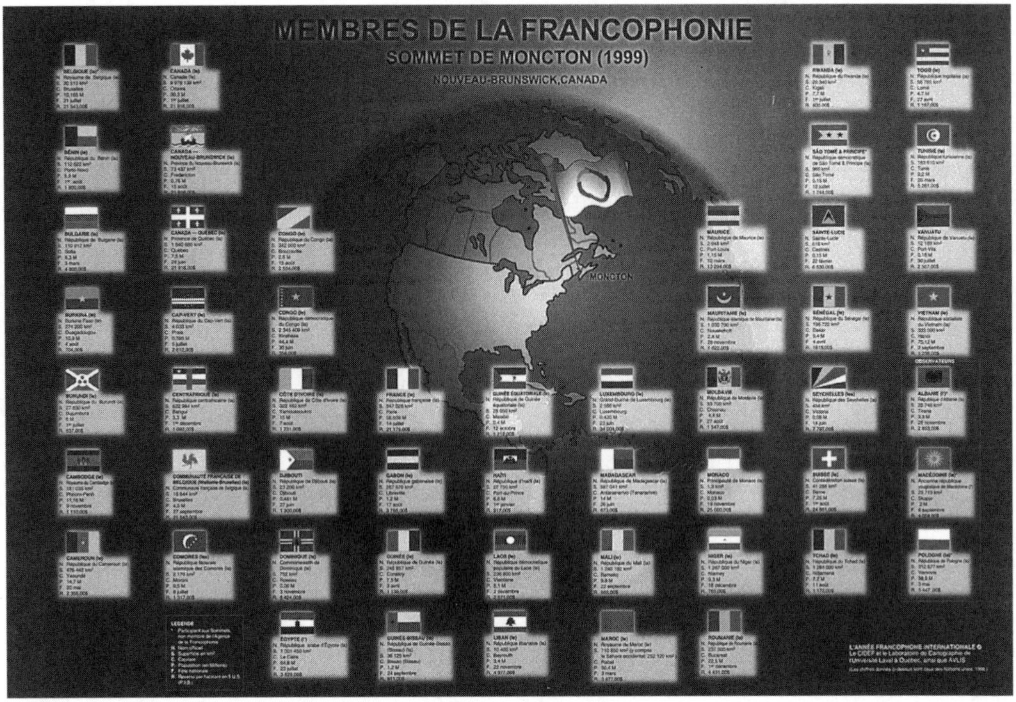

La francophonie internationale fournit un forum de discussion et permet aux pays et gouvernements participants de s'inscrire dans le partage et la mondialisation des ressources.

française[10]. Ces derniers participent à l'Assemblée sur une base volontaire sans que cela ne leur donne plus de pouvoir dans leurs fonctions. Selon les renseignements de l'Assemblée, il y aurait 29 parlementaires de l'extérieur du Québec qui participent à ce regroupement. Plusieurs d'entre eux sont de langue anglaise sauf qu'ils maîtrisent probablement suffisamment bien la langue française pour siéger à l'Assemblée. Parmi les députés francophones hors Québec de la Chambre des communes qui sont membres de l'Assemblée internationale des parlementaires de langue française, on retrouve Réginald Bélair, Mauril Bélanger, Eugène Bellemare, Don Boudria, Ronald Duhamel et Benoît Serré. Parmi les sénateurs francophones hors Québec, on retrouve Gérald J. Comeau, Eymard G. Corbin, Jean-Robert Gauthier, Rose-Marie Losier-Cool, Gildas Molgat, Marie P. Poulin, Fernand Robichaud, Louis-J. Robichaud, Jean-Maurice Simard. De façon plus précise, ces derniers sont regroupés dans une section canadienne de l'Assemblée des parlementaires de langue française.

L'Assemblée a pour objectifs

> de constituer le lien démocratique entre les institutions et les peuples de la francophonie ; de contribuer au rayonnement de la langue française ; de contribuer au développement et à la connaissance réciproque des cultures et des civilisations des peuples qui font un usage habituel de la langue française, sans être de culture et de civilisation françaises ; de favoriser la coopération et de renforcer la solidarité au sein de la communauté francophone, dans le respect du droit au développement ; de promouvoir la démocratie,

10. À l'origine, ce regroupement s'appelait l'Association internationale des parlementaires de langue française.

l'État de droit et les droits de la personne, plus particulièrement au sein de la communauté francophone[11].

L'Assemblée internationale des parlementaires de langue française permet aux députés francophones hors Québec de faire valoir la réalité de leur milieu. Mais on ne peut dire si ce lieu de rencontres constitue un espace leur conférant un plus grand poids politique au sein de leurs formations ou dans les débats parlementaires. L'Assemblée internationale ne semble pas être le lieu d'enjeux importants pour les francophones hors Québec.

Le réseau associatif francophone hors Québec et le processus politique

Marcel Martel (1997) a montré comment le réseau associatif francophone hors Québec s'est, pendant les années 1960, rapproché du gouvernement fédéral qui l'incorpore à sa stratégie d'unité nationale et à sa lutte contre le nationalisme québécois[12]. Pour sa part, le réseau associatif francophone hors Québec profite du rapport de force entre le Québec et le gouvernement fédéral pour aller chercher des ressources pouvant contribuer à son développement et l'aider dans sa lutte contre l'assimilation en milieu minoritaire. En 1982, il obtient une disposition constitutionnelle reconnaissant le droit des francophones en milieu minoritaire à une éducation en français[13]. Cette disposition vient réparer des erreurs du passé commises par les provinces canadiennes-anglaises à l'endroit de leur minorité francophone.

Le réseau associatif francophone hors Québec est par ailleurs actif dans les débats constitutionnels sur la place du Québec dans la Confédération. La Fédération des communautés francophones et acadienne du Canada fait preuve d'une combativité remarquée, notamment grâce à la publication de manifestes de combat comme *Les héritiers de lord Durham* (1975), *Deux poids, deux mesures* (1976), *Pour ne plus être sans pays* (1978), *Pour un espace économique à inventer* (1980), *Pour s'inscrire dans l'avenir* (1981). Ces documents ont parfois un caractère misérabiliste et une vision de la francophonie tricotée serrée, mais ils sont des indices révélateurs importants de la volonté de vivre, de réfléchir et de prendre en charge sa destinée de la part du milieu francophone hors Québec. En d'autres mots, même si leur discours est souvent caractérisé par le thème de la disparition des francophones hors Québec, celui-ci a pour objectif une plus grande prise en charge individuelle et collective des francophones par eux-mêmes. Même s'il se sent abandonné par le Québec, le milieu francophone hors Québec s'engage dans les débats constitutionnels pour affirmer son dynamisme et promouvoir l'idéal d'un Canada bilingue.

Le réseau associatif francophone hors Québec, un groupe d'intérêt ?

Les conditions particulières (le nationalisme québécois et le débat sur l'unité nationale) dans lesquelles le réseau associatif francophone hors Québec est amené à se rapprocher du gouvernement fédéral le placent dans une situation de dépendance. Dans leurs travaux sur l'intervention étatique dans les milieux francophones de l'Ouest canadien, Jean Lafontant et Wilfrid Denis se sont intéressés au développement de ce rapport de dépendance à l'égard du gouvernement dans lequel les francophones hors Québec sont amenés à agir (Lafontant, 1993, 1994 ; Denis, 1994). Le paradoxe est étonnant : plus les francophones hors Québec sont amenés à participer à la vie politique et à véhiculer

11. Assemblée internationale des parlementaires de langue française, *Règlements de l'Assemblée*, article 2, Secrétariat général, 1995.
12. Voir aussi Pal, *Interest of State*, qui soutient la même thèse.
13. Pour plus de détails, voir le texte de Pierre Foucher dans cet ouvrage.

l'image d'un groupe dynamique et autonome, plus ils exigent une intervention étatique soutenue, donnant ainsi l'impression que leur avenir repose sur une dynamique très fragile.

D'autres, comme Leslie Pal, ont montré que les francophones hors Québec constituent un groupe d'intérêt. Qui plus est, selon Pal, des groupes comme la Fédération des francophones hors Québec acceptent ce rôle pour des raisons purement financières. Ils en retirent une légitimité qu'ils n'auraient pas autrement étant donné qu'il ne s'agit pas de groupes représentatifs de la base (Pal, 1993). Par ailleurs, le diagnostic de Pal fait écho aux débats sur la citoyenneté dans lesquels il est courant de dénoncer les groupes intermédiaires en vue d'insister sur le rôle des élus (Jenson et Philipps, 1997). Il donne l'impression que le milieu minoritaire entretient sa dépendance avec le gouvernement fédéral en raison du pouvoir qu'il en retire. Mais de quel pouvoir parlons-nous ? La question mérite plus d'attention.

Bref, depuis sa fondation, le réseau associatif francophone hors Québec a subi bien des transformations. Il a été appuyé par les communautés religieuses du Québec. Ensuite, il a évolué au sein du réseau canadien-français. Il s'est éloigné du Québec pour se rapprocher du gouvernement fédéral. Or, plus il a été mêlé à la vie politique, notamment aux débats constitutionnels, plus il s'est éloigné de la base pour se concentrer, avec l'assentiment du gouvernement fédéral, sur sa fonction de représentant des intérêts des francophones hors Québec. Malgré ses incertitudes, son déficit de pouvoir et ses crises d'identité, le milieu associatif francophone hors Québec participe au processus politique et intervient régulièrement afin de faire valoir son engagement continu pour un Canada bilingue.

Conclusion

Nous avons tenté, dans le cadre de ce chapitre, de présenter les grandes lignes d'une problématique francophone hors Québec de la politique. Nous avons amplement eu la chance de constater l'absence de recherches et de données sur la vie politique en milieu francophone hors Québec. Par contre, nous avons dégagé un cadre d'interprétation de la question du pouvoir en nous appuyant sur les recherches en sociologie et en histoire.

Existe-t-il des lieux de pouvoir spécifiques aux francophones hors Québec ? La politique partisane est-elle un lieu de pouvoir ? Bien que certains francophones hors Québec deviennent des politiciens, il semble difficile de voir en eux des porte-parole des intérêts des francophones hors Québec. À notre avis, le réseau associatif constitue un lieu de pouvoir idéal pour les francophones hors Québec. Ce pouvoir se manifeste d'abord sur les plans social et culturel, puis, graduellement, le réseau associatif participe au processus politique, soit secrètement avec l'Ordre de Jacques Cartier ou en se rapprochant du gouvernement fédéral.

Pour terminer, il y a lieu de voir davantage comment le milieu francophone hors Québec réussit, malgré son déficit de pouvoir, à donner de lui-même l'image d'un acteur dynamique. Cette image, à la fois positive et négative, a été au fil des ans, source de tensions pour le milieu francophone hors Québec. La référence au Canada français ou au Canada bilingue constitue l'élément clé de cette représentation positive, alors que la question de l'abandon des francophones hors Québec par le Québec nourrit sa représentation négative. Or, aujourd'hui, ni le Québec, ni le Canada anglais ne veulent du projet francophone hors Québec d'un pays bilingue. Sur quel projet s'appuiera le milieu francophone hors Québec pour renouveler son identité positive, et ainsi contrebalancer son constant déficit de pouvoir ? André Burelle, dans *Le mal canadien*, considère que les minorités linguistiques au Canada devraient bénéficier d'un droit garanti à l'éducation et aussi à des services de qualité dans les autres domaines significatifs de la vie comme la santé, les services sociaux et les services judiciaires, le tout dans leur langue. Selon lui, ce droit fait partie des réformes à apporter à la Constitution canadienne, que le Québec soit souverain ou non (Burelle, 1994). Toutefois, advenant la souveraineté du Québec, c'est absolument dans cette direction qu'il faudrait aller, en plus d'exiger l'inclusion d'une disposition sur les minorités francophones dans le cadre d'un partenariat entre le Québec et le Canada. Ainsi, les francophones hors Québec seraient en mesure de se redéfinir une nouvelle place dans les rapports de force entre les différents groupes au pays, articulée à une représentation de soi, porteuse de pouvoir. C'est à cet exercice que le milieu francophone hors Québec semble dorénavant convié. Son réseau associatif pourra-t-il relever un tel défi ou se contentera-t-il de la rumeur selon laquelle il ne serait plus qu'un groupe d'intérêt ?

Bibliographie

Adam, Dyane (1996). *Le pluralisme et les femmes de la francophonie ontarienne*, Ottawa, Presses de l'Université d'Ottawa.

Breton, Raymond (1964). « Institutional Completeness of Ethnic Communities and Personal Relation of Immigrants », *American Journal of Sociology*, vol. 70, p. 193-205.

Breton, Raymond (1983). « La communauté ethnique, communauté politique », *Sociologie et Sociétés*, vol. 15, n° 2, p. 23-37.

Breton, Raymond (1984a). « Les institutions et les réseaux d'organisation des communautés ethnoculturelles », *État de la recherche sur les communautés francophones hors Québec*, Ottawa, Fédération des francophones hors Québec, p. 4-19. Actes du premier colloque national des chercheurs.

Breton, Raymond (1984b). « The Production and Allocation of Symbolic Resources : An Analysis of the Linguistic and Ethnocultural Fields in Canada », *La Revue canadienne de sociologie et d'anthropologie*, vol. 21, p. 123-144.

Breton, Raymond (1991). *The Governance of Ethnic Communities : Political Structures and Processes in Canada*, Westport (Connecticut), Greenwood Press.

Brunet, Lucie (1993). *Almanda Walker-Marchand*, Ottawa, L'Interligne.

Burelle, André (1994). *Le mal canadien*, Montréal, Fides.

Cardin, Jean-François, et Claude Couture, *et al.* (1996). *Histoire du Canada : espace et différences*, Sainte-Foy, Presses de l'Université Laval.

Cardinal, Linda (1995). « Identité et dialogue : l'expérience des francophonies canadienne et québécoise », *Pour un renforcement de la solidarité entre les francophones au Canada*, Québec, Office de la langue française, p. 59-81.

Cardinal, Linda, dir. (1996). *Cahiers réseau de recherches féministes*, n° 4. Numéro spécial sur les femmes de la francophonie ontarienne.

Cardinal, Linda (1997). *La pensée de l'engagement*, Ottawa, Le Nordir.

Chevrier, Bernard (1997). *Lionel Chevrier : un homme de combat*, Ottawa, L'Interligne.

Choquette, Robert (1987). *La foi gardienne de la langue, Ontario 1900-1950*, Montréal, Bellarmin.

Couturier, Jacques Paul, et Phyllis LeBlanc (1996). *Économie et société en Acadie, 1850-1950*, Moncton, Éditions d'Acadie.

Cyr, Hubert, Denis Duval et André Leclerc (1996). *L'Acadie à l'heure des choix : l'avenir politique et économique de l'Acadie du Nouveau-Brunswick*, Moncton, Éditions d'Acadie.

Denis, Claude (1993). « Discours sociologiques et francophonie minoritaire au Canada : réflexions sur un espace paradoxal », *Cahiers franco-canadiens de l'Ouest*, vol. 5, n° 2, p. 285-300.

DENIS, Wilfrid (1994). « L'État et les minorités : de la domination à l'autonomie », *Sociologie et Sociétés*, vol. 26, n° 1, p. 133-153.

DORAIS, Fernand (1990). *Témoins d'errances en Ontario français*, Hearst, Le Nordir.

« Dossier visibles et partenaires pratiques et recherches féministes » (1997), *Reflets*, vol. 3, n° 2.

DOUCET, Michel (1994). *Le discours confisqué*, Moncton, Éditions d'Acadie.

DOUCET, Philippe (1993). « La politique et les Acadiens », dans *L'Acadie des Maritimes*, sous la direction de Jean Daigle, Moncton, Université de Moncton, Chaire d'études acadiennes, p. 316.

FINN, Jean-Guy (1973). « Tentative d'explication du vote ethnique acadien », *Revue de l'Université de Moncton*, vol. 6, n° 3.

GERVAIS, Gaétan (1995a). « Aux origines de l'identité franco-ontarienne », *Les cahiers Charlevoix I : études franco-ontariennes*, Sudbury, Société Charlevoix ; Prise de parole, p. 127-168.

GERVAIS, Gaétan (1995b). « L'Ontario français, 1821-1910 », dans *Les Franco-Ontariens*, sous la direction de Cornelius Jaenen, Ottawa, Presses de l'Université d'Ottawa, p. 111.

JENSON, Jane, et Susan D. PHILIPPS (1997). « Regime Shift : New Citizenship Practices in Canada », *Revue internationale d'études canadiennes*, n° 14, p. 111-136.

JUTEAU, Danielle (1994). « Multiples francophonies minoritaires : multiples citoyennetés », *Sociologie et Sociétés*, vol. 26, n° 1, p. 33-45.

LAFONTANT, Jean (1993). « L'incidence de l'État canadien dans la formation et le développement des groupes de revendications minoritaires : l'exemple de *Réseau* et *Pluri-elles* », *Cahiers franco-canadiens de l'Ouest*, vol. 5, n° 2.

LAFONTANT, Jean (1994). « Interrogations d'un métèque sur la sibylline et dangereuse notion d'identité collective », *Sociologie et Sociétés*, vol. 26, n° 1, p. 47-58.

LAPOINTE, Jean (1995). « L'historiographie et la construction de l'identité ontaroise », dans *Identité et cultures nationales : l'Amérique française en mutation*, sous la direction de Simon Langlois, Sainte-Foy, Presses de l'Université Laval, p. 153-166.

MARTEL, Angéline (1995). « L'étatisation des relations entre le Québec et les communautés acadiennes et francophones : chronique d'une époque », *Pour un renforcement de la solidarité entre les francophones au Canada*, Québec, Office de la langue française, p. 5-59.

MARTEL, Marcel (1993). « De la certitude au doute : l'identité canadienne-française de l'Ontario de 1937 à 1967 », dans *Une langue qui pense : la recherche en milieu minoritaire francophone au Canada*, sous la direction de Linda Cardinal, Ottawa, Presses de l'Université d'Ottawa, p. 65-76.

MARTEL, Marcel (1995). « La science politique boude-t-elle les Franco-Ontariens », dans *La francophonie ontarienne : bilan et perspectives de recherche*, sous la direction de Jacques Cotnam, Yves Frenette et Agnès Whitfield, Ottawa, Le Nordir, p. 184-203.

MARTEL, Marcel (1997). *Le deuil d'un pays imaginé*, Ottawa, Presses de l'Université d'Ottawa.

MCKEE-ALLAIN, Isabelle (1997). « La place des communautés religieuses de femmes dans le système d'éducation du Nouveau-Brunswick : un bilan sociohistorique », *Éducation et Francophonie*, vol. 19, n° 3, p. 3-8.

NORMANDIN, Pierre G. (1993). *Guide parlementaire canadien*, Ottawa.

PAL, Leslie (1993). *Interest of State*, Montréal, McGill-Queen's Press.

PARÉ, François (1990). « Les Franco-Ontariens ont-ils droit au discours identitaire », dans *Identité et cultures nationales : l'Amérique française en mutation*, sous la direction de Simon Langlois, Sainte-Foy, Presses de l'Université Laval, p. 167-178.

SAVARD, Pierre (1995). « Relations avec le Québec », dans *Les Franco-Ontariens*, sous la direction de Cornélius Jaenen, Ottawa, Presses de l'Université d'Ottawa, p. 231-263.

SÉNÉCHAL, Gilles (1995). « Les communautés francophones et acadiennes du Canada : orientations, prises de position et actions des porte-parole du gouvernement québécois », *Pour un renforcement de la solidarité entre francophones au Canada*, Québec, Office de la langue française.

SYLVESTRE, Paul François (1986). *Nos parlementaires*, Ottawa, L'Interligne.

THÉRIAULT, Joseph Yvon (1994). « Entre la nation et l'ethnie : sociologie, société et communautés minoritaires francophones », *Sociologie et Sociétés*, vol. 26, n° 1, p. 15-35.

THÉRIAULT, Joseph Yvon (1995). *L'identité à l'épreuve de la modernité : écrits politiques sur l'Acadie et les francophonies minoritaires*, Moncton, Éditions d'Acadie.

Chapitre 16

L'espace politique et la vie politique en Acadie

Philippe Doucet, Roger Ouellette et Marie-Thérèse Seguin, Université de Moncton

Nous ne voulons plus jamais nous soumettre aux déchirements de l'espace ;
ne plus jamais permettre, imprécise dans la fuite des jours,
l'implacable, l'illusoire prophétie de notre éparpillement.
Car de nos propres mains, oui, nous bâtirons notre demeure.
Serge Patrice Thibodeau

À l'opposé des Québécois, les Acadiens ne sont pas majoritaires sur leur territoire et ne contrôlent pas leurs institutions politiques. Ils partagent en cela, dans une certaine mesure, le sort des autres minorités francophones du Canada. L'Acadie comprend quatre communautés réparties au sein des provinces de l'Atlantique. Le Nouveau-Brunswick compte quelque 235 000 francophones représentant le tiers de sa population totale. La Nouvelle-Écosse, l'Île-du-Prince-Édouard et Terre-Neuve regroupent respectivement 34 000, 5 500 et 2 400 francophones. L'espace politique acadien est composite ; il épouse le contour des frontières politico-administratives des quatre provinces atlantiques. Ainsi, le poids et la situation politiques des Acadiens ne sont pas identiques d'une province à l'autre. La vie politique des Acadiens s'articulera autour des sphères provinciale, atlantique et nationale.

D'entrée de jeu, il est important d'affirmer le caractère distinct de l'Acadie à l'intérieur de la francophonie canadienne. Même si l'Acadie n'est plus un territoire juridique et politique, les Acadiens continuent de se considérer comme un peuple et une « collectivité sans État » (Saint-Louis, 1994, p. 65-66). Dès la première convention nationale des Acadiens tenue à Memramcook, au Nouveau-Brunswick, en 1881, les quelque 5 000 délégués des trois provinces Maritimes posent les premiers jalons pour le rassemblement et la reconnaissance du peuple acadien. C'est ainsi qu'ils se donnent une institution représentative, la Société nationale l'Assomption qui deviendra la Société nationale de l'Acadie (SNA), et désignent la Vierge Marie comme patronne, l'Assomption (15 août) comme fête nationale. Lors de la deuxième convention à Miscouche, à l'Île-du-Prince-Édouard, en 1884, les délégués choisissent le tricolore français avec une étoile mariale dans le bleu comme drapeau, et l'*Ave Maris Stella* comme hymne national. À compter de ce moment, le peuple acadien n'aura pas de cesse qu'il n'obtienne sa place au sein d'un espace politique dominé par les anglophones.

Les auteurs de ce chapitre se proposent de présenter un survol de la dynamique politique en Acadie en mettant l'accent sur la communauté acadienne du Nouveau-Brunswick, et d'examiner le parcours du peuple acadien dans sa quête d'un espace politique à la mesure de ses aspirations. Cet espace sera exploré sous les aspects de droit, de participation, de vie et de pouvoir politique pour les trois communautés traditionnelles de l'Acadie, à savoir celles du Nouveau-Brunswick, de la Nouvelle-Écosse et de l'Île-du-Prince-Édouard.

Survol de la dynamique politique en Acadie

Les Acadiens vivaient dans la colonie française de l'Acadie bien avant la création de la province du Nouveau-Brunswick en 1784 ; ils y étaient depuis déjà quelque 175 années. C'est en 1621 que l'Acadie prend pour la première fois le nom de *Nouvelle-Écosse*. Le territoire est par la suite ballotté entre la France et l'Angleterre pour passer définitivement aux mains des Britanniques en 1713. Les Acadiens s'accommodent des régimes successifs français et anglais, puis sont finalement déportés à partir de 1755. Durant toute cette période, ils sont exclus de la vie politique. Il ne faut pas oublier que nous sommes à l'époque de la monarchie absolue et que l'Acadie n'est qu'un pion sur l'échiquier de l'Empire colonial français.

La France cède définitivement toutes ses colonies nord-américaines à l'Angleterre (sauf Saint-Pierre et Miquelon) ; les Acadiens reçoivent l'autorisation de revenir en Nouvelle-Écosse, à partir de 1764. Ils doivent toutefois renoncer à leurs terres ancestrales et se disperser par petits groupes. À la faveur de la fin de la guerre de l'Indépendance américaine, de forts contingents de loyalistes viennent s'établir en Nouvelle-Écosse. Cet apport de nouveaux colons est à l'origine de la création d'une nouvelle province, le Nouveau-Brunswick, à même une partie du territoire de la Nouvelle-Écosse. La scène politique et économique est alors totalement dominée par les loyalistes, qui occupent tous les postes de commande au gouvernement et à la fonction publique. Il n'y a pas de place pour les Acadiens dans le projet de société des loyalistes. Les Acadiens sont plus faibles que jamais. Ils ne sont pas en mesure de s'affirmer et essaient plutôt de passer inaperçus. Le souvenir de la Déportation est encore très frais dans les mémoires. Les Acadiens veulent vivre paisiblement en marge de la communauté anglophone. Il n'est pas question pour le moment de revendiquer des droits et de participer activement à la vie politique. Il est préférable de se faire oublier. C'est la période que certains historiens décrivent comme étant l'*enracinement dans le silence*.

À partir de 1810, les Acadiens peuvent voter sans prêter le serment d'allégeance, et en 1830, ils acquièrent le droit de se porter candidats aux élections provinciales. Toutefois, cette participation politique n'est que théorique. La population acadienne est, la plupart du temps, représentée par des élus anglophones. La véritable entrée des Acadiens sur la scène politique passera tout d'abord par la création d'institutions. L'école est sans doute celle qui jouera le rôle le plus important. Dans la seconde moitié du 19e siècle, des collèges classiques forment les premiers leaders acadiens. Une élite acadienne se constitue. La communauté est de mieux en mieux regroupée et structurée. C'est alors que commence, à partir de 1881, l'ère des conventions nationales. Ces conventions permettent pour la première fois aux Acadiens dispersés dans les Maritimes de se réunir pour discuter de problèmes communs tels que l'éducation et la presse acadienne. Nous assistons à une prise de conscience collective qui débouche sur l'articulation d'un discours nationaliste.

La vie communautaire se développe. Les Acadiens essaient de s'organiser en marge des institutions de la majorité anglophone. Ils vivent donc isolés et repliés sur eux-mêmes. Cependant, avec la fin de la Deuxième Guerre mondiale, le Nouveau-Brunswick, tout comme le reste du Canada, passe de l'état de société agricole et rurale à celui de société industrialisée et urbaine. Face à ces changements structurels de la société globale néo-brunswickoise, le gouvernement provincial est de plus en plus appelé à jouer un rôle de premier plan.

L'élection du gouvernement libéral de Louis Robichaud, en 1960, donne le coup d'envoi à ces changements profonds. Le gouvernement

Conseil des ministres du Nouveau-Brunswick, 1967. De g. à d., assis : Bernard Jean (Justice), Norbert Thériault (Santé et Bien-être social), Graham H. Crocker (Régie hydroélectrique), L.G. DesBrisay (Finances et Industrie), Louis-J. Robichaud (premier ministre), André F. Richard (Voirie), Adrien Lévesque (Agriculture et Développement rural), Wendell W. Meldrum (Éducation), Joseph E. LeBlanc (Secrétaire provincial). Debout : B. Fernand Nadeau (Affaires municipales), William Duffie (Ressources naturelles), H.H. Williamson (Travail), R. Ernest Richard (Pêches), Raymond D. Doucett (Travaux publics), Robert J. Higgins (Développement économique). Absent : Joffre Daigle (Jeunesse).

Robichaud met sur pied une commission royale d'enquête (Byrne) qui recommande que toutes les fonctions d'intérêt général deviennent la responsabilité entière du gouvernement provincial. C'est ainsi que des secteurs importants tels que l'éducation, la santé et les affaires sociales passent sous le contrôle provincial. Pour la population acadienne, le temps de l'isolement et de l'autarcie devient chose du passé. Il est de plus en plus impératif d'intervenir dans le domaine politique, domaine qui a toujours été négligé par la communauté acadienne.

C'est à partir des années 1970 que les principaux projets politiques s'articulent au sein de la communauté acadienne. Le premier projet est celui de la dualité, développé par la Société des Acadiens et des Acadiennes du Nouveau-Brunswick (SAANB). La première mesure concrète dans ce sens est l'instauration d'une dualité au sein du ministère provincial de l'Éducation, formule que la SAANB veut faire étendre à d'autres ministères. Un principe général sous-tend cette revendication : amener les Acadiens à contrôler et à gérer leurs propres services administratifs. À défaut d'obtenir la dualité totale de l'administration publique centrale, la SAANB revendique la création de régions administratives acadiennes. L'association pense obtenir, par le biais de la décentralisation, une participation plus grande et plus effective des Acadiens à l'administration publique provinciale. Cette revendication prend tout son sens lorsqu'on sait que l'administration centrale est située à Fredericton, une ville à 95 % anglophone, et que plus de 80 % des fonctionnaires de cette administration sont anglophones.

La SAANB tente par la dualité et les régions administratives de corriger les effets négatifs, pour la communauté acadienne, de la politique de centralisation du gouvernement

Robichaud. Le pouvoir politique a jusqu'à ce jour refusé d'étendre la dualité administrative à d'autres secteurs que celui de l'éducation, et veut encore moins la généraliser à l'ensemble de l'appareil administratif provincial. En effet, le pouvoir politique a toujours traité le dossier de la dualité avec beaucoup de prudence. Il invoque des considérations monétaires pour justifier son refus de procéder au développement ou à la généralisation de la dualité. Il n'est pas sans savoir que la logique de la dualité administrative conduit tout naturellement à la dualité politique : un territoire, deux gouvernements et deux administrations pour deux communautés linguistiques. La Belgique est l'illustration de l'aboutissement de cette logique.

Le second projet politique est celui d'un territoire autonome acadien. Ce projet apparaît dans le discours néo-nationaliste acadien vers le début des années 1970, sans pour autant être une idée cohérente et bien articulée. Le Parti acadien, à la faveur de son congrès d'orientation, en 1977, se prononce en faveur de la création d'une province acadienne. Cette option politique est d'ailleurs un des éléments clés du programme électoral de ce parti lors des élections provinciales de 1978. Cette idée de *province acadienne* est reprise à l'occasion de la Convention d'orientation nationale de 1979 organisée par la SAANB. Au-delà de 49 % des délégués présents à cette convention se prononcent en faveur de la création d'une province acadienne. Ces résultats suscitent une vive controverse et leur validité est remise en question (voir chap. 2, carte III, et au chap. 6, p. 142). De plus, la SAANB refuse de confier aux délégués le mandat de mettre en œuvre l'option de la province acadienne. L'idée de ce projet s'estompe peu à peu, et le Parti acadien disparaît de la scène politique en 1982, après 10 ans d'existence.

Une fois la province acadienne reléguée aux oubliettes et la dualité mise entre parenthèses, la SAANB développera au cours des années 1980 le principe d'*égalité*. L'affirmation de ce principe passe par le rejet des concepts de *majorité* et de *minorité* au Nouveau-Brunswick. Cette idée franchit un pas symbolique important en 1981 avec l'adoption par le gouvernement Hatfield de la loi 88, portant sur l'égalité des deux communautés linguistiques. Tous les organismes acadiens, la SAANB en tête, demandent l'enchâssement de la loi 88 dans la Constitution canadienne. Il est intéressant de noter que cette loi prévoit que les deux communautés linguistiques pourront se doter d'institutions de toutes sortes, sauf politiques. Le principe d'*égalité* de la loi 88, malgré son contenu très vague, est cependant très explicite quant à son rejet de la dualité politique. Le 12 mars 1993 l'inscription des principes de la loi 88 dans la Constitution canadienne reçoit enfin l'assentiment royal.

La communauté acadienne n'a pas su ou n'a pas pu se doter de partis politiques nationalistes performants. Elle a toujours accordé son appui aux partis politiques traditionnels et plus particulièrement au Parti libéral qui, à quatre reprises, aura un chef acadien : Pierre Veniot en 1923, Louis-J. Robichaud en 1960, Raymond Frenette en 1997, et Camille Thériault en 1998. Puis avec l'arrivée au pouvoir du gouvernement Hatfield en 1970, les Acadiens commencent à voter en faveur du Parti conservateur. Pour sa part, le Parti acadien ne réussira jamais à faire élire un de ses candidats. Pourtant, à condition que les Acadiens ne mettent pas tous leurs œufs dans le même panier, le jeu électoral fait en sorte que les partis politiques sont appelés à courtiser l'électorat acadien. Il y a au Nouveau-Brunswick 55 circonscriptions électorales, dont plus d'une vingtaine sont francophones ou mixtes. Aucun parti politique déterminé à prendre le pouvoir ne saurait négliger cette réalité.

Grâce à son poids démographique, la communauté acadienne, qui représente un tiers des électeurs du Nouveau-Brunswick, détient un pouvoir politique potentiel. Cependant, jusqu'à présent, ce pouvoir politique s'est surtout manifesté sous la forme d'un pouvoir d'influence. Les Acadiens n'ont jamais réellement partagé le pouvoir avec les anglophones. Ils ont plutôt participé à son exercice ; ceci, de l'intérieur, avec la présence de députés et de ministres acadiens, et de l'extérieur avec le poids et l'influence de son élite dirigeante. Il ne faudrait pas pour autant banaliser ou minimiser le travail de la classe politique acadienne. Beaucoup de réalisations primordiales ont été accomplies pour le bien-être et le devenir de la communauté acadienne. Cependant, toutes ces réalisations demeurent fragiles dans la mesure où elles reposent sur le poids démographique et politique de ladite communauté, d'où la nécessité de consolider ces acquis dans des textes politicojuridiques. C'est dans cette perspective qu'il faut comprendre les raisons qui ont incité la SAANB et tous les organismes acadiens à revendiquer l'enchâssement de la loi 88 dans la Constitution canadienne.

Les droits politiques

L'obtention du droit de vote est au centre du combat livré par les Acadiens pour la reconnaissance de leurs droits politiques. Entre le 18e et le 20e siècle, les obstacles à un vote libre sont nombreux aux provinces Maritimes, comme d'ailleurs un peu partout dans les sociétés libérales à l'époque. Plusieurs catégories de citoyens ne peuvent prendre part au suffrage, dont les catholiques, les non-propriétaires et les femmes. De plus, le vote n'est pas secret, ce qui favorise la corruption et l'intimidation des électeurs. Ce n'est qu'au début du 20e siècle que les populations de la Nouvelle-Écosse, du Nouveau-Brunswick et de l'Île-du-Prince-Édouard bénéficieront d'un droit de vote universel. Examinons de plus près les principaux obstacles au vote libre.

La religion

Les premières lois pénales contre les catholiques sont adoptées dès le 17e siècle en Angleterre, en Irlande et en Écosse (Johnston, 1960, p. 77-78). Ces lois empêchent les catholiques d'avoir accès à la propriété, aux charges publiques, et nient leur droit de vote. Les catholiques qui veulent se soustraire à ces lois pénales doivent prêter un serment d'État dans lequel ils sont appelés à abjurer la religion catholique romaine. Ces lois anglaises s'appliqueront aux Maritimes à la suite de la signature des traités d'Utrecht (1713) et de Paris (1763). La France cède alors l'Acadie à l'Angleterre, puis le reste de ses territoires d'Amérique du Nord, à l'exception des îles Saint-Pierre et Miquelon (Johnston, 1960, p. 79). Toutefois, les catholiques de la Nouvelle-France (le Québec) ne seront pas soumis aux lois pénales britanniques grâce à l'article 4 du traité de Paris, signé le 10 février 1763 (Johnston, 1960, p. 101).

En 1765, le Board of Trade britannique demande un avis juridique au procureur et solliciteur général concernant l'extension des lois pénales anglaises contre les catholiques des colonies américaines. Le Bureau du procureur et solliciteur général est d'avis que les catholiques résidant dans les colonies cédées à l'Angleterre lors du traité de Paris ne sont pas concernés par les lois pénales (Garner, 1968, p. 133). En 1768, le secrétaire d'État Hillsborough, en réponse à une lettre que lui avait adressée le lieutenant-gouverneur Franklin au sujet de l'attribution de terres aux Acadiens de la Nouvelle-Écosse, reprend les arguments du Bureau du procureur et solliciteur britannique, et émet un avis favorable (Garner, 1968, p. 133). Toutefois, dans un premier temps, seuls les Acadiens, et non pas les autres catholiques de la Nouvelle-Écosse, pourront acquérir des terres (Garner, 1968, p. 144).

Les trois provinces Maritimes, une fois dotées d'un pouvoir législatif, adopteront malgré tout, à l'endroit des catholiques, des lois restrictives qui prendront le relais des lois anglaises. L'Angleterre abolira ses lois pénales contre les catholiques le 3 juin 1778 (Johnston, 1960, p. 102). Les provinces Maritimes en feront autant, bien que dans certains cas, beaucoup plus tard.

La Nouvelle-Écosse adopte ses premières lois pénales à partir de 1758. Elles seront progressivement abandonnées entre 1783 et

1827 (Johnston, 1960, p. 80). C'est ainsi que les catholiques obtiennent le droit de vote à compter de 1789 (Beck, 1957, p. 51). Cependant, les députés catholiques ne pourront siéger à l'Assemblée législative sans avoir à prêter le serment d'État qu'à compter de 1830 (Garner, 1968, p. 53).

Les changements à l'Île-du-Prince-Édouard sont plus lents. Cette province, contrainte par l'Angleterre, rendra aux catholiques tous leurs droits civiques, dont celui de voter, en 1829 (MacKinnon, 1951, p. 53).

C'est en 1784 que le Nouveau-Brunswick est créé à partir d'une partie du territoire de la Nouvelle-Écosse en raison, comme nous l'avons vu, de l'arrivée massive de loyalistes des colonies américaines. Les premières élections provinciales se déroulent en 1785. En l'absence d'une loi électorale, le gouverneur Thomas Carleton décide des principes généraux devant présider à ces élections. Les shérifs de comté sont chargés de les appliquer (Nouveau-Brunswick, 1984, p. 53). Soulignons que les directives du gouverneur Carleton ne privent pas les catholiques du droit de vote. Il faudra attendre en 1791 avant que l'Assemblée législative n'adopte sa première loi électorale. Cette loi, qui reçoit la sanction royale en 1795, n'exclut pas spécifiquement les catholiques du vote, mais exige que les électeurs prêtent un serment d'allégeance au roi et à ses héritiers protestants, ce qui cause des problèmes aux électeurs catholiques (Nouveau-Brunswick, 1984, p. 10-11). Il arrive que les catholiques puissent quand même voter, puisqu'en réalité, c'est le shérif, bien plus que les subtilités légales, qui décide de l'admissibilité des électeurs (Nouveau-Brunswick, 1984, p. 11). En 1810, le député Peter Fraser, dont le comté de York englobe à ce moment-là les colons acadiens du Madawaska, fait adopter un amendement à la loi électorale afin d'exempter les électeurs du serment d'État (Garner, 1968, p. 138). Les candidats aux élections seront également dispensés de ces serments à compter de 1830 (Garner, 168, p. 140).

Les lois pénales ont donc longtemps privé les Acadiens des provinces Maritimes du droit de voter et celui de se porter candidat aux élections. Elles seront également une entrave à l'accession à la propriété.

La propriété

En plus de prêter le serment d'État, les électeurs des provinces Maritimes doivent être propriétaires de biens fonciers pour acquérir le droit de vote. Cette exigence varie dans le temps, d'une province à l'autre.

Dès 1759, le vote en Nouvelle-Écosse, afin d'être en conformité avec la pratique anglaise, est réservé aux hommes de 21 ans et plus possédant une propriété foncière d'une valeur d'au moins 40 shillings (Beck, 1957, p. 51). Il faudra attendre en 1783 avant que l'ensemble des catholiques ne soient autorisés à devenir propriétaires (Garner, 1968, p. 136). Le droit de vote sera progressivement étendu aux non-propriétaires, pour devenir finalement universel en 1920 (Beck, 1957, p. 258).

En 1769, l'Île-du-Prince-Édouard devient une colonie distincte de la Nouvelle-Écosse. Une première assemblée est élue en 1773 par tous les résidents protestants de l'Île (Garner, 1968, p. 41). Le premier changement au droit de vote intervient en 1787 à l'occasion de l'élection de la cinquième assemblée générale. Un droit de vote dualiste est retenu. Les électeurs des *royalties* de Princetown, de Georgetown et de Charlottetown doivent être propriétaires de terrains à l'intérieur des limites territoriales de ces localités, alors que les électeurs des comtés comprennent à la fois les propriétaires, les locataires et les résidents (Garner, 1968, p. 43). Bien que les catholiques puissent acquérir des propriétés à partir de 1786 (Garner, 1968, p. 145), ce n'est qu'en 1829 qu'ils obtiennent le droit de vote (MacKinnon, 1951, p. 53).

En 1862, la Chambre haute devient élective, à l'instar de l'Assemblée législative (MacKinnon, 1951, p. 211). Toutefois, seuls les propriétaires peuvent voter pour le Conseil législatif. Les deux chambres sont fusionnées en 1893 (MacKinnon, 1951, p. 210). La nouvelle chambre est composée de 50 % de membres appelés *conseillers*, élus selon les modalités de l'ancien conseil législatif, et d'un autre 50 % de membres appelés *députés* (*assemblymen*), élus selon les règles de l'ancienne assemblée législative (MacKinnon, 1951, p. 215). Il y a alors 15 circonscriptions électorales, 5 par comté, et chacune élit un conseiller et un député. Les conseillers sont élus par les sujets britanniques de sexe masculin, âgés de 22 ans et plus, détenteurs d'une propriété foncière achetée ou louée, et d'une valeur d'au moins 325 $. L'électorat des députés comprend les sujets britanniques de sexe masculin, âgés de 22 ans et plus, qui résident dans la circonscription (MacKinnon, 1951, p. 215). Ils doivent toutefois s'acquitter de la capitation (*poll tax*). Les propriétaires peuvent quant à eux voter à la fois pour les conseillers et les députés (MacKinnon, 1951, p. 216), une pratique qui sera maintenue jusqu'en 1963. Les électeurs de l'Île continueront d'élire deux représentants par circonscription électorale jusqu'en 1996. Depuis cette date, il y a à l'Île des circonscriptions à représentation unique avec un seul député.

Au Nouveau-Brunswick, entre 1785 et 1795, tous les résidents majeurs et de sexe masculin peuvent voter (Nouveau-Brunswick, 1984, p. 9). Mais voilà que la première loi électorale de la province, sanctionnée le 3 juin 1795, vient restreindre le droit de vote. Ainsi, seuls les citoyens détenant une propriété foncière libre, évaluée à 25 livres ou plus, peuvent se prémunir de ce droit dans le comté où ils résident. Les personnes possédant des terres évaluées à 50 livres ou plus peuvent également voter dans les comtés où elles détiennent ces biens même si elles n'y résident pas (Nouveau-Brunswick, 1984, p. 107). Les candidats quant à eux doivent détenir des biens évalués à 200 livres ou plus (Nouveau-Brunswick, 1984, p. 10). La loi électorale sera amendée en 1855, afin de permettre aux résidents de sexe masculin de la province disposant d'un revenu annuel, de biens immobiliers, de biens personnels, ou toute combinaison des trois pour une valeur d'au moins 100 livres, de prendre part au vote (Nouveau-Brunswick, 1984, p. 13). La loi électorale de 1889 mettra fin à l'exigence de la possession de biens immobiliers pour les candidats (Nouveau-Brunswick, 1984, p. 14).

Lors de la création de la Confédération canadienne en 1867, la population est appelée à élire des représentants au Parlement fédéral. Bien que l'*Acte de l'Amérique du Nord britannique* stipule que le Parlement fédéral peut se doter d'une loi électorale, les premières élections se déroulent sous la juridiction des lois électorales provinciales (Boyer, 1981, p. 129). Le législateur fédéral vote en 1885 une loi électorale favorisant les propriétaires. Théoriquement, ceux-ci peuvent voter dans chaque circonscription où ils détiennent des propriétés (Boyer, 1981, p. 130). De 1887 à 1920, les élections fédérales se déroulent à nouveau selon les modalités prévues par les lois électorales provinciales. Il faudra attendre en 1920 avant que les élections fédérales se déroulent de manière uniforme sur l'ensemble du territoire canadien. De manière générale, le droit de vote fédéral sera universel à compter de 1922 (Boyer, 1981, p. 133).

Le sexe

À l'instar de l'Angleterre, les colonies britanniques interdisent le droit de vote aux femmes, interdiction qui relève de la convention, c'est-à-dire de la common law (Garner, 1968, p. 156). L'argument principal pour justifier l'interdiction du droit de vote aux femmes repose sur la nécessité de l'unicité du vote familial. À l'époque, l'attitude générale des Anglais sur cette question rejoint celle de James Mill, le père de John Stuart Mill, selon qui les meilleurs intérêts de l'épouse, des fils et des filles sont plus judicieusement exprimés dans le vote composite du père que dans celui de chaque individu (Garner, 1968, p. 159).

Le Nouveau-Brunswick est la première des provinces Maritimes à vouloir enlever le droit de vote aux femmes. Une première tentative a lieu en 1791. Le Conseil exécutif restreint alors le vote à tous les hommes majeurs. Toutefois, cette restriction à l'égard des femmes n'est pas incorporée à la loi électorale de la province adoptée en 1791 et sanctionnée en 1795. Les femmes néo-brunswickoises sont finalement privées du droit de vote en 1843. Déjà en 1836, les femmes de l'Île-du-Prince-Édouard avaient subi le même sort. La Nouvelle-Écosse emboîte le pas en 1851 (Garner, 1968, p. 155). Les femmes sont également exclues du suffrage à l'échelle fédérale. Cependant, les femmes acadiennes, comme celles des autres pays concernés par cette même problématique, mèneront un rude combat pour que le droit de vote leur soit accordé. S'il est vrai qu'à partir de 1843, seuls les hommes âgés de 21 ans et plus, non frappés d'incapacité juridique, peuvent voter, des femmes réussissent cependant à exercer une influence sur les décisions de la collectivité, notamment au moyen de *pétitions*.

À partir des années 1880, les femmes intensifient publiquement leur demande en matière de droit de vote ; ce qui ne se fait pas sans susciter, ici comme ailleurs, des débats houleux entre les partisans et les adversaires du vote féminin. Les arguments de ces derniers tendent à minimiser l'importance de la participation des femmes au suffrage universel. Elles doivent, selon eux, se consacrer aux affaires de la sphère privée et non à la chose publique. Les opposants considèrent par ailleurs que le vote des femmes, qu'ils présument semblable à celui de leur famille, n'apporterait aucun changement dans les décisions électorales. Par contre, les partisans du suffrage féminin, en plus de vouloir sauver le caractère universel de la démocratie, contestent le principe selon lequel des hommes illettrés peuvent se prévaloir du droit de vote alors qu'il est nié à des femmes versées dans la littérature et les sciences (Tulloch, 1985, p. 15-31). La lutte pour le suffrage féminin est d'abord animée, au Nouveau-Brunswick, par des anglophones. Les Acadiennes entrent en scène au cours de la dernière décennie du 19e siècle pour réclamer l'obtention de ce droit qu'elles considèrent comme fondamental. En témoigne la lettre d'Émilie LeBlanc Carrier, alias Marichette, publiée dans le journal *L'Évangéline* : « J'veut vous écrire pour vous dire que j'sont fatiguée d'attendre que la loi passe en Chambre pour le suffrage des femmes pour nous donner le droit de voter. Durant c'temps les femmes souffrent d'envie de se rendre au polls pour montrer à nos vieux comment voter » (*L'Évangéline*, 14 février 1895).

Tout comme les femmes des autres pays démocratiques, les Acadiennes devront effectuer un parcours semé d'embûches, d'humiliations, mais aussi d'encouragements et de solidarité, dans cette quête de reconnaissance de leur participation formelle aux destinées de la cité. Ce n'est qu'au début du 20e siècle que les provinces Maritimes et le gouvernement fédéral étendent le suffrage aux femmes. Le fédéral et la Nouvelle-Écosse agissent dans ce sens en 1918, le Nouveau-Brunswick en 1919, et l'Île-du-Prince-Édouard en 1922 (Boyer, 1981, p. 132).

Le secret

Vers le milieu du 19e siècle le scrutin secret est progressivement instauré au Canada. Le vote à main levée encourageait la corruption et l'intimidation des électeurs. Le vote secret est introduit au Nouveau-Brunswick en 1855, en Nouvelle-Écosse en 1870, et à l'Île-du-Prince-Édouard, une première fois en 1877, puis de manière définitive en 1913. La loi électorale fédérale instaure le vote secret à partir de 1874. Au fur et à mesure que les obstacles énumérés ci-haut sont éliminés, les Acadiens, progressivement, prennent part à la vie politique des provinces Maritimes.

La participation politique

La première trace d'une participation des colons acadiens à la vie de la cité remonte au Régime français avec l'élection, dès 1673, de syndics par les habitants de la paroisse de Saint-Jean-Baptiste-de-Port-Royal (Archives nationales, dossier La Vallière). Cette assemblée est chargée de délibérer sur les affaires concernant la paroisse.

Une autre étape est franchie sous le Régime anglais avec la nomination par les autorités en 1720 de six délégués acadiens (Daigle, 1993, p. 26-27). Leur nombre est porté par la suite à 24, et ils sont élus (Daigle, 1993, p. 26-27). Ces délégués sont chargés de recevoir et d'exécuter les ordres des gouverneurs britanniques (Doucet, 1993, p. 302). Cet embryon de participation politique est brisé à l'occasion de la déportation des Acadiens qui survient à partir de 1755.

Les autorités britanniques autorisent, à la suite de la signature du traité de Paris de 1763, le retour des Acadiens. Toutefois, leurs terres sont occupées par des colons britanniques, et le gouvernement anglais exige la *dispersion* des Acadiens en petits groupes. C'est alors que commence la longue quête des Acadiens pour la reconnaissance de leurs droits politiques.

L'étape cruciale est sans contredit l'obtention du droit de vote. Les Acadiens peuvent enfin prendre part aux affaires de la cité. Un autre pas déterminant est franchi lorsqu'on autorise certains des leurs à briguer les suffrages aux élections législatives. Même si les Acadiens de la Nouvelle-Écosse peuvent voter depuis 1789, ce n'est finalement qu'en 1836 qu'un des leurs est élu député ; il s'agit de Simon d'Entremont, de Pubnico, élu pour la circonscription d'Argyle (Doucet, 1993, p. 308).

Simon d'Entremont

Le premier député acadien du Nouveau-Brunswick est élu en 1846 ; Armand Landry représente les électeurs du comté de Westmorland (Doucet, 1993, p. 309). Stanislas Poirier, de Tignish, devient en 1854 le premier député acadien de l'Île-du-Prince-Édouard (Doucet, 1993, p, 309).

Les Acadiens du Nouveau-Brunswick élisent un premier député fédéral francophone lors de la création de la Confédération canadienne en 1867 ; il s'agit d'Auguste Renaud,

Auguste Renaud (-1897)

un instituteur français du comté de Kent. Il est défait en 1872. Gilbert Girouard lui succède en 1878 (Doucet, 1993, p. 315). Stanislas Poirier devient en 1874 le premier élu acadien de l'Île-du-Prince-Édouard au Parlement canadien. Les Acadiens de l'Île n'ont jamais réussi, depuis, à élire l'un des leurs à Ottawa (Doucet, 1993, p. 316). La Nouvelle-Écosse élit son premier député fédéral acadien en 1935, Vincent Pottier, de la circonscription de Shelburne-Yarmouth (*The Canadian Directory of Parliament*, 1867-1967, 1969, p. 470).

Quant à la participation des femmes dans la direction et la gestion des affaires politiques, il faudra attendre encore plus d'un siècle, soit 1987, avant que les premières Acadiennes ne se fassent élire à une assemblée législative. Pourtant, les années 1970 furent

Députés acadiens à Fredericton, vers 1869. De g. à d. : Urbain Johnson, Amand Landry, Lévite Thériault.

particulièrement importantes sur le plan de la mobilisation des femmes en ce qui a trait à leur participation à la vie politique. Il faut se rappeler, en effet, que l'année 1975, consacrée internationalement à la problématique de la condition des femmes, fut l'occasion pour les Acadiennes de s'organiser en groupes de pression afin d'exiger la mise en place d'institutions susceptibles de favoriser, voire d'accélérer leur arrivée dans la vie publique. La création du Conseil consultatif sur la femme, voté au Nouveau-Brunswick en 1976, offrit sans conteste un mécanisme de premier plan pour propulser les femmes vers l'exercice de fonctions politiques.

En effet, les différentes activités initiées par ce conseil ont permis une forte sensibilisation de la population acadienne sur la nécessité de favoriser les candidatures féminines en période électorale. Mais, comme le noteront plusieurs actrices de la scène publique[1], la participation des femmes acadiennes à la vie publique, pour qu'elle soit effective, requiert, tout d'abord de leur part, une prise de conscience de leur nécessaire présence dans la vie politique et des capacités qui leur sont spécifiques pour l'exercice des responsabilités publiques. Une fois cette étape franchie, ces mêmes actrices indiquent que la situation des Acadiennes pourra être améliorée à la faveur de modifications substantielles des attitudes, des structures et des législations. Ces changements souhaités visent tout particulièrement les dispositions philosophiques et structurelles des partis politiques, lesquels avaient encore tendance, dans un passé récent, à reléguer les femmes dans des fonctions considérées comme accessoires.

Ainsi, 1987 restera sans doute une année importante dans l'histoire de la participation des Acadiennes à la vie politique, puisque deux Acadiennes sont élues à l'Assemblée législative du Nouveau-Brunswick, soit Mmes Aldéa Landry et Pierrette Ringuette-Maltais. Cette dernière sera la première acadienne a être élue à la Chambre des communes en 1993. Si la percée des Acadiennes du Nouveau-Brunswick s'est faite progressivement au cours des 10 dernières années, il faut noter que jusqu'à ce jour, aucune Acadienne n'a été élue en Nouvelle-Écosse, ni à l'Île-du-Prince-Édouard.

Après avoir élu des leurs à la Chambre des communes et aux assemblées législatives provinciales, les Acadiens des Maritimes tournent leurs regards vers le Sénat canadien.

1. Voir, à ce sujet, les propos de Rosella Melanson dans *L'Évangéline*, du 15 au 25 septembre 1978, ainsi que ceux de Réjeanne Blais, dans *L'Évangéline* du 20 mars 1979.

Pascal Poirier, de Shédiac au Nouveau-Brunswick, devient en 1885 le premier sénateur acadien (Doucet, 1993, p. 316). L'Île-du-Prince-Édouard a son unique sénateur acadien, Joseph-Octave Arsenault, de 1895 à 1897 (Doucet, 1993, p. 317), et Ambroise H. Comeau est nommé sénateur pour la Nouvelle-Écosse en 1907 (Doucet, 1993, p. 316). Ce n'est qu'en 1995 qu'une Acadienne du Nouveau-Brunswick, Rose-Marie Losier-Cool, est nommée au Sénat canadien. Elle devient de la sorte la première Acadienne des Maritimes à accéder à ce poste.

L'Honorable Rose-Marie Losier-Cool, sénatrice

Cette participation des Acadiens au pouvoir législatif s'accentue progressivement au cours du 20e siècle. Elle est beaucoup plus imposante au Nouveau-Brunswick, où les Acadiens forment un tiers de la population, et sont majoritairement concentrés dans le nord et le sud-est de la province. Le droit de vote et l'élection de députés permettent aux Acadiens de participer au pouvoir exécutif. Lévite Thériault, député du comté de Victoria-Madawaska, est le premier Acadien à détenir un portefeuille de ministre dans un gouvernement du Nouveau-Brunswick en 1871 (Doucet, 1993, p. 314). Isidore LeBlanc, d'Arichat, siège au cabinet de la Nouvelle-Écosse en 1883 (Doucet, 1993, p. 315). Joseph-Octave Arsenault occupe un portefeuille ministériel au gouvernement de l'Île-du-Prince-Édouard en 1873 (Dictionnaire biographique du Canada, 1990, p. 43-44).

Aubin E. Arsenault

Aubin Arsenault de l'Île-du-Prince-Édouard et Pierre Véniot du Nouveau-Brunswick, deviennent en 1917 et 1923 premier ministre de leur province. Mais il faut attendre en 1960 avant de voir un Acadien, Louis-J. Robichaud, conduire le Parti libéral du Nouveau-Brunswick à la victoire comme chef, et devenir le premier à accéder à la fonction de premier ministre d'une province par la voie des urnes. Il est élu à trois reprises et dirige sa province pendant 10 ans. Sur la scène fédérale, Pierre Véniot du Nouveau-Brunswick est en 1926 le premier Acadien à détenir un poste ministériel (Répertoire des ministères canadiens depuis la Confédération, 1974, p. 257). Aucune Acadienne, à ce jour, n'a occupé une telle fonction, ni en Nouvelle-Écosse, ni à l'Île-du-Prince-Édouard. Aldéa Landry devient en 1987 la première Acadienne à faire son entrée au Conseil des ministres du Nouveau-Brunswick pour y occuper les fonctions de vice-première ministre. Pour sa part, Claudette Bradshaw, la député de Moncton à la Chambre des communes, est, en 1998, la première Acadienne à détenir un portefeuille dans un cabinet fédéral.

Députés acadiens à Fredericton, à l'élection de 1917. 1re rangée : David V. Allain (Northumberland), Philéas P. Melanson (Kent) ; 2e rangée : Clément M. Léger (Westmorland – n'a pas été élu en 1917), Pierre J. Veniot (Gloucester), Louis-Auguste Dugal (Madawaska), Joseph E. Michaud (Madawaska) ; 3e rangée : Jean G. Robichaud (Gloucester), Auguste J. Bordage (Kent), Arthur T. LeBlanc (Restigouche), Séraphin R. Léger (Gloucester).

C'est au Nouveau-Brunswick que le poids de la participation des Acadiens au processus politique se fait davantage sentir. Totalement absents de la scène politique à la création du Nouveau-Brunswick en 1784 par les loyalistes, les Acadiens finissent deux siècles plus tard par devenir des acteurs incontournables. D'unilingue anglaise à sa fondation, cette province devient officiellement bilingue en 1969. L'égalité des communautés francophone et anglophone du Nouveau-Brunswick est enchâssée dans la Constitution canadienne en 1993. La question acadienne est donc devenue progressivement une dimension fondamentale de la vie politique néo-brunswickoise.

La vie politique

Les Acadiens se réunissent pour la première fois après la Déportation, à l'occasion de la Convention nationale de 1881. Ils cherchent alors à se doter d'outils essentiels à leur développement comme collectivité francophone. Un vigoureux débat prend place entre Mgr Marcel-François Richard et le père Camille Lefebvre au sujet du choix des symboles du nationalisme acadien. Le père Lefebvre, d'origine québécoise, voudrait que l'Acadie opte pour les mêmes symboles que les Canadiens français. Mgr Richard, qui privilégie des signes distinctifs pour le peuple acadien, a cependant gain de cause auprès des délégués aux conventions nationales de 1881 et de 1884 (Robidoux, 1907).

C'est autour de l'Église catholique et de l'école française que les Acadiens choisissent de se regrouper. À partir du milieu du 19e siècle, les Acadiens exigent des écoles publiques qu'elles fassent une plus grande place à la langue française et qu'elles offrent une meilleure formation à leurs enseignants. Au début du 20e siècle, l'acadianisation de l'Église est devenue un objectif important. Sur les 17 évêques nommés aux Maritimes au siècle précédent, pas un seul n'est Acadien, et la grande majorité des prêtres est d'origine québécoise. L'établissement de maisons d'enseignement supérieur et de journaux acadiens constitue également un objectif hautement prioritaire. Le Collège Saint-Joseph est fondé à Memramcook, en 1864, et *Le Moniteur acadien*, le premier journal de langue française en Acadie, paraît en 1867, à Shédiac. Les années 1930 verront la création et la croissance rapide des coopératives et des caisses populaires pour faire face à la crise économique (Daigle, 1990a). L'Acadie dispose donc de plus en plus d'institutions dans les domaines de l'éducation, de la presse et de l'économie pouvant servir de levier à son développement. Par ailleurs, les élites acadiennes formées dans les collèges classiques à compter de la fin du 19e siècle établiront une relation de *bonne entente* avec les anglophones. L'heure n'est pas à la confrontation.

C'est à l'intérieur des partis politiques traditionnels et surtout du Parti libéral que les Acadiens feront valoir leurs doléances. Dès le début du 20e siècle, tant sur la scène fédérale que provinciale, la très grande majorité des Acadiens accordent leur confiance à cette formation politique. Quant au Parti conservateur, il est perçu comme un bastion d'anglo-protestants peu sympathiques aux francophones. Il faudra attendre l'élection en 1970 du premier ministre Richard Hatfield pour voir les conservateurs s'ouvrir à la communauté acadienne du Nouveau-Brunswick.

L'année 1955, qui marque le 200e anniversaire de la déportation des Acadiens, est l'occasion pour la Société nationale l'Assomption (SNA) d'annoncer un projet visant sa réorganisation et sa modernisation, projet qui se concrétisera deux ans plus tard. La décennie suivante sera une période mouvementée et de remise en question en Acadie du Nouveau-Brunswick. Représentant à ce moment-là près de 40 % de la population de cette province, comparativement à un peu moins de 25 % au début du siècle, les Acadiens sont de plus en plus décidés à se prendre en main.

Avec l'arrivée au pouvoir de Louis Robichaud, et l'instauration de son programme Chances égales pour tous et de la *Loi sur les langues officielles*, le Nouveau-Brunswick connaîtra sa propre révolution tranquille. C'est durant cette décennie que l'Université de Moncton (1963) est créée et que ses étudiants revendiquent un meilleur traitement pour le peuple acadien. Nous assistons à une radicalisation du discours. Le Ralliement de la jeunesse acadienne à Memramcook, en 1966, est l'occasion pour les jeunes de remettre en question le pouvoir de l'élite traditionnelle acadienne et des « anglais » (Hautecœur, 1975). Ce qui fait dire à Michel Roy que « vers 1970, la belle homogénéité du discours officiel est rompue » (Roy, 1981, p. 257).

Frustrés par la domination de la majorité anglophone et par le conservatisme de l'élite traditionnelle, un certain nombre d'intellectuels acadiens décident de faire bande à part en créant en 1972 le Parti acadien. Les échecs électoraux et les luttes internes provoqueront la disparition de ce parti 10 ans plus tard. Deux tendances s'affrontaient : l'une *réformiste*, qui favorisait un parti nationaliste, et l'autre *socialiste*, qui militait en faveur d'un mouvement politique aux idées marxistes-léninistes. À la suite de la victoire des militants réformistes, les partisans de l'option socialiste claquent la porte du Parti en 1977. Malgré sa courte existence, le Parti acadien aura tout de même permis d'enrichir le discours politique et aura contribué au pluralisme de l'Acadie. (Ouellette, 1993).

L'action politique ne se limitera pas aux partis politiques. La décennie 1970 est marquée par la création ou la transformation d'organismes nationalistes acadiens en groupes de pression à portée provinciale. Alors que la SNA représente le peuple acadien sur le plan international, les communautés acadiennes du Nouveau-Brunswick, de l'Île-du-Prince-Édouard et de la Nouvelle-Écosse se regroupent respectivement autour de la Société des Acadiens du Nouveau-Brunswick (SANB) (1973), de la Société Saint-Thomas-d'Aquin (1919) et de la Fédération acadienne de la Nouvelle-Écosse (1967).

La SANB jouera un rôle catalyseur en ce qui touche les préoccupations et les revendications de la communauté acadienne du Nouveau-Brunswick. Face aux effets de l'assimilation sur la démographie de la province et à la nécessité de se donner un projet de société plus nationaliste qu'auparavant, les Acadiens du Nouveau-Brunswick sont conviés à la Convention d'orientation nationale des Acadiens en 1979 (Finn, d'Entremont et Doucet, 1980). Des résolutions nettement autonomistes y sont adoptées. Les éléments les plus modérés de la communauté acadienne questionnent la légitimité et la représentativité de cette convention. Ils accusent le Parti acadien d'avoir noyauté les délégués. Mais, au-delà de la polémique, un débat s'engage au sein de la société acadienne. Pour bon nombre d'Acadiens, le statu quo n'est plus acceptable. Le gouvernement conservateur du premier ministre Richard Hatfield entendra le message de changement émanant de la Convention. Il poursuivra le mouvement des réformes amorcé par l'administration libérale du premier ministre Louis Robichaud. Le gouvernement Hatfield fait adopter dès 1981 la loi 88 reconnaissant l'égalité des deux communautés linguistiques du Nouveau-Brunswick. Douze ans plus tard, les principes de base de cette législation seront enchâssés dans la Constitution canadienne.

L'action conjuguée des groupes de pression et de la classe politique acadienne permettra à la communauté acadienne du Nouveau-Brunswick de faire une série d'autres gains. C'est ainsi qu'on assistera à l'implantation de la dualité au ministère de l'Éducation, à la création de districts scolaires et d'écoles homogènes, à l'établissement de centres communautaires et scolaires francophones, à l'enchâssement dans la Constitution canadienne des articles 16(2), 17(2), 18(2), 20(2), de la *Charte des droits et libertés* traitant du Nouveau-Brunswick comme une province officiellement bilingue. Les Acadiens de l'Île-du-Prince-Édouard, de la Nouvelle-Écosse et de Terre-Neuve feront également des gains dans le domaine de l'éducation avec la mise en place de commissions scolaires et de centres communautaires et scolaires francophones.

La réactivation du dossier de l'union des Maritimes par le premier ministre McKenna, en 1989, relancera ce débat au sein de l'Acadie (Doucet et Ouellette, 1994). Il y a grosso modo deux opinions en présence. Pour certains Acadiens du Nouveau-Brunswick, cette union constitue une menace au poids démographique de la communauté acadienne de cette province qui passerait de près d'un tiers à moins de 15 %, d'où les inquiétudes pour le maintien des acquis. En revanche, les Acadiens de l'Île-du-Prince-Édouard et de la Nouvelle-Écosse voient dans l'union une chance de se rapprocher de leurs frères et sœurs du Nouveau-Brunswick et de bénéficier des mêmes avantages.

Une chose est cependant certaine. Personne ne souhaite en Acadie une union des Maritimes qui affaiblirait, voire compromettrait les gains de la communauté acadienne du Nouveau-Brunswick. C'est pourquoi tous les Acadiens s'entendent pour exiger des garanties juridiques prévoyant d'étendre aux Acadiens de l'Île-du-Prince-Édouard et de la Nouvelle-Écosse les droits et les acquis des Acadiens du Nouveau-Brunswick. L'union doit être une occasion de réunir le peuple acadien et non de l'affaiblir. Tout ce débat autour de l'union éventuelle des provinces Maritimes soulève la question du pouvoir en Acadie.

Le pouvoir politique

Après avoir été longtemps exclus de la scène politique des Maritimes, les Acadiens y ont progressivement fait leur entrée. Les préoccupations fondamentales de la population acadienne sont plus que jamais à l'ordre du jour des formations politiques. Un chemin considérable a été parcouru. La province du Nouveau-Brunswick, qui regroupe environ 80 % de la totalité des Acadiens des Maritimes, en est une excellente illustration.

Lors de la fondation du Nouveau-Brunswick par les loyalistes, en 1784, la communauté acadienne n'est pas considérée comme une partenaire. Elle est encore loin du moment où seront élaborés puis mis en œuvre les concepts de *dualité* et d'*égalité*. La participation des Acadiens au pouvoir politique permettra la réalisation de ces gains. Cette participation prendra deux formes principales : l'exercice du droit de vote et l'élection ou la nomination à des charges publiques.

L'obtention du droit de vote permet aux Acadiens de détenir une partie du pouvoir électoral. Leur poids électoral constitue un

Figure I

Répartition des votes dans les régions acadiennes, 1967-1991

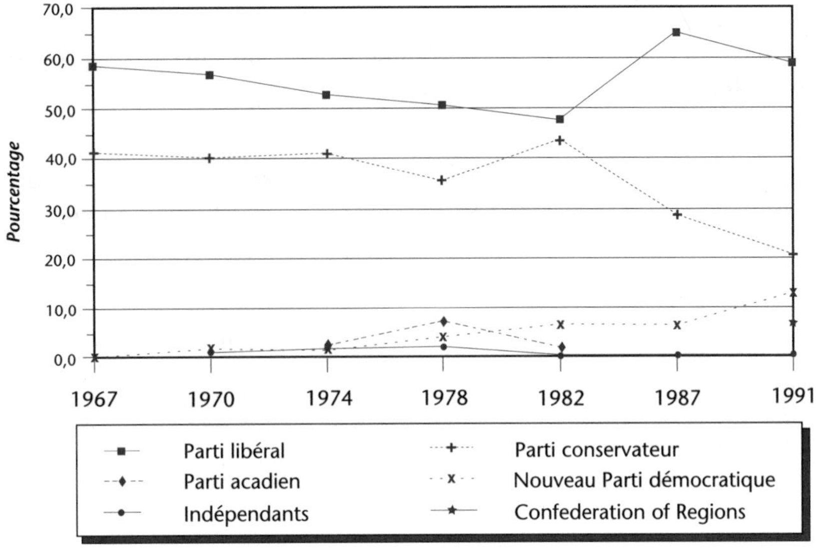

Source : Hubert, Duval et Leclerc, 1996, p. 31.

enjeu politique de plus en plus important. Très tôt la communauté acadienne du Nouveau-Brunswick développe un *vote ethnique* et apporte son soutien au Parti libéral (Finn, 1973). La modernisation de l'Acadie et la transformation des principaux agents de socialisation politiques que sont la famille, l'école, l'Église, les médias et les organisations entraîneront un effritement de ce phénomène. De nos jours, aucun parti politique ne peut tenir pour acquis le vote des Acadiens. Loin de favoriser une érosion du poids politique de l'électorat acadien, l'effritement du *vote ethnique* incite plutôt les partis politiques à prendre davantage en considération ses revendications. Une bonne vingtaine des 55 circonscriptions électorales du Nouveau-Brunswick sont majoritairement francophones ou mixtes.

Par ailleurs, l'avancée des Acadiennes dans l'exercice des fonctions politiques ne doit pas nous faire oublier les nuances importantes que requiert l'étude de cette question. À ce titre, notons que les femmes acadiennes, bien que désireuses de participer à l'exercice du pouvoir politique, constituent encore de nos jours une faible minorité parmi les personnes élues. À ce propos, les statistiques parlent d'elles-mêmes : aux élections provinciales de 1995, les femmes ne représentaient que 16 % des personnes élues à l'Assemblée législative, comparativement à 17,2 % en 1991, et à 12,1 % en 1987. Pour ce qui est de l'échelon municipal maintenant, on note aux dernières élections, une légère hausse du nombre de femmes élues, tant au titre de maire qu'à celui de conseillère municipale. En effet, en 1998, 24 % des personnes élues à un poste de conseiller sont des femmes, contre 19,3 % en 1995, et 19,7 % en 1992. En ce qui a trait au poste de maire, 12 % seulement des personnes élues en 1998 sont des femmes, comparativement à 11,2 % en 1995, et à 14,7 % en 1992[2].

2. Données compilées par Sylvain Caron, assistant de recherche en science politique, à partir des résultats des élections provinciales et municipales au Nouveau-Brunswick.

De plus, la seule présence de quelques femmes dans les postes de pouvoir, bien que symboliquement significative dans un système démocratique, reste sociologiquement insuffisante pour avoir un poids réel dans la prise de décision politique. En ce sens, les processus observés en Acadie, concernant l'arrivée des femmes dans la conduite des affaires de la cité, sont très similaires à ceux qui se déroulent dans d'autres régions du monde occidental. Les femmes doivent faire leur apprentissage de l'exercice du pouvoir politique dans un univers sociologiquement et culturellement masculin. Ainsi s'exprimait Aldéa Landry, première femme acadienne à occuper de hautes fonctions gouvernementales au Nouveau-Brunswick : « Ce qui m'a le plus frappée n'était pas de me retrouver comme l'une des 7 femmes parmi 58 députés (donc d'avoir à composer avec un caucus où mes collègues hommes étaient fortement majoritaires), d'autant plus que j'y arrivais alors que j'assumais depuis deux ans la présidence de mon parti [...] Non, ce qui m'a renversée dès le début, c'est l'absence marquée de femmes dans tous les postes de décision des groupes d'intérêt et des institutions qui interagissent régulièrement avec le gouvernement, ces organismes qui viennent rencontrer les députés dès l'élection pour les sensibiliser à leur secteur d'intervention, pour leur faire part de leurs priorités et de leurs programmes » (Landry, 1995, p. 221).

L'élection de députés acadiens et la nomination de certains d'entre eux à des postes de ministre permettra à la communauté acadienne d'être représentée dans les sphères des pouvoirs législatif et exécutif. Les Acadiens ne sont plus simplement des spectateurs mais des acteurs de la scène politique. Ils peuvent prendre part à toutes les étapes du processus décisionnel. L'Assemblée législative du Nouveau-Brunswick compte actuellement une vingtaine de députés francophones alors que le Cabinet du premier ministre Camille Thériault comprend près d'une dizaine de ministres acadiens. Pour certains, il s'agit là d'un partage du pouvoir entre les anglophones et les francophones. D'autres considèrent que les élus acadiens sont plutôt à la remorque des anglophones, et ne défendraient pas véritablement les intérêts de leur communauté mais les leurs (Doucet, 1995).

Conclusion

Près de 400 ans se sont écoulés depuis la fondation de l'Acadie. Au cours de ce long périple à travers le temps, les Acadiens ne cessent de travailler en vue de se donner une identité reconnue et ancrée sur un territoire. Ce peuple de la terre, mais aussi de la mer, connaît dès les débuts de son histoire, un véritable ballottement entre les deux grandes puissances coloniales, préoccupées avant tout de l'appropriation du territoire et peu soucieuses de ses habitants. Ceux-ci, jugés non désirables par les nouveaux maîtres des lieux, sont expulsés de leurs terres. Dispersés sur deux continents, les Acadiens ne cessent de vouloir retrouver leur territoire sur lequel doit se tisser à nouveau ce lien social par lequel une communauté existe. Dans ce retour *autorisé* chez eux, ils doivent cependant renoncer à se réapproprier leurs propres terres, tout en acceptant de vivre par petits groupes disséminés sur un territoire à réapprivoiser.

Bien que les Acadiens se voient accorder le droit de vote au 19e siècle, ils ne se reconnaissent pas dans l'image de leurs représentants. Ces derniers sont souvent des anglophones. C'est alors au sein de leur convention, puis par la création d'institutions, que les Acadiens se rassemblent en tant que peuple et se frayent une voie de passage sur la scène politique. Ces institutions, qui sont l'école et les collèges classiques, apportent une contribution fondamentale à la formation d'une élite acadienne capable de diriger le mouvement émancipateur de sa communauté. Ce mouvement ne cesse de s'affirmer depuis lors. Alors que l'isolement et l'autonomie ont longtemps été les armes du peuple acadien face à la menace de l'assimilation, il a su, au fil de son histoire, se doter d'un espace politique où sa présence ne saurait être banalisée.

Pour autant, son combat n'est pas terminé. La création d'une province acadienne à partir du découpage du Nouveau-Brunswick est proposée dans les années 1970 par certains nationalistes comme le moyen d'assurer la consolidation de l'Acadie (Thériault, 1982). Le Parti acadien en fait son principal cheval de bataille. Ce projet, comme nous le savons, ne verra pas le jour. Pourtant, aujourd'hui, le peuple acadien jouit d'une reconnaissance sur les scènes locale, nationale et internationale.

L'ouverture sur le monde, les moyens modernes de communication et la solidarité entre toutes les composantes du peuple acadien constituent les outils qui lui permettront de relever avec succès les défis du 21e siècle. Ainsi, l'avenir de l'Acadie réside dans la contribution de toutes et de tous.

Bibliographie

Beck, J. Murray (1975). *The Government of Nova Scotia*, Toronto, University of Toronto Press.

Boyer, Patrick (1981). *Political Rights : The Legal Framework of Elections in Canada*, Toronto, Butterworths.

Daigle, Jean (1990). *Une force qui nous appartient : la Fédération des caisses populaires acadiennes, 1936-1986*, Moncton, Éditions d'Acadie.

Daigle, Jean (1993). « L'Acadie de 1604 à 1763 : synthèse historique », dans *L'Acadie des Maritimes*, sous la direction de Jean Daigle, Moncton, Université de Moncton, Chaire d'études acadiennes.

Délibération des habitants de Port-Royal, Archives nationales de France, Colonies, Série E.277, dossier La Vallière.

Dictionnaire biographique du Canada (1990), Sainte-Foy, Presses de l'Université Laval, vol. 12, p. 43-44.

Cyr, Hubert, Denis Duval et André Leclerc (1996). *L'Acadie à l'heure des choix : l'avenir politique et économique de l'Acadie du Nouveau-Brunswick*, Moncton, Éditions d'Acadie.

Doucet, Michel (1995). *Le discours confisqué*, Moncton, Éditions d'Acadie.

Doucet, Philippe (1993). « La politique et les Acadiens », dans *L'Acadie des Maritimes*, sous la direction de Jean Daigle, Moncton, Université de Moncton, Chaire d'études acadiennes.

Doucet, Philippe, et Roger Ouellette (1994). « L'Acadie face à l'intégration économique des provinces de l'Atlantique », *Revue de l'Université de Moncton*, vol. 27, n° 2.

Finn, Jean-Guy (1973). « Tentative d'explication du vote ethnique acadien », *Revue de l'Université de Moncton*, vol. 6, n° 2.

Finn, Jean-Guy, Harley d'Entremont et Philippe Doucet (1980). « Le nationalisme acadien vu à travers la Convention d'orientation nationale de 1979 », *Revue de l'Université de Moncton*, vol. 13, n° 3.

Garner, John (1968). *The Franchise and Politics in British North America : 1755-1867*, Toronto, University of Toronto Press.

Hautecœur, Jean-Paul (1975). *L'Acadie du discours*, Québec, Presses de l'Université Laval.

Johnston, Angus Anthony (1960). *A History of the Catholic Church in Eastern Nova Scotia*, Antigonish, St. Francis-Xavier University Press.

Landry, Aldéa (1995). « Les femmes engagées dans la vie politique », dans *Femmes et pouvoir : réflexions autour de Olympe de Gouges*, sous la direction de Shanon Hartigan, Réa McKay et Marie-Thérèse Seguin, Moncton, Éditions d'Acadie.

NOUVEAU-BRUNSWICK (1984). *Les élections au Nouveau-Brunswick, 1784-1984*, Fredericton, Bibliothèque de l'Assemblée législative du Nouveau-Brunswick.

OUELLETTE, Roger (1992). *Le Parti acadien : de la fondation à la disparition, 1972-1982*, Moncton, Université de Moncton, Chaires d'études acadiennes.

Répertoire des ministères canadiens depuis la Confédération : 1er juillet 1867 - 1er août 1973 (1974), Ottawa, Archives publiques du Canada.

ROBIDOUX, Fernand (1907). *Conventions nationales des Acadiens*, Shédiac, Moniteur Acadien.

ROY, Michel (1981). *L'Acadie des origines à nos jours : essai de synthèse historique*, Montréal, Québec/Amérique.

SAINT-LOUIS, Michel (1994). « Les "collectivités sans États" et les relations internationales : l'exemple du peuple acadien des Maritimes », *Revue de l'Université de Moncton*, vol. 27, n° 2.

The Canadian Directory of Parliament 1867-1967 (1969), Ottawa, Archives publiques du Canada.

THÉRIAULT, Léon (1982). *La question du pouvoir en Acadie*, Moncton, Éditions d'Acadie.

TULLOCH, Elspeth (1985). *Nous, les soussignées : un aperçu historique du statut politique et légal des femmes du Nouveau-Brunswick, 1784-1984*, Moncton, Conseil consultatif sur la condition de la femme du Nouveau-Brunswick.

CHAPITRE 17

La politique ontarienne et les Franco-Ontariens (1900-1995)

DONALD DENNIE, Université Laurentienne[1]

Pour la majeure partie du 20e siècle, l'Ontario a été presque synonyme du Canada ou tout au moins du Canada anglais. Par conséquent, sa domination économique et démographique a pesé lourdement sur l'échiquier politique du régime confédératif (Simeon, 1985 ; Armstrong, 1981).

Sur la scène provinciale, cette vie politique a été dominée par un parti, soit le Parti conservateur[2]. En effet, pendant 70 ans, ce parti a dominé la scène politique en Ontario, le Parti libéral n'étant au pouvoir que pendant 20 ans.

Sur cette scène, les Franco-Ontariens n'ont pas occupé une place très importante pour ce qui est des élus à l'Assemblée législative ou des ministres au sein des divers gouvernements. En général, l'électorat franco-ontarien a appuyé les principales formations politiques (Lapalme, 1968), mais a eu un penchant pour le Parti libéral. La politique du fait français en Ontario n'a pas eu d'importance considérable dans l'ensemble de la vie politique, sauf au début et à la fin du siècle. Les Franco-Ontariens, comme individus ou parfois comme groupes, ont par contre été affectés par les politiques et les lois ontariennes, que ce soit en matière de relations de travail ou de politiques agricoles, économiques ou sociales.

Ces divers aspects de la politique ontarienne et la place qu'y ont occupée les Franco-Ontariens feront l'objet de ce chapitre.

LES RÉGIMES POLITIQUES

De 1871 à 1905, le Parti libéral a détenu le pouvoir politique à l'Assemblée législative de l'Ontario. Mais l'élection générale de 1905 produit pour la première fois un gouvernement conservateur dont le premier ministre est James Whitney que l'on considère comme le père du progressisme conservateur (Dyck, 1991, p. 306 ; Humphries, 1985). Il serait plus approprié de parler d'*un* régime politique, plutôt que *des* régimes, en Ontario au cours du 20e siècle, tant ce parti a été dominant. C'est en assurant une transition sans douleur entre ses leaders et en gardant le pouls du climat politique de la province que le Parti conservateur a réussi à conserver le pouvoir aussi longtemps.

Après Whitney, qui remporta quatre victoires électorales de 1905 à 1914, William Hearst fut le leader du Parti et premier ministre jusqu'en 1919. Mais la Première Guerre mondiale avait exacerbé les fermiers de l'Ontario – surtout ceux du Sud – qui formaient le

1. L'auteur désire remercier Richard Théoret dont les recherches l'ont grandement aidé dans la rédaction de ce texte.
2. Le Parti conservateur fédéral a pris le nom de Parti progressiste-conservateur en 1920 ; le Parti conservateur ontarien a changé son nom en 1943.

principal appui du Parti conservateur. Inquiets de l'urbanisation croissante de la province et fâchés du fait que leurs fils avaient été conscrits pour l'effort de guerre, les fermiers décidèrent de former leur propre parti politique en 1914 – les United Farmers of Ontario (Fermiers unis de l'Ontario). Ce nouveau parti, dont le nombre de membres passa de 8 000 à 48 000 en deux ans, s'allia au Independent Labour Party (Parti des travaillistes indépendants) pour remporter l'élection de 1919 (Tennyson, 1969, p. 26-36).

Le chef du Parti, E.C. Drury (Drury, 1966 ; Johnston et Drury, 1986), élu seulement après l'élection, tenta, tant bien que mal, de gérer les affaires publiques de la province. Mais en 1923, son parti épuisé par une série de conflits entre fermiers et travailleurs, fut défait par les conservateurs dirigés par Howard Ferguson (Oliver, 1977). Ce dernier fut premier ministre jusqu'en 1930 lorsqu'il laissa sa place à George Henry qui dut affronter l'électorat en 1934. La Grande Dépression ayant fait grimper le taux de chômage et la misère, principalement dans les villes, qui s'étaient multipliées dans la province, les électeurs ontariens optèrent pour le Parti libéral dont le chef était Mitch Hepburn (McKenty, 1967).

À la suite de nombreux conflits publics avec le premier ministre fédéral libéral, Mackenzie King, Hepburn dut démissionner de son poste en 1942. Le Parti libéral connut deux autres chefs entre 1942 et 1943 lorsqu'il se présenta aux urnes. Le 4 août 1943 commença pour le Parti progressiste-conservateur en Ontario, mené à l'époque par George Drew (Manthorpe, 1974), un règne qui allait durer 42 ans. Cette élection marqua non seulement le début de l'un des plus longs règnes politiques au Canada ; elle fut aussi importante parce qu'un nouveau parti politique – le Canadian Commonwealth Federation (CCF) – devint pour la première fois l'opposition officielle en Ontario (Caplan, 1973 ; MacDonald, 1988). Le régime de deux partis qu'avait connu la province depuis la Confédération se transforma ; depuis cette élection trois partis politiques ont occupé la scène publique de la province.

De 1943 à 1985, six leaders se sont succédés à la tête du Parti progressiste-conservateur et du gouvernement : Drew de 1943 à 1948, Thomas Kennedy en 1948-1949, Leslie Frost (Graham, 1990) de 1948 à 1961, John P. Robarts (McDougall, 1986) de 1961 à 1971, William Davis (Hoy, 1985) de 1971 à 1985, et Frank Miller en 1985. Au cours de cette période, l'opposition officielle fut assumée principalement par le Parti libéral qui changea de leader à plusieurs reprises. Le CCF (devenu Nouveau Parti démocratique [NPD] en 1961) occupa cette fonction à trois reprises, soit de 1943 à 1945, de 1948 à 1951, et de 1975 à 1977. Au cours de cette période, le gouvernement conservateur conserva une majorité à l'Assemblée législative sauf en 1943, en 1975, en 1977 et en 1985.

En 1985, après plus de 40 ans au pouvoir, le gouvernement conservateur dirigé par Frank Miller décida d'en appeler aux électeurs après avoir pris un brusque virage à droite. Le Parti progressiste-conservateur ne remporta que 52 sièges comparativement à 48 pour les libéraux et 25 pour les néo-démocrates. Minoritaire, le nouveau gouvernement Miller fut défait à l'Assemblée législative le 18 juin 1985 lorsque le Parti libéral et le NPD votèrent contre le gouvernement (Speirs, 1986). Peu avant cette défaite historique, les libéraux et les néo-démocrates avaient signé un accord de coopération afin d'assurer une période de stabilité politique dans la province au cas où les conservateurs seraient défaits. C'est ainsi que David Peterson, chef du Parti libéral, devint premier ministre de l'Ontario en juin 1985 avec l'appui du leader du NPD, Bob Rae. Non seulement s'agissait-il du premier gouvernement libéral en Ontario depuis 42 ans, mais pour la première fois de son histoire, l'Ontario avait un premier ministre bilingue, qui pouvait s'exprimer en français[3].

3. Le chef du NPD, M. Rae, était aussi bilingue. C'était la première fois que deux chefs de formations politiques en Ontario pouvaient s'exprimer couramment en français.

En 1987, M. Peterson et les libéraux remportèrent une victoire écrasante lors de l'élection provinciale, alors que le NPD était appelé à devenir l'opposition officielle. Le gouvernement libéral semblait voguer vers une victoire électorale facile en 1990, mais l'électorat lui (et se) réserva une surprise de taille : pour la première fois dans l'histoire politique de l'Ontario, bastion capitaliste, le NPD fut élu comme gouvernement majoritaire (Rae, 1996).

Après quatre ans et demi de pouvoir, le NPD fut défait en juin 1995 par le Parti progressiste-conservateur dirigé par M. Mike Harris. Ce dernier se fit élire en promettant aux électeurs un net virage à droite. C'est ainsi qu'après plus d'un siècle de stabilité (de 1867 à 1985), l'histoire politique ontarienne termine le 20e siècle sur une note d'instabilité puisque, au cours des 10 dernières années, les trois principales formations politiques ont détenu tour à tour le pouvoir dans la province.

La députation et les ministres franco-ontariens

Cette brève rétrospective de l'évolution de la scène politique ontarienne, au cours du 20e siècle, est marquée par la domination d'un parti mais aussi par celle de leaders anglo-saxons protestants. Parmi les premiers ministres de la province, seuls David Peterson et Bob Rae pouvaient s'exprimer couramment en français.

Au cours du siècle, la députation franco-ontarienne[4] a été relativement restreinte en nombre et en influence. Il s'agit d'une députation composée uniquement d'hommes, élus pour la plupart comme porte-étendards des deux principales formations politiques, soit les conservateurs et les libéraux. Ces élus proviennent des régions de la province où l'on retrouve une population importante – souvent majoritaire – de langue française, c'est-à-dire l'Est, le Nord-Est et le Sud-Ouest. Plus précisément, ces élus franco-ontariens représentent les circonscriptions électorales de Prescott et de Russell, d'Ottawa-Est, de Stormont et de Glengarry dans l'Est ; de Sudbury-Est, de la Ceinture de nickel, de Cochrane-Nord, de Nipissing, de Sturgeon Falls et de Lac Nipigon dans le Nord-Est ; et d'Essex-Nord dans le Sud-Ouest.

Au cours du siècle, 151 députés franco-ontariens ont été élus à l'Assemblée législative, dont 78 du Parti libéral, 65 du Parti conservateur, 6 du Nouveau Parti démocratique, 1 des Fermiers unis et 1 indépendant.

Les électeurs franco-ontariens ont donc appuyé davantage le Parti libéral au cours du siècle, sauf durant la période de l'hégémonie conservatrice, de 1967 à 1981, pendant laquelle ils ont contribué à élire, en grande partie, des représentants franco-ontariens du Parti conservateur. Ils ont appuyé le Parti libéral de façon prononcée en 1914 (soit après l'adoption du règlement 17), époque à laquelle ils ont commencé à partager leur allégeance entre les deux principaux partis. Les députés franco-ontariens porte-étendards du NPD ont été élus à compter de 1985.

La députation franco-ontarienne a été importante (c'est-à-dire dans une proportion égale ou au-dessus de celle de la population d'origine française) lors du gouvernement libéral Hepburn de 1934 à 1943, et des gouvernements Frost et Robarts de 1951 à 1971. Cette députation a été faible de 1900 à 1908, de 1943 à 1951, et de 1971 à 1985. Le tableau I illustre le nombre et la proportion des membres franco-ontariens élus à l'Assemblée législative, à chaque élection provinciale.

4. Pour une liste et un portrait de ces députés franco-ontariens à l'Assemblée législative, on pourra consulter Paul-François Sylvestre (1986).

Tableau I

Nombre et proportion des députés franco-ontariens à l'Assemblée législative de l'Ontario, 1902-1995

Année	Total de sièges	Députés franco-ontariens dans chaque parti: PL	PC	CCF/NPD	Autre	Total de députés franco-ontariens	Proportion de la députation d'origine française %
1902	98	2	–	–	–	2	2
1905	98	3	1	–	4	4	4
1908	106	2	3	–	–	5	5
1911	106	2	3	–	–	5	5
1914	111	5	1	–	–	6	5
1919	111	5	–	–	1	6	5
1923	111	4	1	–	1	6	5
1926	112	4	2	–	–	6	5
1929	112	–	5	–	–	5	4
1934	90	8	–	–	–	8	9
1937	90	7	–	–	–	7	8
1943	90	3	–	–	–	3	3
1945	90	5	–	–	–	5	6
1948	90	2	3	–	–	5	6
1951	90	2	5	–	–	7	8
1955	98	1	8	–	–	9	9
1959	98	2	5	–	–	7	7
1963	108	3	5	–	–	8	7
1967	117	–	6	–	–	6	5
1971	117	–	4	–	–	4	3
1975	125	1	2	–	–	3	2
1977	125	1	3	–	–	4	3
1981	125	4	2	1	–	7	6
1985	125	4	2	1	–	7	6
1987	130	4	1	1	–	6	5
1990	130	3	1	2	–	6	5
1995	130	3	2	2	–	7	5

Note :
CCF/NPD = Canadian Commonwealth Federation/Nouveau Parti démocratique
PC = Parti conservateur/Parti progressiste-conservateur
PL = Parti libéral

Source : Sylvestre, 1986, p. 45 ; *Ontario Election Results*, 1902-1995.

Ce tableau démontre que les députés franco-ontariens ont représenté tous les partis au cours du siècle. Il démontre que les électeurs franco-ontariens ont suivi en général les courants politiques, en élisant des représentants au sein du gouvernement à chaque élection, sauf pour le premier quart du siècle lorsque l'allégeance au Parti libéral, à la suite du règlement 17 et de l'affaire Riel, a été prédominante.

Cette députation franco-ontarienne n'a pas été imposante, en grande partie parce que la population de langue française en Ontario n'a pas été très élevée. Le fait d'être concentrée dans certaines régions de la province lui a toutefois permis de contribuer à élire une députation de langue française qui était, en général, représentative de sa proportion provinciale.

Il n'est donc pas surprenant que le nombre de ministres franco-ontariens[5] au sein des divers gouvernements n'a pas lui non plus été très élevé. En tout, on retrouve 13 ministres franco-ontariens qui ont dirigé divers ministères au cours du siècle, 6 au sein de gouvernements libéraux, 6 conservateurs et 1 néo-démocrate.

Chez les libéraux, on retrouve Alfred Évanturel de Prescott-Russell (1904-1905), Paul-Marie Leduc d'Ottawa-Est (1937-1940), Robert Laurier d'Ottawa-Est (1940-1943), Bernard Grandmaître d'Ottawa-Est (1985-1989), René Fontaine de Cochrane-Nord (1985-1989), et Gilles Morin de Carleton-Est (1989-1990).

Les ministres franco-ontariens au sein des gouvernements conservateurs ont été J.-Octave Réaume d'Essex-Nord (1905-1914), Louis Cécile de Prescott (1948-1966), René Brunelle de Cochrane-Nord (1966-1981), Fernand Guindon de Stormont (1967-1972), René Piché de Cochrane-Nord (1985), et Noble Villeneuve de Glengarry (1985, 1995-   ). Gilles Pouliot, de Lac Nipigon, a été le seul ministre franco-ontarien au sein du gouvernement néo-démocrate, de 1990 à 1995.

L'Honorable J.-Octave Réaume, président honoraire, Association Saint-Jean-Baptiste d'Ottawa CCMD, Université d'Ottawa.

Dans l'ensemble, les ministres franco-ontariens ont dirigé des ministères de moindre importance. Toutefois quelques-uns ont eu une certaine influence, notamment MM. Leduc et Laurier en tant que ministres des Mines, Louis Cécile, ministre du Bien-Être social, René Brunelle, dans divers ministères, Bernard Grandmaître, ministre des Affaires municipales et le premier ministre délégué aux Affaires francophones et Gilles Pouliot, ministre des Mines et du Développement du Nord, du Transport et délégué aux Affaires francophones.

Un examen du nombre et du genre de ministères, au cours du 20e siècle, démontre que la vie politique ontarienne peut se diviser en deux périodes, la première allant de 1900 à 1961, soit jusqu'à l'accession au pouvoir de John Robarts, et la deuxième de 1961 à 1995.

Au cours des 60 premières années, la vie politique est gérée davantage comme un club privé (Dyck, 1991 ; Schull, 1978), et l'Assemblée législative ne joue qu'un rôle de second plan après le Conseil des ministres. Pendant cette période, seulement 12 nouveaux ministères sont ajoutés aux 8 qui existaient

5. Les ministres anglophones bilingues ne sont pas inclus dans ce nombre. De toute façon, leur nombre n'a été important qu'à partir de 1985.

Tableau II

Nombre et proportion des ministres franco-ontariens au sein des gouvernements ontariens, 1900-1995

Premier ministre et période au pouvoir	Total de députés franco-ontariens	Ministre	%
Ross (1899-1905)	9	1	11
Whitney (1905-1914)	10	1	10
Hearst (1914-1919)	9	1	11
Drury (1919-1923)	12	–	–
Ferguson (1923-1930)	15	–	–
Henry (1930-1934)	14	–	–
Hepburn (1934-1942)	16	2	13
Conant (1942-1943)	15	1	7
Nixon (1943)	15	1	7
Drew (1943-1948)	18	1	6
Kennedy (1948-1949)	18	1	6
Frost (1949-1961)	21	1	5
Robarts (1961-1971)	33	3	9
Davis (1971-1985)	47	3	6
Miller (1985)	33	2	6
Peterson (1985-1990)	30	3	10
Rae (1990-1995)	27	1	4
Harris (1995-)	19	1	5

Source : *Ontario Election Results*, 1899-1995.

au tournant du siècle. Les nouveaux ministères qui s'ajoutent à ceux du Trésor, du Secrétariat provincial, des Terres de la Couronne, du Procureur général, des Travaux publics, de l'Éducation et de l'Agriculture repésentent une tentative de gérer l'émergence de domaines nouveaux issus du développement industriel et urbain que connaît la société ontarienne depuis la Première Guerre mondiale.

Ainsi le ministère de la Voirie acquiert une autonomie en 1930 après avoir fait partie des Travaux publics en 1914. Le ministère des Mines est créé en 1920 et est ainsi séparé du ministère des Terres et Forêts qui avait remplacé celui des Terres de la Couronne. En 1919, année de la grève générale à Winnipeg, le ministère du Travail est établi ; en 1923, celui de la Santé, et en 1930, celui du Bien-Être social. Le ministère des Affaires municipales est fondé en 1934 pour gérer la complexité des affaires urbaines ; il sera suivi en 1944 du ministère de la Planification et du Développement. Mentionnons enfin l'arrivée des ministères du Tourisme et de la Publicité en 1946, des Institutions de réforme en 1948, du Commerce et du Développement en 1949, de l'Énergie et des Ressources en 1959, et du Transport en 1957.

À compter des années 1960, les nouveaux ministères pullulent en Ontario. Il s'agit parfois de la fusion de ministères existants tels Voirie et Transport ou Industrie et Tourisme, mais plusieurs sont de véritables nouveautés : ainsi les ministères des Services sociaux et communautaires en 1967, Culture et Loisirs en 1975, Environnement en 1972, Logement en 1973, Affaires intergouvernementales en 1978. Pour gérer ces nouveaux ministères, William Davis établit même des super ministères qu'il nomme *secrétariats* et qui regroupent des juridictions connexes[6] (Fleck, 1972, p. 383-385 ; 1973, p. 55-68). Pour alimenter l'expansion de l'État, les gouvernements conservateurs, libéraux et néo-démocrates ont dû agrandir les rangs de la fonction publique ontarienne ; par conséquent, le nombre de fonctionnaires de langue française a connu une expansion de 1961 à 1995.

La plupart de ces nouveaux ministères sont établis par les gouvernements conservateurs qui ont toujours su, selon les analystes et les journalistes, s'adapter et ainsi gérer les changements nés de l'expansion du capitalisme et de l'urbanisation. Ils ont su, en général, gérer les affaires publiques, d'abord, dans le but de promouvoir les intérêts communs de la propriété privée et l'accumulation du capital, tout en protégeant, selon la conjoncture des forces sociales, les besoins de la classe ouvrière et du monde agricole. Lorsqu'ils ont négligé de tenter d'équilibrer ces intérêts, en 1919 et en 1934, les conservateurs ont perdu le pouvoir. La défaite de 1985 est due en partie au fait qu'ils ont voulu effectuer trop rapidement un virage à droite en faveur de la classe bourgeoise, triomphante aux États-Unis sous Ronald Reagan, et en Grande-Bretagne sous Margaret Thatcher.

Les politiques et les lois

Au cours du siècle, les conservateurs ont développé toute une gamme de politiques et de lois capables de promouvoir le développement économique axé sur la propriété privée et l'accumulation du capital. Il va sans dire que plusieurs de ces lois et politiques ont eu un impact sur la vie quotidienne des Canadiens français de l'Ontario. Il est important d'énumérer certaines de ces politiques et de ces lois avant d'aborder la question de la politique du fait français.

L'agriculture et la colonisation

Depuis la Confédération jusqu'à la Première Guerre mondiale, l'Ontario a été principalement une société agricole et rurale abritant un secteur manufacturier et industriel croissant. Les Canadiens français qui se sont établis en Ontario au 19e siècle et au début du 20e siècle ont, en majorité, habité les régions agricoles de l'est, du nord-est et du sud-ouest de la province. Plusieurs d'entre eux, surtout ceux qui ont migré vers le nord, ont profité des lois de colonisation (qu'on appelle *Homestead Act*) adoptées par les divers gouvernements pour coloniser principalement les districts du nord de l'Ontario. En vertu de ces lois, ils se sont établis dans les régions de Sudbury, de Nipissing, des zones d'argile (Bernard, 1991 ; D'Amours, 1985). Ils ont aussi profité de la construction de la voie ferrée, non seulement du Canadien Pacifique et du Canadien National, mais du Temiskaming and Northern Ontario Railway qui a permis la colonisation de plusieurs régions du Nord (Gervais, 1981, p. 35-63 ; Schull, 1978 ; Nelles, 1974). Cette vague de colonisation ne s'est terminée qu'en 1935 lorsque le gouvernement Hepburn a décidé d'y mettre fin. Dans le cadre de cette politique et d'une loi sur le développement du Nord (*Northern Development Act*) adoptée en 1912, le gouvernement a construit de nombreuses routes de colonisation dans les campagnes qui ont non seulement permis aux fermiers franco-ontariens d'échanger et de vendre le surplus de leurs produits, mais aussi de s'assurer des emplois et des revenus d'appoint. De nombreux fermiers ont aussi bénéficié de la Commission du

6. Au sujet de cette réorganisation du gouvernement ontarien au début des années 1970, on pourra consulter J.D. Fleck (1972, p. 383-385 ; 1973, p. 55-68). Cette réorganisation fait suite aux quatre rapports de la Commision ontarienne sur l'Assemblée législative (Ontario Commission on the Legislature) connue sous le nom de la commission Camp d'après son président, M. Dalton Camp.

développement agricole pour financer des projets agricoles. Ils ont aussi profité de constructions routières entreprises par les conseils municipaux et financées en partie par la province.

Dans le secteur de l'agriculture, certaines politiques ont à la fois profité et nui aux habitants canadiens-français. Ainsi la *Dairy Standards Act* (Loi sur les standards laitiers) de 1926, qui a imposé des standards de catégorisation, la pasteurisation du lait ainsi que des méthodes de propreté, a sans doute amélioré les fermes, mais a aussi imposé des fardeaux financiers que plusieurs fermiers canadiens-français n'ont pu supporter (Schull, 1978, p. 44). L'établissement de l'Office de commercialisation du lait en 1931 a aussi eu le même effet (Schull, 1978, p. 334).

Le développement économique

Le régime politique assuré par le Parti conservateur a misé non seulement sur le développement de l'agriculture et des ressources naturelles (mines et forêts), mais surtout sur celui du secteur manufacturier. Deux politiques adoptées à la fin du 19e siècle et au début du 20e siècle, ont accéléré ce développement. L'adoption d'un projet de loi en 1898 avec une clause relative à la transformation des produits forestiers en Ontario eut des répercussions importantes. Cette clause exigeait que tous les pins coupés sur les terres de la Couronne soient sciés dans des moulins canadiens. Cette clause fut éventuellement élargie à tous les bois de papeterie. Cette politique eut pour effet la construction de nombreux moulins et usines de pâte et papier, ce qui procura d'abord des débouchés pour le bois coupé par les fermiers, et ensuite des emplois pour des milliers de travailleurs franco-ontariens, surtout dans le nord de l'Ontario.

L'Ontario adopta très tôt au tournant du siècle une politique selon laquelle les ressources naturelles extraites dans le Nord devaient être transportées dans le Sud pour la transformation en produits manufacturiers. En plus d'affecter la structure relative aux métiers dans le Nord-Est ontarien, cette politique eut pour effet de concentrer le secteur manufacturier dans le sud de la province. À long terme, cette concentration industrielle dans le Sud attira plusieurs familles et travailleurs canadiens-français de l'Est et du Nord-Est (Dennie, 1973, p. 7 ; Ouellet, 1993).

Une deuxième politique d'envergure adoptée au début du siècle fut la création d'Hydro-Ontario. Ce monopole de la production et de la distribution de l'énergie électrique satisfaisait surtout les demandes d'énergie à bas prix réclamée par les manufacturiers et industriels du Sud (Nelles, 1974, p. 33). Au cours des décennies suivantes, le gouvernement provincial poursuivit une politique agressive d'électrification des villes et des campagnes, alimentant ainsi la croissance industrielle et la transformation des fermes. La mécanisation des fermes, surtout après la Deuxième Guerre mondiale, assura la transition du monde agricole vers le capitalisme, en permettant l'agrandissement de fermes, mais surtout en obligeant plusieurs cultivateurs franco-ontariens à se trouver un emploi, car ces derniers ne pouvaient plus concurrencer sur un marché agricole agrandi.

Les politiques ouvrières et sociales

L'Ontario fait figure de pionnier, au Canada, dans le domaine des politiques ouvrières et du développement de l'État providence. À mesure que les Franco-Ontariens se sont intégrés à la classe ouvrière et ont migré vers les villes – ce qui fut le cas pour des milliers d'entre eux au tournant du siècle (Ouellet, 1993, p. 127-199) –, ils ont été affectés par ces politiques et ces lois.

Dès 1900, le gouvernement établit un office du travail qui se transforma en 1919 en ministère pour recueillir des données au sujet de l'emploi, des salaires, des heures de travail ainsi que d'autres domaines d'intérêt ouvrier. En 1914, le gouvernement adopta la première *Workmen's Compensation Act* (Loi sur les accidents de travail), loi qui établit la Commission de compensation pour les accidentés au travail (Schull, 1978, p. 212). Mais le gouvernement refusa à cette époque d'établir un salaire minimum ou une assurance-chômage. En 1936, le gouvernement Hepburn, sous l'influence d'Arthur Roebuck, ministre du Travail et procureur général, et de David Croll, ministre du Bien-Être social, adopta la *Industrial Standards Act* (Loi sur les normes industrielles), qui constitue un « premier pas en vue de l'établissement d'un salaire minimum pour les hommes » (Schull, 1978, p. 346).

Le gouvernement Drew établit la Commission des relations de travail et adopta une loi visant à accroître les droits de négociation pour les travailleurs ; il accorda aussi la journée de travail de huit heures ainsi que les congés payés. La *Labour Relations Act* (Loi sur les relations de travail) fut modifiée à plusieurs reprises. Au cours des années 1990, le gouvernement Rae adopta des changements qui interdisaient l'utilisation de briseurs de grève et rendaient la syndicalisation plus facile. Aussitôt arrivé au pouvoir, le gouvernement Harris abolit ces dernières mesures. En 1977, le gouvernement Davis adopta une loi sur la sécurité et la santé au travail.

En ce qui a trait aux mesures sociales, le gouvernement Hearst, sous les pressions de l'opposition libérale et du mouvement féministe, accorda le droit de vote aux femmes de la province en 1917 et permit la candidature de femmes aux élections provinciales en 1919. Des politiques d'équité salariale furent mises en vigueur par le gouvernement Rae en 1994.

La question de la prohibition de l'alcool fut au cœur des débats politiques et des élections au début du siècle, et ce, jusqu'à ce que le gouvernement Ferguson permette la vente de boissons alcoolisées en vertu de la loi créant la Régie des alcools de l'Ontario en 1927. Cette loi établit une réglementation imposante, dont le besoin pour tout Ontarien de 21 ans de détenir un permis pour l'achat de ces boissons. Au cours de la Dépression, tout Ontarien qui recevait de l'aide financière publique devait remettre ce permis aux autorités municipales.

Le gouvernement Ferguson établit des pensions pour personnes âgées en 1929, dans le cadre d'une loi fédérale adoptée en 1927. À la fin des années 1940, chaque municipalité de la province fut obligée de construire et d'administrer des foyers pour personnes âgées. Le gouvernement adopta aussi pour la première fois des lois sur les garderies et sur le logement social, et mit en place une politique d'octrois aux hôpitaux. Les lois et les politiques sur la santé, surtout l'assurance-santé, furent adoptées par les gouvernements Frost et Robarts, à la suite des pressions exercées par le gouvernement fédéral et l'opinion publique. Le gouvernement Robarts, en raison du lobby du milieu médical et des compagnies d'assurances, avait refusé pendant longtemps de participer au projet fédéral d'assurance-santé. Enfin le gouvernement Davis adopta, dans les années 1970, les premières lois sur l'aide juridique et le contrôle des loyers.

L'administration publique

À compter des années 1930, le gouvernement provincial prit des mesures dans le domaine de l'administration des affaires publiques, mesures qui affectèrent grandement la société franco-ontarienne. En 1934, le ministère des Affaires municipales fut créé, ce qui permit d'encadrer de façon plus rigoureuse le fonctionnement des gouvernements municipaux dont plusieurs, dans le Nord-Est et l'Est, ont été dirigés par des maires et des échevins de langue française. À la fin des années 1940, le nouveau ministère de la Planification obligea les conseils municipaux à planifier le développement de leur territoire par l'intermédiaire de conseils municipaux ou régionaux de planification. De nouvelles restrictions et obligations en matière de construction domiciliaire firent alors leur apparition. L'établissement de la Commission des ressources hydrauliques en 1956 permit le financement et la construction de nombreux systèmes d'aqueducs et d'égouts dans les municipalités ontariennes. La création du gouvernement régional de la grande région de Toronto en 1954 jeta les bases de la régionalisation des municipalités qui se déroula au cours des années 1960-1970, ailleurs en province. Le gouvernement procéda aussi à la régionalisation des conseils scolaires locaux au milieu des années 1960.

À partir de 1960, l'Ontario vécut lui aussi une certaine révolution tranquille, tout au moins dans le domaine de l'administration publique. La fonction publique connut une expansion considérable à mesure que les ministères se multipliaient et que l'Assemblée législative accroissait son influence. À compter de l'époque du gouvernement Robarts, cette dernière fut appelée à siéger beaucoup plus souvent et pour des durées beaucoup plus longues. Ainsi la croissance et la professionnalisation de la fonction publique offrirent à de nombreux Franco-Ontariens des carrières et des emplois. Ils commencèrent à sortir du ministère de l'Éducation, leur chasse gardée, pour intégrer les nouveaux ministères. Toutefois ils demeurent toujours sous-représentés dans l'ensemble de la fonction publique et plus particulièrement au sein des postes de gestion.

L'éducation

En Ontario, la division du système scolaire en trois paliers, soit primaire, secondaire et universitaire ou collégial, date du 19e siècle (elle a été en quelque sorte consacrée par la première loi scolaire adoptée en 1871 sous l'influence du premier surintendant de l'éducation, Egerton Ryerson).

Le palier universitaire occupa une place marginale jusqu'au début des années 1950, alors qu'on ne retrouvait que cinq universités : Toronto, Ottawa, Queen's à Kinston, Western à London, et McMaster à Hamilton. Mais de 1951 à 1964, l'Assemblée législative de l'Ontario adopta 52 lois universitaires et créa 10 universités. Le gouvernement mit sur pied un comité consultatif des affaires universitaires et, au début de 1964, établit un ministère des Affaires universitaires dont le titulaire était W.G. Davis. En 1965, 14 universités recevaient des fonds publics. « Le temps mis à créer des structures gouvernementales pour les universités témoigne à la fois de la marginalité des institutions universitaires avant les années 1960 et de l'importance accrue des universités à cette époque » (Gervais, 1985, p. 21).

Si les universités occupèrent une place marginale dans le système scolaire avant 1950, tel ne fut pas le cas pour les deux autres paliers. En effet, le Parlement du Haut-Canada s'intéressa d'abord au niveau secondaire, accordant dès 1807 des fonds pour l'établissement d'une école intermédiaire (*grammar school*) dans chaque comté. Jusqu'en 1969, les écoles secondaires publiques dans la province étaient uniquement de langue anglaise.

Anne-Marie Lemelin et une cinquantaine de ses élèves ; Welland, Ontario, 1920.

La présence d'institutions secondaires de langue française – collèges et couvents – était assurée par des communautés religieuses de femmes et d'hommes. Il s'agissait donc d'écoles privées. Ce n'est qu'en 1985, en quittant le poste de premier ministre, que M. Davis annonça que le gouvernement financerait dorénavant les écoles séparées catholiques après la 10e année.

La création du niveau primaire pour sa part remonte à 1816 lorsque le Parlement du Haut-Canada inaugura un régime de subventions aux écoles appelées *common schools*. À ce niveau, le mélange de la langue et de la religion occasionna de nombreux débats et conflits.

Les écoles confessionnelles, qui existent en Ontario depuis 1841, ont reçu une garantie constitutionnelle en vertu de l'article 93 de l'*Acte de l'Amérique du Nord britannique*. Quant aux écoles de langue française (ou bilingues), présentes en Ontario depuis 1876, elles ont été « tolérées » tout au long du 19e siècle, dans le cadre d'écoles publiques ou d'écoles séparées catholiques. C'est à partir de ce contexte général qu'il faut situer la politique du fait français en Ontario qui s'amorce au tournant du siècle et plus précisément en 1910.

La politique du fait français

La politique du fait français en Ontario, au 20e siècle, se divise en deux périodes distinctes : la première de 1910 à 1960, et la deuxième de 1961 à 1995. Dans les deux périodes, la politique du fait français est davantage le résultat de l'action de groupes en marge de l'avant-scène politique, soit des associations canadiennes-françaises ou franco-ontariennes qui agissent comme groupes de pression, que des hommes politiques élus à l'Assemblée législative et membres de l'un des partis politiques provinciaux. Ces derniers réagissent plutôt aux pressions de ces groupes et de l'opinion publique ontarienne et canadienne.

De 1910 à 1960

Le fait français émerge sur la scène politique ontarienne en 1910 lorsque l'Association canadienne-française d'éducation de l'Ontario (ACFEO) est fondée à Ottawa, à la suite d'un congrès réunissant 1 200 délégués. Ces délégués s'étaient rencontrés pour discuter de la fondation d'un organisme voué à la défense des droits culturels et linguistiques des Canadiens français de l'Ontario, à la suite de réunions préparatoires tenues à Ottawa en 1909.

> La stratégie de l'ACFEO était d'améliorer le système des écoles bilingues en augmentant la qualité de l'enseignement. L'Association avait demandé de rencontrer le ministre de l'Éducation pour lui présenter les résolutions du congrès, mais le gouvernement refusait que la délégation comprenne un inspecteur d'écoles. L'ACFEO demandait la reconnaissance officielle des écoles bilingues, elle réclamait que l'enseignement en français se prolongeât au palier secondaire, elle exigeait que l'inspection des écoles bilingues relevât des inspecteurs bilingues, enfin elle voulait une formation pédagogique adéquate (Gervais, 1996, p. 135).

Napoléon A. Belcourt (1860-1932), sénateur, président de l'ACFEO de 1910-1912 et 1919-1932.

Si l'ACFEO avait été fondée pour défendre les droits scolaires, c'est que le statut des écoles françaises en Ontario était problématique et que les actions des gouvernements provinciaux, depuis 1890, suscitaient des craintes chez de nombreux Canadiens français de la province.

C'est ainsi qu'en 1910, inquiets de ces décrets et de l'opinion ontarienne anglaise de plus en plus antifrançaise et anticatholique, les délégués venus des paroisses canadiennes-françaises de l'ensemble de l'Ontario se réunirent à Ottawa pour fonder leur association nationale dans le but de défendre leurs droits.

Le règlement 17

Le 25 juin 1912, au lendemain de la Saint-Jean-Baptiste, le gouvernement conservateur dirigé par Howard Ferguson répondit aux pressions croissantes de la population anglaise en adoptant le règlement 17. Ces pressions s'étaient accrues à la suite de la publication d'un rapport préparé par F.W. Merchant sur l'état des écoles bilingues en Ontario (Merchant, 1912).

Avec ce règlement, le gouvernement cherche d'abord à établir que les écoles françaises n'ont pas de statut dans la province, sauf qu'il reconnaît immédiatement l'existence des écoles primaires bilingues. Dans ces écoles, l'enseignement et la communication en français sont prohibés après les deux premières années de cours.

Cette prohibition engendra la résistance au sein de plusieurs milieux canadiens-français de l'Ontario, une résistance qui s'organisa autour de quatre pôles : les commissions scolaires et surtout la Commission d'Ottawa, l'ACFEO, les paroisses catholiques canadiennes-françaises partout en province mais surtout dans l'est de l'Ontario et, enfin, le quotidien *Le Droit* fondé par le Syndicat d'œuvres sociales en janvier 1913 en grande partie pour combattre ce règlement.

À la suite de nombreuses manifestations de la part des Franco-Ontariens ainsi que de poursuites devant les tribunaux, le premier ministre conservateur Howard Ferguson annonça en 1924 la création de la Commission d'enquête sur les écoles bilingues, dirigée par le directeur de l'éducation de la province, F.W. Merchant, ce même Merchant qui avait signé le rapport de 1912 menant à l'adoption du règlement 17. La Commission comprenait aussi deux autres membres, le juge Scott et l'avocat Louis Côté d'Ottawa. Le rapport unanime de cette commission, rendu public en septembre 1927, affirma que les politiques à l'égard des écoles bilingues en vigueur depuis 15 ans n'avaient pas fonctionné. Le gouvernement Ferguson accepta les recommandations du rapport, et le règlement 17 fut abrogé.

À la suite du rapport Merchant-Scott-Côté, A.-J. Bénéteau, l'un des deux secrétaires de la Commission, fut nommé responsable de l'enseignement en français dans la province. Depuis lors, il y a toujours eu un fonctionnaire responsable de cet enseignement dans la province. Libérée de la lutte contre le règlement 17, l'ACFEO se consacra, au cours des années qui suivirent, à la revendication d'un meilleur financement des écoles séparées.

Cette lutte contre le règlement 17 constitue, à juste titre, le début de l'action politique des Canadiens français de l'Ontario. « Toute la pensée politique des Franco-Ontariens se trouve donc à avoir germé à partir de cette attaque directe du gouvernement ontarien contre l'école française[7] » (Archibald, 1979, p. 16). Elle a démontré que les députés de langue française de l'Ontario, souvent répartis dans les divers partis politiques, ne parlent pas d'une seule voix. Ils ne sont pas non plus les plus ardents défenseurs et promoteurs de la *cause* canadienne-française sur la scène politique. Ces derniers se retrouvent le plus souvent dans la société civile. Au début du siècle, ils faisaient partie du clergé, des commissions

7. Ce fait est accepté par tous les commentateurs et analystes de langue française de l'Ontario.

Comité de la survivance lors des assises mensuelles du 15 novembre 1950, en même temps que le 12e Congrès de l'ACFEO. De g. à d., 1re rangée : J.-H. Blanchard, Î.-P.-É. ; E.C. Désormeaux ; abbé Verrette, président ; Adrien Pouliot ; Dr Georges Dumont ; 2e rangée ; père Plante de *Relations* ; [abbé Gérard Benoît] ; abbé [Paul-Émile] Gosselin ; notaire Desrosiers [*sic*] ; [Henri Boisvert].

scolaires, de l'ACFEO ; ils étaient en fait les représentants de cette idéologie ultramontaine qui a marqué les actions de l'élite canadienne-française de l'Ontario jusque dans les années 1960.

Le dénouement du règlement 17 a de plus démontré que ce sont souvent des évènements et des acteurs de la scène nationale, surtout au Québec et au fédéral, qui influencent le plus la politique du fait français en Ontario.

Les caisses populaires

Si la question scolaire a déclenché l'action politique des Canadiens français de l'Ontario et a continué à l'alimenter en grande partie jusque dans les années 1980, il faut aussi mentionner les efforts du mouvement des caisses populaires de langue française de l'Ontario pour se faire reconnaître légalement.

Les premières caisses populaires avaient été établies en 1912 et en 1913 dans l'est et le nord de l'Ontario, plus précisément dans les régions d'Ottawa, de Sudbury et de Nipissing (Bureau, 1992). Mais ces caisses ne jouissaient d'aucun statut légal dans la province. À la suite de l'élection des United Farmers en 1919, le gouvernement Drury élabora un projet de loi pour reconnaître non seulement les caisses, mais aussi les coopératives en général. Ce projet de loi, la *Cooperative Credit Societies Act*, fut adopté en 1922, mais avant de recevoir la sanction du lieutenant-gouverneur de la province, les United Farmers furent défaits en 1923, et le nouveau gouvernement Ferguson, moins convaincu de la nécessité des caisses et des coopératives, refusa de faire sanctionner la *Loi*.

Aurélien Bélanger, député de Russell, utilisa ses talents d'orateur et de négociateur pour amener le gouvernement Ferguson à accepter que la *Loi* reçoive la sanction légale en 1928 (Bureau, 1992, p. 40-42). En 1940, une deuxième loi portant spécifiquement sur les caisses populaires fut adoptée par l'Assemblée législative de l'Ontario à l'époque du gouvernement libéral Hepburn.

> La *Credit Unions Act 1940* s'adresse spécifiquement aux caisses populaires et à leur pendant anglophone, les *credit unions*. Cette loi s'applique aux caisses fondées sous le régime de la *Cooperative Credit Societies Act* de 1922, mais elle élargit considérablement la portée de la reconnaissance et des pouvoirs juridiques des caisses

populaires, en précisant les règles qui les régissent. Par exemple, la nouvelle loi permet à 10 caisses ou plus de se regrouper en *league* ou en fédération. Cette loi ouvre le chemin à la future Fédération des caisses populaires de l'Ontario (Bureau, 1992, p. 80).

C'est au cours des années 1940 que la plupart des caisses populaires, encore existantes aujourd'hui, voient le jour. Cette loi n'en est certes pas la raison principale, mais elle a joué un rôle important.

De 1961 à 1995

La Révolution tranquille en Ontario[8]

John Parlementer Robarts, avocat de London, assume la diection du Parti conservateur et aussi du gouvernement ontarien en 1961 au moment où le Québec amorce sa révolution tranquille. À plusieurs égards, l'Ontario initie elle aussi une révolution, plus tranquille, dans plusieurs domaines. L'Assemblée législative, qui ne siégeait que quelques semaines par année depuis le début du siècle, assume un rôle plus important (MacDonald, 1975, p. 48-69). Ses sessions sont plus nombreuses et plus longues afin d'adopter un plus grand nombre de lois visant la réglementation d'une société en changement. De nouveaux ministères sont établis ; d'autres sont transformés. Le plan Robarts amorce une restructuration et une redéfinition du système scolaire en Ontario. Et le règne conservateur, amorcé en 1943, se poursuit. La question linguistique et scolaire avait été dormante, à toutes fins pratiques, depuis l'abrogation du règlement 17. Les revendications de l'ACFEO avaient porté sur le financement des écoles séparées, mais sans pour autant occasionner de protestations publiques.

La flambée nationaliste au Québec, au début des années 1960, commençait toutefois à avoir des répercussions dans les autres provinces où, entre autres, des francophones amorçaient une remise en question de leur identité. Le Canada célébrait, en 1967, le centenaire du pacte confédératif alors que les bases de la Confédération étaient aussi remises en question. La commission Laurendeau-Dunton sur le bilinguisme et le biculturalisme avait terminé ses audiences publiques et remis son premier rapport. En somme, plusieurs événements concordaient pour remettre sur la place publique la question des droits linguistiques et culturels des Canadiens français de l'Ontario, d'ailleurs en voie de s'identifier plutôt comme Franco-Ontariens.

Au printemps de 1966, le Parti libéral du Québec, alors au pouvoir sous la direction de Jean Lesage, adopte une proposition, lors d'un congrès, à l'effet que le français obtienne un statut officiel en Ontario et au Nouveau-Brunswick.

Interrogé par le courriériste parlementaire du *Droit* au sujet de cette proposition, le premier ministre Robarts exprime la position que devait défendre son parti jusqu'en 1985.

> « Je crois qu'il ne serait pas pratique que le français soit une langue officielle en Ontario parce que dans plusieurs régions de la province on ne parle pas et on ne se sert pas du français », a-t-il dit au *Droit*.
>
> Le premier ministre a affirmé que l'attitude actuelle du gouvernement serait peut-être la meilleure solution au problème, c'est-à-dire de se servir du français là où la population le justifie. M. Robarts a précisé que le gouvernement tentait toujours de trouver des moyens pour que les Franco-Ontariens puissent se servir et développer leur langue maternelle (Dennie, 1966, p. 1).

Quant au chef du Parti libéral de l'Ontario à l'époque, M. Andrew Thompson, il se dit en faveur de l'emploi du français dans les écoles et dans les services du gouvernement, là où la population le justifie. La pensée et la politique des deux principaux partis consistent donc à utiliser le français seulement là où la population franco-ontarienne est suffisante pour le justifier.

---

8. C'est aussi le titre d'un rapport préparé par Thomas B. Symons, *Ontario's Quiet Revolution*, Toronto, avril 1974.

Le Nouveau Parti démocratique avait, pour sa part, une autre politique. En 1965, il avait présenté une résolution à l'Assemblée législative demandant « que le français et l'anglais soient reconnus comme étant les langues officielles à l'Assemblée et devant les tribunaux de la province, et que le gouvernement prenne des démarches immédiates pour mettre en vigueur cette politique » (Dennie, 1966, p. 1). Mais le NPD n'étant alors que le troisième parti, sa résolution ne fut pas débattue.

Dans le cadre des débats qui font rage à cette époque au sujet du drapeau canadien, du rapatriement de la Constitution canadienne, du nationalisme québécois, le premier ministre Robarts annonce, sans avertissement, en 1967, l'intention de son gouvernement d'établir des écoles secondaires publiques de langue française. Ainsi, plus d'un demi-siècle après le décret du règlement 17, un gouvernement conservateur garantit l'éducation en français en Ontario. Cette reconnaissance a lieu certes dans le contexte décrit ci-haut, mais aussi à la suite de la crise financière vécue par de nombreuses écoles secondaires catholiques privées en Ontario (Boulay, 1987). Cette crise avait obligé plusieurs de ces écoles à fermer leurs portes.

Les premières écoles secondaires publiques de langue française voient le jour dès 1969. Au cours des années 1970, plusieurs communautés franco-ontariennes, dont Sturgeon Falls, Penetanguishene et Elliot Lake, vivent des affrontements avec les conseils scolaires locaux parce que ces derniers refusent d'approuver la construction et l'ouverture de telles écoles.

À la suite de la reconnaissance des écoles de langue française et surtout de l'établissement des écoles secondaires, l'ACFEO décide en 1969 de changer son nom. Elle s'appellera désormais l'Association canadienne-française de l'Ontario (ACFO) et tentera au cours des années suivantes, non sans difficultés, d'élargir son mandat au-delà du domaine de l'éducation pour embrasser l'ensemble des domaines dans lesquels les Franco-Ontariens revendiquent des services de l'État tant fédéral que provincial.

Forte des subventions que lui procure désormais le Secrétariat d'État fédéral, à la suite de l'adoption de la *Loi sur les langues officielles* en 1968, l'ACFO s'entoure d'un cadre d'animateurs qui œuvrent dans les régions de la province et qui cherchent à organiser les communautés franco-ontariennes, compte tenu des transformations qu'elles commencent à connaître[9].

En 1971, le nouveau premier ministre de l'Ontario, William Davis, définit à l'Assemblée législative la politique explicite de son gouvernement à l'égard des Franco-Ontariens. C'est la première fois qu'un premier ministre de la province se prononce, de façon aussi officielle, sur le statut de la langue française et des services en français offerts par le gouvernement à la population de langue française de l'Ontario.

> *In our province, Mr. Speaker, we have always stressed that the most effective method of ensuring the provision of public services in both the English and French languages is by means of the legislative and administrative processes of each government. We believe that changes made in this way will create a sound foundation for any future constitutional agreement regarding linguistic guarantees* (Davis, 1971).

La politique du gouvernement Davis diffère très peu de celle de son prédécesseur. Car on retrouve toujours dans cette politique les expressions « là où cela est pratique », « là où la population de langue française le justifie ». M. Davis refuse d'enchâsser les droits linguistiques des Franco-Ontariens dans la Constitution canadienne. Il préfère procéder par des changements législatifs et administratifs.

En 1977, lors d'un congrès tenu à Cornwall, les congressistes de l'ACFO demandent que le français soit reconnu comme langue officielle en Ontario. Fort de cette résolution, le député

9. Plusieurs analystes ont noté la transition qu'a vécue la société franco-ontarienne après 1960. On pourra consulter à cet égard Danielle Juteau et Lise Séguin-Kimpton (1993) et Fernan Carrière (1993).

libéral d'Ottawa-Est, M. Albert Roy, présente un projet de loi à l'Assemblée législative en mai 1978. La première lecture de ce projet de loi privé a lieu le 16 mai 1978, et la deuxième, le 1er juin. Le projet de loi est soumis pour étude au Comité permanent de l'administration de la justice qui tient des audiences au cours de l'été. Le Comité soumet son rapport en octobre, mais avant de passer à l'étape de la troisième lecture, le premier ministre exerce, à toutes fins pratiques, son droit de veto et empêche que le projet de loi soit soumis au vote. Le projet de M. Roy n'a pas de suite.

Fidèle toutefois à sa politique étatiste de bilinguisme, le gouvernement conservateur avait donné le feu vert, en juin 1976, à un projet-pilote permettant des procès en langue française devant la Cour provinciale (division criminelle) à Sudbury. Face au succès de ce projet, le gouvernement, et surtout le procureur général, Roy McMurtry, autorisent les procès en langue française, à compter de juin 1977, aux cours provinciales (division criminelle) de Sudbury, d'Ottawa, de l'Orignal, de Hawkesbury et de Rockland, puis en septembre 1977 à celles de Cochrane, de Kapuskasing, de Hearst, de Smooth Rock Falls et de Hornepayne. Le bilinguisme judiciaire est ensuite établi à la cour provinciale (division de la famille) de Sudbury en 1977, et à celle d'Ottawa en 1978 (Bureau, 1989, p. 77-81).

En 1978, le gouvernement provincial modifie la *Loi sur l'organisation judiciaire* afin de permettre des procès en français dans certaines régions désignées. En 1984, la *Loi sur les tribunaux judiciaires* confère au français et à l'anglais le statut de langues officielles dans le système judiciaire de l'Ontario. En 1987, les dispositions de cette loi sont modifiées de sorte que les justiciables qui parlent le français pourront désormais être entendus par un juge qui parle anglais et français.

Ces mesures adoptées par le gouvernement conservateur, dès 1976, ne sont pas étrangères aux revendications qui émergent du mouvement C'est l'temps, né à Ottawa au début des années 1970 (C'est l'temps, 1981). Ce mouvement, plus radical que l'ACFO, sommait les Franco-Ontariens de passer à l'action dans les domaines de l'industrie et du commerce, du syndicalisme, de la santé, de l'agriculture, des communications, de l'éducation, de la Constitution. C'était à l'époque où la légitimité ainsi que les politiques de l'ACFO étaient fortement remises en question par des groupes du nord et de l'est de la province.

L'éducation

L'établissement d'écoles secondaires françaises n'aura pas mis fin aux revendications des Franco-Ontariens dans le domaine de l'éducation. On a déjà souligné les luttes menées par plusieurs communautés, au cours des années 1970, pour obtenir des écoles secondaires. Les lois 140 et 141 donnaient aux conseils scolaires locaux la juridiction et le pouvoir d'approuver ou de refuser l'établissement de ces écoles. Or, certains conseils, de majorité anglo-ontarienne, refusaient d'aquiescer à la demande des francophones.

Il n'est donc pas surprenant que plusieurs Franco-Ontariens aient exigé, depuis le début des années 1970, la gestion de leurs écoles et de leurs conseils scolaires, ce que le gouvernement ontarien leur a toujours refusé. C'est l'adoption de la *Charte des droits et libertés* en 1982 qui a finalement forcé la main au gouvernement conservateur.

> C'est à compter de 1982, à la suite de l'adoption de la *Charte canadienne des droits et libertés*, que le dossier des conseils scolaires connaît son dénouement. Plus précisément, c'est l'article 23 de la rubrique *Droits à l'instruction dans la langue de la minorité* qui précipite l'avancement du dossier. De fait, l'Association canadienne-française de l'Ontario, l'Association des enseignantes et des enseignants franco-ontariens et quatre parents, respectivement de Cochrane, de Mattawa, de Penetang et de Wawa, décident de se rendre devant les tribunaux pour vérifier si cet article garantit le droit à la gestion. Cette démarche représente la pierre angulaire du dossier puisque c'est un jugement très fort qui émane de la Cour d'appel en 1984 : le droit à l'éducation des francophones ontariens suppose le droit à la gestion de leurs écoles (Bureau, 1989, p. 39).

Le nouveau gouvernement libéral adopte par conséquent, en 1986, la loi 75 qui amende la *Loi sur l'éducation*, de façon à accorder à tous les francophones de la province le droit à la gestion (Bureau, 1989, p. 39). Cette loi permet aux francophones de Toronto d'obtenir un conseil scolaire autonome. En 1989, la loi 109 établit le Conseil scolaire de langue française d'Ottawa-Carleton. La région de Prescott-Russell obtient aussi son conseil scolaire homogène de langue française. Les autres régions francophones de la province n'ont pas encore de conseils scolaires homogènes, mais gèrent les affaires au sein d'unités de langue française dans le cadre des conseils existants.

En 1985, à la veille de céder la direction du Parti conservateur et du gouvernement ontarien à Frank Miller, le premier ministre Davis annonce que les écoles catholiques auraient dorénavant droit au financement de la province au-delà de la 10e année. Ce changement de politique permit l'établissement de plusieurs écoles secondaires catholiques de langue française, donnant ainsi aux Franco-Ontariens le choix entre deux systèmes complets d'écoles aux niveaux primaire et secondaire. Reste le palier universitaire. Certains groupes réclament d'ailleurs l'établissement d'une université franco-ontarienne ou de langue française, et ce depuis 1978[10].

Tout au cours de cette période, soit de 1961 à 1985, les gouvernements conservateurs Robarts et Davis ont parfois répondu, de façon étatiste, aux revendications des Franco-Ontariens dans plusieurs domaines. Pendant ce temps, les députés de langue française, majoritairement membres du Parti conservateur, se sont montrés fort diplomates : ne voulant ou ne pouvant pas contredire leurs leaders, la plupart se sont pliés aux politiques des partis.

Mais en 1985, la situation politique de la province change, et de façon dramatique. En juin, le gouvernement Miller est défait, et M. Peterson, qui s'exprime en anglais et en français, est invité à former le gouvernement. Fort de l'appui du Nouveau Parti démocratique, dirigé par M. Bob Rae, également bilingue, le Parti libéral assume le pouvoir après un demi-siècle sur les bancs de l'opposition.

La *Loi sur les services en français*

M. Peterson nomme, pour la première fois dans l'histoire de l'Ontario, un ministre délégué aux Affaires francophones. Il s'agit de M. Bernard Grandmaître, qui est aussi ministre des Affaires municipales.

Dès son arrivée au pouvoir, le Parti libéral, qui s'était fait le défenseur des Canadiens français de l'Ontario lors de la crise du règlement 17, initie les démarches pour adopter une loi qui garantirait des services gouvernementaux en français à la population française de l'Ontario. Le NPD, qui avait adopté cette politique depuis plusieurs années, accorde son appui. Ce projet de loi, communément appelé la loi 8[11], est soumis en première lecture le 1er mai 1986 ; il est adopté par l'Assemblée législative le 6 novembre, et sanctionné le 18 novembre. Cette loi déclare que toute personne a le droit de communiquer en français avec « le siège ou l'administration centrale d'un organisme gouvernemental ou d'une institution de la Législature désignés par les règlements, et d'en recevoir les services dans cette langue ».

Le gouvernement libéral s'était accordé une période de trois ans pour mettre en vigueur cette loi afin d'effectuer un inventaire des services en français au sein de la fonction publique et des institutions parapubliques de la province qui recevaient des fonds de l'État provincial. À la suite de cet inventaire, il désigna les institutions qui devaient donner des services en français selon cette loi. Les institutions qui le désiraient pouvaient aussi, de

---

10. Voir à ce sujet « Les Franco-Ontariens dans leur regard et le regard des autres », *Revue du Nouvel-Ontario*, n° 6, 1984.
11. Son titre officiel est la *Loi de 1986 sur les services en français*, *Lois de l'Ontario de 1986*, chapitre 45.

leur propre chef, demander cette désignation d'agence bilingue et ainsi être obligées par la *Loi* d'offrir des services en français à quiconque en ferait la demande.

La loi 8 entrait en vigueur le 18 novembre 1989. Il s'agissait en quelque sorte du couronnement des pressions exercées par de nombreux Franco-Ontariens pour la reconnaissance de leurs droits linguistiques, et ce, depuis 1910.

Les réalisations dans d'autres domaines

Les gouvernements conservateurs agissaient dans le domaine culturel au cours des années 1960-1970, à la suite de demandes faites par des groupes franco-ontariens. Ainsi, en mai 1967, le premier ministre Robarts acquiesce à une demande de l'ACFEO en établissant le Comité franco-ontarien d'enquête culturelle, présidé par M. Roger Saint-Denis. Le rapport de ce comité, qui émet 107 recommandations, est rendu public en 1969[12]. Entre autres, il fait état d'un taux élevé d'assimilation chez les Franco-Ontariens. Parmi les suites données à ce rapport par le gouvernement dès 1969, mentionnons la mise sur pied du Bureau franco-ontarien au Conseil des arts de l'Ontario et d'une section de langue française à TV Ontario (la chaîne de télévision éducative), ainsi que le début de la diffusion d'émissions éducatives en français. En 1977, un deuxième rapport sur les arts en Ontario est commandité par le Conseil des arts. Intitulé *Cultiver sa différence*, il est l'œuvre de Pierre Savard, Rhéal Beauchamp et Paul Thompson. En 1987, TVO met en ondes une chaîne française qui diffuse des émissions éducatives en français. En 1991, le gouvernement Rae établit un groupe de travail sur la culture en Ontario français qui remet son rapport (*RSVP/Clefs en main*) en 1992. À la suite de ce rapport, un comité consultatif sur la politique culturelle des francophones de l'Ontario est formé.

Par ailleurs, en 1976, le gouvernement reconnaît officiellement les caisses populaires dans le titre d'une nouvelle loi ; la *Credit Union and Caisses populaires Act 1976*. Trois ans plus tard, cette loi est traduite en français et son titre est maintenant *Loi de 1976 sur les caisses populaires et les coopératives de crédit*.

Au début des années 1970, l'ACFO et d'autres groupes franco-ontariens, dont le mouvement C'est l'temps, commencent à s'intéresser aux domaines de la santé et des services sociaux. En 1974, l'ACFO demande au gouvernement une étude sur les services de santé en français en Ontario. Un médecin de Welland, Jacques Dubois, est mandaté pour réaliser cettte étude qui se solde par un rapport en 1976 (Dubois, 1976). Le gouvernement ne donnera pas suite, de façon immédiate, à ce rapport. Il faudra attendre les années 1980-1990 avant que des centres de santé communautaire de langue française soient établis à Toronto, à Sudbury, à Cornwall et à New Liskeard. Des garderies francophones seront aussi mises sur pied dans diverses communautés de la province.

Conclusion

Ainsi, à compter de 1961, les Franco-Ontariens ont obtenu davantage de services publics, souvent à la suite de revendications et de protestations qui ont eu lieu à l'arrière-scène politique. De 1961 à 1985, les gouvernements conservateurs Robarts et Davis ont acquiescé à certaines de ces revendications avec une politique étatiste. L'avènement du gouvernement libéral Peterson, fort de l'appui du NPD, a réussi à faire avancer plusieurs dossiers de façon plus globale et expéditive. La loi 8 est l'aboutissement de plusieurs de ces revendications.

Depuis le début de cette révolution tranquille en Ontario, les Franco-Ontariens se sont aussi intégrés davantage aux gouvernements

12. Le rapport s'intitule *La vie culturelle des Franco-Ontariens*. On pourra consulter Brigitte Bureau (1989, p. 14-15).

provincial et fédéral, dont ils ont eu à dépendre pour avoir droit à ces services linguistiques, culturels et sociaux. Ils ont appris à jouer le jeu politique en aiguisant leurs stratégies de lobbying.

Bien qu'il soit encore trop tôt pour faire un bilan complet en ce qui a trait aux services aux Franco-Ontariens, le gouvernement Harris a pris des mesures qui menacent la survie du seul hôpital de langue française en Ontario, soit l'Hôpital Montfort. Le Conseil de l'éducation et de la formation franco-ontarienne (CEFFO) a été aboli, les subventions au bilinguisme octroyées aux universités bilingues ont été coupées, tout comme le fonds qui permettait d'embaucher et de maintenir des professeurs de langue française au sein de ces universités. La dévolution des pouvoirs que le gouvernement Harris a effectuée en faveur des municipalités menace aussi les services en français acquis en vertu de la loi 8. Par contre, à la suite de la restructuration du système scolaire, les Franco-Ontariens ont maintenant des conseils scolaires homogènes à travers la province. De plus, la menace de privatiser plusieurs agences publiques a jusqu'à présent épargné la chaîne française de TVO.

En somme, même si le gouvernement Harris effectue des coupures dans les budgets de tous les ministères de façon presque uniforme, ces coupures risquent d'affecter davantage les Franco-Ontariens qui, depuis une quinzaine d'années, ne font que commencer à rattraper un retard d'un siècle dans ce domaine.

Bibliographie

Archibald, Clinton (1979). « La pensée politique des Franco-Ontariens au 20e siècle », *Revue du Nouvel-Ontario*, n° 2, p. 13-30.

Armstrong, Christopher (1981). *The Politics of Federalism : Ontario's Relations with the Federal Government, 1896-1942*, Toronto, University of Toronto Press.

Bernard, Roger (1991). *Le travail et l'espoir : migrations, développement économique et stabilité sociale Québec/Ontario 1900-1985*, Hearst, Le Nordir.

Boulay, Gérard (1987). *Du privé au public : les écoles secondaires franco-ontariennes à la fin des années soixante*, Sudbury, Société historique du Nouvel-Ontario, documents historiques n° 85.

Bureau, Brigitte (1989). *Mêlez-vous de vos affaires : 20 ans de luttes franco-ontariennes*, Ottawa, Association canadienne-française de l'Ontario.

Bureau, Brigitte (1992). *Un passeport vers la liberté : les caisses populaires de l'Ontario de 1912 à 1992*, Ottawa, Mouvement des caisses populaires de l'Ontario.

Caplan, Gerald (1973). *The Dilemma of Canadian Socialism : The CCF in Ontario*, Toronto, McClelland and Stewart.

Carrière, Fernan (1993). « La métamorphose de la communauté franco-ontarienne », dans *Les Franco-Ontariens*, sous la direction de Cornelius J. Jaenen, Ottawa, Presses de l'Université d'Ottawa, p. 305-340.

C'est l'temps (1981). « C'est l'temps... de se prendre en main », *Revue du Nouvel-Ontario*, n° 3, p. 110-114.

D'Amours, Michel (1985). *Étude socioéconomique d'une communauté francophone du Nord-Est ontarien : Moonbeam, 1912-1950*. Thèse de maîtrise, Université d'Ottawa.

Davis, William (1971). *Assemblée législative de l'Ontario, Débats de l'Assemblée législative*, le 3 mai 1971, Toronto, Queen's Park.

DENNIE, Donald (1966). « Robarts ne croit pas nécessaire de reconnaître le français en Ontario », *Le Droit*, 30 mars, p. 1.

DENNIE, Donald (1973). « Les transformations démographiques de la société franco-ontarienne (1) : une ruée vers les villes », *Le Droit*, 9 mars, p. 7.

DRURY, Ernest Charles (1966). *Farmer Premier*, Toronto, McClelland & Stewart.

DUBOIS, Jacques (1976). *Pas de problème*, Toronto, Ministère de la Santé, 1976.

DYCK, Rand (1991). *Provincial Politics in Canada*, 2e éd., Scarborough, Prentice-Hall.

FLECK, James D. (1972). « Reorganization of the Ontario Government », *Canadian Public Administration*, vol. 15, nº 2, p. 383-385.

FLECK, James D. (1973). « Restructuring the Ontario Government », *Canadian Public Administration*, vol. 16, nº 1, p. 55-68.

GERVAIS, Gaétan (1981). « Le réseau ferroviaire du nord-est de l'Ontario, 1881-1931 », *Revue de l'Université Laurentienne*, vol. 13, nº 2, p. 35-63.

GERVAIS, Gaétan (1985). « L'enseignement supérieur en Ontario français », *Revue du Nouvel-Ontario*, nº 7, p. 11-52.

GERVAIS, Gaétan (1996). « Le Règlement XVII (1912-1927) », *Revue du Nouvel-Ontario*, nº 18, p. 123-192.

GRAHAM, Roger (1990). *Old Man Ontario : Leslie M. Frost*, Toronto, University of Toronto Press.

HOY, Claire (1985). *Bill Davis : A Biography*, Toronto, Methuen.

HUMPHRIES, Charles W. (1985). *« Honest Enough to Be Bold » : The Life and Times of Sir James Pliny Whitney*, Toronto, University of Toronto Press.

JOHNSTON, Charles, et Ernest Charles DRURY (1986). *Agrarian Idealist*, Toronto, University of Toronto Press.

JUTEAU, Danielle, et Lise SÉGUIN-KIMPTON (1993). « La collectivité franco-ontarienne : structuration d'un espace symbolique et politique », dans *Les Franco-Ontariens*, sous la direction de Cornelius J. Jaenen, Ottawa, Presses de l'Université d'Ottawa, p. 265-304.

LAPALME, Victor (1968). *Les Franco-Ontariens et la politique provinciale*. Thèse de maîtrise, Université d'Ottawa.

MACDONALD, Donald C. (1975). « Modernizing the Legislature », dans *Government and Politics of Ontario*, sous la direction de Donald C. MacDonald, Toronto, Macmillan Canada, p. 48-69.

MACDONALD, Donald C. (1988). *Happy Warrior : Political Memoirs*, Markham, Fitzhenry & Whiteside.

MANTHORPE, Jonathan (1974). *The Power and the Tories : Ontario Politics, 1943 to the Present*, Toronto, Macmillan Canada.

MCDOUGALL, Allan Kerr (1986). *John P. Robarts : His Life and Government*, Toronto, University of Toronto Press.

MCKENTY, Neil (1967). *Mitch Hepburn*, Toronto, McClelland & Stewart.

MERCHANT, Francis Walter (1912). *Report on the Condition of English-French Schools in the Province of Ontario*, Toronto, Ministère de l'Éducation.

NELLES, Henry Vivian (1974). *The Politics of Development : Forest, Mines and Hydro-Electrical Power in Ontario 1849-1941*, Toronto, Macmillan Canada.

OLIVER, Peter (1977). *G. Howard Ferguson : Ontario Tory*, Toronto, University of Toronto Press.

OUELLET, Fernand (1993). « L'évolution de la présence francophone en Ontario : une perspective économique et sociale », dans *Les Franco-Ontariens*, sous la direction de Cornelius J. Jaenen, Ottawa, Presses de l'Université d'Ottawa, p. 127-199.

RAE, Bob (1996). *From Protest to Power*, Toronto, Viking.

SCHULL, Joseph (1978). *L'Ontario depuis 1867*, traduit par Louise Filteau et Denis G. Gauvin, Toronto, McClelland and Stewart.

SIMEON, Richard (1985). « Ontario in Confederation », dans *Government and Politics in Ontario*, sous la direction de Donald C. MacDonald, 3e éd., Scarborough, Nelson.

SPEIRS, Rosemary (1986). *Out of the Blue : The Fall of the Tory Dynasty in Ontario*, Toronto, Macmillan Canada.

SYLVESTRE, Paul-François (1986). *Nos parlementaires*, Ottawa, L'Interligne.

TENNYSON, Brian (1969). « The Ontario General Election of 1919 : The Beginnings of Agrarian Revolt », *Journal of Canadian Studies*, n° 4, p. 26-36.

CHAPITRE 18

Espace et vie politique dans l'Ouest francophone

ELSY GAGNÉ, Université d'Ottawa[1]

> Le démocratique comme règle sociale et comme système de gouvernement, compte sûrement parmi les concepts humains les plus nobles, mais il est également l'un des plus difficiles à mettre en œuvre. En démocratie, la majorité oublie trop aisément que la minorité a ses droits, et il est facile pour un gouvernement puissant et distant de ne pas entendre les protestations de la minorité. Si des troubles se produisent, il est trop facile de les réprimer brutalement, au nom de l'ordre et de la justice. Nous ne devons jamais oublier qu'au bout du compte, on juge une démocratie d'après le traitement que la majorité réserve à la minorité. Le combat de Louis Riel n'est pas encore gagné.
>
> Pierre Elliott Trudeau, *À contre-courant*, 1996, p. 295.

Dans l'arène politique, les gouvernements des provinces et des territoires de l'Ouest nient l'évidence, ignorent les droits linguistiques, négocient sans cesse au prix fort chacun des gains concédés à la minorité francophone, ou sacrifient ses droits sur l'autel du jeu politique et des alliances constitutionnelles. En dépit de tout cela, rien n'empêche les élites francophones dans l'ouest du Canada et leurs communautés d'agir pour regagner leurs droits acquis. Ensemble, ils ont une force incroyable qui les pousse à ne jamais se résigner, mais bien au contraire à définir constamment leur pouvoir pour ainsi agir adéquatement au moment opportun. Ils savent bien jouer, et leurs plans architecturaux sont bien dessinés pour contrer leurs adversaires politiques sur le plan constitutionnel. Ils monopolisent leurs forces, connaissent bien le droit et luttent continuellement pour faire respecter leurs droits linguistiques enchâssés ou reconnus par la *Charte canadienne des droits et libertés*[2] et pour contrer l'action de l'État qui peut violer les principes fondamentaux protégés.

La *Charte* joue un rôle important dans la protection et l'épanouissement des minorités francophones dans l'ouest du Canada. L'article 23, la seule disposition en matière de langue, confère aux minorités anglophones et francophones dans chaque province le droit de faire instruire leurs enfants, aux niveaux primaire et secondaire, dans leur langue, pourvu que le nombre d'enfants soit suffisant.

1. Nous tenons à préciser que cet article ne recouvre aucunement la situation sociopolitique des francophones vivant dans le nouveau territoire arctique du Nunavut qui a vu le jour politique et juridique le 1er avril 1999.
2. Partie I de la *Loi constitutionnelle de 1982*, constituant l'annexe B de la *Loi de 1982 sur le Canada* (R.-U.), 1982, c.11.

Cela permet de justifier la prestation, à même les fonds publics, de l'instruction dans la langue de la minorité. Bien que la *Charte* existe pour empêcher les abus de pouvoir de la part des gouvernements ou des individus, elle a ses limites. La *Charte* n'oblige pas de façon positive les gouvernements provinciaux à éliminer la discrimination envers les minorités francophones vivant dans l'ouest du Canada. Bien plus encore, elle ne les oblige pas à adopter des lois ordinaires pour assurer le maintien des libertés fondamentales contre les infractions de la part des particuliers ou de l'ingérence abusive de l'État, si ce n'est à l'égard de la mise sur pied d'établissements d'enseignement dans la langue de la minorité en vertu de l'article 23. C'est donc dans cet esprit que les francophones de l'Ouest doivent prendre en main leur destin politique, en invoquant les droits fondamentaux enchâssés dans la *Charte*, et en cherchant à assurer leur application.

Premièrement, nous nous attarderons sur l'enchâssement en 1870 des droits fondamentaux que sont les droits linguistiques au Manitoba. Nous verrons que cet enchâssement est d'autant plus nécessaire qu'il permet à la communauté francophone du Manitoba d'assurer la pérennité de ses droits. Deuxièmement, nous étudierons la question des droits linguistiques qui font l'objet de la *Loi sur les Territoires du Nord-Ouest*[3]. Nous verrons que la situation des francophones des autres provinces de l'Ouest diffère largement sur le plan juridique de celle des francophones du Manitoba, puisque contrairement à ces derniers, leurs droits linguistiques ne sont pas enchâssés. De même, nous verrons que la situation des francophones des Territoires du Nord-Ouest et du Yukon varie de celle des provinces de l'Ouest à cause de la singularité de leur position en tant que territoires.

Troisièmement, et à la suite de la description partielle[4] de la situation juridique des francophones de l'Ouest, nous présenterons une réflexion sociojuridique qui porte sur la situation politique de ce même groupe. Nous sommes convaincus que les enjeux constitutionnels durant les négociations politiques sont d'une grande importance dans l'obtention et l'application des droits linguistiques des francophones de l'Ouest. Pour certaines communautés francophones, les enjeux sont certainement plus présents que d'autres. Au cours de l'histoire, les francophones de l'Ouest ont démontré leur capacité organisationnelle de prendre en main leur destin juridique et faire en sorte que les injustices commises à leur égard soient corrigées. Leur volonté collective, leurs revendications et leurs luttes constantes sont là pour appuyer l'existence d'un pouvoir francophone dans l'ouest du Canada.

L'ENCHÂSSEMENT CONSTITUTIONNEL : LA PÉRENNITÉ DES DROITS

Si une disposition est de nature strictement interprétative par le biais des tribunaux, on dira alors qu'elle a un effet limité. Plus précisément, une disposition semblable aura, certes, un effet dans la mesure où elle est combinée avec d'autres dispositions de la Constitution canadienne. Or, le Manitoba, le Québec et le Nouveau-Brunswick ont assuré la pérennité de leurs droits en les enchâssant dans la Constitution. Ces provinces garantissent ainsi l'usage de l'anglais et du français dans les procédures de leur assemblée législative respective, et le droit pour leurs minorités de langue officielle à l'instruction dans leur langue. Chacune de ces provinces a donc des obligations de nature constitutionnelle envers sa

3. (R.-U.), 40 Vict., c. 7.
4. Nous ne prétendons pas avoir couvert toute la matière en ce qui concerne le pouvoir des francophones dans l'ouest du Canada. Toutefois, il s'agit d'un effort de synthèse qui se veut juste et le plus près possible de la situation générale de ces communautés.

minorité officielle. Notre propos n'est certainement pas de faire une étude exhaustive des principes d'interprétation généraux utilisés dans ce domaine (Le Bouthillier, 1992, p. 117 ; Pentney, 1989, p. 27 ; Beaudoin et Ratushny, 1989, p. 27), mais de bien ancrer notre sujet pour replacer dans son contexte la thématique du pouvoir des francophones dans l'Ouest et leur degré de protection législative.

La situation juridique au Manitoba

Dans l'Ouest, seul le gouvernement du Manitoba a donc des obligations de nature constitutionnelle envers sa minorité linguistique francophone en raison de ce fameux enchâssement. Jusqu'à maintenant, force est de constater que l'enchâssement est un outil essentiel pour assurer la sécurité linguistique de la minorité officielle dont font partie les francophones, n'en déplaise aux autres minorités non officielles qui s'acharnent à minimiser, voire même ridiculiser ce discours, en accusant les francophones d'être de *grands* émotifs et de vouloir briser l'unité canadienne.

C'est donc grâce à Louis Riel que l'enchâssement en tant que principe de droit constitutionnel est devenu réalité. En 1870, l'intention explicite de Louis Riel (Bastarache, 1989, p. 235) est que les Territoires accèdent au statut de province et que les francophones soient « confiants » de leurs droits linguistiques. À la suite de négociations avec le gouvernement canadien, un compromis politique est alors mis de l'avant : on crée la province du Manitoba, et les droits linguistiques des francophones sont garantis par l'article 23[5] de la *Loi de 1870 sur le Manitoba*. Le Manitoba fait son entrée dans la Confédération au moment même où la moitié de sa population est francophone[6]. Par ailleurs, la partie des territoires exclue du Manitoba est gouvernée sous le *Temporary Government of Rupert's Land Act 1869*[7]. Cela a pour effet de préserver le système judiciaire. De plus, la *Loi sur le Manitoba* contient une disposition des plus importantes pour les francophones du Manitoba. Nous faisons référence ici à l'article 110 qui prévoit l'utilisation du français et de l'anglais dans les procédures de l'Assemblée territoriale ainsi que dans les cours de justice, et exige l'utilisation de ces deux langues dans les procès-verbaux et les journaux de l'Assemblée de même que dans l'impression de ses lois.

Louis Riel

5. Les dispositions de l'article 110 de la *Loi sur les Territoires du Nord-Ouest*, de l'article 23 de la *Loi sur le Manitoba* et de l'article 133 de la *Loi constitutionnelle de 1867* sont identiques. La portée de ces dispositions a été clarifiée par la Cour suprême du Canada dans plusieurs arrêts dont ceux qui concernent particulièrement le Manitoba : *Bilodeau* c. *P.G. du Manitoba,* [1986] 1 R.C.S. 449 [ci-après *Bilodeau*] ; *Renvoi : Droits linguistiques du Manitoba,* [1985] 1 R.C.S. 721 ; *R.* c. *Mercure,* [1988] 1 R.C.S. 234 [ci-après *Mercure*]. L'affaire *Bilodeau* met en lumière la validité de toutes les lois manitobaines adoptées et imprimées uniquement en anglais en violation de l'article 23 de la *Loi de 1870 sur le Manitoba* (*Acte du Manitoba,* [R.-U.], 33 Vict., c.3).
6. Certains auteurs prétendent que l'article 23 de la *Loi de 1870 sur le Manitoba* a été abrogé dès 1890 pour faire du Manitoba une province comme les autres (voir J.L. Gagnon, 1990, p. 33).
7. (R.-U.), 32-33 Vict., c.3.

Procès de Louis Riel

Malgré le fait que l'article 23 de la *Loi sur le Manitoba* ait été enchâssé de façon constitutionnelle, l'Assemblée législative l'abroge en 1890, en adoptant la loi intitulée *An Act to Provide that the English Language Shall Be the Official Language of the Province of Manitoba*[8]. En 1892, l'Assemblée territoriale passe à l'attaque en ce qui a trait à la langue de ses procès-verbaux. Une résolution de F. Haultain, adoptée par un vote de 20 à 4, se lit comme suit : « *That it is desirable that the proceedings of the Legislative Assembly shall be recorded and published hereafter in the English language only.* » Le français a été presque inexistant après 1892, et les lois provinciales ne furent pas publiées en français. Le problème est soulevé au Parlement fédéral où l'on répond qu'il n'est pas nécessaire de publier en français et que l'application de l'article 110 de la *Loi de 1870 sur le Manitoba* est trop coûteuse[9]. Il faut donc attendre en 1979 pour que la Cour suprême du Canada déclare la loi de 1890 invalide dans l'affaire *P.G. Manitoba* c. *Forest*[10]. La Cour d'appel du Manitoba a confirmé l'invalidité constitutionnelle de la loi manitobaine de 1890 qui fait de l'anglais la seule langue officielle. Il aura fallu attendre 90 ans pour redresser une telle violation constitutionnelle[11].

Il y a également la *Loi sur les écoles publiques*. Un des effets notoires de cette loi est l'élimination du financement public des écoles confessionnelles. Bien qu'un grand nombre de ces écoles soient francophones et catholiques, l'enseignement en français est strictement limité, sinon interdit. Cette loi ordinaire est toutefois contestée devant les tribunaux. Et les affaires *Barrett* c. *City of Winnipeg*[12] et *Brophy* c. *Attorney-General of Manitoba*[13] parcourront un chemin aride et tortueux avant que le Conseil privé ne rende son jugement final. Il est à noter que les causes précédentes ne portent pas sur les droits linguistiques, mais bien sur l'obligation du gouvernement manitobain de financer les écoles confessionnelles en vertu de l'article 22 de la *Loi de 1870 sur le Manitoba*. C'est donc après les élections de 1896 que les gouvernements du Manitoba et du Canada en viennent à un autre compromis politique. Ce compromis porte sur le statut des écoles confessionnelles et l'enseignement dans d'autres langues que l'anglais dans ces écoles : on parle dès lors de l'entente Laurier-Greenway de 1897. Selon cette entente, l'enseignement de la religion est permis durant la dernière demi-heure de la journée scolaire, et l'enseignement dans une langue autre que l'anglais (et pas nécessairement le français) est autorisé dans la mesure où il y a un minimum de 10 étudiants dans la classe. L'enseignement dans une langue autre que l'anglais, tel que prévu par l'entente Laurier-Greenway, sera cependant formellement interdit à compter de 1916

8. S.M. 1890, c.14.
9. Canada, *Débats de la Chambre des communes*, 1905, cols. 8610-11.
10. [1979] 2 R.C.S. 1032 [ci-après *Forest*].
11. L'affaire *Forest* est jumelée à l'arrêt *Procureur général du Québec* c. *Blaikie*, [1979] 2 R.C.S. 1016, où la Cour suprême du Canada a reconnu l'invalidité constitutionnelle des dispositions de la loi 101 du Québec qui faisaient du français la seule langue officielle, en violation de l'article 133 de la *Loi constitutionnelle de 1867* (R.-U.), 30 et 30 Vict., c.3.
12. [1891] 19 R.C.S. 374.
13. [1895] A.C. 202 (C.P.).

(Bilodeau, 1989, p. 245). Il s'agit là d'un événement historique qui marquera incontestablement l'histoire francophone du Manitoba.

Dès lors, les francophones du Manitoba seront « victimes de lois injustes et inconstitutionnelles » (Bilodeau, 1989, p. 244). Les effets de ce compromis politique Laurier-Greenway se font durement sentir, et ce, au moins jusque dans les années 1960 où le français reprend sa place dans les écoles publiques du Manitoba sous le gouvernement progressiste-conservateur de Duff Dublin. D'autres réformes suivent en 1970, et le français reprend lentement au Manitoba son plein statut comme langue d'enseignement (Bilodeau, 1989, p. 246). La Fédération provinciale des comités de parents intente une action devant la Cour du banc de la Reine en septembre 1988. Les parents demandent à la Cour de déclarer inconstitutionnelles certaines dispositions de la *Loi sur les écoles publiques* qui imposent des restrictions quant à l'accès à l'éducation en français, à la formation d'écoles et à la gestion scolaire sur un territoire donné. Le gouvernement du Manitoba procède alors par un renvoi constitutionnel à la Cour d'appel. Dans le *Renvoi : Droits linguistiques du Manitoba*[14], la Cour suprême du Canada, qui commente la portée de l'article 23 de la *Loi de 1870 sur le Manitoba*, soulève clairement la notion de compromis politique entre les gouvernements fédéral et provincial. Et elle écrit spécifiquement à ce sujet :

> Dans cette détermination de la portée de l'article 23, il est important de replacer l'article dans son contexte historique. À l'instar des articles 93 et 133 de la *Loi constitutionnelle de 1867*, il exprime un compromis politique. Il s'agit non pas d'une garantie globale destinée à assurer l'égalité linguistique complète, mais plutôt d'un compromis destiné à assurer un niveau d'harmonie dans la réalité démographique de la société manitobaine[15].

Dans le *Renvoi : Droits linguistiques du Manitoba*[16], la Cour suprême du Canada déclare en 1985 que toutes les lois unilingues (anglaises) de l'Assemblée législative du Manitoba sont invalides. Elle conclut qu'une telle situation juridique pourrait engendrer un *vide juridique*, lequel aurait pour effet d'entraîner un chaos en la matière. Pour éviter le fameux chaos juridique, la Cour suprême du Canada utilise les principes de la primauté du droit et de la validité de facto afin de maintenir les lois constitutives temporairement en vigueur, et ce, jusqu'à l'expiration du délai minimal requis pour les traduire, les adopter de nouveau, les imprimer et les publier en français. De plus, le juge en chef, au nom de la majorité, fait état de l'importance des droits linguistiques et des caractéristiques qui leur sont particulières. Il ne tarde pas à faire le rapprochement entre les principes de la dignité humaine et l'enchâssement constitutionnel de 1870 :

> L'article 23 de la *Loi de 1870 sur le Manitoba* est une manifestation spécifique du droit général qu'ont les Franco-Manitobains de s'exprimer dans leur propre langue. L'importance des droits en matière linguistique est fondée sur le rôle essentiel que joue la langue dans l'existence, le développement et la dignité de l'être humain. C'est par le langage que nous pouvons former des concepts, structurer et ordonner le monde autour de nous. Le langage constitue le pont entre l'isolement et la collectivité, qui permet aux êtres humains de délimiter les droits et obligations qu'ils ont les uns envers les autres, et ainsi, de vivre en société.
>
> L'enchâssement constitutionnel, à l'article 23 de la *Loi de 1870 sur le Manitoba*, d'une obligation pour la législature du Manitoba de procéder à l'adoption, à l'impression et à la publication dans les langues française et anglaise a pour effet d'imposer au pouvoir judiciaire la responsabilité de protéger les droits corrélatifs que possèdent en matière linguistique tous les Manitobains, y compris la minorité franco-manitobaine.

---

14. [1985] 1 R.C.S. 721.
15. *Renvoi : Droits linguistiques du Manitoba*, [1992], p. 222.
16. *Renvoi : Droits linguistiques du Manitoba*, [1985].

> C'est au pouvoir judiciaire qu'il incombe d'assurer que le gouvernement observe la Constitution. Nous devons protéger les personnes dont les droits constitutionnels sont violés, quelles que soient ces personnes et quelles que soient les raisons de cette violation[17].

Un tel passage a pour effet de donner un sens logique au parcours politique et, par le fait même, aux revendications légitimes des droits linguistiques des francophones du Manitoba, tout en réitérant l'obligation d'une législation conforme au droit constitutionnel. Toutefois, il s'agit là d'une interprétation juridique et libérale de l'article 23 de la *Loi de 1870 sur le Manitoba*[18].

La même année, la Cour d'appel du Manitoba rend une décision se rapportant à l'affaire *Robin* c. *Collège de Saint-Boniface*[19]. Bien que l'article 23 de la *Loi de 1870 sur le Manitoba* accorde un statut égal à l'anglais et au français devant les tribunaux, il est stipulé qu'un juge siégeant à un procès où les parties et les avocats sont francophones peut entendre les témoins et les avocats par l'intermédiaire d'un interprète, ce qui a pour effet de minimiser la valeur juridique de l'article 23. Il est à noter dans cette affaire, que le juge Monnin de la Cour d'appel est alors dissident, ce qui pourrait d'ailleurs marquer sa position politique.

Le juge en chef de la Cour suprême du Canada interprète, dans le *Renvoi relatif à la Loi sur les écoles publiques (Man.)*, article 79(3)(4) et (7)[20], l'article 23 de la *Charte* qui comprend un droit général à des établissements ou à des lieux physiques distincts en faveur du groupe linguistique minoritaire concerné, dans ce cas-ci les francophones du Manitoba. Sans être trop précis, le juge en chef Lamer stipule toutefois que la mise en œuvre de ce droit général à l'instruction doit dépendre de circonstances pédagogiques et financières particulières à chacune des régions d'une province. Toutes proportions gardées, voilà l'état du droit au Manitoba et les efforts continus et légitimes des francophones relativement à la violation des droits fondamentaux de la communauté, situation qui se vivra au sein des autres communautés francophones de l'ouest du Canada.

Les droits linguistiques : la *Loi des Territoires du Nord-Ouest*

En 1905, on assiste à la création des provinces de l'Alberta et de la Saskatchewan. Ces provinces n'ont pas été créées dans un vide juridique. Lors de leur création, elles faisaient partie des Territoires du Nord-Ouest dont la loi constitutive, la *Loi sur les Territoires du Nord-Ouest*, contenait l'article 110. Toutefois, l'article 110 qui inscrit les droits linguistiques a été abrogé et ne sera pas enchâssé après l'adoption de la *Loi sur la Saskatchewan*[21] et de la *Loi sur l'Alberta*[22].

La situation juridique de l'Alberta et de la Saskatchewan : une histoire commune

Jusqu'en 1905, l'Alberta et la Saskatchewan faisaient toutes deux partie des Territoires du Nord-Ouest : leur histoire juridique est donc la même (Teffaine, 1992). Or, l'article 16 de la *Loi sur l'Alberta* énonce les mêmes règles que l'article 16 de la *Loi sur la Saskatchewan*, ce qui signifie que les règles en vi-

17. *Renvoi : Droits linguistiques du Manitoba*, [1985], p. 744.
18. Dans l'ensemble, la plus haute cour du Canada a, certes, fait connaître sa position dans le *Renvoi : Droits linguistiques du Manitoba*, quant aux droits linguistiques, mettant notamment l'accent sur la dignité humaine et les besoins de la vie en société.
19. [1985] 1 W.W.R. 249 (C.A. Man.).
20. [1993] 1 R.C.S. 839.
21. 4-5 Edw. VII, c.42.
22. 4-5 Edw. VII, c.40.

William Ferdinand-Alphonse Turgeon, procureur général au moment de l'adoption de la *Loi sur la Saskatchewan*. Il est appelé en 1911 à définir le concept de « cours primaire en français ».

gueur dans les Territoires du Nord-Ouest lors de la création juridique de l'Alberta vont continuer à s'appliquer jusqu'au moment où l'Assemblée législative de la province de l'Alberta les modifiera lors d'un débat politique. L'article 16 prévoit que les lois territoriales s'appliquent « tant qu'elles ne dérogent à aucune disposition de la présente loi ou [...] que la présente loi ne contient pas de dispositions destinées à leur être substituées ». L'effet négatif de la loi de 1890 est l'abolition de l'article 110 de la *Loi sur les Territoires du Nord-Ouest* (Bastarache, 1989, p. 236). Par ailleurs, l'article 110 est reçu en Alberta et en Saskatchewan dans la mesure où il n'est en aucune façon incompatible avec la *Loi sur l'Alberta* et la *Loi sur la Saskatchewan* : ces dernières priment sur l'article 110 de la *Loi sur les Territoires du Nord-Ouest*. Les francophones de ces deux provinces vivent une injustice dans la mesure où ces deux lois constitutives qui ont pour effet l'abolition du français comme langue officielle dans ces juridictions sont valides.

Le gouvernement fédéral tente de constitutionnaliser les droits linguistiques dont jouissaient les groupes confessionnels en 1875. En 1906, il adopte une loi intitulée *Statuts révisés du Canada*[23]. Conscient que l'article 110 a été abrogé, le Parlement fédéral adopte cette loi modificatrice qui insère les mots « sauf en ce qui concerne les provinces de l'Alberta et de la Saskatchewan » qui se retrouvent sous l'entête *Abrogation pour les lois de 1886 et de 1891*[24]. Aucune autre modification de cet article n'est adoptée en Alberta et en Saskatchewan.

Pendant longtemps, on a cru que les droits linguistiques avaient été abolis par l'Assemblée territoriale en 1892 et que la population francophone ne jouissait d'aucun de ces droits (Le Bouthillier, 1992, p. 117 ; Beaudoin et Ratushny, 1989, p. 27) ; ce qui n'était pas du tout le cas, mais les gouvernements faisaient fi de ces droits. Après l'accord du lac Meech, les gouvernements anglophones choisissent d'ignorer l'histoire

> même de ces territoires et de trahir leurs propres engagements politiques, notamment ceux de la *Charte canadienne des droits et libertés* (1982) et ceux du lac Meech (1987). En signant l'accord du lac Meech, la Saskatchewan et l'Alberta s'engageaient à préserver le fait français dans leurs provinces respectives. Or, les premiers ministres Devine et Getty qui ont signé cet accord ont également, quelques mois plus tard, signé les lois [*Loi sur l'Alberta* et *Loi sur la Saskatchewan*] qui ont aboli le français comme langue officielle dans leurs provinces (Lacombe, 1990).

Grâce à l'affaire *Mercure*[25], la question de la compatibilité des lois est attentivement examinée par le juge en chef LaForest et ce, au nom de la majorité. Le juge de la Cour suprême reconnaît la validité constitutionnelle de la *Loi sur les Territoires du Nord-Ouest* (*Loi de 1870 sur le Manitoba*). Il réitère le point de

23. 6-7 Edw. VII, c.43.
24. 6-7 Edw. VII, c.44.
25. *R.* c. *Mercure*, [1988].

droit à l'effet que l'article 110 s'apparente à l'article 23 de la *Loi de 1870 du Manitoba* ainsi qu'à l'article 133 de la *Loi constitutionnelle de 1867*[26]. Il rappelle que l'article 110 impose à la Saskatchewan des obligations semblables à celles imposées au Manitoba par rapport au bilinguisme pour ce qui est de la procédure civile devant les tribunaux, de la rédaction des lois et des débats de l'Assemblée législative. Toutefois, cet article n'est pas enchâssé dans la Constitution canadienne. En conséquence, la province de la Saskatchewan a pleinement le droit de s'en défaire en réduisant ses obligations tout en modifiant, par le fait même, sa constitution interne. Autrement dit, l'article 110 fait toujours partie de la constitution interne de la province, mais n'a pas de poids juridique. Le juge LaForest rejette l'argument historique que la *Loi constitutionnelle de 1867* est un pacte entre deux nations, l'une française, l'autre anglaise. Bien que la *Loi sur la Saskatchewan* soit reconnue comme étant valide par la Cour suprême du Canada, la province de la Saskatchewan est tout de même assujettie à des obligations parlementaires, législatives et judiciaires. En rendant son jugement, le juge LaForest stipule qu'une loi du législateur provincial pourrait rendre la province unilingue anglaise. Mais, il ajoute que l'article 110 est toujours en vigueur en Saskatchewan. La chose la plus ironique et la plus désastreuse pour les minorités de ces provinces est la suivante : bien que cette décision ait été prise par la plus haute cour du Canada, l'Assemblée législative de la Saskatchewan refuse de lui donner un statut constitutionnel et de l'inscrire dans la Constitution du Canada. La province s'empresse plutôt d'adopter des lois qui font de l'anglais la seule langue officielle.

La Saskatchewan

Le 26 avril 1988, le gouvernement de la Saskatchewan reconnaît que le raisonnement élaboré dans l'affaire *Mercure*[27] s'applique également à la province. Le gouvernement dépose alors un projet de loi intitulé *Loi relative à l'usage du français et de l'anglais en Saskatchewan*. Il vise l'abolition de l'article 110 pour tout ce qui touche la compétence de la province, l'attribution au Conseil des ministres d'un pouvoir discrétionnaire concernant les lois et les règlements à adopter dans les deux langues, et le maintien des garanties en matière de bilinguisme judiciaire, sauf dans le cas des tribunaux quasi judiciaires et administratifs. Enfin, cette loi fait de l'anglais la langue de la législation (Bastarache, 1989, p. 238).

Toujours en 1988, le gouvernement du Canada conclut avec le gouvernement de la Saskatchewan une entente auxiliaire sur la création d'un office de coordination des affaires francophones et de la traduction. Cette entente porte sur certaines questions relatives à la promotion du statut et de l'usage du français à l'Assemblée législative. De plus, le gouvernement fédéral signe une entente-cadre visant à appuyer le développement de la communauté francophone de la Saskatchewan.

Pour ce qui est de l'article 23 de la *Charte des droits et libertés*, adoptée en 1982, le gouvernement de la Saskatchewan n'a pris aucune mesure nécessaire pour s'y conformer ; ce qui n'empêche pas les parents francophones d'intenter une action devant les tribunaux. La décision rendue dans l'affaire *Commission des écoles fransaskoises* c. *Gouvernement de la Saskatchewan*[28] reconnaît le droit à la gestion scolaire, mais n'exige pas d'action politique de la part du gouvernement ou de l'Assemblée législative. Des juristes diront que là n'est pas le rôle des tribunaux, et qu'il doit exis-

26. L'usage des langues française et anglaise est obligatoire dans la rédaction des registres, des procès-verbaux et des journaux respectifs des chambres en vertu de l'article 133 de la *Loi constitutionnelle de 1867*.
27. *R.* c. *Mercure*, [1988].
28. [1988], 64 Sask. R.123 [ci-après *Commission des écoles fransaskoises*].

ter une séparation entre le judiciaire et l'exécutif. Mais la cour aurait tout de même pu proposer certains paramètres au gouvernement provincial pour l'aider à concrétiser un tel projet de façon à répondre adéquatement aux exigences constitutionnelles de l'article 23 de la *Charte*.

En 1989, le gouvernement de la Saskatchewan s'engage à accorder aux francophones le droit de gérer leurs propres institutions scolaires en fonction des recommandations formulées dans le rapport préparé par le comité Gallant, mais le gouvernement fera volte-face. Les parents doivent alors retourner devant les tribunaux et reprendre le dossier des droits linguistiques en concordance avec les exigences constitutionnelles de la *Charte*. Les parents regroupés se rendent ainsi à la Cour d'appel en rapport avec l'affaire *Commission des écoles fransaskoises* où ils perdront sur une question de procédure civile[29].

L'Alberta

En Alberta, tout comme en Saskatchewan, l'article 110 de la *Loi sur les Territoires du Nord-Ouest* fait l'objet de plusieurs débats judiciaires au cours des années 1980. La législation ne comporte pas de garanties en matière de bilinguisme administratif. Le 6 juillet 1988, le gouvernement adopte une loi intitulée *Languages Act*[30] qui fait suite à l'affaire *Mercure*[31]. La *Languages Act* abolit l'article 110 et établit un régime d'unilinguisme dans les domaines parlementaire, législatif et judiciaire. La seule concession faite aux francophones de l'Alberta réside dans l'autorisation de s'exprimer oralement en français à l'Assemblée législative ainsi que devant les tribunaux judiciaires.

Lésés dans leurs droits linguistiques, les francophones de l'Alberta qui invoquent l'article 23 de la *Charte* présentent devant les tribunaux un litige pour que leur soient reconnus le droit à l'instruction dans leur langue et le droit d'administrer leur conseil scolaire. C'est dans l'affaire *Mahé* c. *Procureur général de l'Alberta*[32] que la Cour suprême du Canada a partiellement répondu à la demande de la minorité linguistique officielle. Par cette action judiciaire[33], la Cour qui a élargi les droits des minorités linguistiques est d'avis qu'il faut permettre aux parents francophones de participer à la gestion des écoles de langues minoritaires. Elle statue qu'il y a dans la « région d'Edmonton » un nombre suffisant d'étudiants pour justifier, sur les plans pédagogique et financier, la création d'une école francophone indépendante et la mise sur pied d'un programme permanent d'instruction aux niveaux primaire et secondaire. Toutefois, la Cour suprême du Canada a intentionnellement refusé de préciser ce que signifie l'obligation positive d'établir « sans retard » un conseil scolaire autonome pour la minorité linguistique de la province. Enfin, elle ne s'est pas attardée sur les paramètres de la gestion et du contrôle ni des établissements, ni de l'instruction, requis par l'article 23 de la *Charte*. Il en découle que les francophones de l'Alberta, tout comme ceux du Manitoba, ont tout de même le droit d'avoir une commission scolaire autonome dans un espace juridiquement francophone.

Le juge Dickson de la Cour suprême du Canada, dans l'affaire *Mahé*[34], précise que

29. [1991] 5 W.W.R. 97 (C.A. Sask.).
30. Cette loi provinciale est sanctionnée le 6 juillet 1988.
31. *R.* c. *Mercure*, [1988].
32. [1990] 1 R.C.S. 342. [Ci-après, l'affaire *Mahé*.]
33. S'il n'existe pas une volonté politique de la part des gouvernements provinciaux de donner suite à la voie juridique qui est coûteuse et prend généralement du temps, il importe pour les communautés d'essayer de négocier un accord qui respecte l'esprit et la lettre de l'article 23 tout en répondant aux besoins des francophones, ou encore de procéder à une médiation entre le gouvernement et sa minorité linguistique pour mettre en application la portée de cette disposition.
34. *Mahé* c. *Procureur général de l'Alberta*, [1990].

l'article 23 de la *Charte* confère à un groupe un droit qui impose au gouvernement provincial des obligations positives de changer ou de créer d'importantes structures institutionnelles. Pour sa part, le juge Beetz de la Cour suprême du Canada refuse d'interpréter cet article à la lumière de l'article 27 de la *Charte*. Selon lui, l'article 23

> constitue d'abord et avant tout une exception aux dispositions des articles 15 et 27 en ce qu'il accorde à ces groupes, anglophone et francophone, un *statut spécial* par rapport à tous les groupes linguistiques au Canada. Comme le fait observer le procureur général de l'Ontario, il serait déplacé d'invoquer un principe d'égalité destiné à s'appliquer universellement à *tous* pour interpréter une disposition qui accorde des droits particuliers à un groupe déterminé [nous soulignons].

Les francophones de l'Alberta, tout comme les autres francophones ailleurs au pays, ont un statut spécial à cause d'une reconnaissance historique faisant partie de la Constitution du Canada. Or, dans le cas du *Renvoi relatif à la Loi sur les écoles publiques*[35], la Cour suprême réitère de façon générale, comme elle l'a fait dans l'arrêt *Mahé*[36], les obligations que l'article 23 impose en matière de gestion et de contrôle en ce qui a trait à l'instruction en français des francophones. Toutefois, et encore une fois, la Cour suprême du Canada a été prudente en laissant au législateur la responsabilité ultime de fixer les principales modalités d'attribution de l'instruction en langue française dans la province. Dans le cas du Manitoba, le présent renvoi concerne non pas une ville en tant que telle, mais les établissements de toute la province, ce qui en soi se distingue largement de l'affaire *Mahé*[37], l'effet politique n'étant pas le même, ce qui donne beaucoup plus de latitude dans la définition du pouvoir francophone au Manitoba. Aussi, il faut préciser qu'à cause de l'enchâssement constitutionnel de l'article 23 de la *Loi de 1870 sur le Manitoba*, les francophones du Manitoba sont probablement en meilleure position constitutionnelle pour reprendre ce dossier si l'Assemblée législative provinciale décide de faire fi de leurs droits.

La situation de la Colombie-Britannique

En 1858, la Colombie-Britannique est colonisée par les Anglais, et la *Law and Equity Act*[38] établit la réception du droit anglais. La législation ne comporte pas de garanties en matière de bilinguisme parlementaire, législatif, judiciaire et administratif. Dans l'affaire *McDonell* c. *Fédération des Franco-Colombiens*[39], la Cour d'appel statue que les dispositions 16 à 22 de la *Charte*, portant sur les langues officielles, n'ont aucune application en ce qui a trait au droit de la province ; ce qui signifie que les droits des francophones de la Colombie-Britannique relèveraient d'un compromis politique. Une telle décision provenant de la Cour d'appel réduira considérablement les chances d'obtenir une application réaliste des dispositions linguistiques et affectera l'avenir du bilinguisme judiciaire non seulement dans l'ouest du Canada, mais ailleurs au pays.

Il faudra attendre plus de 125 ans avant que la première école française ouvre ses portes, en 1984, dans la ville de Vancouver (Roy, 1985). En 1995, le lieutenant-gouverneur de la province adopte, en vertu de la loi intitulée *School Act*, le *Francophone Education Regulation*[40] qui vise à mettre en œuvre le droit à la gestion scolaire. Dans l'affaire *Association des parents francophones de la Colombie-*

35. *Renvoi : Droits linguistiques du Manitoba*, [1992].
36. *Mahé* c. *Procureur général de l'Alberta*, [1990].
37. *Mahé* c. *Procureur général de l'Alberta*, [1990].
38. *Act to Provide for the Government of British Columbia*, 21-22 Vict., c.99 (R.-U.).
39. [1986] 6 B.C.L.R. (2e) 390 (C.A.C.-B.).
40. B.C.Reg.457/95.

Britannique et al. c. *The Queen in Right of British Columbia et al.*[41], l'Association des parents francophones fait appel au droit à l'instruction dans la langue de la minorité ainsi qu'au droit à la gestion scolaire. À son avis, l'autorité législative de la Colombie-Britannique est incapable de mettre en œuvre les mécanismes nécessaires à cette gestion scolaire et, par le fait même, de répondre aux exigences de l'article 23 de la *Charte*. À cet effet, l'Association se sert du raisonnement présenté dans l'arrêt *Mahé*[42]. Le juge Vickers conclut que la loi en application, la *School Act*, le *Francophone Education Regulation*, est *ultra vires*, c'est-à-dire inconstitutionnelle.

La situation juridique des Territoires du Nord-Ouest et du Yukon : une autre histoire commune

La situation juridique des Territoires du Nord-Ouest et du Yukon diffère de celle des provinces de l'Ouest. En 1898, le territoire du Yukon est créé à même les Territoires du Nord-Ouest. L'article 9 de la *Loi sur le territoire du Yukon*[43] prévoit que les lois en vigueur dans les Territoires du Nord-Ouest peuvent s'appliquer au nouveau territoire. Une telle application est possible jusqu'à ce qu'elle soit modifiée ou abrogée par le Parlement canadien ou par ordonnance du gouverneur ou du commissaire en conseil.

Les Territoires du Nord-Ouest ont été assujettis à un régime de bilinguisme parlementaire, législatif et judiciaire, en vertu de l'article 110 de la *Loi sur les Territoires du Nord-Ouest*. Cette disposition a toutefois été abrogée en 1906, par une loi fédérale comprenant plusieurs mesures. Aujourd'hui, le français n'a pas de statut officiel dans les Territoires du Nord-Ouest ni au Yukon. Une telle prémisse est probablement applicable pour le nouveau territoire du Nunavut. Toutefois, une recherche reste à faire dans ce domaine. Au Yukon, une poursuite est intentée contre le gouvernement dans le but d'établir que la *Summary Convictions Ordinance* est inconstitutionnelle parce qu'elle a été adoptée en anglais seulement. La Cour suprême du Yukon déclare que l'Assemblée territoriale n'est pas visée par l'article 133 de la *Loi constitutionnelle de 1867*. L'*Assemblée* s'appliquerait plutôt à une municipalité, selon les catégories établies dans le jugement *Blaikie* c. *Procureur général du Québec*[44]. La Cour rejette également les arguments fondés sur les articles 16 à 20 de la *Charte*, puisque selon elle l'Assemblée du Yukon ne peut être considérée comme une institution du Parlement ou du gouvernement fédéral parce qu'elle tient son autorité directement de la population du Yukon. L'arrêt *R.* c. *Rodrigue*[45] précise que l'article 5 de la *Loi sur les langues du Yukon* statue que chacun a le droit d'employer le français ou l'anglais devant les tribunaux du Yukon. Cet article est « en quelque sorte un calque de l'article 133 de la *Loi constitutionnelle de 1867*, de l'article 23 de la *Loi de 1870 sur le Manitoba*, de l'article 19 de la *Charte canadienne des droits et libertés*[46], et de l'article 110 de la *Loi sur les Territoires du Nord-Ouest* ». La Cour réitère, dans son jugement, que de telles dispositions reconnaissent le droit à un procès dans la langue officielle du choix de l'accusé.

Par ailleurs, les Territoires du Nord-Ouest et le Yukon ne sont pas assujettis au régime

41. [1996] B.C.J. n° 1831.
42. *Mahé* c. *Procureur général de l'Alberta*, [1990].
43. G1 Vict., c.6 1898, S.C.
44. [1979] 2 R.C.S. 1016.
45. [1994] Y.J. n° 113.
46. Dans le paragraphe 1, le législateur stipule que chacun a le droit d'employer le français ou l'anglais dans toutes les affaires dont sont saisis les tribunaux établis par le Parlement et dans tous les actes de procédure qui en découlent.

de protection de la confessionnalité des écoles en vertu de l'article 93 de la *Loi constitutionnelle de 1867*. Ainsi, l'histoire de l'enseignement en français est la même dans les Territoires du Nord-Ouest qu'au Yukon. Cependant, en 1983, et jusqu'à ce jour, on attend toujours des modifications à la loi scolaire des Territoires du Nord-Ouest qui permettraient un système de gestion des écoles favorisant la participation locale des francophones. Cela n'est pas le cas du Yukon, qui a instauré un système de gestion des écoles que la Commission nationale des parents francophones estime conforme à l'article 23 de la *Charte*.

Quelques années après l'adoption de la *Charte*, le gouvernement du Canada dépose devant le Parlement un projet de modification à la *Loi sur les Territoires du Nord-Ouest* et à la *Loi sur le Yukon* afin d'y inclure des dispositions identiques à celles contenues dans les articles 16 à 20 de la *Charte* et dans plusieurs articles de la *Loi sur les langues officielles du Canada* (Bastarache, 1989, p. 238). Toutefois, de telles modifications législatives ne seront jamais adoptées au Parlement. Malgré cela, des négociations entre les gouvernements fédéral et territoriaux aboutissent à l'adoption par le gouvernement des Territoires du Nord-Ouest d'une loi portant sur les langues officielles, loi promulguée en 1984. Mais en 1991, il est écrit :

> La situation du français langue maternelle dans les Territoires du Nord-Ouest est encore bien précaire [...] Yellowknife a un programme de FL-1 [Français langue première] qui desservait la maternelle jusqu'à la septième année pour 36 enfants de la ville cette année. C'est bien des enfants quand on songe au nombre d'ayants droit de la maternelle à la douzième année se chiffrant à près de 200 enfants, surtout concentrés au primaire [...] Pour ce qui est du secondaire, aucun service de qualité n'est offert ; de plus, le gouvernement des Territoires refuse d'aider les élèves qui vont étudier en FL-1 dans les écoles du Sud (LeBlanc, 1992, p. 19).

Alors qu'au Manitoba la langue française bénéficie d'un statut officiel en vertu de l'article 23 de la *Loi de 1870 sur le Manitoba*, la situation est tout autre dans les Territoires du Nord-Ouest et au Yukon. Les francophones qui vivent dans ces territoires sont aux prises avec des problèmes de reconnaissance de leurs droits linguistiques par les assemblées territoriales. On sent d'ailleurs un manque de volonté de la part de ces assemblées d'améliorer l'espace politique des francophones. Les assemblées territoriales ne sont pas visées par l'article 133 de la *Loi constitutionnelle de 1867*, parce que les droits linguistiques des francophones de ces territoires n'ont pas été enchâssés dans la Constitution canadienne de 1982.

L'autel du compromis politique et les alliances constitutionnelles

Si les juristes francophones et leurs alliés croient que les droits linguistiques vont perdurer, c'est dire que ces élites du milieu ont sensibilisé adroitement leurs communautés quant à la situation juridique actuelle et donc, savent *politiquement* jouer le jeu des enjeux. Ce jeu se joue sur l'autel des compromis politiques, et grâce à des alliances constitutionnelles. C'est sur ce ton que notre analyse sociopolitique, qui fait suite à une description de la situation juridique dans l'ouest du Canada, prend son envol.

Le jeu (ou l'enjeu) politique

L'article 23 de la *Charte* n'est pas accepté et adopté de bon gré par les gouvernements de l'ouest du Canada, en ce sens qu'il fait l'objet de négociations politiques, de rapports de force entre les gouvernements fédéral et provinciaux ou territoriaux. Qu'a-t-on fait des compromis politiques entre Louis Riel et le gouvernement du Manitoba pour la protection des droits linguistiques des francophones ? de l'entente Laurier-Greenway pour la reconnaissance du statut des écoles confessionnelles au Manitoba ? du rapatriement constitutionnel en 1982 en ce qui a trait au redressement de la situation des francophones minoritaires ? du refus de Robert Bourrassa d'enchâsser les droits scolaires des minorités linguistiques et de la volonté de protéger les anglophones minoritaires du Québec ?

Il est à se demander si les droits linguistiques, enchâssés ou pas, sont assez solides pour permettre aux francophones de l'Ouest de croire aux compromis ou aux promesses politiques des gouvernements provinciaux ou territoriaux. Et c'est là qu'entre en jeu la force sociale et politique des minorités francophones, minorités définies juridiquement dans la Constitution canadienne. Cette force n'est pas seulement prise comme un rappel à l'ordre pour les gouvernements (acteurs) qui ignorent ou violent les droits linguistiques, mais devient également un enjeu politique qui a pris son envol depuis la création du pays. Cet enjeu fait partie des négociations continues entre les acteurs politiques, soit les gouvernements fédéral, provinciaux et territoriaux. Dans un enjeu ayant une telle importance historique, le pouvoir judiciaire devient le garant de la Constitution. Pour leur part, les juges convoqués par les minorités francophones de l'Ouest deviennent les gardiens de la *Charte* et les défenseurs des droits fondamentaux. C'est grâce à leurs décisions et à leur sensibilité juridicopolitique que les minorités francophones de l'ouest du Canada peuvent espérer obtenir justice lorsqu'elles sont lésées dans leurs droits, et ce, dans le cadre d'une société libre et démocratique en vertu de l'article premier de la *Charte*.

Les revendications linguistiques et scolaires

Les gouvernements des provinces de l'ouest du Canada savent se montrer ouverts au phénomène minoritaire lorsqu'il s'agit des anglophones du Québec. Ces mêmes gouvernements sont cependant intolérants lorsque le phénomène minoritaire et les besoins éducatifs afférents des francophones relèvent de leur propre juridiction. Les résistances politiques des gouvernements provinciaux ou territoriaux face aux revendications juridiques des francophones sont sans contredit ancrées dans l'histoire des francophones de l'Ouest. Le fait que les minorités francophones puissent invoquer l'article 23 ne suffit sans doute pas pour faire disparaître ces résistances. La *Charte* et surtout l'enchâssement des droits linguistiques sont cependant des moyens puissants pour assurer la pérennité de ces droits, ce qui est fondamental pour les enjeux politiques des minorités officiellement reconnues dans la Constitution et la survie de ces dernières dans l'histoire du pays.

Les francophones de l'ouest du Canada ont fait du secteur de l'éducation leur grande priorité collective, car, en effet, l'éducation en tant que secteur public devient l'espace politique par excellence pour ainsi former des générations de francophones en français, droit acquis et enchâssé dans la Constitution canadienne[47]. Dans leur volonté de contrôler leur système scolaire et dans leurs nombreuses revendications historiques, les francophones de l'Ouest se prévalent du pouvoir judiciaire. Disons que le pouvoir judiciaire se rapporte aux pouvoirs des tribunaux et des juges par opposition aux pouvoirs législatif et exécutif (Beaudoin, 1990). Le pouvoir judiciaire se caractérise ainsi par l'autonomie (Poirier, 1995) dont il jouit par rapport aux pouvoirs législatif et exécutif. Voici ce que déclare le juge Monnin à cet effet :

> Une volonté ferme se développe de plus en plus dans les communautés d'expression française au sujet de l'éducation : celle d'organiser et de posséder l'administration de l'enseignement en français dans leur province. Est-il convenable que l'enseignement en français soit dirigé et programmé par une majorité anglaise, et ce au 20e siècle qui se prétend plus éclairé que celui de Louis XIV ? (Morin, 1978.)

Le pouvoir judiciaire du 21e siècle peut être utilisé de plusieurs façons par les francophones de l'Ouest. Premièrement, il devient une

47. Plusieurs documents ont été écrits sur ce sujet. Pour les fins de cette recherche, on peut consulter W.B. Denis (1993) ; et A. Martel (1991).

stratégie de négociation autour de laquelle les francophones en situation minoritaire peuvent argumenter en force avec les gouvernements provinciaux contrôlés par la majorité anglophone (Lafontant, 1992). Deuxièmement, il devient un élément intermédiaire entre les minorités francophones et leurs rivaux politiques et ce, parce qu'il est porteur de règles de droits et gardien de la démocratie (Gagné, 1998). Troisièmement, il peut être un instrument de déclaration formelle, voire de reconnaissance officielle, des droits linguistiques et scolaires. Toutes proportions gardées, le fait que le pouvoir judiciaire soit utilisé par des francophones de l'Ouest est essentiellement une preuve quant à l'efficacité de son recours et à l'organisation systémique des communautés sur place. Ainsi, lorsque les minorités subissent un *préjudice* historique[48] ou encore se sentent lésées dans leurs droits linguistiques, comme ce fut le cas auparavant, les litiges sont portés devant les cours supérieures car tout citoyen a droit à un procès juste et équitable en vertu de l'article 7 de la *Charte*.

C'est grâce à l'appui financier du Programme de contestation judiciaire fédéral que les actions judiciaires ont été portées devant les tribunaux. Certains jugements de la cour ont eu des effets positifs et enrichissants ; ceux-ci ont conduit à des changements dans les législations et à une reconnaissance politique des droits linguistiques par les juridictions en place. Et la jurisprudence canadienne est une preuve à partir de laquelle il est possible de démontrer qu'il y a eu une résistance de la part des gouvernements provinciaux dans la reconnaissance des droits linguistiques des francophones sur leur territoire respectif, résistance qui existe d'ailleurs encore aujourd'hui.

La volonté collective et les luttes des francophones de l'Ouest

Le pouvoir de gestion scolaire qui revient de droit aux francophones en vertu de l'article 23 de la *Charte* est un principe fondamental de l'édification de l'espace politique et juridique du Canada. La volonté de mettre en application les garanties constitutionnelles nécessite un engagement de la part des francophones de l'ouest du Canada dans leurs régions respectives. Les luttes politiques et la vitalité des groupes diffèrent selon le statut juridique, l'engagement, le « sens d'identité puissant » (Denis, 1993, p. 255), les institutions, le territoire, la dispersion, le nombre, la fréquence d'utilisation du français, le degré de résistance du gouvernement provincial ou territorial, etc. Évidemment, à travers ces luttes politiques pour la reconnaissance de leurs droits, les individus et les groupes de francophones sont aussi victimes de luttes internes.

> La francophonie dans l'Ouest ne se porte pas bien. Marginalisée par rapport au milieu social ambiant, décimée par l'assimilation, ravagée par des luttes internes, privée des services sociaux et gouvernementaux les plus fondamentaux dans sa langue, tout semble indiquer un décès imminent. Pourtant, certaines victoires, éclatantes dans certains cas, pourront peut-être à la longue faire démentir les tendances sociodémographiques qui semblent à l'heure actuelle inéluctables (Hébert, 1989).

La lutte des francophones de l'Ouest pour l'obtention de droits collectifs est une question fondamentale. C'est grâce à l'interven-

48. Il existe certes une jurisprudence au Canada en matière d'égalité qui a développé une approche plus large du concept de *préjudice*, concept de base utilisé en délit. Ce courant jurisprudentiel accepte en effet de reconnaître comme juridiques les préjudices qui ne découlent pas nécessairement de blessures corporelles ou de maladies visibles et susceptibles d'être prouvées (voir L. Léger, 1992, p. 437). Or, en ce qui nous intéresse ici, le concept de *préjudice* peut être applicable non seulement en termes psychologiques ou émotifs, mais également historiques. D'autant plus que les droits linguistiques des communautés francophones de l'Ouest ont été bafoués malgré le fait qu'ils sont protégés constitutionnellement par l'article 110 de la *Loi de 1870 sur le Manitoba*. Des générations linguistiques ont été détruites, et cela se comprend comme une destruction historique.

tion de l'État fédéral et du pouvoir judiciaire qu'il est possible de matérialiser cette volonté afin de parfaire l'histoire canadienne. Ainsi, le pouvoir judiciaire est en quelque sorte mandaté pour limiter l'action d'un gouvernement provincial, lorsque ce dernier contrevient aux droits fondamentaux enchâssés dans la *Charte*. Et c'est là que les groupes de francophones dans l'Ouest peuvent prendre en main leur destin, exigeant l'application de l'article 23 de la *Charte*. Cette prise en charge politique corrige, d'une certaine façon, l'injustice historique. Les francophones font usage des litiges déposés devant la plus haute cour, et cela devient un point de référence sans contredit dans la défense des droits linguistiques et réaffirme avec force leur volonté collective sur la scène judiciaire. En procédant ainsi, ils demandent aux juges en tant qu'interprètes de la *Charte* de rendre *ultra vires* des lois provinciales qui violent les principes fondamentaux et affectent profondément leur dignité humaine. Les juges doivent alors faire usage d'une interprétation large et libérale pour faire en sorte que soient respectés les droits linguistiques des communautés francophones de l'Ouest et ainsi, rendre inopérantes des lois inconstitutionnelles.

Lorsque les francophones font des choix collectifs basés sur un sentiment d'appartenance à une minorité officielle, lorsqu'ils établissent des organisations scolaires et autres organisations parallèles à celles de la majorité, et lorsqu'ils s'opposent à l'institution politique de leur région respective en réclamant leurs droits linguistiques, leur action doit nécessairement s'insérer dans un espace politique. En d'autres mots, sur une échelle plus ou moins grande, les francophones de l'Ouest participent activement aux décisions historiques qui les concernent. Faisant partie d'une minorité définie par le politique, les francophones acceptent (ou encore assument) pleinement et fièrement cette identité nationale qui est celle d'être Canadien. Certes, les francophones reçoivent des subventions fédérales sans lesquelles il serait peut-être difficile de défendre leurs droits linguistiques sur la scène judiciaire. Mais leur position constitutionnelle dans cette mosaïque canadienne reconnaît le rôle qu'ils ont joué lors de la Confédération, le caractère officiellement bilingue (français et anglais) dans le « cadre de la société libre et démocratique », et les gestes politiques posés par les francophones qui se sont institutionnalisés (pensons, par exemple, à Louis Riel). Mais leurs gestes sont également appuyés par les pouvoirs exécutif et judiciaire.

S'il arrive que les Canadiens oublient ou ignorent l'existence des francophones dans l'ouest du pays, cela n'empêche pas ces derniers d'œuvrer activement dans leurs communautés, de consolider ou de réaffirmer leurs droits acquis dans le domaine de l'éducation (contre l'humeur souvent changeante du gouvernement provincial ou territorial) et de se faire gardiens de la démocratie en cherchant à protéger les droits linguistiques, conformément à l'article 23 de la *Charte*. À ce sujet, il a été déclaré :

> L'expression *cadavre encore chaud* a été employée par l'écrivain Yves Beauchemin lors des audiences de la commission Bélanger-Campeau (Québec) pour désigner les minorités de langue française hors Québec. Depuis 50 ans environ, nous, francophones de milieux minoritaires, sommes habitués aux déclarations fracassantes pour ne pas dire méprisantes des prophètes de malheur de tout acabit qui s'arrogent le droit de prédire ou de proclamer les obsèques de la francophonie hors Québec. Or, malgré le taux d'assimilation élevé de ces dernières années, la minorité francophone du Manitoba se caractérise par sa vitalité et sa détermination à maintenir et à promouvoir sa culture. N'en déplaise à Yves Beauchemin, il s'agit donc d'un *cadavre* encore bien en vie (Baril, 1992).

Dans l'espace politique, les francophones de l'Ouest sont combatifs et, à leur façon, les gardiens de la démocratie en se défendant constamment pour que les règles de droit constitutionnel soient ainsi appliquées par la magistrature. Au-delà des mécanismes qui encouragent (ou facilitent) les contestations judiciaires devant les tribunaux, se trouve une culture politique gérée par ces francophones et alimentée par l'histoire juridique eu égard aux droits lésés.

Conclusion

Bien que la Constitution du Canada reconnaisse expressément leurs droits linguistiques, les francophones dans l'ouest du Canada ont été victimes de compromis politiques et de lois inconstitutionnelles. On pense, par exemple, aux francophones du Manitoba et à l'entente Laurier-Greenway. Comme l'a déjà stipulé Michel Bastarache, actuellement juge de la Cour suprême, le statut du français dans l'ouest du Canada est limité (Bastarache, 1989, p. 235). Au Manitoba, l'article 23 de la *Loi de 1870 sur le Manitoba* garantit aux francophones les protections accordées en vertu de l'article 133 de la *Loi constitutionnelle de 1867*, ce qui n'est pas le cas pour les autres provinces et les territoires.

La *Charte*, qui fait appel à plusieurs concepts dont celui voulant que « le nombre le justifie », fait de nos tribunaux les grands interprètes de notre société et de l'injustice constitutionnelle (Langlois, 1986). Toutefois, la Cour suprême du Canada se garde d'adopter un discours directif. Elle évite par exemple de décrire le genre de texte législatif qu'un gouvernement provincial doit adopter pour satisfaire à ses obligations constitutionnelles. Cela lui a été reproché par plusieurs juristes (Pelletier, 1993, p. 81). D'une part, le pouvoir judiciaire hésite à intervenir auprès du pouvoir politique et, d'autre part, il applique le principe de l'indépendance judiciaire (Benyekjhef, 1988). Cela garantit son impartialité. Un tel principe qui se caractérise par l'autonomie dont il jouit par rapport aux pouvoirs législatif et exécutif est louable, mais n'aide pas toujours les francophones de l'Ouest lorsqu'ils ont à faire face aux gouvernements provinciaux ou territoriaux. Car, ces derniers imposent à la minorité officielle de l'Ouest un traitement injuste et, souvent, ignorent leurs protestations politiques. Pourtant, ils oublient que cette minorité a effectivement des droits linguistiques reconnus dans la Constitution qui doivent être respectés dans le cadre d'une société libre et démocratique. C'est pourquoi, l'utilisation de la *Charte* par la minorité a des répercussions importantes sur les acteurs politiques. Une de ces répercussions est l'obtention du droit à la gestion des écoles francophones et ce, conformément à l'article 23. Ainsi, le choix des gouvernements d'ignorer les droits linguistiques donne lieu à de multiples contestations devant les cours inférieures et supérieures du Canada.

Comme nous l'avons vu, il existe chez les francophones de l'Ouest une culture politique caractérisée par la volonté collective de minorités ayant des besoins « raisonnables » et désirant améliorer leurs conditions sociales (Axworthy et Trudeau, 1990, p. 280). Leur besoin de faire respecter leurs droits linguistiques est d'autant plus légitime que ces droits sont inscrits en tant que principes de droit dans la Constitution canadienne. Mais cette culture politique comporte également un jeu de normes juridiques et de règles de droit provenant des juges de la Cour suprême du Canada, qui guident la conduite de la majorité sans pour autant la lui imposer. Ce fut le cas particulièrement dans le *Renvoi* où la Cour, interprétant le droit à l'instruction garanti par l'article 23 de la *Charte*, imposa au gouvernement du Manitoba l'obligation de mettre en place « sans retard » un régime et un système qui permettent à la minorité francophone d'exercer pleinement ses droits. Soulignons encore une fois que les communautés francophones sont très actives quant aux revendications de leurs droits linguistiques. N'est-il pas vrai de dire que l'importance de ces droits est fondée sur le rôle essentiel que joue la langue dans l'existence, le développement et la dignité humaine[49], en tant que principe fondamental reconnu par la Cour suprême du Canada, et ce, au même titre que

49. Par *dignité humaine*, il faut entendre une condition préalable à l'application juridique de la liberté de l'individu et des communautés. Pour donner un sens social à ce principe appliqué à la langue, il faut alors parfaire les conditions politiques dans lesquelles se retrouvent les communautés (voir L.B. Tremblay, 1995, p. 487).

les autres ? Si oui, les décisions judiciaires sont là pour prouver la détermination des francophones de l'Ouest et la nécessité de confirmer leur place constitutionnelle dans l'histoire canadienne. Les actions juridiques posées par les francophones de l'Ouest font partie d'un processus politique et juridique où les communautés, pour survivre *dans et par* les droits, doivent continuer leurs luttes, tout en poursuivant leurs négociations continues avec les gouvernements provinciaux ou territoriaux. Car n'est-il pas vrai de dire que la langue française demeure un droit que les francophones de l'Ouest ont appris à jouer dans les cours de justice ?

Bibliographie

AXWORTHY, Thomas S., et Pierre Elliott TRUDEAU (1990). *Les années Trudeau : la recherche d'une société juste*, Montréal, Le Jour.

BARIL, Paul (1992). « Trémulations d'un cadavre encore chaud : l'enseignement des valeurs culturelles en milieu minoritaires », *Cahiers franco-canadiens de l'Ouest*, vol. 4 , n° 1, p. 7-28.

BASTARACHE, Michel (1989). « Le statut du français dans l'Ouest canadien », dans *Langue et droit*, sous la direction de P. Pupier et J. Woehrling, Montréal, Wilson et Lafleur, p. 231-242.

BEAUDOIN, Gérard-A. (1990). *La Constitution du Canada : institutions, partage des pouvoirs, Charte des droits et libertés*, Montréal, Wilson et Lafleur.

BEAUDOIN, Gérard-A., et E. RATUSHNY (1989). *La Charte canadienne des droits et des libertés*, 2e éd., Montréal, Wilson et Lafleur.

BENYEKJHEF, Karim (1988). *Les garanties constitutionnelles relatives à l'indépendance du pouvoir judiciaire au Canada*, Cowansville, Yvon Blais.

BILODEAU, Roger (1989). « Les francophones hors Québec de la fédération canadienne », dans *Langue et droit*, sous la direction de P. Pupier et L. Woehrling, Montréal, Wilson et Lafleur, p. 243-257.

DENIS, Wilfrid (1993). « La complétude institutionnelle et la vitalité des communautés fransaskoises en 1992 », *Cahiers franco-canadiens de l'Ouest*, vol. 5, n° 2, p. 253-284.

GAGNÉ, Elsy (1998). « Le libéralisme et la *Charte* : rôle des juges de la Cour suprême du Canada ». Texte présenté lors d'un séminaire en libertés publiques, tenu à la Faculté de droit de l'Université d'Ottawa.

GAGNON, Jean-Louis (1990). *Les apostasies*, t. 3, Montréal, La Presse.

HÉBERT, Raymond (1989). « La francophonie dans l'Ouest : déboires et victoires », *Langue et Société*, p. 41-43. Dossier spécial.

LACOMBE, Guy (1990). « Le bilan de la francophonie de l'Ouest canadien », dans *L'Ouest canadien et l'Amérique française*, sous la direction de P.-Y. Mocquais, Saint-Boniface, Centre d'études franco-canadiennes de l'Ouest, p. 43-50.

LAFONTANT, Jean (1992). « Adieu ethnicité, bonjour minorités », *Cahiers franco-manitobains de l'Ouest*, vol. 4, n° 2, p. 219-242.

LANGLOIS, R. (1986). « La *Charte* et les règles d'interprétation judiciaire », dans *Causes invoquant la Charte 1986-1987*, sous la direction de G.-A. Beaudoin, Montréal, Yvon Blais, p. 385-399. Actes de la Conférence de l'Association du barreau canadien, tenue à Montréal en octobre 1986.

LE BOUTHILLIER, Yves (1992). « Le nécessaire enchâssement de la dualité et des droits des francophones de l'Ontario », *Revue de droit d'Ottawa*, vol. 24, p. 117-162.

LEBLANC, M.-C. (1992). « La réalité de notre situation », *Éducation et Francophonie*, vol. 20, p. 19-20.

LÉGER, Lucie (1992). « La culture de la common law au-delà du 20e siècle : comment le droit des délits peut-il répondre aux besoins d'une société pluraliste ? », *Revue de droit d'Ottawa*, vol. 24, p. 437-462.

MARTEL, Angèle (1991). « La conjoncture juridique de l'éducation en français au Canada », *Éducation et Francophonie*, vol. 19, p. 14-19. Numéro spécial.

PELLETIER, Benoît (1993). « Le Renvoi relatif à la *Loi sur les écoles publiques du Manitoba* », *Revue de droit d'Ottawa*, vol. 25.

PENTNEY, William F. (1989). « Les principes généraux d'interprétation de la *Charte* », dans *La Charte canadienne des droits et libertés*, sous la direction de G.-A. Beaudoin et E. Ratushay, 2e éd., Montréal, Wilson et Lafleur.

POIRIER, Donald (1995). *Introduction générale à la common law*, Cowansville, Yvon Blais.

ROY, R.R. (1985). « L'école publique française en Colombie-Britannique », dans *La langue, la culture et la société des francophones de l'Ouest*, sous la direction de A. Saint-Pierre et L. Rodriguez, Saint-Boniface, Centre d'études franco-canadiennes de l'Ouest, p. 145-152.

TEFFAINE, R. (1992). « Éducation et francophonie dans l'Ouest canadien », *Éducation et Francophonie*, vol. 20, p. 35-44. Numéro spécial.

TREMBLAY, Luc B. (1995). « Le Canada de la *Charte* : une dimension libérale neutre ou perfectionniste », *Revue de droit de l'Université McGill*, vol. 40, p. 482-522.

TRUDEAU, Pierre Elliott (1996). *À contre-courant : textes choisis 1939-1996*, Montréal, Stanké.

L'ÉDUCATION

19 - **L'éducation dans la francophonie minoritaire**

Rodrigue Landry
Réal Allard

20 - **L'éducation en Ontario français**

Louis-Gabriel Bordeleau
Roger Bernard
Benoît Cazabon

21 - **L'éducation dans l'Ouest canadien**

France Levasseur-Ouimet
Yvette Mahé
Frank McMahon
Claudette Tardif

CHAPITRE 19

L'éducation dans la francophonie minoritaire

RODRIGUE LANDRY et RÉAL ALLARD, Université de Moncton

Les communautés francophones du Canada ont mené de nombreuses luttes qui ont graduellement incité la plupart des provinces à opter pour une variété de modèles et de lois permettant une gestion de l'éducation en français par les francophones (Martel, 1991 ; Bastarache, 1995 ; Ducharme, 1996 ; Foucher, 1985 ; Tardif, 1991). Nous n'en tracerons pas ici l'histoire ni l'évolution ; nous proposons plutôt une vue d'ensemble de l'éducation en français en milieu minoritaire au Canada. Après l'acquisition « au compte-gouttes » de droits scolaires et l'adoption de la *Charte canadienne des droits et libertés* (particulièrement l'article 23 qui a ouvert la voie à une gestion autonome du système scolaire), les préoccupations des communautés francophones passent graduellement vers un « développement global de l'éducation » (Cardinal, Lapointe et Thériault, 1994 ; Lapierre, 1988). Les soucis transcendent ceux reliés aux droits scolaires et au contrôle de la gestion scolaire. On se préoccupe d'éducation préscolaire (Baulu-MacWillie, 1994), d'alphabétisation (Wagner, 1990a, 1990b, 1992), d'éducation postsecondaire (Bernard, 1992 ; Tardif et McMahon, 1989), de formation des maîtres (Bordeleau, 1993 ; McMahon, 1996 ; Gérin-Lajoie, 1993 ; Masny, 1996 ; Tardif, 1993), d'éducation à distance et du besoin d'une inforoute francophone (Le Scouarnec, 1995). Ces préoccupations « annoncent une démarche d'autonomie plus globale » posée à la fois en termes collectifs et individuels (Cardinal, Lapointe et Thériault, 1994, p. 41). Notre analyse portera donc sur l'importance de l'éducation en français pour les communautés francophones minoritaires, et son rôle essentiel dans la survie et l'émancipation de la langue et de la culture françaises dans les provinces où les francophones sont minoritaires au Canada.

On ne peut pas comprendre l'impact potentiel d'un système d'éducation en milieu minoritaire sans le situer dans le contexte plus global d'une société. De nos jours, il est même restrictif de parler de société, puisque la mondialisation des rapports sociaux et des échanges économiques a pour effet d'augmenter les forces hégémoniques des grandes puissances culturelles et économiques et de favoriser l'interpénétration des cultures. Notre analyse de l'éducation des minorités francophones se fera donc à partir d'un cadre théorique global ayant pour fondement le concept de *vitalité ethnolinguistique* (Giles, Bourhis et Taylor, 1977 ; Harwood, Giles et Bourhis, 1994 ; Landry et Allard, 1994a, 1996). La *vitalité ethnolinguistique* se définit comme étant les facteurs structuraux et sociologiques qui influencent la survie et le développement d'une minorité linguistique. Une forte vitalité ethnolinguistique assure que la communauté ethnolinguistique et culturelle demeurera une entité distincte et active, alors qu'une vitalité ethnolinguistique faible est associée à l'assimilation linguistique et culturelle.

Le système d'éducation est un élément essentiel de la vitalité ethnolinguistique des minorités francophones au Canada. C'est parfois la seule institution où l'utilisation du français prédomine. Est-ce suffisant pour garantir à long terme la survie de la langue française dans ces communautés ? Le Nouveau-Brunswick excepté, le taux d'assimilation des francophones est déjà très élevé dans les provinces canadiennes à l'extérieur du Québec (Bernard 1990a), et le pouvoir d'attraction de la langue anglaise se fait de plus en plus menaçant. Certains considèrent que le Québec, la seule province où les francophones sont majoritaires (82 %) mais ne représentent à peine que 2 % de la population de l'Amérique du Nord, est « la dernière enclave territoriale dans laquelle une société francophone distincte a des chances de survivre dans le contexte nord-américain » (Lepicq et Bourhis, 1995, p. 109-110). Devant une telle hypothèse, est-ce une utopie de tenter d'assurer la survie des minorités francophones hors Québec ? Est-ce trop demander au système d'éducation d'être le principal agent de socialisation à la culture et à la langue des ancêtres francophones ?

Nous tentons dans ce chapitre de cerner l'étendue de l'influence possible de l'éducation sur le vécu langagier des membres d'une communauté minoritaire. Nous y présentons l'éducation comme source indéniable de vitalité ethnolinguistique, mais qui possède des limites inhérentes, puisque la langue est omniprésente dans toutes les sphères de la vie quotidienne. Le chapitre se divise en trois parties. Dans la première, nous situons la problématique de l'éducation des minorités francophones dans le cadre plus global de l'éducation en milieu minoritaire. Cette partie débute par une définition du concept de *minorité linguistique*, ce qui nous amène à évaluer si toutes les communautés francophones qui revendiquent le droit à l'éducation en français possèdent les éléments essentiels pour constituer une véritable communauté linguistique. Nous distinguons entre un modèle d'éducation pour les francophones minoritaires et d'autres modèles d'éducation bilingue afin de démontrer à quel point leurs objectifs et leurs modalités de mise en œuvre peuvent être très différents. Dans la deuxième partie, nous traitons plus directement de l'éducation en français et de la vitalité de la francophonie minoritaire au Canada. Nous proposons un certain nombre de positions fondées sur les recherches sur l'éducation en milieu minoritaire. Ces positions constituent des assises et des balises permettant de concevoir les modèles éducatifs et les ressources essentielles à un système d'éducation qui contribue véritablement à la survivance culturelle et linguistique d'une minorité. Dans la troisième et dernière partie du chapitre, nous formulons quelques recommandations ayant trait au rôle de l'éducation et aux modèles éducatifs qui devront être adoptés pour que l'éducation en français devienne un véritable projet communautaire.

La minorité linguistique et l'éducation

Avant de situer les bases de l'éducation des francophones en milieu minoritaire, il importe de définir ce que l'on entend par *minorité linguistique* et par *éducation en milieu minoritaire*. De fait, les écrits sur l'éducation bilingue et l'éducation en milieu minoritaire ne font pas toujours justice aux minorités francophones du Canada dont les droits reconnus à l'éducation sont plus considérables que ceux encore revendiqués par la plupart des minorités linguistiques d'autres pays.

La minorité linguistique

Allardt (1984) propose quatre critères généralement acceptés par les chercheurs pour définir une *minorité linguistique* : une langue différente, une descendance commune, l'existence de traits distincts et une organisation sociale.

Une collectivité de personnes est reconnue comme parlant une langue différente de celle du groupe dominant, ou une langue reconnue comme distincte de celles d'autres groupes habitant un territoire. Il est possible que beaucoup de membres du groupe ne parlent plus la langue minoritaire.

Les membres du groupe minoritaire qui parlent une langue différente reconnaissent avoir des ancêtres communs qui partageaient leur langue et qui avaient une culture commune. Ce critère, même s'il ne s'applique pas à chaque individu qui s'identifie au groupe, est une condition reconnue par le groupe dans son ensemble.

En plus d'une langue, les membres de la minorité linguistique partagent des traits communs. Il peut s'agir de particularités sociales et politiques vécues dans le passé par les ancêtres et qui habitent l'imaginaire collectif du groupe. En raison de cette histoire commune, le groupe peut conserver des traditions, des coutumes, des valeurs sociales et religieuses et des traits culturels distincts reliés à l'habillement, à la nutrition et à la cuisine, aux métiers, à l'art, à la littérature ou à tout autre mode d'expression culturelle.

Par ailleurs, une forme quelconque d'organisation sociale est requise pour conserver la cohésion du groupe et régulariser les interactions avec les autres groupes. C'est l'organisation sociale qui permet au groupe de maintenir les frontières ethniques, linguistiques et culturelles (Barth, 1969) nécessaires à la survie du groupe. Sans une certaine « complétude institutionnelle » (Breton, 1964), le groupe aura tendance à perdre sa cohésion, à s'effriter dans ses rapports sociaux et à s'intégrer aux valeurs culturelles, aux coutumes et à la langue du groupe social dominant.

À la lumière de ces quatre critères, les minorités francophones de l'extérieur du Québec constituent-elles de véritables communautés linguistiques ? Il y a peu de doute dans l'esprit des membres de ces minorités que la langue française est une langue différente, distincte et bien vivante à l'échelle internationale. Cela est d'autant plus accepté par la majorité anglophone et par les membres d'autres minorités linguistiques. Heureusement, la langue française jouit d'un prestige social et historique indéniable même si celui-ci pâlit devant le pouvoir d'attraction et l'hégémonie économique de la langue anglaise en Amérique du Nord et à l'échelle mondiale. Au Canada, le statut de la langue française ne fait aucun doute, puisque c'est une des deux langues officielles du pays, la seule langue officielle du Québec qui regroupe près du quart des habitants du pays, et une des deux langues officielles du Nouveau-Brunswick.

En général, les membres des minorités francophones canadiennes n'ont pas non plus de difficulté à reconnaître une descendance commune. C'est sûrement le cas chez les Acadiens des provinces Maritimes qui sont fiers d'affirmer qu'ils étaient les premiers Européens à établir une colonie en Amérique du Nord. Les francophones minoritaires de l'Ontario et de l'Ouest canadien peuvent généralement retracer leur origine canadienne-française et raconter le périple des premiers colons qui sont venus défricher et habiter leurs terres. À Terre-Neuve, même si les francophones sont d'origines diverses (Magord, 1995 ; Landry et Magord, 1992), les circonstances historiques qui ont amené Français, Acadiens et autres Canadiens français à se côtoyer et à s'établir sur la côte ouest sont assez bien connues de la population. Là où il est plus difficile d'établir une descendance commune chez les francophones, c'est dans les grandes cités de plus en plus pluriethniques comme Toronto (Heller, 1984, 1994) et Vancouver (Savas, 1988 ; Payrastre et Tellier, 1993). Ce sont parfois des francophones, voire des francophiles, d'origines multiples, qui ont à se regrouper pour revendiquer le droit à l'éducation en français.

Moins la descendance est commune, plus il est difficile de cerner le troisième critère, c'est-à-dire de discerner chez les francophones minoritaires des traits culturels et historiques distincts. Même les francophones qui partagent certains ancêtres et qui ont conservé des coutumes et des traits culturels communs ont de plus en plus de difficulté à définir leur spécificité culturelle. L'exogamie qui devient de plus en plus fréquente (Bédard, 1993 ; Bernard, 1994 ; Commission nationale des parents francophones, 1994 ; Lachapelle, 1994 ; Paillé, 1991, 1995), l'hégémonie culturelle exercée par les médias à dominance anglo-américaine (Mattelart, 1996), et le caractère envahissant du paysage linguistique anglophone constitué par l'affichage public et commercial (Landry et Bourhis, 1997) contribuent non seulement à l'assimilation linguistique, mais à une acculturation homogénéisante. Cette marée culturelle médiatique en provenance des États-Unis est tellement envahissante qu'il nous arrive même d'entendre des anglophones canadiens qui craignent de perdre à tout jamais leur spécificité culturelle canadienne. Ces derniers peuvent envier les Québécois et les francophones hors Québec d'avoir au moins une langue distincte qui les dissocie des Étatsuniens, mais même au Québec, le château fort de la langue française en Amérique du Nord, l'attraction médiatique de la langue anglaise et de la culture anglo-américaine fait des percées importantes (Landry, Allard et Bourhis, 1997 ; Locher, 1993).

Ces constatations reliées aux spécificités linguistiques et culturelles des minorités francophones nous amènent à apprécier l'importance du quatrième critère définissant une minorité linguistique. Celui-ci est d'une importance capitale, puisqu'il vient en quelque sorte fermer la boucle. L'organisation sociale est un critère englobant, car elle devient garante de la vitalité de la minorité ethnolinguistique, et permet aux trois premiers critères reliés à la spécificité de la communauté de se maintenir. En effet, sans les institutions qui légitiment et stabilisent le vécu langagier et culturel des membres d'une minorité (Allardt, 1984 ; Bourdieu, 1982 ; Bernard, 1990b ; Breton, 1964 ; Giles, Bourhis et Taylor, 1977), il devient impossible d'assurer la véritable « vie communautaire » (Fishman, 1989, 1990) essentielle au maintien d'une langue et d'une culture. Privée de cette vie communautaire, une langue n'est plus viable. En d'autres mots, sans le contrôle d'une certaine organisation sociale, toute minorité linguistique – même celle pour laquelle on reconnaît pleinement les trois premiers critères justifiant son existence – peut en bout de ligne cesser d'exister comme entité distincte et active.

Nous analyserons dans la prochaine partie de ce chapitre le rôle de différentes institutions communautaires et éducatives associées à la survie et à l'émancipation des communautés francophones minoritaires, mais auparavant, nous tenterons de définir clairement ce qu'est l'éducation en milieu minoritaire pour les communautés francophones canadiennes. Les écrits sur l'éducation en milieu minoritaire ou sur l'éducation bilingue ne permettent pas toujours de bien définir la nature et la portée sociale propres à l'éducation des minorités francophones dans le contexte sociopolitique canadien. Pour comprendre les différents modèles d'éducation en milieu minoritaire et circonscrire le modèle le plus approprié pour les francophones dans le contexte canadien, il importe de considérer un certain nombre de ces modèles et de les situer dans le contexte sociopolitique de la société où habite la minorité. Les facteurs les plus limitatifs en ce qui concerne l'implantation d'un modèle éducatif approprié aux aspirations d'une minorité sont souvent de nature idéologique et relèvent des pratiques reliées à l'acculturation de ces minorités.

L'éducation en milieu minoritaire

L'éducation des minorités a souvent été présentée et analysée comme une forme quelconque d'éducation bilingue. De fait, sauf pour quelques rares cas où elle est dominante sur le territoire habité, la minorité linguistique, pour des raisons sociopolitiques ou de mobilité sociale, se doit d'apprendre la langue du groupe dominant.

Les modèles d'éducation bilingue peuvent être très variés en raison des nombreuses variables qui interagissent (Mackey, 1970). Néanmoins, le motif déterminant dans le choix d'un modèle particulier est l'objectif d'intégration sociale poursuivi par le groupe dominant dans la société (Baker, 1993 ; Bibeau, 1982 ; Paulston, 1988). Selon Baker (1993), il existe une dizaine de modèles d'éducation bilingue. Il prend en considération l'objectif d'intégration sociale visé et le statut majoritaire ou minoritaire des groupes linguistiques. Si la société fonde ses politiques sociales sur les valeurs et les normes du groupe ethnolinguistique dominant, l'objectif est souvent l'assimilation des minorités linguistiques, et les modèles d'éducation sont choisis en conséquence (Bourhis, Moïse, Perreault et Sénécal, 1997). Par exemple, dans le modèle de *submersion*, l'enfant parlant une langue minoritaire est submergé dans une classe où l'unique langue d'enseignement est celle du groupe dominant. Cette approche, que les auteurs anglophones ont parfois appelée *sink or swim*, a permis à certains groupes ethnolinguistiques – ceux-ci étant constitués surtout d'immigrants – de bien s'intégrer dans la société d'accueil. Mais ce type d'enseignement d'une langue seconde produit presque inévitablement un bilinguisme de type *soustractif*, c'est-à-dire que le contact avec la langue seconde a pour effet de contribuer à la perte de la langue première (Lambert, 1975).

La politique sociale du groupe dominant peut parfois être ségrégationniste plutôt qu'assimilatrice (Skutnabb-Kangas, 1983). L'éducation se fait alors dans la langue de la minorité. Le groupe dominant préfère cette pratique, puisque l'objectif est de limiter au minimum les contacts sociaux entre les groupes et, surtout, de restreindre l'accès de la minorité à la langue du pouvoir et de la mobilité sociale. Il s'agit alors d'une pratique qui favorise l'apartheid (Baker, 1993).

D'autres types d'éducation bilingue viseront à favoriser l'assimilation du groupe minoritaire en faisant appel à des approches qui permettent une « transition » graduelle de la langue première vers la langue seconde (Fishman, 1976). Par exemple, on offrira des cours supplémentaires dans la langue du groupe dominant afin de faciliter l'intégration des élèves qui sont submergés dans des classes où la majorité des élèves sont du groupe dominant. Certains modèles d'éducation bilingue permettent l'enseignement dans la langue du groupe minoritaire au début de la scolarisation, mais ils ont néanmoins comme objectif ultime de faciliter une meilleure intégration au groupe dominant. Ce modèle d'éducation bilingue est largement utilisé aux États-Unis (Hakuta, 1986 ; Cummins, 1986, 1989 ; Bibeau, 1982 ; Baker, 1993) et vise explicitement l'assimilation *en douceur* des minorités linguistiques. Lyons (1995) note que plus d'un enfant sur cinq aux États-Unis est déjà compétent dans une langue autre que l'anglais dès l'entrée scolaire, et que ce degré de compétence est souvent plus élevé que celui atteint par des adultes inscrits à des programmes de langue seconde très coûteux. Les politiques assimilatrices en vigueur ont pour effet de favoriser la perte de la langue maternelle chez ces enfants, sans pour autant toujours réussir à développer un haut niveau d'alphabétisation en anglais.

Certains modèles d'éducation bilingue chercheront à favoriser le maintien ou l'enrichissement de la langue première des groupes minoritaires (Fishman, 1976). Ces programmes ont en commun un degré élevé d'enseignement dans la langue première (de 80 % à 100 %), et la langue du groupe dominant est apprise comme langue seconde (Baker, 1993). Plusieurs protagonistes de l'éducation bilingue aux États-Unis proposent cette approche sous une forme ou une autre (Hakuta, 1986 ; Ruiz, 1988), en octroyant parfois certains pouvoirs au groupe minoritaire (Cummins, 1989). On retrouve la plupart de ces programmes d'enseignement au niveau primaire (Baker, 1993). Au niveau secondaire, on semble choisir la langue du groupe dominant dans le but de favoriser l'accès aux études postsecondaires et une meilleure mobilité sociale. Selon Baker (1993), un modèle où la minorité est scolarisée dans sa langue maternelle et où il y a peu d'efforts visant l'apprentissage de la langue du groupe dominant est un modèle qui favorise le séparatisme.

Finalement, certaines approches à l'éducation bilingue sont conçues en fonction des besoins d'un groupe majoritaire ou dominant qui est en présence d'une langue minoritaire ou d'un groupe minoritaire important. Ces modèles varient grandement : de programmes prévoyant l'addition de quelques heures d'enseignement en langue seconde jusqu'aux programmes d'immersion totale en langue seconde, en passant par les programmes d'immersion bilingue à deux voies (*two-way/dual language*). Dans ces derniers, les élèves minoritaires et les élèves majoritaires partagent la même classe, et l'enseignement se fait dans la langue minoritaire à environ 50 % du temps et dans la langue majoritaire dans une proportion semblable. Dans certains de ces modèles, l'enseignement dans la langue minoritaire peut même atteindre une proportion de 90 % (Christian, 1996). La prémisse est que ce type de programme permet au groupe minoritaire de maintenir la langue maternelle et favorise le bilinguisme chez le groupe dominant. Comme l'ont démontré de nombreuses études canadiennes (Lambert et Tucker, 1972 ; Swain et Lapkin, 1982, 1991 ; Genesee, 1987, 1991 ; Cummins et Swain, 1986), les programmes d'immersion favorisent, chez les élèves du groupe majoritaire, le développement d'un bilinguisme de type *additif*, c'est-à-dire l'addition d'une langue seconde, sans que cela n'occasionne de pertes sur le plan de la langue maternelle. Mais des chercheurs américains mettent en doute les bénéfices à long terme du modèle d'éducation bilingue à deux voies pour le groupe minoritaire (Valdes, 1997).

Lequel des modèles d'éducation bilingue brièvement présentés ci-dessus répond le mieux aux besoins de la francophonie minoritaire canadienne ? À notre avis, aucun de ceux-ci ne correspond pleinement aux droits et aux aspirations des francophones minoritaires dans le contexte sociopolitique canadien. La plupart de ces modèles d'éducation bilingue furent conceptualisés dans la perspective de contextes sociaux qui favorisent la reproduction des valeurs sociales et linguistiques des groupes dominants (Cummins, 1989, 1994 ; Martel et Villeneuve, 1995 ; Skutnabb-Kangas et Cummins, 1988 ; Valdes, 1997). De plus, les modèles d'éducation bilingue font souvent preuve de « naïveté sociale » (Landry et Allard, 1993). Les chercheurs qui œuvrent en éducation bilingue considèrent et analysent les variables d'ordre pédagogique et linguistique. Cependant, leurs choix éducatifs sont peu modelés sur le vécu langagier des élèves à l'extérieur de l'école et les différences dans la vitalité ethnolinguistique des communautés. Pour que l'éducation des minorités soit conceptualisée en fonction des besoins du groupe minoritaire, le paradigme socioculturel de la société doit être modifié de telle sorte que le modèle d'acculturation en vigueur favorise l'intégration plutôt que l'assimilation (Berry, 1984 ; Bourhis, Moïse, Perreault et Sénécal, 1997). L'idéologie assimilatrice assume que tôt ou tard le groupe minoritaire s'appropriera les valeurs de l'État-nation en abandonnant sa culture et sa langue qui le distinguent du groupe dominant. Une idéologie pluraliste est essentielle pour que les valeurs culturelles de groupes distincts puissent cohabiter sur un territoire. Cette idéologie, qui favorise en principe l'intégration – l'adoption de valeurs compatibles avec celles de l'État-nation sans abandonner la culture et la langue qui permettent au groupe de demeurer une entité active et distincte –, ne peut être actualisée que si l'État-nation permet au groupe minoritaire de conserver ou de se donner les institutions et les ressources culturelles nécessaires à l'affirmation et à l'épanouissement de son autonomie culturelle. La plupart des minorités linguistiques n'ont pas accès à la « complétude institutionnelle » (Breton, 1964) nécessaire à une véritable autonomie culturelle. Une très grande partie des langues et des cultures qui ont façonné notre planète sont appelées à disparaître (Leclerc, 1986), parce qu'elles n'ont pas eu accès aux institutions qui leur auraient permis de prendre en charge leur destinée et de transmettre aux générations futures les valeurs et l'héritage culturel des ancêtres. Est-ce le sort réservé aux minorités francophones habitant le territoire canadien ? Dans la prochaine partie, nous développons un certain nombre de prémisses fondées sur la recherche, dans le but de construire une logique et une logistique de l'éducation des minorités francophones au Canada.

L'ÉDUCATION EN FRANÇAIS ET LA VITALITÉ DE LA FRANCOPHONIE MINORITAIRE

Avant l'établissement de la Confédération canadienne en 1867, différentes communautés francophones s'étaient pourvues de certains services éducatifs rudimentaires, puisque ceux-ci étaient « dispensés, financés et gérés localement par les membres de la communauté, de concert avec les autorités religieuses » (Martel, 1993, p. 736). Malgré la précarité des moyens, la communauté exerçait donc à cette époque une certaine autonomie en matière d'éducation. Cette autonomie s'est graduellement effritée lorsque, à la suite de la Confédération, les gouvernements provinciaux furent dotés d'un pouvoir exclusif sur les écoles publiques. Les mesures adoptées favorisent alors « principalement l'établissement d'une culture publique commune de langue anglaise et, conséquemment, l'assimilation des minorités, dont la francophone » (Martel, 1993, p. 736).

À l'idéologie assimilatrice de la majorité anglophone, un peu partout au pays, les minorités francophones opposèrent « leur propre idéologie de conservation de leur langue et de leur culture » (Martel, 1993, p. 737). Elles fondèrent des associations canadiennes-françaises pour mieux revendiquer l'accès à l'enseignement en français, et mirent sur pied des institutions d'enseignement privées, fondées et dirigées surtout par des communautés religieuses. Les provinces effectuèrent peu à peu des changements législatifs offrant un accès limité à l'enseignement en français. Un changement idéologique important s'amorça lorsque le gouvernement fédéral reconnut la dualité linguistique du pays, en 1969, en adoptant la *Loi sur les langues officielles*. C'est alors qu'une vision nationale de l'éducation des minorités officielles (l'anglais au Québec et le français dans les autres provinces) s'installe au pays et donne accès à de nouveaux droits scolaires enchâssés dans l'article 23 de la *Charte canadienne des droits et libertés* (1982).

Les droits scolaires conférés par la *Charte* sont fondamentaux et viennent appuyer l'argument voulant que l'éducation des minorités francophones du Canada est foncièrement différente de celle des minorités linguistiques dont font état la plupart des recherches et des écrits en éducation bilingue. Les modèles d'éducation des minorités linguistiques brièvement présentés ci-haut attribuent en principe un statut de deuxième ordre aux minorités considérées. Ceux-ci reconnaissent implicitement la légitimité de la supériorité du groupe dominant. Les modèles d'éducation des minorités linguistiques qui reconnaissent explicitement le statut d'égalité de la minorité et du groupe dominant avec lequel elle est en contact sont extrêmement rares.

On ne peut nier que les minorités francophones du Canada ont beaucoup de similarités avec les nombreuses autres minorités ethnolinguistiques qui revendiquent les droits à la scolarisation dans leur langue. Sur le plan du vécu socioculturel en particulier, les réalités du bilinguisme soustractif et de l'assimilation sont partagées par de très nombreuses minorités à l'échelle mondiale (Fishman, 1989). Là où la minorité francophone du Canada se distingue et est jusqu'à un certain point privilégiée, c'est dans sa position avantageuse sur le plan juridique. C'est un contexte qui favorise une idéologie dualiste et qui reconnaît l'égalité de la langue française et de la langue anglaise, toutes deux langues officielles dans les institutions fédérales au Canada. Cette conjoncture entretient, au moins dans le discours, un idéal de parité entre deux peuples fondateurs, et interpose dans le domaine de juridiction provinciale qu'est l'éducation une responsabilité au gouvernement fédéral de protéger, à l'échelle nationale, les droits de la minorité (Martel, 1993). La *Charte* permet aux francophones des provinces à majorité anglophone de revendiquer au moins les mêmes services éducatifs que ceux déjà offerts par le Québec à sa minorité anglophone. Cette dernière jouit effectivement d'une position très avantageuse, puisqu'elle détient un haut degré de complétude institutionnelle, particulièrement dans le domaine de l'éducation (Caldwell, 1994 ; Ducharme, 1996).

Si les droits conférés permettent de viser à long terme un certain idéal dans la gestion des systèmes d'éducation par les minorités, on ne peut ignorer les réalités sociopolitiques et socioculturelles vécues par les francophones à l'échelle provinciale et dans leurs communautés. L'idéologie assimilatrice de la majorité anglophone persiste et ne se modifie que très lentement, les changements positifs étant plus souvent dictés par les tribunaux que par la bonne volonté des gouvernements.

Ce préambule a brièvement fait état du contexte sociojuridique des aspirations possibles des minorités francophones en matière d'éducation. L'éducation en français est désormais un droit que la communauté se doit de prendre en charge, bien qu'il relève de la compétence provinciale et qu'il comporte des obligations et des responsabilités imposées à l'échelle nationale. Dans la seconde partie de cette section, nous formulons un certain nombre de prémisses pouvant constituer les bases d'une conceptualisation du rôle de l'éducation pour les minorités francophones canadiennes.

Pourquoi l'éducation en français : quelques prémisses

Ce serait simple si la survivance d'une minorité linguistique et son épanouissement pouvaient faire l'objet d'une loi ou encore être complètement assurés par le système d'éducation. Dans les pages suivantes, nous proposons un certain nombre de prémisses qui, dans l'ensemble, situent les conditions requises pour que l'éducation en milieu francophone minoritaire contribue au développement des identités personnelles et collectives nécessaires au maintien de communautés francophones vivantes et distinctes.

L'identité francophone, comme toute identité sociale, est le produit d'un processus de socialisation. Les chercheurs s'entendent pour reconnaître que toute identité sociale, y compris l'identité ethnolinguistique, est le produit d'un processus de socialisation (Erikson, 1972 ; Gohier et Schleifer, 1993 ; Tajfel, 1974). Le vécu langagier et culturel de l'enfant sera un facteur déterminant de son identité ethnolinguistique. On ne naît pas francophone, on le devient. L'enfant qui aura vécu une ambiance culturelle et linguistique française dans son milieu familial et dans son milieu social affirmera naturellement son identité francophone. L'enfant qui aura vécu des contacts fréquents avec deux groupes linguistiques, surtout si ceux-ci sont vécus dans des contextes d'intimité et de solidarité, pourra afficher une identité mixte. Par exemple, beaucoup de jeunes francophones dans l'Ouest canadien préfèrent afficher une identité bilingue plutôt qu'une identité francophone ou anglophone (Landry, Allard et Théberge, 1991). Les jeunes francophones qui n'ont pas eu l'occasion de vivre dans un milieu social francophone et d'être scolarisés dans leur langue pourront assumer une identité sociale qui ne reflète que très faiblement ou pas du tout les liens ancestraux. C'est le cas chez beaucoup de jeunes du Maine et de la Louisiane, par exemple (Landry et Allard, 1992a ; Landry, Allard et Henry, 1996 ; Magord, Landry et Allard, 1994).

Le processus de socialisation menant au développement d'une identité francophone est tributaire de la vitalité ethnolinguistique du groupe. Giles, Bourhis et Taylor (1977) ont défini la *vitalité ethnolinguistique* comme étant les « facteurs structuraux qui permettent à une communauté linguistique de demeurer une entité active et distincte ». Ces facteurs peuvent être d'ordre démographique (reliés au nombre, à la proportion et à la distribution des membres de la communauté dans un territoire), d'ordre institutionnel (degré de représentation et de pouvoir du groupe au sein d'institutions sociales) ou encore relever du statut (le prestige social du groupe, de sa langue et de sa culture à l'échelle régionale, nationale et internationale). D'autres chercheurs (Prujiner *et al.*, 1984 ; Landry, 1982 ; Landry et Allard, 1990) définissent la *vitalité ethnolinguistique* comme étant le capital linguistique qu'une communauté peut cumuler en fonction de facteurs démographiques et de ressources institutionnelles dans les domaines politique, économique et culturel. Déjà au début des années 1960, Raymond Breton (1964) proposait que la survivance d'un groupe linguistique était reliée à son degré de *complétude institutionnelle*, c'est-à-dire à l'accès aux institutions requises pour créer une vie communautaire. Fishman (1989, 1990) insiste sur l'importance d'une vie communautaire pour assurer la transmission culturelle d'une génération à l'autre. Des recherches en Europe (Allardt, 1984 ; de Vries, 1984) concluent que les groupes linguistiques qui n'ont pas accès à certains pouvoirs institutionnels s'assimilent rapidement. Finalement, rappelons ici le quatrième critère de la définition d'une *minorité linguistique* décrit dans la première partie de ce chapitre, à savoir celui de l'organisation sociale (Allardt, 1984). Sans un minimum d'organisation sociale, la minorité n'existe pas.

Landry et Allard (1989, 1994a) ont clairement démontré, dans de nombreux contextes canadiens et américains, que le comportement langagier des francophones était très fortement relié à la vitalité ethnolinguistique des communautés. Plus la vitalité ethnolinguistique de la communauté francophone est faible, plus le comportement langagier des francophones ressemble à celui des anglophones. La relation observée est tellement forte que celle-ci fut décrite comme étant le résultat d'un « déterminisme social » (Landry, 1993 ; Landry et Allard, 1994c). Comme le démontre la figure I, plus la vitalité du groupe francophone est faible, plus les francophones utilisent l'anglais dans leurs activités quotidiennes, et plus l'anglais devient la langue d'usage au sein même de l'unité familiale.

La figure I démontre que l'assimilation ou l'anglicisation (l'usage exclusif de l'anglais au foyer familial) est un reflet direct de la vitalité du groupe. On note dans ce profil que chez les groupes à très forte vitalité francophone, le français est très souvent utilisé autant en dehors de la famille que dans la famille. Chez les groupes à très faible vitalité, le français est très peu parlé, que ce soit dans le contexte familial ou en dehors de celui-ci. On constate également que chez les autres groupes francophones, l'utilisation du français est plus fréquente dans la famille que dans les autres milieux de vie, mais cette fréquence diminue en fonction de l'affaiblissement de la vitalité du groupe. Il semble donc que si la famille peut offrir une certaine résistance face à l'assimilation linguistique, cette résistance est plus difficile à maintenir lorsque la vitalité du groupe devient très faible.

L'état d'unilinguisme, de bilinguisme ou d'assimilation est davantage relié, en moyenne, à la vitalité ethnolinguistique de la communauté qu'aux caractéristiques personnelles de l'individu (Landry et Allard, 1992b). Les nombreuses recherches sociolinguistiques de Raymond Mougeon et de ses collègues en Ontario ont également démontré l'importance de facteurs sociologiques et démographiques sur le développement langagier des Franco-Ontariens (Mougeon et Beniak, 1991, 1994 ; Mougeon, Beniak et Valois, 1985 ; Mougeon et Canale, 1980 ; Mougeon, Canale et Bélanger, 1978 ; Mougeon et Heller, 1986 ; Mougeon, Heller, Beniak et Canale, 1984). De même, l'importante recherche pancanadienne de Roger Bernard (1990c) auprès des jeunes francophones démontre clairement que les taux d'assimilation sont étroitement reliés à la vitalité des communautés francophones.

Comme l'affirmait notre première prémisse, c'est dans un contexte social que s'acquiert une langue. Sans un nombre minimum de membres et sans une forme quelconque d'organisation sociale, la communauté n'existe pas et les locuteurs d'une langue n'ont pas

Figure I

Degré d'utilisation du français et vitalité des communautés francophones

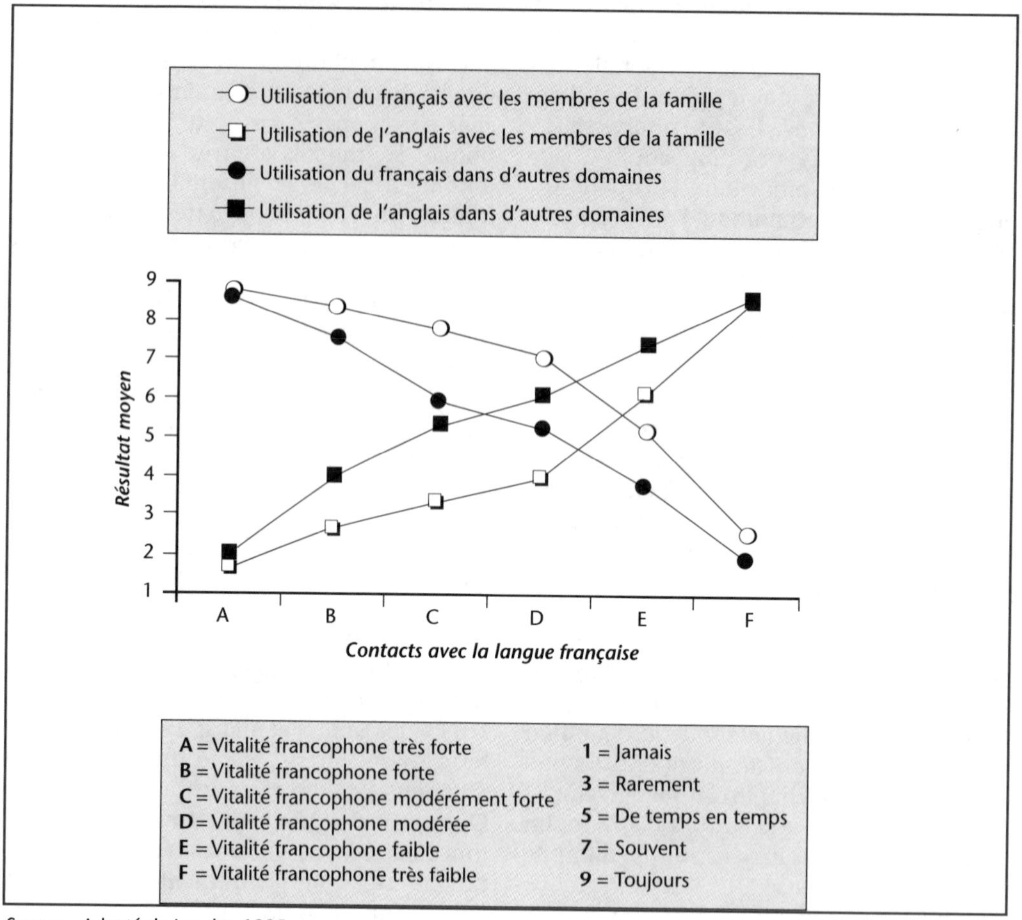

Source : Adapté de Landry, 1995.

accès aux lieux privilégiés qui permettent au processus de socialisation dans la langue de s'actualiser. Trop souvent, le bilinguisme est perçu comme un phénomène purement individuel qui est le résultat d'aptitudes linguistiques et de motivations personnelles. Ces constats proviennent surtout d'études effectuées auprès de jeunes vivant dans un contexte majoritaire et dont l'état de bilinguisme est une question de choix personnel, l'individu n'étant pas socialement immergé dans une langue seconde (Gardner, 1985 ; Gardner et Clément, 1990 ; Gardner et MacIntyre, 1992, 1993). Pour les personnes vivant dans un contexte minoritaire, le bilinguisme est déterminé surtout socialement. Dans ce contexte, le véritable défi du bilinguisme n'est pas l'apprentissage d'une langue seconde, mais la maîtrise de celle-ci, sans précipiter la perte de la langue maternelle. Sans un minimum de vitalité ethnolinguistique, sans certaines institutions qui favorisent la socialisation dans la culture et dans la langue maternelle, le type de bilinguisme développé sera alors fortement soustractif et ne constituera qu'une étape de transition vers l'assimilation linguistique et culturelle.

La vitalité ethnolinguistique subjective est à la base des stratégies identitaires des membres du groupe. Les deux premières prémisses stipulent que sans des contacts continus entre les membres de la communauté, c'est-à-dire sans une certaine vie communautaire, le groupe ne peut conserver la cohésion sociale nécessaire à sa pérennité. Et lorsque l'organisation sociale de la minorité est fragile, les membres du groupe n'ont pas les réseaux interpersonnels et les contacts linguistiques nécessaires à la construction d'une identité positive. L'identité ethnolinguistique se construit par un processus de comparaison sociale (Tajfel, 1974). En raison des nombreux indices de vitalité ethnolinguistique favorisant le groupe dominant (par exemple, dans les médias, dans l'affichage commercial et public, dans les commerces et dans les services publics) et des indices relativement peu nombreux de vitalité favorisant le groupe minoritaire, les membres de la minorité attribuent une forte vitalité au groupe dominant et peu de vitalité à leur propre groupe (Bourhis, Giles et Rosenthal, 1981 ; Allard et Landry, 1986, 1992, 1994). Les membres d'une minorité qui accordent peu de vitalité à leur communauté auront tendance à dénigrer les avoirs et les traits culturels de leur groupe et à assumer une identité négative. Dans une tentative d'affirmation positive de leur identité, nombreux sont les membres d'une communauté à faible vitalité qui cherchent à s'assimiler au groupe dominant (Giles, Bourhis et Taylor, 1977). Ces membres ont tendance à accorder peu de légitimité et peu de chances de survie à leur communauté. Ainsi, ils cherchent davantage à s'intégrer dans la communauté dominante et peuvent assumer une identité mixte pour graduellement s'identifier exclusivement à cette communauté (Allard et Landry, 1994). Pour que la vitalité subjective des membres puisse donner naissance à des stratégies identitaires plus positives, ceux-ci doivent pouvoir vivre des expériences culturelles et langagières qui démontrent l'illégitimité de leur statut (une croyance normative qui reflète le caractère injuste de leur situation) et l'instabilité de leur condition (une croyance qui permet d'espérer des améliorations possibles). Le fait de percevoir la nature illégitime et instable du statut d'un groupe permet à ses membres d'adopter des stratégies identitaires plus affirmatives et créatives, allant de la créativité sociale à la compétition sociale (Tajfel, 1982 ; Tajfel et Turner, 1979).

Si le processus identitaire et le comportement langagier sont le produit d'un certain déterminisme social, faut-il croire à un certain fatalisme (Bernard, 1997) ? Pour répondre à cette question, il faut reconnaître que les effets du déterminisme social peuvent être positifs comme ils peuvent être négatifs. Par exemple, si on peut associer le phénomène de l'assimilation linguistique au déterminisme social, force est d'admettre que c'est également celui-ci qui est à la base de la fierté et de l'identité francophone. Le déterminisme social signifie simplement que l'identité ethnolinguistique et le comportement langagier sont largement déterminés socialement. Une vitalité forte et la présence d'institutions communautaires permettent une socialisation dans la langue et dans la culture qui contribue positivement au développement psycholangagier dans la langue du groupe. Une vitalité faible et l'absence d'institutions produisent tout simplement l'effet contraire. Il faut considérer la *quantité* et la *qualité* des contacts vécus dans chacune des langues. Il n'y a pas de fatalisme, puisque le comportement langagier, les compétences langagières et l'identité ethnolinguistique des membres d'une communauté peuvent être modifiés. Ce que le concept de *déterminisme social* implique, c'est que les changements significatifs souhaités ne pourront être obtenus sans la présence de certaines niches institutionnelles (écoles, institutions sociales et culturelles) qui pourront modifier le vécu social des membres.

Le déterminisme social est-il conciliable avec la liberté humaine et la détermination personnelle ? Le comportement langagier des membres des communautés francophones minoritaires est-il entièrement déterminé ? Ces derniers sont-ils incapables de choisir et de guider eux-mêmes leur avenir culturel ? Pour résoudre ce paradoxe apparent, il faut éviter la pensée dichotomique et adopter plutôt une pensée dialectique qui unit les contraires. En d'autres mots, même si nous estimons que l'environnement social est largement déterminant du comportement langagier, nous croyons que la personne est à la fois déterminée et libre. Le comportement langagier, comme de nombreux autres comportements humains, est à la fois le produit d'un conditionnement et d'une liberté d'agir. La liberté d'action, toutefois, n'est possible que par l'entremise de la *conscience*. C'est en devenant consciente des forces de l'environnement qui la conditionnent que la personne devient libre de ses propres actions et qu'elle devient un *être d'intention*. Notre troisième prémisse est donc que des stratégies identitaires positives et créatives sont possibles dans un contexte de faible vitalité ethnolinguistique, pour autant que les membres de la communauté aient accès à des lieux privilégiés de socialisation et qu'ils soient conscientisés aux forces sociales qui conditionnent leur comportement langagier et culturel. La vitalité subjective ainsi développée conscientise à la légitimité d'une identité collective positive et permet d'estimer le potentiel d'action et d'affirmation du groupe. Une telle conscientisation sociale peut opposer au déterminisme social unidirectionnel un « déterminisme réciproque » (Bandura, 1976, 1978) et la *détermination* de survivre et de vivre linguistiquement et culturellement (Landry, 1993, 1995).

La naïveté sociale peut être la source de stratégies identitaires suicidaires. Ce qui découle des trois prémisses discutées ci-haut, c'est que chez les minorités francophones à faible vitalité dont les membres auront été peu conscientisés à la légitimité sociale de leur langue et de leur culture, la tendance naturelle, voire la norme, sera l'assimilation. De fait, la résistance à l'assimilation dans un contexte minoritaire dépend du degré de complétude institutionnelle ou de vie communautaire dont se dotera le groupe et du degré de conscience sociale de ses membres, c'est-à-dire sa capacité d'exercer certains pouvoirs (Cummins, 1989 ; Corson, 1993 ; Corson et Lemay, 1996). Malheureusement, dans un contexte minoritaire, une certaine *naïveté sociale* est souvent présente chez les membres de la communauté (Landry, 1994 ; Landry et Allard, 1994d). La *naïveté sociale*, telle que nous la définissons, comprend au moins trois éléments. Premièrement, le bilinguisme est souvent perçu comme un phénomène surtout psychologique et individuel ; le bilinguisme serait alors une qualité personnelle acquise en fonction de ses expériences et de ses dispositions psychologiques (aptitudes, attitudes, motivations, etc.). Cette perception, qui n'est pas sans fondement, est erronée surtout par son caractère limitatif : elle fait abstraction de la nature sociale du bilinguisme. Le deuxième élément de la définition de la *naïveté sociale* est donc cette inconscience du rôle du déterminisme social dans l'acquisition d'une langue seconde. Nous pouvons illustrer cette inconscience sociale par quelques résultats de recherche. Ainsi, au Nouveau-Brunswick, 50 % des adultes francophones interviewés déclaraient qu'il serait préférable que leurs enfants soient scolarisés la moitié du temps en français et l'autre moitié en anglais (Landry et Allard, 1994c, 1994d ; Landry, 1994). La croyance veut que ce modèle de scolarisation soit celui qui produirait le plus haut degré de bilinguisme. Pourtant, les recherches en milieu minoritaire démontrent clairement que les francophones atteignent les plus hauts degrés de bilinguisme additif lorsqu'ils sont scolarisés entièrement dans leur langue (sauf pour les cours d'anglais langue seconde) (Hébert *et al.*, 1976 ; Landry et Allard, 1991, 1993). Dans nos contacts avec des parents francophones de nombreux milieux minoritaires canadiens, nous avons souvent entendu cet argument. Celui-ci semble fondé sur la croyance que le bilinguisme est essentiellement développé par l'école. De plus, il semble que l'école soit vue comme étant située dans un vacuum social. C'est un peu comme si l'école n'était pas imbriquée dans un contexte social ou qu'il n'y avait pas de société.

Comme nous le soulignons plus loin, l'argument du 50/50 ne serait valide que lorsque les deux communautés sont comparables sur le plan de la vitalité ethnolinguistique, ou si le milieu social à l'extérieur de l'école n'avait pas d'effet sur le développement langagier des élèves.

L'inconscience du rôle du déterminisme social sur le développement langagier en milieu minoritaire a pour corollaire l'inconscience chez les membres de la communauté des conséquences collectives de leurs actions individuelles. Il s'agit là du troisième élément de notre définition de la *naïveté sociale*. Le phénomène de bilinguisme étant surtout perçu comme un phénomène personnel et individuel, les membres n'ont pas souvent tendance à affirmer leur identité et leur présence sur le plan social. Par exemple, une partie importante de la communauté minoritaire tolère facilement le manque d'accès à des postes de radio ou de télévision en français, l'absence de la langue française dans l'affichage public et commercial, de même que le fait d'être servi en anglais dans les magasins et par les organismes gouvernementaux et paragouvernementaux, parce que les individus se disent *bilingues* et capables de se débrouiller. Pour plusieurs, il s'agit là d'une composante positive de leur identité de minoritaire, dont quelques-uns retirent même une certaine fierté. Peu d'entre eux réalisent l'effet de l'affirmation d'un bilinguisme individuel par l'ensemble des membres du groupe : leur langue maternelle finit par être de trop, voire inutile, dans la société. Ces membres de la communauté semblent tout à fait inconscients du besoin d'une certaine complétude institutionnelle pour que leur communauté puisse demeurer active et distincte. Ils semblent donc insensibles aux conséquences du manque d'affirmation de leur identité francophone sur la collectivité, c'est-à-dire sur les probabilités de survie de leur communauté. En somme, tout ceci fait partie de ce que nous pourrions appeler le *syndrome du minoritaire* qui se manifeste par une identité de minoritaire (Cazabon, 1989, 1997). Cette identité reflète une profonde insécurité par rapport à la culture du groupe minoritaire et une légitimation exclusive de la communauté culturelle et linguistique dominante. Cette insécurité culturelle entraîne même la création de factions à l'intérieur de la communauté : les membres militants et actifs de la communauté sont perçus comme des fanatiques de la cause et considèrent à leur tour que les membres passifs sont des *assimilés* ou des *vendus*. En bout de ligne, la naïveté sociale devient souvent la source de stratégies identitaires suicidaires. De nombreux membres sont satisfaits, par exemple, que leurs enfants soient scolarisés en français dans des programmes d'immersion en français langue seconde ou dans des programmes de scolarisation 50/50. D'autres encore refuseront de revendiquer leur droit à l'autonomie dans le domaine de la gestion scolaire, et ce, au nom de la bonne entente avec la communauté dominante.

L'éducation est l'outil principal de conscientisation qui permet de transformer le déterminisme social en un déterminisme réciproque. Pour qu'une minorité linguistique puisse devenir une « minorité active » (Moscovici, 1979), c'est-à-dire une communauté qui se responsabilise et qui prend en charge sa propre destinée, elle doit premièrement être conscientisée à sa situation de minoritaire, non pas pour se sentir davantage minoritaire, mais pour graduellement être dotée d'un certain pouvoir qui mobilise le potentiel d'émancipation de la communauté. Comme la pédagogie des opprimés de Paulo Freire (1980) qui conscientise les individus à leur état d'opprimé et qui les responsabilise dans leur libération, une pédagogie du minoritaire peut être développée pour conscientiser les élèves à leur état de minoritaire et les investir d'un pouvoir d'affirmation ethnoculturelle (voir aussi McMahon, 1996 ; Masny, 1996). Cette conscientisation doit permettre aux membres de la communauté de transcender la naïveté sociale et d'objectiver le déterminisme social à l'œuvre. L'éducation peut amener les membres de la communauté à prendre conscience des forces sociales qui conditionnent leur comportement langagier et l'expression de leur culture. Cela leur permettra d'objectiver et donc de regarder de l'extérieur leur état de minoritaire. Comme nous l'avons vu, ce qui nous permet de devenir un être d'intention, c'est la prise de conscience des facteurs qui nous conditionnent. La prise de conscience du déterminisme social qui façonne le comportement langagier et culturel permet aux membres de la communauté de transformer ce déterminisme en déterminisme réciproque (Bandura, 1976, 1978). Les membres qui ont ainsi objectivé leur situation peuvent devenir des agents de changement de leur condition sociale. En d'autres mots, il y a déterminisme réciproque lorsque les membres d'une communauté, conscientisés aux forces sociales qui conditionnent leurs comportements linguistiques et culturels, convaincus de la légitimité de leur langue et de leur culture et éveillés à l'instabilité de leur condition (la possibilité que leur situation soit autre), prennent des décisions menant à des actions pouvant contribuer à l'affirmation culturelle du groupe.

Des recherches sociologiques (Coleman, 1987) démontrent que les parents sont de moins en moins les principaux agents de transmission du capital social et culturel aux enfants. De même, l'Église est de moins en moins un agent dominant de socialisation culturelle et linguistique (Bernard, 1990b). Sans minimiser l'importance de la socialisation par la famille et la religion, force est de reconnaître que c'est l'école et les médias qui sont devenus les principaux agents socialisants des enfants. Puisque les médias aux États-Unis et au Canada, exception faite du Québec, sont presque entièrement monopolisés par la langue anglaise, les institutions éducatives sont les principaux et, dans certains cas, les seuls lieux où la communauté francophone minoritaire peut instaurer un processus collectif de transmission et de reproduction culturelle. Si l'affirmation culturelle de la communauté francophone minoritaire dépend du degré de conscience sociale des membres et du pouvoir de la communauté, les institutions éducatives gérées par celle-ci sont les principaux agents de cette conscientisation, ce qui leur confère un rôle essentiel dans le maintien et le développement de la communauté.

L'éducation peut être le principal agent de communautarisation. Lorsque la minorité linguistique gère de façon autonome une partie importante de ses institutions éducatives, celles-ci peuvent se concerter autour d'un projet communautaire. Les buts de l'éducation peuvent dépasser ceux communément associés aux programmes scolaires ou académiques. L'éducation vise alors à développer les savoirs, les savoir-faire, les savoir-être et les savoir-devenir nécessaires à la préparation des gens qui bâtiront la communauté, c'est-à-dire des agents de communautarisation. Ainsi, les diplômés de ces institutions pourront être « des individus autonomes, compétents dans leur langue, fiers de leur culture et sûrs de leur identité qui sauront à leur tour contribuer à la reproduction de leur communauté dans tous les secteurs qui sauront garantir sa vitalité » (Landry, 1985, p. 21).

Le véritable défi des communautés minoritaires transcende celui de promouvoir l'utilisation de la langue et l'affirmation culturelle des membres de la communauté. La marque de réussite de la lutte contre l'assimilation est la transmission de la langue et de la culture à l'ensemble des membres des générations futures. C'est pourquoi le maintien d'une organisation sociale et d'une certaine complétude institutionnelle est crucial pour la vitalité de la communauté. Les personnes naissent et meurent, mais les institutions, une fois mises sur pied, sont susceptibles d'être pérennes. La communauté qui gère ses propres institutions établit un système social de réseaux et de relations qui permet à la communauté de prendre forme, de vivre, de grandir et de se reproduire. Or, de nombreuses minorités francophones canadiennes n'ont pas accès à un réseau complet d'institutions. Par ailleurs, toute société constitue normalement un métasystème social composé d'au moins cinq systèmes interreliés, soit politique, économique, écologique, biosocial et culturel (voir Lapierre, 1977, pour une définition des rôles et des fonctions de ceux-ci). Pour ce qui est des minorités francophones hors Québec, aucun de ces systèmes n'est entièrement sous leur contrôle. Au mieux, elles peuvent aspirer à être autonomes dans certains sous-systèmes (par exemple, le système scolaire qui est un sous-système du système culturel, ce dernier regroupant toutes les institutions reliées à la transmission des connaissances, des valeurs, des mœurs et des coutumes) ou à exercer une influence sur la gestion de certains systèmes, cette influence étant souvent étroitement associée au capital démographique de la minorité.

Le capital démographique des communautés francophones (nombre de membres, proportion de la population, concentration sur un territoire, taux d'exogamie, émigration et immigration, taux de natalité) est souvent tel que les réseaux sociaux n'ont ni la fréquence ni la qualité requises pour la création d'une véritable vie communautaire. Et comme nous l'avons déjà mentionné, sans vie communautaire, la minorité s'effrite, se désintègre et s'assimile à la communauté dominante (Fishman, 1989, 1990). La vie des francophones minoritaires est souvent fragmentée ; pour beaucoup d'entre eux, seules des parcelles de vie quotidienne sont vécues en français. Avec la prolifération des médias et le taux grandissant d'exogamie, la vie en français au sein même de la famille est perturbée. À moins d'un réaménagement social imposé dictatorialement, il s'avère quasi impossible dans certaines localités de créer les conditions socioculturelles nécessaires à la vie communautaire. L'espoir de ces minorités francophones repose donc en grande partie sur le potentiel de communautarisation des institutions éducatives et sur le contexte juridique canadien qui y donne au moins partiellement accès.

Nous pouvons considérer le rôle communautaire de l'éducation sous au moins trois angles. Premièrement, l'école est une *extension de la famille*. La famille et l'école sont deux institutions de base qui peuvent favoriser la socialisation en langue première (L1). Conjointement, chez les communautés de faible vitalité, elles sont des balanciers compensateurs (voir figure IIA) qui permettent un certain refuge par rapport au milieu socio-institutionnel qui est largement dominé par la langue seconde (L2). Pour appuyer l'école et la famille, la communauté minoritaire à faible vitalité doit chercher à créer le maximum de contacts en utilisant la langue première (L1) dans le milieu socio-institutionnel (voir flèche montante vers la gauche, figure IIA). Le bilinguisme additif (haut degré de compétence en langue première, accompagné d'une disposition affective favorable à l'intégration dans sa communauté linguistique, tout en ayant un haut degré de compétence en langue seconde) dans un contexte de faible vitalité de la communauté est favorisé par l'utilisation de la langue première en famille et par une scolarisation entièrement dans cette langue, sauf pour les cours de langue seconde (Baril, 1987 ; Cummins 1981, 1984, 1986, 1989 ; Hamers et Blanc, 1983, 1989 ; Hébert *et al.*, 1976 ; Landry, 1995 ; Landry et Allard, 1991, 1993 ; Landry, Allard et Théberge, 1991 ; Skutnabb-Kangas, 1983, 1984 ; Willig, 1985). Ce bilinguisme additif est possible en raison d'un haut degré de transfert des aspects cognitifs académiques de la langue première à la langue seconde, des fortes pressions sociales et des nombreuses occasions de maîtriser la langue seconde dans le milieu socio-institutionnel. Le principe de base du modèle des balanciers compensateurs est que le bilinguisme additif est toujours davantage favorisé par une accentuation positive de la langue de la communauté ayant la plus faible vitalité (Skutnabb-Kangas, 1988). C'est pourquoi, pour les communautés à forte vitalité comme les anglophones en Amérique du Nord (voir figure IIB), le bilinguisme additif est favorisé par une forte scolarisation en langue seconde (par exemple, les programmes d'immersion). Pour ces derniers, la langue première est apprise et maintenue en

Figure II
Modèle des balanciers compensateurs

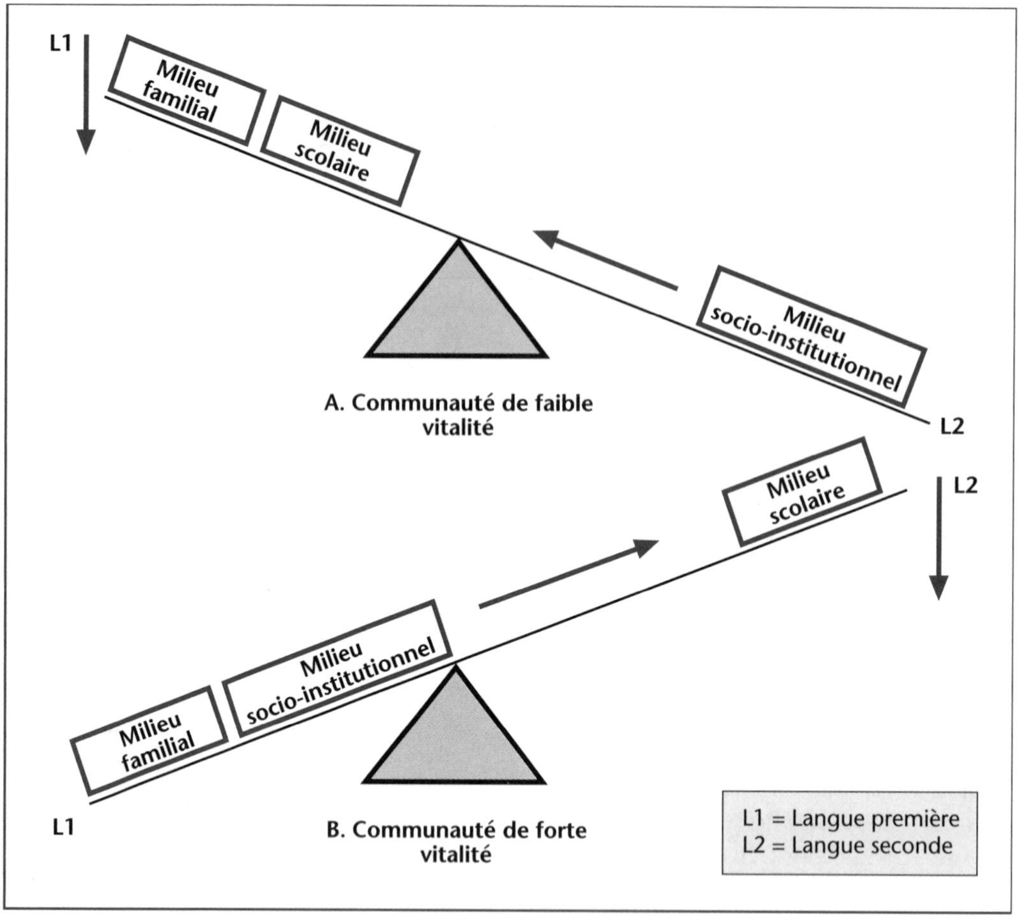

Source : Adapté de Landry et Allard, 1990.

raison de l'appui du milieu familial et du milieu socio-institutionnel. De plus, le bilinguisme a tendance à être peu maintenu chez ces groupes majoritaires si la scolarisation en langue seconde n'est pas accompagnée d'autres contacts dans cette langue dans le milieu socioinstitutionnel (voir flèche montante vers la droite, figure IIB).

Le modèle des balanciers compensateurs prédit également que chez les familles exogames (par exemple, mariages mixtes francophones-anglophones), le bilinguisme additif des enfants sera davantage garanti lorsque la famille favorisera l'usage de la langue minoritaire au foyer, et que la scolarisation sera entièrement dans cette dernière, sauf pour des cours de langue seconde dans la langue majoritaire. En d'autres mots, la famille exogame doit, elle aussi, favoriser le développement de la langue la plus faible sur le plan communautaire. Une recherche récente (Landry et Allard, 1997) donne un appui empirique très fort à cette hypothèse. De fait, lorsque les analyses statistiques tiennent compte des degrés d'ambiance française de la famille et de scolarisation en français, on observe très peu de différences entre le développement psycholangagier des enfants de familles exogames et celui des enfants de familles endogames francophones. Ce n'est pas l'exogamie qui influence le développement psycholangagier des enfants, mais plutôt la dynamique de socialisation langagière et culturelle vécue par les enfants au sein de la famille, de même que la scolarisation.

Le deuxième angle du rôle communautaire de l'école et des autres institutions éducatives est associé à la formation des leaders de la communauté, son défi étant de développer des *agents de communautarisation*. À notre avis, la formation de leaders compétents et engagés dans la communauté minoritaire nécessite une prise en charge complète du système éducatif par celle-ci. Dans le contexte canadien, il est difficile pour les communautés francophones d'aspirer à l'autonomie politique et économique, mais ces communautés devraient viser le plus haut degré possible d'*autonomie culturelle*, car, dans un cadre démopolitique limitatif, l'autonomie culturelle est une des seules voies institutionnelles qui puisse favoriser le développement d'une vie communautaire. Ainsi les communautés francophones doivent non seulement acquérir la gestion scolaire permise en vertu de l'article 23 de la *Charte canadienne des droits et libertés* (voir Martel, 1991 ; Ducharme, 1996), mais aussi faire en sorte que le plus grand nombre possible d'étudiants aient accès à l'éducation postsecondaire en français (Bernard, 1992 ; Churchill, Frenette et Quazi, 1985 ; Frenette et Quazi, 1996 ; Tardif et McMahon, 1989), car c'est de plus en plus dans ce milieu que les leaders de la communauté sont formés (voir par exemple l'étude de Higgins et Beaudin (1988) sur le rôle de l'Université de Moncton dans l'émancipation de la communauté acadienne francophone du Nouveau-Brunswick). L'éducation en milieu minoritaire doit développer le *sens entrepreneurial* non seulement dans le secteur économique, mais dans tous les secteurs reliés à la vitalité ethnolinguistique de la communauté. Ainsi, l'école, les collèges et les universités doivent viser à développer dans leurs programmes d'étude et dans leurs approches pédagogiques le sens de l'initiative, les habiletés de leadership, la confiance en soi et l'engagement communautaire (Landry, Allard, MacMillan et Essiembre, 1994).

Troisièmement, l'école peut devenir pour la minorité un *centre de vie communautaire*. Rappelons que les paramètres sociaux et démographiques empêchent souvent une vie communautaire chez les membres de la minorité francophone. Le contexte social ne favorise alors pas la création des *réseaux de contacts linguistiques* (Landry et Allard, 1990) nécessaires au développement psycholangagier et identitaire des membres de la minorité. C'est ainsi que l'on verra se développer différents modèles de centres scolaires communautaires (Hébert, 1993 ; Délorme et Hébert, 1998) au Canada, et ce, à la suite de l'initiative du Nouveau-Brunswick. L'école peut être plus qu'un lieu d'enseignement ; elle devient un lieu de socialisation communautaire où aînés et enfants se côtoient, où adultes et jeunes collaborent à des activités culturelles et sociales, où la communauté peut bâtir un sens d'appartenance et œuvrer à des initiatives d'autonomisation culturelle. Les milieux éducatifs deviennent ainsi des lieux de culture et de socialisation pour toute la communauté.

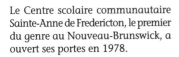

Le Centre scolaire communautaire Sainte-Anne de Fredericton, le premier du genre au Nouveau-Brunswick, a ouvert ses portes en 1978.

La pédagogie en milieu minoritaire : un projet communautaire

Dans cette dernière partie du chapitre, nous proposons les grandes lignes d'une pédagogie en milieu minoritaire conçue pour favoriser la formation des agents de communautarisation dont il a été question dans la présentation de notre sixième prémisse. À notre avis, une telle pédagogie n'est possible que si la communauté minoritaire a atteint un certain degré d'autonomie culturelle, le critère minimum étant celui d'une gestion scolaire autonome. Les bases conceptuelles de cette pédagogie ont été élaborées dans un article récent (Landry, 1993). Nous n'exposons ici que les principaux jalons d'une pédagogie qui doit viser à bâtir la détermination de survivre et de vivre culturellement dans un monde où le déterminisme social favorisant l'assimilation linguistique et culturelle se fait de plus en plus menaçant. Si nous ajoutons à ce chapitre sur l'éducation en milieu minoritaire francophone une section qui traite de pédagogie, c'est que nous sommes convaincus que celle-ci doit être le prochain cheval de bataille de la francophonie minoritaire canadienne. L'accès à la gestion scolaire n'est pas une fin en soi. Le véritable défi de la gestion scolaire en milieu minoritaire est celui de transformer l'école pour qu'elle contribue au maximum à la formation de leaders et de membres de la communauté francophone qui prendront en charge la destinée et l'épanouissement de celle-ci. Car si la pédagogie ne doit pas être interventionniste, elle se doit d'être intervenante (Cazabon, 1996).

Nous avons présenté l'école comme une institution fondamentale de reproduction culturelle. Mais la mondialisation des rapports sociaux, autant économiques que politiques et culturels, et l'éclatement des frontières culturelles obligent les minorités francophones à cultiver des rapports interculturels, tout en luttant contre les forces homogénéisantes causées par l'omniprésence de la culture anglo-américaine. La naïveté sociale (ou le manque de conscientisation sociale des membres de la communauté) est reliée au degré de scolarisation de ceux-ci (Landry et Allard, 1994d). Plus leur degré de scolarisation est élevé, plus bas est leur degré de naïveté sociale. Les réformes scolaires doivent cependant accentuer autant la qualité que la quantité des interventions éducatives, dans le but de former des êtres d'intention capables de s'affirmer culturellement et de s'engager communautairement.

Les membres des communautés minoritaires francophones étant inférieurs en nombre, ils devront compenser en mettant l'accent sur la qualité et l'excellence. L'état minoritaire des communautés francophones favorise l'assimilation, mais, sous d'autres aspects, être un petit nombre constitue un atout. Le sens sociologique de l'expression *small is beautiful* (Schumacher, 1973) est qu'un système plus petit peut plus facilement rallier ses forces et concerter ses actions. Par des partenariats bien choisis, les communautés francophones minoritaires peuvent créer une synergie éducative capable de contribuer à la formation d'agents de communautarisation. Par des partenariats stratégiques, les éducateurs en milieu minoritaire francophone peuvent se doter d'une mission éducative commune fondée sur l'affirmation culturelle et l'engagement communautaire. La mise en œuvre de cette mission éducative pourrait être axée sur ce que nous appelons une *pédagogie actualisante*. Celle-ci est définie comme étant un « processus interactif de socialisation-autonomisation qui s'adapte aux caractéristiques individuelles de chaque apprenant et apprenante et qui vise à actualiser le plein potentiel de chaque élève dans ses dimensions intrapersonnelle, interpersonnelle et sociale » (Faculté des sciences de l'éducation, Université de Moncton, 1997, p. 12). C'est une pédagogie qui invite la participation active des élèves au processus d'enseignement-apprentissage dans un climat d'accueil et d'appartenance. Elle responsabilise l'élève face à son développement personnel, à l'actualisation de son potentiel d'apprentissage et à son rôle comme membre de communauté scolaire, culturelle, ou autres, sur la scène régionale, nationale ou mondiale. En d'autres mots, elle invite l'élève à se donner un projet de vie. Cette pédagogie engage une action dialectique qui unit dans le processus d'apprentissage des démarches de transmission culturelle (c'est l'aspect *socialisation*) et des démarches qui visent à développer chez l'élève le sens critique, la responsabilité et l'autonomie (c'est l'aspect *autonomisation*).

Malgré la nature potentiellement universelle d'une telle pédagogie, trois des volets sont particulièrement pertinents à l'éducation en milieu minoritaire. Pour apprécier la pertinence de ces trois volets, il faut toutefois considérer l'esprit d'ensemble de la pédagogie actualisante. Traditionnellement, nos systèmes éducatifs ont mis l'accent sur la transmission des connaissances et sur le rôle passif de récepteur chez l'apprenant. On ne développe pas les futures générations de leaders et d'entrepreneurs en étouffant toute initiative individuelle, et on ne développe pas l'affirmation culturelle en ne permettant qu'à l'enseignant de s'exprimer librement. La pédagogie actualisante nous invite à redécouvrir que l'éducation est avant tout la *formation d'un être humain*. Elle met l'accent sur l'unicité de l'élève et sur sa responsabilité personnelle face à la prise en charge de sa destinée. Mais découvrant ce qu'il a d'unique, l'élève est aussi confronté à ce qu'il a de commun avec les autres ; il réalise qu'il est le produit d'un héritage, tant sur le plan biologique que sur le plan culturel. Confronté à son unicité, l'élève prend donc aussi conscience de son altérité ; il est à la fois *un* et *autre*.

Ceci nous amène à définir un premier volet de la pédagogie actualisante qui est au centre de l'éducation en milieu minoritaire. C'est une *pédagogie de la conscientisation*. Tel que nous l'avons relevé dans l'analyse de notre cinquième prémisse, l'école peut être le principal outil de conscientisation collective dont dispose une minorité. Le programme d'étude développé par les membres de la minorité doit avoir comme objectif explicite la formation d'agents de communautarisation qui auront la détermination de survivre et de vivre culturellement. En apprenant que toute personne est le produit d'une culture et d'une histoire, l'élève découvre que chaque culture est l'expression d'une créativité sociale exercée par un groupe au cours des siècles, dans le but de s'adapter à l'environnement physique et social, et d'affirmer sa spécificité. On ne doit pas, dans une telle pédagogie, sous-estimer l'importance d'un matériel scolaire contextualisé et culturellement pertinent (Duquette, 1997 ; Duquette et Cléroux, 1993). L'élève peut donc apprendre simultanément à apprécier sa propre culture et à respecter celle des autres, ce qui l'amène à comprendre ses responsabilités comme citoyen du monde (voir à ce sujet Ferrer, LeBlanc-Rainville et Gamble, 1990 ; Ferrer, 1997).

En étant exposé au concept de *culture*, l'élève verra non seulement que les cultures changent et évoluent, mais aussi que d'autres s'estompent et disparaissent. Il apprendra à poser un regard objectif sur les langues et les cultures, un peu de la même façon qu'en biologie on apprend que des espèces vivantes peuvent évoluer ou disparaître. Ainsi, les élèves seront sensibilisés à l'écologie des langues et des cultures. Ils pourront analyser les menaces réelles de la culture dominante et comprendre le processus d'assimilation qui s'opère chez beaucoup de groupes minoritaires. Chaque élève sera en mesure, par une analyse réflexive, de situer son propre cheminement identitaire et de prendre personnellement position dans une démarche d'affirmation culturelle. Une pédagogie de la conscientisation libère la personne en la rendant consciente des facteurs qui la conditionnent et l'invite à choisir librement ses stratégies d'intégration sociale. L'apprentissage de la prise en charge de sa propre destinée par l'individu est un processus difficile à gérer pédagogiquement (Glasser, 1985), puisque l'éducateur doit compter sur le fait que chaque personne a les ressources nécessaires pour arriver elle-même aux actions visées. La pédagogie traditionnelle a plutôt tendance à dicter de l'extérieur les comportements désirés. À long terme, toutefois, l'apprentissage de la responsabilité et de l'autonomie est nettement plus productif, puisque l'individu devient un être d'intention capable de déterminer lui-même ses actions futures (Freire, 1980 ; Jacquart, 1984). Conscientisé au déterminisme social, celui-ci découvre et apprécie les conséquences collectives de ses actions individuelles.

Il est évident qu'une pédagogie de la conscientisation ne peut être mise en œuvre par les approches inscrites dans le cadre du « paradigme de la transmission » (Cummins, 1986, 1989). L'enseignement doit plutôt adopter des modèles interactifs et pratiques qui laissent beaucoup plus de place au dialogue, à la discussion en groupe et à la gestion participative. La pédagogie de la conscientisation pourrait être jumelée à une *pédagogie de la coopération* ; celle-ci constitue d'ailleurs le deuxième volet d'une pédagogie actualisante en milieu minoritaire. Cette pédagogie veut que la prise en charge personnelle visée par la pédagogie de la conscientisation sera mieux ancrée si elle résulte d'une démarche collective. De nombreuses approches pédagogiques peuvent être utilisées dans le cadre d'une pédagogie de la coopération, par exemple, des approches à l'apprentissage coopératif (Slavin, 1983, 1990 ; Johnson et Johnson, 1989), des réunions de classe (Glasser, 1969), et d'autres modèles variés de discussions de groupe (Joyce et Weil, 1986). Une pédagogie de la coopération n'exclut pas l'utilisation d'approches individuelles ou magistrales, mais choisit stratégiquement une approche de groupe favorisant la confrontation des idées et l'interaction sociale pour l'atteinte de certains objectifs. Cette pédagogie encourage l'utilisation de la langue de la minorité dans un contexte qui en facilite la maîtrise. Une langue est normalement apprise dans des contextes naturels de « négociations de sens » entre des interlocuteurs (Wells, 1981). Mais une approche favorisant la résolution de problèmes en groupe (par exemple, Glasser, 1969) permet aussi de susciter des engagements personnels établis sur des consensus. Le groupe peut lui-même œuvrer à la recherche de façons créatives pour la communauté de s'affirmer culturellement. Différentes approches à l'apprentissage coopératif peuvent non seulement améliorer le rendement scolaire des élèves, mais aussi développer chez eux les habiletés sociales nécessaires au travail d'équipe et à la résolution de problèmes en groupe.

Un autre volet de la pédagogie actualisante doit être marié aux deux aspects discutés. Toute communauté qui ne réussit pas à développer pleinement le potentiel humain de ses membres contribue à un cumul d'« intelligence gaspillée » (Schiff, 1982). Pour une communauté linguistique minoritaire, dont les effectifs sont réduits en nombre, l'actualisation maximale du potentiel humain de ses membres prend une importance capitale. La pédagogie traditionnelle est axée sur la courbe normale et la loi de la moyenne. Les objectifs des programmes scolaires et l'enseignement focalisent sur l'élève *moyen*, cet élève prototype qui est représentatif du plus grand nombre d'élèves. On a démontré maintes fois que cette pédagogie est moins efficace qu'une pédagogie de la maîtrise ou de la réussite qui fixe des standards élevés, mais qui offre aux élèves l'occasion de faire des activités de récupération ou d'enrichissement à la suite des premiers essais d'apprentissage (Block, Efthim et Burns, 1989 ; Guskey, 1985). La clef du succès de cette approche est largement associée aux pratiques d'évaluation de l'apprentissage scolaire en classe. L'enseignement traditionnel met l'accent sur une évaluation normative et sommative, c'est-à-dire que l'élève est comparé à une norme (par exemple, le rendement moyen de la classe) dans son rendement scolaire, et les évaluations ont pour objectif de classer ou de catégoriser ce rendement à des fins administratives. L'élève est rarement autorisé à continuer son apprentissage des objectifs non maîtrisés et à être réévalué par rapport aux progrès réalisés. Une pédagogie de la maîtrise et du dépassement de soi met plutôt l'évaluation au service de l'apprentissage, en mettant l'accent sur une évaluation critériée et formative. Elle responsabilise chaque apprenant et le met au défi de réaliser pleinement son potentiel d'apprentissage. L'évaluation a pour objectif d'analyser le processus et le degré d'apprentissage dans un but formatif, c'est-à-dire de promouvoir l'apprentissage. Les résultats des évaluations guident l'enseignant dans le choix d'autres activités pédagogiques permettant d'atteindre un plus haut degré de maîtrise des apprentissages visés. Les recherches en éducation ont clairement démontré l'efficacité de cette approche (Block, Efthim et Burns, 1989 ; Guskey et Gates, 1986), mais celle-ci est encore peu généralisée, surtout pour des raisons de gestion et d'administration. On reproche parfois à la pédagogie de la maîtrise son caractère trop traditionnel et même behavioriste, mais celle-ci peut être facilement adaptée à une pédagogie interactive et ouverte. L'important, c'est de viser l'actualisation maximale du potentiel d'apprentissage des élèves. Une minorité linguistique qui doit développer au maximum ses ressources humaines réduites en nombre peut-elle se permettre de ne pas instaurer une approche pédagogique qui se veut actualisante au plus haut degré ?

Conclusion

Les communautés francophones minoritaires, après avoir acquis le droit à la gestion scolaire autonome, se dirigent vers un développement global de l'éducation (Cardinal, Lapointe et Thériault, 1994). Toutefois, un certain nombre de prémisses fondées sur la recherche en milieu minoritaire démontrent que sans une certaine *complétude institutionnelle*, les minorités francophones peuvent difficilement avoir accès à une vie communautaire. Or, la vie communautaire est essentielle à la création de réseaux de contacts culturels et linguistiques qui nourrissent le développement psycholangagier et la formation de l'identité ethnolinguistique. Dans un cadre limitatif d'*incomplétude institutionnelle*, l'école et les autres institutions éducatives sont par conséquent les niches institutionnelles de la communauté qui peuvent le mieux appuyer la famille dans des démarches de conscientisation et de communautarisation.

Il existe toutefois, il faut le reconnaître, un certain asynchronisme dans le développement des communautés minoritaires francophones. Si quelques-unes se sont dotées de structures garantissant une certaine autonomie culturelle, d'autres luttent encore pour la gestion scolaire autonome ou une école française. De plus, la vitalité de la francophonie minoritaire canadienne dépend non seulement du degré d'autonomie culturelle des minorités, mais de l'ensemble du capital linguistique cumulé sur les plans démographique, politique, économique et culturel. On ne sait pas encore à quel point les communautés à faible vitalité ethnolinguistique pourront continuer à être ou à devenir des entités actives et distinctes sur un territoire qui devient à la fois de plus en plus homogène anglophone et de plus en plus pluriethnique. L'invasion progressive des paysages linguistiques francophones par l'anglais (Landry et Bourhis, 1997) et l'envahissement de l'imaginaire des membres de la communauté par les médias anglo-américains rendent de plus en plus difficile l'affirmation culturelle d'une minorité francophone sur le territoire habité. L'école et les autres institutions éducatives sont certes des lieux de socialisation importants qui peuvent influencer le vécu des jeunes francophones minoritaires pour de nombreuses années. Mais les efforts de conscientisation et de communautarisation de ces institutions éducatives peuvent-ils contrer le pouvoir d'attraction de la langue et de la culture dominantes, surtout là où elles sont les seules niches institutionnelles sous le contrôle des francophones ? Certaines analyses sociologiques (Bernard, 1997) présentent une vision assez pessimiste du potentiel de l'école comme balancier compensateur face aux forces assimilatrices de la communauté dominante.

Il demeure que, pour beaucoup de minorités francophones, les institutions éducatives sont les seules garantes d'espoir. Les effets de la scolarisation dans la lutte contre le déterminisme social et la naïveté sociale dépendront dorénavant non seulement de la gestion autonome de l'éducation, mais aussi de la qualité des interventions éducatives, c'est-à-dire du degré auquel la pédagogie permet l'actualisation du potentiel humain. La mise en œuvre d'une telle pédagogie nécessite des partenariats stratégiques et une forte mobilisation des ressources humaines et matérielles des communautés francophones. La Commission nationale des parents francophones et plusieurs partenaires entament présentement la création d'un projet éducatif national ayant comme but non plus l'égalité des chances et des ressources, mais l'égalité des résultats. Par ailleurs, ce projet vise la mise en œuvre d'une pédagogie actualisante comprenant les volets suivants : l'unicité de l'enfant, la réussite, la participation et la coopération, l'esprit entrepreneurial, la francisation, l'expression artistique et culturelle, l'intégration à la communauté, et la conscientisation à l'état des francophones en milieu minoritaire. C'est ce qui est ressorti du congrès national « Vers les résultats », tenu à Ottawa, en octobre 1997. L'aspect le plus difficile de ce projet national, en plus du défi de rallier tous les partenaires, sera celui d'un changement du paradigme de l'éducation, changement qui exige une transformation des croyances et l'établissement d'un consensus autour d'une mission éducative et communautaire commune (Fullan, 1991). Passer d'une pédagogie de la transmission à une pédagogie actualisante unifiant les volets de la conscientisation, de la coopération et de la réussite nécessitera une importante synergie des actions de nombreux intervenants du monde de l'éducation et de la communauté. Il faudra établir un véritable programme communautaire qui permettra une vision globale et des actions locales. Les partenariats établis faciliteront certes une vision commune à l'ensemble de la francophonie minoritaire, mais, en raison de l'asynchronisme des développements communautaires, chaque communauté sera appelée à démontrer le maximum de créativité sociale sur le plan local dans la prise en charge de son cheminement vers un développement durable de l'identité francophone.

Bibliographie

Allard, Réal, et Rodrigue Landry (1986). « Subjective Ethnolinguistic Vitality Viewed as a Belief System », *Journal of Multilingual and Multicultural Development*, vol. 7, p. 1-12.

Allard, Réal, et Rodrigue Landry (1992). « Ethnolinguistic Vitality Beliefs and Language Maintenance and Loss », dans *Maintenance and Loss of Minority Languages*, sous la direction de Willem Fase, Koen Jaspaert et Sjaak Kroon, Amsterdam, Benjamins, p. 171-195.

Allard, Réal, et Rodrigue Landry (1994). « Subjective Ethnolinguistic Vitality : A Comparison of Two Measures », *International Journal of the Sociology of Language*, vol. 108, p. 117-144.

Allardt, Erik (1984). « What Constitutes a Language Minority ? », *Journal of Multilingual and Multicultural Development*, vol. 5, p. 193-205.

Baker, Colin (1993). *Foundations of Bilingual Education and Bilingualism*, Philadelphia, Multilingual Matters.

Bandura, Albert (1976). *L'apprentissage social*, Bruxelles, Mardaga.

Bandura, Albert (1978). « The Self System in Reciprocal Determinism », *American Psychologist*, vol. 33, p. 344-358.

Baril, Paul (1987). « Dominance linguistique et maintien de la langue chez la jeunesse franco-manitobaine », dans *Demain la francophonie en milieu minoritaire*, sous la direction de

Raymond Théberge et Jean Lafontant, Winnipeg, Centre de recherche du Collège universitaire de Saint-Boniface, p. 43-61.

BARTH, Fredrick (1969). *Ethnic Groups and Boundaries*, Boston, Little and Brown.

BASTARACHE, Michel (1995). « Nos défis face à la mise en œuvre du droit de gestion des établissements scolaires de la minorité linguistique au Canada », *Éducation et Francophonie*, vol. 22, p. 6-12.

BAULU-MACWILLIE, Mireille (1994). « Le préscolaire au Canada francophone », *Éducation et Francophonie*, vol. 22 n° 3. Numéro thématique.

BÉDARD, Armand (1993). *Vers une redéfinition de l'action des parents : portrait statistique des familles francophones*, Saint-Boniface, Commission nationale des parents francophones.

BERNARD, Roger (1990a). *Le déclin d'une culture : recherche, analyse et bibliographie, francophonie hors Québec, 1980-1989*, Ottawa, Fédération des jeunes Canadiens français.

BERNARD, Roger (1990b). *Le choc des nombres : dossier statistique sur la francophonie canadienne, 1951-1986*, Ottawa, Fédération des jeunes Canadiens français.

BERNARD, Roger (1990c). *Un avenir incertain : comportement linguistique et conscience culturelle des jeunes Canadiens français*, Ottawa, Fédération des jeunes Canadiens français.

BERNARD, Roger (1992). « Le postsecondaire au Canada français : bilan et perspective », *Éducation et Francophonie*, vol. 20, n° 3. Numéro thématique.

BERNARD, Roger (1994). « Les enjeux de l'exogamie », dans *Actes du mini-colloque national sur l'exogamie et les structures d'accueil des immigrants et immigrantes francophones*, sous la direction de la Fédération des communautés francophones et acadienne, Ottawa, Commissariat aux langues officielles, p. 3-12.

BERNARD, Roger (1997). « Les contradictions fondamentales de l'école minoritaire », *Revue des sciences de l'éducation*, vol. 23, p. 509-526.

BERRY, John (1984). « Cultural Relations in Plural Societies : Alternatives to Segregation and Their Sociopsychological Implications, dans *Groups in Contact*, sous la direction de Norman Miller et Marilyn Brewer, New York, Academic Press, p. 1-27.

BIBEAU, Gilles (1982). *Éducation bilingue en Amérique du Nord*, Montréal, Guérin.

BLOCK, James H., Helen E. EFTHIM et Robert B. BURNS (1989). *Building Effective Mastery Learning Schools*, New York, Longmans.

BORDELEAU, Louis-Gabriel (1993). *Besoins en formation du personnel enseignant des écoles de langue maternelle française*, Québec, Association canadienne d'éducation de langue française.

BORDELEAU, Louis-Gabriel, Pierre CALVÉ, Lionel DESJARLAIS et Jean SÉGUIN (1988). *L'éducation française en Ontario à l'heure de l'immersion*, Toronto, Conseil de l'éducation franco-ontarienne.

BOURDIEU, Pierre (1982). *Ce que parler veut dire : l'économie des échanges linguistiques*, Paris, Fayard.

BOURHIS, Richard, Howard GILES et Doreen ROSENTHAL (1981). « Notes on the Construction of a Subjective Vitality Questionnaire for Ethnolinguistic Groups, *Journal of Multilingual and Multicultural Development*, vol. 2, p. 145-166.

BOURHIS, Richard Y., Léna Céline MOÏSE, Stéphane PERREAULT et Sacha SÉNÉCAL (1997). « Towards an Interactive Acculturation Model : A Social Psychological Approach », *International Journal of Psychology*, vol. 32, p. 369-386.

BRETON, Raymond (1964). « Institutional Completeness of Ethnic Communities and the Personal Relations of Immigrants », *American Journal of Sociology*, vol. 70, p. 193-205.

CALDWELL, Gary (1994). « English Québec : Demographic and Cultural Reproduction », *International Journal of the Sociology of Language*, vol. 105-106, p. 153-179.

CARDINAL, Linda, Jean LAPOINTE et Joseph Yvon THÉRIAULT (1994). *État de la recherche sur les communautés francophones hors Québec : 1980-1990*, Ottawa, Centre de recherche en civilisation canadienne-française de l'Université d'Ottawa.

CAZABON, Benoît (1989). « L'aménagement linguistique au sein des écoles françaises de l'Ontario : un cas de transition difficile », *Revue québécoise de linguistique théorique et appliquée*, vol. 8, n° 2, p. 253-283.

CAZABON, Benoît (1996). « La pédagogie du français langue maternelle en Ontario : moyen d'intervention sur la langue en milieu minoritaire », dans *De la polyphonie à la symphonie : méthodes, théories et faits de la recherche pluridisciplinaire sur le français au Canada*, sous la direction de Jürgen Erfurt, Leipzig, Leipziger Universitätsverlag, p. 295-314.

CAZABON, Benoît (1997). « L'enseignement en français langue maternelle en situations de minorité », *Revue des sciences de l'éducation*, vol. 23, p. 483-508.

CHRISTIAN, Donna (1996). « Two-Way Immersion Education : Students Learning Through Two Languages », *Modern Language Journal*, vol. 80, p. 66-76.

CHURCHILL, Stacy, Normand FRENETTE et Saeed QUAZI (1985). *Éducation et besoins des Franco-Ontariens : le diagnostic d'un système d'éducation*, Toronto, Conseil de l'éducation franco-ontarienne.

COMMISSION NATIONALE DES PARENTS FRANCOPHONES (1994). *Là où le nombre le justifie...*, Saint-Boniface, CNPF.

COLEMAN, James S. (1987). « Families and Schools », *Educational Researcher*, vol. 16, n° 6, p. 32-38.

CORSON, David (1993). *Language, Minority Education and Gender : Linking Social Justice and Power*, Clevedon (Angleterre), Multilingual Matters.

CORSON, David, et Sylvie LEMAY (1996). *Social Justice and Language Policy in Education : The Canadian Research*, Toronto, OISE Press.

CUMMINS, Jim (1981). « The Role of Primary Language Development in Promoting Educational Success for Language Minority Students », dans *Schooling and Language Minority Students : A Theoretical Framework*, Los Angeles, California State Department of Education, chez l'auteur, p. 3-49.

CUMMINS, Jim (1984). *Bilingual and Special Education : Issues in Assessment and Pedagogy*, Clevedon (Angleterre), Multilingual Matters.

CUMMINS, Jim (1986). « Empowering Minority Students : A Framework for Intervention », *Harvard Educational Review*, vol. 56, p. 18-36.

CUMMINS, Jim (1989). *Empowering Minority Students*, Sacramento, California Association for Bilingual Education.

CUMMINS, Jim (1994). « Lies We Live By : National Identity and Social Justice », *International Journal of the Sociology of Language*, vol. 110, p. 145-154.

CUMMINS, Jim, et Merrill SWAIN (1986). *Bilingualism in Education*, London, Longmans.

DÉLORME, Renée, et Yvonne HÉBERT (1998). « Une analyse critique de *Sept modèles de gestion de centres scolaires communautaires* », dans *L'éducation en milieu minoritaire et la formation des maîtres en Acadie et dans les communautés francophones du Canada*, sous la direction de Georges Duquette et Pierre Riopel, Sudbury, Presses de l'Université Laurentienne, p. 199-230.

DUCHARME, Jean-Charles (1996). *Droits à l'instruction dans la langue de la minorité : état de la situation*, Ottawa, Ministère du Patrimoine canadien.

DUQUETTE, Georges (1997). *Vivre et enseigner en milieu minoritaire*, Sudbury, Presses de l'Université Laurentienne.

DUQUETTE, Georges, et Chantal CLÉROUX (1993). « Vivre en milieu minoritaire », *La Revue canadienne des langues vivantes = The Canadian Modern Language Review*, vol. 49, p. 770-786.

ERIKSON, Erik (1972). *Adolescence et crise : la quête de l'identité*, Paris, Flammarion.

FACULTÉ DES SCIENCES SOCIALES DE L'ÉDUCATION (1997). *Vers une pédagogie actualisante : mission de la Faculté des sciences de l'éducation et formation initiale à l'enseignement*, Moncton, Université de Moncton.

FERRER, Catalina (1997). « Vers un modèle d'intégration de l'éducation dans une perspective planétaire à la formation des enseignantes et des enseignants », *Revue des sciences de l'éducation*, vol. 23, p. 17-48.

FERRER, Catalina, Simone LEBLANC-RAINVILLE et Joan GAMBLE (1990). « Les droits humains et la paix : une question d'éducation », *Égalité*, vol. 27, p. 79-114.

FISHMAN, Joshua A. (1976). *Bilingual Education : An International Sociological Perspective*, Rowley (Massachusetts), Newbury House.

FISHMAN, Joshua A. (1989). *Language and Ethnicity in Minority Sociolinguistic Perspective*, Clevedon (Angleterre), Multilingual Matters.

FISHMAN, Joshua A. (1990). « What Is Reversing Language Shift (RLS) and How Can It Succeed ? », *Journal of Multilingual and Multicultural Development*, vol. 11, p. 5-36.

FOUCHER, Pierre (1985). *Les droits scolaires constitutionnels des minorités de langue officielle du Canada*, Ottawa, Ministère des Approvisionnements et Services.

FREIRE, Paulo (1980). *Pédagogie des opprimés*, Paris, Maspero.

FRENETTE, Normand, et Saeed QUAZI (1996). *Accessibilité et participation des francophones de l'Ontario à l'éducation postsecondaire : 1979-1994*, Sudbury, BoR.

FULLAN, Michael G. (1991). *The New Meaning of Educational Change*, New York, Teachers College Press.

GARDNER, Robert C. (1985). *Social Psychology and Second Language Learning : The Role of Attitudes and Motivation*, Baltimore (Maryland), Edward Arnold.

GARDNER, Robert C., et Richard CLÉMENT (1990). « Social Psychological Perspectives on Second Language Acquisition », dans *Handbook of Language and Social Psychology*, sous la direction de Howard Giles et W. Peter Robinson, New York, Wiley, p. 495-517.

GARDNER, Robert C., et Peter D. MACINTYRE (1992). « A Student's Contributions to Second Language Learning, part 1 : Cognitive Variables », *Language Teaching*, vol. 25, p. 211-220.

GARDNER, Robert C., et Peter D. MACINTYRE (1993). « A Student's Contributions to Second Language Learning, part 2 : Affective Variables », *Language Teaching*, vol. 26, p. 1-11.

GENESEE, Fred (1987). *Learning Through Two Languages*, Cambridge, Newbury House.

GENESEE, Fred (1991). « Second Language Learning in School Settings : Lessons from Immersion », dans *Bilingualism, Multiculturalism and Second Language Learning : The McGill Conference in Honour of Wallace E. Lambert*, sous la direction de Allan G. Reynolds, Hillsdale (New Jersey), Lawrence Erlbaum, p. 183-201.

GÉRIN-LAJOIE, Diane (1993). « Les programmes d'initiation à l'enseignement en milieu francophone minoritaire », *La Revue canadienne des langues vivantes = The Canadian Modern Language Review*, vol. 49, p. 799-814.

GILES, Howard, Richard Y. BOURHIS et Donald M. TAYLOR (1977). « Toward a Theory of Language in Ethnic Group Relations », dans *Language, Ethnicity and Intergroup Relations*, sous la direction de Howard Giles, New York, Academic Press, p. 307-348.

GLASSER, William (1969). *Schools Without Failure*, New York, Harper and Row.

GLASSER, William (1985). *Control Theory in the Classroom*, New York, Harper and Row.

GOHIER, Christiane, et Michael SCHLEIFER (1993). *La question de l'identité*, Montréal, Éditions Logiques.

GUSKEY, Thomas R. (1985). *Implementing Mastery Learning*, Belmont (California), Wadsworth.

GUSKEY, Thomas R., et Sally L. GATES (1986). « Synthesis of Research on the Effects of Mastery Learning in Elementary and Secondary Classrooms », *Educational Leadership*, vol. 43, n° 8, p. 73-80.

HAKUTA, Kenji (1986). *Mirror of Language : The Debate on Bilingualism*, New York, Basic Books.

HAMERS, Josiane, et Michel BLANC (1983). *Bilingualité et bilinguisme*, Bruxelles, Mardaga.

HAMERS, Josiane, et Michel BLANC (1989). *Bilinguality and Bilingualism*, Cambridge, Cambridge University Press.

HARWOOD, Jake, Howard GILES et Richard Y. BOURHIS (1994). « The Genesis of Vitality Theory : Historical Patterns and Discoursal Dimensions », *International Journal of the Sociology of Language*, vol. 108, p. 167-206.

HÉBERT, Raymond, *et al.* (1976). *Rendement académique et langue d'enseignement chez les élèves franco-manitobains*, Saint-Boniface, Centre de recherche du Collège universitaire de Saint-Boniface.

HÉBERT, Yvonne (1993). « Vers un centre scolaire communautaire à Calgary : conception, culture, programmation et pédagogie », *La Revue canadienne des langues vivantes = The Canadian Modern Language Review*, vol. 49, p. 865-886.

HELLER, Monica (1984). « Language and Ethnic Identity in a Toronto French-Language School », *Canadian Ethnic Studies*, vol. 16, n° 2, p. 1-14.

HELLER, Monica (1994). *Crosswords : Language, Education and Ethnicity in French Ontario*, New York, Mouton de Gruyter.

HIGGINS, Benjamin, et Maurice BEAUDIN (1988). *Impact de l'Université de Moncton sur les régions de Moncton, d'Edmundston et de Shippagan*, Moncton, Institut canadien de recherche sur le développement régional.

JACQUART, Albert (1984). *Inventer l'homme*, Bruxelles, Éditions Complexe.

JOHNSON, David W., et Roger T. JOHNSON (1989). *Cooperation and Competition : Theory and Research*, Edina (Minnesota), Interaction Book Company.

JOYCE, Bruce, et Marsha WEIL (1986). *Models of Teaching*, 3e éd., Englewood Cliffs (New Jersey), Prentice Hall.

LACHAPELLE, Réjean (1994). « L'exogamie dans les populations francophones en situation minoritaire : facteurs, évolution et conséquences », dans *Actes du mini-colloque national sur l'exogamie et les structures d'accueil des immigrants et immigrantes francophones*, Ottawa, Commissariat aux langues officielles ; Fédération des communautés francophones et acadienne, p. 13-14.

LAMBERT, Wallace E. (1975). « Culture and Language as Factors in Learning and Education », dans *Education of Immigrant Students*, sous la direction de Aaron Wolfgang, Toronto, Ontario Institute for Studies in Education, p. 55-83.

LAMBERT, Wallace E., et G. Richard TUCKER (1972). *Bilingual Education of Children : The St-Lambert Experiment*, Rowley (Massachusetts), Newbury House.

LANDRY, Rodrigue (1982). « Le bilinguisme additif chez les francophones minoritaires du Canada », *Revue des sciences de l'éducation*, vol. 8, p. 223-244.

LANDRY, Rodrigue (1985). *Pour une politique de l'enseignement des langues dans les écoles publiques du Nouveau-Brunswick*, Fredericton, Gouvernement du Nouveau-Brunswick.

LANDRY, Rodrigue (1993). « Déterminisme et détermination : vers une pédagogie de l'excellence en milieu scolaire », *La Revue canadienne des langues vivantes = The Canadian Modern Language Review*, vol. 49, p. 887-927.

LANDRY, Rodrigue (1994). « Diagnostic sur la vitalité de la communauté acadienne du Nouveau-Brunswick », *Égalité*, vol. 36, p. 11-39.

LANDRY, Rodrigue (1995). « Le présent et l'avenir des nouvelles générations d'apprenants dans nos écoles françaises », *Éducation et Francophonie*, vol. 22, p. 13-24.

LANDRY, Rodrigue, et Réal ALLARD (1989). « Vitalité ethnolinguistique et diglossie », *Revue québécoise de linguistique théorique et appliquée*, vol. 8, n° 2, p. 73-101.

LANDRY, Rodrigue, et Réal ALLARD (1990). « Contact des langues et développement bilingue : un modèle macroscopique », *La Revue canadienne des langues vivantes = The Canadian Modern Language Review*, vol. 46, p. 527-553.

LANDRY, Rodrigue, et Réal ALLARD (1991). « Can Schools Promote Additive Bilingualism in Minority Group Children ? », dans *Language, Culture and Cognition : A Collection of Studies in First and Second Language Acquisition for Educators in Canada and the United States*, sous la direction de Lilliam Malavé et Georges Duquette, Clevedon (Angleterre), Multilingual Matters, p. 198-231.

LANDRY, Rodrigue, et Réal ALLARD (1992a). « Subtractive Bilingualism : The Case of Franco-Americans in Maine's St. John Valley », *Journal of Multilingual and Multicultural Development*, vol. 13, p. 515-544.

LANDRY, Rodrigue, et Réal ALLARD (1992b). « Ethnolinguistic Vitality and Bilingual Development », dans *Maintenance and Loss of Minority Languages*, sous la direction de Willem Fase, Koen Jaspaert et Sjaak Kroon, Philadelphia (Pennsylvania), Benjamins, p. 223-251.

LANDRY, Rodrigue, et Réal ALLARD (1993). « Beyond Socially Naive Bilingual Education : The Effects of Schooling and Ethnolinguistic Vitality on Additive and Subtractive Bilingualism », *Annual Conference Journal of the National Association for Bilingual Education*, p. 1-30.

LANDRY, Rodrigue, et Réal ALLARD (1994a). « Ethnolinguistic Vitality : A Viable Construct », *International Journal of the Sociology of Language*, vol. 108, p. 5-13. Introduction.

LANDRY, Rodrigue, et Réal ALLARD (1994b). « Diglossia, Ethnolinguistic Vitality and Language Behavior », *International Journal of the Sociology of Language*, vol. 108, p. 15-42.

LANDRY, Rodrigue, et Réal ALLARD (1994c). « Profil sociolangagier des Acadiens et francophones du Nouveau-Brunswick », *Études canadiennes = Canadian Studies*, vol. 37, p. 211-236.

LANDRY, Rodrigue, et Réal ALLARD (1994d). *Profil sociolangagier des francophones du Nouveau-Brunswick*, Moncton, Université de Moncton, Centre de recherche et de développement en éducation, Groupe de recherche sur la vitalité de la langue et de la culture.

LANDRY, Rodrigue, et Réal ALLARD (1996). « Vitalité ethnolinguistique : une perspective dans l'étude de la francophonie canadienne », dans *De la polyphonie à la symphonie : méthodes, théories et faits de la recherche pluridisciplinaire sur le français au Canada*, sous la direction de Jürgen Erfurt, Leipzig, Leipziger Universitätsverlag.

LANDRY, Rodrigue, et Réal ALLARD (1997). « L'exogamie et le maintien de deux langues et de deux cultures : le rôle de la francité familioscolaire », *Revue des sciences de l'éducation*, vol. 23, p. 561-592.

LANDRY, Rodrigue, Réal ALLARD et Richard BOURHIS (1997). « Profils sociolangagiers des jeunes francophones et anglophones du Québec en fonction de la vitalité des communautés linguistiques », dans *Identité francocanadienne et société civile québécoise*, sous la direction de Gabriele Budach et Jürgen Erfurt, Leipzig, Leipziger Universtätsverlag.

LANDRY, Rodrigue, Réal ALLARD et Jacques HENRY (1996). « French in South Louisiana : Towards Language Loss », *Journal of Multilingual and Multicultural Development*, vol. 17, p. 442-468.

LANDRY, Rodrigue, Réal ALLARD, Brian MCMILLAN et Carole ESSIEMBRE (1994). « A Macroscopic Model of the Social and Psychological Determinants of Entrepreneurial Intent, dans *Frontiers of Entrepreneurial Research 1992*, sous la direction de Neil C. Churchill, *et al.*, Babson Park (Massachusetts), Babson College, Center for Entrepreneurial Studies.

LANDRY, Rodrigue, Réal ALLARD et Raymond THÉBERGE (1991). « School and Family French Ambiance and the Bilingual Development of Francophone Western Canadians », *The Canadian Modern Language Review = La Revue canadienne des langues vivantes*, vol. 47, p. 878-915.

LANDRY, Rodrigue, et Richard Y. BOURHIS (1997). « Linguistic Landscape and Ethnolinguistic Vitality : An Empirical Study », *Journal of Language and Social Psychology*, vol. 16, p. 23-49.

LANDRY, Rodrigue, et André MAGORD (1992). « Vitalité de la langue française à Terre-Neuve et au Labrador : les rôles de la communauté et de l'école », *Éducation et Francophonie*, vol. 20, n° 2, p. 3-23.

LAPIERRE, Édouard J. (1988). « Pour un plan de développement de l'éducation française au Canada des années 1990 », *Revue de l'Association canadienne d'éducation de langue française*, vol. 16, n° 1, p. 25-34.

LAPIERRE, Jean William (1977). *Vivre sans État ? : essai sur le pouvoir politique et l'innovation sociale*, Paris, Seuil.

LE SCOUARNEC, François-Pierre (1995). « Inforoutes et éducation », *Éducation et Francophonie*, vol. 23, n° 2. Numéro thématique.

LECLERC, Jacques (1986). *Langue et société*, Laval, Mondia.

LEPICQ, Dominique, et Richard Y. BOURHIS (1995). « Aménagement linguistique et norme langagière au Québec », *Situations du français*, vol. 33, n° 2, p. 109-128.

LOCHER, Uli (1993). *Les jeunes et la langue*, t. 1, Québec, Publications du Québec.

LYONS, James J. (1995). « The Past and Future Directions of Federal Bilingual Education Policy, dans *Policy and Practice in Bilingual Education*, sous la direction d'Ofelia Garcia et Colin Baker, Clevedon (Angleterre), Multilingual Matters, p. 1-14.

MACKEY, William F. (1970). « A Typology of Bilingual Education », *Foreign Language Annals*, vol. 3, p. 596-608.

MAGORD, André (1995). *Une minorité francophone hors Québec : les Franco-Terre-Neuviens*, Tübingen (Allemagne), Niemeyer.

MAGORD, André, Rodrigue LANDRY et Réal ALLARD (1994). « Identités acadiennes en Louisiane, en Poitou et à Belle-Île », *Études canadiennes = Canadian Studies*, vol. 37, p. 157-180.

MARTEL, Angéline (1991). *Les droits des minorités de langue officielle au Canada : de l'instruction à la gestion...*, Ottawa, Commissariat aux langues officielles.

MARTEL, Angéline (1993). « Compétitions idéologiques et les droits scolaires francophones en milieu minoritaire au Canada », *La Revue canadienne des langues vivantes = The Canadian Modern Language Review*, vol. 49, p. 736-759.

MARTEL, Angéline, et Daniel VILLENEUVE (1995). « Idéologies de la nation, idéologies de l'éducation au Canada entre 1867 et 1960 : le "bénéfice du locuteur" majoritaire ou minoritaire », *Revue canadienne de l'éducation*, vol. 20, p. 392-406.

MASNY, Diane (1996). « Meta-Knowledge, Critical Literacy and Minority Language Education : The Case of Franco-Ontarian Student Teachers », *Language, Culture and Curriculum*, vol. 9, p. 260-278.

MATTELART, Armand (1996). « Vers la mondialisation de la culture ? », *Universalia 1996*, Paris, Encyclopedia Universalis France, p. 106-111.

McMAHON, Frank (1996). « Le projet "politique" dans la formation des enseignants francophones en milieu minoritaire », dans *Pour un espace de recherche au Canada français : discours, objets et méthodes*, sous la direction de Benoît Cazabon, Ottawa, Presses de l'Université d'Ottawa, p. 75-92.

MOSCOVICI, Serge (1979). *Psychologie des minorités actives*, Paris, Presses universitaires de France.

MOUGEON, Raymond, et Édouard BENIAK (1991). *Linguistic Consequences of Language Contact and Restriction : The Case of French in Ontario*, Oxford, Oxford University Press.

MOUGEON, Raymond, et Édouard BENIAK (1994). « Bilingualism, Language Shift, and Institutional Support for French : The Case of the Franco-Ontarians », *International Journal of the Sociology of Language*, vol. 105-106, p. 99-126.

MOUGEON, Raymond, Édouard BENIAK et Daniel VALOIS (1985). « A Sociolinguistic Study of Language Contact, Shift, and Change », *Linguistics*, vol. 23, p. 455-487.

MOUGEON, Raymond, et Michael CANALE (1980). « Maintenance of French in Ontario : Is Education in French Enough ? », *Interchange*, vol. 9, p. 30-39.

MOUGEON, Raymond, Michael CANALE et Monique BÉLANGER (1978). « Rôle de la société dans l'acquisition et le maintien du français par les élèves franco-ontariens », *La Revue canadienne des langues vivantes = The Canadian Modern Language Review*, vol. 34, p. 381-394.

MOUGEON, Raymond, et Monica HELLER (1986). « The Social and Historical Context of Minority French Language in Ontario », *Journal of Multilingual and Multicultural Development*, vol. 7, p. 199-227.

MOUGEON, Raymond, Monica HELLER , Édouard BENIAK et Michael CANALE (1984). « Acquisition et enseignement du français en situation minoritaire : le cas des Franco-Ontariens », *La Revue canadienne des langues vivantes = The Canadian Modern Language Review*, vol. 41, p. 315-335.

PAILLÉ, Michel (1991). *Les écoliers du Canada admissibles à recevoir leur instruction en français ou en anglais*, Québec, Conseil de la langue française.

PAILLÉ, Michel (1995). « L'avenir de la population francophone au Québec et dans les autres provinces canadiennes », *Grenzgänge*, vol. 3, p. 42-59.

PAULSTON, Christina Bratt (1988). « Bilingualism and Bilingual Education : An Introduction », dans *International Handbook of Bilingualism and Bilingual Education*, sous la direction de Christina Bratt Paulston, Westport (Connecticut), Greenwood Press, p. 1-15.

PAYRASTRE, Georges, et Sylvain TELLIER (1993). *L'école française : un habitat de culture*, Vancouver, PRIN Communications. Rapport du Groupe de travail sur la culture francophone en Colombie-Britannique.

PRUJINER, Alain, Denise DESHAIES, Josiane F. HAMERS, Michel BLANC, Richard CLÉMENT et Rodrigue LANDRY (1984). *Variation du comportement langagier lorsque deux langues sont en contact*, Québec, Centre international de recherches sur le bilinguisme.

RUIZ, Richard (1988). « Bilingualism and Bilingual Education in the United States », dans *International Handbook of Bilingualism and Bilingual Education*, sous la direction de Christina Bratt Paulston, Westport (Connecticut), Greenwood Press.

SAVAS, Daniel (1988). *Portrait sociologique de la communauté franco-colombienne : rapport final*, Vancouver, Peiro Research.

SCHIFF, Michel (1982). *L'intelligence gaspillée*, Paris, Seuil.

SCHUMACHER, Eric F. (1973). *Small Is Beautiful : Economics as if People Mattered*, New York, Harper and Row.

SKUTNABB-KANGAS, Tove (1983). *Bilingualism or Not : The Education of Minorities*, Clevedon (Angleterre), Multilingual Matters.

SKUTNABB-KANGAS, Tove (1984). « Why Aren't All Children in the Nordic Countries Bilingual ? », *Journal of Multilingual and Multicultural Development*, vol. 5, p. 301-315.

SKUTNABB-KANGAS, Tove (1988). « Multilingualism and the Education of Minority Children », dans *Minority Education : From Shame to Struggle*, sous la direction de Tove Skutnabb-Kangas et Jim Cummins, Clevedon (Angleterre), Multilingual Matters, p. 9-44.

SKUTNABB-KANGAS, Tove, et Jim CUMMINS (1988). *Minority Education : From Shame to Struggle*, Clevedon (Angleterre), Multilingual Matters.

SLAVIN, Robert E. (1983). *Cooperative Learning*, White Plains (New York), Longmans.

SLAVIN, Robert E. (1990). « Research on Cooperative Learning : Consensus and Controversy », *Educational Leadership*, vol. 47, n° 4, p. 52-54.

SWAIN, Merrill, et Sharon LAPKIN (1982). *Evaluating Bilingual Education : A Canadian Case Study*, Avon (Angleterre), Multilingual Matters.

SWAIN, Merrill, et Sharon LAPKIN (1991). « Additive Bilingualism and French Immersion Education : The Roles of Language Proficiency and Literacy », dans *Bilingualism, Multiculturalism and Second Language Learning : The McGill Conference in Honour of Wallace E. Lambert*, sous la direction de Allan G. Reynolds, Hillsdale (New Jersey), Lawrence Erlbaum, p. 203-216.

TAJFEL, Henri (1974). « Social Identity and Intergroup Behaviour », *Social Science Information*, vol. 13, p. 65-93.

TAJFEL, Henri (1982). *Social Identity and Intergroup Relations*, Cambridge, Cambridge University Press ; Paris, Maison des Sciences de l'Homme.

TAJFEL, Henri, et John C. TURNER (1979). « An Integrative Theory of Intergroup Conflict », dans *The Social Psychology of Intergroup Relations*, sous la direction de William G. Austin et Stephen Worchel, Monterey (California), Brooks/Cole.

TARDIF, Claudette (1991). « L'arrêt *Mahé* : impact et conséquences », *Éducation et Francophonie*, vol. 19, n° 1. Numéro thématique.

TARDIF, Claudette (1993). « L'identité culturelle dans les écoles francophones minoritaires : perceptions et croyances des enseignants », *La Revue canadienne des langues vivantes = The Canadian Modern Language Review*, vol. 49, p. 787-798.

TARDIF, Claudette, et Frank MCMAHON (1989). « Les francophones et les études postsecondaires », *The Canadian Journal of Higher Education*, vol. 29, n° 3, p. 19-28.

VALDES, Guadelupe (1997). « Dual-Language Immersion Programs : A Cautionary Note Concerning the Education of Language Minority Students », *Harvard Educational Review*, vol. 67, p. 391-427.

VRIES, John de (1984). « Factors Affecting the Survival of Minorities : A Preliminary Comparative Analysis of Data for Western Europe », *Journal of Multilingual and Multicultural Development*, vol. 5, p. 207-216.

WAGNER, Serge (1990a). « Plan d'action pour l'alphabétisation en français », *Éducation et Francophonie*, vol. 18, n° 1, p. 41-48.

WAGNER, Serge (1990b). « Un défi pour la francophonie canadienne : 1990 année internationale de l'alphabétisation », *Éducation et Francophonie*, vol. 18, n° 1, p. 7-15.

WAGNER, Serge (1992). « L'alphabétisation et la refrancisation », *Éducation et Francophonie*, vol. 20, n° 2, p. 30-33.

WELLS, Gorden (1981). *Learning Through Interaction : The Study of Language Development*, Cambridge, Cambridge University Press.

WILLIG, Ann C. (1985). « A Meta-Analysis of Selected Studies on the Effectiveness of Bilingual Education, *Review of Educational Research*, vol. 55, p. 269-317.

CHAPITRE 20

L'éducation en Ontario français

LOUIS-GABRIEL BORDELEAU, ROGER BERNARD et BENOÎT CAZABON, Université d'Ottawa

Le développement de l'éducation en langue française en Ontario est une longue histoire de revendication des droits des francophones et d'affirmation d'une légitimité : recevoir en français une éducation équivalente à celle que reçoivent les anglophones en anglais.

La première tranche de cette histoire remonte au Régime français et se poursuit jusqu'au milieu du 20e siècle, alors que les principes d'une éducation en français sont reconnus et acceptés. La deuxième tranche historique, après 1950, sera consacrée à l'étude de la consolidation du réseau d'écoles élémentaires, et la troisième, après 1967, à l'établissement des écoles secondaires ainsi qu'à la mise sur pied d'un système d'enseignement collégial.

En plus de tracer l'historique de l'enseignement en français durant la seconde partie de ce siècle, nous abordons trois thèmes dont l'importance nous semble primordiale : la formation et le perfectionnement du personnel enseignant, la gestion de l'éducation en langue française et l'éducation en langue française au postsecondaire.

Enfin, nous estimons que l'enseignement du français langue maternelle est à ce point central, qu'il mérite d'être examiné en soi. Cette question fait l'objet de la dernière partie de ce chapitre.

SURVOL HISTORIQUE DE L'ÉDUCATION EN LANGUE FRANÇAISE EN ONTARIO

L'histoire de l'éducation en langue française en Ontario date du 17e siècle, une époque où le territoire ontarien, du moins celui de l'Est, du Centre et du Sud, est sous l'autorité de la France, rattaché à la Nouvelle-France. Les premières expériences d'enseignement en français ont donc lieu avant la formation proprement dite de l'Ontario. Elles sont reliées à deux grands types d'activités : les missions catholiques pour l'évangélisation des Amérindiens, et les forts-comptoirs pour protéger les territoires de chasse et le commerce des fourrures. L'évangélisation par les clercs des congrégations religieuses françaises en mission au Canada est un enseignement essentiellement religieux qui renferme aussi des éléments de francisation. De plus, à l'intérieur des fortifications françaises permanentes les plus importantes, les missionnaires assumeront une fonction éducatrice dont l'intention sera religieuse et moralisatrice.

Après la Conquête (1759), le retrait des troupes et l'abandon des forts, l'enseignement en français connaîtra des débuts difficiles, caractérisés par la confrontation entre Canadiens français et anglais.

En effet, l'histoire de l'éducation en langue française en Ontario est caractérisée par des luttes scolaires qui perdurent depuis plus de deux siècles. L'établissement de la première école anglo-française à la fin du 18e siècle se déroule dans des conditions pénibles liées à la colonisation. Les enseignantes en provenance du Québec doivent travailler dans un milieu scolaire vraiment défavorisé aux prises avec un sous-financement chronique, des locaux de fortune, un matériel pédagogique élémentaire, des manuels scolaires clairsemés et un nombre d'élèves limité.

Durant la première moitié du 19e siècle apparaissent quelques écoles anglo-françaises et certaines classes d'écoles anglaises qui ont le français comme langue d'enseignement. Ce n'est qu'au milieu du siècle, avec l'arrivée d'une première vague de migrants canadiens-français en provenance du Québec que sont mises sur pied des écoles de langue française surtout dans l'Est ontarien, le long de la frontière québécoise. À cette époque, le français et l'anglais sont sur un pied d'égalité dans le système scolaire ontarien mis en place par le surintendant Egerton Ryerson, respectueux des droits de la minorité canadienne-française. Après le départ de ce dernier en 1875, les luttes scolaires prennent une autre allure, celle d'un conflit culturel, linguistique et religieux entre francophones catholiques et anglophones protestants.

La fin du 19e siècle et le début du 20e siècle sont marqués par la publication de nombreux rapports faisant état de l'inefficacité des écoles anglo-françaises et de l'incompétence des maîtres. D'un rapport à l'autre, les visées politiques consistent à restreindre l'enseignement du français pour laisser toute la place à l'apprentissage de l'anglais. Ces politiques d'acculturation et d'assimilation atteignent leur apogée avec la promulgation du règlement 17 en 1912, règlement qui limite sérieusement l'enseignement du français et en français. Les luttes scolaires qui s'ensuivent sont épiques et mettent à contribution les hommes politiques et les hautes instances du clergé ; on demandera même au pape d'intervenir en faveur des droits scolaires des Canadiens français. Ces luttes acerbes et de tous les instants se poursuivent jusqu'en 1927 alors que le deuxième rapport Merchant redonne au français droit de cité dans les écoles anglo-françaises élémentaires. Le principe de l'éducation bilingue est désormais accepté.

La deuxième tranche historique porte sur la période de 1950 à 1967. C'est une période marquée essentiellement par la reconnaissance de l'école de langue française au niveau élémentaire, reconnaissance découlant du rapport de la commission Hope déposé en 1950. Puis, le développement de l'éducation en langue française franchit une autre étape importante, celle de la création en 1969 de l'école secondaire de langue française, ce qui permettra d'ailleurs la mise en œuvre de la principale recommandation du rapport Bériault déposé en 1968.

Les écoles avant 1791

Les enjeux de l'éducation en Ontario français en cette fin du 20e siècle, notamment ceux liés à la formation des maîtres, à la langue d'enseignement, à la compétence en français, au financement, à la gestion, à la sous-scolarisation, au décrochage, à l'analphabétisme et à la disponibilité de manuels appropriés, pour ne retenir que les principaux, prennent racine au tout début de la fondation de l'Ontario avec l'*Acte constitutionnel de 1791* et l'établissement de la première école française catholique quelques années auparavant dans la région de Windsor.

Cette école fondée en 1782, mais qui ouvre ses portes en 1786, est-elle la première véritable école de langue française en Ontario ? Godbout (1977, p. 41), en prenant l'analyse de Benjamin Sulte (Choquette, 1980, p. 150), affirme que la première école pour les Français et les Amérindiens remonte à 1678 lorsque René-Robert Cavelier de La Salle ouvre une école au fort Frontenac (Kingston), le premier établissement permanent de colons français à l'ouest de Québec. Selon Godbout, cette école devrait être considérée comme « l'école mère de l'Ontario », non seulement de l'Ontario français, mais bel et bien de l'ensemble de l'Ontario. Les premiers maîtres de cette école sont les pères récollets qui enseignent dans des locaux de fortune, d'abord et avant tout pour instruire dans la foi catholique. Cette école paroissiale, catholique et française, fonctionne encore à la fin du Régime français, alors que la garnison comprend plus de 1 000 soldats et officiers (Godbout, 1977, p. 48).

La première véritable école de langue française – celle non liée à une fortification française – remonte à 1786, soit plus d'un siècle après l'école établie par La Salle. Cette école élémentaire de l'Assomption (Sandwich/Windsor) ouvre ses portes lorsque les demoiselles Adémard et Papineau, originaires de Montréal, acceptent d'aller faire la classe dans cette région nouvellement colonisée, éloignée et pauvre. Elles sont les premières institutrices à œuvrer dans une école de langue française, dans une région de l'Ontario qui appartient, encore en 1786, à la province de Québec, mais sous l'égide de l'Empire britannique. Les conditions d'enseignement et de vie sont très difficiles. Elles travaillent dans des locaux improvisés ; l'abbé de la paroisse s'engage à défrayer les dépenses de l'école et de la maison où logent les institutrices, alors que les parents réussissent de peine et de misère à réunir quelques deniers pour la rémunération. L'école compte alors 13 élèves : 8 pensionnaires et 5 externes (Godbout, 1977, p. 50).

L'expérience de l'école paroissiale de Sandwich dévoile des conditions et des réalités qui existent encore aujourd'hui, sous une forme différente, après deux siècles. La sous-scolarisation et l'analphabétisme des parents des élèves qui vivent alors dans des conditions économiques précaires liées à la colonisation perdureront pendant plus d'un siècle. Une pauvreté endémique, des routes rudimentaires, le manque de capitalisation et l'isolement font que l'instruction et l'éducation des jeunes ne constituent pas une priorité. Toutefois, il ne s'agit pas essentiellement d'un manque d'intérêt pour l'éducation ni d'une dévalorisation intrinsèque de l'instruction dus à une carence culturelle quelconque, mais plutôt de conditions sociales et économiques qui entravent le développement de valeurs propres à faire de l'éducation une priorité. Dans plusieurs régions de l'Ontario, nous retrouvons ces conditions difficiles jusqu'au milieu du 20e siècle. À ces circonstances pénibles s'ajoutent des politiques de financement inadéquates qui font en sorte que très souvent il n'y a pas d'argent pour l'établissement d'écoles de langue française et encore moins d'argent pour payer les maîtres. La sous-scolarisation et l'analphabétisme des Franco-Ontariens qui sévit toujours à la fin du 20e siècle remontent à la fondation même de l'Ontario au lendemain des premières migrations canadiennes-françaises en provenance du Québec.

La question de la valorisation de l'éducation apparaît avec l'établissement de la première école française en Ontario. Les conjonctures liées à la colonisation sont peu favorables au développement d'un système de valeurs qui préconise que l'éducation soit au centre des politiques de développement et de modernisation. Si les écoles sont clairsemées, c'est en partie lié au fait que l'instruction n'est certainement pas pressentie comme un besoin primaire ; elle ne constitue pas non plus la valeur première de la culture des pionniers qui souvent sont illettrés. Les écoles sont peu nombreuses aussi parce que les fonds manquent pour les établir dans des conditions acceptables, et que des maîtres français, catholiques et compétents sont pratiquement introuvables. Au début, les paroissiens doivent s'engager à de lourds sacrifices pécuniaires pour mettre sur pied des écoles et en assurer le bon fonctionnement. Le sous-financement, qui est présent à la création de la première école, refera surface génération après génération avec la régularité d'un métronome jusqu'à la toute fin du 20e siècle. Après la fondation de l'Ontario en 1791, les choses s'améliorent quelque peu, mais deviennent aussi beaucoup plus complexes.

Les écoles françaises du Haut-Canada (1791-1840)

Les premières lois touchant l'éducation en Ontario remontent à la fin du 18e siècle. En effet, en 1797 la Couronne britannique autorise l'Assemblée législative du Haut-Canada à réserver des terres de la Couronne pour l'établissement d'écoles secondaires et d'instruction de haut savoir. En 1799, un édit oblige tous les maîtres à se prémunir d'un permis pour enseigner, permis qui est accordé après un examen approprié. Cet édit pose pour la première fois le problème crucial de la compétence des maîtres, autant dans les écoles de langue française que dans celles de langue anglaise. Reconnu comme un problème généralisé à l'ensemble de l'Ontario depuis la fondation du Haut-Canada, il retient l'attention de nombreuses commissions, surtout en ce qui a trait à l'enseignement en français en Ontario à la fin du 19e siècle. La première loi permettant la fondation d'écoles publiques subventionnées par l'État, l'*Acte d'établissement d'écoles publiques*, date de 1807. Les écoles bilingues françaises de Sandwich et de Kingston (cette dernière fondée en 1807) profitent d'ailleurs de cette loi. Malheureusement, les nouvelles écoles subventionnées sont avant tout des écoles destinées à la classe privilégiée. En 1816, avec l'*Acte des écoles communes* qui permet des subventions aux écoles primaires, le français et l'anglais sont sur un pied d'égalité ; le français est alors dûment accepté dans le système scolaire ontarien. Malheureusement, trop peu d'élèves s'intéressent à l'apprentissage du français et de la grammaire ; il y a aussi une pénurie de bons maîtres et un manque flagrant de manuels appropriés. Cette situation ne se limite pas au début du 19e siècle ; l'enseignement du français et l'enseignement en français seront dans le même état 150 ans plus tard.

La question de la compétence des maîtres et de l'efficacité des écoles anglo-françaises remonte à la naissance du système d'éducation. En effet, un siècle d'enquêtes sur la pertinence et la qualité de l'éducation en français en Ontario commence en 1828. Le conseil d'administration de l'école du District-Ouest (Windsor) suggère de changer l'emplacement de l'école à cause de l'insalubrité de la ville de Sandwich et de la nonchalance de la population des environs qui n'apprécie pas les bienfaits d'une éducation qui dépasse les connaissances les plus élémentaires. On invoque aussi qu'un grand nombre de Canadiens français habitent la région de Sandwich et que ces derniers ne valorisent pas l'éducation. Pour la première fois, une commission d'enquête tente de lier des problèmes éducatifs à la présence des Canadiens français et à leur culture. La Commission recommande de ne pas déplacer de la ville de Sandwich l'école du District-Ouest. De nombreuses commissions se prononceront par la suite sur la qualité de l'enseignement des écoles de langue française. Ce long siècle d'enquêtes se terminera en 1927 par le deuxième rapport Merchant qui viendra corriger les excès de l'infâme règlement 17 de 1912.

Quelques années avant l'*Acte d'union* (1840), l'école du district de Sandwich compte 16 élèves de langue française sur les 39 qui fréquentent l'école. Les premières écoles anglo-françaises doivent promouvoir la cohabitation des Anglais canadiens et des Canadiens français, car à cette époque les francophones sont peu nombreux en Ontario, ne constituant qu'une très faible proportion de la population totale. La présence des francophones ne représente pas une menace pour la majorité anglaise ; la menace est essentiellement républicaine et américaine. Qu'il suffise de rappeler qu'en 1828, 90 % des manuels dans les écoles ontariennes sont américains. En 1840, le gouvernement ontarien rétablit l'équilibre en préparant une première liste de manuels autorisés pour les écoles de l'Ontario. Très rapidement la nouvelle loi ontarienne porte fruit : en 1846, seulement 50 % des manuels scolaires ontariens sont de provenance américaine. En 1862, cette liste de manuels autorisés s'applique aux écoles anglaises et anglo-françaises. Révisée en 1868, en 1879 et en 1889, elle devient au fil des ans beaucoup plus restrictive qu'auparavant.

Durant toute la période du Haut-Canada, la compétence des maîtres demeure un problème épineux. Une proportion inquiétante d'instituteurs sont jugés incompétents, et plusieurs rapports officiels confirment qu'un grand nombre de maîtres ne savent ni lire ni écrire, étant tout au plus capables d'enseigner le catéchisme par cœur. Ces constatations sont reprises telles quelles dans l'irrecevable rapport Durham déposé à Londres en 1839. Les propositions relatives à la sous-scolarisation et à l'ignorance du peuple canadien-français qui pourrait améliorer son sort par une intégration plus poussée et une assimilation linguistique, culturelle et religieuse au groupe anglo-protestant du Canada marquent le début d'un véritable nationalisme militant canadien-français pour assurer la survivance de ce peuple et la mise sur pied d'un réseau d'écoles anglo-françaises.

Quelques années avant l'*Acte d'union*, soit en 1837, Zoé Masson est le premier instituteur de français à Ottawa. À cette époque, l'enseignement du français ne pose aucunement problème et il en est ainsi pendant de nombreuses années, sous l'intendance d'Egerton Ryerson qui dirige l'éducation ontarienne de 1846 à 1876. Toutefois, les enjeux sont différents lorsque les Canadiens français du Bas-Canada quittent la province de Québec pour s'installer en nombre croissant en Ontario à partir de 1840.

Les écoles françaises sous l'*Acte d'union*

En 1851, les Canadiens français sont relativement plus nombreux en Ontario. La migration se fait d'abord dans les comtés adjacents au Québec. Dans les régions de Prescott et de Russell, ils sont plus de 4 000, alors qu'on en retrouve 5 000 dans le comté d'Essex. La population française de l'Ontario (l'ancien Haut-Canada) est de 26 471 en 1851 et de 33 287 en 1861 (Bernard, 1996, p. 160). À la suite de ce mouvement migratoire des Canadiens français du Bas-Canada vers l'est de l'Ontario, mouvement qui prend de plus en plus d'ampleur, apparaissent graduellement des écoles de langue française. Antérieurement à 1848, l'enseignement dans les districts de Prescott et de Russell « se donnait en anglais à tous les élèves sans distinction de religion ou de nationalité » (Godbout, 1977, p. 120-121).

À cette époque, le système scolaire ontarien est encore embryonnaire. Il y a peu d'écoles et la plupart sont de qualité inférieure, souvent sous l'autorité d'institutions incompétentes. Qu'il en eût été autrement serait très surprenant. Nous assistons à l'ouverture de l'Ontario à la colonisation des terres dans des conditions difficiles pour la majorité des colons, qu'ils soient anglophones ou francophones. Les écoles qui apparaissent lentement dans le sillage de la colonisation mettent un certain temps à se développer normalement.

Trois facteurs marquent la naissance du système scolaire ontarien. Tout d'abord, le rapport du Dr Charles Duncombe qui présente en 1836 des recommandations appropriées et pertinentes en regard de la création d'un système scolaire pour l'ensemble de l'Ontario et des Ontariens. Puis, il y a le rapport Durham de 1839 qui met en évidence l'inefficacité des écoles, en plus de recommander l'anglicisation des francophones pour qu'ils accèdent enfin à la grande culture anglaise en jouissant des retombées du tout-puissant Empire britannique. Enfin, l'arrivée d'Egerton Ryerson, surintendant des écoles ontariennes de 1846 à 1876, qui, s'inspirant du rapport Duncombe, consacrera une trentaine d'années à la mise sur pied d'un système d'éducation qui restera en place pendant plus d'un siècle sans changements majeurs.

De 1844 à 1846, Ryerson visite plusieurs pays d'Europe et divers États américains pour étudier le fonctionnement de systèmes d'éducation déjà très bien établis. En 1846, il devient surintendant. Il est chargé de mettre en œuvre le système d'éducation de l'Ontario selon les recommandations qu'il a présentées précédemment dans son rapport d'enquête. Trois grands principes président à cette mise en œuvre : une forme de démocratisation de l'enseignement, c'est-à-dire une éducation subventionnée pour le plus grand nombre ; la charge des écoles à des conseillers scolaires élus par les résidents des municipalités ; la formation professionnelle des enseignants, à la fois théorique et pratique, en fonction des besoins présents et futurs des enfants de l'Ontario.

Sous l'intendance de Ryerson, des écoles françaises voient le jour un peu partout en Ontario en fonction des principaux axes migratoires : d'abord dans l'Est ontarien et ensuite vers le nord, parallèlement à la construction des chemins de fer à la fin du 19e siècle. Les Canadiens français organisent en Ontario des écoles semblables à celles qu'ils ont connues au Québec. Habituellement, les enseignants sont d'origine québécoise, et très souvent les manuels d'enseignement en français sont les mêmes que ceux utilisés au Québec. Ryerson, par son acharnement et sa clairvoyance, est sans contredit le père de l'éducation moderne en Ontario. Les changements apportés pendant le siècle qui suivra son départ (1876) ne feront que rajeunir ou consolider le système mis en place durant ses années d'intendance. Il ne ménage pas les efforts pour réussir. Il effectue cinq tournées de la province (1847, 1853, 1860, 1866 et 1869-1870) dans des conditions particulièrement difficiles. Par la nouvelle formation professionnelle des maîtres, l'inspection régulière des écoles, la liste autorisée des manuels et les programmes d'études relativement bien définis, de nombreuses écoles atteignent un standard minimum d'efficacité (Phillips, 1957, p. 258-259).

Sous l'égide de Ryerson, le français a droit de cité dans les écoles ontariennes. Le cas Gigon démontre bien l'ouverture de cet homme ainsi que son respect pour la langue française. En 1851, le Conseil de l'instruction publique doit trancher au sujet de la certification de M. Gigon. En effet, le conseil municipal de Sandwich veut l'embaucher pour enseigner en français, même si ce dernier n'a qu'une connaissance passive de l'anglais. Après l'étude du dossier, le Conseil de l'instruction publique de l'Ontario déclare que la connaissance de la grammaire française ou allemande peut remplacer la connaissance de la grammaire anglaise aux fins de certification. Cette directive sera réitérée dans d'autres cas en 1858 et en 1871, favorisant habituellement les francophones.

Les écoles françaises après Ryerson

Après la création du ministère de l'Éducation en 1875 et la retraite de Ryerson en 1876, les choses se compliquent pour les Franco-Ontariens. La politique et les conflits ethniques et religieux qui s'insèrent rapidement dans la question scolaire brouilleront, pendant plus d'un siècle, les cartes de l'éducation française en Ontario. La création et le développement des écoles françaises deviennent graduellement les enjeux de ces luttes politiques et de ces relations ethniques tendues. L'évolution naturelle et harmonieuse des écoles françaises en fonction du besoin des Canadiens français prend fin. De nombreux événements expliquent le durcissement des positions de part et d'autre. Par exemple, les mouvements migratoires des Canadiens français du Québec vers l'Ontario s'intensifient ; en 30 ans, la population ontarienne d'origine française quadruple, passant de 26 471 en 1851 à 102 743 en 1881 (Bernard, 1996, p. 160). Aux relations linguistiques et culturelles exacerbées entre les anglophones et les francophones s'entremêlent des conflits religieux entre les protestants et les catholiques, conflits qui viennent perturber l'établissement et le développement d'écoles françaises. De plus, la formation plus ou moins adéquate des maîtres, une connaissance plus faible de l'anglais de la part des enseignants et des élèves de langue française, et l'utilisation de manuels en français en provenance du Québec agacent les Anglais ; graduellement, ces problèmes se changent en litiges et nécessiteront une réglementation.

En 1885, une nouvelle loi stipule que l'enseignement de l'anglais est obligatoire dans les écoles anglo-françaises, que l'étude du français ne doit jamais nuire à celle de l'anglais, et que seuls les manuels bilingues des provinces Maritimes doivent être utilisés, alors qu'une directive de 1879 permettait l'utilisation de manuels en provenance du Québec. De plus, tous les candidats qui veulent obtenir un certificat d'enseignement doivent démontrer qu'ils ont une connaissance suffisante de l'anglais pour l'enseigner de façon efficace.

Dans la foulée de cette loi, les écoles françaises se transforment dans les faits en écoles anglo-françaises. La marge de manœuvre est de plus en plus mince alors que la tolérance des anglophones rétrécit comme une peau de chagrin. Toutefois, l'application de la nouvelle loi varie en fonction des conditions de l'école, des besoins des élèves et de l'interprétation de l'instituteur qui conserve une certaine latitude dans l'application des directives du ministère de l'Éducation.

La loi de 1885 contient déjà les principaux éléments du règlement 17 qui sera promulgué en 1912. Il devient de plus en plus évident que les anglophones, par le biais de décisions politiques, cherchent à limiter l'enseignement du français et l'enseignement en français pour favoriser l'apprentissage de l'anglais qu'ils considèrent comme la langue unitaire du Canada. À la fin du 19e siècle, il ne faut pas oublier que le soleil ne se couche pas sur l'Empire britannique et que l'anglais s'impose comme langue internationale du commerce et de la diplomatie. De plus, l'affaire Riel, qui se termine par la pendaison de ce dernier en 1885, envenime véritablement les relations ethniques, qui passent de l'accommodation à la confrontation. Les relations conflictuelles seront désormais au cœur de l'établissement et du maintien des écoles françaises en Ontario.

En 1889, la commission Tilley, Raynar et McLeod stipule que l'enseignement du français ne doit jamais nuire à l'acquisition d'une parfaite connaissance de l'anglais, non seulement comme langue d'enseignement, mais aussi comme langue de communication entre les élèves et les enseignants dans tous les aspects de la gestion de la classe et de l'école. La même commission, dans un second rapport en 1893, réitère que l'anglais doit être la seule langue d'enseignement et de communication dans toutes les écoles publiques de l'Ontario. En 1896, à la suite d'une enquête sur la qualité de l'enseignement des frères des écoles chrétiennes (accusés d'incompétence), une nouvelle loi stipule que les fonctions du maître exigent qu'il utilise l'anglais comme seule langue d'enseignement et de communication dans sa classe, lorsque les conditions le permettent, c'est-à-dire lorsque les élèves comprennent l'anglais. D'une loi à l'autre, l'étau se resserre sur l'enseignement en français et les échappatoires disparaissent. Toutefois, les conditions des écoles et les besoins des élèves ne permettent pas toujours d'utiliser exclusivement l'anglais. Dans ces cas, l'enseignement en français est justifié. Bien que la nouvelle loi s'applique à toutes les écoles publiques de l'Ontario, les écoles séparées catholiques françaises, en utilisant une interprétation astucieuse des règlements, ne se considèrent pas comme des écoles publiques et continuent de donner la priorité au français.

Plus les lois sont restrictives en ce qui a trait à l'enseignement du français, plus le mouvement de résistance des francophones prend de l'ampleur. Ils se sentent de plus en plus coincés et trahis. La fin du 19e siècle et le début du 20e est une période trouble pour l'enseignement du français et en français en Ontario. Plusieurs rapports démontrent que les nombreux enseignants en provenance du Québec n'ont pas la compétence requise pour enseigner en Ontario, cette incompétence étant d'abord et avant tout liée à une connaissance insuffisante de la langue anglaise. Ces rapports reprennent les constats suivants : la qualité de l'enseignement est inadéquate ; l'apprentissage des élèves francophones est déficient ; ces derniers accusent un retard par rapport aux autres élèves de la province. D'abord, il est assez évident que ce retard est lié à une connaissance limitée de l'anglais. Par ailleurs, les problèmes en ce qui concerne la qualité de l'enseignement et l'apprentissage des élèves sont aussi reliés aux manuels en provenance des provinces Maritimes et du Québec – même si la loi l'interdit dans ce dernier cas –, qui ne sont pas toujours appropriés pour l'enseignement en français en Ontario. Pour pallier ce problème de l'inefficacité des écoles anglo-françaises et l'incompétence des maîtres, le ministère de l'Éducation autorise l'ouverture de cinq écoles modèles bilingues entre 1899 et 1907 : Plantagenet, Vankleek Hill, Sturgeon Falls, Sandwich et Ottawa. Le problème de la formation des maîtres n'est pas résolu pour autant. En effet, ces écoles sont habilitées à délivrer des certificats de deuxième et de troisième catégorie seulement, ceux de première catégorie étant réservés exclusivement aux écoles normales anglaises.

En réponse aux accusations d'incompétence des maîtres et de manque d'efficacité des écoles, les responsables de l'éducation de langue française en Ontario organisent un congrès provincial qui conduit à l'établissement de l'école modèle à Ottawa en 1907 (French-English Model School). En 1908, un rapport confidentiel du Dr Merchant accuse encore une fois les écoles anglo-françaises de l'Est d'inefficacité. De plus, il constate qu'une majorité de ces écoles ne respectent pas les directives du Ministère : elles demeurent essentiellement françaises en dépit des règlements scolaires qui imposent l'anglais comme langue d'enseignement et de communication. Le mouvement de résistance des francophones se donne de nouvelles stratégies, d'abord pour stopper les ravages des politiques d'assimilation et d'acculturation des Canadiens français par l'entremise de l'école, ensuite pour augmenter la qualité de l'enseignement général et pour redonner au français droit de cité dans les écoles anglo-françaises. En 1910, les quelque 1 200 délégués au Congrès de l'éducation des Canadiens français de l'Ontario fondent l'Association canadienne-française d'éducation de l'Ontario pour défendre les droits des francophones à une éducation en français.

La même année le ministère de l'Éducation confie encore une fois au Dr Merchant la responsabilité d'enquêter sur la situation globale des écoles anglo-françaises de l'Ontario. Cette commission royale d'enquête conduira le Ministère à promulguer le règlement 17, le 25 juin 1912, soit le lendemain de la fête de la Saint-Jean-Baptiste.

Le règlement 17 : une longue crise scolaire

Le Dr Merchant étudie tous les aspects de l'enseignement bilingue en Ontario. Il visite 269 écoles, rencontre plus de 500 enseignants et un peu plus de 20 000 élèves, dont près de 19 000 de langue française.

Le rapport Merchant, remis au mois de février 1912, soulève encore une fois le problème de la formation de maîtres compétents pour les écoles bilingues. Il relève le fait que les écoles modèles ne réussissent pas à former des maîtres vraiment compétents, parce que leur mandat les limite à attribuer des certificats de deuxième et de troisième catégorie. De plus, il constate une faible fréquentation scolaire de la part des élèves francophones, en particulier ceux du niveau secondaire, ce qui entraîne des problèmes de décrochage scolaire et de sous-scolarisation. En ce qui a trait à l'apprentissage de l'anglais, Merchant propose un programme spécial pour les élèves francophones, programme dans lequel l'anglais remplacerait graduellement le français comme langue d'enseignement. Pour ce faire, il croit qu'il serait préférable durant les premières années, soit de la 1re à la 4e, d'enseigner séparément aux élèves francophones et aux élèves anglophones, et de les intégrer dans les mêmes classes à partir de la 5e année, en ayant l'anglais comme langue d'enseignement. Selon Merchant, l'anglais doit être la langue de gestion de la classe et de l'école de sorte que les jeunes francophones l'apprennent le plus tôt possible. Pour l'enseignement de l'anglais aux élèves francophones, il recommande d'élaborer une nouvelle méthode qui réponde aux exigences d'une pédagogie moderne, les méthodes utilisées étant inadéquates. Pour pallier

Manifestation des écoliers contre le règlement 17, Ottawa, 1916.

l'inefficacité des écoles secondaires anglo-françaises, il propose une collaboration étroite entre ces dernières et les écoles secondaires anglophones (*high schools*), collaboration qui ressemble étrangement à une intégration complète des deux systèmes linguistiques.

Pour assurer la mise en œuvre des nouvelles politiques, ainsi que le bon fonctionnement et l'efficacité des écoles anglo-françaises, il reprend l'idée de la double inspection : un inspecteur anglophone et l'autre francophone. Le rapport Merchant sert de base à l'élaboration du règlement 17 qui entre en vigueur en 1912. Il est révisé au mois d'août 1913 pour tenir compte de certaines critiques des francophones, notamment en ce qui a trait à l'usage du français lorsque les élèves ne comprennent pas l'anglais. Toutefois, après la 2e année, il n'est plus possible d'utiliser le français sans l'approbation de l'inspecteur en chef. Le règlement 17 restera légalement en vigueur jusqu'au 31 décembre 1944 ; après cette date, il ne sera pas reconduit, mais il ne sera tout de même jamais aboli.

Le règlement 17 est plus restrictif et plus rigide que ne le proposait Merchant dans son rapport. Les principaux éléments de ce règlement se présentent comme suit :

a) à partir de la 3e année, l'anglais est la seule langue d'enseignement et de communication dans les écoles anglo-françaises, qu'elles soient publiques ou séparées ;
b) les enfants commencent l'apprentissage en anglais dès leur entrée à l'école ;
c) l'enseignement du français est restreint à une heure par jour par salle de classe ;
d) l'enseignement du français ne doit jamais remplacer ou nuire à l'enseignement de l'anglais ;
e) l'enseignement du français est limité aux écoles où il était permis en 1912.

L'étau est resserré. Les échappatoires sont disparues. Le règlement 17 est l'aboutissement de politiques mises de l'avant depuis le départ de Ryerson. Les directives ne laissent plus place à l'interprétation des maîtres et des inspecteurs. Toutes les voies de tolérance et d'ouverture sont maintenant fermées. Les luttes scolaires autour du règlement 17 incarnent toutes les luttes : les luttes idéologiques entre les nationalistes et les impérialistes, les luttes religieuses entre les protestants et les catholiques, les luttes ethniques entre les Canadiens français et les Anglais, ainsi que les luttes cléricales entre les Canadiens français et les Irlandais catholiques. Bien que le règlement 17 signifie la mise en place d'une politique d'assimilation et d'intégration des francophones, il devient néanmoins le catalyseur de la mobilisation sociale et du sentiment d'appartenance à la nation canadienne-française qui se sent profondément menacée. C'est le début de 15 années de luttes épiques auxquelles participent de nombreux hommes politiques et les plus hautes instances du clergé (on demande même au pape d'intervenir) ; de conflits interminables entre des commissions scolaires, certaines légitimes, d'autres moins ; de luttes juridiques qui mènent à des injonctions temporaires et à des déclarations de lois *ultra vires* ; de révoltes de parents et d'enseignants ; de la création de groupes de femmes qui montent la garde pour empêcher l'inspection quand les institutrices enseignent en français (l'épisode des épingles à chapeaux de l'École Guigues) ; et de la création de commissions scolaires doubles qui revendiquent les mêmes droits de représentativité des parents et des citoyens (Gervais, 1996b, p. 123-192).

Le conflit scolaire est maintenant généralisé ; il traverse toutes les institutions sociales et les instances politiques. Les Canadiens français demandent au gouvernement fédéral d'intervenir ; ils prient le Conseil privé de Londres de se prononcer ; ils demandent à Rome de réprimander les évêques qui appuient le règlement 17, plus particulièrement l'ineffable Mgr Fallum qui est considéré comme l'assassin de la race française (Gervais, 1996, p. 123-192).

Cette longue crise, génératrice d'un sentiment profond d'appartenance à l'Ontario français, se dénoue en 1925, lorsque le gouvernement de l'Ontario nomme une nouvelle commission d'enquête (dont les membres sont le Dr F.W. Merchant, le juge J.H. Scott et l'avocat L. Côté) chargée, d'une part, d'évaluer l'efficacité des écoles où on fait encore usage du français et, d'autre part, de recommander des méthodes pour assurer le bon fonctionnement des écoles, ainsi que des moyens à prendre pour améliorer la formation des enseignants. Deux ans sont nécessaires à la préparation du rapport, très bien fait d'ailleurs, qui met effectivement fin à la crise scolaire et aux luttes pénibles – mais non moins mobilisatrices – qui ont marqué les années de l'application du règlement 17. Les francophones ne sortent pas perdants de ce dernier exercice, puisque le français a désormais droit de cité dans les écoles élémentaires de l'Ontario. Pour le secondaire, c'est autre chose : la lutte se poursuivra jusqu'en 1968.

Les recommandations les plus importantes de ce rapport se résument ainsi :

a) *l'acceptation du principe de l'enseignement bilingue :* le français et l'anglais doivent recevoir la même considération en ce qui a trait à la langue d'enseignement et de communication entre les maîtres et les élèves à la fin de l'élémentaire ;
b) *la fin de la double inspection :* l'inspection des écoles anglo-françaises sera faite par un inspecteur d'origine française parfaitement bilingue ;
c) *la formation des maîtres :* l'École de pédagogie de l'Université d'Ottawa devient une école normale provinciale, responsable de former les maîtres qui se destinent à l'enseignement dans les écoles anglo-françaises.

Les changements favorables à l'éducation de langue française se succèdent. L'École normale de l'Université d'Ottawa ouvre ses portes dès l'automne 1927. Le 31 janvier 1928, apparaît la circulaire 46 qui constitue le premier véritable programme d'études pour l'enseignement en français et du français en Ontario. Les recommandations de la commission Merchant-Scott-Côté marquent le début d'une nouvelle époque : l'étatisme dans l'attribution des services éducatifs en langue française en Ontario. Le règlement 17 n'est pas officiellement aboli, mais à compter de 1927, le ministère de l'Éducation devient plus tolérant et ouvert à l'égard des francophones. Les luttes ne prennent pas fin, mais elles ne sont pas aussi virulentes que par le passé. Le français reprend lentement sa place dans les écoles bilingues, sans pour autant que soit négligé un apprentissage adéquat de l'anglais ; nous sommes très loin des principes assimilateurs du règlement 17.

De 1927 à 1950, l'Ontario français vit une période de consolidation de l'enseignement du français et en français dans les écoles élémentaires, mais les luttes pour maintenir les acquis sont de tous les instants. Les enjeux se déplacent du niveau élémentaire au niveau secondaire ; à la fin du siècle, ils rejoignent les niveaux collégial et universitaire. Plusieurs problèmes présents lors de l'établissement des premières écoles de langue française en Ontario perdurent. Qu'il s'agisse du sous-financement, de la sous-scolarisation, de l'analphabétisme, du décrochage scolaire, de la non-valorisation de l'éducation, des carences dans la formation du personnel enseignant, des manuels scolaires plus ou moins adaptés aux caractéristiques et aux besoins des élèves en milieu minoritaire francophone ou des méthodes pédagogiques plus ou moins efficaces, nous les retrouverons sous une forme ou une autre en 1950, lors de la publication du rapport de la commission Hope et en 1995, lors de la publication du rapport de la commission Caplan-Bégin.

L'état de l'enseignement en français (1950-1967)

La période de 1950 à 1967, marquée par le dépôt du rapport de la Commission royale d'enquête sur l'éducation en Ontario, la commission Hope, se présente à bien des égards comme déterminante pour l'enseignement en français dans les écoles de l'Ontario. Il est possible de constater des gains appréciables au niveau élémentaire et une percée lente et modeste de l'enseignement en français au niveau secondaire.

Au début des années 1950, l'Ontario compte une population de 4 597 520 personnes dont 477 677 sont d'origine française, soit environ 10 %. La vie publique en Ontario – à l'Assemblée législative, dans les divers ministères, dans les cours de justice – se déroule en anglais alors que l'expression de la réalité française se fait en dehors de ces arènes publiques. À bien des égards, l'essentiel des revendications des francophones de l'Ontario continue de porter sur l'école et sur l'enseignement en français, et le principal porte-parole de ces revendications est encore l'Association canadienne-française d'éducation de l'Ontario (ACFEO).

Le conseil d'administration de l'Association canadienne-française d'éducation de l'Ontario, lors du banquet du 12e Congrès général, le 16 novembre 1950. De gauche à droite : Mgr [Victorien] Croteau ; R.P. Sylvio Ducharme ; sénateur Lacasse ; E.C. Desormeaux ; Esdras Therrien ; R.P. Arthur Caron, vice-recteur de l'Université d'Ottawa ; juge Tachereau ; L.J. Billy, président du syndicat d'œuvres sociales, Wilfrid Carr, membre du syndicat d'œuvres sociales.

Le rapport de la commission Hope

Créée en 1945, la commission Hope dépose son rapport en 1950. Elle consacre deux chapitres à l'enseignement en français : l'un présente la perspective historique, l'autre propose la direction que doit prendre cet enseignement. Rappelons qu'elle avait entendu l'expression des besoins des associations françaises en éducation qui affirmaient :

> *Our only wish is that our children learn their own language in addition to the language of the majority. For the English-speaking Canadians, the study of French is not only a cultural enrichment but also a means of fostering national unity. For the French-speaking Canadians, it is the exercise of a right which they will never forego* (Hope *et al.*, 1950, p. 430).

Notons les principales orientations proposées par la commission Hope en ce qui a trait à l'éducation en langue française :

a) que le français soit au programme et qu'il soit la langue d'enseignement et de communication dans les écoles élémentaires séparées et publiques françaises ;
b) que les élèves soient aussi performants en anglais, tout en satisfaisant à toutes les autres exigences du programme à l'élémentaire ;
c) que les écoles élémentaires de langue française soient désignées par l'expression *schools attended by French-speaking pupils*, ou par le vocable *séparées* ;
d) que l'inspection des écoles où le français est la langue d'enseignement relève d'un directeur de l'enseignement en français et soit assurée par 13 inspecteurs, tous bilingues ou de *French racial origin* ;
e) puisqu'il n'existe pas d'écoles secondaires françaises, qu'un seul cours soit offert en français à ce niveau, le *Special French,* tous les autres cours devant être dispensés en anglais ;
f) que la formation du personnel enseignant pour les écoles élémentaires de langue française ne soit plus assurée, comme elle l'était depuis 1927, par l'École normale de l'Université d'Ottawa.

Cette recommandation ne sera pas retenue, et l'École normale continuera de dispenser cette formation.

L'enseignement en français à l'élémentaire

Peu avant le dépôt du rapport de la commission Hope, l'Ontario compte 48 451 élèves inscrits dans les écoles où le français est la langue d'enseignement, soit 44 573 dans les écoles élémentaires séparées catholiques et 3 878 dans les écoles publiques.

L'ensemble du programme d'études est défini par la circulaire 46 qui prescrit aussi les manuels scolaires à utiliser. Puisque le temps consacré à l'enseignement du français est en sus de celui consacré à l'enseignement de l'anglais et qu'il importe que l'élève francophone soit aussi performant en anglais, les autorités locales doivent réduire le temps d'enseignement d'autres matières comme les sciences naturelles, la musique et les arts. Il faut bien sûr accorder du temps à l'enseignement religieux. En 1967, peu avant le dépôt du rapport Bériault, « la communauté franco-ontarienne estime qu'il reste encore des problèmes à résoudre à l'échelon élémentaire, mais qu'il s'agit davantage de problèmes d'ordre administratif et pédagogique et qu'ils sont en train de se résoudre » (Bériault *et al.*, 1968, p. 23).

En cette année du centenaire de la Confédération, l'Ontario français compte 372 écoles élémentaires séparées accueillant 87 024 élèves, et 13 écoles publiques de langue française pour 2 459 élèves. Ces écoles se retrouvent au sein de 189 conseils scolaires séparés et 6 conseils scolaires publics, tous dits *bilingues* ou majoritairement anglophones. Cette situation donnera progressivement lieu à la revendication de la gestion scolaire par et pour les francophones.

L'éducation des francophones au niveau secondaire

En Ontario, les écoles secondaires font leur apparition durant les premières décennies du 20e siècle, mais l'enseignement en français au secondaire tarde beaucoup plus. Ces retards sont accentués par la décision de la commission Hope de réitérer la décision du Comité judiciaire du Conseil privé en 1928 dans la cause du comté de Tiny. Cette décision affirme que les catholiques, bien qu'ils puissent jouir des fonds publics pour les écoles primaires séparées, ne peuvent en faire autant pour les écoles secondaires.

Le maintien de cette décision en 1950 ne laissera que deux avenues aux francophones de l'Ontario qui désirent poursuivre des études au niveau secondaire : fréquenter l'école publique qui n'offre que le cours de *Special French* en français ou choisir une institution privée (Bériault *et al.*, 1968). Dans un tel contexte, on comprendra pourquoi les taux de fréquentation des francophones au niveau secondaire demeurent si faibles. Quoique la présence d'écoles secondaires privées franco-ontariennes corrige en partie les lacunes d'une école secondaire publique à toutes fins utiles de langue anglaise, la scolarisation des francophones demeure problématique. En effet, on estime qu'en 1966, seulement 20 % des élèves francophones susceptibles d'accéder au niveau secondaire s'y inscrivent réellement.

La Commission royale d'enquête sur le bilinguisme et le biculturalisme, créée en 1963, se penche sur la scolarisation des francophones au secondaire partout au Canada. Elle présente ainsi la situation en Ontario :

> Pour beaucoup de jeunes Franco-Ontariens, et leurs parents partagent ce sentiment, le passage au secondaire se fait dans l'inquiétude. Catholiques, ils peuvent craindre que l'école neutre ne sous-estime l'importance de la religion dans la vie quotidienne. Francophones, ils voient peut-être dans un enseignement dispensé presque exclusivement en anglais, une sorte de mépris à l'égard de leur langue maternelle. Parce qu'ils sont moins bien préparés que leurs condisciples anglophones, leur méfiance à l'égard de l'école secondaire est accentuée par un sentiment d'impéritie ou même d'infériorité (Commission royale, 1967-1970, 1968, p. 82).

Non seulement accède-t-on en faible nombre à l'école secondaire, mais pour ceux qui y accèdent, le taux de diplômes décernés est dramatique. L'enquête Carnegie, commandée en 1959 par la Commission sur le bilinguisme et le biculturalisme, a suivi pendant cinq ans le cheminement scolaire d'élèves inscrits en 9e année. Ses constatations sont les suivantes :

> sur 100 élèves de familles anglophones, 13 ont terminé leur 13e année, après cinq années d'études ; sur le même nombre d'élèves de familles où ni l'anglais ni le français n'est utilisé en famille, 17 sont parvenus à la 13e année ; sur la même base, seulement 3 francophones ont réussi à se rendre à la 13e année en cinq ans (Commission royale, 1967-1970, p. 140).

L'absence d'une éducation confessionnelle et en langue française explique la création et le maintien d'écoles secondaires privées françaises.

Les écoles secondaires privées franco-ontariennes

L'existence des écoles secondaires privées françaises remonte à 1845. Au début du 20e siècle, on en compte cinq, d'ailleurs toutes situées à Ottawa et créées par des communautés religieuses. De 1950 à 1966, les écoles secondaires privées françaises sont en pleine expansion : 33 écoles sont créées, et en septembre 1966, on compte 7 165 inscriptions de la 9e à la 13e année (Association des écoles secondaires privées franco-ontariennes, 1966). Plusieurs facteurs expliquent cette expansion : l'Ontario français reçoit nombre de familles canadiennes-françaises du Québec et du Nouveau-Brunswick, et l'accroissement démographique dû à la hausse des naissances d'après-guerre donne lieu à des effectifs scolaires accrus qui continueront d'augmenter jusqu'au milieu des années 1970.

Financièrement, le maintien de ces écoles privées demeure précaire. On ne reçoit des subventions gouvernementales que pour les élèves inscrits en 9e et en 10e année. Pour ceux des 11e, 12e et 13e années, les coûts sont assumés en partie par les parents et très largement par les communautés religieuses responsables de ces écoles. Ce financement inadéquat explique pourquoi ces écoles ne peuvent offrir que le programme Arts et Sciences, programme à teneur davantage générale. Les coûts élevés de laboratoires et d'ateliers ne permettent pas de dispenser le programme Affaires et Commerce, ni celui de Science, Technologie et Technique.

La situation financière devient à ce point alarmante que le 3 avril 1965, l'Association des écoles secondaires privées franco-ontariennes voit le jour. En juin 1966, l'Association met sur pied une commission d'étude pour examiner la situation et les perspectives d'avenir. Dans son rapport déposé en décembre de la même année, la commission recommande essentiellement une éducation secondaire en langue française, soit dans des écoles publiques homogènes, soit dans des écoles privées associées au système public. Le dépôt de ce mémoire aide à placer au premier plan la situation critique dans laquelle se trouvent les jeunes francophones pour qui l'éducation en langue française au niveau secondaire reste à faire.

L'avènement et le développement des écoles secondaires françaises après 1967

En août 1967, le premier ministre de l'Ontario, John P. Robarts, dans une allocution à l'Association canadienne des éducateurs de langue française, reconnaissait la « nécessité urgente d'offrir un enseignement au niveau secondaire dans la langue de la communauté franco-ontarienne » (Bériault *et al.*, 1968, p. 9). En novembre de la même année, le ministre de l'Éducation, William G. Davis, crée le Comité sur les écoles secondaires de langue française, comité chargé « d'examiner dans son ensemble la situation de l'enseignement en français dans la province de l'Ontario » (Bériault *et al.*, 1968, p. 9). Les tableaux I et II dressent le portrait des effectifs des écoles élémentaires et secondaires où on enseigne en français.

Tableau I
Effectifs au niveau élémentaire en 1967

Type d'école élémentaire	Nombre d'écoles	Nombre d'élèves
Séparée catholique	372	87 024
Publique	13	2 459
Total	**385**	**89 483**

Source : Statistiques du ministère de l'Éducation de l'Ontario.

Tableau II
Effectifs au niveau secondaire en 1967

Type d'école secondaire	Nombre d'élèves
Classes de 9e et de 10e année dans une école séparée	5 121
Institution privée franco-ontarienne	3 042
École secondaire publique	12 821[a]
Total	**20 984[b]**

Note :
a. Il s'agit d'écoles secondaires publiques où au moins une des matières – le français, l'histoire, la géographie, le latin – est enseignée en français.
b. On estime que ce total représente une partie du potentiel total des effectifs pouvant s'établir à 32 000 élèves.

Source : Statistiques du ministère de l'Éducation de l'Ontario.

Le rapport Bériault (1968)

Déposé en novembre 1968, le rapport Bériault traite des principaux éléments requis pour l'enseignement en français au niveau secondaire, soit les principes de base, les amendements législatifs, le programme scolaire et la formation du personnel enseignant.

Le rapport Bériault rappelle trois principes : la langue est le moyen principal de préserver la culture ; l'éducation demeure l'une des forces principales pour la survivance du groupe culturel franco-ontarien ; et le désir de vivre dans un milieu français est parfaitement compatible avec le désir de contribuer au progrès culturel, économique et technique de sa province et de son pays.

Afin d'assurer l'ouverture d'écoles secondaires où l'enseignement est dispensé en français, sauf pour le cas de l'anglais, évidemment, le comité Bériault propose d'amender trois lois. Il est suggéré que la *Loi sur le ministère de l'Éducation* donne au ministre le pouvoir d'instituer des règlements pour fixer la langue d'enseignement dans une école ou dans une classe quelconque. Aussi, la *Loi sur l'administration des écoles* doit permettre la création d'écoles secondaires où le français est la langue d'enseignement et de communication. Pour ce qui est de la *Loi sur les écoles secondaires et les conseils scolaires*, elle est consolidée dans la 8e partie intitulée *Écoles secondaires de langue française* et définit, entre autres, les conditions de création d'écoles ou de classes de langue et de comités consultatifs de langue française. La fonction essentielle de ces derniers « consistera à faire des recommandations pour répondre aux besoins éducatifs et culturels des élèves francophones » (Bériault *et al.*, 1968, p. 41). On procédera à un examen détaillé des amendements législatifs proposés (Bordeleau, Lallier et Lalonde, 1980).

Pour sa part, le programme scolaire, dont la conception sera assurée par des éducateurs francophones, doit suivre les principes pédagogiques essentiels et les lignes fondamentales d'enseignement des écoles secondaires de l'Ontario, tout en répondant aux besoins propres à la clientèle de langue française. Voici tout un défi, que ce soit dans le domaine de la création de manuels scolaires, de la mise en place de centres de ressources bien outillés, de la télévision éducative ou de l'éducation permanente.

Il devient alors urgent de créer un collège d'éducation pour la formation et le perfectionnement d'un personnel enseignant compétent dans toutes les disciplines enseignées. Dans la foulée de cette recommandation, le programme de formation à l'enseignement au secondaire de la Faculté d'éducation de l'Université d'Ottawa accueille ses premiers postulants en septembre 1969.

La mise en place graduelle du réseau d'écoles secondaires publiques de langue française

À la suite des réaménagements législatifs promulgués le 30 mai 1968, les écoles secondaires de langue française s'établissent progressivement dès janvier 1969. Un premier noyau d'écoles secondaires françaises est créé à partir d'écoles secondaires privées qui, devenant publiques, tombent sous la juridiction des conseils scolaires publics. En septembre 1971, l'Ontario français compte 21 écoles françaises et en 1979, ce nombre passe à 29. Simultanément, plusieurs écoles secondaires dites *anglaises* offrent au moins quelques cours en français, de là l'apparition d'écoles secondaires bilingues ou mixtes.

Les données du tableau III démontrent à quel point l'enseignement en français au secondaire répond à un besoin réel. Le taux de participation des francophones est d'ailleurs sans cesse croissant au secondaire.

La situation des années 1990

Depuis la création des écoles secondaires de langue française, l'enseignement à ce niveau est de plus en plus accessible aux élèves francophones sur la presque totalité du territoire ontarien. Cette accessibilité s'accroît d'ailleurs en 1986 alors que les écoles secondaires catholiques reçoivent pour la première fois des subventions pour tous les niveaux. Jusqu'à ce jour, ces subventions ne touchaient que les classes de 9e et de 10e année.

Tableau III
Nombre d'élèves inscrits dans les écoles françaises ou mixtes de l'Ontario, 1969-1978

Année	Années scolaires			
	9ᵉ et 10ᵉ	11ᵉ et 12ᵉ	13ᵉ	Total
1969	13 013	7 407	1 170	21 590
1970	14 670	8 856	1 686	25 212
1971	16 096	10 057	1 665	27 818
1972	16 933	10 960	1 990	29 883
1973	16 595	11 712	1 936	30 243
1974	17 067	11 978	1 862	30 907
1975	17 004	12 486	1 902	31 392
1976	16 695	12 850	1 965	31 510
1977	16 132	12 750	1 841	30 723
1978	16 859	12 864	1 807	31 530

Source : Statistiques du ministère de l'Éducation de l'Ontario, 1978.

Même si l'Ontario français compte sur un réseau bien constitué d'écoles élémentaires et secondaires françaises, il reste encore beaucoup à revendiquer afin d'obtenir pour les francophones de l'Ontario une éducation pour eux et par eux, c'est-à-dire l'entière gestion de l'éducation en français. La question de la gestion est examinée plus en détail dans la section suivante.

Quelques grandes questions particulières

Jusqu'ici l'éducation en langue française a été abordée selon une perspective historique. Trois questions traitées de manière thématique sont abordées ci-après. Le choix de deux de ces questions – la formation du personnel enseignant et la gestion scolaire – s'impose en raison de l'importance de leur impact sur l'existence même du régime scolaire, et la troisième – l'éducation en langue française au postsecondaire –, parce qu'il s'agit d'un secteur encore en développement.

La formation et le perfectionnement du personnel enseignant

Point n'est besoin de démontrer l'influence capitale que joue la disponibilité d'une formation de qualité pour le personnel enseignant. L'Ontario français a vécu et vit encore à l'intérieur de cette problématique.

En fait, depuis la formation de la première école élémentaire de langue française à l'Assomption en 1786, jusqu'à la création de l'École normale de l'Université d'Ottawa en 1927, le recrutement d'un personnel enseignant dûment qualifié se présente comme un défi de taille, au point d'ailleurs que Ryerson lui-même sent le besoin de se rendre en Europe afin d'y recruter du personnel enseignant estimé compétent.

À partir de 1927, l'École normale de l'Université d'Ottawa, en vertu d'une entente avec le ministère de l'Éducation, forme du personnel enseignant pour le niveau élémentaire. Jusqu'en 1967, des étudiants ayant complété la 12ᵉ année du secondaire reçoivent une formation pédagogique d'une année. De 1967 à 1972, le programme s'étale sur deux ans, permettant d'y compléter simultanément la 13e année et la formation pédagogique. Le baccalauréat devient un critère d'admission à compter de 1972. Une deuxième école normale avait par ailleurs ouvert ses portes à Sudbury en 1963.

Durant toute cette période, de 1927 à 1969, la formation pédagogique pour enseigner au niveau secondaire ne se fait qu'en anglais, au sein d'institutions relevant directement du ministère de l'Éducation. Tout francophone désireux d'enseigner dans une école secondaire publique est contraint, après l'obtention d'un baccalauréat, de compléter une année de formation pédagogique se déroulant entièrement en anglais, sauf pour la didactique *Special French*. Durant les années 1950 et 1960, afin de parer à la pénurie d'enseignants au secondaire, cette formation pédagogique s'offre aussi de façon intensive durant deux sessions d'été.

Le rapport Bériault recommande en 1968 la création, le plus rapidement possible, d'un collège d'éducation pour la formation en français au secondaire. En 1969, ce programme est mis sur pied à la Faculté d'éducation de l'Université d'Ottawa qui, depuis, offre une formation pédagogique correspondant aux programmes d'études existant au sein de l'école secondaire française. Quant à l'École des sciences de l'Université Laurentienne, elle offre une formation dans certaines didactiques du secondaire.

Depuis 1969, tant pour l'enseignement à l'élémentaire qu'au secondaire, les programmes de formation connaissent des réajustements périodiques sans qu'il s'agisse de refonte en profondeur. Les changements plus marqués se font dans le domaine des programmes de perfectionnement avec l'apparition des cours de qualifications additionnelles et des programmes de 2e et de 3e cycle à la Faculté d'éducation de l'Université d'Ottawa.

La gestion de l'éducation en langue française

L'obtention de la pleine gestion de l'éducation en français s'inscrit à l'intérieur d'une vision plus large, celle

> d'assurer le plein développement de tout apprenant de langue française en Ontario. En conséquence, nous croyons que la gestion de l'éducation en français est importante en autant qu'elle aide ceux qui ont la responsabilité d'aider les apprenants à atteindre leur plein potentiel (Ministère de l'Éducation/Ministère de l'Éducation et de la Formation, 1991, p. 4).

En avril 1997, l'Assemblée législative de l'Ontario approuve la loi 104 qui accorde la gestion scolaire aux francophones, en créant 11 conseils scolaires francophones, dont 7 catholiques et 4 publics. C'est l'aboutissement d'une longue démarche dont il importe de relever ici les jalons les plus importants.

1968 Le gouvernement ontarien reconnaît officiellement l'existence des écoles élémentaires de langue française et des écoles ou des classes de langue française au secondaire lorsque le nombre le justifie.

1976 Le rapport Mayo propose la création d'un conseil scolaire homogène de langue française pour la région d'Ottawa-Carleton.

1982 La *Charte canadienne des droits et libertés*, à l'article 23, accorde aux Franco-Ontariens, là où le nombre le justifie, le droit de faire instruire leurs enfants en français dans des écoles élémentaires et secondaires de la province. L'Ontario ira plus loin en éliminant la clause *là où le nombre le justifie*.

1986 Par une modification de la *Loi sur l'éducation*, le gouvernement de l'Ontario confirme le droit des communautés franco-ontariennes locales de gérer l'éducation en langue française par le biais de sections de langue française, même si les pouvoirs décisionnels de celles-ci sont limités. Le premier conseil scolaire de langue française voit le jour à Toronto.

1988 La loi 109 permet la création du Conseil scolaire de langue française d'Ottawa-Carleton.

1990 La Cour suprême du Canada, dans l'arrêt *Mahé*, accorde le droit aux parents visés par l'article 23 de la *Charte* de prendre en main leurs établissements scolaires.

1992 Le Conseil des écoles séparées catholiques de langue française de Prescott-Russell est créé.

1997 La loi 104 réduit le nombre total de conseils scolaires, tout en créant 11 conseils scolaires de langue française sur l'ensemble du territoire ontarien.

Il aura donc fallu tout près de 30 ans pour que soit accordée la gestion scolaire aux francophones.

L'éducation en langue française au postsecondaire

La question de l'enseignement en français au postsecondaire prend de plus en plus d'importance dans les revendications dès le début des années 1970. Celles-ci se concentrent surtout sur la question de l'accessibilité des francophones aux études postsecondaires (Bordeleau et Desjardins, 1976 ; Bordeleau et Gervais, 1976 ; Poirier *et al.*, 1986 ; Churchill *et al.*, 1985 ; Porter *et al.*, 1982). D'ailleurs, les études effectuées à ce sujet de 1975 à 1985 précisent que les taux de participation des francophones continuent d'être de loin inférieurs à ceux des anglophones (Bordeleau et Desjardins, 1976 ; Bordeleau et Gervais, 1976 ; Poirier *et al.*, 1986 ; Porter *et al.*, 1982). Cette constatation continue de confirmer les analyses des données du recensement de 1961. Selon D'Costa (1971, p. 115), 3,4 % de la population franco-ontarienne était inscrite au postsecondaire, comparativement à 6,2 % pour l'ensemble de la population ontarienne.

Des analyses plus récentes (Frenette et Quazi, 1991), tout en reconnaissant que le taux de participation des francophones au postsecondaire continue d'être inférieur à celui des non-francophones, indiquent cependant que l'écart s'est atténué ; il est d'ailleurs de moins en moins important au niveau collégial. Selon cette même étude, l'augmentation des inscriptions chez les francophones, tant au collégial qu'à l'universitaire, se fait surtout dans les programmes offerts en français.

Sur le plan institutionnel, le début de la présente décennie marque un tournant important pour le secteur collégial. La Cité collégiale ouvre ses portes à Ottawa et dans quelques campus environnants en 1990. Elle sera suivie en 1993 par l'ouverture du Collège Boréal dont le site principal est à Sudbury, mais qui est doté de campus desservant la grande région du Nord-Est et du Nord ontarien. S'ajoute ensuite le Collège des Grands Lacs desservant plutôt la clientèle du centre et du sud de la province. Les inscriptions croissantes dans ces trois institutions indiquent à quel point leur création vient combler un réel besoin.

Au niveau universitaire, les programmes disponibles en français se retrouvent surtout dans les universités bilingues, dont l'Université d'Ottawa et l'Université Laurentienne à Sudbury. Le collège universitaire de Hearst et le Collège universitaire Glendon à Toronto offrent aussi quelques programmes de premier cycle en français. Quoiqu'on ait revendiqué dans certains milieux la création d'une université française en Ontario, ce dossier demeure toujours au rang des intentions.

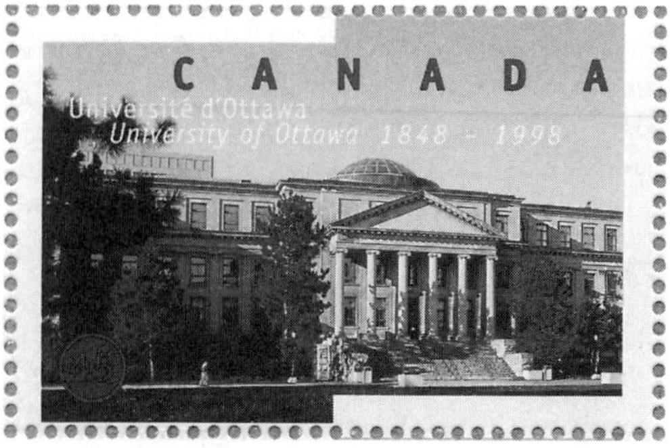

Université d'Ottawa, timbre commémoratif émis par Postes Canada, 1998.

L'ENSEIGNEMENT DU FRANÇAIS : SES ASSISES, SES APPROCHES ET SES ALÉAS

Le thème de l'enseignement du français en Ontario se mêle à celui de l'enseignement en français. L'histoire de l'éducation française dans cette province en est une de crise[1], nous l'avons amplement démontré dans les sections précédentes. Elle est intimement liée aussi à l'histoire des institutions francophones de la province et à celle de son peuple. Nous avons choisi de traiter de la didactique et de la pédagogie du français comme moyen d'intervention sur la qualité du français. Nous entendons cette affirmation dans son sens le plus large possible. Nous verrons le français comme norme, comme usage social et comme espace culturel.

Le domaine de la didactique du français est le moins documenté de l'éducation en langue française. Jusqu'à très récemment, la réflexion portant sur la didactique du français langue maternelle n'existait pas (Frenette, 1984 ; Lafrance, 1993). L'éducation française, l'enseignement en français et la pédagogie et la didactique du français sont à l'époque indifférenciés. Souvent les points de vue s'entrechoquent, mais la priorité demeure l'urgence du projet politique : obtenir, maintenir et gérer des écoles de langue française. Ce n'est qu'en 1980 que naît l'Association ontarienne des professeurs de français. Puis en 1988, l'Alliance canadienne des responsables et des enseignantes et des enseignants en français langue maternelle voit le jour. Par ailleurs, la mise sur pied de l'Association internationale de la didactique du français langue maternelle remonte à 1977. Il est prématuré de tirer des conclusions sur ces institutions marquantes et sur la recherche qui est menée en français langue maternelle. Néanmoins, il est temps de décrire et d'expliquer quelques-uns des jalons de l'histoire de la didactique et de la pédagogie du français en milieu minoritaire.

Dans un contexte de minorité, la tendance est grande à vouloir faire de l'enseignement du français une panacée interventionniste : corriger les défaillances linguistiques des jeunes par une opération miraculeuse des professeurs de français ! Il importe de rappeler une vieille règle : la meilleure pédagogie du monde ne saurait remplacer des situations sociologiquement normales d'usage d'une langue maternelle (Landry, 1994). Elle ne peut compenser une carence institutionnelle, sociale ou politique[2]. Ce serait pousser trop loin le rôle de l'école comme agent de changement. Le changement n'est possible que dans des conditions favorables. L'enseignement du français intervient donc comme un des leviers de la vitalité sociolinguistique. Il ne peut à lui seul assumer toutes les responsabilités qu'il partage avec les domaines législatif, institutionnel, associatif et communautaire. La didactique du français est actuellement fondée sur une approche communicative. La rencontre est source de mouvements, d'activités, d'énergies. Or, ces activités se produisent dans des conditions internes propres qu'il faut respecter. De plus, des contraintes culturelles liées à la prise de parole doivent être maîtrisées, ces prises de parole étant le fondement de l'organisation, soit la capacité des apprenants de s'identifier à ce qu'ils construisent, de prendre part à l'organisation, et même de la modifier. Ainsi se résument les contributions

---

1. Pour l'équivoque de la définition de *langue maternelle*, voir Gilles Gagné *et al.* (1989), *Recherche en didactique et acquisition du français langue maternelle,* t. 1, Bruxelles, De Boeck, p. 9 et s. Pour l'urgence de s'occuper de la didactique du français langue maternelle, voir Alliance canadienne des responsables et des enseignantes et des enseignants en français langue maternelle (1992), « La qualité de l'enseignement en langue maternelle au Canada : situation précaire et urgente », *Le Trait d'union*, vol. 3, n° 1, p. 2.
2. La théorie du balancier suppose que l'école est une force dans des circonstances sociologiques défaillantes. Or, l'école correspond généralement au milieu sociologique. Si celui-ci est faible, l'école le sera aussi. Si le milieu est fort, l'école pourrait mieux intervenir, mais elle n'a pas à le faire autant.

de l'enseignement du français à la vitalité linguistique : produire des rencontres, respecter les conditions inhérentes à la culture, assumer les contraintes et participer à l'organisation.

Nous verrons de quelle façon sont abordés ces divers rôles dans les documents touchant l'enseignement du français. Aux faits linguistiques qui jalonnent la vie des Ontariens de langue française s'ajoutent les concepts véhiculés au sujet des Franco-Ontariens. Souvent la perception qu'ils ont d'eux-mêmes est à la fois la cause et la conséquence de l'affaiblissement de la vitalité ethnolinguistique. Il faut comprendre la nature de cette vitalité, compte tenu des concepts véhiculés dans les documents façonnant l'enseignement du français en Ontario. Mais avant, nous traiterons brièvement de l'usage de la langue française dans cette province.

Les contextes linguistiques de la pédagogie du français en Ontario

Les contextes démolinguistiques, institutionnels, associatifs, législatifs et financiers ont été traités ailleurs dans ce volume. Les dynamiques reliant ces divers contextes sont complexes. L'aménagement linguistique et l'évolution des variations linguistiques sont soumis à des jeux imprévisibles, difficiles à définir de façon linéaire, et sont surtout rarement soumis à des lois de causes à effets seulement.

On reconnaît généralement deux ordres de variations : les variations intralinguistiques et les variations interlinguistiques (Lapierre, 1984 ; Cazabon, 1996). Les premières se rapportent aux usages et aux structures dans un même système. La variété perçue pourra être le fait de variations géographiques ou temporelles, ou les deux à la fois. C'est ce qu'on appelle la *variation sociolectale*. La modernisation des moyens de communication joue contre ce type de variété. Néanmoins, on retrouve en Ontario quelques variantes propres dans les domaines de l'agriculture et de la foresterie, en particulier. On reconnaît aussi la présence de variantes interrégionales (entre le Sud, le Nord et l'Est) pour les objets familiers, l'ameublement, la cuisine et les expressions intimistes. La diminution de la fréquence et de l'intimité des contacts entre des segments de la population entraîne un processus de différenciation linguistique. Si, dans le passé, les régions étaient plus isolées les unes des autres, ceci n'est plus le cas. Grâce aux associations provinciales d'étudiants, des activités auxquelles participent des jeunes des différentes parties de la province sont retransmises à l'ensemble de la population par la chaîne de TVO, par exemple.

Cependant, dans les trois régions mentionnées, qui souvent fonctionnent en vase clos, on voit apparaître soit une forme de sociolecte, soit une forme de régionalisation (qu'on ne peut réduire à un dialecte véritable). Les caractéristiques régionales et sociales se superposant, il est difficile de distinguer l'origine des variétés perçues. Dans le Nord, on est en présence de variétés régionales dues à la forme et à la période d'immigration – rurale, forestière et minière – (ces variantes se retrouvent dans les contes et les enquêtes dialectales), et d'un sociolecte issu du développement d'un protélariat en contexte de bilinguisme (ces variantes se retrouvent dans les narrations se rapportant à l'implantation dans un milieu particulier et à des sujets socioprofessionnels distincts).

Dans le Sud, la variété intralinguistique laisse le pas aux variations interlinguistiques commandées par la proximité plus grande de l'anglais, la diversité des origines des migrants et la prolétarisation des employés d'usine de transformation. Ceux-ci (dont une bonne part est originaire de villages québécois et du nord de l'Ontario) fonctionnent en langue seconde presque exclusivement. Le contact entre les langues est plus fréquent, et, dans cette région, les mêmes personnes doivent faire alterner plus souvent le français et l'anglais (l'exogamie est proportionnellement plus élevée). La langue française étant souvent limitée aux fonctions que l'on reconnaît aux groupes communaux et minoritaires, on voit apparaître la présence d'un *allolecte* qui s'apparente à un patois ou à un créole. Quelquefois, c'est le fond dialectal qui prédomine ; d'autres fois, ce sont les emprunts, les calques ou l'interpénétration des systèmes en contact qui l'emportent. Cependant, il faut nuancer ce portrait qui se complique aussi en raison des immigrations récentes plus intenses dans cette région et de l'impact de la loi 8 sur la fonction publique, concentrée à Toronto. L'accès imminent à l'éducation postsecondaire en langue française fera évoluer la dynamique interne de ce groupe.

Dans l'Est, on retrouve des éléments dialectaux semblables à ceux présents dans le Nord en raison de la forme et de la période d'immigration. Par contre, deux éléments caractérisent cette région : le fait que la capitale nationale en constitue la principale ville, de même que la proximité du Québec. Voilà la raison pour laquelle on retrouve, d'une part, une homogénéisation linguistique due aux médias, aux manifestations culturelles et aux échanges interprovinciaux et, d'autre part, un sociolecte provenant des échanges inspirés par les politiques de bilinguisme canadien, l'Université d'Ottawa et les chefs-lieux d'organismes comme la Fédération des communautés francophones et acadienne, la Fédération des jeunes Canadiens français, et l'Association des enseignantes et des enseignants franco-ontariens, entre autres.

Ainsi pourraient se résumer les contextes internes décrivant brièvement les caractéristiques linguistiques du français en Ontario (Cazabon, Lafortune et Boissonneault, 1993). L'école doit en tenir compte, comme nous le verrons plus loin, en adoptant des politiques touchant l'aménagement linguistique et les variations de compétences.

La pédagogie communicative

Une étude exhaustive des programmes scolaires permettrait de constater que la pédagogie du français, jusqu'en 1975, suit le modèle conçu pour la majorité anglophone. Par ailleurs, parce que les manuels proviennent du Québec, l'enseignement ressemble à s'y méprendre à ce qui se fait dans cette province. Cependant, le programme-cadre de français de 1977 s'inscrit dans son époque et prend une couleur ontarienne propre. La répartition de la matière reflète une perspective structuraliste (sans nécessairement respecter une école de pensée en particulier). Des unités discrètes d'apprentissage sont étalées selon leur complexité (perçue plutôt que vérifiée) et de façon à correspondre à un facteur irréductible : le temps réel de classe. On pourrait dire que l'inspiration est normative, le contenu est grammatical et lexical, et l'approche est *transmissive*[3].

Un nouveau programme-cadre

En 1987, un nouveau programme-cadre de français est mis en œuvre, basé sur des principes pour la première fois contenus dans un document ministériel. On y affirme que l'apprentissage est un processus fondé sur la pratique, soutenu par une forme ou une autre d'objectivation, de sorte que l'acquisition de connaissances s'ensuit. C'est un renversement complet de la croyance traditionnelle voulant que l'on acquiert d'abord des connaissances que l'on pratique ensuite. C'est la première fois aussi qu'on affirme le caractère sociologique de la langue en insistant sur la pratique en situations réelles et authentiques de communication. D'ailleurs, ces fondements sont précédés dans le document d'une section sur la *collectivité franco-ontarienne*, preuve que l'on joint l'apprentissage du français à son contexte d'utilisation.

Cette approche communicative met fin à une perspective transmissive du savoir langagier pour faire place à des transactions langagières incarnées dans des projets fondés sur

3. Ce néologisme est emprunté à la littérature américaine de l'éducation qui propose trois modèles de rapports entre l'apprenant et l'apprentissage. Le premier, de type *transmissif*, donne préséance au contenu. Le deuxième se concentre sur l'échange et est dit *transactif*. Le troisième favorise le changement de la personne et est dit *transformationnel*.

des situations authentiques de communication. Que ce soit un salon du livre, une exposition agricole, une radio communautaire, un musée de la culture régionale ou encore un théâtre communautaire, il s'agit de moyens sociologiquement actifs auxquels peut se joindre l'école. Ces activités complexes sont des sources naturelles de produits linguistiques : lettre d'invitation, publicité, indicatif musical, compte rendu dans le journal local, remerciements, etc. Voilà pour les élèves autant d'occasions de développer des gestes sociaux qu'ils seront appelés à répéter comme adultes. Bien qu'aucune évaluation ne soit disponible, il semble que l'intégration de l'école à son milieu soit plus réelle depuis une quinzaine d'années, particulièrement là où les enseignants maîtrisent mieux la nouvelle approche.

L'approche communicative permet de respecter certains facteurs de l'apprentissage préconisés ces dernières années par les cognitivistes. Elle privilégie un processus qui soustend les *bonnes* performances. Comme la pédagogie de la maîtrise, l'approche communicative propose des capsules d'activités qui présupposent leur réussite nécessaire avant de poursuivre le déroulement (Cazabon, Lafortune et Boissonneault, 1993, p. 146).

L'approche communicative tient compte aussi de l'état initial de l'élève, ce qui s'avère important dans un contexte d'hétérogénéité linguistique. Si le degré de difficulté est trop élevé, l'enseignement a peu ou pas d'effet. Plus l'enseignement est centré sur la compréhension – dans le sens de pouvoir interpréter les divers signaux d'une situation culturelle complexe –, plus il importe, avant de présenter aux élèves une nouvelle notion, d'évaluer leurs croyances et les stratégies d'apprentissage qu'ils ont développées.

En contexte de minorité, beaucoup de pratiques sociales ne sont pas naturellement acquises, parce qu'elles n'existent tout simplement pas. La pédagogie peut favoriser l'acquisition de certains automatismes en incorporant au programme des activités progressivement plus complexes et plus exigeantes. Celui qui ne pratique pas naturellement sa langue dans toute la gamme des fonctions sociales habituellement imparties à une langue peut développer une conception erronée de certaines pratiques. Ce sont souvent les élèves des milieux démographiques les moins favorisés, provenant d'écoles secondaires bilingues ou anglophones, qui entretiennent la croyance fausse que leur français est fort. Leur conception de la langue n'a pas été testée auprès de modèles autres que ceux de leur milieu. Or, ce milieu est assimilant et il fausse la perception de ce qu'est une performance de qualité. L'approche communicative permet de soumettre au test ces croyances et ces stratégies d'apprentissage par la nature même de son modèle pédagogique.

L'approche communicative soulève la question du seuil d'autonomie de l'apprenant. Dans la perspective générale où apprendre c'est, entre autres choses, agir de façon autonome, se pose alors la délicate question du seuil d'autonomie linguistique et des politiques linguistiques d'admission scolaire. Sur le plan pédagogique, l'approche communicative, si elle ne corrige pas les erreurs ou les obstacles qui proviennent d'un autre ordre d'organisation (nommément la politique d'admission scolaire et la responsabilité des parents ne parlant pas la langue de l'école), facilite néanmoins le passage entre les acquisitions et les nouvelles performances.

L'approche communicative n'est rien de moins qu'une façon de ramener trois caractéristiques de la langue en une pratique intégrée et holistique. La langue est formée de structures. Les respecter, c'est utiliser la langue *correctement*. La langue utilise aussi des formes du discours, chacune obéissant à des lois culturelles précises. Les respecter, c'est utiliser la langue *efficacement*. De plus, la langue se manifeste en situation. Parler, c'est agir. Des gestes s'imposent, une planification est de mise, des échanges s'établissent, et des personnes prennent des rôles différents. En prendre conscience, c'est utiliser la langue d'une façon *appropriée*. La pédagogie doit intervenir sur ces trois plans. L'approche communicative fait donc usage des stratégies mises en place par les tenants de l'interactivité pédagogique qui responsabilisent l'apprenant dans son rôle.

Depuis la parution du programme-cadre de 1987, la pièce maîtresse du modèle pédagogique privilégié, plusieurs documents viennent appuyer cette perspective de la langue. Nous retenons la Banque d'instruments de mesure de l'Ontario (BIMO-Français, 1989-1993), le nouveau programme-cadre Actualisation linguistique en français et Perfectionnement du français (ALF-PDF, 1994) et deux guides d'élaboration de politiques et d'interventions pédagogiques, *Aménagement linguistique en français* (1994) et *Investir dans l'animation culturelle* (1994).

La Banque d'instruments de mesure de l'Ontario, la BIMO-Français (1993)

Il est rare qu'un ministère de l'Éducation investisse autant d'argent et mobilise autant d'énergie dans le but de produire un instrument de mesure aussi complet. La production de l'instrument vise plusieurs fins. Tout d'abord, la qualité des performances linguistiques des élèves demeure un souci constant. En deuxième lieu, ni l'approche communicative du programme-cadre de 1987 ni les connaissances liées à l'évaluation formative ne font partie de la formation du personnel enseignant, tant le personnel en fonction que les candidats à la formation initiale. Il s'agit donc de donner une formation en cours d'emploi aux membres du personnel qui peuvent agir comme agents multiplicateurs. Enfin, si en théorie on sait ce que représente l'approche communicative, il existe peu de modèles pratiques pour guider l'enseignant dans ce nouveau processus.

Il importe de rappeler que ces instruments sont prévus pour l'évaluation formative des apprentissages. Ils sont utilisés dans un contexte de relation d'aide et dans le but de permettre une rétroaction sur les apprentissages. L'évaluation formative est conçue comme un processus portant sur des actes répondant aux divers besoins de communication des élèves. Les activités prévues permettent à l'élève de s'approprier l'acte à accomplir dans sa totalité (perspective globale ou holistique de la communication et partant de la pédagogie du français). Ce processus suppose un déroulement selon lequel les activités font naître des réflexions que l'on peut objectiver avant, pendant et après la réalisation de la pratique visée (d'où les trois sections). C'est pourquoi on propose des pratiques qui reposent sur un événement, une intervention dans le milieu ou dans le vécu individuel ou collectif. Enfin, il s'agit d'un mode d'enseignement qui favorise l'intégration d'activités appartenant à divers domaines : les autres disciplines, la maîtrise du code, l'expression de soi, le développement de la pensée, l'actualisation de soi et l'engagement communautaire.

Cet ensemble d'instruments mûrement réfléchis constitue la somme de tout ce que le programme-cadre voulait réaliser et une pratique exemplaire pour les autres instruments que nous allons voir. Si la pédagogie peut intervenir dans le maintien et le développement d'une langue maternelle en milieu minoritaire, la BIMO-Français est un bon exemple de ces pratiques.

Le programme-cadre Actualisation linguistique en français et Perfectionnement du français (ALF-PDF, 1994) et le document *Aménagement linguistique en français* (1994)

Pour tenir compte de l'hétérogénéité linguistique des élèves (Cazabon, Lafortune et Boissonneault, 1993), le ministère de l'Éducation et de la Formation de l'Ontario a décidé de mettre en vigueur deux documents importants. Le premier élabore deux programmes, dont le programme d'Actualisation linguistique en français (ALF) s'adressant aux élèves qui parlent peu ou pas le français. Il leur permet d'acquérir les compétences nécessaires pour communiquer, apprendre et s'affirmer culturellement. Pour la première fois, le rapport interne entre la langue et la culture est clairement affirmé. Ce programme repose sur les principes d'une approche communicative s'appuyant sur des situations réelles et sociologiquement signifiantes.

Quant au programme de Perfectionnement du français (PDF), il est destiné aux élèves qui s'expriment dans une variété de français régional très différente du français standard, ou qui ont des antécédents scolaires très différents de la moyenne des élèves, ou qui ont besoin de se familiariser avec leur nouveau milieu socioculturel et de s'y adapter. Cette description pourrait laisser croire que ce programme s'adresse aux élèves de milieux ontariens minoritaires ou éloignés. Sans les exclure, il est toutefois loin de leurs préoccupations et ne se rapproche pas des projets d'amélioration scolaire (Cazabon, Lafortune et Boissonneault, 1993) mis en place dans six conseils scolaires. Il s'adresse surtout aux néo-Canadiens répondant à la description ci-dessus. Il faudra veiller de près à ce que ce projet tant attendu ne soit pas un cadeau piégé[4]. Étant donné les objectifs d'apprentissage auxquels sont soumis ces étudiants, il est plutôt inconcevable de croire qu'ils pourront se perfectionner de façon telle à pouvoir un jour s'inscrire à un programme universitaire en français et réussir. Par exemple, « se familiariser avec leur milieu socioculturel » ne saurait être une condition suffisante pour maîtriser les subtilités qu'exigent les milieux universitaires et la profession d'enseignant. Parmi les activités de lecture et d'écriture, ces élèves doivent apprendre « à appareiller des lettres majuscules et minuscules » et « apprendre à bien former leurs lettres, aussi bien en écriture cursive qu'en script » (PDF, p. 26-27). À partir du moment où on se sent justifié de détailler de tels objectifs d'apprentissage, et nul doute que certains élèves en sont à ce niveau, il ne faudrait pas prétendre qu'il est possible d'amener ces mêmes élèves à fonctionner normalement aux années de spécialisation (la 10e, la 11e et la 12e année).

Dans l'ensemble, ce document offre des pistes intéressantes aux enseignants aux prises avec des situations d'hétérogénéité linguistique. Cependant, le vrai travail reste à accomplir. Bien qu'intéressantes, les pistes concernant les stratégies d'enseignement et d'évaluation à adopter sont trop floues. Ces stratégies sont trop complexes pour être laissées à la bonne volonté des usagers. Combien souvent est évoqué l'énoncé « il faut faire preuve de respect envers la culture des nouveaux arrivants » (10e stratégie, p. 30) ? Il ne s'agit pas à proprement parler d'une stratégie, à moins de l'accompagner d'un plan d'action et de connaissances précises.

Les stratégies d'évaluation (ALF, p. 30) semblent nettement en deçà des possibilités offertes actuellement dans d'autres documents ministériels, dont la BIMO-Français. Le problème de la continuité des documents fait toujours surface. En effet, pour des raisons idéologiques multiples, à cause de la mobilité du personnel de soutien et à cause du manque flagrant de spécialistes en linguistique, la continuité fait défaut dans le projet éducatif franco-ontarien.

Soulignons qu'une attention particulière doit être portée à l'intégration des élèves dans le Programme d'études ordinaire. « On choisit comme critère de passage à la classe ordinaire le moment où l'élève a une compétence suffisante en français pour s'en servir spontanément pour communiquer et pour apprendre » (ALF, p. 29). Mais comment en arrive-t-on à une telle décision ? Le lecteur est renvoyé au Programme d'études commun, depuis, retiré de la circulation. Il faudrait par ailleurs fixer le seuil minimum requis, seuil qui n'était pas prévu dans le Programme d'études commun et pour lequel nous ne tenons pas de données suffisantes à l'heure actuelle.

Le document *Aménagement linguistique en français*, pour sa part, vise à favoriser l'emploi du français dans tous les domaines

---

4. Nous pensons ici aux *start-up projects* destinés aux Noirs américains, et à l'effet pervers d'une intention bonne au départ.

d'activités de l'école. Il vise en particulier à promouvoir l'usage du français ; à améliorer la qualité du français et à développer l'étendue de son usage ; à élargir l'aire d'emploi institutionnel du français (ALF, p. 6). Il s'adresse au macrocontexte de l'école comme institution de langue et de culture. Ce document s'appuie sur les nombreuses interventions d'aménagement linguistique au Canada et en Ontario. Il utilise à ses fins l'article 23 de la *Charte canadienne des droits et libertés*. Il se réfère à la *Loi sur les tribunaux judiciaires*, à la *Loi sur l'éducation*, à la *Loi sur les services en français*, ainsi qu'aux nombreuses prestations de services en français qui en découlent. Ce document pourrait s'avérer une base sûre pour définir une éducation de qualité équivalente en français en Ontario.

Comme le document précédent, il vise, d'une part, l'acquisition par les élèves de compétences leur permettant de communiquer, d'apprendre et de s'affirmer culturellement et, d'autre part, l'évaluation de cette intégration des savoirs. Divers plans d'action sont proposés. L'intervention pédagogique est possible à condition qu'elle s'inscrive dans un plan global qui fait appel à des interlocuteurs de tous les domaines de l'éducation.

Le premier plan d'action porte sur les besoins des élèves. On propose aux conseils scolaires de dresser le profil linguistique et socioculturel des élèves et du milieu. Encore faudra-t-il mettre ces profils en relief avec les besoins minimaux nécessaires dans des conditions sociologiques normales de réalisation. Pour le moment, les possibilités sont encourageantes pour autant que les intervenants mettent à contribution certains centres de recherche universitaires, et tiennent compte des données des recherches dans le domaine et des divers outils déjà validés. Le profil réalisé par les responsables de l'École secondaire Thériault de Timmins est, à ce titre, exemplaire.

Quant au deuxième domaine d'action, l'admission des élèves, le document est plus lacunaire. Ce domaine est connu pour son caractère explosif. Les universités et les facultés d'éducation, en particulier, en ont fait les frais (Bordeleau *et al.*, 1993). On peut se demander comment sera interprétée la phrase suivante : « Par contre, dans les milieux où les francophones sont minoritaires, on insiste davantage sur l'attitude des élèves et des parents que sur leur compétence en français » (ALF, p. 29). C'est le genre de discours qu'ont tenus certaines directions d'écoles dans le passé pour justifier leur politique d'admission laxiste ; les parents plus francophones ont alors senti le besoin de créer un système parallèle (Frenette et Gauthier, 1990, p. 58). Une telle affirmation demande un acte de foi que la pratique du bilinguisme soustractif ne peut conforter. Une politique d'admission, c'est un ensemble de gestes, l'affirmation d'engagements pratiques et la soumission des résultats à des évaluations observables.

Le document traite de deux autres domaines, soit l'intégration et l'évaluation des trois compétences visées, d'une part, et les approches, les stratégies et les activités pédagogiques recommandées en milieu minoritaire, d'autre part. Étalées sous forme de listes, ces présentations ne mentionnent pas si elles sont exhaustives ou pas, si elles relèvent d'un principe de classification plutôt que d'un autre, si elles tiennent compte de facteurs pragmatiques (situationnels et sociolinguistiques). Par exemple, on mentionne qu'il faut « aménager un coin de lecture dans la classe » (ALF, p. 33). Soit ! Mais on aimerait savoir ce qui s'y passe au cours des activités, comment on évalue la qualité de ces activités et dans quelle mesure elles sont liées à l'acquisition de compétences à communiquer, à apprendre et à s'affirmer culturellement. Il aurait mieux valu ne rien suggérer plutôt que de donner l'impression de déjà vu.

L'aménagement linguistique constitue une intervention sur la qualité de l'enseignement d'une langue en milieu minoritaire. En ce sens, ce document ne connaît pas de précédent aussi complet en tant que politique d'aménagement linguistique d'une langue maternelle. Sa réussite dépendra de la volonté à la fois du ministère de l'Éducation et de la Formation de piloter des interventions évaluatives, et des divers intervenants d'y engager leurs énergies et le savoir professionnel nécessaire. Les premières descriptions de cours à la formation initiale des enseignants nous laissent songeurs. La tendance ne serait-elle pas de se diriger vers des prérogatives de langue seconde – réductionnisme de la portée sociologique et culturelle d'une langue –, plutôt que de respecter les véritables enjeux du contexte d'une langue maternelle en milieu minoritaire ? Plusieurs l'ont répété, l'intervention pédagogique est complexe, et il n'est pas rare de voir des tentatives ponctuelles consacrer la faiblesse à enrayer, plutôt que d'offrir un plan correcteur ou compensateur adéquat.

Investir dans l'animation culturelle (1994)

Ce guide d'intervention vient combler un manque flagrant dans le rôle que joue la langue à l'école ; il complète ainsi les documents qui précèdent. La finalité ultime d'une langue, c'est de voir la jeunesse s'y investir. L'animation culturelle existe depuis de nombreuses années dans les écoles secondaires surtout, grâce à l'engagement de quelques individus. Aujourd'hui, « il s'agit d'un service structuré, fondé sur l'action culturelle, c'est-à-dire sur toutes les interventions visant l'affirmation et le cheminement culturels de l'élève, et le développement d'un sentiment d'appartenance à une communauté franco-ontarienne dynamique et pluraliste » (p. 9).

Ainsi définie, l'animation culturelle pourra mieux éviter deux tendances fort désastreuses en matière de culture. D'une part, cette position fait des élèves les acteurs principaux de l'animation culturelle. Ainsi, au lieu de combler les carences en allant puiser à l'extérieur, on fait en sorte que les élèves deviennent les agents de l'activité culturelle. D'autre part, comme on entend dire qu'il n'est pas nécessaire qu'il y ait des professeurs de langue parce que tout le monde enseigne le français en enseignant les autres matières, on entend souvent dire que, l'animation culturelle étant l'affaire de tous, il n'y a pas de raisons d'avoir des animateurs désignés. Ces affirmations sont partiellement vraies. L'enseignement du français et l'animation culturelle sont bien sûr l'affaire de tous. Cependant, la spécificité du fait français et de la culture nécessite la participation active de personnes hautement spécialisées ; nous n'avons qu'à penser à certains domaines comme la littérature, la linguistique, la didactique du français, le leadership, la psychologie sociale, la dynamique de groupe, les arts et l'art oratoire.

Ce document ne se contente pas de définir ce qu'est l'*animation culturelle*. Il prévoit une répartition des responsabilités entre une personne clé, un comité consultatif et des comités de projet, le tout selon un modèle de gestion participative. Les activités doivent porter sur trois domaines : le volet pédagogique, le volet de la vie scolaire et le volet communautaire. Enfin, ce guide comprend un grand nombre d'activités, de fiches d'évaluation et de plans d'intégration entre les matières, de schémas d'intervention que les moins initiés pourront mettre à profit moyennant un support institutionnel adéquat et une formation en cours d'exercice par des pairs chevronnés. C'est le mieux réussi des documents les plus récents parce qu'il intègre le mieux les connaissances provenant de divers domaines. Il reprend ainsi ce qui avait été amorcé en 1987 dans le programme-cadre de français. Ce guide d'intervention s'inspire des modèles de gestion scolaire fondés sur la théorie du changement. Il utilise à son compte des exemples de grilles et de questionnaires tels qu'on retrouve dans la BIMO et dans les enquêtes provinciales sur l'écriture, à la section sociolinguistique en particulier. Ces observations sont importantes parce que les enseignants retrouveront, à l'intérieur des documents officiels, la pertinence essentielle au cheminement général du projet éducatif.

Nous avons fait ressortir les faits saillants des quatre documents récents produits par le ministère de l'Éducation et de la Formation de l'Ontario. Dès la parution du programme-cadre de 1987, l'objectif était de fournir aux élèves les compétences à communiquer – soit les habiletés à s'exprimer oralement et par écrit – en misant sur des activités réelles de communication. Ce volet a toujours compris implicitement la compétence à apprendre et la compétence à s'affirmer culturellement. Mais aujourd'hui, les documents abordent de façon plus explicite ces domaines, en s'attaquant aux dossiers de l'hétérogénéité linguistique, du perfectionnement linguistique et des politiques d'aménagement linguistique. De ces considérations dépend l'efficacité de l'enseignement du français.

En éducation, on a tendance à mesurer le changement en se référant à un cycle d'évaluation, d'élaboration et de mise en œuvre des priorités. Les documents analysés sont, pour la plupart, des documents politiques ; l'élaboration de véritables documents d'appui et plans d'action reste à venir. Seul le document portant sur l'animation culturelle se démarque, en ce sens qu'il fait figure de guide d'intervention. En ce qui concerne la capacité d'évaluer les documents d'élaboration des autres secteurs, il faudra attendre. Tout n'est pas à inventer bien sûr, mais l'entreprise démarre à peine. Il faudra quelques années avant de parler d'évaluation des mises en œuvre elles-mêmes.

Autres domaines à considérer

D'autres facteurs influencent aussi la qualité de l'enseignement du français ; mentionnons, entre autres, les manuels, la formation et la recherche. Bien que le manuel traditionnel soit moins essentiel dans un contexte moderne (approche *transactive* où l'élève agit de façon plus autonome, accès à l'informatique et à des centres de documentation), il s'avère néanmoins nécessaire que des produits de qualité tenant compte des changements en didactique (Cazabon, Lafortune et Boissonneault, 1993, p. 195-221) soient mis en marché. Pour le moment, l'édition stagne, se contentant de rajeunir la présentation sans offrir un véritable effort de renouvellement à la hauteur des politiques gérant la didactique du français.

Quant à la formation, il faudrait lui réserver beaucoup de réflexion. La plupart des facultés tentent pour l'instant d'ajuster leurs programmes aux changements dont nous avons traité. Elles font face aux mêmes problèmes que le milieu scolaire : compétences linguistiques insuffisantes des candidats, manque de préparation préalable pour adopter un modèle d'enseignement holistique (tenant compte de la transmission, de la transaction et de la transformation de l'élève), préparation déficiente des formateurs eux-mêmes. On voit poindre, en particulier, grâce aux activités de l'Association canadienne d'éducation de langue française et de l'Alliance canadienne des responsables et des enseignantes et des enseignants en français langue maternelle, des projets de concertation interprovinciaux en programmation, en production de manuels et en formation.

Le domaine de la recherche portant sur l'enseignement du français est le parent pauvre d'une société déshéritée. Peu d'étudiants de 3e cycle se préoccupent des questions liées à l'apprentissage d'une langue maternelle en milieu minoritaire. Il faut dire qu'il existe peu de cours dans cette discipline et peu de spécialistes pour les enseigner. Cette constatation se rapproche de ce que nous avons dit au sujet du postsecondaire. La question de la complétude institutionnelle et l'effet des lacunes font ressurgir la précarité du projet de reproduction du groupe ethnolinguistique. Pourtant, ce ne sont pas les sujets de recherche qui manquent ; on n'a qu'à penser aux évaluations des projets mis à l'essai, à une analyse des applications des modèles didactiques présentés plus haut, aux questions d'appartenance et d'identité culturelle, aux compétences linguistiques, enfin, à l'histoire des programmes-cadres de français.

En somme, on peut dire que l'enseignement du français se joue à l'intérieur même de la dynamique qui anime la vitalité ethnolinguistique du groupe en cause. Il participe à cette dynamique tout autant qu'il en dépend. La didactique du français telle qu'elle est comprise aujourd'hui offre la possibilité de générer des activités communicatives authentiques inspirant l'identité culturelle et le sens d'appartenance. En contrepartie, elle ne peut s'incarner que dans un tissu social capable de la supporter.

Le modèle éducatif actuel favorise le maintien de la langue maternelle en contexte de minorité. La pédagogie selon l'approche communicative peut s'appuyer avantageusement sur les nombreuses interventions législatives, sociales, institutionnelles et associatives dont jouit la communauté française en Ontario. Dans sa recherche d'une complétude institutionnelle, une minorité active se comporte comme si elle avait les droits d'une citoyenne à part entière. Ceci est d'autant plus vrai quand cette minorité est dite *nationale*. Le français au Canada est langue officielle. L'enseignement du français ne sera efficace que si l'on perçoit le français au Canada comme une activité publique normale, dans tous les sens que l'on peut donner à cette normalité.

Conclusion

L'établissement de l'éducation en langue française en Ontario est le fruit de très longues luttes, de la mise à contribution de nombreuses institutions et de l'engagement de personnes dédiées. Il y a eu des luttes liées aux conditions mêmes de la colonisation, celles mettant en conflit les francophones et les anglophones et, enfin, les ruptures et les déchirures de cette fin du 20e siècle à l'intérieur même de la communauté franco-ontarienne.

Les luttes scolaires pour la reconnaissance de l'enseignement en français et du français en Ontario ont cimenté la solidarité des Franco-Ontariens et ont façonné la vie de l'Ontario français. Il est impossible de dissocier l'école de l'histoire de la collectivité qu'elle dessert. Si l'école est le principal foyer du développement de la langue et de la culture, à part la famille, elle devient par le fait même l'élément central de la survie et de l'épanouissement de l'Ontario français.

La lente progression de la reconnaissance de l'éducation en langue française a connu des moments forts : l'imposition du règlement 17 et son assouplissement en 1927 ; la création des écoles secondaires françaises en 1969 ; la mise sur pied d'un collège communautaire de langue française en 1990 ; enfin, l'obtention de la gestion scolaire en 1997. Autant chacune de ces occasions a servi à consolider le sentiment d'appartenance, autant elle a fait ressortir des prises de position divergentes. Il reste par ailleurs des gains à réaliser comme le financement de l'éducation aux niveaux élémentaire et secondaire, la mise en place de structures et de programmes au niveau collégial et la réalisation d'un système universitaire complet de langue française.

L'histoire de l'éducation française en Ontario est jalonnée de luttes pour l'établissement d'institutions d'éducation, de programmes et de droits linguistiques. L'éducation française n'est pas indépendante du statut juridique et public de la langue française. Ainsi, en Ontario, le français, d'un point de vue normatif, se situe en deçà des niveaux de groupes majoritaires (Groupe Diepe, 1995 ; et Programme d'indicateurs de rendement scolaire [PIRS], 1993). L'effet d'un bilinguisme assimilant ou soustractif ronge le tissu social de ce groupe (Cazabon et LeBlanc-Rainville, 1997). L'école bilingue n'est plus, mais son passage se fait encore sentir dans les mentalités, surtout chez les plus âgés. Il reste peu de gens pour croire que l'apprentissage de l'anglais est la seule voie pour assurer l'insertion professionnelle. Acquérir une langue seconde va de soi, mais ce n'est plus une question de sauvetage. Par contre, de plus en plus de jeunes se considèrent comme bilingues plutôt qu'appartenant à un groupe ethnoculturel particulier. Il s'agit peut-être d'un phénomène de transition : une transition qui entraînerait un rapprochement progressif vers la langue dominante, dans ce cas-ci l'anglais, ou une nouvelle définition de la *culture française en Ontario*, incluant les membres d'origines ethniques variées, et un rapprochement entre les trois grandes régions (le Nord, le Sud et l'Est). Il va sans dire que la qualité objective du français est un domaine de préoccupation en éducation française.

Quant à l'usage social, de nouvelles possibilités sont offertes en particulier depuis l'avènement de la *Loi de 1986 sur les services en français*. L'école n'a pas tardé à capitaliser sur cette nouvelle réalité, en incitant les jeunes à utiliser ces services, en visitant, dans le cadre même du programme scolaire, de nouveaux musées, des cours de justice, des services de santé ou encore, en plaçant dans des projets coopératifs des élèves auprès de ministères (Voirie, Tourisme, Foresterie, etc.). Ces activités scolaires apprennent aux élèves à socialiser dans leur langue et inspirent des travaux scolaires multiples et variés en français. Ainsi, se rejoignent l'approche communicative prônée par la didactique du français, et l'aménagement linguistique offrant des services qui permettent de réaliser cette pédagogie. L'accès inconditionnel au français, langue publique, reste une utopie en Ontario. Chaque gain est accompagné de reculs néfastes. La langue française n'est pas reconnue comme une langue officielle en Ontario.

La vie communautaire en langue française est aussi lacunaire, bien que le monde associatif et les centres culturels remplissent plusieurs fonctions essentielles. L'usage social du français écrit fait encore défaut : les journaux de qualité sont rares ; l'autoroute électronique persiste à maintenir un système rébarbatif aux accents et aux commandes en français ; les notes de services, les procès-verbaux, les documents de plusieurs institutions sont dans la langue des délibérations, soit l'anglais.

En Ontario la langue française est un espace culturel d'une certaine prestance. Dotée d'établissements en béton vérifiables, la société française est cependant surtout un espace virtuel. Un réseau formel et informel de consortiums, de partenariats, d'associations et d'alliances donne vie à des réalisations meublant l'univers culturel d'expression française.

Ici, deux mentalités s'entrechoquent. Dans une perspective essentialiste de la culture, certains comparent des données, des faits, des activités de part et d'autre des deux cultures (anglaise et française) et arrivent immanquablement à un constat déficitaire pour la langue française. Cette perception du monde fait partie de l'assimilation.

Par contre, une vision constructive de la culture mesurant ce qui se fait dans la communauté et chez les individus ne peut que mener à la constatation qu'il est difficile de faire plus et mieux dans les circonstances données. Une minorité active vit un paradoxe d'attractions contradictoires : d'une part, l'énergie interne du groupe et, d'autre part, la sollicitation, la pression et la compétition du groupe de contact dominant.

Une position constructiviste est moins culpabilisante et plus engageante puisqu'elle fonde l'appartenance sur les gestes et les actions de chacun. Ces perspectives sont à débattre à l'intérieur même du projet éducatif afin qu'aucune mentalité de victime ne puisse s'installer chez les élèves. L'élève a besoin d'être guidé dans son appréciation des possessions de produits culturels – ceux de la minorité par opposition aux produits américains omniprésents, par exemple –, sinon, il sera éternellement en manque. La vitalité culturelle se mesure aux activités auxquelles il prendra part. La formation en ce sens reste à faire auprès des enseignants qui croient implicitement que la culture est innée. L'agir culturel sous-tend une double responsabilité dans un contexte où on doit inventer non seulement l'activité culturelle mais son support. Une chose demeure : la culture scolaire, c'est la capacité de remonter des produits aux pratiques, pour en apprécier les gestes, les principes sous-jacents et les liens à l'histoire.

Bibliographie

Allard, Jean-Louis (1973). « Les Franco-Ontariens et l'éducation postsecondaire », *Revue de l'Université d'Ottawa*, vol. 63, p. 518-531.

Alliance canadienne des responsables et des enseignantes et des enseignants en français langue maternelle, *Les besoins de formation en didactique du français langue maternelle*, Ottawa, Ronéo.

Alliance des responsables et des enseignantes et des enseignants en français langue maternelle (1992). « La qualité de l'enseignement en langue maternelle au Canada : situation précaire et urgente », *Le Trait d'union*, vol. 3, n° 1.

Althouse, J.G. (1929). *The Ontario Teacher : An Historical Account of Progress, 1800-1910*. Thèse de doctorat, University of Toronto.

Association canadienne d'éducation de langue française (1980). *L'enseignement postsecondaire et universitaire au Canada français*. Projet de recherche.

Association canadienne d'éducation de langue française (1981). *L'enseignement postsecondaire non universitaire au Canada français*, Québec, ACELF.

Association canadienne d'éducation de langue française (1982). *L'enseignement postsecondaire et universitaire au Canada français*, Québec, Éditions Le livre du pays.

Association canadienne d'éducation de langue française (1989). « Les droits fondamentaux des minorités linguistiques », *Cahiers de l'ACELF*, vol. 17, n° 2.

Association canadienne-française de l'Ontario (1977). *Les héritiers de lord Durham*, vol. 1 et 2, Ottawa, ACFO.

Association canadienne-française de l'Ontario (1989). *350 ans de présence francophone en Ontario*, Ottawa, ACFO.

Association des écoles secondaires privées de l'Ontario (1966). *Les écoles secondaires privées franco-ontariennes*, préparé par Omer Deslauriers.

Association des universités et collèges du Canada (1985). *Rapport du groupe de travail sur les services universitaires en français*, Ottawa, AUCC.

Barber, Marilyn (1965). *The Ontario Bilingual Schools Issue, 1910-1916*. Thèse de maîtrise, Queen's University.

Barber, Marilyn (1966). « The Ontario Bilingual Schools Issue : Sources of Conflict », *Canadian Historical Review*, vol. 67, n° 3.

Beaudry, Cléo, *et al.* (1981). *Bibliographie sur l'Ontario français*, Ottawa, Centre franco-ontarien de ressources pédagogiques.

Bégin, Monique, et Gerald Caplan (1994). *Pour l'amour d'apprendre = For the Love of Learning, vol. 1 : mandats, opinions et enjeux ; vol. 2 : apprendre, notre vision de l'école ; vol. 3 : les éducateurs et les éducatrices ; vol. 4 : des idées à l'action*, Toronto, Publications Ontario. Rapport de la Commission royale sur l'éducation.

Beniak, Édouard, et Raymond Mougeon (1989). *Aperçu sociolinguistique*, Québec, Presses de l'Université Laval.

Benoît, frère F. (1945). *Un siècle d'enseignement français en Ontario*, Montréal, Université de Montréal.

Bériault, Roland, *et al.* (1968). *Rapport du Comité sur les écoles de langue française de l'Ontario*, Toronto, Ministère de l'Éducation de l'Ontario.

BERNARD, Roger (1990a). *Un avenir incertain : comportements linguistiques et conscience culturelle des jeunes Canadiens français*, Ottawa, Fédération des jeunes Canadiens français.

BERNARD, Roger (1990b). *Le choc des nombres : dossier statistique sur la francophonie canadienne*, Ottawa, Fédération des jeunes Canadiens français.

BERNARD, Roger (1990c). *Le déclin d'une culture : recherche, analyse et bibliographie sur la francophonie hors Québec... 1980-1989*, Ottawa, Fédération des jeunes Canadiens français.

BERNARD, Roger (1996, c1988). *De Québécois à Ontarois*, 2e éd. rev. et aug., Ottawa, Le Nordir.

BOISSONNEAULT, Julie, Benoît CAZABON, René LORTIE et Marie MAINVILLE (1993). « Le projet de l'amélioration de l'enseignement (PAE) : le cas de l'école Saint-Joseph à Espanola », dans *Libérer la recherche en éducation*, t. 2, sous la direction de Louis-Gabriel Bordeleau, *et al.*, p. 429-438.

BORDELEAU, Louis-Gabriel (1993). *Besoins en formation du personnel enseignant des écoles de langue maternelle française*, Québec, Association canadienne d'éducation de langue française.

BORDELEAU, Louis-Gabriel, Michel BRABANT, Benoît CAZABON, François DESJARDINS et Raymond LEBLANC (1993). *Libérer la recherche en éducation*, t. 1 et 2, Ottawa, Centre franco-ontarien de ressources pédagogiques.

BORDELEAU, Louis-Gabriel, Pierre CALVÉ, Lionel DESJARLAIS et Jean SÉGUIN (1988). *L'éducation française en Ontario à l'heure de l'immersion*, Toronto, Conseil de l'éducation franco-ontarienne.

BORDELEAU, Louis-Gabriel, et Louis DESJARDINS (1976). *L'avenir des étudiants franco-ontariens de 12e et 13e années : 1974-1975*, Toronto, Conseil consultatif des affaires franco-ontariennes.

BORDELEAU, Louis-Gabriel, et Gaétan GERVAIS (1976). *Sondage sur les intentions éducatives et professionnelles des élèves franco-ontariens des écoles secondaires de l'Ontario en 12e et 13e années (1975-1976)*, Toronto, Conseil consultatif des affaires franco-ontariennes.

BORDELEAU, Louis-Gabriel, Raymond LALLIER et André LALONDE (1980). *Les écoles secondaires de langue française en Ontario : dix ans après*, Toronto, Ministère de l'Éducation de l'Ontario.

BRANDT, Gail (1976). *J'y suis, j'y reste : The French Canadians of Sudbury 1883-1913*. Thèse de doctorat, York University.

CANADA (1968). *Rapport préliminaire de la Commission royale d'enquête sur le bilinguisme et le biculturalisme*, Ottawa, Ministère des Approvisionnements et Services.

CANADA. BUREAU DE LA STATISTIQUE (1929-1938). Division de l'éducation, *Aperçu annuel sur l'éducation au Canada, 1921-1936*, Ottawa, Ministère des Approvisionnements et Services.

CANADA. BUREAU DE LA STATISTIQUE (1939-1949). Division de l'éducation, *Biennial Surveys of Education in Canada, 1938-1940*, vol. 1 à 8, Ottawa, Ministère des Approvisionnements et Services.

CANADA. BUREAU DE LA STATISTIQUE (1964). Division de l'éducation, *Guide bibliographique de l'enseignement au Canada*, Ottawa, Ministère des Approvisionnements et Services.

CANADA. COMMISSARIAT AUX LANGUES OFFICIELLES (1991). *Les droits scolaires des minorités de langue officielle au Canada : de l'instruction à la gestion*, Ottawa, Ministère des Approvisionnements et Services.

CANADA. DIRECTION JEUNESSE (1983). *Il faut que ça bouge : recherche sur le postsecondaire franco-ontarien*, Ottawa, Direction jeunesse.

CANADA. SECRÉTARIAT D'ÉTAT (1972). *Selected Bibliography on Francophone Minorities in Canada*, Ottawa, le Ministère, 2 vol.

CANADA. STATISTIQUE CANADA (1978). *Recueil de statistiques chronologiques de l'éducation de la naissance de la confédération à 1975*, Ottawa, Ministère des Approvisionnements et Services.

CANADA. STATISTIQUE CANADA (1982). *Historical Catalogue of Statistics Canada Publications 1918-1980*, Ottawa, Ministère des Approvisionnements et Services.

CANADIAN INSTITUTE FOR HISTORICAL MICROREPRODUCTIONS (1912). *Écoles bilingues d'Ontario : étude du rapport du Dr Merchant par l'Association canadienne-française d'éducation d'Ontario*, Ottawa.

CARRIÈRE, Laurier (1974). *Le ministère de l'Éducation et les écoles de langue française*. Causerie du sous-ministre de l'Éducation à Ottawa, en juin 1975.

CAZABON, Benoît (1996). « La langue française en Ontario », *Revue du Nouvel-Ontario*, n° 20.

CAZABON, Benoît, Diane DÉMORÉ et Elvine GIGNAC-PHARAND (1992). *La compétence linguistique pour l'admission aux programmes de formation du personnel enseignant*, Conseil ontarien de la formation du personnel enseignant ; Toronto, Ministère de l'Éducation.

CAZABON, Benoît, et Normand FRENETTE (1980). *Le français parlé en situation minoritaire*, vol. 2, Toronto, Ministère de l'Éducation de l'Ontario.

CAZABON, Benoît, Sylvie LAFORTUNE et Julie BOISSONNEAULT (1993). *La pédagogie du français langue maternelle et l'hétérogénéité linguistique*, vol. 1 et 2, Toronto, Ministère de l'Éducation et de la Formation.

CAZABON, Benoît, et Simone LEBLANC-RAINVILLE (1997). *Revue des sciences de l'éducation : l'éducation en français auprès de groupes minoritaires à travers le monde*, vol. 23, n° 3.

CHAPERON-LOR, Diane (1974). *Une minorité s'explique : les attitudes de la population francophone du Nord-Est ontarien envers l'éducation de langue française*, Toronto, Ontario Institute for Studies in Education.

CHARBONNEAU, Paul (1983). *Étude de stratégie d'un groupe minoritaire : le cas de l'enseignement secondaire français en Ontario*. Thèse de maîtrise, Université Laval.

CHOQUETTE, Robert (1977). *Langue et religion : histoire des conflits anglo-français en Ontario*, Ottawa, Éditions de l'Université d'Ottawa.

CHOQUETTE, Robert (1980). *L'Ontario français : historique*, Montréal et Paris, Éditions Études vivantes.

CHOQUETTE, Robert (1984). *L'Église catholique dans l'Ontario français du 19e siècle*, Ottawa, Presses de l'Université d'Ottawa.

CHOQUETTE, Robert (1984a). *L'Ontario et son peuple : un aperçu historique*, Toronto, Ministère de l'Éducation de l'Ontario.

CHOQUETTE, Robert (1987). *La foi, gardienne de la langue en Ontario, 1900-1950*, Montréal, Bellarmin.

CHURCHILL, Stacey (1976). «Recherches récentes sur le bilinguisme et l'éducation des francophones minoritaires au Canada », *Yearbook : Société canadienne pour l'étude de l'éducation*, vol. 3, p. 27-61.

CHURCHILL, Stacey (1979). *Les coûts de l'enseignement dans les écoles et les classes de langue française*, Toronto, Ministère de l'Éducation de l'Ontario.

CHURCHILL, Stacey (1984). *Franco-Ontarian Education from Persecuted Minority to Tolerated Nuisance : Will Franco-Ontarians Someday Be Equal Citizens ?*, Toronto, Ontario Institute for Studies in Education.

CHURCHILL, Stacey, Normand FRENETTE et Saeed QUAZI (1992). *Éducation et besoins des Franco-Ontariens : le diagnostic d'un système d'éducation, vol. 1 : problèmes de l'ensemble du système, l'élémentaire et le secondaire ; vol. 2 : l'enseignement postsecondaire, rapport statistique*, Toronto, Conseil de l'éducation franco-ontarienne.

COLLÈGE DE LANGUE FRANÇAISE DANS LE CENTRE/SUD-OUEST (1990). *Mémoire portant sur l'avenir des services collégiaux en français dans le centre et le sud-ouest de l'Ontario*, Toronto, le Collège.

COMEAU, Paul-André (1971). *Les facettes d'un système scolaire*, Ottawa, Université d'Ottawa. Rapport préliminaire soumis au Comité de recherche de l'Association des commissions des écoles bilingues de l'Ontario.

COMMISSION ROYALE D'ENQUÊTE SUR LE BILINGUISME ET LE BICULTURALISME (1967-1970). *Rapport*, préparé par André Laurendeau et Arnold Davidson Dunton, Ottawa, Imprimeur de la Reine.

CONSEIL DE L'ÉDUCATION FRANCO-ONTARIENNE (1989). *Plan directeur de l'éducation franco-ontarienne, vol. 1 : l'école franco-ontarienne, aspirations et orientations ; vol. 4 : l'enseignement au palier collégial*, Toronto, CEFO.

CONSEIL DES MINISTRES DE L'ÉDUCATION DU CANADA (1978). *L'état de l'enseignement dans la langue de la minorité dans les dix provinces au Canada,* Toronto, Imprimeur de la Reine.

CONSEIL DES MINISTRES DE L'ÉDUCATION DU CANADA (1985). *L'état de l'enseignement dans la langue de la minorité dans les provinces et les territoires du Canada*, Toronto, le Conseil.

CONSEIL DES MINISTRES DE L'ÉDUCATION DU CANADA (1993). *Le programme d'indicateurs du rendement scolaire*, Toronto, le Conseil.

CONSEIL DES UNIVERSITÉS DE L'ONTARIO (1983). *Participation Rates and Future Enrolment in Ontario Universities*, Toronto, CUO.

CONSEIL DES UNIVERSITÉS DE L'ONTARIO (1989). *Étude sur les services en français dans les universités bilingues de l'Ontario*, préparé par Deloitte, Haskins et Sells, Toronto, CUO.

CONSEIL SCOLAIRE D'OTTAWA-CARLETON (1986). *Rapport du Comité d'étude pour l'éducation en langue française d'Ottawa-Carleton*, Ottawa, CSOC.

COOK, Ramsey, Craig BROWN et Carl BERGER (1969). *Minorities, Schools and Politics*, Toronto, University of Toronto Press.

COSTISELLA, Joseph (1962). *Le scandale des écoles séparées en Ontario*, Montréal, Éditions de l'Homme.

CRAIG, Gerald (1963). *The Formative Years 1784-1841*, London, McLelland and Stewart.

D'COSTA, Ronald (1971). *L'accessibilité aux études postsecondaires pour la population francophone de l'Ontario*, Toronto, Ministère de l'Éducation de l'Ontario. Rapport de la Commission sur l'éducation postsecondaire en Ontario.

DESJARDINS, Louis, et Fu LEWIS (1977). *Ambitions des francophones du sud-est de l'Ontario par rapport aux collèges Algonquin et St-Laurent*, Toronto, Conseil consultatif des affaires franco-ontariennes.

DESJARLAIS, Louis (1966). « L'école franco-ontarienne de demain », *L'École ontarienne,* vol. 22, n° 4, p. 127-134.

DESJARLAIS, Louis, *et al.* (1980). *L'élève parlant peu ou pas français dans les écoles de langue française*, Toronto, Ministère de l'Éducation de l'Ontario.

DIXON, Robert (1976). *The Ontario Separate School System and Section 93 of the British North America Act*, Ontario Separate School Trustees Association.

DIXON, Robert, et N. BETHUNE (1975). *History of Separate Schools : 1800-1975*, Toronto, Ontario English Catholic Teachers' Association, 3 vol.

DIXON, Robert, et André LÉCUYER (1978). *Rapport du Sous-comité de l'éducation franco-ontarienne de la Commission chargée de l'étude de la baisse des inscriptions scolaires dans les écoles de l'Ontario*, Toronto, Ministère de l'Éducation de l'Ontario.

English Catholic Education Association of Ontario (1950). *History of Separate Schools of Ontario and Minority Report*, préparé par E.F. Henderson, *et al.*, Toronto, l'Association.

Fédération des francophones hors Québec (1978). *Deux poids, deux mesures : les francophones hors Québec et les anglophones au Québec, un dossier comparatif*, Ottawa, FFHQ.

Fédération des francophones hors Québec (1986). *Les droits linguistiques dans le domaine scolaire*, Ottawa, FFHQ.

Fédération des francophones hors Québec (1990). *La décennie 90 : étape de consolidation*, Ottawa, FFHQ.

Fédération des jeunes Canadiens français (1991). *À la courte paille*, Ottawa, FJCF.

Fiorino, A.F. (1978). *Historical Overview, vol. 1 : Economical, Political and Social Background ; vol. 2 : Administration History to 1969 ; vol. 3 : Programs and Curriculum ; vol. 4 : Teacher Education in Ontario, A History, 1843-1976*, Toronto, Commission on Declining School Enrolments in Ontario.

Fortin, Benjamin, et Jean-Pierre Gaboury (1975). *Bibliographie de l'Ontario français*, Ottawa, Éditions de l'Université d'Ottawa.

Frenette, Normand (1984). « Histoire des programmes-cadres français, langue maternelle, en Ontario : 1960-1980 », dans *L'expression de soi : actes du 3e congrès*, sous la direction de Benoît Cazabon, Sudbury, Institut franco-ontarien, p. 84-92, coll. « Fleur-de-trille ».

Frenette, Normand (1992). *Les Franco-Ontariens et l'accès aux études postsecondaires : une étude descriptive, comparative et longitudinale*. Thèse de doctorat, Université de Montréal.

Frenette, Normand, et Lise Gauthier (1990). « Luttes idéologiques et cultures institutionnelles en éducation franco-ontarienne », *Revue du Nouvel-Ontario*, n° 11, p. 46-97.

Frenette, Normand, et Saeed Quazi (1991). « La francophonie ontarienne et l'accès à l'enseignement supérieur », *Francophonies d'Amérique*, vol. 1, p. 13-25.

Frenette, Normand, Saeed Quazi et Noemi Stokes (1990). *Accessibilité aux études postsecondaires pour les francophones de l'Ontario, 1979-1989*, Toronto, Ministère des Collèges et Universités de l'Ontario.

Gagner, Gilles, *et al.* (1989). *Recherche en didactique et acquisition du français langue maternelle*, t. 1, Bruxelles, De Boeck.

Gervais, Gaétan (1986). « Le problème des institutions en Ontario français », *Revue du Nouvel-Ontario*, vol. 8, p. 9-12.

Gervais, Gaétan (1995). « Aux origines de l'identité franco-ontarienne », *Les cahiers Charlevoix*, vol. 1, Sudbury, Prise de parole, p. 125-168.

Gervais, Gaétan (1996). « Le Règlement XVII (1912-1927) », *Revue du Nouvel-Ontario*, n° 18, p. 123-192.

Gilbert, Anne (1989). *Vision franco-ontarienne de l'avenir des collèges*, Vision 2000, table n° 6, Toronto, Ministère des Collèges et Universités de l'Ontario.

Gilbert, Anne (1990). *L'université de langue française en Ontario : des ressources à exploiter*, Toronto, Ministère des Collèges et Universités de l'Ontario.

Godbout, Arthur (1969). *Les francophones du Haut-Canada et leurs écoles avant l'*Acte d'union. Thèse de doctorat, Université d'Ottawa.

Godbout, Arthur (1976). *Historique de l'enseignement français dans l'Ontario, 1676-1976*. Inédit.

Godbout, Arthur (1977 [c1972]). *L'origine des écoles françaises dans l'Ontario, 1790-1820*, Ottawa, Éditions de l'Université d'Ottawa.

GODBOUT, Arthur (1980). *Nos écoles franco-ontariennes : histoire des écoles de langue française dans l'Ontario, des origines du système scolaire (1841) jusqu'à nos jours*, Ottawa, Éditions de l'Université d'Ottawa.

GROULX, Lionel (1933). *L'enseignement français au Canada : les écoles des minorités*, t. 2, Montréal, Granger.

GROUPE DIEPE (1995). *Le savoir écrire, à 14-15 ans*, Bruxelles, De Boeck, coll. « Pédagogie et développement ».

GUEGUEN-CHARRON, Laura (1978). *Dimensions nouvelles : rapport de la Commission sur l'assimilation*, North Bay, Conseil des écoles séparées du Nipissing.

HALL, Emmett, et Lloyd DENNIS (1968). *Living and Learning = Vivre et s'instruire*, Toronto, Ontario Department of Education.

HARDY, J.H. (1938). *Teacher's Organizations in Ontario: An Historical Account of Their Part in Ontario Educational Development : 1849-1938*. Thèse de doctorat, University of Toronto.

HARRIS, Robin (1966). *The Education System of Ontario*. Rapport inédit préparé pour la Royal Commission on Bilingualism and Biculturalism.

HARRIS, Robin (1967). *Quiet Evolution : A Study of the Educational System of Ontario*, Toronto, University of Toronto Press.

HARRIS, Robin (1976). *A History of Higher Education in Canada, 1663-1960*, Toronto, University of Toronto Press.

HARRIS, Robin, et Andrée TREMBLAY (1960). *Bibliographie de l'enseignement supérieur au Canada*, Québec, Presses de l'Université Laval.

HODGINS, John George, dir. (1894-1910). *Documentary History of Education of Upper Canada 1791-1876*, Toronto, Warwick Bros. and Rutter, 28 vol.

HOPE, J.A., *et al.* (1950). *Report of the Royal Commission on Education in Ontario*, Toronto, King's Printer.

HOUSTON, Susan, et Alison PRENTICE (1987). *Ontario Education : 1791-1876*, Toronto, University of Toronto Press.

JACKSON, Robert W.B. (1978). *Les absents des écoles de l'Ontario aujourd'hui et demain : description des conditions, des causes et des problèmes*, Toronto, Ministère de l'Éducation de l'Ontario. Rapport intérimaire de la Commission d'enquête sur la baisse des effectifs dans les écoles de l'Ontario.

JACKSON, Robert W.B. (1978). *Incidences de la baisse des effectifs scolaires sur les écoles de l'Ontario*, Toronto, Ministère de l'Éducation de l'Ontario. Rapport final de la Commission d'enquête sur la baisse des effectifs dans les écoles de l'Ontario.

JAKES, Harold, et Hanne MAWHINNEY (1990). *A Historical Overview of Franco-Ontarian Educational Governance*, Ottawa, Presses de l'Université d'Ottawa.

JOLY, Richard (1991). *Quand on prend sa langue pour sa culture*, Québec, Éditions Le livre du pays.

LACASSE, Gustave (1941). « Soixante-quinze ans de vie catholique et française en Ontario », *La Société canadienne d'histoire de l'Église catholique : rapport 1940-1941*, vol. 8, s.l., s.é.

LAFRANCE, Francine (1993). « Les conditions sociolinguistiques de l'enseignement du français langue minoritaire et leurs conséquences sur la pédagogie du français langue maternelle en Ontario », *Revue du Nouvel-Ontario*, n° 15, p. 11-34.

LALONDE, André (1965). *Le règlement 17 et ses répercussions sur le Nouvel-Ontario*, Sudbury, Société historique du Nouvel-Ontario, n°s 66 et 67.

LALONDE, Gisèle, et Berchmans KIPP (1982). *Joint Committee on the Governance of French Language Elementary and Secondary Schools*, Toronto, le Comité.

LANDRY, Rodrigue (1994). « Déterminisme et détermination : vers une pédagogie de l'excellence en milieu minoritaire », *Le français : notre levain*, Ottawa, Alliance canadienne des responsables et des enseignantes et des enseignants en français langue maternelle, p. 31-77. Actes du 1er congrès national de l'ACREF, tenu à Saint-Boniface.

LAPIERRE, André (1984). « Bibliographie linguistique de l'Ontario français », *Cahiers linguistiques d'Ottawa*, n° 12, Ottawa, Université d'Ottawa, Département de linguistique, p. 1-38.

LAPOINTE, Maurice (1986). *Vers un conseil scolaire de langue française, (1988) : un conseil à suivre*, Ottawa, Conseil francophone de planification scolaire d'Ottawa-Carleton.

LEVASSEUR, G.J.L. (1993). *Le statut juridique du français en Ontario*, t. 1, Ottawa, Presses de l'Université d'Ottawa.

LEVASSEUR-OUIMET, France (1989). « Enseigner en milieu minoritaire : réflexions sur la pédagogie », *Éducation et Francophonie*, vol. 3, p. 16-22.

LONGTIN, Nicolas, et Louis BÉRUBÉ (1927). *Les garanties du français et le règlement 17 : dialogue entre Nicolas Longtin, maître d'école, et Louis Bérubé, ouvrier*, Montréal, Imprimerie du Devoir.

MAHEU, Robert (1970). *Les francophones du Canada 1941-1991*, Montréal, Parti pris.

MAISONNEUVE, J.-P. (1982). *L'éducation postsecondaire et la communauté franco-ontarienne : un inventaire des sources*, Ottawa, Direction Jeunesse.

MARION, Séraphin (1965). « Le pacte fédératif et les catholiques de l'Ontario », *Les cahiers des Dix*, p. 69-101.

MAYO, Henry (1976). *Rapport de la Commission d'étude pour le remaniement d'Ottawa-Carleton*, Toronto, Ministère de l'Éducation de l'Ontario.

MERCHANT, F.W. (1912). *Report on the Condition of English-French Schools in the Province of Ontario*, Toronto, King's Printer.

MERCHANT, F.W., J.H. SCOTT et Louis CÔTÉ (1927). *Report of the Committee Appointed to Enquire into the Condition of the Schools Attended by French-Speaking Pupils*, Toronto, King's Printer.

MOUGEON, Raymond, et Michael CANALE (1980). « Apprentissage et enseignement du français dans les écoles de langue française de l'Ontario : français langue première ou langue seconde », dans *Options nouvelles en didactique du français langue étrangère*, sous la direction de P. Léon, Paris, Didier.

MOUGEON, Raymond, Michael CANALE et Édouard BENIAK (1979). *Le français ontarien : un aperçu linguistique*, Toronto, Ontario Institute of Studies in Education.

MOUGEON, Raymond, et Monica HELLER (1985). *The Social and Historical Context of Minority French Language Schooling in Ontario*, Toronto, Ontario Institute of Studies in Education.

OLIVER, Peter (1972). « The Resolution of the Ontario Bilingual Schools Crisis : 1919-1929 », *Journal of Canadian Studies*, vol. 7, n° 1, p. 22-45.

ONTARIO. MINISTÈRE DE L'ÉDUCATION/MINISTÈRE DE L'ÉDUCATION ET DE LA FORMATION (1868-1995). *Report of the Minister of Education*, Toronto, WEFO. Rapport annuel.

ONTARIO. MINISTÈRE DE L'ÉDUCATION/MINISTÈRE DE L'ÉDUCATION ET DE LA FORMATION (1975). *Les années de formation, circulaire P1J1L : politique provinciale sur les programmes d'études aux cycles primaire et moyen dans les écoles publiques et séparées de l'Ontario*, Toronto, WEFO.

ONTARIO. MINISTÈRE DE L'ÉDUCATION/MINISTÈRE DE L'ÉDUCATION ET DE LA FORMATION (1977). *L'éducation en français en Ontario aux paliers élémentaire et secondaire : examen des répercussions de la proposition sur le français langue minoritaire en Ontario*, Toronto, WEFO.

ONTARIO. MINISTÈRE DE L'ÉDUCATION/MINISTÈRE DE L'ÉDUCATION ET DE LA FORMATION (1981a). *Explorations et enracinements français en Ontario, 1610-1978*, Toronto, WEFO.

ONTARIO. MINISTÈRE DE L'ÉDUCATION/MINISTÈRE DE L'ÉDUCATION ET DE LA FORMATION (1981b). *Français, cycle intermédiaire : le français en tout par tous*, Toronto, WEFO.

ONTARIO. MINISTÈRE DE L'ÉDUCATION/MINISTÈRE DE L'ÉDUCATION ET DE LA FORMATION (1982). *Rapport du Comité mixte sur la gestion des écoles élémentaires et secondaires de langue française*, Toronto, WEFO.

ONTARIO. MINISTÈRE DE L'ÉDUCATION/MINISTÈRE DE L'ÉDUCATION ET DE LA FORMATION (1983). *Une proposition en réponse au rapport du Comité mixte sur la gestion des écoles élémentaires et secondaires de langue française*, Toronto, WEFO.

ONTARIO. MINISTÈRE DE L'ÉDUCATION/MINISTÈRE DE L'ÉDUCATION ET DE LA FORMATION (1984a). « Towards the Year 2000 », *Review and Evaluation Bulletins*, vol. 5, n° 1, p. 1-90.

ONTARIO. MINISTÈRE DE L'ÉDUCATION/MINISTÈRE DE L'ÉDUCATION ET DE LA FORMATION (1984b). *Aménagement linguistique en français*, Toronto, WEFO. Guide d'élaboration d'une politique d'aménagement linguistique.

ONTARIO. MINISTÈRE DE L'ÉDUCATION/MINISTÈRE DE L'ÉDUCATION ET DE LA FORMATION (1985). *Rapport de la Commission chargée d'étudier le financement de l'éducation élémentaire et secondaire en Ontario*, Toronto, WEFO.

ONTARIO. MINISTÈRE DE L'ÉDUCATION/MINISTÈRE DE L'ÉDUCATION ET DE LA FORMATION (1987). *Programme-cadre de français : cycles intermédiaire et supérieur et cours pré-universitaires de l'Ontario*, Toronto, WEFO.

ONTARIO. MINISTÈRE DE L'ÉDUCATION/MINISTÈRE DE L'ÉDUCATION ET DE LA FORMATION (1988a). *Loi portant sur la création d'un Conseil scolaire de langue française pour la municipalité régionale d'Ottawa-Carleton* (loi 109), Toronto, WEFO.

ONTARIO. MINISTÈRE DE L'ÉDUCATION/MINISTÈRE DE L'ÉDUCATION ET DE LA FORMATION (1988b). *La gestion des programmes scolaires*, Toronto, WEFO.

ONTARIO. MINISTÈRE DE L'ÉDUCATION/MINISTÈRE DE L'ÉDUCATION ET DE LA FORMATION (1989a). *Les écoles de l'Ontario, cycles intermédiaire et supérieur, 7e-12e année / CPO : la préparation au diplôme d'études secondaires de l'Ontario*, Toronto, WEFO.

ONTARIO. MINISTÈRE DE L'ÉDUCATION/MINISTÈRE DE L'ÉDUCATION ET DE LA FORMATION (1989b). *Loi portant sur la modification de la Loi de 1988 sur le Conseil scolaire de langue française d'Ottawa-Carleton* (loi 65), Toronto, WEFO.

ONTARIO. MINISTÈRE DE L'ÉDUCATION/MINISTÈRE DE L'ÉDUCATION ET DE LA FORMATION (1990a). *Analphabétisme de minorité et alphabétisation d'affirmation culturelle, à propos de l'Ontario français*, vol. 1, Toronto, WEFO.

ONTARIO. MINISTÈRE DE L'ÉDUCATION/MINISTÈRE DE L'ÉDUCATION ET DE LA FORMATION (1990b). *Loi sur l'éducation*, Toronto, WEFO.

ONTARIO. MINISTÈRE DE L'ÉDUCATION/MINISTÈRE DE L'ÉDUCATION ET DE LA FORMATION (1991). *Rapport du groupe consultatif sur la gestion de l'éducation en langue française*, Toronto, WEFO.

ONTARIO. MINISTÈRE DE L'ÉDUCATION/MINISTÈRE DE L'ÉDUCATION ET DE LA FORMATION (1991-1992). *Enquêtes provinciales, fascicules : questionnaire de l'élève ; questionnaire de l'enseignant ou de l'enseignante ; questionnaire de la direction d'école ; questionnaire du chef de section*, Toronto, WEFO.

ONTARIO. MINISTÈRE DE L'ÉDUCATION/MINISTÈRE DE L'ÉDUCATION ET DE LA FORMATION (1993). *Le programme d'études commun, de la 1re à la 9e année*, Toronto, WEFO.

ONTARIO. MINISTÈRE DE L'ÉDUCATION/MINISTÈRE DE L'ÉDUCATION ET DE LA FORMATION (1993). *Banque d'instruments de mesure de l'Ontario-Français*, Toronto, WEFO, 12 vol. Comprend 12 instruments d'accompagnement.

ONTARIO. MINISTÈRE DE L'ÉDUCATION/MINISTÈRE DE L'ÉDUCATION ET DE LA FORMATION (1994a). *Actualisation linguistique en français et perfectionnement du français*, Toronto, WEFO.

ONTARIO. MINISTÈRE DE L'ÉDUCATION/MINISTÈRE DE L'ÉDUCATION ET DE LA FORMATION (1994b). *Investir dans l'animation culturelle*, Toronto, WEFO. Guide d'intervention aux paliers élémentaire et secondaire.

ONTARIO. MINISTÈRE DES COLLÈGES ET UNIVERSITÉS (1972). *The Learning Society*, préparé par Douglas T. Wright, Toronto, le Ministère. Rapport de la Commission on Post-secondary Education in Ontario.

ONTARIO. MINISTÈRE DES COLLÈGES ET UNIVERSITÉS (1973a). *Ontario Since 1867 : A Bibliography*, Toronto, WEFO.

ONTARIO. MINISTÈRE DES COLLÈGES ET UNIVERSITÉS (1973b). *Rapport sur la phase de consultation : programme Éduc-Action phase 1*, Sudbury, Collège d'arts appliqués et de technologie de Cambrian.

ONTARIO. MINISTÈRE DES COLLÈGES ET UNIVERSITÉS (1976). *L'éducation postsecondaire à l'intention des Franco-Ontariens, 1975-1976*, Toronto, WEFO.

ONTARIO. MINISTÈRE DES COLLÈGES ET UNIVERSITÉS (1988-1989). *Tour d'horizon, guide de l'éducation postsecondaire en Ontario*, Toronto, WEFO.

OUELLET, Fernand (1980). *Le Bas-Canada, 1791-1840 : changements structuraux et crise*, 2e éd., Ottawa, Éditions de l'Université d'Ottawa.

PELLETIER, Jean-Yves (1989). *Répertoire des thèses relatives à l'Ontario français*. Thèses de maîtrise et de doctorat en anglais et en français.

PELLETIER, Jean-Yves (1993). *Bibliographie sélective de l'Ontario français*. Inédit.

PHILLIPS, C.E. (1957). *The Development of Education in Canada*, Toronto, W.G. Gage.

PLANTE, Albert (1952). *Les écoles séparées d'Ontario*, Montréal, Bellarmin.

POIRIER, *et al.* (1986). *Le profil de l'étudiant franco-ontarien quant à son intentionnalité de poursuivre des études postsecondaires*, Ottawa, Secrétariat d'État.

PORTER, John, *et al.* (1982). *Stations and Callings : Making It Through the System*, Toronto, Methuen.

QUIROUETTE, Pierre (1987). *Décrocheurs francophones : une étude du dépistage des décrocheurs probables au sein des écoles secondaires françaises de l'Ontario*, Ottawa, s.é.

REGALBUTO, G. (1981). *Le système scolaire ontarien : excluant les études universitaires de 2e et de 3e cycles*, Sainte-Foy, chez l'auteur.

RIDEOUT, E. Brock (1977). *Policy Changes of the Ten Canadian Provinces between 1967 and 1976 with Respect to Second-Language Learning and Minority-Language Education as Expressed in Acts, Regulations, Directives, Memoranda and Policy Statements of Provincial Departments and Ministries of Education*, Toronto, chez l'auteur.

ROBARTS, John (1968). *Le français dans les écoles de l'Ontario*. Allocution à l'Association canadienne d'éducation de langue française.

ROBINSON, G.C. (1918). *A Historical and Critical Account of Public Secondary Education in the Province of Ontario, 1782-1916*. Thèse de doctorat, Harvard University.

ROSS, George (1896). *The School System of Ontario (Canada) : Its History and Distinctive Features*, New York, D. Appleton.

SANGSTER, J.H. (1981). *Progress in Education : The System of Today Compared with That in Vogue Half a Century Ago*, Ottawa, Canadian Institute for Historical Microreproductions.

SAVARD, Pierre, Réal BEAUCHAMP et Paul THOMPSON (1977). *Cultiver sa différence*, Toronto, Conseil des arts. Rapport sur les arts dans la vie franco-ontarienne.

SHAPIRO, Bernard, et Chris WARD (1987). *Statistiques sur l'éducation en Ontario*, Toronto, Ministère de l'Éducation de l'Ontario.

SIMON, Victor (1983). *Le règlement 17 : sa mise en vigueur à travers l'Ontario 1912-1927*, Sudbury, Société historique du Nouvel-Ontario ; Université de Sudbury.

SMITH, Laverne (1988). *Perspective sur l'offre et la demande d'enseignants en Ontario de 1988 à 2008*, Toronto, Imprimeur de la Reine.

SOUCIE, Rolande (1982). *L'enseignement français en Ontario : revue des problèmes courants*, Ottawa, Association canadienne-française de l'Ontario ; Association des enseignants franco-ontariens.

SPRAGGE, G.W. (1965). *The Districts of Upper Canada 1788-1841*, Toronto, Ontario Historical Society.

ST-DENIS, Roger (1969). *La vie culturelle des Franco-Ontariens*, Ottawa, Imprimeur de la Reine. Rapport du Comité franco-ontarien d'enquête culturelle.

STAMP, Robert M. (1970). *The Campaign for Technical Education in Ontario, 1876-1914*. Thèse de doctorat, University of Western Ontario.

STAMP, Robert M. (1982). *The Schools of Ontario 1876-1976*, Toronto, University of Toronto Press.

SWAIN, Merrill, et Sharon LAPKIN (1981). *Bilingual Education in Ontario : A Decade of Research*, Toronto, Ministère de l'Éducation de l'Ontario.

SYLVESTRE, Paul-François (1980). *Penetang : l'école de la résistance*, Sudbury, Prise de parole.

SYMONS, Thomas H.B. (1972). *Rapport de la Commission ministérielle sur l'éducation secondaire en langue française*, Toronto, Ministère de l'Éducation de l'Ontario.

TREMBLAY, Daniel (1988). *Les enjeux juridiques et sociopolitiques des conflits linguistiques : le cas de l'Ontario*, Québec, Centre international de recherche sur le bilinguisme.

VALLIÈRES, Gaétan (1980). *L'Ontario français par les documents*, Montréal, Études vivantes.

VALLIÈRES, Gaétan (1981). *Atlas de l'Ontario français*, Montréal, Études vivantes.

WADE, Mason (1963). *Les Canadiens français, 1760-1967*, Montréal, Cercle du livre de France, 2 vol.

WALKER, A.N.B. (1946). *History of Education in Ontario, 1791-1841*. Thèse de maîtrise, Bishop University.

WEIR, George Moir (1934). *The Separate School Question in Canada*, Toronto, Ryerson Press.

WELCH, David (1988). *The Social Construction of Franco-Ontarian Interests toward French Language Schooling : 19th Century to 1980s*. Thèse de doctorat, University of Toronto.

WILSON, Donald J. (1970). *Canadian Education : A History*, Ontario, Prentice Hall.

Chapitre 21

L'éducation dans l'Ouest canadien

France Levasseur-Ouimet, Yvette Mahé, Frank McMahon et Claudette Tardif,
Faculté Saint-Jean, University of Alberta[1]

Les communautés francophones de l'Ouest se sont toujours efforcées d'assurer la continuité de leur manière particulière d'être, de vivre et de se situer dans le monde. La transmission de la culture est un des plus grands rôles de l'école. Les communautés francophones de l'Ouest se sont d'ailleurs systématiquement tournées vers l'école afin qu'elle vienne appuyer et compléter le travail des parents et de la communauté. Faire l'état des lieux de l'éducation francophone dans l'Ouest, c'est alors rappeler le rôle clé de l'école dans la transmission de la culture et de la langue. C'est aussi rappeler la place de choix que l'éducation française occupe dans les priorités de la communauté francophone minoritaire.

Mais on ne saurait saisir toutes les dimensions de la relation école-communauté sans d'abord refaire l'histoire de l'éducation française de cette région du pays. La réalité actuelle de l'éducation francophone dans l'Ouest n'est compréhensible qu'à la lumière de son passé. Sans ce retour sur les grands jalons historiques de l'éducation française, on ne saurait en démontrer les particularités et la spécificité. Ainsi dans un travail qui a pour but de faire l'état des lieux de l'éducation française dans les communautés francophones de l'Ouest canadien, nous voulons d'abord parler d'histoire.

Dans un premier temps, nous présentons les antécédents historiques : d'abord la période de 1820 à 1890, puis l'époque de la *survivance malgré tout* qui caractérise la période allant de 1891 à 1963.

Une autre tranche d'histoire débute en 1963 avec la création de la Commission royale d'enquête sur le bilinguisme et le biculturalisme. Dans quel contexte cela s'inscrit-il et quelles sont les mentalités de l'époque ? Quels sont les grands événements qui ont marqué l'éducation française à ce moment ? Voilà ce que nous abordons en touchant, de manière plus particulière, les défis et les ressources de l'école française de 1963 à 1996.

Dans un deuxième temps, nous décrivons la situation scolaire contemporaine dans les quatre provinces de l'Ouest, une situation qui évolue rapidement depuis l'établissement de la gestion scolaire francophone. Tout en reconnaissant la fluidité de la situation, nous croyons utile d'indiquer ce qui semble représenter les principaux défis à relever. En plus des écoles, il y a d'autres agences éducatives, notamment le postsecondaire, l'éducation à distance et l'éducation permanente, que nous présentons rapidement avant de conclure.

1. Les auteurs tiennent à remercier Mme France Gauvin de son aide précieuse dans la recherche des données et l'édition de ce texte.

LES ANTÉCÉDENTS HISTORIQUES

Avant la fin du 19e siècle, la continuité culturelle canadienne-française dans l'Ouest est assurée par l'Église catholique qui contrôle les écoles confessionnelles ou paroissiales fréquentées par les jeunes francophones. Cependant, cette floraison française sera tronquée vers la fin du 19e siècle par la nouvelle majorité anglo-protestante qui veut faire de l'Ouest un pays britannique. Le système d'écoles nationales, mis sur pied par le groupe dominant, menace la survivance des catholiques francophones. Devant l'éventualité d'une extinction culturelle au début du 20e siècle, les élites cléricales et professionnelles concentrent leur énergie pour combattre les buts d'anglo-conformité de ce système scolaire.

Les débuts (1820-1890)

L'établissement d'institutions éducatives par les missionnaires et les religieuses catholiques de langue française dans l'Ouest canadien à partir du milieu du 19e siècle sert à garantir la légitimité de l'Église catholique dans la vie des Canadiens français.

Le système de l'instruction publique, instauré au Manitoba en 1871, et dans les Territoires du Nord-Ouest en 1884, s'inspire largement de celui de Québec et reflète la dualité des deux groupes culturels principaux : les Anglais et les Français. Au cœur de ce système se trouve un bureau d'éducation divisé en deux sections, l'une catholique et l'autre protestante, et chaque section détient le pouvoir de gouverner ses écoles. Du côté de la section catholique, les collèges et les couvents préparent les agents de la transmission culturelle, tandis que les manuels scolaires, qui viennent du Québec, servent à véhiculer les valeurs, les croyances et les traditions canadiennes-françaises catholiques. Des membres du clergé, nommés par le Bureau d'éducation, assument la charge d'inspecter la transmission culturelle dans les écoles catholiques.

Que ce soit en Colombie-Britannique ou dans les Prairies, les religieux et les religieuses catholiques de langue française s'occupent de l'éducation des francophones dans les institutions privées ou de type public religieux telles que les écoles séparées en Alberta. En Colombie-Britannique, pour éviter les conflits scolaires religieux des anciennes provinces, le gouvernement instaure, dès 1865, un

Arrivée des sœurs grises à Saint-Boniface, le 21 juin 1844. Toile peinte par sœur Barrette en 1944.

Le Collège de Saint-Boniface, fondé en 1818, est le plus ancien établissement postsecondaire de l'Ouest canadien. L'édifice a été détruit par les flammes le 25 novembre 1922.

système scolaire public non confessionnel, système affermi avec l'obtention du statut de province en 1871. Les écoles qui sont sous le contrôle de l'Église catholique ne reçoivent aucune aide financière, et ce, jusqu'en 1977. Les parents catholiques francophones doivent donc financer leurs écoles paroissiales ou indépendantes. De plus, la loi les oblige à payer les taxes requises pour supporter les écoles publiques.

Avant 1890, les Canadiens français des Prairies peuvent rêver de perpétuer leurs valeurs ancestrales dans leurs écoles parce qu'ils sont assez nombreux et reçoivent l'approbation du pouvoir en place. Toutefois, en Colombie-Britannique, à cause d'un manque de support du gouvernement, les institutions éducatives catholiques deviennent assez tôt des institutions bilingues et même unilingues anglaises.

La survivance malgré tout (1891-1963)

Le déroulement des événements politiques des années 1890 s'avère dramatique pour l'épanouissement de la langue française et de la culture canadienne-française dans l'Ouest canadien. Le nouveau groupe dominant, les Anglais protestants, réussit à créer un système d'écoles nationales dont le but premier est d'angliciser et d'unir tous les groupes ethniques venant de l'Europe de l'Est de même que les francophones (McDonald, 1982), en leur inculquant une mentalité britannique ainsi que des valeurs et des croyances protestantes. Des pressions incessantes sont exercées par l'élite canadienne-française auprès des gouvernements pour faire reconnaître leurs droits constitutionnels. La lenteur de leurs gains modiques les incite à prendre en charge l'éducation religieuse et nationale des jeunes francophones.

En 1890, le gouvernement manitobain remplace le système d'écoles confessionnelles par un système d'écoles publiques gratuites, tandis qu'en 1892, dans les Territoires du Nord-Ouest, le nouveau régime scolaire d'écoles publiques reconnaît le droit de la minorité catholique à ses écoles séparées soutenues par les fonds publics. Parce que les lois gouvernant l'établissement des écoles séparées comportent toutes sortes de restrictions, les francophones qui s'installent en bloc dans une nouvelle région n'ont d'autre choix que de mettre sur pied une école publique. La seule concession faite aux catholiques par les gouvernements du Manitoba et des Territoires consiste à leur permettre d'enseigner la religion à l'école durant la dernière demi-heure de la journée, mais à condition que ce soit autorisé par les syndics ou les commissaires d'écoles.

L'anglais devient la langue officielle d'enseignement au Manitoba et dans les Territoires du Nord-Ouest durant les années 1890. En 1892, une ordonnance permet aux syndics des communautés canadiennes-françaises des Territoires d'offrir un cours primaire de langue française, et des règlements adoptés en 1901 et en 1925 leur donne le droit d'enseigner en français pour une période ne dépassant pas une heure par jour, de la 3e à la 8e année. Au Manitoba, l'entente Laurier-Greenway de 1896 va permettre un enseignement bilingue dans les écoles publiques, mais, à la suite d'une série d'enjeux politiques provinciaux, l'enseignement bilingue est aboli en 1916. Ce n'est qu'à partir de 1947 que les Franco-Manitobains pourront offrir une heure par jour d'enseignement en français dans les écoles publiques.

Les projets de loi créant la Saskatchewan et l'Alberta en 1905 contiennent d'anciennes dispositions scolaires concernant l'enseignement de la langue française. En Alberta, les gouvernements successifs maintiennent ces dispositions, tandis qu'en Saskatchewan, les gouvernements ne sont pas tous sympathiques à l'égard des besoins de la population catholique et française. Par exemple, en 1929, sous les pressions du Klu Klux Klan (*La Survivance*, 1930, p. 1 ; Stanley, 1960) et d'autres groupes d'intérêts, le gouvernement Anderson abolit l'enseignement en français. Les Fransaskois devront attendre jusqu'en 1934 pour obtenir le privilège d'enseigner une heure de français par jour. Ce n'est qu'à partir des années 1960, à cause d'un changement de politiques linguistiques nationales, qu'une série de modifications seront apportées aux lois scolaires dans les provinces de l'Ouest pour permettre un enseignement bilingue.

En Colombie-Britannique, l'anglais a toujours été la langue officielle de l'enseignement. Toutefois, dans un certain nombre d'écoles paroissiales ou indépendantes des milieux canadiens-français, le français est soit enseigné une heure par jour, soit offert par le biais de cours privés. Dans un milieu comme Vancouver, par exemple, les francophones des années 1950 reçoivent un enseignement de deux heures en français les samedis. Enfin, en 1969, le gouvernement provincial accepte qu'un programme d'immersion française soit expérimenté dans une école publique, mais très peu d'enfants francophones s'y inscrivent. En 1977, le gouvernement de Bill Bennett annonce une nouvelle politique offrant aux Franco-Colombiens un programme d'éducation en français.

Le Ku Klux Klan était présent dans l'Ouest et en Ontario, au début du siècle.

Le rôle des collèges classiques et des couvents

Dans l'Ouest canadien, surtout dans les collèges des jésuites et des oblats, où est dispensé l'enseignement secondaire et collégial, de même que dans les couvents des filles de Jésus, des sœurs des saints noms de Jésus et de Marie, des sœurs de l'enfant Jésus, des sœurs de la congrégation de Sainte-Anne, des filles de la Providence, des sœurs de l'Assomption, des sœurs grises, des sœurs de Sainte-Croix, des sœurs de la charité d'Évron et des filles de la sagesse, pour en nommer un certain nombre, les religieux et les religieuses aident à former une nouvelle élite canadienne-française bilingue.

Avant 1940, il y a peu d'écoles secondaires, et l'instruction dans les collèges et les couvents n'est pas gratuite. Ces établissements sont d'ailleurs peu nombreux et se trouvent dans les centres les plus peuplés. Un grand nombre de francophones des petits centres ruraux doivent alors se contenter d'une éducation élémentaire offerte par les écoles publiques.

Les petits districts scolaires : la porte d'entrée pour la transmission culturelle

Au début du 20e siècle, les élites canadiennes-françaises de l'Ouest voient dans les petits districts scolaires ruraux la pierre angulaire du maintien de leur culture. Grâce au système d'organisation des arrondissements scolaires, les contribuables des paroisses canadiennes-françaises peuvent élire des commissaires francophones pour administrer leurs écoles et embaucher les enseignants. Cette porte d'entrée dans les écoles publiques permettra aux membres des associations patriotiques canadiennes-françaises de promouvoir, d'une manière subtile, leur langue et leur culture à l'intérieur de ces écoles.

Après les années 1890, l'Église catholique, en coopération avec les élites francophones, organise diverses associations culturelles et éducatives provinciales pour la défense religieuse et nationale[2]. Ces associations se servent de stratégies variées pour atteindre des objectifs non déclarés dans les écoles publiques bilingues. Par exemple, elles instituent des concours provinciaux de français afin de renforcer chez les élèves, les commissaires d'écoles, les enseignants et les parents l'importance de l'apprentissage du français et de l'héritage culturel à l'école. À tous les ans, les résultats des concurrents à ces examens sont rendus publics dans les médias francophones, et des prix venant de donateurs de la France, du Québec et des provinces de l'Ouest sont attribués aux lauréats lors de cérémonies paroissiales. L'organisation des cercles des avant-gardes dans les écoles est un autre moyen pédagogique utilisé par les associations patriotiques pour développer chez l'élève l'amour de sa langue, de sa foi et de sa culture. Lors de réunions mensuelles sous la direction du curé et d'une enseignante patriotique, les avant-gardistes font l'étude de leurs devoirs religieux, de l'histoire et des traditions canadiennes-françaises.

À cette époque, il n'existe pas d'écoles normales pour préparer les enseignants bilingues dans l'Ouest canadien. Alors, pour combler le manque de formation professionnelle en français, les membres des associations éducatives et culturelles organisent l'été des cours de pédagogie pour l'enseignement du français, de l'histoire et de la religion. Ils développent aussi un programme d'études en français pour aider les enseignants à promouvoir les valeurs et les orientations culturelles canadiennes-françaises dans leurs classes. Une fois par année, quelqu'un, généralement un membre du clergé nommé par les associations culturelles, fait la tournée des écoles afin de s'assurer que cet enseignement est bien dispensé.

La pénurie d'enseignants bilingues qualifiés, l'obligation d'utiliser les manuels scolaires anglais et les pressions des inspecteurs d'écoles pour développer les compétences langagières anglaises des francophones sont sans doute des facteurs qui ont contribué à l'anglicisation des jeunes francophones dans les districts scolaires bilingues.

L'ère des grandes unités scolaires

Selon les gouvernements provinciaux, les petits districts scolaires ruraux ne sont pas

2. Les associations patriotiques provinciales qui ont joué un rôle assez important dans la défense de la langue et de la culture françaises dans les écoles publiques bilingues sont les suivantes : l'Association franco-canadienne de la Saskatchewan fondée en 1912, l'Association d'éducation des Canadiens français du Manitoba fondée en 1916, l'Association canadienne-française de l'Alberta et l'Association des éducateurs bilingues de l'Alberta, respectivement fondées en 1925 et en 1926. En Colombie-Britannique, l'Alliance française, fondée à Victoria en 1907, et la Fédération canadienne-française de la Colombie-Britannique, qui existe depuis 1945, ont travaillé à la sauvegarde de la langue française à l'école. Cette liste n'englobe pas toutes les sociétés ou les associations francophones qui se sont engagées pour la sauvegarde de l'héritage culturel dans les écoles. Par exemple, le Cercle Jeanne d'Arc a initié les premiers concours de composition française.

efficaces et perpétuent l'inégalité des chances. À partir des années 1940, ces districts scolaires en Alberta, en Colombie-Britannique et en Saskatchewan sont regroupés dans de grandes unités. Le Manitoba maintiendra ses petits districts scolaires ruraux jusqu'en 1967 (Johnson, 1968, p. 112-114). Les francophones, particulièrement ceux de l'Alberta et de la Saskatchewan, sont engloutis à l'intérieur de ces grandes divisions, parce qu'ils constituent une trop petite minorité pour élire des commissaires favorables à leurs intérêts. Les francophones de l'Ouest canadien devront donc se battre pour faire reconnaître leur droit à un enseignement bilingue et religieux pour leurs enfants. Leur destinée culturelle semble lugubre dans ces grandes divisions scolaires anglaises, mais, grâce au climat politique des années 1960, ils pourront songer à une nouvelle vitalité culturelle.

Les années 1960 entraînent une transformation profonde de l'éducation francophone dans l'Ouest. Encadrée en grande partie par l'Église catholique depuis la fin du 19e siècle, cette éducation largement privée profitera de l'intérêt public pour la question de l'éducation qui caractérise cette décennie. L'élan du concile Vatican II, le dynamisme du gouvernement Lesage au Québec, les nombreuses vocations religieuses du baby-boom donnent aux éducateurs l'espoir d'un avenir meilleur au début de la décennie. En Alberta, ces éléments profiteront surtout au développement du Collège Saint-Jean à Edmonton. Rapidement, toutefois, la francophonie subira le départ massif des éducateurs des communautés religieuses, rendant la survie difficile pour ces institutions.

À la centralisation des écoles qui s'est accélérée au cours de la décennie, il faut ajouter l'apparition de la télévision, exclusivement anglaise au début, qui anglicisera plusieurs des foyers les plus francophones. L'arrivée sur le marché des contraceptifs oraux marquera la fin également de la revanche des berceaux, tant au sein de la francophonie de l'Ouest que dans l'ensemble du pays, avec des effets notables sur l'éducation. Boudée par les gouvernements provinciaux depuis 1890, l'éducation francophone a pu être maintenue jusqu'aux années 1960 grâce à l'encadrement de l'Église catholique et des regroupements homogènes de communautés francophones locales dans les Prairies. En raison de la nature traditionnelle de leurs appuis, les écoles de campagne, les collèges et les couvents envisagent toutefois mal l'avenir. La Révolution tranquille et ses effets sur le gouvernement du Canada, de même que l'ouverture de la population anglo-canadienne au bilinguisme, marquera le début d'une nouvelle époque.

Grâce aux interventions du gouvernement du Canada, le monde de l'éducation francophone de l'Ouest survit à la disparition de ses appuis traditionnels. Cette survivance connaîtra cependant des accidents de parcours parfois curieux.

La période contemporaine

L'évolution de l'éducation française dans l'Ouest sera marquée à compter de 1963 par plusieurs événements, dont la mise sur pied de la Commission royale d'enquête sur le bilinguisme et le biculturalisme, l'adoption de la *Charte canadienne des droits et libertés* en 1982 et le jugement de la Cour suprême dans l'arrêt *Mahé* en mars 1990.

Mais on ne saurait décrire la situation contemporaine en matière d'éducation française dans l'Ouest sans tracer l'évolution de la mentalité des gouvernements de l'époque.

La Commission royale d'enquête sur le bilinguisme et le biculturalisme

Le premier événement d'envergure à survenir dans l'éducation française de l'Ouest canadien est la création de la Commission royale d'enquête sur le bilinguisme et le biculturalisme créée par le gouvernement fédéral en 1963 pour

> faire enquête et rapport sur l'état présent du bilinguisme et du biculturalisme et [...] recommander les mesures à prendre pour que la Confédération canadienne se développe d'après le principe de l'égalité entre les deux peuples qui l'ont fondée, compte tenu de l'apport des autres groupes ethniques à l'enrichissement culturel du Canada ainsi que les mesures à prendre pour sauvegarder cet apport (Commission, 1967, p. xi).

Publié en 1968, le livre II du rapport de la Commission examine la question de l'éducation dans ses rapports avec les langues officielles et les cultures. La première partie de ce livre traite de l'instruction de la minorité de langue officielle, francophone ou anglophone, dans chaque province. Pour les membres de la Commission, le sujet est important, car l'éducation

> a pour objet fondamental la langue et la culture ; par ses établissements, elle les transmet à la génération montante et en assure le progrès. L'avenir des deux langues et des deux cultures repose donc sur un régime d'enseignement qui leur permette de demeurer présentes et créatrices (Commission, 1968, p. 3).

Les premiers espoirs d'un renouveau en ce qui a trait à l'éducation française dans l'Ouest naissent des recommandations du livre II du rapport de la Commission royale d'enquête. Bien que le passage du temps révélera les lacunes de ces recommandations, il faut, selon Pierre Foucher, garder à l'esprit « la légitimité des revendications relatives à l'instruction dans la langue de la minorité » (Bastarache *et al.*, 1986, p. 274) et le lien que fait le rapport entre le rôle de l'école, la langue et la survie culturelle.

Les minorités, quelles soient francophones ou anglophones, accordent inévitablement la priorité à leur langue. Si la langue de la majorité est le seul véhicule d'enseignement dans les écoles d'une province, la minorité est en péril en tant que groupe linguistique ; elle baigne dans un milieu social où se manifeste sans cesse la langue de la communauté majoritaire. L'école doit faire contrepoids à cette ambiance et accorder la première place à la langue minoritaire pour qu'elle puisse devenir un instrument de communication suffisant. La langue est en outre la clef du progrès culturel. Certes, *langue* et *culture* ne sont pas synonymes, mais le dynamisme de la première est indispensable à la préservation intégrale de la seconde (Commission, 1968, p. 8).

Le livre II sur l'éducation de la Commission royale d'enquête constitue en somme le premier pas dans le très long trajet vers le principe d'égalité que fait l'éducation française en situation minoritaire. Foucher y voit aussi les origines de l'article 23 de la *Charte des droits et libertés* (Bastarache *et al.*, 1986, p. 274).

La *Charte canadienne des droits et libertés*

À compter de 1982, le droit « à l'instruction dans la langue de la minorité occupe une place spéciale parmi les droits linguistiques constitutionnels » (Bastarache *et al.*, 1986, p. 271). L'article 23 de la *Charte des droits et libertés* vient confirmer ce que les communautés francophones croient depuis toujours, à savoir que « l'éducation joue en effet un rôle prépondérant pour le maintien de la culture et la survie même des minorités linguistiques au Canada » (Bastarache *et al.*, 1986, p. 271).

Le droit constitutionnel accordé dans l'article 23 comprend quatre éléments : l'accès à l'instruction, l'instruction elle-même, le droit à des établissements et le droit à la gestion de ceux-ci. Mais il y a plus. L'article 23 vise à changer le statu quo en matière d'éducation française. Il établit un véritable code des droits scolaires des minorités de langues officielles au Canada. Le droit constitutionnel devient alors un puissant outil de revendication. Dorénavant, les communautés francophones de l'Ouest ont ce qu'il faut pour démontrer les lacunes dans les lois scolaires existantes et obliger leur gouvernement provincial respectif à légiférer en leur faveur.

Le jugement de la Cour suprême dans l'arrêt *Mahé*

Dans la majorité des cas, les gouvernements provinciaux n'adopteront pas de nouvelles mesures en raison de la parution de la *Charte* en 1982, et les communautés francophones devront faire de nombreuses démarches devant les tribunaux pour faire reconnaître leurs droits. En 1983, en Alberta, un groupe de parents réclament la nullité de la loi scolaire et demandent la reconnaissance de leurs droits ; le juge Purvis leur donne raison. En 1986, c'est au tour des parents fransaskois ; le juge Wimmer leur donne partiellement raison. En 1987, l'affaire *Mahé* en Alberta est portée en appel, mais le jugement de la Cour d'appel est beaucoup moins généreux que celui du juge Purvis. Les parents franco-manitobains préparent un procès qui devient un renvoi en 1988.

> Le 6 février 1990, la Cour d'appel de la province a rendu un jugement tristement célèbre pour la communauté franco-manitobaine. En contredisant trois autres cours d'appel (Ontario, Île-du-Prince-Édouard et Alberta), celle du Manitoba énonçait que l'article 23 de la *Charte* n'incluait aucun droit de gestion (FFHQ, 1990, p. 64).

En mars 1990, la Cour suprême du Canada rend sa décision dans l'arrêt *Mahé*. La Cour confirme le droit à la gestion et elle

> affirme de nouveau le principe que l'article 23 de la *Charte canadienne des droits et libertés* a un caractère remédiateur et que c'est dans cet esprit que l'on doit l'interpréter ; on doit lui donner une interprétation large et libérale (Beaudoin, 1991, p. 4).

Pour décrire le rôle de l'école de la minorité linguistique, le juge Dickson s'inspire du rapport de la Commission royale d'enquête :

> Ces écoles sont indispensables à l'épanouissement des deux langues et des deux cultures officielles [...] il s'agit de dispenser aux membres de la minorité un enseignement qui convienne particulièrement à leur identité linguistique et culturelle (*Mahé*, 1990, p. 15).

La réaction des gouvernements provinciaux

Depuis les années 1890, plusieurs provinces de l'Ouest ont fait en sorte que l'anglais devienne la seule langue d'enseignement et que l'usage du français soit limité autant que possible. Quel accueil réservera-t-on alors à la Commission royale d'enquête sur le bilinguisme et le biculturalisme en 1963 ? En Alberta, la première réaction sera négative. Le premier ministre, Ernest Manning, se prononce contre le principe du bilinguisme et du biculturalisme. L'Association canadienne-francaise de l'Alberta, par la voix de son président, Me Louis A. Desrochers, dénonce alors cette position (ACFA, 1963).

Mais peu à peu les choses changent. Il y a un mouvement d'ouverture de la part de certains gouvernements provinciaux de l'Ouest. Pendant que les Canadiens s'expriment sur la place du bilinguisme et du biculturalisme devant la Commission royale d'enquête, les provinces posent des gestes concrets et positifs en matière d'éducation française.

En 1968, la loi scolaire de la Saskatchewan est amendée de manière à permettre au ministre de l'Éducation

> de désigner les écoles où le français pourrait être utilisé comme langue d'enseignement. En 1971, une politique ministérielle [est] établie pour désigner des écoles de langue française dans la province et en régir le fonctionnement (FFHQ, 1977, p. 64).

L'Alberta amende sa loi scolaire en 1968 pour remplacer le fameux cours primaire (*primary course*) qui permettait essentiellement l'enseignement de la 1re et de la 2e année en français et une heure de français par jour de la 3e à la 9e année. Dorénavant on parlera plutôt de l'enseignement *en* français, et cela de la 3e à la 12e année, jusqu'à 50 % de la journée. En 1976, le règlement 250 permettra l'enseignement en français jusqu'à 80 % de la journée.

Au Manitoba,

> les droits confessionnels [du début] s'avérant cependant inadéquats pour assurer la protection

de la langue de la minorité, [...] Un certain droit à l'instruction en français n'a été reconnu à la minorité linguistique de la province qu'au début des années 1950 [...] Par la suite, une série d'amendements apportés à la loi scolaire en 1955, et en 1963 en particulier, ont permis au gouvernement d'adopter en 1967 des mesures législatives autorisant à consacrer au plus la moitié d'une journée à l'enseignement en français (article 240 Public Schools Act S.M., 1967, C.49 ; FFHQ, 1990 p. 64-65).

En 1970, un tournant décisif sera pris par le gouvernement du Manitoba, le seul d'ailleurs dans l'Ouest à le faire en établissant que « l'anglais et le français [...] sont les langues d'enseignement dans les écoles publiques » (FFHQ, 1990, p. 65). Les autres gouvernements provinciaux se croiront généreux en accordant la *permission* d'utiliser le français dans les écoles, en laissant généralement aux conseils scolaires la possibilité de refuser ce choix.

En Colombie-Britannique, dès le début, le système d'éducation est public et anglophone. En 1966, il y a bien un premier signe d'ouverture de la part du ministre de l'Éducation, sans toutefois que la loi scolaire ne soit amendée.

> Ce n'est qu'en 1978 que la province accept[e] enfin d'établir un *French Language Primary School Program*. Quelques années plus tard, en 1982, le Programme-cadre de français (PCF) [s'étend] au niveau secondaire (FFHQ, 1990, p. 91).

L'enseignement en français n'apparaît dans la loi scolaire de la Colombie-Britannique qu'à l'automne de 1989. De plus, l'article 5 de la nouvelle loi 67 sur l'éducation « a une portée fort limitée » (FFHQ, 1990, p. 91).

Une certaine ouverture semble caractériser les décisions que prennent les gouvernements provinciaux pendant les années 1960 et au début des années 1970. Les progrès sont cependant lents et sont généralement le résultat de nombreuses démarches entreprises par les communautés francophones elles-mêmes. En Alberta comme ailleurs, « c'est surtout grâce à l'appui financier du gouvernement fédéral que se réalise l'éducation en français, langue maternelle et langue seconde[3] » [*traduction*] (Aunger, 1989, p. 217).

À la suite de l'adoption de la *Charte des droits et libertés* en 1982, les gouvernements provinciaux de l'Ouest ne seront pas particulièrement actifs en ce qui a trait à la reconnaissance des droits que confère l'article 23. Comme nous l'avons déjà vu, il faudra faire intervenir les cours de justice. Et même à cela, les amendements apportés aux lois scolaires existantes ne seront pas très généreux, leur portée étant fort limitée. C'est le cas en Saskachewan, à l'automne de 1989 (FFHQ, 1990, p. 91). En Alberta, la nouvelle loi scolaire proposée en 1988 ne contient que l'expression réduite des droits de la minorité[4].

Dans son jugement de mars 1990 dans l'arrêt *Mahé*, la Cour suprême parlera du manque de volonté politique. En parlant de la loi albertaine existante, Dickson dira :

> Il n'est cependant pas certain que la loi albertaine existante soit un obstacle à la matérialisation des droits des appelants. Le véritable obstacle réside dans l'inaction des autorités publiques. Le gouvernement pourrait inscrire au sein de la loi existante des dispositions qui garantiraient que les parents visés par l'article 23, tant les parents en cause que d'autres dans la province, recevront ce qui leur est dû. Le problème est qu'il ne l'a pas fait (*Mahé*, 1990).

Dickson rappelle alors aux gouvernements provinciaux qu'ils doivent, selon l'article 23 de la *Charte*, édicter des dispositions législatives précises pour fournir une instruction dans

---

3. Traduction de : « *The incentive for French-language education came substantially from the Canadian government which provided a major part of the funding for minority language education.* »
4. Extrait de la loi scolaire de 1988 :
   (1) *If an individual has rights under section 23 of the Canadian Charter of Rights and Freedoms to have his children receive school instruction in French, his children are entitled to receive that instruction in accordance with those rights wherever in the province those rights apply.*
   (2) *The Lieutenant Gouvernor in Council may make regulations respecting anything that may be required to give effect to subsection 1* (*School Act l988*, p. 10)

la langue de la minorité et des établissements d'enseignement de la minorité linguistique lorsque le nombre le justifie (*Mahé*, 1990).

On ne saurait dire alors que, à la suite de l'arrêt de la Cour suprême, les gouvernements acceptent de négocier la mise en œuvre de la gestion scolaire parce qu'ils comprennent l'importance de protéger la minorité de langue officielle ou parce qu'ils comprennent que le statu quo n'est plus acceptable.

L'ÉTAT DES LIEUX DE L'ÉCOLE

L'arrêt *Mahé* de la Cour suprême du Canada, qui représente un certain apogée des réussites en matière de lois et de droits reconnus, va naturellement conduire à une période de développement institutionnel remarquable dans le domaine scolaire. C'est cet aspect de développement qui caractérise le mieux la situation scolaire dans l'Ouest d'aujourd'hui. L'impulsion donnée au développement scolaire aura certaines répercussions auprès des autres agences éducatives, mais elles seront indirectes et moins puissantes.

La situation scolaire en 1995-1999

Les quatre provinces de l'Ouest s'ajustent progressivement en développant des formes de gestion pour les francophones qui répondent à la fois à l'arrêt *Mahé* et à la situation politique. En 1993, l'Alberta, la Saskatchewan et le Manitoba amendent leurs lois scolaires en ce sens. Seule la population de la Saskatchewan obtient une forme de gestion qui répond mal à ses revendications[5]. À la suite de discussions entre l'Association des parents et les autorités provinciales, une nouvelle structure est mise en place à partir du 1er janvier 1999. Une division scolaire fransaskoise s'occupe des écoles et des programmes francophones sur tout le territoire provincial, et un rôle consultatif est accordé au conseil de parents dans chaque région.

En Colombie-Britannique, c'est par un règlement du Ministère que le gouvernement cherche à répondre à cette exigence. L'Association des parents intente un procès contre le gouvernement ; le 20 août 1996, le juge Vickers de la Cour suprême de la province leur donne raison. Le gouvernement de la Colombie-Britannique adopte donc en juillet 1997 la loi 45 qui crée un conseil scolaire francophone, mais limite son territoire à une partie de la province, et les parents devront se présenter de nouveau devant la Cour. Le 23 novembre 1998, le juge Vickers rend son jugement et donne encore une fois raison à l'Association des parents francophones. Les parents obtiennent finalement un conseil scolaire francophone pour l'ensemble de la province et ont accès à des ressources financières et une obligation gouvernementale de régler les litiges.

Pour sa part, le Manitoba met sur pied un seul conseil scolaire provincial francophone doté des mêmes pouvoirs que les conseils scolaires anglophones, à l'exception du pouvoir de taxation.

Quant à l'Alberta, on y retrouve une gestion locale régionale avec trois conseils scolaires distincts et trois conseils de coordination. Les conseils scolaires francophones fonctionnent en grande partie comme les conseils scolaires anglophones. Cependant, contrairement aux anglophones, seuls les parents d'élèves inscrits à l'école ont le droit de vote et, comme au Manitoba, les francophones n'ont pas de pouvoir de taxation. Les conseils de coordination ont pour fonction de négocier avec les autorités anglophones pour obtenir des services communs. Au printemps de 1998, le ministre de l'Éducation de l'Alberta avait indiqué ses intentions d'examiner la structure scolaire francophone, mais les élec-

5. Les associations francophones auraient voulu un conseil scolaire équivalent aux conseils scolaires anglophones à la grandeur de la province.

tions pour les nouveaux conseillers se sont déroulées comme prévu à l'automne.

En plus des fonds provinciaux équivalents à ceux octroyés aux écoles anglophones, les autorités scolaires francophones reçoivent des sommes relativement importantes du gouvernement fédéral pour l'implantation de la gestion. Une entente fédérale-provinciale accorde 22 millions de dollars à la Saskatchewan, 24 millions à l'Alberta et 15 millions au Manitoba, le tout réparti sur une période de six ans. En mars 1997, une autre entente fédérale-provinciale met 24 millions de dollars à la disposition du nouveau conseil scolaire francophone de la Colombie-Britannique sur une période de trois ans. Une partie importante de cet argent devra servir à l'achat ou à la construction de locaux. En effet, il y a un écart considérable entre le nombre d'élèves inscrits dans les écoles et les programmes francophones et le nombre d'élèves ayant droit à ces services. Ainsi, en 1997, sur une possibilité de plus de 19 000 élèves, seulement 2 000 sont inscrits dans le programme francophone.

Pour l'année scolaire 1997-1998, la Division scolaire franco-manitobaine (49) compte environ 5 329 élèves dans ses écoles ou celles des conseils scolaires anglophones. En Saskatchewan, les écoles gérées par des francophones dénombrent un peu plus de 1 000 élèves. En Alberta, 3 179 élèves sont inscrits dans les écoles de conseils scolaires francophones ou dans des écoles ou programmes francophones gérés par des conseils scolaires anglophones. En Colombie-Britannique, le conseil scolaire francophone ou des programmes francophones comptent 2 795 élèves.

Les défis à relever

Le changement de nom d'un conseil scolaire ne modifie pas directement la vie des élèves ; il faut surtout mettre sur pied des projets éducationnels distincts. Or, les francophones font face à certaines limites dans la gestion de leurs écoles. Depuis l'établissement de l'école obligatoire, les gouvernements provinciaux de l'Ouest se réservent généralement le droit d'établir la programmation et la liste du matériel didactique, en laissant aux autorités locales le pouvoir de choisir leur personnel et d'administrer les écoles. Ainsi, les provinces, tout en cherchant à créer des programmes de langue particuliers pour les francophones, ont surtout recours à des traductions plutôt qu'à la création de programmes propres à la minorité. Les autorités provinciales investissent par ailleurs dans les évaluations d'élèves pour s'assurer que les autorités locales respectent les objectifs éducationnels de la province (anglophone).

Leur marge de manœuvre étant limitée, les francophones doivent donc exercer un leadership vigoureux sur le plan local pour créer un projet éducationnel distinct. Les établissements scolaires sont cependant relativement peu équipés pour relever ce défi qui correspond à l'*aspect culturel* de l'école. Quelques outils ont été développés en Ontario[6], et des études faites par les gouvernements provinciaux[7] ou des symposiums cherchent à répondre à ce besoin. Les autorités doivent donc élaborer une mission, la traduire en objectifs généraux puis spécifiques, identifier les stratégies et les ressources nécessaires, les obtenir et les mettre en place, puis se doter d'un système d'évaluation dans un domaine aussi vaste que la culture.

L'expérience du Nouveau-Brunswick qui a créé un certain nombre de centres scolaires communautaires se révèle intéressante pour plusieurs communautés de l'Ouest canadien. En effet, le raisonnement utilisé par la Cour suprême pour justifier l'octroi de la gestion repose largement sur le rôle que l'école peut jouer afin de ranimer la vie française dans la communauté et ainsi renverser la tendance

6. Voir par exemple un document du ministère de l'Éducation de l'Ontario sur l'animation socioculturelle.
7. Notons entre autres une étude, commandée par le gouvernement de la Colombie-Britannique, portant sur la culture franco-colombienne : *L'école française, habitat de la culture.*

vers l'assimilation. La mise en place de ces centres n'est pas chose facile. Il faut aussi mettre en place une programmation appropriée, ce qui demeure une tâche importante d'innovation.

À l'automne de 1997, Calgary a ouvert un très beau centre scolaire communautaire : la Cité des Rocheuses. Toujours en Alberta, Fort McMurray, Saint-Paul et Plamondon ont adopté un modèle semblable, bien que plus modeste. Le conseil scolaire de la Colombie-Britannique, de concert avec la Fédération des Franco-Colombiens, a créé un centre scolaire communautaire à Powell River et en planifie un pour Vancouver. Il est certes encore trop tôt pour évaluer définitivement l'impact de ces centres sur la qualité de l'éducation et la vie communautaire.

L'assimilation massive des francophones dans l'Ouest canadien ne sera renversée, même partiellement, que lorsque les écoles augmenteront leur pourcentage de clientèle provenant de familles exogames et ayant droit à l'éducation en français. Pour accueillir ces élèves et les intégrer au dynamisme de la communauté francophone locale, plusieurs mesures s'imposent, à commencer par celle de la francisation. Les conseils francophones se penchent d'ailleurs sur la question. La trousse de francisation *Paul et Suzanne* connaît une diffusion large et bien accueillie. Cette trousse aide à créer, au niveau primaire, un partenariat entre l'élève, le foyer et l'école, dans cette mission de francisation.

Les besoins propres aux francophones et la pédagogie

Avant de parler de solutions et d'approches pédagogiques, il est essentiel d'aborder les besoins propres aux francophones. Il y a d'abord les besoins particuliers qui relèvent de l'apprentissage et de l'utilisation de la langue maternelle. Il y a aussi les besoins identitaires et les besoins culturels.

Les besoins linguistiques

Ce qui caractérise particulièrement l'enseignement de la langue maternelle en milieu minoritaire, c'est la grande variété de locuteurs francophones qui fréquentent présentement les écoles homogènes françaises dans les provinces de l'Ouest. La situation minoritaire est telle que bon nombre de francophones n'ont pas su ou n'ont pas pu transmettre le français à leurs enfants. À toutes fins pratiques, bien qu'ils aient droit à l'éducation en français, ces enfants sont essentiellement unilingues anglais. La pédagogie utilisée doit alors répondre aux besoins particuliers de ces apprenants. De nombreuses recherches effectuées dans le domaine de l'enseignement de la langue seconde offrent sans aucun doute quelques solutions en ce sens. Il faut par ailleurs tenir compte des besoins linguistiques particuliers du francophone qui a gardé sa langue, et ce, en reconnaissant l'existence de variations linguistiques importantes.

Cazabon reconnaît deux ordres de variations linguistiques. Les variations intralinguistiques « représentent ce qui se manifeste dans les usages et les structures d'un même système. La variété perçue pourra être le fait de variétés géographiques et temporelles » (Cazabon, Lafortune et Boissonneault, 1993, p. 72). Pour ce qui est des variations interlinguistiques, elles se produisent lorsqu'il y a une plus grande proximité de l'anglais et là où les migrants sont de diverses origines ; on voit alors apparaître la présence d'emprunts et de calques.

Quels que soient le système et la terminologie utilisés pour identifier et catégoriser les variétés linguistiques rencontrées dans la communauté minoritaire, l'important est de respecter la langue que parlent les gens. On abandonne plus volontiers une langue jugée inadéquate et dont on a honte. On ne saurait nier alors l'importance de reconnaître la légitimité de la langue que les gens utilisent pour communiquer, langue qu'ils ont apprise de leurs mères et au sein de leurs communautés respectives.

> On l'a pourtant beaucoup répété : une langue se maîtrise dans la seule mesure où l'on respecte les fonds linguistiques dans leurs variétés dialectales, vernaculaires et populaires. Extirper ne serait-ce qu'une seule de ces marques, c'est éveiller la conscience au fait que cette différence est indigne, enlaidie, appauvrie. C'est cela châtier une langue ! (Cazabon, Lafortune et Boissonneault, 1993, p. 74.)

Nous devons mettre de côté certaines choses telles qu'une perspective purement normative de la langue, une pédagogie de la faute, des programmes compensatoires et correctifs, en somme tous les éléments d'une pédagogie oppressive, pour miser plutôt sur une pédagogie qui invite le jeune francophone à situer sa langue parmi celles que l'on parle ailleurs dans le monde. Mais il faut aussi miser sur une pédagogie qui lui demande de maîtriser le code écrit, de découvrir la littérature de sa communauté et de toutes les autres communautés francophones, sur une pédagogie qui l'invite à utiliser sa langue dans une variété de situations de communication.

Les besoins identitaires

Qu'en est-il des besoins identitaires ? À la naissance, nous entrons dans une culture particulière, et nous appartenons dès lors à une communauté de personnes qui parlent une langue particulière, habitent un territoire particulier, participent à une mémoire collective et pratiquent les mêmes coutumes. Il s'agit de l'*identité culturelle* et, en gros, elle est le résultat du contact des différences. « En général on peut donc dire que c'est le groupe opposé qui donne un sens à l'identité de l'autre groupe » (Cazabon, Lafortune et Boissonneault, 1993, p. 52). C'est ce que nous appelons le *regard de l'autre*.

Mais l'individu se définit aussi en fonction des perceptions qu'il a de son groupe. Selon Allard et Landry (1984), les croyances d'une personne au sujet de la vitalité ethnolinguistique de sa communauté déterminent les intentions et les comportements. Lorsque le francophone caractérise sa communauté comme étant forte et active, capable de répondre à ses besoins, il a plus de chance de vouloir maintenir son adhésion au groupe.

Les besoins culturels

En dernière analyse, l'identité culturelle est largement le résultat d'un choix que fait l'individu d'adhérer à sa communauté de naissance, ce choix étant en somme le résultat du regard de l'autre et du jugement que l'individu porte lui-même sur les avantages d'appartenir à cette communauté. Un individu peut donc naître francophone, mais il peut choisir de ne pas le rester.

Quels sont alors les besoins identitaires de l'élève francophone minoritaire ? L'élève a besoin de découvrir sa communauté, d'en connaître le passé et le présent. Il a besoin de vivre, au sein de celle-ci, des expériences de vie francophone qui lui permettront de se développer, de créer des liens avec les membres de cette communauté, de voir la place qu'il peut occuper dans l'avenir du groupe auquel il choisit d'appartenir. Il faut aussi chercher à identifier les besoins éducatifs des jeunes francophones qui se préparent à vivre les valeurs et à adopter les manières d'être de la communauté francophone, et cela dans le but d'en assurer la continuité et le développement.

Tous ces besoins sont des besoins culturels, la *culture* étant définie comme « manière globale d'être », comme « l'ensemble de valeurs, de croyances, de connaissances et de compétences qui caractérisent une communauté humaine particulière ». Parmi tous les éléments à transmettre, en voici quelques-uns : la connaissance des droits et des responsabilités, la capacité de représenter les intérêts de sa communauté et de les affirmer, les habiletés nécessaires pour bien gérer sa communauté et travailler en équipe, l'engagement et l'ouverture sur l'autre, la fidélité à la langue et à la culture. Ces besoins constituent la base sur laquelle doit s'appuyer une pédagogie qui vise à développer, chez le jeune francophone minoritaire, un savoir, un savoir-faire et un savoir-être particulier.

L'ÉTAT DES LIEUX DES AUTRES AGENCES ÉDUCATIVES

Les autres agences éducatives offrant des services en français dans l'Ouest canadien comprennent : les départements de français et les programmes de formation des maîtres dans certaines universités anglophones ; les institutions universitaires francophones ; des services d'éducation permanente qui proposent à leur clientèle des cours populaires, des cours de langue ou d'autres cours en français de niveau universitaire ; et des écoles techniques et professionnelles qui offrent des cours en français.

Bien qu'il soit possible de se spécialiser dans l'enseignement de l'immersion ou dans les études françaises aux trois cycles universitaires dans certaines institutions de l'Ouest canadien, seulement deux d'entre elles offrent des services postsecondaires en français avec pour mandat spécifique de répondre aux besoins des francophones, soit le Collège universitaire de Saint-Boniface au Manitoba et la Faculté Saint-Jean de la University of Alberta à Edmonton[8]. Le bilan qui suit tient surtout compte de ces deux établissements à caractère francophone. Cela ne nous empêche cependant pas de reconnaître l'importance des programmes et des services offerts par les établissements qui n'ont pas nécessairement de mandat envers les francophones.

Faculté Saint-Jean de la University of Alberta

Les départements de français

Les universités anglophones de l'Ouest canadien offrent une gamme assez complète de cours langagiers et littéraires en français. Dans certains cas, il est même possible d'y effectuer des études de 2e et de 3e cycle dans ce domaine. Il faut cependant noter que ce ne sont pas tous les cours qui sont enseignés en français et qu'il s'agit d'une spécialisation en langue et en littérature françaises.

Les études universitaires en français

En général, il est assez facile d'effectuer des études universitaires de premier cycle en français dans les provinces de l'Ouest. Le pourcentage d'enseignement en français et le choix de programmes varient toutefois selon les provinces.

Le domaine d'enseignement le mieux représenté est certainement celui de l'éducation, avec un assez large éventail de programmes. Au Manitoba et en Alberta, on peut compléter un baccalauréat en éducation et un diplôme de perfectionnement, autant pour l'enseignement en milieu francophone

8. Un questionnaire adressé à ces deux établissements en 1996 portait sur chacun des points traités dans cette section. Par ailleurs, l'Institut de formation linguistique de Regina détient également un tel mandat selon les termes de l'entente Canada-Communauté signée en 1988. Toutefois, pour le moment, l'Institut travaille en collaboration avec la University of Regina et offre une concentration en études canadiennes ou une mention bilingue au baccalauréat ès arts.

qu'en immersion française. De plus, certaines universités anglophones, telles que la Simon Fraser University et la University of Regina, ont mis sur pied des programmes de formation des maîtres pour les écoles d'immersion, dont les cours sont enseignés en français. Dans le cas de la University of Regina, les étudiants doivent compléter une année de cours à l'Université Laval au Québec. Au Collège universitaire de Saint-Boniface et à la Faculté Saint-Jean, il est possible de compléter une maîtrise en sciences de l'éducation complètement en français.

Viennent ensuite les programmes d'arts. En ce qui concerne le baccalauréat ès arts, le Collège universitaire de Saint-Boniface offre un programme de trois ans en langues, en humanités, en sciences sociales, en latin et en philosophie. On y trouve aussi un programme de quatre ans en études françaises ainsi que des programmes de spécialisation en français et en traduction. La Faculté Saint-Jean offre, quant à elle, un baccalauréat de quatre ans avec des concentrations en études canadiennes, en humanités et en sciences sociales. De plus, en septembre 1998, la Faculté Saint-Jean et la Faculty of Business de la University of Alberta lanceront un baccalauréat en commerce (bilingue) de quatre ans. En Saskatchewan, il est possible d'effectuer un baccalauréat ès arts de quatre ans en études franco-canadiennes, avec un pourcentage de 60 % d'enseignement en français, par l'entremise de l'Institut de formation linguistique de la University of Regina. Cette université offre également un baccalauréat ès arts, mention bilingue, à raison d'un enseignement de 40 % en français qui est aussi offert par l'Institut de formation linguistique. De plus, la University of Regina présente une combinaison du baccalauréat en éducation et du baccalauréat ès arts donnée sur une période de cinq ans.

Quant à une formation en sciences, seules les provinces du Manitoba et de l'Alberta ont un programme de premier cycle dans ce secteur. Le Collège universitaire de Saint-Boniface offre un programme général de trois ans menant au baccalauréat en sciences et un programme de quatre ans, avec une majeure conjointe en biochimie et en microbiologie. À la Faculté Saint-Jean, nous retrouvons des programmes de quatre ans en sciences (biologie, physique et mathématiques) ; les cours à la Faculté Saint-Jean sont tous enseignés en français, mais les étudiants doivent compléter leur programme avec certains cours enseignés en anglais à la University of Alberta. La Faculté Saint-Jean offre aussi une combinaison du baccalauréat en éducation

Tableau I
Diplômes en français offerts par les universités de l'Ouest

Discipline	Manitoba			Saskatchewan			Alberta			Colombie-Britannique		
	Cycle			Cycle			Cycle			Cycle		
	I	II	III	I	II	III	I	II	III	I	II	III
Administration des affaires	•						•					
Arts	•			•			•					
Éducation	•	•		•			•	•		•		
Sciences	•						•					
Éducation/Arts				•								
Éducation/Sciences							•					

secondaire et du baccalauréat en sciences, sur une période de cinq ans.

Les services d'éducation permanente

Les programmes en français mis sur pied par l'entremise des services d'éducation permanente de chacune des provinces consistent surtout en des cours de langue. Ceux-ci connaissent d'ailleurs une très grande popularité. La Division de l'éducation permanente du Collège universitaire de Saint-Boniface offre par surcroît des cours en informatique, des cours de formation générale, des ateliers et des programmes qui s'adressent à la jeunesse. Le Service fransaskois d'éducation des adultes propose aussi un programme en alphabétisation ainsi que divers cours organisés selon la demande et, généralement, en partenariat avec les institutions environnantes. L'Institut de formation linguistique de Regina offre une série de cours de français pour les fonctionnaires, les juges et les membres de la communauté. Le Centre éducatif communautaire de l'Alberta de la Faculté Saint-Jean offre en plus de ses cours populaires aux adultes et à la jeunesse des programmes de bourses en langue seconde ; il s'agit de cours intensifs donnés le printemps et l'été dans des écoles de langue au Québec et dans les Rocheuses. En Colombie-Britannique, Éducacentre offre des services, des cours et des programmes non crédités pour les adultes.

L'éducation à distance

Peu de cours sont disponibles actuellement par le biais de l'éducation à distance dans les provinces de l'Ouest. Au Manitoba, le besoin se fait peu sentir en raison de la concentration géographique des francophones dans les environs de Winnipeg. Le Collège universitaire de Saint-Boniface a par ailleurs diffusé sur Internet quatre cours, dont un de psychologie, durant la dernière année. Le Collège compte réitérer cette expérience qui s'est révélée un succès. La University of Regina a offert un programme de maîtrise par le biais de l'éducation à distance de 1991 à 1994 en collaboration avec l'Université d'Ottawa, mais ce programme n'a pas été renouvelé. Le Service fransaskois d'éducation des adultes à Gravelbourg offre des cours à distance selon les besoins. Enfin, la Faculté Saint-Jean a organisé plusieurs cours de ce type dans le passé et a mis sur pied des techniques de vidéoconférence en septembre 1997 de même qu'un cours de français par Internet.

Les écoles techniques et professionnelles

Du point de vue des écoles techniques et professionnelles, le choix est plutôt limité. Le Collège universitaire de Saint-Boniface offre les cinq programmes suivants : administration des affaires et gestion de bureau, éducation en services de garde, aide en soins de la santé et informatique de gestion. La Faculté Saint-Jean, en collaboration avec le Northern Alberta Institute of Technology, a mis sur pied un programme bilingue en administration des affaires en septembre 1996. La Saskatchewan et la Colombie-Britannique n'offrent pour leur part aucun programme de ce genre.

Les prochains défis

Le Regroupement des universités de la francophonie hors Québec a proposé un projet au gouvernement fédéral pour l'établissement d'un réseau national d'éducation universitaire en français. Par ce projet, le Regroupement espère améliorer la situation universitaire de la francophonie hors Québec afin de la rendre comparable à celle des anglophones. Or, pour atteindre les objectifs de ce réseau, les nouvelles technologies de transmission de l'information et des communications sont tout indiquées. Le fait de faciliter les échanges entre les établissements du Regroupement contribuerait à maintenir et à enrichir les acquis actuels de chaque institution et permettrait de partager des expertises particulières, tant dans le secteur de l'enseignement que dans celui de la recherche.

De manière générale, l'état de la formation en français dans l'Ouest canadien évolue assez bien, compte tenu du peu de choix de programmes disponibles il y a 10 ans par exemple. La prise en charge de la formation des maîtres dans les différentes provinces y est sans doute pour beaucoup ; les cours sont désormais mieux adaptés à la situation des francophones en milieu minoritaire. Mis à part les programmes en éducation, les possibilités demeurent cependant bien limitées en ce qui concerne les études supérieures après le baccalauréat en arts ou en sciences. Il n'est pas possible en effet de poursuivre des études de 2e et de 3e cycle en français dans ces domaines, à l'exception d'une spécialisation en langue et en littérature françaises.

Cette analyse fait ressortir la vitalité de ces milieux éducatifs. L'énumération des besoins et des lacunes fait état du travail qu'il reste encore à faire dans ce domaine pour élargir et perfectionner les services. Les plans de développement des institutions postsecondaires des quatre provinces visent à consolider les programmes forts et à développer davantage l'école technique et professionnelle. D'autre part, on semble s'orienter de plus en plus vers les langues et les cultures, et on commence à répondre au besoin de formation en administration des affaires. On espère aussi mettre sur pied des programmes de 2e cycle, en éducation pour la Saskatchewan, et en études canadiennes pour le Manitoba et l'Alberta. La Colombie-Britannique, la seule province ne bénéficiant pas de financement de base pour maintenir et développer un service d'éducation des adultes en français, souhaite d'abord combler ce manque pour assurer la continuité de ses services. Les besoins dans cette province s'avèrent donc nombreux sur tous les plans.

Pour répondre à toutes ces demandes, les membres d'Éducation franco-ouest, un regroupement de représentants clés du domaine de l'éducation francophone secondaire et postsecondaire, concentrent leurs efforts afin de maximiser les ressources disponibles dans les différentes provinces. Les objectifs visés par chacune des institutions devraient alors être atteints beaucoup plus rapidement.

Précisons, en terminant, qu'il n'existe encore aucun service en français après la 12e année dans les Territoires du Nord-Ouest et au Yukon.

Conclusion

Le travail effectué en éducation française à partir du début du siècle jusqu'en 1963 était accompli en marge des systèmes établis. De manière générale, les francophones étaient entièrement responsables de l'enseignement du français ; ils s'occupaient de la programmation, du choix et de la préparation du matériel pédagogique, de la formation des maîtres et de leur développement professionnel. Tout ce travail se faisait dans l'ombre, sans l'appui et sans la reconnaissance de l'État. Il s'agissait de gestion, mais de gestion clandestine.

Un des effets importants de la Commission royale d'enquête et de l'article 23 a été de rendre légitime l'éducation française. Mais ceci ne s'est pas réalisé sans luttes. Ajoutons aux efforts des communautés francophones dans chaque province le travail effectué sur le plan national. En 1975, il y a eu la création de la FFHQ et la publication de plusieurs documents importants dont *Les héritiers de lord Durham* publié en avril 1977 et, en 1978, *Deux poids, deux mesures*, étude qui fait état de la situation des minorités francophones hors Québec et des anglophones au Québec. Il y a eu aussi le travail de la Commission nationale des parents francophones.

C'est l'époque où les francophones « veulent parler franchement d'eux-mêmes et du "mal qui les ronge". On sortira du silence avec un ton souvent alarmiste, quelquefois avec colère » (FCFA, 1992, p. 1). Mais il y aura évolution, et, d'un

> réalisme pessimiste, la francophonie passe à « un réalisme qui se veut actif ». [...] Alors que les francophones s'étaient toujours organisés en marge de l'État ou en réaction aux activités de ce dernier, ils tenteront maintenant de le pénétrer

et d'y être pleinement reconnus (FCFA, 1992, p. 1-4).

Avec le temps, les francophones ne sont plus dans leurs écoles des « locataires tolérés », comme on disait dans *Les héritiers de lord Durham,* mais des « propriétaires reconnus » (FFHQ, 1977, p. 11).

Bibliographie

ALLARD, Réal, et Rodrigue LANDRY (1984). « Étude des relations entre les croyances, envers la vitalité ethnolinguistique et le comportement langagier en milieu minoritaire francophone », *Revue de l'Université de Moncton*.

ASSOCIATION CANADIENNE-FRANÇAISE DE L'ALBERTA (1963). *Compte rendu de la réunion de l'exécutif,* Edmonton, ACFA.

AUNGER, Edmond (1989). « Language and Law in the Province of Alberta », dans *Language and Law = Langue et Droit,* sous la direction de Paul Pupier et José Woehrling, Montréal, Wilson et Lafleur.

BASTARACHE, Michel, André BRAËN, Emmanuel DIDIER et Pierre FOUCHER (1986). *Les droits linguistiques au Canada,* Montréal, Éditions Yvon Blais.

BEAUDOIN, G.-A. (1991). « L'arrêt *Mahé* : impact et conséquences », *Éducation et Francophonie,* vol. 19, n° 1.

BUREAU DE L'ÉDUCATION FRANÇAISE (1996). *Manitoba : inscriptions français langue première,* Gouvernement du Manitoba.

CANADA. PARLEMENT. CHAMBRE DES COMMUNES (1982). *La Charte canadienne des droits et libertés,* Ottawa, Ministère des Approvisionnements et Services.

CAZABON, Benoît, S. LAFORTUNE et J. BOISSONNEAULT (1993). *La pédagogie du français langue maternelle et l'hétérogénéité linguistique,* Ministère de l'Éducation de l'Ontario.

COMMISSAIRE AUX LANGUES OFFICIELLES (1992). *Rapport annuel 1991,* Ottawa, Ministre des Approvisionnements et Services.

COMMISSAIRE AUX LANGUES OFFICIELLES (1993). *Rapport annuel 1992,* Ottawa, Ministre des Approvisionnements et Services.

COMMISSAIRE AUX LANGUES OFFICIELLES (1994). *Rapport annuel 1993,* Ottawa, Ministre des Approvisionnements et Services.

COMMISSAIRE AUX LANGUES OFFICIELLES (1995). *Rapport annuel 1994,* Ottawa, Ministre des Approvisionnements et Services.

COMMISSAIRE AUX LANGUES OFFICIELLES (1996). *Rapport annuel 1995,* Ottawa, Ministre des Approvisionnements et Services.

COMMISSION ROYALE D'ENQUÊTE SUR LE BILINGUISME ET LE BICULTURALISME (1967). *Rapport, livre 1 : les langues officielles,* Ottawa, Éditeur officiel.

COMMISSION ROYALE D'ENQUÊTE SUR LE BILINGUISME ET LE BICULTURALISME (1968). *Rapport, livre 2 : l'éducation,* Ottawa, Éditeur officiel.

DIRECTION DE L'ÉDUCATION FRANÇAISE (1996). *Fonds accordés aux autorités francophones et aux conseils de coordination par la province de l'Alberta et le gouvernement fédéral sous l'entente spéciale Canada-Alberta 1994-1995 ; 1994-1999,* Edmonton, Gouvernement de l'Alberta.

FÉDÉRATION DES COMMUNAUTÉS FRANCOPHONES ET ACADIENNE DU CANADA (1992). *Dessein 2 000 : pour un espace francophone,* Ottawa, FCFA.

FÉDÉRATION DES FRANCOPHONES HORS QUÉBEC (1977). *Les héritiers de lord Durham*, Ottawa, FFHQ.

FÉDÉRATION DES FRANCOPHONES HORS QUÉBEC (1990). *La décennie 90 : étape de consolidation*, Ottawa, FFHQ.

JOHNSON, F. Henry (1964). *A History of Public Education in British Columbia*, Vancouver, University of British Columbia.

JOHNSON, F. Henry (1968). *A Brief History of Canadian Education*, Toronto, McGraw-Hill.

LABERGE, Yvon (1994). *Regards sur nos défis : les couples exogames et l'école distincte en Alberta*, Beaumont, Excel Learning Concepts.

MCDONALD, Neil (1982). « Canadian Nationalism and North West Schools, 1884-1905 », dans *Education in Canada : An Interpretation*, sous la direction de E. Brian Titley, Calgary, Deltsig Enterprises, p. 121-148.

Mahé c. *Procureur général de l'Alberta* (1990), Ottawa, Cour suprême du Canada.

MINISTRY OF EDUCATION, SKILLS AND TRAINING (1996). *1995-96 Summary of Key Information : Enrolment in French Programs*, Victoria, School Finance & Data Management Branch.

STANLEY, George F.C. (1960). « French and English in Western Canada », dans *Canadian Dualism*, sous la direction de Mason Wade, Toronto, University of Toronto Press, p. 311-350.

« Un péril à conjurer » (1930), *La Survivance*, 11 décembre, p. 1.

VICKERS, Mr. Justice (1996). *Reasons for Judgment in the Supreme Court of British Columbia, between the Association des parents francophones de la Colombie-Britannique... and Her Majesty the Queen in Right of the Province of British Columbia*, Vancouver.

Vickers c. *Association des parents francophones de la Colombie-Britannique* (1996), Vancouver, Cour suprême de Colombie-Britannique.

Vickers c. *Association des parents francophones de la Colombie-Britannique* (1998), Vancouver, Cour suprême de Colombie-Britannique.

La culture

Chapitre 22

Vers un discours de l'irrémédiable : les cultures francophones minoritaires au Canada

François Paré, University of Guelph

Une histoire des institutions culturelles minoritaires

Dans le multiculturalisme et l'abolition des frontières nationales qui caractérisent sans aucun doute les sociétés actuelles, les cultures minoritaires qui font l'objet de cet ouvrage n'ont pu que réaffirmer, dans un mouvement à la fois problématique et tout à fait passionnant, les différences qui les démarquent et qui les constituent comme communautés distinctes. Car l'Acadie, l'Ontario français et l'Ouest francophone restent, malgré certains rapprochements et une destinée sociopolitique commune, trois collectivités singulières. Si le désir de s'affirmer publiquement et la recherche passionnée de l'identité constituent à n'en pas douter des lieux de partage depuis une trentaine d'années, la cohésion idéologique et les conditions institutionnelles varient énormément, au point même d'être parfois – dans le dossier de la culture, par exemple – antagonistes.

C'est pourquoi il est difficile, pour ces communautés aux prises avec des tensions internes considérables, de dépasser le simple moment de l'affirmation, pour en arriver à articuler dans le discours fragmenté de la modernité cette différence qui les obsède, et qu'elles n'arrivent jamais à décrire totalement. Au Canada francophone, à l'exception du Québec, la difficulté tient probablement à l'absence de référents stables – un territoire, une langue, un mode de vie, des valeurs discernables – tout ce sur quoi repose justement la cohésion d'une collectivité, et ultimement sa singularité présumée. Privées de système référentiel, les cultures minoritaires qui constituent aujourd'hui la francophonie canadienne ont eu tendance, bien souvent, à n'évoluer que dans le pur langage – « une ligne ténue, agitée de vibrations, inaccessible[1] » –, ce discours *national* servant à donner le spectacle de l'affirmation et du développement, occultant pourtant les forces de dissolution et parfois encore d'oppression qui semblent bien réelles. Il ne reste alors de ces conflits sous-jacents qu'un malaise jamais résolu, qui dépasse bien, on s'en doute, le cadre d'un questionnement identitaire. Car l'identité, ces cultures l'affirment toutes haut et fort ; mais nul ne soupçonnait ce que recelait de répression et de discorde cette simple affirmation d'un droit à l'existence collective.

---

1. « L'horizon est plein de mirages. Pour chacun de nous ici cette ligne ténue, agitée de vibrations, inaccessible, porte un nom. Elle barre en silence tout le fond de notre infini [...] » (Roy, 1978, p. 189).

Ainsi s'explique le fossé grandissant entre ces communautés acadienne, franco-ontarienne, franco-manitobaine, aux prises avec d'insurmontables problèmes d'identité collective et de survie linguistique, et la représentation que ces communautés se font d'elles-mêmes dans la littérature et dans l'ensemble du discours culturel. Jamais dans l'histoire ces communautés n'ont connu une telle effervescence culturelle, jamais pourtant elles n'ont été démographiquement et socialement si menacées d'extinction. Ce problème, absolument central au projet de ce livre, doit nous amener à interroger du même souffle le discours glorieux des origines et celui, plus cataclysmique, de la finalité du groupe. Ces deux discours concurrents et complémentaires désignent à eux seuls tout l'intérêt de ces communautés culturelles en cette fin de siècle. Comment construit-on encore aujourd'hui le commencement en Acadie, dans les plaines de l'Ouest canadien, dans le Nord ontarien ? Comment s'érigent cependant, *en même temps*, les images de la disparition collective ? Alors la différence culturelle est une commodité, un objet d'échange : autant elle s'acquiert au prix de luttes et de négociations, autant elle s'efface dans des stratégies d'abandon et de fusion collective.

LA CONSTRUCTION DES CULTURES ET LA CIRCULATION DES IMAGES

Au Canada francophone, l'émergence de communautés culturelles autonomes constitue l'un des phénomènes les plus intéressants du 20e siècle. Il s'agit de cultures singulières dont les conditions d'émergence, d'énonciation et de convergence, depuis 30 ans environ, sont marquées par l'ambiguïté touchant le rôle de la production culturelle elle-même et par la pauvreté des moyens d'expression qui, normalement, devraient permettre à une collectivité, même largement minoritaire, de s'imaginer elle-même, de se constituer en spectacle répété de ses conditions d'existence, de se coaguler autour d'images puissantes de rassemblement et d'exclusion. Voilà que ces collectivités ont bien souvent fini par affirmer, assez tragiquement, au contraire, leur incapacité fondamentale à exister dans la différence. Autant les membres de ces collectivités ont pu être convaincus au cours des 30 dernières années d'appartenir véritablement à un imaginaire singulier, autant l'expérience quotidienne de la vie collective semblait plutôt les dissocier de cette affirmation. S'il y a une *ontogénie de la culture*, comme on le croit souvent, c'est-à-dire « si la culture a la capacité de s'engendrer elle-même », le moins qu'on puisse dire c'est que, dans les cultures minoritaires qui nous occupent ici, cette naissance n'a pu être totalement spontanée et qu'elle est, au jour le jour, fracturée en ses centres par de terribles tensions (linguistiques, identitaires, sociales)[2]. Ce sont en fait ces ambiguïtés qui finissent par fonder la différence.

Toutes les pratiques culturelles, qu'elles appartiennent aux francophonies minoritaires du Canada ou au grand ensemble culturel nord-américain, par exemple, se situent donc dans un projet de construction d'un univers imaginaire singulier.

> C'est dire, écrit Albert Doutreloux, que chaque collectivité doit s'inventer elle-même et pour elle-même dans ses environnements particuliers. Elle se distingue de la sorte de ces environnements et en même temps des autres groupes analogues en se constituant comme elle s'imagine (Doutreloux, 1995, p. 246).

L'ontogenèse est peut-être trop soulignée dans cette définition de la naissance des cultures, car c'est aussi à partir des autres, tels qu'ils se laissent imaginer, que les cultures s'érigent. Dans les sociétés minoritaires, engagées dans un rapport constant avec les manifestations de l'altérité, l'ontogenèse est-elle même possible ? Chose certaine, ce processus ne comporte plus rien de naturel, ce

2. Voir l'éclairante analyse de ces tensions « vers le haut » et « vers le bas » dans le dernier chapitre « Les mouvements ethnoculturels à l'heure de la mondialisation », du livre de Joseph Yvon Thériault, 1995, p. 275-291.

que montrent infiniment bien l'étude des cultures francophones minoritaires en Amérique du Nord. Ces cultures ne peuvent plus être conçues comme de « pures structures émotives » (« *powerful structures of feeling* » [Baumann, 1996, p. 10-12])[3] ; elles sont aussi – et peut-être bien seulement – des entrées concertées et ponctuelles dans les différentes pratiques existantes de l'imaginaire et de la circulation des images. Car la culture est avant tout un héritage normatif, une pédagogie du *construit* collectif, qui vise à produire de génération en génération la croyance en un espace de la différence, un espace où se comprendraient et seraient comprises l'action collective et l'identité individuelle[4].

En outre, cette même culture s'inscrit en Amérique du Nord dans une éthique de la circulation des objets où, comme le montre Pascal Bruckner, il est extrêmement difficile d'envisager la pérennité des systèmes. Ainsi, les cultures se dilapident au même titre que les objets que nous utilisons. Elles sont la source de constants désirs d'unité, de solidité, de renaissance. Comme les objets qui passent et se métamorphosent sans cesse, les cultures modernes s'articulent sur l'apparition et la disparition.

> Le saccage est un hommage involontaire rendu à notre société, puisque les marchandises sont destinées à être supprimées et remplacées. [...] On fonde un semblant de pérennité sur du périssable : et la fonction de ce tumulte superficiel est de tisser une continuité sans failles, de colmater les trous de notre histoire, de recoudre les morceaux disparates du temps, de nous distraire pour ne pas nous désorienter (Bruckner, 1995, p. 52-53).

Il ne fait pas de doute que, dans l'optique de cette modernité nord-américaine, l'analyse des collectivités, minoritaires ou non, doit se situer dans le contexte des jeux de pouvoirs associés à la circulation des images. Comme le dit Jean Baudrillard de l'existence évanescente du monde réel, les communautés auxquelles nous appartenons, sur lesquelles nous établissons nos identités, sont toujours projetées en avant, dans une histoire dont nous n'arrivons jamais à fixer la continuité et la cohérence (Baudrillard, 1979, p. 86-94). Dans les analyses qui suivent et dans l'ensemble de ce livre, les communautés identitaires dont il s'agit se laissent percevoir en tant que faits socioéconomiques, en tant que résultats d'un langage qui les déréalise et, paradoxalement, les fait naître en tant que discours culturels. C'est en se déréalisant que les discours culturels se mettent à circuler, à entrer dans le champ de la valeur. Ce prix à payer est obsédant dans le cas de tous les discours opprimés ou colonisés qui souffrent déjà dans l'existence quotidienne d'un profond sentiment d'irréalité.

Le Québec et l'accès à la représentation

Par ailleurs, toute réflexion qui servirait d'introduction à des analyses beaucoup plus précises des cultures francophones minoritaires au Canada devra s'inspirer d'une problématique plus vaste : celle de l'accès, le plus souvent moral, mais parfois aussi juridique, aux pratiques de la représentation. Nombreuses sont les communautés minoritaires – et la francophonie canadienne ne fait pas exception – qui échappent à la représentation culturelle, soit que cette représentation fasse l'objet d'interdits gouvernementaux ou religieux, soit surtout que le champ de la représentation culturelle reste entièrement occupé par des discours concurrents et plus puissants. Même dans un contexte comme celui du Canada où les arts sont largement subventionnés – ce qui devrait permettre un calibrage

3. La culture est, pour Baumann, un héritage normatif qui permet de prévoir les comportements des membres d'une communauté et qui produit le territoire de l'action sociale.
4. Cette proximité entre l'individu et le groupe est ce que Jean A. Laponce appelle la « contagion » ; à l'inverse, la société contemporaine force les cultures à s'« irradier », à « projeter ses messages à des distances variables » (Laponce, 1994, p. 75).

de l'aide gouvernementale –, l'accès aux lieux de la représentation, à ce qu'on pourrait appeler la *quotidienneté des faits de culture* (journaux, revues, télévision et autres modes électroniques) n'est pas généralisé.

C'est d'ailleurs sur ce plan même du partage des lieux de la représentation collective que doivent se situer les relations souvent difficiles qu'entretiennent les francophonies minoritaires au Canada avec le Québec (Savard, dans Jaenen, 1993, p. 231-263). Il ne s'agit pas ici de reprendre le débat qui entoure une certaine rupture des relations entre le centre québécois et sa périphérie. Cette question a été largement discutée au cours des 20 ou 25 dernières années. Cependant, forcées de chercher dans un ailleurs problématique les conditions de leur propre spécificité, les cultures francophones minoritaires ont dû nécessairement faire de l'exclusion de l'espace québécois la base fondamentale de leur autonomie culturelle. Du même coup, cette autonomie, obtenue par défaut, parvenait assez mal à prendre position en dehors de l'affirmation nationale ou territoriale, qui était celle du Québec. Quel est, en effet, le statut des représentations culturelles, dans les cas où ces cultures répondent mal aux critères de la nation ou à celui de la territorialité ? La grande unité de la culture canadienne-française pouvait-elle subsister à la fragmentation politique qui avait été déclenchée par le nationalisme québécois ? Était-elle vraiment « morte » au début des années 1970, cette « grande famille canadienne-française » (Waddell, 1987, p. 9), ou était-elle encore au-delà de cette mort politique, de cet éclatement, un lieu où pouvaient se rassembler les ensembles culturels apparemment dispersés ? Il n'y a pas de réponse à ces questions, qui sont pourtant au centre du débat qui entoure l'émergence depuis 30 ans de discours culturels francophones autonomes en Acadie, en Ontario et au Manitoba. Ce qui est clair, c'est que l'analyse du domaine culturel, telle qu'elle est organisée dans la présente série d'études, correspond à une fragmentation des lieux de représentation collective, qui a bel et bien été vécue par les individus et les institutions. Ce qui reste à déterminer, c'est la nature profonde de cette rupture, en tant que *construit* sociopolitique, dans une société canadienne où les enjeux étaient et sont encore provinciaux, plutôt que fédéraux.

En même temps, comme le montreront les trois chapitres qui suivent, les cultures francophones minoritaires au Canada se sont construites sur une absence radicale de l'espace public dans lequel elles étaient appelées à s'épanouir. Que ce manque soit décrit comme un isolement (au Manitoba français), une peur de l'affirmation (en Acadie), un fossé entre créateurs et public (en Ontario français), il s'impose comme une inscription toujours repoussée de la communauté culturelle dans l'extériorité aliénante du langage, là même où les cultures circulent, s'imposent et disparaissent enfin pour renaître autrement.

Le gouvernement fédéral et les cultures minoritaires

Il convient alors de s'interroger brièvement sur le développement culturel survenu au Canada francophone minoritaire depuis le début des années 1970. C'est durant cette période, en effet, que sont apparus graduellement les instruments de production et de diffusion des objets culturels (livres, peintures, photographies, films, chansons, entre autres), autant en Acadie qu'en Ontario et au Manitoba francophones. Au Québec, la période est marquée à la fois par la montée dans les représentations politiques et dans le discours culturel en général du mouvement nationaliste, et par la succession d'événements sociaux troublants, dont le plus important est certes la crise d'Octobre en 1970. C'est à l'abri d'un Québec de plus en plus difficile à saisir que se sont développées partout au Canada francophone minoritaire des institutions culturelles destinées à affirmer l'autonomie des lieux de création et de diffusion des œuvres de toutes sortes.

Cette montée du nationalisme québécois a eu un impact indéniable sur les représentations collectives. Il n'était plus guère possible,

Patrice Desbiens, *Sudbury*, Prise de parole, 1983.

Yvon Gallant, Marie *Babineau coud l'étoile sur le drapeau acadien*, huile sur lin, 1994.

à partir des données politiques québécoises, de construire la communauté en dehors de schèmes de pensée qui appartenaient, malgré leur rejet évident, au contexte purement québécois. D'un autre côté, l'« irradiation » (Laponce, 1994) de la culture minoritaire au Canada francophone ne semblait plus possible, du moins dans le contexte d'unité des marchés qui avait prévalu jusqu'alors. Le Québec s'imposait tout à coup comme une masse opaque, souvent hostile, impossible à contourner autant sur le plan de la circulation réelle des objets culturels que sur celui des représentations symboliques.

Le discours émanant des minorités francophones arrive donc mal, après le début des années 1980, à concevoir l'émancipation collective en dehors des paradigmes posés par le nationalisme québécois. Être Acadien, est-ce bien une affirmation du même ordre que celle entendue au Québec ? La question de l'identité nationale se pose avec encore plus d'acuité dans les autres communautés francophones minoritaires qui, historiquement, n'ont jamais tenu de discours *nationalitaire*.

Dans le domaine culturel, la complexité de ces questions s'accroît si l'on considère le rôle déterminant joué par les instances fédérales, engagées dans un débat à finir avec le nationalisme québécois. En effet, à partir de la fin des années 1960, le gouvernement canadien, par l'entremise de son puissant Secrétariat d'État, s'engage de manière décisive dans la création et la diffusion de la culture au Canada francophone minoritaire. Les agents du Secrétariat d'État deviennent graduellement des instances incontournables dans le développement local de la culture : ils organisent, découpent la carte des subventions, recommandent des projets, en rejettent d'autres ; leur présence est alors perçue comme essentielle sur tous les plans, surtout dans les *capitales* de la francophonie canadienne minoritaire que sont devenues Moncton, Ottawa et Saint-Boniface. Mais ailleurs, en dehors de ces *capitales culturelles désignées*, à Windsor, à Pointe-de-l'Église ou à Regina, dans l'absence, souvent, d'infrastructures dignes de ce nom, le gouvernement fédéral occupe le centre du tableau. Et une sorte de culture francophone administrative se dessine qui, dans la pauvreté endémique des lieux de diffusion, tend à se reproduire et à s'autoreprésenter à l'infini. À coups de subventions et d'organigrammes, la politique fédérale a fait croire, pour un temps, à la diffusion réelle des œuvres et à la création à travers elles d'un public de consommateurs de la culture. Mais il fallait comprendre que le gouvernement fédéral était lui-même partie prenante d'un système de représentation politique dans lequel les minorités francophones n'ont sans doute trouvé que des formes plus subtiles d'aliénation et de dépendance.

En effet, il est évident que, dans ces années de redéfinition des relations fédérales-provinciales, le Secrétariat d'État, peu enclin à faire confiance à l'action pancanadienne venant de Québec, a encouragé une rupture grandissante entre le Québec et les communautés minoritaires francophones au Canada, en finançant les programmes sur une base strictement provinciale et en fragmentant ainsi implicitement la réalité culturelle du Canada français dans son ensemble.

Gérald Laroche, virtuose de l'harmonica et peintre manitobain.

Par ailleurs, le fédéral a considéré comme favorable tout nationalisme *de bon aloi* qui consistait à affirmer la *fierté* collective des francophonies minoritaires, en autant qu'il n'affectait pas – contrairement à ce qui s'annonçait alors au Québec – l'intégrité territoriale canadienne, et qu'il se situait au plan strict des représentations et de l'imaginaire. Le développement spectaculaire d'institutions culturelles de type national en Acadie, en Ontario français et au Manitoba francophone, ne peut être saisi en dehors de ces politiques assez retorses auxquelles s'est astreint le gouvernement fédéral, surtout à l'époque de Pierre Elliott Trudeau. Cette politique se poursuit encore actuellement, bien qu'elle soit soumise à de puissantes contradictions et à des remises en question devenues permanentes. Elle a marqué l'ensemble des structures de création, de promotion et de circulation des œuvres partout au Canada francophone.

L'emprise de la mémoire collective

C'est dans un tel contexte que se développent néanmoins après 1970 la plupart des infrastructures culturelles qui prévalent encore maintenant au Canada francophone. Ces structures, parfois étonnantes de vitalité, parfois au contraire d'une très grande fragilité, sont les produits de la rencontre assez fructueuse d'un mouvement d'action culturelle populaire, dont font partie des dramaturges, des peintres, des poètes et des musiciens, et de l'attribution sélective de subventions qui ont permis à bon nombre d'entreprises de survivre jusqu'à aujourd'hui. En effet, en Acadie, en Ontario français, et à un moindre degré dans l'Ouest canadien, se met en place progressivement, jusqu'à la fin des années 1980, un important réseau d'appui à la création. C'est une véritable institution culturelle qui naît alors, répondant à des pratiques artistiques qui avaient existé depuis longtemps dans ces régions de la francophonie minoritaire, mais qui n'avaient pas pu bénéficier de l'armature institutionnelle nécessaire à leur diffusion.

Un certain nombre de champs d'action sont touchés par ces développements : la diffusion, l'enseignement, l'attribution de subventions, la production, la conservation, l'archivage des œuvres et enfin la reconnaissance publique. Dès le début des années 1970, c'est sur tous ces champs d'action à la fois, avec des résultats très variables – faut-il le dire – qu'ont porté les efforts d'une génération de jeunes créateurs francophones, désormais persuadés que les cultures minoritaires de langue française au Canada devaient se développer dans une autonomie radicale.

Ainsi, sur le plan de la diffusion, naissent les maisons d'édition et les centres culturels, destinés à assurer la circulation des œuvres. Apparaissent aussi, surtout en Ontario français, une dizaine de compagnies théâtrales, certaines comme le Théâtre du Nouvel-Ontario entièrement vouées à la promotion d'une dramaturgie originale, reflétant souvent les intérêts des communautés minoritaires dans leurs luttes pour le développement social et politique. À cette époque où des instances de diffusion des œuvres culturelles sont créées, on tente aussi de réaligner l'aide gouvernementale, de sorte que les programmes de subventions, définis par la majorité anglophone, répondent davantage aux besoins de la culture minoritaire. L'objectif général est donc de dépister les lieux jusque-là univoques de diffusion de la culture en Ontario, comme en Acadie et au Manitoba (les conseils des arts provinciaux, les médias électroniques, les organismes d'aide à l'édition), et de forcer la constitution d'organismes autonomes au sein des agences gouvernementales et paragouvernementales. La réalisation de cet objectif, qui a permis effectivement d'orienter les cultures minoritaires francophones au Canada vers des voies de développement et d'autonomisation précises, a largement contribué à la rupture du tissu culturel canadien-français et à la fragmentation des discours.

De la même manière, la diffusion des œuvres s'est accompagnée d'un effort assez remarquable visant la conservation et l'archivage de l'héritage culturel naissant. Dès les premières parutions d'œuvres poétiques et les premiers signes d'une autonomisation du théâtre, par exemple, paraissent les anthologies et les répertoires destinés à fixer ce corpus et à lui donner une valeur plus que transitoire. Ce sont d'ailleurs largement les anthologies littéraires – beaucoup plus que les expositions individuelles en musée – qui ont inscrit l'autonomie des champs culturels dans l'économie plus générale de la culture francophone au Canada. Ne suffit-il pas de trouver une anthologie de la poésie acadienne contemporaine, ou encore le répertoire des écrivains franco-ontariens, pour que soient posées avec force l'émergence singulière et l'originalité de ces cultures ?

Moins rapide que la diffusion, les programmes de subventions et la conservation, l'enseignement des différentes cultures minoritaires dans leur autonomie a longuement tardé ; il faut dire que l'ensemble du milieu universitaire canadien (anglais ou français) hésitait énormément à inscrire au programme des corpus littéraires ou artistiques dont la définition territoriale faisait problème. Si les choses se sont passablement améliorées en littérature, ce n'est guère le cas, encore aujourd'hui, pour les autres entreprises artistiques. Seuls les Acadiens du Nouveau-Brunswick disposent d'un instrument puissant de reconnaissance institutionnelle, soit l'Université de Moncton et ses constituantes[5]. Rien de tel n'a pu être créé ailleurs au Canada francophone, de sorte qu'il est permis de conclure en la nécessité de l'université autonome de langue française si l'on souhaite parvenir au développement et surtout à l'encadrement institutionnel des œuvres, que seules les universités peuvent offrir.

5. Le Collège universitaire de Saint-Boniface (au Manitoba) et l'Université Sainte-Anne (en Nouvelle-Écosse) ont joué un rôle important, mais n'ont pu avoir la présence institutionnelle stratégique de l'Université de Moncton, en ce qui a trait à la diffusion, à la conservation, à l'archivage et à l'enseignement des arts et de la littérature minoritaires.

Le paradigme du silence

Il ne fait pas de doute, donc, que le développement d'institutions culturelles au Canada francophone après 1970 a changé considérablement les données de la création en milieu minoritaire. Car, contrairement au Québec, fort de son sentiment majoritaire – récemment acquis –, les communautés minoritaires en dehors du Québec devaient composer avec une structure d'une très grande complexité. Aucune d'entre elles, ni la franco-ontarienne, ni l'acadienne, encore moins la franco-manitobaine, ne pouvait dans les faits se développer comme une entité autarcique. Chacun pouvait bien réclamer une autonomie structurelle, mais cette autonomie risquait à tout moment de faire basculer le projet dans l'isolement et le silence institutionnel. À qui pouvait donc s'adresser en fin de compte une œuvre franco-ontarienne ou franco-manitobaine ? Au-delà de l'anthologie littéraire, qui donc faisait partie légitimement de la collectivité acadienne ? La représentation picturale ne s'adresse-t-elle pas, par définition, à un public transculturel, peu enclin à se laisser enfermer dans un programme identitaire ?

Il est clair que, fragmentées et avides d'autonomie, les cultures francophones minoritaires n'ont pu négocier qu'avec difficulté leur place dans l'ensemble québécois, puis dans l'ensemble francophone au sens large, puis enfin dans l'ensemble anglophone nord-américain, dont elles sont, qu'on le veuille ou non, parties prenantes. Cet engendrement problématique partout au Canada francophone minoritaire d'un public consommateur de culture locale est en voie de devenir le problème le plus pressant, car l'absence d'une véritable réception des œuvres condamne les écrivains et les artistes à une reconnaissance purement symbolique (article de journaux, prix, présence à la radio de Radio-Canada), sans participation concrète à la circulation économique des œuvres. La précarité des conditions linguistiques, surtout en Ontario français et dans l'Ouest canadien, contribue de manière spectaculaire à l'effritement du public, apte à consommer les arts, et en particulier la littérature. On a cru assez longtemps que le théâtre, par son oralité, pouvait échapper à ce paradigme du silence ; mais l'analyse de ces dernières années montre bien que, pas plus que les autres formes de littérature, le théâtre n'a réussi à s'attirer une clientèle stable pour la dramaturgie minoritaire de langue française, et cela même à Ottawa où on pouvait compter sur des assises démographiques intéressantes.

Il est donc possible, au terme d'un quart de siècle de productions culturelles très abondantes au Canada francophone minoritaire, de parler de demi-succès. Autant cette production culturelle a pu être le résultat d'un profond engagement des artistes envers l'autonomie de leur communauté *nationale* respective, autant cette même communauté s'est montrée réticente (à divers degrés : les choses se passent sans doute mieux en Acadie) à prendre part à l'expérience. Les problèmes d'analphabétisme, la dispersion géographique et le manque d'infrastructures de diffusion ont certes nui à la réception réelle des œuvres, surtout en littérature.

Mais la précarité dépasse de loin les infrastructures, car elle touche l'essence même de la communauté. Les producteurs artistiques et les gouvernements en milieu minoritaire font souvent appel à un argument moral, le sens de la responsabilité collective, pour amener le public à consommer les œuvres. Or cette responsabilité (je vais voir cette pièce, *parce qu'elle est franco-ontarienne ou acadienne*) est aujourd'hui plus que diffuse : elle a tendance à se dissoudre dans les paramètres éclatés de la société actuelle[6].

6. La multiplication à l'infini des « spectateurs » individualisés, dont rêve Daniel Tanguay dans un article récent, semble franchement peu concevable dans un milieu culturel d'une ambiguïté telle que l'engagement même des « spectateurs » envers les œuvres vacille au point de disparaître (voir Tanguay, 1996, p. 56-65).

L'avenir de la production artistique et littéraire minoritaire au Canada francophone devra certainement passer par le Québec. En effet, les institutions culturelles en Ontario français, en Acadie et dans l'Ouest canadien ne peuvent survivre bien longtemps à la fragmentation du marché et à la dispersion des ressources artistiques. Au-delà du Québec, il faudra repenser sans doute, surtout dans les arts de la parole et de l'écriture, le rôle de l'ensemble culturel anglo-nord-américain dans la reconnaissance et la réception des œuvres. Pour les arts visuels, cette réflexion semble déjà bien entamée, dans la mesure où ces pratiques échappent aux frontières linguistiques et à la nécessité de traduire. Mais, même en littérature, les conditions de réversibilité du français et de l'anglais font désormais partie intégrante de l'écriture de bon nombre d'écrivains minoritaires importants, de Patrice Desbiens à France Daigle ou Paul Savoie (Tessier, 1994, p. 255-273). Le rapport à la traduction, condition de circulation des œuvres sur tout le continent et ailleurs, doit être posé et théorisé, si l'on veut ouvrir la voie à une plus grande diffusion des œuvres. De la même manière, il faudra, seuls ou à travers l'institution québécoise, arriver à donner une meilleure visibilité des œuvres à l'ensemble de la communauté francophone. Ce travail est déjà commencé, surtout en Acadie.

Vers un imaginaire culturel particulier

Malgré toutes ces difficultés, le Canada francophone minoritaire a pu proposer, au cours des 30 dernières années, une production culturelle non seulement abondante, mais de très grande qualité, comme le montrent les chapitres consacrés à chacune des régions. Il est difficile évidemment de trouver dans cette production des points de rencontre formels ou idéologiques, d'autant plus qu'il s'agit de décrire la production culturelle dans son ensemble, de la littérature au film. On peut tout de même, au risque de généraliser à outrance, suggérer un certain nombre de convergences ou de stratégies communes, certaines propres non seulement à l'ensemble canadien, mais à toutes les communautés minoritaires où qu'elles soient.

L'oralité

Si en littérature, l'oralité est aujourd'hui remise en question, ou tout au moins contextualisée, elle a été malgré tout au centre d'un très grand nombre d'expériences poétiques, dramaturgiques et vocales à travers tout le Canada francophone minoritaire. On ne peut nier, surtout à partir de 1970 environ, l'émergence d'une véritable pratique de la littérature orale, surtout en Acadie et en Ontario français : de la chanson au festival, de la poésie récitée au théâtre, la recherche d'un public réel a conduit les créateurs à se tourner vers la représentation publique de la littérature. Ce recours à l'oralité ne peut nous surprendre. Il reposait sur des principes idéologiques clairs : la perception d'une communauté aliénée dans ses aptitudes mêmes à déchiffrer le langage écrit ; le désir de rejoindre un public de travailleurs, souvent dispersés dans des localités où n'existait alors (et encore aujourd'hui) aucune infrastructure permettant la distribution des livres (librairie, bibliothèque) ; le rejet de la littérature écrite, jugée prétentieuse et aliénante dans les conditions propres à la vie minoritaire. Tout cela militait en faveur de l'oralité. À l'heure actuelle, il est fort possible que nous soyons arrivés au bout de cette problématique de l'oralité. Cependant, c'est par elle qu'a pu s'imposer une forme d'intervention très particulière de la littérature dans le monde. Le parti pris de l'oralité, en Ontario français surtout, tendait à remettre en question les bases de la circulation et de la conservation des biens symboliques dans les sociétés capitalistes modernes, et ce, par-delà le sens même attribué à la littérature. L'oral devenait une commodité particulièrement éphémère et mimait ainsi les conditions de précarité attribuées à la communauté minoritaire elle-même.

A Desbiens

La sacralisation de la production culturelle

Dans toutes les cultures en voie d'autonomisation, les écrivains et les artistes ont pour fonction éminemment politisée de représenter les aspirations de la communauté. Cette sacralisation de l'artiste résiste, même dans les conditions de postmodernité, à toutes les remises en question. Il est clair que les cultures du Canada francophone ont toutes eu tendance à faire des artistes, dans leur personne publique, des représentants sacralisés des espoirs et des déceptions qui marquaient la vie communautaire. L'œuvre, en fait, s'inscrivait difficilement dans une succession d'événements strictement formels : elle s'effaçait devant l'urgence de reconnaître au sein de la communauté des *porte-parole* vivants, visibles, reconnus publiquement pour leur engagement. Il est difficile d'interpréter autrement le rôle extrêmement important (excessivement ?) joué par certains artistes et écrivains du Canada français, comme Antonine Maillet, Herménégilde Chiasson, André Paiement et d'autres (Moulaison, 1996, p. 7-19).

Herménégilde Chiasson

Antonine Maillet

Cette sacralisation du créateur s'explique en grande partie par une reconnaissance symbolique exacerbée, dans des conditions où, comme nous l'avons déjà noté, il est très difficile d'atteindre une position économique tangible dans la circulation des biens culturels. Cette reconnaissance symbolique est cruciale, si l'on veut comprendre la fonction particulière de l'écrivain ou de l'artiste, toujours présent dans sa société minoritaire. En lui ou en elle, la communauté souhaite voir la forme de l'engagement collectif qu'elle exige de tous ses membres. Le corps de l'artiste, en train de produire l'œuvre, figé dans cette offrande à la communauté, devient donc emblématique de la représentation même de la communauté dans l'histoire.

André Paiement

La dissidence

Au Canada francophone minoritaire, la production artistique des 30 dernières années a été marquée, assez curieusement, par un ensemble de forces inspirées des contre-cultures américaines. Dès le début des années 1970, bon nombre de créateurs en Acadie, en Ontario français et dans l'Ouest canadien, se sont inscrits publiquement contre la bourgeoisie cléricale et industrielle. Ce geste de revendication politique paraît bien normal, puisqu'il est au cœur de la production culturelle sur l'ensemble du continent. Mais, nulle part ailleurs que dans ces cultures minoritaires isolées et plutôt conservatrices, ce geste de fracture n'a-t-il eu autant d'impact. Le rejet d'une poésie trop *bien écrite*, l'engagement envers un théâtre de performance publique, le désir de situer l'œuvre de création dans un ensemble de phénomènes sociaux comme l'analphabétisme et la violence familiale, tout cela tendait à créer au sein du public un nœud de tensions idéologiques difficiles à saisir. En outre, en rejetant les instances institutionnelles qui, dans les cultures majoritaires, sanctionnent et diffusent les œuvres, plusieurs artistes et écrivains se sont coupés volontairement du seul public réel dont ils pouvaient disposer. Si ce phénomène de contre-culture est particulièrement important en Ontario français, il l'a sans doute été aussi ailleurs pour toute une génération de créateurs, vivant avec une très grande ambivalence leur appartenance à la communauté d'origine, communauté qu'ils invoquaient tout de même par leurs œuvres. C'est dans le cinéma – dans les films de Herménégilde Chiasson et de Jean Marc Larivière notamment – que ces tensions sont les plus perceptibles.

Une relation difficile avec la langue

C'est dans la gestion singulière du bilinguisme qu'apparaissent au Canada francophone minoritaire les différences les plus intéressantes. Encore ici, l'oscillation entre le français et l'anglais représente, au-delà de choix formels et stylistiques, le va-et-vient idéologique qui lie et sépare l'écrivain de la communauté qui le réclame. Il existe peu d'œuvres au Canada dans son ensemble qui soient autant marquées, en effet, par la présence nécessaire et pourtant aliénante de l'anglais[7].

Il y a ici deux formes spécifiques de bilinguisme littéraire. Dans un premier cas, le français et l'anglais figurent côte à côte dans l'œuvre, s'y interpénètrent, comme cela pourrait d'ailleurs bien se passer dans l'usage quotidien de la parole à Moncton ou à Sudbury. L'œuvre est alors caractérisée par un niveau de créolisation avancée de la langue et de la culture minoritaire. Certaines œuvres, comme celle de Patrice Desbiens, dénoncent l'interpénétration des langues comme un symbole de la pauvreté de l'univers culturel propre à la communauté minoritaire et de ses conditions irréversibles d'aliénation. D'autres écrivains, Acadiens surtout, conçoivent la créolisation comme une caractéristique positive du groupe minoritaire, car deux langues confondues constituent à n'en pas douter non seulement un indice de spécificité de la culture, mais aussi une plus-value, un janus qui s'ouvre des deux côtés.

Dans un deuxième cas, certains écrivains (et chanteurs) francophones minoritaires ont tenté de produire des œuvres dans les deux langues, sans qu'il y ait nécessairement un lien évident de parenté entre ces deux corpus. C'est le cas de plusieurs écrivains franco-ontariens ou franco-manitobains, comme Alexandre Amprimoz, Paul Savoie, Marguerite Andersen, Hédi Bouraoui ou Robert Marinier.

---

7. Il faudrait faire exception sans doute de la pièce du dramaturge québécois Larry Tremblay, *The Dragonfly of Chicoutimi*. Mais cette pièce appartient déjà, malgré les interventions de l'auteur, au corpus du théâtre canadien-anglais.

Chevauchant deux corpus, mais surtout deux institutions culturelles totalement distinctes au Canada, ces écrivains n'ont guère réussi, à mon avis, à engendrer par cette pratique bicéphale une œuvre véritablement centrée autour d'une gestion particulière des langues. Au contraire, chacun de ces écrivains semble vivre dans sa personne publique la fracture des *deux solitudes* qui caractérisent l'univers linguistique et culturel du Canada actuel.

Il est clair que la gestion du bilinguisme, reflet d'une coexistence exacerbée des deux langues, est une caractéristique remarquable de la production littéraire francophone minoritaire au Canada. Cette gestion dépasse largement la question de la traduction des œuvres, question déjà évoquée ; elle tend plutôt à inscrire le traduisible et l'intraduisible au cœur même de la forme et du contenu narratif ou performatif des œuvres.

La quête de l'identité

Ce qui réunit sans doute, surtout en littérature, l'ensemble des œuvres des 30 dernières années au Canada francophone minoritaire, c'est la recherche toujours difficile de l'identité individuelle et collective et l'analyse des rapports souvent indiscernables entre ces deux versants de l'identité. De telles préoccupations identitaires n'étonneront personne, dans la mesure où l'ensemble du milieu culturel paraissait s'interroger sur les diverses pratiques qui représentaient le sujet dans sa singularité et dans sa fusion avec les autres sujets constitués en communauté. Évidemment, dans le contexte des minorités francophones au Canada anglophone, la quête de l'identité devenait extrêmement complexe, puisqu'elle se situait dans toutes les sphères de l'expérience quotidienne : linguistique, sociale, politique et culturelle. Si la définition des rapports avec l'altérité constitue une des démarches principales vers la construction du sujet, il allait de soi que cette construction serait éminemment difficile dans un contexte fluctuant où les visages de l'altérité étaient multiples et indistincts.

Quelle était donc l'identité singulière de celui qui, reniant souvent ses origines, pouvait mieux se constituer à partir de la fragmentation et de la conscience de l'aliénation ? Était-il possible après tout d'envisager l'aliénation comme une condition *positive* de la participation du sujet à la complexité des cultures dans le monde moderne ? Le problème de l'*exil* ou celui de l'*assimilation*, tels qu'ils se définissent, par exemple, dans certains écrits de l'Ouest canadien (chez Simone Chaput ou Roger Auger) ou de l'Acadie (chez Herménégilde Chiasson ou Serge Patrice Thibodeau), ne se laissent nullement saisir en dehors de pratiques littéraires qui visent à constituer le sujet dans la complexité de ses figures identitaires diverses et de ses lieux toujours mouvants. On comprendra de la même manière les interventions de Pierre LeBlanc dans le chapitre sur la culture acadienne dans le présent ouvrage. En effet, le déplacement de l'auteur francophone minoritaire vers des lieux d'appartenance continentaux (américains) ne résout pas les tensions qui affectent, à tous les stades de la production, l'inscription de la culture dans une communauté qui devrait en assurer la réception, la critique et la conservation.

La fuite en avant

Jacques Fusina faisait remarquer, en parlant de la littérature corse contemporaine, combien les carences dans les « systèmes légitimants » influençaient la production culturelle dans son ensemble (Fusina, 1993). Il parlait alors de « gauchissements » des cultures minoritaires vers certains parti pris obsessifs : la gestion du silence collectif, la diglossie et la créolisation, la peur de la critique, le militantisme exacerbé de certains acteurs culturels. À lire le récit des développements récents dans chacune des régions du Canada francophone minoritaire, on a l'impression que les caractéristiques du développement culturel recensées par Fusina s'appliquent dans leur ensemble à la situation canadienne.

En même temps, les figures plus inquiétantes de l'ambivalence collective sont animées par ce qui est indubitablement une véritable effervescence des milieux de la culture au Canada francophone minoritaire. Chacune des régions qui font l'objet du présent ouvrage donnera l'image d'une incandescence qui réussit aujourd'hui à orienter à sa manière toute la donne culturelle francophone en Amérique du Nord. L'intérêt pour l'Acadie et plus récemment pour l'Ontario français dans les milieux universitaires et journalistiques québécois et français témoigne d'une reconnaissance inégalée de la production culturelle de ces communautés. Seul l'Ouest canadien, comme le faisait remarquer récemment Eric Annandale, n'a pas pu bénéficier d'une telle réverbération à l'extérieur de ses frontières immédiates (Annandale, 1996, p. 25-32).

Chacune des communautés culturelles ici examinées s'appuie sur une histoire beaucoup plus longue et beaucoup plus complexe qu'on ne l'a suggéré. Ce qui s'est développé avec force depuis 30 ans dans ces communautés, ce sont les mécanismes institutionnels qui permettent de reproduire et de systématiser les œuvres produites. Par ailleurs, l'histoire culturelle de l'Acadie, de l'Ontario français et de l'Ouest canadien démontre clairement que, sans infrastructure institutionnelle, les cultures ne parviennent à émerger que dans le ponctuel et dans l'éphémère, dans une espèce d'« *innocence fusionnelle* » (Ouellet, 1996, p. 97) qui les condamne inévitablement à la folklorisation et au non-sens.

Il semble donc que nous soyons à l'heure actuelle à la croisée des chemins. On dira volontiers que ces cultures sont toujours, par un quelconque démon interne, à la croisée des chemins et que cette *époché* n'est en rien différente de celle qui a pu s'annoncer en d'autres temps et en d'autres lieux. Sans doute. Il n'en reste pas moins que jamais les cultures minoritaires au Canada francophone n'ont disposé de tant de moyens institutionnels de développement. Jamais non plus n'ont-elles eu à vivre aussi profondément l'effritement progressif des communautés mêmes que ces cultures tendaient à engendrer. La production culturelle peut-elle être dissociée de cette communauté ? C'est là, il me semble, la plus pressante des questions. Car individus et communautés sont soumis, comme le disait Hubert Aquin, à la « *précipitation de l'Histoire* » (Aquin, 1995, p. 151). Cette *Histoire* est inventée en grande partie ; elle continue de s'inventer au fur et à mesure que se produit le discours culturel dans sa diversité. Dans leur désir de pérennité, les cultures minoritaires, comme celles qui sont à l'étude ici, se sont souvent efforcées d'arrêter le cours de l'irrémédiable, de retarder la fuite en avant du sens. C'est là de tout temps le rôle assigné à l'institution. Les œuvres, elles, comme peut-être les communautés dont elles sont l'emblème, sont à l'enseigne du passage indéfini du temps, portées par un avenir qui leur est toujours inexplicable.

BIBLIOGRAPHIE

ANNANDALE, Eric T. (1996). « Une double minorité : les Franco-Manitobains et la création littéraire », dans *Le rayonnement (mortel ?) des capitales culturelles*, sous la direction de Bernard Poche et Jean Tournon, Grenoble, Programme Rhône-Alpes de recherches en sciences humaines, p. 25-32.

AQUIN, Hubert (1995). *Mélanges littéraires I : profession écrivain*, édition critique établie par Claude Lamy et Claude Sabourin, Montréal, Bibliothèque québécoise.

BAUDRILLARD, Jean (1979). *De la séduction*, Paris, Denoël.

BAUMANN, Gerd (1996). *Contesting Culture : Discourses of Identity in Multi-Ethnic London*, Cambridge, Cambridge University Press.

BRUCKNER, Pascal (1995). *La tentation de l'innocence*, Paris, Grasset.

DOUTRELOUX, Albert (1995). « Culture et complexité ou du bon usage de la culture », dans *La construction de l'anthropologie québécoise : mélanges offerts à Marc-Adélard Tremblay*, sous la direction de François Trudel, Paul Charest et Yvan Breton, Sainte-Foy, Presses de l'Université Laval.

FUSINA, Jacques (1993). « Histoire de la littérature corse : émergence d'un concept ». Inédit.

JAENEN, Cornelius J., dir. (1993). *Les Franco-Ontariens*, Ottawa, Presses de l'Université d'Ottawa.

LAPONCE, Jean A. (1994). « Le producteur de culture entre contagion et irradiation : modèle analytique », dans *La production culturelle en milieu minoritaire*, sous la direction d'André Fauchon, Saint-Boniface, Presses universitaires de Saint-Boniface.

MOULAISON, Glenn (1996). « Le néo-nationalisme acadien "à l'heure actuelle" ou la question du savoir en Acadie », *Francophonies d'Amérique*, n° 6, p. 7-19.

OUELLET, François (1996). « Se *faire* père : l'œuvre de Daniel Poliquin », dans *La littérature franco-ontarienne : enjeux esthétiques*, sous la direction de Lucie Hotte et François Ouellet, Ottawa, Le Nordir, p. 91-116.

ROY, Michel (1978). *L'Acadie perdue*, Montréal, Québec/Amérique.

TANGUAY, Daniel (1996). « De l'autodiscipline du spectateur », *Possibles*, vol. 20, n° 1, p. 56-65.

TESSIER, Jules (1994). « De l'anglais comme élément esthétique à part entière chez trois poètes du Canada français : Charles Leblanc, Patrice Desbiens et Guy Arsenault », dans *La production culturelle en milieu minoritaire*, sous la direction d'André Fauchon, Saint-Boniface, Presses universitaires de Saint-Boniface.

THÉRIAULT, Joseph Yvon (1995). *L'identité à l'épreuve de la modernité : écrits politiques sur l'Acadie et les francophonies canadiennes minoritaires*, Moncton, Éditions d'Acadie.

WADDELL, Éric (1987). « La grande famille canadienne-française, divorce et réconciliation », dans *Les autres littératures d'expression française en Amérique du Nord*, sous la direction de Jules Tessier et Pierre-Louis Vaillancourt, Ottawa, Presses de l'Université d'Ottawa, p. 9-18.

Chapitre 23

La culture au quotidien : un petit portrait des arts dans l'Acadie d'aujourd'hui

David Lonergan, Université de Moncton

Une rivière en forme de coude qui se rappelle qu'elle a déjà été beaucoup plus vivante, beaucoup plus joyeuse. Une tour qui se dresse pour afficher ses deux lunes à l'effigie de son propriétaire, NBTel. Une cathédrale catholique qui domine orgueilleusement une multitude de petites églises protestantes. Un immeuble rectangulaire qui se prend pour un gratte-ciel dans une ville où les bâtiments ne dépassent guère les trois étages. Une ville de province, une ville où la Main ne s'anime que les vendredis et les samedis soirs. Une ville sans côte où l'on se promène en vélo sans trop avoir à craindre les automobiles. Une ville qui résonne en anglais, mais qui vibre en français.

Curieuse ville en vérité qui abrite sous ses dehors *canadian* la vitalité acadienne. Curieuse idée que d'avoir installé sur la seule maigre colline de la ville une université francophone et d'avoir donné à cette institution le nom de la ville qui est aussi le nom du conquérant anglais de cette dernière.

Ainsi vont les Acadiens : déterminés et têtus mais silencieux et insaisissables. On n'échappe pas en vain à une déportation. On s'en souvient. On en garde des séquelles. On s'installe. On se construit un espace dans l'espace qui reste. On semble se fondre dans l'air ambiant. On ne brandit pas – ou plus ou presque jamais – des pancartes contestataires et extrémistes. On ne *feele* pas provocateur. Non. Mais on peint les poteaux de téléphone de la compagnie anglaise aux couleurs du drapeau. Tous les poteaux. On colle des affiches dans ses fenêtres. On s'éduque. On garde son français, on laisse aller – un peu beaucoup – sa foi, on développe ses institutions.

Et puis, tout d'un coup semble-t-il, on ouvre les rideaux, on sort sur les perrons, on chante à tue-tête des vieux chants et des nouveaux. On exprime une modernité. On regarde devant sans cracher sur l'ancien temps, avec juste ce qu'il faut de colère retenue, histoire de ne pas oublier l'histoire.

Et, si la situation démographique est fragile en Nouvelle-Écosse et à l'Île-du-Prince-Édouard, elle semble bonne ou pas si mauvaise au Nouveau-Brunswick. Après tout, la Péninsule est véritablement un bastion acadien, le Nord-Ouest une zone presque entièrement brayonne : l'Acadie court le long de la frontière québécoise puis longe la mer du nord au sud de la province, et la rivière Petitcodiac sépare les restes du COR[1] *country* de la Vallée-de-la-Renaissance memramcookienne. Si

1. Le parti politique provincial Confederation of Regions.

Parlee Beach, la célèbre plage de Shédiac, s'affiche en anglais, elle se chante en français. Et certains persistent encore à appeler le détroit de Northumberland, la mer Rouge[2].

Au Studio Staccato, au deuxième étage d'un immeuble de Moncton qui ne paye pas de mine, Jac Gautreau prépare l'enregistrement du Quigley Ensemble, un groupe de quatre musiciennes qui, comme ne l'indique pas leur nom, chantent autant en français qu'en anglais des airs d'un folklore acadien et *canadian* au sens très large, rendus d'une façon jazzy et un peu *world beat* qu'elles pimentent de compositions nouvelles. « Pendant longtemps les artistes acadiens ont eu de la difficulté à se rendre à l'étape du produit », affirme le réalisateur, producteur, compositeur, musicien et membre du groupe d'inspiration folklorique Les Méchants Maquereaux, en employant la terminologie de l'industrie du disque (Gautreau, 1996). Ce produit, c'est tout à la fois un spectacle, des instruments, un système de son, un studio, un capital de risque, un disque, une distribution, une couverture de presse : l'ensemble des composantes qui font qu'un artiste réussit ou non. Aujourd'hui, une partie des obstacles n'existe plus. Jac Gautreau souligne qu'on a maintenant une structure d'aide financière gouvernementale qui rend possible la réalisation de disques. « On a développé une expertise dans nos studios d'enregistrement, suffisante pour faire des produits compétitifs. On a tout ce qu'il faut pour créer, on a le contenant : on est rendu à avoir le débat sur le contenu. »

Le boum est arrivé en 1994 alors qu'une trentaine de disques, produits pour la plupart au Nouveau-Brunswick, venaient plus que tripler la production de l'année précédente (AAAPNB, 1995a). Un peu de tout pour tous les goûts, du country au rock en passant par le classique. Ce rythme s'est maintenu depuis. « Je ne pense pas qu'un courant musical unisse tout ça. Je ne suis pas sûr que l'on reconnaîtrait un lien musical entre le chansonnier Louÿs Pitre et le groupe rock Zéro ° Celsius, mais, dans les deux cas, il s'agit d'artistes qui ont décidé d'enregistrer ce qu'ils font sans se poser d'autres questions que de bien l'enregistrer. »

C'est que ces artistes, qui tout d'un coup enregistrent, sont à l'image de leur société. Pour la première fois, chaque amateur de musique peut trouver un disque acadien qui lui convient : « Les gens peuvent maintenant avoir accès à pratiquement tous les artistes professionnels de l'Acadie, ce qui était loin d'être le cas en 1992 quand les gens de l'industrie se sont réunis pour identifier quels étaient les problèmes et pour trouver des solutions » (AAAPNB, 1992).

Lors de cette rencontre, le Comité musique de l'Association acadienne des artistes professionnels du Nouveau-Brunswick[3] (AAAPNB) a identifié « deux éléments fondamentaux qui nécessitaient un investissement : la distribution de produits durables et la formation continue dans les studios de sonorisation » (AAAPNB, 1995a). C'est là que l'aide gouvernementale a été fondamentale. Grâce à l'Entente Canada/Nouveau-Brunswick sur le développement du secteur culturel et à l'Entente de coopération Québec/Nouveau-Brunswick et le ministère des Ressources humaines du Canada[4], des projets de production ont pu se concrétiser, donnant à la musique populaire acadienne une vigueur qu'elle n'avait jamais connue. On pouvait maintenant produire en Acadie : l'exil au Québec

2. Petite mise en garde aux lecteurs : ce texte a été écrit à l'automne 1996, et seuls quelques éléments d'information ont été remis à jour. Il n'a d'autre prétention que de vous présenter la production culturelle actuelle dans l'Acadie du Nouveau-Brunswick et plus spécifiquement l'effervescence culturelle monctonienne, un peu à la façon d'un cliché instantané.
3. Fondée en 1991, cet organisme regroupe bon an mal an environ 120 artistes acadiens, ce qui en fait un intervenant majeur en Acadie. Johanne Landry a succédé à Jac Gautreau, à la présidence.
4. Qu'on appelait alors *Emploi et Immigration*.

L'industrie acadienne du disque connaît une éclosion remarquable au début des années 1990.

n'était plus nécessaire. Trois studios ont saisi l'occasion pour se perfectionner : Madouess à Edmundston dans le Madawaska[5], Son'or à Bertrand dans la péninsule Acadienne et Staccato à Moncton dans le Sud-Est : les trois grandes régions acadiennes étaient ainsi couvertes. Parallèlement, et à la suite d'une entente avec l'AAAPNB, le distributeur Atlantica Musique de Halifax ouvrait une division acadienne, ce qui a permis de bâtir un réseau de vente adéquat. Les résultats ont été immédiats : en 1994, Atlantica a vendu 87 600 exemplaires des 28 albums (AAAPNB, 1995a) qu'il distribuait. L'aventure d'Atlantica a été de courte durée : en 1997, la compagnie faisait faillite. Fort heureusement, la distribution des disques acadiens a été assumée par Distributions Plages, une maison toute acadienne installée dans la Péninsule, qui a commencé en distribuant avec succès le premier disque de Cayouche et qui s'est retrouvée pratiquement du jour au lendemain avec l'ensemble du catalogue acadien.

« On a créé l'environnement nécessaire pour que les artistes puissent faire un disque pour leur marché intérieur et, précise Jac Gautreau, je pense que si on est réaliste, on peut affirmer que certains des produits qui sont sortis dans les deux ou trois dernières années sont adéquats pour le marché intérieur, mais auraient probablement de la difficulté à être exportés à cause du manque de qualité de la production, ou des textes, ou encore de l'exécution musicale. Je ne dis pas que ce sont de mauvais disques, je dis juste qu'ils ont été faits dans l'optique d'un marché intérieur. »

À l'exception de quelques noms qui s'inscrivent dans le marché québécois (Angèle Arsenault, Marie-jo Thério et Natasha St-Pier) ou international (Roch Voisine et Édith Butler), les artistes acadiens sont à la recherche de moyens qui leur permettraient d'aller plus loin. Certains ont misé sur Montréal avant de revenir en Acadie, comme Isabelle Roy du défunt groupe Beausoleil Broussard puis d'Isabelle et la bête. D'autres y demeurent tant bien que mal (Danny Boudreau, Pierre Robichaud, Michel Thériault et Denis Richard), ou y font carrière comme choriste (Lina Boudreau). Mais la plupart cherche à travailler à partir de l'Acadie, comme Janine Boudreau, Cayouche, Étienne Deschênes, Roland et Johnny, Les Méchants Maquereaux, Amérythme ou l'éternel Donat Lacroix.

Pour « passer au prochain niveau », comme le dit Jac Gautreau, il faut avoir du temps de studio et non pas réaliser un disque entre « un commercial pour la Caisse populaire le matin et l'accompagnement de Michel

5. Madouess a fermé ses portes en 1997.

Zéro °Celsius en répétition.

Thériault le soir ». Et ce temps, c'est de l'argent. Mais les investisseurs de capital de risque se font toujours attendre. Actuellement, les disques *régionaux* génèrent suffisamment de ventes pour couvrir leurs frais (à la condition que la production ne coûte pas cher). Certains peuvent même espérer atteindre les 10 000 exemplaires vendus, comme ce fut le cas d'*Un vieux hippie* de Cayouche, une production pourtant toute simple, ne nécessitant qu'un micro, une guitare, un chanteur.

Quoi qu'il en soit, les disques sortent régulièrement, connaissent une bonne diffusion dans le réseau des radios communautaires qui rejoignent 80 % de la population acadienne du Nouveau-Brunswick, et trouvent même une oreille attentive quoiqu'un peu paternaliste dans les émissions produites par la Société Radio-Canada de Moncton. La production et la demande justifient l'organisation d'un premier gala par les radios en 1997. Ce gala FM a retenu les productions de 1994 à 1997, ce qui a permis de sélectionner des finalistes dans différentes catégories, pour ensuite les soumettre au vote populaire. Comme dans ce genre de galas, les gagnants qui recevaient une *étoile* ont été dévoilés à l'occasion d'une grande soirée radiodiffusée sur tous les postes le 16 novembre 1997.

Certains artistes vont choisir l'anglais pour véhiculer leurs créations, que ce soit en totalité comme The Great Balancing Act[6], à moitié comme Zéro ° Celsius, par projet comme Roch Voisine[7], ou occasionnellement comme plusieurs qui en cela ne se distinguent pas vraiment du reste de la production francophone. D'autres vont opter pour une réinterprétation du folklore[8], tandis qu'un bon nombre d'artistes naviguent dans les eaux du pop plus ou moins rock[9]. Et, comme partout, on retrouve une musique populaire aux accents plus ou moins country et western sur laquelle on n'écrit guère, qui n'est pas critiquée, qui ne joue pratiquement jamais à la Société Radio-Canada, mais qui fait les bons jours des émissions spécialisées des radios communautaires ; les Raymond Savoie, Oneil Devost, Léonard Chiasson, Marcel Boudreau et bien d'autres produisent des disques qu'ils vendent durant leurs spectacles sans rien demander à personne. Il s'agit en somme d'une scène active, d'une scène en ébullition avec l'appari-

6. *Spring* (1995).
7. *Kissing rain* (1995).
8. Barachois (1995), Bernard Felix et Norman Formanger (1995), le Quigley Ensemble (1996).
9. Ronald Bourgeois (1994), Mario LeBreton (1994), Mike Baldwin (1995), Linda Wedge (1995).

Amérythme. De g. à d. : Glen Devost, Stéphane Basque, Michel Deschênes et Guillaume Paquette.

tion constante de nouveaux noms qui débutent localement, enregistrent un premier disque compact et souhaitent percer un jour.

Curieusement, c'est un peu la même situation qui prévaut en littérature. Martin Pître, le récipiendaire du prix France-Acadie de 1996, soulignait lors d'une entrevue à la radio de Radio-Canada qu'il espérait que ce prix permette à son livre de passer la barre des 300 exemplaires vendus (Pître, 1996). Et il n'était même pas cynique ; seulement réaliste.

Du point de vue de l'espace, il y a trois types d'écrivains acadiens : ceux qui vivent et publient à l'extérieur, ceux qui vivent à l'extérieur et publient en Acadie, et ceux qui vivent et publient en Acadie. Ce rapport à l'espace est lourd de sens et crée des tensions entre les individus ; la communauté littéraire est restreinte et les relations sont encore très *villageoises*.

« Disons, d'expliquer le professeur de littérature acadienne à l'Université de Moncton, James de Finney, que l'exil d'auteurs est un phénomène permanent et typique d'une société périphérique. Il est évident que si l'on veut un certain type de renommée, on doit partir. C'est toute la problématique du centre par rapport aux périphéries. Si on veut jouer le jeu du centre, il faut y aller, autrement on aura beaucoup de difficulté à atteindre cette renommée. » (de Finney, 1996)

En mots pudiques, James de Finney pose le problème du développement d'une littérature « mineure[10] » : comment subsister dans un milieu qui ne permettra jamais au créateur de gagner sa vie par la seule création artistique, ou alors mal, si l'on s'en tient à des termes économiques. Sans compter ceux pour qui la création n'est pas la profession première et qui peuvent avoir le goût de travailler ailleurs dans le vaste monde : il n'y a pas qu'en art que les emplois sont rares en Acadie.

Alors certains partent, suivant en cela l'exemple donné par le poète de Cocagne Ronald Després durant les années 1950, par l'écrivaine de Bouctouche Antonine Maillet durant les années 1960, par (dans le désordre) le scénariste romancier Jacques Savoie[11],

10. Dans *Kafka : pour une littérature mineure*, Gilles Deleuze et Félix Guattari définissent ainsi ce concept : « Une littérature mineure n'est pas celle d'une langue mineure, plutôt celle qu'une minorité fait dans une langue majeure. Mais le premier caractère est de toute façon que la langue y est affectée d'un fort coefficient de déterritorialisation » (Paris, Minuit, 1975, p. 29). Dans *Littératures de l'exiguïté*, François Paré souligne que les cultures minoritaires souffrent « d'hypertrophie du symbolisme de l'espace » (Hearst, Le Nordir, 1992, p. 72).

11. Jacques Savoie (comme poète), Herménégilde Chiasson (comme artiste) et Gilles Savoie (comme photographe) ont publié ce qu'ils ont appelé « l'antilivre » *L'étoile magannée*, en 1972 à Moncton, premier ouvrage de la modernité littéraire et artistique à paraître en Acadie.

le romancier Claude LeBouthillier, le poète Serge Patrice Thibodeau, l'essayiste, romancier et poète Rino Morin Rossignol, et le poète Fredric Gary Comeau, parmi d'autres. Mais, si l'on excepte Antonine Maillet[12], tous les *exilés* ont publié au moins quelques-unes de leurs œuvres en Acadie. Peut-être la participation à l'institution littéraire compte-t-elle plus que le lieu de vie.

Née avec la fondation des Éditions d'Acadie en 1972, l'institution littéraire acadienne est encore largement encadrée par les professeurs de l'Université de Moncton : ils sont à l'origine des Éditions d'Acadie, animent une revue[13], interviennent publiquement de diverses façons, forment ceux qui deviendront, deviennent, sont des auteurs, quand ils ne sont pas auteurs eux-mêmes[14]. À tel point que Moncton est le centre de la vie littéraire acadienne. Bien tapis au creux de l'Université, le Centre d'études acadiennes et la Chaire d'études acadiennes accomplissent le nécessaire travail de conservation, d'archivage et, quoique secondairement, de publications d'ouvrages savants[15].

À cette structure universitaire qui couvre les trois cycles d'études, s'ajoutent les Éditions d'Acadie et les Éditions Perce-Neige qui sont aussi, et de loin, les plus importants éditeurs en Acadie. « Les Éditions d'Acadie œuvrent dans l'optique traditionnelle de la littérature générale, affirme de Finney, et ont depuis le début l'objectif de refléter la vie littéraire et l'ensemble des facettes de la vie acadienne, tandis que Perce-Neige est plus orientée vers l'avant-garde. Les autres maisons sont un peu amateurs. Ce sont de petites maisons dont les chances de durée sont faibles, mais qui témoignent aussi d'une vitalité et de la conscience que les gens ont de l'institution. Avant, ils auraient tout simplement publié à compte d'auteur. »

Mais, les temps changent et les petites maisons produisent de plus en plus, élargissant leur part du marché local, vendant leurs publications principalement dans la région où elles sont implantées, avec un minimum d'impact médiatique, et sans que la moindre critique officielle – ou presque – ne vienne bouleverser leur démarche. Sur les quelque 400 titres de littérature acadienne recensés par Marguerite Maillet (Maillet, 1997) entre 1972 et 1995, 30 % ont été publiés par les Éditions d'Acadie, 10 % par les Éditions Perce-Neige, et 25 % par de petites maisons acadiennes qui ont véritablement démarré en 1987 et dont la diffusion est principalement sous-régionale (l'Acadie étant une région). À cela s'ajoutent un 20 % chez des éditeurs québécois, dont une trentaine de titres chez Leméac à cause principalement d'Antonine Maillet, et une généreuse brochette de publications à compte d'auteur que l'on peut rattacher avec une certaine élasticité à la production littéraire. Les titres des Éditions d'Acadie dominent néanmoins largement le palmarès du prix France-Acadie, principal prix littéraire acadien décerné annuellement par l'organisme français Les Amitiés acadiennes.

On est donc dans une période d'ébullition. Parallèlement à l'augmentation du nombre d'œuvres éditées, une certaine critique qui déborde des revues littéraires québécoises et acadiennes ou universitaires se met lentement

12. À la décharge d'Antonine Maillet, il faut reconnaître qu'elle a commencé à publier 14 ans avant la fondation des Éditions d'Acadie et qu'elle est fidèle à Leméac depuis 1971.
13. La *Revue de l'Université de Moncton* est de fait la revue de toutes les facultés, mais plusieurs articles et même quelques numéros traitent spécifiquement de la littérature acadienne.
14. Par exemple en fiction, Gérard Étienne, Evelyne Foëx, Simone Rainville ; en essai, Yves Bolduc, Pierre M. Gérin.
15. Comme l'indispensable *Acadie des Maritimes* (1993), une brique de 908 pages regroupant, sous la direction de Jean Daigle, des études thématiques des débuts à nos jours, et dont tous les textes sauf un portant sur les arts et les domaines connexes ont été écrits par des professeurs ou des chargés de cours de l'Université de Moncton : Raoul Boudreau et Marguerite Maillet (littérature), Zénon Chiasson (théâtre), Roger E. Cormier (musique classique), Gérard Beaulieu (médias), Louise Péronnet (linguistique). Le texte sur les arts visuels est de Patrick Condon Laurette qui est travailleur autonome.

Les Éditions d'Acadie, fondées en 1972, participent à l'émergence de la littérature acadienne. Quelques parutions de 1997-1998.

en place. L'unique quotidien acadien *L'Acadie Nouvelle*, dont le tirage tourne autour de 20 000 copies, accorde une bonne place à des articles sur les artistes de tous les domaines, et publie depuis novembre 1994, une critique consacrée à la production artistique acadienne[16]. Deux revues et un magazine élargissent le panorama littéraire, qu'il soit critique ou publicitaire : la *Revue de l'Université de Moncton* ; le magazine bimestriel d'information générale *Ven'd'est*, dont les ventes voisinent les 2 000 copies et qui n'aborde pas la critique faute de critiques ; et la revue de création littéraire *Éloizes*, dont le rythme de publication est irrégulier (une à trois fois par année) et dont le tirage est inférieur à 1 000 exemplaires. Cette dernière a toutefois une petite section réservée à des comptes rendus qui peuvent à l'occasion devenir critiques. Outre *L'Acadie Nouvelle*, c'est dans *Le Front*, le journal hebdomadaire des étudiants de l'Université de Moncton, que l'on peut trouver de temps en temps de véritables critiques, bien que cela varie énormément d'un auteur à l'autre.

À cette relative faiblesse de la couverture, s'ajoute la faiblesse de la distribution. Il n'y a que quatre librairies francophones en Acadie, et aucune n'offre une large sélection. Même Moncton ne peut revendiquer une véritable librairie universitaire. Tout au plus la Librairie acadienne de l'Université possède-t-elle une excellente collection acadienne, unique en Acadie.

Mais ces difficultés n'empêchent pas la génération d'artistes de 1970, de vouloir, comme le souligne Herménégilde Chiasson, « jou[er] le tout pour le tout sur l'Acadie, à vouloir habiter cette communauté, à vouloir lui donner un visage » (H. Chiasson, 1994). Et ce choix ne se fait pas dans la douleur du sacrifice, mais dans la sérénité de la vie : « Les artistes qui vivent ici ont choisi de vivre ici », affirme Chiasson en citant l'artiste Luc A. Charette. « À chacun sa chimère, poursuit-il. La nôtre consiste à vivre ici, et nous avons l'impression d'habiter l'Acadie, d'en vivre les contradictions et les exaltations, et nous allons jusqu'à nous endormir dans le lieu de nos rêves et de nos cauchemars. Nous sommes donc la première génération à avoir refusé l'exil et à penser qu'ensemble nous pouvions peut-être aménager un lieu, une Acadie, dont on nous dit qu'elle ne nous appartient plus et qu'elle glissera un jour dans l'océan d'une vaste et insondable diaspora. »

16. Pour ne rien vous cacher, sachez que j'en suis l'auteur. D'une longueur moyenne de 700 mots, la chronique aborde tous les arts sauf la musique classique, est publiée deux fois par semaine, et a passé le cap de la 400e en octobre 1998.

Les artistes qui restent ont donc tous à lutter contre cette perception ; dans tous les domaines. Chaque artiste, chaque regroupement, chaque geste, chaque activité devient le symbole d'un possible épanouissement ici, en Acadie, quitte à s'obstiner un peu sur la réelle géographie du lieu. Mais en même temps, tout ce que l'on fait exprime aussi une fragilité, comme si on arrachait le geste créateur du néant. Comme l'écrit le poète Fredric Gary Comeau, cette démarche pourrait se résumer à trouver les « stratagèmes de mon impatience », paradoxe que relève le très influent poète Gérald Leblanc : « Je trouve que c'est très acadien, ce titre, on est impatient, mais on ne crie pas, nous autres, on a un stratagème, c'est-à-dire qu'on planifie quelque part notre mauvais coup ou notre bon coup » (Leblanc, 1996).

C'est qu'il a été long, le voyage vers ce début d'affirmation : « Nous revenons de 200 ans de silence, a écrit Herménégilde Chiasson. Ce silence où nous avons accumulé les frustrations et les défaites au point de perdre la parole, de masquer notre âme. C'est cette âme acadienne que les artistes doivent maintenant faire surgir de leur œuvre » (H. Chiasson, 1994).

Les poètes ont été les premiers à faire face à la modernité. On ne retrouve pas chez eux les accents passéistes qui caractérisent une bonne partie de la production romanesque encore largement marquée par le roman historique[17]. « En poésie, note le professeur Raoul Boudreau, on cherche qui on est en cherchant à s'identifier au monde moderne en tant qu'Acadien. On dirait que c'est assumé, que c'est acquis qu'on soit Acadien. Maintenant on interroge comment on va insérer cette acadianité dans la culture actuelle. La problématique n'est plus nationaliste au sens des années 1970, elle est plus large, résolument axée sur la modernité » (Boudreau, 1996).

Gérald Leblanc précise : « La problématique identitaire, elle s'articule autrement. Marc Arseneau, par exemple, il a beau dire qu'il fait pas de *flag waving*, qu'il ne veut rien savoir de ça, il en parle quand même tout le temps : ça le travaille à un autre niveau. Quand tu le lis, tu retrouves tout le Moncton électrique. Et ça s'adonne que la population qui parle français à Moncton est acadienne. Je ne veux pas dire qu'on ne s'en sort pas, mais ça se pose différemment. En littérature, il n'y a pas de rupture, il y a ce que j'appelle des *permutations*. Même Fredric Gary Comeau, dans son premier recueil, a essayé de s'inscrire ailleurs, mais, dans les suivants, on retrouve Hank Williams, son père, tout ce qui représente Bathurst. Finalement, il rejoint en quelque part quelqu'un comme Herménégilde ou moi. Mais c'est sa propre griffe, sa voix. »

Avec la mise en place des maisons d'édition, les voix nouvelles peuvent plus facilement être entendues et, par le fait même, être encouragées. « Quand Raymond Guy LeBlanc, poursuit Gérald Leblanc, a écrit *Cri de terre*, il ne savait pas où il allait publier, parce qu'il n'existait pas de maison d'édition en Acadie. Alors que pour quelqu'un qui écrit aujourd'hui, cette question ne se pose même pas : il sait qu'il y en a, il sait qu'il y a quelques librairies. Tout ce travail a été fait. »

On en arrive même, selon Raoul Boudreau, à une abondance qui frôle le surplus : « Jusqu'ici la tendance de l'institution littéraire a été de tout accueillir, et tous ceux qui ont parlé de la littérature acadienne ont dit qu'à un moment donné, il faudra faire le tri entre l'excellence, le bon, le moins bon et le médiocre. Et on se rapproche de plus en plus du moment où on va dire qu'il y a des textes qui sont vraiment populaires et d'autres qui visent un public plus restreint, plus formé. Ce qui est frappant en ce moment, par rapport au nombre qu'on est, c'est cette rage d'écri-

17. Claude LeBouthillier (1994, 1998), Simone Rainville (1995), Louis Haché (1996), tout Antonine Maillet. Parmi les exceptions, Martin Pître (1995), Jean Babineau (1993), Gracia Couturier (1997), France Daigle (1995).

ture ; les gens veulent écrire, les gens veulent faire partie de la littérature. Il y a une énergie, un dynamisme qui est quand même assez incroyable. »

C'est en poésie que cette énergie se manifeste le plus, tant du point de vue qualitatif que quantitatif[18]. Les poètes des années 1970 continuent à publier et à faire évoluer leur écriture[19] tandis que de nouveaux noms s'ajoutent à chaque année[20]. De plus, des voix originaires d'autres parties du Canada[21] et d'autres pays[22] contribuent à enrichir le mouvement littéraire acadien, tous genres confondus. Lentement, cette production littéraire déborde les frontières de l'Acadie, suivant en cela l'exemple d'Antonine Maillet, 20 ans après. Les Éditions d'Acadie font la tournée des salons du livre du Québec et ont, tout comme Perce-Neige, un distributeur québécois. Les Éditions Perce-Neige ont coédité avec les Écrits des Forges de Trois-Rivières, ce qui leur a permis de développer des contacts avec des maisons européennes. Gérald Leblanc et Herménégilde Chiasson ont tous deux gagné le prix des Terrasses Saint-Sulpice décerné par la revue *Estuaire* qui contribue depuis 10 ans à faire connaître la poésie acadienne au Québec, et Serge Patrice Thibodeau a remporté le prix du Gouverneur général en 1996 après avoir remporté le prix Émile-Nelligan en 1993. Ce début de reconnaissance de l'extérieur a un impact important sur la perception qu'ont les gens de l'*intérieur*, de leurs écrivains et de leurs artistes en général, comme l'a souligné Herménégilde Chiasson : « Tous les artistes acadiens qui vivent sur le territoire le diront : le succès est soumis à la condition de vivre à l'extérieur. Si j'ai une petite notoriété, c'est de l'extérieur qu'elle m'est donnée, et non de l'intérieur » (Table ronde, 1994).

Ce dynamisme, on le sent également dans les arts visuels, et là encore, le phénomène de professionnalisation est récent, comme le souligne le photographe et chargé de cours à l'Université de Moncton, Pierre LeBlanc : « Les gens de la génération de Herménégilde Chiasson ou de Roméo Savoie étaient obligés de faire eux-mêmes tout le travail qui entoure la création des œuvres, d'organiser les expositions, de faire la promotion tandis que maintenant, il y a une partie de la *job* qui est faite : il y a des institutions en place » (LeBlanc, 1996).

« Quand l'Université est arrivée, affirme le peintre et poète Roméo Savoie, il y a eu une espèce d'explosion. Il y avait des gens qui ne voulaient être ni fermiers, ni pêcheurs, ni professionnels, ni... et qui ont vu qu'on pouvait écrire des chansons, des livres, faire des tableaux. Ça a touché leur sensibilité, et ils ont trouvé dans les arts un moyen d'exprimer ce qu'ils sont. L'Université a permis quelque chose qui n'était pas là avant[23] » (Savoie, 1996).

À Claude Roussel revient le mérite d'avoir fondé le Département des arts visuels de

18. Entre 1970 et 1995, il s'est publié plus de 150 recueils de poésie et plus de 90 romans en littérature acadienne.
19. Guy Arsenault (1997), Herménégilde Chiasson (1995, 1996), Gérald Leblanc (1995), Roméo Savoie (1996). L'autre grand animateur de la scène poétique, Raymond Guy LeBlanc avait publié *La mer en feu*, en 1993, chez Perce-Neige.
20. Rose Després, Daniel Dugas, Dyane Léger, Rino Morin Rossignol, Maurice Raymond, Mario Thériault, Serge Patrice Thibodeau.
21. Par exemple, dans le domaine de l'essai, James de Finney est un Franco-Ontarien d'origine, et Yves Bolduc, un Québécois. En roman, Hélène Harbec, et en littérature pour la jeunesse, Judith Hamel, sont des Québécoises.
22. Par exemple, le romancier et poète Gérard Étienne, Haïtien d'origine ; le poète Henri-Dominique Paratte, Suisse ; la poète et romancière Martine Jacquot, Française ; le dramaturge et auteur pour la jeunesse Jean Péronnet, Français ; le dramaturge Ivan Vanhecke, Belge.
23. Parmi les artistes actuels qui ont étudié à l'Université de Moncton, mentionnons Jacques Arseneault, Paul Édouard Bourque, Daniel Dugas, le regretté Guy Duguay, Michelle-Anne Duguay, Yvon Gallant, Gilles LeBlanc, Pierre LeBlanc, Ghislaine McLaughlin, Roger Vautour...

Lors du premier Gala des éloizes, organisé par l'AAAPNB, en novembre 1998, Claude Roussel (à droite) a reçu l'éloize *Hommage à un pionnier des arts en Acadie*, et Jean-François Breau a reçu l'éloize de la *Découverte de l'année*.

Claude Roussel, *Énerloize* (acier soudé et résine, 1982). En 1988, cette sculpture a été installée en permanence dans le Jardin de sculpture olympique de Séoul.

l'Université de Moncton : « Claude Roussel[24] avait ouvert la voie par l'enseignement et avait amené le fait qu'il y avait des artistes, des praticiens ici, de dire l'artiste et directeur de la Galerie d'art de l'Université de Moncton, Luc A. Charette, et c'est Herménégilde Chiasson qui a démontré que l'on pouvait vivre comme artiste ici » (Charette, 1996). Selon lui, Chiasson a apporté un style de vie, une façon de faire, une façon d'être en tant qu'artiste engagé dans sa communauté sur les plans littéraire, artistique et politique[25].

Une fois de plus, la dynamique la plus avant-gardiste est centrée sur Moncton, plus spécifiquement au Centre culturel Aberdeen. Cette vieille école qui a vu grandir l'écrivain Northrop Frye a été transformée en une coopérative dont sont membres les artistes et les organismes qui l'habitent.

Les arts visuels y occupent une place privilégiée. On y retrouve la Galerie Sans Nom, une galerie autogérée tournée résolument vers l'art contemporain d'ici et d'ailleurs, qui joue depuis une dizaine d'années un rôle d'animation d'autant plus efficace que la plupart des artistes de la région en sont membres. Une seconde galerie y a également ses quartiers : fondée en 1995, la Galerie 12 se définit comme une galerie privée qui présente le travail de ses membres[26] et des artistes que ceux-ci invitent à l'occasion de leur exposition solo annuelle. Le cheminement de ces artistes passe d'une production plus privée à une production qui aspire à rejoindre une clientèle de collectionneurs. On commence à parler d'un marché de l'art, et s'il n'y a pas encore un système de cote très explicite, tout le *petit* monde de Moncton connaît la valeur

24. La Société canadienne de l'éducation par l'art lui a décerné en octobre 1996 « un Current Award pour sa contribution de 40 années à l'éducation artistique auprès des francophones du Nouveau-Brunswick » (*L'Acadie Nouvelle*, 11 octobre 1996, p. 35). Roussel est le premier Acadien a recevoir cette distinction.
25. Ceci dit, Herménégilde Chiasson trouve qu'on lui en met large sur le dos : « Le rôle que je joue, c'est celui d'un intellectuel, alors que je ne suis pas préparé pour cela. Je suis un artiste, et c'est pourquoi mes propos ne sont pas nuancés. Je parle comme un artiste, donc à partir d'une passion. À l'heure actuelle, la société acadienne est rendue à une étape où elle doit générer un discours intellectuel, sinon risquer de crever » (Table ronde, 1994, p. 221).
26. Les membres actuels sont Elaine Amyot, Dolores Breau, Herménégilde Chiasson, Luc A. Charette, Francis Coutellier, André Lapointe, Dyane Léger, Raymond Martin, Gisèle Ouellet, Roméo Savoie, Nancy Schofield.

de chacun des artistes : les artistes veulent maintenant pouvoir vivre de leur art, à l'exemple des pionniers dans ce domaine que sont Marie-Hélène Allain, Herménégilde Chiasson, Yvon Gallant, Roméo Savoie, et que fut Guy Duguay[27].

Le Centre héberge également l'atelier d'estampes Imago né en 1986 de la volonté d'un petit groupe, dans lequel on retrouvait Jacques Arseneault, graveur et professeur titulaire à l'Université de Moncton, de même que Herménégilde Chiasson, de créer un centre de production et de diffusion qui permettrait aux graveurs de se procurer du matériel de qualité, de s'entraider tout en échangeant sur leurs méthodes de travail, et de réunir des artistes de différentes disciplines autour de projets d'estampes. Le dynamisme de cet atelier a donné à la gravure acadienne une richesse, une diversité qui la place à l'avant-garde[28] de ce qui se fait dans les Maritimes[29] et qui suscite l'émergence de nouveaux artistes. Enfin, plusieurs artistes parmi les plus importants y ont un atelier[30].

Si l'on peut aisément rattacher la vitalité artistique de Moncton aux *Acadiens*, aux francophones et aux francophiles[31], elle n'est pas identifiable pour autant à un unique courant artistique : « En art actuel, au niveau mondial comme ici, affirme Jacques Arseneault, il n'y a ni idéologie, ni mouvement dominant. On voit coexister des éléments d'art moderne avec des éléments postmodernes, avec du multimédia, avec l'interaction de toutes les époques. Tout se mélange, alors, forcément, ici on ne va pas se regrouper en fonction d'une idéologie, d'un courant ou d'une école. Si on parle d'art acadien, on parle de ce que produisent les Acadiens. Plus tard, on regardera ce qui a été fait aujourd'hui et on jugera. Je pense que ça serait dangereux de vouloir toujours définir un mouvement au fur et à mesure qu'il vit » (Arseneault, 1996).

Même si l'on peut parler des différentes approches de l'art des artistes de Moncton, force est de constater que la plupart s'inscrivent dans le contexte de l'art actuel alors que, selon Luc A. Charette, cela est loin d'être le cas pour les artistes francophones des autres régions, qui sont beaucoup plus traditionnels : « Il y a encore beaucoup d'artistes acadiens qui ne font pas de l'art, mais qui font des œuvres artisanales, et ce, également à Moncton. Il n'y a rien de mal à ça, et je ne veux pas le dénigrer, mais l'approche qu'ils ont par rapport à la production est artisanale : ça se limite à l'objet, à reproduire quelque

27. Originaire de Dieppe et diplômé de l'Université de Moncton en 1978 (en céramique), tour à tour céramiste, potier, peintre, graveur, interprète de la scène visuelle, Guy Duguay a joué un rôle très important dans la communauté artistique acadienne, tant par sa démarche artistique que par son engagement personnel dans de multiples projets : on le retrouve parmi les fondateurs de la Galerie Sans Nom, du Centre culturel Aberdeen, de l'Atelier de gravure Imago et de la Galerie 12. Le sida l'a emporté le 2 juin 1996 alors qu'il venait d'avoir 40 ans.

28. Pour Jacques Arseneault, « La gravure, c'est un signe d'une culture qui émerge. Ça se passe ici en ce moment, comme ça s'est passé au Québec dans les années 1960. » Imago est le seul centre de production d'estampes dans les Maritimes.

29. En plus de Jacques Arseneault, il faut noter le travail de Georges Blanchette, de Herménégilde Chiasson, de Lionel Cormier, de Daniel Dugas, d'Yvon Gallant, de Gilles LeBlanc, de Valérie LeBlanc, de Ghislaine McLaughlin et de Nancy Schofield.

30. Ces ateliers, d'anciennes salles de classe, sont souvent partagés par des artistes : ainsi Jacques Arseneault, Jennifer Bélanger et Mélita Richardson ; Lionel Cormier et Francis Coutellier ; Yvon Gallant et Nancy Morin ; Raymond Martin et Nancy Schofield ; Gerry Collins et Louisa Barton-Duguay. Herménégilde Chiasson, Hélène Laroche et Anne-Marie Sirois y ont également leurs ateliers respecifs.

31. Un petit groupe fort dynamique d'anglophones circulent dans et autour d'Aberdeen, parmi lesquels Nancy Morin, Nancy Schofield et Louisa Barton-Duguay, qu'il faut rattacher à la production acadienne. La Galerie Sans Nom présente régulièrement des activités en anglais qui contribuent à tisser des liens créateurs entre les deux communautés linguistiques.

chose pour en faire, selon eux, un bel objet. La problématique actuelle dans le domaine des arts visuels, ce n'est pas une simple question d'esthétique. C'est le processus qui est important. C'est le moment où il va y avoir un échange, ce moment entre la présentation de l'œuvre et le spectateur qui vient voir cette œuvre, c'est le rapport entre les deux qui est important. L'objet n'a pas d'importance, il est là pour déclencher le phénomène d'échange. Ceci dit, il faut aussi bien vivre, et l'autre approche répond plus au commerce. » Pour sec qu'il soit, ce jugement de Charette est assez juste[32].

Les artistes acadiens s'ouvrent aux influences extérieures et les intègrent à leur œuvre. Comme le souligne Pierre LeBlanc : « Je crois que l'imaginaire francophone en Amérique du Nord est plutôt américain, anglo-saxon. Toutes nos influences viennent de là. Naturellement, elles sont traduites en français et, ensuite, on fait un peu ce que l'on veut avec. Herménégilde Chiasson est beaucoup influencé par le pop art américain, Gérald Leblanc par les beats, nous autres, les jeunes[33], on essaye de voir ce qu'on va faire avec ça. »

Dans ce « ça », l'identité acadienne a à se définir : « Pour moi, de dire Pierre LeBlanc, l'expérience d'aller à l'extérieur étudier m'a permis de prendre du recul et d'être capable de regarder l'Acadie sans être à l'intérieur d'elle. C'est quand je suis arrivé à Montréal que j'ai commencé à m'appeler *Acadien*. Avant je ne m'étais jamais appelé Acadien. Tout le temps que je grandissais, je méprisais l'*Acadie* comme concept, parce que pour nous, les jeunes, se faire mettre la Sagouine dans la gorge et Antonine Maillet jusqu'aux yeux, c'était trop. En tout cas, moi, je ne voulais plus rien savoir. Alors Montréal m'a permis de dire que oui, mon Acadie pouvait inclure des influences qui ne sont pas Antonine Maillet, mais qui ne sont pas non plus Jacques Savoie, Herménégilde Chiasson, Roméo Savoie, que cette Acadie pouvait inclure une planète d'influences. Faire une maîtrise à Montréal m'a permis de voir un peu comment on parle de l'art sur la planète, comment on est dans un milieu qui est plus grand, où les artistes peuvent se permettre de se haïr, d'avoir des frictions, parce que ça prend des frictions pour permettre un avancement, sans ça, ça devient stagnant. »

Il n'y a d'ailleurs aucun discours critique sur l'art en Acadie et guère plus du côté anglais. Il n'y a pas, non plus, de programme spécialisé en histoire de l'art dans les Maritimes ; ni en anglais, ni en français. Les textes sur l'art éviteront autant que possible de poser des questions fondamentales, de juger, de susciter la controverse, se contentant de rapporter et, au mieux, de situer les artistes dans l'ensemble de la problématique actuelle. Mais, au moins, il y a des textes qui s'écrivent et leur nombre augmente au fur et à mesure que s'accroissent les activités artistiques.

La vitalité artistique n'est pas identique d'un art à l'autre. Ainsi, en danse et en musique classique, on en est encore aux premiers balbutiements. Il n'y a aucune compagnie de danse professionnelle contemporaine à temps plein dans les Maritimes : il y a des groupes qui enseignent et qui, occasionnellement, présentent un spectacle. Il n'y a pas non plus de formation professionnelle continue. Arrivés à un certain niveau, les jeunes

32. Toutefois, il faudrait, dans un autre article que celui-ci, regarder la production des artistes du Madawaska (comme Claude Picard, Jacques Martin ou Brigitte Roy), celle des artistes de la Péninsule (comme Paulette Foulem Lanteigne), ou encore celle des Acadiens installés au Québec (comme Jocelyn Jean, Robert Saucier et Paul-Émile Saulnier).

33. Pour Pierre LeBlanc, l'Acadie en est à sa troisième génération d'artistes. La première, autour de Claude Roussel, de Herménégilde Chiasson et de Roméo Savoie, a apporté l'art moderne en Acadie et touchait souvent à plusieurs arts ; la deuxième, autour de Jacques Arseneault et de Luc A. Charette, a contribué à spécialiser les champs ; et la troisième se confronte à l'expression personnelle et plus souvent spécialisée. Ainsi, Pierre LeBlanc, lui, est photographe et rien d'autre.

Oda, une chorégraphie de Chantal Cadieux, sur une musique de Johanne Landry. Production DansEncorps, 1998.

danseurs doivent soit s'expatrier vers les grands centres, soit continuer comme loisir, soit abandonner.

Une seule compagnie de danse professionnelle existe, et elle se manifeste surtout par son école. La compagnie de Moncton, DansEncorps[34], rêve à ce qu'elle pourrait être, comme en témoigne sa directrice et fondatrice, la danseuse Chantal Cadieux : « Quand j'étais jeune, je dansais toute seule dans mon salon, et j'étais décidée à ne plus danser toute seule. J'allais créer une équipe, un groupe. Dix-sept ans plus tard, j'ai de la difficulté à soutenir ce groupe parce que les vrais passionnés de la danse, ce sont des artistes, pas des professeurs ; [parce] que je ne suis pas capable d'offrir à des danseurs un entraînement quotidien. Ils finissent par être tannés d'enseigner, de créer pour des jeunes, et de chercher des temps pour créer pour eux. Ils finissent par se démotiver et ils s'en vont » (Cadieux, 1996).

DansEncorps vit grâce à la détermination de quelques personnes, qui, bon an, mal an, réussissent à convaincre de jeunes professionnels de venir travailler, pour un temps plus ou moins long à Moncton. « La communauté professionnelle de la danse, affirme Chantal Cadieux, je peux la compter sur les doigts d'une seule main : il y a Renée Rioux, Lisa Belliveau, Christine Cyr et moi. *That's all.* »

Les problèmes structurels de la danse dans les Maritimes débordent largement la région. La danse coûte cher, tant sur le plan de la formation que sur celui de la production de spectacles, et c'est l'art de la scène le moins subventionné si l'on excepte les trois grandes compagnies nationales. Or, sans subventions adéquates, il est impossible de développer une compagnie. Reste les expériences individuelles qui se rapprochent des performances, comme le travail de Natalie Morin qui ne vit d'ailleurs pas en Acadie.

La situation n'est guère plus rose en musique classique. Les musiciens professionnels qui survivent en Acadie enseignent à l'Université de Moncton ou ailleurs. Les autres s'en vont là où on les engage : « Il n'y a aucun francophone présentement en Acadie qui vit de son art en musique classique », affirme le musicien et professeur à l'Université de Moncton, Réal Vautour (Vautour, 1996). La scène classique se limite donc à quelques concerts donnés par des musiciens locaux et qui, la

34. Les Productions DansEncorps regroupent l'école, fondée en 1979, et la compagnie, fondée en 1980.

plupart du temps, n'interprètent que des compositeurs étrangers.

Trois expériences qui émergent de l'Université brisent la monotonie de ce paysage. Le Quatuor Arthur-LeBlanc est formé de musiciens qui sont en résidence à l'Université. Fondé à la fin des années 1980, le Quatuor répondait à des objectifs bien précis, rappelle Réal Vautour : « C'était d'abord de promouvoir les cordes par des concerts dans le milieu scolaire de façon à attirer des jeunes en cordes ici, puis d'avoir des musiciens professionnels en cordes dans la région pour collaborer avec d'autres formations comme la chorale de l'Université. » Si le Quatuor n'a pas encore eu un grand impact sur les inscriptions à l'Université, il a par contre réussi à s'imposer dans le circuit des concerts. Mais nul Acadien parmi le groupe.

La deuxième expérience est davantage intégrée à la dynamique du Département de musique. Le groupe de percussionnistes Amérythme est dirigé par le professeur et compositeur Michel Deschênes dont le dynamisme transparaît à la fois dans la musique de son groupe et dans le département lui-même.

Quant à la troisième, elle se situe à la limite extérieure de l'institution. Le professeur de guitare Michel Cardin a commencé l'enregistrement de l'œuvre pour luth de Silvius Leopold Weiss connue sous le titre du *Manuscrit de Londres*. Depuis 1993, Cardin a enregistré 6 des 12 volumes que comprendra le projet. Ce faisant, il s'est établi comme un des grands luthistes contemporains (Fowler, 1996).

La musique classique est encore essentiellement une démarche individuelle en Acadie, axée presque uniquement sur l'interprétation. À la suite d'Anna Malenfant dans les années 1930-1940 et de Rose-Marie Landry depuis plus de 20 ans, d'autres cantatrices comme la soprano Nathalie Paulin tentent d'approfondir leur démarche et de s'imposer. Du côté des interprètes, les Jean-Guy Breau, Roger Lord, Xavier Robichaud ont succédé à Arthur LeBlanc. Certains abordent la composition, comme Michel Deschênes du groupe Amérythme, Roger Castonguay, ou encore Jean-François Mallet[35]. Le Département de musique joue un grand rôle dans le développement de musiciens classiques depuis sa fondation en 1968 : « C'est le seul endroit en Acadie où l'on forme des musiciens en classique, constate Réal Vautour[36]. Si les jeunes ne viennent pas ici, ils doivent aller au Québec, en Ontario ou aux États-Unis. C'est certain qu'on a un petit département, mais à chaque année le nombre augmente, et notre objectif, c'est de nous rendre à une centaine [d'étudiants] parce que cela nous permettrait d'avoir des ensembles : chorale, percussion, jazz et orchestre symphonique. » Il ne faut pas non plus mésestimer l'influence de l'Université sur la musique rock locale : ainsi, le guitariste soliste et compositeur de Zéro ° Celsius, Yves Chiasson, y a fait ses études en guitare, et il reconnaît l'influence qu'a eu Michel Cardin sur son style de jeu (Y. Chiasson, 1996).

Il est impossible de faire des études en cinéma en Acadie ; il n'y a pas non plus de réel marché. Le faible nombre d'Acadiens constitue un frein[37] à tout effort de production dans un domaine où l'argent est essentiel. C'est peut-être ce qui explique la quasi-inexistence des films de fiction réalisés dans les dernières années par des Acadiens et l'absence totale,

---

35. En plus de sa démarche en musique classique, Mallet écrit et interprète des musiques de film et de théâtre. Il a fait partie de la production *Pépère Goguen, gardien de phare* du Théâtre de l'Escaouette et a participé l'été suivant à *Rumeurs publiques* du Théâtre populaire d'Acadie. Il a fait sa scolarité de maîtrise en composition à l'Université de Montréal.
36. Réal Vautour est un diplômé de la première promotion en 1972. Parmi les noms cités, Roger Castonguay et Jean-François Mallet ont obtenu leur baccalauréat à Moncton, tandis que Roger Lord et Xavier Robichaud y ont commencé leurs études universitaires et reviennent y enseigner comme chargés de cours.
37. En relisant cette phrase, Rodolphe Caron a eu cette réaction : « Un frein ralentit, alors que nous n'avons jamais pu vraiment démarrer. Notre faible nombre est plutôt un handicap de naissance. »

à une exception près, de longs métrages de fiction. *Le secret de Jérôme* de Phil Comeau, film québécois de par sa structure financière, mérite néanmoins son titre de *film québécois-acadien*, parce qu'il a été réalisé par un Acadien, avec certains acteurs acadiens, en Acadie, sur un sujet acadien.

Presque toute la production cinématographique acadienne dépend du Centre de l'Acadie de l'Office national du film (ONF) dont les bureaux sont à Moncton, des Productions du Phare-Est de Moncton, et de la coopérative Cinémarévie d'Edmundston. Le rôle majeur joué par l'ONF explique en bonne partie l'importance des documentaires dans la production acadienne. Comme le souligne le *Mémoire pour une politique en matière de cinéma au Nouveau-Brunswick* de l'Association acadienne des artistes professionnels du Nouveau-Brunswick (AAAPNB), produire dans cette province relève du « parcours du combattant » (AAAPNB, 1994a, p. 5). Jusqu'en 1980, « il n'y avait pas de production cinématographique autre que celle de l'ONF », écrivait Rodolphe Caron à l'occasion du 15e anniversaire de Cinémarévie, qui a été la première coopérative de production cinématographique chez les francophones du Canada (Cinémarévie, 1995). En 1988, une deuxième maison, Les Productions du Phare-Est, est créée dans la région de Moncton par un petit groupe dans lequel on retrouve Cécile Chevrier, Herménégilde Chiasson[38], Ginette Pellerin et Marc Paulin. « On a fondé Phare-Est, affirme Ginette Pellerin, parce qu'on voulait s'affranchir graduellement de l'ONF. On voulait être plus indépendant, faire ce qui nous était propre. On se disait qu'en créant nos films, on se créerait aussi des *jobs* » (Pellerin, 1996). Ce réalisme diffère de l'utopisme des artisans de Cinémarévie qui ont fondé leur coopérative, écrit Rodolphe Caron, « avant tout pour faire des films et se faire plaisir. [...] Nous ne sentions pas vraiment l'importance d'explorer les marchés. Nous avions la naïveté de croire que les portes s'ouvriraient facilement » (Cinémarévie, 1995). Mais une décennie et une crise économique séparent les deux approches. Reste que le cinéma acadien est toujours largement dépendant de l'ONF. Si l'on excepte les démarches des cinéastes d'avant-garde plus expérimentaux comme Paul Bossé et Christian LeBlanc, Rodrigue Jean[39], et les quelques films de Cinémarévie – tous produits d'une façon indépendante –, et de Phare-Est qui coproduit parfois avec l'ONF, le gros de la production dépend de l'ONF.

Il est difficile de parler d'une industrie cinématographique acadienne quand la production annuelle excède rarement deux ou trois films documentaires et autant de vidéos. Au mieux, on peut parler d'une production artisanale originale. Le nombre réduit de productions ne dépend pas uniquement de la faible population, il dépend aussi de l'absence de leadership exercé par le gouvernement du Nouveau-Brunswick. À la suite de nombreuses et longues pressions, le gouvernement McKenna met sur pied Film Nouveau-Brunswick (Film NB) qui, depuis 1996, contribue à dynamiser le secteur, en participant à la structure financière des productions. « Présentement, affirme Rodolphe Caron, il n'y a personne qui finance un film à 100 %. Généralement, les organismes qui investissent ou qui subventionnent vont y aller jusqu'à un certain pourcentage, ce qui nous mettait dans une position telle qu'il était quasiment impossible de faire un film sans l'ONF. D'un autre côté, ça plaçait l'ONF dans une position inconfortable parce qu'elle avait pratiquement un droit de vie ou de mort sur les projets.

38. Une fois de plus, comme l'affirme Ginette Pellerin : « Herménégilde Chiasson est incontournable. Il a marqué la cinématographie acadienne parce qu'il est le premier ou à peu près à faire autant de films. » Malgré les critiques dont il a été l'objet – on lui a longtemps reproché d'être un littéraire égaré dans le cinéma –, il a su imposer son point de vue, développant son esthétique d'un film à l'autre.

39. Rodrigue Jean prépare actuellement son premier long métrage de fiction, *L'ennemi*, à partir du roman de Martin Pître.

Les années noires, de Herménégilde Chiasson, production Phare-Est/ONF, 1993. Lors du tournage, de gauche à droite : Marcia Babineau, Denis Fortier, Herménégilde Chiasson, Didier Maigret.

Ce n'était pas sain pour personne. Puis, comme l'ONF fait surtout des documentaires, ça mettait tout le monde dans la situation de faire du documentaire ou de ne rien faire. Film NB, c'est une source de financement supplémentaire qui va peut-être fournir 20 %, 25 % de ton budget. Avec Téléfilm Canada, tu es rendu à 65 %, 70 %. Ça devient possible de trouver le reste ailleurs. Ça va redonner une meilleure latitude à tout le monde, ça va stimuler tout le monde » (Caron, 1996).

Téléfilm Canada est le principal investisseur. Il peut financer jusqu'à 49 % d'un budget de production. Mais pour avoir accès aux subsides de Téléfilm Canada, il faut avoir une licence de diffusion, c'est-à-dire l'engagement d'un diffuseur de diffuser ce film. En règle générale, les diffuseurs sont les chaînes de télévision. « En français, souligne Ginette Pellerin, ça veut dire Télémétropole, Quatre Saisons, TV5 et Radio-Canada. Mais dans le milieu dans lequel on vit, c'est Radio-Canada. Et ça, c'est Montréal, où ils ont l'impression qu'on ne sait pas faire des films, qu'on est encore au stade de l'apprentissage. De toute façon, les Québécois, ils en ont vraiment rien à foutre du cinéma acadien. Là, tu as un autre problème, celui de la perception. Non seulement tu as un petit marché au départ avec peu de diffusion, mais cette même télévision est contrôlée de l'extérieur et a une toute autre approche que celle qui pourrait aider les Acadiens. On a longtemps été à la merci de Radio-Canada, puisqu'une licence d'un diffuseur, qui représente 15 % du budget total, est obligatoire pour accéder aux fonds de Téléfilm Canada. Il était temps que Film NB arrive, parce qu'on avait de plus en plus de difficultés à monter des structures financières : on revenait toujours aux mêmes trois, Téléfilm, ONF et Radio-Canada. » La situation risque par contre de changer avec l'apparition fort récente sur le marché acadien de TFO (Télévision francophone de l'Ontario) qui veut développer des projets avec des artisans acadiens.

On peut penser que Film NB et TFO auront un impact sur la dynamique du milieu, d'autant plus qu'il y a de plus en plus de cinéastes, dont une première génération formée par des écoles, comme Bossé, LeBlanc et Blanchar. Or, « dans toute l'histoire de Téléfilm Canada, le Nouveau-Brunswick n'a jamais réussi à aller chercher la totalité de ce qui devrait lui revenir en matière de fonds de production » (AAAPNB, 1995). C'est dire qu'il y a encore de la place de libre, et que l'industrie cinématographique souffre plus de rachitisme que de surdéveloppement.

La situation du théâtre n'est pas sans évoquer celle du cinéma : le marché est restreint et les subventions sont faibles. Deux compagnies professionnelles existent sur une base permanente : au Nord-Est, installé à Caraquet depuis sa fondation en 1974, le Théâtre populaire d'Acadie (TPA) ; au Sud-Est, installé à Moncton depuis sa fondation en 1978 et dans les locaux du Centre culturel Aberdeen depuis 1983, la Coopérative de théâtre l'Escaouette. Les deux compagnies produisent des spectacles pour les enfants et les adultes[40]. Les deux compagnies font de l'accueil, c'est-à-dire qu'elles organisent des tournées et des représentations pour des créations de l'extérieur, complétant ainsi leur programmation, tout en permettant au milieu d'avoir accès à des spectacles qui autrement ne seraient jamais présentés en Acadie[41]. Le TPA alterne créations et répertoire, tandis que l'Escaouette ne fait que de la création[42].

Deux autres compagnies plus récentes et non subventionnées tentent de se développer dans la Péninsule : les Productions du Tréteau, fondées en 1991, produisent de temps en temps des spectacles, dont des meurtres et mystères, et le Théâtre du Bocage qui a présenté sa première création durant l'été 1996 dans une grange réaménagée. Un peu en marge, l'expérience du Pays de la Sagouine offre un curieux mélange de théâtre, de musique populaire et traditionnelle, de poutines râpées et de râpure, autour du célèbre personnage d'Antonine Maillet. Dans le cadre d'un village fantaisiste sis sur un îlot de la baie de Bouctouche, village natal de l'écrivaine, des comédiens, dont Viola Léger, assumant chacun un des personnages des romans de Maillet, interprètent des monologues et participent à des activités d'improvisation avec les visiteurs.

À la production théâtrale s'ajoutent la production de dramatiques radiophoniques par Radio-Canada Moncton, surtout durant les années 1980[43], et l'édition de quelques pièces de théâtre[44]. Enfin, pour compléter ce tableau, l'Université de Moncton offre depuis 1974 un baccalauréat spécialisé en art dramatique. Ce programme a eu et a toujours un impact majeur sur le milieu théâtral acadien, comme l'a souligné Zénon Chiasson lors du Forum sur le théâtre en Acadie de 1993, organisé par l'AAAPNB : « L'impact de ce programme de formation a été considérable sur le développement de notre théâtre. Il a permis aux troupes de s'alimenter non seulement en acteurs, mais aussi en techniciens et en auteurs. Il est peu de spectacles qui aient été produits en Acadie depuis 20 ans sans que le nom de gens formés à ce département y soient associés, tant dans le domaine de la production que dans celui de la conception et de l'interprétation. C'est aussi la qualité du produit théâtral qui a augmenté avec la mise en place des ces outils de formation » (AAAPNB, 1993).

Le TPA et l'Escaouette sont, sans l'ombre d'un doute, les principaux intervenants du théâtre professionnel en Acadie. C'est à partir d'eux et autour d'eux que s'organise la vie théâtrale.

« Dans ces dernières années, ce que je remarque le plus, affirme le directeur du Département d'art dramatique de l'Université

40. Si le TPA produit systématiquement pour les enfants et les adultes depuis sa fondation, l'Escaouette a surtout produit pour les enfants et les adolescents, et a créé durant les années 1980 quelques pièces pour adultes comme théâtre d'été. Depuis 1993, cette compagnie a développé une programmation pour adultes présentée en salle fixe. Le TPA produit également en salle fixe l'été à la Boîte-théâtre de Caraquet.
41. Par exemple, pour la saison 1996-1997, le TPA a organisé la tournée d'automne 1996 pour *Le nez*, une création pour enfants du Théâtre de la Vieille 17 d'Ottawa. De son côté, l'Escaouette a reçu en salle fixe dans le cadre de sa programmation pour adultes de l'hiver-printemps 1997, *Le miel est plus doux que le sang* du Théâtre Sortie de Secours de Montréal et *L'insomnie* du Théâtre de la Vieille 17.
42. De sa fondation à 1993, l'Escaouette a créé 32 pièces d'auteurs acadiens sur 33 produites, tandis que le TPA en a créé 24 (dont 4 par des auteurs québécois) sur plus de 60 (Z. Chiasson, 1993).
43. De 1977 à 1990, Radio-Canada a produit 29 textes radiophoniques (Z. Chiasson, 1993). Après un arrêt de quelques années, la production a recommencé en 1995 : depuis, neuf textes ont été créés.
44. Zénon Chiasson recense 39 pièces qui ont été éditées entre 1955 et 1993 (Z. Chiasson, 1994).

En haut, à gauche, Étienne Landry (Bertholet Charron) et Robert LeBlanc (Yves Turbide) dans *Aliénor*, texte de Herménégilde Chiasson, production L'Escaouette, 1997. En haut, à droite, Mathieu (Luc LeBlanc), Musistrophe (Robert Gauvin) et Mlle Temps-double-et-demi (Denise Bouchard) dans *La chaise perdue*, texte de Luc LeBlanc et Louis-Dominique Lavigne, production Théâtre populaire d'Acadie, 1995. En bas, à gauche, Mariaagélas (Denise Bouchard), La Sainte (Annette Brison) et Michel-Archange (Florian Chiasson) en spectacle sur l'Île-aux-Puces, vaste théâtre en plein air du Pays de la Sagouine.

de Moncton, Clarence Poirier, c'est la difficulté des compagnies à maintenir leur programmation. Ça tient de la conjoncture économique, bien sûr, mais aussi du manque de création, d'écriture » (Poirier, 1996).

Il est vrai que si l'on excepte *Pépère Goguen, gardien de phare* de Jean Péronnet, créé en 1995, l'Escaouette n'a pas produit de textes autres que ceux de Herménégilde Chiasson depuis 1992, alors que jusque-là, la compagnie alternait les textes de Chiasson avec ceux d'autres auteurs. Pour ce qui est du TPA, depuis sa restructuration en 1993, une seule de ses productions était une création acadienne[45]. Quant au Département d'art dramatique, il n'a réussi à créer qu'un maigre 7 pièces acadiennes en 20 ans (Z. Chiasson, 1993).

Tandis que la production poétique et romanesque est nettement à la hausse, la création théâtrale traîne de la patte comme le souligne Clarence Poirier : « Je ne sais pas si cela tient au côté éphémère du théâtre, ou si c'est plus valorisant d'écrire dans d'autres formes, ou encore s'il y a des manques au niveau de la promotion de l'écriture théâtrale, mais je ne vois pas beaucoup de nouveaux auteurs. Ceux de qui on attend des textes sont les mêmes qui ont commencé à écrire il y a 15 ou 20 ans : Herménégilde Chiasson, Jules Boudreau, Laval Goupil et Gracia Couturier. Ces gens-là, sauf Herménégilde, n'ont pas beaucoup écrit dernièrement. Pourtant, quand on pense *auteurs dramatiques*, on pense encore à eux. Il n'y a pas assez de jeunes qui commencent, qui essayent quelque chose, et qu'il faudrait peut-être encadrer, appuyer. Il y a un manque flagrant là. Mais je ne saurais l'expliquer. » Le professeur Poirier omet dans son énumération Antonine Maillet,

45. Il s'agit de la pièce pour enfants *La chaise perdue* du Québécois Louis-Dominique Lavigne et de l'Acadien Luc LeBlanc.

pour l'unique raison que toutes ses pièces ont été créées au Québec à l'exception de *La Sagouine* et des pièces des années 1950.

Comme l'avoue tout bonnement le comédien, metteur en scène et ex-directeur artistique du Théâtre de l'Escaouette, Maurice Arsenault : « Toute la question de la dramaturgie en Acadie, ce n'est pas simple. Pourquoi ? Parce que peut-être qu'il n'y a pas d'habitude, parce qu'il n'y a pas de centre d'essai, parce qu'il y a très peu de formation, très peu d'émulation, très peu d'auteurs, et encore moins qui ont beaucoup écrit » (Arsenault, 1996).

Plus que les structures de production, somme toute suffisantes compte tenu de la réalité sociopolitique, plus que l'organisation de la diffusion qui demeure fragile et assez traditionnelle, plus que la formation des intervenants qu'il faut néanmoins continuer à améliorer, c'est le manque d'auteurs qui est le maillon faible du théâtre acadien.

Herménégilde Chiasson lie cette faiblesse à la peur de l'affirmation : « Le théâtre ne peut être grand que lorsqu'il affirme sa différence sur la place publique. Or en Acadie, la place publique est dangereusement absente ou fortement contestée. Nous vivons, comme au Québec, dans une société où toute critique est suspecte. Le théâtre, quand il parle, devient immédiatement politique, car il conteste ou affirme ouvertement ; politique de Brecht, de Beckett, de Genet et de Williams. Cette ouverture, nous devons comme artistes acadiens la pratiquer au plus tôt ici et ailleurs, car sinon nous passerons à l'histoire comme un phénomène anthropologique, une tribu qui s'est perdue sans même avoir laissé de traces de sa disparition. L'auteur au théâtre assume cette double parole. Où sont donc les grands textes acadiens sur les situations qui nous concernent véritablement ? Où est le texte sur la Déportation, cet événement historique qui nous divise encore entre ceux qui se conçoivent comme déportés et ceux qui revendiquent encore la terre ? Où est le texte sur notre démission, celle qui s'affirme aujourd'hui dans le chômage, le bien-être et la *subventionite* ? Où est le texte sur la réserve folklorico-touristico-culturelle que l'Acadie est en voie de devenir dans l'œil des fonctionnaires d'Ottawa et de Fredericton ? Où est le texte sur le suicide, l'assimilation, la violence conjugale, la nostalgie de la diaspora ? Ils se sont faits très rares. Nous avons préféré les mots savoureux de notre folklore au conflit urgent de la modernité, et notre rire nerveux résonne encore pour meubler notre absence de conscience sociale » (AAAPNB, 1993).

Lors de ce même forum, Chiasson ira jusqu'à dire : « Dans la culture, il y a des idées. On n'est pas juste des clowns qui agitent notre grelot. Il faut être autre chose. » Maurice Arsenault évoquera ce même désir de création en l'opposant au discours économique que les gouvernements brandissent comme une solution à tous les maux : « Je pense qu'on est d'abord des théâtres de création et non des théâtres de création d'emplois. »

Reste à vérifier, comme le demandait Arsenault, si les intervenants en théâtre ont le réel désir de la création, et s'ils sont prêts à y investir temps et énergies. L'écriture théâtrale, contrairement aux écritures poétique et romanesque, est une aventure de groupe. L'auteur ne peut exister seul, et son texte ne prend tout son sens que lorsqu'il est mis en scène. L'Escaouette a organisé en 1995 des lectures de textes inédits, et le TPA prévoit lui aussi des lectures. L'AAAPNB envisage la création d'un centre d'auteurs dramatiques qui réunirait tous les textes dramatiques acadiens et les rendrait accessibles, reprenant une idée qui est chère depuis longtemps à Zénon Chiasson qui a d'ailleurs colligé une soixantaine de textes inédits. En théâtre, comme dans les autres arts, on sent qu'il y a une ébullition, une émergence.

Actuellement, les postes clés dans l'ensemble des institutions culturelles sont occupés par la génération des 40-50 ans qui ont vécu l'entrée dans la modernité du début des années 1970. Mais déjà se manifeste une génération plus jeune dont les membres ont comme caractéristique commune d'avoir obtenu des diplômes universitaires et de vouloir s'en servir. La Galerie Sans Nom est dirigée depuis 1995 par de jeunes artistes, d'abord Marc Cyr, puis depuis 1997 Mario Doucette, qui entraînent avec eux d'autres artistes dans la vingtaine. Différentes expériences théâtrales sont menées en dehors des deux principales compagnies par de jeunes comédiens, avec des résultats encore mitigés : en 1995 et en 1996, un groupe composé de diplômés en théâtre de l'Université a développé un théâtre cabaret de tournée ; en 1997, un second groupe a créé la première pièce de France Daigle, *Moncton sable* ; et un troisième a présenté un collage dans le cadre d'un théâtre d'été à Shédiac. Les non moins jeunes cinéastes Paul Bossé et Christian LeBlanc initient une toute nouvelle approche de la fiction en Acadie, bien loin du mélodramatique traditionnel du *Secret de Jérôme*. En littérature, un mouvement s'esquisse, mais beaucoup plus timide, parce que les auteurs vedettes sont toujours extrêmement actifs, et qu'il n'y a pas encore d'organe pour rassembler l'écriture *naissante*. La revue *Éloizes*, dont le 23e numéro porte le titre-thème *Transitions*, indique le changement qui s'opère en littérature, et le numéro d'automne 1997, *Entrecroisements*, ouvre des pistes de collaborations avec les auteurs et les artistes de l'Ontario. La revue aux accents *grunges*, *Vallium*, qui a connu six numéros dans sa courte vie (1994-1995), a été jusqu'à maintenant la tentative la plus intéressante de regroupement de l'underground artistique monctonien, dont on retrouve les principaux porte-parole musicaux sur *Pet-Kout-Koy-Ek* (1996), disque dont tous les profits ont été versés à la campagne pour sauver la rivière Petitcodiac. Car, bien sûr, l'alternative artistique a des couleurs écologiques, à défaut d'avoir des idées politiques très claires.

Mais, comme l'a déjà dit fort simplement Herménégilde Chiasson : « À l'heure actuelle, on a 40 ans et ils ont 20 ans, et justement ce qu'ils nous disent, c'est "Tassez-vous parce que vous avez pris toute la place". Il faut encaisser ça » (AAAPNB, 1993).

Herménégilde Chiasson : l'homme de tous les combats. Pierre LeBlanc a ce mot un peu triste à propos de lui : « Si Herménégilde Chiasson n'avait pas été obligé d'être responsable de partir des coopératives de films, de partir des galeries, de partir des revues, je pense qu'il aurait été parmi les figurants importants de l'art au Canada. » Peut-être a-t-il raison... peut-être.

Peut-être Pierre LeBlanc oublie-t-il que la force de Herménégilde Chiasson est dans l'extraordinaire fusion des arts qu'est son œuvre et dans sa capacité à les relier les uns aux autres, en les enrichissant des domaines voisins. Peut-être aussi faut-il davantage de temps pour traverser les frontières quand vous choisissez d'aider l'autre plutôt que de ne vous consacrer qu'à vous-même. Il y a du défricheur en Chiasson, et c'est heureux.

Tout au long de cette recherche, son nom est revenu comme un leitmotiv, liant les démarches, expliquant les découvertes, ouvrant des pistes. Il a marqué et marque encore profondément toute la vie artistique de l'Acadie moderne, contemporaine. Et maintenant qu'il a franchi le cap des 50 ans, voici qu'il reçoit des prix : celui des Terrasses Saint-Sulpice pour son recueil *Miniatures*, celui du Festival de Namur pour son film *Épopée*, et des nominations pour le prix du Gouverneur général avec *Vous* d'abord, puis *Climats*. Lors de sa très belle exposition solo à la Galerie 12 au printemps 1996, toutes les œuvres ont été vendues à une vitesse qui a fort éloquemment témoigné de l'admiration des amateurs.

Une fois de plus, Chiasson se retrouve à l'avant-garde. Pionnier des arts dans son Acadie, voici que ses œuvres atteignent d'autres pays, d'autres expériences de vie. Et pour cela, il savait intuitivement qu' il n'avait nul besoin de s'exiler.

C'est cette détermination qui habite toute cette nouvelle génération d'artistes acadiens qui veulent créer là où ils sont, sans complexe et sans bravade. Quitter l'Acadie n'a plus alors le même sens qu'il y a 25 ans. On ne part plus parce qu'on ne peut pas réaliser ce qu'on veut, on ne part plus par impuissance, on part pour découvrir, pour essayer. Et on sait que l'Acadie n'est pas où l'on est, mais où l'on est né, dans ce pays bien concret de mer et de forêt.

Bibliographie

L'Acadie Nouvelle (1994-1996), plus de 1 500 articles sur les arts.

Association acadienne des artistes professionnels du Nouveau-Brunswick (1992). « Projet global du milieu musical acadien », Moncton, l'Association. Ordinascrit.

Association acadienne des artistes professionnels du Nouveau-Brunswick (1993). « Rapport intégral du Forum sur le théâtre », Moncton, l'Asociation. Ordinascrit.

Association acadienne des artistes professionnels du Nouveau-Brunswick (1995a). « L'industrie acadienne de l'enregistrement sonore », Moncton, l'Association. Ordinascrit.

Association acadienne des artistes professionnels du Nouveau-Brunswick (1995b). « Mémoire pour une politique en matière de cinéma au Nouveau-Brunswick », Moncton, l'Association. Ordinascrit.

Chiasson, Herménégilde (1994). « Le rôle de l'artiste dans la communauté acadienne », *Revue de l'Université de Moncton*, vol. 27, n° 1, p. 317-330.

Chiasson, Zénon (1993). *Répertoire chronologique des productions théâtrales en Acadie : 1973-1993*, Université de Moncton, Département d'études françaises. Cahier polycopié.

Chiasson, Zénon (1994). « Bibliographie du théâtre acadien », *Revue de l'Université de Moncton*, vol. 27, n° 1, « L'Acadie d'hier à demain : arts et lettres », p. 349-366.

Cinémarévie (1995). *Cinémarévie 15 ans de cinéma : livre souvenir 1995*, Ordinascrit.

Daigle, Jean, dir. (1993). *L'Acadie des Maritimes*, Moncton, Université de Moncton, Chaire d'études acadiennes.

Deleuze, Gilles, et Félix Guattari (1975). *Kafka : pour une littérature mineure*, Paris, Minuit.

Fowler, Paul (1996). *Classical Guitar*, mars, p. 44. Critique des disques de Michel Cardin.

Maillet, Marguerite (1997). *Bibliographie des publications de l'Acadie des provinces Maritimes 1609-1995*, Moncton, Éditions d'Acadie.

Paré, François (1992). *Les littératures de l'exiguïté*, Hearst, Le Nordir.

« Table ronde sur l'identité et la création culturelles en Acadie » (1994), *Revue de l'Université de Moncton*, vol. 27, n° 2, p. 206-227.

Ville de Moncton (1994). *Community Profile : Moncton, New Brunswick*, Moncton Industrial Development.

Entrevues

Les entrevues suivantes ont été réalisées par l'auteur :

Arsenault, Maurice (1996), (théâtre), enregistrée le 23 mai.

Arseneault, Jacques (1996), (arts visuels), enregistrée le 28 mai.

Boudreau, Raoul (1996), (littérature), enregistrée le 3 juin.

Cadieux, Chantal (1996), (danse), enregistrée le 21 mai.

Caron, Rodolphe (1996), (cinéma), enregistrée le 9 juin.

Charette, Luc A. (1996), (arts visuels), enregistrée le 17 juin.

CHIASSON, Yves (1996), (musique), impromptue le 27 septembre.

DE FINNEY, James (1996), (littérature), enregistrée le 6 juin.

FORTIER, Pierre (1996), (musique populaire), entrevue téléphonique, le 11 septembre.

GAUTREAU, Jac (1996), (musique populaire), enregistrée le 13 juin.

LEBLANC, Gérald (1996), (littérature), enregistrée le 27 mai.

LEBLANC, Pierre (1996), (arts visuels), enregistrée le 18 juin.

PELLERIN, Ginette (1996), (cinéma), enregistrée du 17 juin.

POIRIER, Clarence (1996), (théâtre), enregistrée le 4 juin.

SAVOIE, Roméo (1996), (arts visuels et littérature), enregistrée le 10 mai.

VAUTOUR, Réal (1996), (musique classique), enregistrée le 3 juin.

Bibliographie sélective des œuvres littéraires

ARSENAULT, Guy (1997). *Jackpot de la pleine lune*, Moncton, Perce-Neige.

ARSENEAU, Marc (1998). *L'éveil de Lodela*, Moncton, Perce-Neige.

BABINEAU, Jean (1993). *Bloupe*, Moncton, Perce-Neige.

BOLDUC, Yves (1994). *L'étoile mythique : lecture de* L'étoile pourpre *d'Alain Grandbois*, Montréal, L'Hexagone.

BOUDREAU, Jeannine, et Jules BOUDREAU (1991). *Des amis pas pareils*. Création du Théâtre populaire d'Acadie.

BOUDREAU, Jules (1973). *La Bringue*. Création du Théâtre des Élouèzes ; Théâtre populaire d'Acadie, 1979.

CHIASSON, Herménégilde (1975). *Becquer bobo*. Création à l'Université de Moncton, Département d'art dramatique.

CHIASSON, Herménégilde (1993a). *L'exil d'Alexa*. Création du Théâtre de l'Escaouette.

CHIASSON, Herménégilde (1993b). *Le manège des anges*. Création du Théâtre de l'Escaouette.

CHIASSON, Herménégilde (1994). *La vie est un rêve*. Création du Théâtre de l'Escaouette.

CHIASSON, Herménégilde (1995a). *À vrai dire*. Création du Théâtre de l'Escaouette.

CHIASSON, Herménégilde (1995b). *Miniatures*, Moncton, Perce-Neige. Prix des Terrasses Saint-Sulpice 1996.

CHIASSON, Herménégilde (1996). *Climats*, Moncton, Éditions d'Acadie.

CHIASSON, Herménégilde (1998a). *Aliénor*, Moncton, Éditions d'Acadie. Création du Théâtre de l'Escaouette.

CHIASSON, Herménégilde (1998b). *Laurie ou la vie de galerie*. Création du Théâtre de l'Escaouette et du Théâtre populaire d'Acadie.

CHIASSON, Herménégilde (1998c). *Conversations*, Moncton, Éditions d'Acadie.

CHIASSON, Herménégilde, et Patrick Condon LAURETTE (1987). *Claude Roussel : sculpteur/Sculptor*, Moncton, Éditions d'Acadie.

COMEAU, Fredric Gary (1991). *Stratagèmes de mon impatience*, Moncton, Perce-Neige.

COMEAU, Fredric Gary (1997). *Routes*, Trois-Rivières, Écrits des Forges.

COUTURIER, Gracia (1981). *La couche aux fesses*. Création du Théâtre de Saisons du Centre universitaire de Shippagan de l'Université de Moncton.

COUTURIER, Gracia (1989). *Enfantômes suroulettes*, Moncton, Michel Henry éditeur. Création du Théâtre de l'Escaouette.

COUTURIER, Gracia (1997). *L'antichambre*, Moncton, Éditions d'Acadie.

DAIGLE, France (1995). *1953... chronique d'une naissance annoncée*, Moncton, Éditions d'Acadie.

DAIGLE, France (1997). *Moncton sable*. Création de Moncton sable.

DAIGLE, France (1998). *Pas pire*, Moncton, Éditions d'Acadie. Prix France-Acadie 1998.

DESPRÉS, Ronald (1958). *Silences à nourrir de sang*, Éditions d'Orphée.

DESPRÉS, Rose (1996). *Gymnastique pour un soir d'anguilles*, Moncton, Perce-Neige.

DUGAS, Daniel (1995). *Le bruit des choses*, Moncton, Perce-Neige.

ÉTIENNE, Gérard (1991). *La pacotille*, Montréal, L'Hexagone.

FOËX, Évelyne (1994). *Voyages sans retour... parfois*, Moncton, Éditions d'Acadie.

GAGNON, Carolle (1994). *Marie-Hélène Allain : la symbolique de la pierre*, Moncton, Éditions d'Acadie.

GOUPIL, Laval (1971). *Tête d'eau*. Création du théâtre les Feux Chalins.

GOUPIL, Laval (1975). *Le djibou ou l'ange déserteur*, Moncton, Éditions d'Acadie ; éd. rév., Tracadie-Sheila, Grande Marée, 1997. Création du Théâtre populaire d'Acadie, 1975 ; du Théâtre du bôrd d'la côte, 1982 ; du Théâtre populaire d'Acadie, 1997.

GRAFF, Terry (1995). *Yvon Gallant : d'après une histoire vraie*, Moncton, Éditions d'Acadie.

HACHÉ, Louis (1996). *La Tracadienne*, Moncton, Éditions d'Acadie.

HAMEL, Judith (1996). *Modo et la lune*, illustrations de Lisa Lévesque, Moncton, Bouton d'Or Acadie, coll. « Améthyste ».

HARBEC, Hélène (1998). *L'orgueilleuse*, Montréal, Remue-ménage.

JACQUOT, Martine-L. (1996). *Les glycines*, Ottawa, Vermillon.

LEBLANC, Gérald (1993). *Complaintes du continent*, Moncton, Perce-Neige. Prix des Terasses Saint-Sulpice 1994.

LEBLANC, Gérald (1995). *Éloge du chiac*, Moncton, Perce-Neige.

LEBLANC, Gérald (1997). *Moncton mantra*, Moncton, Perce-Neige.

LEBLANC, Luc, et Louis Dominique LAVIGNE (1997). *La chaise perdue*, Moncton, Éditions d'Acadie. Création du Théâtre populaire d'Acadie, 1995.

LEBLANC, Raymond Guy (1972). *Cri de terre*, Moncton, Éditions d'Acadie.

LEBOUTHILLIER, Claude (1994). *Les marées du Grand Dérangement*, Montréal, Québec/Amérique.

LEBOUTHILLIER, Claude (1998). *Le borgo de l'écumeuse*, Montréal, XYZ.

LÉGER, Dyane (1996). *Comme un boxeur dans une cathédrale*, Moncton, Perce-Neige.

MAILLET, Antonine (1957). *Entr'acte*. Création du Collège Notre-Dame d'Acadie, Moncton.

MAILLET, Antonine (1958). *Pointe-aux-Coques*, Saint-Laurent, Fides.

MAILLET, Antonine (1968). *Les crasseux*, Toronto, Holt, Rinehart et Winston.

MAILLET, Antonine (1971). *La Sagouine*, Montréal, Leméac.

MAILLET, Antonine (1973). *Mariaagélas*, Montréal, Leméac.

MAILLET, Antonine (1979). *Pélagie-la-Charrette*, Montréal, Leméac. Prix Goncourt.

MAILLET, Antonine (1992). *Les confessions de Jeanne de Valois*, Montréal, Leméac.

MAILLET, Antonine (1996). *Le chemin Saint-Jacques*, Montréal, Leméac.

MAILLET, Antonine (1996). *L'île-aux-Puces*, Montréal, Leméac.

MORIN ROSSIGNOL, Rino (1994). *La rupture des gestes*, Moncton, Éditions d'Acadie.

MORIN ROSSIGNOL, Rino (1998). *Catastrophe(s)*, Moncton, Éditions d'Acadie.

PARATTE, Henri-Dominique (1995). *Confluences : mouvance américaine, 1*, suivi de *Élouèzes dans la nuit*, Wolfville, Éditions du Grand-Pré.

PÉRONNET, Jean (1995). *Pépère Goguen : gardien de phare*. Création du Théâtre de l'Escaouette.

PÎTRE, Martin (1995). *L'ennemi que je connais*, Moncton, Perce-Neige. Prix France-Acadie 1996.

POIRIER, Pascal (1993). *Le glossaire acadien*, édition critique établie par Pierre M.Gérin, Moncton, Éditions d'Acadie.

RAINVILLE, Simone (1995). *Madeleine ou la rivière au printemps*, Moncton, Éditions d'Acadie. Prix France-Acadie 1995.

RAYMOND, Maurice (1994). *La soif des ombres*, Moncton, Perce-Neige.

SAVOIE, Jacques (1979). *Raconte-moi Massabielle*, Moncton, Éditions d'Acadie.

SAVOIE, Jacques (1995). *Le cirque bleu*, Montréal, La courte échelle, coll. « Roman 16/96 ».

SAVOIE, Roméo (1996). *Dans l'ombre des images*, Moncton, Éditions d'Acadie.

THÉRIAULT, Mario (1994). *Vendredi saint*, Moncton, Perce-Neige.

THIBODEAU, Serge Patrice (1992). *Le cycle de Prague*, Moncton, Éditions d'Acadie. Prix Émile-Nelligan 1993.

THIBODEAU, Serge Patrice (1995). *Le quatuor de l'errance*, Montréal, L'Hexagone. Prix du Gouverneur général du Canada 1996.

THIBODEAU, Serge Patrice (1997). *Dans la cité*, Montréal, L'Hexagone.

VANHECKE, Yvan (1996). *La bombarde du petit Simon*. Radio-Canada Moncton.

Discographie sélective

AMÉRYTHME (Et + Ké2), *Amérythme*, 1994.

AN ACOUSTIC SIN, *Erase the Sky*, 1997.

ARSENAULT, Angèle, *Transparole*, 1994.

ARTISTES VARIÉS, *Pet-Kout-Koy-Ek*, 1996.

BALDWIN, Mike, *Enfants de la mer*, 1995.

BARACHOIS, *Barachois*, 1996.

BEAUCHEMIN, CORBEIL, LORD, QUATUOR ARTHUR-LEBLANC, *Hommage à Leclerc, LeBlanc, Mathieu*, 1993.

BOUDREAU, Danny, *Sans détour*, 1994.

BOUDREAU, Janine, *J'entends*, 1995.

BOUDREAU, Lina, *Plus jamais la mer*, 1994.

BOUDREAU, Marcel, *Aimes-tu la vie*, 1997.

BOUDREAU-SAMSON, Michelle, *Libérée*, 1997.

BOURGEOIS, Ronald, *Amène le vent*, 1994.

BUTLER, Édith, *À l'année longue*, 1995.

CARDIN, Michel, *Le manuscrit de Londres* (6 volumes parus), 1994-1997.

CAYOUCHE, *Un vieux hippie*, 1994.

CHIASSON, Léonard, *Bluegrass volume 2*, 1995.

DESCHÊNES, Étienne, *Vendredi quatre heures*, 1997.

DEVOST, Oneil, *Le système*, 1995.

ENSEMBLE QUIGLEY, *Équinoxe*, 1996.

FÉLIX, Bernard, et Norman FORMANGER, *Un petit duo de musique d'accordéon*, 1995.

THE GREAT BALANCING ACT, *Spring*, 1996.

ISABELLE ET LA BÊTE, *Pays de Barbarie*, 1995.

LACROIX, Donat, et Émé LACROIX, *Sur le chemin des Acadiens*, 1996.

LES MÉCHANTS MAQUEREAUX, *Les méchants maquereaux*, 1994.

LES MÉCHANTS MAQUEREAUX, *Marifishmas*, 1996.

PITRE, Louÿs, *En toute amitié*, 1995.

QUATUOR ARTHUR-LEBLANC, *Quatuor Arthur-LeBlanc*, 1997.

RICHARD, Denis, *C'est mieux comme ça*, 1996.

ROBICHAUD, Pierre, *Franchir la nuit*, 1998.

ROLAND ET JOHNNY, *À la découverte de l'Acadie*, 1994.

SAINT-CŒUR, Euclide (Denis Richard), *La vie de galerie*, 1998.

SAVOIE, Raymond, *Faut s'accoutumer*, 1995.

ST-PIER, Natasha, *Émergence*, 1996.

THÉRIAULT, Michel, *Funambule*, 1995.

THÉRIO, Marie-jo, *Comme de la musique*, 1995.

VOISINE, Roch, *Kissing Rain*, 1996.

WEDGE, Linda, *Horizons*, 1995.

ZÉRO °CELSIUS, *Contes du Coude/Tales from the Bend*, 1996.

Filmographie sélective

Abegweit (1998), réalisation de Serge Morin, Office national du film.

L'Acadie retrouvée (1995), réalisation de Herménégilde Chiasson, Ginette Pellerin et Renée Blanchar, Phare-Est ; Office national du film.

Animastress (1994), réalisation d'Anne-Marie Sirois, Office national du film.

Les années noires (1995), réalisation de Herménégilde Chiasson, Phare-Est ; Office national du film.

Avec le cœur (1993), réalisation de Rodolphe Caron, Cinémarévie.

Bloupe : la guerre des mites (1996), réalisation de Paul Bossé et Chris LeBlanc, .

Le champion (1995), réalisation de Rodolphe Caron, Cinémarévie.

Chepa (1995), réalisation de Paul Bossé et Chris LeBlanc, TVC Fundy. Mini série dramatique en six épisodes.

Cigarette (1998), réalisation de Monique LeBlanc, Office national du film.

De retour pour de bon (1994), réalisation de Bettie Arsenault, Office national du film.

Épopée (1996), réalisation de Herménégilde Chiasson, Office national du film. Prix TV5 du meilleur documentaire au Festival international du cinéma francophone de Namur 1996.

Évangéline en quête (1996), réalisation de Ginette Pellerin, Office national du film.

Fripes de choix, guenilles de roi (1998), réalisation de Bettie Arsenault, Office national du film.

La guerre des mites (1996), réalisation de Paul Bossé et Chris LeBlanc,

Le lien acadien/The Acadien Link (1995), réalisation de Monique LeBlanc, Office national du film.

Madeleine (1996), réalisation de Paul Bossé et Chris LeBlanc,

Mathilda (1997), réalisation de Ginette Pellerin, Office national du film.

Le secret de Jérôme (1994), réalisation de Phil Comeau, .

Vocation ménagère (1996), réalisation de Renée Blanchar, Office national du film.

La voix des rivières (1997), réalisation de Rodrigue Jean, Transmar Films. Prix de Téléfilm Canada au Festival international du cinéma francophone en Acadie 1997.

Chapitre 24

La culture en Ontario français : du cri identitaire à la passion de l'excellence

Paul-François Sylvestre*

Dès que l'on mentionne le mot *culture*, on s'énerve, on s'excite, on s'exclame, on raisonne, on parle. Parler de culture, c'est parler de la parole, de la parole parlante. C'est un peu peindre sur la peinture, c'est un peu faire culture en faisant de la culture le centre de son propos.

Pierre Pelletier, *Petites incarnations de la pensée délinquante.*

Ottawa, Sudbury, Toronto : trois villes qui se disputent le titre de *capitale culturelle* de l'Ontario français. Cette rivalité est particulièrement significative dans le développement de la vie culturelle franco-ontarienne, puisque chacune de ces trois régions a façonné le devenir artistique selon sa propre histoire et sa propre réalité. Pour les tenants d'Ottawa, l'expression culturelle des Franco-Ontariens s'enracine dans un passé canadien-français où le Québec et l'Ontario sont intimement liés. Pour les adeptes de Sudbury, la culture est le cri d'une originalité de souche récente, un dire carrément *ontarois*. Pour les partisans de Toronto, la culture francophone en Ontario est tributaire de l'apport original de toute une gamme de communautés aux horizons multiples, de l'Afrique aux Antilles, en passant par le Maghreb et l'Europe. Si ces trois traits demeurent volontairement caricaturaux, ils ont néanmoins le mérite d'illustrer une situation unique où la complémentarité l'emporte sur la singularité.

L'Ontario constitue un vaste laboratoire culturel où la recherche embrasse nécessairement plusieurs disciplines qui évoluent à des rythmes différents. Comme c'est souvent le cas dans des sociétés minoritaires, la parole est davantage privilégiée que l'image. La parole est synonyme d'affirmation, de vitalité. La poésie orale, la chanson et le théâtre se développent dès lors plus rapidement que les arts visuels ou le cinéma.

La littérature : le cri univoque cède sa place

Pendant que Claire Martin publie *Les morts* (Cercle du livre de France, 1970) et prépare *La petite fille lit* (Éditions de l'Université d'Ottawa, 1973), ou que Jean Ménard lance *Plages* (Garneau, 1972), des poètes du Nord commencent à se manifester, et leur prise de parole est une prise en charge de leur identité. Le nord de l'Ontario constitue un milieu

* Au moment d'écrire ce texte, en juin 1996, l'auteur était rédacteur en chef de la revue *Liaison*.

Patrice Desbiens, *La fissure de la fiction*, Sudbury, Prise de parole.

minoritaire et, partant, propice à nourrir l'imaginaire poétique marqué du sceau identitaire. « En effet, dans ce milieu minoritaire, la certitude d'exister relève plus souvent qu'autrement d'une volonté individuelle. Le poète prend alors la parole et formule cette réalité de manière à la transcender, ce qui s'avère d'autant plus nécessaire que les conditions d'existence du Franco-Ontarien ne s'appuient pas encore sur une législation qui reconnaît tous ses droits (Théberge, 1996, p. 179). Pendant plus d'une décennie (1975-1990), la presse franco-ontarienne ne fera état que de la poésie du Nord, c'est-à-dire celle des poètes masculins. Les cris et les *crisse !* de Jean Marc Dalpé, de Patrice Desbiens et de Robert Dickson auront dès lors un écho provincial. Fort de l'appui médiatique de l'heure, le public va mieux entendre les voix de Gaston Tremblay, de Michel Dallaire ou de Michel Vallières que celles d'Andrée Lacelle, de Cécile Cloutier ou de Mariette Théberge. La relation entre l'espace artistique et les voix masculines est une dominante des années 1970-1980 (elle se manifeste au théâtre avec autant d'acuité : André Paiement, Jean Marc Dalpé, Robert Marinier, Robert Bellefeuille).

En raison de son grand nombre de publications, la poésie servira de toile de fond à la littérature franco-ontarienne pendant presque 20 ans. Le roman, la nouvelle, le théâtre et l'essai ne brillent pas par leur absence, mais la poésie tient le haut du pavé, l'avant-scène, surtout parce qu'elle bénéficie d'une tribune publique plus large. Les festivals, les congrès, les rassemblements de toutes sortes deviennent autant d'occasions pour tenir des spectacles de poésie. Les autres genres littéraires émergent néanmoins grâce à deux types de reconnaissance. Il y a d'abord le succès scolaire qui couronne des ouvrages comme *La vengeance de l'orignal,* de Doric Germain, ou *Les chroniques du Nouvel-Ontario,* d'Hélène Brodeur. Il y a aussi le succès en librairie qui fait connaître des romanciers comme Daniel Poliquin *(Vision de Jude, L'écureuil noir),* Marguerite Andersen *(L'autrement pareille),* Gabrielle Poulin *(La couronne de l'oubli, Le livre de déraison)* et, plus récemment, Maurice Henrie *(La chambre à mourir, Le balcon dans le ciel).*

Les années 1990 voient la consécration d'une parole beaucoup moins homogène. La poésie féminine s'ancre résolument dans le paysage franco-ontarien avec des voix d'intériorité : Andrée Lacelle, Andrée Christensen, Nicole Champeau, Gabrielle Poulin. À la parole du Nord s'ajoutent des voix plus urbaines, notamment avec Hédi Bouraoui et Jacques Flamand. Les frontières de la littérature franco-ontarienne ne sont plus aussi étroites ; il n'y a pas seulement le ton qui change, la sensibilité diffère également. À titre d'exemple, la parole homosexuelle occupe plus facilement sa place ; alors que c'était jadis l'exception *(Amour, délice et orgie ou les homosexuels s'organisent,* de Paul-François Sylvestre), les titres gais ne cessent de se multiplier : *C'était un homme aux cheveux et aux yeux foncés* et *L'homme qui pleure,* d'Alain Bernard Marchand ; *Au sud de tes yeux,* de Yolande Jimenez ; *Souvenir de Daniel,* de Gaston Tremblay ; *Hivernale,* de Natalie Stephens ; *Le messie de Belém,* de Pierre Samson ; *Le pied de*

Sappho, d'Anne Claire ; *Le mal aimé* et *Homoportrait,* de Paul-François Sylvestre. Le critique Louis Bélanger notera, face à l'un de ces récits avoués de fantasmes, que « ce n'est pas tant de courage dont il faut parler, que d'acte libérateur par l'écriture » (Bélanger, 1995, p. 39). Des textes dramatiques font, eux aussi, état de la « dichotomie entre la nature prosaïque du désir et sa projection dans l'univers du fantasme », pour reprendre une expression de Louis Bélanger qu'on pourrait facilement appliquer aux pièces d'Yves-Gérard Benoît *(Tourist Room – Vacancy* et *La ville qui sue).*

Pendant 15 ans, soit de 1975 à 1990, le roman franco-ontarien s'est logé à des enseignes multiples mais somme toute traditionnelles : romans historiques, romans d'aventure, romans psychologiques. Mais depuis quelques années, le spectrum romanesque devient de plus en plus vaste. Des romanciers comme Raymond Quatorze *(La prison rose bonbon)* et Pierre Pelletier *(Le premier instant)* explorent de nouvelles avenues moins conventionnelles. Violence et démence font désormais partie du paysage littéraire franco-ontarien. Et à partir de 1994, ce paysage va résolument inclure un genre jusqu'alors quasi absent, soit la science-fiction. Ce ne sera plus l'exception d'un Vittorio Frigerio, mais la règle d'un Jean-Louis Trudel qui l'emportera ; en deux ans, Trudel publiera huit romans, soit six à Montréal et deux à Paris.

L'essai littéraire demeure encore le parent pauvre de l'édition franco-ontarienne, mais les propos de René Dionne, de Paul Gay et de Fernand Dorais ont cessé d'être des cris dans le désert. Grâce aux efforts de ces derniers, le milieu universitaire s'est davantage intéressé à la littérature franco-ontarienne, et de solides essais ont vu le jour : *Théâtre franco-ontarien : espaces ludiques,* de Mariel O'Neill-Karch ; *Les littératures de l'exiguïté,* de François Paré ; *De Québécois à Ontarois,* de Roger Bernard ; *La francophonie à l'estomac,* d'Hédi Bouraoui. Et si l'on peut dire « qu'il se fait une littérature d'envergure nationale à Montréal, [c'est] parce qu'on peut la comparer à des productions périphériques, vaguement ou gentiment régionalistes, de Trois-Rivières ou de Sudbury », de dire Robert Major qui ajoute tout de go que « cette double et dialectique réalité d'inclusion-exclusion est ce qui fait, littéralement, la littérature » (Major, 1996, p. 20).

Le théâtre : un espace à investir

En Ontario français, l'expression dramatique a longtemps été la chasse gardée des collèges (classiques) et des universités. L'équipe qui fonde le Théâtre du Nouvel-Ontario (TNO), en 1971-1972, ne provient-elle pas de la Troupe de création de l'Université Laurentienne ? De même, à Ottawa, la Comédie des Deux-Rives de l'Université d'Ottawa demeure un lieu privilégié d'exploration et d'animation. Le début des années 1970 va cependant apporter un nouveau souffle à l'expression dramatique franco-ontarienne. Le TNO a pour mission, entre autres, d'« incorporer aux spectacles plusieurs médias » (Gaudreau, 1991, p. 14). Les troupes qui suivent (Théâtre de la Corvée/Trillium, Vanier, 1975 ; Théâtre de la Vieille 17, Rockland, 1979 ; Théâtre du Cabano/Vox, Ottawa, 1983) vont également verser dans la multidisciplinarité, alliant mime, chanson, danse, poésie et arts visuels à la dramaturgie proprement dite. Les festivals de Théâtre Action, organisme provincial créé en 1972, accentuent eux aussi la pluralité des formes de création. On peut affirmer, sans risquer de se tromper, que le théâtre a été la bouée de sauvetage des artistes franco-ontariens pendant une bonne dizaine d'années.

Durant cette période et même par la suite, la dramaturgie franco-ontarienne se logera essentiellement à l'enseigne de la revendication identitaire. Qu'on songe à *Moé, j'viens du Nord, 'stie* et à *Lavalléville,* d'André Paiement, ou à *La parole et la loi,* de La Corvée. Qui plus est, le répertoire franco-ontarien est non seulement marqué par l'affirmation d'une identité, mais, souvent, par l'affirmation d'une parole nordique que des dramaturges comme

André Paiement, Claude Belcourt et Jean Marc Dalpé ont largement façonnée. Vingt ans plus tard, en analysant les plus récentes créations de Dalpé *(Eddy),* de Michel Ouellette *(French Town)* et de Pier Rodier et Marie-Thé Morin *(Duos pour voix humaines),* François Paré notera que

> nous sommes toujours dans le même cycle infernal de *Lavalléville,* et le spectre d'André Paiement habite toujours très profondément notre dramaturgie. [...] On ne peut que s'émerveiller, somme toute, de la continuité thématique qui habite toute cette dramaturgie ; continuité formelle aussi, marquée par l'incommunication et le morcellement. Ce qui paraît aujourd'hui le plus problématique, ce n'est pas tant que le théâtre et la vie d'André Paiement soient encore si présents en nous, c'est plutôt que notre théâtre témoigne d'une si grande impuissance à évoluer dans le langage. [...] Et du drame de l'impuissance à une dramaturgie de l'impuissance, il n'y a qu'un pas facilement franchi (Paré, 1994, p. 34).

Le pas de l'impuissance ne sera pas franchi. Le théâtre franco-ontarien ne sera pas confiné aux seuls enjeux de la survivance et de la revendication. Patrick Leroux et Robert Marinier, pour ne citer que ceux-là, illustrent une nouvelle maturité dramaturgique. Avec *Rappel,* Leroux se met en quête du moi de l'auteur. « Sous les masques de personnages qui lui appartiennent en propre, qui obligent le spectateur à une lecture balisée par les repères de ses créations antérieures, le dramaturge érige son univers intérieur en code référentiel qui garantit la cohérence comme l'origine du discours » (Lafon, 1995, p. 34). Quant à Marinier, c'est avec *L'insomnie* qu'il manifeste un incontestable savoir-faire dramaturgique qui tient parfaitement compte de la nouvelle situation économique dans laquelle se trouvent les théâtres aux prises avec des coupures budgétaires. Marinier a-t-il compris que les spectacles à petit budget obligent les créateurs à une économie narrative ? Toujours est-il que sa dernière pièce tient du monologue agrémenté d'une touche de *stand-up comic.* On est loin du théâtre de revendication ou du discours identitaire, car avec *L'insomnie,* « jamais la distinction entre

La parole et la loi, une création collective sur le règlement 17, dirigée et mise en scène par Brigitte Heantjens, en 1979 ; production de La Corvée, aujourd'hui Le Trillium.

fantasmes et *phantasmes* n'a été aussi bien exploitée », note la critique Dominique Lafon qui se demande s'il ne s'agit pas pour le comédien « de rendre visuels, donc de phantasmer, les fantasmes de son inconscient » (Lafon, 1996, p. 34).

Théâtre d'identité ou de fantasmes, la production franco-ontarienne se veut plus qu'une aventure artistique ; elle se dote d'une mission sociale cruciale. Selon Mariel O'Neill-Karch, auteure de *Théâtre franco-ontarien : espaces ludiques,* il n'aura fallu qu'une douzaine d'années (1975-1988) pour que le théâtre joue, en Ontario français, « un rôle central dans le passage d'une culture d'emprunt, faite de créations venues d'ailleurs, à une culture originale, composée d'œuvres d'ici, disant l'âme du peuple » (O'Neill-Karch, 1992, p. 17). En effet, en raison de la médiatisation entourant chaque production théâtrale, le

Robert Marinier, auteur et acteur dans *L'insomnie*, produite au cours des années 1990 par le Théâtre de la Vieille 17. Le texte a été publié chez Prise de parole en 1996.

statut de l'artiste franco-ontarien a nettement évolué, passant de simple interprète de la culture des autres à véritable artisan d'une culture nouvellement consacrée, la sienne. « Le théâtre en Ontario français est donc une entreprise ludique qui a trouvé son langage propre, celui de l'espace à investir de toute une culture », d'ajouter O'Neill-Karch.

L'envers de la médaille ou le drame du théâtre franco-ontarien, ce sera, ironiquement, son impuissance à présenter un ensemble de créations dans les propres murs de son village. À Ottawa, à Sudbury ou à Toronto, les troupes de théâtre ont toujours dû évoluer sur les scènes des autres. Tant dans l'Est ontarien que dans le nord ou le sud de la province, la communauté théâtrale ne dispose pas de son propre espace ; elle a même dû, au cours des dernières années, consacrer moins de temps à la création afin d'attaquer de front la question de salles de théâtre bien à elle. Les efforts ont finalement porté fruit, à Ottawa et à Sudbury, puisque des ententes sont intervenues entre la communauté et diverses instances gouvernementales pour bâtir un lieu franco-ontarien de théâtre dans chacune de ces villes. Un réseau embryonnaire sera achevé lorsque la ville de Toronto sera également dotée d'une salle. Les Franco-Ontariens jouiront alors d'un minimum d'infrastructures professionnelles.

La chanson : devenir des éléments de la modernité

Au moment où une première vague de chansonniers franco-ontariens prend son envol, on assiste, au Québec, à une révolution culturelle où la chanson, entre autres, s'inscrit dans un courant qui consiste à crier sa fierté. Clamer l'identité ontaroise est aussi valable que clamer l'identité québécoise et, dans ce contexte, les Robert Paquette, Garolou et CANO sont bien accueillis hors de leurs lieux d'origine. Les maisons de disques québécoises les reçoivent à bras ouverts, tant et si bien que la chanson franco-ontarienne peut compter, en 1979, sur environ 15 % du marché québécois. Populaires dans leur province natale, Robert Paquette, Garolou et CANO peuvent se targuer, alors, de faire partie d'une grande famille artistique qui inclut des noms prestigieux. On associe, en effet, le groupe CANO « à un courant multidisciplinaire comme celui de Raoul Duguay et de Claude Péloquin » (Lamothe, 1996, p. 163). Chez Garolou, on apprécie les éléments de

CANO. De g. à d. : André Paiement, Marcel Aymar, Rachel Paiement, Michel Kendel, John Doerr, Mike Dasti, Wasyl Kohut, David Burt.

Marcel Aymar en spectacle, 1996.

rock ou de blues greffés à des airs anciens, à la différence de Jim et Bertrand. Quant à Robert Paquette, il est perçu comme un artiste prometteur dont « l'antivedettariat [...] risque de mener, à plus ou moins long terme, à une certaine reconnaissance » (Lamothe, 1996, p. 163).

Cette reconnaissance de la chanson franco-ontarienne ne se concrétisera pas, hélas ! Du moins, pas à l'échelle souhaitée par ses protagonistes. Les artistes remportent un succès certain partout en Ontario, notamment au Festival franco-ontarien et à la Nuit sur l'étang, mais ce marché est trop limité ; il leur faut une part du marché québécois pour réussir pleinement. Or, selon le président de Kébec-Disc, si « le territoire québécois était fertile et propice » aux chansonniers hors Québec avant 1980 (avant le référendum), « ces artistes n'ont plus l'impact qu'ils avaient. Aujourd'hui, ils vont continuer à chanter leur patrimoine, vont vendre moins de disques, car l'impact de leur spécificité est presque inexistant » (Messadié, 1985-1986, p. 24). Les artistes franco-ontariens ont participé à une mode nationaliste, et voici que cette vague est dévalorisée au lendemain du référendum. On les taxe d'être à contre-courant de la modernité, on estime que leurs airs de renaissance folklorique au son électrique portent en eux leur propre ambiguïté, on les associe désormais à « une certaine vision passéiste avec laquelle on venait à peine de rompre » (Bruno Roy, dans Lamothe, 1996, p. 165).

Quand le frère québécois devient un lointain cousin, il est temps de s'organiser chez soi, de compter sur ses propres ressources. Et pour mieux faire connaître le talent franco-ontarien, la Société Radio-Canada (SRC) décide de mettre carrément l'épaule à la roue en lançant le concours Ontario pop, en 1986. Le Festival franco-ontarien et le Centre national des arts s'y associent afin de donner à l'événement une plus grande diffusion. On prépare donc une relève à qui on assure une certaine visibilité et à qui on enseigne les techniques modernes de diffusion. Huit ans plus tard, on fera de même avec des groupes musicaux dans le cadre du concours La brunante à la SRC. Tous ces efforts ne masquent pas pour autant une dure réalité : il n'existe pas de réseau franco-ontarien doté d'infrastructures adéquates pour accueillir les chansonniers. « Force est d'admettre que les centres culturels ne sont pas en mesure de diffuser nos artistes, ce qui revient à dire que les murs de nos villages n'ont pas d'oreilles » (Richer, 1992, p. 23).

Dès la fin des années 1980, on se rend bien compte que l'univers de la chanson est en profonde mutation. Les stratégies changent, les technologies évoluent. Les nouveaux outils ont pour nom *vidéoclip, disque audionumérique, Empire des futures stars, Musique Plus.*

C'est à Montréal qu'il faut se faire voir. L'impresario Paul Tanguay, qui a travaillé à Hearst, à Hull, à Québec et à Montréal, résume la situation en 1992 en répondant à la question : « L'Ontario français aura-t-il son Daniel Lavoie un jour ? – Oui, mais faudra que cette personne accepte de faire les métropoles. Pas seulement venir à Montréal, mais également en Europe » (Richer, 1992, p. 25). Et voilà précisément ce que le groupe Brasse-Camarade entreprend de faire, fort du succès qu'il a remporté dans toutes les écoles secondaires et sur toutes les scènes de l'Ontario français. C'est aussi à Montréal que les groupes Kif-Kif et Les Hardis Moussaillons s'affichent, notamment au concours de L'empire des futures stars. Dans les premiers mois de l'année 1995, la chanson *Sans elle* de Brasse-Camarade grimpe les échelons du palmarès des vidéoclips de Musique Plus. En moins de six semaines, la chanson des frères Pierre et François Lamoureux passe du 15ᵉ au 5ᵉ rang, côtoyant les succès des B.B., de Laurence Jalbert, de Tom Jones, de Paul Piché et de Madona. Fait à signaler, les groupes qui réussissent à Montréal ne sont pas d'abord perçus comme des formations franco-ontariennes, mais plutôt comme des facettes parmi d'autres de la modernité. Il faut dire que le Québec a le don d'assimiler les meilleurs éléments d'outre-frontières, que ce soit Édith Butler ou Daniel Lavoie en chanson, Pol Pelletier en théâtre, Gabrielle Roy ou Jean Éthier-Blais en littérature.

La situation de la chanson franco-ontarienne n'a jamais été aussi rose qu'en cette fin des années 1990, et ce, grâce à la consolidation de ses effectifs sous l'égide de l'Association des professionnels de la chanson et de la musique franco-ontarienne (APCM), créée en 1990. L'APCM a pris le taureau par les cornes en s'attaquant de front à la question de la diffusion : catalogue de produits, réseau de ventes, production de disques (compilation) et, surtout, accréditation par les plus hautes instances. En effet, depuis le 29 novembre 1995, l'APCM est officiellement reconnue par Musicaction, société nationale qui encourage le développement de la musique vocale francophone. Au moment où on assiste à un regain de créativité, c'est toute une panoplie de moyens qui s'offrent aux chanteurs franco-ontariens les plus importants, portant sur la production et la mise en marché d'enregistrements de langue française.

Le cinéma : entre le document scénarisé et l'imaginaire documenté

De 1975 à 1995, on compte quelque 75 productions cinématographiques issues du milieu franco-ontarien, dont une soixantaine à l'enseigne de l'Office national du film (ONF). Bien que cela représente une moyenne de deux films par année, il est peu probable que le public puisse en nommer un ou deux par décennie. Pourquoi ? Tout simplement parce que les documentaires bénéficient d'une faible diffusion et que les fictions, assez peu nombreuses, n'ont jamais réussi à vraiment s'imposer dans l'imaginaire populaire. D'ailleurs, « on chercherait en vain dans la naissance du cinéma ontarois le réveil d'une conscience collective porté par une vague de changements, comme ce fut le cas pour le cinéma québécois » (Jaubert, 1990, p. 26). C'est l'ONF qui demeure le maître d'œuvre en Ontario, et son centre ontarois, situé à Toronto, a pour tâche principale de dépister les talents de créateurs, de leur offrir une formation pratique et de leur permettre de produire des films qui reflètent leur région. On assiste d'abord à une période exploratoire qui va de 1975 à 1980 : exploration du médium cinéma, autant que du milieu. Quelques années de régionalisation permettent à la maison mère de l'ONF, à Montréal, de craindre pour « l'image de marque de la boîte à Grierson » :

> Georges-André Prud'homme, producteur du Centre ontarois à l'époque, a beau multiplier les notes de service revendiquant un espace cinématographique spécifiquement franco-ontarien ; il sait que c'est à l'écran que ça se jouera. Il n'est

donc pas surprenant, après les premières années d'expérimentation ludique et quelque peu débridée, que le Centre ontarois mette la fiction temporairement au rancart, revienne à une approche documentaire plus rigoureuse et se rapproche sensiblement de son mandat social (Larivière, 1994a, p. 22).

Deux documentaires produits au moment de ce repli stratégique demeurent des points de repère du cinéma ontarois : *J'ai besoin d'un nom* (1978), de Paul Lapointe, et *CANO, notes sur une expérience collective* (1979), de Jacques Ménard. Quant à la fiction, elle refait surface en 1980 lorsque Paul Lapointe remplace Georges-André Prud'homme à la direction du Centre ontarois. *Un homme à sa fenêtre* (1980), de Pierre Vallée, *Un gars de la place* (1983), de Valmont Jobin, et *Métallo Blues* (1985), de Michel Macina, donnent à la fiction un certain succès, d'autant plus que, dans le cas de Jobin et de Macina, l'ONF consent à mettre le paquet en faisant appel à des comédiens aussi chevronnés que Lothaire Bluteau, Claude Léveillé et Gabriel Arcand. Parallèlement, des films indépendants voient le jour, et l'un d'eux, *Les mots dits* (1981), de Valmont Jobin, fait connaître au grand public les poètes Patrice Desbiens, Robert Dickson et Jean Marc Dalpé. Une production de Jean Marc Larivière, *Révolutions, d'ébats amoureux, éperdus, douleureux* (1982), devient le premier long métrage de fiction réalisé en Ontario français à être invité au Festival international de films de Toronto. Documentaire ou fiction, indépendant ou sous l'égide de l'ONF, le cinéma franco-ontarien ne peut s'épanouir, au milieu des années 1980, que dans des conditions de coproduction avec des réseaux de télévision. TVOntario devient immédiatement un partenaire clé, puisque sa composante francophone, La chaîne, s'embarque dès lors dans trois aventures, trois séries qui ont pour nom *20 ans express* (1986), *Transit 30/50* (1987) et *À la recherche de l'homme invisible* (1991).

> Les films de ces séries vont utiliser une approche et un style tout à fait différents des enquêtes-reportages traditionnels des documentaires que l'on voit habituellement à la télévision. [...] Ce sont des films narratifs, avec des personnages que nous découvrons, au fil de discussions qu'ils ont avec ceux qui les entourent et d'événements auxquels ils participent. Les crises, les difficultés qui se dévoilent au cours des histoires débouchent sur des réalités modernes à la communauté ontaroise et plus largement à la société (Jaubert, 1990, p. 32).

Au total, les films réalisés dans le cadre de ces trois séries représentent la moitié des productions franco-ontariennes au cours des 20 dernières années. L'importance ne tient pas uniquement du nombre, mais de la technique utilisée. Baptisée *méthode Lapointe*, cette technique consiste à greffer au documentaire une mise en situation scénarisée et à faire du personnage le lieu privilégié. Si la situation est le plus souvent une crise qui force le personnage à se dépasser, tous les films de ces séries ne sont pas pour autant des révélations.

Selon Jean Marc Larivière, *L'amour à Pékin* (1986), de Guy Bernard, est le seul qui atteint la barre dans la série 20 *ans express,* grâce à des élans d'imagination qui font lever la pâte au beau milieu d'une mise en scène inventée de toute pièce. La deuxième série, *Transit 30/50,* sonde la vie des adultes de 30 à 50 ans, la famille, le couple. Toujours selon Jean Marc Larivière, *L'éclipse* (1987), de Léon Laflamme, est le documentaire le mieux réussi, car le réalisateur trouve en son personnage (une infirmière de soins palliatifs) un matériel brut duquel il extirpe des rapports privilégiés auxquels il est impossible de ne pas s'attacher profondément. Avec la troisième série, *À la recherche de l'homme invisible,* la notion de *crise* s'éclipse en faveur de portraits plus traditionnels. *La fêlure,* de Guy Bénard, semble le plus prenant de la série, car on réussit à « discuter intelligemment d'identité canadienne [bilinguisme à Sault-Sainte-Marie] sans tomber dans la démagogie ou la bêtise » (Larivière, 1994b, p. 30).

Ces trois séries de documentaires réalisés en coproduction semblent mener le cinéma ontarois à bout de souffle. La formule de coproduction risque-t-elle d'épuiser les cinéastes ? C'est ce que certains affirment en voyant les quatre films de la série *L'urgence de se dire*

(1993). On s'inquiète surtout de l'absence quasi totale de dramatiques depuis 10 ans. Jean Marc Larivière est vigoureusement catégorique à cet égard : « Une cinématographie dynamique doit s'abreuver à la source du réel *et* de l'imaginaire, c'est le sang et l'oxygène du cinéma. Privé d'oxygène, le sang perd progressivement son pouvoir de donner la vie » (Larivière, 1994a, p. 24).

Après avoir oscillé entre le documentaire scénarisé et l'imaginaire documenté, il est normal que le cinéma franco-ontarien soit à bout de souffle. Mais rien comme des artistes pour reprendre le dessus, pour sortir d'une crise. Le nouveau directeur du Studio documentaire Ontario/Ouest de l'ONF, Jacques Ménard, entend pousser plus loin les stratégies de partenariats, notamment avec TF1, France 3, la Télévision suisse-romande et, pourquoi pas, les réseaux anglophones TVO et CBC. Pourrait-il en être autrement dans un contexte où le septième art est carrément intégré à l'industrie, un secteur qui subit plus que tout autre la décroissance du financement public ? D'ailleurs, c'est ce nouveau contexte économique qui menace le plus la créativité cinématographique, puisqu'il est plus facile de trouver un partenaire financier pour un documentaire que pour une fiction. Le Studio documentaire Ontario/Ouest de l'ONF l'a compris, bien qu'il cherche encore des moyens pour réaliser des *docu-drames*, la nouvelle voie à emprunter par les temps qui courent.

Les arts visuels : des espaces d'émotions

« Il y a 20 ans, 30 ans, que les artistes francophones de l'Ontario font et défont avec une vigueur éclatante la vision des choses, des êtres, afin que nous puissions effacer les rides d'un espace où l'on peut se voir encore mieux » (Pelletier, 1991, p. 19). Mais où se trouve cet espace-miroir ? Ne se cherche-t-il pas encore un lieu d'habitation permanent ? En effet, après 20 ou 30 ans, il est encore difficile d'admirer et d'analyser en permanence les œuvres d'artistes francophones du Nord, du Sud ou de l'Est ontariens. Le manque de lieu permanent, de galeries franco-ontariennes, ne peut que nuire à la compréhension du processus de création artistique, voire empêcher l'artiste de vivre de son art. Pourtant, l'Ontario français regorge d'artistes peintres, de sculpteurs et de photographes qui ne demandent pas mieux que d'exposer. Pierre Pelletier fait d'eux un long poème intitulé *Il faut les nommer* :

> Voyez ce Jean Bélanger, ses questions qui tenaillent de façon brillante des ambiguïtés sculpturales. Richard Lachapelle, ses peintures liquides, ses peintures sublimes qui nous aspergent de partout. Les rires si fins de Marc Charbonneau, ses bêtes fragiles aux engouements quelques fois bizarres. Les débordements des vues à fleur de peau d'Anne-Marie Bénéteau. [...] Joseph Muscat aux intensités suaves, oniriques. Les expérimentations bondissantes du dehors-dedans et un Robbert Fortin perspicace. [...] Calère Boudreau, si disponible à l'immensité. Laurent Vaillancourt, tisserand aux cables d'acier [...] Les éclatements toujours plus vifs d'un Clément Bérini. [...] Des rondes symboliques, une Daniele Tremblay omniprésente. Yvonne St-Onge, ses vertiges en songes superposés (Pelletier, 1991, p. 18-19).

Certains de ces artistes trouveront un lieu d'accueil à partir de 1975 à l'École secondaire De La Salle, à Ottawa, où Jean-Claude Bergeron ouvre une galerie éducative. Il cherche alors à « exposer toute la population étudiante à l'art contemporain et, de ce fait, démocratiser l'expression artistique visuelle en général et désacraliser l'artiste, et son œuvre en particulier » (Bergeron, 1981, p. 19). En septembre 1981, c'est tout un réseau de galeries éducatives qui voit le jour sous l'égide de Pro-Arts, étendant dès lors son rayonnement aux écoles secondaires de Rockland, de Hawkesbury, de Cornwall, de Welland, de Timmins et de Kapuskasing. Les galeries éducatives s'intéressent d'abord au cheminement d'un artiste et présentent surtout des rétrospectives. En plus de répondre à des préoccupations pédagogiques, elles permettent aux artistes de se faire connaître dans divers milieux ontariens. De plus, ces galeries sont souvent le seul lieu d'exposition de l'endroit ; elles offrent donc au public une possibilité de contact avec des artistes francophones. Pendant une dizaine d'années, le réseau Pro-Arts va répondre à un besoin d'animation culturelle, tant dans la sphère scolaire que communautaire. Il réussira souvent à le faire malgré l'indifférence des gouvernements locaux et provincial. Les conseils scolaires et le ministère de l'Éducation de l'Ontario n'arrivent pas, en effet, à mettre en place une politique d'animation culturelle qui soutiendrait, entre autres, les artistes visuels. Pro-Arts ne peut compter que sur des miettes de financement public et sur le dévouement de bénévoles pour ce qui est de l'encadrement. Mais les bénévoles finissent par ne plus pouvoir tenir à bout de bras une structure aussi croissante qu'exigeante. Pro-Arts fait relâche en 1991 et commande une étude qui conduira à la création d'une nouvelle formule : le Bureau des regroupements d'artistes visuels de l'Ontario. Cet organisme présente déjà une galerie franco-ontarienne sur Internet et a réalisé une recherche sur l'état actuel des arts visuels (Bouchi et Lacombe, 1995, p. 92).

Si les artistes franco-ontariens sont mal diffusés dans leur province, il leur arrive souvent d'être bien accueillis ailleurs : Marie-Jeanne Musiol en Pologne, Robbert Fortin à Paris et à Detroit, Ginette Legaré à Vancouver, Yvan Dutrisac et Sylvie Bélanger à Montréal. Le public, il est vrai, ne suit pas toujours les artistes dans leur cheminement, surtout si ceux-ci ont tendance à se situer dans le courant périphérique plutôt que dans le courant dominant. Un bel exemple de la résistance du public face à l'artiste se trouve dans l'œuvre de Gilles Lacombe. « On résiste à son art, car ses créations sont exigeantes et sans aucune complaisance narcissique. Cette œuvre exige beaucoup d'efforts de la part du public, car l'œil d'aujourd'hui, habitué au télévisuel et à l'image cinématographique, a du mal à comprendre et à capter une démarche qui va à l'encontre de l'esthétique dominante » (Bouchi, 1995, p. 41). Les artistes tentent néanmoins de se rapprocher du public, comme en fait foi un récent développement majeur dans la diffusion d'œuvres franco-ontariennes. Au début de 1995, à Sudbury, on a créé le premier centre d'artistes autogéré en Ontario français (le 25e en Ontario). La nouvelle Galerie du Nouvel-Ontario est sortie du Carrefour francophone de Sudbury, s'est donné pignon sur rue, et a entrepris une mission provinciale qui consiste à soutenir la recherche de ses membres, en leur offrant un laboratoire d'exploration, un lieu privilégié d'échanges avec le public, certes, mais davantage avec d'autres créateurs. Depuis son ouverture, la Galerie du Nouvel-Ontario a déjà braqué ses projecteurs sur Paul Walty, Lisa Fitzgibbons, Robbert Fortin, Yvan Dutrisac, Anne-Marie Bénéteau, Lorène Bourgeois et Yvon Goulet.

À Ottawa, la Galerie d'art Jean-Claude-Bergeron devient plus que jamais un lieu hautement convoité par les artistes franco-ontariens, notamment depuis la tenue du concours national *L'art et le papier,* créé en 1995. L'exposition qui s'ensuit permet aux artistes qui utilisent le papier comme support de leur œuvre, ou le papier-matière comme objet de création, de bénéficier d'une vitrine professionnelle au cœur de la capitale nationale. Parmi les artistes de la cuvée 1996, les Franco-Ontariens Miguel Berlanga, Lorène Bourgeois, Joseph Muscat, Marc Charbonneau, Jeanne Vaillancourt et Yvan Dutrisac côtoyaient des artistes québécois de la trempe de Suzanne Grisé.

La Galerie du Nouvel-Ontario et la Galerie d'art Jean-Claude-Bergeron, deux exemples de la vitalité artistique en Ontario français. Certes, les espaces physiques ne sont pas multiples, mais les espaces d'émotions s'ancrent plus que jamais dans un imaginaire en devenir. Et, comme le dit si bien Pierre Pelletier, les véritables histoires naissent de ces émotions :

> Les artistes de l'Ontario français auront ainsi leur histoire un jour. Et leur histoire parlera de la part maudite qui aura été la leur, qui est celle de tout artiste authentique, la part de la solitude

Miguel Angel Berlanga, *La multiplication des poissons* (à partir d'un dessin original au pastel couleur, jeu de photocopies accolées en série), 1997.

quelquefois tragique dans l'insituable instant de la création. Pour que nous tous et toutes éventuellement, collectivement, nous puissions en faire notre histoire et nous y redécouvrir (Pelletier, 1991, p. 19).

AU-DELÀ DES FRONTIÈRES

Le paysage culturel franco-ontarien a beaucoup changé au cours des 20 dernières années. Son homogénéité a disparu et ses frontières ont reculé ; aux artistes de souche ou *tricotés serrés*, sont venues s'ajouter des forces vives en provenance du Québec et de l'Acadie, bien entendu, mais également de l'Afrique noire, du Maghreb, des Antilles et de l'Europe. Aujourd'hui, on pourrait faire un festival franco-ontarien en invitant la formation musicale Met Gabo, la chanteuse Marie-Monique Jean-Gilles, les écrivains Mamadou Seck et Jacqueline Beaugé-Rosier, les artistes Miguel Berlanga et Malgorzata Zurakowska, tous réunis dans une mise en scène signée Brigitte Haentjens. Ce serait de l'original ? Non, ce serait de *l'orignalitude,* pour reprendre une expression chère à l'écrivain Hédi Bouraoui, expression qui s'oppose naturellement à *souchitude.*

L'Ontario français n'a plus une seule souche, ses facettes sont multiples, tout comme l'orignal que décrivait Chateaubriand dans son *Voyage en Amérique :* « l'orignal a le mufle d'un chameau, le bois plat du daim, les jambes du cerf. Son poil est mêlé de gris, de blanc, de rouge, de noir » (Bouraoui, 1996, p. 24). Pour Bouraoui, l'allure de l'orignal traduit la réalité naturelle et logique d'une « présence historique mise à jour par l'apport multiculturel, en plus des deux peuples fondateurs du pays » (Bouraoui, 1996, p. 24). Apport qui n'a pas toujours été pleinement reconnu, mais qui s'impose désormais avec force et vitalité, particulièrement dans la région de Toronto. Les attitudes changent et, pour coiffer son action d'un vocable on ne peut plus *politically correct,* on se rallie sous la bannière de la Coalition pour le développement et l'épanouissement de la communauté franco-ontarienne et des minorités raciales francophones de l'Ontario. Phénomène nouveau, le financement d'activités culturelles est parfois soumis à de nouveaux critères qui tiennent compte de la capacité du groupe-client de veiller à ce que les multiples voix culturelles s'expriment en toute liberté pour faire rayonner leur originalité dans le cadre d'un vaste corpus franco-ontarien. Comme quoi l'Ontario français prolonge maintenant ses racines au-delà des seules frontières géopolitiques.

Depuis la fin des années 1980, les frontières de la diffusion ont aussi reculé. Cela est particulièrement manifeste dans le monde littéraire. Les éditeurs ont d'abord timidement tenté de percer le marché québécois en faisant des apparitions aux salons du livre de Montréal et de Québec, en plus d'assurer une présence dynamique à celui de l'Outaouais. Puis ils ont poussé plus loin leur stratégie de mise en marché, en engageant collectivement un agent commercial qui, à partir de Montréal, est chargé de faire voir le livre franco-ontarien (acadien et franco-manitobain aussi) dans les librairies québécoises. Les ventes ont augmenté et pourraient croître davantage si le placement en librairie s'accompagnait plus régulièrement de campagnes de publicité. Ironie du sort, le livre franco-ontarien est en voie de devenir plus accessible au Québec qu'en Ontario, où les librairies francophone se comptent sur les doigts d'une seule main. Un nouveau joueur est toutefois entré en scène depuis 1993 : le Salon du livre de Toronto. Les éditeurs franco-ontariens, pour la plupart établis à Ottawa ou à Sudbury, y voient l'occasion de conquérir un nouveau marché francophone et francophile. Enfin, grâce à un partenariat avec la Fédération culturelle canadienne-française, les éditeurs affichent désormais leurs produits sur Internet[1], ouvrant dès lors leurs fonds littéraires à des publics éloignés des grands centres de distribution.

Le théâtre franco-ontarien déborde, lui aussi, les frontières de son berceau. Son véhicule ou son moteur se nomme *coproduction*. Le meilleur exemple est la collaboration entre le Théâtre de la Vieille 17 (Ottawa) et le Théâtre du Niveau Parking (Montréal) qui ont présenté *Lucky Lady*, de Jean Marc Dalpé, dans la métropole et dans la vieille capitale, ou encore ce partenariat entre le Théâtre du Frêne (Paris) et la Vieille 17 qui ont coproduit *Le nez* pour sa diffusion en France et au Canada. Le Théâtre de la Vieille 17 a aussi été invité à présenter *La nuit*, d'Anne-Marie Cadieux, au réputé Théâtre 140 de Bruxelles, en 1995, de même que *Lucky Lady* au premier Festival international du théâtre francophone, toujours à Bruxelles, en 1996. Ironie du sort, certaines pièces *(Le chien, Eddy* et *Lucky Lady*, par exemple) sont plus diffusées au Québec qu'en Ontario, et ce, en raison du manque d'infrastructures dans le nord et l'est de la province. Les nouveaux centres de théâtre à Sudbury et à Ottawa devraient cependant corriger partiellement cette situation dans les années à venir.

Les arts : les derniers à passer à la caisse

En mars 1995, la revue *Liaison* publiait un dossier intitulé « Les arts sont toujours les derniers à passer à la caisse et les premiers à passer au *cash !* ». On y apprend que, au cours des années 1970 et 1980, les industries culturelles ont constamment marqué le paysage économique canadien, tant et si bien qu'en 1991, le secteur culturel rapportait quelque 15 milliards de dollars, soit 2,44 % du produit intérieur brut. Qui plus est, d'après Statistique Canada, ce pourcentage correspond à la production de l'industrie automobile, secteur réputé pour son excellent rendement. Pourtant, le Canada ne consacre que 0,08 % de ses finances publiques aux arts et à la culture, contrairement à 0,16 % pour l'Allemagne, 0,17 % pour le Japon, 0,22 % pour le Royaume-Uni et 0,25 % pour la France. Pire encore, les gouvernements fédéral, provincial et municipaux ont entrepris de réduire leurs dépenses, de *rationaliser la décroissance* comme ils se plaisent à le crier sur tous les toits. Résultat : même si la culture fait rouler notre économie, elle continue de se faire rouler. Les instances gouvernementales s'empressent de sabrer dans les budgets culturels, de couper « dans le secteur qui connaît la plus forte croissance, dans le secteur qui sera le maître d'œuvre de l'économie mondiale de demain » (Joubert, 1995, p. 27).

En Ontario français, les organismes artistiques dépendent dans une large mesure du financement que leur accorde le Conseil des arts de l'Ontario. Or, depuis l'arrivée du gou-

1. Voir le site de la Fédération culturelle canadienne-française : <http://www.village.ca/fccf/>.

vernement Harris, le Conseil a dû réduire ses ressources humaines et financières de manière drastique. En l'espace de quelques mois, son budget est passé de 42 millions à 31 millions de dollars ; le Bureau franco-ontarien est disparu, tout comme ceux des autres secteurs. Au ministère des Affaires civiques, de la Culture et des Loisirs, des programmes entiers ont été mis sur la glace, notamment le Centre d'édition de l'Ontario, qui appuyait chaque année quelques maisons franco-ontariennes. Et pourtant, des études commandées par ces mêmes instances démontrent à quel point la culture est rentable. Dans un rapport intitulé *Impact économique des organismes artistiques financés par le CAO* (Conseil des arts de l'Ontario, 1996, p. 40), rendu public en juillet 1996, la province vante les avantages significatifs apportés par les organismes artistiques à l'économie ontarienne en matière d'emplois, de dépenses directes, d'appui aux entreprises et de recettes fiscales. On y apprend que, en 1994-1995, les dépenses directes des organismes financés par le CAO ont totalisé 386,5 millions de dollars et que 90 % de ces dépenses sont restées dans l'économie ontarienne, contrairement à une moyenne de 63 % pour les autres secteurs de l'économie. Dans le domaine de l'emploi, les organismes artistiques ont consacré 202,4 millions de dollars pour donner du travail à 36 300 personnes, dont 95 % résidaient en Ontario. Enfin, quelque 173 millions de dollars ont été dépensés pour des produits et services, dont près de 90 % ont été achetés en Ontario.

Aussi encourageants qu'ils soient, ces chiffres ne permettent pas aux organismes culturels d'échapper à la guillotine. Tout le monde doit faire sa part, y compris le secteur culturel franco-ontarien. Sauf que le désengagement des gouvernements arrive au moment même où la communauté artistique francophone parvient à prendre son essor ; juste comme elle a besoin d'appui et de ressources stables pour consolider son rayonnement, on la prive de moyens. Il faut en effet souligner que les institutions francophones et anglophones de la majorité ont bénéficié de l'État providence lorsqu'elles étaient en pleine croissance. Les gouvernements n'ont pas hésité à délier les cordons de leur bourse pour appuyer, par exemple, la Nouvelle Compagnie théâtrale, les Éditions XYZ, l'Espace GO, le Young People's Theatre ou Quill & Quire lorsque ceux-ci entraient dans leur phase de développement. C'était la belle époque, on roulait sur l'or. Mais voilà que le robinet ne coule plus. La source est tarie. Les organismes de services aux arts, les éditeurs, les galeries, les festivals et les théâtres franco-ontariens ne passent plus à la caisse.

De la détresse à l'enchantement

Du début des années 1970 jusqu'au milieu des années 1980, les artistes franco-ontariens ont joui d'une reconnaissance au sein de leur communauté, passant parfois pour de véritables porte-étendards de la fierté franco-ontarienne. Aux yeux du public, les artistes incarnaient alors les aspirations d'un peuple marqué par l'exiguïté, certes, mais néanmoins enraciné dans une culture dynamique. Le sommet de la gloire artistique a probablement été atteint par Paul Demers, dont la chanson *Notre place* est presque devenue l'hymne ontarois.

Depuis une dizaine d'années, un fossé s'est graduellement creusé entre la communauté et ses artistes créateurs, ces derniers étant de plus en plus considérés comme des marginaux, voire des illuminés. À titre d'exemple, les prix couronnent souvent des œuvres qui ne sont guère lues, vues ou écoutées. Rien d'étonnant à cela, diront certains, puisque l'artiste demeure par nature en avance sur son temps, créant aujourd'hui ce qui sera souvent compris et apprécié 10 ou 20 ans plus tard. N'empêche que les conditions de création professionnelle ont eu pour effet, au cours de la dernière décennie, d'éloigner les artistes de la base. Certains ont dû s'exiler à Montréal pour mieux réussir, d'autres ont dû conjuguer création et mise en marché, industrie de l'âme et industrie culturelle.

Il n'y a pas de doute que l'expression culturelle franco-ontarienne se loge à l'enseigne du professionnalisme et de l'excellence. De nombreux prix consacrent d'ailleurs cette reconnaissance qui vient surtout, importe-t-il de le noter, des institutions plutôt que de la communauté. En littérature, le prix du Gouverneur général a couronné des ouvrages écrits par Cécile Cloutier, Jean Marc Dalpé, François Paré et Michel Ouellette ; le prix Trillium a été attribué à Andrée Lacelle, puis à Maurice Henrie ; le prix Émile-Nelligan 1996 est allé a Marlène Belley. Fadel Saleh a obtenu un prix Gémeau pour le meilleur documentaire multiculturel. Les bourses du Conseil des Arts du Canada à des artistes et à des écrivains francophones de l'Ontario sont désormais monnaie courante. Les artistes franco-ontariens ont leurs entrées au Festival de la chanson de Granby et au Festival des Amériques.

Il y a 10 ou 20 ans, le produit culturel ontarois était bon du seul fait d'être publié, joué, exposé, visionné ou chanté dans la communauté. Aujourd'hui, il est excellent parce qu'il est officiellement primé, commenté à Montréal ou exporté en Europe. Les universités s'y intéressent, qui par un cours de littérature[2], qui par un programme d'études folkloriques, qui par une publication savante[3]. L'artiste, pour sa part, ne se préoccupe pas tellement de ce que la communauté retient, de ce que l'institution sanctionne. L'artiste rêve de produire une œuvre « que l'on ne pourra pas atteindre par la distance des yeux, par l'histoire de ce qui a été peint avant. Ce sera une peinture inatteignable pour ceux et celles qui voudront demeurer spectateurs, jouisseurs, percevant à la surface, au dehors des choses et des êtres » (Pelletier, 1994, p. 149).

Bibliographie

Bélanger, Louis (1995). « Le trop-plein d'une sensibilité dans un récit avoué de fantasmes », *Liaison*, n° 82, p. 39.

Bergeron, Jean-Claude (1981). « La galerie éducative : promotion des arts visuels en Ontario français », *Liaison*, n° 17, p. 19-20.

Bouchi, Camille (1995). « Tendances actuelles dans la peinture ontaroise », dans *État actuel des arts visuels*, sous la direction de Camille Bouchi et Gilles Lacombe, Vanier, Bureau des regroupements d'artistes visuels de l'Ontario. Bulletin spécial.

Bouchi, Camille, et Gilles Lacombe, dir. (1995). *État actuel des arts visuels*, Vanier, Bureau des regroupements d'artistes visuels de l'Ontario. Bulletin spécial.

Bouraoui, Hédi (1996). « Souchitude et orignalitude », *Liaison*, n° 85, p. 24-26.

Conseil des arts de l'Ontario (1996). *Impact économique des organismes artistiques financés par le CAO*, Toronto, CAO. Rapport sommaire.

Gaudreau, Guy (1991). *Le théâtre du Nouvel-Ontario : 20 ans*, Théâtre du Nouvel-Ontario.

Jaubert, Jean-Claude (1990). « Des fées se penchent sur le berceau du cinéma ontarois », *Liaison*, n° 59, p. 25-39.

Joubert, Renaud (1995). « L'économie de demain reposerait-elle sur la culture? », *Liaison*, n° 81, p. 23-30.

2. La littérature franco-ontarienne s'enseigne, entre autres, à l'Université d'Ottawa, à l'Université Laurentienne, à la University of Guelph, à la University of Toronto et à la York University.
3. Les Presses de l'Université d'Ottawa publient *Francophonies d'Amérique*.

LAFON, Dominique (1995). « Force et faiblesse de notre dramaturgie », *Liaison*, n° 83, p. 34-35.

LAFON, Dominique (1996). « Phantasmer les fantasmes de son inconscient », *Liaison*, n° 86, p. 31.

LAMOTHE, Maurice (1994). *La chanson populaire ontaroise de 1970 à 1990 : ses produits, sa pratique*, Ottawa, Le Nordir ; Montréal, Triptyque.

LAMOTHE, Maurice (1996). « La chanson populaire ontaroise : une décennie de silence sur le marché québécois », dans *Pour un espace de recherche au Canada français*, sous la direction de Benoît Cazabon, Ottawa, Presses de l'Université d'Ottawa, p. 159-174.

LARIVIÈRE, Jean Marc (1994a). « Quand on aime le cinéma, on a toujours vingt ans », *Liaison*, n° 79, p. 20-33.

LARIVIÈRE, Jean Marc (1994b). « Le documentaire scénarisé, l'imaginaire documenté », *Liaison*, n° 79, p. 20-33.

Liaison : la revue des arts en Ontario français (1978-   ), Vanier, L'Interligne.

MAJOR, Robert (1996). « La création dans les merges francophones », *Liaison*, n° 85, p. 19-24.

MESSADIÉ, Janine (1985-1986). « Les chansonniers hors Québec à Montréal : un impact éphémère », *Liaison*, n° 37, p. 24-25.

O'NEILL-KARCH, Mariel (1992). *Théâtre franco-ontarien : espaces ludiques*, Vanier, L'Interligne.

O'NEILL-KARCH, Mariel, et Pierre KARCH (1996). *Dictionnaire des citations littéraires de l'Ontario français depuis 1960*, Vanier, L'Interligne.

PARÉ, François (1992). *Les littératures de l'exiguïté*, Hearst, Le Nordir.

PARÉ, François (1994). « Genèse de la rancœur sur trois œuvres dramatiques récentes », *Liaison*, n° 77, p. 32-34.

PELLETIER, Pierre (1991). « La part maudite des artistes », *Liaison*, n° 64, p. 16-19.

PELLETIER, Pierre (1994). *Petites incarnations de la pensée délinquante*, Vanier, L'Interligne.

RICHER, Paulette (1992). « Le micro est-il branché ? », *Liaison*, n° 68, p. 20-32.

THÉBERGE, Mariette (1996). « L'espace artistique de l' Ontario français », dans *Pour un espace de recherche au Canada français*, sous la direction de Benoît Cazabon, Ottawa, Presses de l'Université d'Ottawa, p. 175-199.

Chapitre 25

Les francophones de l'Ouest canadien : production et vie culturelles

Lise Gaboury-Diallo, Collège universitaire de Saint-Boniface,
Hubert Balcaen et Eric Annandale, University of Manitoba

Le contexte historique

Les francophones de l'Ouest canadien ont une langue qui les distingue de leurs compatriotes, certes, mais ont-ils aussi une culture qui les différencie des autres cultures ? Si la notion même de *culture* reste problématique, elle est traditionnellement conçue comme étant liée à une histoire, à une géographie précise et à un phénotype particulier, voire à une langue ou à un culte religieux, autant de signes permettant d'identifier un groupe. Cette caractérisation reste cependant floue parce que la culture, en perpétuelle mouvance, subit de multiples influences qui se répercutent sur sa perception de l'homogénéité d'un groupe. Ainsi les phénomènes de la mondialisation, de la communication électronique, et du métissage, par exemple, ont suscité la création de néologismes tels *transculturel* et *interculturel*, et nous assistons, selon Fortin, à une « déterritorialisation de la culture » (Fortin, 1974, p. 7) où les notions de l'*individuation* et de la *culture* subissent, tour à tour, les forces centripètes et centrifuges de l'appartenance. Ce glissement perpétuel entre les désirs contradictoires d'appartenir à la fois à la majorité et à la minorité se traduit souvent par une perception fragmentée qu'ont les individus de leur identité culturelle.

Le microcosme des minorités franco-canadiennes illustre bien la complexité de la relation qu'elles entretiennent avec les autres ; la production et la vie culturelles reflètent ces réalités, et leur étude pose un certain nombre de problèmes que nous tenterons de cerner dans un premier temps. En effet, comment reconnaître la culture francophone de l'Ouest et la singulariser ? Puisque l'identité ethnique ou communautaire française s'exprime généralement par une reconnaissance d'un héritage de traditions et d'origines communes, nous brosserons rapidement un tableau situant les francophones de l'Ouest dans un contexte historique et sociopolitique. Une fois ces jalons posés, nous verrons comment l'imaginaire francophone se traduit concrètement dans une création artistique, et comment cette dernière sera conçue, diffusée et légitimée. Il faudra tenir compte des problèmes inhérents à la création en milieu minoritaire qui reposent essentiellement sur la dialectique toujours latente entre le centre et la périphérie.

Le fait d'être de plus en plus minoritaires se traduit par un repli sur soi, une tendance à une culture de l'isolement. Après avoir précisé comment la minorité compose avec cet

Les plaines de la Saskatchewan, ressource importante, thème d'inspiration de nombreux artistes.

Dessin de Réal Bérard, tiré du film *Jours de plaine*, dessin animé sur la chanson du même nom, de Daniel Lavoie ; production ONF.

état de fait, nous développerons quelques idées sur cette culture du *vase clos*. Les lieux géographiques, le souvenir d'un passé commun, la foi et la langue sont autant de facteurs qui imprègnent l'âme de cette collectivité. Puisque l'œuvre artistique peut entrouvrir une porte sur l'inconscient, elle donne parfois accès à l'imaginaire de toute une collectivité. Un bref survol de quelques types de manifestations artistiques permet, d'une part, de cerner de plus près les influences historiques ou sociales qui marquent l'expression individuelle ou collective, et, d'autre part, de comprendre comment ces influences infléchissent l'évolution de la production. Après avoir présenté un certain nombre d'œuvres et d'artistes, nous ferons état de l'importance des infrastructures culturelles et de leur rôle dans le maintien et l'épanouissement de la culture francophone de l'Ouest.

L'isolement préside à la naissance de l'Ouest. De longs voyages difficiles suivant les cours d'eau et traversant des portages épuisants débouchaient enfin sur les plaines et les forêts du Nord-Ouest. L'ironie fait que les francophones arrivant de la Nouvelle-France ou, plus tard, du Bas-Canada, étaient à la fois les créateurs de l'isolement et, avec quelques missionnaires, la seule source de communication avec l'Est ; le concept de l'*isolement* étant évidemment tout à fait relatif. Les Cris, les Assiniboines, les Sioux n'étaient pas isolés, car ils ne dépendaient aucunement d'un point de référence situé ailleurs. Mais les voyageurs, en laissant Montréal derrière eux, se créaient une solitude, un isolement culturel, en se partageant entre l'espace de leur appartenance culturelle d'origine et l'espace géographique de l'Ouest où ils se trouvaient pour la traite des fourrures. Dès le début, l'Ouest est tributaire d'un autre espace et doit être conçu et imaginé du point de vue des centres de population dont il est forcément séparé par des semaines de voyage, et ce, jusqu'à la fin du 19e siècle.

Si beaucoup de voyageurs ne séjournaient dans l'Ouest que pendant une période relativement courte, d'autres finissaient par y rester. Même ceux qui partaient laissaient souvent derrière eux des enfants qui allaient grandir partagés entre la culture autochtone de leurs mères et celle, canadienne, de leurs pères. Ainsi naissait la nation métisse, définie par ses traits uniques et en même temps isolée par cette différence qui la séparait des Blancs et des Autochtones.

L'évolution sociale et économique de l'Ouest reste pendant longtemps très lente. Une période de changements plus rapides commence en 1869 lorsqu'il devient clair que la Compagnie de la baie d'Hudson est à la veille de céder ses territoires au Canada. La période turbulente qui suit, avec la prise du pouvoir par Louis Riel, fort de l'appui de la population métisse francophone, va se terminer en 1870 par la création de la province

Sacred Heart Walkers, de Cheryl Dieter

du Manitoba. À sa naissance, la nouvelle province est bilingue, suivant le modèle du Québec. Pendant un court instant, une sorte d'équilibre juste semble exister, promettant aux francophones une influence importante et des droits apparemment sûrs.

Cet équilibre est précaire et dépend soit de l'isolement de la province, soit de la possibilité d'assurer une immigration composée en nombre égal de francophones et d'anglophones. La réalité sera bien différente. L'isolement de l'Ouest est bientôt rompu par l'arrivée massive de colons de l'Ontario cherchant à s'installer sur les terres fertiles qui jusqu'alors avaient surtout servi à la chasse au bison. De plus, les colons anglophones protestants et même catholiques qui s'installaient faisaient preuve d'une hostilité envers les francophones, hostilité intensifiée par la résistance politique et armée de ceux-ci en 1869-1870. Les francophones deviennent rapidement minoritaires et font face à des forces sociales et politiques qui, pendant trois quarts de siècle, réduiront les droits qui leur avaient été garantis en 1870.

Le caractère ethnoculturel de la population francophone du Manitoba, d'abord, et des autres régions de l'Ouest, ensuite, devient aussi moins homogène. Entre 1870 et 1920, des Canadiens français du Québec et même de la Nouvelle-Angleterre se sont installés sur des fermes ou dans des villages ruraux, mais aussi à Saint-Boniface, pour s'ajouter à la population métisse et canadienne-française déjà sur place. Mais, phénomène nouveau, des Français, des Belges et des Suisses ont apporté leurs coutumes et leurs façons de parler. On trouve des Bretons à Sainte-Rose-du-Lac au Manitoba et à Saint-Brieux en Saskatchewan ; des Savoyards à Notre-Dame-de-Lourdes au Manitoba ; des Français de l'ouest de la France un peu partout dans l'Ouest canadien. Il y a eu aussi, pendant cette période, une grande migration de Métis vers l'ouest, entre autres vers les Territoires du Nord-Ouest. Ces derniers cherchaient à maintenir leur mode de vie, en s'isolant et en quittant les terres de plus en plus consacrées à l'agriculture et à l'élevage. Mais le peuplement et l'agriculture les poursuivent, et en 1905, la partie sud des Territoires du Nord-Ouest est scindée en deux pour créer deux nouvelles provinces essentiellement anglophones, la Saskatchewan et l'Alberta. À l'ouest de l'Alberta, la Colombie-Britannique ne connaîtra qu'une migration restreinte de francophones et, de ce petit nombre, une proportion plus forte que dans les autres provinces sera constituée par des immigrés européens.

Plusieurs facteurs expliquent l'importance de l'isolement dans la culture de l'Ouest. Cette région a toujours été perçue par l'imaginaire collectif canadien comme ayant des frontières de terres vierges, où des rêves de vastitude, de solitude et de liberté permettaient à chacun de s'émanciper pleinement. Ainsi sont nés les mythes du Far West et du Grand Nord où les aventures et une vie rude éprouvaient les individus, les rendant meilleurs. En entretenant et en nourrissant ces mythes des origines, on continue à promouvoir l'idée que l'Ouest et le Nord, loin du monde civilisé, demeurent des lieux édéniques. De plus, ces régions ont été historiquement parmi les dernières à être colonisées. Or si le développement des infrastructures ferroviaires, routières, aériennes et, plus tard, l'explosion des moyens de télécommunications réduisent les distances physiques, il reste néanmoins que le pays est constitué d'une multitude de *solitudes*.

Les francophones de l'Ouest se trouvent dans une situation paradoxale. Ils forment un pourcentage de moins en moins important de la population de l'Ouest. Cette population est très hétérogène culturellement et linguistiquement, mais elle adopte rapidement l'anglais comme langue de communication, et à la deuxième génération, elle est déjà anglophone. Les francophones, dont les appuis culturels et linguistiques sont lointains, au Québec ou en Europe, deviennent peu à peu bilingues en apprenant l'anglais comme les autres. Mais ils sont aussi victimes de la perte des droits qui leur avaient été accordés lors de la cession des territoires de l'Ouest au Canada. Au Manitoba, par exemple, l'abolition des écoles françaises les a obligés à adopter une demi-clandestinité afin de pouvoir continuer à scolariser leurs enfants en français. Le sentiment d'une injustice à surmonter, et donc d'une résistance à fournir, a eu pour effet non seulement de mobiliser la population francophone, mais aussi de provoquer un repliement culturel qui s'accompagnait d'un isolement géographique, là où cela était possible, et partout d'un isolement socioculturel et même psychologique.

Zénon Park, petite localité fransaskoise (150 francophones), au nord-est de Saskatoon.

Au cours des générations qui se sont succédé depuis les débuts de la colonisation, les francophones des provinces des Prairies sont devenus des gens de l'Ouest, se détachant peu à peu de leurs racines québécoises et européennes. Mais pour conserver leur langue et leur culture, ils se sont regroupés dans des paroisses catholiques centrées sur des villages entièrement ou à très forte majorité français. Au Manitoba, la migration vers la ville s'est orientée surtout vers Saint-Boniface où pendant longtemps les francophones ont formé la majorité. Ces zones de concentration ont rendu possible une vie menée surtout en français. La description que Gabrielle Roy donne d'excursions faites avec sa mère, de Saint-Boniface à Winnipeg sur l'autre rive de la rivière Rouge, montre bien à quel point, dans la première partie du 20e siècle, la ville anglophone était restée une terre étrangère pour les francophones (Roy, 1984a, p. 11-12).

Puis dans la foulée de la Révolution tranquille des années 1960, le Québec se transforme. De *Canadiens français*, ses habitants deviennent *Québécois*. Les mentalités changent et les Canadiens français des autres provinces se trouvent, pour ainsi dire, amputés du corps central de la francophonie canadienne. Isolés du centre, ils se trouvent plus marginalisés que jamais.

Les conséquences entraînées par le fait d'être de plus en plus minoritaires sont vécues différemment selon l'état d'esprit des francophones : parfois cette diminution est voulue, entretenue. Parfois elle se vit comme un carcan dont on ne peut se défaire. Dans le premier cas, il s'agit d'une communauté qui se coupe du monde extérieur et se replie sur elle-même pour mieux se protéger d'influences extérieures. Chez les individus faisant partie de ce groupe, leur choix délibéré se manifeste soit par un désintéressement total de ce qui se passe ailleurs qu'au centre de leur univers, soit par un engagement militant dans la défense de leur cause et de leurs droits. Dans le deuxième cas, le sentiment d'être emprisonné dans une relation où la force des nombres rend toujours perdant peut également susciter différentes réactions. Il y aura les lutteurs comme dans le premier groupe, et ceux qui quittent tout simplement leur *minorité* pour pouvoir s'épanouir. Quelques artistes célèbres figurent dans cette catégorie, entre autres Gabrielle Roy, Daniel Lavoie et Hart Rouge. Enfin, il y aura ceux qui opteront, consciemment ou inconsciemment, pour l'assimilation à la majorité.

Depuis plusieurs années, les sociologues et les politiciens étudient le phénomène de l'assimilation chez les francophones de l'Ouest. Comme le résume Raymond Hébert, certains auteurs suggèrent que la vitalité linguistique de ces communautés dépend de plusieurs facteurs : leurs infrastructures, leur statut légal et « symbolique », leur comportement sociopsychologique, et enfin la transformation de leurs élites ou de leurs idéologies (Hébert, 1996, p. 1). Or comme Hébert le précise aussi, un autre critère peut également être utilisé pour juger de la vitalité d'une minorité. Il conclut dans son étude que *« the stronger the identity within a francophone minority, the greater the cultural production among members of that minority. In turn, perhaps, this increased cultural production leads to an even greater strengthening of that identity »* (Hébert, 1996, p. 29). Il faut souligner la corrélation entre la réception critique d'une œuvre et sa dissémination. Pour qu'une production soit célébrée et *consommée* ailleurs que dans le cercle restreint du public minoritaire, il faut que les autres francophones s'ouvrent à la production culturelle des minorités.

L'artiste Joe Fafard, de la Saskatchewan, et *Ci-beau* (bœuf stylisé dont le nom s'inspire de *zébu*), la sculpture qui lui a valu la médaille de bronze aux Jeux de la francophonie de Madagascar, en 1997.

Tous ces facteurs servent à rappeler l'isolement que vit la francophonie dans l'ouest du Canada. Les difficultés et les barrières culturelles qui en résultent sont nombreuses et ne proviennent pas toutes de la situation minoritaire vis-à-vis de la majorité anglophone.

La domination du centre francophone québécois, qui diffuse sa culture, mais qui est souvent fermé à la culture du reste de la francophonie canadienne, représente un problème de grande envergure. La télévision et la radio françaises, par exemple, sont présentes dans l'Ouest, mais sont surtout dominées par une programmation ayant son origine à Montréal. Les gens de l'Ouest se rendent très clairement compte des différences importantes qui les séparent de leurs cousins québécois. Par ailleurs, la production culturelle de l'Ouest dans les domaines de la littérature, de la musique et des arts visuels intéresse peu les Québécois. Les îlots francophones dans la mer anglophone de l'Ouest se trouvent profondément seuls, et l'importance de cet isolement a commencé à se manifester de façon de plus en plus aiguë dès le début des années 1990 avec la perte de vitesse de la politique fédérale en matière de bilinguisme.

Reste à savoir si cette conception abstraite de l'isolement, qui est toujours présent mais dont les causes et la nature sont en évolution constante, fait partie de l'imaginaire des gens de l'Ouest et si elle se concrétise dans les arts littéraires et visuels qui sont, eux aussi, en mouvance perpétuelle.

L'ÉVOLUTION TRANQUILLE

En ce qui concerne la production littéraire dans l'Ouest franco-canadien, certains auteurs puisent dans une thématique ou des images qui s'inspirent de l'histoire, de l'identité et de la réalité particulières des francophones de l'Ouest, alors que d'autres traitent de sujets plus universels. Ainsi la dualité inhérente à la tradition d'écriture, qui remonte au début du siècle dans cette région, est reflétée dans le choix personnel des auteurs et des artistes.

Maintenue jusqu'à présent, cette dialectique, dont l'inspiration dite *locale* et celle plus universelle semblent s'opposer, est en réalité beaucoup plus complexe et nuancée, entraînant des fluctuations au sein de chaque groupe d'artistes. Un point commun unit les auteurs francophones de l'Ouest, soit le fait que l'imaginaire s'exprime de préférence en français ; la langue reste bien enracinée malgré le taux d'assimilation inquiétant. Il est intéressant de signaler aussi que certains motifs et images sont récurrents, et ce, quel que soit le genre de texte produit ou l'origine des auteurs, qu'elle soit canadienne, européenne, métisse ou autres.

Un survol des textes publiés depuis la fin du 19e siècle nous permet de constater que plusieurs auteurs cherchaient à faire valoir l'héritage particulier qui distingue les francophones des autres, c'est-à-dire leur langue, leur foi et leur vécu ou leur histoire commune. Cette tradition d'écriture se poursuit, mais depuis 20 ans les auteurs sont de plus en plus nombreux à produire selon une thématique universelle. L'étude de quelques textes publiés au cours des dernières années révèle certaines constantes propres à cette communauté. L'articulation de ces éléments dans diverses œuvres reflète un désir d'identification ou de reconnaissance de la spécificité d'une collectivité.

Une première affinité entre plusieurs auteurs est liée à l'intérêt de s'inspirer de l'histoire locale. Certains ont tendance à vouloir privilégier une vision embellie où le rapport au signifié est nostalgique, fier et parfois romantique. Ainsi les thèmes de l'*isolement*, de la *conquête*, de la *colonisation*, de la *lutte pour la survie de la francophonie dans l'Ouest* sont sémantiquement colorés par un prisme nuançant l'interprétation des événements évoqués. Au théâtre, par exemple, Marcien Ferland écrit et dirige des pièces qui cherchent à recréer les épisodes marquants de l'histoire de l'Ouest : *Les batteux* (1983), *Au temps de la prairie* (1986), et plus récemment *Les voyageurs* (1995).

Dans *Les batteux*, Ferland rappelle les événements liés à l'abolition de la langue française dans les écoles du Manitoba en 1916. Selon Ingrid Joubert,

> *the very choice of a dramatic episode with clearly identified spatio-temporal contours and whose smallest details are deeply rooted in the collective unconscious of the audience orients the play in the*

direction of a ceremony of communal recognition (Joubert, 1990, p. 123).

De la même façon, *Les voyageurs*, une pièce à saveur épique montée en français, puis traduite en anglais et jouée dans le cadre historique du vieux fort Gibraltar à Saint-Boniface, raconte les péripéties des premiers voyageurs. En situant le drame à l'époque de la rébellion des Métis guidés par leur chef Louis Riel, l'auteur raconte les aventures de Marie-Anne Gaboury et de son mari Jean-Baptiste Lagimodière.

Dans un souci de sauvegarder l'histoire et l'héritage franco-manitobains, Ferland a également fait une cueillette assez poussée des chansons à répondre (Ferland, 1979). D'autres folkloristes locaux ont fait un travail de revalorisation de textes qui étaient sans doute voués à la disparition si cette littérature orale populaire n'était pas saisie et transmise ; par exemple, Henri Létourneau publie deux versions de *Henri Létourneau raconte* (1978, 1995), et Guillaume Charette transcrit le récit oral de la vie de son ami et publie *L'espace de Louis Goulet* (1976). Annette Saint-Pierre publie quant à elle quelques œuvres du barde métis de l'Ouest, Pierre Falcon, qui écrit des chansons de circonstance, relatant les hauts faits du peuple métis ainsi que quelques poèmes de son compatriote Louis Riel, *Au pays des Bois-brûlés* (1977). Une compilation des essais politiques et des vers d'un jeune Louis Riel est entreprise afin de rééditer un volume paru à Montréal en 1886, *Poésies religieuses et politiques* (1977). Il faut également noter l'effort consacré à la revalorisation des textes publiés au début du siècle. Les maisons d'édition choisissent de rééditer, par exemple, des classiques tels *La forêt* (1984) et *Nipsya* (1988), de Georges Bugnet, et *Un sourire dans la tempête* (1982) de Maurice Constantin-Weyer[1].

Depuis 25 ans, des recherches poussées sont entreprises sur différentes facettes de l'histoire locale. Certains spécialistes se penchent sur l'histoire de l'Ouest, alors que d'autres répertorient des œuvres littéraires peu connues. Des institutions sont créées pour recenser la production des francophones de l'Ouest, l'étudier, la propager et éventuellement lui assurer une validation grâce à une réception critique[2].

On traite aussi dans d'autres textes de la petite histoire locale. Des auteurs tels Legal et Ruest, qui publient le roman *Le pensionnaire* (1976) et la pièce *Les manigances d'une bru* (1982), campent leurs intrigues dans un environnement bien identifiable. France Levasseur-Ouimet publie avec son recueil de nouvelles, *Mon grand livre d'images*, une œuvre poétique qui retrace « les manières d'être, les joies, les peines, les attitudes, les habitudes des Franco-Albertains » (Levasseur-Ouimet, 1994, couverture).

Au Québec, les années 1960 sont marquées par la Révolution tranquille, alors que dans l'Ouest on assiste plutôt à une *évolution*

1. Le pionnier français Georges Bugnet, qui s'installe définitivement en Alberta en 1905, témoignera, comme tant d'autres, de son expérience dans l'Ouest et décrira avec un certain réalisme sa nouvelle vie dans cette région. Chez Maurice Constantin-Weyer, un Français de passage, ce sera la glorification des aventuriers qui ont entrepris la conquête de l'Ouest et du Grand Nord.
2. Voir les travaux suivants : Lionel Dorge, *Introduction à l'étude des Franco-Manitobains* (1973) et *Manitoba, reflets d'un passé* (1976) ; Luc Dauphinais, *À l'ombre des cathédrales : des origines de la colonie jusqu'en 1870* (1991) ; *Anthologie de la poésie franco-manitobaine* (1990) ; *Le répertoire littéraire de l'Ouest canadien* (1984). Signalons aussi la création du Centre d'études franco-canadiennes de l'Ouest qui organise régulièrement des colloques et publie les *Cahiers franco-canadiens de l'Ouest*. Ces colloques et les *Cahiers* ont le mérite de favoriser le développement d'une réception critique de la production artistique de l'Ouest. Notons que même la communauté anglophone reconnaît l'importante contribution culturelle des francophones. Citons à titre d'exemples les efforts conjoints pour créer et monter des pièces théâtrales telles que *L'article 23* (1985), et surtout la publication d'un numéro spécial consacré à la littérature franco-manitobaine, *Prairie Fire, Special Issue : Franco-Manitoban Writing* (1990). Enfin, bien que la réception critique internationale d'une auteure telle que Gabrielle Roy ne soit plus à démontrer, signalons le Colloque international Gabrielle Roy, tenu à Winnipeg en 1995. Les *Actes* de ce colloque ont paru en 1996.

tranquille où la transformation d'une esthétique et d'une thématique traditionnelles se traduit de plusieurs façons.

Dans un premier temps, la fiction est marquée par la prise de conscience progressive mais aiguë des personnages de leur état minoritaire. Gabrielle Roy, avec le début désormais célèbre de son autobiographie, souligne en quelques mots tout le dilemme des francophones de l'Ouest :

> Quand donc ai-je pris conscience pour la première fois que j'étais, dans mon pays, d'une espèce destinée à être traitée en inférieure ? (Roy, 1984a, p. 11.)

Franco-Manitobaine de naissance, Gabrielle Roy est sans doute la plus célèbre des écrivains de l'Ouest. Elle aura su saisir les images de l'isolement, images qu'elle retravaille continuellement, nous offrant le paradigme de la marginalisation et poussant à l'extrême la symbolique de l'exclusion, en créant des personnages tels que Sam Lee Wong ou Marta Yaremko dans *Le jardin au bout du monde* (1984b). Intégration, appartenance, acculturation sont autant de signes mnémoniques rappelant le statut précaire de l'être humain qui voyage entre l'ici, le chez-soi, et l'ailleurs, l'exil.

Le fait que Gabrielle Roy a choisi de s'exiler au Québec pour gagner sa vie comme auteure lui a certainement permis de prendre un certain recul par rapport à son passé, et les derniers ouvrages qu'elle a publiés reflètent autant sa nostalgie pour le Manitoba de son enfance que son espoir en la race humaine.

Henri Bergeron raconte à son tour ses souvenirs du Manitoba dans *Un bavard se tait... pour écrire* (1989), suivi du *Cœur de l'arbre : le bavard récidive* (1995). À l'instar de Roy, Bergeron perçoit une beauté ineffable dans sa vision nostalgique de son enfance. Il révèle, comme Gabrielle Roy, un désir d'appartenir, une grande confiance en l'homme, en sa capacité d'adaptation et en sa générosité. Cet humanisme se décèle chez d'autres auteurs tels que Marguerite Primeau et Simone Chaput qui, elles, ont choisi de continuer à vivre et à publier dans l'Ouest. Marguerite Primeau crée, avec les intrigues de ses textes, des histoires touchantes, par exemple, *Le totem* (1988) et *Ol' Man, Ol' Dog et l'enfant* (1996), qui parlent de vieillards, d'enfants, de familles et de souvenirs nostalgiques.

Quant à Simone Chaput, ses personnages voyagent, au sens figuré comme au sens littéral, dans *Un piano dans le noir* (1991) et *La vigne amère* (1989), et s'ils quittent leur chez-soi, c'est souvent par désir de voir ce qui se passe ailleurs ; l'auteur aborde ainsi une variété de sujets, mais le problème de l'altérité, lié au sentiment de nostalgie parfois angoissée, ressurgit dans chacun de ses deux romans qui reçurent d'ailleurs le prix La Liberté.

Ces thèmes se trouvent aussi au cœur de *Fransaskroix* (1992), de Michel Marchildon, une œuvre poétique qui réitère, comme un écho, les problèmes évoqués dans la pièce *Je m'en vais à Regina* (1986) de Roger Auger. Auger dramatise pour la première fois, selon Claude Dorge, le problème de l'assimilation poussée ou « consommée » des francophones de l'Ouest, alors que Marchildon, dans une poésie subjective et personnelle, montre les préoccupations des jeunes face à leur état de minoritaires, *exilés* en train de se noyer dans une mer d'anglophones.

D'autres *exilés* québécois ou européens cette fois, choisissent de s'installer dans l'Ouest ; tel est le cas d'auteurs comme Annette Saint-Pierre et Gilles Valais. Chez Valais, le sentiment de l'altérité est transmis de façon viscérale dans *Le fils unique* (1990), le dernier roman d'une série de trois ouvrages dont les deux autres s'intitulent *Les deux frères* (1982) et *Les deux sœurs* (1985). « Devenir impersonnel, anonyme. En étranger, en individu de passage, se retrouver et se reprendre » (Valais, 1990, p. 75). La solitude et l'incompréhension, ainsi que l'incommunicabilité, sont sans doute le mieux véhiculées dans l'imaginaire de cet écrivain méconnu, mort à Saint-Boniface en 1992.

Annette Saint-Pierre crée le pont entre une littérature égocentrique et *alter centrique*. Car dans la même lancée que Valais et Roy, mais d'une autre façon, elle sera la précurseure

Michel Marchildon, écrivain et chanteur fransaskois.

d'une littérature innovatrice et riche. Elle est parmi les premiers à faire ressortir le problème de l'altérité vécue par les peuples autochtones et métis dans son roman *Sans bon sang* publié en 1987.

Le Manitobain Ronald Lavallée, avec *Tchipayuk ou le chemin du loup* (1987)[3], et l'Albertaine Nancy Huston, avec *Cantique des plaines* (1993)[4], explorent chacun à leur tour la fragmentation identitaire de leurs personnages en puisant dans l'histoire et la mémoire (autant individuelle que collective) pour reconstruire, par couches successives, des protagonistes qui peuvent être d'origine métisse, amérindienne ou anglo-saxonne selon le cas. Ces œuvres, qui ont connu un énorme succès au Canada comme en Europe, illustrent la tendance à mener le lecteur dans les méandres du genre introspectif et exotique basé sur l'esthétique du morcellement et de l'amoncellement des plans caractéristiques du roman postmoderne.

Le cri du loon (1993), de Monique Genuist, et *Eau de feu* (1992), d'Annette Tencha, ainsi que le roman *Une histoire de Métisses* (1995), de Laure Bouvier, nous montrent que la source n'est pas tarie : le passé de l'Ouest, basé sur des échanges interculturels et des relations conflictuelles, nourrit l'imaginaire, suscitant un mélange de romantisme nostalgique et de ressentiments critiques.

Un personnage historique métis reste gravé dans la mémoire collective des francophones de l'Ouest. De nombreux ouvrages de tous les genres s'intéressent soit aux Métis, soit à Louis Riel lui-même[5]. Mais d'autres rappellent son histoire autrement : Claude Dorge écrit la pièce *Le roitelet* (1983) où ce héros tragique apparaît à la fois torturé par le fait d'être incompris, et fou à cause de son messianisme débridé. Enfin, très souvent le personnage historique agit en arrière-plan, et s'il n'est pas au centre de l'action, sa présence est toutefois importante à cause des références implicites qu'elle suggère[6].

Chez plusieurs auteurs, le tissu de l'imaginaire est brodé de motifs récurrents, en filigrane la plaine ou des références aux grands espaces désolés, et la puissance de leur rappel indique une présence incontournable : tout dans la nature est magnifié, incommensurable, et les auteurs y ont recours chacun à leur façon. Comme un hymne national, la chanson de Daniel Lavoie, *Jours de plaine*, rappelle

3. Prix Champlain (Canada), 1988 ; prix Riel (Manitoba), 1988 ; prix Jules Verne de l'Académie de Bretagne (France), 1988.
4. Prix du Gouverneur général (Canada).
5. Voir la publication prolifique de textes historiques, de romans historiques et même de littérature enfantine, touchant de près ou de loin le personnage de Louis Riel. Signalons à titre d'exemple la parution d'une bande dessinée par Toufik et Zoran, *Louis Riel, père du Manitoba* (1996). À noter que le groupe Les Louis Boys chante son histoire, comme le fait aussi la jeune auteure-compositeure Marie-Claude Macdonald.
6. Ainsi, par exemple, Ronald Lavallée et Laure Bouvier y font référence, mais pour différentes raisons : le premier, pour situer une époque et créer un parallèle entre le jeune protagoniste métis, Askik Mercredi et le héros Louis Riel, et la seconde, pour pouvoir se pencher sur un épisode significatif de l'histoire des Métis.

tous les totems identitaires des francophones de l'Ouest[7]. Une des chansons célèbres de Folle Avoine[8], fait allusion au chinook, le vent chaud qui descend des Rocheuses en plein hiver, une réalité unique au climat de cette partie de l'Ouest[9]. Pour le poète Paul Savoie, cette réalité géographique a laissé une marque indélébile :

« Les paysages de mon enfance me poursuivent », dit-il dans *Mains de père* (1995), après bien des années dans l'est du pays. Une dizaine d'années plus tôt, il avait évoqué, dans *À la façon d'un charpentier* (1984), les plaines de cette enfance :

> Peut-on posséder une plaine ? [...]
> Je la porte en moi. À cause d'elle, j'ai un regard fait de glaise et
> de rafale, de ciel sans nuage et de vieilles pourritures de saisons. [...]
> C'est ma plaine, car elle me garde en elle. [...]
> Elle est à moi parce qu'on ne change pas la couleur de sa peau et
> qu'on ne voit pas le monde à travers les yeux d'un autre (p. 205).

En fin de compte, si cette poétisation opère sur un métatexte commun à tous les habitants de l'Ouest, il faut signaler la facilité avec laquelle on reconstruit le cadre naturel pour y adjoindre les éléments spécifiques de la langue et d'un héritage. L'Ouest devient le lieu d'une reconnaissance fondamentale.

Quelques auteurs évoluent vers de nouveaux horizons et s'attaquent à la nouveauté, qu'elle soit thématique ou formelle. Charles Leblanc traite des sujets qui peuvent sembler hétéroclites à première vue. Il s'interroge sur sa place dans le monde, et il joue toujours sur le double sens, le non-dit, l'aparté, bref sur toutes les parenthèses ouvertes et qui recèlent des mots et des marginaux, exprimant autre chose encore que ce qui a déjà été dit. Comme d'autres poètes tels que Louise Fiset (*404 BCA Driver tout l'été* [1989]) et Michel Marchildon, déjà mentionné plus haut, Leblanc n'hésite pas à recourir à l'anglais pour exprimer sa réalité.

L'auteur Roger Léveillé badine avec la page, le mot, l'image, et l'impact de toutes ces choses sur les sens. Ses textes, en prose, en poésie ou en images, célèbrent la vie, l'amour, la sensualité et provoquent la réflexion, en invitant le lecteur à rejoindre l'auteur dans ses espaces intimes :

> Blanches pages de vastes domaines
> et dépendances d'encre
> Comme feuille devant le vent
> Ainsi la page et mon désir (Léveillé, 1981, s.p.).

Dans des œuvres telles que *La disparate* (1975), *L'incomparable* (1984a), *Plage* (1984b) et *Causer l'amour* (1994), il reste résolument détaché de toute préoccupation ouvertement régionale et identitaire, et est, de ce fait même, indirectement contestataire.

Quelques auteurs cherchent à tout remettre en cause et même à aborder des sujets tabous, comme Léveillé sans doute, et certainement Jean-Pierre Dubé qui publie en 1995 *La grotte*, mettant en scène un religieux à la fois homosexuel et meurtrier. Avec son premier roman, l'auteur manitobain ose traiter un sujet à scandale, et ce faisant, il choisit aussi de narrer son intrigue selon un schéma inspiré du nouveau roman. *La mauvaise foi* (1990), de Gérard Tougas, est également une

---

7. Lavoie précise, par exemple, que « Y'a des jours de plaine, j'ai vu des Métis en peinture de guerre / Y'a des jours de plaine où j'entends gémir la langue de ma mère / Y'a des jours de plaines où l'on entend plus rien à cause du vent ».
8. Groupe fransaskois devenu, depuis, Hart Rouge.
9. Dans *Au rythme du courant* (1985), une jeune fille s'interroge sur son avenir :
   Pis ma langue, ben à quoi ça sert ?
   [...]
   Tu vas suivre le rythme du courant, ma fille
   Suivre le rythme du passé
   Pis quand tu s'ras décidée, ma fille
   C'est comme un chinook après des années de gelée.

Stéphan Cloutier dans *Et si Dieu jouait aux dés ?* de Marc Prescott (jeune dramaturge franco-manitobain), mise en scène d'Alain Jean, scénographie de Camille Shiou Kuang Tseng, production du Théâtre de la Seizième, de Vancouver, 1998.

œuvre qui revient sur la vision nostalgique du passé et la secoue pour la contester, pour la saisir et la questionner, peut-être pour s'en défaire par la suite.

La pièce satirique *L'article 23* (1985)[10], une collaboration entre un anglophone, David Arnason, et un francophone, Claude Dorge, rappelle les faits politiques liés au débat linguistique au Manitoba, depuis ses débuts jusqu'aux années 1980, faits tumultueux et parfois désespérants pour la minorité franco-manitobaine. Mais ces auteurs imaginatifs proposent aux spectateurs leur comédie qui mélange chansons, danses et saynètes. De ce fait, Arnason et Dorge réussissent à leur offrir une nouvelle façon de composer avec ces épisodes sombres de l'histoire de cette province : en riant des autres, mais surtout d'eux-mêmes.

Rhéal Cenerini, auteur de pièces de théâtre, illustre bien la versatilité thématique. Ses textes sont très différents les uns des autres. *Aucun motif* (1983) critique les relations de pouvoir politique ou religieux en offrant une histoire calquée sur le modèle de l'absurde, alors que *Kolbe* (1996) et *La femme d'Urie* (1996) s'inspirent tous deux de sujets religieux, le premier de l'histoire véridique d'un grand homme, considéré comme un saint moderne, et l'autre d'un passage de la Bible, l'amour défendu du roi David pour Bethsabée.

La prose produite dans l'Ouest est aussi variée que les auteurs qui prennent la plume, mais certains thèmes sont privilégiés depuis 25 ans : l'isolement et le sentiment d'altérité vont souvent de pair. En effectuant un retour sur le passé, souvent avec nostalgie, mais parfois aussi pour remettre en question cet héritage, plusieurs auteurs choisissent d'approfondir les problèmes liés aux relations multiculturelles et multiethniques. Certaines images, en toile de fond, sous-tendent l'imaginaire collectif de l'Ouest, le concrétisent et le mythifient : celles qui appartiennent à tous les habitants, celles relatives à la géographie et au climat de l'Ouest, celles par exemple des plaines, des Rocheuses, etc. Mais Louis Riel demeure une figure de proue pour les francophones, leur emblème, leur martyr. Les écrivains de prose s'écartent parfois des sentiers battus : ils s'aventurent en terrain vierge, ils explorent le nouveau, le différent. Et, en ce qui concerne la poésie de l'Ouest, les mêmes courants traditionnels et avant-gardistes la

10. Réalisation du Prairie Theatre Exchange, février-mars 1985.

traversent. La diversité thématique et stylistique personnelle de chaque auteur ajoute toujours une autre pièce à la structure identitaire des francophones bien enracinés dans leurs provinces de l'Ouest.

La littérature pour enfants connaît un succès grandissant dans l'Ouest, et certaines maisons d'édition semblent privilégier ce genre de publication depuis quelques années. Des thèmes variés sont abordés par les auteurs. Mentionnons, à titre d'exemple, *Puulik cherche le vent* (1996 ; prix Saint-Exupéry), de Richard Alarie ; *Tit-Jean l'intrépide* (1993), d'Yvonne Lagassé ; *Étuk et Pitaki* (1993), de Marie Rocque ; *L'orange de Noël* (1990) et d'autres livres pour enfants, de Louisa Picoux ; *Louis, fils des Prairies* (1984), de Noëlla Palud-Pelletier ; *Manito, cowboy* (1978), de Maurice Deniset-Bernier ; *Barberousse au Manitoba* (1975a) et *Fanfan le wapiti* (1975b), d'Alexandre Amprimoz ; *Ma vache Bossie* (1976), de Gabrielle Roy ; *La quête de Mathusalem* (1984), de Louise Filteau.

Cette richesse de la littérature pour enfants est d'une importance capitale dans les bases qu'elle jette pour la génération montante sans laquelle il n'y a plus d'avenir.

LES INFRASTRUCTURES CULTURELLES DE L'OUEST CANADIEN

Si la production littéraire est, en quelque sorte, le point de référence principal à partir duquel on peut mesurer la vitalité culturelle des minorités francophones de l'Ouest, il est important de noter les autres principaux indicateurs de cette vitalité, soit le théâtre, la chanson, la danse folklorique, la peinture, la sculpture et les médias[11]. Ce qui suit est une description générale des infrastructures culturelles de l'Ouest canadien et des principaux organismes provinciaux et nationaux qui les encadrent.

Le Centre du patrimoine, à Saint-Boniface, a ouvert en 1998. La nouvelle construction, attenante au Centre culturel franco-manitobain, a toutefois conservé et restauré la façade du Bloc Cauchon, construit en 1881-1882 par Joseph-Édouard Cauchon (1916-1885), journaliste, politicien, homme d'affaires et premier lieutenant-gouverneur francophone du Manitoba. Après plusieurs changements de vocation et trois incendies, l'édifice est démoli en 1982, mais sa façade est conservée.

En Alberta, l'Association canadienne-française de l'Alberta (ACFA), fondée en 1926, et affiliée à la Fédération culturelle canadienne-française, représente les Franco-Albertains et coordonne ou facilite un bon nombre d'activités culturelles de cette francophonie. Soulignons, à ce titre, le Gala albertain de la chanson, les cabanes à sucre, la Fête franco-albertaine, les programmes de formation d'artistes, des tournées d'artistes de

11. Un exposé détaillé de l'activité dans chacun de ces domaines depuis un quart de siècle environ est présenté dans le *Guide des ressources*.

la scène, l'organisation de spectacles, l'appui technique pour la création culturelle et de multiples activités socioculturelles. En 1995-1996, l'ACFA a organisé pour la première fois une rencontre des artistes professionnels dans le but de former des regroupements par discipline artistique.

En Saskatchewan, la Commission culturelle fransaskoise, une association fédérative à but non lucratif, incorporée en 1974, et dont le but est d'assurer et de maintenir de façon continue le développement et l'épanouissement culturel et artistique de la population francophone en Saskatchewan, a plusieurs programmes à son actif. Du point de vue de ses affiliations, cet organisme compte la Fédération culturelle canadienne-française, l'Association culturelle franco-canadienne de la Saskatchewan et l'Association des artistes de la Saskatchewan.

En ce qui concerne le Manitoba, on a vu la création du Centre culturel franco-manitobain (CCFM), dont la mission est essentielle au développement et au soutien des infrastructures culturelles franco-manitobaines. Ce centre participe à diverses activités comme le Salon du livre du Manitoba, le Festival de jazz de Winnipeg et le Festival du voyageur, la plus importante fête d'hiver de tout l'Ouest canadien et peut-être du Canada. Le CCFM accorde un soutien technique et administratif aux organismes francophones. Ses principes directeurs sont les suivants : offrir aux Franco-Manitobains la possibilité de s'exprimer et de faire rayonner la culture d'expression française ; assurer la valorisation, c'est-à-dire faire connaître le produit franco-manitobain, tant à l'intérieur qu'à l'extérieur de la province ; sensibiliser la population à l'élément culturel qui fait partie de sa vie quotidienne ; exposer les communautés franco-manitobaines et autres aux activités culturelles populaires et classiques d'expression française ; être sensible aux besoins spéciaux de la communauté rurale dans toutes les activités culturelles du CCFM ; encourager et promouvoir l'intégration des jeunes et des personnes âgées dans les programmes culturels du CCFM.

Soulignons par ailleurs un projet relevant principalement de la Société franco-manitobaine, soit l'obtention de 3 millions de dollars de la part des gouvernements fédéral et provincial pour la construction du Centre du patrimoine, attenant au CCFM. Le Centre du patrimoine a ouvert ses portes en 1998. On retrouve aussi une autre infrastructure culturelle importante, au Manitoba, soit l'Association culturelle franco-manitobaine. Un des principaux buts de cet organisme est de promouvoir et d'encourager l'établissement et le développement des comités culturels franco-manitobains, tant en milieu rural qu'en milieu urbain. En 1997, cette association regroupe une vingtaine de comités culturels locaux.

Quant à la Fédération des Franco-Colombiens, qui célébrait en 1995 son 50e anniversaire, elle a connu au cours de son existence des situations semblables à celles qui ont marqué l'histoire des autres associations provinciales francophones de l'Ouest. Comme dans les autres provinces, l'influence de l'Église y fut prépondérante pour ce qui est de l'expansion et du maintien du fait français. Ce lien étroit entre foi, langue et culture fut rompu au milieu des années 1960, une évolution probablement inévitable qui eut des conséquences profondes sur la vie culturelle française en Colombie-Britannique. C'est le moment où la cause française, devenue beaucoup moins liée à l'Église, doit constituer une force de revendication des droits des Franco-Colombiens. C'est l'heure de la mise sur pied du Conseil culturel franco-colombien et de l'extension, en 1967, du réseau de la Société Radio-Canada jusqu'à la côte du Pacifique. Enfin, autre développement important, la télévision française de Radio-Canada fait son entrée en ondes le 27 septembre 1976. Dans cette province de l'Ouest où les taux d'assimilation sont les plus élevés, les Franco-Colombiens ont toutefois fort à faire sur les plans linguistique et culturel.

En conclusion, ce que l'on peut dire de la conjoncture culturelle des francophones de l'Ouest, c'est que la production culturelle n'a peut-être jamais été aussi élevée, et de si bonne qualité, et ce, dans tous les domaines. Ceci, il faut bien le constater, à un moment où les taux d'assimilation dans toutes les provinces sont inquiétants. Au moment où l'éternelle question de l'unité canadienne redevient actuelle, il est légitime de s'interroger sur le poids des minorités culturelles dans les décisions majeures que devra prendre notre pays au début du nouveau millénaire.

Danielle Hébert, de Colombie-Britannique, en spectacle lors de la Francofête de Moncton, Nouveau-Brunswick, en 1997.

Conclusion

Dans ce chapitre, nous avons d'abord situé les francophones de l'Ouest dans un contexte historique et sociopolitique. Nous avons vu, également, de quelle façon l'imaginaire francophone se traduit dans la création artistique et comment cette création est élaborée et diffusée. La dernière partie du chapitre a voulu montrer l'importance des infrastructures culturelles et leur rôle en ce qui a trait à la promotion et à l'épanouissement de la culture francophone dans l'Ouest.

Il nous est apparu essentiel de souligner l'importance du facteur de l'isolement qui, en raison, entre autres, des mouvements d'immigration anglophone et allophone, allait mener les francophones à devenir minoritaires. Cette marginalisation a certes entraîné une mobilisation de la population francophone, mais a aussi provoqué un repli socioculturel et psychologique.

L'isolement joue également sur l'imaginaire littéraire. Bien que la prose de l'Ouest du dernier quart de siècle soit fort variée, certains thèmes tels que l'isolement et le sentiment d'altérité reviennent comme un genre de leitmotiv. Cent ans après le gibet de Regina, Riel continue à être une source d'inspiration, tant en littérature que dans les arts en général.

Les infrastructures culturelles révèlent une activité peut-être méconnue ou trop peu connue. La minorité isolée de l'Ouest n'a toujours été que trop consciente de sa fragilité et de l'exigence de se prendre en main sur le plan culturel. Ce qui est en jeu, ce n'est rien de moins que la découverte et l'épanouissement de son identité, voire même de sa survie comme entité crédible au sein de la francophonie canadienne.

Bibliographie

Actes du Colloque international Gabrielle Roy (1996), Saint-Boniface, Presses universitaires de Saint-Boniface. Colloque soulignant le 50e anniversaire de *Bonheur d'occasion*, tenu à Winnipeg en 1995.

Alarie, Richard (1996). *Puulik cherche le vent*, Saint-Boniface, Éditions du Blé.

Amprimoz, Alexandre (1975a). *Barberousse au Manitoba*, Saint-Boniface, Éditions du Blé.

Amprimoz, Alexandre (1975b). *Fanfan le wapiti*, Saint-Boniface, Éditions du Blé.

Anthologie de la poésie franco-manitobaine (1990), sous la direction de Roger Léveillé, Saint-Boniface, Éditions du Blé.

Auger, Roger (1986). *Je m'en vais à Regina*, Montréal, Leméac.

Bergeron, Henri (1989). *Un bavard se tait... pour écrire*, Saint-Boniface, Éditions du Blé.

Bergeron, Henri (1995). *Le cœur de l'arbre : le bavard récidive*, Saint-Boniface, Éditions du Blé.

BOUVIER, Laure (1995). *Une histoire de Métisses*, Montréal, Leméac.

BUGNET, Georges (1984). *La forêt*, Saint-Boniface, Éditions des Plaines.

BUGNET, Georges (1988). *Nipsya*, Saint-Boniface, Éditions des Plaines.

CAMPAGNE, Suzanne (1985). *Au rythme du courant* (disque), Winnipeg, Société Radio-Canada.

CENERINI, Rhéal (1983). *Aucun motif*, Saint-Boniface, Éditions du Blé.

CENERINI, Rhéal (1996). *La femme d'Urie*, Saint-Boniface, Éditions du Blé.

CENERINI, Rhéal (1996). *Kolbe*, Saint-Boniface, Éditions du Blé.

CHAPUT, Simone (1989). *La vigne amère*, Saint-Boniface, Éditions du Blé.

CHAPUT, Simone (1991). *Un piano dans le noir*, Saint-Boniface, Éditions du Blé.

CHARETTE, Guillaume (1976). *L'espace de Louis Goulet*, Winnipeg, Éditions des Bois-Brûlés.

CONSTANTIN-WEYER, Maurice (1982). *Un sourire dans la tempête*, Saint-Boniface, Éditions des Plaines.

DAUPHINAIS, Luc (1991). *À l'ombre des cathédrales : des origines de la colonie jusqu'en 1870*, t. 1, Saint-Boniface, Société historique de Saint-Boniface ; Éditions du Blé.

DENISET-BERNIER, Maurice (1978). *Manito, cowboy*, Saint-Boniface, Éditions du Blé.

DORGE, Claude (1983). *Le roitelet*, Saint-Boniface, Éditions du Blé.

DORGE, Claude, et David ARNASON (1985). *L'article 23*. Pièce jouée au Prairie Theatre Exchange, Winnipeg.

DORGE, Lionel (1973). *Introduction à l'étude des Franco-Manitobains*, Saint-Boniface, Société historique de Saint-Boniface.

DORGE, Lionel (1976). *Manitoba, reflets d'un passé*, Saint-Boniface, Éditions du Blé.

DUBÉ, Jean-Pierre (1995). *La grotte*, Saint-Boniface, Éditions du Blé.

L'Eau Vive (1974-1996), Regina.

FERLAND, Marcien (1979). *Chansons à répondre du Manitoba*, Saint-Boniface, Éditions du Blé.

FERLAND, Marcien (1983). *Les batteux*, Saint-Boniface, Éditions du Blé.

FERLAND, Marcien (1986). *Au temps de la prairie*. Pièce non publiée.

FERLAND, Marcien (1995). *Les voyageurs*. Pièce non publiée.

FILTEAU, Louise (1984). *La quête de Mathusalem*, Saint-Boniface, Éditions du Blé.

FISET, Louise (1989). *404 BCA Driver tout l'été*, Saint-Boniface, Éditions du Blé.

FORTIN, Andrée (1994). « Territoires culturels et déterritorialisation de la culture », dans *La production culturelle en milieu minoritaire*, sous la direction d'André Fauchon, Saint-Boniface, Presses universitaires de Saint-Boniface, p. 7-28. Actes du 13e Colloque du Centre des études franco-canadiennes de l'Ouest.

Le Franco-Albertain (1970-1996), Edmonton.

FRÉMONT, Donatien (1959). *Les Français dans l'Ouest canadien*, Saint-Boniface, La Liberté.

GENUIST, Monique (1993). *Le cri du loon*, Saint-Boniface, Éditions des Plaines.

HÉBERT, Raymond. *Identity, Cultural Production and the Vitality of Francophone Communities Outside Quebec*. À paraître.

HUSTON, Nancy (1993). *Cantique des plaines*, Arles, Actes sud ; Montréal, Leméac.

JOUBERT, Ingrid (1990). « Current Trends in Franco-Manitoban Theatre », *Prairie Fire : Franco-Manitoban Writing*, vol. 2, nº 1. Numéro spécial.

LAGASSÉ, Yvonne, (1993). *Tit-Jean l'intrépide*, Saint-Boniface, Éditions des Plaines.

LAVALLÉE, Ronald (1987). *Tchipayuk ou le chemin du loup*, Paris, Albin Michel.

LEBLANC, Charles (1988). *D'amour et d'eaux troubles*, Saint-Boniface, Éditions du Blé.

LEBLANC, Charles (1984). *Préviouzes du printemps*, Saint-Boniface, Éditions du Blé.

LEBLANC, Charles (1994). *La surcharge du réseau*, Saint-Boniface, Éditions du Blé.

LEGAL, Roger, et Paul RUEST (1976). *Le pensionnaire*, Saint-Boniface, Éditions des Plaines.

LEGAL, Roger, et Paul RUEST (1982). *Les manigances d'une bru*, Saint-Boniface, Éditions des Plaines.

LÉTOURNEAU, Henri (c1978, 1995). *Henri Létourneau raconte*, Winnipeg, Éditions des Bois-Brûlés.

LEVASSEUR-OUIMET, France (1994). *Mon grand livre d'images*, Edmonton, Duval.

LÉVEILLÉ, Roger (1975). *La disparate*, Montréal, Éditions du Jour.

LÉVEILLÉ, Roger (1981). *Le livre des marges (milieu)*, Saint-Boniface, Éditions des Plaines.

LÉVEILLÉ, Roger (1984a). *L'incomparable*, Saint-Boniface, Éditions du Blé.

LÉVEILLÉ, Roger (1984b). *Plage*, Saint-Boniface, Éditions du Blé.

LÉVEILLÉ, Roger (1994). *Causer l'amour*, Paris, Saint-Germain.

La Liberté (1970-1996), Saint-Boniface.

MARCHILDON, Michel (1992). *Fransaskroix*, Regina, Louis Riel.

PALUD-PELLETIER, Noëlla (1984). *Louis, fils des Prairies*, Saint-Boniface, Éditions des Plaines.

PICOUX, Louisa (1990). *L'orange de Noël*, Saint-Boniface, Éditions du Blé.

Prairie Fire : Franco-Manitoban Writing (1990), vol. 2, n° 1. Numéro spécial.

PRIMEAU, Marguerite (1988). *Le totem*, Saint-Boniface, Éditions des Plaines.

PRIMEAU, Marguerite (1996). *Ol' Man, Ol' Dog et l'enfant*, Saint-Boniface, Éditions du Blé.

Répertoire littéraire de l'Ouest canadien (1984), sous la direction d'Annette Saint-Pierre, Saint-Boniface, Centre des études franco-canadiennes de l'Ouest.

RIEL, Louis, (c1886, 1979). *Poésies religieuses et politiques*, Saint-Boniface, Éditions des Plaines.

ROCQUE, Marie (1993). *Étuk et Pitaki*, Saint-Boniface, Éditions des Plaines.

ROY, Gabrielle (1984a). *La détresse et l'enchantement*, Montréal, Boréal Express.

ROY, Gabrielle (1984b). *Un jardin au bout du monde*, Montréal, Stanké.

ROY, Gabrielle (1976). *Ma vache Bossie*, Montréal, Leméac.

SAINT-PIERRE, Annette (1977). *Au pays des bois-brûlés*, Saint-Boniface, Collège universitaire de Saint-Boniface.

SAINT-PIERRE, Annette (1987). « L'écriture dans l'Ouest canadien », dans *Les autres littératures d'expression française en Amérique du Nord,* sous la direction de Jules Tessier et Pierre Vaillancourt, Ottawa, Éditions de l'Université d'Ottawa, p. 71-76.

SAINT-PIERRE, Annette (1987). *Sans bon sang*, Saint-Boniface, Éditions des Plaines.

SAVOIE, Paul (1984). *À la façon d'un charpentier*, Saint-Boniface, Éditions du Blé.

SAVOIE, Paul (1995). *Mains de père*, Saint-Boniface, Éditions du Blé.

Soleil de Colombie (1976-1996), Vancouver.

TENCHA, Annette (1995). *Eau de feu*, Montréal, Leméac.

TOUFIK, El Hadju-Noussa, et Vanjaka ZORAN (1996). *Louis Riel, père du Manitoba*, Saint-Boniface, Éditions des Plaines.

TOUGAS, Gérald (1990). *La mauvaise foi*, Montréal, Québec/Amérique.

VALAIS, Gilles [Rossel VIEN] (1982). *Les deux frères*, Saint-Boniface, Éditions des Plaines.

VALAIS, Gilles [Rossel VIEN] (1985). *Les deux sœurs*, Saint-Boniface, Éditions des Plaines.

VALAIS, Gilles [Rossel VIEN] (1990). *Le fils unique*, Saint-Boniface, Éditions du Blé.

Liste des cartes et des figures

Liste des tableaux

Chapitre 11

Chapitre 13

Source des illustrations

p. 101 ANC (C-6721) **p. 107** ANC (C-16657) **p. 112** Photo : Champlain C. Marcil, 1978 ; CRCCF, Fonds Séraphin Marion (P106, Ph152-A-23) **p. 116** SHSB **p. 120** CEA (PB1-162-a) **p. 121** CEA (PB1-272a) **p. 133** CEA (Cx.10.1.1.1686) **p. 136** Collection Musée acadien de l'Université de Moncton **p. 137** ANC (C7111) **p. 142** CEA (E16,240 ; E16,230) **p. 146** MNB, Saint-Jean (W-218) **p. 156** ANC (C46217) **p. 166** ANC (C-1932) **p. 170** coll. H. Pollard (PAA P.200) **p. 171** SHSB (497) **p. 174** SAB (R-A19813) **p. 179** Photo : Michel Marchildon **p. 195** Photo : Darren Ell **p. 197** Gracieuseté du VHA **p. 199** Université d'Ottawa, CRCCF, Fonds ACFO (C2, Ph2-110) **p. 201** Photo : Gérald Laroche **p. 223** Couverture : Yvon Gallant, coll. Pierre Bernier **p. 225** Affiche du film **p. 227** CEA (E43,402) **p. 252** Photos : Dominic Morissette et Catherine Pappas **p. 253** Photo : Sito Bito ; gracieuseté de Fafard **p. 254** Photo : Dominic Morissette et Catherine Pappas **p. 256** Gracieuseté du Village de l'Acadie **p. 259** Photo : Rod Stears ; montage : Hudson Design Group ; gracieuseté de Lexitech international **p. 260** Photo : Multi Images **p. 269** Gracieuseté de la Vieille 17 **p. 270** Photo : Presse canadienne, 1998 EPIX **p. 277** (en haut, à gauche) Gracieuseté de l'Hôpital Montfort (en haut, à droite) Photo : Marc P. Desjardins, Gracieuseté de l'Hôpital Montfort (en bas) Gracieuseté de la Caisse populaire de Welland **p. 300** Photo : Denis Collette **p. 302** Photo : Edmund Aunger **p. 308** (à gauche) photo : G.P. Roberts ANC (C733) (à droite) Photo : Robert Cooper ANC (PA140705) **p. 309** Gracieuseté de l'Université de Moncton **p. 311** photo : Eugene M. Finn ANC (PA168271), collection Postes Canada **p. 312** Gracieuseté de l'Hôpital Montfort **p. 328** CEA (E16,234) **p. 329** Archives de l'Université de Montréal, Fonds Jules Brunel (P149) 1fp, 3121 **p. 330** photo : Champlain Marcil Université d'Ottawa CRCCF, fonds OJC (C3, Ph3-3/126) **p. 333** CEA (Moniteur illustré) **p. 335** CEA (PB1-540) **p. 336** (à gauche) SAB (S-B5177) (à droite) Photo : Duncan Cameron ANC (PA-112925) **p. 337** Conception : CIDEF et le Laboratoire de cartographie de l'Université Laval, ainsi que AVLIS. Gracieuseté de l'Année francophone internationale **p. 345** Collection : Robert Pichette **p. 351** (à gauche) CEA (PA1-392) (à droite) Collection Aldéo Renaud, Moncton **p. 352** CEA (PA1-2591) **p. 353** (à gauche) Photo : Michael Bedford (à droite) CEA (PA1-1626) **p. 354** CEA (PB1-174) **p. 365** Université d'Ottawa, CRCCF, collection générale (C38, Ph123 ph 1-1-12). Reproduit d'un imprimé : *Le Temps*, 21 juin 1913, p. 1 **p. 370** Université d'Ottawa, CRCCF, Fonds TVOntario (C21, Ph23-W-10). Reproduit de la collection Emile Demers, Welland, Ontario **p. 371** Université d'Ottawa, CRCCF, Fonds ACFO (C2, Ph2-29) **p. 373** Photo : Pierre Normandin © *Le Droit*, Ottawa, 1950. Université d'Ottawa, CRCCF, Fonds ACFO (C2, Ph2-5) **p. 385** Glenbow Archives Calgary, Canada (NA-2631-2) **p. 386** Glenbow Archives, Calgary, Canada (NA-1081-3) **p. 389** SAB (R-A3652) **p. 419** Gracieuseté du Centre Sainte-Anne **p. 443** Université d'Ottawa, CRCCF, Fonds ACFO (PH2-144) **p. 445** Photo : Pierre Normandin, © *Le Droit*, Ottawa, 1950. Université d'Ottawa, CRCCF, Fonds ACFO (C2, Ph2-6) **p. 452** Timbre reproduit avec la permission de la Société canadienne des postes **p. 476** ASGSB Manitoba **p. 477** SHSB, collection Musée de Saint-Boniface (1234) **p. 478** ANC (PA87900) **p. 488** Gracieuseté de la Faculté Saint-Jean **p. 501** (à gauche) Gracieuseté de Prise de parole (à droite) Coll. Musée acadien de l'Université de Moncton **p. 502** Photo : Ian McCavsland **p. 506** (à gauche) Gracieuseté du Pays de la Sagouine (en haut, à droite) Gracieuseté de l'auteur (en bas) Extrait de CANO, gracieuseté de Marcel Aymar **p. 514** Photo : Marc LeBlanc **p. 515** Gracieuseté d'Amérythme

p. 520 à gauche) Photo : Francine Dion (à droite) Gracieuseté de l'artiste **p. 523** Photo : Gilles Landry **p. 526** Photo : Ronald Goguen ; gracieuseté de Phare-Est **p. 528** (en haut, à gauche) Gracieuseté de l'Escaouette (en haut, à droite) Photo : Michel Boucher (en bas, à gauche) Photo : Multi Images, Gracieuseté du Pays de la Sagouine **p. 538** Gracieuseté de Prise de parole **p. 540** Photo : Jules Villemaire **p. 541** Photo : Jules Villemaire **p. 542** (à gauche) Gracieuseté de Marcel Aymar (à droite) Photo : Jules Villemaire **p. 547** Collection de l'artiste, photo : MAB **p. 554** (à gauche) Photo : Michel Marchildon (à droite) Gracieuseté de Réal Bérard, artiste **p. 555** Photo : Michel Marchildon **p. 556** Photo : Michel Marchildon **p. 557** Photo : Ronald Goguen **p. 561** Photo : Sandra Butel **p. 563** Photo : Julie Martens, gracieuseté du Théâtre de la Seizième **p. 564** SHSB **p. 566** Photo : Francine Dion.

Sigle des sources

ACFO	Association canadienne-française de l'Ontario
ASGSB	Archives des sœurs grises de Saint-Boniface
ANC	Archives nationales du Canada
AUM	Archives de l'Université de Montréal
CEA	Centre d'études acadiennes, Université de Moncton
CRCCF	Centre de recherche en civilisation canadienne-française, Université d'Ottawa
GMA	Glenbow Museum Archives
MAUM	Musée acadien de l'Université de Moncton
MNB	Musée du Nouveau-Brunswick
PAA	Provincial Archives of Alberta
SAB	Saskatchewan Archives Board
SHSB	Société historique de Saint-Boniface

Table des matières